揚州年鉴

2018 YANGZHOU YEARBOOK

扬州市地方志编纂委员会 编

图书在版编目（C I P）数据

扬州年鉴. 2018 / 扬州市地方志编纂委员会编. --
北京 : 方志出版社，2019.4
ISBN 978-7-5144-3745-4

Ⅰ. ①扬… Ⅱ. ①扬… Ⅲ. ①扬州－2018－年鉴
Ⅳ. ①Z525.33

中国版本图书馆CIP数据核字（2019）第081570号

扬州年鉴（2018）

编　　者：扬州市地方志编纂委员会
责任编辑：黄　彦

出 版 者：方志出版社
　　　　　地址　北京市朝阳区潘家园东里9号（国家方志馆4层）
　　　　　邮编　100021
　　　　　网址　http://www.fzph.org
发　　行：方志出版社图书经销中心
　　　　　电话（010）67110500
经　　销：各地新华书店
排　　版：南京德玺文化发展有限公司
印　　刷：南京凯德印刷有限公司

开　　本：889×1194　1/16
印　　张：42
字　　数：1268千字
版　　次：2019年4月第1版　　2019年4月第1次印刷
印　　数：0001~1500册

ISBN 978-7-5144-3745-4　　定价：320.00元

编 辑 说 明

1.《扬州年鉴》是由中共扬州市委、扬州市政府主办，扬州市地方志编纂委员会编纂的系统记述扬州市自然、政治、经济、文化、社会、生态等方面情况的年度资料性文献。1991年出版首卷，本卷为第28卷。

2.《扬州年鉴（2018）》以马克思列宁主义、毛泽东思想、邓小平理论、“三个代表”重要思想、科学发展观和习近平新时代中国特色社会主义思想为指导，实事求是地、较为全面翔实地记述了2017年扬州市的基本情况及发生的各种大事、要事、新事和有影响的事，反映了全市人民在改革开放、经济建设以及社会发展中取得的新成就、新进展、新经验。

3.《扬州年鉴》采用分类编辑法，以“类目”为单元，下设“分目”和“条目”，个别分目下设“次分目”。类目标题标于各类目起始处和书眉；分目、条目标题分别以3号、5号彩色字随文标出；条目为记述实体，标题前标注彩色符号“■”。《扬州年鉴（2018）》共分42个类目，设275个分目、53个次分目，收录2152个条目和资料。

4.《扬州年鉴（2018）》突出年度特色和地方特色。与2017卷年鉴相比，2018卷年鉴在类目上有部分调整。如新增中共扬州市纪律检查委员会类目；新增房地产业和乡村建设类目；新增新兴产业类目，设置新能源产业、新光源产业、新材料产业、智能电网、节能环保产业、生物医药产业等分目；建筑业类目增加建筑市场、建筑装饰、建筑质量分目；工业类目增加电子信息产业、轻工业分目；商贸服务业类目增加会展业、居民服务业、商务服务业分目等。

5.《扬州年鉴》卷首有中文详细目录和英文要目，卷末有索引。全书所有资料可通过目录、书眉、索引等检索渠道查阅。

6.《扬州年鉴》刊用的文稿，由市各部门、各县（市、区）及驻扬单位提供，有关数据、资料均经各部门领导审阅、核实。书中“扬州市”“全市”指全扬州市，“市区”指广陵区、邗江区、江都区范围，“城区”指广陵区、邗江区范围，特殊情况另行括注。《大事纪要》中“△”表示“同日”。表格中“#”表示“其中主要部分”。全书主要综合性统计资料由市统计局提供。全书所用统计数据，由于统计的来源、口径、方式、方法和时间的不同，可能存在一定差异，使用时请以市统计局提供的统计资料数据为准；凡市统计局未作统计的，以供稿单位提供的数据为准。统计数据均使用法定计量单位。为保持文献原貌、遵从行业习惯，《特载》《附录》所刊文献的文字、数据、计量单位均未作变动，《体育》中运动项目有关内容仍使用“公斤”“公里”作为计量单位。

7.《扬州年鉴》所登载的照片或文字稿件若署名遗漏或有误，请摄影者或撰稿人与编辑部联系，以便发放稿酬。

序一

国务院办公厅2015年8月印发的《全国地方志事业发展规划纲要（2015—2020年）》（以下简称《规划纲要》）要求，到2020年要做到地方综合年鉴一年一鉴，公开出版，实现省、市、县三级综合年鉴全覆盖。《规划纲要》还要求，坚持存真求实，正确处理质量与进度的关系，将精品意识贯穿于年鉴编纂出版工作全过程。2015年12月，中国地方志指导小组办公室启动中国年鉴精品工程，将其与先期实施的中国志书精品工程视为姊妹工程，一道作为加强地方志质量建设的重要抓手。

实施中国年鉴精品工程有助于推动中华优秀传统文化传承发展。近年来，在党中央、国务院的高度重视和关心支持下，全国地方志事业发展迎来最好的发展时期。年鉴编纂发端于欧洲，鸦片战争后被引入我国，在我国走过了100多年的发展历史。在长期的编纂中，年鉴在内容和形式上不断发展，逐渐演变成为适合反映中国国情、具有鲜明中国特色的一种文化载体，并在改革开放后出现了快速发展的局面。2006年5月，国务院《地方志工作条例》颁布施行，明确将地方综合年鉴纳入地方志工作范畴，年鉴工作走上了有法可依的轨道。《规划纲要》出台，为从依法编鉴转变到依法治鉴指明了方向。2016年12月，中国地方志指导小组印发《全国年鉴事业发展规划（2016—2020年）》，更进一步明确了到2020年全国年鉴事业的任务书、时间表、路线图。经过多年的发展，年鉴工作已经成为地方志工作的重要组成部分，成为中华民族优秀文化传统的有机组成部分，其存史、育人、资政作用日益彰显。实施中国年鉴精品工程，是年鉴工作者紧扣时代脉搏、坚持创新发展的一项重要举措，对于坚定文化自信，传承弘扬好中华优秀传统文化意义重大。

实施中国年鉴精品工程有助于为全面建成小康社会提供更多智力支持和历史借鉴。党的十八大作出全面建成小康社会的战略部署。党的十八届五中全会提出到2020年如期实现全面建成小康社会的目标要求。完成《规划纲要》确定的目标任务是年鉴工作者的神圣使命，更是年鉴工作者以自身力量为全面建成小康社会献上的厚礼。一方面，可以更好地利用年鉴这种年度资料性文献，及时记录各地区在全面建成小康社会伟大征程中每年取得的新成绩和新经验、出现的新情况和新问题、涌现的优秀人物和典型事迹等；另一方面，可以更好地积累地情、国情资料，为推动经济社会发展和深化改革提供智力支持，为推进国家治理体系和治理能力现代化提供历史借鉴。

实施中国年鉴精品工程有助于全面推进地方志事业转型升级。地方志不是单纯修志编鉴工作，而是全体方志人“修志问道，以启未来”的一项事业，这项事业包含着巨大的时代担当与使命追求。地方志工作要在“五大建设”总体布局和“四个全面”战略布局中发挥与其自身价值、功能相匹配的作用，就要因时而谋、乘势而上、顺势而为，全面推进地方志事业转型升级。转型升级，当下最重要的目标就是完成“两全”目标，包括“年鉴全覆盖”目标；长远的目标就是基本形成地方志编修体系、理论研究和学科建设体系、质量保障体系、资源开发利用体系、工作保障体系“五位一体”的地方志事业发展综合体系，包括“五位一体”的年鉴事业发展综合体系。中国年鉴精品工程是一项探索工程，也是一项创新工程，是推进地方志事业转型升级的重要内容。通过实施中国年鉴精品工程，不仅有助于确保年鉴质量，不断编纂出版具有鲜明时代特征、年度特点和地域特色的精品年鉴，也有助于推动年鉴工作适应经济社会发展形势和时代需要，不断改革创新，与时俱进。

多年来，在中国地方志指导小组办公室的指导和全国各级地方志工作机构的共同努力下，年鉴种类数量快速增长，年鉴成果粲然可观，为实施中国年鉴精品工程奠定了坚实的基础。实施中国年鉴精品工程，就是要在全国地方志系统起到示范作用，进一步培育精品意识，打造精品年鉴，以点带面，在提高年鉴质量方面探索出一条切实可行之路，使这项探索工程和创新工程能够积累经验，发挥引领作用。

“万山磅礴，必有主峰；龙衮九章，但挈一领。”实施中国年鉴精品工程，是筑牢地方志事业特别是年鉴事业发展根基之举，其意义与价值不言而喻。但编修出年鉴精品佳作，绝非朝夕之功，需要付出长期艰辛的努力。希望通过实施中国年鉴精品工程，能够进一步推进年鉴质量建设，使年鉴真正成为传承中华民族优秀传统文化的重要载体，成为展示中国国情、地情的重要窗口，成为“为当代提供资政辅治之参考、为后世留下堪存堪鉴之记述”的资源宝库，在全面建成小康社会过程中作出更大贡献。

是为序。

中国社会科学院原副院长
中国地方志指导小组原常务副组长

序二

地方志是中华优秀传统文化的根与魂，积淀着中华优秀传统文化最深层的精神追求，代表着中华民族独特的精神标识。新时代坚持和发展中国特色社会主义，更加需要深刻把握人类发展历史规律，更加需要编修出传承不辍的精品志鉴，才能使后代在对历史的深入思考中汲取智慧、走向未来。伟大的时代，为地方志发展提供了取之不尽、用之不竭的源泉，同时也为全国年鉴工作提供了极大的机遇。

党的十九大报告中明确提出“质量强国”，“努力实现更高质量、更有效率、更加公平、更可持续的发展”，这为年鉴事业高质量发展指明了方向。按时、保质完成《全国地方志事业发展规划纲要（2015—2020年）》规定的“两全目标”任务，打造一批资辅当前、存鉴后世、经得起历史检验的精品佳作，不仅是一种法定职责，而且具有重要的政治意义、现实意义和历史意义。中国特色社会主义进入新时代，年鉴事业也进入新时代，呈现快速、稳步发展态势，在各方面都取得了新的显著成绩，包括年鉴编纂进度大大加快，年鉴编纂范围不断扩大，年鉴资源优势得到充分发挥，年鉴开发利用水平全面提升，而且年鉴质量保障机制逐步完善、质量持续提升。因此，在全社会关注质量发展的黄金时期，尤其是在完成“两全目标”任务的关键期，在狠抓进度的时候，实施中国年鉴精品工程更是恰当其时。年鉴工作者要投身于时代，为时代放歌，书写复兴华章，把出品更多的精品年鉴使命落实在实现中国梦的恢宏大业中。

习近平总书记说，精品之所以“精”，就在于其思想精深、艺术精湛、制作精良。中国年鉴精品工程紧扣时代脉搏，拓宽视野，围绕人民群众的美好生活，用精品记录新时代，为新时代新气象新作为留下真实、鲜活、生动、翔实的记录。实施中国年鉴精品工程，既是全面贯彻落实《全国地方志事业发展规划纲要（2015—2020年）》的重要举措，也是培育精品意识和精品年鉴、提高年鉴质量的重要手段；既是发挥年鉴存史、资治、教化功能的根基所在，也是年鉴工作者坚持创新发展、传承弘扬中华优秀传统文化的关键步骤。这不仅有助于坚定文化自信，讲述好中国故事，传播好中国声音，更有助于为决胜全面建成小康社会提供更多智力支持和更大精神动力。

实施中国年鉴精品工程顺应地方志进入新时代的历史潮流。“充实之谓美，充实而有光辉之谓大。” 党的十九大报告指出，我国的社会主要矛盾已经转化为人民日益增长的美好生活需要和不平衡不充分的发展之间的矛盾。党章修正案、宪法修正案把习近平新时代中国特色社会主义思想确立为我们党和国家的行动指南，我国的发展进入到新的历史方位。为适应这些重大变化，党和国家随之出台更多重大的举措、推出更多有力的措施。年鉴如何全方位地、开创性地记述这些历史性变化，如何充分记述我们党领导人民进行的伟大斗争、建设的伟大工程、推进的伟大事业、实现的伟大梦想，是新时代地方志工作需要深入思考探究的问题。中国年鉴精品工程正是呼应新时代新变化新要求，致力于在全国地方志系统进一步培育精品意识、打造精品年鉴，从而以点带面，在提高年鉴质量方面探索出一条切实可行之路，充分发挥中国精品年鉴的辐射效应，引领带动全国范围内年鉴质量的全面提高，切实推动年鉴事业转型升级。

实施中国年鉴精品工程要全面把握以人民为中心的发展理念。以人民为中心，贯穿于改革开放以来我们党推进中国特色社会主义文化建设的全过程。新时代把握新机遇，年鉴作为记录新时代地方年度历史的重要载体，应当以习近平新时代中国特色社会主义思想为指导，牢固确立以人民为中心的理念。中国年鉴精品工程始终坚持人民是历史的创造者和改革开放事业的实践主体，始终坚持文化发展为人民服务、为社会主义服务，充分记录人民的首创精神，凸显人民在文化建设中的主体作用，不断满足人民的精神文化需求。年鉴工作要深深扎根于人民之中，坚持以事系人，记载人民群众中的先进典型，内容充分体现社会民生和为民服务的举措。在此基础上，实施中国年鉴精品工程还要建立精品长效机制，逐步推进精品年鉴传播最优化和效益最大化，使精品年鉴能够不断满足人民群众对美好生活的新需要新期待，在铸就中华文化新辉煌的过程中更好地构筑中国精神、中国价值、中国力量的方向上不断努力。

实施中国年鉴精品工程是坚定文化自信的体现。习近平总书记说，文化兴国运兴，文化强民族强。没有高度的文化自信，没有文化的繁荣兴盛，就没有中华民族的伟大复兴。中华优秀传统文化是中华民族的文化根脉，其蕴含的思想观念、人文精神、道德规范，不仅是我们中国人思想和精神的内核，对解决人类问题也有重要价值。地方志是中华优秀传统文化的精神之脉，是中华优秀传统文化基因的真正传承者和发展者。精品年鉴正是从中华民族世世代代形成和积累的优秀传统文化中汲取营养和智慧，记录传承的文化基因，记录思想精华，展现精神魅力。实施中国年鉴精品工程，以时代精神激活中华优秀传统文化的生命力，推进中华优秀传统文化创造性转化、创新性发展，把传承和弘扬中华优秀传统文化同坚定文化自信统一起来，有助于引导人民树立和坚持正确的历史观、民族观、国家观、文化观，不断增强中华民族的归属感、认同感、尊严感、荣誉感。

用精品记录新时代，用奋斗铸就新辉煌。地方志植根于历史，内涵于历史，镌刻于历史之上，是中华民族在漫长历史中形成的区别于其他民族的独特精神标识，精品年鉴是地方志的“守护者”“传承者”，是地方志成果创造性转化创新性发展的“探路者”“先行者”。习近平总书记强调，凡是传世之作、千古名篇，必然是笃定恒心、倾注心血的作品。希望全国年鉴工作者齐心协力，坚持历史唯物主义立场、观点、方法，立足中国、放眼世界，立时代之潮头，通古今之变化，发思想之先声，推出一批有思想穿透力的精品力作，培养一批年鉴专家，充分发挥存史、育人、资政作用，为推动全国年鉴事业转型升级作出新的更大贡献。

是为序。

中国地方志指导小组秘书长
中国地方志指导小组办公室主任

扬州市政区图

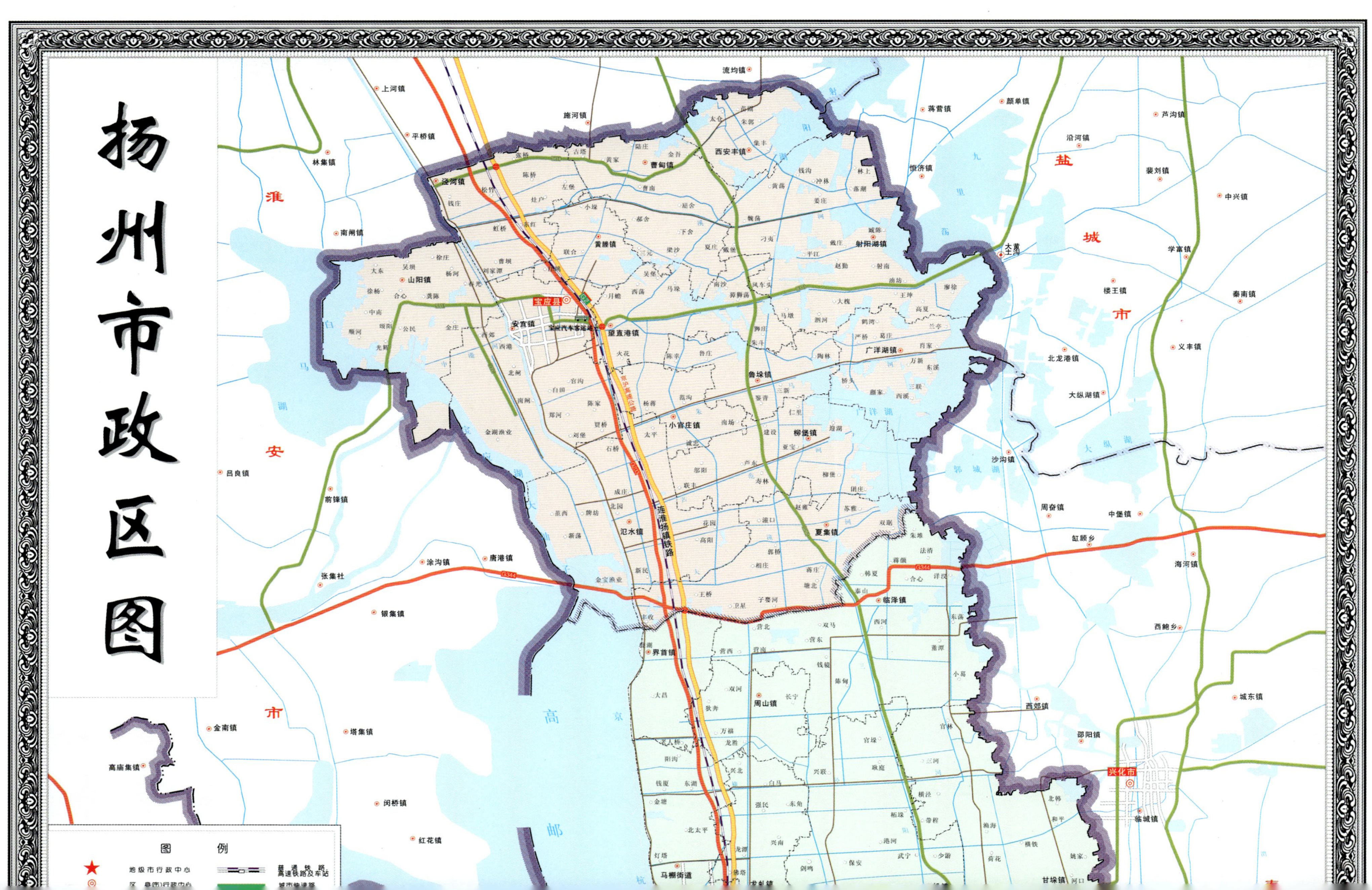

淮
安
市
盐
城
市
宝应县
兴化市
安宜镇
望直港镇
泾河镇
曹甸镇
西安丰镇
射阳湖镇
黄塍镇
山阳镇
广洋湖镇
鲁垛镇
小官庄镇
柳堡镇
氾水镇
夏集镇
临泽镇
界首镇
周山镇
马棚街道
上河镇
平桥镇
林集镇
南闸镇
吕良镇
南锋镇
涂沟镇
唐港镇
张集社
银集镇
金南镇
塔集镇
高庙集镇
闵桥镇
红花镇
施河镇
流均镇
蒋营镇
颜单镇
恒济镇
大营
沿河镇
芦沟镇
裴刘镇
中兴镇
学富镇
楼王镇
秦南镇
义丰镇
北龙港镇
大纵湖镇
沙沟镇
周奋镇
中堡镇
缸顾乡
海河镇
西鲍乡
西郊镇
城东镇
邵阳镇
临城镇
甘垛镇
连淮扬镇铁路
京沪高速公路
宝应汽车客运站
G344
射阳湖
大纵湖
郭城湖
白马湖
宝应湖
高邮湖
图例
地级市行政中心
区、县(市)行政中心
普通铁路
高速铁路及车站
城市快速路

省界
省辖市界
区、县（市）界
乡、镇界
城市道路
港口
轮渡、汽渡
水系及桥梁

比例尺 1：145 000

江苏易图地理信息科技股份有限公司 编制　　扬州市国土资源局 监制　　地图审查编号：苏K(2017)003号　　编制日期：2017年4月

江苏易图地理信息科技股份有限公司　编制　　　扬州市国土资源局

地图审查编号：苏K(2017) 006号　　编制日期：2017年4月

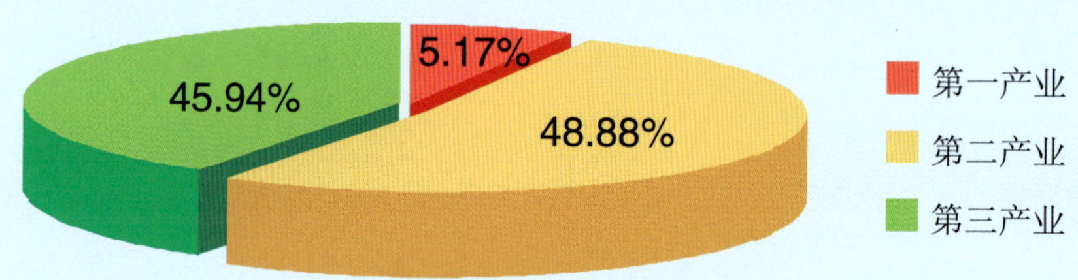

2017年地区生产总值构成

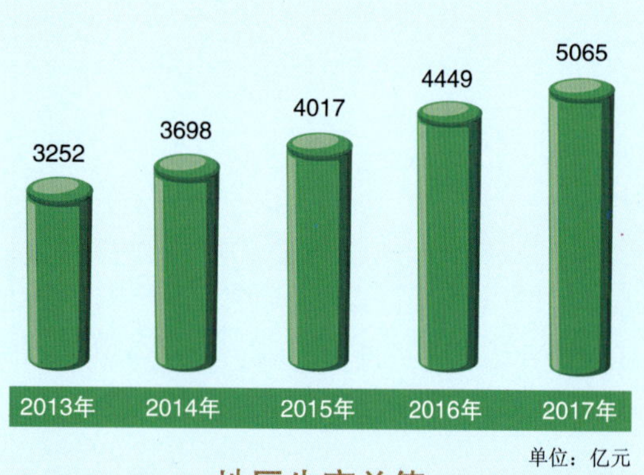

地区生产总值

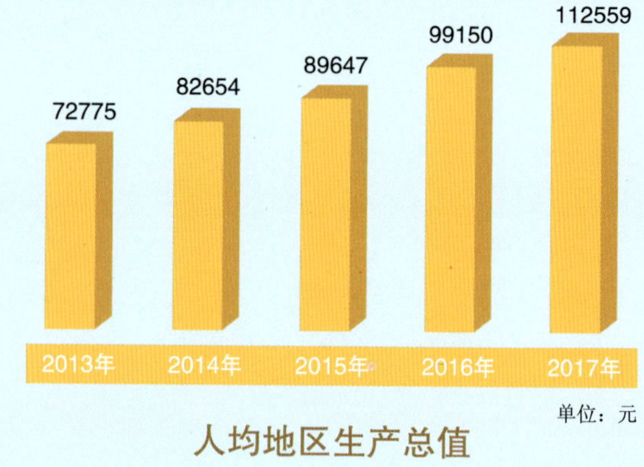

人均地区生产总值

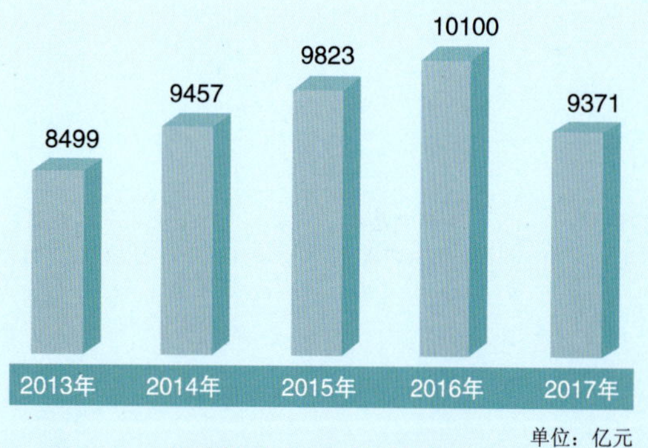

规模以上工业总产值

全社会固定资产投资总额

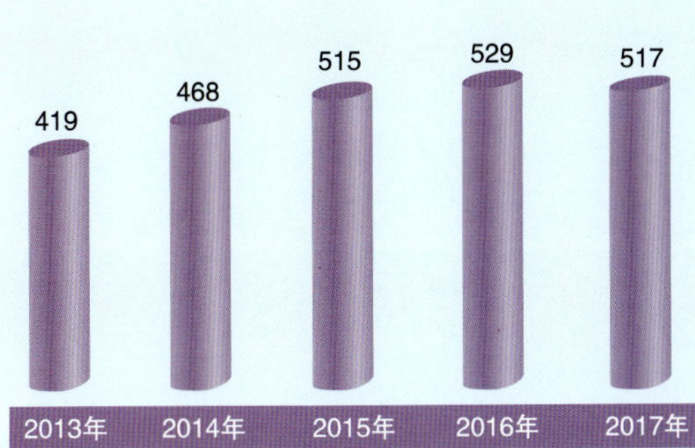

财政收入

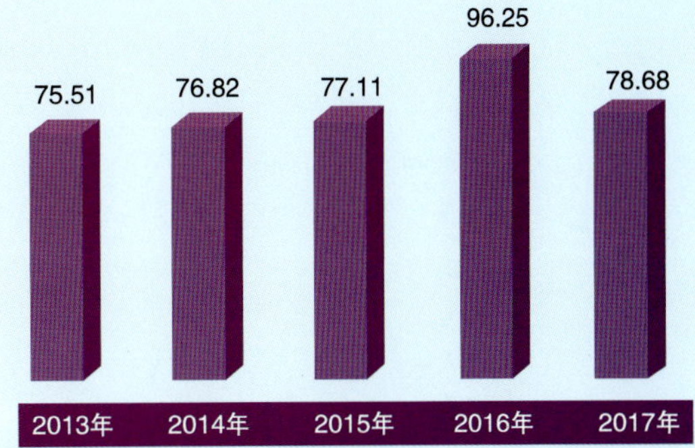

出口总额

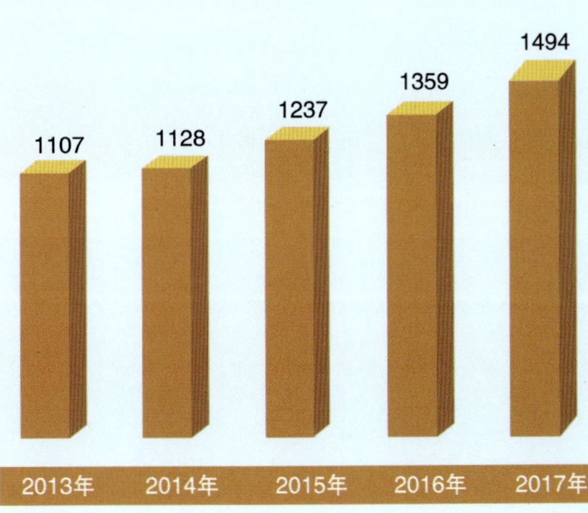

社会消费品零售总额

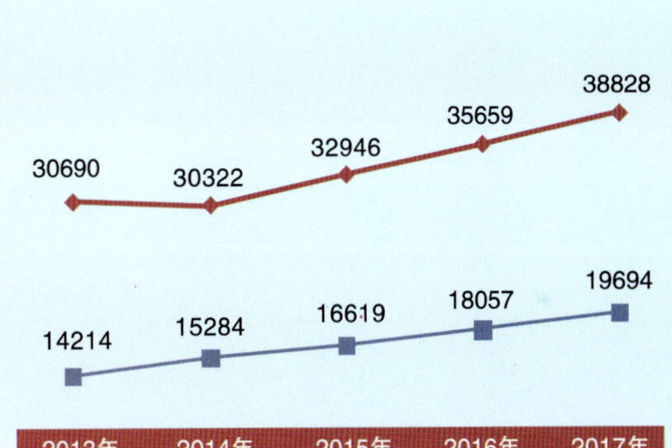

城镇居民人均可支配收入与农村居民人均纯收入

2017年扬州的一天

地区生产总值	公共财政预算收入	城乡居民储蓄余额	粮食产量	出口总额	社会消费品零售额
138765万元	8772万元	72804万元	7820吨	2156万美元	40932万元

春满瘦西湖

（周泽华 摄）

冬日蜀冈

（程建平　摄）

保存完好的扬州明清古城

（孟德[illegible] 摄）

壮观的扬州万福大桥

印象名城

（望秋叹　摄）

朝阳中的宋夹城体育休闲公园

（日　报　供稿）

美丽的三湾湿地公园

（蒋永庆　摄）

（常贵才　摄）

江淮生态大走廊金秋稻田美如画

（孟德龙　摄）

环境优美的生态科技新城

（万程鹏等　摄）

雕

4

① 传统雕版印刷技艺演示 （庄文斌　摄）

② 扬州玉器展示馆 （茅永宽　摄）

③ “非遗”传承人正在展演国家级“非遗”项目扬州杖头木偶戏《长绸舞》 （庄文斌　摄）

④ 扬州漆器《雕漆链条瓶》 （《中国扬州画刊》　供稿）

1 中学生读者在瘦西湖虹桥坊24小时城市书房温习功课　（庄文斌　摄）

2 三湾公园城市书房　（张孔生　摄）

③ 扬州万方科创书院图书馆　（李斯尔　摄）

④ 扬州钟书阁书店　（孟德龙　摄）

全市学习贯彻党的十九大精神轮训班
1

市委巡察机构建设暨市纪委派驻机构改革动员部署会
2

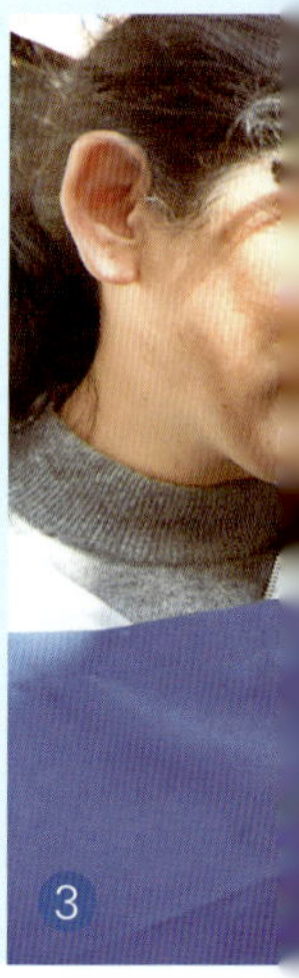

3

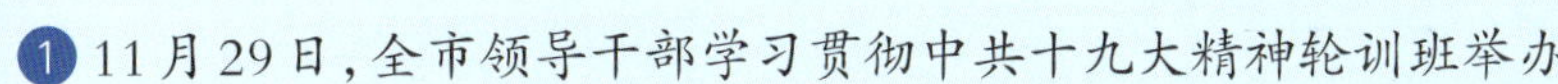

❶ 11月29日，全市领导干部学习贯彻中共十九大精神轮训班举办 （王　卓　摄）

❷ 9月18日，中共扬州市委召开巡察机构建设暨市纪委派驻机构改革动员部署会 （王　卓　摄）

❸ 邗江区竹西街道黄金社区组织指导居（村）民安装使用E阳光手机APP，增强居（村）民对“三资”的知情权 （庄文斌等　摄）

❹ 4月27日，广陵区汶河街道举办“说说我们的工作法”分享交流大赛。图为一名社区“小巷总理”在交流自家的“特色工作法” （庄文斌等　摄）

❺ 广陵区曲江街道沙北社区党总支设立“家风银行”，向每户家庭发出邀请，积攒好家训、展示好家风 （王　卓等　摄）

颁发
城市贵宾荣誉证书
sent Certificate of Honor to Distinguished Guests of Yan

项目签约仪式
Project Signing Ceremony

2017 中国·扬州
“绿扬金风”众创大赛
2017China Yangzhou “Lv Yang Jin Feng”
Community Innovation & Enterpreneurship Competition
青春飞扬·圆梦扬州
年轻人才专场决赛
三等奖 10000元

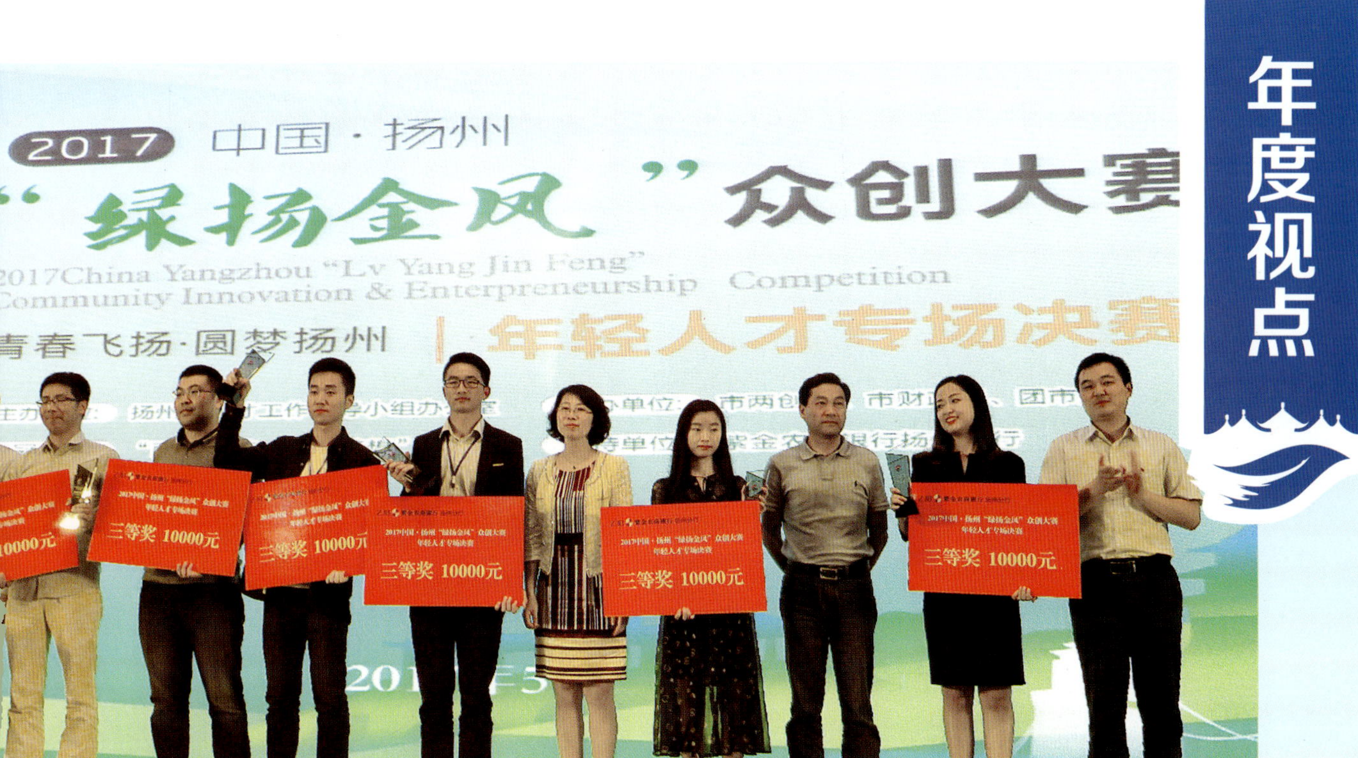

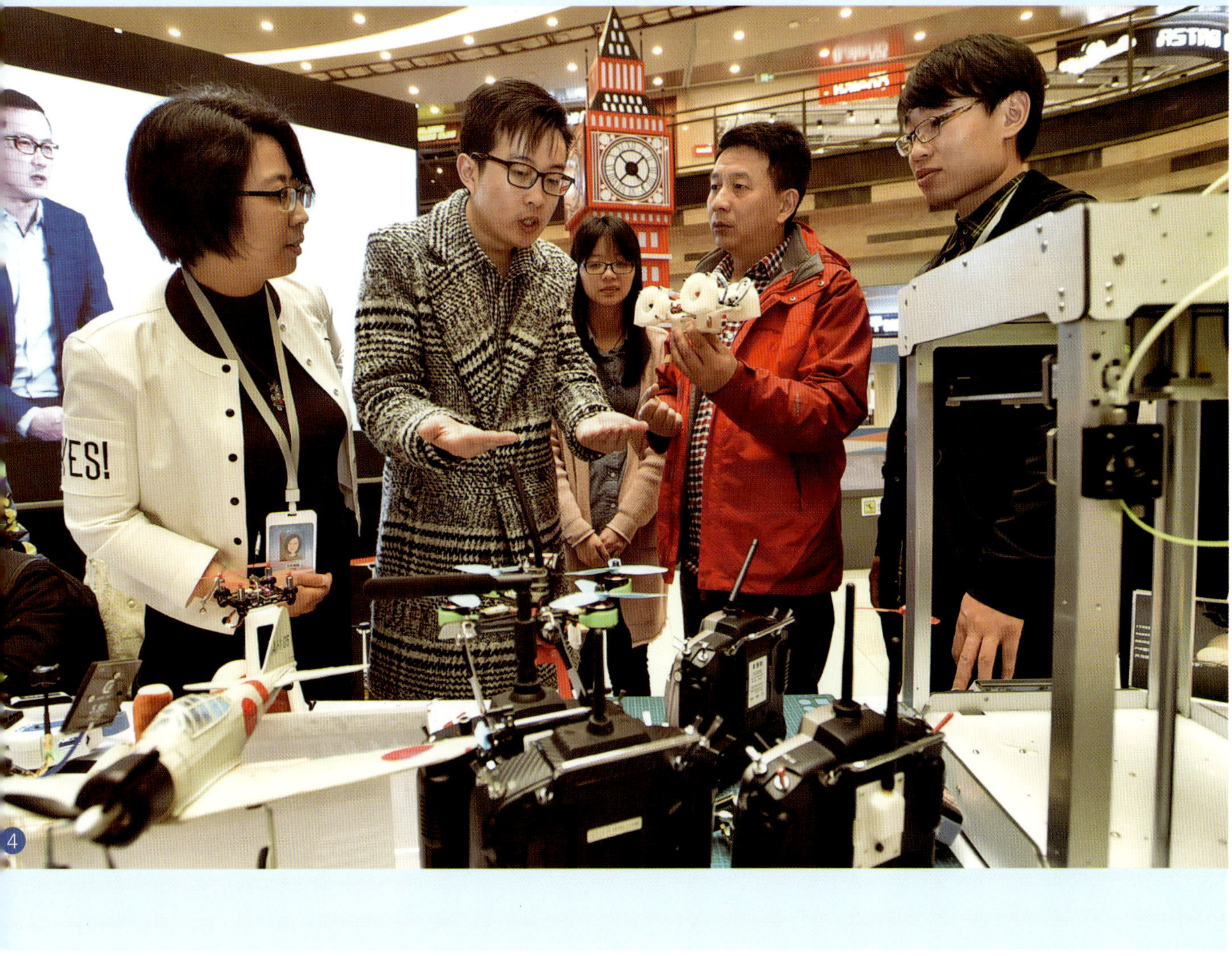

❶ 6月24日，广陵区竹西街道竹西社区筹建的“再生资源”兑换超市正式开张，开展“爱社区环境，废品抵千金”为主题的环保宣传活动 （庄文斌等 摄）

❷ 9月30日，市公安局举办扬州市反通信网络诈骗中心揭牌仪式 （王卓 摄）

❸ 6月6日，扬州举办“放鱼日”活动，数百名市民和渔民、渔政人员一起向长江放流鱼苗410万尾 （孟德龙 摄）

❹ 12月，扬州市投资11.33亿元的18家农村区域性医疗卫生中心全面建成投用。图为汤汪区域医疗卫生服务中心外景 （市委办 供稿）

❺ 9月5日，主题为“情满扬州 善惠万家”的“大爱之城”扬州第三届公益慈善义演晚会在扬州会议中心举行 （王卓 摄）

❻ 7月9日，广陵区汶河街道树人苑社区联合广陵区科协、区关工委共同打造的“社区科学实验室”正式向辖区少年儿童免费开放 （庄文斌 摄）

5

6

1 3月24—26日，2017国际剑联女子佩剑世界杯赛（扬州站）在宋夹城体育休闲公园综合馆举行 （董 辉 摄）

2 4月23日，2017扬州鉴真国际半程马拉松赛暨全国半程马拉松锦标赛鸣枪开赛，来自43个国家和地区的3.5万名选手参赛 （程建平等 摄）

3 8月26日，扬州市游泳健身中心正式建成对外开放（王 卓 摄）

4 5月3日，扬州市第16届全民健身体育节暨扬州市第13届老年人体育节、扬州市首届体育社团文化节在来鹤台体育公园开幕 （庄文斌 摄）

5 5月7日，第八届环高邮湖自行车越野赛在高邮鸣枪开赛，来自全国的666名选手参赛 （林 山 摄）

1

2

3

4

5

1

2

3

讲卫生·爱清洁·提高人民健康水平！
4

5

6

7

8

1 20世纪80年代的文昌阁一带
2 20世纪80年代的琼花路（今文昌中路）
3 20世纪80年代的三元路（今文昌中路）
4 1990年的石塔路（今文昌中路）
5 2001年改造后的文昌西路
6 2008年建成的文昌大桥
7 动车与文昌路西延“插肩”而过
8 2013年建成的广陵大桥
9 2013年，文昌路东延牵起江都
10 2015年，文昌路西延牵起仪征

（“四十年回眸”专题图片由城建档案馆、洪晓程、李斯尔、龙娟等供稿）

1 1999年，扬州南绕城公路全线建成通车

2 2017年，金湾路建成通车

3 2016年12月，611省道沿湖大道向阳河特大桥通过施工验收

4 2010年的江阳路（今城市南部快速通道）

5 2017年城市南部快速通道扬子江路支线上跨桥

6 20世纪80年代的大水湾一带的古运河

7 20世纪90年代古运河旧景

8 2009年，古运河贯穿扬州城

扬州汽車站
朝阳柴油机
东风朝阳柴油机公司
雪中飞
波司登

扬州汽车客运站

❶ 1990 年的扬州汽车站

❷ 2005 年的扬州汽车站

❸ 2015 年 7 月，扬州西部客运枢纽投运

❹ 2000 年，京沪高速扬州段建成通车

❺ 2012 年建成的宁扬高速公路扬州南互通

❻ 2017 年 12 月，宿扬高速公路扬州段建成通车

① 1978年，镇扬汽渡建成通航，成为长江沿线车流量和客流量最大的公路汽车渡口

② 2005年，润扬长江大桥建成，成为长三角地区重要的路网枢纽

③ 2017年，镇扬汽渡日渡运能力日均达30000多辆

❶ 2002年，宁启铁路开工动员大会现场

❷ 2004年，宁启铁路全线贯通

❸ 2016年5月15日，扬州迎来第一列正式运营载客的动车组列车

❹ 2017年12月22日，连淮扬镇铁路跨宁扬高速连续梁首个边跨合龙

❺ 2017年正在建设中连淮扬镇铁路航拍

❻ 2017年11月10日，连淮扬镇铁路首根接触网柱架设成功

❼ 2017年11月9日，连淮扬镇铁路站后“四电”工程开工誓师会举行

4

5

6

7

扬州市人民政府　泰州市人民政府
苏中江都民用机
奠基

HONGKONG AIRLINES
热烈庆祝扬州泰州机场开通香港航线

热烈祝贺扬州泰州国际

1 2010年3月18日，苏中江都民用机场举行奠基仪式

2 2012年5月8日，扬州泰州机场正式通航。图为一批旅客依次登上飞机

3 2015年9月28日，扬州泰州机场开通香港航线

4 扬州泰州国际机场夜景

5 2016年3月，扬州泰州机场升级为国际机场

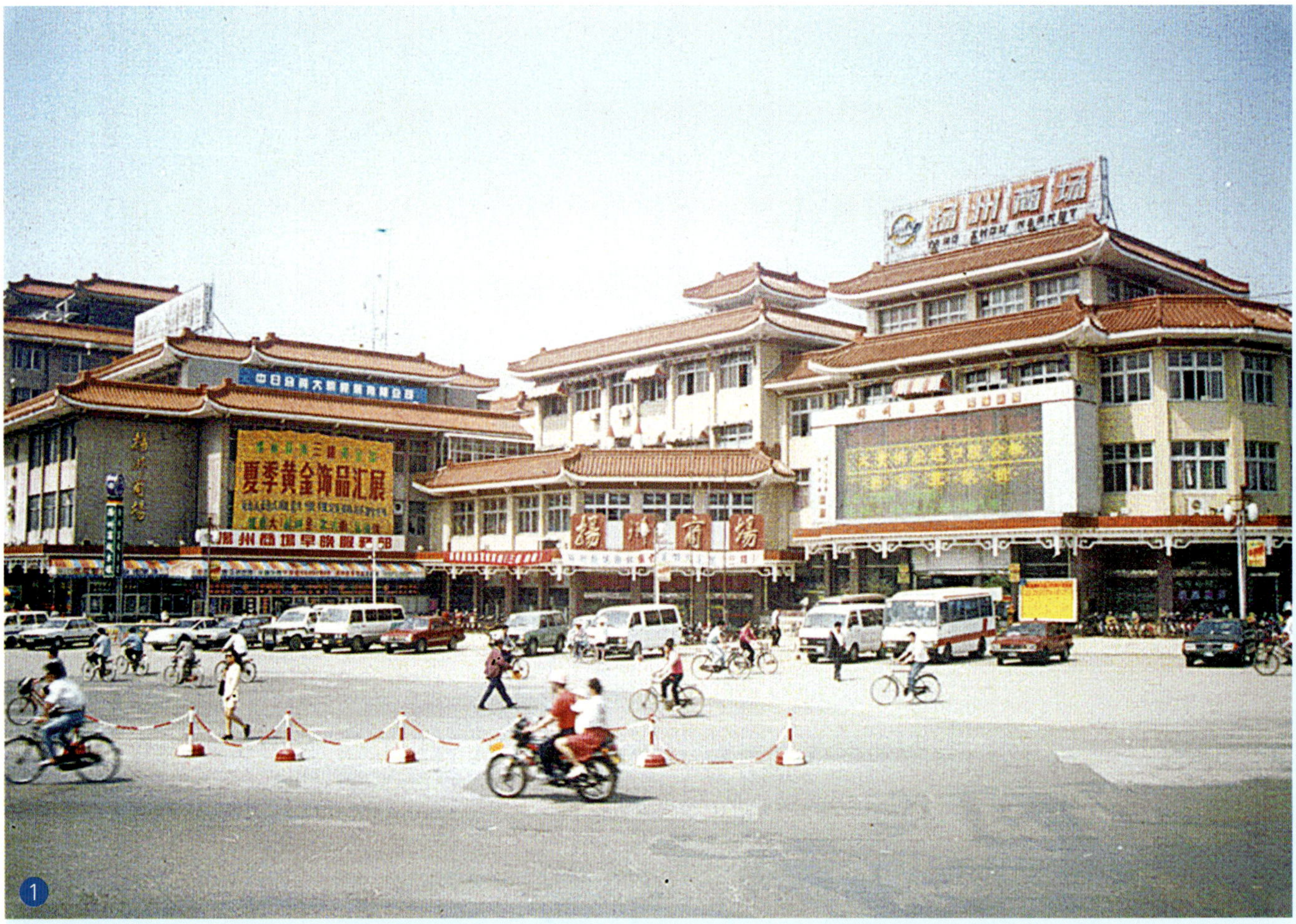
夏季黄金饰品汇展
扬州商场

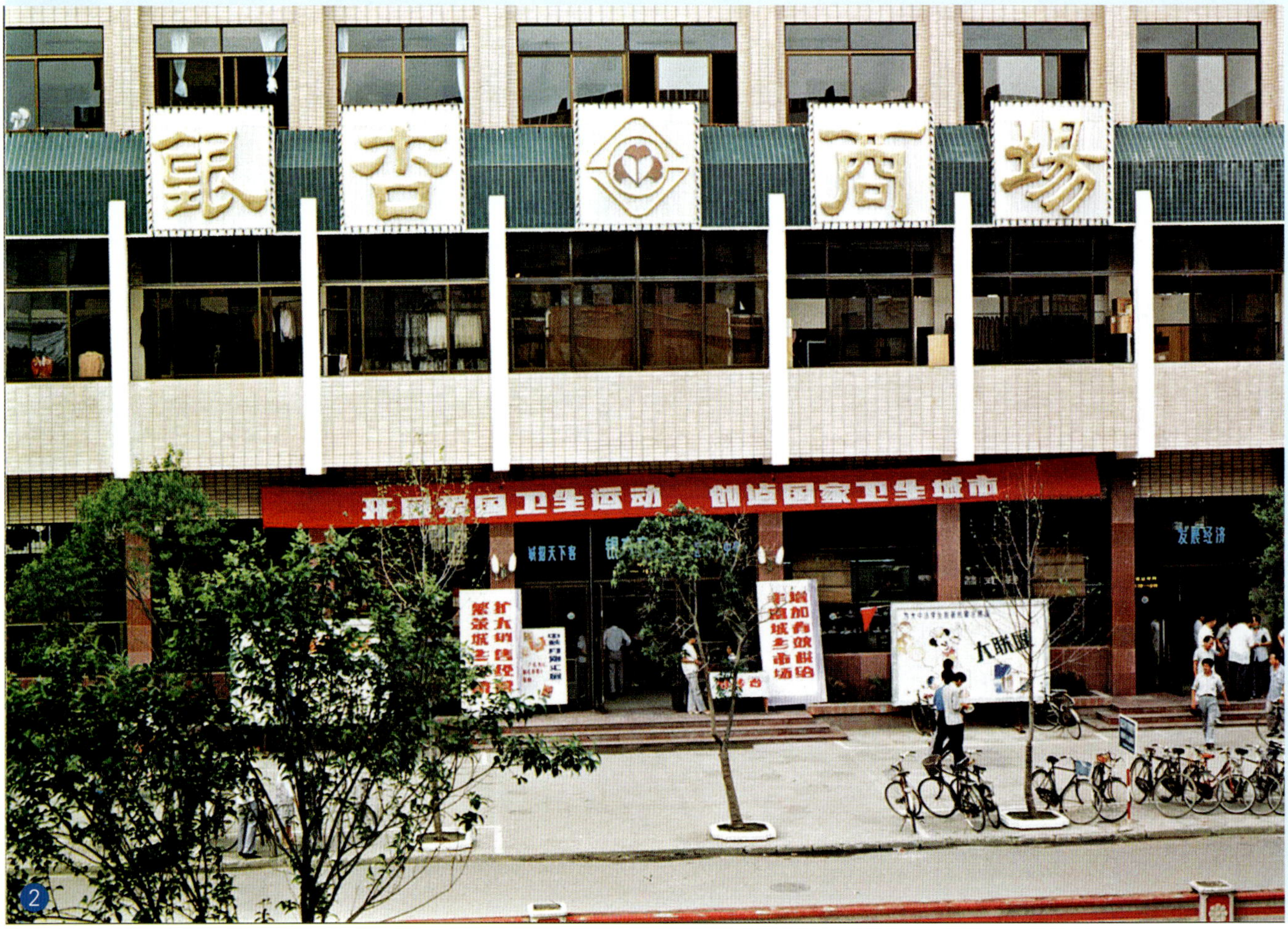
银杏商場
卫生运动
创建国家卫生城市
诚迎天下客
大联展

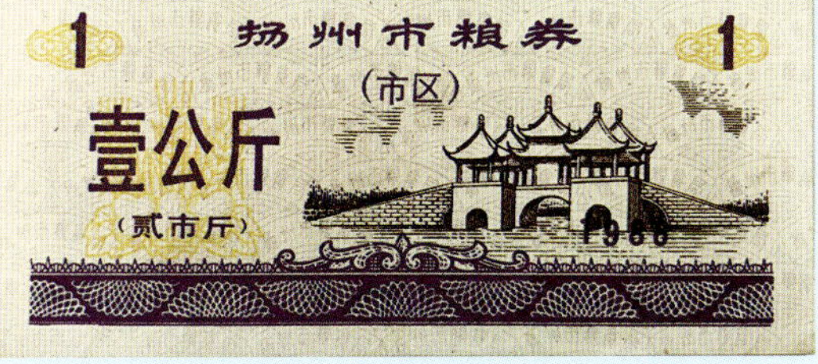

❶ 20世纪80年代的扬州商场

❷ 20世纪90年代的银杏商场

❸/❹ 市民保存的20世纪70、80年代的粮棉票

GOLDEN EAGLE
KFC

❶ 2007年，京华城开业

❷ 2017年的文昌阁商圈夜景

❸ 2017年，万达广场开业

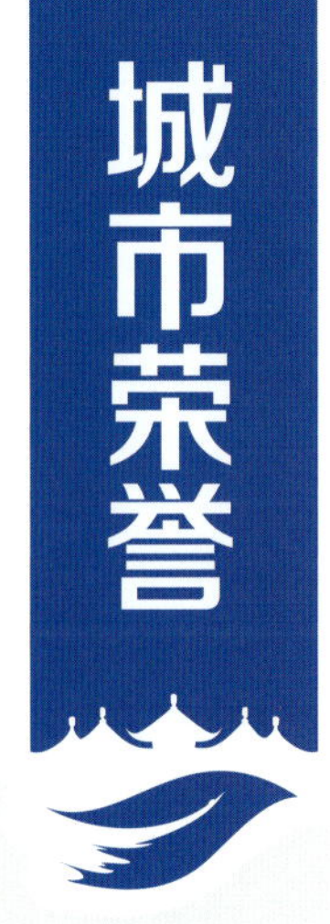

中国历史文化名城

全国双拥模范城

全国社会治安综合治理先进单位

中国优秀旅游城市

国家环境保护模范城市

国家园林城市

中国人居环境奖

全国节水型城市

国家级生态示范区

联合国人居奖

国家卫生城市

全国科技进步先进市

中国数字化创新管理奖

中国和谐管理城市

城市管理人民满意城市

国家森林城市

全国文明城市

全国诗词之市

全国生态市

全国小微企业创业创新基地城市示范

全国质量强市示范城市

国家创新型试点城市

全国法治城市创建活动先进单位

目　　录

政协扬州市委员会

中共扬州市纪律检查委员会

民主党派　工商联　群众团体

法　治

军　事

农　业

新兴产业

工 业

建筑业

商贸服务业

软件信息服务业

旅游业

房地产业

金融业

对外及港澳台经贸

开发园区

水　利

综述

水利工程建设

城市水利

农村水利

防汛防旱

水利工程管理

水资源管理

城市建设

综述

城市规划

新城区建设

生态科技新城

西区新城

城建重点工程

市政设施

乡村建设

生态环境

科学技术

教　　育

文　化

历史文化名城保护

医疗卫生

收入消费

社会保障

社会事务

区（县、市）发展

人　物

附　录

Main Contents

特载

Tezai

编 辑 姚 震

江淮生态大走廊建设

扬州南临长江、北接淮水，京杭大运河穿城而过，“南水北调”工程源头地处扬州境内，地理区位独特，水环境敏感度较高。市域范围湖泊、湿地众多、水网密布、植被丰富，生态基底良好。

2013年，中共扬州市委、扬州市政府着眼于板块联动、整体保护，首次提出建设江淮生态大走廊的初步构想。2015年，启动编制江淮生态大走廊规划。为确保南水北调东线源头“长治久安”，彰显和放大扬州生态特色，扬州规划建设3100平方千米的江淮生态大走廊。规划分近期目标和远期目标，近期(2015—2020年)重点规划建设淮水归江水道暨南水北调输水通道核心保护区域，面积约1300平方千米。远期目标(2020—2030年)推进生态大走廊建设由核心区扩大到规划控制区，通过实施更大范围的环境治理、生态建设和生态修复，最终将淮河归江水道和南水北调东线输水廊道打造成清水走廊、安全走廊和绿色走廊。围绕江淮生态大走廊规划，扬州重点实施8项重点工程。一是生态中心建设工程。按照每个生态中心建设规模不少于10平方千米的要求，加快推进生态科技新城“七河八岛”生态中心、宝应湖湿地森林生态中心、高邮清水潭生态中心、广陵夹江生态中心、三湾湿地生态中心等生态中心建设。二是南水北调东线源头输水廊道污染治理工程。对输水廊道两侧的生态管控区进行全面清理，对污染企业实施关停及生态修复，扩大沿线生活污水处理规模和能力，对现有污水处理厂进行提标改造。三是高邮湖、宝应湖、邵伯湖国家良好湖泊建设工程。推进高邮湖、宝应湖、邵伯湖纳入国家水质良好湖泊生态环境保护试点。四是生态林网和生态廊道建设工程。依托高邮湖、京杭大运河、夹江、三阳河等主要水体，建设水源涵养防护林带。持续推进“绿杨城郭新扬州”行动计划，确保每年新增绿地面积100万平方米。五是生态红线区域保护工程。加强生态红线区域监管能力建设，保持受保护区面积稳定。六是城镇黑臭河道和入江水系治理工程。扬州市区实施“调水引流、清水活水工程”，2015年8月，实现市区主干河道活水全覆盖。推进各县(市)城区主干河道控源截污和雨污分流排水管网建设，2020年全面消除“黑臭河道”。七是农业面源污染和地下水污染控制工程。加强农业面源污染防治，推进有机生态农业建设。八是产业结构转型升级工程。推动战略性新兴产业和现代服务业发展，化解过剩产能、淘汰落后产能，关停、搬迁市区和各县(市、区)重污染企业；推进各工业园区建设生态工业园，全市省级以上开发区80%创成国家或省级生态工业园，20%工业集中区完成省级生态工业园区认定。2016年，江淮生态大走廊被列入“十三五”省级战略，是扬州市第七届党代会提出的今后五年扬州“十件大事”之一。

2017年，中共扬州市委、扬州市政府成立以市委书记、市长为组长的江淮生态大走廊建设领导小组，印发实施江淮生态大走廊建设行动方案、年度实施计划和考核办法，定期调度、推进实施27项年度工程，总投入32亿元，推进“七河八岛”先导区建设保护，放大生态优势和样板作用。4月18日，江淮生态大走廊运河城市合作恳谈会暨世界运河历史文化城市合作组织理事会在扬州举行。扬州市市长张爱军出席会议并致辞，扬州市政协主席、世界运河历史文化城市合作组织主席朱民阳作会议小结。内河航道国际组织主席大卫·爱德华兹·梅出席会议并致辞。来自各国的顾问、专家、学者、城市代表以及特邀嘉宾等100多人参加，就生态保护、环境水资源、水利用等问题进行讨论。扬州、徐州、淮安、宿迁、泰州等5市发布合作框架共识。5月10日，市环保局启动2017年度“公众看环保·走进江淮生态大走廊”主题宣传活动，邀请扬州媒体与部分人大代表、政协委员、专家学者及市民代表等走访第一站——广陵区、生态科技新城，观摩包括西江生态园、廖家沟水源地保护区、湾头特色小镇等10处地方，感受江淮生态大走廊建设给周边人民带来的生态福利。5月12日，前往邗江区槐泗镇，看运河沿线污染源搬迁后的生态修复；观摩方巷镇沿湖村，看渔民上岸后的安居工程；探访江都区仙女镇将“三河六岸”打造为“生态外滩”，寻访邵伯镇古运河畔的新文化地标。5月17日，走进宝应县山阳镇，了解环保部门组织实施的“三退三还”(退耕、退渔、退养，还林、还湖、还湿地)工程；山阳镇开展环境整治，关闭40户无证养殖场。5月19日，“公众看环保·走进江淮生态大走廊”活动最后一站，观摩高邮海潮污水处理厂、西堤运河风光带、清水潭湿地生态中心等地。“公众看环保·走进江淮生态大走廊”系列活动，让参加代表了解江淮生态大走廊的建设规划，展示先导工程的进展进程，加强认识江淮生态大走廊作为扬州发展的生态屏障和绿色脊梁意义。积极上争政策资金，省环保厅先期补助江淮生态大走廊建设项目资金2500万元。江淮生态大走廊建设先后纳入《淮河生态经济带规划》和国家《长江经济带生态环境保护规划》。（夏新平　樊盛健）

全国水生态文明城市建设试点通过验收

2013年7月，扬州市被水利部列为第一批全国水生态文明城市建设试点市，试点期3年。试点建设期间，扬州市秉承“治城先治水”的战略理念，明确“外防、内排、活水、治淮”的治水方针，围绕“一轴、一带、两区、多点”的总体布局，构建水安全保障、水资源配置、水环境保护、水生态保护与修复、水文化和水景观、水管理等六大体系，形成具有平原水乡特色的“城水互动、活水畅流、生态均衡、文水相融”的水生态文明城市格局，完成试点期间建设任务。2017年5—7月，扬州市以全国第二高分通过水利部技术评估和水利部、省政府联合验收。

扬州市试点建设理念先进、措施扎实、成效显著、特色鲜明，得到水利部、省政府领导的充分肯定。水利部前任部长陈雷在2017年全国水利厅局长会议讲话中，要求推广扬州“河湖水系连通”的经验做法，为全国平原水网地区提供典型示范。扬州市水生态文明城市建设的成效主要体现在：放大生态优势。主城区实现活水全覆盖，城市水环境质量明显改善。全市水土流失治理率由72%增加到80.7%，城市水域面积率由9.3%增加到10.76%。加强防洪保安。通过实施淮河入江水道整治工程、区域供水工程和城区“不淹不涝”工程，增强城市水安全保障能力。2016年城乡居民生活用水和工业用水保证率由96%提高到98%，流域防洪达标率由82.0%提高到95.5%。提升区域形象。扬州市呈现“河畅、水清、岸绿、景美”的城乡水环境，提高地区美誉度。2017年全市接待入境过夜旅游者5.3万人次，增长13.2%，增幅列全省第三名；旅游业收入比2012年增长59.1%。培养生态意识。面向全社会开展水生态文明建设宣传教育，建设扬州市水利展馆，并免费开放。通过水生态文明建设，满足居民“亲水、近水、临水”愿望，享受建设成果，促进共建共享。增强社会效应。2015年8月以来，央视《新闻联播》多次聚焦扬州水生态文明城市建设，《人民日报》《光明日报》等主流媒体多次宣传、点赞“治城先治水”工作经验。“治城先治水”获选中国水利2015年度“基层治水十大经验”。全市先后接待100多批次省内外党政代表团、兄弟单位学习考察，相互交流经验。具体工作中，着力抓好以下三个方面：

加大投入、示范推进，确保试点工作取得实效。至2016年底，累计完成投资125.9亿元。围绕“活”，打造河湖水系连通示范。先后投资14亿元，实施主城区调水引流工程，形成东水西引南排的水系连通框架。古运河以东片区通过新开河道，新建闸站、箱涵，引京杭大运河水入曲江公园，经沙施河入古运河，形成活水循环；古运河以西片区通过扩建黄金坝闸站，新建平山堂补水站并铺设输水管道，新开沿山河东延河道，新建象鼻桥补水站，引邵伯湖水源入古运河，经邗沟河、沿山河、新城河等入古运河，形成活水循环。通过建设雨水污染削减装置、曝气装置、生物浮岛等，增强水体自净能力，解决主城区河道污染问题。突出“治”，打造水环境系统治理示范。推进城乡水环境综合治理，综合运用生态清淤、控源截污等措施，分阶段整治古运河、新城河、沙施河等30多条城市河道。注重区域化联动治理，疏浚整治2300多条县乡河道、3.2万条（面）村庄河塘，实现全市农村河道清淤疏浚全覆盖。加大污水处理力度，中心城区、江都、宝应经济开发区分别新增污水日处理能力5万、4万和2万立方米，新增配套污水管网221千米。全市污水处理率由2012年的82%提高到89.33%；省控水功能区水质达标率由63.4%提高到75.6%。注重“融”，打造亲水宜居城市示范。围绕水景融合，以唐宋城河水系为脉络，以瘦西湖路和平山堂路为主轴线，以蜀冈中西峰、宋夹城、瘦西湖、园林景观工场为重要节点，打造集生态保育、遗址保护、景观修复于一体的“两古一湖”（古城、古运河，瘦西湖）扬州“城市母体”，为恢复历史河流水系、推进水文化与水景观建设提供样板。实施黄金坝闸站、吴王夫差广场等水利工程，注重水景观打造和水文化挖掘，实现城市水利功能与城市建筑风格、园林绿化的融合，营造亲水宜居环境。聚焦“安”，打造“不淹不涝”城市示范。提高“外防”标准。完成整治淮河入江水道堤防近200千米，防洪标准达到百年一遇；长江防洪标准达到五十年一遇；西北部丘陵山区，依靠沿山河和润扬河工程，打通主城区西北部山洪下泄入江的通道。增强“外排”能力。主城区先后完成43个积水点整治工程，整治受淹面积33.2平方千米，铺设排水管道超80千米。2015年发布的中国城市竞争力蓝皮书中，扬州排水管道密度指数居全国第17位、全省第3位。中心城区防洪除涝达标率由74%提高到85.67%。崇尚“亲”，打造生态园林城市示范。崇尚人与自然和谐共生、人水相亲的理念，以生态修复、水源涵养、湿地保护为主要内容，全面推进生态中心建设，要求生态用地占比70%以上，森林和湿地覆盖面积占60%以上。至2017年底，廖家沟中央公园、三湾公园、宝应湖生态中心、高邮清水潭生态中心等10个生态中心，新增造林绿化366.7公顷，恢复保护湿地66.7公顷，自然湿地保护率达47.9%。瘦西湖区域成为现代城市核心区域的“负离子呼吸区”。江淮生态大走廊区域成为东亚候鸟的迁徙通道，淮河入江口成为国家一级保护动物江豚的自然栖息地。坚持“护”，打造南水北调清水廊道示范。编制《南水北调东线水源地生态保护区功能规划》，将输水沿线周边地区340平方千米范围划定为核心保护区，推进植树造林和水生态修复，先后实施万亩沿江风光带、万亩绿色通道、万亩田园风光带等一批源头保护项目，建成邵伯湖湿地自然保护区和南水北调源头湿地保护区，输水骨干河道沿岸建成10多米宽的绿化隔离带，公共绿地面积达12万平方米。启动江淮生态大走廊建设战略，规划建设“一带一廊”（“一带”为沿宝应湖、高邮湖、邵伯湖、京杭大运河、高水河、芒稻河、廖家沟及周边湖泊水系、湿地形成的生态带，“一廊”为沿潼河、三阳河、新通扬运河、夹江形成的清水走廊）。

规划引领、健全机制，保障试点工作扎实推进。水生态文明建设是一项系统性工程，需要规划先行，健全体制机制，保证各项试点工作有序实施。以师法自然理念加强空间管控。优化设计总体规划，编制实施《扬州市水生态文明建设总体规划(2014—2020)》。出台《扬州市生态红线区域保护规划》，优化调整全市生态功能区划，形成自然保护区、饮用水源保护区、洪水调蓄区等11大类70个区域，总面积1325.2平方千米，较调整前增加28.05平方千米。出台《扬州市城市蓝线规划》，分为河道、水库和湖泊湿地(包括公园湿地)等三大类，其中河道139条、总长913.3千米，分4级保护；水库13处、总库容314.2万立方米；中心城区湖泊湿地蓝线划定对象共1处，为润扬湿地公园，总面积3.91平方千米；明确蓝线保护范围内严禁的活动、行为。以体制机制改革构建“一龙治水”局面。出台《关于扬州市城市涉水管理职能调整工作的实施方案》，于2014年底理顺城市防洪、河道、节水管理体制。强化法制保障，2013年中共扬州市委、扬州市政府决定设立生态科技新城，集中力量推进“七河八岛”区域生态保护和开发建设；扬州市人大以决议形式设立“四控一禁”（严控廊道宽度、建筑高度、开发强度、污染排放，禁止违法建设），“七河八岛”空间划分为禁止建设区、限制建设区、适宜建设区等三类；2014年扬州市人大出台《关于加强水环境保护和大气污染防治的决议》，每年对各县(市、区)及相关部门执行决议情况开展督查、质询和问题督办；2015年出台《城市“清水活水”综合整治工程管理办法》，对雨污分流、排污口管理等作明确规定；2016年制定《扬州市河道管理条例》，于2017年1月1日正式实施。以全面推行“河长制”促进河道长效管护。2013年市、县两级出台加强河道管理“河长制”工作意见，全面推行“河长制”。至2016年底，“河长”实现全覆盖，全市落实“河长”2200人。2017年，完善“河长制”实施意见。先后出台骨干河道、农村河道管护市级奖补资金管理办法，明确资金来源、规范资金使用。其中，扬州市政府每年从土地出让收益中安排奖补资金1亿元，用于全市河道管护的奖补，各县(市、区)、乡镇落实财政专项资金近3亿元，用于辖区内河道管护。确定管护人员或聘请保洁公司承担河道管护，全市拥有河道保洁人员近1万人，社会化率超过九成。对市直管河道保洁船只全部安装GPS定位系统，实行动态监控，提高保洁实效。以组织体系优势提升大运河历史文化内涵。2013年举办以“水生态、水文明与名城”为主题的“中国·扬州世界运河名城博览会”。制定出台《大运河扬州段世界文化遗产保护办法》，设立100亿元“中保—京杭大运河城乡生态建设基金”，加强内外合作，促进世界运河城市共同发展。挖掘运河历史文化底蕴，打造唐子城护城河整治、三湾公园、古运河风光带等一批水景观工程。

总结模式、互鉴互促，探索试点工作有益经验。围绕水资源禀赋和区域文化特色，将生态理念、系统思维贯穿到各个环节，扬州市形成“治城先治水、治水重清水、清水需活水、活水要护水、护水必节水”系统建设模式，为平原水网地区水生态文明建设提供借鉴。践行“治城先治水”，让水出得去、进得来。实施防洪河道整治和排涝闸站配建，推进易淹易涝片区改造，修复水体生态，提高城市道路排涝能力，保障城市正常生产和生活秩序。着眼“治水重清水”，以坚定决心治理污水。制定《扬州城市“清水活水”综合整治三年行动方案》《加快推进城区黑臭河道整治工作方案》，清淤黑臭河道，加强控污截污，畅通水网水系，坚持“一河一策”，解决黑臭河道的活水源头，推进主干河道和主干管道，强化排污截污、调水引流、定期清淤、生态治理等整治。围绕“清水需活水”，让城市之水“活”起来。研究制定“主城区水系连通”规划方案，将主城区83条河道实现勾连贯通。发挥邵伯湖“平原水库”作用，通过调水引流、保障水源、节点控制等措施，促进市区水系有序流动。2015年，扬州实现“九闸同开、活水润城”，从高邮湖、邵伯湖引入的活水，经古运河分流各闸进入主城区，大运河以西主城区90平方千米范围内全长140千米的35条河流实现活水环绕。注重“活水要护水”，做到师法自然人水和谐。打造滨水景观岸线，结合城市防洪堤堰建设，通过河岸生态改造、岸线绿化、生态控制、景观建设等措施，提升水体水质，优化河道生态环境，形成长效管护机制。实施古运河整治工程，进行河道疏浚、堤防加固，采用陆域植被恢复、水体生态修复工程技术，将古运河整治打造成城区“水景大观园”；将双峰云栈、瘦西湖、宋夹城与唐子城护城河连为一体，打造游客和市民共享的世界级公园。坚持“护水必节水”，促进城市生活更低碳。制定出台《扬州市节水供水管理办法》《扬州市建设项目节水设施“三同时”管理规定》《扬州市公共机构创建节水型单位实施方案》等，每年开展节水型社区、企业、学校、机关创建；开展工业节水示范项目技术改造，先后投入资金逾亿元，完成节水技改工程450多项；通过发展高效节水灌溉等措施，提升农业用水效率。扬州市2005年被命名为“国家节水型城市”，并先后于2008年、2013年、2017年通过复查验收。

（水生态办）

专记
Zhuanji

编　辑　徐国磊

全国文明城市“三连冠”

2017年11月17日，全国精神文明建设表彰大会在北京举行，扬州作为全国文明城市受到表彰。这是扬州自2011年荣获、2014年蝉联全国文明城市以来，第三次获此称号，实现全国文明城市“三连冠”。全国文明城市是反映城市整体文明水平的综合性荣誉称号，每三年为一个测评周期，全方位对一个城市的政务环境、法治环境、市场环境、人文环境、生活环境、生态环境、创建活动等进行科学系统考评，基本指标有37个子项、119个小项。近年来，扬州市把深化文明城市长效管理作为协调推进经济、政治、文化、社会、生态文明建设的“龙头工程”，中共扬州市委、扬州市政府启动文明城市建设新三年行动计划，深化文明城市常态长效管理，以群众性精神文明创建活动引领新时代风尚，城市面貌、生态环境、基础设施建设、城市公共秩序、市民文明素质得到新提升。

开展“双月点评会”，集中会诊破解疑难杂症。扬州市把文明城市建设作为“一把手”工程，通过行政手段推进城市管理。2015年3月，召开“共建文明城、争做文明人”动员大会，建立书记市长主持“双月点评会”制度，各区和40个文明委成员单位主要负责人参会，建成区21个街道(乡镇)党(政)主要负责人列席会议。将县(市、区)领导班子和部门年度综合考核中的文明城市建设分值从2分提高到5至8分(县市7分、功能区5分、市级机关部门8分)，形成上下一盘棋的文明创建格局。开展“双月点评会”14次，每次解决一两个牵涉面广、工作难度大的重点问题，有效解决文明城市建设的疑难杂症和权责不清、分工不明的障碍，攻克顽症30多处、问题点位569个。

竹西社区青年志愿者向居民讲解文明城市创建的基本知识

庄文斌　周　扬/摄

建立健全“网格化”，推进管理模式常态长效。瘦西湖街道创新实践“网格管理数字平台+快速反应机制”并在全市推广。按照条块结合、以块为主的思路，理顺工作机制，把管理重心下移到街道，让街道有责有权。2015年起，在街道(乡镇)组建以城管、公安、市场监管局3家为主的“3+X”模式的联合执法队伍，实施联合执法、集中攻坚。市、区级的交警、公安、城管和市场监督管理执法人员下派到街道，定岗在路段。建立财政转移机制，每年市、区两级财政转移支付资金3200万元，以奖代补支持乡镇(街道)开展创建工作。推进城管体制改革，将区城管人、财、物下放到街道，让街道有责有权、统一调度，让城管队员成为不流动的“网格员”。实施老旧小区专项整治，建立老旧小区基本物业管理。规划建设智能停车场，增加停车位，市区每年新增10000多个停车泊位。

凝聚精气神，推进群众性精神文明创建。扬州市坚持“创建为民、创建靠民、创建惠民、创建育民”和“同住一座城共治一个家”的城市管理理念。开展“我为城市要做些什么，我为社会要做些什么，我为他人要做些什么”的大讨论，推动城市硬件设施和软件管理的双提升、人与城市的共发展。坚持用社会主义核心价值观激发出全市的文化自信和精神自觉，建设一批“好人馆”“好人廊”“好人墙”，组织开展

“扬州好人”进万家文艺巡演活动，市民争做“务实踏实、创新创业、开明开放、文明优雅”的扬州人，“勤奋勤勉、开拓进取、包容通融、崇文尚德”的城市精神深入人心。发展各类社团，引导居民参与文明城市建设。2017年，全市注册志愿者36万余人，注册志愿服务组织3200多个，2015年12月以来累计实施志愿服务活动3万多项。推行商家“门前四包”制度，推动商家强化自我管理、履行社会责任。2017年9月，全省城市治理与服务工作现场推进会在扬州召开，扬州公园体系建设、老小区综合整治、智慧社区建设、城市书房建设、校园公园一体化建设受到好评。（吕泰宏　胡　俭）

扬州经济社会发展“十件大事”

2016年9月，扬州市第七次党代会对扬州今后五年工作作出全面部署，明确事关扬州全局和长远发展的“十件大事”。“十件大事”契合创新、富民两大主题，在内容上涵盖方方面面工作，在范围上覆盖全市域，是“迈上新台阶、建设新扬州”的重要支撑和高水平全面建成小康社会的重要标志。2017年，中共扬州市委、扬州市政府进一步明确责任，狠抓落实，“十件大事”建设稳步推进，按期完成序时工作任务。（扬　鉴）

2017年“十件大事”完成情况一览表

表2-1

序号	项　　目	完　成　情　况
1	实施“12345”创新发展工程，推进经济创新驱动、产业转型升级；研究确定和聚力推进1～2个扬州市在全省最有条件、最具优势的产业；深入对接南京江北新区和苏南国家自主创新示范区，在跨江融合发展中更大范围集聚创新资源；研究制定2017年服务企业2号文件	2017年，国家创新型试点城市通过验收。全社会研发投入占地区生产总值比重提升至2.4%。推进全国小微企业“双创”示范建设，新获批国家高新技术企业110家，新开发省级高新技术产品712件。新增省级以上“三站三中心”123家。发明专利授权量突破900件。新增国家、行业和地方标准30项。扬州高新区创成国家知识产权试点园区。玉器产品质量监督检验中心通过国家验收。“扬州漆器”创成国家地理标志商标。促进省级以上开发区承接上海、苏南园区亿元以上项目31个，总投资174.8亿元。高新技术产业产值占规模以上工业比重45%。战略性新兴产业增加值占地区生产总值比重16.5%。新增省示范智能车间14个、工业机器人384台套。获批国家智能制造试点示范项目3项。扬州高新区数控成形机床产业成为国家创新型产业集群试点
2	围绕提高扬州市城镇居民收入水平，对扬州市城镇居民收入分区域、分类别进行结构性分析，提出未来五年富民工程和补短板的工作方向和重点，力争城乡居民收入达到省均水平，确保7000元以下低收入农户全部脱贫；研究制定2017年民生1号文件	2017年，扬州市城乡居民人均可支配收入分别增长8.4%、8.8%。推进精准扶贫、阳光扶贫，全市建档立卡低收入农户基本达到人均可支配收入7000元，沿江、沿河地区经济薄弱村集体经济年收入分别达到50万元、40万元
3	承办好2018年省运会和省园博会，推进主会场、主展场、主赛场的建设改造，组织好重大活动的开展；以省运会和省园博会举办为契机，加快完善提升城市功能，着力打造国际文化旅游名城	2017年，继续开展省运会筹备工作，19处省运会场馆推进建设，建成游泳健身中心、射击运动中心。省园博会各项准备工作有序推进，省园博会主展馆、园冶园和部分城市展园开工建设
4	打造美丽中国的扬州样板和健康中国的扬州样本，加快推动国际文化旅游名城建设。突出“七个更”，确定民生工作重点任务，研究健全以生态文明建设为重要标杆、以人民群众健康快乐为重要标志的工作考核激励机制。研究制定服务旅游旅行者3号文件	2017年，扬州市创成国家水生态文明城市，通过国家节水型城市、国家森林城市复查。仪征滨江水源地取水口整治到位，凤凰岛创成国家湿地公园。整合城乡居民基本医疗保险制度，跨省异地就医实现联网结算。18家农村区域性医疗卫生中心全面建成使用，115家基层医疗卫生机构全部参与医联体。迁建宝应、江都人民医院，新建高邮人民医院东院
5	规划建设江淮生态大走廊并争取进入省级和国家规划，按照“可定义、可量化、可操作、可考核、可追究”要求，研究制定“五年行动计划”和2017年工作计划，推动工作工程化项目化落地，并争取进入省级和国家规划	2017年，江淮生态大走廊建设纳入国家《长江经济带生态环境保护规划》，27项年度重点工程扎实推进，制定宝应、高邮江淮生态经济区建设“四个清单”。推进“263”专项行动。淮河入江水道整治基本完成

续表2-1

序号	项　　目	完成情况
6	推进跨江融合发展、宁镇扬同城化和沿江沿河联动发展。建成金湾路、环邵伯湖大道和城市南部快速通道，实施宁扬公路快速化改造，推进京沪高速公路扩容改造及南延、扬溧高速公路扩容改造工程，完善城市快速路网	2017年，推进宁镇扬一体化，扬州泰州国际机场一期扩建、真州路北延、扬子津大桥等开工建设。城市南部快速通道主体基本贯通，金湾路部分路段建成通车，宿扬高速、S611沿湖大道建成通车。城市北部快速通道做好开工前期准备，启动江平路、扬子津路快速化改造以及运河路、润扬路和若干联络线等快速化建设
7	确保2020年连淮扬镇高铁扬州段和扬州高铁综合枢纽建成，谋划推进北沿江高铁、宁镇扬城际轨道交通和扬州城市轨道交通建设；围绕未来高铁的建成通车，研究推进高铁与公路、航空、水运以及城市公共交通的对接衔接	2017年，连淮扬镇高铁开始电气安装，五峰山过江通道公路接线开工建设，北沿江高铁实质性开展前期工作
8	统筹推进古城保护与新城建设，基本建成广陵新城，完成生态科技新城和“三河六岸”区域基础设施建设，推动江广融合区“新产业、新人才、新城市”互动并进	2017年，江广融合区、西区新城、南部新城等城市重点板块面貌日新月异，启动主城东南片区更新改造，推进南河下街区整治
9	承办好2021年世界园博会，建成枣林湾世博园和均衡覆盖的城乡公园体系，围绕“111”生态体育休闲公园体系建设工程，确定规划目标、时点时序和责任单位，并建立文体、体育、生态环保等部门资源向其集中的引导激励机制	2017年，世园会各项准备工作有序推进，启动实施特色田园乡村“111”行动，沙头镇沙头村和月塘镇四庄村入选省级试点，方巷镇沿湖村获评国家级“最美渔村”。头桥镇入选省级特色小镇创建单位，杭集镇获批全国特色小镇，仪征枣林湾入选国家首批运动休闲特色小镇试点。建成51个省级绿化示范村。全市新建改造8个综合公园、81个社区公园、29个口袋公园，三湾公园、蜀冈文化公园建成开放，明月湖体育休闲公园提档升级
10	延展、提升扬子津科教园区建设，建成江苏旅游职业学院、扬大广陵学院新校区，推进科教资源与产业发展的融合、人才培养与企业需求的对接	2017年，建成江苏旅游职业学院、扬大广陵学院新校区。新引进知名高校研创中心56家。构建“2＋N”人才政策体系，451人入选省级以上重点人才引进培养计划，柔性引进省“科技副总”133人

（陈　恺）

“公交都市”创建

国家公交都市由交通运输部于2011年启动，旨在全面系统提升城市公共交通水平，代表全国城市公共交通发展的最高水平、最优品牌。

扬州市于2016年启动国家公交都市创建，编制《扬州市创建国家公交都市建设示范工程实施方案》并通过交通运输部专家评审，提出快速公交建设、枢纽场站衔接、政策规范先行、体制机制完善、公交多元拓展、智慧公交提升、公交慢行融合、绿色出行引导、从业人员保障、运营环境优化等十大工程，通过省交通运输厅和交通运输部专家评审，2016年7月，扬州市入围江苏省“公交优先示范城市”建设试点城市。2017年3月9日，扬州市政府成立市长张爱军为主任、副市长丁一为副主任，市财政局、市交通局等23个部门组成的城市公共交通委员会，组织领导公交“双市同创”工作。贯彻落实国家、省关于城市优先发展公共交通的各项决策要求，研究制定扬州市建设江苏省公交优先示范城市的重要决策部署，出台相关重大政策、扶持措施，建立市、区部门联动综合保障机制，协调解决城市公共交通建设发展过程中的相关问题。7月28日，扬州市政府办公室印发《扬州建设江苏省公交优先示范城市三年行动计划（2017—2019）》，明确设施更完善、服务更优质、管理更规范、运营更安全、保障更有力等五大发展目标，确定完善城市公共交通发展规划、加强城市公共交通运力保障、加快城市公共交通基础设施建设、优化城市公共交通线网、落实城市公共交通路权优先、提升城市公共交通服务质量、加快绿色公交建设、加强交通出行需求管理等八项重点任务。三年行动计划的出台，确定扬州市公交“双市同创”的“路线图”“任务书”“时间表”，为创建国家“公交都市”和省“公交优先示范城市”奠定基础。8月4日，交通运输部公布“十三五”期间全面推进公交都市建设第一批创建城市名单，江苏省扬州市和常州市、昆山市等3个城市入围。

近年来，中共扬州市委、扬州市政府坚持“公交优先就是百姓优先”的发展理念，先后出台《关于进一步加快推进城市公共交通优先发展战略的实施意见》《关于进一步规范市区公共交通场站规划建设管理的意见》《扬州市建设江苏省公交优先示范城市三年行动计划（2017—2019）》，成立市长领导、部门参与的

游客在西区换乘中心领取免费乘坐公交车的车票 庄文斌 董 辉/摄

城市公共交通委员会。首创"好巴士"公交快线系统，建成文昌路、邗江路等"一横一纵"公交专用道，开通旅游观光线、旅游专线、大学城公交专线和社区微循环公交等特色线路，新辟99路、77路、33路跨区域毗邻公交线路，建成1.25万辆公共自行车租赁系统，新购新能源车辆784辆，清洁能源和新能源车辆占比84%；加强公交信息化服务，市区公交信息实时查询功能正式上线"扬州发布"平台，建成市区新市民卡系统，开通一卡通停车付费功能，市区推出高校新生入学一年内享受市区公交刷卡金减半优惠政策，在全省率先实现公交IC卡1小时免费换乘和城乡客运公交IC卡全省互联互通，满足群众多元化的公交出行需求，公交行业在全市文明城市行业测评中名列第一名。市交通、财政部门实施城市公交成本规制、财政补贴和服务质量考核办法，形成规范的公交运营财政补贴机制，成为全省唯一落实"一区一年建一场(站)"建设模式的城市，形成"高效便捷、优质均等、规范安全、现代绿色"现代化公共交通体系。 (衡魏徽 陈 虹)

"烟花三月"国际经贸旅游节

4月18日至5月18日，扬州市举办2017中国扬州"烟花三月"国际经贸旅游节(简称"烟花三月"节)。本届"烟花三月"节，各地、各单位围绕扬州经济发展和产业转型升级的需要，首次瞄准央企、大型国企项目和科技项目定向招引，提升项目招引的质态和含金量，力求结盟"大院大所"，既"招商引资"，又"招才引智"，重点突破新能源、新材

2017年中国扬州"烟花三月"国际经贸旅游节主要活动一览表

表2-2

活 动 名 称	活动时间	活动地点
2017中国扬州万花会开幕式，2017中国扬州"聚焦瘦西湖"航拍摄影节暨全国晚报航拍联盟成立大会	4月8日	瘦西湖万花园
2017中国·瘦西湖创客活动周	4月8日起	迎宾馆华芳园华芳厅、电视台演播室等
"美味·扬州" 2017 "烟花三月"海峡两岸名特优农产品电商博览会	4月11—17日	广陵食品产业园"烟花三月"馆
2017扬州科技创新合作展示洽谈会——智能汽车专场	4月17—19日	科技广场
2017中国扬州国际友城旅游合作暨旅游标准化研讨会	4月17日	瘦西湖温泉度假村
高邮第13届中国双黄鸭蛋节开幕式	4月17日	高邮市
仪征第13届"绿杨春早"茶文化节	4月17日	仪征市
江都第15届花卉节开幕式	4月17日	江都区
浙商银行扬州分行开业	4月18日	迎宾馆万芳园一楼国际宴会厅
2017中国扬州"烟花三月"国际经贸旅游节开幕式暨项目签约仪式	4月18日	蜀冈—瘦西湖风景名胜区花都汇生态公园1号馆
视听产业园开园仪式	4月18日	广陵新城信息产业基地
江淮生态大走廊运河城市合作研讨会	4月18日	皇冠假日酒店

续表2-2

活　动　名　称	活动时间	活动地点
中国·扬州战略性新兴产业培育和发展论坛	4月20日	会议中心
中国声谷十周年庆典暨第11届扬州软件和信息服务外包大会共享经济发展论坛	4月21日	京杭会议中心京杭厅
2017天使扬州行	4月22日	香格里拉大酒店
扬州鉴真国际半程马拉松赛起跑仪式	4月23日	马拉松公园
2017中城联盟年会	4月25—28日	生态科技新城
2017深潜·扬州行	4月29日至5月1日	生态科技新城
扬州市第二届“春的律动”文艺展示月	4月	市区
扬州市民日	5月3日	李宁体育园等
2017“名企高管扬州行”合作恳谈会	5月12—13日	香格里拉大酒店
2017苏商扬州行	5月17—18日	会议中心
紫金农商银行扬州分行开业	5月18日	迎宾馆
“洋眼看扬州”文化旅游体验活动	5月	扬州各地
第12届中国玉石雕精品博览会、2017中国漆器艺术精品展	6月2—5日	国展中心1号厅

（吴正东　何玮文）

料和高端装备制造等重点产业，招引带动能力强、示范效应大的央企、大型国企项目和科技项目。“烟花三月”节期间，近万名中外嘉宾莅临扬州，一批世界500强、“中”字头、“国”字号企业董事长、总经理等受邀出席。全市新签协议外资及港澳台资2000万美元以上外资项目74个、协议外资及港澳台资25.79亿美元，其中协议外资及港澳台资3000万美元以上项目42个、5000万美元以上项目20个，注册外资及港澳台资2000万美元以上新开工、投产项目35个，注册外资及港澳台资10.74亿美元。新签协议注册资本金1亿元以上民资项目41个、协议注册资本金71.35亿元，民资总投入1亿元以上新开工项目70个，总投入336亿元，注册资本金66.2亿元，其中总投入10亿元以上开工项目18个。落实央企制造业项目20个，央企服务业项目8个，科技项目31个。节日期间，举办江淮生态大走廊运河城市合作研讨、瘦西湖创客活动周等系列活动，县（市、区）根据自身特色，举办高邮双黄鸭蛋节、仪征“绿杨春早”茶文化节、江都花卉节等系列活动。

总投资150亿元的华侨城大型文化旅游综合项目签约

市重大项目办/供稿

本届“烟花三月”节在蜀冈—瘦西湖风景名胜区花都汇生态公园开幕。市委书记、市人大常委会主任谢正义致辞，市长张爱军作推介，市政协主席朱民阳等市四套班子全体领导参加开幕式。开幕式由市委常委、常务副市长陈扬主持。海内外的500多位嘉宾客商应邀出席。开幕式上，谢正义、张爱军为朱克平等7位扬州市“城市贵宾”颁发证书。举行项目集中签约仪式，其中总投资1.5亿美元的苏美达集团（港资）光伏配套元器件项目等12个外资及港澳台资项目、总投资60亿元的江苏启迪科技园发展有限公司启迪科技园项目等12个民资项目、总投资150亿元的华侨城华东投资有限公司华侨城大型文化旅游综合项目等6个央企项目、扬州腾飞电缆电器材料有限公司与西北工业大学合作的核电与高铁线缆新材料研发及产业化项目等6个科技项目现场集中签约。

（吴正东　何玮文）

大事纪要

Dashi Jiyao

编 辑 姚 震

1月

1日 扬州市车管所驾考各个科目考试名额全部上网，市民考驾照可网上预约。

1—3日 元旦小长假市区主要封闭式景区共接待游客7.14万人次，比上年增长1.24%；新景区及县市部分景区共接待游客5.47万人次。

4—7日 省委常委、秘书长、省委党风廉政建设第六检查考核组组长樊金龙带队，到扬检查考核市级党政领导班子党风廉政建设"两个责任"落实情况。

5日 2017年扬州美食节开幕式暨中外嘉宾迎新春联谊会在京举行。

△ 市体育局联合中国银行扬州分行等有关单位，开展体育消费券发放工作。该消费券可在全市19个健身场馆使用。

△ 东关街盐商住宅冬荣园正式对外开放。

△ 中国邮政第四轮生肖邮票的第二枚——《丁酉年》特种邮票在扬州发行。

6日 市委书记谢正义、代市长张爱军率扬州市党政代表团赴南京学习考察，加快推动宁镇扬一体化发展。

△ 部分中直、省直和驻苏部队全国人大代表以及朱民阳、王敏、王静成等在扬全国人大代表，围绕"'十三五'开局之年经济社会发展重点难点问题"开展集中视察活动。

8日 扬州市重点民生幸福工程——扬子江南路污水干管及泵站改造工程正式通水运行。

△ 隋炀帝墓考古工作正式结束。

9日 亚太资源开发投资集团旗下江苏顺风清洁能源集团与扬州经济技术开发区签署荣德3GW太阳能硅片和亚太资源低碳示范社区投资协议，计划总投资22亿元。

△ 民生银行扬州分行开业，并与扬州市签订服务扬州小微企业战略合作协议。

△ 扬州城遗址、龙虬庄遗址被列为国家大遗址保护"十三五"专项规划重点工程。

△ 扬州市暨高邮市文化科技卫生"三下乡"集中服务活动在高邮市三垛镇举行。

△ 市首届公益微电影大赛颁奖典礼在扬州公益创投中心举行。翠岗花园社区选送的《春风翠岗》微电影作品获一等奖，并被中国文明网作为社区群众文明道德教育的教材向全国推介。

10日 市委书记谢正义会见到扬进行商务考察及投资洽谈的焦点科技董事长沈锦华一行。

△ 江苏省中华文化海外交流基地授牌仪式暨工作会议在扬举行，扬州市3家单位入选首批"中华文化海外交流基地"。

11日 总投资20亿元的林安物流项目正式落户扬州商贸物流园区。

△ 扬州市何园管理处发布消息，《何园保护规划》获省政府批准，成为扬州市首家获得省政府关于保护规划批复的文保单位。

12日 代市长张爱军与台湾远东集团董事长徐旭东一行举行座谈，就推动远东集团在扬投资项目进程作沟通交流。

△ 全国人大常委会委员、民建中央专职副主席、全国总工会副主席张少琴到扬，看望慰问困难职工。

13日 高邮市通过中国地震局审查专家组验收，创成江苏省第一家防震减灾示范县(市、区)。

15日 扬州首个"智慧菜市场"——广陵区荷花池农贸市场完成升级改造正式纳客。

△ 扬州名特优农产品展示展销中心(扬州礼物)开业，乐程特色小镇旅游线路同时开通。

△ 扬州市城区南部清水活水工程全面启动。

△ 2016年国家体育产业基地评选结果揭晓，仪征红山体育公园被评为国家体育产业示范项目。

15—20日 扬州市6个县(市、区)分别召开新一届人民代表大会、政治协商会议，会议选举产生新一届县(市、区)人大、政府、政协领导班子。

16日 扬州大学(高邮)现代农业科教示范园区生态智慧牧场在高邮举行开工仪式。

17日 宁镇扬体育板块一体化发展第一次联席会议在南京召开，三市体育部门负责人共同签订《宁镇扬体育板块一体化发展框架协议》。

18日 中共扬州市委、扬州市政府出台惠及民生的"1号文件"《关于聚焦富民推进2017年民生幸福工程的实施意见》。

△ 副省长陈震宁到扬走访慰问敬老院老人、残疾人、老党员、优抚对象、低收入农户等。

△ 首届江苏省文明家庭表彰大会在南京举行，扬州市高雁等7户家庭获首届江苏省文明家庭称号。

△ 省商务厅公布2017—2018年度江苏省电子商务示范基地(园区)、示范企业名单，扬州市共有3家电商基地(园区)、12家电商企业入选。

19日 宝应、高邮、仪征三县(市)社保“核三”信息系统项目成功上线运行，扬州市域范围内实现社保“一卡通”。

22日 中共扬州市委、扬州市政府在扬州大剧院举行2017扬州城市荣誉表彰暨新年联欢会。

23日 中共扬州市委、扬州市政府召开全市“两减六治三提升”专项行动暨生态文明建设、文明城市建设推进会。

△ 扬州经济技术开发区与协鑫(集团)控股有限公司达成金刚线、“黑硅”项目战略合作协议，总投资11亿元。

26日 《扬州市全民健身实施计划(2017—2020年)》发布。

2月

3日 省委书记李强到扬州基层走访调研。他强调，各级干部要进一步改进工作作风，更加注重下基层、察实情、促富民，用真抓实干来推进“两聚一高”实践。省委常委、秘书长樊金龙，市委书记谢正义，市委副书记、代市长张爱军，市委常委、常务副市长陈扬，市委常委、秘书长陈锴竑陪同调研。

4日 中共扬州市委、扬州市政府召开全市作风建设大会。

△ 中共扬州市委、扬州市政府召开全市城市建设动员大会暨建筑业发展大会。

△ 中共扬州市委、扬州市政府召开全市聚焦富民·民生工作大会。

9日 扬州市省人大代表共向省十二届人大五次会议提交议案和建议47件，涉及环保、旅游、养老等多个方面，其中3件议案成为省人大重点议案。

10日 中共扬州市委、扬州市政府召开大会传达贯彻省十二届人大五次会议、省政协十一届五次会议精神。

12日 省委、省政府举行全省重大项目集中开工现场推进会，扬州市23个重大项目参加集中开工，总投资281亿元。

13日 扬州晨化新材料股份有限公司在深交所创业板上市，股票简称“晨化股份”，发行价格10.57元/股，证券代码为300610，是扬州市第15家上市公司、第10家国内A股上市公司、第3家创业板上市公司。

14日 中共扬州市委、扬州市政府召开全市农村工作暨扶贫开发工作会议。

15日 新华社以《江苏:建生态走廊 保清水北送》为题重点报道扬州江淮生态大走廊建设。

△ 扬州鉴真国际半程马拉松赛组委会发布信息，扬马连续第五年获得国际田联金标赛事称号。

15—18日 中国人民政治协商会议扬州市第八届委员会第一次会议举行。会议选举朱民阳为政协扬州市第八届委员会主席，李忠盛、王克胜、董玉海、程吉林、王静成、夏正祥、王骏、刘流为副主席，汤天波为秘书长。

16—20日 扬州市第八届人民代表大会第一次会议在扬州举行。会议选举谢正义为市八届人大常委会主任，孔令俊、朱妍、沙志芳、范天恩、杨正福为副主任，林正玉为秘书长。选举产生34名市八届人大常委会委员。选举张爱军为扬州市市长，陈扬、丁一、宫文飞、何金发、张长金、余珽为副市长。选举薛剑祥为扬州市中级人民法院院长。选举戴飞为扬州市人民检察院检察长。

18日 《中共扬州市委、扬州市人民政府关于贯彻长江经济带发展战略的实施意见》印发。

21日 中共扬州市委、扬州市政府召开全市重大项目和公园体系建设督查推进会。

△ 首个针对扬州本地的老字号评选标准——《“扬州老字号”认定办法(试行)》公布。

22日 2017年全国残疾人基本服务状况和需求信息数据动态更新工作国家级试点工作在扬启动。

△ 省政府同意在江苏联合职业技术学院扬州商务分院(江苏省扬州商务高等职业学校)的基础上建立江苏旅游职业学院，同时撤销原学校建制。江苏旅游职业学院为专科层次的普通高等学校。

23日 市委书记谢正义率队赴南京考察中小学和幼儿园建设与管理。

△ 全国人大代表、扬州市政协主席朱民阳率在扬全国人大代表专题调研江淮生态大走廊建设。

24日 陕西省榆林市委书记、市人大常委会主任胡志强率党政代表团到扬州考察。扬州市与榆林市签署《扶贫协作和经济合作框架协议》。

△ 扬州14个项目获得省科学技术奖，其中一等奖1项、二等奖4项。

25日 扬州以“最美家庭 德润扬城”为主题，举办庆“三八”纪念活动，同时颁发“最美家庭”“最美媳妇”“最美女婿”奖。

△ “中国木偶艺术人才传承培训基地”在扬州揭牌落户。

△ “精彩省运·健康扬州”2017“魅力广陵·动起来”市民体育嘉年华启动仪式在扬州李宁体育园举行。

27日至3月2日 市委书记谢正义率扬州市友好经济代表团赴德国，开展一系列客商拜访、城市推介和学习考察活动。

28日 扬州市总工会组建的“义工教授”志愿服务队被授予“全国最佳志愿服务组织”称号，是江苏省工会系统和扬州市唯一入选的志愿者组织。

2月 扬州市正式启动机关干部“聚焦富民·走千村访万户”大走访、大排查活动。

△ 扬州19人被省政府授予“江苏省工艺美术大师”称号，37人被授予“江苏省工艺美术名人”称号。

3月

1日　2017年长江流域禁渔期同步执法暨水生生物增殖放流活动在长江扬州段启动，沿江地区开展禁渔期同步执法行动。

3日　省委常委、常务副省长黄莉新到扬调研创新转型工作。

5日　"非遗小小传承人"项目启动仪式在486非遗集聚区举行，继北京之后，扬州市成为中国非遗培训中心在全国设立的第二个"非遗小小传承人"项目试点城市。

3—5日　市委书记谢正义率扬州市友好经济代表团，赴瑞士开展访问交流和学习考察活动。期间，到国际奥林匹克委员会总部所在地洛桑，参观洛桑奥林匹克博物馆，学习国际办赛经验，指导办好2018年在扬州举办的江苏省第19届运动会。国际奥委会主席巴赫和夫人克劳迪娅·巴赫在洛桑奥林匹克博物馆会见扬州代表团一行。

6—7日　市委书记谢正义率领扬州市友好经济代表团赴法国开展访问交流和学习考察。

△　辽宁省辽阳市委书记王凤波率党政代表团到扬考察扬州市产业转型升级、城市规划建设、生态文明及文化建设等方面情况。

7日　国际园艺生产者协会(AIPH)主席伯纳德·欧斯特罗姆一行到扬州仪征，考察2021年世园会筹备工作。市长张爱军会见伯纳德·欧斯特罗姆一行。

9日　江苏粮油商品交易市场首家分市场扬州分市场开业。

12日　市委书记谢正义、市长张爱军等市四套班子领导和市、区两级机关干部以及驻扬单位、各界群众代表一起，到建设中的沿湖大道邗江槐泗段，开展义务植树活动。

13日　副省长张雷率队到扬调研"263"专项行动相关任务落实和第十届省园博会筹备工作。

14日　省委常委、省纪委书记蒋卓庆到扬州市就农村扶贫资金和农村集体"三资"管理、加强基层纪检队伍建设等进行专题调研。

15日　扬州市入围"江苏省书香城市建设先进市"。

15—16日　扬州友好交往城市——法国奥尔良市市长奥里佛·加里尔率团到扬访问考察。市长张爱军和扬州市政协主席、世界运河历史文化城市合作组织主席朱民阳分别会见客人一行，并就两座城市在旅游文化、食品加工、环境治理、城市管理等方面加强合作进行座谈交流。

16日　扬州市召开会议传达贯彻全国"两会"精神。

18日　以马来西亚巫统最高理事会成员、总理府副部长、国会下议员拉扎利·宾·易卜拉欣为团长的马来西亚巫统干部考察团一行15人，在中共中央对外联络部和江苏省委党校有关负责人的陪同下，到扬开展现场教学。

19—26日　由国家体育总局篮球运动管理中心主办，扬州市体育局承办的2017年全国U15女子篮球比赛在扬州体育公园体育馆举行。

20日　宁夏回族自治区吴忠市委副书记、政法委书记刘军和吴忠市委常委、副市长廖允成率队到扬调研养老工作。

△　扬州鉴真国际半程马拉松赛连续五年获评中国田径协会"金牌赛事"，并被评为2016年中国马拉松最具传播影响力赛事。

21日　首期"扬州智库论坛"举行，本次主题是关注扬州养老产业。

△　扬州"华鼎星城"项目获全国建筑业最高水平的绿色认证"三星级绿色建筑标识"(即"绿色建筑运营标识")，是扬州市首获此项认证。

23日　省人大常委会副主任邢春宁一行到扬调研环境保护工作。

24日　省委书记李强到扬州调研。强调要更加扎实、更有成效地抓好全年各项任务部署的落实，推动全面小康建设取得过硬成果。省委常委、秘书长樊金龙，省委常委、政法委书记王立科，市委书记谢正义参加调研活动。

24—26日　2017年国际剑联女子佩剑世界杯赛(扬州站)在宋夹城体育休闲公园综合馆举行。这是扬州市首次举办击剑项目的国际性赛事。

28日　市委书记、市人大常委会主任谢正义会见由川口正志率领的日本奈良县议会友好访华团一行。

29日　副省长马秋林率省政府调研组到扬，专题调研部分集成电路和智能制造企业。

3月　中宣部命名第三批50个全国学雷锋活动示范点和50名全国岗位学雷锋标兵，江苏油田分公司井下作业处试油测试大队工人田明入选岗位学雷锋标兵。

△　扬州市东关街老字号品牌集聚区、扬州市虹桥坊商业休闲广场等12家单位，被表彰为2016年度全省放心消费创建品牌消费集聚区示范单位及先进示范企业行业和区域。

4月

1日　市科技馆机器人、交通信息和工艺技术展厅正式开放。

2日　江苏省首个乡镇半程马拉松赛在高邮市卸甲镇举行。

△　扬州市在主城区高速公路进城入口和瘦西湖景区建成6个免费停车换乘中心，方便外地游客游览景点。

3日　副市长余珽会见爱尔兰前总理布莱恩·考恩一行，双方就推进扬州与爱尔兰在教育、食品等多领域开展深度合作进行交流。

4日　扬州市政府与美国李尔公司签署战略合作协议，双方将共同打造扬州李尔汽车产业园。市委书记谢正义见证签约并会见美国李尔公司全球总裁、首席执行官和董事马修·西蒙奇尼一行。市长张爱军向马修·西蒙奇尼颁发"城市贵宾"荣誉证书。市委常委、常务副市长陈扬代表扬州市政府签约。

△　扬州市政协主席、世界运河历史文化城市合作组织主席朱民阳会见爱尔兰前总理布莱恩·考恩一行，双方就推进扬州与爱尔兰开展深度合作进行交流。

4—7日　法国奥尔良市副市长奥里佛·热弗瓦率领让·罗斯丹初中的二十几名师生到扬州，与扬大附中东部分校的师生展开学习和生活交流，体验中国文化。

6—7日　省委常委、秘书长樊金龙到扬调研聚焦富民工作。

△ 扬州市“长三角”招商团在上海开展拜访与项目洽谈。

7日 中共扬州市委七届三次全会举行，讨论决定扬州市出席中央十九大代表候选人初步人选推荐名单。

△ 连淮扬镇铁路五峰山长江特大桥跨扬州与镇江界的连续梁正式合龙。

8日 为期1个月的2017中国扬州万花会在瘦西湖万花园开幕。

8—12日 2017中国·瘦西湖创客活动周在扬举行。

9日 扬州首个社区国家安全文化苑揭牌暨国家安全教育进社区活动启动仪式在邗江区蒋王街道蒋王社区举行。

10—11日 副市长汪志坚率扬州市珠三角招商团在深圳、中山等地开展招商活动。

11日 市长张爱军在迎宾馆会见到扬考察的中建总公司党组成员、副总经理、中建股份副总裁赵晓江一行，双方就立足项目强化合作达成共识。

△ 省人大常委会副主任公丕祥到扬，围绕江苏省慈善条例制定工作开展“主任接待代表日”活动。

12—13日 国家卫计委副主任王国强率国家血防春查组到江苏检查指导血吸虫病防治工作，并到扬州作现场检查。

12—15日 市八届人大常委会召开第一次会议，任命新一届扬州市政府工作部门主要负责人。

13日 2017中医药传承教育高峰论坛在扬开幕。扬州国医书院国家级示范基地获授牌。国家卫计委副主任、国家中医药管理局局长王国强，副省长蓝绍敏，市长张爱军参加相关活动。

△ 扬州综合保税区通过由南京海关会同省发展和改革委员会、省财政厅、省国土资源厅、省检验检疫局等十部门组成的联合验收组正式验收。

13—14日 省政协副主席范燕青率调研组到扬，围绕“聚焦富民持续提高城乡居民收入水平”开展专题调研。

14日 2017仪征“绿杨春茶”森林认证暨名茶评比在登月湖畔举行。仪征“绿杨春茶”等获颁“首批通过中国森林认证茗茶品牌”。

15日 2017年威克多杯全国少年乙组羽毛球赛在河北落下帷幕，12岁扬州选手柯景栋获少儿乙组团体冠军。

15—17日 日本奈良市青年企业家协会考察团到扬访问，扬州市政协主席朱民阳会见考察团一行。

16日 扬州市举行2017年首批公园集中开放活动，19个生态体育休闲公园和824个农村“五个一”文体活动广场建成开放。

17日 市委书记、市人大常委会主任谢正义会见到扬访问的日本厚木市议会代表团一行。

△ 2017中国扬州科技创新成果展示洽谈会——智能汽车专场活动在市科技广场高新技术展示交易中心开幕。

△ 市长张爱军会见厚木市市长小林常良率领的日本厚木市政府·议会代表团一行。

△ 第13届中国双黄鸭蛋节在高邮市开幕。高邮市博物馆、高邮当铺博物馆和抗日战争最后一役纪念馆开馆。

△ 江都第15届花卉节开幕式暨项目签约仪式举行。

18日 2017中国扬州“烟花三月”国际经贸旅游节开幕式暨项目签约仪式在花都汇生态公园举行。市委书记、市人大常委会主任谢正义致辞。市长张爱军作推介。市政协主席朱民阳等市四套班子全体领导参加开幕式。开幕式上，马修·西蒙奇尼等7位中外友好人士被授予扬州市“城市贵宾”称号。节庆期间有175个项目签约，其中36个外资、民资、央企、科技重大项目在开幕式现场集中签约。

△ 江淮生态大走廊运河城市合作恳谈会暨世界运河历史文化城市合作组织理事会在扬举行。

△ 浙商银行扬州分行开业。

△ 城市南部快速通道先行开工段主线部分，金湾路(万福路至文昌路段)西半幅主线，611省道沿湖大道高邮段、向阳河特大桥段及桥南接线工程正式开放交通。

△ 第八届全国中老年合唱艺术节在国家大剧院举行，由扬州市文化馆选送的《风流是扬州》《月亮代表我的心》两首歌曲，分获一等奖和二等奖。扬州同心合唱团被评为本届艺术节“最佳组织奖”。

20日 国际城市管理协会国际专家代表团到扬，专题访问世界运河历史文化城市合作组织和仪征市。

21日 扬州市人大常委会专题视察扬州市司法鉴定工作。

22日 扬州市第三届“朱自清读书节”启动仪式在市文化艺术中心举行，4家城市书房现场揭牌，10大类200余项阅读活动将贯穿全年。

23日 2017中国扬州鉴真国际半程马拉松赛在扬州举行，中央电视台体育频道全程直播。

24日 第13届全国见义勇为英雄模范表彰大会在北京召开。扬州职业大学体育学院学生梁磊、卢念祥、周运万以及扬州大学的刘丹、徐夏，被授予“全国见义勇为模范群体”称号。

25日 中共扬州市委、扬州市政府出台《关于更好服务游客 建设宜游城市的意见》，是扬州市继出台服务民生的“1号文件”、服务企业的“2号文件”之后，聚焦服务游客的“3号文件”。

25—26日 芬兰南芬兰地区行政总署署长米娜·卡瑚伦一行8人访问扬州。

26日 以江苏省政协常委、江苏旅港同乡会会长马忠礼为首的江苏旅港同乡会访问团到扬访问。市委书记谢正义在迎宾馆会见马忠礼一行。

△ 市委书记谢正义在会议中心会见中国—中东欧国家医院合作联盟中东欧方主席贝劳·梅尔海依一行。

△ 扬州市人大常委会专题视察市区房地产运行情况。

27日 省委书记李强在宝应调研。强调要把省委、省政府重大战略部署与本地实际结合起来，加强生态涵养、凸显生态优势，补齐基础设施短板，着力发展生态经济、绿色产业，走出特色发展新路。省委常委、秘书长樊金龙，市委书记谢正义参加调研。

△ 中国移动·华为大数据基地项目（扬州）正式启用，扬州市政府与江苏移动公司签署物联网战略合作协议。

△ 市委书记谢正义在迎宾馆会见法国猪业联合会及饲料工业联合会主席保尔·奥浮瑞一行。

△ 扬州市政协召开八届四次主席会议，就“推进江淮生态大走廊建设”议题与扬州市政府进行协商。

△ 全国政协委员、致公党中央副主席兼秘书长曹鸿鸣率致公党中央调研组，到扬就房地产问题进行调研。

28日 中共扬州市委、扬州市政府举行庆祝“五一”国际劳动节大会，表彰全市各行各业、各条战线涌现出来的先进典型。

△ 市委书记谢正义在会议中心会见到扬考察的软通动力信息技术（集团）有限公司集团董事长兼首席执行官刘天文一行。扬州邗江互联网产业园开园暨扬州软通动力开业。

30日 “2017深潜艇进·扬州大师赛”在扬州生态科技新城太平河举行。

4月 新237省道扬州段（新淮江公路）正式接收并列为233国道。新淮江公路2014年9月建成通车，是全市第一条感知公路。

5月

1日 市委书记谢正义会见万科集团董事会主席王石、华大基因董事长汪建。

2—3日 中共扬州市委、扬州市政府组织开展重大项目建设暨民生幸福工程观摩活动，谢正义、张爱军、朱民阳等市四套班子领导参加观摩活动。

3日 中共扬州市委、扬州市政府举行第九次“百寿宴”活动，邀请城区100位耄耋老人欢聚花都汇生态公园。

△ 市委书记谢正义会见到扬考察的世界体育赛事与旅游峰会创始人、扬州峰会联合主席李莎·黛尔菲一行。

△ 扬州市第16届全民健身体育节、第13届老年人体育节和首届体育社团文化节在来鹤台体育公园开幕。本届体育节将举行群体品牌赛事、体育“五进”等八大系列100多项活动，贯穿全年。

△ 省发展改革委公布首批25家省级特色小镇创建名单，扬州市“头桥医械小镇”入选。

△ “扬州漆器”地理标志集体商标注册证获国家工商总局商标局签批，是全市第一个冠“扬州”市名的地理标志商标。

3—7日 扬州市政协围绕“紧扣‘两聚一高’，助推‘12345’创新发展工程”主题，举行2017年界别活动周活动。

5日 副省长蓝绍敏率队到扬州仪征调研防汛工作。

△ 2017扬州（邗江）高层次人才、高科技成果交流洽谈会举行。

△ 2017上海·全国优质农产品博览会开幕，扬州27家农业龙头企业、农民专业合作社联合组团，成为此次展会最大的参展团体。

8日 广陵区泰和农村小额贷款股份有限公司在香港联合交易所创业板上市。是江苏省第一家在香港上市的小贷公司。

△ 国家级玉器产品质量监督检验中心（江苏）湾头实验室在湾头玉器创意园挂牌运营。

10日 扬州首个民族生态休闲公园——高邮菱塘民族广场生态休闲公园建成开放。

9—10日 省人大常委会副主任刘永忠一行到扬开展《江苏省学前教育条例》执法检查。

12日 中共扬州市委、扬州市政府召开全市制造业暨开发园区发展大会。市委书记谢正义出席会议并讲话。市委副书记、市长张爱军作工作部署。

△ 中共江苏省委决定，张宝娟任中共扬州市委副书记。

△ 中共江苏省委和中共江苏省委组织部决定，江桦任中共扬州市委委员、常委、组织部部长。

15日 扬州市政协组织部分委员专题视察调研城市东南片区改造与更新工作。

16日 “永远的汪曾祺”——纪念汪曾祺逝世20周年系列活动暨汪曾祺纪念馆开工仪式在高邮文游台景区举行。

18日 全国革命老区职业院校扶贫发展联盟成立大会在扬州江海职业技术学院举行。江海职业技术学院获批首批“中国老区建设促进会人才培养基地”和“全国革命老区职业院校扶贫发展联盟示范学校”。国务院扶贫办副主任欧青平、国家发展改革委地区经济司副司长安利民、教育部中国教育发展战略学会执行会长孙霄兵、中国老区建设促进会会长王健出席大会。副省长蓝绍敏、市委书记谢正义出席大会并致辞。

△ 紫金农商银行扬州分行开业。

△ 由生态科技新城、市科技局、北京万方数据股份有限公司合力打造的万方科创书院正式向公众开放。是江苏最大的科技主题书院，也是国内最大的科技文化融合综合体。

△ 2017年江苏省“5·18国际博物馆日”主会场系列活动在扬州博物馆开幕。扬州主会场举办2017年馆藏文物巡回（交流）展暨“峥嵘岁月——扬州地区革命文物展”“细君归来——新疆伊犁草原文物和民族风情展”两大展览。

19日 市委书记谢正义在迎宾馆会见到扬考察的上汽集团董事长陈虹一行。

△ 2017“院士专家扬州行”正式启动。中国科学院院士朱兆良、中国工程院院士林浩然等24位院士专家，出席启动仪式。活动现场，13个技术合作项目集中签约，10家企业院士工作站、7家科技创新服务站正式授牌。

△ 江苏国信扬州发电有限责任公司获“2016年全国安全文化建设示范企业”称号，是全省两家获评企业之一。

18—19日 住房和城乡建设部副部长黄艳到扬实地考察城市规划建设等情况。

21日　江苏发展大会扬州论坛在蜀冈—瘦西湖风景名胜区花都汇举行，市委书记、市人大常委会主任谢正义出席并致辞。诺贝尔物理学奖获得者丁肇中、国家行政学院原副院长周文彰等嘉宾、乡贤参加论坛。市政协主席朱民阳出席。市委副书记张宝娟主持论坛。市委常委、常务副市长陈扬介绍扬州市经济社会发展情况。市领导孔令俊、陈锴竑、姜龙等参加活动。

△　由中共扬州市委、扬州市政府主办，市委统战部、市工商联（总商会）、市发改委承办的2017“全国苏商扬州行”（服务业专场）活动在迎宾馆举行。现场共有19个项目签约，总投资77亿元。

21—25日　市长张爱军率扬州市经贸代表团赴美国洛杉矶、底特律、纽约展开专题拜访、交流对接和产业招商及专题资本对接活动。

23日　扬州市印发《全面推行河长制实施意见》，全面推行“河长制”，市委书记谢正义、市长张爱军担任30多条市级河道的“总河长”，中共扬州市委、扬州市政府分管领导担任副总河长；县（市、区）、乡（镇、街道）总河长由本级党委、政府主要负责人担任。河长将承担水资源管理、水污染防治等8个方面任务。

24日　俄罗斯联邦档案署署长阿尔基佐夫在国家档案局局长李明华的陪同下到扬考察。

25日　市人力资源和社会保障局向加拿大籍韩裔专家林钟城博士，颁发全市首张外国人工作许可证。

26日　市长张爱军率扬州经贸考察团在加拿大考察科技创新和科研成果转化工作，与加拿大江苏国际商会开展城市推介和产业合作专题对接活动。

△　首届“江苏省创新争先奖”评选结果揭晓，扬州大学获两项“江苏省创新争先奖”。

△　中国作家采风团“走进江淮生态大走廊”采风活动在扬启幕。

26—28日　2017年江苏省少年儿童体操冠军赛在扬州举行，省内8个城市代表队参赛，扬州选手高子涵获得女子丙组全能和平衡木两项金牌。

27日　市委副书记张宝娟在迎宾馆会见到扬考察的美国宾州和费城国际经济发展投资中心代表团一行，并见证“费城之窗—扬州中心”合作协议签约。

△　市八届人大常委会二次会议通过《扬州市人民代表大会常务委员会关于推进“两聚一高”、干好“十件大事”，加快“强富美高”新扬州建设步伐的决议》。

6月

1日　副省长张敬华到扬检查高考准备工作。

2—5日　2017扬州文化产业博览会、第12届中国玉石雕精品博览会、中国扬州漆器艺术精品展在扬州国际展览中心举行。

5日　中央电视台《新闻联播》在“来之不易的绿水青山”专题报道中，聚焦扬州加快推进生态保护修复，将廖家沟从昔日的垃圾场打造成今日绿色长廊的做法。

6日　全国“放鱼日”江苏主会场增殖放流活动在扬州市瓜洲汽渡举行。包括四大家鱼、中华绒螯蟹、胭脂鱼、暗纹东方鲀等在内的410多万只各种鱼、蟹苗被放入长江。

7日　国家工商总局副局长唐军一行到扬调研消费维权和放心消费创建工作。

△　扬州市人大常委会专题视察全市粮食生产全程机械化工作。

9日　全国首家扬州清曲主题展示馆在广陵区东关街道新仓巷社区正式开放。

9—10日　世界体育赛事与旅游峰会2017中国扬州峰会举行，来自世界体育赛事与旅游峰会组织、联合国世界旅游组织等20多个国际组织的领导和专家参会。市委书记谢正义致辞并宣布开幕。市长张爱军作主题演讲。峰会联合主席李莎·黛尔菲等中外嘉宾出席。

10日　全国首个“文化和自然遗产日”，扬州市在天宁寺启动系列活动，围绕“文化遗产与‘一带一路’”主题，通过举办展览、政策咨询等形式，扩大文化遗产保护的社会影响力。

11日　第11届中国电子政务高峰论坛暨“2017中国新型智慧城市创新50强”发布会在北京大学中关新园举行，扬州跻身新型智慧城市创新50强，并获创新设计奖。

11—18日　市委副书记张宝娟率扬州市友好经贸代表团访问英国和西班牙。代表团分别在伦敦和牛津大学召开2017中国扬州发展环境暨海外招才引智专场推介会，并在伦敦举行“扬州驻伦敦招才引智联络站”揭牌仪式。

19日　中共扬州市委向社会公示市、县（市、区）、功能区党政负责人大走访领办事项清单，并公布监督电话，接受社会各界监督。

19—20日　市长张爱军率扬州市政府代表团赴澳门特区参加第三届周边国家“市长参访计划”活动，并与澳门特区贸易投资促进局、旅游局、文化局开展专题对接活动。

21—22日　市长张爱军率扬州市政府经贸考察团赴香港围绕“大拜访、大招商、大合作”开展专题招商拜访活动，并在香港数码港举行扬州投资环境推介会。

22日　中共扬州市委常委会召开“旗帜鲜明讲政治”专题研讨会，市委书记谢正义主持并讲党课。

△　扬州市公共法律服务中心揭牌。

23日　市长张爱军率扬州市政府经贸考察团在深圳开展专题招商活动。

24日　扬剧《史可法——不破之城》作为第15届中国戏剧节参演剧目在宁夏大剧院上演。

26日　扬州市人大常委会组织委员到市游泳健身中心、市射击运动中心、市体育公园等地，专题视察省运会筹备工作。

△　瘦西湖大虹桥修缮施工工地上，发现一块曹雪芹祖父曹寅题写的石碑。

27日　扬州市政府在扬州现代农业展示中心举行农产品质量安全“一品一策”精准监管启动仪式。扬州大学园艺与植保学院教授陈学好等5位专家受聘“首席专家”，现场公布黄瓜、莲藕、慈姑、草莓、青菜、番茄、辣椒、西瓜8个蔬菜品种安全生产标准。

28日　市委召开庆祝建党96周年座谈会。

△　中共扬州市委书记谢正义、市长张爱军会见到扬参会的世界知识产权组织总干事弗朗西斯·高锐等嘉宾。

29日至7月1日　第八届世界地理标志大会在扬召开，中共中央政治局常委、国务院总理李克强专门发来贺信，国务委员王勇出席开幕式并致辞。世界知识产权组织总干事弗朗西斯·高锐与江苏省委副书记、代省长吴政隆分别在会上致辞，国家工商总局局长张茅发表主旨演讲，国家工商总局副局长刘俊臣主持大会，江苏省副省长马秋林，省政府秘书长王奇等出席大会。市委书记谢正义、市长张爱军、副市长丁一等参加会议。中国地理标志产品巡展举行。扬州“扬州漆器”“鲁垛乱针绣”“高邮鸭蛋”“宝应荷藕”4件地理标志产品参展。

30日　中国商标金奖颁奖大会在扬举行。国家工商总局局长张茅、世界知识产权组织总干事弗朗西斯·高锐出席大会并致辞。国家工商总局副局长刘俊臣主持大会。

7月

1日　市区上调失业保险金标准，最低标准调整至819元/月，上限提高至1890元/月。

3日　扬州市政协召开八届三次常委会议，就“推进宁镇扬一体化”与扬州市政府进行专题协商。

4日　市四套班子集体调研城市东南片区更新与改造工作。

△　省政协党组副书记、副主席徐鸣到扬督查扬州市贯彻落实全省政协工作会议及有关文件精神情况。

4—5日　市委常委、常务副市长陈扬率队赴上海开展“2017扬州对接上海产业转移招商活动月”督查推进活动。

7—14日　市委常委、常务副市长陈扬率团到印度、马来西亚两国开展商务拜访投资推介活动。

10—12日　市委副书记、统战部部长张宝娟率扬州友好交流团访问澳门。

15—20日　市委常委、宣传部部长姜龙率队，在台湾开展文化交流和考察活动。

16日　日本保来得株式会社与扬州经济技术开发区签约，新增加总投资1.3亿美元，在开发区建设汽车零部件工业园。

△　江苏省木偶剧团（扬州市木偶研究所）的大型木偶剧《嫦娥奔月》在国家大剧院演出，是扬州首部在国家大剧院演出的精品剧目。

17日　水利部和江苏省政府共同召开扬州市水生态文明城市建设试点验收会，同意扬州市水生态文明城市建设试点通过验收。

20日　农业部副部长张桃林到扬专题调研农业保险工作。

20—21日　中共扬州市委、扬州市政府组织开展2017年第二次重大项目建设暨民生幸福工程观摩活动，现场检阅全市重大项目建设和民生幸福工程实施情况。

22日　中共扬州市委七届四次全会在扬举行。市委书记谢正义代表中共扬州市委常委会作工作报告，市委副书记、市长张爱军对经济工作作具体部署。会议递补市委候补委员李春国、王庆山为扬州市委委员。

25日　全市最大室内全民健身综合体——扬州游泳健身中心正式启用。

26日　扬州市在上海举行“2017扬州对接上海产业转移合作恳谈会”，现场签约60个项目。市委书记谢正义出席并致辞，市长张爱军作产业推介，市委常委、常务副市长陈扬主持恳谈会。

28日　市委书记谢正义、市长张爱军率队到省军区走访慰问，向部队官兵致以节日问候，并与省军区司令员李大清、政委孟中康等省军区领导座谈交流。

28—29日　2017年江苏省青少年儿童跳水锦标赛、江苏省青少年游泳锦标赛分别在市体育公园跳水馆和游泳健身中心举行。扬州选手在两项比赛中共获得9枚金牌。

31日　中共扬州市委举办第一期全市乡镇（街道）和开发园区党（工）委书记工作讲坛，市委书记谢正义出席讲坛并讲话。

△　扬州市举办庆祝中国人民解放军建军90周年“八一”特别节目。

7月　省纺织工业协会将邗江区正式列入江苏纺织产业集群试点单位，并授予“江苏省服装服饰产业基地”称号。

8月

1日　扬州市政协召开八届六次主席会议，听取扬州市政府关于全市新侨创业创新情况的通报，就“促进新侨创业创新”进行专题协商。

1—2日　省人大常委会副主任刘永忠率队到扬，专题调研供给侧结构性改革推进情况。

3日　扬州市政府召开换届后的第一次全体（扩大）会议，市长张爱军强调加强政府能力作风建设。

4日　扬州入选交通运输部“十三五”时期全面推进公交都市建设第一批创建城市名单。

6日　2017年江苏省青少年击剑锦标赛在市游泳健身中心落幕，扬州击剑队获得4枚金牌。

7日　2017扬州市“全民健身日”主会场活动在市游泳健身中心广场举行。

8日　扬州市政协视察2018江苏省园艺博览会、2021扬州世界园艺博览会筹备工作情况。

11日　扬州市发出“先证后核”改革后首张工业产品生产许可证，对特种劳动防护用品、助力车、化肥、轻小型起重运输设备等16类工业产品，企业事先承诺符合发证要求就审批发证，再后置进行现场审查和产品抽样检验。

12—14日　中国国际象棋协会主办的第二届中国东部国际象棋棋王、棋后赛在上海举行。扬州选手潘源获得候补大师组季军，并顺利晋升为棋协大师，成为扬州市首位中国国际象棋协会大师。

15日　省委副书记、常务副省

长黄莉新到扬调研“大众创业、万众创新”工作。

△ 副省长王江到扬专题调研教育和文化工作。

16日 扬州市和陕西省榆林市科技交流座谈会暨合作协议签约仪式在扬举行。

17日 由公安部、科技部批准，公安部第三研究所负责组建的国家级研究基地——国家反计算机入侵和防病毒研究中心落户扬州。由公安部、人社部批准的网络警察培训基地同步在该中心启用。

18日 中共扬州市委、扬州市政府召开专题会议研究人才工作。

△ 扬州市政协主席会议成员专题视察重点文化工程建设和省运会筹办情况，并进行座谈交流。

22—23日 安徽省马鞍山市市长左俊率党政考察团到扬，考察扬州市城市规划建设、文化旅游发展等工作。

23日 2017中国扬州“绿扬金凤”众创大赛总决赛在扬举行，21个创业创新项目分获一、二、三等奖和优胜奖。

△ 扬州市考察团赴陕西省西安市开展“科技创新·产业合作”大院大所拜访恳谈活动。

25日 省人大常委会执法检查组到扬，就《江苏省保护和促进香港澳门同胞投资条例》和《江苏省保护和促进华侨投资条例》贯彻落实情况进行检查。

22—25日 上海合作组织成员国国家协调员理事会会议在扬州召开，来自上合组织8个成员国及2个常设机构的近40名代表出席会议。本次会议是中方接任上合组织轮值主席国后举办的首次国家协调员会议。

26日 第19届省运会重要场馆之一——扬州市游泳健身中心正式建成对外开放。

27日 扬州市12家单位获2013—2016年度全国群众体育先进单位称号，8人获评先进个人。

28日 柬埔寨西哈努克省省长润明、西哈努克市市长伊松林率省政府代表团访问扬州。

△ 第13届全运会男子手球决赛，江苏获得全运会男子手球三连冠，3名扬州选手李安、周小坚、郝可鑫获得第13届全运会首枚金牌。

30日 中共扬州市委、扬州市政府召开全市大运河文化带建设工作动员会，研究部署当前和今后一个时期扬州大运河文化带建设的工作任务。

31日 省委常委、政法委书记王立科带领省公安厅、省水利厅、省环保厅、省农委、省海洋与渔业局等有关部门负责人到扬，开展淮河入江水道巡河工作。

△ 南京医科大学扬州临床医学院在苏北人民医院挂牌成立。

△ 李尔集团与市经济技术开发区正式签署总投资1亿美元的汽车座椅面套项目，并举行项目奠基仪式。

9月

1日 首届扬州市创意休闲农业设计大赛举行。

4—5日 省长吴政隆深入扬州基层走访调研。强调要牢固树立新发展理念，在特色发展中激发优势潜力，在区域融合中强化辐射带动。

5日 市委书记谢正义在随江苏省党政代表团赴新疆考察期间，专程前往扬州市对口援建单位——伊犁州新源县考察援疆工作。

6日 第13届中国(南京)国际软件产品和信息服务交易博览会在南京国际博览中心开幕，扬州市作为南京软博会首个“伙伴城市”应邀参展。省长吴政隆，工信部原党组成员、中央纪委驻部纪检组原组长金书波，副省长马秋林，市长张爱军共同为“扬州馆”开馆。

7日 市第十次见义勇为先进分子表彰大会暨市见义勇为基金会换届会议召开。王一成等15人被授予“扬州市见义勇为先进分子”称号，梁磊等5个群体被授予“扬州市见义勇为先进群体”称号。

8—9日 2017世界运河城市论坛在扬举行。8日，举行世界运河城市市长对话会议，市长张爱军作题为《共筑“绿色＋文化”的运河盛景》的发言。论坛期间，17个运河古镇代表共同签署《世界运河古镇合作扬州倡议》。全球运河第一本工具书《世界运河名录》正式首发。

8日 广陵区“沿运河历史经典产业先进制造业基地”、仪征市“乘用车及核心部件先进制造业基地”获得省“十三五”首批先进制造业基地认定授牌，扬州市通过认定基地数位列全省第二、苏中第一。

10日 2017年全国气排球公开赛(扬州赛区)在市游泳健身中心落幕。扬州派出7支队伍参赛，并获得女子甲组、男子甲组和女子乙组的3个亚军。

13日 市区首张食品小作坊登记证发放，扬州市食品小作坊登记制正式实施。

△ 扬州市江都区郭村镇张倪村党总支副书记、江苏万顺机电集团有限公司董事长周善红获“2017年全国脱贫攻坚奖创新奖”，系江苏唯一获奖者。

13—14日 省人大常委会党组副书记、常务副主任史和平率队到扬督办重点建议。副省长王江参加督办会议并讲话。市委书记、市人大常委会主任谢正义，市长张爱军作相关情况汇报。

14日 省委常委、纪委书记蒋卓庆到扬调研党风廉政建设和反腐败工作。

△ 扬州市人大常委会专题视察全市重大交通项目建设情况。

15日 扬州市人大常委会对拟确定的第五批城市永久性保护绿地情况进行专题视察。

18日 第六届江苏省道德模范颁奖仪式在南京举行，扬州市高雁、周宏英、郑翔、王远龙获江苏省道德模范称号，汤建虎获江苏省道德模范提名奖。

19日 江都区获“全国平安建设先进县(市、区、旗)”称号，并捧得全国社会治安综合治理最高奖“长安杯”。

20日 扬州市召开社会主义核心价值观建设现场推进会，吴登云事迹展览馆等13家单位获批市首批社会主义核心价值观教育示范基地。

△ 2017年第三批公园集中开放活动举行，22个生态体育休闲公园、10个古城区“口袋公园”对外开放。

20—21日 省政协副主席阎立率队到扬就历史文化遗产保护利用情况进行专题调研。

21日 副省长蓝绍敏到扬调研省园博会筹备工作。

△ 扬州市在宋夹城体育休闲公园集会，举行19届省运会倒计时一周年活动。副省长王江出席活动并为省运会倒计时牌揭幕。19届省运会的会徽、吉祥物、主题口号相继揭晓，省运会官网正式开通。

△ 副省长王江调研扬州市省运会场馆建设工作。

22日 全省城市治理与服务工作现场推进会在扬举行，是近十年省委、省政府在扬州召开的规模最大、规格最高的一次会议。省委书记、省人大常委会主任李强讲话，省委副书记、省长吴政隆主持会议。省领导樊金龙、王燕文、郭文奇、张敬华、蓝绍敏等出席会议。市委书记谢正义在会上作题为《积极响应群众需求 建设幸福宜居城市》的交流发言。会议期间，省领导和与会人员现场考察宋夹城体育休闲公园、花都汇生态公园、梅岭小学花都汇校区以及宝带小区、振兴花园学校、三湾湿地公园、虹桥坊商业街区等地。

22—23日 省委常委、组织部部长郭文奇到扬州市调研人才工作和基层党建工作。

25日 江苏省第十届园艺博览会倒计时一周年纪念活动在仪征枣林湾生态园举行，现场揭晓会徽、吉祥物。

△ 扬州市政协视察“交通治堵、有序停车”民生实事进展情况。

△ 扬州市政府召开全市特色田园乡村建设动员会，公布《扬州市特色田园乡村建设“一镇十点”试点名单》，全面启动扬州特色田园乡村建设工作。

△ “扬州古城保护十大工程”评选结果揭晓，梅花书院修缮工程等10项工程被市民评选为“扬州古城保护十大工程”。

△ 418省道文昌路西延工程通过竣工质量鉴定，综合评价等级优良。

25—26日 市委书记谢正义率队赴京拜访清华大学、中国船舶重工集团公司、中国空间技术研究院、中国电子科技集团。

27日 副省长蓝绍敏到仪征，督查扬州市“263”专项行动落实情况。

28—29日 中共扬州大学第三次代表大会召开。

29日 三湾公园全面对外开放。

△ 第11届中国(郑州)国际园林博览会开园，占地1716平方米的“扬州园”迎来八方游客。

30日 市委书记谢正义、市长张爱军、市政协主席朱民阳、市委副书记张宝娟等市四套班子领导与社会各界代表到扬州革命烈士陵园祭扫革命烈士。

△《扬州市公园条例》颁布，自2017年12月1日起施行。

10月

3日 新华社以中文、英文、西班牙文三种语言向全球播发特稿《中国绿色发展显魅力》，以单独章节“扬州生态建设激起多国点赞”，关注扬州生态文明发展和大运河文化带建设的生动实践。

9日 由扬州企业负责制造的巴西南极科考站226个集装箱模块，由扬州港出发运往南极，系扬州企业首次参与承建外国南极科考站。

10日 中共扬州市委、扬州市政府召开全市创新驱动发展暨科技产业综合体建设现场推进会。市委书记谢正义参加会议并讲话。市长张爱军作工作部署。

△ 扬州市首个应急联勤联动警务工作站在西部交通客运枢纽揭牌。

10—11日 “2017名企高管扬州行”活动举行，近200名来自世界500强及跨国公司、央企、大型民企、现代服务业企业、科技创新企业以及知名商会的嘉宾应邀参加活动。

11日 中共扬州市委、扬州市政府召开全市城市治理与服务工作会议，贯彻落实全省城市治理与服务工作现场推进会精神。市委书记谢正义主持会议并讲话。市长张爱军作工作部署。朱民阳、孔令俊、江桦、李航、姜龙、王炳松等市四套班子领导参加会议。

13日 “砥砺奋进的扬州”大型主题图片展在花都汇开展。

△ 扬州市工业机器人公共实训中心在扬州技师学院建成并揭牌投入使用。

16日 扬州协鑫光伏科技有限公司的2GW金刚线切割项目和2GW黑硅项目正式投产。

16—17日 省政协副主席许津荣率部分省政协委员到扬，调研江苏省第19届运动会筹备进展情况。

20日 省政协副主席徐鸣率部分省政协委员到扬，就宁镇扬一体化发展开展专题视察。

△ 市委副书记张宝娟率队在沪拜访部分央企、世界500强企业和上海市经信委。

△ 中阿(联酋)产能合作示范园投资推介会在扬举行。

24日 省人大常委会副主任许仲梓带领部分省人大常委会委员、省人大代表，到扬专题调研地方志工作。

△ 扬州市、陕西省榆林市对口帮扶和经济协作座谈会召开。

26日 中共扬州市委召开中共十九大精神传达大会。

28日 第八届中国邮文化节在江苏高邮开幕。中国集邮家博物馆同日开馆。

△ 扬州市首个恒温恒氧菜场——老虎山路农贸超市建成，投入营运。

30—31日 扬州市组织开展2017年第三次重大项目建设暨民生幸福工程观摩活动。

10月 扬州玉雕大师杨光作品《活环沉香炉》，连同其他5件中国当代玉雕作品，入藏英国大英博物馆，系大英博物馆首次收藏中国21世纪当代艺术家的作品。

11月

1日 扬州市政协召开八届七次主席会议，就“推进农业供给侧结构性改革，提高农民收入”议题与扬州市政府进行协商。

△ 学习贯彻中共十九大精神中央宣讲团动员会在京召开。扬州市“我是党课主讲人”宣讲团获颁“全国基层理论宣讲先进集体”奖牌。

2日 省委副书记、常务副省长黄莉新到扬调研扬子江城市群建设工作。

△ 扬州市人大常委会组织部分委员分别到仪征市汉金大道南段绿化项目、蜀冈生态休闲公园等地，专题视察造林绿化工作。

△ 邗江区方巷镇沿湖村被农业部列入2017年首批国家休闲渔业品牌培育名单，被认定为“最美渔村”。

3日 市八届人大常委会召开主任会议，听取扬州市政府关于建设农村区域性医疗卫生中心、提升基层医疗卫生服务能力的汇报以及扬州市人大常委会教科文卫工委相关调研报告等。

△ 扬州厦门台湾文化产业对接会在厦门举行。

6日 以市长贺懋燮为团长的安徽省芜湖市党政代表团，到扬考察扬州泰州国际机场。

△ 市委常委、市人大常委会副主任孔令俊会见以韩国丽水市议会议长朴正采为团长的丽水市代表团一行。

△ 扬州瘦西湖隧道、扬州北500千伏变电站等扬州城市建设工程项目和江苏华建承建的深圳和平里花园Ⅱ期工程、淮安翔宇大厦，邗建集团承建的泰州公安局业务技术用房等工程，获2016—2017年度“鲁班奖”。江苏华建获得“鲁班奖突出贡献奖”。

7日 市委常委、常务副市长陈扬率队在上海开展项目招商推介。

8日 扬州市举行第13个人大代表“统一见面日”活动。

△ 扬州市在上海举行“2017扬州对接上海产业转移百日会战项目签约仪式”，现场签约97个项目。

△ 扬州市政协主席、世界运河历史文化城市合作组织主席朱民阳会见在扬参加中日韩友好城市围棋赛活动的韩国丽水市议长、丽水市围棋协会会长朴正采一行。

9日 连淮扬镇铁路全线第一根接触网柱开始架设，标志着连淮扬镇铁路正式进入电气化工程建设。

△ 扬州漆器大师张来喜获中国工艺美术协会“大国非遗工匠”称号。

9—10日 省人大调研组到扬州市开展《江苏省农村集体资产管理条例(草案)》立法调研。

10日 第七届江苏曲艺“芦花奖”评选结果揭晓，扬州获得8个奖项。

12日 2017中国(国际)休闲发展论坛在杭州开幕，扬州入选“中国十大品质休闲城市”。

△ 首批2000辆采用“电子围栏+空中停车”技术的共享电踏车投放扬城街头。扬州成为国内继上海之后投放共享电踏车的第二个城市。

13日 全国耕地保护工作会议在南京召开，国土资源部副部长曹卫星率领参加会议的160多名各省(区、市)国土资源部门负责人到扬考察耕地保护工作。

△ 扬州市政协主席会议成员赴市人民检察院，专题视察职务犯罪预防工作。

15日 中共十九大代表、省委宣讲团成员、市委书记谢正义到扬州大学，向广大师生宣讲十九大精神。

15—16日 扬州市工会第七次代表大会召开。

16日 世界500强企业、全球著名光伏供应商德国贺利氏光伏公司与扬州市光伏产业骨干企业荣德新能源签订战略合作协议。

17日 全国精神文明建设表彰大会在京举行。扬州蝉联“全国文明城市”荣誉称号，实现“三连冠”。

△ 全国政协委员、江苏省政协副主席朱晓进一行走进扬州市职业大学，考察调研该校办学情况。

17—18日 扬州市考察团赴武汉开展高校院所拜访恳谈暨大型人才招聘活动。

20日 中共扬州市委举行法律顾问聘任仪式，聘请5人为中共扬州市委法律顾问，15人为中共扬州市委法律专家库成员，中共扬州市委法律顾问制度正式建立。

△ 扬州市人民政府与省食品药品监督管理局签订《促进药品医疗器械产业发展战略合作协议》。

△ 扬剧《史可法——不破之城》等5部扬州作品获江苏省精神文明建设“五个一工程”奖。

△ 中国淮扬菜“非遗”传承人大师工作室在九炉分座个园店正式成立。同日，扬州市首个淮扬菜美食书场正式开讲。

21日 《“云上扬州”建设行动计划(2017—2020年)》发布。

21—22日 扬州市侨联第六次代表大会召开。

22日 扬州市政协就“打造美丽中国扬州样板，增进民生生态福祉”举办2017年度“扬州政协论坛”电视论坛活动。市长张爱军、扬州市政协主席朱民阳出席论坛并讲话。

25日 南京、扬州、镇江三市在南京召开宁镇扬党政联席会议，市委书记谢正义、市长张爱军出席。会议审议通过《宁镇扬一体化工作机制》，确定一批具体合作项目，签署《宁句线轨道交通共建协议》《宁扬城际轨道共建合作框架协议》。

27日 施桥船闸管理所年通过量已达3.01亿吨，成为苏北运河船闸中第一个年通过量超过3亿吨的船闸。

28日 江苏省社科界第11届学术大会苏中区域专场在扬召开。

△ 市八届人大常委会第六次会议评议环境保护工作(“263”专项行动推进情况)。

30日 国家能源局公布2017年光伏发电领跑基地名单，包括10个应用领跑基地和3个技术领跑基地，宝应县生态渔业光伏发电“领跑者”示范基地项目入选应用领跑基地。

11月 中国工程院、中国科学院公布院士增选结果，4位扬州籍人士分别当选，中国石化集团公司总经理戴厚良、江南大学校长陈坚当选中国工程院院士，浙江大学材料科学与工程学院教授杨德仁以及复旦大学附属中山医院院长樊嘉当选中国科学院院士。

△ 江苏邗建集团“津园小区”项目获2017年中国土木工程“詹天佑奖”优秀住宅小区金奖，系扬州建筑企业获得的首个本地住宅类“詹天佑奖”。

12月

1日 《扬州市公园条例》正式实施。扬州市举行实施动员暨全市公园集中开放(工)活动，共有33个公园建成开放、20个公园集中开工。

△ 国际田联正式确认授予扬州鉴真国际半程马拉松赛国际田联金标赛事标牌。这是扬马连续第六年获得国际田联金标赛事称号。

△ 《扬州古城历史建筑修缮管理办法》施行。

2日 国家文物局公布第三批国家考古遗址公园名单和立项名单，位于高邮市龙虬镇境内的龙虬庄考古遗址公园项目入选，是江苏省此次唯一列入名单的项目。

5—6日 市委书记、市人大常委会主任谢正义率扬州市代表团赴陕西省西安市和杨凌农业高新技术产业示范区学习考察。

6日 由《环球时报》《生命时报》主办的“敬佑生命·2017荣耀医者”公益评选颁奖典礼在人民日报社举行，扬州市邗江区黄珏卫生院医生刘刚获“2017荣耀医者·十大基层好医生奖”，成为江苏省唯一获此奖项的医生。

7日 市委书记谢正义率扬州市代表团赴陕西省榆林市学习考察。

8日 江苏省第三环境保护督察组就扬州市开展环境保护督察情况，向中共扬州市委、扬州市政府进行反馈。

△ 扬州市政协组织对食品药品监管工作开展调研视察并召开评议大会。

△ 江苏“最美法治人物”发布会在扬召开，高邮市公安局菱塘派出所所长刘玉山被授予江苏“最美法治人物”称号。

9日 中共扬州市委召开全市领导干部警示教育大会。

11日 2017江苏体育产业大会在南京举行，扬州体育产业收获6项大奖。扬州宋夹城体育休闲公园、李宁体育园获评“2017江苏省十佳体育公园”；扬州宋夹城体育休闲公园、扬州红山体育公园获评“体育旅游示范基地创建单位”；扬州途居露营地投资管理有限公司获评“江苏省特色运动项目基地(山地户外)”；扬州鉴真国际半程马拉松赛位居“魅力江苏”2017马拉松赛事年度榜首位。

12日 扬州首支专门服务于智能制造领域的产业基金——江苏疌泉亚威沣盈智能制造产业基金正式成立。

13日 市长张爱军会见乌兹别克斯坦驻华大使巴郝济约尔·赛义多夫，双方就深入推进扬州与乌兹别克斯坦经贸友好交往进行交流。

15日 扬州市人大常委会组成人员专题视察全市民生幸福工程推进情况。

16日 由广陵区与中国铁建投资集团、青旅城市商业管理(北京)有限公司、中铁第五勘察设计院合作，通过PPP(政府和社会资本合作)的方式共同投资57.73亿元建设的湾头玉器特色小镇PPP项目举行开工仪式。

△ 由世界运河历史文化城市合作组织与扬州现代金融集团共同发起和管理的扬州“运河之帆”投资基金正式成立。

19日 中共扬州市委、扬州市政府召开全国文明城市建设调研座谈会。

△ 扬州市政协组织部分委员视察市中级人民法院工作。

20日 市八届人大常委会召开第十六次主任会议，听取扬州市政府关于2017年度民生幸福工程完成情况的汇报及相关调研报告等。

21日 中共扬州市委、扬州市政府在苏北人民医院医疗集团高邮送桥区域性医疗卫生中心举行全市18家农村区域性医疗卫生中心全面投用仪式。

21—22日 中共扬州市委、扬州市政府组织开展重大项目建设暨民生幸福工程观摩活动。

22日 国内最大的民营传媒娱乐集团——北京光线传媒股份有限公司与江都区签署合作框架协议，正式启动总投资100亿元的光线(扬州)中国电影世界项目，共同建设中国影视产业梦工厂。是扬州市引进投资规模最大的文化旅游项目。

24日 扬州市图书馆绿地、上院、STARRY城市书房及扬州市生态科技新城图书馆(扬州市图书馆生态科技新城分馆)集中开放。扬州主城区开放的城市书房已达16家，图书馆分馆达30家。

24—25日 共青团扬州市第七次代表大会召开。

28日 中共扬州市委七届五次全会在扬州举行。市委书记谢正义代表中共扬州市委常委会作工作报告。市长张爱军传达省委十三届三次全会精神，并就2018年经济工作作具体部署。会议审议通过全会决议。中共扬州市委常委会和市纪委常委会向全会书面报告2017年的工作。

△ 扬州市召开市属国有企业外部董事聘任暨监事会成立大会，在全省率先建立并完善法人治理结构，12名首批外部董事上岗。

△ 611省道扬州段(即沿湖大道)全线通车。

29日 全省首支旅游警察队伍——扬州市公安局旅游警察支队在宋夹城体育休闲公园正式挂牌成立。

30日 扬州市迎接2018年万人健身长跑主会场活动在体育公园体育场举行。

概览

Gailan

编　辑　徐国磊

自然地理

■位置面积　扬州市地处江苏省中部，位于长江北岸、江淮平原南端。现辖区域在北纬32度15分至33度25分、东经119度01分至119度54分之间。东部与盐城市、泰州市毗邻；南部濒临长江，与镇江市隔江相望；西南部与南京市相连；西部与安徽省滁州市交界；西北部与淮安市接壤。扬州城区位于长江与京杭大运河交汇处，北纬32度24分、东经119度26分。全市东西最大距离85千米，南北最大距离125千米，总面积6591.21平方千米，其中市区面积2305.68平方千米(其中建成区面积140平方千米)、县(市)面积4285.53平方千米(其中建成区面积97.8平方千米)。陆地面积4908.00平方千米，占74.46%；水域面积1683.21平方千米，占25.54%。

■地形地貌　扬州市境内地形西高东低，以仪征市境内丘陵山区为最高，从西向东呈扇形逐渐倾斜，高邮市、宝应县与泰州兴化市交界一带最低，为浅水湖荡地区。境内最高峰为仪征市大铜山，海拔149.5米；最低点位于高邮市、宝应县与泰州兴化市交界一带，平均海拔2米。

扬州市区北部和仪征市北部为丘陵，京杭大运河以东、通扬运河以北为里下河地区，沿江和沿湖一带为平原。境内有大铜山、小铜山、捺山等，主要湖泊有白马湖、宝应湖、高邮湖、邵伯湖等。

境内有长江岸线80.5千米，沿岸有仪征、江都、邗江、广陵等一市三区；京杭大运河纵穿腹地，由北向南沟通白马湖、宝应湖、高邮湖、邵伯湖，汇入长江，全长143.3千米。除长江和京杭大运河以外，主要河流还有东西向的宝射河、大潼河、北澄子河、通扬运河、新通扬运河。

■气候　扬州市属于亚热带季风性湿润气候向温带季风气候的过渡区。气候主要特点是四季分明，日照充足，雨量丰沛，盛行风向随季节有明显变化。春季多为东南风；夏季多为从海洋吹来的湿热的东南到东风，以东南风居多；秋季多为东北风；冬季盛行干冷的偏北风，以东北风和西北风居多。冬季偏长，4个多月；夏季次之，约3个月；春秋季较短，各2个多月。

1. 气温

2017年，全市各气象观测站测得各地年平均气温分别为：扬州16.7摄氏度、宝应16.1摄氏度、高邮17.1摄氏度、仪征16.5摄氏度、江都16.2摄氏度，与常年相比，偏高0.5～1.8摄氏度。其中，扬州偏高1.1摄氏度。2017年扬州年平均气温位列1953年以来的第二位(历史年平均气温最高为16.9摄氏度，2007年)。从历史趋势来看，1995年以来年平均气温整体呈偏高趋势。从各月平均气温与常年同期比较来看，偏高的月份有1月、2月、3月、4月、5月、6月、7月、8月和11月；基本持平的月份有9月；偏低的月份为10月和12月。2017年极端最高气温全市为40.4摄氏度(7月24日，仪征、江都)；极端最低气温为-7.0摄氏度(1月23日，江都)；35摄氏度及以上的高温日数为16天(宝应)～32天(扬州)；终霜日为3月15日，比常年早16天(常年为3月31日)；初霜日为11月19日，比常年晚12天(常年为11月7日)。

2. 降水

全市各地年降水量分别为：扬州1033.1毫米、宝应871.3毫米、高邮959.8毫米、仪征1169.1毫米、江都1097.1毫米，其中仪征、江都偏多近1成，其他偏少0～2成。降水量较常年偏少的月份有：2月、3月、5月、6月、7月、11月和12月；偏多的月份有1月、4月、8月、9月和10月。

3. 日照

全市年日照时数分别为：扬州2070.4小时、宝应2051.8小时、高邮2099.7小时、江都2016.0小时、仪征1976.1小时。与常年相比，宝应较常年偏少120小时，其他偏多20～104小时。从观测站日照时数分布情况来看：1月、8月、9月、10月和11月较常年偏少；2月、3月、4月、5月、6月、7月和12月较常年偏多。

4. 气象灾害

2017年主要灾害性天气有：暴雨、高温、强对流(雷雨大风、龙卷)、大雾、霾、寒潮、低温连阴雨、冰冻等。全市受灾人口1440人，受伤2人，死亡9人；房屋受损243间，倒塌12间；农作物受灾面积133公顷；树木折断450棵；电杆倒断70个，电力中断15小时；道路中断封闭3次，交通停运时间23小时；灾害造成农业经济损失150万元，直接经济损失241.71万元。

■**资源** 土地资源。全市土地总面积6591.21平方千米。其中，耕地面积3304.43平方千米、园地面积40.64平方千米、林地面积24.47平方千米、草地面积5.89平方千米、城镇村及工矿用地1068.61平方千米、交通运输用地293.89平方千米、水域及水利设施用地1789.37平方千米、其他土地63.91平方千米。水资源。境内有乡镇（大沟）级以上主要河流1111条，总长6060千米。其中，淮河入江水道干支流水系河流379条1582千米、里下河水系河流506条3345千米、长江水系河流226条1133千米，县级以上河流198条2916千米、乡镇级主要河流913条3144千米。矿产资源。境内已发现矿产资源15种，其中已探明储量的矿产资源12种。石油、天然气储量居全省前列，邗江、江都、高邮一带有丰富的石油、天然气资源，邵伯湖滨地区和里下河洼地素有“水乡油田”美誉。砖瓦黏土、石英砂、玄武岩、砾(卵)石、矿泉水、地热等矿产资源较丰富。仪征、邗江丘陵山区有黄沙储量2亿～3亿吨，石料储量1.2亿吨，卵石储量约3亿吨。全市玄武岩远景储量2.5亿吨。城区北部及仪征、高邮等地矿泉水资源丰富，品质优良，符合国家饮用天然矿泉水标准。地热资源分布广、温度高、水质好，可采储量3万立方米/天。水产资源。全市水面广阔，资源丰富，江河湖荡中盛产鱼、虾、蟹、蚌、龟、鳖、珍珠、荷藕、芦苇等。

行政区划

扬州市现辖3个区、1个县、2个县级市。

1950年1月，扬州专区划出如皋县、海安县给南通专区，划出东台县、台北县（今盐城市大丰区）给盐城

2017年扬州市行政区划和土地面积表

表4-1

地　区	镇（个）	乡（个）	街道（个）	居民委员会（个）	村民委员会（个）	土地面积（平方千米）	建成区面积（平方千米）
总　计	**62**	**5**	**16**	**386**	**1002**	**6591.21**	**237.8**
市　区	28	4	15	225	467	2305.68	140.0
广陵区	6	1	4	59	83	334.86	
邗江区	9	3	10	95	125	552.68	
江都区	13			71	259	1329.90	36.0
宝应县	14			59	223	1461.55	32.0
仪征市	10			52	137	902.19	39.3
高邮市	10	1	2	50	175	1921.78	26.5

注：扬州经济技术开发区代管邗江区2个镇、2个街道和仪征市1个镇，有25个居民委员会、28个村委会，面积133.29平方千米

2017年扬州市乡镇、街道一览表

表4-2

地　区	乡　镇、街　道　名　称
广陵区	东关街道　汶河街道　曲江街道　文峰街道　湾头镇　李典镇　杭集镇　泰安镇　沙头镇　头桥镇　汤汪乡
邗江区	邗上街道　蒋王街道　汊河街道　新盛街道　梅岭街道　瘦西湖街道　甘泉街道　扬子津街道　竹西街道　文汇街道　瓜洲镇　公道镇　槐泗镇　方巷镇　杨寿镇　杨庙镇　西湖镇　施桥镇　八里镇　平山乡　城北乡　双桥乡
江都区	仙女镇　邵伯镇　大桥镇　丁伙镇　小纪镇　樊川镇　真武镇　丁沟镇　宜陵镇　郭村镇　浦头镇　武坚镇　吴桥镇
宝应县	安宜镇　氾水镇　山阳镇　曹甸镇　鲁垛镇　西安丰镇　望直港镇　小官庄镇　夏集镇　射阳湖镇　广洋湖镇　柳堡镇　黄塍镇　泾河镇
仪征市	真州镇　青山镇　新城镇　新集镇　大仪镇　陈集镇　马集镇　刘集镇　月塘镇　朴席镇
高邮市	高邮街道　马棚街道　三垛镇　界首镇　临泽镇　送桥镇　车逻镇　卸甲镇　汤庄镇　龙虬镇　甘垛镇　周山镇　菱塘回族乡

注：邗江区扬子津街道、文汇街道、施桥镇、八里镇和仪征市朴席镇由扬州经济技术开发区代管

专区以后的泰州专区合并，设立泰州专区，辖扬州市、泰州市、兴化县、高邮县、宝应县、靖江县、泰兴县、江都县、泰县、仪征县、六合县等2个市、9个县。1953年1月，泰州专区改称扬州专区，专署由泰州市迁驻扬州市，原属皖北人民行政公署领导的江浦县和原苏北人民行政公署直辖的扬州市划归扬州专区领导。1956年2月，六合县、仪征县、江浦县划归镇江专区，原属镇江专区的扬中县划归扬州专区。1956年3月，江都县析为江都县、邗江县。1956年12月，扬中县划归镇江专区，六合县、仪征县、江浦县划回扬州专区。1958年7月，六合县、江浦县划归南京市。1958年11月，邗江县并入扬州市。1960年4月，宝应县、高邮县析湖西地区为金湖县。1962年6月，六合县、江浦县划归扬州专区。1963年3月，复置新邗江县。1966年3月，仪征县、六合县、江浦县、金湖县划给新设立的六合地区。1971年3月，六合地区撤销，仪征县、六合县划回扬州专区。5月，扬州专区改称扬州地区。1975年，六合县划归南京市，扬州地区辖2个市、9个县。

1983年3月，江苏省改革地市体制，调整行政区划，扬州地区行政公署撤销，原属扬州地区的泰州市和江都、邗江、泰县、高邮、靖江、宝应、泰兴、兴化、仪征等9个县划归扬州市管辖；扬州市改由省管辖，设广陵区和郊区。1986年4月，仪征县撤县设市；1987年12月，兴化县撤县设市；1991年4月，高邮县撤县设市；1992年9月，泰兴县撤县设市；1993年8月，靖江县撤县设市；1994年4月，江都县撤县设市；1994年7月，泰县撤县设立姜堰市。撤县设市中，行政区划均未改变。

1996年8月，经国务院批准，撤销县级泰州市，设立地级泰州市，原由扬州市代管的泰兴、姜堰、靖江、兴化等4个县级市划归泰州市管辖。扬州市设广陵区、郊区，辖宝应县、邗江县，代管仪征市、高邮市、江都市等3个县级市。2000年12月，邗江县撤销县级建制，改设扬州市邗江区。扬州市设广陵区、郊区(2002年更名为维扬区)、邗江区等3个区，辖宝应县，代管仪征市、高邮市、江都市等3个县级市。

2011年11月，经国务院批准，扬州市调整部分行政区划。撤销县级江都市，设立扬州市江都区，以原江都市行政区域为江都区行政区域；将邗江区李典、头桥、沙头、杭集、泰安等5个镇并入广陵区；撤销扬州市维扬区，将维扬区行政区域并入邗江区。扬州市设广陵、邗江、江都等3个区，辖宝应县，代管仪征、高邮等2个县级市。

历史人文

■历史沿革　扬州有2500年有文字可考的历史。

大约距今7000～5000年前，淮夷人就在扬州一带劳动生息，并有了水稻栽种。

春秋时期，今扬州市区西北部一带称邗。周敬王三十四年(公元前486)，吴灭邗，筑邗城，开邗沟，连接长江、淮河。越灭吴，地属越；楚灭越，地归楚。周慎靓王二年(公元前319)，楚在邗城旧址上建城，名广陵。秦统一六国后，设广陵县，属九江郡。

汉代，今扬州称广陵、江都，长期是诸侯王的封地。吴王刘濞“即山铸钱、煮海为盐”，开盐河(通扬运河前身)，促进了经济的发展。西汉无封六年(公元前105)，汉武帝将江都王刘建的女儿刘细君嫁到乌孙国，比王昭君和亲匈奴还早80多年。东汉末年，张婴率领的农民起义军在广陵一带转战10多年后，被广陵太守张纲劝降。

三国时期，魏吴之间战争不断，广陵为江淮一带的军事重地。

南北朝时期，广陵屡经战乱，数次变为“芜城”。山东青州、兖州一带的移民南迁广陵一带，促进了扬州的经济发展。北周改广陵为吴州。

隋开皇九年(589)，隋灭陈，建立统一的隋政权，改吴州为扬州，置总管府。至此，完成历史上的扬州和今天的扬州在名称、区划、地理位置上的基本统一。隋炀帝时，开大运河连接黄河、淮河、长江，扬州成为水运枢纽，奠定了唐代扬州空前繁荣的基础。隋炀帝大业初年改州为郡，扬州随之改为江都郡。隋大业元年至大业十二年(605—616)，隋炀帝三下江都。大业十四年(618)，隋炀帝被部将宇文化及所杀，葬于扬州城西北曹庄。唐武德二年(619)，李子通率农民起义军攻克江都，称皇帝，国号吴。武德三年(620)，扬州为唐军占，名称屡有更改；武德九年(626)，复称扬州，治所在今扬州。扬州是南北粮草、盐、钱、铁的运输中心和海内外交通的重要港口，曾为都督府、大都督府、淮南道采访使和淮南节度使治所，领淮南、江北诸州。

唐嗣圣元年(684)，徐敬业、骆宾王在扬州起兵反对武则天政权。唐末五代，军阀混战，扬州遭到严重破坏。光启三年(887)，杨行密开始入主扬州。后梁贞明五年(919)，其子杨渭(隆演)就吴国王位，改元武义。贞明六年(920)，杨渭卒，弟杨溥即吴王位；后唐天成二年(927)，杨溥即皇帝位，改元贞元，史称“杨吴”。后晋天福二年(937)，徐知诰迫杨溥禅位，自即帝位，国号为唐，史称“南唐”。后周显德四年(957)，后周取南唐江都府，复称扬州。明朝灭亡后，为阻止清兵南进，南明督师史可法在扬州率军坚守孤城，宁死不降，表现出坚贞不屈的民族气节。城陷后，清军屠城十日，死者数以万计。

北宋建隆元年(960)，北宋建立。农业、手工业迅速发展，商业进一步繁荣，扬州再度成为中国东南部的经济、文化中心，与都城开封相差无几。每年商业税收约8万贯，居全国第三位。北宋靖康二年(1127)，宋高宗赵构迫于金人进逼，在迁都过程中以扬州为“行在”一年，促进了扬州的繁荣。韩世忠、刘琦、岳飞等南宋名将在扬州进行艰苦的斗争。南宋德祐元年至德祐二年(1275—1276)，李庭芝、姜才率军队和扬州人民一起与元军展开不屈的斗争，不幸殉难。明嘉靖三十五年(1556)，扬州建“新城”。

清代，康熙帝和乾隆帝多次“巡幸”，使扬州出现空前繁华，城市人口超过50万人，成为当时中国八大城市之一，也是18世纪末、19世纪初世界十大城市之一。

19世纪中叶以后，由于运河山东段淤塞，漕粮改经海上运输，淮盐改由铁路转运，加上其他方面的原因，扬州在经济上逐渐衰落。第一次鸦片战争期间，扬州府属的瓜洲、仪征等地军民奋起抵抗英军侵略。太平天国农民起义军先后3次在扬州一带与清兵激战。在孙中山领导的民主主义革命中，扬州人熊成基在安徽以陆军炮营队官的身份，于清光绪三十四年(1908)11月组织、领导了著名的安庆新军起义，开始武装夺取政权的尝试。宣统三年(1911)11月，扬州人孙天生在扬州发动武装起义，史称“扬州光复”。

民国元年(1912)，“中华民国”废扬州府，置江都县。民国11年(1922)，扬州境内第一条公路建成。民国14年(1925)，中国共产党开始在扬州一带组织、领导人民进行新民主主义革命。民国20年(1931)，扬州洪水泛滥，长江和运河沿线决口60多处，死于水灾、饥饿和疫病者数十万。民国26年(1937)10月，中共中央长江局派员在扬州建立中共扬州特别支部，与扬州各界人士一同开展抗日救亡运动；12月，侵华日军占据扬州，以陈文为首的扬州抗日义勇团在扬州北乡展开抗日斗争。民国28年(1939)初，新四军贯彻中共中央东进北上的方针，着手创建苏中抗日根据地。民国29年(1940)7月，陈毅、粟裕率新四军主力北渡长江、挺进苏中，在江都建立新四军江北指挥部。

民国37年(1948)底至1949年4月，扬州各县相继解放。1949年1月25日，今扬州市区解放，设置扬州市；以仙女庙镇为治所，另建江都县。

■人文风貌 古代扬州，雄踞江淮中心，南北货物在这里运输，南北文化也在这里融合。东汉初，辞赋家陈琳，是史籍记载最早的广陵文学家。由隋入唐，扬州学者曹宪、李善二人专攻《文选》，开中国文选学之先河。中国第一部记录典章制度的专书《通典》是杜佑在扬州编纂而成。

唐代扬州农业、商业和手工业相当发达，出现了大量的工场和手工作坊，不仅富甲江淮，而且是中国东南第一大都会，时有“扬一益二”之称(益州为成都古称)。在以长安为中心的水陆交通网中，扬州始终起着枢纽作用。唐代扬州和大食(阿拉伯)交往频繁，侨居扬州的大食人数以千计。侨居扬州的客商主要来自波斯、大食、新罗、日本等国。日本遣唐使到扬州和高僧鉴真东渡日本促进了中日两国的政治、经济、科学和文化交流。李善在吸收前人成果的基础上，重新注释《文选》，旁征博引，为后人保存了大量重要文献资料；其子李邕能诗善文，工书法，尤擅行书，是继虞世南、褚遂良之后的大书法家。张若虚为“吴中四杰”之一，《春江花月夜》有“以孤篇压全唐”之誉。

五代宋初的扬州人徐铉、徐锴兄弟校对《说文解字》，为清代扬州学人精研《说文》学奠定了基础。宋代，欧阳修、苏轼、秦观、姜夔、王令等在扬州留下大量传世名作。

元、明两代，扬州经济发展加快。到扬州经商、传教、从政、定居的外籍人日渐增多，其中仍以波斯人和阿拉伯人为最。元代，运河扬州段经几次整治，基本形成了今天的走向，恢复了一度中断的漕运，扬州又迅速繁华起来。明代，商品经济的发展孕育了资本主义生产关系的萌芽。扬州的商业主要是两淮盐业专卖和南北货贸易，盐税收入几乎与粮赋相等。商业扩大到旧城以外。手工业作坊生产的漆器、玉器、铜器、竹木器具和刺绣品、化妆品都达到相当高的水平。文化方面，出现了睢景臣等一批著名杂剧、小说作家。

清代的扬州，居交通要冲，富盐渔之利，盐税与清政府的财政收入关系极大。各地商人纷纷在扬州建起会馆，各有营业范围和地方特色。同时兴起的还有会票——信用汇兑。一些盐商广结文士，爱好藏书，捐资修建府学、县学，恢复名胜古迹，兴建园林，对扬州的文化发展有一定贡献。其间，出现了以金农、汪士慎、黄慎、李鱓、郑燮、李方膺、高翔、罗聘等“扬州八怪”为代表的扬州画派，以任大椿、汪中、焦循、阮元和王念孙、王引之父子为代表的扬州学派。扬州戏剧历史悠久，至清代大盛。清乾隆五十五年(1790)，为庆祝乾隆帝八十寿辰，以宝应高朗亭为班主的三庆班进京演出，与其他剧种一起，对京剧的形成和发展产生重要影响。扬州的雕版印刷和评话、清曲、扬剧、木偶剧以及棋艺、琴艺等均在清代达到较高水平，形成自己的特色，奠定了扬州成为当时中国文化中心的基础。

辛亥革命以后，扬州文化艺术领域名家辈出，比较有影响的有朱自清、刘师培、李涵秋、贡少芹、张丹斧、陈含光、潘月樵和革命作家李进、李俊民、韩北屏、许幸之、江树峰等。朱自清是对中国文学很有影响的人物。李涵秋创作的33部小说中，以反映扬州里巷风俗轶闻的《广陵潮》最为著名。

人口 方言

■人口 截至2017年末，扬州市户籍总人口459.98万人，比上年末减少16851人。全市登记出生人口4.54万人，出生率9.87‰；死亡人口5.28万人，死亡率11.48‰。人口自然增长率-1.61‰。年末市区户籍总人口233.00万人，比上年增长0.23%。截至2017年末，全市常住人口450.82万人，常住人口城镇化率66.05%，比上年提高1.65个百分点。

■方言 扬州市的语言是以“扬州话”为代表的江淮官话。扬州市城区、仪征、宝应、高邮(除东部与兴化交界的边缘地区外)和江都红旗河、野田河以西地区属江淮官话的洪巢片；江都红旗河、野田河以东地区，高邮东部与兴化交界的边缘地区属江淮官话的泰如片。

宝应中港渔业村是中原官话方言岛。

民族 宗教

■民族 2017年，扬州市有43个民族。汉族人口最多，占人口总数的99.39%。有42个少数民族，人口2.8

万人，占0.61%，其中回族人口最多，约1.7万人，占少数民族人口总数的60.71%。城区回族人口8600多人，全市有外来穆斯林5900多人，大多是新疆、青海、宁夏、甘肃等地在扬州经商人员。

超过100人的少数民族有回族、苗族、彝族、土家族、满族、壮族、侗族、蒙古族、布依族、维吾尔族、朝鲜族、黎族、哈尼族，其他如景颇族、京族、纳西族、高山族、毛南族、俄罗斯族、裕固族、基诺族、柯尔克孜族、塔塔尔族、赫哲族、鄂伦春族人数相对较少。

少数民族人口分布较广泛，但又相对集中。回族主要分布在高邮、广陵、江都、邗江，在高邮，回族又相对集中在菱塘一带。菱塘回族乡是江苏省唯一的少数民族乡。土家族分布在江都、仪征、高邮和邗江一带。满族分布在仪征、邗江、江都一带。侗族主要分布在仪征。仪征市月塘镇龙山村、大仪镇河北村为民族村。

■宗教 扬州市佛教、道教、伊斯兰教、天主教、基督教五教齐全，为全省宗教工作重点市。全市有信徒约50万人；有经登记的宗教活动场所228处，有宗教教职人员789人；有5个市级宗教团体、18个县级宗教团体、1所省属佛学院（鉴真佛教学院）。

风景名胜

瘦西湖风景区

■概况 瘦西湖风景区为国家重点风景名胜区、全国文明风景旅游区、国家文化旅游示范区、国家AAAAA级旅游景区。自隋唐起，景区沿湖陆续建园，至清代乾隆时期，已是“两岸花柳全依水，一路楼台直到山”，湖上园林之景融南方之秀、北方之雄于一体，以风韵独具而蜚声海内外。景区内窈窕曲折的一湖碧水串以卷石洞天、西园曲水、长堤春柳、荷蒲熏风、四桥烟雨、徐园、月观、小金山、钓鱼台、水云胜概、五亭桥、白塔晴云以及二十四桥景区、万花园景区等名园胜迹，俨然一幅次第展开的国画长卷。

■长堤春柳 长堤春柳起于虹桥西岸，向北止于徐园，为清乾隆年间盐商黄为蒲构筑。后渐渐荒废，至咸丰、同治年间，堤柳已不复存。民国4年（1915）建徐园时，恢复旧观。此景南北长650米，沿堤遍植杨柳，每至春日，柳絮随风飞舞，迷离如烟。垂柳间植有桃树，桃花开时，与杨柳相互映衬，更显清纯飘逸，艳丽多姿。长堤中段建有方亭，枕于湖上，游人于此小憩，宛如走入画图。

■徐园 徐园原为清初韩园桃花坞故址，民国4年（1915）改为徐宝山祠堂，故名徐园，为市级文物保护单位。园门南迎长堤春柳。园内有一方荷池，缘池缀以山石，环植桃柳。池东有青石平桥。池北有“听鹂馆”三楹，取杜甫诗句“两个黄鹂鸣翠柳，一行白鹭上青天”之意。馆前平台上放置南朝萧梁时代镇水铁镬两只；馆东南为四角攒尖式碑亭；馆西有“青草池塘吟榭”，取谢灵运语“池塘生春草”之意。榭后廊复接七折曲廊，西通疏峰馆；榭之西南隅有精舍三间，为冶春后社旧址。

■小金山 小金山原名长春岭，清乾隆年间盐商程志铨出资挖湖堆土而成，四面环水，形如青螺。岭上多梅，岭东门额题“梅岭春深”。山上有风亭，山中有观音殿，山下有琴室、棋室、月观、木樨书屋、关帝庙、湖上草堂、玉佛洞诸景。

■莲花桥 乾隆二十二年（1757），巡盐御史高恒开莲花埂新河抵平山堂，同时在河上建桥，以便南北通行。因桥在莲性寺北，桥上五亭聚如金莲，故名莲花桥，俗称五亭桥，为全国重点文物保护单位。五亭桥形态独特，仿自北京北海金鳌玉桥和五龙亭，但又创造性地将五亭聚合，再将桥亭合二为一。桥长65米、宽7米，梯形桥身用青石叠成。五亭之中，中间一亭三层飞檐，略高。四角四亭单檐，稍低。五亭之间有廊檐相接，上覆金黄色琉璃瓦，空花脊，24个檐角似盛开的金莲花花瓣。桥身下支四翼，共有正、侧拱洞15个。据《扬州画舫录》记载：“月满时，每洞各衔一月，金色滉漾。”五亭桥结构严谨，多有创意，被茅以升誉为“中国古代交通桥与观赏桥结合的典范”、中国“最具艺术美的桥”。

■白塔 白塔位于五亭桥南侧莲性寺内，于清乾隆年间建造，仿北京万寿山喇嘛塔形式，为全国重点文物保护单位。白塔为砖石结构，实测高度28.32米。塔分三层。下层为方形台基，四周以白石为栏，台上砖石塔座为须弥座，八角四面，每面三龛，龛内置砖雕十二生肖；中层塔身为圆形

晨曦中的白塔　　江　欣/摄

龛室，形如古瓶，瓶腹南向辟莲瓣形龛，内供白衣大士像；上层为“刹”，呈圆锥形，有13级，刹顶置六角形宝盖，角端悬风铃，上托黄铜葫芦顶。

■熙春台 熙春台位于瘦西湖水向北转折处，又名春台祝寿(传说清乾隆帝在此为母亲祝寿)，1986年按原貌复建。主楼坐西朝东，上下两层，面阔五楹，前有抱厦，四面有廊，飞檐翘角。熙春台两翼附属建筑呈“八”字形，南翼为湖石假山和复道，假山置小亭；北翼以曲廊与十字阁相接。十字阁碧瓦朱柱，四面为廊。台前偏北处有汉白玉诗碑一座，镌毛泽东手书杜牧诗《寄扬州韩绰判官》。

■二十四桥 二十四桥位于熙春台北侧，桥形似玉带，因杜牧诗句“二十四桥明月夜，玉人何处教吹箫”而得名。二十四桥从西向东由落帆栈道、拱桥和曲桥组成。落帆栈道高跨湖汊，由黄石假山、竹牌、铁链构成。拱桥单孔，长24米、宽2.4米、高5米，两端桥坡台阶各24级，两侧围以汉白玉栏杆24根，栏板上雕云月图案。拱桥东接四曲平桥，桥堍置一方亭，名吹箫亭。如临月夜，桥洞拱形与水中半圆之影相合，恰成为一轮圆月，观之似霓虹卧波，令人赏心悦目。

■万花园 据清康熙朝《扬州府志》记载：“万花园，宋端平三年(1236)制使赵葵即堡城统制衙为之。”现今的万花园总占地44.2公顷，一期工程、二期工程分别于2007年、2009年建成开放，依托瘦西湖历史文化背景，以花文化为主题，以古典历史名园为线索，先后恢复和新建“锦泉花屿”“醉月飞琼”等景点，并结合地块内诸多历史遗迹，将唐代城门、城墙，宋代亭台，清代“石壁流淙”“锦泉花屿”以及扬派盆景有机糅合，拓深瘦西湖历史，展现扬州历代文化内涵和风格。

住宅园林

■何园 何园又名寄啸山庄，位于市区古运河北岸徐凝门街，占地1.4公顷，建筑面积7000多平方米，为全国重点文物保护单位、国家AAAA级旅游景区。清同治元年(1862)始建。清光绪九年(1883)，归隐扬州的湖北汉黄德道道员何芷舠购吴氏片石山房(又名双槐园)旧址扩建。园主取陶渊明“倚南窗以寄傲”“登东皋以舒啸”之意境，题园名为“寄啸山庄”。何园是一座大型住宅园林，由东西花园、住宅楼群、片石山房组成，尤以复道行空、回廊曲折著称，有“晚清第一园”之誉。园居院落融中西建筑艺术于一体，前进楠木大厅气势雄伟，后两进两层洋楼工艺精细考究。片石山房为大画家石涛和尚所拟构，占地不广，却丘壑宛然，被称为“江南园林中的孤例”。

■个园 个园位于市区盐阜东路10号，占地2.4公顷，建筑面积4700平方米，为全国重点文物保护单位、中国四大名园之一、国家AAAA级旅游景区。个园由两淮盐商商总黄至筠于清嘉庆二十三年(1818)在明代寿芝园旧址重建。园主生性爱竹，园名取自清代诗人袁枚名句“月映竹成千个字”。中部花园园景以竹石为主，以分峰用石为特色。最负盛名的是四季假山：春山笋石参差，修篁弄影；夏山湖石中空外奇，深潭清洌；秋山黄石丹枫，峻峭依云；冬山宣石似积雪未消。北部为品种竹观赏区；南部为园主人住宅，三纵三进，均对外开放。

■吴道台宅第 吴道台宅第位于市区泰州路45号，系清代吴引孙在浙江宁绍台道道员任上，出资聘请浙江匠师在扬州营建的大型私宅，为全国重点文物保护单位。宅第建成于清光绪三十年(1904)，分九路，有房屋百余间(俗称九十九间半)。宅东原有芜园和祠堂，均早毁。现存三路建筑保存良好。宅第建筑分东、中、西三轴线，规模宏大，结构精巧，雕工精致，以浙江建造法则为基础，糅合扬州传统建筑风格。东轴线从南到北为大门厅、洋楼、观音堂、亭、金鱼池、测海楼，中轴线从南到北为仪门、轿厅、爱日轩、前厨房、后厨房，西轴线从南到北为对厅、滋德堂、中进住宅、后进住宅。其中测海楼为吴家藏书楼，仿宁波天一阁，两层五楹，藏书之富名冠一时。

■卢氏盐商住宅 卢氏盐商住宅位于市区泰州路康山街22号，宅主为商界巨富卢绍绪，始建于清光绪二十年(1894)，是扬州现存规模最大的盐商住宅建筑，也是反映扬州盐文化的重要遗迹，被誉为“盐商第一楼”，为全国重点文物保护单位。卢宅原有建筑九进200多间，曾遭火毁。2006年经修复后对外开放，门楼、住宅楼、意园、藏书楼等为原有建筑。卢宅建筑门楣砖雕精美异常，淮海厅、兰馨厅、涵碧厅、怡情楼厅堂阔大，天井两侧分布小型花园，后院意园内盔顶六角亭、石船舫、水池等相映成趣。

■小盘谷 小盘谷位于市区丁家湾大树巷42号，占地0.57公顷，为全国重点文物保护单位。清光绪三十年(1904)，两江总督周馥购得徐氏旧园重修而成。西部为平房住宅区，正中为一大厅，东部为花园。园内假山峰危路险，苍岩探水，溪谷幽深，石径盘旋，与楼、堂、桥、阁、亭、廊共纳于方寸之地，组合得体，疏密有致，故得名“小盘谷”。

■汪氏小苑 汪氏小苑位于市区地官第14号，为全国重点文物保护单位，是扬州保存最为完整的清末民初大型盐商住宅之一。小苑占地0.3公顷，建筑面积1680平方米，遗存老屋97间。汪氏小苑中纵、西纵房屋为盐商汪竹铭在清朝末年所购，东纵房屋由汪家4个儿子在民国初年扩建。小苑建筑组群布局规整，住宅庭院比例均衡，采光充足，纵横互联相通，内外分合自如，体现扬州大宅门传统格局。庭园玲珑精巧，厅前屋后辟“可栖樨”“小苑春深”“迎曦”小苑。装修雕琢精湛，木雕、砖雕、石雕技法多样，门楣、石额、匾额、楹联皆出自名家之手。

■二分明月楼 二分明月楼位于市区广陵路263号，占地0.11公顷，建筑面积660平方米，为市级文物保护单位。清道光年间，员氏依唐代诗人徐凝“天下三分明月夜，二分无赖是扬州”诗意建园。光绪年间转归盐商贾颂平。园北部主楼为长楼，翘角飞檐，设敞廊、美人靠，可登高观月；东部有黄石山，依山势筑夕照阁3间；西南角置迎月楼3间，月上东山时可在阁中迎月；园中间有扇面亭、伴月廊、月亮桥等园林小品。

寺院道观

■大明寺 大明寺位于蜀冈中峰，曾有西寺、栖灵寺、法净寺之称，始建于南朝宋大明年间(457—464)，为淮左著名古刹、全国第一批重点开放寺庙、全国重点文物保护单位、国家AAAA级旅游景区。因历史久远，原寺已废圮，现寺为清同治年间重建。大明寺占地33公顷，依山而建，由寺庙古迹、文章奥区、仙人旧馆、西苑芳圃、鉴真纪念堂、藏经楼、卧佛殿、栖灵塔、钟楼、鼓楼组成，是集宗教建筑、文物古迹和园林风光于一体的游览胜地。其中卧佛殿、栖灵塔、钟楼、鼓楼为1988年后所建。

■天宁寺 天宁寺位于市区丰乐下街，占地1.19公顷，建筑面积5000多平方米，为清代扬州八大名刹之首，省级文物保护单位。始建于东晋，相传为谢安别墅，后舍宅为寺。北宋政和二年(1112)，宋徽宗赐额“天宁禅寺”。南宋绍兴十三年(1143)，名报恩光孝寺。元末，寺毁。明洪武十五年(1382)重建，仍称天宁禅寺。清咸丰年间毁于兵火，同治、光绪年间重建。清康熙帝南巡时驻跸于此，乾隆帝南巡时于此建行宫。清康熙四十四年(1705)，两淮巡盐御史曹寅在寺内设“扬州诗局”，主持刊刻《全唐诗》等书。清乾隆年间编撰完成的《四库全书》藏于寺内文汇阁。天宁寺现存建筑有山门殿、天王殿、大雄宝殿、华严阁和东、西廊房及配殿等。

■重宁寺 重宁寺位于市区长征路15号，占地1.18公顷，建筑面积3000多平方米，为清代扬州八大名刹之一，全国重点文物保护单位。始建于清乾隆四十九年(1784)，寺本“平冈秋望”故址，御赐额“万寿重宁寺”。清咸丰年间毁于兵火，同治年间重建，光绪年间再建。东侧园林已毁。现存天王殿、大殿、文昌阁、僧房等。大殿歇山重檐顶，面阔五间，殿内以铁力木作柱，天花藻井彩绘完好，并存有清乾隆帝亲题匾额及其撰写的《万寿重宁寺碑》。

■高旻寺 高旻寺位于邗江区三汊河西岸，为清代扬州八大名刹之一。始建于隋代。清顺治八年(1651)，漕运总督吴惟华在三汊河建七级浮屠，名“天中塔”，顺治十一年(1654)建成；又依塔建梵宇三进，称“塔庙”。其后，寺院西侧又建行宫，规模数倍于寺。清康熙帝第五、第六次南巡和乾隆帝6次南巡，均驻跸于高旻寺行宫。清代中叶的高旻寺建筑完美、规模宏大、名僧辈出，为鼎盛时期。清咸丰年间毁于兵火，同治、光绪年间稍复旧观。民国年间，高旻寺与镇江金山寺、常州天宁寺、宁波天童寺并称中国佛教禅宗四大丛林。1983年，高旻寺被确定为全国汉族地区重点开放寺院。此后，相继建成大雄宝殿、禅堂、天中宝塔、法堂、上客堂、斋堂、讲经堂、放生池、水阁凉亭、水晶宫、来果和尚纪念堂等。

高旻寺　　高新区/供稿

■观音山禅寺 观音山禅寺位于市区蜀冈东峰，依山而建，占地1.1公顷，建筑面积3115平方米，为市级文物保护单位。元至元年间，僧申律建寺。明洪武十二年(1379)，僧惠整重建。明洪武年间名功德山，明末清初改称观音山或观音禅寺。清咸丰年间毁，同治年间修复，光绪年间毁后又修复。寺坐北朝南，有山门殿、韦驮殿、大殿、藏经楼、两厢廊房等。寺西有紫竹林及小庭园。东有鉴楼，相传为隋“迷楼”故址。

■仙鹤寺 仙鹤寺位于市区南门街111号，又名清白流芳大寺，为中国东南沿海伊斯兰教四大清真寺之一、全国模范清真寺、省级文物保护单位。相传为伊斯兰教创始人穆罕默德第十六世裔孙普哈丁于南宋咸淳年间募款创建。因全寺布局如鹤形，故名仙鹤寺。明洪武二十三年(1390)，哈三重建。明嘉靖二年(1523)，商人马道同与寺住持哈铭重修。门前抱鼓石为明代遗存。寺内有礼拜殿、望月亭、诚信堂、水房等建筑及宋、明时期所植银杏、柏树。望月亭、诚信堂(楠木厅)均为明代建筑。礼拜殿系清乾隆年间重建，殿阔五楹，分前后两部分，前殿带卷棚廊，后殿即窑殿所在。

■蕃釐观(琼花观) 蕃釐观，俗称琼花观，位于市区文昌中路360号，为市级文物保护单位。前身为后土祠(又称后土庙)，汉元延二年(公元前11)建，祀土神。唐中和二年

(882),淮南节度使高骈重建,供奉主管大地万物生长的女神后土夫人。北宋政和年间始称“蕃釐观”。北宋至道二年(996),王禹偁为扬州太守,观内有奇花盛开,俗谓琼花。宋人欧阳修任郡守时,在大殿之西北琼花树旁筑“无双亭”。蕃釐观经历代重修、整修,曾有石牌坊、三清殿、弥罗宝阁、文昌祠、深仁祠、竹轩花亭、芍药厅等建筑。后观内建筑屡遭破坏,蕃釐观古迹荡然无存。1993年起,扬州市先后在旧址上修复蕃釐观、无双亭和琼花台,移建三清殿,建琼花园。

陵园

■汉陵苑 汉陵苑位于市区平山堂东路98号,又名汉广陵王墓博物馆,系由高邮天山搬迁复原而成,占地2.7公顷,为省级文物保护单位、国家AAA级旅游景区。汉陵苑主要展示西汉第一代广陵王刘胥及其王后的木椁墓。两座墓同属于帝胄级“黄肠题凑”式木椁墓,规模宏大,结构严谨,是中国罕见的大型汉代墓葬遗存,有2000多年的历史。苑内地形起伏,建筑古朴雄浑,林木葱郁,绿草如茵,是融文物与园林为一体的汉文化展示中心。

■普哈丁园 普哈丁园位于市区文昌中路167号,古运河东岸、解放桥东南,俗称巴巴窑,又称回回堂,为全国重点文物保护单位。始建于南宋德祐元年(1275),明清时多次重修,新中国建立后亦多次修缮。普哈丁园由清真寺、墓区、园林三部分组成,占地1.5公顷,建筑面积800平方米。大门西向,临古运河,拱形门上嵌“西域先贤普哈丁之墓”石额一方。清真寺坐西朝东,面阔五楹,殿内抱厦后沿设窑窝。墓区门额题“天方矩矱”,意为阿拉伯楷模人物。园内有清光绪三十四年(1908)《先贤历史记略》碑。相传普哈丁为伊斯兰教创始人穆罕默德十六世裔孙,南宋咸淳年间在扬州传教,并建仙鹤寺。园内陆续葬有宋、明、清代其他西域先贤、虔诚教徒等。

其他景区

■茱萸湾风景区 茱萸湾风景区位于市区东北湾头镇,面积约50公顷,1982年始建,为国家AAAA级旅游景区。茱萸湾风景区三面环水,是一座融自然风光、人文景观、植物和动物观赏、现代游乐为一体的半岛型生态动植物园,景区内建有华东地区一流的动物散养观赏区。环岛建有8千米的运河风光带,有季节特征明显的植物林带及各类花卉观赏园。

■凤凰岛生态旅游区 扬州凤凰岛生态旅游区位于扬州城区东北泰安镇,邵伯湖南端与京杭大运河相接的湖口处,是首批国家级农业旅游示范点和省级森林公园。138平方千米的邵伯湖水面上,漂浮着8个柳叶般的岛屿。这里江、河、湖相连,水天相望,岛上草深林密、杂花生树;水边芦花飞扬,禽鸟相逐,是江淮平原上自然生态环境保持最为完好的平原—湖泊类型湿地景观。

■竹西公园 竹西公园位于城北黄金坝桥东北角,取唐朝诗人杜牧《题扬州禅智寺》“谁知竹西路,歌吹是扬州”诗意命名,占地8.67公顷,其中水面约占60%,为江苏省二级园林绿化企业。公园分园前区、娱乐活动区、山湖区、庭园区和生产区等5个区域,建有竹西精舍、仿古六角双檐竹西亭、流芳桥、留芳亭等。

■荷花池公园 荷花池公园位于市区荷花池路,占地11.37公顷,其中水面约占一半。公园原名南池、砚池,因池中广植荷花,故名荷花池。园内曾有明清名园影园、九峰园及“砚池染翰”等名胜古迹。清嘉庆朝后园渐圮,咸丰年间废而不存。扬州市1981年始建“南部水上公园”,即荷花池公园,1997年10月建成开放,分九峰园景区、影园遗址区和娱乐服务区。2003年10月,荷花池公园成为全面敞开式免费公园。

■宋夹城体育休闲公园 宋夹城体育休闲公园位于蜀冈—瘦西湖风景区的核心地带,总占地面积700多公顷,北临保障湖、汉陵苑,南接瘦西湖温泉度假村,西边与瘦西湖主景区无缝对接,是扬州最大的一座集生态、休闲、运动、文化于一体的全民健身体育公园。2014年4月19日,宋夹城体育休闲公园正式开园,拥有综合馆、网球馆、羽毛球馆、乒乓球馆、七片室外网球场、四片室外篮球场、五片笼式足球场、两片篮球练习场、两片儿童篮球练习场、六片户外羽毛球场、两片排球场等专业化运动场所,有环湖道健身步道、自行车道、路径健身器材、棋艺连廊、儿童乐园、玫瑰花园、自行车租赁等项目,同时配套餐饮、购物、娱乐、停车等服务。

■马可波罗花世界 马可波罗花世界位于扬州自在岛,是世界首座花卉主题乐园,占地约50公顷,投资约12亿人民币,2015年9月26日,试行开园。马可波罗花世界汇集世界规模最大艺术花海、世界面积最大花毯、中国最长花溪、荷兰梦幻花丘、奥斯卡创意花雕五大花卉奇迹,向游客展现鲜花、音乐、现场剧场秀、主题巡游相结合的花卉盛宴。主题乐园内所有花卉品种均来自荷兰、美国、德国,经上海基地全机械育种成为花苗后,再进行现场扦插完成以保证花卉的最佳观赏品质。主题乐园设计五位主题卡通角色:马可波罗、花精灵、海洋之子、沙漠之子、大地之子,伴随游客共同经历充满冒险色彩的奇幻之旅。

市花 市树 市歌

■琼花 1985年7月18日,扬州市第一届人民代表大会常务委员会第十六次会议决定,扬州市市花为琼花。

琼花属忍冬科荚蒾属,是一种落叶或半常绿灌木,高可达数米。

琼花的枝条多呈灰黑色,幼枝、芽、叶柄均有灰白色或黄白色的垢屑状星状毛。叶对生,卵形、椭圆形或卵状长圆形,长5～11厘米,边缘有细齿,表面疏生星状柔毛,背面密生星状柔毛。每年4月中下旬开花,5

月上中旬终花。花为大型聚伞花序，由大型不孕花和两性小花两部分构成。大型不孕花多为8朵，分布于花序周围，也偶有7朵、9朵、10朵甚或更多者。花冠直径约3.2～4.5厘米，最大可达7厘米，每朵5瓣，初开芽绿色，渐转黄白色，盛开全白色；花序中间簇生的数十朵乃至近百朵两性小花朵花冠轮状，白色，直径仅7～10毫米，亦分5瓣，有雄蕊5枚（黄色）、雌蕊1枚，子房下位。两性小花有奇香。大型不孕花比两性小花早开7天左右，凋落亦比两性小花早。如遇秋季气温回升或暖冬天气，可二度开花。琼花果实由两性小花受粉后形成，初时青绿，继而米黄，再转暗红，最后紫黑，百果成簇，每粒长约10～12毫米，宽约7～8.8毫米，呈扁平、椭圆形。

琼花性强健，喜光、喜肥，较耐阴寒，不耐水渍，不耐干旱。用播种、嫁接、扦插和压条等方法均能繁殖。

■芍药 2005年1月5日，扬州市第五届人民代表大会常务委员会第十二次会议决定，增补芍药为扬州市市花。

芍药为芍药科芍药属多年生宿根草本植物。有肉质的粗大主根，茎丛生，茎和叶梗有紫红和绿色两种。叶互生，二回三出复叶，小叶三裂，呈尖椭圆形。花蕾单生于分枝顶端，立夏前后开花。花大而艳丽，有单瓣或重瓣，花型多样，花色或红，或白，或紫，或黄，很多品种都能散发芳香。

芍药喜温和、较干燥的气候，喜肥、耐寒、耐旱、耐阴，宜植于土层深厚、排水良好、疏松肥沃的沙质土壤。

芍药又称“将离”，古代男女交往中会赠送芍药，以表达结情之约或惜别之情。芍药的别名还有没骨花、余容、犁食、婪尾春、黑牵夷等。芍药根可入药，味微苦，有镇痛等功效。

芍药在中国有3000多年的栽培史。历史上，扬州的芍药闻名遐迩，一度与洛阳牡丹齐名，早有“扬州芍药甲天下”之誉。据记载，扬州芍药栽培始于隋唐，盛于宋代，衰于元明，复兴于清代。宋时，蜀冈禅智寺、龙兴寺等寺院都大量栽培，朱氏南北两圃植芍药五六万丛，盛极一时。

■银杏 1985年7月18日，扬州市第一届人民代表大会常务委员会第十六次会议决定，扬州市市树为银杏、柳树。

银杏，裸子植物门、松柏纲、银杏目、银杏科、银杏属，落叶乔木，叶扇形，雌雄异株，为距今1.5亿年左右的侏罗纪孑遗植物，国内栽培颇多，是珍贵果树和绿化观赏树种。繁殖用实生和分蘖。果实杏形，因附有白粉而得名。又因果色、叶形和结果迟而被称为白果、鸭脚和公孙树。树龄极长，可千年以上。

银杏全身是宝。其果仁富含淀粉、脂肪、蛋白质、维生素、糖、纤维素和矿物质，是健身营养补品；又可入药，性平、味苦，有小毒，功能敛肺定喘，主治痰哮喘咳、遗精带下、尿频等症。叶可提取有效成分制药，用于治疗心血管系统疾病。果皮可提取栲胶。木质轻软细密，不易变形，是建筑、雕刻、制作家具和工艺品的上等木料。银杏在扬州各县（市、区）均有种植。

■柳树 柳树，杨柳科柳属植物，落叶乔木或灌木。叶多狭长，雌雄异株。春天开花，其种子包裹在柳絮中，随风飘扬，遇土即活，繁殖极易，常用桩、枝扦插。枝条柔韧，自然下垂，随风飘舞，婀娜多姿，为历代文人墨客吟咏绘画的题材。

■《茉莉花》 2003年3月21日，扬州市第五届人民代表大会常务委员会第一次会议决定，扬州市市歌为扬州民歌《茉莉花》。

扬州是民歌《茉莉花》最早的主传唱地区之一，已有数百年历史。歌词是：好一朵茉莉花，好一朵茉莉花，满园花草香也香不过它；我有心采一朵戴，看花的人儿要将我骂。好一朵茉莉花，好一朵茉莉花，茉莉花开雪也白不过它；我有心采一朵戴，又怕旁人笑话。好一朵茉莉花，好一朵茉莉花，满园花开比也比不过它；我有心采一朵戴，又怕来年不发芽。

国民经济与社会发展

■概况 2017年，扬州市实现地区生产总值5064.92亿元（当年价），按可比价计算，增长8.0%。其中，第一产业增加值262.02亿元，增长1.9%；第二产业增加值2475.88亿元，增长6.7%；第三产业增加值2327.02亿元，增长10.1%。人均地区生产总值112559元，增长7.7%。三次产业结构由2016年的5.6:49.4:45.0调整为5.2:48.9:45.9。全市实现一般公共财政预算收入320.18亿元，下降7.3%，其中税收收入241.44亿元，下降9.6%；全市一般公共财政预算支出507.64亿元，增长3.4%。城镇常住居民人均可支配收入38828元，增长8.9%；农村常住居民人均可支配收入19694元，增长9.1%。新增城镇就业7.5万人，城镇失业人员再就业7.5万人，转移农村劳动力1.4万人，期末城镇登记失业率1.84%。（鲁 扬）

■第一产业 农林牧渔业实现总产值495.68亿元，增长37.08%。实施粮食绿色增产“1120”“1161”菜篮子工程，粮食播种面积39.18万公顷，总产量285.4万吨；油菜籽种植面积2.15万公顷，下降6.3%；蔬菜播种面积5.76万公顷，增长6.2%；生猪出栏128万头，下降0.4%；家禽出栏4217.5万只，下降2.3%。新创省级示范家庭农场25个，全市100亩以上的家庭农场累计3053个，各级农业龙头企业累计423家。全年新建高标准农田20.5万亩，划定373万亩永久基本农田，新增设施农（渔）业11.3万亩，新改建标准化蔬菜生产基地2000亩。新实施国家级农业科技重大专项2项。新增省级农产品品牌45个。农业机械化水平86%。完成第三次全国农业普查任务。农村土地确权颁证工作基本完成。（鲁 扬）

■第二产业 全市2693家规模以上工业企业完成总产值9371.10亿元，增长13.9%，工业增加值增长8.0%；工业用电162.21亿千瓦时，增长3.6%。规模以上工业企业实现主营业务收入8876.94亿元，增长11.9%；实现利润507.25亿元，增长2.5%。电气机械和器材制造业、化学原料和化学制品制造业、汽车制造业三个行业完成产值3842.4亿元，增长14.2%。新兴产业完成工业总产值4045.9亿元，增长16.5%。其中，新材料、新光源、高端装备制造、智能电网、节能环保、生物技术和新医药分别增长28.7%、17.3%、15.3%、13.8%、12.9%和10.7%。机械装备产业、汽车产业、石化产业、新能源和新光源产业、船舶产业等五大重点产业完成产值6274.2亿元，增长13.4%，占规模以上工业总产值比重67%。全市实现建筑业总产值3635.7亿元，增长8.6%；建筑业增加值306亿元，增长12.4%。

（鲁　扬）

■**第三产业**　全市服务业实现增加值2327.00亿元，增长10.1%，服务业对经济增长的贡献率55%；生产性服务业增加值占服务业的比重52%。全年净增服务业重点企业112家、文化列统企业70家。全市旅游实现总收入796.72亿元，增长15.2%；旅游外汇收入7505.62万美元，增长19.5%；马可波罗花世界、汉陵苑创成AAAA级景区。软件和互联网产业实现业务收入1095亿元，增长30.2%。编制《扬州市物流园区空间布局总体规划(2017—2030年)》，新增4A级物流企业1家、3A级3家，物流业实现增加值335亿元，增长11.5%。实施“互联网＋商贸”行动计划，电商交易额770亿元，增长40%。新引进银行、保险、证券机构10家，新增境内外上市公司4家、“新三板”挂牌公司15家；新增信贷投放480亿元、直接融资259亿元。全年社会消费品零售总额增长10.1%，其中城镇消费品零售额1386.54亿元，增长10%；乡村消费品零售额107.47亿元，增长9.8%。全市货运总量和货物周转量分别完成1.34亿吨和390.48亿吨千米，分别增长8.9%、9.1%；客运量和旅客周转量完成3427万人次和29.93亿人千米，分别下降11%、7.1%。扬州泰州国际机场新开辟国内航线7条，国际航线1条，全年旅客吞吐量183.7万人次，增长35.4%。全市邮政通信业务收入67.39亿元，增长9.5%。年末人民币存款余额5700.87亿元，增长6.3%。人民币贷款余额4007.76亿元，增长14.2%。

（鲁　扬）

■**改革开放**　供给侧结构性改革推进实施。全年压减钢铁产能88万吨、煤炭产能18万吨、造船产能290万载重吨、水泥产能90万吨；管控高价楼盘，增加经济适用房和低价楼盘，优化住房供给结构；新增境内外上市公司4家、“新三板”挂牌公司15家；发行企业债券4支44亿元，城控集团首次发行境外债3亿美元；全市直接融资259亿元；减免企业各类税费86亿元。基本完成经济、生态、文化等6大类33个领域的198项重点改革任务；施工许可平均审批时限缩短至48.5个工作日；在全省率先推行“十二证合一”“九证照连办”；发展混合所有制经济，支持扬州玉器厂等企业开展员工持股试点；深化财税金融体制改革，推进政府预决算公开；推广“双随机一公开”监管。对外开放步伐加快。17家企业赴境外开展国际产能合作，在“一带一路”沿线完成外经营业额6.75亿美元，占全市外经营业额比重75%；实施对外承包工程项目13个。参与长江经济带建设，出台扬州实施意见和分工方案，推进综合立体交通走廊、长江生态环境保护等五大重点任务，打通与长江中上游的物流通道；优化沿线产业布局，淘汰一批小化工、小印染、小电镀等企业，取缔拆除沿江非法码头22个。融入扬子江城市群建设，编制《建设扬子江城市群扬州市行动方案》；宁镇扬一体化重大合作项目稳步实施，连淮扬镇铁路扬州段加快建设，611省道沿湖大道、宿扬高速建成通车，五峰山过江通道公路接线工程开工建设。在全省率先编制出台宝应高邮打造江淮生态经济先行示范区正负面清单指导意见。组织开展“烟花三月”国际经贸旅游节集中招商、赴沪双月招商、百日招商以及“名企名城行”系列招商活动，签约项目272个。全年实际利用外资12.05亿美元，实现出口75亿美元，外经营业额增长10%。促进省级以上开发区承接上海、苏南园区亿元以上项目31个，总投资174.8亿元。举办世界地理标志大会、上合组织国家协调员理事会会议、世界运河城市论坛、世界体育赛事与旅游峰会。（鲁　扬）

■**固定资产投资**　全市完成固定资产投资3690.09亿元，增长12.2%。其中，工业投资完成2029.83亿元，增长18.4%，工业投资占比55%；服务业投资完成1643.15亿元，增长5.5%；房地产投资完成443.58亿元，增长8.1%。全市住宅投资280.15亿元，下降3.2%；商业营业用房投资89.04亿元，增长17.5%；办公楼投资32.68亿元，增长151.69%；其他用房投资41.72亿元，增长29.9%。商品房施工面积2958.6万平方米，增长7.5%。其中，新开工面积988.2万平方米，增长39.3%；商品房竣工面积671.4万平方米，下降8.3%；商品房销售面积879.71万平方米，增长19.7%。

（鲁　扬）

■**重大项目**　435个市级重大项目完成投资1327.4亿元。新开工重大产业项目158个。其中，工业项目104个、服务业项目45个、农业项目9个。新落户世界500强及跨国公司项目6个，宝应生态渔业光伏发电“领跑者”示范基地、瘦西湖景区华侨城文旅项目、江都光线(扬州)中国电影世界等投资100亿元以上重特大项目实现突破。完善工业重大项目“四新”认定考核体系，全年新签约工业重大项目65项、新开工51项、新竣工102项、新达产77项。交通、水利等一批重大基础设施工程相继启动或建成。S611沿湖大道、宿扬高速建成通车，五峰山过江通道公路接线、扬州泰州国际机场一期扩建、真州路北延、扬子津大桥等开工建设，淮河入江水道整治基本完成。推进连淮扬镇铁路扬州段、城市南部快速通道、金湾路和长江堤防防洪能力提升工程、瓜洲外排泵站工程建设。

（鲁　扬）

■科技创新 持续推进“12345”创新发展工程，全社会研发投入占GDP比重提升至2.4%，国家创新型试点城市通过验收，获批国家智能制造试点示范项目3项，扬州高新区创成国家知识产权试点园区，扬州高新区数控成形机床产业成为国家创新型产业集群试点。全市新增国家高新技术企业213家，总数745家；实现高新技术产业产值4219.5亿元，增长12%。全年专利申请量和授权量3.26万件和1.42万件，分别增长20.7%和7.3%，其中企业申请量和授权量16653件和6493件，增长55.9%和17.54%；万人发明专利拥有量9.87件，增长32.7%，3项专利荣获中国专利奖优秀奖。全年有4人获批国家“万人计划”，451人入选省级以上重点人才引进培养计划；有3项由扬州市主持的科研项目跻身全国科技最高奖项名单，其中2项获国家科技进步二等奖、1项获国家自然科学二等奖。新增国家、行业和地方标准30项，玉器产品质量监督检验中心通过国家验收，“扬州漆器”创成国家地理标志商标。全市新建科技产业综合体89万平方米，累计入驻企业1700家。新增国家级孵化器1家、众创空间6家，省级众创社区2家、众创空间12家；新获批省级以上“三站三中心”123家。推进全国小微企业“双创”示范建设，建成创业示范基地47个。实施产业重点研发项目105项、重大科技成果转化项目103项。

（鲁　扬）

■社会保障 全市城镇新增就业7.53万人，转移农村劳动力1.43万人，城镇登记失业率1.84%。市区、县（市）最低工资月标准分别提高至1890元、1720元。年末企业职工基本养老保险、城镇职工基本医疗保险、失业保险参保人数分别为107.9万人、133.71万人和66.57万人。年末城乡居民养老保险参保人数88.39万人，基础养老金发放率100%。年末城镇基本医疗保险参保人数为214.35万人。城乡居民基础养老金月最低标准调至125元。出台全市统一的城乡居民医保实施细则，城乡居民医保人均财政补助提高至470元。城乡居民最低生活保障对象52874人，累计资金支出20903.11万元；临时救助31171户，支出2251.61万元；城乡医疗救助89382人次，累计支出1440.28万元。市区城乡低保标准统一提高至每月630元。建成市级公共法律服务中心。组建市反通信网络诈骗中心，冻结止付被骗资金9092万元。

（鲁　扬）

■社会事业 新建11家24小时“城市书房”、331家村（社区）综合文化服务中心，新增350家农家书屋实现通借通还，新增影院8家。年末全市共有各类卫生机构1756个，卫生技术人员2.68万人。18家农村区域性医疗卫生中心全面建成使用，115家基层医疗卫生机构全部参与医联体。迁建宝应、江都人民医院，新建高邮人民医院东院。扬州在第13届全国运动会上获金牌3人次、银牌2人次、铜牌5人次。建成游泳健身中心、射击运动中心。举办鉴真国际半程马拉松赛、女子佩剑世界杯、深潜赛艇海上丝路公开赛。全市幼儿园毛入学率99.40%，义务教育入学率和高中阶段毛入学率100%，高等教育毛入学率60.06%。全市高考本二以上上线人数1.82万人。新（迁）建中小学8所，新（改、扩）建幼儿园11所，创成省优质园3所，新创省义务教育现代化学校51所。

（鲁　扬）

■城乡建设 启动东南片区更新改造，推进南河下街区整治。市区新辟调整公交线路21条，出新城市家具577处；新建污水管网160公里、污水集中处理率90%；建成生活垃圾分类试点社区10个、示范小区36个。推进首批10个市级特色小镇建设，头桥镇入选省级特色小镇创建单位，杭集镇入选全国特色小镇，仪征枣林湾入选国家首批运动休闲特色小镇试点。启动实施特色田园乡村“111”行动，沙头镇沙头村和月塘镇四庄村入选省级试点，方巷镇沿湖村获评国家级“最美渔村”。建成51个省级绿化示范村。新改建农村公路180公里，改造危桥50座。镇村公交开通率84%。执行《扬州市河道管理条例》，全市四级河长体系全面建立。清淤县乡河道740万立方米、村庄河塘970万立方米，创成省级水美乡镇3个、水美村庄10个。

（鲁　扬）

■生态文明建设 江淮生态大走廊建设纳入国家《长江经济带生态环境保护规划》，推进27项年度重点工程建设，制定宝应、高邮江淮生态经济区建设“四个清单”。全市新建改造8个综合公园、84个社区公园、29个口袋公园，三湾公园、蜀冈文化公园建成开放，明月湖体育休闲公园提档升级。推进“263”专项行动，关闭搬迁禁养区内畜禽养殖场844家，超额完成省定32万吨减煤任务，关停化工企业103家，完成市区27条、县（市）9条黑臭水体整治。完成省环保督察迎检任务，按期落实839份环保信访件。完成国家“大气十条”考核目标，全年PM2.5均值54微克/立方米，较基准年2013年下降22.9%。创成国家水生态文明城市，32个省考以上断面水质达标率93.8%，仪征滨江水源地取水口整治到位。凤凰岛创成国家湿地公园。通过国家节水型城市、国家森林城市复查。全市新增植树569万株、成片造林3.05万亩、永久性保护绿地4块，新增绿色建筑面积191万平方米。扬州环保产业园成为国家循环经济标准化试点。广陵获得全国首批国土资源节约集约“四个创新”示范点称号。

（鲁　扬）

区域融合发展

Quyu Ronghe Fazhan

编　辑　贾丽琴

综述

■概况　融入扬子江城市群建设。编制形成《建设扬子江城市群扬州行动方案》。推进宁镇扬一体化建设，46个在建重大合作项目完成投资290.1亿元。参与江淮生态经济区建设。在全省率先编制出台《宝应高邮打造江淮生态经济先行示范区产业准入正负面清单的指导意见》。注重与江淮生态大走廊建设同步推进，推动全市42个项目纳入省《江淮生态大走廊建设工程实施方案(征求意见稿)》，占项目总数的40.4%，居全省首位。融入大运河文化带建设。牵头编制《大运河文化带扬州段建设规划》，进入征求意见阶段。参与"一带一路"和长江经济带建设。承办中阿(联酋)国际产能合作示范园扬州推介会，推动17家企业赴境外开展国际产能合作。制定出台扬州参与长江经济带建设的实施意见，全市港口货物吞吐量达1.37亿吨，比上年增长12.7%。开展长江岸线保护与开发利用专项整治，取缔拆除沿江非法码头22个。（郎　俊　夏卫峰　于松海）

■园区共建　加强园区共建工作。组织高邮市、宝应县两地共建园区参加省苏北发展协调小组办公室组织召开的共建园区考核汇报会，并通过省级考核评定。参加省发改委召开的南北共建园区工作会议筹备工作布置会。5月，安徽省加快皖北地区发展领导小组办公室一行到扬参观调研共建园区相关对接工作。（沈诗贵）

■与西部地区区域合作　密切与西部地区区域合作。9月，组织参加省政府驻西北办事处主办的第四届西部优秀企业家江苏行暨创新发展特色发展峰会，甘肃武威天景房地产开发公司与宝应经济开发区管委会就宝应开发区一商业综合体项目现场签约，该项目总投资6.77亿元。

（沈诗贵）

参与"长江经济带"建设

■概况　2017年，中共扬州市委、扬州市政府将"市沿江开发领导小组"调整为"市推动长江经济带发展领导小组"，全面加强对扬州市推进长江经济带各项工作的组织领导，印发《关于贯彻长江经济带发展战略的实施意见》，明确扬州融入长江经济带建设的总体要求、重点任务和保障措施。以"共抓大保护"为导向，坚持"生态强市"，打造"美丽中国"的扬州样板。优化生态布局，实施"绿杨城郭新扬州"行动计划和"国家森林城市"建设，全市陆域生态红线保护区面积占比达20.6%。打好"控霾、治水、净土"三大战役，全年关闭化工企业103家，关闭搬迁禁养区内畜禽养殖场844家，减煤33.4万吨；完成市区27条、县(市)9条黑臭水体整治；取缔拆除沿江22个非法码头。出台《扬州市公园条例》，实施"清水活水、不淹不涝"城市建设，创成国家水生态文明城市。坚持"开城先开路"，构建"公铁水空管"一体发展的综合交通运输体系。加速外联，高速公路、高速铁路、深水航道、燃气管道等国家级干线通道在扬州形成交汇。优化内循，推进一批市内道路快速化改造，入围"十三五"国家首批公交都市创建城市。完善互通，实施真州中路与文昌西路、扬州北出口等一批道口改造项目。坚持"创新驱动"，推进创新能力提升、产业发展转型、产业结构优化。实施全国"两创"基地城市示范建设，通过国家创新型试点城市评估验收。加快实施"12345"创新发展工程，全社会研发投入占地区生产总值比重提升至2.4%，高新技术产业产值占规模以上工业比重达45%，战略性新兴产业增加值占地区生产总值比重达16.5%，三次产业结构从上年的5.6:49.4:45优化为5.1:48.9:46，并加速向"三二一"结构转型。新落户世界500强及跨国公司项目6个，新开工重大产业项目124个，宝应光伏"领跑者"示范基地等投资100亿元以上的重特大项目再次实现突破。坚持"以人为本"，完善城乡二元经济结构转换机制。持续推进高邮市和月塘、邵伯、汜水镇国家新型城镇化综合试点。杭集镇获批全国特色小镇，仪征枣林湾入选国家首批运动休闲特色小镇试点，方巷镇沿湖村获评国家级"最美渔村"，头桥镇入选省首批特色小镇创建单位，400多个重点村率先启动"美丽乡村"建设。全面实施居住证制度，基本实现户口迁移"零门槛"。农村土地承包经营权确权登记颁证工作全面完成。市县镇村四级就业服务平台实现全覆盖。农村河道清淤整治、垃圾集中处理和村“五个一”文体活动广场实现全覆盖，沿江、沿河地区80%的村集体经营性收入分别达50万元、40万元。跨省异地就医实现联网结算，建成18家农村区域性医疗卫生中心，115家基层医疗卫生机构全部参与医联体。（张　锋）

■**政策支持**　2月，制定印发《中共扬州市委 扬州市人民政府关于贯彻长江经济带发展战略的实施意见》。以“精心打造江淮生态大走廊”“加快构建综合立体交通走廊”“创新驱动促进产业优化升级”“统筹推进城市融合发展”“争创全方位开放新优势”等五大领域为重点，明确扬州市5年内重点推进的31项任务和70项具体工作任务。8月，市推动长江经济带发展领导小组办公室发布《2017年长江经济带发展重点任务分工方案》，明确年度具体任务和分工，要求突出生态环境保护、突出提升综合交通功能、突出创新驱动、突出城乡一体化发展、突出形成开放新优势。（杨　志）

■**生态环境保护**　以“生态优先、绿色发展”为各项工作的根本遵循，针对长江经济带生态环境保护面临的突出问题，结合中央和省环保督查、中办回访调研，打响“控霾、治水、净土”三大战役，启动实施“263”（两减六治三提升）整治、长江岸线保护与开发利用、沿江非法码头和非法采砂、重点行业落后产能和“地条钢”整治等专项行动，取得成效。全市关闭化工企业103家，关闭搬迁禁养区内畜禽养殖场844家，超额完成省定32万吨减煤任务；对57个沿江岸线开发利用项目实施综合整治，取缔拆除22个非法码头，建成114.6千米江港二级堤防；全面落实“河长制”“断面长制”，实施水资源开发利用控制、用水效率控制、水功能区限制纳污“三条红线”指标分解工作，城区60条河道黑臭水体得到治理，仪征长江滨江水源地达标建设通过省验收。（杨　志）

■**长江岸线保护与开发利用专项整治**　为贯彻落实《长江经济带发展规划纲要》《长江岸线保护和开发利用总体规划》，2月长江岸线扬州段保护与开发利用专项整治行动全面启动。专项整治行动坚持“政府主导、部门联动，保护优先、科学利用，依法依规、综合治理，远近结合、长效管理”的原则，以长江扬州段沿江岸线各类开发利用项目为整治重点，通过宣传发动、调查摸底、专项整治、督查验收四个阶段，对长江岸线开发利用情况进行全面核查，共发现各类违法占用岸线和违规建设项目56个，其中不符合饮用水源地保护要求的建设项目6个，不符合《长江岸线保护和利用总体规划》岸线功能区类型的建设项目5个，未取得或部分取得行政许可的建设项目45个。至年末，共有26个违规项目完成整治，其中仪征市关停违规占用岸线的破产船厂项目10个，并拆除长江滨江水源地保护区内仪化码头项目；广陵区拆除三江营饮用水源地（夹江）保护区内3个违规项目和2个违法码头项目；江都区清理三江营饮用水源地保护区内2个煤炭堆场项目，并搬迁、关闭拆除不符合岸线功能规划项目7个；扬州经济技术开发区拆除违规建设项目1个。（张　锋）

■**综合立体交通走廊建设**　加快构建“公铁水空管”五位一体的综合立体交通走廊，强化融入长江经济带的战略支撑。宿扬高速、611省道沿湖大道建成通车，城市南部快速通道、金湾路、江广高速扩容加快建设，江平路、扬子津路、运河路、润扬路快速化改造全面启动，“一环七射”高速路网加速完善；连淮扬镇铁路扬州段建设全线领先，北沿江高铁、宁仪扬城际项目启动前期工作；长江12.5米深水航道二期工程、通扬线高邮段航道整治加快实施，高速公路、高速铁路、深水航道三大国家级干线交汇的格局跃然成形。扬州泰州国际机场新开通越南芽庄国际航线，全年旅客吞吐量突破180万人次；扬州港整体纳入江苏省港口集团，成为地区性重要港口；“西气东输”和“川气东送”实现双气源供气。（杨　志）

■**现代产业体系构建**　推进“12345”创新发展工程，实施全国“两创”基地城市示范建设，通过国家创新型试点城市评估验收。加快基本产业、新兴产业和特色产业协同发展，基本产业、新兴产业发展对经济增长的“压舱石”“推进器”作用显现，新兴产业增加值占国内生产总值比重达17%，“5＋3”战略性新兴产业发展体系基本形成。产业结构从“二三一”向“三二一”加速转型，服务业增加值占地区生产总值比重提高1个百分点，增速不断加快。沿江地区100亿元、沿河地区50亿元重特大项目实现两轮全覆盖。（杨　志）

■**城乡一体化发展**　突出城乡一体化发展。启动扬州市参与扬子江城市群建设行动方案。重点推进高邮市和月塘、邵伯、氾水镇国家新型城镇化综合试点。杭集镇被列入全国第二批特色小镇名单，头桥镇被列入江苏省首批特色小镇，400余个重点村率先启动“美丽乡村”建设。农村土地承包经营权确权登记颁证工作全面完成，农村河道清淤整治、垃圾集中处理和村“五个一”文体活动广场实现全覆盖，沿长江、沿运河地区80%的村集体经营性收入分别达50万元和40万元。全面实施居住证制度，基本实现户口迁移“零门槛”。市县镇村四级就业服务平台实现全覆盖，到扬州务工人员子女就学享受“市民待遇”。实施公园体系建设，新建并开放各类公园107个，城区大部分市民出门步行10分钟、骑车5分钟即可到达一个公园。打造世界级景区，“两古一湖”文化核心区建设加快推进。在全国率先建成“清水活水、不淹不涝”水生态文明城市。区域性医疗卫生中心、急救体系和医联体让农村人享受到便捷的公共服务。（杨　志）

■**开放融合**　根据《2017年长江经济带发展重点任务分工方案》，突出形成开放新优势。2017年，全市新批外资及港澳台资项目122个，新增协议外资及港澳台资23.69亿美元，分别比上年增长74.3%、79.3%。实现进出口总额108.0亿美元，比上年增长13.2%。以建筑建材、装备制造、新能源等领域为重点，着力推进国际产能合作，在30个国家和地区储备项目39个。连续多年实施“科教合作新长征”“科技产业合作远征”计划，苏北医院牵头推动中国·以色列医院联盟的设立。先后举办世界体育赛事与旅游扬州峰会、中国扬州鉴真国际半程马拉松赛、2017世界地理标志大会、2017世界城市运河论坛等一批具有影响力的国际性活动。（杨　志）

跨江融合与长三角区域合作

■基础设施建设　连淮扬镇铁路工程扬州段全线累计完成桥梁灌注桩3.36万根，占总量的98.69%；承台4079座，占96.16%；墩身3950座，占93.12%；架梁2430榀，占61.38%；五峰山过江通道公路接线工程开始征地拆迁和各类资金的拨付工作。沪陕高速仪征枣林湾互通基本完成前期手续并取得土地批复，现场基本完成桥梁灌注桩施工，进入桥梁下部结构承台、系梁施工；南京绕越高速新篁互通连接线工程已完成项目建议书批复、工可审查、项目选址、环评、稳评、压覆矿、地灾、土地预审；完成宅林地调查、初步设计和仪征段施工图设计。（万东民）

■产业发展　全市开发园区定向对接上海市结构调整企业1086家，对接上海项目库落户项目133个，计划总投资477.32亿元，其中10亿元以上项目16个。波司登（高邮）工业园、上海莘庄工业区（宝应）工业园通过省商务厅考核，认定合格，并连续3年每年获1500万元以奖代补资金。至年末，波司登（高邮）工业园落户项目27个，总投资251亿元；上海莘庄工业区（宝应）工业园落户项目24个，总投资27.18亿元。（万东民）

■园区合作　抢抓上海产业转移机遇，5月梳理上海市产业结构调整企业名单1300家，供全市开发园区“点对点”招商；6月，赴上海产业合作促进中心对接相关项目；7月和11月，扬州市政府先后举办“扬州对接上海产业转移合作恳谈会”“2017扬州对接上海产业转移百日会战”等推介活动。至年末，各开发园区与上海相关园区进行全面对接，均选择合作对象，累计签约合作协议25项，其中政府层面合作协议5项，园区层面合作协议20项。全年全市开发园区落户上海、苏南1亿元以上工业项目31个，计划总投资175.54亿元。（邱永永）

■公共资源　与南京、镇江联合推介旅游线路产品，开发跨界旅游线路，共同搭建信息共享平台，实现旅游信息互通、资源共享、产品互动。开展宁镇扬三市本科高校、高职院校与职业学校之间的分段联合培养试点。在已实现预约挂号共享服务的基础上，进一步完善预约挂号服务平台，扩大与南京、镇江接入医院数量。加强宁镇扬三市公共人力资源市场信息化和流动人员档案管理电子化建设，推进劳动者就业和人才流动配置更加顺畅。（万东民）

■人才招引　组织企业参与江苏大院大所合作对接会，促成304个项目达成合作。以智能汽车为主题连续第五年举办科技成果展示洽谈会。全市达成产学研合作签约项目403个，引进研创中心32家；登记备案技术合同475项，交易额达5.5亿元，比上年增长8.7%。（万东民）

■长三角协调会健康服务业专业委员会重点工作　组织参加长三角协调会第17次市长联席会议及长三角协调会办公室第45次、46次、17次、48次工作会议。组织召开长三角协调会健康服务业专业委员会2017年度工作会议，专委会20个成员城市的相关部门参加会议，印发《2016年度健康专委会研究课题汇编》和专委会通讯录；组织开展第二批长三角健康服务业集聚区和示范培育企业申报、评审、授牌工作，共评定长三角健康服务产业集聚区6家，示范培育企业17家。参与并实施长三角城市合作20周年回顾展望系列活动。组织参加2017中国（宁波）国际健康养老服务业博览会，在主题论坛上作交流发言，并与上海、杭州、宁波、苏州、无锡等城市和中国社会福利与养老服务协会共同发起成立长三角地区长期护理工作联盟。组织承办长三角合作与发展联席会议办公室第二次会议。（沈诗贵）

■2017扬州对接上海产业转移招商活动月　制定并印发《“2017扬州对接上海产业转移招商活动月”总体活动方案》，活动时间5月18日至

7月26日，2017扬州对接上海产业转移合作恳谈会在上海举行

商务局/供稿

7月18日。活动期间，先后组织全市“对接上海产业转移招商活动月”推进会、督查点评会，并启动对接上海招商月活动周报制。7月26日，在上海举行“2017扬州对接上海产业转移合作恳谈会”，项目签约60个。其中，外资项目21个，总投资11.2亿美元；民资项目39个，总投资173.9亿元。（杨　志）

■**2017扬州对接上海产业转移百日会战**　制定并印发《“2017扬州对接上海产业转移百日会战”总体活动方案》，先后组织9月活动推进督查会、10月“名企高管扬州行”活动。11月8日，在上海举行“2017扬州对接上海产业转移百日会战项目签约仪式”，现场签约项目97个。其中，外资项目25个，总投资11.51亿美元；内资项目72个，总投资261亿元。

（杨　志）

■**上海莘庄工业区(宝应)工业园**　上海莘庄工业区(宝应)工业园是由宝应经济开发区与莘庄工业区合作共建，是省内第44家南北共建园区。一期建设面积0.813平方千米，二期规划建设面积2.12平方千米。2017年，园区完成工业产品销售收入266.2亿元，基础设施投入资金额3000万元，累计投入金额6600万元，注册项目9个，累计注册项目24个；开工在建项目3个，累计在建项目10个；南方派驻5人。以获批总规模2.08GW(吉瓦)国家生态渔业光伏发电“领跑者”示范基地为契机，按照“总体规划、分布实施、高标建设、效益优先”理念，在共建园北区首期规划1平方千米打造光伏产业基地，主要承载光伏制造业及上下游配套项目，引进电池转化率高、度电成本低的科技型企业。2017年，引进光伏项目7个，开工3个。其中，江苏协佳能源科技有限公司光热发电产品、高效电池、高效组件项目由上海昊铂科技有限公司投资建设。总投资5亿元，固定资产投资3亿元，其中设备投资1.6亿元，注册资本2亿元。拟征用土地7.33万平方米，建设厂房5万平方米，其中一期2万平方米，办公及附属用房1万平方米。另注册宝应特伊斯光伏科技有限公司，技术出资1000万美元，经省商务厅确认出资。2GW智能制造高效太阳能组件封装项目由上海艾力克新能源有限公司投资建设，项目计划总投资10亿元，固定资产投资8亿元，其中设备投资5.5亿元，总用地20万平方米，其中一期供地14万平方米，建筑面积8万平方米，预留6万平方米。江苏金弘(友)电气有限公司项目总投资5亿元，占地面积6.67万平方米，获省发改委批准为省级工程中心。共建园区与宝应开发区在管理机构、规划建设、资金运作、项目引进方面独立运作。（徐建花）

■**波司登(高邮)工业园**　波司登(高邮)工业园规划面积2.32平方千米，一期开发面积1.1平方千米，以高邮经济开发区和波司登股份公司为合作主体，以高邮市电池工业园为共建载体，实施“两园合一、融合开发”。2017年，园区经济总量114.12亿元，增幅达10.9%，实现工业企业固定资产投资完成额56.18亿元；工业产品销售收入114.12亿元；实际外商直接投资额513.5万美元；一般公共预算收入2.86亿元。

（印锦菲）

宁镇扬一体化发展

■**概况**　加快推进宁镇扬一体化建设。组织参加省政府召开的宁镇扬一体化工作推进会、首届宁镇扬三市市长联席会、南京都市圈第九届市长联席会议和省发改委召开的跨界区域一体化发展工作座谈会。宁镇扬三市签订《2017年度宁镇扬一体化合作项目协议》，明确三市5大类33项重点任务，扬州市宁镇扬一体化建设的18个项目和重要事项列入其中。宁镇扬同城化发展协调小组办公室印发《宁镇扬一体化发展2017年重大项目投资计划》，扬州市46个在建重大项目和11个前期项目列入其中。扬州市政府办公室印发《关于下达2017年宁镇扬一体化重点工作及重大项目任务的通知》。常务副省长黄莉新及南京市、南京江北新区主要领导到扬考察交流，市党政主要领导带队赴南京就宁镇扬一体化建设进行考察交流，并与南京市党政主要领导进行座谈。省政协副主席徐鸣及部分省政协委员专题视察组到扬专题视察调研宁镇扬一体化发展情况。扬州市政协召开八届三次常委会，重点就宁镇扬一体化议题与扬州市政府进行专题协商。省发展改革委印发《关于做好宁镇扬跨界地区融合发展工作的通知》，重点在编制跨界地区规划、制定跨界地区项目计划、创新投融资机制、开展跨界地区改革试点等方面提出明确要求。市发展改革委组织召开六合—仪征融合发展工作座谈会，印发《六合—仪征融合发展工作实施方案》。10月，2017年度宁镇扬一体化发展论坛在扬州召开。11月，江苏省社科界第十一届学术大会苏中区域专场在扬州召开。（沈诗贵）

■**公共服务一体化**　教育和文体事业融合持续加强，推动扬州市7所技工院校与宁镇高等院校签订分段联合培养协议；成立“宁镇扬公共图书馆区域合作联盟”，联合举办宁镇扬足球赛、龙舟邀请赛等活动；实现体育电子消费卡三市通用，并相互开放部分体育训练场地；医养融合实现有序对接，三市远程医疗建设方案完成，扬州市预约挂号平台初步完成与南京、镇江平台对接；推进养老服务供给均等化，对涉及的养老机构运营补贴和居家养老购买服务等不受户籍限制。（杨　志）

■**旅游合作**　2017年，宁镇扬三市继续联合开展“扬子江之旅”旅游推介活动，推出宁镇扬旅游一卡通，共同举办2017宁镇扬都市圈旅游促销活动；仪征市编制完成《月塘镇旅游发展总体规划》，与六合区共同对金牛湖和月塘区域进行旅游项目整体性策划和招商；以举办好世园会、省园会为契机，推进仪征枣林湾生态园、天乐湖、登月湖等重点地区的旅游资源开发，打造仪征—六合353省道沿线健康养老生态休闲带。

（杨　志）

连淮扬镇铁路东部综合客运枢纽建设现场　　张孔生/摄

■交通基础设施建设　连淮扬镇铁路扬州段施工进度在全线领先。扬州东部综合客运枢纽、五峰山过江通道公路接线工程开工建设。宁扬城际、北沿江高铁、扬马城际前期工作加快推进。328国道快速化改造、南京绕越高速新篁互通与353省道连接线工程等快速交通项目取得积极进展。扬州泰州国际机场一期扩建工程通过项目审批，完成招投标工作；长江12.5米以下深水航道、内河宝应港与扬州港集装箱航线开通。（杨　志）

■产业协同发展　列省重大产业项目加快建设，产业配套合作持续深化，总投资30亿元的中电科28所装备试验场和总投资16亿元的南京国泰消防项目落户仪征；依托上汽大众仪征项目，推动李尔汽车在宁汽车电子线束项目整体搬迁至扬州，形成李尔汽车华东基地。推进产学研合作，联创扬州云计算中心项目建设，江苏旅游职业学院建成并开班招生，南京邮电大学扬州研究院和东南大学扬州研究院主体工程全面建成。（杨　志）

■生态保护联动　推动江淮生态大走廊建设纳入国家长江经济带生态环境保护规划、江苏省生态环境保护“十三五”规划以及淮河生态经济带规划等，并上升为省级战略；加强长江岸线节约集约利用及生态岸线保护，与宁镇两地签订《区域空气污染联防联控合作协议》；加强饮用水源区、重要湿地和重点水域的保护建设与治理，推动沿江地区尤其是扬州化工园区绿色发展。在生态空间管控、区域污染防治、沿江环境综合治理方面，与宁镇两市共同加大区域生态环境保护工作力度。（杨　志）

■扬州市党政代表团赴宁考察　1月6日，市委书记谢正义、代市长张爱军率扬州市党政代表团赴南京学习考察，加快推动宁镇扬一体化发展。在宁期间，扬州市党政代表团考察江北滨江风光带浦口新城段、江北新区中心区综合管廊，南京国际健康服务社区，详细了解江北新区规划建设宁镇扬一体化建设进展等情况。学习考察期间，省委副书记、南京市委书记吴政隆与扬州市党政代表团座谈交流。（杨　志）

■宁镇扬体育合作　1月17日，宁镇扬体育板块一体化发展第一次联席会议在南京召开，三市体育部门负责人共同签订《宁镇扬体育板块一体化发展框架协议》。根据协议，三地体育部门将遵守“平等协商、协调互动，优势互补、资源共享，整体推进、重点突破”原则，共同打造宁镇扬优质体育休闲健康生活圈。此次三市体育合作领域为共建品牌活动、共享产业资源、共办群体活动、共育竞技人才。（杨　志）

■2017年宁镇扬市长联席会　1月18日，2017年宁镇扬市长联席会在南京召开，南京市市长缪瑞林、镇江市代市长张叶飞、扬州市代市长张爱军率三市相关政府部门负责人，围绕全省宁镇扬一体化发展工作座谈会确定的目标任务，共商新一年宁镇扬一体化发展工作计划，推动落实重点合作项目。（杨　志）

■宁镇扬旅游一卡通　9月29日，由南京、镇江、扬州三地旅游部门联合推出的宁镇扬旅游一卡通(APP)联合发行启动仪式在南京大报恩寺遗址公园举行。市民和游客凭宁镇扬旅游一卡通可在宁镇扬三地37家主要旅游景点全年不限次游玩。并且宁镇扬旅游一卡通以手机APP的形式推出，在APP上购买后，手机刷码即可入园。37家主要旅游景点包含南京的明孝陵、总统府、中华门、大报恩寺，镇江的金山公园、焦山公园、茅山景区，扬州的瘦西湖、个园、大明寺等核心景点。（杨　志）

■宁镇扬一体化发展论坛　10月30日，宁镇扬一体化发展论坛在扬州召开。省区域发展研究会会长张颢瀚作题为“推进宁镇扬一体化 打造江苏新中心发展极”的主旨报告，部分宁镇扬一体化发展论坛优秀论文作者进行研讨交流。会议通报表彰“宁镇扬一体化发展论坛”优秀论文成果。（杨　志）

■宁镇扬党政联席会议　11月25日，宁镇扬党政联席会议在南京召开。会议以“全面提升合作层次共绘宁镇扬美好蓝图”为主题，深化宁镇扬一体化发展。会议通报近年来宁镇扬一体化工作推进情况以及下一步工作思路，审议通过《宁镇扬一体化工作机制》，扬州、镇江两市分别与南京市签署《宁扬城际轨道共建合作框架协议》《宁句线轨道交通共建协议》，三市市委书记及省发改委领导分别在会上作发言。（杨　志）

对口支援

■概况 2017年，扬州市对口支援新疆新源县、青海贵南县、西藏拉萨市、陕西榆林市和湖北秭归县。全年共投入对口支援资金2.21亿元。全市累计投入对口支援资金15.18亿元(含援川资金)，建成援建项目323个。 （陈万久）

■对口支援新疆新源县 扬州市对口支援新疆新源县工作始于2011年。2017年实际投入援疆资金1.14亿元，计划外向江苏省对口支援新疆伊犁州前方指挥部和州直部门争取“小援疆”资金1000余万元，全年实施援疆项目20个。其中，民生项目10个，民生项目资金占比80.7%。新源县中学城、哈萨克医院和县人民医院等重点援疆项目均完成计划进度；富民安居和牧民定居工程分别完成2323户和194户，完工率100%；由援疆指挥组牵头负责的全县60所双语幼儿园全部完工并投入使用。全年组织招商活动20余场，有针对性地邀请56批238人次客商赴新源考察，吸引8家企业在新源投资注册，计划总投资额15.7亿元；全年投入资金113万元，举办各类旅游推介活动30余场；帮助那拉提景区向上争取生态厕所建设资金420万元；协调开通扬州至乌鲁木齐旅游航线。全年投入594万元，实施人才集聚、素质提升、民生就业、医教惠民和强基固本五大行动计划，柔性引才42人，培训2200余人。全年结对帮扶贫困家庭800户，累计筹集资金300余万元。至年末，扬州市累计对口支援新源县9.09亿元。 （陈万久）

■对口支援西藏拉萨市 扬州市对口支援西藏拉萨市工作始于1995年。扬州援藏教师团队所援助的拉萨江苏实验中学是2014年由江苏省人民政府投资2.63亿元，在原拉萨市第三高级中学基础上增设初中部后兴办的全日制、寄宿制、示范性完全中学。2017年，扬州市先后共选派10名教师赴西藏拉萨江苏实验中学任教，7月完成扬州第二批和第三批援藏教师的交接工作。 （陈万久）

■对口支援青海贵南县 扬州市对口支援青海贵南县工作始于2010年。2017年，实施援青项目9个，总投资3325万元，涉及教育、卫生、生态、农村基层设施、人才培训等。除县仁爱福利院项目变更建设内容外，其他项目2017年已开工建设，其中5个项目完工或完成全年投资任务。全年扬州市和贵南县双方进行互访对接24次，互访人数155人次；为贵南县培训各类人才181人次；“小援青”援助资金140万元。至年末，扬州市累计对口支援青海贵南县1.70亿元。 （陈万久）

扬州市对口支援新源县项目——新源县第二中学 庄晓明/摄

■对口支援湖北秭归县 扬州市对口支援湖北秭归县工作始于1994年。2017年，扬州市援助湖北秭归县项目资金123万元，实施项目2个。至年末，扬州市累计对口支援湖北秭归县1309万元。 （陈万久）

■对口帮扶陕西榆林市 扬州市对口帮扶陕西榆林市工作始于2017年。4月和10月，扬州市先后从市直部门和所属6个县(市、区)及扬州经济技术开发区、生态科技新城，选派两批共19名干部到榆林挂职，开展对口扶贫和经济协作工作。6月编制完成“十三五”扬榆对口扶贫项目规划。2016—2017年度共实施产业扶贫项目36个、劳务协作项目8个，实际投入苏陕协作资金6300万元。全年扬州和榆林两市共组织互访学习考察114批次1148人次；两市签署各类合作协议160项，其中两市政府间合作协议1项、市级部门间合作协议16项、县区政府及所属部门间“携手奔小康”合作协议67项、镇村扶贫合作协议60项、社会及企业间合作协议16项；全年两市部门间和8个结对县共合作举办“苏陕协作”劳动力就业培训15班次，培训规模1350人，其中建档立卡贫困人口1162人；全年榆林市及8个贫困县区共计选派65名干部到扬州对口部门、县区挂职。

江苏智途科技公司计划在榆林投资5000万元建设地理信息产业园，该项目完成工商登记注册，于12月7日揭牌。江苏朗森特公司与榆林市卫计局合作建设的“智慧医疗扶贫”试点项目，完成绥德和榆阳区的项目建设，子洲县系统进入安装和调试。江苏枣缘红商贸公司出资1040万元，参股榆林佳县枣缘红生物科技公司合作开发红枣深加工项目。江苏农林职业技术学院与佳县东奥牧业公司合作的“江苏太湖猪品种引繁项目”签署合作协议。产业项目累计投资1185万元，带动294名贫困人口受益增收。 （陈万久）

中共扬州市委员会

Zhonggong Yangzhoushi Weiyuanhui

编　辑　崔成鹏

重要会议

■中共扬州市委七届四次全会　7月22日，中共扬州市委召开七届四次全会。全会深入学习贯彻习近平总书记系列重要讲话精神和治国理政新理念新思想新战略，全面落实省第十三次党代会、省委十三届二次全会精神，按照市第七次党代会和中共扬州市委七届二次全会部署，总结上半年工作，部署下半年任务，动员全市上下更加自觉地践行以人民为中心的发展思想，紧扣“两聚一高”，办好“十件大事”，创造过硬的富民成果，保持良好的发展势头，以优异成绩迎接中共十九大胜利召开。市委书记谢正义代表中共扬州市委常委会作工作报告，市委副书记、市长张爱军对经济工作作具体部署。

会议审议并通过《中国共产党扬州市第七届委员会第四次全体会议决议》；根据《中国共产党章程》有关规定，决定递补中共扬州市委候补委员李春国、王庆山为中共扬州市委委员。（崔　颖）

■中共扬州市委七届五次全会　12月18日，中共扬州市委召开七届五次全会。全会全面贯彻中共十九大精神和中央经济工作会议精神，深入落实习近平总书记视察江苏重要讲话精神，按照省第十三次党代会、省委十三届三次全会和市第七次党代会部署要求，回顾总结2017年工作情况，研究确定2018年和今后一个时期工作任务，动员全市各级党组织和广大干部群众，高举中国特色社会主义伟大旗帜，以习近平新时代中国特色社会主义思想为指导，紧扣“两聚一高”，办好“十件大事”，奋力开创“强富美高”新扬州建设的新局面。市委书记谢正义代表中共扬州市委常委会讲话。市长张爱军传达省委十三届三次全会精神，并就2018年经济工作作具体部署。

会议审议并通过《中国共产党扬州市第七届委员会第五次全体会议决议》。中共扬州市委常委会和扬州市纪委常委会向全会书面报告2017年工作。（崔　颖）

重要决策

■推进民生幸福工程　1月18日，中共扬州市委、扬州市政府印发《关于聚焦富民推进2017年民生幸福工程的实施意见》，提出26条意见：(1)提升就业创业服务水平。(2)切实提高农民收入。(3)大力开展精准扶贫。(4)推进食品安全源头管控。(5)提升基层医疗卫生公共服务能力。(6)促进群众健康生活习惯养成。(7)持续推进“清水活水”“不淹不涝”城市建设。(8)大力实施江淮生态大走廊建设行动方案。(9)扎实开展环境保护专项行动。(10)着力推进义务教育均衡发展。(11)实施青少年苗壮成长工程。(12)提标建设农贸市场。(13)加快推进公园体系建设。(14)发展公益性普惠型学前教育。(15)提高社区便民服务层次。(16)大力构建颐养社区。(17)扩大社会保障覆盖面。(18)加大孤儿和残疾人救助力度。(19)持续推动公交优先。(20)开展市区交通秩序综合治理。(21)继续推进“八老”改造。(22)提升城市管理水平。(23)提升重点片区管理水平。(24)完善农村基础设施。(25)加大公共安全保障力度。(26)健全防灾救灾减灾体系。（崔　颖）

■服务企业发展　1月20日，中共扬州市委、扬州市政府印发《关于聚力创新进一步优化企业发展环境的意见》，提出16条意见：(1)推动涉企服务政策集成创新。(2)开展服务重点企业创新发展行动。(3)实施小微企业提升工程。(4)提升公共服务平台建设水平。(5)推动“进一个门办所有事”。(6)推进“拨一个号管所有事”。(7)实现“上一个网服务全方位”。(8)探索“用一个‘屏’近民便民”。(9)完善“在一个体系考核评价”。(10)推动权力事项规范标准运行。(11)强化涉企收费监督检查规范。(12)推进综合行政执法体制改革。(13)全面清理规范涉审中介服务。(14)推动政务服务公开透明运行。(15)建立健全激励干部担当有为工作机制。(16)强化对服务企业工作的督查考核。（崔　颖）

■推进生态文明建设　2月18日，中共扬州市委、扬州市政府印发《关于贯彻长江经济带发展战略的实施意见》，提出36条意见：(1)扎实推进江淮生态大走廊建设。(2)着力提高环境质量。(3)强化生态修复和保护。(4)有效保护利用水资源。(5)大力保护岸线资源。(6)切实保护“三湖一河”。(7)推动生态环境协同治理。(8)加快提升航道等级。(9)促进港口布局优化。(10)发展现代航运服务。(11)大力推进铁路建设。(12)完善公路运输网络。(13)加快航空港建设。(14)完善油气管网布局。(15)打造综合交通枢纽。(16)推进多式联运发展。(17)增强自主创新能力。(18)推进工业转型升级。(19)加快信息基础设施建设。(20)推进服务业提升发展。(21)推进农业质态提升。(22)提高绿色能源消费比重。(23)促进产业有序转移与承接。(24)优化新型城镇格局。(25)提升区域竞争力。(26)建设新型城市。(27)完善快速路网建设。(28)推进体制机制创新。(29)完善对外开放制度保障。(30)推进与“一带一路”战略互动。(31)打造开放型经济新载体。(32)强化组织领导。(33)强化规划引导。(34)强化金融创新。(35)强化督查考核。(36)强化沟通合作。 (崔 颖)

■服务游客 4月25日，中共扬州市委、扬州市政府印发《关于更好服务游客 建设宜游城市的意见》，提出10条意见：(1)主要景点门票实行阶段性优惠。(2)推出主要景区间免费公交，化解游客交通出行难题。(3)为游客提供送保险服务。(4)开通“一网一频率”专业旅游资讯平台。(5)规范酒店住宿价格。(6)推行温馨体验式酒店服务。(7)开展公安人性化执法和服务。(8)实现三项公共服务全覆盖。(9)建立游客服务快速反应机制。(10)设立先行赔付制度。 (崔 颖)

■聚焦富民 5月8日，中共扬州市委、扬州市政府印发《关于聚焦富民持续提高城乡居民收入水平的实施意见》，提出39条意见：(1)优化创业环境。(2)加强创业载体建设。(3)落实创业财税优惠政策。(4)加大金融对创业的支持力度。(5)大力推进返乡下乡人员创业。(6)多渠道增加居民财产性收入。(7)实施更加积极的就业政策。(8)着力拓展就业空间。(9)推进产教融合发展。(10)加强职业技能培训。(11)改善农村富余劳动力转移就业环境。(12)保障职工合法权益。(13)加快发展现代农业。(14)推动创意休闲农业与乡村旅游业发展。(15)全面推进确权赋能。(16)构建农业社会化服务体系。(17)完善支农惠农政策。(18)加快推进脱贫致富奔小康工程。(19)健全科学的工资增长机制。(20)开展转移支付方式改革试点。(21)完善村集体收益分配制度。(22)完善技能人才收入分配激励机制。(23)提升新型职业农民增收能力。(24)实行以增加知识价值为导向的科研人员激励政策。(25)加大小微创业者创业致富支持力度。(26)完善高校毕业生就业创业扶持政策。(27)支持有劳动能力的困难群体增收脱困。(28)实施企业经营管理人员激励计划。(29)健全基层干部队伍收入激励机制。(30)合理提高社会保险待遇水平。(31)逐步提升最低生活保障标准。(32)强化社会救助托底功能。(33)加大教育惠民助困力度。(34)减轻群众就医负担。(35)保障困难群众基本住房需求。(36)提升老年人生活保障水平。(37)强化组织领导。(38)强化督查评估。(39)强化舆论引导。 (崔 颖)

■加快镇村建设 8月24日，中共扬州市委、扬州市政府印发《关于加快新型城镇化及美丽乡(镇)村建设的实施意见》，提出15条意见：(1)坚持规划引领。(2)优化中心城区周边镇建设。(3)培强重点中心镇。(4)加快特色小镇建设。(5)打造美丽乡村。(6)推动基础设施向镇村延伸。(7)加强集镇环境综合整治。(8)保护和修复城乡生态系统。(9)完善村庄长效管护机制。(10)实施产业升级行动。(11)大力推动创新创业。(12)加快农村一、二、三产业融合发展。(13)提升公共服务供给水平。(14)完善资金投入机制。(15)健全用地保障机制。 (崔 颖)

■优化人才创新创业环境 9月1日，中共扬州市委、扬州市政府印发《关于深入实施“兴城先兴人”战略着力优化人才创新创业环境的政策意见》，提出20条意见：(1)鼓励自主培养顶尖人才。(2)深入实施“英才培育计划”。(3)拓展建设“名师工作室”。(4)突出加强企业家队伍建设。(5)加快培养高技能人才。(6)提档升级“绿扬金凤计划”。(7)拓宽人才引进渠道。(8)积极引进国外智力。(9)激发用人单位引才主体作用。(10)加快建设“大学生城”。(11)推进开发园区“双招双引”。(12)支持科技产业综合体运营发展。(13)鼓励企业建设创新创业平台。(14)强化人才创新创业金融支持。(15)完善人才生活服务保障。(16)营造良好社会氛围。(17)完善党管人才工作格局。(18)优化人才工作运行机制。(19)强化目标责任考核激励。(20)优先保障人才投入和工作力量。 (崔 颖)

重要活动

■2017世界运河城市论坛在扬州举办 9月8—9日，由扬州市政府、江苏省外办、世界运河历史文化城市合作组织(WCCO)、中国太平洋经济合作全国委员会联合主办的2017世界运河城市论坛在扬州举办。论坛议程包括主旨演讲、运河城市市长对话会议、运河城市企业合作会议、世界运河古镇合作机制会议等。主旨演讲嘉宾围绕“一带一路”给中外城市带来的机遇、中国“一带一路”倡议全球战略价值等发表意见和观点。运河城市市长对话会议主题为“世界运河城市绿色发展和中国大运河文化带建设”，中外市长就绿色发展理念与实践展开讨论，分享运河遗产保护利用案例，探讨大运河文化带建设方法和思路。运河城市企业合作会议尝试团结创新、前沿、绿色型企业，创造一个服务项目、资本、技术交流对接的企业网络。世界运河历史文化城市合作组织在世界运河城市论坛期间，邀请天津杨柳青镇、江苏邵伯镇、浙江南浔镇、荷兰羊角村等全球20多座运河沿线古镇，共同发起建立世界运河古镇合作机制，讨论通过《世界运河古镇扬州倡议》，助力运河古镇文化推广，促进运河古镇之间在文化、旅游产业等领域的分享及合作。参加论坛的包括爱尔兰前总理布莱恩·考恩、意大利前国家众议院议长艾琳皮维蒂等特邀嘉宾，法国奥尔良市市长、意大利威尼斯市前市长、克罗地亚科尔丘拉市市长等世界运河城市代表，以及35座中国大运河沿线城市领导、20多座中外运河古镇负责人、运河城市企业高管等300多人。世界运河城市论坛由扬州市人民政府联合全球运河城市于2007年初办，每年举办一次，已成为全球运河城市合作、分享、共赢的知名平台。

（崔　颖）

■第八届世界地理标志大会在扬州召开　6月29日至7月1日，第八届世界地理标志大会在扬州召开。国务院总理李克强发来贺电，国务委员王勇出席开幕式并致辞，世界知识产权组织总干事高锐出席并致辞。国家工商总局局长张茅出席开幕式并演讲，国家工商总局副局长刘俊臣主持大会，江苏省副省长马秋林、省政府秘书长王奇等出席大会。市委书记谢正义、市长张爱军、副市长丁一等参加会议。

世界地理标志大会由世界知识产权组织各成员国轮流主办，每两年举办一次。此次大会是时隔10年之后，世界地理标志大会再次在中国举办，近60个国家和地区的300名嘉宾参会，共同探讨地理标志工作的现状、挑战以及发展方向等。全国31个省（市、自治区）的88件地理标志产品参加现场展出。（崔　颖）

■2017省重大项目集中开工　2月12日，省委、省政府举行全省重大项目集中开工现场推进会。市领导谢正义、张爱军、洪锦华、陈扬、张宝娟、孔令俊、李航、陈锴竑、姜龙、陈卫庆等在扬州分会场参加活动，扬州市人大、扬州市政府、扬州市政协其他领导分别带队参加各地开工活动。扬州市23个重大项目参加集中开工，总投资达281亿元，其中重大产业项目19个、重大创新载体项目1个、重大民生工程3个。位于扬州经济技术开发区的中航工业航空电缆和液压装备项目开工现场是参加全省重大项目集中开工现场推进会的扬州分会场。该项目计划总投资73亿元，项目建成后年产航空、海底通用数字信号电缆3.2万千米、航空液压设备15万套、轨道交通液压泵5万只，配套生产航空、轨道交通液压传动装置和接入系统。参加集中开工的扬州国家小微企业“双创”示范基地项目计划总投资35亿元，围绕信息服务、科技研发、金融服务、商务服务与国际交流，建设科技企业孵化器、加速器，打造互联网＋、软件信息、高端科技创新产业集聚区。世界园艺博览会旅游开发项目计划总投资40亿元，建设世界园艺博览会和江苏省园艺博览会核心区域及配套服务区域，打造世界园艺展馆、世界绿色城市峰会和江苏省非物质文化遗产展示会。

（崔　颖）

■江苏发展大会扬州论坛　5月21日，江苏发展大会扬州论坛在蜀冈—瘦西湖风景名胜区花都汇举行，市委书记、市人大常委会主任谢正义出席并致辞。诺贝尔物理学奖获得者、美国科学院院士、中国科学院外籍院士、东南大学吴健雄学院名誉院长丁肇中，国家行政学院原副院长周文彰等嘉宾、乡贤参加论坛。扬州市政协主席朱民阳出席。市委副书记张宝娟主持论坛。市委常委、常务副市长陈扬介绍全市经济社会发展情况。海内外扬州籍和在扬学习、工作、生活过的知名乡贤在参加完江苏发展大会后，相聚在故乡花都汇，共叙乡情友谊，共话扬州发展。论坛上，丁肇中及中科院院士、中科院上海生命科学研究院植物生理生态研究所研究员陈晓亚，中国航天科技集团科技委员会副主任谭永华等作主旨演讲。周文彰及英国皇家工程学院研究主席、莱斯特大学终身教授、人才计划专家董洪标等15位嘉宾乡贤作专题发言。江苏发展大会期间，还形成一批合作成果，主要有扬州市政府与民生证券股份有限公司、苏北人民医院与美国弗吉尼亚大学、江苏里下河地区农业科学研究所与北京植物园、江苏艾萨克机器人股份有限公司与哈尔滨工业大学电子与信息工程学院、江苏兴厦建设工程集团与江苏扬联置业有限公司在金融合作、医卫合作、科技成果转化、产业发展和城市建设方面达成合作协议。（崔　颖）

■世界体育赛事与旅游扬州峰会举行　6月8—10日，由扬州市政府与世界体育赛事与旅游峰会组织、美国事件管理学会共同主办，扬州广播电视传媒集团（总台）承办的世界体育赛事与旅游峰会（WSET Summit）2017中国扬州峰会举行。峰会主题是运动、旅游、健康。联合国世界旅游组织、国际残疾人奥林匹克委员会、世界奥林匹克城市联盟、全美体育委员会联盟（NASC）、世界赛艇协会、国际

江苏发展大会扬州论坛现场　　王　卓/摄

滑雪联合会、世界棒球垒球联合会、国际篮球联合会、国际排球联合会、世界跆拳道联合会、国际马术联合会等几十个国际体育组织的官员和中共扬州市委、扬州市政府领导，江苏省体育局、江苏省旅游局领导，兄弟城市体育局负责人，以及南京体育学院、扬州大学体育学院、国内有关体育产业领域专家等近百名嘉宾出席峰会。市委书记谢正义致辞，市长张爱军围绕扬州城市体育公园建设与旅游发展情况作专题推介。与会嘉宾围绕城市体育产业发展、国际体育赛事与旅游市场的合作举办专家论坛和项目推介。数十家国际体育组织与众多国内外体育、旅游产业界人士交流、洽谈，初步达成数十个合作意向。此次峰会规格之高、参会的国际体育旅游组织之多，在国内尚属首次。市委常委、宣传部部长姜龙主持峰会，副市长余珽出席会议。

（崔　颖）

巡察工作

■概况　2017年，市、县两级开展3轮巡察，前两轮共派出巡察组62个，巡察单位80家，发现问题1130个，督促问题即知即改275个。其中，市级派出巡察组12个、“机动式”巡察组1个，巡察单位19家，发现问题233个，督促问题即知即改72个；第三轮巡察全市共派出巡察组32个，巡察单位32家。

（崔　颖）

■巡察机构建设　完成市县党委巡察机构建设。9月15日，如期完成市县两级巡察机构常设化任务，市县均设立巡察办，列入党委工作机构序列，设立巡察组32个，核定编制147人，配备专职巡察干部132人，整体到位率90%。市委巡察干部选配考虑巡察组的结构性、专业性，有纪检监察、组织人事、财务审计和法律工作经历的比例达85%。继续加强兼职巡察干部队伍建设，市及各县（市、区）全面建成总人数达929人的巡察特聘人才库，为开展巡察提供人才支撑，全年市级巡察累计抽调兼职巡察干部166人次。完成市委巡察机构办公场所改造工程，完善软硬件设施，保障巡察干部如期入驻办公。按照常设化管理要求，全面梳理建立巡察机构事务管理、人员管理和议事、协调等工作机制，完成党组织组建，夯实日常办公运转的工作基础。强化巡察干部能力素质提升。坚持高频度、全方位、多角度加强巡察干部培训，全年累计开展集中培训5批次，培训市县巡察干部600余人次。举办巡察和派驻人员综合业务培训班，系统培训监督执纪和巡察综合业务；组织市委巡察干部参加为期两周、9个专题的岗位业务培训，促进巡察干部加快身份转变、思想转变和工作转变。利用巡察间隙，开展巡察综合报告撰写、问题线索系统操作等实务培训。选送多名处级巡察干部参加省委巡视实践锻炼，每轮市级巡察都抽调县级巡察干部参加，通过以干代训，培养锻炼巡察干部。创刊《扬州巡察》，编发简报10期，促进市委巡察组、各县（市、区）巡察办间的学习交流和工作推动。对2016年出台的《市委巡察工作实施办法》《巡察机构保密工作规定》等4项制度进行修订完善，新建立《市委巡察组巡察工作细则》《市委巡察机构与相关部门工作协作机制》等17项制度规范，形成以中共扬州市委巡察工作实施办法1项实体性制度为统领，人员管理、工作流程、协调配合等20项程序性制度为支撑的“1＋20”制度体系，巡察工作44个环节的程序步骤和标准要求固化形成模板，编印《扬州市巡察工作制度汇编》。建立巡察干部履职鉴定、外部干预登记等制度，强化对巡察干部履职行为的刚性约束。

（崔　颖）

■巡察监督　注重巡视巡察联动，把牢市县巡察方向。多次赴县（市、区）走访调研，多次召开推进会、研讨会、座谈会，指导推动县级巡察工作。2017年全面完成对全市67个乡镇的巡察任务，如期实现乡镇巡察全覆盖。指导宝应县、邗江区高质量完成村级巡察全覆盖试点任务，受到省委巡视办调研验收组充分肯定，总结形成的“巡镇带村、模块推进、流水作业”和“巡察组＋”两种村级巡察“扬州模式”被省委巡视办制定的《关于编制对村（居）巡察全覆盖专项工作规划的指导意见》推广，被省委巡视办写入向中央巡视办报送的《江苏村（居）巡察全覆盖试点工作专题报告》。做好省委巡视仪征和“回头看”江都期间的联络保障工作。组织开展省委巡视反馈问题整改，印发《关于中央巡视“回头看”和省委首轮巡视发现突出问题的整改落实分工方案》，梳理排查3个方面9类问题30项任务，逐一明确牵头部门和责任部门，督促各地、各部门对单找差、细化方案，全力以赴、不折不扣整改到位。协助中共扬州市委在全市开展对12届省委巡视反馈意见的整改落实和移交问题线索办理情况的自查工作，牵头完善中共扬州市委整改资料台账，对各责任部门整改资料台账逐一过堂，做好迎检备查，确保巡视反馈意见和移交问题线索“条条要整改、件件有着落”。构建立体联动网络，打响扬州巡察品牌。针对同一系统、领域内部门特点相近、风险相似、存在问题具有关联性的实际，探索构建纵向、横向和系统内以点成线、选点切面的立体监督网络，打响“系统巡、巡系统”的扬州巡察品牌。纵向上，在上年试点基础上，继续深化市县相同部门间的对口巡察，通过上下印证，透视同系统问题。全年共对口巡察12个单位，占被巡察单位总数的48%。在县级民政系统挖出殡葬服务、墓园建设领域的一串“蛀虫”，26人被立案查处。横向上，首创面上比对巡察，将职能相近或同类别部门一同巡察，通过面上比对，扫描同领域问题。第二轮巡察市文联、社科联、侨联等人民团体时，普遍发现下属协会、学会管理混乱、职能缺失等面上共性问题。系统内，凡有下属单位的，一律向下延伸到权力运行最末端。巡察市卫计系统时，延伸巡察市县23家医疗卫生机构，发现问题线索19条，立案审查3件。相关经验做法被省委巡视办推广，中央纪委监察部网站和《中国纪检监察报》进行报道。灵活多样出招施策，精心锻造巡察利剑。创新“提级交叉”巡察模式，防范人情巡察。针对县级巡察区域小、容易出现人情干扰、影响巡察效果的问题，探索提级交叉巡察，由中共扬州市委提级授权县(区)级巡察组赴外县(区)交叉巡察，组长、副组长由中共扬州市委任命授权，从制度设计上防范基层巡察中人情因素的干扰。对3个区的3个部门进行提级交叉巡察中，共发现问题59个，移送问题线索21条。开展“机动式”巡察，探索巡察国企策略。针对问题反映集中、指向较为明显、下属单位较多的国企系统，总结一套巡前定靶标、定方向、定脉络“三确定”，巡中程式不固定、对象不固定、路径不固定“三不定”和巡后锁定问题、锁定责任、锁定线索“三锁定”的巡察策略，定向发力、定点突破。第二轮巡察，根据市纪委查处兰松案件中折射出的国企党的领导弱化、基层政治生态异化等严重问题，派出机动组，从子公司着手、以下看上，发现问题12项，移交线索8条，5人被移送司法，7人被党纪处分。相关做法被省纪委内网信息刊载。突出方式方法创新，聚焦问题精准发力。开列“三大问题”负面清单，聚焦政治巡察。结合巡察实践，细化开列“三大问题”在基层可能出现的表现形式，形成负面问题清单，把政治巡察内容条目化、具体化，便于对照检查、对单找差，避免政治巡察泛化为业务巡察。上述做法被省委巡视办借鉴制成《政治巡视监督重点及问题表现》在全省巡视工作中推广运用。推出“三查一研判”办法，深入发现问题。同一组内工作人员间交叉互查；巡察组长、副组长和组内纪检干部对工作结果实施多层复查；针对发现的存疑问题，及时向公安、房管、工商等部门提请协查，帮助弄清实情。巡察组每日召开碰头会对发现的问题逐一研判，集体讨论形成意见。全年向有关部门发出协查函25份，帮助验证核准一批存疑问题。组建政策咨询专家库，辨别专业问题。将招投标、工程建设、投融资等领域专家聘为咨询顾问，对于一些专业难度较高的问题及时进行咨询，给出权威解答，给巡察组提供后援和智力支持。（崔　颖）

■巡察质效　以“问题清单＋季度汇报”制度压实整改主体责任。探索将巡察整改责任传递由巡察机构层面升格到市委层面，将巡察整改情况纳入市委常委会每季度听取部门“一把手”落实主体责任汇报的范围，市委书记亲自交责，强化压力传递。全年共17个单位“一把手”向市委常委会进行汇报，占已巡察单位总数的68%。各有关单位变压力为动力，细化整改清单，落实“双通报”“双确认”等制度，狠抓问题整改，解决一批突出问题。以问题整改清单和跟踪督查清单“双清单”制度落实整改监督责任。加强巡察和派驻监督“两个全覆盖”的工作力量聚合，发挥派驻纪检组的监督作用，建立《巡察反馈意见问题整改清单和跟踪督查清单“双清单”制度》，要求被巡察单位党组织开列问题整改清单，实行项目化整改，要求驻在部门纪检组依据问题整改清单制定跟踪督查清单，将督查内容项目化、条目化、表单化，量化整改监督责任。全年市级监督问题整改293个，推动相关部门修订完善制度98项。以点切面推动面上问题治理。注重个案问题处置，全年市、县两级巡察移交问题线索505条，运用第一种形态处置线索130条，立案审查107件，党政纪处分75人。注重对被巡察单位间共性问题的综合分析归纳，以点切面，向中共扬州市委提交专项报告，提出防治对策，推动共性问题治理。全年，先后对机关部门“一把手”不直接分管人事和财务、党政机关公房出租、大额资金存储等问题，开展面上专项整治。以“五个结合”拓展巡察监督外延。落实中共扬州市委“五个结合”要求，探索把巡察工作与中共扬州市委、扬州市政府重点工作督查、“一把手”廉洁从政汇报、干部考察工作、“三直接”制度的督查和“三责联审”等重点工作实现“五个结合”，打好监督“组合拳”，增强不同监督模式间的关联性和耦合性，提升管党治党的系统性。（崔　颖）

组织工作

■概况　2017年，全市有基层党组织1.44万个。其中，党委430个，占2.98%；党总支1305个，占9.05%；党支部1.27万个，占87.96%。全市有党员29.75万人，其中农村党员(含乡镇社区党员)19.54万人、城市街道党员2.67万人、非公有制单位党员4.16万人。至年末，新中国成立前入党党员921人，女党员7.03万人，少数民族党员1358人，45岁以下党员10.60万人，大专以上学历党员12.76万人。全年新发展党员4597人。增强人才区域核心竞争力，高层次人才引进培养跻身全省第一方阵。全市拥有“两院”院士4人，国家人才计划人才87人，省“双创”人才300人，省“双创”团队17个，省“双创”博士433人。149人入选省第五期“333工程”，争取8批科技镇长团421人次，新设立2个海外招才引智联络站。至年底，全市人才资源总量80.04万人，其中高层次人才6.03万人。（郭　鹏）

■领导班子和干部队伍建设　2017年，开展学习宣传贯彻中央十九大精神活动，对全市1200多名市管领导干部进行轮训，推动市委书记、市长等市领导走上轮训班讲台授课。全年举办重点培训班22批次、培训关键领域和重要岗位干部2536人次，推动各地、各部门举办各类培训班200多批次、培训干部1万多人次。根据领导班子建设需要和干部队伍现状进行结构分析，有计划、有步骤地对部分岗位进行调整，全年调整县处级干部287人次，其中提拔102人次。坚持“凡提必审”，严格履行干部职数预审，纠正不合规职数配备45个。有序推进干部选拔任用“一报告两评议”工作，抓好《领导干部报告个人有关事项规定》《领导干部个人有关事项报告查核结果处理办法》“两项法规”学习宣传，按照“凡提必核”要求对所有拟提拔市管干部考察人选进行重点核查，根据查核结果对30名干部进行函询和批评教育，对1名干部进行诫勉，取消2名干部的考察对象资格。创新采用“三推两访一面谈”形式，集中选拔9名80后处级干部，择优选派10名后备干部到市信访局担任新一轮“信访协调员”，抽调10名年轻干部到市文明城市建设长效管理办公室帮助工作。选派2名处级干部到省委巡视组挂职锻炼，选派19名干部到陕西榆林挂职。（郭　鹏）

■**人才工作**　推进体制机制改革，制定出台《关于深入实施"兴城先兴人"战略 着力优化人才创新创业环境的政策意见》，初步构建以"十三五"人才发展规划和"人才政策20条"为龙头，以人才培养、引进、载体、服务、机制为支撑的"2＋N"人才政策体系。聚焦整体协同发力，完善全市人才工作运行机制，全年召开5次人才办例会，10余次部门协调会，共同研究推进人才工作。加强宏观形势研判，制定印发《2017年全市人才工作要点》，统计发布《2016年度人才发展统计公报》。坚持"高精尖缺"导向，提档升级"绿扬金凤计划"，增设顶尖人才专项。在国内外开展招才引智推介和大院大所拜访活动，新设2个海外招才引智联络站。聚焦年轻人才、乡土人才、领军人才，举办"绿扬金凤"众创大赛，吸引1093个海内外项目参赛。推行"院＋团＋会"协同推进机制，加快科技镇长团创新创业基地建设，落户37个优质创业项目。构筑"一室一院一区一园"平台，推动乡土人才"三带"作用发挥，267人入选省乡土人才"三带"行动计划，位列全省第三。开设"创新大讲堂"，近3000名人才参加培训。省"双创计划"受资助人数继续位居全省前列，高层次人才引进和培养跻身全省第一方阵。建立党政领导干部结对联系专家人才制度，设立3000万元天使梦想基金，举办产业人才金融合作对接活动，对企业引进人才发放社保和生活补贴，组织开展人才革命传统教育暨休假疗养活动，做好人才住房和子女入学等保障措施。相关做法被《中国组织人事报》《中国人才》《新华日报》、省委《信息快报》等推介。（郭　鹏）

■**基层组织建设**　以推进"两学一做"学习教育常态化制度化为契机，以"做合格党员、建过硬支部"为目标，以落实基层党建8项重点任务为重点，推动基层党建水平整体提升。贯彻落实中共扬州市委"31号文件"精神，实施富民党建工程，加强党建促扶贫攻坚工作，66个经济薄弱村、软弱后进村获得500万元项目资金。出台《中共扬州市委关于2017年度进一步加强全市社区党组织书记队伍建设的意见》，明确"强素质、提待遇、减负担、严管理、创品牌"20条措施，向221个城市社区党组织下拨2210万元为民服务专项资金。推进城市基层党建工作，首次召开城市基层党建工作座谈会，构建以街道社区党组织为核心，有机联结单位、行业及各领域党组织，实现组织共建、资源共享、机制衔接、功能优化的系统建设和整体建设格局，以党建推动城市社会治理。召开国有企业发展暨党建工作推进会、机关党建工作调研座谈会、卫生教育等行业系统党建工作调研座谈会，统筹推进各领域党建工作。依托党校、名校培训200多名基层党组织书记，市县联动大规模培训党务工作者。创新党员教育管理和理论研究载体，开展党员数量与质量调研，实施党组织活动纪实和发展党员工作全程纪实，制作启用"四本一簿一证"，推动党员教育管理规范化。扎实抓好补交党费管理使用，推动74个村新建党群服务中心、8个村纳入"省管党费暖基层工程"项目。加强远程教育站点规范化建设，精心制作50余部微视频课件和党员教育电视片，提升党建工作信息化水平。（郭　鹏）

■**机关党建**　*推动"两学一做"学习教育常态长效。*印发《关于推进市级机关"两学一做"学习教育常态化制度化工作的通知》，对照20项任务清单，将"两学一做"学习教育开展情况纳入年终党建工作考核，督促部门（单位）党组（党委）书记主动履行第一责任人职责。搭建学习教育平台。投入30余万元，建成"市级机关党员教育中心"展厅。在连续两年开展"我是党课主讲人"活动的基础上，市委市级机关工作委员会（简称机关工委）与市委宣传部联合举办"喜迎党的十九大，述说扬城新变化"——扬州市"我是党课主讲人"赛党课、展风采活动，68个市级机关部门党组织推选的86名党课主讲人参加比赛，以赛促学，以学促宣。10月，"我是党课主讲人"宣讲团被中央宣传部表彰为全国基层理论宣讲先进集体，党课品牌引领作用进一步显现；聚力开展"党章党规记心中，服务发展当先锋"主题教育活动，先后给机关党员干部配发党章党规、省市党代会精神等学习材料1.65万册，组织全市机关63个部门（单位）、5000余名在职党员参加"党章党规记心中，服务发展当先锋"知识竞赛，强化主题教育学习成果。举办4期机关"文化大讲堂"和2期"道德讲堂"，约560名机关党员干部参加。举办3期入党积极分子培训班、3期党员干部知识更新培训班、1期新党员培训班、1期党组织书记培训班、1期机关党建信息员培训班，960名学员参加培训，完成千人培训计划。开展"带头人"学习交流活动。围绕市委关于"做合格党员，建过硬支部"的目标要求，首次组织"市级机关党支部书记工作讲坛"。采取现场教学、实地交流的形式，举办两期市级机关党务干部培训班、组织全体直属党组织负责人分批到焦裕禄干部学院、大别山干部学院学习。与市委组织部联合举办2轮基层党支部书记培训班，围绕党内法规和党建业务知识进行专题辅导，实现500多个基层党支部书记全覆盖。

*抓好机关党建责任制落实。*建立机关党建工作"述评考"制度，明晰党建工作年度责任清单，量化党建工作目标。年底，机关工委组织4个调研小组，对市级机关各党组织开展全覆盖党建工作调研督察，推动党建工作责任制的落实。抓好党组织规范化建设。对党组织换届、党务干部任职进行全面考察，坚持"三上三下"的工作要求，指导19个直属党组织完成换届工作，考察129名党务干部，新建12个党组织（含机关纪委2个），撤销4个党组织。制定市级机关发展党员计划，新发展党员56人，转正4人。抓好党务干部队伍建设。11月，集中组织到上海中共"一大"会址和浙江嘉兴南

湖开展"不忘初心、牢记使命"主题参观学习活动，建立党务干部任免考察制度，从动议环节开始，提前介入、全程跟踪，严把机关党组织书记、专职副书记的推荐、考察、审批三个环节，推动各部门优秀骨干走上党务工作岗位。严格落实机关党委配备专职副书记的有关规定，42个机关党委建制部门全部设立专职副书记(正科职)。通过推动党务干部专职化、严把入口关、培训制度化，抓好机关党建特色品牌。以"聚力十三五、奉献新扬州"为主题，开展"十佳"创争主题、"十佳"党建品牌创建活动。"七一"前夕，评比表彰100个先进基层党组织、优秀共产党员、优秀党务工作者及党建品牌。牵头完善作风建设日常考评细则，开展作风建设日常考评和年终社会评议，组织市、县两级"两代表一委员"及民主党派代表、作风监督员等对市级机关123个被考评单位开展机关作风社会评议，以国家统计局江苏省调查总队作为第三方机构对近1000名服务对象进行满意度测评，压实部门党组(党委)抓作风建设的主体责任；贯彻落实中央、省"放管服"改革要求，深化拓展"双创"活动，对创建对象进行全覆盖式暗访和督查，推动机关部门不断加强窗口建设，提升服务质效；连续4年联合开展服务企业发展"2号文件"贯彻落实情况明察暗访活动，先后走访调研重点企业300家，征集意见建议57条，发放督办单3份、整改单7份、反馈单12份。开展反腐倡廉"电教月"活动，组织5800余人次收看清正廉洁先进典型和违纪违法典型案例电教片；开展"5·10"党风廉政教育日、"12·9"国际反腐败日活动，指导创成市级"廉政文化进机关"示范点8个，营造风清气正的机关氛围；严格监督执纪问责，把握运用监督执纪"四种形态"，坚持无禁区、全覆盖、零容忍，坚持重遏制、强高压、长震慑。与3名相关责任人进行提醒谈话，审理党员干部违纪案件8件，并与相关单位的当事人及其直接领导、分管领导进行提醒谈话。

(戚建忠)

■老干部工作 2017年，全市共有离休干部1323人。其中，第二次国内革命战争时期参加革命的1人，抗日战争时期参加革命的131人，解放战争时期参加革命的470人；享受副省级医疗待遇的1人、厅局级(含副厅局级)待遇的45人、厅局级医疗乘车待遇的35人、副司局级医疗待遇的65人、县处级(含副县处级)待遇的284人；90岁及以上195人。年内，全市离休干部去世136人。

落实政治待遇。春节前，中共扬州市委办公室、市委组织部、市委老干部局等部门联合部署春节期间老干部工作。谢正义、张爱军、朱民阳、张宝娟、陈扬、孔令俊、李航、姜龙等市领导走访慰问地市级老领导和部分住院治疗的离退休干部。全市各地各部门对全体离休干部和部分退休干部进行走访慰问。1月19日，代市长张爱军主持召开座谈会，征求部分市级老领导对《政府工作报告(征求意见稿)》的意见和建议。3月10日，市委常委、组织部部长张宝娟主持召开中共扬州市委老干部工作领导小组会议，学习贯彻中办3号文件及省两办36号文件精神，研究老干部工作有关问题。5月3—4日，市委老干部局组织市直行政编制离休干部和副处级以上退休干部到溧阳水西村参观新四军江南指挥部。6月12日，市委常委、组织部部长江桦走访慰问四套班子老领导。7月18日，中共扬州市委办公室、扬州市政府办公室印发《关于进一步加强和改进离退休干部工作的实施意见》，为新时代老干部工作提供制度保障。11月16日，中共扬州市委离退休干部工作委员会揭牌仪式在市老年大学举行，市委组织部副部长、市委老干部局局长徐萌为离退休干部党工委揭牌。11月16日，全市老干部党支部书记暨老干部工作者培训班在市老年大学开班，各县(市、区)、市直机关和企事业单位的离退休干部党支部书记近130人参加中共十九大精神专题培训。12月21日，全市社区离退休干部党建工作推进会在市委老干部局召开，会议对全市离退休干部党建工作进行部署。

落实生活待遇。市委老干部局落实走访慰问制度，年内共走访慰问老干部960多人次。全年春节、暑期、重阳三次慰问，共看望住院离休干部400人次，慰问原四套班子领导遗属17人次，慰问原四套班子领导110人次，慰问异地安置离休干部35人次。坚持信访工作制度，全年接待老干部来电来访27人次，会办信访件1件，针对老同志反映的热点难点问题，积极协调，及时做出回应。做好解危帮扶工作，全年分四批次，为符合条件的离休干部发放一次性特殊困难帮扶资金共计17万元，惠及34名离休干部。9月，市委老干部局组织市直近700名离退休干部健康体检。全年对市直企事业单位、各县(市、区)离休干部政治和生活待遇落实情况、离退休干部党组织建设情况进行一次调研督查。

发挥老干部作用。围绕"展示阳光心态、体验美好生活、畅谈发展变化"主题，组织引导离退休干部为党的事业增添正能量。1月19—20日，市委老干部局组织老干部书画家到皮市街社区开展写春联送福活动，为社区居民书写300多幅春联、福字。2月，市委老干部局组建离退休干部网宣员队伍，实施助老上网工程，组织老同志经常性通过微信微博、发帖点赞等形式，参与网络引导，在网上传播正能量。3月5日，市委老干部局组织老干部志愿者到广陵区皮市街社区开展"助老康乐社区行"活动，为社区居民提供心理、法律等咨询近100人次，赠送书画作品200多幅，赠送健康读本200余册。5月，市委老干部局对"立家规、正家风"征文活动进行评比表彰，评选出100篇优秀征文编印成《家风故事》。6月1日，市委老干部局、市教育局、市老干部书画研究会联合举办"送书画进校园"活动，在正谊书院举行启动仪式，全年向全市范围内200多所小学每所无偿赠送10幅书画作品，总数在2000幅左右。6月24日，市委老干部局、市委宣传部、中国老年书画研究会香港分会、市老干部书画家研究会联合在市美术馆举办"珠月同辉"港扬书画联展，共展出200余幅港扬书画作品。8月，市委老干部局开展"喜迎党

的十九大、不忘初心谱新篇”畅谈建言活动，全市共收到老干部建言200多条。组织开展离退休干部志愿者进社区、进校园、进乡村、进企业、进军营的“五送基层，唱响中国好声音”系列活动，举办送文化、送演出、送书画等活动20多次。市委老干部局以“党员统一活动日”为载体，先后在皮市街、个园等5个社区开展“服务居民，快乐自己”社区行系列活动，组织离退休干部志愿者服务居民近千人次。

（房　园　顾金龙）

宣传工作

■理论学习与研究　2017年，全市各级党组织和党员干部围绕学习宣传习近平新时代中国特色社会主义思想和中共十九大精神，组织开展理论学习活动。中共扬州市委中心组开展集中学习24次。组织中共十九大精神集中宣讲，市领导带头下基层宣讲，全市组织开展200多场中共十九大精神集中宣讲活动，实现全市乡镇（街道）、市直重点条口宣讲全覆盖，召开全市社科理论界学习贯彻习近平总书记“7·26”重要讲话精神座谈会和学习贯彻中共十九大精神理论座谈会。制定出台《扬州市党委（党组）理论学习中心组学习实施细则》。“我是党课主讲人”宣讲团被中宣部表彰为“全国基层理论宣讲先进集体”。开展“我是党课主讲人”活动，举行赛课活动900多场次，10万名党员干部讲党课，1万多名党课主讲人登台宣讲。推动高校思想政治工作创新，开展“我是党课主讲人·思政好课我来秀”高校思政优秀微课征集评选展示活动。率先建成以《扬州日报》“学思行”理论专版、“我是党课主讲人”网站、“扬州理论在线”为主体的“报、网、端”三位一体理论宣传阵地。举办4期“扬州智库论坛”。市中国特色社会主义理论研究中心研究课题立项30项，《扬州经济社会蓝皮书》课题立项31项，年度社科重点课题立项233项，台湾经济文化交流课题立项3项。《扬州蓝皮书》获批使用“中国社会科学院创新工程学术出版项目”标志。举办第九届社科学术年会。评选表彰2016年度优秀学会10家，新建6家市级社科普及示范基地。

（蒋少华）

■意识形态工作　中共扬州市委常委会专题研究意识形态工作5次。建立由26家单位组成的意识形态工作联席会议制度，定期分析研判意识形态工作。成立中共扬州市委网络安全和信息化领导小组，中共扬州市委网信办获批成立。建立网络意识形态联席会议制度、高校思想政治工作联席会议制度，制定出台相应实施方案（办法）。推动意识形态工作责任制“四个纳入”［纳入党建工作责任制，纳入县（市、区）、功能区党（工）委书记考核，纳入市级机关绩效管理和综合考评，纳入市委巡察］。接受省委意识形态工作责任制落实情况专项检查并获肯定。对18家单位进行意识形态工作责任制专项巡察，对各县（市、区）党委、功能区党工委意识形态工作责任制落实情况进行两次专项检查。加强各类讲坛讲座管理，修改完善相关管理办法。出台实施网上“六化”（美化网络发展空间、净化网上舆论环境、转化网上消极因素、深化网络代表工作、强化网络社会组织、优化网络服务水平）工程工作意见，构筑网络同心圆。成立全市自媒体联盟、自媒体协会，评选表彰30家优秀自媒体。举办第二届扬州市网民节，开展26项活动，吸引近10万网民线下参与，线上点击转发量达1500万人次。开展净化舆论环境专项整治行动，组织开展打击网上暴恐音视频、清理涉民族宗教有害信息以及清理网络弹窗等专项整治工作。加强行政监管，严格文化市场执法，开展“扫黄打非”行动，先后开展“护苗”“净网”“清源”“秋风”“固边”等专项整治行动。宝应县氾水镇获评全国“扫黄打非”进基层示范点。完成全年广电安全播出工作。

（蒋少华）

■新闻宣传　2017年，全市新闻宣传工作围绕迎接中共十九大、宣传贯彻十九大精神，推出“砥砺奋进的五年”“喜迎十九大环市行”“学习宣传贯彻十九大精神　开启新时代踏上新征程”等专题专栏，组织开展“喜迎党的十九大　紧扣‘两聚一高’办好‘十件大事’环市行”大型融媒体新闻行动，聚焦“大载体”“大项目”“大生态”“大民生”“大创新”“大创业”“大服务”“大走访”等特色专题，系列化、具象化、故事化地呈现中共十八大以来全市经济社会各方面发展成就。举办“砥砺奋进的扬州”大型主题图片展，吸引10多万人次观展，并到县（市、区）巡展。举办“砥砺奋进的五年——扬州市喜迎十九大艺术展演月”系列活动。聚焦新扬州建设。聚焦中共扬州市委、扬州市政府重点工作、重大项目、重要活动，集中版面和时段开辟专题专栏，策划组织系列报道和集中报道，充分解读文件精神和工作部署，及时反映重点工作推进落实情况，凝聚发展力量，推进名城建设。全年，省级以上各类媒体首发扬州各类报道1900多篇（条），比上年增长23.7%，其中国家级主流媒体首发500多篇（条）〔《人民日报》18篇（条）、央视新闻联播14篇（条）、新华社30篇（条）、《光明日报》9篇、央广中国之声14篇〕。开展网络宣传。“烟花三月”国际经贸旅游节网络报道总点击量突破1000万次；扬州发布“一镇一味”系列微视频点击量达1040万次，并获评第五届江苏网络文化季活动优秀项目奖。人民网首发重点报道500多篇，新华网首发重点报道450多篇，中新网、中国网、凤凰网等其他重点新闻网站首发重点报道1000多篇，新浪、搜狐、腾讯、网易等全国知名商业网站转载扬州重点报道1500多篇。聚焦对外宣传。做好主场外宣活动，“烟花三月”国际经贸旅游节吸引20多家境内外主流媒体进行重点报道，鉴真国际半程马拉松赛向境外55个国家同步直播，世界运河城市论坛仅新浪微博话题阅读量就达1200万人次。央视中文国际频道到扬州采访拍摄并播出《国宝档案》“大运河传奇”系列节目，新华社国际部以多语种向全球播发包含扬州生态文明建设的《中国绿色发展显魅力》，荷兰国际新闻电视台、台湾中视纪录片《大陆寻奇》、央广专题节目《探秘海上丝绸之路》、新华社国家形象片《中国名片》等到扬州拍摄取景。举办“两岸一家亲——扬州台交流合作30周年”系列活动，成立扬州台湾经济文化交流研究中心，到台湾举办《故乡的云》音乐会。3家单位入选江苏首批“中华文化海外交流基地”。扬州杖头木偶、剪纸、曲艺、雕版印刷、古琴艺术、玉雕、漆器、美食等到澳大利亚、比利时、法国、克罗地亚、哈萨克斯坦等国家和中国澳门、香港等地区展演、展览、展示。（蒋少华）

■精神文明建设 全国文明城市创建通过国家大考，获“三连冠”。高邮市、仪征市、宝应县入选省文明城市名单，高邮市被列为推荐参评全国文明城市提名城市。4个单位、7个村、1所学校分获第五届全国文明单位(村镇、校园)，11个村镇、12个单位通过复评，1个单位获评全国未成年人思想道德建设先进单位。评选表彰2015—2016年度扬州市文明单位552个、文明校园51个、文明行业12个、文明乡镇34个、文明社区104个、文明村112个。1户家庭获评全国文明家庭，7户家庭获评省首届文明家庭，评选表彰首届市文明家庭50户。2个村获评第四届“江苏最美乡村”，5个村通过复查。开展“最干净餐馆”“十佳诚信企业”评选表彰活动。印发深化社会主义核心价值观教育和实践工作行动方案，建成东关街“文明示范一条街”、宋夹城核心价值观主题公园，命名首批13家社会主义核心价值观教育示范基地。举办“文明扬州”公益广告大赛活动，短音频作品《小鸟用翅膀为生态投了票》获全球华语广播创新大赛铜奖，公益短片《重生》《淮扬味道之文思豆腐》获省级奖项。微电影《报痴罗永庚》《船风》获社会主义核心价值观主题微电影征集展示活动表彰。编辑出版核心价值观系列读本《好人故事》。组织评选十大道德模范(扬州好人)、十大功臣。举办道德讲堂总堂示范课16场，承办省“道德模范与身边好人”现场交流活动。“最美扬州人”宣传平台推送身边好人296人，集成“善行义举”先进事迹5270多例，集中宣传“最美扬州人”先进典型26人。6人入选中国好人榜，1人获评“全国岗位学雷锋标兵”，17人入选江苏好人榜，4人获评江苏“最美人物”，5人荣获第六届江苏省道德模范(提名奖)，1个团体获评省学雷锋活动示范点，表彰扬州好人及提名奖获得者各10人。出台《扬州市志愿者礼遇嘉许管理办法(试行)》，组织开展志愿服务重点项目征集活动，评出市级志愿服务重点项目46个，评选表彰市级优秀志愿者100人、优秀志愿服务组织20个、优秀志愿服务项目20个、先进志愿服务社区20个；全市注册志愿者39.23万人，注册志愿服务组织3424个，累计发布志愿服务活动6.48万项。1人、1个团体入选2016年度全国志愿服务“四个一百”先进典型，2个社区入选2017年度全国志愿服务“四个一百”先进典型，7人、2个社区、1个协会、7个项目分别入选省级优秀志愿者(社区、组织、项目)。参加省第二届志愿服务展示交流会，获金奖1个、银奖1个、铜奖2个、优秀奖7个。加强未成年人思想品德教育，开展“我们的节日”“七彩的夏日”等系列主题教育实践活动，深化拓展“八礼四仪”养成教育，安排120所中小学校与114个城市公园结对，评选表彰90名“美德少年”、10名“美德少年标兵”、首批20名“特级班主任”，6名同学获评“江苏省美德少年”，32篇作品在首届“中国江苏儿童画创作大赛”中获奖。（蒋少华）

统战工作

■概况 成立中共扬州市委统一战线工作领导小组，召开领导小组全体会议，出台领导小组工作规则，完善工作运行机制，强化对全市统战工作的领导。调整中共扬州市委民族宗教工作领导小组，建立新的社会阶层人士统战工作联席会议制度，明确成员单位职责，增进各领域统战工作合力。强化工作考评的导向作用，提高考评分值权重，扩大考评范围，优化考评细则。结合大走访，加强对县(市、区)、功能区、机关单位的走访调研、指导联系，有效形成上下联动、左右联通氛围。整合大统战资源，发挥各部门优势，注重以文化人，组织到港澳举办庆祝香港回归20周年“淮扬美食周”和澳门“2018迎新年系列活动”。（李忠国）

■统一战线政治建设 坚持汇集共识，加强政治引领，增强统一战线向心力凝聚力。推进“两学一做”学习教育常态化、制度化，开展“党章党规记心中，服务发展当先锋”主题教育活动，深化“我是党课主讲人”活动。加强与市纪委派驻纪检组衔接融合，完善廉政风险防控体系。开展习近平新时代中国特色社会主义思想和中共十九大精神学习宣讲活动，支持统战成员持续深化各类主题教育，团结奋斗的共同思想政治基础不断巩固。民主党派市委、市工商联成功换届，支持各民主党派市委、市工商联全面推进思想建设、组织建设、制度建设和机关建设，政治交接不断深化。与各民主党派市委协商，全年出台5个规范性文件，市各民主党派自身建设、社会服务更加规范有序。中共扬州市委领导走访各民主党派市委机关，落实协商沟通机制。多形式、分层次、全覆盖地组织统战干部和各类统战成员到省内外开展培训研修，围绕中心、服务大局的意识和能力有效提升。（李忠国）

■自由职业人员统战工作试点 市委统战部联合市文联、工艺美术集团等部门，启动推进自由职业人员统战工作试点，在全省作出示范，推动全市新的社会阶层人士统战工作。“构建‘四有’工作格局，打造新阶层统战工作扬州样板”获评全市工作创新奖。以开展自由职业人员统战工作试点为契机，加强对县(市、区)、功能区、机关单位统战工作的分类指导和精准服务，着力培育工作示范点，多次组织到高邮、广陵等地观摩交流。（李忠国）

■党外干部队伍建设 经过充分调查研究、广泛征求意见，在全省率先出台《进一步加强和规范全市党外干部队伍建设的意见》，将党外干部队伍建设放在全市干部工作大局中统一部署、同步建设，发挥总领、管长远作用，并以人大、政府、政协换届为契机，强化党外干部配备和代表人士政治安排。谋划实施新一轮加强市各民主党派领导班子后备力量建设规划。强化督促指导，各县(市、区)、功能区、机关单位落实加强和规范党外干部队伍建设举措。“突出严管厚爱，注重项目推进，切实抓好党外干部队伍建设”获省委统战部2017年度统战工作实践创新成果奖，并被推荐给中央统战部。（李忠国）

■统战工作多领域推进 组织市各民主党派、工商联、无党派人士围绕“国际文化旅游名城建设”“江淮生态大走廊建设”课题深入调研，调研协商质量和水平明显提升。加强市、县联动，拓展工作网络，全面成立各县(市、区)旅港同乡社团。维护民族宗教领域和谐稳定，召开全市宗教工作会议，建立少数民族服务体系，化解涉及民宗领域矛盾和网络舆情。促进非公有制经济“两个健康”，形成全面融入大局、参与精准扶贫、回报社会的新扬商特色。（李忠国）

机构编制管理

■概况 2017年，市机构编制委员会办公室(简称市编办)围绕“不见面审批(服务)”改革、集中高效审批改革、综合行政执法体制改革、监察体制和市县两级巡察机构改革等相关重点改革，严格机构编制管理、机构编制责任审核和机关绩效考核。开展综合行政执法体制改革，在文化市场、水利、卫计三个领域推进综合执法试点。推动监察体制和市县两级巡察机构改革，实现纪检派驻“全覆盖”。落实“双随机一公开”监管，市级43个部门299个事项全部纳入随机抽查事项清单。加大机构编制责任审核，完成1个区(广陵区)和11个市直单位12名领导干部“三责联审”(选人用人责任审查、机构编制责任审核和任期经济责任审计)。强化事业单位年报工作，市直477家事业单位年报率、不见面及网上办结率均为100%。（黎小生）

■综合行政执法体制改革 完善蜀冈—瘦西湖风景名胜区综合执法工作。9月19日，印发《关于调整扬州市城市管理行政执法局部分分局机构、编制及相关职数的通知》。推进市级部门执法队伍整合，在市直文化市场、水利、卫生计生三个领域推行“一个部门一支队伍管执法”。12月8日，印发《市政府办公室关于印发扬州市文化市场、卫生计生、水利领域综合执法改革实施方案的通知》。整合县(市、区)执法力量，试点按条口组建5～7支综合执法队伍。8月7日，仪征市政府印发《关于印发全市开展综合行政执法体制改革试点实施意见的通知》；9月20日，广陵区政府印发《关于印发广陵区综合行政执法体制改革试点工作实施意见的通知》。（黎小生）

■巡察机构和监察体制改革 建立健全巡察机构，配齐配强巡察力量。6月，印发《关于中共扬州市委巡察工作领导小组机构更名的通知》《关于明确市委巡察组机构编制事项的批复》《中共扬州市委巡察工作办公室主要职责、内设机构和人员编制规定》，明确市级巡察机构设置。加强对县(市、区)巡察机构设置指导。6月14日，印发《关于县(市、区)巡察机构设置的通知》，规范县(市、区)巡察机构设置，同时批复6个县(市、区)巡察机构设立。实现纪检派驻“全覆盖”。6月26日，印发《关于明确市纪委派驻纪检机构编制事项的通知》，明确市纪委派驻纪检组的相关机构编制事项。推动监察体制改革。12月7日，印发《关于推进监察体制改革调整机构编制事项的通知》。（黎小生）

■行政机构编制管理 6月15日，印发《关于设立扬州市公安局旅游警察支队的批复》，设立扬州旅游警察支队，在景区公安分局挂牌，核定副支队长2名，并增设旅游警察大队，副科级建制，核定大队长、教导员各1名。推动建立健全安全生产监督管理机构设置，完善市直开发区(功能区)及6个县(市、区)乡镇(街道)安监机构设置。加强治安维稳组织建设，市公安局成立公交治安分局，在市公安局国保支队增挂境外非政府组织管理办公室牌子，并将市公安局已升格的技侦支队、巡特警支队、网安支队职数分别按程序报省编办备案入库，同时增加市维稳办公室领导职数1名。推进市委办公室、市政府办公室财务工作规范化建设。6月15日，为“两办”分别增设财务处。6月26日，为市统计局增设总统计师副处职数1名。在市委老干部局增挂市委离退休干部工作委员会牌子，批复同意6个县(市、区)老干部局增挂牌子，市县两级均增设兼职书记、专职副书记职数，并入库备案。（黎小生）

■事业机构编制管理 整合设立“12345”政府服务热线平台，建立健全一个平台受理、监督、考核和限时办结、全程监察、第三方评价体制机制。12月11日，下发《关于同意设立扬州市12345热线管理中心的批复》，在市政务办设立“市12345政府热线管理中心”，负责市“12345”政府服务电话平台运行工作，承担解答公众咨询、提供有关政府及公共信息服务。完成全市20家公立医院人员编制备案制管理工作，核定备案确定人员控制数额6662人[其中市直公立医院1815人、县(市、区)公立医院4847人]。整合县级公共资源交易平台。3月17日，印发《扬州市县级公共资源交易平台整合实施方案》；6月，明确县(市、区)公共资源交易平台机构设置，全面完成县级公共资源交易平台整合工作。（黎小生）

■开发园区机构编制管理 强化开发园区机构编制管理。年内，先后发文明确广陵新城、广陵食品产业园、江都商贸物流园、邗江区西区新城、扬州(仪征)汽车工业园、宝应湖旅游度假区管理机构级别。12月15日，出台《关于加强县(市、区)开发(园)区机构编制管理的意见》。（黎小生）

党史工作

■概况 2017年，中共扬州市委党史办公室(简称市委党史办)围绕党史征编、研究和宣传教育工作，发挥党史"以史为鉴、资政育人"功能。全年出版党史书籍5册，完成论文发表等研究成果20多项，举办党史展览3场，开展党史宣传活动、讲座、主题活动等10多场，向社会各界赠送党史书籍2000多册。 (杨志军)

■党史资料征编 推进地方党史"三卷本"编写工作。中共扬州市委组建"三卷本"编审指导委员会。市委党史办成立"三卷本"编写工作小组，定期进行业务交流，有针对性地开展资料征编和拾遗补阙。组织编写小组到浙江党史"三卷本"编写先行先试的党史部门进行考察学习，就纲目设置和资料收集等征编过程中共同的难点问题进行探讨。编写小组制定编写计划表，按照序时进度开展资料查实和文稿试写工作。启动扬州市老干部口述史项目。与扬州大学社会发展学院合作，利用扬州大学师资和研究生力量，共同开展"扬州市老干部口述史征集"课题。经多次沟通对接，基本确定合作协议，拟定老领导采访名单。完成省党史工办下发的党史征编任务。先后完成省委党史工办下达的《中共江苏党史人物传》《江苏党史专题文集》《大江南北军旗红——人民军队革命年代在江苏的足迹》扬州部分的相关资料征编工作。 (杨志军)

■党史资政研究 12月28日，中共扬州市委办公室印发《关于加强全市党史工作的实施意见》，对全市党史工作作出制度性安排。围绕中共扬州市委、扬州市政府决策部署，强化党史资政研究。完成市纪委扬州现当代家风典型材料的起草，撰写关于江上青烈士家风典型的材料。参加全市文化系统高层次人才培训班，撰写多篇关于"运河发展与扬州名城建设"的资政文章。完成"党在江苏新实践"扬州部分《以重大项目建设推动扬州发展之变》《把权力关进制度的"笼子"》《"不淹不涝"保障城市安澜》3篇文稿的编撰工作，并被收录进《建设强富美高新江苏——十八大以来党在江苏的新实践》一书。参加省内外重大理论研讨活动。多篇论文参加省委党史工办主办的"江苏党组织的创建及其历史贡献"学术研讨会、"全省党史系统迎接党的十九大"理论研讨会、贵州省党研室主办的"纪念邓恩铭同志理论研讨会"、中央文献研究室主办的"刘少奇研究述评"学术研讨会、中央党研室与中央文献研究室联合主办的"泸顺起义——中国共产党武装起义的先声"理论研讨会。 (杨志军)

■党史宣传教育 利用重要时间节点开展系列宣传纪念活动。结合纪念建军90周年、新四军成立80周年、抗战胜利80周年以及扬州地方党组织成立90周年，联合相关部门和相关民间团体举行宣传纪念活动。举办淮南路东抗日根据地建立建设交流座谈会、纪念扬州地方党组织建立90周年座谈会，组织红色景点参观活动；开展纪念图片展、红色收藏展，并在机关、高校、社区巡展；拍摄"红色记忆——人民军队与扬州"专题片在扬州新闻播出；完成《新四军在扬州》《信仰的力量——扬州市红色微课堂教材选编》《铭记抗战历史 强化民防意识》等多项专题编写任务。提升曹起溍故居宣传教育窗口形象。挖掘曹起溍故居宣传教育品牌影响力，对故居及周边环境进行升级改造；与广陵小学开展"馆校共建"，大力开展志愿服务活动，提升服务质量和水平；协调媒体，加强对曹起溍烈士生平事迹的重点宣传，重新制作故居宣传手册和宣传光盘。开展党史宣传教育"六进"活动。利用"我是党课主讲人""组工论坛"等平台举办党史知识讲座。学雷锋志愿服务日、"七一"党史宣传日集中开展赠送党史书籍活动，组织业务骨干到社区、学校及旅游景点进行党史宣讲和党史书籍免费赠阅活动。 (杨志军)

党校工作

■培训教学 2017年，中共扬州市委党校先后举办春秋季主体班、全市领导干部学习贯彻中共十九大精神轮训班等主体班次；接待马来西亚巫统干部考察团、中国澳门地区MPA项目考察团、中央党校第83期新疆地厅班等到扬州现场教学；吸引金陵石化、扬子石化等大型国企到扬州合作办班。全年共举办各类培训班次101个，培训学员7761人次。突出基本理论和党性教育的主课地位。全年春秋季主体班共开设基本理论教育专题21个、党性教育专题14个，基本理论教育和党性教育课程占总课时的77%，其中党性教育课程占总课时的40%。 (高 扬)

■课题调研 突出支撑教学，以年轻教师为主要成员成立"扬州生态文明建设"校重点课题组，重点组织推动、强化过程管理，形成扬州党校特色课程，打造对外培训特色。面向全市党校系统，组织开展25项校级调研课题研究。发挥"扬州市廉政文化研究中心"作用，在2017年扬州市反腐倡廉课题研究中，党校组织申报21项、立项13项、结项12项。与《扬州日报》合作，组织教师围绕中共扬州市委、扬州市政府中心工作集中发表理论宣传文章9篇。专兼职教师全年发表科研文章77篇(其中省级以上期刊刊发51篇)，形成理论研讨会成果49项，12项成果获奖。全年编印《理论与实践》4期。 (高 扬)

扬州市人民代表大会

Yangzhoushi Renmin Daibiao Dahui

编 辑 陈永华

综述

■**概况** 2017年，扬州市人民代表大会常务委员会(简称扬州市人大常委会)举行8次常委会会议，出台和审议地方性法规各1部，听取和审议“一府两院”(市政府，市中级人民法院、市人民检察院)工作报告28项，作出决议、决定14项，开展工作评议3项，组织专题视察12次，提出审议和评议意见书15份，任免地方国家机关工作人员114人次，接待国外地方议会和友好代表团12批次。举办预算法、大气污染防治法等学法讲座，开展28项专题调研。接待人民群众来访462人次，一些信访问题得到妥善有效处理。

加强新闻宣传和理论研究，统筹发挥“TV议案365”、《扬州日报》“人民与权力”专版和《扬州人大》专刊、人大网站、微信平台、手机客户端等传统媒体和新兴媒体作用，发布动态信息。征集常委会年度工作议题和立法建议，公开代表建议及“一府两院”办理情况，推进“阳光人大”建设。开展“如何行使好重大事项决定权”理论研讨，人大工作理论研究论文在全省评比中获佳绩。

(罗庆久 陆 亮)

■**讨论决定重大事项** 健全讨论决定重大事项制度。贯彻中央和省委关于健全人大讨论决定重大事项制度、各级政府重大决策出台前向本级人大报告要求，协助中共扬州市委制订出台实施细则。修订常委会讨论决定重大事项的规定，对13类议而必决和21类议而可决事项作出明确界定。扬州市人大常委会讨论决定重大事项的制度设计和探索实践得到中国人大制度理论研究会和省人大常委会肯定。

依法讨论决定重大事项。扬州市人大常委会作出《关于推进“两聚一高”、干好“十件大事”，加快“强富美高”新扬州建设步伐的决议》。选取颐养社区建设，结合调研医养融合、优化市区社区范围划分等进行调查研究，听取各方意见，作出《关于切实加强颐养社区建设的议案》决定，明确颐养社区建设量化目标、推进举措和工作责任，并提交市八届人大二次会议审议。作出关于批准扬州市2017年市级地方政府债券安排及预算调整方案的决议，要求加强债券资金使用管理，严格执行好调整后的预算。听取并审议市政府关于扬州市和法国奥尔良市缔结友好城市关系的汇报。围绕城市东南片区改造更新调研视察，提出城市“双修”(生态修复和城市修补)的相关建议；围绕打造永恒城市经典开展调研，提出加强“三湾片区”和“三河六岸”区域规划建设的建议；围绕农贸市场和农副产品批发市场布局规划实地调研，提出保障和丰富市民“菜篮子”的建议。

跟踪督查决议贯彻执行。审议市政府新增永久性保护绿地议案，作出同意确定第五批城市永久性保护绿地的决议，市区新增半岛公园、扬子津古渡体育休闲公园(一期)、樱语园、跑鱼河公园等4块约29万平方米永久性保护绿地。同意因公益性项目建设需要，调整古运河风光带、沿山河风光带部分永久性绿地用途，要求遵守“占补平衡、就近补偿”原则，确保占用绿地按期足额补偿到位。紧扣“水气双十条”决议时间表和任务书，采取明察暗访、问卷调查等方式进行调研，肯定决议实施取得阶段性成效，要求高度重视河湖水环境保护、工业废气治理、渣土扬尘管控等重点难点问题，合力打赢治水治气攻坚战。(罗庆久 陆 亮)

■**人事任免** 扬州市人大常委会对提名推荐的干部人选，规范实施任前法律知识考试、拟任职发言、颁发任命书、宪法宣誓以及奏唱国歌等制度规定。召开颁发任命书大会，集中任命新一届扬州市政府工作部门主要负责人，增强被任命人员的宪法意识、法治意识和责任意识。

1月23日，市七届人大常委会第三十四次会议：任命陈曦为市人大常委会办公室副主任，免去其市人大常委会法制工作委员会副主任职务；免去宋祥林的市人民检察院副检察长、检察委员会委员、检察员职务；接受蒋惠琴辞去市中级人民法院院长职务的请求，并报市人民代表大会备案；接受闵正兵辞去市人民检察院检察长职务的请求，报市人民代表大会备案，并根据《中华人民共和国地方各级人民代表大会和地方各级人民政府组织法》和《江苏省各级人民代表大会常务委员会人事任免工作条例》的规定，报江苏省人民检察院检察长提请江苏省人民代表大会常务委员会批准;任命薛剑祥为市中级人民法院副院长,并决定其为市中级人民法院代理院长;任命戴飞为市人民检察院副检察长,并决定其为市人民检察院代理检察长,报江苏省人民检察院和江苏省人民代表大会常务委员会备案。

4月14日,市八届人大常委会第一次会议:免去顾元周的市人大财政经济委员会副主任委员、市人大常委会经济工作委员会副主任职务;任命尤在晶为市政府秘书长,杨蓉为市发展和改革委员会主任,王正年为市经济和信息化委员会主任,周应华为市教育局局长,陈星为市科学技术局局长,宫文飞为市公安局局长,仲生为市监察局局长,王振祥为市民政局局长,许林灿为市司法局局长,张彤为市财政局局长,范耘为市人力资源和社会保障局局长,刘流为市规划局局长,刘晓明为市城乡建设局局长,彭苏宁为市城市管理局局长,耿良为市住房保障和房产管理局局长,徐斌为市交通运输局局长,康盛君为市水利局局长,马顺圣为市农业委员会主任,周春光为市商务局局长,季培均为市文化广电和新闻出版局局长,黄为民为市卫生和计划生育委员会主任,佘俊臣为市体育局局长,蔡先建为市审计局局长,赵振东为市统计局局长,熊佳芝为市安全生产监督管理局局长,胡春风为市工商行政管理局局长,侯承海为市质量技术监督局局长,赵国祥为市食品药品监督管理局局长,金春林为市环境保护局局长,张贵联为市旅游局局长,姜开圣为市粮食局局长,吴顺文为市物价局局长,朱建明为市民族宗教事务局局长,陈小浩为市民防局局长,朱勇为市政府外事办公室主任,顾元周为市政府侨务办公室主任,苏满满为市政府法制办公室主任,王庆山为市国有资产监督管理委员会主任,葛社清为市机关事务管理局局长,赵御龙为市园林管理局局长等。

7月26日,市八届人大常委会第四次会议:任命李秋航为市人民检察院检察委员会委员、检察员。

9月28日,市八届人大常委会第五次会议:任命吕天龙为市人大常委会办公室副主任,王薇为市人大常委会预算工作委员会副主任;任命刘晓明为市财政局局长,免去其市城乡建设局局长职务;任命陶伯龙为市城乡建设局局长;免去张彤的市财政局局长职务。

12月27日,市八届人大常委会第七次会议:任命张敬武为市人大常委会办公室副主任;免去许金荣的市人大常委会人事代表工作委员会副主任职务;任命苏爱根为市商务局局长;免去周春光的市商务局局长职务。 (罗庆久 陆 亮)

市委书记、市人大常委会主任谢正义(左)向尤在晶等新任命人员颁发任命书 王 卓/摄

■组织代表活动 落实“双联”制度,将常委会组成人员联系代表、代表常态化联系基层群众贯穿履职全过程,实现常委会组成人员联系基层代表全覆盖。确定“人大代表小康行”主题,重点围绕“创新创业、富民增收、脱贫解困”,深化代表与选民“统一见面日”活动内涵,组织全市7200多名市、县、乡三级人大代表走访低收入农户,摸清贫困家底,助力精准扶贫,实现代表走访联系困难群众全覆盖。坚持“百名代表参与常委会审议”制度,扬州市人大代表498人次提出意见建议1042条,汇编成册供常委会组成人员参阅。发挥代表在立法工作、建议督办、执法检查、调研视察等方面重要作用,推进代表参与常委会工作全覆盖。《人民代表报》专题报道扬州市推进“三个全覆盖”做法。组织新一届代表履职培训和代表小组组长、代表工作机构负责人、乡镇人大主席工作培训。丰富闭会期间代表活动方式,组织代表参加视察调研、工作评议、预决算审查监督、立法调研和旁听庭审等活动。建立8个代表专业组,发挥代表专业特长。(罗庆久 陆 亮)

■督办代表建议 完善代表议案建议督办机制,出台代表议案处理办法,代表建议、批评和意见处理办法以及重点建议督办工作程序,规范提出、交办、承办、督办和考核等环节。坚持建议办理面对面听取汇报、实打实现场察看、背靠背反馈评价,推进一次答复“不满意”建议的重新办理和二次答复。加强“对口督办、重点督办、跟踪督办”,推进提高城乡居民收入、加快宁镇扬一体化发展等市长领办和主任重点督办建议的办理。办理加快特色小镇建设等建议,杭集镇入选全国特色小镇,头桥镇入选省级特色小镇创建单位。市八届人大一次会议和闭会期间的344件代表建议全部办结,代表满意率、基本满意率99.7%,解决率超70%。对上一年

列入“计划解决”的53件建议进行全面“回头看”，书面听取“滚动办理”情况汇报，推动解决落实。评选代表优秀建议38件。（罗庆久　陆　亮）

重要会议

■八届人大一次会议　扬州市第八届人民代表大会第一次会议于2月16—20日在扬州举行。427名市八届人大代表中，421人出席会议。会议听取和审议代市长张爱军代表扬州市政府所作《扬州市人民政府工作报告》，审议市发展和改革委员会主任范天恩受市政府委托提交的《扬州市2016年国民经济和社会发展计划执行情况与2017年计划草案的报告》、市财政局局长张彤受市政府委托提交的《扬州市2016年预算执行情况和2017年预算草案的报告》，听取和审议市人大常委会副主任陈卫庆受市人大常委会委托所作《扬州市人民代表大会常务委员会工作报告》、市中级人民法院代院长薛剑祥所作《扬州市中级人民法院工作报告》、市人民检察院代检察长戴飞所作《扬州市人民检察院工作报告》。以电子表决方式通过《关于扬州市人民政府工作报告的决议》等6个决议。会议收到议案118件，全部转为建议、批评和意见办理；收到代表提出的建议、批评和意见220件，全部交有关部门和组织研究处理。

会议选举谢正义为市第八届人民代表大会常务委员会主任，孔令俊、朱妍、沙志芳、范天恩、杨正福为副主任，林正玉为秘书长，马宁等34人为委员；选举张爱军为扬州市市长，陈扬、丁一、宫文飞、何金发、张长金、余珽为副市长；选举薛剑祥为市中级人民法院院长，戴飞为市人民检察院检察长。会议表决通过扬州市第八届人民代表大会法制委员会和财政经济委员会组成人员名单。新当选的人员进行宪法宣誓。（罗庆久　陆　亮）

新当选的扬州市人大常委会主任、副主任、秘书长等进行宪法宣誓

王　卓　庄文斌　董　辉/摄

■人大常委会会议　市七届人大常委会第三十四次会议于1月23日在扬州举行。会议听取和审议市财政局局长张彤受市政府委托所作关于扬州市2016年预算预计执行情况和2017年预算草案初步方案、扬州市2017年市本级1000万元以上重大财政资金项目绩效预评估情况的汇报，听取市人大财政经济委员会主任委员单启宁所作关于扬州市2017年市级预算草案初步方案初审意见的报告。表决通过扬州市人大常委会工作报告；表决通过代表资格审查委员会关于市第八届人民代表大会代表的代表资格审查报告、市八届人大一次会议主席团和秘书长建议名单、国民经济社会发展计划和预算审查委员会建议名单。会议听取被提请任命人员的拟任职发言，表决通过有关人事任免及接受有关辞职事项的决定，向被任命人员颁发任命书，并进行宪法宣誓。

市八届人大常委会第一次会议于4月12—15日在扬州举行。会议听取和审议副市长余珽代表市政府所作关于扬州市2016年环境保护工作情况的汇报，审议市政府落实市人大常委会关于社会组织培育工作审议意见情况的书面报告。会议表决通过关于市人大常委会2017年度工作要点和议题安排计划、全市县乡两级人大换届选举工作情况报告的决议、市八届人大常委会代表资格审查委员会和各工作委员会组成人员名单；听取市园林局局长赵御龙受市政府委托所作《扬州市公园条例(草案)》的说明，并进行一审；会议听取被提请任命人员代表的拟任职发言，表决通过有关人事任免事项和有关接受辞职请求的决定；举行颁发任命书大会，向新任命人员颁发任命书，并进行宪法宣誓。

市八届人大常委会第二次会议于5月26—27日在扬州举行。会议听取和审议副市长何金发代表市政府所作关于扬州市《中华人民共和国文物保护法》贯彻实施、全市侨务工作情况的汇报，听取市城市管理局局长彭苏宁受市政府委托所作《扬州市违法防控和查处条例(草案)》的说明，并进行一审；审议市政府落实市人大常委会部分审议意见情况的书面报告。会议表决通过《关于推进“两聚一高”、干好“十件大事”，加快“强富美高”新扬州建设步伐的决议》。会议期间，举办文物保护法辅导讲座。

市八届人大常委会第三次会议于7月12日在扬州举行。会议听取有关补选省十二届人大代表事项的说明，补选曹远剑为江苏省第十二届人民代表大会代表。

市八届人大常委会第四次会议于7月24—26日在扬州举行。会议听取常务副市长陈扬代表市政府所作关于上半年国民经济社会发展计划执行情况汇报，听取和审议市财政局局长张彤受市政府委托所作关于2017年上半年预算执行情况的汇报、2016年市级决算(草案)的报告,听取和审议市审计局局长蔡先建受市政府委托所作关于2016年度市级预算执行和其他财政收支情况的审计工作报告。听取副市长何金发代表市政府所作《关于徐凝门桥改造、真州路与文昌路交叉口改造和明月湖景观提升项目调整永久性绿地用途的议案》的情况说明并审议相关议案。会议听取市人大法制委员会副主任委员刘柏所作《扬州市公园条例(草案)》审议结果的报告,并对草案修改稿进行审议。会议表决通过关于批准扬州市2016年市级决算的决议;表决通过《扬州市公园条例》,并报省人大常委会批准。会议表决通过关于同意调整古运河风光带、沿山河风光带部分永久性绿地用途及明月湖公园永久性绿地相关事项的决议。会议听取有关人事任免事项的说明,表决通过有关人事任免事项。会议期间,举办预算法辅导讲座。

市八届人大常委会第五次会议于9月26—28日在扬州举行。会议听取副市长、市公安局局长宫文飞所作关于交通秩序管理工作情况汇报,听取市经济和信息化委员会主任王正年所作关于推进高端装备制造业发展情况汇报以及评议调查组的调查报告;听取市人大法制委员会副主任委员于力所作关于《扬州市违法防控和查处条例(草案)》审议情况的报告,听取市人大常委会秘书长林正玉所作关于《扬州市人民代表大会常务委员会讨论决定重大事项的规定(修订草案)》的说明,听取市人大常委会人事代表工委主任孙玉培受主任会议委托所作《扬州市人民代表大会代表议案处理办法(草案)》和《扬州市人民代表大会代表建议、批评和意见处理办法(草案)》的说明;听取副市长丁一代表市政府所作《关于提请审议第五批永久性保护绿地的议案》的情况说明。会议对市公安局交通秩序管理工作、市经信委推进高端装备制造业发展工作开展工作评议,并由常委会组成人员以无记名投票方式进行满意度测评,结果均为满意。会议对《扬州市违法防控和查处条例(草案修改稿)》进行审议。由于条例中仍有一些重大问题,需进一步论证、协商,有些问题尚需等待省人大常委会相关地方性法规和决定出台后才能明确。因此,依据《扬州市制定地方性法规条例》第四十六条规定,主任会议根据审议情况提出,本次会议对《扬州市违法建设防控和查处条例》暂不付表决,交市人大法制委员会和市人大常委会相关工作机构进一步审议、审查。会议表决通过《扬州市人民代表大会常务委员会讨论决定重大事项的规定》《扬州市人民代表大会代表议案处理办法》《扬州市人民代表大会代表建议、批评和意见处理办法》。会议表决通过关于同意确定第五批城市永久性绿地的决议。会议听取有关人事任免事项的说明和被提请任命人员的拟任职发言,表决通过有关人事任免事项,向被任命人员颁发任命书,并进行宪法宣誓。

市八届人大常委会第六次会议于11月27—29日在扬州举行。会议学习贯彻党的十九大精神,听取和审议副市长丁一代表市政府所作关于农村扶贫、《切实加强全市水环境和大气污染防治的决议》落实情况的汇报,听取和审议常务副市长陈扬代表市政府所作关于市八届人大一次会议代表建议、批评和意见办理情况的汇报以及审计查出问题整改情况的报告,听取市财政局局长刘晓明受市政府委托所作关于《扬州市2017年市级地方政府债券安排及预算调整方案(草案)的议案》的说明,听取和审议市中级人民法院院长薛剑祥所作关于全市知识产权审判工作情况的汇报。听取和审议市环境保护局局长金春林所作关于环境保护工作("263"专项行动推进情况)的汇报以及评议调查组的调查报告,并进行工作评议,由常委会组成人员以无记名投票方式进行满意度测评,结果为满意。会议表决通过关于批准扬州市2017年市级地方政府债券安排及预算调整方案的决议。会议听取关于召开市八届人大二次会议有关事项的说明,表决通过关于召开市八届人大二次会议的决定、市八届人大二次会议建议议程和列席人员范围。会议听取有关人事任免事项的说明和被提请任命人员的拟任职发言,表决通过有关人事任免事项,向被任命人员颁发任命书,并进行宪法宣誓。会议期间,举办大气污染防治法辅导讲座。

市八届人大常委会第七次会议于12月27日在扬州举行。会议听取和审议市政府副秘书长吴军代表市政府所作关于扬州市和法国奥尔良市缔结友好城市关系的情况汇报,听取和审议市发展和改革委员会主任杨蓉受市政府委托所作关于扬州市2017年国民经济和社会发展计划预计执行情况和2018年计划草案初步方案的汇报,听取和审议市财政局局长刘晓明所作关于扬州市2017年预算预计执行情况和2018年预算草案初步方案的汇报,听取有关辞职事项和人事任免事项的说明及被提请任命人员的拟任职发言。会议表决通过扬州市人大常委会《关于切实加强颐养社区建设的议案》的决定;表决通过扬州市人大常委会工作报告;表决通过关于个别代表的代表资格的报告;表决通过市八届人大二次会议主席团和秘书长建议名单。会议表决通过有关人事任免事项和有关接受辞职请求的决定,向被任命人员颁发任命书,并进行宪法宣誓。

(罗庆久　陆　亮)

人大监督

■监督方式改进　制定工作评议实施办法,对评议对象内容、具体程序、整改反馈等作出细化规范。选择交通秩序管理、高端装备制造业发展、环境保护工作("263"专项行动推进情况),分别组织对市公安局、市经信委、市环保局等开展工作评议。构建"评议+"工作机制,将评议与调研、审议、询问、测评等结合,跟踪督促评议意见整改落实。首次对环境保护工作评议进行网络视频直播,增强人大工作透明度。

(罗庆久　陆　亮)

9月27日，扬州市八届人大常委会第五次会议围绕推进高端装备制造业发展进行工作评议　　蒋　蓓/摄

■创新转型发展监督　扬州市人大常委会听取和审议国民经济和社会发展计划执行情况报告，每季度跟踪监督经济运行情况，推动政府及有关部门推进供给侧结构性改革，实施“12345”创新发展工程。在高端装备制造业发展工作评议中，举办高端讲座，调研园区建设和创新型企业培育情况，视察重大产业项目建设，听取市经信委专项工作报告，实施专题询问和满意度测评，推动落实相关政策意见。视察城市南部快速通道、连淮扬镇铁路等重大交通项目建设，促进以交通格局的重塑优化拓展城市发展新空间。调研种业发展、高标准农田建设，视察粮食生产全程机械化，推动深化农业供给侧结构性改革，推进农业现代化建设。审议侨务工作专项报告，要求注重培育涵养侨务资源，维护侨胞侨眷合法权益。

（罗庆久　陆　亮）

■富民惠民政策监督　三级人大联动开展农民增收致富、农村扶贫工作专题调研，研究分析制约农民增收致富的突出问题，提出加快现代高效农业发展步伐、发挥支农惠农政策效应、实施家计生计代际援助等对策建议，调研报告被省人大常委会评为专题调研成果一等奖，并提交中共扬州市委七届四次全会决策参考。选择交通秩序管理作为本届人大首次工作评议议题，通过卷宗审查、台账抽查、暗访测试等方式，了解情况，就影响道路安全畅通的堵点和顽症，征集问题建议1237条。市政府及公安部门根据评议意见，加大整改力度，提升市民文明礼让程度，部分路段交通拥堵状况得到缓解。走访18家农村区域性医疗卫生中心，督促全面加强内涵建设，满足基层群众对高品质医疗需要。联动调研深化医药卫生体制改革进展情况，推动医改成果惠及群众。视察市区房地产市场运行情况，要求严格落实各项调控政策，强化市场供给和监管。调研视察中共扬州市委、扬州市政府民生工作1号文件实施情况，推动各项民生实事落实。持续关注民族乡村发展，督促实施精准帮扶。视察第19届省运会筹备工作，促进办好群众家门口的体育运动会。　（罗庆久　陆　亮）

■生态文明建设监督　扬州市人大常委会组织对环境保护工作开展工作评议，实地走访15个重点企业或项目，征求基层乡镇、执法人员、专业组代表等10个方面意见和建议。推进扬州市“263”专项行动各项工作。视察造林绿化工作，促进拓展造林绿化空间。落实新环保法要求，首次听取市政府上年度环境状况和环境保护目标完成情况报告。协助省人大常委会督办江淮生态大走廊建设重点建议，推动实现战略提升，构筑纵贯江淮大地的生态安全屏障。

（罗庆久　陆　亮）

■督促社会治理创新　审议市中级人民法院知识产权审判工作，分析扬州市知识产权案件特点，要求全市两级法院助推创新驱动战略实施、知识产权强市建设，提高知识产权审判质效。听取“两院”司法改革情况汇报，督促完善配套措施，打造“智慧司法”，提升司法公信力。视察调研司法鉴定、仲裁、司法行政等，促进司法发挥服务保障经济社会发展大局作用。检查文物保护法贯彻执行情况，就全面落实文物保护责任、依法利用现有文物资源、落实落细文物保护措施等，提出意见和建议，推进朱自清纪念馆、个园南部老宅修缮扩建等文物保护工程。

（罗庆久　陆　亮）

■预决算审查监督　审议上半年预算执行情况，提出培植税源经济、强化支出管理、深化预算改革和推动市、区财政体制调整等建议。审查批准2016年市级决算，首次听取重点专项资金绩效评价结果报告，促进加大对经济转型升级、保障改善民生等重点领域支持力度。开通预算联网监督综合查询系统，实现与财政国库支付系统全程连接。听取预算执行和其他财政收支情况审计工作报告，跟踪督查审计查出问题的整改情况，首次实现“问责到人”。组织2018年预算草案初步方案审查，对98个一级预算单位部门预算、175项45.7亿元专项资金预算等进行全面审查，委托第三方机构对卫生人才强基工程等6个专项资金进行绩效预评估，综合形成审查建议120多条。

（罗庆久　陆　亮）

重点议案建议

■关于加快推进江淮生态大走廊扬州段建设的议案　市八届人大一次会议上，孙玉培等10位代表提出《关于加快推进江淮生态大走廊扬州段建设的议案》。主要内容:(1)科学调研论证,加快规划编制。科学谋划总体布局,编制出台有较强前瞻性和可操作性的规划方案,优化区域生产力和主体功能区布局。各相关县(市、区)也要结合自身实际编制详细规划。(2)明确目标任务,突出工作重点。制定分阶段、分年度目标任务,明确责任单位;充分发挥各类资源优势,找准有力抓手。(3)坚持绿色发展,优化产业布局。加快产业转型升级,加强环境基础设施建设,倡导绿色生产、生活方式,划定并严守生态红线;大力发展"生态+旅游""生态+农业""生态+互联网"等新产业、新业态。(4)坚持综合施策,创新治污路径。划定畜禽养殖禁养区,加快推进沿江、沿河砂石厂、小船厂、小企业的搬迁关闭等工作,走综合施策与生态治理相结合路子。(5)借助外部力量,争取各方支持。设立"江淮生态大走廊发展基金",争取尽可能多的项目列入国省规划和上级的政策"笼子"。积极争取国家对南水北调源头地区生态补偿转移支付,探索排污权交易、环境污染第三方治理等新机制。 (罗庆久 陆 亮)

■关于加快宁镇扬一体化发展步伐的议案 市八届人大一次会议上,颜安明等10位代表提出《关于加快宁镇扬一体化发展步伐的议案》。主要内容:(1)构建合作机制一体化。推动宁镇扬一体化建设的机构升级和实体化,三市政府建立定期会商制度,协调推进宁镇扬一体化各项具体工作,构建常态化的考核机制,力争宁镇扬一体化战略上升为国家战略。(2)实施空间布局的一体化。加快推动宁扬城际铁路、北沿江高铁、京沪高铁联络线、京沪高速扩容、328省道快速化改造等项目启动工作;加强区域交通设施和跨界通道实施层面的对接,完善综合交通网络,加强各类基础设施的规划协调;加强市际间预留走廊和设施等级协调对接;加快城际交通网建设,推进市际收费站合设,加快客运班车开行、收费管理政策等同城化。(3)推进建设发展一体化。抓住江北新区建设的重大契机,依托各市国家级高新技术开发区等重要载体,深化产业协作,促进产业转型升级和结构优化调整;积极推进宁镇扬城市间合作共建产业园区,探索合作方式和创新税收分层机制;建立跨界地区设施共建共享机制和节能减排技术联合创新机制,探索多元化投融资机制。(4)提升公共服务水平。加强三市之间的就业服务和社保合作,健全完善创业培训、政策、载体、服务和氛围"五位一体"的新机制;推进涉及服务群众的行政审批、银行保险业务等公共服务同城办理;推进三市游园卡的同城共刷和公交卡的资费统一;建立医疗信息服务平台,促进医疗服务信息共享;建立信息沟通机制,共享各项基础信息、发展成果和专业技术人才等资源。探索建立相邻区域内学生学籍互认制度和文化体育资源共建共享。

(罗庆久 陆 亮)

■关于强化政策激励引导作用,营造良好创业创新环境的议案 市八届人大一次会议上,毕刚等10位代表提出《关于强化政策激励引导作用,营造良好创业创新环境的议案》。主要内容:(1)政府牵头支持构建创业创新大平台。抓紧建立多元化多层次的风险投资引导基金体系,着力放大本地企业资本的主力军作用,吸引在外扬商、"扬二代"以及扬州籍科学家带科研成果回归。(2)明确创建创业创新示范城市的目标。市级财政予以支持,制定创业创新示范城市的规划目标,启动国家级创业型城市创建工作。(3)健全创业创新项目梯度成长体系。出台更优惠的政策,构建覆盖企业发展初创期、成长期、成熟期等各个不同发展阶段的金融服务体系;鼓励更多社会优质资源支持创业、创新,提供创业启动资金,帮助创业项目提升抗风险能力。(4)重点突破特色优势产业转型提升。支持大企业大集团为创业者提供"开放技术平台+产业资源",实施优势产业模块化升级战略。(5)积极融入互联网创业创新圈。 (罗庆久 陆 亮)

■关于推进"医养融合"养老服务体系建设的议案 市八届人大一次会议上,赵长松等10位代表提出《关于推进"医养融合"养老服务体系建设的议案》。主要内容:(1)强化政府主导。政府要发挥主导作用,设立"医养融合"发展办事(协调)机构,统筹推进卫计、民政、人社等部门在政策、制度、资金等方面的合作。(2)完善规划和政策。与扬州市城市总体规划、现行控制性详细规划以及医疗等相关公共服务设施专项规划相对接,确定扬州市养老服务设施分类体系、规划布局以及规划控制引导要求;制定和完善统一的机构建设标准、设施标准、从业人员上岗标准、服务标准和管理规范,健全"医养融合"养老机构的准入和退出机制;整合医疗保险、新农合、养老床位补贴经费等,构建统一的支付体系。(3)注重多渠道推进。科学布局,整合资源,鼓励新建或改建医养综合体;建立"医中设养"模式,鼓励床位有富余的基层医疗机构将养老和医疗有机结合,并给予专项补助经费。建立"养中设医"模式,在养老机构和日间照料中心设置诊所或家庭医生工作站,有条件的设立家庭病床,实行共建共营,并坚持养老与养生相结合;建立"医养签约"模式,鼓励老年人加入医养护一体化服务,与基层医疗卫生机构全科医生签订服务协议,由责任医生为他们建立健康档案,提供基本诊疗服务、健康体检、保健咨询、上门随访等服务。(4)加强队伍建设。加强医养专业人员的培养,在职业院校增设养老服务和管理专业,建立毕业生入职养老服务补助制度;加强现有工作人员的培训,鼓励医务人员从事老年医疗护理工作,稳步提升养老护理人员工资福利。 (罗庆久 陆 亮)

■关于进一步提高财政资金拨付效率的建议 市八届人大一次会议上,吴焱新等5位代表提出《关于进一步提高财政资金拨付效率的建议》。主要内容:(1)明晰财政部门和预算单位职责,发挥好财政部门的资金监管作用。(2)研究改进资金拨付程序。从资金拨付各环节中深挖优化空间,对年初已通过人大审核的预算安排项目、年中上级追加并明确到具体实施单位的项目支出，逐步取消政府审批环节，提高财政资金审批拨付效率；在完善内控的同时，根据资金性质和用途，优化设置审批和拨付程序，提高资金拨付效率。(3)健全完善预算执行监督制度。财政部门实行第一责任人跟踪资金拨付全程，实施首办负责制；优化每个工作流程，实施时间承诺，限时办结；将财政监督嵌入资金管理流程，构建预算执行监督和过程控制机制；建立督导监督制度，强化资金拨付流程的日常督查工作。

（罗庆久　陆　亮）

扬州市第八届人民代表大会第一次会议期间的代表重点议案建议一览表

表7-1

议案建议标题	提议案建议者
关于加快推进江淮生态大走廊扬州段建设的议案	孙玉培等10人
关于加快宁镇扬一体化发展步伐的议案	颜安明等10人
关于强化政策激励引导作用，营造良好创业创新环境的议案	毕　刚等10人
关于加强扬州市经济发展与高校对接的议案	沈宏跃等10人
关于大力发展乡村民俗游的议案	张媛媛等10人
关于推进“医养融合”养老服务体系建设的议案	赵长松等10人
关于依托社区加强居家养老服务的议案	周　蕾等10人
关于实施农业投入品废弃包装物回收和集中处置的议案	阚成法等10人
关于加快建立和推行垃圾分类处理长效机制，切实改善扬州市生态环境的议案	陈　林等10人
关于提升城市绿化水平　助推美丽宜居扬州建设的议案	罗庆久等10人
关于将世界园艺博览场所建设成为传世精品工程的议案	陈志宏等10人
关于加大农村道路提档升级扶持力度的议案	许金荣等10人
关于聚焦富民持续提高居民收入水平的议案	周荣祥等10人
关于贯彻“中国制造2025”，实施制造强市战略的议案	王华平等10人
关于加快推进扬州市政务信息化资源整合共享的议案	冯　劲等10人
关于加快推进特色小镇建设的议案	葛永高等10人
关于进一步提高财政资金拨付效率的建议	吴焱新等5人
关于进一步加强和完善政策性农业保险的建议	詹惜文
关于加强对违法建设防控和查处的建议	谈　映
关于多措并举加快精准扶贫的建议	傅　强

（罗庆久　陆　亮）

扬州市人民政府

Yangzhoushi Renmin Zhengfu

编　辑　崔成鹏

重要会议

■市政府全体会议　1月23日，市政府召开全体(扩大)会议。讨论2017年《政府工作报告(征求意见稿)》，部署2017年重点工作。

8月3日，市政府召开全体(扩大)会议。贯彻落实省政府全体(扩大)会议和中共扬州市委七届四次全会精神，切实转变政府职能，改进工作作风，推进“放管服”改革，努力提升政府行政能力和服务水平。

12月27日，市政府召开全体(扩大)会议。讨论2018年《政府工作报告(征求意见稿)》，部署2018年重点工作。　(朱亚平)

■市政府常务会议　1月22日，市政府召开第67次常务会议。主要议题：(1)学法学纪；(2)讨论《政府工作报告(征求意见稿)》、《2016年国民经济和社会发展计划执行情况与2017年计划草案的报告(征求意见稿)》、对扬州市2017年市级预算草案初步方案的预审意见处理和《2016年预算执行情况和2017年预算草案的报告(征求意见稿)》；(3)关于深化行政审批制度改革加快简政放权激发市场活力的实施方案；(4)关于“两减六治三提升”专项行动实施方案和江淮生态大走廊建设行动方案；(5)关于第八届扬州市工艺美术大师评审工作情况及修改《扬州市工艺美术大师评审认定办法》；(6)关于扬州市劳动模范和先进工作者推荐评选建议方案；(7)关于吴氏宅第等3家会所整治补偿方案；(8)关于扬州市政府投资基金出资参与设立富海三七影视泛娱乐等5支子基金方案。

2月23日，市政府召开第1次常务会议。主要议题：(1)学法学纪；(2)关于《扬州市公园条例(草案)》；(3)关于扬州市县级公共资源交易平台整合实施方案；(4)关于市工业资产经营管理公司相对闲置资产划转移交广陵区整治改造。

3月20日，市政府召开第2次常务会议。主要议题：(1)学法学纪；(2)关于“烟花三月”国际经贸旅游节筹备工作情况；(3)关于世界地理标志大会筹备工作情况；(4)关于“两减六治三提升”专项行动及江淮生态大走廊建设专项考核办法；(5)关于进一步促进民间投资发展的实施意见；(6)关于深入推进农业供给侧结构性改革的实施意见；(7)关于聚焦富民持续提高城乡居民收入水平的实施意见；(8)关于支持科技综合体运营发展的政策意见；(9)关于设立扬州市江淮生态大走廊发展基金；(10)关于扬港集团参与筹备组建江苏省港口集团；(11)关于潍柴动力扬柴2.4亿元资本公积处置问题。

4月5日，市政府召开第3次常务会议。主要议题：(1)学法学纪；(2)关于2017年扬州市“城市贵宾”推荐情况；(3)关于举全市之力大力推进利用外资工作的意见和关于推动全市开发园区转型升级加快发展的意见；(4)关于规模以上工业企业净增目标考核奖励办法、关于完善工业重大项目“四新”认定办法的意见、关于促进先进制造业加快发展的政策意见、关于进一步支持软件和互联网产业加快发展的政策意见、关于进一步支持汽车产业加快发展的政策意见、关于进一步支持机械及特色高端装备产业加快发展的政策意见、关于进一步支持食品产业加快发展的政策意见；(5)关于2017年度县(市、区)功能区经济社会发展综合考评办法、关于2017年度市级机关绩效管理和综合考评办法、关于2017年度县(市、区)功能区党(工)委书记考核办法；(6)关于进一步服务到扬旅游旅行者的意见；(7)关于加快创建特色小镇的实施意见及首批市级特色小镇创建与培育名单；(8)关于扬州市整合城乡居民基本医疗保险制度的实施方案；(9)关于加快推进健康城市健康村镇建设的实施意见；(10)关于扬州市政府投资基金中期发展思路和关于举办天使梦想众创大赛。

4月14日，市政府召开第4次常务会议。主要议题：(1)学法学纪；(2)关于设立扬州慈善奖及评选表彰建议方案；(3)关于2017年扬州市劳动模范和先进工作者推荐评选情况；(4)关于进一步落实“小微企业三年跃升计划”专项资金安排。

5月8日，市政府召开第5次常务会议。主要议题：(1)学法学纪；(2)关于统筹推进城乡义务教育一体化促进优质均衡发展的实施意见；(3)关于扬州市违法建设防控和查处条例(草案)；(4)关于全面推行“河长制”的实施意见；(5)关于市区企业“两证”问题办理情况的汇报；(6)关于2016年度市长质量奖评审工作情况的汇报；(7)关于扬州市政府投资基金管理机制的汇报;(8)关于2016年度市有突出贡献中青年专家评审工作情况的汇报;(9)关于扬州市区机动车安全技术检验收费有关问题的汇报。

6月1日,市政府召开第6次常务会议。主要议题:(1)学法学纪;(2)关于扬州市土壤污染防治工作方案;(3)关于促进互联网租赁自行车健康发展的意见;(4)关于扬州市政府规范性文件清理情况;(5)关于2017年"三直接"十大环节操作规范;(6)关于市第三人民医院(传染病医院)整体改扩建方案;(7)关于市区建设项目批后管理第16次联席会议明确的出让地块遗留问题处置建议情况。

7月17日,市政府召开第7次常务会议。主要议题:(1)学法学纪;(2)关于开展全市安全生产大检查的意见;(3)学习贯彻吴政隆代省长关于做好2017年下半年维稳工作的批示精神;(4)关于扬州市生态环境保护工作责任规定(试行);(5)关于扬州市"十三五"时期基层基本公共服务功能配置标准(试行);(6)关于扬州市审计机关人财物管理改革试点实施方案;(7)关于扬州市国有企业职工家属区"三供一业"分离移交工作实施方案;(8)关于扬州市2017年政务公开工作要点;(9)关于"打造健康中国的扬州样本"行动计划;(10)关于市区垃圾处理有关项目问题;(11)关于扬农化工集团有限公司退城进园新基地选址问题;(12)关于通过购买专业的运营服务加快推进扬州市科技产业综合体示范项目问题。

8月14日,市政府召开第8次常务会议。主要议题:(1)学法学纪;(2)关于全市"放管服"改革有关情况;(3)关于社区建设行动计划及全市"社区建设示范单位"和"优秀社区工作者"的评选情况;(4)关于全市土地计划执行及利用督查情况;(5)关于扬州市房地产调控情况;(6)关于扬州市社会保险工作情况;(7)关于江堤防洪能力提升工程的有关情况;(8)关于全市知识产权工作情况;(9)关于进一步推进国有企业改革发展的实施意见;(10)关于2016年度省级生态文明建设考核整改情况。

9月14日,市政府召开第9次常务会议。主要议题:(1)学法学纪;(2)传达学习吴政隆省长在扬州调研讲话精神;(3)关于利用综合标准依法依规推动落后产能退出的实施方案;(4)关于扬州市特色田园乡村建设行动计划;(5)关于《扬州市中心城区快速交通体系优化及道路用地控制规划》编制情况;(6)关于扬州市扬尘污染防治管理办法(草案);(7)关于扬州古城历史建筑修缮管理办法(草案);(8)关于做好《扬州日报》等重点党报党刊订阅工作;(9)关于进一步加强全市宗教工作的实施意见;(10)关于第五批永久性保护绿地划定工作。

10月18日,市政府召开第10次常务会议。主要议题:(1)学法学纪;(2)关于"云上扬州"工作情况的汇报;(3)关于全市智能制造推进工作情况的汇报;(4)关于扬州市区人口密集区域活禽交易屠宰达标提升实施方案;(5)关于2017年科技产业综合体建设运营考核办法;(6)关于机关事业单位养老保险制度改革情况的汇报;(7)关于进一步加强普通高中教育的若干意见;(8)关于扬州水利建筑工程公司改制遗留问题及处置方案的汇报。

11月19日,市政府召开第11次常务会议。主要议题:(1)学法学纪;(2)关于进一步加强网格化环境监管工作的意见;(3)关于进一步推进城乡生活垃圾分类和治理工作的情况汇报;(4)关于扬州市区环境卫生专业规划(2015—2030年)、扬州市餐厨废弃物处理规划(2016—2030年);(5)关于做好企业退休军转干部相关待遇调整的情况汇报;(6)关于将江苏油田社会保险纳入扬州市本级管理的有关情况汇报;(7)关于做好当前和今后一段时期就业创业工作的实施意见;(8)关于文化市场、卫生计生、水利领域综合执法改革实施方案的汇报;(9)关于扬州经济技术开发区、江都经济开发区开展相对集中行政许可权改革试点工作的情况汇报;(10)关于高邮宝应打造江淮生态经济先行示范区正负面清单指导意见;(11)关于建设扬州琴筝文化产业园的实施意见。

(朱亚平)

综合政务

■政务督查 2017年,全市政务督查系统围绕国务院、省政府和中共扬州市委、扬州市政府重大决策部署、重要文件会议、领导批示交办事项等重点工作,抓督查、抓推进、抓落实,完成国务院第四次大督查自查、大督查热线电话反馈问题、公租房空置问题、违法违规举债问责处理、沿江非法码头整改等国家、省重大督查项目,组织开展"两报告三文件"、城乡居民增收、"放管服"改革、"云上扬州"建设、"烟花三月"节和"726"上海招商活动签约项目落实、市区拆迁安置房不动产权证办理、槐泗河水系综合整治、水污染防治和冬季大气污染防控等重点督查活动70余次,印发《扬州政务督查》26期、《领导批示与反馈》13期,编印《政务督查专报》40期。(李玉明)

■党政目标管理 2017年,围绕中共扬州市委、扬州市政府"两报告三文件"等明确的重点工作,进行目标分解,共确定1221项任务为2017年度重点工作考评目标。各责任单位根据目标任务,分解细化,明确序时进度,抓好落实。中共扬州市委、扬州市政府对各项目标完成情况实施月督查、季分析、年中评估、年终考核,全年1221项政府目标任务完成率达99.4%。(沈　洋)

■建议提案办理 2017年,扬州市政府及各承办单位共办理人大代表建议325件,代表对办理结果满意或基本满意率为99.7%。其中,所提建议解决采纳的224件,占68.9%;计划解决的61件,占18.8%;因受条件限制或其他原因,留作参考的40件,占12.3%。办理政协提案544件,提案人对办理态度和办理结果满意和基本满意率均为100%。其中,反映问题已经解决或基本解决的278件,占51.1%;正在解决或列入计划逐步解决的256件，占47.1%；因受条件限制或其他原因，难以解决或留作参考的10件，占1.8%。政协委员“界别活动周”收集的47件意见和建议，各单位在规定时限内给予书面答复。

（沈　洋）

■政府信息公开　2017年，通过“中国扬州”门户网站、新闻发布会、扬州市政府公报、公共查阅点，以及政府微博、微信等渠道，全市共主动公开政府信息32万余条，其中主动公开规范性文件89件、扬州市政府常务会议纪要10期、扬州市政府人事任免信息34条，编发《政府公报》12期，公开政策文件49件。制定出台扬州市2017年政务公开工作要点，各级行政机关也相应出台本地区、本部门的政务公开工作要点，年度公开主要内容均已在中国扬州门户网站政务公开工作要点专栏集中展示。全市各级政府及其工作部门共收到政府信息公开申请1148件，比上年增长216%。全市各级行政机关共受理政府信息公开行政复议申请176件。其中，维持具体行政行为103件，纠错13件，纠错率7.4%，撤诉和尚未办结等其他情形60件。全市涉及政府信息公开行政诉讼案件87件。其中，维持具体行政行为或驳回原告诉讼请求37件，纠错14件，纠错率16.1%，原告撤诉和尚未审结等其他情形36件。

（朱毓哲）

■政府新闻发布　2017年，围绕经济发展重大规划、重大政策、重大工程项目等，共召开新闻发布会223场，回应公众关注热点400多次，官方微博微信日均发布信息2300余次。推行市政府例行新闻发布会制度，全年召开新闻发布会13场。网上直播常态化，实现市政府新闻发布会全程直播。加强新媒体建设，开通“扬州发布”APP客户端，开创“新闻＋政务＋服务”的地级市客户端发展模式；上线一年用户数125万人，获江苏报业年度融合创新项目一等奖、2017中国（南京）传媒“移动优先”峰会创新项目一等奖；2017（第二届）全国党报网站高峰论坛《2017全国党报融合传播指数报告》中，“扬州发布”APP影响力在全国排名第17名，在地级市中排名第3名。

（朱毓哲）

5月4日，“水韵江苏·全域旅游国际摄影大赛”新闻发布会在扬州举行

日　报/供稿

■“12345”政府服务热线　2017年，扬州市“12345”政府服务热线接听群众来电11.17万个，派发电子工单4.75万个，办结6.41万个，工单办结率98.1%；话务员回访4.49万个，回访率97.6%，群众满意率99%。在2017年2月全国48家第三方评估机构联合组织的对31个省、自治区及直辖市313条“12345”热线接通率测评中，并列全国地级市第一名，获2017年首季“百分百热线”奖。开展省市行风热线联动扬州现场直播活动。开展“12345·政风行风热线”现场接听活动，共接听群众诉求523件，办结率100%，满意率100%。全年接听企业诉求145件并全部办结。

（朱毓哲）

■《寄语市长》网络问政平台　2017年，《中国扬州》门户网站“寄语市长”网上问政平台共受理市民诉求2.42万条，回复2.41万条，回复率99.59%。所有留言答复情况均对外公开，接受网民监督。对重大事项、突发性群体事件和群众关心的热点难点问题，向市领导汇报，并进行跟踪报道。定期编发简报供领导参阅，不定期通报“12345”政府服务热线和“寄语市长”答复办理情况，办理结果纳入市级机关年度工作目标任务考核。

（朱毓哲）

■“中国扬州”门户网站群建设　2017年，推进全市网站集约化建设，完成广陵区、江都区综合门户网站建设，两个区纳入普查范围的112个站点全部整合到各区综合门户网站；完成市门户网站群一期平台与集约化平台整合，全面升级信息公开、互动交流、后台管理等功能，建成基于统一技术平台的市级集约化网站群。推动宝应县、高邮市政府网站集约化建设，完成两个县市纳入普查范围的108个站点整合。持续推进全市政府网站常态化抽查，全年对纳入普查范围的66个政府网站发出综合抽查报告264期（其中含第三方抽查报告66期），利用网站普查监测系统检测站点900余批次，督促部门整改错链、错别字等问题4万余个，按时处理政府网站纠错平台网民投诉61起。全年共向省政府网站报送各类信息1430条，被采用397条；上报在线访谈及网上直播23个，被采用13个。

（黄玉国　陈传庚）

■政务信息　2017年，扬州市政府办公室编发《政务动态》106期、《信息专报》178期、《要情参阅》20期、《领导参考》28期，扬州市政府领导批示112条。向上报送信息1678条，被国务院办公厅采用32条，被省政府办公厅采用247条，总采用率提升至16.63%，获国务院领导批示11次，获省政府领导批示3次。扬州市政务信息得分在全省13市中排名第五。

2017年，《扬州政讯》全年出刊12期，发行量2700多份，刊载总文字量约140万字、图片310幅，设置总栏目35个。刊发各类文章187篇，其中领导讲话20篇，新年话发展、观察与思考等其他各类文章167篇。刊载中共扬州市委、扬州市政府、扬州市政府办公室文件29份。维护“扬州政讯”微信公众号，打造集发布、交流、宣传于一体的综合平台。

《扬州市人民政府公报》创刊，全年共出刊4期，发行量约1.2万份。集中刊发扬州市政府、扬州市政府办公室文件42份。维护“扬州市人民政府公报”微信、微博、门户网站专题栏目，及时向社会公众公开政府信息。

《调研参考》全年遴选发表调研文章40篇。开展年度政府系统优秀调研成果评比工作，收集整理2017年度优秀调研成果79篇编印《参谋与助手》。围绕特色小镇、特色田园乡村、微电子产业、招商引资等主题开展调查研究，形成一批专题调研报告。组织参与省政府研究室聚焦富民征文活动，获得一等奖1个、二等奖1个、三等奖4个，并获优秀组织奖。

（陈　健　潘　璐　周　健）

行政审批制度改革

■概况　推进“不见面审批(服务)”改革，确定市级47个部门6767项行政权力，先后2批次发布38个部门1602项“不见面审批(服务)”业务，占六类行政审批业务(行政许可、行政确认、行政征收、行政给付、行政奖励、其他权力)的95.87%。深化集中高效审批改革，成立扬州经济技术开发区行政审批局和江都经济开发区行政审批局。全市政务服务系统共办理各类审批(服务)事项154.73万件，其中市政务服务中心办理94.4万件，比上年增长28.4%，群众测评满意率为99.56%。全市公共资源交易平台共办理各类交易事项4090件，交易总额为959.4亿元，节约资金27.57亿元。其中市交易中心办理1139件，交易总额540.1亿元，比上年增长83.6%；节约资金17.56亿元，比上年增长71.8%。“3550”目标基本实现。会同工商部门设立“多证合一”窗口，企业注册登记3个工作日办结。会同国土、房管、地税等部门设立不动产登记“一窗受理、集成服务”窗口，实现办理过程只叫一次号、只排一次队、只见一次面，不动产登记5个工作日办结。会同发改、建设、规划等部门对工业建设项目建立分段并联审批流程，采取周报告、月督查的方式对窗口部门项目办理情况进行跟踪考核，50个工作日办结施工许可证。“三集中三到位”强力推进。在全省率先推出行政审批现场授权公示，44个进驻中心的部门主要负责人全部与窗口负责人签订现场审批授权委托书，并在窗口进行公示。新增11位行政服务处长到政务中心驻点办公，以处长进驻带动事项进驻、环节进驻，实现“事在窗口办、字在窗口签、章在窗口盖”。

（胡继林）

■深化集中高效审批　7月28日，扬州经济技术开发区、江都经济开发区相对集中行政许可权改革试点方案经省委、省政府批准，8月3日，由省审改办印发。11月，赋权清单经扬州市政府常务会议审定，扬州市政府办公室印发。扬州市政府赋予扬州经济技术开发区管委会185项市级行政权力、驻开发区分支机构31项行政权力，江都区政府赋予江都经济开发区管委会62项区级行政权力、驻开发区分支机构10项行政权力。行政审批局机构设置方案分别经市、区编委审定印发，并挂牌成立扬州经济技术开发区行政审批局和江都经济开发区行政审批局。

（黎小生）

■服务功能提升　“一张网”平台搭建。江苏政务服务网“扬州旗舰店”于6月22日上线运行，8月11日，市、县两级政务服务平台并网运行，乡、村两级平台延伸工作加快推进。公积金查询、社保查询、预约挂号等9个成熟应用接入政务服务APP。核心指标取得突破。按照“三级四同”要求，全市完成权力事项清单入库4.8万项，编制办事指南5.08万项，完成率100%。政务服务办件报送部门覆盖率达92%，全省第一；江苏政务服务APP实名认证量12.42万人次，全省第二；电子证照部门覆盖率52.27%，全省第三。“不见面”审批跃居前列。全市全年配置“不见面”事项8140项，占比94.53%，市本级共配置“不见面”事项1612项，占比96.83%，位居全省第二。全市共办理不见面事项54.26万件。EMS进驻8个政务服务中心，全市采用快递送达审批结果14.2万件。

（胡继林）

■公共资源交易运行　推进公共资源交易项目受理登记、资格预审、主体信息采集、答疑、质询等环节实现“不见面”。建设、交通、水利、国土项目交易系统全部改造升级完毕，政府采购交易系统正式上线运行，基本实现交易电子化，初步做到“网上全公开，线下无交易”。市县两级交易平台逐步健全。全市6个县级分中心挂牌成立，按照“八统一”要求，各科室全口径对口指导，形成全市统一、市县一体的公共资源交易平台。交易监管全面强化。对开标、评标区等重要区域和重要业务环节专门拟定13个内控制度、3个对外管理制度。制定《评标专家工作纪律管理办法(暂行)》《评标专家信誉档案记录》等制度规定，运用大数据手段，对交易活动实行动态监管，鼓励不同行业社会主体共同参与到交易监管中来，保证交易行为的阳光规范。

（胡继林）

■质量技术审批改革　市质监局会同市政府法制办、市编办牵头负责全市工业类产品生产许可制度改革和规范强制性检验检测两项任务，形成《关于推进工业类产品生产许可制度改革情况报告》《关于推进规范强制性检验检测情况报告》。全市涉及强制性检验检测的5部门7个检验检测机构均向社会公布强制性检验检测清单。推进质监部门的"放管服"改革，工业产品生产许可取消19类，转化为认证管理3类，实行"先证后核" 16类。"双随机、一公开" 监管工作全面推进，建立涵盖1374家企业的检查对象库和37人的执法人员库，自主研发随机抽查信息化平台，全年共组织随机监督检查、执法检查18次，抽查企事业单位396家，涉及产品、设备1776台，压力管道近9000米。 （张 华）

应急管理

■应急值守建设 贯彻《江苏省政府系统值班工作规范》，进一步优化值班工作运行机制，值班人员24小时坚守岗位，法定节假日、重要时段领导在岗带班，组织政府系统值班电话抽查，从11月20日开始，每周一上午10时组织全市政府值班系统视频点名。印发《2017年旅游旺季市领导带(值)班表》，加强旅游旺季的值守应急工作。重点加强中共十九大期间安保维稳工作，印发《关于做好当前值守应急工作的通知》和《关于召开市政府相关应急成员单位应急系统接入市应急指挥中心有关事宜协调会的通知》，将市综治办、市网信办、市司法局、市民政局、市安监局、市交通局、市环保局、市城管局、市卫计委等15家市应急委相关成员单位专业应急系统接入城市应急指挥中心，提升全市预警预测预防和处突应急联动能力，每天安排人员24小时在市城市应急指挥中心和市委、市政府总值班室加强值守应急。印发《关于进一步加强突发事件信息报告工作的通知》，明确信息报告的责任主体以及报送时限、渠道、范围和要素，确保突发事件信息报送"快、准、实、好"。2017年，市总值班室共接报各类突发事件信息或重要紧急情况信息845条，编发《值班快报》147期，报省应急办《值班信息专报》10期，处理省、市领导批示59件，编辑《每周应急情况》49期，通报各地、各部门应急信息采用情况12期，季度突发事件总结评估及趋势分析报告4期。全年全市发生5起较大或敏感性突发事件，均得到妥善处置。 （陈 曦）

■应急预案管理 发布《扬州市突发公共卫生事件应急预案》《扬州市政府性债务风险应急处置预案》《扬州市反恐怖预警与响应实施办法》等市级专项应急预案5件。督促相关部门编制民用航空器飞行事故、金融突发事件和食盐供应与处置等相关应急预案。编制高温灾害、台风灾害以及防汛防旱应急响应措施简本。进一步优化《扬州市区防范应对低温雨雪冰冻灾害天气工作预案》，完善应对灾害天气各项准备工作。编制《扬州市突发事件应急预案框架指南(初稿)》，开展突发事件应急预案编制培训，加强应急预案管理，健全全市应急预案体系。围绕应急预案，参与、指导市有关部门开展食品安全事故(Ⅲ级)、地震紧急疏散、防汛暨迎峰度夏和防台风电力保障、应急疏散和救援以及反恐等应急演练。11月20日，由省食药监局和扬州市政府主办，市应急办、市食药监局和广陵区政府承办，在李宁体育园举行食品安全事故(Ⅲ级)应急演练。演练分为事故发生与报告、事故响应、事故升级、舆情监测与应对、响应降级与终止、后期处置等6个流程。省食药监局局长莫宗通、副市长余珽等领导出席活动，各县(市、区)应急办、食药监局及相关企业和广东深圳、青海海东、四川成都食安办负责人共400余人观摩演练。 （陈 曦）

■应急队伍建设 指导市消防支队开展岗位练兵集中比武竞赛活动，10月15日，以中共十九大安保为中心，以市公安、应急办组织开展"迎接十九大、忠诚保平安" 反恐应急响应演习活动为背景，组织市综合应急救援队伍进行实战拉练。印发《关于更新市级专项应急指挥机构通信录的通知》，对全市25个专项应急指挥机构通信录进行更新。结合市地方海事局举办船舶遇险联动应急处置桌面推演之机，邀请省市应急专家，开展事故案例分析研判评估。 （陈 曦）

■应急物资保障和基础建设 完善"扬州市应急物资装备信息管理系统"，组织相关部门填报应急物资装备数据信息，每季度对系统进行维护与更新，30余家单位填报近3000条物资装备信息。系统升级增加"应急物资装备相关企业信息备案" 模块。迎接文明城市测评，会同市建设、地震和民防等部门检查市区10处应急避难场所，向相关责任单位通报检查结果，提出存在问题以及整改建议。 （陈 曦）

■应急平台建设 依托扬州市电子政务内网和中共扬州市委、扬州市政府涉密视频会议系统，建成市应急指挥中心应急响应应用系统，将6个县(市、区)政府、4个功能区管委会和11个市应急委成员单位接入系统，11月开始试运行，2018年1月1日正式运行，每周五上午10时组织视频点名。围绕实战需求，对应急指挥车的视频、图像实时录像、回放、调用等功能以及4G图传和350M对讲机进行专项测试。推进应急广播体系建设，编写《扬州市推进应急广播体系建设实施意见》。根据《"云上扬州"顶层设计方案(2017—2021)》，将应急平台建设纳入到全市"云上扬州"建设。 （陈 曦）

■应急知识宣教 "5·12防灾减灾日" 活动期间，组织市公安、民政、安监、卫计委、地震等10多家部门和单位分别在运东社区和康乐社区开展应急演示、应急知识有奖问答和现场咨询等宣传活动；在扬州电视台相关频道宣传应急知识，协调扬州电信、移动、联通等运营商向社会公众群发短信，进行应急知识公益宣传。11月，会同广电部门及应急委有关成员单位组织开展为期一个月的"学习宣传'应对法'，喜庆党的十九大"主题活动。在广陵新城市民广场举行"宣传月" 启动仪式并组织系列宣传活动；在仪征市刘集镇举行应急知识"进乡村" 集中宣传活动；与市广电公司在扬州乐园组织"亲子应急体验之旅" 活动；与市质监局、消防支队在市开发区金轮小区开展居民楼电梯故障及消防安全体验；在邗江区组织部分小学生走进民防机动指挥所和市气象台，开设现场教学课；在江都区国际学校开展应急知识进校园活动。重新编印《扬州市民应急手册》《高层建筑及人员密集场所应急常识》2万册。全年更新扬州"应急管理网页"和"应急时空"电视直通车各类应急信息近3400条。（陈　曦）

■**应急培训**　按照省应急办的统一要求，组织人员参加省行政学院"应急管理专题研修班"，全年共选派7批28名应急管理领导干部和工作人员参加专题培训。9月19—21日，与中共扬州市委组织部联合举办全市乡镇（街道）负责人应急管理专题培训班，针对基层应急管理工作特点，结合《中华人民共和国突发事件应对法》颁布实施十周年，邀请国家行政学院、省委党校、南京信息工程大学等应急管理专家教授到扬授课，县（市、区）政府应急办和85个乡镇（街道）分管负责人共100余人参加应急管理专题培训。（陈　曦）

信访工作

■**概况**　2017年，市、县（市、区）两级信访部门共受理信访总量1.3万件次，比上年下降45.9%。其中，受理来信833件，下降45.4%；接待来访2813批1.16万人次，分别下降30.7%和46.4%；集体上访370批7996人次，分别下降53.2%和52.7%；受理网上信访632件次，下降35.6%。市信访局受理信访量8245件次，下降13.3%。其中，受理来信487件，下降47.1%；到市上访836批7137人次，批次上升12.4%、人次下降7.0%；到市集访229批6040人次，批次上升5.5%、人次下降14.3%；受理网上信访621件次，下降32.4%；受理信访事项复核15件，下降21.1%。群众到省集访47批702人次，分别上升80.8%和44.4%；到省上访414批1196人次，批次人次分别上升11.9%和19.4%。全市信访形势呈现出总量持续下降、秩序平稳可控、重大活动期间安宁稳定的良好态势。进京越级上访、进京至非接待场所涉访、到省集访等主要指标，趋稳向好。市信访局被中共扬州市委、扬州市政府授予"特别贡献奖"，年终绩效考核被省信访局评为全省信访工作优秀单位。着力打造网上信访、全面提升信访工作质效等经验做法，被省委办公厅快报先后2次专文报道，新华社要情动态、群众杂志分别刊载。

（袁志刚　刘逸敏）

■**信访工作领导责任制**　2017年，中共扬州市委、扬州市政府修订考核（评）办法，在县（市、区）、功能区党（工）委书记考核，县（市、区）、功能区经济社会发展综合考评中，加大信访工作分值权重，形成"稳定是第一责任"的良好导向。完善信访督查督办机制，市信访局建立领导班子挂钩县（市、区）、功能区制度，对重要信访事项实行"一案一督"，有力推动矛盾化解。落实责任追究和问责机制，对多起违反信访工作规定的责任单位和责任人进行责任追究。

（袁志刚　刘逸敏）

■**群众权利维护**　推动中共扬州市委、扬州市政府从政策层面解决失地农民、涉军、涉教等群体性问题；及时启动应急维权机制帮助1100多名企业职工、农民工等特殊群体讨回工资共2500多万元；通过信访救助、司法救助、民政救助等多种渠道对存在实际困难的信访群众实施帮扶；开展"大接访、大排查、大督查、大化解"和"百日攻坚"活动，累计化解信访积案近200件。

（袁志刚　刘逸敏）

■**服务质量提升**　全市信访系统开展"群众满意接访窗口"创建活动，为信访群众营造温馨、舒适的环境，提供便捷、高效的服务。加强阳光信访信息系统的应用，实现"网下办理网上流传"，全面提升"信、访、网、电"办理效能和信访办理"四率"。信访件及时受理率达98.1%，按期答复率99.2%，群众满意度99.0%。

（袁志刚　刘逸敏）

人力资源管理

■**人才培养引进**　2017年，全市引进高层次领军人才155人，新增专业技术人才2.73万人、高技能人才1.65万人、留学回国人员196人，新引进长期外国专家62人，培训专业技术人才4.62万人。（市人社局）

■**人才工作奖励政策**　2017年，扬州市积极落实企业人才引进和培养有关补贴奖励政策，市财政发放工资外生活补贴、社会保险补贴、人才专业技能提升奖励等资助金497.4万元；落实《扬州市区引进高层次人才住房保障办法》《〈扬州市区引进高层次人才住房保障办法〉实施细则》等文件，发放财政资助金557万元。根据中共扬州市委"人才新政20条"要求，进一步优化人才发展环境，对原企业高层次人才住房保障办法进一步完善和优化，拟定《扬州市企业引进人才住房保障实施办法》，推动人才体制机制改革落到实处。

（市人社局）

■**人才载体建设**　新建成省示范博士后科研工作站1家；省留学回国人员创新创业示范基地1家；省博士后创新实践基地10家；省级留学回国人员创新创业园1家；1家博士后科研工作站获独立招收博士后资格。留英博士阮雄中申报的创业项目被人社部列入2017年度创业启动支持计划；涂溶等8名留学回国人员获省留学回国人员双创资助；高俊国等6名博士获省博士后资助；陈荆晓等6名博士获省"双创博士"资助。累计上争人才资金300余万元。（市人社局）

■**高层次人才管理**　2017年，市人社局继续推进"人才强市双行动计划"，实施"百千万"人才集聚计划，共引进高层次领军人才155人，支柱产业发展急需的专业技术人才1212人，基础性人才1.55万人。开展2017年度"绿扬金凤计划"优秀博士人才遴选工作，择优推荐139个资助项目，获市财政资助1426万

"绿扬金凤"众创大赛总决赛颁奖现场　　董　辉/摄

元。组织申报省"双创计划"人才项目，2人入选高技能创新类"双创人才"，列全省第二；10人入选创业类"双创博士"，人数列全省第三；1人入选世界名校自主创业类"双创博士"，全省仅2人；6人入选博士后类"双创博士"，列全省第四。

（市人社局）

■人才国际交流　市人社局引进国外人才智力，13个项目获国家立项，10个项目获省级立项，2人入选江苏省"外专百人计划"，建成省级引智示范基地(单位)2家，建成"江苏省外国专家工作室" 10家。1个项目获批国家级出国(境)培训项目计划，培训5人。（市人社局）

■海外引智联络站　2017年，市人社局会同中共扬州市委组织部、市人才办先后在英国伦敦、德国法莱美地区，新设2个招才引智联络站。至年底，有招才引智联络站6家，位置覆盖欧美等世界绝大多数发达地区。通过海外站点，开展人才政策推介和人才项目对接，吸引海外高层次人才到扬创业就业，并加强扬州与各国在经济、人才、科技、教育方面的交流合作。（市人社局）

■公益性"企业管理名师系列讲座"举办　2017年2月起每月最后一个周五，人社局开发区办事处、中国国际人才市场扬州市场，以区内领军型企业家和职业经理人为重点，邀请国际、国内知名专家学者为开发区的企业管理人员免费举办"企业管理名师系列讲座"，全年共举办11期，共吸引1500余人次参加。（市人社局）

■外籍教师整体引进项目实施　2017年，中国国际人才市场扬州市场通过实施由美国大学中国教学中心以及中国国际人才市场联合操作的"外籍教师整体引进项目"，引进9名外教到7家用人单位工作。完成用人单位安排的教学任务，受到用人单位和广大师生的赞誉。（市人社局）

■高技能人才队伍建设　市人社局做好省高技能人才重点建设项目推荐申报工作，全年全市争取省高技能项目数量为全省第一，项目资金总量1700万元。周晓燕技能大师工作室入选国家级大师工作室，4个技能大师工作室入选省技能大师工作室，6人获评省企业首席技师，1个单位入选省高技能人才专项公共实训基地。新获批省级校企联合实训中心4个。新建历史经典产业班1个。实施企业岗位技能提升培训行动计划，企业岗位技能提升培训6.62万人。开展职业技能培训，新增6所民办职业培训学校，全市民办职业培训学校开展40个职业(工种)3万人次的培训。开展全市技工院校示范专业等评审工作，2个专业入选省技工院校示范专业，精品课程4个，2人入选省教学名师，5人入选省专业带头人。

（市人社局）

■第一届扬州市乡土人才创新创业大赛　大赛以"扎根乡土·聚焦富民"为主题，搭建创新创业展示交流、资源对接和项目孵化的平台，吸引216个各具乡土产业特色的创业(创意)项目参赛，得到省人社厅肯定。共有12个项目分获决赛一、二、三等奖，其中王愉翔的维扬正宗文化创意产品和朱静的鼎丰农业6.0＋文商旅项目分别获创意类和创业类一等奖。

（市人社局）

■大型人才招聘会举办　11月18日，扬州市在武汉举办"才聚扬城"大型人才招聘会，组织150多家单位进场揽才，提供岗位近5000个，吸引2648名高校毕业生进场，达成意向617人，其中博士35人、硕士143人、本科439人。会前召开2017中国扬州"科技创新·人才聚集·产业合作(武汉)"恳谈会，授予武汉大学、华中科技大学等11所高校为"扬州市引才工作站"，市相关企事业单位被11所高校确定为"毕业生就业基地"和"实习实训基地"，20项人才合作博士项目成功签约。

（市人社局）

■大学生就业　2017年，全市新增就业见习基地20家，开发就业见习岗位2045个，实际组织1510名高校毕业生参加就业见习，高校毕业生年末总体就业率97.32%，离校未就业高校毕业生实名登记率100%，离校未就业高校毕业生(有就业服务需求)服务率100%，有就业意愿的困难家庭毕业生就业率100%。

（市人社局）

■公务员管理　2017年，市人社局加强公务员职位管理，县以下机关公务员职务与职级并行工作实现常态化管理，累计晋升职级4683人。全面深化和推进公务员平时考核工作。有序实施公务员表彰奖励，依法开展公务员纪律惩戒和申诉控告工作，落实省苏南苏北公务员对口培训任务，强化公务员专门业务培训备案，全市公务员在职培训近11万人次。全市共录用公务员和参照管理单位工作人员484人，此外委托中共扬州市委组织部招录的省垂直管理部门所属机构工作人员21人。全市共进行公务员登记849人，进行参照管理事业单位工作人员登记214人。

（市人社局）

■事业单位人事管理 2017年，市人社局联合组织、编制、财政部门制定《关于建立机关事业单位防治“吃空饷”问题长效机制的实施意见》，从严格日常管理、加强监督检查、严肃问题查处等方面入手，努力杜绝“吃空饷”问题的发生。转发省人社厅《关于支持和鼓励事业单位专业技术人员创新创业指导意见》，鼓励高校、科研院所等事业单位专技人员从事创新创业活动。做好专技三级岗位聘用条件认定工作，全市新增40名专技三级岗人员。开展事业单位人事管理制度培训和新聘用人员岗前培训，共现场培训2296人。参与事业单位人事制度改革，根据行业体制改革进程，配合相关部门做好市直公立医院备案制改革方案、事业单位社会化用工申请、农村订单定向医学生免费培养计划、乡村教师定向培养需求计划等项目的审核以及高中教育改进等工作。

2017年事业单位公开招聘工作坚持统分结合、分级管理、分类实施，进一步区别和优化考核内容，推进招聘工作规范化和科学化有效结合，全市共核准招聘方案（简章）28个，公开招聘事业单位工作人员1764人，其中市直419人、县（市、区）1345人。（市人社局）

■工资福利管理 2017年，市人社局根据省人社厅关于公立医院薪酬制度改革的相关指导意见，会同财政局等医管委成员单位拟定市直公立医院绩效考核实施办法，完成各公立医院奖励性绩效工资的审核工作；根据国家有关文件精神，按期调整人民警察法定工作日之外加班补贴和人民警察执勤岗位津贴；根据中共扬州市委、扬州市政府相关会议精神，出台市直事业单位专项绩效相关政策。

（市人社局）

■人事管理服务 军转安置政策进一步优化。220名军转干部接收安置任务完成，企业军转干部和自主择业军转干部保持总体稳定。人事考试安全进一步加强。安全顺利完成8万人次、16.7万科次人事考试任务。

（市人社局）

外事

■外事接待 2017年，扬州市共接待爱尔兰前总理布莱恩·考恩，意大利众议院前议长伊雷妮·皮韦蒂，法国奥尔良市市长、国会议员奥里佛·加里尔，内河航道国际前主席大卫·白灵杰，柬埔寨西哈努克省省长润明，越共中央委员、谅山省委书记陈士清，埃及布海拉省省长娜迪亚·阿卜杜勒，克罗地亚科尔丘拉市市长安德烈亚·法布里斯，缅甸仰光省议长吴丁貌吞，日本奈良县议长川口正志，厚木市市长小林常良、议长越智一久，韩国济州市市长高京实，韩国丽水市议长朴正采，俄罗斯联邦档案总署署长阿尔基佐夫，乌兹别克斯坦驻华大使巴赫济约尔·赛义多夫，韩国驻沪总领馆总领事卞永台，瑞士驻沪总领馆总领事霍力轩，以色列驻沪总领馆总领事普若璞，美国国际城市管理协会（ICMA），世界知识产权组织（WIPO）等重要外宾团组163批562人次。（杨　乐）

2017年到扬州访问团组一览表

表8-1

序号	时　间	国　别	代表团名称	团长姓名/职务	人数	主要活动
1	3月14—17日	法国	奥尔良市友好代表团	奥里佛·加里尔/市长、国会议员	4	友好交流
2	3月28—29日	日本	日本奈良县议会代表团	川口正志/奈良县议长	16	友好交流
3	4月4日	爱尔兰	爱尔兰友好代表团	布莱恩·考恩/爱尔兰前总理	2	友好交流
4	4月15—18日	法国	奥尔良市政府访问团	玛蒂娜·格里沃/副市长	3	参加418活动
5	4月17—20日	国际运河组织成员国	国际运河组织专家代表团	大卫·白灵杰/内河航道国际前主席	6	参加418活动
6	4月18日	日本	厚木市友好代表团	小林常良/厚木市市长 越智一久/厚木市议会议长	11	参加418活动
7	5月24日	俄罗斯	俄罗斯联邦档案总署代表团	阿尔基佐夫/署长	8	友好交流
8	6月8日	韩国	驻沪总领事馆访扬团	卞永台/驻沪总领馆总领事	6	友好交流
9	6月29至7月1日	世界知识产权成员国	世界知识产权组织（WIPO）代表团	弗朗西斯·高锐/总干事	7	参加2017世界地理标志大会
10	8月22—25日	上合组织成员国	上合组织国家协调员理事会会议代表团	巴贾特/印度外交部上合组织司司长	40	参加上合组织国家协调员理事会会议

续表8-2

序号	时　间	国　别	代表团名称	团长姓名/职务	人数	主要活动
11	8月28日	柬埔寨	柬埔寨西哈努克省政府代表团	润明/柬埔寨西哈努克省省长	18	友好交流
12	9月7—10日	克罗地亚	克罗地亚科尔丘拉市代表团	安德烈亚·法布里斯/科尔丘拉市市长	4	参加世界运河城市论坛
13	9月7—10日	缅甸	缅甸仰光省议会代表团	吴丁貌吞/缅甸仰光省议长	3	参加世界运河城市论坛
14	9月7—10日	荷兰	荷兰布雷达市代表团	保罗·彼尔/布雷达市副市长	5	参加世界运河城市论坛
15	9月7—10日	法国	安古兰代表团	塞缪尔·卡泽纳夫/法国安古兰市副市长	2	参加世界运河城市论坛
16	9月7—10日	埃及	埃及布海拉省友好代表团	娜迪亚·阿卜杜勒/布海拉省省长	3	参加世界运河城市论坛
17	9月7—10日	法国	奥尔良政府友好代表团	奥里佛·加里尔/市长、大都市主席	2	参加世界运河城市论坛
18	9月23—24日	越南	越共高级干部考察团	陈士清/越共中央委员、谅山省委书记、省国会代表团团长	24	友好交流
19	11月6—8日	韩国	丽水市友好代表团	朴正采/丽水议长	13	友好交流
20	11月13—14日	瑞士	瑞士驻上海总领馆代表团	霍力轩/总领事	3	友好交流
21	11月28—29日	以色列	以色列驻上海总领事馆代表团	普若璞/以色列总领事	3	友好交流
22	12月3日	乌兹别克斯坦	乌兹别克斯坦驻华大使馆访问团	巴赫济约尔·赛义多夫/乌兹别克斯坦驻华大使	4	友好交流
23	12月5日	意大利	众议院友好代表团	伊雷妮·皮韦蒂/众议院前议长	3	友好交流
24	12月28日	韩国	济州市政府友好代表团	高京实/市长	8	友好交流

（杨　乐）

外事活动　应中国公共外交协会和日本唐津市政府、奈良市政府的邀请，组织代表团赴韩国济州岛、首尔和日本的唐津、奈良、大阪、东京等地，重点就地方政府如何参与公共外交等方面的内容进行考察和交流；市友好代表团先后出访菲律宾、缅甸、柬埔寨等“一带一路”沿线国家；应中国驻澳大利亚珀斯总领馆邀请，组织代表团参加“2017年珀斯中国年—扬州文化及美食交流活动”；举办“2017年扬州美食节暨中外嘉宾迎新春联谊会”；连续第23年开展扬州—肯特(美国)“青年大使交流”交流项目；举行2017年中国扬州·高邮·韩国龙仁市友好城市乒乓球赛；举办“第19届中日韩围棋赛”。

（杨　乐）

2017年扬州市出访团组一览表

表8-2

序号	出访时间	团　　名	人数	团　长	出访国家	出访任务
1	2月27日至3月8日	扬州市经贸代表团	6	谢正义	德国、瑞士、法国	友好交流，考察项目
2	5月21—28日	扬州市政府经贸代表团	6	张爱军	美国、加拿大	举办招商推介活动、企业参访
3	6月9—16日	扬州市友好经济代表团	6	孔令俊	美国、加拿大	进行友城访问，议会交流，拜访企业商会
4	6月11—18日	扬州市招才引智代表团	6	张宝娟	英国、西班牙	建立扬州市海外招才引智联络站，开展招才引智活动
5	6月19—28日	扬州市友好代表团	6	朱民阳	菲律宾、印尼、缅甸	世园会招展、友城拜访、企业项目洽谈
6	10月22—30日	扬州市经贸代表团	6	陈　扬	巴西、阿根廷	友好交流，考察项目

（杨　乐）

■国际会议 参与申办、承办“2017年世界地理标志大会”。该会议由国家工商总局和世界知识产权组织联合主办，国务院总理李克强发来贺电，国务委员王勇、世界知识产权组织总干事佛朗西斯·高锐均出席开幕式并致辞。参与、承办“上海合作组织国家协调员理事会会议”。外交部部长助理李惠来出席开幕式。该会议是中方2016年6月接任上合组织轮值主席国期间举办的首次国家协调员会议。协办以“运河城市在‘一带一路’建设中的新机遇”为主题的2017年世界运河城市论坛；配合举办2017年“烟花三月”国际经贸旅游节、2017中国扬州鉴真国际半程马拉松赛、2017世界体育赛事与旅游峰会(WSET Summit)、第二届中国—以色列卫生健康高峰论坛等一批国际会议和赛事。 (杨 乐)

■助力招商引资 融入全市“大拜访、大招商、大合作”活动，选取全球八大证交所的12个产业类别，8341家上市企业，汇编《境内外重点上市企业招商导引》；在北美洲举办底特律汽车零部件产业专题招商会；在欧洲举办扬州(斯图加特)城市推介暨产业招商会；在英国举办中国扬州发展环境(伦敦)推介会；举办海外(纽约)资本专场对接会；建立海外资源数据库，配合招商部门精准定位，促进更多重大项目落户扬州。 (杨 乐)

■外事宣传 与韩方多轮磋商，围绕两国历史文化名人主题形成交流推广计划，包括拍摄一部纪录片、举办一个展览、编一套收藏级线装书《山高水长——阮元与金正喜》，召开一次中韩文化交流国际研讨会《山高水长——从阮元与金正喜看中韩文化交流和友好交往》等；与扬州大学海外教育学院合作，组织留学生参与省友协举办的“洋镜头，新视野，聚焦美好江苏”在江苏外国人摄影大赛活动；在《江苏外事》《友声》杂志以及扬州外事网站等各种媒体和宣传渠道宣传扬州市外事工作；开展《“一带一路”江苏风(第二季)》报道，持续加大对扬州融入国家“一带一路”建设的宣传报道。利用外事信息资源优势，编研外事信息、国际形势，摘译、印制国际经济信息动态、《国际视点摘译》，为全市对外开放相关决策提供依据和建议。 (杨 乐)

■涉外管理 全年共办理因公出国(境)团组出访348批989人次；上缴省外办公务护照156本。制止、压缩、调整30批131人次不必要出访。来华邀请640批1253人次；领事认证579批1190份，办理APEC(商务旅行)卡190张。加强出国团组审核，加大护照签证办理审查力度，注重行前教育，修订重版《因公出国(境)手册》；认真贯彻执行出国来华管理的各项政策规定，坚持原则，严格程序，规范操作，印制《扬州市因公临时出国管理规定摘要》。 (杨 乐)

侨务

■概况 2017年，市侨务办公室(简称市侨办)围绕经济社会发展大局，凝聚侨心、汇聚侨智、发挥侨力、维护侨益主题活动开展相关工作。全市侨办系统举行各类联谊活动23次，邀请接待侨胞565人次，开展归侨侨眷扶贫98人次、发放救济金25.6万元，受理信访27件次、办结27件，外派华文教师2人，举办夏(冬)令营活动5次、营员211人。

服务意识增强。更新完善海外华侨华人高层次人才信息库，广陵区朱景兵团队通过国侨办评审，列入第五批国务院侨办重点支持的华侨华人创业团队。坚持服务“双招双引”，洽谈美国博士陈宝生电动汽车锂电池项目和光纤项目，对接融侨公司的康养项目，夯实双方合作的基础。派员随扬州市政府代表团远赴印度、巴西和阿根廷等国家开展商务考察和投资推介活动。应巴西中国商会的邀请，赴广东珠海，就常务副市长陈扬访问巴西期间达成的足球合作项目进行专题考察学习。

对外宣传拓展。以海外交流协会、华商协会为实体平台，开展“侨法进侨企”活动，提高依法维权意识。以传统佳节为契机，通过邮件、微信和短信问候的方式，增进相互情感。以各类侨刊、侨网为媒体平台，向广大海外侨胞、归侨侨眷宣传建设“强富美高”新江苏、新扬州的具体部署。全年在《美国侨报》《欧洲时报》《欧洲侨报》等海外媒体刊登扬州专版24个，传播中国声音、讲好扬州故事、宣传扬州地方政策优势和侨务政策，扩大扬州在全球的知名度和美誉度。

社区侨务深化。全市社区侨务突破过去以辖区内归侨侨眷为主的传统意识，拓展到辖区内的侨港资企业、新经济组织和海外高层次人才；突破过去街道社区以慰问、维权等形式为主的服务，拓展到全方位联动、多渠道服务的新理念、新方式。2017年，邗江区双桥街道虹桥社区被评为全国“为侨服务示范单位”，宝应县氾水镇被评为江苏省“侨务工作示范单位”。 (王爱萍)

■“中华文化海外交流基地”首批授牌仪式暨工作会议在扬州举行 1月10—11日，省侨办和省文化厅联合举办的“中华文化海外交流基地”首批授牌仪式暨工作会议在扬州举行。省侨办副主任杜伟、省文化厅副巡视员徐循华、扬州市副市长何金发等与各省辖市侨办、文广新局及挂牌单位代表130余人出席此次活动。何金发代表扬州市政府致辞，省侨办副主任杜伟讲话，省文化厅徐循华副巡视员宣读《省侨办省文化厅关于命名授牌中华文化海外交流基地的决定》，扬州市文化艺术中心、蜀岗——瘦西湖风景名胜区、个园管理处获得首批“中华文化海外交流基地”授牌。 (王爱萍)

■2017年海外华裔青少年“中国寻根之旅”夏令营 7月20—27日，市侨办承办国侨办2017年海外华裔青少年“中国寻根之旅”夏令营扬州营活动，来自美国、加拿大等5个国家的青少年和领队老师81人，在扬州进行为期8天的学习、游览活动。整个活动游学参半，学习国学经典、书法、国画、剪纸、戏曲、武术等中华传统文化，参观游览瘦西湖、大明寺、个园、扬州博物馆、万福大桥及生态科技新城。夏令营活动得到中新社江苏分社、华人时刊、《扬州日报》、扬州电视台等媒体广泛关注，先后有88条新闻在电视、广播、报纸、网络和微博微信上播报。（王爱萍）

■“第20届海外江苏之友”扬州行活动举办 10月16—17日，召开“第20届海外江苏之友”暨海外中餐繁荣高峰论坛。江苏省侨办副主任徐开信、扬州市副市长余珽、扬州大学党委副书记叶伯森、国侨办国外司调研员芩建德以及海外华侨华人知名企业家、经营管理专家、学者140余人参加论坛。世界中餐业联合会监事会主席、知名学者武力就“中餐发展新趋势”发表演讲。冶春餐饮股份有限公司总经理、江苏省海外交流协会副会长陈军，扬州大学旅游烹饪学院副院长周晓燕就“中餐繁荣国际化”等热点问题进行交流发言。嘉宾们赴扬州国医书院参与中医健康讲座，听取扬州生态科技新城的推介并参观扬州生态科技新城。（王爱萍）

■2017中国文化行——“一带一路”完美江苏营在扬州举行 12月8日举行开营仪式，全国政协港澳台侨委员会副主任、国侨办原副主任、中国华文教育基金会理事长赵阳出席并宣布开营，扬州市市长张爱军参加开营式致辞并与中国华文教育基金会理事长赵阳、江苏省侨办副主任杜伟、完美董事长古润金共同为营员授旗。此次冬令营由中国华文教育基金会主办，江苏省人民政府侨务办公室、扬州市人民政府侨务办公室承办，完美（中国）有限公司资助，来自马来西亚七大乡团的105名华裔青少年到扬州参加冬令营，开展为期12天的中华传统文化学习与交流活动。华裔青少年们学习国学精粹、中华礼仪、中华书法、绘画、武术，参观扬州瘦西湖、个园、何园、生态科技新城等人文景点，体验扬州美食和休闲文化，领略扬州古代文化和现代文明的独特魅力。闭营式上，马来西亚华裔青少年们与扬州中学、竹西中学的学生代表一起互动演出，留下永久而珍贵的回忆。（王爱萍）

12月8日，中国文化行——“一带一路”完美江苏营在扬州开营

王爱萍/摄

港澳事务

■招商推介活动 6月19—24日，市长张爱军率扬州代表团赴澳门、香港，参加第三届周边国家“市长参访计划”活动，并与澳门特区贸易投资促进局、旅游局、文化局开展专题对接活动。在澳门期间，全国政协副主席何厚铧、澳门特区行政长官崔世安和澳门社会文化司、财政经济司等行政机构负责人会见代表团一行。代表团在香港期间拜访中联办、中信泰富、华君控股、李锦记等，并举办扬州市投资环境推介会。7月6—12日，市委副书记、统战部部长张宝娟率扬州代表团一行赴香港、澳门，以美食和乡情为纽带，向香港市民展示淮扬美食“红楼宴”和扬州非物质文化遗产。张宝娟率团拜访澳门特区政府社会文化司、旅游局、文化局、澳门中联办、外交部驻澳门特派员公署等部门机构，参访澳门大学中华医药研究院和澳门科技大学中医药学院，与澳门籍扬州政协委员和在澳乡贤代表进行交流，达到联络乡情、推介扬州、增进合作的效果。（杨　乐）

■友好交往平台搭建 市港澳办立足于牵头深化与驻港澳中联办、特派员公署的对接，推进在配合“一带一路”大背景，强化与港澳在会展业、创新创意、健康养生、体育赛事（场馆赛后综合运营管理）等方面合作，加强与港澳各专业机构、协会的沟通交流，同步推进友好交流交往和产业、科技的实质性合作。借助“烟花三月”国际经贸旅游节、“名城扬州携手名企”等活动平台，邀请港澳地区企业家代表到扬考察洽谈，推介宣传扬州，开展友好交往、项目招商等活动。（杨　乐）

■港澳资企业服务 市港澳办成立港澳工作协调小组，具体负责《港澳同胞保护条例》的学习宣传、贯彻实施工作的组织协调。深入港澳资企业，开展定期与不定期的走访调研，了解企业困难及所需所想。牵头召开解决港澳资企业实际问题的现场协调会、专题办公会，让服务港澳资企业真正落到实处。建立专门的港澳企业微信群，及时发布企业在扬投资所需的政策、技术和人才信息，动态提供全市产业政策信息，切实加强对港澳投资企业的指导，密切在扬港澳资企业间的沟通联系，促进企业互助合作、快速发展。（杨　乐）

2017年扬州市赴港澳团组一览表

表8-3

序号	团名	人数	团长(职务)	出访地区	出访任务	出访时间
1	扬州市经贸代表团	5	张爱军(市长)	香港、澳门	参加第三届周边国家“市长参访计划”活动，招商推介	6月20—24日
2	扬州市友好代表团	6	张宝娟(市委副书记、统战部部长)	香港、澳门	庆祝香港回归二十周年系列活动，友好交流	7月6—12日
3	扬州市文化交流团	6	张宝娟(市委副书记、统战部部长)	澳门	赴澳门举办迎新年系列活动，友好交流	12月27—30日

（杨　乐）

2017年到扬州访问港澳团组一览表

表8-4

序号	时间	地区	到访者	团长(职务)	人数	主要活动
1	1月11—13日	香港	扬州(香港)同乡会代表团	庄　明(副会长)	1	交流考察
2	1月13日	香港	香港贸发局代表团	张汶锋(江苏代表)	3	交流考察
3	3月1日	香港	香港驻沪经济贸易办事处代表团	翁志强(入境事务组主任)	2	交流考察

（杨　乐）

对台事务

■概况　*拓展交流联络*。开展“两岸一家亲——扬台交流合作30周年”系列活动，央视国际频道、中新社、香港大公报、香港文汇报专程到扬采访和报道。策划、组织“台商看扬州”“作家记者采风”“大陆新娘回娘家”等活动。并“以点带面”，拓展活动外延，推进面上工作。印发《扬台书画交流展作品集》；“扬州台湾经济文化交流研究中心”设立；赴台举办“佛光山50周年庆典《故乡的云》献礼音乐会”，得到台湾民众的广泛认同；在台举办“2017扬州台湾文创产业交流合作恳谈会”。经贸交流密切互动，配合做好紫金山峰会、江苏发展大会台湾嘉宾邀请和接待服务工作，8家台企参加大陆台资企业展销会。多个台湾经贸组团到扬参访，洽谈合作。结合扬州特色开展多层次、全方位文化交流活动，彰显扬州特色、讲好扬州故事。办理赴台交流团组26批160人，接待到扬交流团组17批315人次，完成国台办交办的台北世大运台北接待任务。新闻交流成效显著，中天卫视《魅力东方》栏目“走进扬州”专栏，台湾《旺报》分别专辑、整版报道扬州，扩大城市知名度。加强陆生、陆配服务与管理，接待江苏同乡会参访团到扬参访，完成市台属联谊会换届，有目的、有重点地开展专项联络工作。

推进对台招商。全年共办理经贸赴台团组170批396人次，接待台商团组15批248人次。13个重大台资项目入选市主要领导“大拜访大招商大合作”活动推进项目。推进3批市领导和15批县(市、区)及功能园区常态化赴台项目招商。推进海峡两岸(扬州)农业合作试验区、绿色石化产业合作示范区平台“找准定位、放大特色、完善功能、健全机制”发展。响应省“培育两岸青创基地江苏矩阵行动计划”，创设“扬台青创联盟”，搭建合作新平台。推进文创产业招商，签订一批文创合作项目。推动一批重大台资项目签约落户。至年底，全市累计批准台资项目1513个，总投资188.9亿美元，合同台资114.4亿美元，实际利用台资43.3亿美元。有17家台企进入全省台企500强，列全省第四位。

优化投资发展环境。制定《市台湾同胞投资权益保障协调委员会工作规则》，开展“走台企、解难题、促发展”走访调研活动，听取台商意见建议，鼓励支持台企创新发展。出台台商就医及子女就学优惠政策，打通绿色通道。健全完善台商台企“首问工作制”，规范台商投诉求助登记流程。定期组织律师顾问团、会计师顾问团开展法律法规政策解读辅导和案例分析，设立涉台民商事纠纷仲裁联处机制，建成台商服务工作示范点。各涉台部门密切联系协调，切实加强“一法一条例”等涉台法律法规和各项政策的宣传，共同化解诉求和矛盾，维护台商台企合法权益。受理投诉案件55件，结案50件，结案率91%。全年接待台商台企来信来访来电共239件，台胞台属信访5件，来信来访答复率100%。（骆礼国）

■扬州经贸考察团赴台湾考察　7月15—20日，受台湾中华经贸文教发展协会邀请，市委常委、宣传部部长姜龙率队，赴台湾开展文化交流和考察活动。期间，考察团一行应邀前往高雄佛光山，出席为纪念佛光山开山50周年举办的《故乡的云》献礼音乐会，并拜会星云法师。考察团参观台湾威京集团、法蓝瓷股份有限公司等台资企业，考察诚品书店文创综合体、松山文创园区、台湾创意设计中心、华山文创园区、莺歌陶瓷博物馆等文创集聚区。

10月27日至11月1日，市委常委、市人大常委会副主任孔令俊率团赴台开展考察，推进扬州与台湾在城市公园体系建设、城市治理与服务等方面的交流合作。参访台北大安森林公园、新生公园、河滨公园等城市公园及台北花卉博览会场馆，详细了解台北市公园场馆建设与管理维护、城市生态保护等方面的经验，以及围绕重大活动开展系列整治工作，改善、提升城市品质和市民体验的做法，为扬州市推进城市公园体系建设提供参考和借鉴。在台北、新北、花莲等地，考察团参访大安区龙图里敦亲睦邻协会、万里区区公所便民服务中心等基层社会组织，以及慈济基金会、台北伊甸社会福利基金会等慈善机构，并与当地民政部门、治安管理部门负责人进行深入交流，了解上述社会组织运营模式及政府管理等方面经验，并就双方共同关心的问题进行交流座谈，探讨未来加强合作的路径。在台期间，考察团还先后拜会长春集团、亚洲水泥、威京集团等多家在扬投资企业负责人，了解台商服务需求及建议，为提升台资企业服务工作奠定良好基础。

（徐泗旺　孙金海）

■台湾客商到扬州参访考察　5月27—29日，台湾中华旗袍文化企业交流协会在理事长李念华的带领下与上海中外文化艺术交流协会旗袍文化联谊会应邀到扬州参加旗袍文化交流，在扬期间，参观考察扬州生态科技新城和台资企业——京华城置业有限公司。6月9日，台湾玉富生物科技股份有限公司董事长纪进池一行到扬州参访，就深入推动牛油果种植农业合作项目进行交流。市长张爱军会见参访团一行。7月7日，台湾沈春池文教基金会执行秘书长蔡玉美一行5人到扬参访，洽谈京华城空中影视文创一条街项目，并取得积极进展。10月18日，欧洲台商联合会名誉会长、比利时汉比工业股份有限公司董事长萧培森一行到扬州参访。在扬期间，萧培森一行参观扬州瘦西湖、个园，考察扬州486非遗集聚区的扬州工艺精品，体验非遗工艺。12月26日，以副总会长陈川青为团长的台湾公教退休人员总会参访团一行32人到扬州参访。在扬期间，参观江苏省对台交流基地扬州鉴真图书馆、东关街历史文化街区和瘦西湖景区。

（徐泗旺　古　刚　张瑞明）

■第四届“海外台商江苏行”参访团到扬考察交流　3月18—19日，由泰国华侨协会主席、世界台商联合总会名誉总会长余声清率领的“海外台商江苏行”参访团一行到扬考察交流。期间，参访团先后考察市经济技术开发区、鉴真图书馆、瘦西湖等对台经贸与文化交流合作载体，并参访在扬投资的台资企业，了解扬州市重点产业发展规划及对台交流合作成果。泰国华侨协会是东南亚较有影响力的华人社团之一，成员主要以旅居在泰的知名台商和华侨为主。　（孙金海）

■“扬台交流合作30周年”史料展书画展暨主题征文颁奖仪式举办　10月11日，“两岸一家亲——扬台交流合作30周年”史料展、书画展暨主题征文颁奖仪式在市对台交流基地扬州双博馆举行。省台办副主任李卫华出席仪式并致辞，扬州市人大、扬州市政协分管领导以及系列活动成员单位、财团法人沈春池基金会负责人和专程到扬的台湾书画家代表出席仪式，主题征文获奖作者代表、在扬台商台属代表、美协及书协会员代表等近200人参加活动。主题征文活动征集各类征文作品60余篇。书画交流活动共展出100余幅书画作品，均为两地书画家精心创作的与扬州或台湾有关的诗词歌赋、风土人情等书法和国画作品，艺术水准高，充分展现出两地书画艺术家的水平和深情厚谊。活动仪式上，对30名主题征文获奖作者进行表彰。市台办向市档案馆赠送《扬州年鉴·台湾事务（1990至2017合订卷）》。向现场参观人员赠送《“两岸一家亲——扬台交流合作30周年”主题征文作品集》和《“两岸一家亲——扬台交流合作30周年”书画作品集》。　（周　伟）

10月11日，“两岸一家亲——扬台交流合作30周年”史料展、书画展暨主题征文颁奖仪式在扬州双博馆举行　台　办/供稿

政协扬州市委员会

Zhengxie Yangzhoushi Weiyuanhui

编　辑　崔成鹏

综述

■**概况**　中国人民政治协商会议江苏省扬州市第八届委员会(简称扬州市政协)共有委员392人。2017年共召开全体会议1次、常委会议7次、主席会议8次，召开专题协商座谈会2次、情况通报会25次，开展调研视察活动23次，形成专题调研报告32份，提交提案585件。就“推动宁镇扬一体化发展”议题进行常委会议协商，邀请省政协视察督查并召开工作推进座谈会，形成视察报告报省委、省政府，省委领导作批示。就“持续发掘和利用大运河遗产价值，促进运河城市文化旅游互动发展”议题进行常委会议协商，从完善建设机制、建设大运河文化博物馆、发展文化创意产业、推进国际文化旅游名城建设等方面提出建议。就推动江淮生态大走廊建设，召开主席会议与政府协商，开展常态化、长期性调研，并在省政协常委会上作专题发言，着重介绍扬州的探索实践，建议省政府推动江淮生态大走廊建设纳入国家生态规划，让高宝邵伯湖进入“国家良好湖泊建设试点工程”笼子，列入有关生态保护、生态补偿、绿色发展等新政策的试点。就“新侨创新创业”召开主席会议进行专题协商，提出制定专项计划、建立境外招引联络站等六方面的建议，在中共扬州市委、扬州市政府出台的关于深入实施“兴城先兴人”的文件中得到体现。就推动农业供给侧结构性改革召开主席会议进行专题协商，建议以乡村振兴为总导向，创新政府服务体系、管理体系和组织体系，推动农民职业化、农业现代化和城乡协调发展。民主评议扬州市充分就业工作，从实施创业带动就业、加强技能培训、扶持重点人群、健全服务体系等方面提出建议。市人社局等部门逐项抓好落实，制定整改方案，相继出台助推“双创”、加强创业培训管理、帮扶困难人员就业等一系列政策措施。民主评议市食品药品监督管理局工作，针对市场监管中存在的四个方面问题，提出全面管、全程管、全员管的工作建议，相关部门就整改落实情况向扬州市政协反馈。开展“紧扣‘两聚一高’，助推‘12345创新发展工程’”界别活动周活动。编撰出版《何园志》，挖掘和整理大运河遗产史料。就优化社区区划布局、推动宜居社区建设进行专题协商，从区域划分合理化、公共资源均等化、管理服务便捷化出发，提出社区布局优化的四个原则和五点具体建议。中共扬州市委主要领导批示，要求将四个原则写入中共扬州市委、扬州市政府社区工作会议的文件，将具体建议吸收到社区建设工作方案中。就大学生实习实训基地建设进行座谈协商，建议抓住宁镇扬一体化推进的契机，创办全国一流、具有特色、与国际合作的高校实训基地，形成比较优势，增强虹吸效应。就大运河文化带扬州段建设展开调研，并在中共扬州市委中心组学习会议上作专题发言。就推动富民增收工作开展专题调研，从实施更加积极的就业创业政策、发展绿色经济、壮大主导产业、形成精准扶贫长效机制等方面提出意见和建议，在中共扬州市委七届四次全会上作书面发言，相关建议被采纳。就中共扬州市委、

12月8日，扬州市政协对食品药品监管工作开展调研视察　市政协办公室/供稿

扬州市政府首个推进旅游城市建设的“3号文件”落实情况开展视察，从全市域布局、板块式推进、项目化落实等方面提出意见和建议。视察“两园”筹备工作，建议把“两园”建设放在宁镇扬一体化的大格局中谋划，放大仪征的区域优势和生态效应。围绕省运会筹办和重点文化工程建设，主席会议成员进行专题视察并召开座谈会，建议以重大项目为龙头，打造具有扬州特色、辐射面更广的新型文化体育设施工程。专题视察东南片区改造与更新工作，建议结合“城市双修”，处理好宜居与宜业、地上与地下、水上与岸上等九方面的关系，努力打造片区精细改造的示范。为推进 “交通治堵、有序停车”民生实事工程，组织委员实地察看重大交通基础设施项目建设情况，建言扬州市现代、立体、智能大交通发展。组织委员深入连淮扬镇铁路、宿扬高速、江广高速扩容改造等省重大交通项目建设现场，开展视察督查。举办“打造美丽中国的扬州样板，增进民生生态福祉”政协论坛。围绕水生态文明、大运河文化带、公园体系和生态中心建设，以及绿色低碳发展、城市节能改造、治水治气等重点开展调查研究，举办电视论坛。重视民生类提案的督办工作，同步实施南部快速通道沿线环境整治和美化绿化、推进农村区域性医疗卫生中心建设、优化幼儿园布局等提案所涉的多件民生实事得到解决。加强社情民意信息工作，共整理报送政协《内部参考》《社情民意》38期。其中，设立扬州生物医药产业引导基金、以人为本打造“园博会”、加快琴筝产业园建设、推进儿童医院建设等，经扬州市政府领导批示、相关部门落实，取得成效。加强与党派团体的合作共事，邀请党派团体参加扬州市政协各种重要会议和重大活动，与党派联合开展调研视察、提案督办、民主评议等。优先安排党派团体进行大会发言，优先将党派团体的集体提案列入重点提案。进一步完善界别活动的组织机制和工作机制，加强政协界别与党政部门的联系交流，通过界别座谈会、界别调研、界别提案等形式，推动委员广泛联系本界别群众，切实发挥界别优势。加强委员队伍建设，强化委员学习培训工作，着力提升服务委员的能力水平。修订专委会通则和工作规则，制定实施《扬州市政协委员界别小组工作简则》。推进政协机关建设，修订《主席会议工作规则》《秘书长会议工作规则》，完善机关内部管理制度。拓展联系联谊渠道，认真贯彻民族宗教政策，支持扬州公共外交协会工作，参与和配合全国政协、省政协在扬州市开展调研视察活动，加强与县(市、区)政协的联系合作，加强与外地政协的联系交流。举办纪念建军90周年书画作品展。

（李巍巍）

政协委员队伍建设 强化委员学习培训，全年共举办6期培训班，900余人次参加。联合办班“走出去”，先后组织参加全国政协干部培训中心学习两期，井冈山江西干部学院培训一期；专题讲座“请进来”，邀请中国工程院院士和省内外领导、专家作辅导报告4次。组织委员集中学习中共十九大精神。提升服务委员的能力水平，认真执行主席、副主席联系委员制度，发挥好委员履职信息服务平台作用，做好委员联络服务和管理工作，为委员知情明政、履行职能创造条件，组织委员参加政协会议和调研视察活动。按照扬州市政协《关于委员履职管理办法》进行委员履职评价，评选优秀委员、优秀提案、优秀论文、优秀调研视察报告和社情民意，调动委员参政议政的积极性。

（李巍巍）

加强与委员联系 坚持主席、副主席联系委员制度以及专委会分工联系界别和委员小组制度。全年开展主席联系委员活动、名家讲座13期，举办“委员企业沙龙”和“科技委员活动日”6次，协助联系界别委员小组开展调研视察、座谈讨论、公益活动70多次。组织委员参加各项专题调研、常委会议、主席会议、政协论坛、民主评议、视察督查、学习培训等活动。5月组织开展政协委员联系群众“界别活动周”，8月和12月分别组织委员参加民主评议市人社局和市食药监局活动，11月组织委员参加“扬州政协论坛”，12月就2017年扬州市政协重点工作和调研课题通过意见函、座谈会等多种形式征求各县(市、区)、各界别委员意见。选派委员担任特约监督员、行风评议员，参与行风监督、机关能力作风建设、政风行风评议等活动。通过政协网站、“扬州政协”微信公众号、《扬州政协》会刊发表委员对全市经济社会发展的建议、提案，宣传委员参政议政的成果和工作成绩。

（李巍巍）

开展国际运河城市文化交流活动 协同和支持世界运河历史文化城市合作组织(WCCO)，开展与世界运河城市和国际组织的合作交流，讲好大运河保护利用的“中国故事”，借鉴探索在遗产保护、环境治理、文化传承、产业发展上的先进理念和创新做法。参与承办2017年世界运河城市论坛。参与编印《大运河蓝皮书》。应邀参加金砖国家“政党、智库和民间社会组织(福州)论坛”、第二届“中国大运河(杭州)国际论坛”“世界旅游互联网大会”等，分别作主旨发言和推介。

（李巍巍）

联系联谊渠道拓展 举办国庆、中秋联谊会，邀请港澳台同胞、海外侨胞和在扬外企、海归代表等，共叙友情，共谋发展。认真贯彻民族宗教政策，发挥民族宗教界代表人士在促进民族团结、宗教和睦、社会和谐中的积极作用。发挥扬州公共外交协会平台作用，开展系列活动，扩大对外交流合作，延伸和拓展人民政协对外友好交往职能，服务经济社会发展，提升扬州的国际知名度和开放发展水平。参与和配合全国政协、省政协在扬州市开展调研视察活动8次，承办2017年全省市县政协主席座谈会、全省政协第23次文史工作交流会。加强与县(市、区)政协的联系合作，邀请县(市、区)政协主席参加重要会议和重点调研视察活动，发挥全市政协组织的整体功能。加强与外地政协的联系交流，与三亚市政协结为友好

城市政协。政协书画会举办纪念建军90周年书画作品展。（李巍巍）

重要会议

■政协八届一次会议 2月15—18日，扬州市政协召开八届一次会议。392名扬州市政协八届委员中，386人出席会议。市委书记谢正义到会并作题为《接力走好新征程，合力谱写新篇章》的讲话。洪锦华作市七届政协常委会工作报告，刘在銮作市七届政协常委会关于提案工作情况的报告。会议举行大会发言和大组协商。会议选举产生政协扬州市委员会新一届领导机构，选举朱民阳为扬州市八届政协主席，李忠盛、王克胜、董玉海、程吉林、王静成、夏正祥、王骏、刘流为副主席，汤天波为秘书长；选举朱民阳等80人为扬州市八届政协常务委员。会议期间，委员们分组讨论谢正义讲话，审议政协常委会两个报告；列席扬州市人大八届一次会议，听取和讨论政府工作报告以及法院、检察院工作报告。会议通过扬州市政协第八届委员会第一次会议决议。（李巍巍）

■政协常委会议 1月3日，市政协召开七届十九次常委会，讨论并原则通过《市政协常委会工作报告》和《市政协提案工作情况的报告》，对评选出的8个先进界别委员小组、10件优秀提案、46名优秀委员进行表彰，协商通过有关人事事项。

1月24日，市政协召开七届二十次常委会议，会议听取《市政府工作报告(征求意见稿)》起草情况的说明；听取扬州市政协八届一次会议有关事项的说明；听取市八届政协界别设置和委员人选方案(草案)的说明；分组讨论并听取各组汇报讨论情况；会议协商确定市七届政协常委会工作报告和提案工作报告的报告人；协商决定有关人事事项；协商决定市八届政协界别设置和委员人选；通过《关于召开市政协八届一次会议的决定》。

2月18日，市政协召开八届一次常委会议，协商决定市八届政协机构设置，决定副秘书长和办公室、研究室、各专门委员会负责人；协商通过《扬州市政协2017年工作要点》。

4月5日，市政协召开八届二次常委会议，市政协主席朱民阳出席会议并讲话，与会人员分组讨论朱民阳的讲话，讨论并协商通过有关人事事项。

7月3日，市政协召开八届三次常委会议，通报扬州市政协上半年工作情况，就“推进宁镇扬一体化”议题与市政府进行专题协商。市政协主席朱民阳出席会议并讲话，市委常委、常务副市长陈扬通报推进宁镇扬一体化发展的有关情况。

9月29日，市政协召开八届四次常委会议，听取市政府关于市政协八届一次会议提案办理情况的通报，就“持续发掘和利用大运河遗产价值，争做大运河文化带建设的先行示范市”议题与市政府进行协商，协商通过有关人事事项，决定撤销倪士俊政协扬州市第八届委员会委员资格。市政协主席朱民阳讲话，副市长余珽作情况通报。

12月26日，市政协召开八届五次常委会议，听取《扬州市人民政府工作报告(征求意见稿)》起草情况的说明；听取市八届政协常委会工作报告、提案工作情况的报告(征求意见稿)起草情况的说明；表彰扬州市政协八届一次会议优秀提案；听取关于召开扬州市政协八届二次会议有关事项的说明；听取政协扬州市第八届委员会委员调整事项的说明。原则通过市八届政协常委会工作报告、提案工作报告，确定大会作“两个报告”的报告人；审议通过关于召开扬州市政协八届二次会议的决定；审议通过扬州市政协八届二次会议议程、日程及有关名单；协商通过政协扬州市第八届委员会委员调整事项。协商通过召开扬州市政协八届二次会议的决定。（李巍巍）

■政协主席会议 1月24日，市政协召开七届三十一次主席会议，协商讨论市八届政协界别设置和委员人选方案(草案)、《关于召开市政协八届一次会议的决定(草案)》和会议议程、市七届政协常委会工作报告和提案工作报告的报告人名单(草案)。

2月18日，市政协召开八届一次主席会议，协商提请扬州市政协八届一次常委会议决定的有关事项，包括：市八届政协机构设置，副秘书长和办公室、研究室、各专门委员会负责人，扬州市政协2017年工作要点；协商扬州市政协八届一次常委会议的议程。

2月27日，市政协召开八届二次主席会议，研究确定主席、副主席工作分工以及专委会联系部门(单位)、主席联系委员、委员学习培训等方案和计划；协商通过新修订的《主席会议工作规则》《秘书长会议工作规则》和《委员活动小组工作简则》。

3月22日，市政协召开八届三次主席会议，研究扬州市政协八届二次常委会议建议方案和会议议程(草案)，确定扬州市政协各专门委员会委员名单。

4月27日，市政协召开八届四次主席会议，就“推进江淮生态大走廊建设”议题与市政府进行协商。市政协主席朱民阳主持会议，副市长、广陵区委书记张长金通报情况。

6月14日，市政协召开八届五次主席会议，研究落实中共扬州市委、扬州市政府主要领导对《市政协关于推动江淮生态大走廊建设的调研报告》批示要求，讨论常态化、长期性推进江淮生态大走廊建设的工作方案。

8月1日，市政协召开八届六次主席会议，听取市政府关于新侨创业创新情况的通报，就“促进我市新侨创业创新”与市政府进行专题协商。

11月1日，市政协召开八届七次主席会议，就“推进农业供给侧结构性改革，提高农民收入”议题与市政府进行协商。市政协主席朱民阳出席会议并讲话，副市长余珽通报扬州市推进农业供给侧结构性改革、提高农民收入的有关情况。（李巍巍）

参政议政

■建言献策 2017年，扬州市政协共组织开展专题调研、实地视察、召开各类座谈会等活动近40次，组织委员参加活动120多人次，撰写调研报告、整理专题材料、起草领导讲话稿20多份，接待外地政协考察组20多批次。围绕"推进宁镇扬一体化发展"议题开展调研。组织部分委员成立专题调研组，召开多次专题座谈会，赴南京市、镇江市、福建省等地开展调研。在此基础上，共形成《关于"推进宁镇扬一体化发展"的调研报告》及补充发言材料5份，提交扬州市政协八届三次常委会议讨论，从完善机制、提升实效、重点切入点突破、工作联动等方面提出意见建议。市委书记谢正义、市长张爱军分别对调研报告作出批示。《人民政协报》以"用'项目化推进'突破联运连接难题"为题，报道扬州市政协建言宁镇扬一体化发展工作；《加速推进宁镇扬一体化发展的五点建议》在省政协《社情民意专报》第39期专题发表；报告还被宁镇扬三市社科联论坛评为优秀成果一等奖，并获得政协论坛优秀论文一等奖。围绕"推进农业供给侧结构性改革，提高农民收入"议题开展调研。邀请相关部门负责人和高校院所专家学者，成立专题调研组，先后多次召开座谈会，深入宝应、高邮等地走访，赴盐城市、山东省学习考察。在此基础上，共形成《关于"推进农业供给侧结构性改革，提高农民收入"的调研报告》及补充发言材料4份，提交扬州市政协八届七次主席会议讨论，从调优产品结构、调好生产方式、调顺产业体系、调准政策措施等方面提出意见建议。调研报告在《江苏政协》第12期和《扬州内参》第42期专题发表，并获得政协论坛优秀论文二等奖。开展扬州市政协富民增收专题联合调研。重点针对全市产业发展、农民增收、扶贫脱贫中存在的困难，提出改进意见建议，助推省、市《关于聚焦富民持续提高城乡居民收入水平意见》贯彻落实。参与市领导重点课题调研工作。邀请市发改委等相关部门以及县(市、区)负责人深入探讨，在此基础上，形成《扬州深度融入宁镇扬一体化和扬子江城市群的五个问题》调研文章，参加市领导重点调研课题研讨会，提出加快将仪征打造成宁镇扬区域生态中心、加快谋划空铁水运立体布局、加快规划建设长江国际客运码头、加强与南京科教资源对接、推动高宝地区成为宁镇扬一体化发展中的现代农业和生态财富贡献主力等意见建议，得到中共扬州市委、扬州市政府领导的肯定。（李巍巍）

■专题协商 2月，扬州市政协会同相关部门围绕"江淮生态大走廊建设"这一中心工作成立专题调研组，利用近3个月的时间，分别赴宝应、高邮、江都、生态科技新城、广陵等地开展调研，实地考察新通扬运河、三阳河、潼河、北澄子河、白马湖、宝应湖、高邮湖、邵伯湖等水系，召开环保、水利、国土、发改、经信、农委等部门座谈会，并到湖北十堰、河南南阳学习借鉴南水北调中线源头丹江口水库的生态保护经验，形成调研报告。报告经八届四次主席会议与市政府专题协商后报送中共扬州市委、扬州市政府，引起主要领导重视，市委书记谢正义批示"赞同政协调研报告所作的分析，请市政协常态化长期性对此专题进行研究和推动"。市长张爱军批示"该报告值得学习、研阅、借鉴，请大走廊建设领导小组办公室在制定工作方案、行动计划、工作举措时，充分采纳相关意见"。制定《常态化长期性推动江淮生态大走廊建设工作意见》，确定政协未来3年推动江淮生态大走廊建设的行动计划，制定调研、视察议题，建立智库等。

8月，组织扬州市政协主席会议成员和城乡委部分委员，实地视察仪征绿化提升景观工程、汉金大道北延绿化现场、省园博会、世界园博会和世界运河城市园建设现场等，召开座谈会，听取相关区县与部门发言，主席会议成员和委员对"两园"的规划、布局、定位以及建设等提出合理化的意见建议，受组委会重视并采纳。

10月，组织相关委员就2017年中共扬州市委、扬州市政府出台的"3号文件"执行情况进行专题视察，在生态科技新城召开座谈会，听取相关部门的专题汇报，主席会议成员和委员就优化和改善旅游"六要素"、融合全市域旅游资源、"旅游＋文化""旅游＋科技"、国际游客和商务旅游市场开发等进行讨论，并提出建设性意见建议。（李巍巍）

■界别活动周 5月3—9日，举办2017年度政协委员联系群众"界别活动周"活动。市、县(市、区)两级政协2000多名委员围绕"紧扣'两聚一高'，助推'12345创新发展工程'"主题，深入基层、深入群众，调研小微企业，走访特色小镇，关注企业转型升级、创新发展，走进三大创新板块和各类科技综合体、孵化器，针对载体建设、人才引进、体制机制创新等，收集意见建议300多条，整理形成协商意见47条，交有关部门办理并跟踪答复。（李巍巍）

■扬州政协论坛 11月22日，扬州市政协举办2017年度"政协论坛"。市各民主党派、工商联，市、县(市、区)两级政协委员及社会各界人士围绕"打造美丽中国的扬州样板，增进民生生态福祉"主题，水生态文明、大运河文化带、公园体系和生态中心建设，以及绿色低碳发展、城市节能改造、治水治气等重点课题开展调查研究，提交论文422篇，并汇编成册，供中共扬州市委、扬州市政府和有关部门决策参考。论坛继续采用电视论坛群演讨论的形式，强化交流互动，广泛协商讨论。市政府主要领导和市农委、市环保局、市水利局、市园林局等部门的负责人与委员们开展互动。论坛还首次通过新媒体进行网络直播，1.7万多名网民参与交流。（李巍巍）

■主席专题协商会 2017年度分别围绕"加强应用型人才培养，推进大学生实习实训基地建设""打造'宜居宜游宜创'城市品牌，推进宜居社区建设"开展专题协商座谈，发挥政协协商民主重要渠道作用。组织主席会议成员、政协委员深入街道、社区和园区听取意见和建议，将协商民主

向基层推进，与专题相关的企业家、基层职工群众、社区工作人员、党政部门工作人员进行座谈协商，汇集民情民智。（李巍巍）

■**民主评议** 2017年重点围绕充分就业，评议市人力资源和社会保障局工作；重点围绕健康中国扬州样本打造，评议市食品药品监督管理局工作。通过学习调研、实地视察、协商座谈、问卷调查等多种形式，全方位了解情况，广泛征集意见和建议，形成评议报告。在此基础上，分别召开民主评议工作会议，对市人力资源和社会保障局和市食品药品监督管理局取得的成绩、存在的问题进行客观评价，提出改进工作的意见、建议。（李巍巍）

11月22日，扬州市政协举办2017年度“政协论坛”电视论坛活动

市政协办公室/供稿

重点提案

■**加强三大创新板块统筹推进力度** 在扬州市政协八届一次全会上，扬州市政协科技界别组提交《关于加强三大创新板块统筹推进力度的建议》提案。提案建议：(1)加强统筹协调，健全推进机制，成立三大创新板块建设推进工作领导小组，定期召开协调督查会；(2)完善整体规划，拓展发展空间，将三大创新板块纳入土地利用总体规划和城市总体规划，尽力优先供地，在道路交通、水电配套、通信环保等方面加强统一规划和布局完善；(3)突出项目建设，加大推进力度，围绕三大创新板块产业链和创新链，在强链、补链、扩链等关键环节，大力招引项目进驻；(4)集成政策扶持，强化保障支撑，为创新板块发展设立专项政策资金用于支持创新板块建设运营。该提案由市经信委主办，市科技局、市农委、高邮市政府、邗江区政府、广陵区政府、开发区管委会、生态科技新城协办。办理情况：市经信委拟制并提请扬州市政府出台《市政府关于促进先进制造业加快发展的政策意见》《市政府关于印发进一步支持软件和互联网、机械及特色高端装备、汽车、食品产业加快发展的政策意见的通知》等文件，为深化办理工作的成效打下良好的基础。5月8日，常务副市长陈扬到市科技局调研，对三大创新板块建设作出指示，要求市科技局牵头，各部门各地区协同推进。三大创新板块已形成建设工作方案，助推三大创新板块建设工作向纵深迈进。市农委针对提案内容，一方面，推进农业龙头企业精深发展；一方面，开展创业创新人员的排查，建立全市返乡下乡人员创业创新数据库。5月初，市农委组织全市返乡下乡人员创业创新培训和“扬州市返乡下乡人员创业创新大赛”，获得省“双创”大赛“优秀组织奖”。（李巍巍）

■**加强扬州市公园体系建后管理** 在扬州市政协八届一次全会上，民进扬州市委提交《关于扬州市公园体系建后管理的建议》提案。提案建议：(1)强化“三分建七分管”意识，将管理成效视为领导干部的业绩，纳入年度考核内容；(2)创新管理体制建设，明确责任主体，归口某一个政府主管部门，在该部门之下成立一个管理公司，全权管理城市公园的所有事务；(3)保证公共财政投入，把城市公园建后管理经费列入公共财政的制度性安排，在保证财政资金到位的情况下，鼓励热心公益事业的人士捐赠，以定向捐赠、定向使用的方式补充管理经费；(4)降低运行维护成本，能够使用机械维护的项目尽可能使用机械，降低劳动力成本，可考虑引入义工、志愿者服务，以降低运行维护成本。该提案由市园林局主办，市体育局协办。办理情况：市园林局加强顶层设计，注重建章立制。制定下发《扬州市加强公园管理的实施意见》《扬州市开放式公园分类分级管理标准》《扬州市开放式公园管理规程》等文件，起草《扬州市公园建设管理技术规范》《扬州市公园管护考核奖励办法》等相关文件。《扬州市公园条例》12月1日起实施。构建协同机制，规范建管过程，加强与各公园建设单位对接和建设过程的监督检查。加强重点整治，注重长效管理。对市园林系统及各县(市、区)建设局园林处管辖的公园(景区)单位进行全面的摸底排查。发动群众参与，打造全民共管。面向社会招募55名具有法律、工程建设、设计、绿化等相关专业的“公园管家”并成立公园志愿者总队。（李巍巍）

■**构建产业技术创新战略联盟、提升产业核心竞争力** 在扬州市政协八届一次全会上，九三学社扬州市委员会提交《加快构建产业技术创新战略联盟、提升产业核心竞争力的对策建议》提案。提案建议：(1)加快制定联盟发展规划，明确发展目标和任务；(2)加快建立联盟运行机制，健全联盟利益分配机制；(3)逐步完善联盟管理机构建设，促进联盟规范运行；

(4)构建产业技术创新联盟的内部协调与信任机制，形成联盟可持续发展的动力机制；(5)构建优势领域完整产业技术创新链。该提案由市科技局主办。办理情况：(1)围绕重点产业发展需求，加快构建、完善联盟；(2)探索创新联盟管理模式，规范联盟工作机制，加大统筹服务，制定出台《关于推动产业技术创新战略联盟构建与发展的实施办法》，并强化自律管理；(3)提供各类集成支持，推进联盟深度合作；市科技创新28条正在细化落实，将出台操作细则；(4)加大协调推进力度，支持联盟良性发展，营造良好氛围，加强绩效考核，开展金融支持。（李巍巍）

■爱护水环境，共享水美家园 在扬州市政协八届一次全会上，李萍、陈谊、关兵委员提交《爱护水环境，共享水美家园》提案。提案建议：(1)树立系统的清水活水理念，水环境通盘规划，做到“活水引得进、污水排得出”；(2)落实严格的截污治污措施；(3)推进靠实的治理项目建设，大力推进污水管网建设，迅速提高污水收集率和处理率；(4)建立协同的治水管水机制，建立统一的城市河流管理机构，明确各职能部门的管理责任，加强与县(市、区)及其他城市的协调对接。该提案由市建设局主办，市水利局、市环保局、市城控集团协办。办理情况：建设局结合省“263”专项行动的贯彻落实，重点推进黑臭水体整治工作，对市区列入2017年整治任务的黑臭水体项目落实责任主体、量化整治内容、细化月度目标、明确时间节点、强化督查考核，确保整治工作持续有效推进。组织编制《扬州市黑臭水体整治实施方案》，并于2017年4月26日批准实施。全市2017年黑臭水体整治项目共49个，已完成11个，开展前期项目30个，均通过政府门户网站进行公示。市政府印发《关于扬州市区污水处理设施“四统一”实施方案》和《全面推行河长制实施意见》，将重点加强水环境整治和保护的宣传教育，引导全社会关注黑臭水体清水活水工程、理解城市水环境整治工作的艰巨性和复杂性，支持并参与到治水护水的工作中。（李巍巍）

■推进特色小镇建设 在扬州市政协八届一次全会上，民盟扬州市委提交《借鉴兄弟地区成功经验，推进我市特色小镇建设》提案。提案建议：(1)制定特色小镇工作意见，打破行政区划，在市区、县(市)城区周围或部分乡镇，优化设立一批名副其实的特色小镇；(2)编制特色小镇发展规划，将城镇、社会经济以及生态环境等多项规划进行有机融合，科学有效地指导特色小镇规划建设工作；(3)出台特色小镇扶持政策；(4)结合水资源和生态环境保护进一步加强生态修复工作；(5)发挥龙头企业示范作用将一盘散沙的乡镇特色经济提升为特色小镇发展建设的原动力。该提案由市发改委主办，广陵区政府、市旅游局协办。办理情况：市发改委推动扬州市政府出台特色小镇扶持政策。起草并提请中共扬州市委、扬州市政府于5月出台《市政府关于加快创建特色小镇的实施意见》。深入调研并提出10个首批市级特色小镇创建名单并报中共扬州市委、扬州市政府研究通过。5月，市政府正式公布首批市级特色小镇创建名单。指导帮扶头桥医械小镇创成省级特色小镇。做好特色小镇宣传推介等活动。在中国扬州门户网站开辟扬州特色小镇网页，在市发改委官方微信开辟专栏，定期发布全市特色小镇创建进展情况。6月30日，市发改委举办特色小镇提案集中见面答复活动。计划举办特色小镇项目投融资对接会，借鉴浙江等地成功经验，采用PPP或发行企业债券等方式全方位提升特色小镇运营质态，为全市特色小镇建设提供资金保障。（李巍巍）

■致力江淮生态大走廊建设，打造美丽中国扬州样板 在扬州市政协八届一次全会上，杨文喜委员提交《关于致力江淮生态大走廊建设，打造美丽中国扬州样板的建议》提案。提案建议：(1)进一步加大江淮生态大走廊项目推进力度，同时积极向上呼吁申报国家级战略项目；(2)成立市级领导协调机构，统筹推进江淮生态大走廊建设；(3)市级相关部门单位加大指导帮扶力度，进一步加大项目、资金向大走廊集聚，助推江淮生态大走廊又好又快发展；(4)市级相关部门单位给予高邮政策倾斜和资金重点支持。该提案由市发改委、市环保局主办，高邮市政府、宝应县政府、江都区政府、市财政局协办。办理情况：市发改委从4月中旬开始，重点针对江淮生态大走廊建设向上争取工作，围绕列入国家级和省级规划、重点项目进“笼子”、基金设立等内容进行深入调研。中共扬州市委、扬州市政府制定出台《扬州市江淮生态大走廊建设行动方案》《扬州市“263”专项行动和“江淮生态大走廊”建设考核办法》，对大走廊建设同步实行“月调度、季督查、年考核”。江淮生态大走廊建设已纳入国家《长江经济带生态环境保护规划》、江苏省《“十三五”生态环境保护规划》，写入省第十三次党代会报告，并放大到苏北淮河流域其他城市，作为省级战略推进实施。“烟花三月”国际经贸旅游节期间，成功举办江淮生态大走廊运河城市合作恳谈会，联合发表《江淮生态大走廊运河城市合作框架共识》。（李巍巍）

■促进农村富民增收 在扬州市政协八届一次全会上，徐卯林委员提交《关于促进我市农村富民增收的几点建议》提案。提案建议：(1)加快发展现代农业步伐，挖掘农业内部增收潜力。强化现代农业基础设施建设，大力培植为现代农业提供低成本、便利化、全方位社会化服务的新型组织。(2)加快推进一、二、三产业融合发展，开发农村二、三产业增收空间。加速传统农产品加工转型升级，充分发挥“互联网+”叠加效应，提升农业附加值。(3)加快促进农民工转移就业和创业，拓宽农村外部增收渠道。制定和实施农民工职业技能提升计划，与市场进行有效对接，提高农民创业的抗风险能力。(4)加快实施科技兴农战略，依靠科技创新提高农业增收效率。该提案由中共扬州市委农工办主办，市科技局、市农委协办。办理情况：(1)实施农业供给侧结构性改革。到2020年新增农业(渔业)面积1.4万公顷；积极推进现代农业园区建设，实施省级以上农业科技项目80项以上，农业科技进步贡献率达到70%以上。(2)促进农民就业创业。每年扶持农民在非农产业成功创业2000人，带动就业1万人以上。(3)补长增收短板。宝应、高邮、仪征农村低保提高到每人每月580元以上，确保所有建档立卡的低收入农户全部实现人均收入7000元脱贫目标。(4)深化农村改革。引导农村土地经营权有序规范流转，每年培育生产经营型、专业技能型和专业服务型三类新型职业农民1.5万人。培育新型农业经营主体，家庭农场经营面积占农户承包地面积50%以上，入社农户数占总农户数比达80%。 (李巍巍)

■加快落实城乡居民医疗保障制度一体化 在扬州市政协八届一次全会上，王劲松委员提交《关于加快落实城乡居民医疗保障制度一体化工作的建议》提案。提案建议：(1)尽快推行医疗城乡一体化建设，促进各项医疗保障资源的整合和统一管理，实现保障公平。首先，要建立城乡居民基本医疗保险制度，统筹缴费和待遇享受标准，整合经办机构，统一信息管理平台，实现网络资源共享。(2)尽快核准人员，消除重复参保，统一保障内容。(3)科学测算，合理增加财政投入，提高服务水平。(4)抓好平稳过渡，促进城乡医保健康发展。该提案由市人社局主办，市财政局、市卫计委协办。办理情况：4月，市人社局提请扬州市政府下发《市政府关于印发扬州市整合城乡居民基本医疗保险制度实施方案的通知》，为全市城乡居民基本医疗保险制度整合工作奠定了基础。(1)组织开展基金清算与审计。除少部分地区新农合基金清算审计整改工作尚未到位，其他基金清算审计工作已全面完成。(2)推进职能调整和机构整合。6月底，市编制部门对全市新农合职能调整和机构划转工作作出明确要求，至年末，全市城乡居民医保经办机构整合、职能调整已基本全部到位。(3)启动实施在校学生参保缴费，确保在校学生应保尽保。(4)调研制定新的城乡居民医保实施细则。征求意见稿已形成，并组织全市人社部门和市财政部门进行专题会商。 (李巍巍)

■集约节约利用国土资源 在扬州市政协八届一次全会上，扬州市政协城乡建设(人口资源环境)委员会提交《关于集约节约利用国土资源的建议》提案。提案建议：(1)积极实施建设用地空间管制。及时修正完善相关规划，及早划定并严格管控边界和区域，严格控制新增建设用地规模。(2)严格实施用地标准控制。切实落实建设项目用地预审制度，实行准入管理，进行节地水平评价，并形成合同制约，从源头限制低产能低效益项目落地，控制准入项目用地规模，通过做优增量提升集约节约用地水平。(3)加大存量用地盘活利用力度。要积极研究低效用地退出及再开发具体办法，加强政策引导，鼓励利用存量土地建设众创、众包、众扶、众筹等新型孵化基地，创新存量土地盘活利用新办法新模式，提高存量土地在土地供应总量中比例。该提案由市国土局承办。办理情况：(1)发挥规划引领作用、优化发展空间布局。开展土地利用总体规划调整完善、创新实施空间"圈层控制"、划定发展边界、探索多规融合。(2)推进土地综合整治，促进保护和利用并举，深入开展农村土地综合整治，加快推进城市土地综合整治，全面实施矿区土地综合整治。(3)聚力管理创新，推进建设用地集约利用，开展多层节约集约评价，推进利用管理模式创新，推进土地利用技术创新。(4)多措并举，全力盘活利用存量土地。针对提案中提到的土地利用效率不高、产出效益低、低效用地多等问题，严格落实国土空间管制要求，推行土地要素差别化供给，开展城镇建设用地提效工程，加大闲置土地预防和处置力度，持续推进全市土地集约节约利用水平的提升。 (李巍巍)

2017年扬州市政协重点提案一览表

表9-1

案　由	提案者
爱护水体环境，共享水美家园	李　萍　陈　谊　关　兵
关于促进我市儿童医疗事业发展的建议	严志刚
尽快解决我市市民下班高峰期"打的难"的问题	刘　刚
关于进一步规范新建住宅小区配建社区、物业用房的建议	刘春晓
关于加强防范我市校园欺凌事件频发的建议	张仁田
"大分流，小分类"有序推进我市生活垃圾分类工作	刘海春
借鉴兄弟地区成功经验，推进我市特色小镇建设	民盟扬州市委
关于加强快递用电动三轮车管理的建议	周　波

续表9-1

案　　由	提案者
加快完善社会养老服务体系建设	民革扬州市委
加快发展扬州战略性新兴产业	徐向明
关于缓解城市道路交通拥堵的几点建议	凌万兵
加强对代驾行业监督管理的建议	黄富宏　徐尔山　严志刚
关于规范清理全市民办培训市场的建议	洪　扬
关于扬州市公园体系建后管理的建议	民进扬州市委
建议市政府出台鼓励海外华人华侨来扬创新创业意见的建议	扬州市政协港澳台侨委员
关于抓紧在江广融合区域配套建设初中的建议	夏正祥　房　磊　陈桂珍
关于发展扬州特色乡村旅游业的建议	姚凤梅　周钰杰
关于致力江淮生态大走廊打造美丽中国扬州样板的建议	杨文喜
关于同步实施城市南部快速通道沿线环境整治和美化绿化的建议	民建扬州市委
关于打造环城快速立体交通体系的建议	陈建华　丁卫社　汪清香
扬州文化创意产业发展现状及对策研究	市工商联
关于促进我市农村富民的几点建议	徐卯林
关于切实加强主城区活禽屠宰管理的建议	陶建平　蔡之国　陈志华
加强农民集中居住区管理服务	丁玉祥　王恒弟
关于加强三大创新板块统筹推进力度的建议	扬州市政协科技界别组
关于加大扬州市区渣土车整治力度的几点建议	田志明
关于加强产业园区、科技综合体、众创空间建设的建议	殷　明
关于加快落实城乡居民医疗保障制度一体化工作的建议	王劲松
高起点规划建设江淮生态大走廊必须重视农业面源污染防治	余海鹏　刘　文
加快构建产业技术创新战略联盟、提升产业核心竞争力的对策建议	九三扬州市委
关于规划建设京杭运河“扬州绿道”的建议	余俊臣　孙兴洋
重视智慧社区建设 打造智慧社区建设扬州样板	王　琴　王　薇
关于推广市级智能停车管理系统实施停车一卡通	韩满陵
传承和发扬工匠精神，重视传统技艺的传承	程　兵
深度推进大运河遗产价值发掘利用	冬　冰
关于集约节约利用国土资源的建议	扬州市政协城乡建设委员会
完善台商就医及子女就学绿色通道	平志明

（李巍巍）

中共扬州市纪律检查委员会

Zhonggong Yangzhoushi Jilujiancha Weiyuanhui

编 辑 崔成鹏

综述

概况 2017年,全市各级纪检监察机关认真履行党章赋予职责,正风肃纪反腐,当好政治生态“护林员”,全市党风廉政建设和反腐败工作取得新的进展和成效。扬州市纪委、市监察局获评全市机关年度绩效管理和综合考评“先进单位”,“打造党员干部廉政教育新高地——平山堂廉政教育基地”获中共扬州市委、扬州市政府“工作创新奖”。 (毛前晔)

党风廉政建设 加强对中共扬州市委、扬州市政府民生工作1号文件、服务企业2号文件等决策部署和重点工作贯彻落实情况的监督检查,适时开展立项监察,确保政令畅通。加大环保领域违纪问题查处问责力度,对省环保督察组移交问题共问责处理40人。制定实施2017年十大环节操作规范,开展“三直接”操作规范执行情况评估,精准推动制度刚性执行。推进制度廉洁性评估工作,开展制度实施后驻点评估,指导督促有关地区部门廉评制度227项,严防制度“带病”运行。严把选人用人政治关、廉洁关、形象关,规范操作程序,公正、客观地回复拟任人选的党风廉政情况。全年共答复省纪委、市委组织部关于290名干部党风廉政情况的征求意见,有效防止干部“带病”提拔、“带病”上岗。开展“5·10”党风廉政教育日、“12·9”国际反腐败日活动,加强正反典型教育,召开全市领导干部警示教育大会,以案说纪、警钟长鸣。开展廉洁文化“六进”活动,举办“清风相伴、一路‘廉’行”文艺巡演。精心打造平山堂省级廉政教育基地、南河下家风展示区等精品工程,常态化、基地化推进家规家训家风建设。在中央纪委监察部网站推出阮元、史可法、仪征盛氏等3部家规专题片,总数位居全国地级市第二位。 (毛前晔)

作风建设 2017年,全市纪检监察机关紧盯重要时间节点、具体问题线索和“四风”问题新动向,严查违规公款吃喝、公款旅游、公款购买赠送节礼等违纪违规问题。全市共查处违反中央“八项规定”精神问题122起、处理230人、党纪政纪处分211人,比上年分别增长69.4%、107.2%和90.1%。在全市开展违规吃请和公款吃喝问题专项整治“回头看”,查处违规吃喝问题11起、处理38人。深入推进公款购买消费高档白酒专项整治行动。加大通报曝光力度,扬州市纪委通报曝光违反中央八项规定精神典型问题4批、20起。开展农村基层不正之风和腐败问题专项治理,推动建设“阳光扶贫”监管系统,通过制度化、信息化、公开化,着力解决发生在群众身边的腐败问题。全市共查处扶贫领域案件121件。

(毛前晔)

纪检监察队伍建设 学习贯彻中共十九大精神,推进“两学一做”学习教育常态化制度化,按照省纪委部署,围绕“四铁四强化”开展全市纪检监察系统自身建设专项行动,扎实推进18项重点措施。开展“党章党规记心中,服务发展当先锋”主题教育,组织赴延安、井冈山党性教育培训,开展“我是党课主讲人”“我讲我的业务”等岗位练兵活动,不断提高纪检监察干部政治素质和理论水平。开展“聚焦富民·走千村访万户”大走访大排查活动。举办全市纪检监察干部先进事迹报告会,激励广大干部见贤思齐、锐意进取。坚决执行江苏纪检监察干部“六条禁令”,印发廉政风险防控手册,制定出台监督执纪回访暂行办法和“八小时”以外社会交往守则,严格约束纪检监察干部行为。对违纪违法纪检监察干部有案必查、决不护短,处置相关问题线索65件,立案查处5人。 (毛前晔)

重要会议

市纪委七届二次全会 1月24日,扬州市纪委召开七届二次全会,市纪委委员出席31人,列席380人。全会传达学习中共中央总书记习近平在十八届中央纪委第七次全体会议上的重要讲话和中纪委书记王岐山的工作报告,以及十三届省纪委二次全会精神。市委书记谢正义在全会上讲话,就深入学习认真贯彻习近平总书记重要讲话精神,持续深化党风廉政建设和反腐败工作,在全面从严治党中走在前作表率,打造忠诚干净担当的纪检监察队伍等提出明确要求。全会审议并通过市委常委、市纪委书记李航代表市纪委常委会所作的题为《推动全面从严治党向纵深发展,为建设“强富美高”新扬州提供坚强纪律保障》的工作

报告。审议并通过《中国共产党扬州市第七届纪律检查委员会第二次全体会议决议》。（毛前晔）

■中共扬州市委巡察机构建设暨市纪委派驻机构改革动员部署会 9月18日，中共扬州市委巡察机构建设暨市纪委派驻机构改革动员部署会召开。市委书记谢正义出席会议并讲话。谢正义强调，要认真学习中共中央总书记习近平系列重要讲话精神，深刻领会加强巡察和派驻监督的重要意义，牢记职责使命，把思想和行动统一到中央和省委、中共扬州市委的部署要求上来，切实扛起巡察和派驻监督的政治责任，着力形成管党治党"双轮驱动"、党内监督"双剑合璧"的良好局面。（毛前晔）

■中共扬州市委巡察机构、市纪委派驻机构全体干部集体谈话会 9月18日，中共扬州市委巡察机构、市纪委派驻机构全体干部集体谈话会召开。市委常委、市纪委书记李航强调，巡察和派驻机构全体干部要统一思想认识，全面贯彻中共扬州市委关于推进巡察和派驻监督"两个全覆盖"的决策部署；迅速进入角色，更好履行巡察和派驻职责任务；严明纪律要求，维护巡察和派驻干部的良好形象，开创全市党风廉政建设和反腐败工作新局面（毛前晔）

■县(市、区)、功能区纪(工)委书记座谈会 10月24日，扬州市纪委召开县(市、区)、功能区纪(工)委书记座谈会，传达学习贯彻党的十九大精神。市委常委、市纪委书记李航主持会议。李航强调，要坚决贯彻习近平新时代中国特色社会主义思想，落实党中央和中央纪委关于反腐败斗争的决策部署，推动全面从严治党向纵深发展，持之以恒正风肃纪，坚持无禁区、全覆盖、零容忍，坚持重遏制、强高压、长震慑，巩固反腐败斗争压倒性态势、夺取反腐败斗争压倒性胜利。全市各级纪检监察机关和广大纪检监察干部要把传达学习贯彻中共十九大精神作为当前一项重要政治任务，原原本本学，认认真真悟，真正做到学深悟透、学通弄懂，切实做到内化于心、外化于行。（毛前晔）

■县处级党政主要负责人廉洁从政情况汇报会 12月14日，中共扬州市委全会听取2017年县处级党政主要负责人廉洁从政情况汇报。市委书记谢正义主持会议并讲话。2017年，是扬州市第18年组织县处级党政正职汇报廉洁从政情况，也是中共扬州市委第一次深化巡察、派驻监督成果利用，将"问题清单＋季度汇报"制度融入"一把手"汇报工作中。谢正义强调，"一把手"肩负着各地各部门各单位管党治党的第一责任，要坚决把主体责任扛在肩上、落到实处，做到守土有责守土尽责。（毛前晔）

重要工作

■落实"两个责任" 坚持主体责任向上级党委和纪委"双报告"制度，对各地各部门党组织落实责任情况开展检查考核、进行综合评价。探索建立"问题清单＋季度汇报"制度，健全完善问题导向、责任明晰、定期汇报、强化问责的工作机制，30个部门单位"一把手"向中共扬州市委汇报落实主体责任和"问题清单"整改情况。探索专责监督工作，搭建案例综合分析中心，深入剖析重点领域典型案件，分析案发根源，向3个单位党组织下发监督意见，督促落实主体责任。严格实行"一案双查"，全市有8个党组织、130名领导干部因落实"两个责任"不力被问责，问责人数比上年增长65%，问责力度明显加大。（毛前晔）

■执纪审查 2017年，全市纪检监察机关共接受信访举报2630件次，立案查处违纪违法案件1822件、比上年增长12.8%，给予党纪政纪处分1859人，其中查处县处级干部17人、乡科级干部94人，移送司法机关15人。扬州市纪委严肃查处李琴、兰松等党员领导干部严重违纪违法案件。坚持抓早抓小、防微杜渐，对反映的一般性问题及时谈话提醒、约谈函询，全市纪检监察机关谈话函询286件次、增长201%。出台对市管干部实施"第一种形态"谈话暂行办法，党委(党组)主要负责人谈话65次。全市共运用监督执纪"四种形态"处理3077人、增长70.7%，其中运用第一、第二种形态占90.4%，第三种形态占3.2%，第四种形态占6.4%，"四种形态"结构性特征基本显现，运用更加科学合理。加大实名举报宣传和信访分析力度，构建信访监督闭环，提升信访举报有效性。认真贯彻监督执纪工作规则，建立健全"1＋N"配套制度体系，确保监督执纪工作规范运行。推行典型案例指导制度，全面提升案件质量。（毛前晔）

■巡察派驻监督 完成中共扬州市委巡察机构建设和扬州市纪委派驻机构改革任务。统筹推进中共扬州市委巡察工作五年规划，明确政治巡察定位要求和全覆盖工作任务。协助省委巡视组对江都、仪征"回头看"和巡视工作。协助中共扬州市委抓好省委巡视发现的突出问题面上整改，推动责任部门落细落实9大类30项分解任务。开展新一届中共扬州市委巡察工作，分三轮对25个部门单位党组织进行巡察，发现问题299个，移交问题线索118条。完成乡镇巡察全覆盖，探索实施巡察工作向村(社区)延伸。各派驻纪检组进驻后，聚焦主责主业，紧盯驻在部门"三重一大"事项和权力运行风险点，受理信访举报145件次，立案3件，"探头"作用初步显现。（毛前晔）

■监察体制改革试点 根据中央统一部署，超前谋划，牵头推进和组织协调全市监察体制改革试点工作。在深入调研、学习先行地区经验做法的基础上，成立改革试点工作小组，制定实施方案，挂图作战，倒排进度，协调推进编制划转、机构设置、干部转隶等工作，严把人员政治关、思想关、廉洁关，做好转隶人员的思想政治工作。科学设置扬州市纪委、监委机关内设机构，机构数、编制数向监督执纪部门倾斜，调整后分别占总数的77.8%、79.5%。举办监察体制改革专题研讨班、"纪法融合"培训班，构建市县两级监察工作运行新"1＋N"制度体系。（毛前晔）

民主党派 工商联 群众团体

Minzhudangpai Gongshanglian Qunzhongtuanti

编 辑 崔成鹏

民革扬州市委员会

参政议政 2017年，中国国民党革命委员会扬州市委员会（简称市民革）在扬州市政协八届一次全会上提交集体提案9件、委员个人提案33件。其中《推动扬州发展"大运河文化旅游"的建议》被列为大会交流发言材料。市民革围绕"大运河文化带建设"议题在扬州市政协八届四次常委会上作交流发言。市民革界别委员小组被评为扬州市政协优秀界别，严华、尤广秀被评为扬州市政协优秀委员。市民革被民革江苏省委评为提案工作先进集体。年内，市民革赴扬州高新区调研企业创新发展情况。开展"推动扬州全域旅游建设，努力打造国际文化旅游名城"专题调研活动。围绕"江淮生态保护"课题，赴高邮调研"高邮湖生态建设"情况。完成调研报告《多措并举 三湖连片 全力打造江淮国家公园》，并在中共扬州市委召开的民主协商会上进行详细汇报。各基层支部开展各类调研活动37次。全年完成调研报告68篇，报送信息124条，27篇被上级部门采用。扬州民革网站发布各类信息80余篇。 （姜 斌）

民主监督 市民革参加中共扬州市委、扬州市政府召开的民主协商会、情况通报会，扬州市政协常委会、主席会以及相关视察活动，先后就市"两会"有关人事安排、政府工作报告等议题作交流发言。就实体经济发展、生态环境保护、乡村振兴计划等方面提出建议。 （姜 斌）

社会服务 2017年，市民革及各基层组织开展服务活动21次，捐资助学5万余元，提供医疗义诊、法律咨询等各类项目，服务群众近千人次。在扬州市春江花园社区、皇宫社区开展"'博爱·牵手'走基层"系列社会服务活动。8月，市民革配合中共扬州市委统战部赴仪征市丁公村，围绕"聚焦富民、关爱健康"主题为百姓开展"送医疗送文化"服务。12月，主委王静成前往江都区张纲社区开展"阳光扶贫"入户走访活动。市民革参与民革中央对口帮扶工作，完成首批纳雍县人民医院医生的帮扶培训。市民革获评"民革全国社会服务工作先进集体"，市委会副主委关兵获评"民革全国社会服务工作先进个人"。

（姜 斌）

6月9日，中国国民党革命委员会仪征市总支部委员会召开第二次党员大会 姜 斌/摄

组织建设 2017年，市民革指导并推动仪征市总支的换届工作。各支部推进"党员之家"建设工作，先后成立3处党员活动室（中心）。全年发展新党员10人，均具有本科及以上学历，平均年龄40.9岁。至年底，市民革有党员510人，有全国人大代表1人，省人大代表2人，省政协委员2人，扬州市人大代表2人，扬州市政协委员19人。有12名党员参加民革江苏省第十一届委员会专门委员会。

（姜 斌）

民盟扬州市委员会

参政议政 2017年，中国民主同盟扬州市委员会（简称市民盟）在扬州市政协八届一次全会上提交集体提案11件。其中，《借鉴兄弟地区成

功经验 推进我市特色小镇建设》得到中共扬州市委书记谢正义批示，并被评为年度优秀提案；《建议将建设“大运河经济带”上升为国家战略》被转化为省民盟主委胡刚在全国政协的个人提案，并被列为全国政协2017年度重点提案。完成《积极抢抓三大战略叠加机遇 推进“强富美高”新扬州建设》等5篇调研报告，《关于发挥好江北新区对苏中、苏北引领功能的研究》和《关于苏中地区教育大数据的实践使用研究》被选为省民盟合作课题，《挖资源 创特色 助力国际文化旅游名城创建》和《关于江淮生态经济区相关县市生态修复和乡村振兴的建议》在党外人士专题调研协商座谈会上获得中共扬州市委领导的好评。在第八届“江苏教育发展论坛”发表论文17篇，获1个一等奖。在第五届“江苏城镇化论坛”发表论文2篇。在第四届“江苏生态文明建设论坛”发表论文1篇。在“市政协论坛”发表论文7篇，获1个一等奖。获民盟江苏省参政议政工作先进集体一等奖。（秦 敏）

■组织建设 组织艺术作品参加省民盟和中共扬州市委统战部庆祝中共十九大书画展。在仪征捺山地质公园种植民盟“同心林”。带领新盟员走进大别山开展“红色拉练”。组织盟员参观爱国主义教育基地。先后推荐110余人次参加各类骨干培训班。设计“新盟员访谈问卷”，严格执行新盟员培训计分制度。继续推动活力基层组织建设，19个基层组织在年度测评中全部达标，其中有10个优秀基层、3个特色基层。获评民盟江苏省活力基层组织建设先进集体。原主委、院士刘秀梵获教育部科学技术进步一等奖。全年发展盟员32人，平均年龄41岁，其中女性13人，本科以上学历29人，中级以上职称20人。至年底，有盟员731人。（秦 敏）

■社会服务 创立“同舟共济”社会服务品牌，开展系列帮扶活动。在杨寿学校设立“民盟向日葵公益艺术课堂”和“共享书屋”，免费为留守儿童、贫困学生提供音乐、书法培训，开创新的阅读空间。盟员多次赴省内外和市区乡镇学校送教。承接省民盟“烛光行动”任务，连续第三年赴淮安和宿迁支教；发起推动成立“扬州日化产业技术创新战略联盟”，帮助全市37家日化企业构建产业合作体系；响应精准扶贫号召，市民盟领导多次赴高邮菱塘、江都武坚、仪征月塘等乡镇走访慰问困难群众，帮助月塘乡引进农科所良种培育基地项目。扬州大学盟员在贵州从江县援建香水柠檬示范基地，捐赠泥鳅种苗并指导农户养殖。主委程吉林率队赴洪泽、青浦、海安等地开展技术咨询和专题讲座，其领衔的江苏省科技厅“废黄河整治”工程，全年在睢宁、泗洪县共投资190.5万元，对种植基地的灌溉设施进行更新改造与配套建设，解决高效节水灌溉中存在的技术问题；新联会员为扬州职业大学新疆班设立管理基金和实训基地，开展“夏日送清凉”活动，向环卫工人赠送价值1万元的清凉包；书画院盟员踊跃参加省内外书画展，送春联进社区。获评民盟江苏省社区服务先进集体。（秦 敏）

■信息宣传 建立“扬盟智库”信息群，开设扬州民盟微信公众号。向有关单位报送社情民意和统战信息209条，其中被民盟中央采用6条，省政协采用1条，中共江苏省委统战部采用7条，民盟江苏省委采用104条，中共扬州市委办采用11条，中共扬州市委统战部采用147条。6篇信息被中共扬州市委统战部《诤言快语》采用。另有150余篇宣传稿件在各类媒体录用，其中1篇在《人民政协报》登载、2篇在《团结报》登载、2篇在《新华日报》登载、1篇在《挚友》登载、15篇在《江苏民盟》登载。出版《扬州盟讯》2期。获民盟江苏省反映社情民意信息工作先进集体一等奖和新媒体建设先进集体。连续第六年获中共扬州市委统战部反映社情民意信息工作一等奖。（秦 敏）

民建扬州市委员会

■参政议政 2017年，中国民主建国会扬州市委员会（简称市民建）在扬州市政协八届一次全会上提出提案、议案、建议63件，其中集体提案12件、委员提案44件、代表议案建议7件。由陈一峰执笔的《关于同步实施城市南部快速通道沿线环境整治和美化绿化的建议》集体提案，获中共扬州市委书记谢正义批示，规划、交通和园林部门吸纳意见，推进实施。姚凤梅执笔的《关于发展扬州特色乡村旅游业的建议》和由王琴提交的《重视智慧社区建设，打造扬州样板》分别被列为市长领办提案、主席督办提案。《加快推进农村低保制度与扶贫开发政策的有效衔接》提案得到落实。及时反映社情民意。全年联系收集各类社情民意189篇，编发《民建信息》108期，中共扬州市委统战部采用89篇，18篇社情民意被中共扬州市委统战部《诤言快语》采用。（周 岚）

■宣传教育 做好会刊的编发、网站及微信公众号的管理工作。每个季度出版一期会刊并发放至基层组织，确保会员人手一本。全年网站上稿量127篇。1月10日开通扬州民建微信公众号，至年底，关注人数588人，发稿120篇，阅读量超过2万人次。全年在各类新闻媒体刊发稿件400余篇，在省级以上新闻媒体刊发稿件60余篇，《盛夏送凉爽——民建广陵区总支慰问贫困老人》被评为省宣传优秀作品。《思行合一 求真务实 努力开创思想宣传工作新局面——民建扬州市委思想建设与宣传工作总结》《凝聚人心促共识 尽心履职重实效——民建扬州市委开展“坚持和发展中国特色社会主义学习实践活动”总结》被《江苏民建》刊发。《跳出历史的“周期律”——社会主义协商民主视角下的民主党派民主监督研究》被民建中央表彰为理论研究成果二等奖。开展主题教育。参与民建中央“不忘合作初心，继续携手前进”主题征文活动，累计报送征文28篇，其中2篇被评为优秀征文，获民建省委优秀组织奖。民建扬州市委会发动基层组织推荐徐桂森、陆伟国、吴永忠等3名“最美同心人”，通过短信、网站、微信公众号向会员推送事迹报道

阅读链接。全年各基层组织开展爱国爱会教育活动30余次。 （周 岚）

■**协商监督** 市民建参加中共扬州市委、扬州市人大、扬州市政府、扬州市政协召开的民主协商会、情况通报会、扬州市政协常委会以及相关视察活动，参与全市重大决策和重要人事安排协商，提出意见和建议。市民建以党派名义提出意见和建议80多条。市民建36名会员受聘担任中共扬州市委、扬州市政府及相关部门的行风监督员、党风特邀监督员、社会监督员、特邀纪检监察员，参与党风廉政建设的检查和监督，开展对社会相关行业及市级机关的行风评议活动。向“扬州政协论坛”提交论文85篇，占比近20%，获扬州市政协论坛组织奖。 （周 岚）

■**组织建设** 按照民建省委要求印发《基层组织工作手册》及达标考核配套文件范本，各基层组织基本达到《基层组织工作手册》的建档要求。加大机关对基层组织工作的指导，推动基层组织对内开展多种多样活动提升凝聚力，对外开展宣传交流提升基层组织及会员自身素质和社会影响力。市委会积极适应会员结构、分布的变化，完善基层组织架构，2月，成立工业总支部；6月，成立生态科技新城支部；制定基层组织及专委会、工委会换届的指导意见，完成仪征总支部、企业家工作委员会换届任务。全年新发展会员60人，至年底，有会员1152人，平均年龄43.1岁，其中63%的会员具有本科以上学历，542人具有中级以上职称。会员中经济界人士占会员总数的74.8%，企业高级管理人员占25.3%、政府和司法机关人员占14.2%、专家学者占25.1%，有各级人大代表和政协委员142人。 （周 岚）

■**社会服务** 推动各基层组织和社区以结对共建形式开展工作，打造“情暖万家送温暖”品牌。市委会下辖的29个一级组织中，有13个组织先后与社区结对共建，全年向贫困家庭捐款捐物价值17.36万元，帮助解决社区活动经费2万元。邗江区总支部承办市委会“情暖万家送温暖”走进社区活动启动仪式，并协调解决康乐社区2万元活动经费；广陵区总支部、生态环保总支部主委黄红兴出资6万元设立“白衣天使”志愿服务基金，并主动提出生态环保总支部结对武塘社区；三外总支部出资7.8万元成立“暖心”公益基金；经监总支部建立民建社区服务工作站，为基层民众开展微信线上服务。发挥密切联系经济界优势，有效推进思源工程建设。江都区基层委员会开展“助力老区、走进郭村”思源工程行动，在塘头小学建立“思源——维创阅览室”和“七色阳光书画室”。仪征市总支部在枣林湾敬老院、新集敬老院建立同心共建基地，定期为敬老院老人提供帮扶。建设总支部会员丁红创建香巴拉公益服务中心，每年坚持赴四川、云南山区开展爱心助学与支教，通过直接或间接支持，已让上千名孩子重新走进课堂。房地产总支部主委蔡剑与扬州电视台江都频道合作，在《我爱我家》栏目“民建讲堂—房产那些事儿”访谈节目担任主讲嘉宾，全年播出37期。 （周 岚）

民进扬州市委员会

■**参政议政** 2017年，中国民主促进会扬州市委员会（简称市民进）在扬州市政协八届一次会议上提交提案42件，其中集体提案6件，《关于推进宁镇扬基础教育一体化的建议》被列为扬州市政协大会发言材料。参与专题调研，有12篇论文入选扬州政协论坛，《关于扬州市公园体系建后管理的建议》被列为主席督办提案，被评为扬州市政协八届一次会议优秀提案。郭仕红、冷颖、凌翔参与民进省委“江海论坛”并获二等奖。全年完成“江淮生态大走廊公园体系建设研究”“非遗保护在互联网时代的创新发展”“宁镇扬基础教育一体化推进的研究”“推动扬州琴筝产业发展”“完善职业教育招生体系建设”五个重点调研课题，和民进江苏省委联合调研“找准社会需求热点，提高就业培训精准度”和“坚持生态优先绿色发展，加快苏北转型升级”两个课题。 （余宏明）

■**组织建设** 全年发展新会员49人，至年底，市民进有会员617人，平均年龄54岁。有18个基层组织，其中1个县级委员会、1个基层委员会、3个总支。完成基层组织换届工作，将原来育才支部等5个基层组织整合成立民进广陵区基层委员会；将原歌舞团支部、京剧团支部合并成立民进扬州市歌舞剧院支部。江都区支部和民进南通市港闸区基层委员会建立友好基层组织关系。 （余宏明）

■**宣传教育** 围绕“不忘合作初心 继续携手前进”主题教育活动，举办书画展。联合民进丽水市委会，在市美术馆举办“不忘初心 砥砺前行”——庆祝民进扬州市级组织成立60周年扬州丽水两地民进书画展，画展展出会员书画作品89幅。召开一场座谈会，邀请会内老领导、老会员、新会员、基层组织负责人畅叙加入民进的感受，倾叙扬州民进60年的历程。编印一本纪念册，纪念册由图片、书画作品和纪念文章三部分组成，共有“精彩瞬间”“薪火相传”“参政议政”九个章节。刊发一期专版，11月6日《扬州日报》以两个整版专题宣传民进扬州市级组织成立60周年系列纪念活动。 （余宏明）

■**社会服务** 2017年，市民进开展“爱心1＋1”精准帮扶低收入农户专题社会服务，对仪征市月塘镇丁公村三户贫困家庭进行帮扶。联合会员单位——扬州市东方医院与扬州市润扬、蒋王、邗上等七家社区举办“共建健康社区”签约仪式。民进仪征市委、江都区支部、经济支部等基层组织也在敬老节、教师节、植树节、“三八”节开展丰富多彩的社会服务活动。 （余宏明）

农工党扬州市委员会

■**参政议政** 2017年，中国农工民主党扬州市委员会（简称农工党市委)围绕重点项目建设、文化产业发展、生态环境保护等议题,向扬州市政协八届一次会议提交集体提案10件。其中,《爱护水体环境,共享水美家园》《关于切实加强主城区活禽屠宰管理的建议》被列入市长领办提案;《关于促进我市儿童医疗事业发展的建议》被列入主席督办提案;《加强对代驾行业监督管理的建议》被列入扬州市政协指办提案。农工党市委积极申报省委立项课题,共收到各基层组织申报课题65项。3月21日,农工党市委召开参政议政工作会议,评选出《关于对全省节会富民效果的调研和建议》《我省乡镇卫生院医学检验实验室现状调研》等10项课题上报农工党江苏省委,4项课题被农工党江苏省委立项,其中《江淮生态大走廊沿线主要湖泊水生态环境保护研究》为农工党江苏省委重点立项课题。全年农工党市委共进行四次调研活动,其中"江淮生态大走廊沿线主要湖泊水生态环境保护"和"古运河沿线风光带建设进展情况"是重点调研课题。开展高邮湖、邵伯湖、宝应湖的水生态环境保护专题调研。农工党市委就古运河沿线风光带建设进展情况,先后调研三湾湿地生态中心、扬子津古渡口及古渡体育休闲公园、仪扬河与古运河交汇地带的扬子津生态中心及大江风光带等,对运河文化的开发与传承进行探讨。(张　俊)

■组织建设　2017年,农工党市委发展党员41人,平均年龄39.8岁,其中中高级职称占68.3%。至年底,农工党市委有基层组织46个、党员811人。(张　俊)

■社会服务　2017年,农工党市委围绕"不忘合作初心　继续携手前进"主题教育活动,发挥人才智力优势和专业优势,开展义诊活动39次,参加党员350人次,服务群众7600多人次;开展科普讲座19次,参加党员143人次,服务群众近4000人次;捐助21名贫困学生,捐款1万多元;设立工作站(统战工作联络站、服务基地、共建村)4个。服务形式多样化。先后两次组织扬州大学附属医院基层委员会相关党员专家赴宝应开展上消化道早癌筛查暨医联体大型专家义诊活动,活动共筛查540余人次,义诊1100余人次。联合市卫计委,在仪征、高邮、宝应及扬州市广陵区、邗江区、江都区,为基层医疗卫生机构药师、医师开展11期基层药事管理技能培训,培训范围覆盖全市2200多人参训。开展医疗宣教和义诊活动。在"世界防治结核病日",高邮市总支走进高邮市奎楼社区,开展"结核病防治"知识讲座、义诊和咨询活动。"2017中国环境与健康宣传周"期间,仪征市基层委员会组织党员开展食品安全调研活动;广陵区总支走进陕西秦风气体有限公司扬州分公司,开展送健康进企业活动。特色服务品牌化。农工党市委全力打造"健康快车"服务品牌,进社区、进乡镇、进学校、进企业、进军营开展义诊咨询等服务。定期组织党员专家前往公道镇医疗专家工作站和邗江区卫生服务工作站等为群众义诊咨询,防病治病,传播医学知识。4月,江都区支部走访共建村——仙女镇双沟黄庄村,双方就共建的内容、方式等进行交流,确定共建活动方案。6月13日,苏北人民医院基层委员会广陵区李典镇医疗服务基地设立;9月7日,焦云根博士慢病工作室在广陵区头桥镇红桥卫生院揭牌。(张　俊)

致公党扬州市委员会

■参政议政　2017年,中国致公党扬州市委员会(简称市致公党)开展调查研究工作,立项课题完成16项,自主申报课题完成18项,调研报告的质量和深度有了进一步提高。配合致公党中央、省委调研课题组开展相关调研,5月,致公党中央副主席兼秘书长曹鸿鸣到扬州市对房地产调控进行调研。至年末,全市有37人次担任市、县(市、区)两级人大代表和政协委员,在市、县(市、区)两级两会上提交议案、建议、提案50多件,各支部报送社情民意信息128篇。(朱许婷)

■组织建设　2017年,市致公党新发展党员24人。至年末,市致公党有基层委员会1个、支部14个,有党员271人。出台关于组织发展工作的会议纪要,指导组织发展工作。对专委会进行重新调整,专委会的队伍和结构得到优化整合。(朱许婷)

■信息宣传　全年共报送各类宣传稿件166篇,其中被《团结报》《江苏致公》《扬州日报》等纸质媒体以及江苏致公、扬州统战微信公众号等网络媒体刊载20多篇。开展"最美同心人"系列宣传活动,开展中共十九大专题电视片学习征文活动。(朱许婷)

■海外联谊　市致公党鼓励党员发挥自身岗位优势,走出去、请进来,重点在"一带一路"建设进程中发挥自身作用,多名党员与海外高校、企业、华侨社团建立联系,牵线搭桥多个项目、多名人才落户扬州,联合侨务部门开展新侨创新创业调研。此外,还为扬州职大"一带一路"沿线国家留学生班10多名留学生举办"丝路东方,留学中国"书法讲座,受到留学生的好评。(朱许婷)

■社会服务　2017年,扬州市与陕西榆林市对口帮扶,市致公党主委徐晟绥德县扶贫挂职。市致公党助力绥德脱贫攻坚任务,重点开展绥德洪灾捐款帮扶活动、绥德农产品义卖活动,参与党员近百人,捐赠总金额6.96万元。广陵区支部为到扬学习的绥德贫困学生开展一对一助学帮扶活动。发挥党内"非遗"大师众多的优势,开展"致爱工程""非遗"文化系列宣传活动,走进乡村、走进社区、走进幼儿园、走进高校、走进企业,全年共开展"非遗"文化宣传活动10余项,覆盖面近千人。加强联动,丰富社会服务渠道,与至爱义工协会、扬州东方医院江苏油田等协作联动,开展形式多样的社会服务活动。(朱许婷)

九三学社扬州市委员会

■参政议政　2017年,九三学社扬州市委员会(简称市九三学社)在扬州市政协八届一次会议上提交集体提案4件。市九三学社各级政协委员、人大代表共向各级政协、人大会议提交集体或个人提案、议案60多件。参与专题调研，有3篇调研报告入选九三学社江苏省委招标课题，5篇论文入选江苏九三论坛，8篇论文入选扬州政协论坛，《对扬州打造国际文化旅游名城的思考》《“高宝邵”三湖湖水环境治理对策研究》入选中共扬州市委统战部年度重点调研课题，并参加全市统一战线重点调研课题汇报会。征集社情民意，《应守住国家基本药物招标定价的“底线”》被九三学社中央录用，39条信息被九三学社江苏省委录用，3条信息被中共扬州市委统战部《诤言快语》录用，80多条信息被中共扬州市委统战部、扬州市政协录用。参加扬州市政协“界别活动周”活动。5月，市九三学社界别政协委员到仪征大自然茶叶有限公司，开展以“紧扣两聚一高，助推12345创新发展工程”为主题的专题调研。加强对口联系。10月，市九三学社调研组与市农委共同视察市农业工作。（匡海波）

■**思想理论建设** 2017年，市九三学社有12篇文章被《人民政协报》、人民政协网、《扬州政协》等媒体录用，《现代化视角下的九三社史人物研究》被“五四运动与九三学社缘起”学术研讨会录用。多个基层组织和个人受到表彰。2名社员被九三学社中央评为2013—2017年度参政议政先进个人，4个基层组织被九三学社江苏省委评为2017年度先进集体，11名社员被九三学社江苏省委评为2017年度先进个人。（匡海波）

■**组织建设** 2017年，市九三学社新发展社员27人，平均年龄40.2岁，其中19人具有中高级以上职称。至年底，市九三学社有社员551人，平均年龄56.4岁，其中487人具有中高级以上职称。组织社员参加培训。2名社员参加九三学社中央举办的第三期省级以下机关专职干部培训班。2名社员参加九三学社江苏省委举办的第九期中青年骨干培训班。1名社员参加中共江苏省委统战部举办的多党合作理论进修班。5名社员参加中共扬州市委统战部举办的各民主党派市委领导班子成员研修班。7名社员参加九三学社江苏省委举办的宣传骨干、社情民意以及基层组织负责人培训班。5月，组织新社员赴浙江嘉兴参观褚辅成史料陈列室、南湖革命纪念馆等爱国主义教育基地。继续优化基层组织结构。7月，市九三学社广陵区委员会成立。

（匡海波）

■**社会服务** 2017年，市九三学社江都区基层委员会与江都区浦头镇结对共建，开展系列社会服务活动。1月，市九三学社高邮小组“社会服务站”在高邮镇水部楼社区举行揭牌仪式。组织走访慰问。3月，市九三学社妇委会联合省九三学社妇委会到扬州市社会福利院，开展爱心捐赠活动。开展“国际科学与和平周”活动。11月，组织社内专家到高邮市琵琶社区开展安全知识专题讲座等相关社会服务活动。（匡海波）

扬州市工商业联合会

■**参政议政** 2017年，扬州市工商业联合会（简称市工商联）组织开展多项调研。开展“万企大走访”和“聚焦富民 走千村访万户”的活动，向有关部门反映各类问题30多条。在全市范围组织32家民营企业参与规模民营企业调研；与市经信委、市中小企业局联合完成2016年度扬州市民营经济发展报告。完成《关于贯彻落实国务院、省政府降低实体经济企业成本意见的调研报告》《工商联“大走访、大调研”活动的调研报告》《关于推进我市民企参与生态大走廊建设的思考》《关于进一步推进我市实体经济降成本的建议》《挖掘商会历史文化 推进文化旅游名城建设》等多篇调研报告，并向相关部门报送。在扬州市政协八届一次全会上，工商联界别政协委员提出建议和意见20多条，并以提案形式上报。为商会发展建言献策。先后提交“关于推进行业协会商会与行政机关脱钩及归口管理”“关于平安商会、平安民企创建实施意见”的建议；参与省政府老品牌发展调研座谈会；完成“关于加强加快培育发展行业协会商会的议案”的答复。开展第三方评估。围绕中共扬州市委、扬州市政府2号文件落实情况，为实体经济降成本、科技创新惠企两个主题开展评估，共回收问卷1000多份，召开座谈会6场，走访企业100多家，完成评估报告为党委、政府制定相关政策提供参考。

（管　娟）

■**组织建设** 2017年，市工商联完成换届工作。1月21日，召开扬州市工商联第八次会员代表大会，选举产生主席、副主席、副会长、常委、执委185人。参加省工商联换届。扬州市1人当选为省总商会副会长，6人当选为省工商联常委，18人当选为省工商联执委。各县（市、区）工商联完成换届工作。吸收现有行业协会商会以团体会员加入市工商联。先后吸收绿色设计协会、企业咨询服务业协会、科技服务业协会加入工商联；推进本地各类新商会组建。先后新建扬州市青年企业家联合会、扬州市南通商会；推动异地商会组建。成立异地扬商联盟，新组建扬州市总商会新疆商会、苏州市扬州商会，扩大对外交流范围；强化商会规范运作。指导商会加强制度建设，定期召开直属商会秘书处负责人会议；调研走访商会及兼职副主席、副会长企业，了解商会、企业的运行情况。推进“五好”县级工商联建设。制定印发《2017年“五好”县级工商联创建实施方案》，组织县（市、区）工商联申报，并开展“五好”工商联互查工作。至年底，全市共有各类商（协）会组织238个，其中行业商会96个、异地商会52个、基层商会81个、其他商会9个；72个市级直属商会中，行业商会28个、异地商会38个、其他商会（商圈）6个。

（管　娟）

■**经济服务** 围绕企业发展，强化主动服务。推进企业之间的横向交流，服务项目合作。协助金融商会迦南基金、奥邦集团等企业开展项目开发合作。开展“三八”节活动，组织40多名女企业家参观湾头玉器小镇，座谈发展。推进部门与企业之间的沟通交流，服务政企合作。组织千禧通讯、浙江宝龙等5家企业参与全市“百企问政”活动，帮助企业直面部门反映问题和建议；组织红旗电缆、扬州桩基等10多家企业参加“聚焦创新”座谈会，邀请市科技局等部门现场互动交流，宣讲政策；参与三方机制领导小组的各项活动，推动构建和谐劳动关系相关工作。推动企业参与评选申报，服务企业提升竞争力。分别组织企业参加十大经济新闻人物评选、省制造突出贡献奖、全联2017民营企业科技人才和科技成果等评选申报活动，提升全市民营企业市场竞争力和品牌影响力。坚持搭建平台，服务企业转型升级。收集整理会员企业“走出去”情况，帮助企业融入“一带一路”寻找商机；搭建银企交流平台，联系银行、小贷公司等与商会、企业开展对话合作；加强对省工商联信息直报点服务工作，指导信息直报点试点单位邗江工商联完成各项调查统计工作。围绕中心工作，开展经贸活动。推进扬商返乡投资创业“凤还巢”活动，举办在外扬商“看扬城，话发展，述乡情，促回归”新春团拜活动，市主要领导与100多名在外扬商共话发展；与市发改委共同举办2017“全国苏商扬州行”（服务业专场）活动，现场签约19个项目，总投资77亿元，并为广东、上海等5个异地扬州商会“招商引资、招才引智”工作站授牌；组织开展“2017扬州对接上海产业转移招商活动月——商会板块”活动，组织上海扬州商会、各县（市、区）分商会及10家在沪省级商会、企业家参加合作恳谈会；邀请上海多位知名企业的高管参加在扬举行的“名企高管扬州行”和在沪举行的“项目推进暨签约”活动，主动承接在沪扬商产业转移，帮助对接在沪各商会及企业与扬州相关地区和部门的投资合作。成立由上海、广东、北京、天津等地扬州商会组成的全国异地扬商联盟；组织企业赴澳大利亚、肯尼亚等国商务考察，赴无锡参加光伏新能源大会，组织文化产业企业赴北京参加“大运河第一城扬州书画摄影作品展”等活动，加强本地企业对外的交流与合作。帮助市温州商会邀请全国各地温州籍新生代企业家共聚扬州，举办“全国新生代温商企业家论坛”；挂牌“扬商返乡创业创新北部新城基地”，帮助对接、引进多个投资项目；高邮市工商邀请北京青创会到高邮考察，并就共同实施实体经济与项目建设签署战略协议。邀请、接待澳大利亚扬州商会、广东番禺总商会等企业家代表团到扬州参观考察；组织企业参加省工商联澳大利亚第三、四批交流驻点活动，法国奥尔良市市长率企业家代表团到扬州考察、西班牙投资新机遇推介会、义乌进口商品博览会等活动，帮助企业开拓国内外市场。（管　娟）

5月21日，2017“全国苏商扬州行”活动在扬州迎宾馆举办　张孔生/摄

■**社会服务**　开展“大爱之城”慈善公益活动。组织主席、常委、执委企业，直属商会、异地扬州商会等奉献爱心，100多家单位捐赠近1200万元。开展“商会＋贫困村”“非公企业＋贫困户”的“双＋”行动，推进40多家商会、150多家企业与40多个贫困村、150多名贫困户的结对帮扶。引导非公人士参与社会公益事业。组织商会、企业赴贫困村考察，落实项目，带动困难户脱贫致富；开展助学济困活动，各类捐助等共计数十万元。（管　娟）

扬州市总工会

■**组织建设**　2017年，市总工会明确建会重点区域为开发园区，重点领域为新经济组织和新社会组织，重点建会对象为规模以上企业及非公企业、民办非企业单位（学校、医院）、建筑餐饮服务企业、商品流通企业（物流、快递）中开业一年以上的单位，继续攻克建会难点。全市新建工会807家，其中独立工会614家。至年底，全市基层工会数1.4万家，涵盖法人单位3.7万个，工会会员数171.6万人，其中农民工会员98.3万人，数据库动态建会率、职工入会率保持在90%以上。开展规模企业建会清盘行动，攻坚建会重点，全市6026家规模企业中，应建会4776家（不具备建会条件的1250家），已建会4656家，建会率达97.5%。召开市工会第七次代表大会。表彰扬州市模范职工之家、模范职工小家和优秀工会工作者。（高云吉晶）

■**市总工会第七次代表大会**　11月14—16日，扬州市工会第七次代表大会召开。大会主要议程是：听取、审议和通过扬州市总工会第六届委员会工作报告；审议和通过扬州市总工会第六届委员会财务工作报告；审议和通过扬州市总工会第六届经费审查委员会工作报告；选举产生扬州市总工会第七届委员会和经费审查委员会。出席大会的正式代表450人，特邀代表16人，列席代表13人。大会期间，共安排四次全体代表

会议，分别是预备会议、开幕式、选举大会和闭幕式。选举大会结束后，召开市总工会第七届委员会第一次全体会议和市总工会第七届经费审查委员会第一次全体会议。会上，表彰市“模范职工之家”“模范职工小家”“优秀工会工作者”等先进集体和个人。扬州市人大常委会副主任、市总工会主席杨正福代表市总工会第六届委员会向大会作题为《推进改革创新，助力“两聚一高”，团结广大职工奋力谱写好社会主义现代化新征程的扬州篇章》的工作报告。大会选举产生扬州市总工会第七届委员会委员61人、第七届经费审查委员会委员13人。大会表决通过关于扬州市总工会第六届委员会工作报告的决议、关于扬州市总工会第六届委员会财务工作报告的决议、关于扬州市总工会第六届经费审查委员会工作报告的决议。会议选举杨正福为第七届委员会主席。选举陈维权为第七届经费审查委员会主任。

（高 云 吉 晶）

■劳动竞赛 围绕全市15个重大项目开展以“四比一创”为主要内容的重点工程劳动竞赛。联合市级机关作风办公室、市政务办公室在84个市级机关工作目标绩效被考评单位所属的服务窗口、服务大厅及相关分中心，开展“群众满意的窗口服务单位”和“群众满意的示范岗位”创建活动。联合市交通运输局在推进城市南部快速通道、金湾路、611省道等交通重点工程建设中，开展“大干快上100天，争分夺秒保贯通”劳动竞赛，组织“最美的哥的姐”暨“乘客满意公交线路”评选活动。联合市公安局开展以“畅通扬城我奉献”为主题的劳动竞赛。表彰劳动竞赛先进集体19个、先进个人15人，分别授予“扬州市工人先锋号”称号和扬州市“五一劳动奖章”。全市有2个单位、2名职工、6个班组获评省重点工程劳动竞赛先进集体和个人，分别被授予省“五一劳动奖状”、奖章和“省工人先锋号”称号。（高 云 吉 晶）

■劳模先进评选表彰 制定扬州市劳模推荐评选方案，严格按照劳模推荐评选程序和要求，规范操作，好中选优。完成149名扬州市劳动模范和先进工作者的评选表彰工作。评选1个“全国五一劳动奖状”、2个“全国五一劳动奖章”、2个“全国工人先锋号”，6个省“五一劳动奖状”、10个省“五一劳动奖章”、2个省“五一劳动荣誉奖章”、24个“省工人先锋号”。中共扬州市委、扬州市政府召开2017年扬州市劳动模范和先进工作者表彰大会。市总工会注重劳模精神宣传工作，协调当地主流媒体，在报纸、广播、电视和门户网开设专版、专栏，采访报道60多名劳模先进事迹。5月下旬，策划“我与工匠走一线”——2017全国重点主流媒体“走进身边的大国工匠”采访活动，邀请人民网、央视网、光明网、中工网等30多名记者，采访报道扬州漆器厂“大国非遗工匠”张来喜。江都区总工会、扬州经济技术开发区总工会等组织劳模进行巡回事迹报告10多场，听众近万人次；高邮市总工会通过出版劳模风采画册，让劳模精神进企业、进机关、进校园、进社区；仪征、高邮、开发区、蜀冈—瘦西湖风景名胜区管委会工会通过劳模座谈、劳模事迹演出等，讲好劳模故事，营造“人人学习劳模、个个争当先进”的氛围。（高 云 吉 晶）

4月28日，市委书记谢正义向2017年市劳动模范和先进工作者颁奖　王　卓/摄

■职工技能提升 市总工会联合相关部门和行业协会，举办钢筋工、叉车司机、网络安全、管道工、育婴师等22个职业(工种)市级职工技能竞赛，发动县(市、区)和市直产业工会组织69个职业(工种)技能竞赛。全市有7.79万人次职工参加技术比武，有1.82万人次职工晋升职业技能等级，25名职工通过技能竞赛被授予市“五一劳动奖章”。组织优秀班组长封闭式培训班，发动县(市、区)和产业工会分行业、订单式开展班组长培训班，全市培训班组长5000多人。将“提高职工素质和创新能力，助推创新型城市建设”列入扬州市政府与市总工会第12次联席会议议题。开展技术革新、技术攻关、技术交流和发明创造等活动，全市职工提出合理化建议10.9万项，推出技术革新4421项，完成发明创造1391项，总结推广先进操作法461项。资助职工创新项目15个，奖励一线职工完成的授权发明专利38项，开展第六届扬州市职工“十大科技创新成果、十大先进操作法”评比活动，全市职工获省职工十大科技创新成果1项、省职工十大先进操作法2项、提名奖各1项，3人被授予省“五一劳动奖章”。

（高 云 吉 晶）

■职工素质建设 制定《“义工教授”服务管理规范(试行)》，促进职工素质建设提升活动进一步优化。“义工教授”共深入企业、工地、社区、学校、医院等地，举办培训讲座104场，受培训职工超过1.25万人次。4月，“义工教授”志愿服务队被中宣部、中央文明办等单位评为2016年度全国“最佳志愿服务组织”，为全省工会系统和全市唯一入选单位。市、县两级工会稳步推进“农民工求学圆梦行动”，积极与大专院校合作，建立契合农民工需要、符合企业实际、网上网下联动的农民工教育操作模式，全市共资助参加学历提升教育的职工580人，在省总工会发放学费补贴的基础上，市总工会拿出20万元作为学费补贴发放给每位职工学员。推进“书香企业”创建活动，举办第九届职工读书节活动，广陵、仪征、江都等地工会举办经典诵读、读书征文、读书讲堂、微感言等职工读书活动，瘦西湖景区等2个职工书屋被评为全国最美职工书屋，扬州开发区等4个职工书屋被评为全国职工书屋示范点，高邮菱塘回族乡工会等6个职工书屋被评为全省职工书屋示范点。市总工会命名表彰市级职工书屋示范点26个。（高云吉晶）

■百企万人体育锻炼达标行动 全市开展百企万人体育锻炼达标行动，106家企业的126名体育指导员参加培训，发放达标手册1万份、宣传海报挂图1000份，深入企业指导30多次，全市参加体育锻炼达标行动的职工达1.01万人，2000多名职工经过科学锻炼后，接受体质测试合格率达92.9%，超过省均标准，比全国《国民体质测定标准》高出3.3%。市职工文体协会联合蜀冈—瘦西湖风景名胜区管委会工会、宋夹城公园举办体育嘉年华系列活动。全市职工代表队参加全省职工排舞广场舞比赛，获得团体一等奖，排舞曲目、串烧曲目、广场舞一等奖，排舞自选曲目二等奖以及体育道德风尚奖。

（高云吉晶）

■职工帮扶 实施精准帮扶，市直138户帮扶对象脱贫45户，完成省总工会脱贫目标。元旦、春节期间全市各级工会走访慰问困难职工2.04万人，发放送温暖慰问金1440万元。为2036名患大病困难职工发放救助金407万元。金秋助学活动为1020名困难职工子女发放助学金204万元。推动工会困难帮扶向普惠职工转型，全年参加互助互济会人数达10.6万人，3547名职工享受互助互济金651万元。扩大服务对象和服务领域，举办职工交友联谊活动，为职工提供心理援助和心理辅导10多场次，举办9期免费培训，267名困难职工直接受益。举办24场招聘会，共有650家企业提供3.6万个岗位，招聘现场意向性签订协议1.23万份。开展服务职工“双千人”活动，为1000名农民工免费体检，组织1000名一线职工疗休养。发行工会会员卡10万张，开展优惠购物、1元观影等活动。市工人文化宫“职工文体中心”建成使用，开设各类职工培训课程17项，参与职工1000多人次。开展“爱心驿站”建设。制定印发《关于推进户外劳动者“爱心驿站”建设的实施计划》。全市建设“安康驿站”148个，市总工会表彰10个十佳“爱心驿站”，并给予10万元建设补助资金。（高云吉晶）

■职工服务平台建设 加强平台建设与规范，对各级服务平台建设进行统一，规范服务工作标准，制定服务工作流程，建立首问责任制，明确岗位职责，建立一系列考核考评制度。各级工会职工帮扶服务平台均开设就业培训、职业介绍、创业指导、医疗救助、互助互济、普惠服务等“一站式”服务窗口，尤其是乡镇街道职工服务平台，突出解决功能整合、部门联合的问题，均驻场乡镇街道社会管理(便民)服务中心，并与劳动部门联合办公，年内，对服务职工创新项目和平台建设先进单位进行推介和表彰。市级职工服务中心获省级示范单位称号并获奖28万元，连续两年获评市级群众满意的窗口服务单位。

（高云吉晶）

■和谐劳动关系构建 开展民主管理结对共建活动，出台《扬州市企务公开民主管理工作指引》，全市52家企业建立劳动关系监测点，组织集体协商指导员、谈判员进行培训。11月14日，在全国总工会召开的集体协商效果评估工作研讨会上，扬州市总工会受邀出席并作题为《制定工作标准，深化集体协商》的经验交流。

（高云吉晶）

■女职工关爱行动 2017年，组织各类女职工为主体的建功立业行动151场次，技术等级比武30多场，3万名女职工获得学历、职业技能提升。连续第五年举办三月女性阅读月，开展“博雅女性”主题读书征文活动，26篇征文获省总工会表彰，106篇获市级表彰。全年累计为各级女职工开展免费妇科体检7.32万人次，开出健康体检企业直通车59车次，将筛查出妇科疾病的121名女职工纳入各级女职工关爱帮扶体系，累计发放救助资金82.47万元。承办全国总工会女职委心系女性关爱“贝壳”行动，开展女性健康宣教课程40场。在“世界防艾日”前夕，联合市检验检疫局、市疾控中心开展“送知识、送法律、送政策、送健康、送服务”的“职工红丝带健康行动”广场宣传日活动，发放各种宣传资料3万多份，药具1万多盒。发挥各级女职工心理关爱载体作用，在各类读书角投放心理辅导读物3825册，举办各类心理关怀讲座159场，惠及女职工6万多人。开展心理健康知识培训45期，培训心理关爱骨干1283人。推进“爱心母婴室”建设。在女职工人数较多、条件较成熟的企业和公共场所稳步推进第三批“爱心母婴室”创建，全市100家爱心母婴室全部建成。五星级审核通过率达到70%以上，从中评选十佳爱心母婴室，在市总工会女职委换届大会上表彰。扬汽运输公司爱心母婴室和邗江区笛莎公司“爱心母婴室”接受省总工会女职委的检查验收，扬汽运输公司爱心母婴室成为全省交通系统母婴室建设样本。（高云吉晶）

共青团扬州市委员会

■概况 2017年，共青团扬州市委员会(简称团市委)贯彻团中央、团省委工作部署，聚焦改革，聚力创新，推动组织形态、运行机制、工作模式、评价体系、引领方式转型，建设“青年身边的共青团”，全市共青团工作和青少年事业取得新突破新发展。全年新发展团员1.57万人。至年末，全市共有各级团组织7400个，其中基层团委366个、基层团工委41个、团总支557个、团支部6436个；有共青团员20.63万人，专职团干部195人，兼职团干部6291人。（团市委）

■青少年思想引领 举行“奋斗的青春最美丽”报告会、分享会等系列主题实践活动17场。举办“青年世界观”思想分享活动7场，开展扬州青年纪念国家公祭日“三行诗”大赛，征集发布优秀作品200余篇。联合市文明办、市园林局、市体育局、市教育局开展“百校进百园·共建文明城·喜迎党的十九大”主题实践活动，发动百所中小学和百个公园结对共建，助推城市公园体系建设。与市广电总台联合打造“青阅扬城”品牌，推进全市“共青团文化角”建设，围绕好书推荐、公益开展、人生思考、热点讨论等内容举行“共青团书柜”读书沙龙12场，联合新闻广播举办《今夜微语青年说》栏目12期。开展“我身边的好青年”评选，选拔各类优秀青少年典型220人，其中6名扬州好青年入围江苏省“我身边的好青年”百人榜。（团市委）

■青年创新创业创优 深化青年企业家领航计划，与上海交大合作，选取60名具有良好发展潜力的新生代青年企业家，以平台化、系统化、项目化运作，培育青年企业家领军人才，中共扬州市委、扬州市政府给予120万元的专项资金扶持，从中推报21名青年企业家参加团省委新生代企业家培养“新动力”计划。举办系列青年创业大赛，承办2017中国·扬州“绿扬金凤”众创大赛年轻人才专场决赛暨青年创新创业论坛，报名项目近400个，300余名企业家、小微创业者参与，9家金融机构、5家众创空间达成预授信贷款和孵化入驻意向。承办2017中国·瘦西湖创客活动周，承接创客成果展示会、扬州十佳创客评选、众创空间创业项目路演赛三大主题活动，服务小微创业者1000余人。承办全省大学生村干部创业大赛半决赛、决赛，为大学生村干部群体创业搭建平台、提供机会。实施青年就业创业促进计划，开展第四季暑期大学生见习活动，全市共征集市、县机关事业单位岗位440个，惠及希望工程圆梦学子和大学在校生、毕业生1800余人。联合市财政局、市人行出台青年创业担保贷款政策，额度从12万元提升到30万元，期限从1年延伸到2年。（团市委）

■志愿服务品牌建设 牵头做好省运会、扬州国际半程马拉松赛、2017国际剑联女子佩剑世界杯赛扬州站、国际气排球扬州公开赛等10余项国内外重大赛事的志愿服务，累积招募青年志愿者超过1.7万人次，为来自26个不同国家、地区的运动员、教练员、裁判员提供周到贴心的赛事服务，打造好客、热情、活力的城市志愿形象。联合市广电总台在市青少年活动中心开启第五季“青年之声·暖手暖心”活动，通过公益课程、主题班会、才艺展示、心愿认领等环节，为仪征黄泥小学的留守儿童提供关爱服务。联合市园林局、景区等单位举行“青年之声·第六届梦飞扬助残集中行动”，为来自全国各地的650名残障人士提供生活帮扶、技术培训、免费游园等志愿服务。组织青年志愿者开展全市交通文明劝导集中行动，宣传做文明文雅的扬州人，助力扬州全国文明城市建设。团市委率先研发赛事志愿服务信息化管理平台，涵盖注册录入、签到考核、定位调度、经验交流、文化营造等功能，平台在2017年扬州国际半程马拉松赛志愿服务中首次启用，得到广大志愿者的认可。（团市委）

■青年群体服务 举办第11届“扬州市十大杰出青年”评选活动，并开展“十杰”故事分享会5场，引导广大青年学习先进、对标先进、争当先进。组织金融青联拍摄“喜迎十九大·金融有青年”系列宣传片，通过扬州电视台、“扬帆”APP向社会公众播放，展示党的十八大以来全市金融行业先进青年个人风采和典型青年团队风貌。开展青年联谊活动，举办2017全市青年运动会，搭建竞技交流的平台，共有来自45家单位的1300余名运动员报名参加23个项目。举办全市青年相亲联谊活动3场，累计吸引机关企事业单位超过500名单身青年现场参与，为青年婚恋交友需求提供优质平台。发挥扬州市归国青年留学生协会作用，搭建留学生线上服务平台，举办“同根同梦·千人聚扬州”海归迎新年会，提升对留学生人才的定向服务成效。（团市委）

■关爱重点青少年群体 加强青少年维权服务体系建设，开办广播栏目32期，举办现场活动7场，招募维权志愿者200余人，为近万名青少年提供个性化维权服务。做好《江苏省预防未成年人犯罪条例》的贯彻落实工作，制作条例内容和十大亮点5000份宣传折页，在全市各司法机关、重点社区、100所希望村塾发放。持续开展青春自护工作，开展专场活动37场，覆盖青少年近2万人。组织各级团、队组织开展“青春自护平安春节”等青少年自护教育活动317场，举办各类法制讲座、法制图片展等活动127场次，发放《假期青少年自护安全画册》2000余册，举办“轻松备考12355与你同行”阳光行动20场，为1.2万多名应届考生及家长提供心理减压服务。分批次组织378名留守儿童、困境青少年、服刑强戒人员子女参加暑期自护夏令营，提升安全意识和突发事件的自救能力；联合市中级人民法院、市人民检察院等多部门开展第二届扬州市中等职业学校在校生模拟法庭大赛，举办第三期全市青少年事务社工培训班，投入300万元项目经费，实施政府购买公共服务。推进希望工程系列工作，持续推进圆梦工程、结对助学项目，全市筹集各类资金及物品361.93万元，发放各类款物319.74万元，受益人数达4925人，援建“希望图书角”106个，新建“希望村塾”20家。（团市委）

■基层团组织建设 推进县、乡、村三级团组织按期换届，31名挂兼职团干部进入县级团委班子。推进乡镇、街道团建工作，至年末，基层团组织总数达7400个。重点加强互联网、青年自组织、农民专业合作组织等新社会组织领域团建，推进商圈、楼宇、园区等新兴领域团建，新建团组织2610个。新建省级“青年之家”综合服务平台20家。加大团员发展和“推优”力度，新发展团员1.57万人，推荐3565名优秀团员加入党组织。开展“学习总书记讲话，做合格共青团员”教育实践，认真落实“三会两制一课”制度，严肃团内组织生活，开展基层团支部书记“双述双评”活动1000余场，切实增强团员组织观念、纪律观念、规矩意识。加强团干部教育培训，举办各级团干部培训班800多个，培训基层团干部1.5万人次。建立团干部队伍数据库，对团干部队伍的基本情况实行动态管理。完善《共青团工作考评细则》，形成定量和定性相结合、基础和特色相结合、日常和年终相结合的综合考核机制，强化考核结果的运用和反馈。开展区域化结对团建，推进“1030”创新创优项目建设，畅通共青团上下联动，完善项目推进、督查督办、信息传递、要事会商等工作机制。 （团市委）

扬州市妇女联合会

■概况 2017年，扬州市妇女联合会（简称市妇联）围绕中心、服务大局，促进妇女创新创业、弘扬社会文明新风、维护妇女儿童合法权益和加强妇联自身建设取得明显成效。全市共有各级妇女组织1748个，其中，县(市、区)级7个、妇工委2个、乡镇(街道)73个、村(社区)1268个、新经济组织283个、新社会组织115个。全年，培训妇女2700人次；评出26个省级巾帼示范基地；创成全国巾帼文明岗8个；7户家庭获评省级“最美家庭”，3户家庭获评全国“最美家庭”；向1196名困境儿童发放助学金239.2万元，市翔宇妇女儿童基金会募集善款151.06万元，发放春蕾助学金103万元，受益春蕾儿童1500余人。 （薛芳洁）

■妇女思想引领 组织200多名妇女参加党的十九大精神集中宣讲妇女专场，推进各级妇联学习宣传活动。开展“十百千巾帼大宣讲”活动，通过宣讲、编排小品、诗朗诵、快板等形式，组成各具特色的宣传小分队，红马甲义工队自编自演快板和扬剧《歌唱十九大》。开展“巾帼好声音讲好故事”“妇女工作者的一天”微视频征集展示交流活动，依托网站、微信等媒体及各类妇女圈群，推进“占网”“用网”，运用微视频、H5等多种新媒体形式加大线上宣传。 （薛芳洁）

■妇联组织建设 按照“纵向强基、横向去白”的目标，在县(市、区)选择有一定经验的乡镇(街道)作为市级试点，指导她们按照“地缘、业缘、趣缘”灵活多样设置园区街区妇联、行业产业妇联、楼宇妇联、小微企业(组织)联合妇联、流动妇联等200多家。与中共扬州市委组织部、市级机关工委联合印发《关于进一步加强机关、事业单位妇联组织建设的实施意见》，组织机关事业单位妇委会主任参加省妇女干部学校培训，按照“先建立、后完善、再提高”的工作方针，推动大的系统单位在建立机关妇联基础上改建行业妇联，各县(市、区)妇联纷纷与组织部门联合印发文件，推动妇委会改建妇联工作。推动各级妇联按期换届，未到换届年限的乡镇(街道)妇联通过增补常执委等方式，壮大乡镇妇联组织力量。全面完成村(社区)妇代会改建妇联工作，推动村(社区)妇联组织向村民小组、兴趣小组、网格楼宇、文体团队等妇女生活最小单元延伸。 （薛芳洁）

■妇女创业就业 2017年，全市各级妇联组织培训妇女2700人次；助推巾帼电商创业，评出26个省级巾帼示范基地，获省奖补资金34万元；组织“春风送岗位”女性专场招聘会，举办女性人才专场招聘会24场，1853名妇女达成就业意向；举办“巾帼梦圆新扬州”创业创新大赛，100多个参赛项目呈现出高科技高质态，20个项目获奖，5个项目获天使梦想基金、天使人才基金以及妇女创业创新基金担保贷款意向性授权。社会化推进巾帼文明岗创争，创成全国巾帼文明岗8个，巾帼建功标兵戴华被推荐到全国进行宣传。将妇女创业就业培训纳入市“两创”培训平台，拓展培训范围和形式，针对不同层级的女性创业就业群体分批次开展就业技能、创业孵化、企业转型升级等培训，被省妇联确定为省“巾帼电商＋手加工定制”培训试点并获项目资金

宝应县夏集镇劳动保障所邀请专家对辖区100多名妇女进行服装缝纫工技能培训和考核 王 卓 沈冬兵/摄

20万元，依托市妇女再就业服务中心开展家政、育婴师培训，开展巾帼电商孵化、职业女农民、企业转型升级和手工制作培训。联合市财政局、市现代金融投资集团，成立总规模2亿元的扬州市妇女创业创新基金，发放基金担保贷款4230万元、妇女创业担保贷款5937万元，贴息371.93万元，扶持23个企业、592名妇女成功创业，年度贷款总额达1.02亿元，占全市创业担保贷款的88.2%。以此基金为基础打造的项目获十佳省级创业创新实践项目第一名，工作经验被中新网、《新华日报》等媒体报道。（薛芳洁）

■家庭家风建设 与扬州市纪委、市委组织部、市委宣传部联合印发《关于深化全市党员干部家规家训家风建设的实施意见》，将领导干部的家风建设情况纳入干部选任管理大数据系统，成为领导干部考核考察内容。联合市文明办、市教育局在全市小学生中开展“好家风伴我成长”征文和“最美家规家训”征集活动，从586篇投稿中评选出十佳征文和家规家训，在各媒体开辟专栏，多角度、全方位进行宣传；将优良家风的宣教内容纳入“文明家风·科学家教”亲子大讲堂百场巡讲活动。全年开展“亲子大讲堂”计122场，其中农村（社区）巡讲102场、开播“亲子空中课堂”7期、“扬帆”直播讲座7场、录制亲子网络讲堂6场，现场听众2.5万多人，广播听众和视频点击量达11万人次。全市各级参与寻找最美家庭活动人数达27.7万人次、涌现出县乡“最美家庭”3422户，评选市“最美家庭”10户，获评省“最美家庭”7户、全国“最美家庭”3户。联合扬州市纪委、市级机关工委开展“最美家风·德润扬城”主题系列活动，组织主题演讲比赛，选拔出12名优秀家风宣讲员组成家风报告团。举行“最美家庭”“最美媳妇”“最美女婿”颁奖典礼，将他们的事迹和市妇联“十型百佳”特色家庭创建工作进行文艺再创作，编排成快板、小品、扬剧等节目形式，在广大妇女和家庭中传播。（薛芳洁）

■妇女合法权益维护 开展“万家学法，法润万家”活动，承接并完成省妇联交付的“法律进家庭”工作指导大纲的起草编写工作，与省妇联、南京市妇联联动开展“法律进家庭”启动仪式，印制“法律进家庭”宣传手册2000份，利用社区网格化管理服务网络和微信平台，与家庭无缝对接，在广陵区部分社区试行家庭“法律顾问”制度。与扬州广播电台继续办好《婚姻家庭幸福热线》栏目，节目的收听率始终保持前五名，在各类新媒体开展话题讨论、案例解析、心理疏导、热线互动等，全年，开播电台节目48期，微信公众号宣传、在线微课200多次。全市妇联系统坚持“工作重心下移、信访关口前移、强化基层基础”，做好法律咨询、法律援助、伤情鉴定、心理疏导、纠纷调解和受害庇护维权，接待来信来访856件，结案率95%；拓展行业协会、巾帼文明岗、社会组织、律师、心理咨询师各方面力量，参与少年及家事维权进村（居）、律师与妇女儿童之家结对、“三送进高墙”帮教活动，在市妇女儿童活动中心挂牌成立“扬州市幸福家庭维护中心志愿者导师工作室”，每周1天轮值会诊，实时处理个案维权。健全家庭暴力防范机制，依托家庭暴力投诉中心（站）、伤情鉴定中心、妇女儿童庇护中心、反家暴联盟四大平台，实施家庭暴力告诫制度和人身保护令制度，全市法院发出人身保护令17份，公安机关发出家暴告诫书13份；持续推进婚姻家庭纠纷调解“五进”机制，依托1000余人的调解志愿者队伍，在基层一线挂牌个人调解工作室182个，参与调解纠纷1551件，成功调解率75%以上，出台《关于做好婚姻家庭纠纷化解工作的实施方案》，对全市维权干部和个人调解工作室成员开展专题业务培训。深化性别平等咨询评估机制，参与评估政策法规9件，提出建议50余条；全市建立各级妇女议事组织944个，召开妇女议事会3174次，议决事项执行率达70%以上，通过微信群、QQ群等平台开展新媒体妇女议事活动。（薛芳洁）

■困境儿童关爱 推进困境儿童助学金项目，为1196名困境儿童申请到困境儿童助学金239.2万元，组织“同在阳光下快乐共成长”庆“六一”市领导慰问儿童活动、“靠近我温暖你 爱心牵手暖冬行动”公益活动。全国妇联、中国儿童少年基金会捐建的6个儿童快乐家园建成并投入使用，省儿童少年基金会捐助“小候鸟”图书角项目20个和“春蕾易悦读公益书屋”51个。举办“春蕾行动月”新闻发布会，开展“爱心储蓄罐，传承好家风”公益募捐活动，组织党员干部结对帮扶困境儿童。全年，市翔宇妇女儿童基金会募集善款151.06万元，发放春蕾助学金103万元，受益春蕾儿童1500余人。（薛芳洁）

■妇儿民生服务 组织各类女性社团走进妇女儿童之家参与政府购买服务，申报省、市各类项目，全年中标省社工项目12个，获省扶持资金63万元。开展“聚焦富民·走千村访万户”大走访大排查、“千名妇联干部进千村”等活动，多次走进宝应、江都、邗江等结对帮扶村，深访、细访贫困妇女、困境儿童、创业致富带头妇女、农村妇联干部等六类人群。整合现有资源力量，先后建立“岗村结对帮扶”“困境儿童帮扶”“法律咨询援助帮扶”“志愿服务帮扶”等长效服务机制。规范运行妇女儿童活动中心，开展“春暖花开女性活动月”“和你一起过‘六一’”“亲亲之爱”亲子节活动。完成解放北路妇女儿童活动中心回收。推动社会组织服务妇儿群体，开展女性社会组织“公益行”，组织心语驿站工作室、太阳雨爱心志愿者团队、小艳子志愿者协会、美女荟网络妇联女性社会组织走进妇女儿童之家开展服务、捐赠钱物以及“栽种母亲树 恩泽百年传”“巾帼重晚晴·爱助夕阳红”巾帼志愿服务活动。参与巾帼志愿服务团队影响力评比展示活动。（薛芳洁）

扬州市科学技术协会

■概况 2017年，扬州市科学技术协会（简称市科协）启动“组织建设深化改革百日行动计划”，宝应、高邮、江都、仪征出台深改方案，4个县(市、区)启动换届，江都科协政群分设到位；新成立2家高校科协。至年底，实现10家驻扬高校科协全覆盖；新成立2个学会、新换届5个学会、注销2个休眠学会；乡镇科协换届率由30%上升到90%；新成立6家省级园区科协；建成企业科协347家，全市高新企业组建科协达55%；全市农技协组织增至164个，会员总数达2.54万人。围绕服务“两聚一高”新实践，邀请中国科学院院士朱兆良、中国工程院院士林浩然等24位院士专家出席“2017院士专家扬州行”启动仪式，新建江苏水仙实业有限公司等10家院士工作站，签订13个技术合作项目。推进《全民科学素质行动计划纲要》实施，科普阵地进一步拓展，扬州科技馆12个展厅全部对外开放，坚持“周周有活动，月月有主题”，全年累计接待100万人次、团队362个。市、县(市、区)联动，组织科普宣传周、全国科普日、“科技助成长、安全伴我行”“喜迎十九大、科普进万家”社区文化节、“我与太空种子共成长”、机器人大赛等品牌活动，与市教育局联合建立青少年机器人名师工作室和青少年科技创新名师工作室，举办机器人及创客课程培训，发挥名师示范带动效应。市科协获评全国科普日活动优秀组织单位、省科普宣传周优秀组织单位、中国青少年机器人竞赛(江苏赛区)优秀组织单位、省首届公众科学素养大赛优秀组织单位、省防震减灾网络知识竞赛优秀组织单位。扬州市科技(院士专家)服务中心被中国科协评选为院士专家工作站建设示范单位。

(李佳坤)

■组织建设 启动“组织建设深化改革百日行动计划”，基层组织建设加快推进，宝应、高邮、江都、仪征出台深改方案，宝应、仪征完成换届，江都、高邮科协启动换届；宝应、江都、仪征科协与组织部联合发文推动乡镇及园区、企业科协组织建设，乡镇科协换届率由30%上升到90%以上；新成立6家省级园区科协；建成企业科协347家，比上年增加216家，高新技术企业科协组织覆盖率55%；农技协组织增至164个，会员总数达2.54万人。“百日行动计划”获全省科协系统创新案例奖。

(李佳坤)

■学会治理 推动39个学会实现政社分设，有22个学会设立专职秘书长。出台《学会组织管理工作流程规范》和《学会组织通则》，新成立2个学会，新组建2个高校科协，市级6个、县级25个学会完成换届。中共扬州市委、扬州市政府“两办”出台《关于推动市科协所属学会有序承接政府转移职能工作的意见》，试点推动20个市级学会承接18个政府部门的30项转移职能。持续实施学会创新和服务能力提升计划，全年共创评7个示范学会、9个科技创新服务站、18个学术交流精品、4个精品学会期刊和网站。创新实施市属学会及高校科协“片长制”管理，鼓励支持片长单位牵头组建学会联合体，联合开展重大课题研究、政府转移职能承接、高端学术交流等活动，有9个学会参与学会联合体建设。

(李佳坤)

■2017“院士专家扬州行” 5月19日，由中共扬州市委、扬州市政府主办，市人才办、市科协承办的2017“院士专家扬州行”活动在扬州市会议中心启动。中国科学院院士朱兆良、中国工程院院士林浩然等6位两院院士，18位专家教授应邀出席启动仪式；来自扬州各县(市、区)政府、经济技术开发区、化工园区、生态科技新城、蜀冈—瘦西湖风景名胜区管委会及扬州有关部门、各县(市、区)人才办、各县(市、区)科协、新建市级企业院士工作站的负责人等100多人参加。会上，江苏水仙实业有限公司林浩然院士工作站等10家新建院士工作站、7家新建科技创新服务站进行授牌；现场进行集中签约，南京大学与扬州国家高新区、南京工业大学与扬农集团签订创新战略合作项目，院士专家与企业签订涉及新能源、半导体光源、机械设备、高效农业等技术合作项目13个。对2014年建站企业进行评估验收，龙腾照明集团等10家工作站通过中国科协认定，其中江苏扬农化工集团等5个工作站被评为示范工作站，数量位居全国地级市第一名；市科技(院士专家)服务中心被评为工作站建设示范单位。

扬州市是全国较早开展院士专家地方行和企业院士工作站建设的城市，自2008年至2017年，共建成市级企业院士工作站77家，其中15家升级为省级院士工作站，柔性引进院士专家400多名，达成合作项目140个，帮助企业解决技术难题200多个，推动扬州市企业科技创新和转型升级，加快创新扬州建设。

(杨　科)

5月19日，“院士专家扬州行”活动在扬州会议中心启动　市科协/供稿

■产学研合作 围绕园区产业特色及高校学科优势，牵线南京大学与扬州高新区联合共建技术转移中心，初步推动3个项目合作；省生物医学工程学会围绕头桥镇双创示范基地建设，与亚光集团合作的“基于ZigBee的多用户网络智能镇痛管理系统研发及其产业化”项目投入试生产；邀请东南大学、南京理工大学等高校科协走进高邮高新区，组织农科片学会走进高邮八桥现代农业科技园，共商科技服务平台建设。全年组织省级学会专家赴企业开展技术服务57次，实施科技项目18个，推动签约省创新创业服务示范基地1个、科技服务站7个、首席专家(工程师)项目8个。（李佳坤）

■科技服务 通过市、县、镇三级培训及上门推介等方式开展企业专利信息应用推送工作，集中举办4场专利应用工程师培训，新增81家企业注册使用国外专利资源数据库，累计注册达267家，培育36家深度应用企业。推动全市7个海智工作站开展对接活动29场，签署合作协议26个，洽谈项目134项，引进(落地)项目17个。组织企业参加各类创新创业大赛，20多个项目获得表彰，其中宝应晨化公司获得中国科协第二届企业创新方法大赛三等奖、仪征选手吕湘连团队获得第五届中国江苏创新创业大赛海智分赛二等奖。（李佳坤）

■科技工作者服务 市、县(市、区)联动开展首个“全国科技工作者活动日”系列活动，开展“走基层、访科技工作者”县(市、区)调研，先后召开科技工作者座谈会、学会秘书长分片例会、高校科协调研会等18场专题调研会，与300多名科技工作者个别访谈、座谈交流，听取意见建议。开展表彰举荐宣传活动，院士程顺和等10多名优秀科技工作者获得国家“创新争先”成就突出的优秀科技工作者称号，13名优秀科技工作者代表的先进事迹在市级媒体宣传。先后举办高校科协、科协系统干部、调查站点条线等5期培训，专题召开贯彻党的十九大精神科技工作者专场宣讲会及智库建设专题讲座，提升科技工作者的政治理论水平和引领深化改革的担当能力。（李佳坤）

■学术交流活动 举办2017年扬州市青年学术年会主会场活动，邀请比利时皇家科学院院士、比利时根特大学终身教授卢克·塔尔维教授，以“绿色建筑与材料创新”为主题作学术报告；8个分会场活动分别围绕新能源汽车产业创新发展、智慧公路等重点产业领域的热点问题展开交流。中国仪器仪表学会、中国自然资源学会等8个国家和省级学会到扬州开展学术研讨。全年累计有7000人次科技工作者参与交流，600余个新技术新成果项目参加展示，开展合作洽谈300余次。组织2014—2016年度扬州市自然科学优秀学术论文评选表彰，评选出一等奖31篇，二等奖60篇，优秀奖124篇。（李佳坤）

■智库建设 围绕党委、政府“科技智囊团”目标建设，构建科技工作者状况调查站点、科技工作者建议、软课题研究等多层次智库体系。除扬州职大、仪征市科协两个全国调查站点外，全年增设宝应县科协和里下河农科所两个省级调查站点，各站点共报送有效信息25篇，组织问卷调查12次，参与调查人数552人。推动扬州大学科协、宝应县科协、宝应县夏集镇三方联合共建“宝应县夏集镇智库”，开展规划论证、品种改良等合作。围绕扬州经济社会发展战略、创新驱动特色产业发展开展软科学课题研究，评选出一等奖3个，二等奖9个，三等奖12个，优秀奖51个。征集4名院士为扬州创新发展题词，全年累计编印《科技工作者建议》10篇。（李佳坤）

扬州市归国华侨联合会

■组织建设 深化“侨联基层组织建设提升年”活动。加强侨联组织建设。召开市侨联第六次代表大会，完成换届选举工作，选举产生新一届领导班子。中共扬州市委办、扬州市政府办表彰“侨界贡献奖”10个及提名奖5个、市侨联表彰“为经济建设服务、为侨界群众服务”工作先进集体12个、先进个人50人。全市推荐25名省侨联第七次侨代会代表和4名委员人选。扬州市侨联被省人社厅、省侨联表彰为全省侨联系统先进集体，1人获评全省侨联系统先进工作者、1人获得侨界杰出人物提名、11人获得归侨侨眷先进个人表彰。开展“侨情调查月”活动，建立海外精英年报制度，完善海外精英资料库。推进乡镇街道、社区侨联组织建设。乡镇“侨联工作站”由乡镇统战委员任站长，为13个乡镇(园区)“侨联工作站”授牌。通过召开现场会、经验交流、现场观摩等活动，推进建成第四批“社区侨之家”6家，至年底全市“社区侨之家”有24家。（胡雪垠）

■服务经济 围绕重大项目建设，开展“侨界人才聚扬州”品牌活动，利用“烟花三月”国际经贸旅游节契机，邀请侨界人才到扬州考察，其间扬州中学校友澳大利亚侨商徐宁、新加坡超级机构总裁黄钰祥、西班牙西中经贸合作办公室主任王新特、香港宏兴投资有限公司董事长游德武、美国华人总商会会长程远、杜克大学终身教授王前奔、美中绿色能源协会资深副会长刘珊珊等海外侨界人才、侨商100余人次到扬州考察。经三年跟踪服务，市侨联牵线的国家中医药传承教育示范基地——扬州国医书院、国医养生院开业，帮助协调各方举办“国家中医药传承教育高峰论坛”，来自海内外的国医大师、院士及中医药专家近500人参加论坛，国家卫生和计生委副主任、国家中医药管理局局长王国强、副省长蓝绍敏、市长张爱军为基地揭牌。开展“进百家侨企”活动，走访伯克生物、扬州完美等20余家侨企，了解企业发展情况，听取意见建议。放大“侨界创新发展联盟”品牌效应。依托与北京朝阳区、海淀区侨联，上海杨浦区、徐汇区侨联在扬州发起成立的“侨界创新联盟”，轮流主办联盟论坛，不断放大联盟效应。组织侨界高层次人才10余人参加由上海杨浦区承办的“2017侨界创新发展论坛”，促进侨界人才交流。至年底，联盟成员单位已从发起时的5家发展到31家，涉及15个省、市。主动牵线园区项目对接。邀请欧盟中国城市发展委员会主席张毅一行到扬考察废旧汽车拆解等项目，进行项目对接，与勇龙废车回收公司就汽车拆解项目达成合作意向。牵线中国新兴集团、中国能源建设集团投资有限公司与蜀冈—瘦西湖风景名胜区管委会达成鉴真颐养小镇、唐子城开发项目合作意向。牵线巴西侨商与开发区合作中拉经贸园签订框架协议。牵线加拿大温莎汽车零部件企业侨商时明考察汽车及零部件产业。牵线纽约华人工商会会长郭瑞为与扬州高新区商谈“石墨碳纤维”项目。牵线常州市侨商代表团80余人开展“常州侨商扬州行”活动，与扬州大学座谈产学研合作事宜。中国侨联侨界创业创新发展联盟执行理事长、新加坡华侨毛大庆创立的“优客工场”落户扬州。成立海归创业联盟，搭建为新侨和海归创业服务平台。与中国银行扬州分行商谈海外高层次人才到扬创业创新金融支持，达成合作意向。（胡雪垠）

■海外联谊 扩大海外顾问团队伍，聘请来自世界39个国家和地区100名海外侨团侨领、海外精英担任市侨联海外顾问，部分顾问到扬州参加市侨联第六次代表大会，开展“海外顾问扬州行”活动。加强海外联络站点建设，在澳大利亚、新加坡建立“海外联络点(站)”。发挥海外顾问、海外联络点作用，促进扬州与海外的经济文化往来。密切与海外华侨华人的联系。连续六年联合《扬州晚报》精心策划主题为“月是故乡明·亲情中华·最忆扬州”海外连线采访报道活动，连线采访8位海外扬州籍知名人士，《扬州晚报》专版刊登他们对家乡的思念和祝福。春节前夕，向海外华侨华人和侨社团传递祝福。平时通过QQ、微信群、电子邮件等保持与海外侨胞经常性联系。搭建海内外文化交流平台。成功申报“486非物质文化遗产集聚区”为中国华侨国际文化交流基地，“朱自清故居”“高邮盂城驿”为“省华侨文化交流基地”。全年有300余名海外侨胞参观考察华侨文化交流基地。加强海内外文化交流。市侨联联合市文物局组织画家文化交流团赴日本，在中国文化中心（东京）举办“八怪新韵——中国画名人作品展”画展，宣传和传承“扬州八怪”艺术促进中日民间文化交流，日本最大的华文报纸《日本中文导报》等当地10多家报刊和网络进行报道。在华侨文化交流基地——扬州八怪纪念馆举办挪威画家袁惠娟画展。挪威驻上海总领事发来贺信，并派副总领事到场祝贺。牵线美籍华人著名戏画家段昭南与扬州扬剧团合作事宜。（胡雪垠）

■服务侨界 深化“侨联万家”品牌活动。开展“侨界空巢老人关爱行动”，组织志愿者实施“五个一”帮扶活动，深入侨界群众相对集中的社区开展入户走访，协调市区三大医院为老归侨、老侨眷就医开通绿色通道。打造海外游子放心工程，每月组织“侨亲”互助活动，组织参观城市建设新亮点，让海外游子了解父母在扬的丰富生活。每周组织侨界合唱团活动，免费歌唱辅导。开展老归侨春节慰问、免费健康体检、春天踏青、参观“花都汇”主题公园、快乐中秋等“五个一”活动。开展侨界公益慈善事业，为新华中学颁发市侨联牵线、旅美华人郑连璋捐赠的第二届“曹茂林奖教金助学金”。开展“魏基成慈善列车”捐赠活动，联合市妇联为贫困女童赠送棉衣500件。发挥侨界政协委员作用，提出“关于支持新侨创新创业”政协提案，成为扬州市政协八届六次主席会议议题，就“促进新侨创新创业 助推扬州创新发展”议题与扬州市政府进行协商，市侨联在会上发言。侨联、台联界别政协委员参加界别周活动，开展科技创新载体建设专题视察活动。发挥侨界人大代表作用提出“关于关爱侨界空巢老人的议案”，助推为侨服务。宣传侨法维护侨益。开展法制教育，开展“送法进侨家”法制宣传月活动，宣传《中华人民共和国宪法》《中华人民共和国归侨侨眷权益保护法》及与侨界生产生活、工作相关的法律法规，增强侨界法制观念。切实维护侨益，做好《江苏省保护和促进华侨投资条例》执法检查工作。发挥法律顾问委员会作用，协调中级人民法院，帮助解决印尼侨胞杨良宗的扬州新星混凝土公司股权纠纷、侨企万豪国际拆迁赔偿等案件，全年接待来信来访50余件。江都区侨联发挥区侨界法顾委的作用，为侨企维权，其经验在全省侨联维权工作会议上作典型发言。推进不同需求侨界群体社团建设。引导侨界经济文化交流促进会、华侨书画院、侨界青年委员会、海归创业联盟、绿扬侨界老人服务中心、侨界合唱团等，自我服务、自我管理，丰富侨界生活。（胡雪垠）

■2017侨界创新发展论坛 9月28日，2017侨界创新发展联盟论坛在上海举行。“侨界创新发展联盟”是由北京朝阳区、海淀区侨联、上海杨浦区、徐汇区侨联、扬州市侨联三地五家侨联于2015年在扬州联合发起成立的。扬州市侨联作为侨界创新发展联盟发起者之一，派出10人侨界创新团队参加。本届论坛聚焦新侨创新创业主题，其间，扬州市永济医药新技术有限公司董事长范军就新侨创新创业主题作发言。年内新增成员单位14家，至年底，成员总数已达31家，涉及15个省、直辖市。联盟成员单位有一半以上来自全国创新型试点城市和全国“双创”示范基地。（胡雪垠）

扬州市残疾人联合会

■概况 2017年，市残疾人联合会（简称市残联）开展残疾人信息数据动态更新工作，扬州成为国家级试点城市之一，承办全国动态更新工作国家级试点启动会议。全年共调查采集8.18万人信息，其中入户采集8.08万人、电话采集1045人，入户率98.66%。制定《扬州市残联领导2017年度残疾人信访接待日制度》《市残联关于妥善处理残疾人集体上

12月3日，扬州市举行“扶残助残 暖冬行动”公益项目捐赠发放仪式

张孔生/摄

访、群体性事件和非正常上访的工作预案》。成立聋哑人法律手语翻译队伍，为聋哑人依法维权提供沟通平台。严格落实重大节日期间信访事件“零报告”制度。妥善处理市区残疾人机动车更新引起的集访事件，完成市区175辆残疾人机动车置换工作。全年全市各级残联受理各类残疾人信访150余批(件、人次)，其中来信32件次，信访案件办结率100%，满意率95%。（陈 娟）

残疾人培训就业 全市各级残联通过集中培训、分散培训、委托代培、定岗定向、技术升级等形式，650名残疾人完成实名制培训。通过举办“就业援助月”、残疾人就业专场招聘会，开展辅助性就业，鼓励残疾人自主创业，建设扶贫基地等形式，安置残疾人就业1184人。2017年，全市建成50个集托养、康复、培训、文化、体育、维权等服务于一体的“残疾人之家”，为残疾人提供就近就便的常态化基本服务；帮助725名智力、精神和重度残疾人实现辅助性就业；新建市、县级残疾人扶贫基地27个，累计投入资金21.5万元。

（陈 娟）

2017年扬州市新建“残疾人之家”名单

宝应县：鲁垛镇鉴青村残疾人之家、小官庄镇祖全村残疾人之家、望直港镇牌楼村残疾人之家、广洋湖镇白鼠村残疾人之家、开发区联合村残疾人之家、安丰镇南舍村残疾人之家、氾水镇成庄村残疾人之家、曹甸镇金吾村残疾人之家、柳堡镇塘新村残疾人之家

高邮市：开发区馨邮残疾人之家、高邮镇秦邮残疾人之家、龙虬镇轩扬残疾人之家、菱塘乡骑龙村残疾人之家、周山镇馨润园残疾人之家、卸甲镇水岸阳光残疾人之家、甘垛镇源泾残疾人之家、界首镇康馨残疾人之家、三垛镇少游残疾人之家

仪征市：七彩残疾人之家、迎江社区残疾人之家、城南社区残疾人之家、高集社区残疾人之家、青山镇胥浦家园社区残疾人之家、大仪镇大巷社区残疾人之家

江都区：幸福家园残疾人之家、宜陵镇焦庄社区残疾人之家、丁伙镇丁伙村残疾人之家、大桥镇佘坂村残疾人之家、丁伙镇丁伙社区残疾人之家、真武镇真东村残疾人之家、仙女镇龙川社区残疾人之家、樊川镇永安社区残疾人之家、浦头镇联桥村残疾人之家

邗江区：光彩社区残疾人之家、七彩社区残疾人之家、肖胡村残疾人之家、杨寿镇残疾人之家、公道镇残疾人之家、黄珏社区残疾人之家、胡庄村残疾人之家、阳光家园残疾人之家

广陵区：联谊路社区残疾人之家、跃进桥社区残疾人之家、头桥镇安阜村残疾人之家、古旗亭社区残疾人之家、教场社区残疾人之家、连福社区残疾人之家、汤汪花园社区残疾人之家、文昌花园社区残疾人之家

（陈 娟）

2017年扬州市残疾人扶贫基地名单

广陵区头桥镇惠江水产养殖有限公司残疾人扶贫基地

宝应县山阳镇丰广果蔬种植家庭农场残疾人扶贫基地

宝应县射阳湖镇荷园苗木花卉种植家庭农场残疾人扶贫基地

宝应县柳堡镇长年葡萄种植家庭农场残疾人扶贫基地

宝应县夏集镇子婴闸道口运河木业残疾人扶贫基地

扬州美瑞华工业礼品有限公司残疾人扶贫基地

扬州宇越园林绿化工程有限公司残疾人扶贫基地

宝应县安宜镇安济汽电有限公司残疾人扶贫基地

宝应县望直港镇老郭葡萄园残疾人扶贫基地

宝应县氾水镇金绿健生态农庄残疾人扶贫基地

宝应县曹甸镇溪润特种水产养殖合作社残疾人扶贫基地

宝应县泾河镇东红村经济合作社残疾人扶贫基地

高邮市临泽镇红光特种水产专业合作社残疾人扶贫基地

高邮市汤庄镇年合永丰家庭农场残疾人扶贫基地

高邮市三垛镇正裕纺织有限公司残疾人扶贫基地

高邮市城南新区百仕德礼品工艺有限公司残疾人扶贫基地

高邮市卸甲镇永达电源有限公司残疾人扶贫基地

仪征市真州镇灵宣园艺场残疾人扶贫基地

仪征市三茅生态农业生产示范基地残疾人扶贫基地

仪征市丰乐农地股份专业合作社残疾人扶贫基地

扬州市园盛农业科技有限公司残疾人扶贫基地

仪征市捺山制茶二厂残疾人扶贫基地
江都区新航花木残疾人扶贫基地
邗江区甘泉街道净香园生态园家庭农场残疾人扶贫基地
扬州市迅科电器有限公司残疾人扶贫基地
扬州市民瑞机械模具有限公司残疾人扶贫基地
扬州市邗江龙天工艺品厂残疾人扶贫基地 （陈 娟）

残疾人康复服务 开展残疾儿童抢救性康复工作，为全市1440名0～6岁残疾儿童、349名7～14岁脑瘫、孤独症儿童提供基本康复项目免费救助；为27名0～6岁残疾儿童免费提供耳膜取型、听力测试及助听器验配。加强辅助器具适配服务技能培训，参加江苏省辅具适配技能大赛并获一等奖。全市共为4300余名贫困残疾人免费发放辅助器具，为555户贫困残疾人家庭实施无障碍改造，为415名成年人、老年人免费配发助听器。完成装配大腿假肢43例、小腿假肢35例、上肢假肢10例、矫形器50例。2017年，新建15个社区残疾人“幸福港湾”，全市累计建成100个社区残疾人“幸福港湾”，为社区内残疾人提供就近就便康复训练、日间照料、文化娱乐等服务。与茱萸湾动（植）物园合作建成适合残疾儿童康复训练的户外“阳光学堂”，帮助残疾儿童将康复训练从室内走向室外。 （陈 娟）

残疾人文体活动 开展残疾人文艺进社区活动，成立轮椅排舞队、柔力球健身队、心声锣鼓队等文艺队伍。由扬州市选送并代表江苏参赛的器乐《月光下的舞曲》、舞蹈《漕运风云》和曲艺《戏曲联唱》在第九届全国残疾人艺术会演上分别获得一等奖和两个三等奖。中国残联艺术团盲人笛子演奏家谭伟海获2017年度扬州“十大杰出青年”称号。组织开展“推进残疾预防，健康成就小康”广场助残活动、“残奥冠军进校园”励志演讲活动和“最美残联人”风采展示活动。选送12篇作品参加“江苏省残疾人事业好新闻奖”评选，获得一等奖1个、二等奖1个、三等奖3个。扬州市公益励志微电影《重生》和《看见美好》被省残联作为全省公益微电影样板。承办2017年全国第二届特殊教育学校排舞公开赛和第二期全国残疾人康复体育指导训练营。由扬州市组建的江苏轮椅冰壶队在全国残疾人冰壶锦标赛中跻身轮椅组全国四强，并先后为国家队输送3名轮椅冰壶队员。 （陈 娟）

残疾人专门协会 扬州市智力、精神残疾人及亲友协会组织开展“牵着蜗牛去散步”活动，组织全市疑似遗传性疾病患者及其直系亲属开展基因免费检测活动。5月2日，组织扬州市区近百名残疾人和助残志愿者开展“乐游扬城”活动。“国际盲人节”期间，扬州市盲人协会组织盲人开展广场按摩义诊活动和宋夹城体育公园、万福大桥等场所无障碍体验活动。扬州市聋人协会在全市范围内收集聋人摄影作品，参加省聋人摄影展。高邮市聋人选手黄磊参加全国听障朗诵决赛，获第三名。 （陈 娟）

扬州市雏鹰儿童发展中心 12月10日，扬州市雏鹰儿童发展中心建成并投入使用。该中心是市残联重点打造的规范健全、高标准、智能化的市级孤独症儿童康复中心，室内面积4000平方米，一层开展0～3岁孤独症儿童早期干预，二层开展4～6岁康复训练，三层开展7～14岁巩固康教，四层为孤独症就业发展及孤独症资源中心。中心可容纳200名儿童同时进行康复训练，为孤独症儿童提供专业、有效的干预、康复和培训，帮助他们尽早融入社会。 （陈 娟）

12月10日，扬州市雏鹰儿童发展中心建成并投入使用 市残联/供稿

法治

Fazhi

编　辑　崔成鹏

人大立法

■概况　扬州市人大常委会根据扬州市推进城市公园体系建设和人民群众对优美生态环境的需要，制定出台《扬州市公园条例》，对开放式管理公园的规划、建设、管理、使用等立下“规矩”，通过立法固化公园体系建设成果。推进《扬州市违法建设防控和查处条例》制定，就需要论证、协商重大问题，本着依法立法原则，依据《扬州市制定地方性法规条例》规定，扬州市人大常委会决定二审后作审议审查。对非物质文化遗产保护、社区物业管理条例等5个项目开展立法调研。编制2018年立法计划。配合全国人大常委会和省人大常委会开展省河道管理条例、财政监督条例、保护和促进华侨投资条例等8部法律法规立法调研和执法检查。

构建立法工作机制。坚持市委领导、人大主导、政府依托、社会参与的立法格局。人大主导作用贯穿立法全过程，加大审查审议力度，协调解决公园条例适用对象等立法重大问题。树立“针对问题立法、立法解决问题”理念，分析论证违建防控和查处条例中行政强制适用等立法需要解决的突出问题，注重民主立法、开门立法，向社会公布法规草案，征求人大代表、基层立法联系点、立法咨询专家顾问和社会公众的意见建议。　（罗庆久　陆　亮）

■立法监督　《扬州市公园条例》施行之日，结合举行全市公园集中开放开工活动，召开《扬州市公园条例》实施动员部署会。与新闻媒体联合制作《扬州市公园条例》系列解读节目，《新华日报》《人民代表报》专题报道《扬州市公园条例》实施情况。督促《扬州古城保护条例》贯彻实施，在设立的首个“古城保护日”，扬州市评出古城保护十大工程。专题视察《扬州市河道管理条例》实施情况，促进落实好“河长制”，加快推进黑臭河道整治。对扬州市政府报备的4件规范性文件开展备案审查，维护法制统一。　（罗庆久　陆　亮）

■《扬州市公园条例》施行　2月23日，扬州市政府向扬州市人大提交审议《扬州市公园条例(草案)》的议案。扬州市人大常委会分别召开座谈会、评估会、专家论证会，开展实地调研，经过2次审议。7月26日，扬州市第八届人民代表大会常务委员会第四次会议审议通过《扬州市公园条例》。9月24日，江苏省十二届人大常委会第三十二次会议批准《扬州市公园条例》，于12月1日起实施。

《扬州市公园条例》是扬州市民生领域首部地方性法规，也是国内较早关于城市公共空间的地方立法。“条例”将公园管理上升到一定的高度，规定各级政府应当将公园事业发展纳入国民经济和社会发展规划、计划，保证公园规划、建设和管理所必需的经费。《扬州市公园条例》规范各级政府在公园规划建设管理中的主体责任，规范公园主管部门和管护单位具体管理、维护职责，规范市民和游客等使用者行为，实现“促进建设、加强管理、规范行为、提升服务”的立法要求。　（甄　葆）

政法委及综治

■概况　2017年，全市政法机关坚持“维护稳定、服务发展”工作主题，围绕“公平正义、人民满意”总体要求，聚焦十件大事，以产品化理念创新和加强社会治理，深入推进平安扬州、法治扬州、过硬队伍和科技信息化建设，有力维护社会稳定，各项工作取得成效。江都区获全国综治最高奖“长安杯”；中共扬州市委政法委常务副书记、市综治办主任陈博文获全国社会治理先进工作者称号。

完成十九大安保维稳任务，市公安局、市国家安全局被省委、省政府表彰为十九大安保维稳工作先进集体。出台《深化经济法治建设，服务“两聚一高”的意见》，政法机关、金融部门联动联勤，打响防范金融风险攻坚战；制定出台政法机关依法加强产权保护实施意见，全力护航创业创新；在全省率先推进法治市场建设，规范市场经营秩序，有效保障经济社会发展。创新开展平安旅游创建，“贴身、贴心”服务中共扬州市委、扬州市政府“3号文件”，为旅游名城增添平安风景。

严惩违法犯罪，全市刑事立案比上年下降13%，群众反映强烈的电信网络诈骗案破案率增长66%，17起现行命案全破，破获沉积21年的杀死两人抢劫案，全市公众安全感连续第15年保持在95%以上。广陵区

5月22日，扬州市召开“防范和查处虚假诉讼”新闻发布会，整治虚假诉讼现象　　检察院/供稿

基层社区治理经验获省委常委、政法委书记王立科肯定，开发区智慧安防小区建设经验在全省城市治理与服务工作现场推进会上推广。全市县域平安建设跻身全国一流，产品化理念为扬州再次获得全国创新社会治理优秀城市称号，仪征市获评江苏省平安校园建设示范市。

全力推进民意法治、经济法治、创新法治建设，首次将法治绩效纳入党政考评，首次实现电视、手机同步直播法治评议大会，首次将财政专项资金注入法治实事和创新实践项目，在全省率先出台打击防范虚假诉讼工作意见，审结全国首例犯罪嫌疑人死亡后追缴违法所得案，成为全国示范案例。法治文化创新推进，举行四季法治广场活动。《法治扬州》电视栏目播出100期，形成固定收视群；创作全省第一首法治之歌。

打造升级版技防城市，“雪亮工程”稳步推进，全市治安摄像机达15万台。升级市级综治中心指挥中枢功能，推动综治信息化“1＋6”模式、智慧扬州“平安云”、政法综治数据信息中心、政法专网等项目齐头并进。人脸识别视频门禁等新一代智能安防措施逐步推开，智慧安防、智慧消防、智慧交通等项目在省运会、省园博会建设中前端植入，智慧法院、智慧检务、网上公共法律服务中心等政法业务平台实现初步对接共享。“天网、天算、天智”三核驱动的“智能政法”初现雏形。　（董昌鹏）

■虚假诉讼常态化防范查处　率先在全省探索构建政法委牵头公安、检察、法院、司法联合查处虚假诉讼常态化机制，联合举办“防范和查处虚假诉讼新闻发布会”，发布《关于防范和查处虚假诉讼的工作意见》，形成防范和查处虚假诉讼工作合力，维护司法公正和司法权威，促进诚信社会构建。2017年查处虚假诉讼涉案金额1.5亿余元，刑事立案追究13人，拍摄微电影8部。　（李　忠）

■“平安旅游”创建　贯彻落实中共扬州市委、扬州市政府“3号文件”，成立工作领导小组，加强部门沟通协调，开展旅游市场、旅游安全综合检查暨旅游突发事件演练活动，指导成立旅游警察队伍和扬州首个旅游巡回法庭，保证旅游秩序和游客安全，为扬州旅游业提供平安支持和保障。（席典玉）

■综治信息化建设　采用“1＋6”模式，以江苏省综治信息系统为骨干系统，同时接入主城区社会面视频监控系统、扬州市党政领导视频接访系统、视频调解系统和部门业务对接系统等六大子系统。与中国电信扬州分公司签署“平安通信”合作框架协议，围绕政法大数据共享应用服务平台建设等开展合作。　（孙春雷）

■经济法治建设　制定出台《深化经济法治建设，服务“两聚一高”的意见》和《关于发挥政法机关职能作用依法加强产权保护的实施意见》。召开全市第三届经济法治研讨会，以防范金融风险为重点，结合防范查处虚假诉讼、依法处置破产企业、支持制造业实体经济发展等相关内容，剖析问题，查找原因，提出应对之策，制定出台。召开全市现场会，推进法治市场建设。　（徐李华）

■政法典型示范引领　挖掘典型的精神内涵，推出体现时代性、先进性的典型人物和群体。组织人民满意“十佳政法干警”“十佳基层政法单位”创建活动。与中共扬州市委宣传部联合在全市党员干部中开展向刘玉山学习活动。全系统1人被表彰为全国特级优秀人民警察，3人被表彰为“全国优秀人民警察”。（朱红军）

法治政府建设

■综合执法改革　推进落实蜀冈—瘦西湖风景名胜区（简称景区）相对集中行政处罚权改革。5月，对景区综合执法情况开展实地调研、现场指导。8月，景区综合执法局人员全部到位。12月，“推进蜀冈—瘦西湖风景名胜区相对集中行政处罚权改革”获“2015—2017年度江苏省政府法制创新奖”。推进水利、卫计和文广新等3部门综合执法改革，对3部门改革方案分别提出合法性审核意见。12月，扬州市政府印发《扬州市文化市场、卫生计生、水利领域综合执法改革实施方案》。推动广陵区、仪征市在相关领域整合组建5～7支综合执法队伍。12月，广陵、仪征改革方案经扬州市政府研究后，因涉及相对集中行政处罚权内容，报省政府审批。　（李修福）

■相对集中行政许可权改革　2月，对《扬州经济技术开发区相对集中行政许可权改革试点方案》《江苏省江都经济开发区相对集中行政许可权改革试点方案》提出合法性审查意见。8月，两开发区的相对集中行政许可权改革试点方案经省审改办批复同意。10月，对《扬州经济技术开发区全链审批赋权清单》进行合法性审查。11月，扬州经济技术开发区全链审批赋权清单、江都经济开发区全链审批赋权清单公布。12月11日，扬州经济技术开发区行政审批局挂牌运行，38个市级部门的216项行政权力事项赋予开发区行使。

（李修福）

■工业类产品生产许可制度改革 2月，赴宿迁市调研学习工业类产品生产许可制度改革情况。4月和7月，两次召开市推进工业类产品生产许可制度改革工作会议，明确全市工业类产品生产许可制度改革目标、步骤、时间和要求，与改革涉及的市经信委、公安局、农委、安监局、卫计委、食药监局、烟草局和盐务局等部门建立工作网络，并对相关部门改革情况进行督查，对市质监局草拟的改革方案提出修改建议，全市涉及的改革类别为68类402个单元(品种)。7月，市质监局出台《工业类产品生产许可制度改革方案》，取消19类130个单元的工业产品生产许可管理，占原目录总数31.67%，3类6个单元的工业产品生产许可转化为强制性产品认证管理，占原目录总数5%，另有16类工业产品实施“先证后核”。市农委出台《工业类产品生产许可制度改革方案》，1项工业类产品生产许可暂停行使。 （李修福）

■行政执法监督 4月，出台《市政府法制办贯彻落实2017年“2号文件”的实施意见》，从严格规范公正文明执法、扎实推进执法体制改革等四个方面，提出14项具体措施，明确工作要求、时序进度和责任部门。5月，启动执法案卷审查工作，从各地、各部门上报2016年7月1日至12月31日做出的1.61万件行政许可和一般程序行政处罚案件中，抽取市场监管、资源环境、安全生产、劳动监察、城市管理、城乡建设、农林水利、交通运输等领域行政执法案卷100件进行集中评审，评查结果在全市范围内通报。 （李修福）

■行政执法人员管理 5月，出台《扬州市市直行政执法人员2017—2019年法律知识三年轮训实施方案》，明确新一轮市直行政执法人员法律知识培训的培训目标、对象、内容、方式和考核要求。10月，举办2017年度市级机关行政执法人员法律知识培训班，来自市直行政执法部门和功能区的477名执法和监督人员参加培训。培训结束后，组织参训人员进行集中上机考试。对于未参加考试或者考试不合格人员，不予核发行政执法证件、不予进行年度注册，取消其执法资格。12月，向市直部门和功能区管委会通报2017年度市级机关行政执法人员法律知识培训考试情况；组织对全市2017年1月1日以后颁发的江苏省行政执法证、监督证进行年检注册、注销及办理新证件。 （李修福）

■推动“两法衔接” 4月，联合市检察院、市公安局、市环保局，召开环境保护行政执法与刑事司法衔接工作会议，专题学习研讨环境保护部、公安部和最高人民检察院联合印发的《关于印发〈环境保护行政执法与刑事司法衔接工作办法〉的通知》。8月，与市检察院联合举办“两法衔接”信息共享平台管理员培训班，市县两级近300人参训，向市直53个部门发放信息共享平台使用密钥。11月，对“两法衔接”工作执行情况开展专项检查，现场督查“两法衔接”信息平台操作运行等情况。2017年，全市行政执法部门移送涉嫌犯罪案件243件，其中市直部门22件、县(市、区)部门221件；实现网上推送案件47件，其中市直部门18件、县(市、区)部门29件。 （李修福）

■合法性审查 对2016年12月31日以前发布的规范性文件进行全面清理。6月1日，《扬州市人民政府关于公布规范性文件清理结果的决定》经市政府第6次常务会议讨论通过，经审查，决定保留67件，修改47件，废止31件。7月12日，市政府召开新闻发布会，向社会通报规范性文件清理的相关情况。7—9月，组织县(市、区)和市直部门对“放管服”改革、生态文明建设和环境保护等涉及的政府规章和规范性文件进行清理，废止76件，拟废止、修改76件。11月，对《扬州市人民政府关于禁止燃放烟花爆竹的通告(草案)》进行审查，出具合法性审查意见书。12月，《扬州市人民政府关于禁止燃放烟花爆竹的通告》经市政府第12次常务会议讨论通过并公布。2017年，市政府法制办共收到合法性审查和相关征求意见101件，内容涉及政府与社会资本合作、生态环保、创新创业等多个行政管理领域。“扬州市完善规范性文件合法性审查机制”获评2017—2018年度江苏省依法行政示范项目。 （李修福）

■立法制规 2月7日，扬州市政府印发《关于印发2017年度扬州市人民政府规章制定计划的通知》。2月23日，市政府召开第1次常务会议，审议并原则通过《扬州市公园条例(草案)》，提交市人大常委会审议。4月30日，市规划局向市政府法制办提交《扬州古城历史建筑修缮管理办法》(草案送审稿)。5月8日，市政府召开第5次常务会议，审议并原则通过《扬州市违法建设防控和查处条例(草案)》，提交市人大常委会审议。5月9日，市环保局、市城管局向市政府法制办提交《扬州市扬尘污染防治管理办法》(草案送审稿)、《扬州市建筑垃圾管理办法》(草案送审稿)。9月14日，市政府第9次常务会议审议通过《扬州古城历史建筑修缮管理办法》，并于12月1日起实施；通过《扬州市扬尘污染防治管理暂行办法》，并于2018年1月1日起实施。2017年，市政府制定出台政府规章2部、向市人大常委会提交审议地方性法规2部。 （李修福）

■行政复议规范化建设 1月，“推动县(市、区)全部设立行政复议委员会”列入政府工作报告年度任务。

5月，经扬州市政府同意，完成扬州市政府行政复议委员会成员调整工作。12月，仪征市、江都区、广陵区成立行政复议委员会。其中，江都区政府、广陵区政府从2018年1月1日起相对集中行使复议管辖权。至此，6个县(市、区)行政复议委员会全部设立。加强复议应诉能力建设。8月，组织全市行政复议典型案例探讨会。12月，组织全市行政应诉实务培训，提高全市行政机关复议办案能力和行政应诉能力，县(市、区)、功能区和市直部门近200人参加。落实复议决定网上公开制度，至年末，累计公开行政复议决定书96份。全市各级行政复议机构收到行政复议申请681件，受理620件，比上年增加212件，增长51.96%。其中，市政府法制办收到向市政府提出的行政复议申请101件，受理88件。（李修福）

公安

■**概况** 2017年，全市公安机关坚持实战引领、创新推动、科技支撑、项目牵引、队伍保障，创新社会治理，有效防控风险隐患，优化为民服务，确保社会大局持续稳定。完成十九大安保任务，市公安局被省委、省政府表彰为全省党的十九大安保维稳工作先进集体；加强治安秩序、交通秩序管理，治理隐患，扬州交通秩序在高德拥堵指数排名从上年40位下降到64位，成为全国通勤高峰时速最快城市之一；促发联动、合成作战，连破大要案件，公安部3次发来贺电；社会治安持续保持“一降三升”的态势(发案数下降12.08%，破获数上升14.7%，抓获数上升14.83%，公众安全感上升0.46%)；实施创新强警战略成效明显，全市有4个项目在全省公安改革创新成果评比中获奖，省公安厅向全省推广应用创新项目10个，其中扬州市2个。民警练兵考核全省第五名，首次进入优秀行列，市公安局被省公安厅记集体二等功；立功受奖数量和等次创历史新高；市公安局被中共扬州市委、扬州市政府授予2017年度“特别贡献奖”。（陈红华）

■**十九大安保维稳** 围绕“三个不发生”(不发生暴恐案事件、不发生规模群体性事件、不发生重大公共安全案事件)目标，以最高标准、最强措施、最佳状态，做好十九大安保维稳工作。组织“深化走访、排查问题、化解风险、服务群众”集中攻坚活动，化解风险隐患3091个。坚持守土有责、守土尽责，动态监测、超前防控涉稳事端，依法妥善处置群体性事件。整合力量资源，强化促发联动，组织开展出租房屋、危险物品、寄递行业、校园安全、监控联网等基础管控“五项攻坚”，市综治办牵头，市公安局会同房管、城管等部门开展出租房和流动人口集中清理，整改出租房屋安全隐患1.95万处；联合发改委、工商局、安监局等部门，开展成品油非法加油站点集中清查行动，排查、关停无证加油站点183处，行政处罚4起，查处易制爆化学品案件1392起、非法制造买卖运输存储爆炸物品案件7起；推动安监、邮政、交通部门加大违规经营企业查处力度，分别查处案件103起、93起和394起；联合民政、教育部门推动353处人员密集场所、学校、医院等重点部位安装硬隔离设施。督促旅馆、网吧严格执行实名登记制度，依法查处违规经营单位200余家。邗江分局依照“反恐法”，对辖区旅馆开出扬州首张10万元罚单。关键阶段全面实行战时勤务模式，严格执行“三个一律”(一律停止休假，一律禁止饮酒，没有特殊重要情况的一律不出访、不离岗)要求，全体民警和辅警连续工作35天。（张继东）

■**重大活动安保** 研发警务大数据安保实战综合应用平台，运用信息科技手段精准高效组织安保工作，该平台实现手段系统集成化、决策部署精准化、警力投放集约化、扁平指挥可视化、管控措施精确化，并获全省改革创新成果一等奖。全年完成“一带一路”高峰论坛、厦门金砖领导人会晤、全省城市治理与服务工作现场推进会、“扬马”、“4·18”国际经贸旅游节、“6·19”观音山香会等212批次重大活动安保任务和51批次重大警卫任务。（顾晓煜）

■**打击违法犯罪** 建立合成侦查机制，建成扬州市反通讯网络诈骗中心、市公安局合成侦查中心和特侦队，打破警种壁垒，实现资源、手段高度共享共用，增强核心作战能力。建强公安技侦、网侦、图侦等专业手段，图像侦控技术对重大案件破案贡献率超过85%。侦办公安部、省公安厅挂牌督办案件46起，破获“5·25”“6·20”涉枪案、“必赢彩票”非法经营案等31起。全年17起命案全破，破获沉积21年的仪征“1996.5.25”杀死两人抢劫案；及时侦破邗江“2·15”杀死男童案、广陵“4·20”杀死多人案等重大案件。市反诈骗中心冻结止付被骗资金9092万元，通讯网络诈骗案件同比下降8.28%，破案数比上年上升66.46%。加大大要案件追赃挽损力度，追缴赃款入库6.5亿元。开展“利剑”“清水蓝天”等专项行动，侦办食药环案件139起。组织禁毒严打整治，实施250名脱失吸毒人员管控“清零”，破获毒品案件1848起。（陈贵强）

■**社会面治安防控** 建设街面防控网、社区防控网、内部单位防控网和虚拟社会防控网，构建立体化防控体系。建立热点勤务机制，强化治安突出问题整治，确保警力跟着警情走。加大社会面治安防控力度，强化显性用警，打造执法执勤便民服务平台，提升街面见警率、巡防管事率，全市日均出动警力1085人次，携带枪支43支，制式车辆82辆次；通过巡防抓获刑事作案嫌疑人1084人、网上逃犯155人。实施社区民警入户工程，全市715名社区民警入户调查42.1万户，知晓率76.4%。组织侵财类案件防范会战和城中村、城郊接合部重点部位大清查，挂牌整治34个重点地区，侵财案件立案数比上年下降5%。完善路地、水陆、空地一体勤务模式，建成西部交通枢纽应急联勤联动警务工作站。发展治安志愿者13万人，开展志愿服务5144次，协助抓获违法犯罪人员58人。（吴 昊）

■开展“雷霆行动” 针对群众反映强烈的涉黑涉恶问题，开展夏季治安秩序整治“雷霆行动”，严厉打击欺行霸市、看场护院、开设赌场、插手经济纠纷和房屋拆迁“软暴力”等涉黑涉恶违法犯罪，成功侦办广陵“10·4”开设赌场案，抓获一批违法犯罪嫌疑人。全年抓获涉黑涉恶人员比上年上升25.8%。（杨　光）

■侦破仪征“1996.5.25”杀死两人抢劫案 2017年8月，市公安局刑警支队通过人像比对，发现广东深圳一盗窃前科人员与部督逃犯雷某某脸谱极其相似，遂会同技侦、网安、特侦等部门及仪征市公安局组成工作组，先后赴广东、湖南、四川等地开展侦查。12月28日，工作组经缜密侦控，在四川省成都市双流区华阳时光里工地将潜逃21年的雷某某抓获。经审，其对1996年5月25日，在仪征长江水域抢劫杀害高淳机1079号铁驳船船主魏某某、刘某某夫妇的犯罪事实供认不讳。（吴　迪）

■道路交通秩序大整治 提请中共扬州市委、扬州市政府把道路交通秩序大整治纳入民生“1号文件”12件为民办实事之一。优化交通管理勤务模式，推行摩托化动态巡查，实施严管重罚，提升路面动态管理质效，全市查处交通违法行为441万余起，其中现场查处108.8万起，比上年增长237%；发生交通事故数、死亡人数比上年分别下降17.7%、7.3%，未发生死亡3人以上事故。开展“快闪”行动72次，查处“酒驾”1853起，查扣渣土车241辆次。与23个街道办事处、30所学校、10所医院建立队社、队校、队医联动共建机制，派出所开展“违法清零”5396辆(13.4万起)、视频抓拍6.6万起。推动城管、建设、客管、交通等部门参与整治行动，开展“马路会诊”180余次，整治堵点乱点问题185个(处)；列出10个重点堵点提请扬州市政府实行综合治理，年内解决7个。建成6个城市外围换乘中心，新增公共停车场19处、停车泊位5461个。（韩　军）

■消防 2017年，全市消防部队共接警出动2607次，抢救疏散被困人员4125人，抢救财产价值1.12亿元，成功处置“7·13”晶澳太阳能、“10·23”苯乙烯槽罐车泄漏等事故。

消防工作与社会发展同步推进。扬州市政府与各地签订工作目标责任状，把消防工作纳入政务督查和综合考评范畴，5次召开消防专题会议。市委书记、市长6次带队开展消防安全检查，4次批示肯定消防工作。各地四套班子领导带队开展消防安全检查80余次，召开专题协调会30余次。建立行政问责制，市长约谈东关城楼火灾4名部门负责人，2家单位作出书面检讨。将消防队站建设纳入中共扬州市委、扬州市政府“两报告三文件”，有效解决广陵站、高层站等建设模式和资金来源问题。印发《关于建立扬州市市区消防设施设备专项维修资金的通知》，明确小区消防设施设备专项维修资金由开发建设单位负责，解决源头问题。

火灾防控与基础建设。印发《“十三五”消防规划2017年度实施方案》，所有乡镇完成消防规划专篇制定工作，新建895个市政消火栓、3处取水码头。建成联网监测系统并接入单位562家，建成企业微型站2092家，安装感烟报警器7722只、简易喷淋1532套，全市142家化工单位建成灭火救援和工艺处置两支队伍。召开城市综合体、高层建筑、石油化工等四类场所消防安全管理达标创建现场会，推进撬装式消防站及标识化管理。修订《公安派出所消防监督管理规定》，将派出所消防工作纳入月度研判和考评范畴；实体化运行派出所消防工作办公室，对所有专兼职消防民警进行一次轮训。集中攻坚区域性火灾隐患，对五亭龙玩具城进行政府强制整改，对曙光路旅游用品生产集散区进行集体搬迁。开展夏季消防检查、江苏发展大会等专项行动和安保工作，全年检查单位3.1万家，督改隐患7.1万处，责令“三停”409家，临时查封658处，整改销案18家重大火灾隐患单位，对44起生产类场所火灾进行受案处罚，办理3起“失火罪”，全市连续20年未发生群死群伤恶性火灾事故。

宣传教育。推进消防宣传，联合市科协挂牌成立7个消防科普教育基地，全年接受各部门、单位、团体预约讲座或培训超过150场，培训50余万人次。将鳏寡孤独弱势群体火灾防控工作上升为人大议案，定期听取综治、民政、公安、红十字会等部门工作报告，全面压降“小火亡人”态势。协调5家新闻媒体、10余名记者建立随警出动机制，在中央、省、市媒体发布稿件1050篇；开设专版专栏，播放节目131期。协调扬州公交频道，在全市1200辆公交车滚动播放消防公益视频，并重点打造消防专列10辆。打造“扬消”小小消防员亲子体验活动，参与家庭突破2000个，被评为江苏志愿服务优秀项目。开展“全民消防我代言”公益行动，组织网格员、大学生、消防志愿者张贴提示性标语20余万份，各类人群转发消防常识、火灾预警微博微信等200余万次。

队伍建设。在培训基地建成400米塑胶跑道，建设烟热、燃烧训练室及化工事故处置模拟训练设施。将园区中队与培训基地一体化运行，抽调25名精干官兵按照高层、地下、化工、交通4个科目组建培训架构，开展基层指挥员、攻坚组、新兵连等集训6期。购置双头车、排烟拖车、远程供水泵组、消防机器人等装备，依托邗沟路、园区中队建设隧道和化工事故专业救援队；配齐配全破拆、侦检等专勤器材，依托特勤中队建设高层和重型地震专业救援队；协调开发区管委会，合并建设第二消防站和水域救援专业救援队。全面推进作战指挥平台运用，完善数据更新，优化功能模块，处理2000余起警情，在公安部部长赵克志视察局机关时，代表总队成功演示系统辅助决策大型油罐火灾灭火救援。探索建设古城信息决策平台，对5.09平方千米古城区进行三维建模，加载联网监测、城市监控、交通道路、电气管网等基础数据，打造全天候监控、立体式救援、智能化指挥的古城保护体系，并进入招投标程序。健全执法评价指标体系和执法过错追责机制，强化执法记录仪和手机执法终端运用。规范执法自由裁量标准，收回下放建设工程消防监督管理审批权限。主动加入政府“双公示”平台，公示审核、验收等各类项目200余个。贯彻落实“放管服”要求，对131个项目实施“并联审批”，为210家企业提供咨询指导和无偿代办服务。构建“不见面”审批体系，一次性告知申报条件，7个工作日出具初审意见。将备案抽查、审核验收审批时间缩短至12～14个工作日。

消防设施建设。购置1套远程供水泵组、14架无人机、13辆高性能消防车，投入800万元购置各类专勤器材及个人防护装备；将25辆进口消防车提前列装部队，支队进口车辆比重达32%。推广装备智慧管理系统，以激光二维码和RFID技术为支撑，为官兵和装备制作身份标签，通过扫码完成出入库、维修、调拨；开发APP软件，实现装备库存、随车、待修、缺配等信息实时查询。盘活存量装备120余万元，有效堵塞装备采购漏洞，提升经费使用效益。印发《扬州重特大灾害事故战勤保障方案》，组建装备技术、生活物资、车辆器材、卫勤保障4支队伍，购置供气车、供液车、饮食保障车、宿营车、工程机械等战勤保障类车辆，在省消防总队竞赛中获得两项第一。发挥水力性能测试系统作用，检测120余辆消防车，为全省新购消防车验收提供科学依据。（消防支队）

■出入境管理 在城区设立出入境分理点6个，打造15分钟受理点网格化服务格局。全年共受理审批公民出国境证照17.96万件，其中出国11.79万件、赴港澳4.99万件、赴台1.18万件；办理境外人员签证(注)、证件2050件，常住境外人员1818人，登记境外人员临时住宿3.58万人次。侦办出入境案件4起，抓获犯罪嫌疑人36人。强化国际警务交流合作，举办第14届中老禁毒合作双边会议、泰国特警技能培训班。（王增蓉）

■智慧警务建设 成立大数据研究规划建设专班，借势新型智慧城市、“云上扬州”建设，把平安云、交通云纳入“云上扬州”总体规划，把数据天网、警务大数据建设列为扬州市政府重点工程，智慧安防、智慧消防、智慧交通等项目在省运会、省园博会筹办中实现前端植入。建立大数据实战指挥服务机制，汇聚522类473亿条数据，整合内部20个警种、外部14个部门联动合成指挥，实行情指、情行一体化。实施“天网工程”，全市治安摄像机、公安自建摄像机分别达16.8万、1.69万台，比上年分别增长12%、40.7%。开发派出所“基础数据采集上报平台”，推行“出租屋二维码门牌”，研发流动人口信息采集APP，快速采集汇聚数据资源，全市登记流动人口信息49万条、出租房屋信息14.9万条。建设集人脸识别、手机识别、身份证(居住证)读卡、IC卡门禁、二维码扫描“五位一体”的视频门禁系统，提升人口管理质效。与高德地图建立数据交换机制，与智途科技签订战略合作协议，开展警务数据建模和城市管理工作。（周　震　周　骏）

扬州市公安局大数据指挥服务中心　　公安局/供稿

■公共安全监管 组织公共安全隐患大排查大整治，整改寄递行业隐患413处和交通、消防、危化品风险隐患7.2万个(处)。组织高层建筑楼、“九小场所”等消防安全大检查，临时查封658处，责令三停409家，全市火灾数、死亡人数比上年分别下降27.2%、44.4%，连续19年未发生较大以上火灾事故。（张　涛）

■服务民生 贯彻中共扬州市委、扬州市政府文件精神，推进公安“放管服”改革。组织开展“三重”(重大项目、重大工程、重点企业)结对服务，全市公安机关挂钩重大项目(工程)435个、百强重点企业108个，开展活动1619人次，帮助解决涉及交通、户籍、消防等问题128件。开展“千警进万家”大走访大排查等活动，走访家庭6230户，征集梳理问题和诉求217条，为群众办实事67件。推进“四位一体”(权威发布、网上办事、执法公开、民意受理)“微警务”建设，上线车驾管、户籍、出入境、自助移车等网上办事服务166项，有关注用户达95万，服务群众140余万次，实现“让数据多跑路、群众少跑腿”。推进政务“一张网”建设，公安机关纳入省政务管理平台的100个办件事项100%实现不见面审批。办理133件扬州市人大、扬州市政协建议、提案，满意率100%。（栾祺俊）

■执法规范化建设 巩固“两统一、两分离”(接报案与受案立案分离、办案与审核分离；统一审核、统一扎口)改革成效，创新“体检式”执法检查机制，围绕“警情、案件、场所、财物、卷宗”五大执法要素，对58个派出所开展执法“体检”，查纠、整改执法不规范问题385个，有效减少源头执法问题。建立所队领导带头办案模式，为民警树立榜样。研发“全员执法办案质效考核管理平台”，开展执法效率和执法质量“双线考核”，促进民警多办案、办好案。全年共办理刑事案件2.72万起、行政案件4.06万起，无一起冤假错案。开展执法场所安全隐患集中整改行动，落实执法安全主体责任，共整改问题189处，签订责任状220份。加强法律专业人才培养，2017年通过司法考试56人，通过率18%，超过全市5个百分点；全市累计通过284人，占总警力4.7%，列全省第一。（姚 敏）

■公安队伍建设 组织开展“讲政治、守规矩、严纪律、优警风”等主题教育活动。制作系列警示教育片《底线》，开展“红蓝对抗”，探索“大监督”工作机制。开展“一局一品”“一警一题”建设，评选表彰十大精品项目。研发应用警务运行质态实时监测平台，推行考评考绩“双考”管理，形成“以数据说话、凭实绩用人”的导向。实施暖心惠警工程，举行民警光荣退休仪式、战友回警营活动，落实战时、法定假日值班执勤调休轮休制度。启动实施民警家庭医疗健康保险计划，为老民警体检增加胃肠镜检查项目。制作《立功喜报》，强化战时表彰和送奖上门。至2017年底，全市33个集体、110名个人受到国级、省级表彰，比上年分别增长一倍。刘玉山被授予“全国优秀人民警察”和“江苏最美法治人物”称号，受到习近平总书记接见；黄如久当选第五届“江苏最美警察”；戴华被授予“全国特级优秀人民警察”，屠宏征、卞婷被授予“全国优秀人民警察”，重大先进典型总数继续保持全省领先。（屠玉宝）

■旅游警察支队成立 整合景区秩序管理、安全监管等力量，率先在全省成立“旅游警察支队”，与蜀冈—瘦西湖风景名胜区分局合署办公，专司景区秩序维护和旅游服务工作。2017年，“旅游警察”佩戴专属标识全新亮相，累计服务游客300余万人，旅游治安秩序实现“零投诉”，打响“旅游警察、服务用心；畅游扬州、倍感安心”的品牌。（杨 敏）

“旅游警察”在瘦西湖景区巡逻　公安局/供稿

检察

■概况 2017年，全市检察机关共查处贪污贿赂案件87件96人，大案占比70.8%；查办渎职案件20件30人，大案占比80%；共批准逮捕各类犯罪1077件1360人，提起公诉3611件5398人，以无社会危险性不捕192人，以犯罪情节轻微不诉85人，其中未成年人犯罪案件不捕率57%、不诉率38%；“法治课间餐”覆盖全市400多所中小学学生4万余人次；监督立案14人，监督撤案20件，纠正漏捕14人，纠正漏诉78人，书面纠正侦查活动违法175件，依法提出刑事抗诉11件；民行案件提出抗诉10件、提请抗诉9件，提出再审检察建议17件、提出检察建议213件，监督虚假诉讼18件；对刑罚执行和监管活动发出纠正违法通知书26件、检察建议73件，纠正裁判文书刑期计算错误9件，督促对39名社区矫正人员收监执行，监督120余万元财产刑执行到位；受理群众来信来访1656件，对36名刑事被害人发放救助金60余万元，助力近400名农民工追回欠薪430余万元；开展行业系统预防调查24次，案例剖析会14次，制发检察建议27份，市预防腐败警示教育基地组织开展警示教育活动256批1.22万人次；研究制定检察权运行机制实施方案，规范开展员额检察官遴选工作，建立三类人员分类考评制度，有序推进司法责任制改革。4名干警被最高人民检察院表彰为“全国检察机关业务标兵”，2个集体、3名干警在全省检察机关业务竞赛中获得佳绩。市检察院干警获评“江苏省政法系统忠诚卫士”“扬州市十大杰出青年”等称号。两级检察院46个集体、76人次获市级以上表彰奖励。（市检察院）

■批捕起诉 打击严重危害公共安全、妨害社会管理秩序的刑事犯罪，批准逮捕524件658人，提起公诉1709件2312人；承办涉案金额5000余万元的潘某某等人私设网络平台销售彩票案、严重危害民生民利的徐某某等人销售假药案等一批社会影响大、群众关注度高的刑事案件；贯彻落实轻微犯罪依法从宽政策，帮助挽救66名涉罪未成年人回归校园、回归社会。依法打击影响产业结构调整、危害经济转型升级的各类犯罪，审查起诉走私、虚开增值税专用发票等破坏市场经济秩序犯罪案件300件1038人；依法保障和促进非公企业健康发展；对假冒注册商标、侵犯商业秘密等犯罪提起公诉10件31人；主动对“城市河道改造”“国省干线公路沿线环境整治”等15个“263”项目开展专项预防，规范项目资金使用，加强生态环境保护；重点围绕生态环境和资源保护领域，提出公益诉讼诉前检察建议17件，为国家挽回经济损失2400余万元。（市检察院）

■李某跨国杀人案公诉 2006年12月13日，被告人李某因情感纠葛与妻子高某某在美国加州洛杉矶县圣盖博市一出租屋内发生激烈争吵，后卡扼被害人颈部致其死亡，2015年9月在扬州被抓获归案。本案由检察长出庭支持公诉，庭前解决中美司法协助、证据形式转换等诸多疑难问题，三次听取辩护人意见，申请被害人救助，将矛盾纠纷化解在“诉前”；开庭时运用多媒体示证系统，依靠谷歌地图、实景照片还原案发现场；公诉意见从三个层面剖析被告人李某的犯罪根源，呼吁关注移民人群的心理健康，关注和构建社会支持系统的重要性，旁听庭审的美国承办检察官利萨·库恩对办案质效表示赞许。被告人李某被判处无期徒刑并服判不上诉。（市检察院）

■职务犯罪查办 全年立案查处贪污贿赂案件中科级干部23人，处级干部4人。继续开展惩处发生在群众身边、损害群众利益的职务犯罪专项工作，共查处食品药品、征地拆迁、教育医疗等领域贪污贿赂案件22件22人。坚持受贿、行贿一起查，立案查处受贿案件33人、行贿案件26人。在省检察院的统一指挥下，参与办理3名厅级干部重大职务犯罪案件。通过查处贪污贿赂案件，为国家挽回直接经济损失2900余万元。立案查处渎职侵权犯罪案件中科级干部8人，处级干部1人；重特大案件16件，占比80%。针对征地拆迁、安全生产、医疗卫生等领域精准发力，深挖财政补贴领域渎职犯罪，共立案查处12件14人，其中科级干部6人、处级干部1人。密切关注群众反映强烈的司法不公现象，查处省检察院交办的司法工作人员滥用职权案。通过查处渎职侵权案件，为国家挽回直接经济损失1360余万元。（市检察院）

■全国首例没收省部级公职人员违法所得案 山西省人民政府原副省长任润厚（因病死亡）涉嫌受贿、贪污、巨额财产来源不明案，是全国首例省部级公职人员适用没收违法所得特别程序专案，由江苏省人民检察院调查终结，并指定扬州市人民检察院提出没收申请。扬州市检察院综合理解运用最新司法解释规定，运用检察一体化的机制优势，释法说理，经裁定：没收犯罪嫌疑人任润厚实施受贿、巨额财产来源不明犯罪所得人民币1295万余元、港元42万余元、美元104万余元、欧元21万余元、加元1万元及孳息，以及珠宝、玉石、黄金制品、字画、手表等物品135件，上缴国库。旁听庭审的全国人大代表认为，本案展示最新司法理念，观念转变到位，诉讼权利保障到位。该案得到最高人民检察院主要领导批示肯定，并获评“2017年度十大刑事案件”。（市检察院）

■职务犯罪预防 开展行业系统预防调查24次，联合相关单位组织开展案例剖析会14次；制发检察建议27份，整改回复率100%。联合市安监局，在全市安全生产领域开展“共治共防”专项活动，工作做法获扬州市政府主要领导批示肯定。“远离回扣、廉洁从医”专项预防工作，在全省检察机关、医疗卫生系统会议上作交流。精细化推进“紫信封”特殊关爱行动，减少社会负面效应。联合市人社局、扬州大学，拓展新毕业、新就业、新提拔“三新人员”专项预防。加强军地协作，搭建共建活动平台，开展“送法进军营”等系列活动。开展工程预防，助力世界园博会和省园博会“两园”建设。市预防腐败警示教育基地组织开展警示教育活动256批1.22万人次。（市检察院）

■刑事诉讼监督 加强行政执法与刑事司法“两法”衔接，重点围绕“破坏环境资源犯罪”和“危害食品药品安全犯罪”开展专项监督。监督行政执法机关移送破坏环境资源犯罪案件13件15人、移送危害食品药品安全犯罪案件14件14人，监督公安机关立案4件5人。提升监督质效、促进执法规范，连续七年开展“刑拘后未提捕未移诉专项监督”行动，工作经验做法被省检察院向全省推广，并列为全国检察机关试点项目。强化刑事审判活动的监督，及时提出纠正意见，依法提出刑事抗诉11件。

（市检察院）

■民事、行政法律监督 民事行政执行监督工作做法被最高人民检察院向全国转发，获最高人民检察院副检察长批示肯定。打造虚假诉讼监督工作品牌，提请中共扬州市委政法委联合各政法部门在全省率先出台《关于防范和查处虚假诉讼的工作意见》。在全国率先出台《虚假诉讼监督办案指引》，被省检察院向全省推介。共监督虚假诉讼18件，涉案金额9000余万元，挽回经济损失5000余万元；移送刑事立案5件14人，8人获有罪判决。“防范打击虚假诉讼，保障当事人合法权益”项目获2017年度中共扬州市委、扬州市政府“工作创新奖”。（市检察院）

■刑罚执行与监管活动监督 依法维护在押人员的诉讼权益和财产权益，办理在押人员控告、申诉78件，纠正裁判文书刑期计算错误9件，为在押人员追回非涉案财物60余万元。加强对监外执行活动监督，发出纠正违法通知书7件、检察建议26件，对39名违反监管规定的社区矫正人员督促收监执行。组织开展已决犯财产刑执行检察专项行动，办理案件77件，监督120余万元财产刑执行到位，维护司法裁判的权威。

（市检察院）

■参与社会综合治理 加强风险隐患的预测预警和分析研判，化解社会矛盾；依法办理刑事被害人救助，对36人发放救助金60余万元；受理群众来信来访1656件，及时依法分流办理，并做好息诉息访工作；常态化开展刑事申诉公开审查，邀请人大代表、政协委员、人民监督员、律师等第三方参与评议，促进信访积案化解，息诉罢访数列全省检察机关第一；切实做好稳控和应急处置，全力保障党的十九大胜利召开；通过支持起诉，助力近400名农民工追回欠薪430余万元；开展检察接待场所规范化建设，市检察院及4家基层检察院获“全国文明接待室”称号，1家基层检察院被市委政法委确定为全市政法系统“民意法治示范点”；创新项目“集关爱合力、为成长护航——倾力打造司法惠民的法治课间餐”，覆盖全市400余所中小学，受教育学生4万余人次，入选首批“江苏省省级机关法治实践优秀案例”，获评全省政法系统关工委“优秀法治案例一等奖”、扬州市“十大法治事件”、扬州市“十佳法治惠民实事项目”。（市检察院）

■**司法责任制改革** 研究制定检察权运行机制实施方案、入额院领导、部门负责人直接办理案件操作细则等配套措施20余项，进一步凸显检察官司法办案主体地位；落实权力清单，建立检察官、检察辅助人员、司法行政人员分类考评制度，切实做到“权责统一”；规范开展员额检察官遴选工作，全市265名员额检察官配备到司法办案一线，平均办案周期同比缩短5个工作日；全市两级院入额院领导、部门负责人发挥示范引领作用，带头办理重大疑难复杂和新类型案件，所办案件占比61.8%，工作做法被《人民日报》报道。（市检察院）

法院

■**概况** 2017年，全市各级法院受理案件9.47万件，审执结8.44万件，比上年分别增长上升11.37%和13.08%。其中，市中级人民法院受理案件7019件，审执结6520件，分别增长5.12%和6.55%。法官人均结案261.19件，增长39.74%。全市法院有29个集体、35名个人受到省级以上表彰。宝应法院杨爱成被授予“全国优秀法官”称号，市中级人民法院高健、仪征法院陈春晖分别获评全国法院先进个人。（宋晓波）

■**刑事审判** 2017年，全市法院共审结一审刑事案件3937件，下降5.7%，生效判决罪犯5347人，增长1.15%，判处5年有期徒刑以上刑罚255人。严厉打击杀人、抢劫、强奸等严重暴力犯罪以及盗窃、抢夺、诈骗等多发性侵财犯罪，一审审结1353件1792人。审结全国首例中美警务合作案例李某境外故意杀人案，获中美同行一致好评。严惩腐败犯罪，审结贪污贿赂、渎职犯罪案件106件127人，其中原为县处级以上9人。中国证监会投资者保护局原局长李某、徐州市原副市长李某某、中共淮安市委原常委、秘书长肖某某先后被一审判处8年以上有期徒刑，均服判不上诉。审结司法解释出台后全国首例犯罪嫌疑人死亡后追缴违法所得案，裁定没收山西省原副省长任润厚违法所得2200余万元及物品100余件，成为全国示范案例。审结发生在群众身边的征地拆迁、涉农领域职务犯罪案件23件。打击侵害民生犯罪，审结危害食品药品安全犯罪案件50件111人，集资诈骗和非法吸收公众存款犯罪案件26件47人，非法出售、获取、提供公民信息案件12件62人。吴某特大集资诈骗、合同诈骗案涉案金额5.12亿元，主犯吴某被判处无期徒刑。适用简易程序、刑事和解程序审结轻微刑事案件、被告人认罪认罚案件2645件3159人。（宋晓波）

■**民商事审判** 2017年，全市法院共审结一审民商事案件4.82万件，增长7.22%，标的总金额181.1亿元。维护民生权益，审结人身损害赔偿、劳动争议、民间借贷案件1.95万件。推进家事审判改革，审结婚姻家庭、继承、赡养等案件7386件。保障农民合法权益，审结农村承包合同和宅基地纠纷案件49件。加强涉军维权工作，依法审理涉军案件，支持军队“全面停止有偿服务”改革。妥善审理涉及新经济业态、新交易模式纠纷，审结股东权、网上购物、快递物流等纠纷案件231件。有效化解金融纠纷，审结金融借款纠纷案件3712件，保险合同纠纷案件390件。慎重认定合同无效，促进市场竞争和交易，审结买卖、承揽、租赁、建设工程等合同纠纷案件5886件。规范房地产市场秩序，审结房地产开发经营合同纠纷案件547件。（宋晓波）

■**行政审判** 2017年，全市法院共新收一审行政案件643件，审结644件，分别增长12.22%和3.54%。强化诉权保护和依法监督，妥善化解行政争议。生效判决撤销行政行为、责令履行法定职责、确认行政行为违法或无效案件44件，减少14件，有效促进依法行政。审结国家赔偿案件17件。行政机关负责人出庭应诉率87.5%。对2016年市中级人民法院一审审结64件涉县级以上人民政府行政案件形成专题报告，获扬州市政府主要领导肯定。依法稳妥审结涉城市南部快速通道改造的房屋行政征收案件，保障重点工程建设推进。（宋晓波）

■**知识产权审判** 2017年，全市法院审结知识产权案件509件，1件案件入选全省法院典型案例。推进知识产权审判“三合一”（由同一个审判庭或专门法院统一审理知识产权民事、行政和刑事的审判模式），加大新兴能源材料等产业知识产权司法保护力度。加强与行政执法机关协调配合，开展打击侵权假冒“清风行动”，构建综合预防体系。调研全市民营企业知识产权保护状况，并提出对策建议，市委、市政府领导批示落实。依法审理洛克尔国际有限公司商标权纠纷等社会关注案件。推动成立扬州毛绒玩具版权保护协会，提升知识产权保护意识。开展“4·26”世界知识产权日主题宣传活动，发布知识产权司法保护十大典型案例，营造有利创新法治环境。（宋晓波）

■**环境资源审判** 2017年，全市法院推进“263”专项行动，依法审结相关行政征收、行政处罚、行政强制等案件29件。探索恢复性司法方式，加大资源环境司法保护力度，一审审结资源环境案件160件。公开审理全市首起环境民事公益诉讼案，被告凯发新泉水务（扬州）有限公司当庭致歉，调解赔偿生态环境损害费用260余万元。加强与环保、财政部门沟通，探索建立环境诉讼专项基金，将环境赔偿金用于修复生态。参与《扬州市公园条例》等地方法规制定，为资源环境立法建言献策。（宋晓波）

■**执行工作** 2017年，全市法院执结案件2.52万件，增长31.59%，执结标的总金额215.2亿元。中共扬州市委召开“基本解决执行难”工作推进会，中共扬州市委、扬州市政府联合印发《关于支持人民法院基本解决执行难问题的工作意见》，各县(市、区)均印发意见，有效形成工作合力。打造“互联网+”执行工作新机制，推进全市执行指挥中心实体化运行，实现对被执行人存款、土地、房产、车辆及股权的网上自动查询。与市价格认证中心联合开发“执行案件涉案财产市场价格水平查询网络平台”上线，被全省推广。网上司法拍卖常态化运行，组织网拍1772次，成交额21.81亿元，为当事人节省佣金6654.8万元。组织涉民生案件及“假日执行”“凌晨执行”等集中执行行动176次，执结案件998件，到位标的额5316万元。开展打击拒不执行判决、裁定犯罪专项行动，追究刑事责任6件6人，300余人因拒不申报、虚假申报财产被司法拘留。攻坚疑难复杂案件，执结周文辉等人生产、销售赌博机特大非法经营案，追缴到位非法所得6.4亿余元。推进裁执分离改革，市中级人民法院率先在全省设立单独建制执行裁判庭，有效监督执行实施权行使。强化对消极执行、拖延执行和选择性执行的监督力度，指定、提级执行案件337件。市中级人民法院在全省攻坚执行难竞赛活动中名列第二。（宋晓波）

■立案和诉讼服务 依法受理案件，实行有案必立、有诉必理，对需要补充材料的，实行一次性全面告知。全市法院当场登记立案率99.05%。推行网上立案，方便当事人提交起诉材料、缴纳诉讼费用，实现自助立案。完善管辖权异议审理机制，及时处理管辖权争议。保障生活困难群众打得起官司，依法批准缓、减、免交诉讼费845.44万元。加大司法救助力度，发放司法救助资金440余万元。深化“七位一体”(诉讼服务、诉讼引导、立案登记、案件速裁、诉调对接、涉诉信访、司法辅助七项职能于一体)诉讼服务中心建设，办理诉讼指引、材料收转等服务3.62万人次。建成司法公开窗口平台，同步直播案件庭审，便利查询案件流程信息和生效裁判文书。发挥大学生志愿者和公益律师岗作用，提供免费法律咨询和诉讼服务。加强网上诉讼服务，全市律师事务所和注册律师在江苏法院诉讼服务网注册率均达100%。利用12368诉讼服务热线，受理案件查询、投诉等1.74万件次。落实院长接待日和庭长轮值制度，倾听群众心声，解决群众诉求。（宋晓波）

■人民法庭建设 全市18个人民法庭审执结案件1.67万件，增长2.25%，占案件总数的19.79%，调解撤诉率52.22%。开展巡回审判181场，旁听群众9000余人次，达到“审理一案、教育一片”效果。加强人民法庭基础设施建设，高邮市高新技术产业开发区法庭获准更名并迁入新址。仪征市新建青山法庭投入使用，启动新城法庭新址重建。邗江区公道法庭、宝应县氾水法庭被评为全省优秀人民法庭，3人获评全省优秀人民法庭庭长。（宋晓波）

■参与社会管理综合治理 全市法院针对发现的社会管理缺漏，发出司法建议36件，2件获评全省法院优秀司法建议。保护未成年人合法权益，打击侵害未成年人和校园暴力犯罪，审结相关案件50件。拓展“少年家事维权直通车”活动载体，成立“反家暴联盟”。市中级人民法院建立“青少年法治教育基地”，发布未成年人权益司法保护蓝皮书。广陵法院开展“反校园欺凌”专项行动，关爱学生健康成长。做好缓管免人员跟踪帮教工作，预防和减少重新犯罪。封存未成年人犯罪记录60份84人，实现100%封存。（宋晓波）

■服务经济发展 全市法院受理申请破产清算案件39件。高邮法院审结闽商置业有限公司等破产清算案，盘活闲置厂房3.4万平方米。推进“执转破”工作，构建“僵尸企业”快速识别和执行机制，执结涉企案件2725件，执行到位标的额5.04亿元，挽救濒临停产企业44家。开发区法院组织天威新能源公司搬迁交付集中执行，盘活闲置土地32万平方米。服务开放型经济发展，平等保护中外当事人合法利益，妥善审理骆驼集团信用证纠纷等涉外、涉港澳台商事案件30件。（宋晓波）

■审判公开推进 推进审判流程公开，通过短信平台主动向当事人推送立案、庭审、结案等重要流程节点信息1.72万条。推进庭审活动公开，互联网庭审直播1.76万件，市中级人民法院及辖区5家基层法院获评“全国优秀直播法院”。市中级人民法院居全国市中级人民法院第十位，邗江法院居全国基层法院第四位。推进裁判文书公开，在“中国裁判文书网”公布裁判文书2.63万份。推进执行信息公开，通过最高法院平台公布失信被执行人名单1.53万条，在户外电子屏、公交车移动电视、微信等平台，公开曝光2798名“老赖”信息，促使600名被执行人主动偿还债务2178万元。（宋晓波）

■智慧法院建设 加快建设人民法院信息化3.0版。推进网上办案，制定网上办案流程管理细则，逐步实现全程留痕。初步建成移动办公办案平台，提升工作效率。在立案大厅架设诉讼服务一体机，自助生成起诉状。建成高清科技法庭118个，为庭审直播提供技术保障。探索审判管理智能化，有序推进立案数据智能识别、诉讼材料全程监控、审判质效数据智能提取。推进诉讼档案数字化，形成电子卷宗2243.5万余页，促进档案信息资源开发利用。升级院务督查系统。江都法院试行卷宗扫描、装订、司法拍卖等辅助性事务外包，部分缓解案多人少压力。（宋晓波）

■司法责任制改革 严格落实独任法官和合议庭办案责任制，全面实现院庭长不再审核签发本人未参加审理案件的裁判文书，做到“让审理者裁判，由裁判者负责”。推进院庭长办案，全市法院院庭长参与办案4.65万件，增长33.85%。市中级人民法院院长主审全市首例持枪特大贩运毒品案，审判委员会委员听庭参审，当庭宣判首犯死刑，全程网络直播，47万网民在线观看。改革审判委员会工作机制，强化宏观指导职能，讨论案件数下降39.13%。加强审判管理，注重审判运行态势分析。全市法院加强人员分类管理，完善分类考核机制，增补员额法官39人。按照市场化招录、专业化管理要求，公开招录司法辅助人员45人，书记员与法官配比达到省定1∶1目标值。（宋晓波）

■多元化纠纷解决机制改革 全面建设“一站一室”，推进无讼村居建设。搭建道路交通、医患、劳动争议纠纷等诉调对接平台，从源头上减少纠纷成讼。仪征法院设立全省首家价格争议调解工作站。宝应法院“蔡春道调解中心”调解成功率达91.6%。推进繁简分流，实现简案快审、繁案精审。探索在诉讼服务中心设立速裁组或速裁庭，快办快结简单案件，速裁案件受理数占收案总数的13.22%，审结数占10.42%。完善专业化审判机制，市中级人民法院合理调整民事审判庭职能，组建合同纠纷、建筑工程等专业审判团队，办理疑难复杂案件。法院矛盾纠纷多元化解和繁简分流工作经验在全省推广。（宋晓波）

■诉讼制度改革 落实庭审实质化要求，实行诉讼证据出示在法庭、案件事实查明在法庭、控辩意见发表在法庭、裁判结果形成在法庭，刑事案件当庭宣判率达92.77%，增长3.65个百分点。全面落实罪刑法定、疑罪从无原则，对1名被告人依法宣告无罪。“以审判为中心背景下构建新型量刑模式调研”被列为全省法院重点调研课题，部分高校专家参与论证。起草《公安侦查人员、公安鉴定机构鉴定人出庭作证工作规范》等司法文件，进一步规范刑事证据标准。（宋晓波）

■涉诉信访法治化改革 完善诉访分离机制，对能够通过法律途径解决的信访事项，畅通进入司法程序的入口。坚持依法纠错，审结申诉复查案件392件，再审案件83件，再审改判或发回重审29件。做好重点时期信访工作，省法院交办的56件进京访案件全部化解。严格执行信访终结制度，依法打击违法信访、闹访行为，维护信访工作秩序。全市法院涉诉去省访、进京访人数在全省保持较低水平。（宋晓波）

司法行政

■概况 2017年，全市律师事务所77家，执业律师883人；公证机构7家，公证人员43人；法律援助中心7家，工作人员34人；基层法律服务所94家，执业工作者382人；司法鉴定机构8家，司法鉴定人117人；司法所85个；各类人民调解组织1640个，专兼职调解人员4117人；司法行政社会组织306个。组织开展“三服务”（服务重大项目、服务小微企业、服务困难群众）法治惠民专项行动；开展“法企同行·助力两创”系列活动；市级公共法律服务中心实体和网上平台建成投入运行；在全省率先推出《扬州市公证应对突发事件工作预案》；打造扬州12345医调工程以及“一站式”联调模式，全省医患纠纷调解经验交流会在扬州召开；推动三功能区增设司法行政机构，实现所有县(市、区)司法行政机构全覆盖。（范晓杰）

■法律服务 2017年，全市司法行政系统推进公共法律服务体系建设。2000余平方米的市级公共法律服务中心投入运行，实现市、县、乡、村四级公共法律服务平台全覆盖。建成“扬州市公共法律服务中心”网上平台，推动完成市、县12348话务平台整体融合，实现“线上与线下、虚拟与实体”的有效衔接。开展“三服务”法治惠民专项行动，发布15项惠民服务举措。开展“法企同行·助力两创”系列活动，组织法律服务团成员走访调研企业1101家，为各类企业代理诉讼案件525件，提供法律咨询1624次，代写法律文书299件，调解矛盾纠纷1194件，挽回经济损失1.15亿元。全市共办理公证4.72万件，为弱势群体减免费用达230余万元。办理司法鉴定案件9234件，采信率达95%以上，为群众维权和司法裁判提供依据。全市法律援助机构为来访、来电群众提供法律咨询1.69万人次，办理法律援助案件5014件，其中2件案件被评为“全省十大法律援助好案件”。（范晓杰）

西湖镇俞桥村联合邗江区人民法院开展“送法进农村，学法在基层”普法宣传活动 庄文斌 周 俊/摄

■法治宣传 2017年，全市司法行政系统开展“美好生活·德法相伴”系列活动，加快构建“323”普法责任体系。印发《全市法治宣传教育重点单位“谁执法谁普法”普法责任清单》，依托市法宣办协调全市市级机关主要执法单位完成普法联动事项58项，制定试行法治副校长工作指南，试点研发系列标准化教案和配套PPT课件，组织法治副校长法治课观摩活动，法治副校长标准化建设经验获得省司法厅推广。国家宪法日组织国家工作人员开展宣誓签名活动，弘扬宪法精神，法治微电影、微视频征集活动成效显著，3部法治微电影、微视频作品获得全国一等奖。（范晓杰）

■人民调解 2017年，全市司法行政系统推进社会矛盾纠纷调处工作。县、乡两级所有调解委员会和95%的村(社区)调解委员会均达到省级规

范化建设标准。道路交通、医患矛盾等重点领域专业性人民调解组织以县(市、区)为单位实现规范化建成率100%,建立行业性、专业性人民调解组织91个,调解员242人。联合市人民调解协会在市中级人民法院诉讼服务中心设立派驻式人民调解委员会。联合市知识产权局成立市知识产权人民调解委员会。实现人民调解协会全覆盖,开展人民调解员首次等级评定工作,共评选出具有人民调解员等级资质人员632人。至年末,全市共调处各类社会矛盾纠纷7.25万件,劝阻群体性上访499批次9914人次,防止民转刑案件4件,涉及28人,维护社会稳定。(范晓杰)

■社区矫正 2017年,全市司法行政系统围绕十九大安保开展系列安全稳定专项活动。设定十九大社区矫正安保特别"加强期",强化重点人员和安全隐患的滚动排摸、管控化解,十九大期间全市社区矫正秩序安全稳定。信息化监管装备逐步配备到位,手机定位率稳步提升,推广使用电子腕带。全市社区矫正中心、司法所指纹和面部识别考勤设备全部到位。邗江区、广陵区、江都区矫正中心作为首批试点实现与部、省的联网。扬州作为全省3个与法院联网试点城市之一,与法院逐步实现委托调查评估和交付衔接联网数据交换。邗江区、广陵区开展损害修复工作试点。印发《扬州市社区矫正业务知识一本通》。开展互帮共建活动,组织市、县两级社区矫正执法人员赴相关监狱交流学习。将全省27个监狱划分给县(市、区)挂钩对接,推进远程会见和衔接前置工作。建立市级指导站、县级工作站、乡级服务站的立体化工作体系,对解除强制隔离戒毒人员进行出所后的教育管理。(范晓杰)

■法治系统建设 2017年,全市司法行政系统推动法治系统建设,依法行政水平提高。制定扬州市司法局重大行政决策合法性审查制度和法制审查工作流程。制定法律顾问工作制度,聘请2名律师担任法律顾问;建立公职律师制度,选聘局机关2名法制人员申报公职律师。制定标准化建设三年行动计划和全年标准化建设工作任务分解方案,推进法律援助、基层司法所、公共法律援助中心和社区矫正等重点领域标准化建设,宝应县矛盾纠纷调处中心"社会矛盾纠纷调处服务中心服务标准化试点"项目高分通过省标准委员会验收,市法律援助中心"法律援助机构社会管理和公共服务标准化试点"项目获省质监局立项。推进行政审批制度改革,梳理市级司法行政机关权力清单44项,在市司法局法制处增挂"行政办事服务处"牌子,编印《扬州市司法局行政审批工作手册》,建立三级审查把关机制以及审批例会制和审批数据信息共享制。制定《扬州市司法局"双随机一公开"抽查工作实施方案》,切实转变法律服务行业监管方式。市编办批准设立人民监督员选任管理办公室和行政办事服务处,实现职能归口管理和业务集中办理;推进公证体制改革,扬州市公证处从行政体制转为公益二类自收自支事业单位,核定自收自支事业编制10人;3个功能区成立司法行政机构,填补司法行政管理空白。(范晓杰)

仲裁

■概况 2017年,扬州市仲裁委员会(简称市仲裁委)共受理各类经济纠纷544件,标的额14亿元,其中基层办事处受案186件,涉案标的额8.8亿元。案件涉及商品房买卖、金融借款、建筑施工、工业品买卖及租赁、保险、物业等行业和领域。全年办结各类案件463件。其中,裁决232件、决定63件、调解168件,和解调解率达50%,自动履行率、结案率均在80%以上。扬州市经济纠纷调解中心接待来访咨询40余人次。(仲裁委)

■仲裁办理 规范办案程序,加强案件质量管理,按期结案率提高。根据实际情况合理确定每个季度的结案归档率,从根源上彻底摒弃"前松后紧"的思维定势,保证"案过留痕",为案件的监督、办案责任的追究打下基础。全年共举办仲裁员培训4次,注重秘书处业务水平提升,定期开展法律业务知识交流研讨,先后有13名人员走上讲台,分析讨论办理案件过程中遇到的新问题,讲解法律热点、难点,相互交流,相互补充,提升办案水平。(仲裁委)

■仲裁推广 发挥新闻媒体的宣传作用,推介仲裁制度。通过报纸、电台、电视台刊登专稿、发布消息,在《扬州广播电视报》设立《仲裁天地》栏目发布案例40个。搭建专题宣传培训平台,提升宣传实效。举行多种形式的法律咨询活动,通过参加市房产局组织的房产交易会、扬州市及各县市(区)工商局组织的"3·15"消费者权益保护日等活动,在活动现场以设立仲裁服务咨询点,解答当事人的咨询,发放宣传资料近500份。注重宣传与服务结合,深入企事业单位,开展走访活动,与企业负责人充分交流,提供法律咨询服务,指导规范合同,防止和减少经济纠纷发生,并帮助企业清理债权债务。把仲裁服务向案源基地和法律服务机构延伸,从单纯办案向全方位服务延伸。(仲裁委)

■服务基层 将调解与仲裁相互配合,发挥扬州市经济纠纷调解中心在调处社会矛盾纠纷中的作用,全年调解中心来访咨询40余人次。调解中心被扬州市政府评为全市优秀调解机构,2名工作人员被评为优秀调解员。将仲裁推介工作和基层办事处建设与管理工作相结合,重新制定《2017—2019年办事处考核管理实施细则》,建立办事处人、财、物以及案件等方面统一要求的新模式。基层服务平台持续优化,服务能力提高。继续落实巡回仲裁庭制度,人性化选择开庭地点,方便当事人到庭,在仲裁过程中仲裁员也能到现场进行勘验,查明案件事实提供依据,实现审理效率与服务基层的统一。全年累计巡回开庭30余次。(仲裁委)

军事
Junshi

编 辑 崔成鹏

扬州军分区

■概况 2017年，中国人民解放军江苏省扬州军分区（简称扬州军分区）加强思想政治建设。组织学习贯彻中共十九大精神研讨会和动员部署会，开展学习新党章、重温入党誓词等主题党日活动，协调安排21名团以上干部参加中共扬州市委冬季轮训班学习。抓住思想引领重要环节，把理论武装、党性锻炼、解决问题贯穿始终，抓实抓活两项重大教育，组织"适应新体制、谋求新作为"大讨论，举办纪念建军90周年系列活动。开展国动文化凝心工程，与市广电集团联合摄制的微电影《"二妹子"的故事》在东部战区举行进军营发布仪式，制作《队旗永远跟着党旗走》纪实片推介"柳堡二妹子"民兵连党支部建设先进模式，军地联合举办"致敬最可爱的人"主题晚会，连续5年召开英模代表座谈会。

调整改革任务完成。扬州军分区压茬完成军分区、人民武装部（简称人武部）整编，推进两级机关组织机构调整，43名干部全部按新编制落编定岗，24名官兵服从组织安排退出现役，西部战区陆军、新疆军区、东部战区空军3个干休所依令划归军分区管理。召开军分区本级带广陵、邗江人武部规范化建设现场会，完成省军区安全管理业务集训暨规范化建设观摩活动各项保障，健全工作机制，正规办公秩序，改进领导指导，提高运行效率。

推进备战练兵。扎实开展战备值班专项整治，汇编《业务手册》，组织骨干培训，完善各类预案，拉动应急分队，规范战备秩序。组织首长机关指挥技能训练、专武干部集中学训、抗洪骨干精训、民兵骨干集训考核和新大纲试训，军分区党委机关参加省军区考核成绩优秀。注重在实战中练兵强兵，累计出动2400余人次，完成巡堤护堤、扬州职业大学新生军训和支援地方扫雪除冰等任务。军分区机关组织47名官兵、职工参加25千米武装拉练。

加强国防动员能力。贯彻国防动员建设"十三五"规划，开展动员潜力调查，完成后备力量整组，建成4个国家级、6个省级动员中心，数量居全省首位。贯彻中共扬州市委、扬州市政府、军分区《关于加强"柳堡二妹子"民兵连全面建设的意见》，组织"柳堡二妹子"民兵连新大纲试训暨党组织建设成果汇报展演，受到军地领导充分肯定，相关报道在中央电视台第七套节目播出。贯彻党管武装根本原则和制度，协调召开中共扬州市委议军会，组织人武部党委第一书记述职，军地集智研究解决国防动员准备实际问题，扬州市"建立军民融合产业园、当两年兵学几样好手艺、军转安置两个比例不降"等做法，被军地主要媒体刊发。

推进基层秩序正规建设。注重抓基层打基础，全市基层人武部和民兵营（连）全面建设现场观摩会在广陵区召开，着力推动基层武装工作任务、基础设施、运转模式、领导管理"四个正规"。注重抓安全保稳定，定期召开安全形势分析会，开展"两学一正"（学条令、学法规、正秩序）、枪弹专项清查整治、安全大检查和"百日安全"等活动。注重抓后装强能力，升级安防硬件设施，引进地方安保力量，优化抓安全工作方式，紧盯重要部位、敏感时段加强防控，民兵武器装备仓库连续多年安全无事故。 （葛守玉）

■基层专武部长集训 2月29日至3月6日，以"学业务、训技能、练作风、强素质"为主题，以强化意识、提升能力、夯实基础为目标，按照训练实战化、教学院校化、管理正规化的要求，采取理论学习与实战训练、参观见学与经验交流、专题讲座与座谈研讨相结合的方法，组织全市122名基层专武干部集训。 （葛守玉）

■军地抗洪抢险演练 6月8—15日，联合市防汛防旱指挥部，组织全市120名民兵骨干在江苏省防汛抢险训练中心开展以防汛抢险基础知识、六种险情处置技术和搭建钢木土石组合坝为主要内容的集训和成果演练，"柳堡二妹子"民兵连6名连排干部跟训。扬州市、县两级领导，军分区首长机关和人武部干部以及部分专武干部代表等40余人现场观摩演练。 （葛守玉）

■民兵干部骨干集中训练 9月14—17日，扬州军分区组织各县（市、区）50余名民兵干部骨干在市国防园进行为期4天的集中强化训练，练技能、练体能，排出座次，遴选尖子协助扬州市职业大学完成2017年度4500余名新生技能训练。 （葛守玉）

■“柳堡二妹子”民兵连实战化训练 9月下旬至10月中旬，成建制组织“柳堡二妹子”民兵连集中训练，参训女民兵共68人。采取先单兵精练、后班排合练、再综合演练的方法组织，先后完成共同基础、专业技能和任务行动等内容训练。10月16日，组织新大纲试训成果汇报演练。省军区、军分区和人武部三级首长机关，扬州市、宝应县两级领导，60余名专武干部代表现场观摩演练。

（葛守玉）

■首长机关指挥集训 12月中旬，利用一周时间，组织军分区首长机关人武部干部动员业务集训，重点突出国防动员基础理论、要图标绘、识图用图、指挥作业和体能等内容，有效打牢业务基础。下旬，军分区机关在编人员参加省军区考核验收，取得总评第三名的好成绩。（葛守玉）

■开展“学条令、学法规、正秩序”活动 以法制教育为先导，强化法治意识，打牢依法从严治军的思想基础。集中开展“学条令、学法规、正秩序”活动，组织队列会操、军容风纪检查、条令法规知识考核和办公秩序整治活动，进一步培养官兵法治思维和法治意识。（冯永勇）

■枪支弹药专项清查整治 3月，根据全军统一部署，扬州军分区开展枪支弹药专项清查整治活动，重点对有无私藏枪支弹药、民兵武器装备仓库和兵器室安全管理等方面进行拉网式排查，对存在问题隐患采取挂账销号、责任到人、限期整改的方式，消除隐患苗头，确保军分区安全稳定。

（冯永勇）

■组织征兵 全市各级把征兵工作作为一项严肃的政治任务，执行省政府、省军区征兵命令，把完成任务作为第一目标，把大学生征集作为重中之重，把提高质量作为核心要求，把廉洁征兵作为保底工程，以深入推进“五率”（报名率、上站率、合格率、择优率、退兵率）量化考评末端落实为有力抓手，紧扣时间节点，精心筹划，严密组织，完成征兵任务。

（刘汉吉）

■民兵整组 确保改革落地后民兵训练、管理、使用等工作能够稳步接续，依据省后备力量建设“十三五”规划和新形势下民兵组织建设指导意见，巩固深化后备力量整组工作“三个一体”（一体部署、一体落实、一体检验）和“三率两例一积累”（专业对口率、人员在位率、应急出动率和党团员、退伍军人比例，保持战斗力积累）试点成果，围绕“怎么看”“怎么做”“怎么干”开展民兵整组工作，对后备力量各类队伍实施统筹规划、分类建设，解决任务重叠、组织交叉、一兵多职等问题，提高民兵分队快速动员和遂行任务能力，为稳步推进新一轮民兵调整改革打下基础。

（刘汉吉）

■基层武装部建设 12月5日，中共扬州市委、扬州市政府和军分区在广陵区联合召开基层人民武装部和民兵营（连）全面建设现场观摩会。会议围绕进入新时代、适应新体制、履行新使命，采取现场观摩、成果会展、经验交流、录像演示、会议部署等形式，总结经验成果，全面部署任务，为推进新时代扬州基层武装建设奠定基础。（刘汉吉）

■出台《关于加强“柳堡二妹子”民兵连全面建设的意见》 中共扬州市委、扬州市政府、军分区于3月13日联合出台《关于加强“柳堡二妹子”民兵连全面建设的意见》，要求重点突出“围绕强军目标建连育人”，赋予“为战、能战、胜战”时代内涵，发挥“平时服务、急时应急、战时应战”作用，从指导原则、建设标准、落实措施、组织领导四个方面加强系统规范，全面提升连队建设科学化、制度化、正规化水平，成为全国后备力量建设的一面旗帜。（刘　松）

■军地联合摄制微电影《“二妹子”的故事》 4月26日，微电影《“二妹子”的故事》在扬州广电总台举行首映式。电影由扬州市政府和军分区决策拍摄，新四军后代、中华广文慈善基金会理事长牛大鸿捐资赞助，军分区政治部和扬州广电总台联合摄制，在柳堡实地取景通过“二妹子”姑娘们的本色出演，以真实的角度、写实的方法，全景式展现“柳堡二妹子”民兵连红色历史、精神传承和时代内涵，对扬州精神文化建设和后备力量建设发展具有重要意义。6月2日，军分区协调东部战区联合参谋部、政治工作部举行微电影《“二妹子”的故事》进军营活动。（刘　松）

■举办庆祝中国人民解放军建军90周年特别节目 7月31日，市双拥和国防教育领导小组、扬州军分区在扬州广电总台演播大厅联合举办“致敬最可爱的人”——庆祝建军90周年“八一”特别节目暨慰问活动。市四套班子和军分区领导出席活动，驻扬部队官兵、好军嫂、复转军人、拥军人物和部分学生代表共150人参加活动。驻扬部队官兵和扬州文艺工作者表演丰富多彩的文艺节目，讴歌人民军队的爱国情怀、奉献精神和高尚情操，以及军爱民、民拥军，军民鱼水一家亲的深厚情谊。市委书记谢正义、市长张爱军、市政协主席朱民阳现场向驻扬部队赠送慰问品，向部队官兵致以节日的祝贺。市委政法委书记孔令俊、军分区司令员郦斌向童波、刘允芝等10位“情系国防好军嫂”颁发奖杯和证书，感谢她们对国防建设的支持和付出。（刘　松）

■后勤管理保障 结合新的编制体制、人员编设和职能任务，通过加强预算审核、支出审批、结算审查等全过程管控，使依法管财从严治财成为行动自觉，进一步降低行政消耗性开支，确保财经工作始终在法治轨道上运行。切实巩固和发展好财务清查整治成果，开展全面自查自纠，细化完善管理规定，清查2015—2017年共12类210余条问题，清退违规款项18.68万元。继续贯彻执行中央军委和军委国防动员部、省军区关于全面停止有偿服务的指示要求，协调地方法院，妥善处理有关矛盾问题，紧扣时间节点，加快推进停偿工作，扬州军分区被省军区表彰为“全面停止有偿服务工作先进单位”。加强办公场所正规化建设，投资40多万元对作战值班室、保密室、机要室、机要仓库、战备器材库、接待室和部分办公室，以及老办公楼一楼门厅及走廊、公勤队宿舍楼等公共部位进行改造。针对改革后人员编制少、警卫力量不足的实际情况，引进地方保安公司负责营门安保警卫执勤，采用人脸识别技术加强营门管理，对办公楼管理门禁及监控系统进行升级改造，完善营区安保设施和警卫力量。对民兵武器装备仓库消防泵房设备和消防管道进行改造，解决仓库消防安全隐患。加强营院建设整治，投资20余万元改造公寓区部分路面及排水管网，解决部分公寓房排水不畅问题。开展医疗服务，组织定期健康体检，为军分区现役干部办理城镇职工医疗保险，解决就地医疗问题，邀请地方医疗专家为官兵职工举办健康知识讲座，组织驻扬部队官兵无偿献血2.66万毫升。（张　帆）

预备役师

■概况　2017年，江苏陆军预备役高射炮兵某师（简称预备役师）以习近平总书记系列讲话精神和改革强军战略思想为统领，围绕强军目标，完成以军事斗争准备为龙头的各项任务，部队全面建设得到提升。思想政治建设坚强有力，军事斗争准备纵深进击，基础工作扎实推进，后装保障取得明显成效。1名团职干部立功受战区陆军表彰，28名官兵被师记功嘉奖，14名优秀基层干部、22名优秀士官被师表彰为先进。

（承孝平　包　翔）

■指挥官集训　3月，组织现役军官基础训练，突出基础理论、基础技能、基础体能的训练，落实机关业务技能训练时间12天，指导师团完成首长机关现役军官军事考核，并建立军事训练档案。5月，迎接东部战区陆军预备役部队考核，拟制迎考强化训练方案计划，扎实开展师团首长机关业务技能基础训练，完成现役官兵训练，组织师团现役官兵复训迎考。8月，巩固军官编组作业训练师，指导各团完成分队军官编组作业，规范营连分队军官编组作业组训形式、训练内容和方法步骤，研究摸索组织预备役防空兵分队军官编组作业的方法路子。10月24—27日，组织师团高标准完成指挥演练，采取师团演练、异地同步、指挥作业的形式，完成首长机关指挥演练。11月上旬至12月中旬，组织“四会”教练员资格评定暨优秀“四会”教练员评选考核活动，组织“四会”教练员资格评定，接受上级评定质量抽查和优秀教练员考核评选。结合各单位资格评定现场考评，师重点组织审查各团与机关各部推荐参考的30个优秀“四会”教学课目，评选出2个“四会”教学优胜单位和13名先进个人。（承孝平）

■士兵专业集训　4月17—26日，组织现役士兵骨干“一专多能”训练，师机关公勤队及各高炮团现役士兵骨干30人参训，采取“对口指导、专业联训”的方法，完成（一米测距机手、火控仪操作手、标图员、通信专业被复线架设、电台操作、通信勤务等）专业的集训，落实训练课时。训练采取理论讲解、教学示范、集中组训、实装操作、考核评比的方法步骤实施，完成基础理论、单兵操作和班（组）协同等内容的训练，经考核验收，所训课目均达到合格以上。

（尤延幸）

■应急分队训练　5月，师拟制下发《组织非战争军事行动应急准备通知》，将修订非战争军事行动预案、组建应急连、展开针对性训（演）练三项工作有机结合、整体统筹、一体部署。6月，专项下发《抓好预备役应急连针对性训练通知》，细化训练计划、规范经费开支、落实硬性规定，适时督导训练展开。6月20—29日，师团在完成预备役应急连筹建的基础上，采取集中基地组训和分批分点轮训相结合的方法，以抗洪抢险、防抗台风、森林防火、事故救援和防暴维稳等内容为课题，依托现有训练场地和驻地国防训练基地组织展开针对性训练，有效提高师团遂行非战争军事行动能力。（承孝平）

■转隶交接工作　2016年12月至2017年2月，严格按照上级转隶交接准备工作指示精神，细致开展全师部队资产清理清查，完成登记造册；认真总结梳理，做好各项准备，高标准完成陆军、东部战区陆军、省军区等各级逾10个波次检查调研；狠抓部队管控，开展新规定、新法规学习贯彻，确保部队安全顺利交接。（承孝平）

应急分队训练　　预备役师/供稿

■**后装保障** 持续推进停止有偿服务工作。7月，委托地方律师事务所提起诉讼，走法律停偿的道路。完成固定资产清查工作，在2017年的转隶交接工作中，对全师的固定资产进行清查，对有账无物的查清去向，对有物无账的及时进行补登记。

组织开展装备转隶交接清查。1—2月，组织师、团装备机关围绕“实力装备、单独建账、退役未报废、计划未到位”四个方面内容，开展全师武器装备清查活动，完成武器装备随队转隶战区陆军工作。7月，完成车辆装备定点维修招标，保证车辆日常维修工作有效开展。11月，根据装备日常管理要求和天气变化特点，组织指导各团、师直属队依托定点维修机构和装备骨干技术力量，对工程机械、车辆装备、封存火炮进行以检修、换油、保养为主要内容的换季保养，确保冬季大型装备战技术性能的完好。10月下旬至12月上旬，组织开展全师清仓查库活动采取“部队自查、单位核查、陆军抽查”的方式，区分筹划准备、组织展开、核查抽查、总结验收四个阶段，对全师武器装备、弹药、维修器材进行逐一核实登记，提升规范化管理水平，打牢部队安全稳定基础。

（常振良　张礼文）

武警扬州市支队

■**概况** 2017年，武警扬州市支队坚持以习近平主席强军思想为指导，坚决贯彻总部、总队党委决策部署，立足于“打造一支含金量更高的先进支队”目标，确立“破平增色、全面过硬”的工作基调，着力举旗铸魂，聚力履行使命，用力夯实基础，接力转改作风，全面建设呈现稳中有进、向上向好、突破攀高的发展态势，各项任务圆满完成，被人力资源和社会保障部、中央综治委表彰为全国社会治安综合治理先进集体，连续5年被总队表彰为先进支队；连续27年刷新“三无”（无行政事故、无执勤事故、无案件）纪录。支队党委被总队表彰为先进党委。

（张海军）

■**执勤备战** 把握“十六字”执勤思路核心要义，推进执勤正规化和“五防一体化”建设，升级改造“哨位阵地化”“犬防滑道”，规范监门哨上勤、应急小组前置等工作，确保中心工作万无一失。贯彻落实中心工作集训会议精神，高起点谋划“一室两站”建设，规范编携配装、以车代库和AB队备勤模式，提升反恐制胜效能。按照军事训练“八落实”和“六种组训模式”，严密组织各类集训比武，着力补齐“三个短板”，有效提高遂行任务能力。支队参加总队教练员比武总评第三，参加参谋业务比武总评第四，参加器械骨干集训考核总评第六，参加特战干部骨干“巅峰”比武总评第六。

（张海军）

■**从严治警** 贯彻安全工作“八个规范”，研究梳理官兵常见“八个怎么办”思想困惑，总结归纳安全管理“四宁四不”招法举措，严密组织百日安全竞赛，强力推进枪弹管控、手机网络等重难点问题整治，排险除患、堵塞漏洞。贯彻落实《正规化管理规定》，大抓正规化建设，党委机关坚持从自身严起，为基层作表率；直属队持续深化公勤人员整训成果，常态纠治形象不佳、素质不高、守纪不严等问题，锤炼过硬作风；基层推广一日生活条令化、库室设施规范化、日常管理精细化建设，部队安全基础进一步稳固。支队被评为武警部队“百日安全竞赛”先进单位。

（张海军）

■**基础建设** 学习贯彻总队1号文件精神，突出按纲指导抓建，落实蹲点帮建和当兵蹲连制度，实施一队一案精准帮建，机关抓建进一步体系化、科学化、正规化。开展“学典型、争先进、创一流”活动，组织优秀官兵事迹报告会，使各层级各层面学有榜样、赶有目标。开设“学思践悟”讲坛强素质，干部大家访活动暖人心，有效激发官兵动力活力。着眼“后勤变前勤”，加强应急保障能力，规范“一组五队”建设，加强专业兵“一专多能、一兵多用”培训，各类应急保障任务完成出色；抓好后勤重点领域清查清理，巩固“伙食精细管理年”成果，落实“1126”“6211”办伙模式，后勤服务保障质量持续提升。

（张海军）

扬州边防检查站

■**概况** 扬州边防检查站担负着扬州口岸“一港三区（扬州港、扬州、仪征、江都港区）”81.5千米长江岸线和扬州泰州机场国际航班的出入境边防检查任务。2017年，扬州边防检查站空港共检查出入境航班1000余架次、旅客员工10余万人次，办理边检口岸限定区域通行证件500余份；江港检共检查出入境船舶1000余艘次、员工1万人次，办理各类证件数千余份；共核查重点国家人员1000余人次，查获数名使用失效证人员、在逃人员、在控人员；查处违法违规10余起、违规交通工具数起，口岸发案率始终压缩在较低水平；开通绿色通道4次，紧急救助患病旅客和受伤船员，相关做法被中央电视台等众多主流媒体报道。

（沈奕帆）

■**队伍素质建设** 中共十九大安保期间，站党委成员分片区带队开展“地毯清查”行动，对扬州、江都、仪征长江口岸及扬泰国际机场限定区域进行“无死角”清查，累计筛查码头企业18家、重点场所176处、员工294人，彻底“清零”各类安全隐患。开展固边系列专项行动和打防管控百日攻坚会战、“强基础、防回流”百日攻坚、百日安全竞赛等活动，建立后台核查、区域巡视和反恐应急“三支队伍”，把住证件查验、后台核查、巡查巡逻、区域管控、应急处突“五个阵地”，抓好口岸反恐维稳工作。抽调司、政、后、指挥中心、执勤业务科相关人员成立安保风险研判先锋队，每日结合口岸形势、API预报、情报信息等要素，通过评估分析、重点甄别等方式，对未来24小时内口岸风险隐患进行研判，共发布《重大涉稳研判分析报告》30余份。挑选5名素质过硬的业务骨干组建后台核查专班，制定后台核查工作指引，利用外国人入境人员数据及活动轨迹进行系统

扬州边检站在扬州泰州国际机场举行应急处突演练　　沈奕帆/摄

分析，发现并阻止2名所持签证与来华目的不符的泰国籍人员入境。立足“出警快、处置好、影响小”原则，在机关、基层分别建立5人快反小组，邀请总队实战教官团到站开展实战训练，开展各类处突演练和应急拉动34次，有效提升队伍整体战术技能和实战水平。中共十九大安保期间，联合海关、海事、长航公安、机场公安等执法单位开展联合整治、机场联防联宣等系列行动11次，联合处突演练4次，有效维护口岸安全稳定。

（沈奕帆）

■边检服务　开展“访企解忧集中攻坚”活动，制定“六个一”（一次走访调研、一次互动交流、一次分析研究、一批惠企举措、一次综合整治、一次对外宣传）和“上前一步”（走访上前一步、问需上前一步、服务上前一步）等服务举措，出台《江海港边检业务办理工作指引》，进一步优化便民服务举措、简化企业办检流程，推动新式边检行政许可执行。以总队执法执勤“三统一”暨深化“江苏模式”会议为契机，推广边检诚信管理、“V通关”边检微信服务平台、边检QQ群等边检“网络便民服务平台”。聘请6名社会监督员，征集意见建议10余条，有效促进边检执勤执法工作不断改善。对全年出入境旅客数据进行整理汇总，并形成《扬州口岸出入境旅客数据分析报告》上报扬州市政府，积极为驻地政府发展开放型经济出谋划策。5月9日，扬州边防站开通绿色通道，紧急救助重伤的韩国籍船员，被中央电视台等40多家主流媒体集中报道。　（沈奕帆）

■边检勤务改革　依托指挥中心视频巡查、科队联勤和协警助勤机制，整合江港口岸巡视队伍，合理划分管辖区域，实现视频巡查网格化，建立巡查签到交接、交叉巡查和责任追究三项制度，强化巡视队伍责任意识，确保在港船舶得到有效监管。深化“视频监控＋科队巡查＋实时对讲＋快速出警”的“警企船三方共管”勤务模式，勤务运行更加灵活高效，用警效率进一步提升。在恒基达鑫码头试点建立“协警助勤”机制，培训21名协管员，制定学习培训、工作考核等制度，并逐步推广至全口岸，基本实现“边检主管、企业协管、船方自管”的良性运作。推行口岸联检单位联合登临检查制度，提升口岸联检单位协同作战能力，提高联合管控效能。　（沈奕帆）

■“四项”建设　开展“四项”建设（基础信息化建设、警务实战化建设、执法规范化建设、队伍正规化建设）工作。加大科技装备投入和更新，提升中共十九大安保综合效能。增设高清视频监控、红外报警等设备，严格落实监控系统每日巡检维护保障制度，确保在第一时间发现、排除监控问题。完成扬泰国际机场350兆数字集群系统基站建设安装，解决站指挥中心与机场执勤现场联络方法单一、保密性不强等问题，为部队实战指挥、警力调度、应急通信提供强力支撑。10月，正式启用入境旅客自助查验通道，出台《扬州边检站自助查验通道工作指引》，进一步提高通关效率，江苏省电视台、《新华日报》等多家媒体给予报道。全年为基层一线配发执法记录仪15部、数据采集站3个、诺君安证照自动识别系统5部。对站机要加密网二期进行升级改造，更换UPS不间断电源。　（沈奕帆）

人民防空

■人防指挥信息化建设和训练演练　2017年，市民防局启动扬州市人防基本指挥所信息系统及其配套改造项目，完成江苏省高清视频会议系统录播子系统改造和全市防空警报器全面巡查维护，新建固定警报器14台、多媒体警报器8台。宝应县、高邮市、仪征市、邗江区人防机动指挥通信系统通过江苏省民防局终验，与已建成的扬州市和江都区人防机动指挥所共同形成全市统一的人防机动指挥通信体系。宝应县、高邮市、仪征市、江都区、邗江区已建成或在建人防疏散基地。邗江区、宝应县、高邮市和江都区已建成或在建人防基本指挥所。严格按照《人防训练大纲》实施训练演练，先后完成人防专业队整组，组织人防机关、专业队和志愿者骨干到江苏省民防训练基地和教育训练基地封闭集训，完成江苏省民防局组织的“五市八县”片区拉动训练任务，获江苏省无线电比赛二等奖。全市人防系统认真落实机动指挥所车场日制度，日常拉动和开设训练制度，网络、电话和视频会议系统联调联测制度，保证各项通信战备执勤的良好效果，建成一支市、县统一的指挥和信息保障专业技术队伍。

（李笑晖）

■人防工程建设审批管理和质量监督　推进落实“放管服”改革工作，

完成“不见面审批”“一张网”“双随机一公开”“联合踏勘”“联合验收”涉及的全部任务，并赋权开发区审批局行使人防工程建设审批权力。调整完善人防工程审批政策，实施过渡期建设和收费标准，对符合条件的项目适用简易程序，免于办理行政许可，提高服务效率，减轻企业负担，超额完成省、市下达的人防工程建设目标任务。进一步规范审批管理，落实多轮审核、应收尽收和跟踪监管，完成人防工程管理信息系统数据录入、人防建设综合统计、县(市、区)人防行政审批检查工作。建立市、县统一的人防质监管理队伍，组织开展“双随机一公开”人防工程建设质量检查、监理企业现场监理行为检查和在扬防护设备企业生产、安装质量检查，实现全市人防质量监督全覆盖，保证全市人防建设管理质量。（李笑晖）

■人防工程维护管理与开发利用 普及完善基于扬州人防综合业务集成系统的工程智能化巡检工作方式，重点完成早期工程“782”干道、国北干道治理工作，工程维护的资金有效落实，维护检查的效率和质量稳步提升，人防工程完好率95.7%。加强人防工程开发利用管理，对全市人防工程及其开发利用情况进行梳理研判，推动落实人防工程平时使用证发放工作，有针对性地改进开发利用方法手段，提高人防工程的社会效益和经济效益，全市人防工程开发利用率96%。重点加强住宅小区人防工程使用监管，推进违规使用处理工作，协调处理开发商、物业和群众之间矛盾。（李笑晖）

■民防法治和宣传教育 推进民防规范性文件建设，实施《扬州市人民防空管理办法》修订，向社会公开征求意见，组织专家合法性论证，综合各方意见进行多次修改。推进民防法治宣传教育进社区，通过电台、电视台、报纸、网站、手机公众号等各类平台提高民防宣传普及程度，先后组织民防宣传教育工作会议、宣传报道培训班、“铭记抗战历史、强化民防意识”宣传教育活动以及“守护安宁——为民设防”主题摄影展，取得良好社会效果，扬州市民防局被国家人防办表彰为通讯报道先进单位。深化民防知识教育，结合国际民防日、防灾减灾日、警报试鸣日、国家公祭日等活动，依托国防教育训练基地、青少年素质教育基地民防教育展馆、社区民防工作站和中小学校开展“军事日”活动、互动式教育和疏散演练，共约3万名群众参与，民防工作的社会影响力和认知度进一步提高。（李笑晖）

■重要经济目标防护建设试点 市民防局联合清华大学公共安全研究学院完成“城市生命线工程平时防空中恐怖袭击”课题研究，并通过省民防局和扬州市政府专家评审。在某重点目标水厂进行实质性推进，组建防护机构，添置人防战备器材，编制防护预案。以邗江区人防办为主，联合江都区人防办，在某化工企业完成重要经济目标防护演练。（李笑晖）

■“扬防-2017”演练 9月18日，进行全省统一防空警报试鸣，扬州市民防局在全市范围内统一开展“扬防-2017市县两级防空综合演练”，以县级人防机动指挥所和人防综合业务系统为平台，指挥协同5个县(市、区)26个机关企事业单位、1.2万名社区群众和在校师生参与人员疏散、区域支援保障、消除空袭后果等课目演练，实现8个现场全程实况直播。（李笑晖）

双拥共建

■概况 2017年，扬州市以市级双拥模范乡镇(街道)、单位评选和第11届省双拥模范城(县、区)创建为重点，开展双拥月、纪念建军90周年、第17个全民国防教育日活动；利用传统媒体、“两微一端”网络平台，组织“庆祝建军90周年特别节目·致敬最可爱的人”系列报道；推荐相关单位和个人参加省“最美江苏兵”“最美军嫂”“爱国拥军模范企业单位”评选；组织情系国防好家庭、“最美拥军人物”、“最美复转军人”、好军嫂等先进典型评选表彰。组织新婚夫妇向烈士纪念碑献花，将中小学国防教育引入微课教育新载体，举办国防教育专题讲座。出台扬州市《关于进一步动员社会力量做好新形势下拥军优属工作的意见》《关于实施优抚驿站建设推进优抚工作社会化的意见》。（李建峰　周梅红）

■城舰共建 3月1日，在东海舰队某基地礼堂举行扬州职业大学和扬州舰“校舰合作”办学2017级“扬州舰”新生开学典礼。扬州职业大学为“扬州舰”官兵免费提供学历提升班教育，开设建筑工程技术和计算机信息管理专业，采取“网教＋面授”教学形式，提供教学视频、课件等教学资料，方便学员自主学习；派出骨干教师，利用军舰在港时间组织辅导。3月31日，市委副书记、市长张爱军率领扬州党政代表团到浙江舟山军港慰问“扬州舰”护航官兵。8月15日，“扬州舰”邀请扬州市梅岭小学5名学生代表参加为期一周的“传承海军文化，培养蓝色梦想”小海军夏令营活动。11月30日，“扬州舰”完成护航任务，副市长宫文飞率党政慰问团到浙江舟山军港码头参加欢迎仪式。“扬州舰”历时245天护航出访，累计航程4.5万海里，航迹遍及三大洋三大洲，创下世界粮食计划署船舶护航历时最长、航程最远等多个纪录，向世界展示大国海军的新时代形象和展示古城扬州的悠久历史及深厚文化底蕴。（李建峰　周梅红）

■第11届省双拥模范城(县、区)创建 制定印发《扬州市创建〈江苏省双拥模范城(县、区)考评标准〉实施细则》，成立由市双拥办、市人社局、市民政局和军分区政治部组成的考评推荐工作小组，对各县(市、区)采取创建软件资料集中会审、实地走访(政策落实情况)、重点优抚对象电话抽查、组织各县(市、区)汇报会和领导小组成员单位集中测评打分，并综合创新创优特色加分的办法，进行考评验收。6个县(市、区)均符合省双拥模范城(县、区)命名条件，推荐仪征市、高邮市、宝应县和江都区、广陵区、邗江区为新一轮省双拥模范城(县、区),推荐扬州市教育局、扬州高新技术产业开发区、武警扬州支队扬州市中队为省双拥模范单位,推荐4名同志为省双拥先进个人,提请省检查验收、命名。

（李建峰 周梅红）

■双拥模范乡镇(街道)、单位检查命名 4月19日至5月18日,市双拥办会同军分区政治部、市民政局优抚处组成双拥检查考核组,对各县(市、区)、功能区申报的双拥模范乡镇(街道)、单位创建工作进行检查验收。实地抽查25个乡镇(街道)和12个单位(社区),分片集中审查18个乡镇(街道)和25个单位(社区)的台账资料,现场指导并反馈意见。"八一"前,中共扬州市委、扬州市政府、军分区联合命名宝应县柳堡镇等35个市"双拥模范乡镇(街道)",命名宝应县汽车运输总公司等32个市"双拥模范单位"。 （李建峰 周梅红）

■"八一"纪念活动 7月26日,举行"铁铸军魂——庆祝中国人民解放军建军90周年双拥书画展",展出56幅作品,用书画艺术弘扬时代主旋律,歌颂党和人民军队丰功伟绩。军分区司令员郦斌等军地领导及解放军和武警官兵代表100多人出席开幕仪式。7月27日,驻扬部队士兵技能培训开班仪式在江苏省旅游商贸学校报告厅举行,首期培训班开设电子商务、导游服务、烹饪工艺、美容美发、汽车维修等科目,99名士兵参加培训;副市长、市双拥和国防教育领导小组副组长宫文飞出席仪式并讲话。7月28日,市委书记谢正义、市长张爱军走访慰问省军区;市委常委、常务副市长陈扬慰问市区军队离退休干部,向4个干休所发放慰问金。7月31日,市双拥和国防教育领导小组及军分区在广电总台演播大厅联合主办庆祝建军90周年"致敬最可爱的人""八一"特别节目,市委书记谢正义、市长张爱军等市四套班子主要领导出席,为"市十佳好军嫂"颁奖,集中慰问驻扬部队官兵,军地典型模范和各业代表共同观看文艺演出,4万人次通过扬帆APP和新闻频道观看视频转播。"八一"期间,向驻扬部队49名官兵发放立功奖励金5.3万元,向14名符合申领条件的随军家属发放一次性就业创业扶持金89.8万元,对口安置3名符合指令性安置条件的随军家属,帮助协调解决34名军人子女入学、转学问题。 （李建峰 周梅红）

■"情系国防好军嫂"评选 举办"情系国防好军嫂"网络评选活动。成立评选组委会,对上报参选的军嫂事迹材料进行审核把关,将候选人名单、编号及事迹输入投票APP系统,接受市民网络投票选举,10天7.31万人投票,访问量26.07万人。综合网络投票和军嫂实际事迹,组委会评出童波、刘允芝、凡会红、李鑫、华文娟、蔡娟、柏乃华、王心悦、孟斐、钱峰等10名扬州市十佳"情系国防好军嫂",全文琴、刘丽、戴丽、孙井萍、周忠燕、符雪涛、圣莉、顾雪梅、鲍宏艳、夏冬等10人获扬州市十佳"情系国防好军嫂"提名奖。 （李建峰 周梅红）

■拥政爱民 2017年,驻扬部队开展"双百双建"活动,扶助贫困村和贫困户。预备役投入10万元援助盐城滨海东坎镇兴庄村修筑道路。武警支队和邗江甘泉街道双山村结成对口扶贫对子,派出校外辅导员100多人次,组织国防教育讲座20多场。消防支队与仪征盛棠村建立共建关系,赠送价值5000元的慰问物资。武警医院定期组织医疗人员到学校、社区、单位开展医疗急救基础知识培训。新疆干休所与园林社区7户伤残或家庭困难群众签订帮扶协议。驻扬部队举办对驻地开放"军营一日"活动,参加义务植树、"'5·19'慈善一日捐"和义务献血活动,帮助驻地清理河道垃圾10余吨。

开展捐资助学活动。预备役师某团党委连续两年向盐城滨海东坎镇5名贫困学生捐助1.5万元帮扶基金,参与援建仪征市"八一"希望小学,连续24年与高邮特殊教育学校结对帮扶。武警支队发动官兵资助29名贫困家庭学生。武警医院与文津中学、沙口小学结成帮扶对子,帮扶贫困学生。

承担急难险重任务。"4·18"烟花三月国际经贸旅游节、鉴真国际半程马拉松赛、"6·19"观音山香会、世界运河名城博览会等重大活动期间,驻扬部队配合公安部门做好安全保卫和设卡堵截,抓捕犯罪嫌疑人和网上通缉要犯。边防检查站检查出入境航班1139架次,旅客、员工18.22万人次,办理边检口岸限定区域通行证件452份;江港检查出入境船舶1128艘次、员工2.12万人次,办理各类证件5879份,营造和谐、高效的口岸通关环境。

参加地方建设。驻扬部队官兵在文明创建中自觉当表率,宣传普及文明礼仪,参加志愿服务活动,开展军民共建文明新村、文明社区活动,当好文明创建标兵和窗口。参加义务植树活动,帮助村庄绿化、防护林带建设。 （李建峰 周梅红）

经济管理

Jingji Guanli

编 辑 贾丽琴

宏观经济管理

■**概况** 做好经济形势运行监测，市发展和改革委员会(简称市发展改革委)进一步健全完善与市级经济部门以及县(市、区)发改委的形势分析例会制度。每季度对全市经济形势进行系统分析，为准确把握全市经济运行态势提供有效参考。牵头完成“十三五”规划纲要和11个重点专项规划实施情况的年度监测评估，组织编发全市社会发展报告。围绕对接重大战略、落实重要政策、推进重点改革等方面，形成各类调研成果100多篇，举办全市发展改革系统第一期工作研究班，《对接长江经济带发展战略研究》《协同推进扬子江城市群建设研究》《宁镇扬一体化发展战略研究》等7个课题列入2017年《扬州蓝皮书》，牵头起草并提请中共扬州市委、扬州市政府印发实施《基层基本公共服务功能配置标准(试行)》。

推进重大项目建设。2017年，全市新签约服务业重大项目49个、新开工40个、新竣工35个；市级主导的19个列省重大项目完成投资178.8亿元，30个参加省集中开工的项目完成投资108.9亿元，435个市级亿元以上项目完成投资1327.4亿元。全市民间投资2817.8亿元，增长19.8%，占全社会固定资产投资的比重达76.4%，较上年提高4.9个百分点。重大基础设施项目前期工作取得突破性进展。推动611省道沿湖大道、宿扬高速建成通车，连淮扬镇铁路扬州段、城市南部快速通道、金湾路等快速推进，扬州泰州国际机场一期扩建工程开工建设。推动北沿江高铁列入国家《中长期铁路网规划》，扬马城际启动规划方案研究，宁扬城际完成预可编制，并开始工可招标；润扬城市第二过江通道，纳入《扬州市城市总体规划(2011—2020)》，初步线位开始征求意见；五峰山过江通道连接线工程、沪陕高速公路枣林湾互通、328国道快速化改造、345国道仪征段等一批项目的可研或初步设计相继获批，陆续进入实质性推进阶段。向上争取工作成效明显。关注中央和省预算内资金的投向，加大向上争取的力度，牵头帮助安居工程、教育、卫生等领域58个项目，争取中央和省扶持资金16.2亿元；帮助扬州泰州国际机场争取工程民航发展基金1.1亿元；帮助洁源公司争取德国促进贷款4000万欧元。

推动服务业发展。2017年全市服务业增加值2327亿元，增长10.1%，增幅居全省第一位。进一步完善促进现代服务业发展的“1＋3”政策体系，明确以旅游业、软件和互联网产业为代表的十大重点产业的发展目标、推进举措，并设立1亿元的服务业发展引导资金，专门支持服务业发展。开展“大拜访、大招商、大合作”，牵头组织开展现代服务业上海招商周活动，推动华侨城文旅项目、光线传媒电影世界等100亿元以上重特大项目签约。在省内率先出台落实物流业降本增效专项行动工作方案，编制完成《扬州市物流园区空间布局总体规划》，初步形成“一环、两带、一板块十节点”的物流园区发展布局；全年新增AAAA级物流企业1家、AAA级3家，物流业增加值增长11.8%。推动平台载体提档升级，扬州汽车科技园获批省生产性服务业示范园，仪征汽车物流园列入省级示范物流园；高邮诚信电子商务物流产业园、扬州商贸物流园、江都沿江物流产业园入选省级示范物流园区培育库；实质性启动琴筝文化产业园建设。全年净增服务业重点企业111家，服务业对经济增长的贡献率达56.7%，拉动地区生产总值增长4.5个百分点，有力支撑全市经济平稳增长。

加快产业转型升级。坚持把培育发展战略性新兴产业，放在调结构、促转型的突出位置，进一步完善“5＋3”的战略性新兴产业发展体系，推动新能源、新光源、新材料、智能电网、节能环保五大产业规模持续壮大，促进高端装备制造、新一代信息技术、生物技术和新医药三大产业加快成长，全市战略性新兴产业产值占规模以上工业比重达43.2%。提升平台载体建设水平，获批省级工程中心和实验室5个，总数达48家；推动仪征汽车等2个产业基地创成首批省级“十三五”先进制造业基地。推动军民融合产业发展。市发展改革委设立经济与国防协调发展处，进一步强化军民融合工作的组织架构和人员配备。牵头推动8个军民融合产业项目，获省级引导资金1881万元。重点支持“民参军”企业发展，全市新增入库供应商55家。全年新增军民融合企业23家，总数达128家，其中“军转民”企业21家、“民参

军”企业107家。新获批省级动员中心3个，累计建成国家级动员中心2个、省级动员中心8个。推动新能源产业快速发展。2017年，牵头编制出台《扬州市市区“十三五”热电联产规划》《扬州市“十三五”资源综合利用发电规划》，推动华电扬州燃机发电、国信高邮和仪征联众天然气热电联产等一批项目实现投产。国家光伏“领跑者”示范基地获批，高邮多能互补集成工程入选国家示范项目。至年末，全市光伏并网发电规模超800兆瓦、风力发电装机容量66兆瓦。推进国家循环经济示范市建设，环保科技产业园、天富龙等3个省级“城市矿产”示范试点通过验收。

实施供给侧结构性改革。“三去一降一补”扎实推进，牵头制定并提请扬州市政府印发《扬州市化解钢铁行业过剩产能实现脱困发展实施方案》，全年压减钢铁产能88万吨；从严推进“地条钢”专项整治，先后组织3轮“地条钢”整治情况“回头看”，通过国家和省多次督查，成为全省3个未发现“地条钢”企业的城市。推进去杠杆，全年发行企业债券4支44亿元，城控集团首次发行境外债3亿美元，全市直接融资规模达259亿元。重点领域改革有序推进。完成自建审批系统与省政务服务网的对接，“不见面”审批服务承诺事项达90%以上，按时办结率和承诺件提前办结率均达100%。制定实施“并联审批”“多评合一”等实施细则，细化立项阶段并联审批流程，确保工业建设项目在12个工作日内办结立项。行业协会商会改革成果得到省领导小组认可，成为全省率先完成脱钩改革的3个城市之一，涉审中介改革列入全省15个典型改革案例。创新发展工程取得进展。牵头对创新发展工程推进情况进行专项督查，国家小微企业“双创”示范扎实推进；特色小镇建设分批展开，市级特色小镇明确10个创建对象、15个培育对象，头桥医械小镇入选省级特色小镇创建名单；湾头玉器小镇57.7亿元PPP(政府和社会资本合作)项目和枣林湾户外运动小镇24亿元PPP项目落地，邵伯运河风情等多个特色小镇建设初具规模；江广融合区软件和互联网产业、国家级开发园区和扬子津科教园区高端装备制造业、国家农业科技园区农业和食品加工业三大创新板块稳步推进，全年新开工服务业重大项目40个、工业项目50个的年度目标任务完成。

（郎　俊　夏卫峰　于松海）

■经济体制改革 全市上下按照“五位一体”总体布局和“四个全面”战略布局，贯彻落实五大发展理念，供给侧结构性、行政管理体制、国企、财税金融、现代市场体系、科技体制、新型城镇化、开放型经济体制等重点领域改革全面发力、多点突破、纵深推进。

供给侧结构性改革取得突破。推进“三去一降一补”五大任务。坚定不移去产能，全市累计化解造船产能290万载重吨、压减钢铁(粗钢)产能88万吨、削减水泥产能90万吨。分类施策去库存，全市商品房去化周期比上年末减少2.6个月。稳妥有序去杠杆，全市直接融资规模达259亿元。多措并举降成本，全市降低企业各类成本和税费负担共计86亿元。抓好关键补短板，高质高效推进县域经济、基础设施、城乡统筹、民生建设、对外开放、现代农业等六大补短板工程。

行政管理体制改革不断深化。加大简政放权力度，推进权力清单标准化，梳理出市级47个部门6803项行政权力，编制每项行政权力的“办事指南”。在仪征市、广陵区推行县(市、区)综合执法试点，深化蜀冈—瘦西湖风景名胜区综合执法改革。政务服务“一张网”正式上线，推广“不见面”审批，发布“不见面”审批(服务)事项清单。清理规范涉审中介服务，行政审批中介服务网上超市列入全省15个行政审批制度改革典型案例。扬州经济技术开发区、江都经济开发区被确定为全省首批开展相对集中行政许可权改革试点的开发区。

国资国企改革加快推进。加快法人治理结构改革，完善市属国有企业负责人业绩考核和薪酬管理办法。推动国有资本向城市基础设施、公用事业、民生等领域集聚，古运河三湾湿地保护与开发利用、头桥水厂深度处理、南部快速通道和东部客运枢纽等一批项目完成投资100.6亿元。推进国有企业职工家属区“三供一业”分离移交工作。发展混合所有制经济，支持扬州玉器厂、漆器厂等国有控股混合所有制企业开展员工持股试点，全市混合所有制企业达78户。

财税金融改革助力企业发展。推进政府预决算公开，在市财政局统一平台上公开政府和部门预算，主动接受社会监督。成立扬州市政府与社会资本合作(PPP)工作领导小组，9个项目被列入全省PPP项目库，推进污水设施、开发区临江路、湾头玉器小镇等一批PPP项目建设，扩大PPP模式建设规模。深化征管体制改革，全面推行国税、地税主要税费一体化征收改革。深化金融服务“直通快办”工作，开展“亲商助企”、金融服务活动，组织银行以制造业、小微企业、战略性新兴产业、企业技术改造为重点，开展综合性、专题性银企对接。发挥小微企业创业创新e贷网作用，优化融资服务，“e融扬州”资金池规模达21亿元，全年小微企业贷款余额1476.8亿元，增长11.7%。

现代市场体系不断健全。深化商事制度改革，出台扬州市“多证合一”“证照联办”登记制度改革工作实施方案，市政务服务中心成立“多证合一、证照联办”综合窗口，实行“多证合一”。加快推进工商登记全程电子化、放宽住所登记、简易注销登记等改革，核发新设企业营业执照均在3个工作日内完成；全面推行企业简易注销登记改革，简化退出程序。构建以信用管理为核心的市场监管机制，建成并开通覆盖市级43个部门的市场监管信息平台，实现“一个平台管信用”。建立市场主体守信奖励、失信惩戒机制，实现“一处失信、处处受限”。落实价格信用承诺制度，开展市、县价格诚信单位创建。

科技体制改革深入推进。启动新一轮创新型城市建设，6月通过科技部组织的工作评估。推进全国“两创”基地城市示范建设三年行动计划。加快知识产权强市建设，扬州市政府出台《关于加快推进知识产权强市建设的若干政策措施》。出台支持科技产业综合体运营发展的实施意见，新增综合体、众创空间建设面积89万平方米。深化市产业技术研究院体制机制创新，完善运营组织模式。启动创新型企业培育“150”计划，推动高新技术企业和省级以上“两站三中心”建设。扩大科技贷款规模，围绕“苏科贷”“扬科贷”开展工作，合作银行从3家增至6家，累计放贷1.83亿元，帮助153家企业获市级风险池贷款6.34亿元。

新型城镇化与城乡发展一体化体制机制加快完善。全面完成土地承包经营权确权登记颁证工作，确权登记颁证工作的建档率、发证率、验收率分别为100%、99.5%、94%。规范引导土地经营权有序流转，发展土地集中型适度规模经营，新增土地集中型经营面积58.53平方千米。开展农民住房财产权抵押试点，帮助新型农业经营主体融资总额超6亿元，土地承包经营权抵押贷款总额达1.5亿元。推动市县乡三级农村产权交易市场公开、公正、规范运行，实现交易额16.56亿元，交易量增长69.6%。培育新型农业经营主体，新创省级示范家庭农场25个，11家农业合作社入选全省百强合作社。开展特色小镇培育和创建工作，头桥医械小镇进入首批省级特色小镇创建名单，编制10个市级创建类特色小镇3年投资项目计划。

开放型经济体制机制不断创新。引导和规范境外投资方向，市级权限内境外投资项目全部采取备案制。培育跨境电商的外贸新业态，打造4家市级跨境电商试点。加快实施新一轮“530”招商行动计划，新落户世界500强、跨国公司项目4个。深化对接上海、苏南地区，全市开发园区落户上海、苏南亿元以上项目33个，计划总投资200.89亿元。围绕国际产能合作重点国家和“一带一路”重要节点城市，引导园区、企业积极参与境外园区项目投资、建设和管理，推动机械装备、汽车、电缆等制造业企业“走出去”项目8个，投资额5756万美元。　（许德奎　陶小军　张克辉）

■**“12345”创新发展工程**　大力实施“12345”创新发展工程(大力推进1个国家级示范，即全国小微企业创业创新基地城市示范建设，建设20个特色小镇，打造3大创新板块，每年新开工40个重大服务业项目、50个重大工业项目)，5个方面21项具体工作全部完成年度目标任务。

国家级“两创”示范成效凸显。制定实施“两创”示范三年行动计划，出台“两创”示范30条政策，推动全市建立20个县级、280个乡镇(园区)小微企业“两创”服务中心。以六类载体为抓手，打造“两创示范点”130个。打造以创新券、服务券、“e融扬州”为抓手的创新生态系统，累计发放创新券、服务券、技改券2.88亿元，使用率82.1%；助力企业多元融资，推动银行发放小微贷款65亿元，全市市场主体突破40万户。“1＋N”网络服务平台上线运行，以企业视角构建“我要咨询政策”“我要优惠券”“我要融资贷款”等12个服务模块，注册企业数2100家。突出项目入驻、人才招引等指标，重点打造10个运营质态良好的科技产业综合体，累计入驻企业1014家。

20个特色小镇建设得到分批推进。特色小镇进入加速发展期，杭集镇入选第二批全国特色小镇，头桥医械小镇入选省级特色小镇，完成小镇控制性规划编制，排定年度投资清单和三年投资计划。扬州市政府公布首批10家市级特色小镇创建名单，对列入创建名单的乡镇，先期安排6.67万平方米用地指标用于小镇客厅等项目建设，编制完成特色小镇创建方案和投资计划，参加省级特色小镇融资对接会。重点培育柳堡、射阳湖、菱塘、界首、月塘、邵伯、湾头、甘泉、瓜洲、泰安等10个旅游风情小镇，其中邵伯、湾头、菱塘、泰安4乡镇被列为省级旅游风情小镇培育对象。

3大创新板块得到加快构筑。推动江广融合区软件和互联网产业板块提升发展。信息产业基地一、二、三期整合运营，入驻企业800多家；江都区在江广融合区域的滨江新城规划建设“创e地带”科技产业综合体；生态科技新城利用闲置厂房打造马场创业街、万方科创书院、扬大科技园等创新创业基地项目，万方科创书院运营；交行扬州金融服务中心营业，金融集聚区内入驻企业65家、从业人员3000多人。推动国家级开发区、国家级高新区、扬子津科教园区高端装备制造业板块融合发展。扬州市政府出台《关于促进先进制造业加快发展的政策意见》，设立特色高端装备产业专项。南部体育公园土方开挖、桩基承台、底板混凝土分别完成100%、95%、60%；江苏旅游职业学院工程装饰、市政配套、景观绿化基本完工，进入全面验收；扬大广陵学院新校区土建基本结束。智谷科技综合体累计入驻项目89个，入驻率超90%，智谷16万平方米综合体二期项目开工建设；西安交大(扬州)科技园建成12.5万平方米，入驻项目95个。推动国家农业科技园区农业和食品加工业板块加快发展。农业科技园区先导区核心区编制完成总体规划。丰庆种业、恒熙工厂化栽培、绿港设施农业、惠扬鲜花交易、日兴生物等26个高效农业项目落户扬大农业科教示范园。高邮八桥现代农业产业园获批创建省级农业示范园(第二批)，省财政给予5000万元的资金奖补，分三年到位。重点扶持食品加工企业，全市新增省级、市级农业龙头企业分别为8家、27家。

40个重大服务业项目全部开工。印发《2017年度重大项目建设考核办法》《2017年度全市服务业系统工作考核考评意见》。全市新开工服务业重大项目40个、工业项目51项。制订出台《扬州市工业重大项目“四新认定办法”》，突出“5000万元设备投资”“2000万元开票销售”两个重要认定标准。

（许德奎　陶小军　张克辉）

■**投资管理**　强化重大产业项目招引，推动签约项目尽早落地、落地项目及早开工、在建项目加快投入。强化市级亿元以上重大项目的组织推进，做好未开工和短序时项目的跟踪服务保障工作，协同推进规划选址、用地、环评等关键审批环节，确保完成年度投资计划。推动5000万元以上项目、集中开工项目和新开工认定项目的列统工作，发挥重大项目对投资的支撑作用。2017年，全市完成固定资产投资3690.1亿元，比上年增长12.2%。其中，第一产业完成投资17.1亿元，增长1.6%；第二产业完成投资2029.8亿元，增长18.4%；第三产业完成投资1643.1亿元，增长5.5%。房地产开发投资443.6亿元，增长8.1%。全市有21个项目被列入省级重大项目，项目数与上年持平，完成投资217.2亿元。30个参加省集中开工项目全部实质性开工建设，完成投资108.9亿元。市级重大项目435个，较上年增加88个，全年实际在建项目415个，完成投资1327.4亿元，其中，产业项目开工303个，完成投资1027.6亿元。全市重大基础设施项目建设成效显著，611省道沿湖大道、宿扬高速建成通车，连淮扬镇铁路扬州段、城市南部快速通道、金湾路等快速推进，扬州泰州国际机场一期扩建工程、五峰山过江通道连接线工程、沪陕高速公路枣林湾互通、328国道快速化改造仪征段等开工建设。扬马城际启动规划方案研究，宁扬城际开展工可研究；润扬城市第二过江通道、龙潭过江通道开展线位研究；345国道仪征段、328国道快速化改造江都段等一批项目的可研或初步设计获批，进入实质性推进阶段。 （韩世来　李　俊）

■**能源工作**　开展“减煤”专项行动。贯彻落实“263”专项行动的部署，牵头开展煤炭总量消减工作，先后制定下发《扬州市减少煤炭消费总量实施方案》《扬州市2017年减少煤炭消费工作计划》等一系列政策文件。全面完成省定32万吨减煤任务。

实施清洁能源替代。先后编制《扬州市市区“十三五”热电联产规划》《扬州市“十三五”资源综合利用发电规划》《扬州市“十三五”生物质综合利用规划》并发布。全市全面完成10蒸吨/小时以下燃煤锅炉淘汰任务，全市所有在役煤电机组全面完成节能减排升级与改造任务，大部分地区完成大机组15千米半径范围内燃煤小热电和分散锅炉关停整合工作。江苏华电扬州电厂2台9F级燃气发电项目、高邮国信天然气热电联产项目、国信仪征联众“煤改气”热电联产项目实现投产。高邮市城南新区多能互补集成优化示范工程项目、江都开发区天然气分布式能源项目等一批新能源项目获批。全市投运的天然气发电装机容量占全省“十三五”已批天然气发电装机容量近20%，全市天然气发电量占全部发电量比重超30%。

推动非化石能源跨越发展。总装机容量208万千瓦的宝应县生态渔光互补发电“领跑者”基地项目，取得国家光伏“领跑者”基地批复。至年末，全市累计实现太阳能发电装机容量802兆瓦，江苏华电仪征大仪100兆瓦风电项目、深能高邮东部风电场100兆瓦风力发电项目、宝应100兆瓦风电项目、融保达宝应100兆瓦风电项目等一批在建风电装机容量达966兆瓦，实现并网66兆瓦。高邮林源科技等一批生物质项目装机容量达75兆瓦。秦邮特钢、恒润钢铁等一批余热余压综合利用发电项目先后投入建设，可再生能源发电装机容量达到全市电厂发电量的13%。

强化油气输送管道安全保护工作。下发《2017年扬州市石油天然气输送管道保护工作要点》《关于开展2017年全市油气输送管道安全专项整治工作的通知》等工作文件。在企业自查、县(市、区)组织检查的基础上坚持每季度由分管领导带队，组织市油气输送管道保护领导小组成员单位及安全专家进行抽查。全年共组织安全生产检查计69次，检查企业215批次，排查苗头隐患57处，针对检查中发现的安全问题和隐患，督促企业制定措施，落实整改。对高邮电力设施跨越西气东输管道、连淮扬镇跨越西气东输管道施工等16项石油天然气输送管道相邻、穿越等施工作业项目，采取现场勘察、专家评审、项目安全评估等工作，确保油气管道相邻、穿越等施工作业的安全，全市实现省、市挂牌督办安全隐患全部清零。

开展成品油市场专项整治行动。按照省委和省政府部署，成立由常务副市长任组长的“打击整治成品油市场无证无照行为百日行动”领导小组，开展执法检查，组织全市各地出动人员1000多人次，执法车辆300多台次，进行集中整治，共排查出非法加油车(站)点120多家。累计关停并整治到位98家，拆除加油机64台，处置库存成品油80吨。加大成品油市场审批改革力度，印发《扬州市成品油零售经营资格审批指引及操作手册》，按照“总量控制，迁建优先，优化配置”的原则，做到依照规划严格实施、依法申报、按章办事、规范管理。落实国务院“水十条”，在全面完成各加油站油气回收改造工作的基础上，开展对全市加油站油罐改造工作。2017年，完成全市132座加油站双层罐改造工作。帮助中化国际码头仓储有限公司油库扩建项目、扬州中油销售公司分别获国家和省主管部门批复。 （陆　扬）

财政管理

■**概况**　2017年，全市一般公共预算收入320.18亿元，比上年下降7.3%，其中税收收入241.44亿元，下降9.6%。主体税种中，增值税113.36亿元，增长41.8%；企业所得税29.98亿元，增长7.7%；个人所得税10.59亿元，增长3.9%；契税21.78亿元，增长50.6%。

全市一般公共预算支出507.64亿元，其中一般公共服务支出67.03亿元，教育支出90.36亿元，科学技术支出14.98亿元，社会保障和就业支出55.30亿元，医疗卫生支出44.38亿元，交通运输支出14.27亿元，节能环保支出20.04亿元。

（杨　志）

■**财政收支**　加强财源培植和建设，实施税收社会协同共治，开展“财源培植大比武”活动，盘活存量资金，增加可用财力和有效现金流；助力推动重大项目、龙头企业加快发展，增强对经济和财政的贡献能力。跟踪分析全面推开“营改增”试点工作，打通增值税抵扣环节，拓宽税基，“营改增”政策效应显现。做好收入组织工作，抓好对全市税源的分析和监控，加强与税务部门和各县(市、区)的沟通协调，按序时抓好督查推进工作。提高非税收缴质量和征管水平，完善收缴管理系统，超额完成年度预算。规范编制、执行国有资本经营预算，加强国有资源和资产收益管理，确保国资收入全部入库。做好上争工作，关注跟踪中央和省支持地方发展的财政新政策，上争债务额度。严格控制预算调整行为，除特殊事项外，执行中原则上不进行预算追加。抓好预算执行支出进度，提高支出效率。配合做好全市公车改革工作，降低车辆管理成本。压缩“三公”经费支出，全年降幅达20%。(张英明)

■财政改革 按照建立现代财政制度和构建新型市区财政关系的总体要求，调整和完善市区财政体制，合理调整市、区政府间收入分配关系，进一步体现财力下倾，提高和均衡市、区的公共服务保障水平。推进专项资金实质性整合，制定市级工业、涉农、职业培训等专项资金整合方案，完善专项资金清单管理制度。加强专项资金分配管理，出台《竞争性财政项目资金管理环节操作规范》。推进预决算公开，政府及部门预决算全部在省、市预决算公开统一平台上公开，试点公开部门专项资金绩效和资产管理信息。加强绩效管理，实现政府专项绩效目标全面覆盖和全过程绩效跟踪。探索市级政府公物仓筹建工作。推进个税代扣代缴，启动市级工资统发工作，扩大县级国库集中支付电子化试点，深化市级预算单位公务卡改革。加强和规范财政专户管理，对市级财政专项资金支出账户进行清理撤销归并。加快“放管服”(简政放权、放管结合、优化服务)改革，实施“网上商城”电商采购，推进政务服务“一张网”建设，教育系统线上缴费全面启动。推进行政事业单位内部控制工作，提高单位财务管理水平。完善财政大监督机制，开通市级预算联网监督平台，主动接受人大预算管理监督；建成市级政府投资项目监管平台。强化政府债务管理，开展违法违规融资清理整改工作，推进存量债务化解，制定市区地方债务化解方案，出台政府性债务风险应急处置预案和市区全口径债务风险预警管理暂行办法。(张英明)

■支持实体经济发展 落实中央、省降税减费政策和中共扬州市委、扬州市政府“2号文件”精神，全市取消、停征、免征300多项收费及基金项目，进一步清理规范行政事业性收费和政府性基金，全年市直减免小微企业行政事业性收费约8000万元。做好化解过剩产能工作，提前完成王庄煤矿矿井关闭。支持制造业改造升级，整合原有的汽车、机械、软件、节能减排、技术改造、培育规模骨干企业、中小企业转型升级、工业集中区建设等专项资金1.48亿元，推动制造业与互联网融合发展。推动金融服务实体经济效率，引导更多信贷资金进入实体经济，资金池规模达20.95亿元，撬动金融机构信贷投放150亿元，服务企业6855家。推进政府和社会资本合作，全市入库PPP项目41个，项目总投资638亿元。(张英明)

■推动转型升级 落实支持科技创新省“40条”、市“28条”政策，支持高新技术企业培育，支持产业技术攻关和重点科技成果转化，促进知识产权发展。推进农业供给侧结构性改革，完善农业补贴制度，提高补贴政策精准性，设立“兴农贷”农业风险补偿基金，发展壮大农业新产业新业态，支持特色小镇建设，打造一批具有示范作用的美丽乡村。支持国有企业做大做强，推进国资企业改革与发展。(张英明)

■支出结构优化 合理安排扶贫、农业、教育、社保、医疗等关系群众切身利益的支出，全市一般公共预算支出75%以上用于民生，保障中共扬州市委、扬州市政府“1号文件”明确的民生实事全部完成，重点民生工程全面落实。坚持教育优先发展，支持“校安工程”及扬州市政府确定的教育重点工程建设，推动基础教育现代化建设，落实义务教育学生“两免一补”政策和政府扶困助学政策，支持构建现代职业教育体系。支持做好省运会和省园博会筹备工作。加强就业和社会保障工作，出台市区大学生就业社保补贴政策，实现居民医保和新农合“两保合一”，做好江苏油田社保基金划转地方管理工作，提高市区城乡居民养老金标准和老职工住房租金补贴标准。支持深化医疗卫生体制改革，18家农村区域性医疗卫生中心全面建成投用。做好基本住房保障工作，加强保障性安居工程资金筹措和监管，推进政府购买棚改服务工作，市区棚户区改造完工6500套。支持“263”行动、公园体系和江淮生态大走廊建设，完善生态补偿机制，全面改善生态人居环境。支持城南快速通道等重大工程项目建设，提升城市品质。推广新能源汽车应用，与公交优先战略有机结合。(张英明)

■小微企业创业创新支持 协调实施三年行动计划，定期开展指标监测，研究出台相关考核细则、指标体系和奖补办法。发放创新券、服务券、技改券各1亿元，为小微企业提供多种签约服务。促成市教育投资集团与浙江菜根香科技公司合作，对扬州创新中心进行专业化运营。创新人才培养方式，建成西南财经大学扬州实训基地。建成小微企业融资会计服务示范基地线上平台，与“1＋N”总平台顺利对接，并设立扬州大学科技园、扬州智谷两个线下示范点。在市区范围内继续扩大财政出资为中小微企业购买代理记账服务的试点工作，累计服务企业844家。开展“e融扬州”系列活动，为小微企业提供增信、担保和融资服务于一体的完整融资服务体系，为99家企业转贷138笔应急专项资金，实际使用金额18.7亿元，撬动银行信贷投放25.3亿元；与南京银行合作开发“微鑫贷”产品，全年为514家小微企业提供贷款25.45亿元；与江苏银行合作开展“微贷联盟”工作，累计为1289家小微企业提供贷款9.93亿元。采用政府投资基金形式支持创业创新，安排1亿元的天使人才专项资金，重点支持在扬州创办的初创期科技企业；建立3000万元规模的天使梦想基金，支持高层次人才创业项目；建立产业投资引导基金，投资项目58个，带动各类社会资本最终所有基金总规模达15.1亿元，财政资金杠杆倍数放大6倍。安排1亿元人才专项资金，支持实施“绿扬金凤计划”、扬州英才培育计划、“名师工作室”等。深入和精准宣传两创政策，提高政策知晓度和受益面，吸引孵化企业到扬落户。规范双创专项资金的使用和监管。

（张英明）

税务管理

国家税务

■**概况** 2017年，全市完成国税收入314.52亿元，比上年增收52.68亿元，增长20.12%，增幅提高4.51个百分点。其中，完成增值税230.4亿元，增收50.25亿元，增长27.89%；完成消费税19.62亿元，减收1.17亿元，下降5.61%；完成企业所得税52.77亿元，增收2.68亿元，增长5.35%；完成车辆购置税11.73亿元，增收9101万元，增长8.41%。

（姚云鹏 刘 毅）

2017年扬州市分地区国税收入情况表

表14-1

	2017年税收收入（万元）	2016年税收收入（万元）	比上年增减（万元）	比上年增长（%）
合 计	**3145164**	**2618393**	**526771**	**20.12**
扬州经济技术开发区	295986	300662	-4676	-1.56
广陵区	381094	280636	100458	35.80
邗江区	690716	552914	137802	24.92
江都区	480638	379110	101528	26.78
宝应县	235980	196113	39867	20.33
仪征市	659436	625727	33709	5.39
高邮市	329058	220874	108184	48.98
车购税	72256	62357	9899	15.87

注：车购税为扬州经济技术开发区、广陵区车购税收入，其他县（市、区）收入数据已含车购税收入

（姚云鹏 刘 毅）

2017年扬州市国税分税种收入情况表

表14-2

税 种	2017年税收收入（万元）	2016年税收收入（万元）	比上年增减（万元）	比上年增长（%）
合 计	**3145164**	**2618393**	**526771**	**20.12**
增值税	2304000	1801500	502500	27.89
消费税	196185	207836	-11651	-5.61
所得税	527662	500858	26804	5.35
利息税	21	5	16	325.10
车购税	117296	108195	9101	8.41

（姚云鹏 刘 毅）

■**“放管服”改革** 全面深化“放管服”改革，推进“便民办税春风行动”，国地税共同发布落实中共扬州市委“2号文件”实施意见，联合推出20条服务举措。对接“3550”（企业3个工作日内注册开业、5个工作日内获得不动产权证、50个工作日内取得工业生产建设项目施工许可证）改革，主动融入扬州政务“一张网”建设，率先划定“不见面”审批清单，“新办企业综合申请套餐”推广面达96%，江苏政务服务手机APP推广量全市第一。全面推广“电子税务局”，建成全省首个发票区域配送中心，“不见面、网上批、快递送”OTO发票配送单月使用量达62%以上，线上办税主要评价指标走在全省前列。规范配置办税服务厅“六大功能区”，启用全省首台智能办税机器人。

（蓝 茜）

■**“营改增”试点** 开展“营改增”政策大宣传、大辅导，坚持“线上”与“线下”辅导相结合、辅导内容优惠政策与一般政策相结合、辅导范围政策宣传解读与优化纳税服务相结合、辅导对象试点纳税人与原增值税纳税人相结合、辅导方向内部培训与外部辅导相结合、辅导培训与问题收集整理相结合、“营改增”大辅导与“走出去”辅导和六项减税举措相结合以及机关督办与县局督查相结合，多角度、全方位、多层次为纳税人提供量身定做式的政策辅导，累计培训纳税人300场近万人次，税务干部50余场约1000人次，发放宣传资料近万份，推送短信提醒200万余条，收集整理并解决问题和建议267条，帮助纳税人更精准掌握政策规定，更彻底享受税收优惠，更充分抵扣进项税额。2017年全市累计共减税26.5亿元，比上年增长123.82%，其中试点企业自身减税7.3亿元。

（蓝 茜）

■**税收征管方式转变** 打造税收管理新业态，注重风险管理团队建设，构建“专业支持＋综合应对＋过程控管”团队风险应对格局，加强风险管理专业化办公区管理，全面推进风险管理“六室建设”，规范风险管理深度分析、集体审议、文书卷宗“三个样板”，全年风险管理总成效6.5亿元，比上年增长48.5%。深化国地税征管体制改革，制定2017年重点合作事项表、核心合作项目表，共同召开纳税信用新闻发布会，出台联合夯实企业所得税管理基础工作规范，建立全方位委托代征和信息共享机制，形成国地税合作品牌。(洪乐婷　陈　燕)

■**结构性减税** 落实各项减免税政策，开展“察实情、办实事”税情大调研，国地税携手制定落实税收优惠10项措施，帮助纳税人更准确掌握税收政策，落实各项税收优惠132.4亿元。其中，小微企业(含个体工商户)实现免税销售额107.75亿元，减税3.5亿元，减免7.96万户；为463户安置残疾人就业企业办理退税7.3亿元，比上年增长31.76%；为66户软件企业办理退税4495.27万元，比上年增长0.04%；为89户享受资源综合利用即征即退优惠政策的企业办理退税1.96亿元，比上年增长15.25%；落实固定资产抵扣政策，全市9652户纳税人办理固定资产进项抵扣进项税额20.48亿元，比上年增长38.47%。

(洪乐婷　陈　燕)

■**出口退(免)税管理** 建立出口退(免)税风险内控制度，争取出口退税指标，加快退税进度，退税平均办结时间缩短至4个工作日。落实好各项出口退税优惠政策，整理编印《出口退税政策汇编》，加强境外旅客购物离境退税政策宣传，全市累计办理出口退(免)税73.48亿元，比上年增长17.12%。其中，退税48亿元，比上年增长17.79%，免抵调库25.48亿元，比上年增长15.87%。(张　赟)

■**车辆购置税管理** 在全省率先安装车辆购置税征收身份证件识别系统，为全市广大车主提供更便捷优质的服务。2017年，全市完税车辆累计9.40万辆，比上年下降12.60%；累计征收车辆购置税11.73亿元，比上年增长8.00%；全年办理免税业务1395辆，免税6481.14万元。

(陈继泉　华红梅)

■**税收执法督察** 以税收执法督察为抓手，推进规范执法，防范执法风险。制定《大督察工作方案》《大督察重点内容责任分解表》《大督察分工与进度安排表》，明确时间表、路线图，设立参数化指标，抽取2875条数据供自查。对全市国税系统8个税源管理单位开展推磨式税收执法督察，重点关注全面推开“营改增”试点落实情况、税收管理改革情况、贯彻落实组织收入原则和税收优惠政策落实等重大改革举措和重要政策执行，将税务稽查、税收风险应对、网上巡查发现问题处置等高风险事项列入必督必查内容。对车购税票证管理情况进行专项执法督察，对车购税计税价格低于发票价格的异常数据逐一查明原因，建立整改台账，严肃实施责任追究，建立长效管理机制。(张余华)

■**按编码开具发票** 通过增值税发票管理新系统导出纳税人所有开票信息，对照国家税务总局下发的编码库，排查异常编码开票信息。“面”上通过群发短信、微信群推送信息和大厅张贴公告的方式，提醒所有的纳税人按正确的商品和服务编码开具增值税发票；“线”上通过纳税人学堂或者专场培训的方式，解决某个行业编码异常率高的问题；“点”上组织专人，上门“一对一”辅导，解决编码异常条数较多的纳税人的问题。全市纳税人编码开票异常率大幅下降，在省国税局通报中名列前茅，夯实规范纳税人开票、强化增值税管理的基础。(王　艳)

■**打击发票违法犯罪** 继续保持对各类发票违法犯罪活动的高压态势，突出专案查处，增强部门合作，重点对交通运输、房地产、建筑安装、金融保险、餐饮娱乐、商业批发与零售、药品与医疗器械、中介机构、广告传媒、纺织服装、家具、手机、黄金等13个发票违法问题高发行业开展发票使用情况检查，共检查企业153户，查处发票违法企业153户，查处非法发票1.03万份，其中虚开发票9606份、非法取得发票468份。查处非法发票涉及金额9.62亿元，查补收入942.16万元，其中入库税款510.69万元、加收滞纳金126.46万元、罚款305.01万元、没收违法所得0.83万元。移送案件31起，公安机关立案3起，查获犯罪嫌疑人8人。(郑　晨)

■**信息安全管理** 落实国家税务总局和省国税局网络安全管理规定，以“贯彻落实网络安全法，全力保障税务网络安全”为主题开展第三届税务网络安全宣传周活动，部署入侵防御系统(IPS)，对市国税局网络边界进行实时监控，制定网络安全应急综合预案。深化大数据运用、不断推动数据信息集中高效应用，累计实现数据抽取7172条，其中海关行政处罚数据22条、人民银行服务贸易付汇和非贸易付汇信息7150条，并对上述信息数据进行清洗、转换、匹配，成功导入数据情报平台数据库，为强化税收征管提供第三方数据支撑。

(高峰骞)

■**“政税银”建设** 参与“政税银”大数据服务平台建设，定期向市公共信用信息平台推送纳税信用信息，实现政府部门间信息共享共用；促进信用等级增值利用，与多家银行合作推出“税e融”等银税产品，为信用等级B级以上的小微企业提供“无抵押、免担保、网上批、快到账”的贷款服务，助力2100户企业获批10.6亿元信用贷款；完善激励惩戒机制，及时报送诚信“红黑榜”名单。

(陈继泉　华红梅)

地方税务

■**概况** 2017年，全市地税系统组织各项收入297.3亿元，剔除“营改增”因素后，同口径增长1.9%。其

2017年扬州市地方税收分征收单位情况表

表14-3

征收单位	2017年实绩（万元）	2016年实绩（万元）	比上年增长（%）
合　计	**1411618**	**2158913**	**-5.13**
市　区	740950	1134626	2.44
江都局	204093	365052	-17.07
宝应局	140805	218645	-21.54
仪征局(含化工园区)	180719	216151	20.44
高邮局	145051	224439	-23.59

注:"同口径增长"是指剔除营业税改增值税因素之后的增长　（刘秋佳）

2017年扬州市地方税收分税种收入情况表

表14-4

税　种	2017年实绩（万元）	2016年实绩（万元）	比上年增长（%）
合　计	**1411618**	**2158913**	**-34.61**
营业税	3631	637573	-99.43
个人所得税	264680	254782	3.88
土地增值税	192989	389245	-50.42
城市维护建设税	165056	178853	-7.71
车船使用税	21896	20584	6.37
房产税	106405	97009	9.69
资源税	11226	8419	33.34
城镇土地使用税	87697	88380	-0.77
印花税	36573	34025	7.49
契税	217754	144615	50.57
耕地占用税	35203	24885	41.46
企业所得税	245261	218767	12.11
代征增值税	23247	61776	-62.37

（刘秋佳）

2017年扬州市社会保险费征缴情况表

表14-5

社会保险险　种	2017年征缴计划(万元)	收入实绩(万元)		比上年增长（%）	征缴率（%）
		2017年	2016年		
合　计	**1421464**	**1411768**	**1277026**	**10.55**	**99.32**
养老保险	875276	869361	794491	9.42	99.32
医疗保险	472114	469422	401797	16.83	99.43
失业保险	27583	26910	39928	-32.60	97.56
工伤保险	31876	31587	28241	11.85	99.09
生育保险	14615	14488	12569	15.27	99.13

（刘秋佳）

中，税收收入141.17亿元；社会保险费收入141.18亿元，累计征缴率达99.32%。一般公共预算税收收入109亿元，占全市一般公共预算收入的比重38.3%。全年共落实各项减免税46.7亿元，同口径增长23%，小微企业优惠政策覆盖面、受益面均达100%。（刘秋佳）

■征管体制改革　出台《关于进一步推进征管体制改革、优化机构设置和职能配置的意见》，转变税收征管方式，提高征管效能。2017年上半年改革全面推行到位，初步实现纳税服务更便捷、税源监控更全面、征收管理更高效、风险应对更精准、组织运转更顺畅的目标。围绕征管体制改革，实施市区人力资源调整，交流换岗比例达65.3%。统筹推进风险管理标准化建设，开发应用"税收风险应对质量评价系统"，全年中等风险识别命中率达97.8%，应对入库税款5.6亿元。狠抓欠税清缴，年末欠税变动率为-11.2%，低于全省均值3个百分点。（刘秋佳）

■税费管理　加强税收治理能力建设，剔除一次性因素后，地税征管的十二个税种全部实现正增长。调整土地使用税税额标准及等级范围，开发GIS(地理信息系统)软件，持续推进"以地控税"。完成1034个土地增值税项目基础信息采集工作。实施耕契两税源泉控管。协同完成印花税治理课题研究，有序推进环保税开征的各项准备。推进国地税企业所得税管理合作。研发并试点应用"自然人税收管理平台"，强化个税自行申报管理，个税明细申报率达99.98%。加强国际税收管理，跨境税收比上年增长15%，在全国率先制定CRS(金融账户涉税信息自动交换)下的《自动情报核查管理办法》并在全省推广，圆满办结全省首例调整补税的间接股权转让案件。强化基金费"税式管理"，构建部门协同、欠费清缴、并联服务的一体化管理体系。（刘秋佳）

■依法行政　完善《重大税务案件审理实施办法》，构建"公职律师、法律顾问、税收法制员"三位一体的税收法制队伍。推动税法宣传进企业、进社区、进学校，举办纳税人学堂12场次，培训各类企业9500户次。推进内控机制建设，制定印发《税收法制工作风险内部控制操作规范(试行)》等5个操作规范。全面推进稽查“双随机一公开”，成立国地税联合稽查办案中心，稽查查补总量4.6亿元，积案清理率达94%。（刘秋佳）

■税收共治 增补、完善信息共享单位和内容，全年借助综合治税平台获取第三方数据138项118万条，通过互联网抓取96类15万条涉税数据，增加税收3.6亿元，比上年增长近2倍。打造“政税银”品牌，帮助751户诚实守信纳税人获得贷款4.9亿元。落实税收失信行为管理办法，通过限制出境、列入黑名单等方式，对存在欠税失信的20户纳税人实施联合惩戒。（刘秋佳）

■纳税服务 贯彻落实中共扬州市委、扬州市政府服务企业发展“2号文件”精神，联合国税制定服务企业的20条具体措施和4条保障措施，持续优化税收营商环境。开展“一县一品牌、一局一重点”“科技税收政策企业行”“助力一带一路，携手创赢未来”等专题服务活动，走访各类企业1130户，解决涉税问题310个。深化“放管服”改革，推进政务服务“一张网”“不见面”审批、“3550”等简政放权措施，不再保留非行政许可审批事项，取消42项税源管理事项，列入“不见面”审批事项清单比例达100%。深化办税便利化改革，优化实体办税、网上办税、自助办税、掌上办税相融合的办税服务体系。房产交易工作实现国土、房管、地税“一窗受理，集成服务”。推行“一人一窗一机双系统”联合办税模式，实现国地税联合办税“十个统一”。（刘秋佳）

审计

■概况 2017年，全市审计机关完成审计项目333个，查出主要问题金额627.13亿元，涉及南京、扬州、镇江、盐城等地，其中违规资金3314万元、管理不规范资金626.61亿元，核减投资额10.39亿元；促进整改、落实有关问题资金3.4亿元，其中增收节支2.6亿元；提出审计建议，被采纳546条；提交各类审计报告、专题报告、要情信息等稿件被各级党委、政府批示采用187篇次。（吴佳佳）

■政策跟踪审计 全市审计机关对沭阳县扶贫政策执行情况、扬州市创新政策执行情况、省重大项目进度情况进行跟踪审计，重点揭示政策执行过程中存在的问题，促进政策落地生根，审计结果报告及有关信息专报得到市主要领导批示。（吴佳佳）

■财政审计 市审计局完成财政审计项目9个。对市本级、扬州经济技术开发区、化工园区、蜀冈—瘦西湖风景名胜区、生态科技新城2016年度预算执行情况实施审计，实现市级财政预算执行审计区域范围全覆盖，重点关注地方政府性债务管理、重大项目研究决策及建设管理、财政预算执行等方面的情况。对市卫生和计划生育委员会、市档案局、市农业资源开发局、市城乡建设局等4个单位2016年度部门预算执行情况实施审计，重点审查部门“三公”经费预算执行情况，对超预算支出情况进行披露。扬州市政府主要领导连续7年对市级预算执行审计结果报告作出批示，要求高度重视审计反映的问题，强化审计结果运用，严肃整改纪律。扬州市人大常委会对审计工作报告和审计整改工作报告均予以肯定，并对审计发现的问题，在完善体制机制方面提出意见建议。（吴佳佳）

■经济责任审计 全市审计机关共审计领导干部70人，其中任中审计32人，占比45.71%。市审计局完成经济责任审计项目14个，联合中共扬州市委组织部、市机构编制委员会办公室，对其中10名领导干部实施“三责联审”(党政领导干部选人用人责任审查、机构编制责任审核、任期经济责任审计)；在省审计厅授权下，对东台市和南京工程学院党政主要领导干部实施经济责任同步审计，东台市委、市政府督促相关部门修订完善各类规章制度近40项。2016年，市审计局受权实施镇江经济开发区党工委原书记经济责任审计，对有关人员在重大招商引资过程中，涉嫌非法利益输送和严重失职渎职等重大违纪违法问题，于2017年向省纪委进行移送。（吴佳佳）

■专项资金审计 全市审计机关实施专项资金审计项目20个，市审计局完成专项资金审计4个。关注医疗卫生。对市本级医疗卫生改革专项资金使用情况进行专项审计调查，并延伸审计市财政局、市卫计委、苏北人民医院、扬州大学附属医院(扬州市第一人民医院等)相关单位的资金分配、使用情况，促进医疗卫生改革，完善收入补偿机制。关注农业发展。组织全市审计机关对2015—2016年度市级农村河道“河长制”管护经费的分配、使用和管理情况实施专项审计，重点检查河道管理政策落实及目标任务完成情况，“河长制”管护经费分配、拨付、管理和使用情况，“河长制”项目实施、管理及绩效情况，提高财政资金使用成效，促进国家、省、市河道管理政策的有效落实。关注彩票资金。组织全市审计机关对2015—2016年度扬州市体育彩票资金管理使用情况实施审计，重点关注销售收入情况，体育彩票公益金、发行费的收支及结余情况，主管部门体育彩票资金预算情况以及管理使用情况，规范资金使用管理，推进全市体育彩票的发展。关注文化领域。对市本级文化博览城专项资金实施审计，对专项资金所涉及的中共扬州市委宣传部、扬州市文物局、扬州博物馆、邗江区文体局等单位进行延伸审计，重点关注资金运行管理情况，促进资金科学、合理、高效使用。（吴佳佳）

■专项审计(调查) 市审计局完成专项审计(调查)项目3个。组织全市审计机关对泰州市2016年度保障性安居工程实施跟踪审计，重点关注棚户区改造安置、保障性住房分配和管理等情况，揭示资金管理等方面存在的问题。对市本级城镇居民医保基金和新农合基金整合实施专项审计，重点关注全市两项基金的参保人数、筹资标准、基金收支规模、基金资产负债以及各级财政资金到位情况，促进城乡居民医保制度整合工作稳步推进。对市本级经济适用房政策性亏损及公租房建设资金缺口情况实施专项审计，重点关注竣工财务决算、拆迁补偿安置款支付等方面问题，为政府决策提供参考。扬州、南京两地审计机关共同实施的溧阳市医保基金审计，获2017年度全国医疗保险基金审计表彰项目，成为全省唯一被审计署表彰的医保基金审计项目。

（吴佳佳）

■政府投资项目审计 全市审计机关共完成政府投资审计项目142个，审计项目投资额125.52亿元，核减投资额（工程款）10.39亿元。市审计局开展竣工结（决）算审计，对新万福路、市区重点道路亮化改造工程、江都路南延工程、扬子江南路提升改造工程等11个工程实施结（决）算审计；强化重大建设项目跟踪审计，对邗江南路改扩建工程、黄金坝闸扩建工程、头桥水厂扩建工程、对口支援新疆等4个项目实施跟踪审计，提出跟踪审计建议被采纳37条。会同市财政局、建设局共同实施的瘦西湖隧道专项审计，一次为政府节约财政资金7.3亿元。（吴佳佳）

■自然资源资产审计 按照审计署、省审计厅统一部署，市审计局结合经济责任审计，试点实施广陵区原区长自然资源资产离任审计，结合扬州地区自然资源资产特点，重点关注水资源、森林资源、国土资源和环境保护、环卫基础设施建设等方面问题，中共扬州市委、扬州市政府高度重视，听取并采纳审计部门建议，出台《扬州市生态环境保护工作责任规定（试行）》，建立起“管发展必须管环保、管生产必须管环保”的生态环境保护工作责任体系。（吴佳佳）

统计

■概况 全市统计系统围绕“深化统计管理体制改革，提高统计数据真实性”的总目标和全市中心工作、重点任务，深入推进统计体制改革、统计法治建设、统计制度创新，为全市经济社会发展提供数据信息和服务保障。贯彻落实中央《关于深化统计管理体制改革提高统计数据真实性的意见》以及省委深改组会议审议通过的《关于深化统计管理体制改革提高统计数据真实性的实施意见》精神，成立深化改革领导小组及办公室，研究推动改革措施在扬州落地落实。市委、市政府主要领导分别就《关于贯彻落实深化统计管理体制改革提高统计数据真实性实施意见的情况汇报》作出批示，要求市统计局牵头拟定扬州工作方案。市统计局成立8个工作小组，开展部门、区县、镇村、企业等各个层级专题调研，形成8大类24条《扬州市深化统计管理体制机制改革提高统计数据真实性的实施方案》。（蔡　磊）

■统计工作创新 连续两年出台《扬州市统计局年度创新工作考核办法》，引导统计系统在工作思路、工作方式、工作机制和工作作风等方面参与改革创新。研究确定“乡镇统计机构星级评定”“扬州绿色发展指标评价体系”等29项年度重点创新工作，在全省率先试行服务业生产指数（SPI）编制工作，10项全市“三新”重点领域统计项目全部入选省级试点。优化基本单位名录库维护更新机制，根据《国家统计局推进“五证合一、一照一码”登记制度改革业务方案》的要求，联合工商、税务等相关部门，逐步理顺部门行政登记单位与基本单位名录库对应关系，实行“准四上”企业动态监测。对符合条件的企业及时申报列统，对有潜力达标的企业强化跟踪监测，确保及时列统、应统尽统。建立重大项目档案管理制度，对全市所有纳入联网直报平台的5000万元及以上固定资产投资项目，实行“一项目一档案”管理，并根据项目进度动态更新。（蔡　磊）

■重点普查及专项调查 1月1日起，正式开展第三次全国农业普查入户调查。市县乡村四级联动，动员组织1.3万多名普查指导员和普查员，完成全市75万多户农户、5400多个农业单位、1200多个镇、村级单位农业普查任务，全面查清全市三农情况。市统计局、人社局联合开展家庭服务业调查国家级试点，市统计局、农委合作开展第一次全国海洋经济调查等工作，掌握行业现状，把握运行轨迹。开展“聚焦富民·走千村访万户”大走访大排查活动群众满意度调查工作，了解社情民意，查找薄弱环节，形成调查报告，为中共扬州市委研究完善大走访大排查工作提供依据。（蔡　磊）

■统计监测预警 围绕“两创示范”建设，对4300多家企业开展创新调查，对“城镇新增就业人数”和“城市研究与试验发展经费投入占比”进行跟踪监测。围绕美丽中国建设，启动特色小镇建设监测工作，开展“建设江淮生态大走廊”跟踪监测和绿色发展年度评价。围绕文化名城建设，开展重点文化产业集聚区和重点文化产业企业调研工作，全面推进“三下”文化产业直报平台建设，实现报送全覆盖。制订2017年度县（市、区）、功能区党（工）委书记文化产业工作考核办法，从考核导向上把文化产业发展列入“一把手”工程。结合中共扬州市委深化“大走访大排查”活动要求，在全市范围内选取有代表性的行业重点企业180家、重大项目20个，开展“大走访大调研”，完成《双百企业大走访大调研报告》。深化特约分析师制度，选取165家重点企业（项目），形成常态化调研机制，提升经济运行监测分析水平。聚焦“精准扶贫”，加大对家庭人均收入7000元以下的低收入农户监测力度，在建档立卡及三农普资料的基础上抽选部分低收入农户开展跟踪调查，为全市农民增收提供翔实资料。（蔡　磊）

■数据质量建设 制定出台《扬州市统计数据全程质量管理体系（2017）》，规范统计各环节质量管理标准，引入部门数据、行业数据、商业信息和行政记录等参与评估，提高统计数据科学性、协调性、匹配性、支撑性。强化统计诚信建设，市统计局、经信委、财政局、人行四部门联合发文，对25家2017年度扬州市“数据诚信示范企业”进行通报。统计信用体系建设在提高企业统计能力、统计数据质量、统计公信力中的作用逐步显现。邗江区试点将数据诚信示范企业信息和统计失信企业信息纳入市信用办、金融、工商等行业和部门信用信息系统，构建统计惩戒机制。推行“扬州统计电子执法平台”，严格查处统计违规违法违纪等行为。 （蔡　磊）

■数据发布和解读　全市统计系统深入开展调查研究，推进成果转化，为全市经济社会发展提供准确、及时的数据信息。全年开展调研500人次，其中实地走访478人次，为中共扬州市委、扬州市政府提供各类信息快报233篇，各类分析报告84篇，被市领导批示17件次，48篇统计调研报告被扬州通讯、政讯、内参、快报以及调研参考等刊物采用。及时开展月度、季度经济形势分析，召开新闻发布会，不断加大统计数据、信息发布和解读力度。通过微信、报纸、电视以及各类主流媒体客户端，及时发布《扬州统计月报》和相关数据解读。按时公布县(市、区)排名、省排名《扬州经济社会概览》《扬州统计年鉴》等统计数据资料，保证数据发布的权威性。 （蔡　磊）

■基层建设　继续推进基层基础和统计规范化建设，开展一系列“回头看”活动。鼓励基层创新，推动各地在统计方法、制度、手段以及保障措施等方面先行先试。加强统计队伍建设，出台《统计文化建设实施意见》，开展18项年度重点活动。继续强化教育培训，与浙江大学合作举办综合素质提升培训班，将高校优质资源向基层倾斜。 （蔡　磊）

国有资产监督管理

■概况　2017年，扬州市政府国有资产监督管理委员会(简称市国资委)履行出资人职责的14户资产经营(集团)公司实现营业收入259.07亿元，比上年增长25.08%；实现利润20.66亿元，增长20.81%；实现净利润17.47亿元，增长23.88%。年末，市属国有企业资产总额、所有者权益总额分别达989.36亿元、443.47亿元，分别增长0.44%、5.43%。江苏金茂化工医药集团有限公司(简称金茂化工集团)、扬州市名城建设有限公司(简称名城公司)、扬州建工控股有限责任公司(简称建工控股)和扬州泰州国际机场(简称扬泰机场)等13户企业(集团)实现盈利。其中，增幅较大的名城公司实现利润总额4180万元，比上年增加4121万元；金茂化工集团实现利润总额10.93亿元，增长36.94%，其中扬农集团实现利润总额9.09亿元；建工控股公司实现利润总额3.46亿元，增长29.93%。2017年，市国资委实施一系列体制改革、机制创新，全部下放二级公司考核权和人事管理权，适度下放审批权限，确立主营业务范围，取消房屋出租备案制度，完善法人治理结构。

2017年度扬州市国资委监管一级企业主要财务指标完成情况表

表14-6　　单位：万元

企业名称	资产总额	所有者权益总额	营业收入	利润总额	净利润
合　计	**9893591**	**4434706**	**2590741**	**206644**	**174737**
扬州市城建国有资产控股(集团)有限责任公司	3685339	1691765	294706	34660	33086
扬州市交通产业集团有限责任公司	1306478	656858	101382	3934	3772
扬州教育投资集团有限公司	412254	114184	14271	569	568
扬州市水务投资集团有限公司	135028	72297	2062	590	510
扬州市名城建设有限公司	127768	99538	19355	4180	3347
扬州工业资产经营管理有限责任公司	101238	54483	19431	2445	1461
江苏亚星汽车集团有限公司	69511	40212	76	57	57
扬州泰州国际机场	299082	213958	11916	310	290
江苏金茂化工医药集团有限公司	1452158	835982	944186	109311	91945
扬州工艺美术集团有限公司	78932	20998	10554	-3418	-3461
扬州建工控股有限责任公司	1306631	245409	1079155	34578	25155
扬州市扬子江投资发展集团有限责任公司	865321	362893	79466	16235	14815
扬州市现代金融投资集团有限公司	385922	205485	4386	6450	5686
扬州市煤炭工业公司(矿务局)	53851	26129	14181	3193	3192

注：因财务报表合并，扬州市扬子江投资发展集团有限责任公司数据已包含扬州市现代金融投资集团有限公司数据

（高梦迪）

全年各企业累计获国家发明专利18项、实用新型专利24项，一批新技术、新成果得到开发和推广运用。江苏华建首次采用EPC新模式中标深圳龙岗保障性住房项目；宝军公司新开发询问机首次进入空军市场、数字信号处理器进军高铁板块。新项目投产优势显现，市属国有企业全年累计投入新项目46个，项目支撑带动作用明显。扬农股份发挥新项目新装置投产优势，产品产量全年销售收入增加近15亿元。创新能力持续提高。国资系统首次组团赴境外寻觅商机；扬子江集团冶春小馆布点高铁站，作为首批餐饮品牌进入铁路“12306”系统和网站APP；扬州泰州国际机场客货吞吐量大幅提升，在全国运输机场中排名同步上升。城控集团首次发行境外债券，交通产业集团新增绿色债务工具，教育投资集团率先在上交所发债，市属国有企业全年共发行企业债券3支，票据5支，融资券1支，资产证券化1支，私募债2支，直接融资101.61亿元，增长10%。（高礼清）

■监事会组建 12月28日，市国资委召开市属国有企业监事会组建会议。城控集团、扬子江集团等13家市属国有企业监事会相继组建。每家监事会都由五名成员组成，监事会主席一名，两名专职监事，两名职工监事。（陶佳佳）

■国资监管 市国资委按照中共扬州市委、扬州市政府《关于市级行政事业单位所属国有企业清理规范和全面监管的实施意见》要求，先后与受委托部门签署委托管理协议20份，并首次对委托监管企业财务、资产等状况进行审计，推进国资监管全覆盖。高邮市国资委出台规定，加强对分散国有股权的集中管理和资本运营。（陈晓东）

■重大项目建设 2017年，市属国有企业承担投资项目32个，其中市委、市政府明确的重点项目20个。交通产业集团承建念四桥路西延工程建成通车，城控集团承建三湾公园核心区建成并对外开放，扬州泰州国际机场公司货站扩建工程完工，连淮扬镇铁路、五峰山过江通道连接线建设按计划分别完成年度投资量的100%。南部快速通道、地铁一号线预埋工程、东部交通枢纽等一批工程项目，均完成规定工作量或投资量。（陈晓东）

■国资经营 2017年，市国资委进一步规范市属国有企业国有资本经营预算的编报和管理，做好国有资本收益收缴。2017年度市属国有企业国有资本经营预算建议草案经扬州市人大常委会通过后，14家市属国有企业认真执行国有资本经营预算，按时足额上缴国有资本收益4700万元。根据经营支出预算安排，办理名城公司、工艺美术集团、教育投资集团、交通产业集团、城建控股公司和现代金融集团等六家企业合计2200万元国有资本经营预算支出工作，并完成上缴社保基金2500万元。（王 伟）

■“三供一业”分离移交 市国资委按照《扬州市国有企业职工家属区“三供一业”（供水、供电、供热和物业管理）分离移交工作实施方案》部署，明确目标任务，分解工作职责，突出服务央企，引导有强烈意愿的移交方和接收方协调对接、双向推进，移交工作取得明显成效。仪征化纤公司、江苏油田、七二三所、曙光光电有限公司、中国石油化工集团华东局和中国邮政集团扬州公司等驻地央企供水、供电、供气业务分离移交（框架）协议签约率100%，总体签约率75%以上。（陈晓东）

土地资源管理

■概况 2017年，全市土地总面积6591.21平方千米。其中，耕地3304.43平方千米，占比50.13%；城镇村及工矿用地1068.61平方千米，占比16.21%；交通运输用地293.89平方千米，占比4.46%；水域及水利设施用地1789.37平方千米，占比27.15%；其他土地63.91平方千米，占比0.97%。全市共有矿产资源15种，已基本探明储量的矿产资源12种，其中石油、天然气储量居全省首位。建筑用玄武岩主要分布在仪征和高邮天山一带，建筑用砂及鹅卵石（雨花石）在仪征丘陵地区分布较广。地热资源禀赋与开发条件较优越，具有分布广、储量大、温度高、水质好的特征，地热资源可采储量达3万立方米/天。（扬国土）

■耕地资源保护 2017年，全市共新增耕地1021.65万平方米，比上年增长6.79%。其中，151个耕地占补平衡补充耕地项目新增耕地719.70万平方米；16个市级以上投资土地整理项目新增耕地301.95万平方米。全市完成城乡建设用地增减

2017年扬州市土地资源情况一览表

表14-7

类 别	土地面积（平方千米）	占比（%）
合 计	**6591.21**	**100**
耕地	3304.43	50.13
园地	40.64	0.62
林地	24.47	0.37
草地	5.89	0.09
城镇村及工矿用地	1068.61	16.21
交通运输用地	293.89	4.46
水域及水利设施用地	1789.37	27.15
其他土地	63.91	0.97

（扬国土）

2017年扬州市新增耕地情况一览表

表14-8　　单位:万平方米

类　别	小　计	广陵区	邗江区	江都区	宝应县	仪征市	高邮市
合　计	**1021.65**	**12.45**	**41.90**	**26.40**	**634.97**	**122.85**	**183.08**
耕地占补平衡补充耕地	719.70	12.45	26.95	26.40	500.10	21.55	132.24
市级以上投资土地整理新增耕地	301.95	0	14.95	0	134.87	101.30	50.83

(扬国土)

挂钩复垦项目157个,新增农用地278.83万平方米,新增耕地274.66万平方米。组织开展永久基本农田划定工作,落实永久基本农田2486.93平方千米,建设高标准基本农田136.47平方千米。　(扬国土)

■矿产资源开发利用　2017年,全市共有矿山企业54家(含江苏油田),其中国土资源部发证石油企业1家、省国土资源厅发证地热矿泉水企业8家、县级国土资源部门发证砖瓦企业45家。全市年开采原油约90万吨、占江苏油田年开采总量的50%以上,年开采地热水30.77万吨,年开采砖瓦用黏土112.41万吨。

(扬国土)

■采矿权市场　2017年,全市共完成34宗砖瓦用黏土矿采矿权挂牌成交确认,收取采矿权出让金116万元,比上年下降13.9%。　(扬国土)

■地质灾害防治和地质公园建设　2017年,市国土管理部门按照"履职到位、责任到位、措施到位"要求,会同相关专家组织开展地质灾害危险点、隐患点排查、巡查和督查,确保人民群众生命财产安全。推进捺山省级地质公园建设。　(扬国土)

■土地征收与供应　2017年,全市有农用地转用计划1889.67万平方米。其中,国家计划813.33万平方米,增减挂钩计划指标740万平方米,"点供"(对列入省政府200项重大项目投资清单的项目,省单独下达指标的保障性供地)返还及独立选址计划156.33万平方米,节约集约模范创建奖励指标180万平方米。全市获批土地征收总面积2147.61万平方米,农用地1672.79万平方米。其中,仪征市占21.55%,高邮市占21.22%,宝应县占14.46%,江都区占12.79%,广陵区占10.93%,邗江区占8.36%,扬州经济技术开发区占4.77%,蜀冈—瘦西湖风景名胜区占4.67%,生态科技新城占1.25%。全市供应土地2290.62万平方米,比上年增长25.2%。其中,出让土地1153.94万平方米,增长35.64%;划拨土地1136.67万平方米,下降16.12%。全市供应的各类用地中,商服用地110.10万平方米,增长8.59%;住宅用地388.94万平方米,增长70.51%;工矿仓储用地662.16万平方米,增长12.51%;公共管理及公共服务用地274.90万平方米,增长17.23%;交通运输及其他用地785.71万平方米,增长19.19%;水利设施用地及特殊用地等其他用地68.81万平方米。　(扬国土)

■土地市场　2017年,全市出让土地1153.94万平方米,合同出让金(不含融资用地)266.29亿元,出让面积及合同出让金分别增长

2017年扬州市土地供应量情况一览表

表14-9

地　区	供地总量(万平方米)		比上年增长(%)
	划拨(万平方米)	出让(万平方米)	

地　区	供地总量(万平方米)	划拨(万平方米)	出让(万平方米)	比上年增长(%)
总　计	**2290.62**	**1136.67**	**1153.94**	**25.20**
扬州经济技术开发区	112.35	32.61	79.74	-53.09
广陵区	270.24	107.84	162.40	348.2
邗江区	362.43	162.92	199.50	22.54
生态科技新城	108.65	70.78	37.87	696.6
蜀冈—瘦西湖风景名胜区	55.40	23.78	31.61	29.49
江都区	210.25	123.45	86.80	5.76
宝应县	233.00	30.42	202.58	-41.16
仪征市(含化工园区)	421.86	305.20	116.65	158.97
高邮市	516.45	279.67	236.78	23.03

(扬国土)

35.64%、134.16%。其中，招拍挂出让土地1085.00万平方米，合同出让金258.06亿元，分别增长46.32%、131%。市区(不含江都区)出让土地511.13万平方米，增长49.71%;合同出让金187.31亿元，增长187.17%。其中，招拍挂出让土地445.76万平方米，增长89.2%;合同出让金179.3亿元，增长182.87%。市区出让商业房地产用地211.18万平方米，增长103.84%;合同出让金173.43亿元，增长186.6%。全市招拍挂出让工业用地282宗，面积675.81万平方米，合同出让金15.84亿元，分别增长12.35%、40.53%、57.51%。其中，市区(不含江都区)出让60宗、234.58万平方米、合同出让金5.87亿元，分别增长114.29%、77.72%、104.34%。（扬国土）

■土地储备和“城中村”改造 2017年，市土地储备中心新增储备土地8宗123.66万平方米。年末，市区(不含江都区)储备土地库存113宗675.92万平方米。全年支付收购款19.34亿元，年末贷款余额28.89亿元。市区全年完成“城中村”改造地块15个，腾让土地131.45万平方米，搬迁村(居)民2459户，拆除房屋建筑69.6万平方米。（扬国土）

■不动产统一登记 全市不动产登记承诺期限全面实现5个工作日内办结、市区3个工作日内办结。开展原房屋登记与土地登记数据整合工作，推出不动产证书的领取短信提醒告知、银行大宗抵押登记业务自助办理、法院网上自助查询、省内点对点查询、向税务部门适时推送不动产登记信息等系列便民举措。各地在乡镇设立不动产登记站，缩短为民服务半径。推进市区企业“两证”办理市级督办35件具体事项的协调完善，解决企业“两证”办理难题。针对市区拆迁安置房难以办理不动产证书问题，组织全面清查、分类梳理，市政府牵头组织、明确责任、督查督办。（扬国土）

■执法监察 2017年，市国土资源局立案查处各类土地违法案件49件，责令退还土地52.3万平方米，责令拆除建筑占地6.2万平方米，没收建筑占地16.2万平方米，决定处以罚款577.9万元。全年共办理涉土来信113件，比上年下降31.93%;接待群众来访89批次240人次，分别下降29.92%、15.79%。（扬国土）

■地情测绘与地图管理 完成省级和市级拓展普查项目。全市第一次地理国情普查通过验收。开展“南水北调”地理国情专题监测、交通路网信息数据在城市交通预测模型中的应用等多项监测应用。全国首批完成《城市地图集》编制。开展“问题地图”专项排查整治。部署开展全市辅助决策地图联动更新共享。编制9个专题《扬州政务用图》作为全市“两会”用图;制作布质《扬州市政区图》《扬州市区图》《黑水河整治专题影像图》等专题用图。（扬国土）

■国土资源信息化 扬州市国土局被列为全省唯一的“互联网+国土资源服务与监管”突破试点单位，国土资源全生命周期管理平台项目列入“云上扬州”建设计划，建设方案通过省国土资源厅评审。全面建成“慧眼守土”工程，构建起市—县—乡三级视频监控(指挥)体系，1016个高清视频监控点组成覆盖全市的国土资源监管网络，“慧眼守土”视频数据与“一张图”数据库对接，实现移动应用、智慧守土。持续优化“一张图”核心数据库，综合政务管理平台全面运行，实现全业务、全流程和全节点覆盖。推进政务服务“一张网”建设，深化“四全”服务(以全流程优化审批、全区域便民服务、全业务网上办理、全节点效能监察为目标体系的国土资源行政审批服务模式)内涵，实现80%以上事项“网上办”，90%以上事项“不见面审批(服务)”。全市建成“四全”服务网点74个(A类网点6个、B类网点68个)，“四全”服务窗口219个(A类窗口102个、B类窗口117个)。高邮市、仪征市、宝应县数字城市项目完成立项。“天地图·高邮”上线试运行。“数字扬州”12个扩展应用运行稳定。启动时空信息大数据与云平台建设，项目获得省测绘地理信息局立项批准。完成“云上扬州”顶层设计方案，推动数字城市向智慧城市转型升级。（扬国土）

2017年扬州市区“城中村”改造完成情况一览表

表14-10

地　区	“城中村”地块数(个)	搬迁户数(户)	腾让土地面积(万平方米)	拆除房屋建筑面积(万平方米)
合　计	**15**	**2459**	**131.45**	**69.6**
扬州经济技术开发区	1	105	8.11	3.4
广陵区	3	553	40.69	29.1
邗江区	3	110	8.11	3.9
生态科技新城	6	1003	30.13	11.6
蜀冈—瘦西湖风景名胜区	1	534	32.43	18
江都区	1	154	11.99	3.6

（扬国土）

价格监督管理

■概况 2017年，扬州市物价局不断完善价格调控体系，关注重点行业和热点问题，强化市场价格的调控、规范和引导，采取积极措施遏制房价过快上涨，加强旅游市场价格监测监管，保持价格总水平的基本稳定；推进重点领域和关键环节价格改革，建立反映市场供求状况和资源稀缺程度的价格形成机制，发挥价格杠杆作用助推“263”行动和供给侧结构性改革，服务实体经济转型升级、社会事业健康发展；把市场价格监管的工作重心转移到创新价格管理、维护公平公正、倡导价格诚信上，开展政策文件公平竞争审查，实施重点行业专项价格检查，加强各类主体价格信用管理，为市场经济运行营造良好价格秩序；推动价格服务创新，拓展价格信息服务领域，建立市级政府采购监测网络，推进价格争议调解，全国首创执行案件市场价格查询平台，强化便民服务大厅窗口工作，提高“12358”价格热线服务质量。

（陆长昀）

■价格调控 落实市政府办公室《关于2017年价格调控目标责任制的实施意见》，召开市场价格调控联席会议，确保农业生产保持稳定，物资储备及时到位，商品流通畅通有序。强化市场价格监测，启用“民生商品价格采集分析预警系统”，加强价格数据资源共享和整合，探索编制“菜篮子”价格指数，提升主副食品价格异动预测预警和应对能力。加强平价商店规范化管理，完成第二期监管平台建设，全年销售平价农产品1969.5万千克，销售额1.39亿元，实惠市民1195万元。强化价格调节基金使用管理，修订完善使用管理办法。根据SCPI指数上涨情况，及时启动社会救助和保障标准与物价上涨挂钩联动机制，发放价格补贴491.44万元，惠及困难群众9.7万人。2017年，扬州市居民消费价格指数(CPI)涨幅1.7%，实现价格调控目标。（陆长昀）

■房价备案管理 恢复并强化房价备案制度，价格备案范围从新建普通商品住房扩大至新建别墅、大户型等非普通住宅及地下车位、储藏室，加强房地产市场监督检查，堵塞开发企业变相涨价漏洞。召开市区房地产企业价格政策提醒会，严格执行“一房一价”明码标价和“一价清”制度，实行备案承诺制。市区共实施房价备案137批次，备案总面积260.81万平方米，备案均价11263.55元/平方米(其中普通商品住房备案均价10427.6元/平方米)，引导企业压缩不合理成本22.36亿元，折合单价降低857.35元/平方米。（陆长昀）

■旅游市场价格规范 实行市区主要景点门票价格阶段性优惠政策，重新核定多种联票价格。加强酒店客房价格监测，对市区三星级以上酒店客房实行重点时段调价备案管理，禁止借机涨价。重点景区周边15个停车场收费实行旺季上浮，18个道路停车泊位由计次收费调整为计时收费，引导旅游车辆在换乘中心免费停车、换乘，提高车位周转率和利用率。及时公示主要旅游线路参考价格、足浴行业服务项目价格、淡旺季景点门票价格等，增加旅游消费透明度。建立旅游价格举报快速反应机制，按照10分钟内联系，30分钟内到达现场的要求，高效处置各类举报，严厉打击欺客宰客行为。（陆长昀）

■资源环境价格改革 完成市县两级城市居民阶梯水价、阶梯气价改革，引导节约用水、用气。推进农业水价改革，加快试点推进。完成上调污水处理费改革任务，按环评信用等级实行差别化收费。出台新《扬州市区供热价格管理办法》，合理制定供热管输价格，启动新的价格联动政策。科学核定工业危险固废处置收费标准，促进废弃物分类处置。会同有关部门对废水、废气、固体废物、超标噪声4类排污费政策执行情况进行调研督查，促进环境治理。（陆长昀）

■医药价格改革 实行医疗服务价格动态调整机制，调整32个中医项目价格。在模拟测算和社会影响评估的基础上，完成基层医疗卫生机构医疗服务价格调整，推动分级诊疗制度落实。设立家庭医生签约服务项目，实行差别化政策满足不同层次的需求。制定《扬州市非公立医院医疗服务收费行为规则》，规范非公立医疗机构收费行为。开展6次医疗收费“巡查会诊”活动，对医药价格改革落实情况进行跟踪督查。加强市场调节价药品价格监管，建立5个常用药品价格监测点，做好基本药物和低价药价格监测工作。（陆长昀）

■清费减负 修订编印行政事业性收费、经营服务性收费、涉审中介服务、涉房收费等目录清单。落实国家取消或停征41项收费的政策，降低商标注册收费标准50%；落实省取消、停征、降低标准35项收费的政策，组织新闻发布会进行宣传引导，减轻企业负担2.95亿元。结合收费年度统计开展重点收费单位巡访，对检查中发现的问题，加强跟踪督查。经扬州市政府批准，取消退休人员代管服务费，年减轻负担600万元左右；取消新建小区一次性环卫服务交接费，年减轻负担4600多万元。

（陆长昀）

■降低企业成本 推进工业企业用电大户申报电力直接交易试点，累计完成直接交易量47.13亿千瓦时，降低企业用电成本9952万元。及时调降市区非居天然气销售价格，引导天然气协商议价，年降低企业用气成本约600万元。督促企业改造落后产能，2家企业被免征惩罚性电价。落实运政苏通卡货运车辆通行优惠和交通船闸船舶过闸费优惠政策，明确市辖区内船舶岸基供电服务最高价格，降低物流成本。（陆长昀）

■公平竞争审查 扬州市政府印发《关于在市场体系建设中建立公平竞争审查制度的实施意见》，建立由市物价局、发改委、法制办、商务局、工商局等多部门组成的市公平竞争审查联席会议制度。市物价局履行公平竞争审查联席会议办公室职能，对中共扬州市委、扬州市政府《关于服务来扬旅游旅行者的实施意见》以及城管、规划、工商、环保部门等7个新制定文件开展审查，针对政策起草中提出的餐饮企业优惠政策、指定提供服务、运输企业准入等条款，提交公平竞争审查意见，认定5个文件可以实施、1个文件修改实施、1个文件不予实施。（陆长昀）

■**价格监督检查** 紧扣清费减费与民生重点，组织开展涉企、教育、房地产、医药、涉农、自来水、电力、相对封闭区域价费等8大专项检查，实施行政处罚5561.4万元。参加全省涉企收费交叉检查、电价专项检查。在市价监和反垄断局增设反垄断调查科，强化反垄断和公平竞争审查职能。配合省物价局开展大型医疗器械售后价格反垄断调研，根据举报调查出租车钢瓶涨价涉嫌价格垄断问题。（陆长昀）

■**价格监测** 加强市场价格监测，上报监测数据10万余条、监测分析报告195篇。加大民生价格信息发布力度，公示民生价格数据7600条。创新开展政府采购定点单位的办公耗材和文化用品价格监测工作，报送监测数据17期，涉及51个类别368个品种7673条数据，定期在"扬州市政府采购网""扬州物价网"公布相关商品市场平均价，促进定点采购单位合理定价。（陆长昀）

■**价格舆情引导** 完善价格工作宣传机制，密切与各类新闻媒体的常态化合作，形成新闻发布、政务信息、电视、报纸、电台、网络、广场等平台综合发力的宣传格局。组织8场新闻发布会，通过省级以上媒体宣传15次、市级媒体宣传317次，在微信、微博发帖167条。完善网络舆情监测制度和突发舆情应急预案，加强价格舆情监控，做好登记、跟踪和快速反应。（陆长昀）

■**价格信用管理** 推进价格信用体系建设，建立价格信用承诺制度和价格行政处罚信息公示制度，接受社会监督。建设完善价格信用体系数据库，组织省价格诚信单位复查及信用审查，做好社会信用的采集与运用，通过新闻媒体发布价格行为警示榜，警示曝光典型案例7个。（陆长昀）

■**价格诚信建设** 加强价格诚信指导，先后开展5次"商贸企业价格自律联合体"活动，邀请政府部门、市民观察团、消协代表、媒体记者等参加，参与企业扩大到30多家。"价格法律法规讲师团"义务上门为新开业的商场、超市提供法规培训8次，累计培训2000多人次。组织召开宾馆、酒店、餐饮等行业价格政策提醒会5次。组织价格诚信创建，采取市县联动、交叉互查形式，对全市45家候选单位进行考评验收。加强省级价格诚信区域创建指导，2个街区获评江苏省价格诚信区域。（陆长昀）

■**价格举报办理** "12358"价格举报热线24小时畅通，加强价格举报热线值守，进一步改进节假日值班制度。全年受理来电2559件，"12345"政府热线转办652件、寄语市长书记信箱转办262件，办理网络销售、房地产价格、停车收费、医药收费、教育收费等举报投诉70多件，责令退还多收价款892.8万元。（陆长昀）

■**成本监审和农本调查** 做到成本监审对政府定(调)价项目全覆盖，先后开展机场停车、教育收费、热电管输、船舶岸基供电服务等成本调查监审，核减不合理成本7.96亿元，探索引入第三方参与医疗服务价格成本监审。推广运用农本调查APP软件，开展15个品种农本调查，其中国家级调查品种5个，省级地方特色调查品种8个，统计上报调查数据1.8万条。（陆长昀）

■**价格认定** 开展涉案价格认定工作，出具涉案认定结论书84件；完成市地税局提出的涉税价格认定和价格争议事项1694件，认定总金额13.4亿元；协助扬州市纪委对查办案件涉及房地产价格认定3件，认定金额3670万元。（陆长昀）

■**价格争议调解** 全市共设立价格争议调处站点201个，初步建成市、县、镇、村四级调处网络。实现价格争议调处进社区、进乡镇、进景区、进商圈、进法院、进大厅，为消费纠纷、事故损失、抵押担保、保险理赔、征地拆迁等价格争议，提供公正权威的价格认定服务。其中广陵"双东"旅游街区和湾头玉器城调解站、高邮乡镇服务调解站、邗江社会管理服务中心调解窗口、仪征法院调解室等站点特色鲜明、成效明显。（陆长昀）

■**首创执行案件询价平台** 联合扬州市中级人民法院建成全国首个执行案件市场价格查询平台，采用批量估值技术，为法院执行部门实施网络拍卖提供市场价格水平咨询服务。建立不动产价格数据库，涵盖全市1835个小区，4000个标准房，以不动产标的物所在的小区、楼层、朝向等为参数，自动测算出市场中等价格水平。累计完成询价996次，评估金额12.34亿元，当事人认可率100%，节约当事人评估费用3700万元，压缩执行案件办结时间，提高法院执行效率，被省高级人民法院在全省法院系统推广。（陆长昀）

工商行政管理

■**市场主体登记** 2017年，全市新登记各类市场主体7.54万户，增长15.58%；新增注册资金1464.97亿元，增长11.04%。其中，新登记各类企业2.84万户、注册资本1406.94亿元，分别增长21.93%、10.61%；新登记个体工商户4.68万户，资金数额51.62亿元，分别增长11.97%、19.88%；新登记农民专业合作社264户，资金数额6.42亿元，分别增长30.69%、47.59%。截至12月25日，全市实有各类市场主体总数44.39万户，累计注册资本(金)1.18万亿元，分别增长12.92%、19.6%。其中，实有各类企业14.63万户，注册资本总额1.13万亿元；个体工商户29.19万户，资金数额278.23亿元；农民专业合作社5731户，出资总额190.47亿元。至年末，全市万人拥有企业

325.58户、个体工商户649.97户，万人在民营经济体就业4344.29人，比上年分别增加53.35户、82.34户、373.53人。（张文静）

内资企业登记监督管理 2017年，全市新登记内资企业2433户，增长64.5%；新增注册资本284.74亿元，下降13.65%。新增内资企业中，户数列前三位的分别为批发和零售业734户、租赁和商务服务业382户、科学研究和技术服务业313户；注册资本列前三位的分别为租赁和商务服务业78.67亿元、建筑业69.4亿元、科学研究和技术服务业48.15亿元。截至12月25日，全市内资企业总数1.32万户，注册资本总额3832.42亿元，分别增长17.84%、21.21%，期末实有内资企业数连续第6年实现正增长。实有内资企业中，国有企业1050户、集体企业2201户、公司9605户、其他企业316户。公司制内资企业占比逐步扩大，从2010年的44.33%提升至72.92%，成为内资企业主要组成形式。（张文静）

私营企业登记监督管理 2017年，全市新登记私营企业2.57万户，新增注册资本982.02亿元，分别增长18.83%、10.92%。新增私营企业户数列前三位的分别为批发和零售业9212户、制造业5464户、科学研究和技术服务业2275户；注册资本列前三位的分别为制造业225.99亿元、批发和零售业175.97亿元、科学研究和技术服务业173.47亿元。截至12月25日，全市私营企业总数13.12万户，注册资本总额6180.7亿元，分别增长16.44%、22.79%。实有私营企业中，私营有限责任公司8.97万户、股份有限公司630户、个人独资企业4.03万户、合伙企业570户。公司制私营企业占比68.85%。从新发展数来看，私营企业仍是企业发展的主要力量。从户数分布上看，私营企业占90.76%，内资企业占8.58%，外资及港澳台资企业占0.66%；从注册资本分布上看，私营企业占69.8%，内资企业占20.24%，外资及港澳台资企业占9.96%。从期末实有情况来看，私营企业的占比进一步增大，呈逐年上升趋势。从户数分布上看，私营企业占89.7%、上升0.04个百分点，内资企业占9.01%，外资及港澳台资企业占1.3%；从注册资本分布上看，私营企业占54.75%、上升1.37个百分点，内资企业占33.95%，外资及港澳台资企业占11.3%。（张文静）

外资和港澳台资企业登记监督管理 2017年，扬州市新增外资和港澳台资企业法人129户，投资总额40.38亿美元，注册资本23.36亿美元，分别增长98.46%、158.85%、158.41%，注册资本中外方认缴额18.88亿美元，增长144.24%。截至12月25日，全市共有外资和港澳台资企业1939户，其中法人1407户，投资总额、注册资本和外方认缴额分别为344.42亿美元、210.94亿美元、176.15亿美元，分别增长11.12%、10.09%、13.28%、12.45%、12%。全市新增注册资本1000万美元及以上的外资和港澳台资企业法人79户，注册资本、投资总额和外方认缴额分别为23.24亿美元、39.45亿美元、18.99亿美元，分别增长125.71%、180.68%、172%、169.9%，分别占当年新发展外商投资企业法人总数的60.31%、95.09%、95.31%、95.08%；新增注册资本3000万美元及以上的外资和港澳台资企业法人30户，注册资本、投资总额和外方认缴额分别为15.24亿美元、26.84亿美元、12.48亿美元，分别增长172.73%、235.68%、256.91%、242.86%；新增注册资本5000万美元及以上的外资和港澳台资企业法人16户，上年度仅有1户；新增注册资本超过1亿美元的外资和港澳台资企业法人3户。全市9户企业完成外资并购，比上年增加2户，共投入外资2.07亿美元，增长120.21%。全市11家外资企业有民资投入，比上年减少12家；共投入民资0.58亿美元，下降55.73%。全市共有44户外资和港澳台资企业法人增资，比上年减少4户；共增加注册资本4.05亿美元，其中境外方增加注册资本3.12亿美元，分别下降50.97%、59.27%。（张文静）

商事制度改革 3月23日，扬州市工商行政管理局向江苏省工商行政管理局申报开展更大范围的“多证合一、一照一码”登记制度改革获得批复。4月25日，市政府印发《扬州市“多证合一”“证照联办”登记制度改革工作实施方案》，探索实施“多证合一”“证照联办”登记改革。在2016年10月1日起实施的“六证合一”(工商营业执照、税务登记证、组织机构代码证、社保登记证、统计证、公章刻制备案)的基础上，将《外商投资企业设立及变更备案》《电子口岸企业入网资格审查》《水路货物运输代理企业备案》《船舶代理企业备案》《出版物批发(零售)单位设立不具备法人资格的分支机构备案》《广告发布登记》等6个证(表)与营业执照整合，实行“十二证合一”登记。对尚不具备整合条件的《进出口货物收发货人注册登记》《出入境检验检疫报检企业备案》《原产地签证企业备案》《对外贸易经营者备案》《旅行社分公司备案登记》《旅行社服务网点备案登记》《艺术品经营单位备案》《内资文艺表演团体申请从事营业性演出活动审批》《内资演出经纪机构申请从事营业性演出经营活动审批》等9个证(表)与营业执照实行“证照联办”。在办理流程上，在市、县(区)两级政务服务中心设立“多证合一、证照联办”并联审批综合窗口，负责材料受理、数据录入、信息流转、统一发证和档案整理、移交等任务。申请人只需向综合窗口提交“一套材料”，综合窗口一次性进行数据采集。对办理“十二证合一”登记的，按照“一窗受理、一套材料、一份档案、信息共享、核发一照”的模式，由综合窗口对各种申请材料进行整合，由工商部门核发加载统一社会代码的营业执照，综合窗口将企业的登记信息和行业监管信息推送至市场监管信息平台，并依法在企业信用信息公示系统进行公示，相关部门通过信息共享将企业信息纳入行业监管系统。对办理“证照联办”登记的，按照

“一窗受理、内部流转、信息互认、同步审批、证照统发”的流程，相关部门接收到工商(市场监管)推送的信息、完成并联审批或备案后，将审批和备案信息录入市场监管信息平台，由综合窗口统一向企业反馈，或以邮政快递(EMS)方式送达给企业，工商(市场监管)部门已经审查通过的，其他部门不再重复审查。原始档案由综合窗口负责保管，相关部门需要企业申请材料原件的，由综合窗口配合做好档案存档及移交工作。6月15日，在扬州市政务服务中心试点，10月1日在全市范围内全面推广。至年末，全市发放“多证合一、一照一码”营业执照3.32万份。按照《省政府办公厅转发省审改办等部门关于全省推行“3550”(开办企业3个工作日内完成、不动产登记5个工作日内完成、工业建设项目施工许可50个工作日内完成)改革的意见》要求，扬州市工商行政管理局全面推广市场主体名称网上申报，实现外网申请、内网核准；按照“不见面审批”改革要求，推进全程电子化登记，建成129个政银合作网点，企业名称预先核准和设立登记平均时间压缩到1.5个工作日。 (张文静)

■商标登记监督管理 2017年，全市新申请注册商标1.17万件。其中，新申请马德里国际注册商标34件，新获中国驰名商标个案保护认定2件，“扬州漆器”获地理标志集体商标。培育1个省级产业集群品牌基地。江都区政府获品牌江苏建设“金凤奖”，6家企业获品牌江苏建设“金帆奖”。至年末，全市拥有商标有效注册5.36万件，马德里国际注册商标95件，地理标志商标10件，驰名商标51件，省级产业集群品牌培育基地3个，市级产业集群品牌基地5个。4月26日“世界知识产权日”，围绕“创新改变生活”的年度宣传主题，举办品牌管理知识培训课。8月10日至9月10日，在全市开展商标印制单位“双随机”(随机抽取被检查对象、随机选派检查人员)抽查工作，形成抽查任务42件。全年开展“双打”(打击侵犯知识产权和制售假冒伪劣商品)工作。2017年，全市共查处侵权假冒案件286件，案值255.71万元。 (张文静)

■广告监督管理 至年末，扬州市有广告经营单位1517家，注册资本总额18.56亿元，分别增长22.24%、29.79%。其中，注册资本50万元以上广告经营企业851家，个体工商户240户，广告从业人员6746人。扬州市广告企业经营额达15.42亿元。全市有发布广告的广播电视4家、报纸2家、期刊6种。按照《国务院关于第二批取消152项中央指定地方实施行政审批事项的决定》，扬州市停止外资投资广告企业项目审批、户外广告登记、固定形式印刷品广告登记、外商投资广告企业设立分支机构审批。开展“特供酒”、“专供酒”、房地产、医疗美容广告专项整治活动，开展非法集资广告资讯信息排查清理活动。全市共立案查处广告违法案件119件，罚没157万元。 (张文静)

■合同监督管理 2017年，市工商行政管理局办理动产抵押登记507件，抵押登记金额41.51亿元。其中，内资企业401件，融资27.26亿元；外资和港澳台资企业23件，融资13.96亿元；农业生产经营者80件，融资2659万元；其他市场主体3件，融资160万元。至年末，取得“扬州市重合同守信用”称号的企业共1530家，其中新公示企业105家；被江苏省工商行政管理局认定公示为“2015—2016年度江苏省重合同守信用企业”121家。开展公用企业(行业)、物业公司等利用合同格式条款侵害消费者合法权益的专项整治，全年共约谈相关企业20家，检查格式合同200份，发出行政建议书5份，查处合同违法案件5件。 (张文静)

■公平交易监督管理 2017年，全市工商行政管理和市场监督管理机构共立案查处违反工商法律法规案件609件，案值885.53万元，罚没1051.06万元。开展打假保优“锲石”专项执法行动，立案98件，案值107.04万元，罚没107.07万元，移送司法机关3件。全年组织对流通领域儿童玩具、PVC管材、小家电等56个品种共903批次的商品实施质量抽检，不合格177批次，查处商品质量不合格案件183件。对本地农资主销区、农业主产区和重点农资经销商120批次的复合肥实施质量抽检，不合格1批次，查处不合格农资案件1件。配合农林、公安部门开展“亮剑2017”保护野生动物专项行动。印发《扬州市工商和市场监管系统企业商业秘密保护行政指导工作指南》，完善和规范对企业商业秘密保护工作的行政指导；指导广陵区市场监督管理局查办扬州兴昌电子科技有限公司侵犯他人商业秘密案，此案入选江苏省工商行政管理局公布的“十大打假典型案例”。5月15日至6月15日，在全省率先组织开展直销行业经销商“双随机”抽查工作。开通扬州工商“直销管理”微信公众号平台，在直销行业监管与服务中推行“不见面报(备)案”制度改革。依法审结行政复议案件42件，其中不予受理1件、驳回复议请求6件、确认违法9件，撤销具体行政行为5件，维持具体行政行为4件，终止审理17件。向扬州市行政权力网法制监督平台报备重大处罚案件10件，强制执法检查17次，核审一般程序案件14件。 (张文静)

■网络交易监督管理 至年末，全市共有各类市场主体开办的经营性网站7048家。从市场主体类型看，企业6707家、个体工商户332家、农民专业合作社9家；从网络载体类型看，以非网络交易平台为主，共6906家，占97.99%；从区域分布看，江都区1554家，高邮市1142家，邗江区1088家，广陵区998家，宝应县766家，仪征市和化工园区628家，扬州经济技术开发区412家，生态科技新城313家，蜀冈—瘦西湖风景名胜区147家。全市有3877家经营性网站申领“工商网监”电子标识，其中557家在网站首页或者从事经营活动的主页面醒目位置公开。全市共有网店5.73万家。从市场主体类型看，企业4.08万家、个体工商户2706家、农民专业合作社21家、自然人1.38万家;从区域分布看,江都区8339家,占总数14.55%,其次是邗江区、高邮市、宝应县和广陵区,网店数量均在5000家以上;从所在平台看,涉及慧聪、淘宝、1688、京东、天猫、一号店、苏宁易购等国内主要第三方平台,慧聪、淘宝、1688网上的店铺数量居前三位,分别为3.42万家、1.59万家、4670家,占总数的59.69%、27.73%、8.15%。组织开展为网络商品交易提供服务企业"双随机"抽查工作,对全市范围内的物流、快递和网站网页设计制作、服务器托管等为网络商品交易提供服务的企业开展监督检查,形成检查任务119件。 (张文静)

■**企业信用管理** 开展企业年度报告信息公示(企业按年度在规定期限内,通过全国企业信用信息公示系统向工商机关报送年度报告,并向社会公示,任何单位和个人均可查询)工作,2016年度全市内资企业、个体工商户、外资和港澳台资企业年报率分别达82.8%、94.3%、89.8%。首次对食品企业实施跨部门"双随机"抽查,共抽取检查食品企业127户。对广告经营和发布、商标印刷、直销行业、为网络提供服务交易企业实施4次"双随机"抽查,共抽查企业406户。加强信息公示和信用约束,企业信用信息公示系统共公示全市市场主体工商登记、备案、处罚信息43.33万户,年报信息34.79万户,即时报信息1.49万条,全市6.59万户市场主体被列入经营异常名录,9492多名法定代表人及相关负责人被纳入严重失信违法黑名单管理。

(张文静)

■**市场监督管理** 实施农贸市场标准化建设工程,协调、推动市场主办单位投入改造资金近3349万元,改善市场硬件设施和环境。2017年,新建老虎山农贸市场,内部升级改造四季园农贸市场、双桥农贸市场、念香苑农贸市场、槐泗农贸市场、凤凰农贸市场、金色百汇农贸市场、瘦西湖农贸市场、丰裕头桥农贸市场、广州路农贸市场9个。按照"四隔离"(市场内家禽区和其他经营区相隔离,活禽销售区和宰杀区相隔离,水禽和旱禽相隔离,消费者和活禽相隔离)标准,在邗江区、广陵区、扬州经济技术开发区、蜀冈—瘦西湖风景名胜区选择7个农贸市场、1个活禽批发市场实施活禽交易屠宰区域达标改造工作,分别是金色百汇农贸市场、方圈门农贸市场、新城花园农贸市场、云川农贸市场、双桥农贸市场、运河佳园农贸市场、邻里农贸市场和白天鹅活禽批发市场。推动属地街道加强私营市场回收返租工作,实行属地政府主导的物业管理。至年末,市区农贸市场集体管理数达28个,占比49.1%,比上年上升10.6个百分点;实行物业化管理的市场达26个,占比45.6%,比上年上升3.5个百分点。按照"清洁化、标准化、超市化、综合化"要求,对建成区范围内57个市场开展农贸市场环境秩序综合整治活动,紧扣农贸市场常态长效管理7大项标准,以治理"六乱"(车辆乱停、摊点乱摆、杂物乱堆、广告乱贴、垃圾乱抛、线路乱拉)现象和"五多"(占道经营多、岛内垃圾多、下水污垢多、活禽臭气多、场外摊点多)问题为重点,全力开展"树典型""补短板"工程,牵头各区、功能区梳理出10个攻坚市场22个具体攻坚问题,开展整治。全年共组织市场检查118个(次),现场提出、督办问题425个(次),促使市场管理良好率达80%。 (张文静)

■**受理消费者申诉** 2017年,全市"12315"消费者申诉举报中心受理消费者申(投)诉3611件、举报605件,接受电话咨询1989件,电话一次接通率95%,处结率100%,为消费者挽回经济损失624.03万元。扬州市消费者协会系统共办结消费者投诉1371件,为消费者挽回经济损失621.42万元,接待来电、来访咨询1980人次。联合举办"纪念'3·15'国际消费者权益日"现场咨询服务活动,市、区两级政府职能部门及水、电、气等公共服务行业38家单位参加,现场接待来访咨询800余件,现场受理投诉38件。依托"一会两站"(消费者协会分会,消费者投诉站和"12315"联络站)和消费教育基地建设工作,充分发挥消费维权教育讲师团的作用,开展"一法一条例"(《中华人民共和国消费者权益保护法》《江苏省消费者权益保护条例》)"四个面向"(面向青少年、老年人、农民和经营者)和"万人大课堂"等消费教育系列活动,举办各类讲座、巡讲61场次,召开商品销售和服务行业经营者约谈会29场次。加强社会诚信体系建设,开展放心品牌和放心品牌集聚区创建活动,开展诚信单位和消费者满意服务单位争创活动。2017年,在旅行社等行业开展"十佳诚信企业"评选活动;3个品牌集聚区被评为"江苏省品牌消费集聚区放心消费创建示范单位",7家企业被评为"江苏省放心消费创建先进单位"。全市共建设省级放心品牌集聚区4个、市级2个,培育放心品牌企业20个;江苏省诚信单位达29家,市级"消费者满意服务单位"达271家。 (张文静)

质量技术监督管理

■**概况** 2017年,扬州市质量监督技术监督局(简称市质监局)推进质量强市建设,完善质量工作机制,提升质量品牌水平,夯实质量技术基础,加强质量安全监管,强化履职能力建设。以高端机械装备、汽车零配件、毛绒玩具等产业为突破口,分行业有序开展质量提升行动。全市培育省名牌产品59个,其中新增24个。宝胜牌电线电缆、长青牌氟磺胺草醚、墨菊牌拟除虫菊酯、图形+虎豹+HUBAO牌衬衫、七彩牌漆器获批2017年江苏"双百品牌"产品。公示284个市名牌产品,打造名牌建设梯队。高邮电线电缆产业集群获批江苏省优质产品生产示范区。扬州江淮轻型汽车有限公司、森萨塔科技(宝应)有限公司、扬州荣德新能源科技有限公司、扬州汇银科技集团有限公司获评2017年度扬州市市长质量奖。

(顾基富)

■**技术标准战略** 工业标准化成效明显,江苏亚威机床股份有限公司获批全国锻压机械标准化技术委员会剪折机械分技术委员会秘书处承担单位。全市企业完成制定国家、行业、地方标准30项，采用国际标准和国外先进标准生产产品130个。扬州市环保产业园获批国家级循环经济标准化试点。农业标准化有序推进，"邵伯菱"获批国家地理标志保护产品，全市国家地理标志保护产品品牌增加到5个。宝应县农业标准化示范县获全省优秀示范项目。服务业标准化取得突破，探索扬州与法国奥尔良市国际城市间标准化合作，会同市旅游局起草餐饮、住宿、交通、旅游和购物5个法国游客接待服务规范。与市民政局、市司法局开展战略合作，以点带面推进全市基本公共服务标准化工作，扬州市法律援助中心获批省社会管理和公共服务标准化试点。（茆法勇）

2017年扬州市新增江苏名牌产品一览表

表14-11

产 品 名 称	企 业 名 称
海工用重防腐鳞片状锌粉	江苏双盛锌业股份有限公司
低萘芳烃溶剂	江苏华伦化工有限公司
胶合板	快乐木业集团有限公司
400克/升戊唑·咪鲜胺水乳剂	江苏东宝农化股份有限公司
氯溴异氰尿酸	江苏东宝农化股份有限公司
液压推杆	江苏亚力亚气动液压成套设备有限公司
压力表	扬州汇丰仪表有限公司
帐篷	扬州斯帕克实业有限公司
体育健身路径技术服务	江苏杰威体育设施有限公司
依巴斯汀片	江苏联环药业股份有限公司
建筑业	江苏扬建集团有限公司
橡胶热水袋	扬州汇好橡塑厂
玻璃纤维增强塑料装饰板	扬州万盛实业有限公司
红木家具、摆件(传统特色手工艺品)	扬州经济技术开发区枫鼎轩红木工艺厂
电子商务服务	江苏汇银电子商务有限公司
影视灯光舞台用阻燃软电缆	扬州亚光电缆有限公司
高效节能电动机	扬州市华胜机电制造有限公司
KL系列整体手术无影灯	江苏科凌医疗器械有限公司
大闸蟹	扬州高宝邵伯湖渔业增殖养殖试验场
咸鸭蛋	高邮市红心旺食品有限公司
GENFO电动汽车云端智能控制器	江苏金丰机电有限公司
聚氯乙烯片板材	江苏金材科技有限公司
汽车后视镜	扬州明智车业有限公司
塑胶玩具	江苏宝乐实业有限公司

（濮长美）

■计量监管 推进民生计量工作，首次将平价店在用计量器具纳入"两免费"检定范围，对1172家集贸市场、平价店等机构1.54万台计量器具开展免费检定。组织开展加油机专项计量监督检查，出动886人次，检查加油站288家、加油机1633台，合格率100%，未发现利用计量芯片作弊等计量违法行为。加强商品计量监督，组织开展定量包装商品、商品包装及春耕农用物资定量包装商品计量监督检查，检查38家超市、餐饮饭店在用衡器259台，抽检米、面粉、饮料、粽子等16类定量包装商品468批次；抽检72家生产、经销企业销售的红酒、糕点等7类商品包装352批次；抽检种子、农药、化肥、农膜等4类农资类定量包装商品210批次。加强企业计量管理工作，全市通过测量管理体系认证企业共47家，通过计量合格确认企业共74家。（王 飞）

■重点产品质量安全监管 全市质量安全形势总体稳定，未发生区域性、系统性、行业性产品质量安全问题。省级监督抽查共抽查全市产品646批次，合格615批次，合格率95.2%，合格率居全省第二；市级监督抽查共抽查全市产品278批次，合格266批次，平均合格率为95.68%。质量问题治理有序有力，严厉查处打击"地条钢"违法生产行为，加大对全市192家涉钢企业、419台中(工)频炉的执法检查力度，未发现"地条钢"违法生产行为。组织开展"质监利剑""双打"等专项行动，查获假冒伪劣产品货值3660万余元。强化缺陷产品召回管理，指导4家企业向江苏省质量技术监督局备案召回童鞋、家用电器等1615件缺陷产品，建议9家企业对因标签标注不规范的7120件库存产品进行整改。（张 华）

■特种设备安全监管 加强特种设备安全监察，检查特种设备使用单位683家，发现隐患705条，其中重大隐患整改率100%。推进涉危化品特种设备安全专项整治，通过动态管理数据库筛查、危化品从业单位上报、日常检查、检验机构上报等多种途径对117个使用单位的5635台压力容器和5625个单元压力管道建立台账;开展气瓶二维码升级应用,有针对性地对气瓶充装单位和检验单位开展现场检查,督促加装进度;强化"96333"电梯应急救援平台建设,覆盖乘客电梯1.76万台,全年处置电梯困人及故障2006起,解救被困乘客3128人。 (姚　清)

■认证认可工作　至年末,全市共有管理体系证书6724张,其中质量管理体系认证证书3870张、职业健康体系认证证书1170张、环境体系认证证书1423张。共有强制性认证证书5043张、食品农产品认证证书251张。2017年,对29家强制性产品认证重点巡查企业开展现场巡查,对280个认证机构的管理体系现场评审组进行巡查,对48家获得管理体系认证证书的企业进行管理体系认证活动监督检查,对2家环境监测机构开展专项监督检查,部署101家检验检测机构开展自查自纠。 (王健俊)

■高技术服务平台建设　玉器产品质量监督检验中心高分通过国家验收,成为全国第四、华东地区唯一的玉器类检测中心。成立国家玉器产品质检中心湾头实验室,将服务关口前移,助力"玉器小镇"建设。"扬州市质量检验检测公共服务平台"上线试运行,"国家中小企业公共服务示范平台"通过工业和信息化部复核,提高服务小微企业的能力。完成计量器具强检免费工作,全年免收检测费用1400多万元。 (张　华)

食品药品监督管理

■落实食品药品监管责任　2017年,中共扬州市委、扬州市政府将食品药品安全保障行动列为"打造健康中国扬州样本"八项行动之一,将食品药品安全工作列入政府工作报告和"1号文件",并纳入政府目标考评体系。4月,市政府专题召开全市食品药品安全工作会议、市食药安委成员单位会议,与县(市、区)政府、市食药安委主要成员单位签订目标责任书。9月至11月,扬州市政协民主评议全市食品药品监管工作,给予高度评价。市委政法委对食品药品安全工作开展法治评议,市食品药品监督管理局(简称市食药监局)获得现场评议得分和总分两个第一。11月21日,长三角地区食品安全合作专题组会议在扬州召开,现场考察并肯定扬州市食品安全示范街区建设等工作。 (尹成雷)

■食品生产监督管理　全市有持食品生产许可证的食品生产加工企业640户(含食品添加剂生产企业10户),发放食品小作坊登记证414张。市食药监局检查企业1029家次,发现问题企业326家、违法行为5个,涉案金额7.8万元。落实食品生产企业"三分"监管力度,全市食品生产企业食品安全信息公示栏建成率99.5%。78家食品生产企业建成电子追溯系统,实现乳制品、肉制品、食品添加剂、速冻包子生产企业全覆盖。 (梁　奇)

■食品流通监督管理　全市有持有效食品经营许可证食品经营者(食品销售类)1.96万户,食品、食用农产品批发市场17家,城乡农贸市场(集贸市场)191家。市食药监局开展食用农产品"净源行动",建立15家批发市场和191家零售市场监管档案。开展畜禽水产品抗生素、禁用化合物及兽药残留超标专项整治行动,检查集中交易市场323个、畜禽水产品销售者1132个,查处案件9件,处理相关投诉举报46件。出台农贸市场熟食、肉类、豆制品经营食品安全要求,建成农贸市场食用农产品快检示范站11家。为基层监管部门配发食品安全快检设备,全年共实施食品快检40.3万批次。 (盛　军)

■食品餐饮监督管理　全市有各类餐饮服务单位1.84万家,其中各类餐馆、小吃店1.67万家、各类食堂1617家、集体用餐配送单位40家、中央厨房9家。市食药监局围绕养老机构、中小学、清真食品、旅游食品等重点,构建食品安全"1+N"社会共治新路径,养老机构食堂、中小学校食堂全面消除"C级",重点餐饮单位"明厨亮灶率"超80%,试点建设食品安全示范街区2条。推广"美滋滋"食品安全公众服务平台,现场信息化执法5.98万件。运行信息系统登记备案农家宴,登记乡村厨师2884人,网上报备农家宴1.23万场次,现场指导1.06万场次。 (周　波)

■保健食品和化妆品监督管理　全市有保健食品生产企业4家,含保健食品经营项目的食品经营企业2894家,化妆品生产企业65家。市食药监局加大保健食品化妆品生产企业、集中经营场所、会销场所、美容美发场所等重点单位检查力度,完成国家非特殊用途化妆品备案739个、备案后检查628个。开展化妆品抽检90批次,其中儿童化妆品抽检20批次,检验结果全部合格,宾馆用化妆品抽检50批次,合格率94%,染发类化妆品抽检20批次,合格率90%。全市上报化妆品不良反应监测报告279份,每百万人口60.65份。 (李　靖)

■食品药品打假治劣　针对"四品一械"违法活动的新动向、新特点,开展"亮剑2017"行动、畜禽水产

2017年扬州市食品药品市场案件查办情况一览表

表14-12

项　目	单位	合　计	市　区	宝应县	仪征市	高邮市
查处案件数量	件	**1137**	560	196	175	206
罚没款项	万元	**1381.29**	683.62	210.7	206.6	280.37
移送司法部门案件数量	件	**36**	19	8	3	6

(阚大春)

品抗生素禁用化合物及兽药残留超标、保健食品会议营销、药品委托生产、城乡接合部和农村地区药店诊所药品质量安全、无菌和植入性医疗器械等20余项专项整治行动，累计查处食品药品案件1134件，比上年增长88.37%，捣毁制假售假窝点5个，取缔无证经营9个，责令停产停业1家，移送公安机关查办涉嫌犯罪案件33件。全年公安机关立案查处食品药品犯罪案件70件，抓获犯罪嫌疑人138人，移送起诉91人。“4·26”生产销售有毒有害保健食品案、“6·15”生产销售假药案、“3·15”非法经营药品案等3件案件被公安部挂牌督办，易某某等人销售假药案被省公安厅挂牌督办，蒋某某生产销售假药案等5件案件货值金额超千万元。完成市级食品抽检7828批次，合格率97.8%，完成药品监督抽验1212批次，合格率98.8%，受理投诉举报2556件，按期办结率100%。

（阚大春）

■药品生产监督管理 全市有药品生产企业22家，其中药品原料药及制剂企业18家、药用辅料企业1家、医用氧企业3家，另有药品包装材料生产企业11家。全年检查药品、药包材生产企业及医疗机构制剂室114家次，查出各类缺陷400余条，下发书面责令限期整改通知书1份、风险点行政提示书4份。对全市19家特殊药品(含兴奋剂类药品)生产经营企业以及放射性药品使用单位进行日常监督检查48家次。全市药品不良反应病例报告例数为5510例，每百万人口报告1197例，新的、严重的报告1713例，占比31.09%。

（徐剑秋）

■药品流通监督管理 全市有药品批发企业12家、零售企业1494家(其中连锁总部9家、连锁门店573家、单体药店912家)。全市飞行检查药品零售连锁企业总部13家次，零售药店(含单体和连锁门店)546家次，查处违法违规企业44家次，立案27家次，收回GSP证书12张。开展城乡接合部和农村地区药店诊所药品质量安全集中整治，检查药品零售企业234家、诊所91家，检查覆盖率100%，立案查处违法案件15件，罚没人民币5.66万元。开展互联网药品网上巡查655家次，现场检查17家次，限期整改有关网站23家次。评定1211家药品零售企业信用等级，其中“诚信”级566家，“基本诚信”级505家，“轻微失信”级140家。

（乔　虹）

■医疗器械监督管理 全市有医疗器械生产企业165家，经营企业

2017年扬州市药品及药用包装材料生产企业情况表

表14-13

地　区	制药企业(家)				药用包装材料生产企业(家)	医院制剂室(个)
	小计	药品制剂生产企业	医用氧气生产企业	药用辅料生产企业		
合　计	**22**	**18**	**3**	**1**	**11**	**8**
市　区	15	12	3	0	6	4
宝应县	1	1	0	0	0	2
仪征市	0	0	0	0	3	0
高邮市	6	5	0	1	2	2

（徐剑秋）

2017年扬州市药品和医疗器械经营企业情况表

表14-14　　单位：家

地　区	药品经营企业					医疗器械经营企业		
	小计	批发企业	单体药店	连锁总店	连锁门店	小计	批发企业	零售企业
合　计	**1506**	**12**	**912**	**9**	**573**	**2131**	**430**	**1701**
市　区	830	9	485	6	330	1304	348	956
宝应县	216	1	133	1	81	258	30	228
仪征市	197	1	136	1	59	275	34	241
高邮市	263	1	158	1	103	294	18	276

（乔　虹　周　进）

2017年扬州市医疗器械生产企业情况表

表14-15　　单位：家

地　区	小　计	一类企业	二类企业	三类企业
合　计	**165**	**50**	**84**	**31**
市　区	147	43	75	29
宝应县	6	2	3	1
仪征市	7	4	2	1
高邮市	5	1	4	0

（周　进）

2131家(批发企业430家、零售企业1701家)。市食药监局开展互联网医疗器械经营、无菌和植入性医疗器械生产经营使用环节监管、橡胶手套生产、环氧乙烷灭菌、工艺用水评价性抽检、隐形眼镜和避孕套市场综合整治等专项检查,核查相关网站682家,累计检查生产企业101家次,经营企业913家次,使用单位35家次,责令限期整改404家次,停产停业整改3家次,立案查处44起,罚没到账62.6万元。全市累计上报医疗器械有效不良事件2436例,百万人口上报530例,其中严重事件244例,占比10%,报告评价率100%。(周 进)

■执业药师管理 市食药监局完成初级药学(中药学)初级职称评审139人,其中药师82名、中药师57名,完成中级职称评审2人(主管中药师)。组织执业药师、从业药师参加继续教育网络教育和继续教育面授。开展首届执业药师技能竞赛,联合市总工会、市人社局组织辖区内800多名药师参加比赛。组织代表队参加省执业药师竞赛。结合学雷锋、安全用药月、"执业药师绿杨行"等宣传活动,开展执业药师志愿宣传服务3次,参加活动志愿者30人次。(郁 新)

安全生产监督管理

■概况 2017年,扬州市安全生产监督管理局(简称市安监局)推进安全生产领域改革发展、重点行业领域专项整治、安全生产大检查、安全生产执法年和基层基础建设等重点工作,安全生产形势总体平稳向好,事故起数、死亡人数和较大事故均大幅下降,连续18年未发生重特大事故。全年发生各类生产安全事故443起,死亡282人,比上年分别下降43.9%、31.2%;发生1起较大事故,死亡3人,比上年减少2起,下降66.7%;一次死亡2人的一般事故得到有效控制,从上年的6起,减少为3起;未发生重特大事故和有重大影响的事故。道路运输领域安全形势大幅好转,事故起数和死亡人数显著下降,且未发生较大以上事故。(燕海霞)

■安全生产责任体系建设 坚持"双降双控一杜绝"(事故起数和死亡人数双下降,较大事故和有较大影响事故双控制,杜绝重特大事故)工作目标,深化安全责任体系、防控体系、法治体系、保障体系建设,狠抓各项安全防范措施落实,坚决防范遏制重特大事故,坚守住安全生产工作底线。中共扬州市委、扬州市政府出台《关于推进安全生产领域改革发展的实施意见》。中共扬州市委常委会4次专题研究安全生产和社会稳定工作,将安全稳定工作纳入"大走访大排查"工作范围。市政府常务会议7次研究部署安全生产工作,强调安全生产工作的极端重要性,研究解决重大安全生产问题。市、县两级政府(管委会)制定出台《部门和单位安全生产工作职责规定》,进一步明确相关部门和单位安全生产工作责任清单。市安委会先后组织4次专项督导检查,督促15家负有安全监管职责的部门落实安全生产责任,与市检察院共同开展"共治共防"活动。按照《扬州市安全生产工作考核办法》和年初签订的安全生产目标管理责任书、任务书,对10个县(市、区)政府、功能区管委会、27个市级主管部门、15个负有安全监管职责部门的目标任务完成情况进行严格考核。(燕海霞)

■安全生产大检查 中共扬州市委将安全生产大检查纳入"社会矛盾和安全隐患大排查大整治"工作,统一部署推进。10个县(市、区)、功能区贯彻落实,17个牵头部门分别就19个方面制定大检查专项实施方案,进一步突出检查重点,明确工作目标,细化分解任务,严格落实责任。市委派出7个督查组,8月至10月不间断对各地"大排查大整治行动"开展综合督查。市委常委会议2次听取督查情况汇报,研究解决存在的突出问题,特别是对省、市督查发现的宝应汽车客运站夜间值班存在问题的两名责任人实施撤职和降职处分。市安委办组织6个督导组,实施分片包干,连续3个月对各地进行挂钩督导,实现全市所有乡镇(街道)督导全覆盖。市安监局、总工会、监察局、检察院等部门成立督察组,对负有安全监管职责部门大检查工作进行专项督察。市安委办两次召开专题推进会,通过联络员QQ群、微信群,发送工作催报函,编制大检查工作简报11期,收集大检查报表600余份,制作上报大检查情况统计表50份、工作信息300余条。借助广播、电视、网站、报纸等媒体,开辟"大检查"专栏和微信公众号,及时推送大检查工作信息,全面宣传大检查自查自改、监管执法、督查督导等重点工作和典型案例。严格整改问题隐患,全市6816家企业自查隐患2.19万项,完成整改2.19万项;排查重大隐患21项,完成整改20项;打击严重违法违规行为167起,关闭企业13家,责令停产整顿80家,追究刑事责任20人,问责曝光工作不力单位18家、责任人8人。(燕海霞)

■重点行业领域专项整治 在道路交通、建筑施工、消防火灾、危险化学品、烟花爆竹、特种设备等17个重点行业领域开展安全生产专项治理。交警部门持续开展道路交通秩序大整治等行动,查处无证驾驶、酒后驾驶5583起,行政拘留71人,吊销、暂扣机动车驾驶证852本。先后对131辆交通违法100起以上车辆、1011名"一次记12分"驾驶员、15名严重交通失信人员和严重违法的25家交通运输企业、11家"两客一危"企业予以公开曝光。全市道路运输领域安全形势大幅度好转,事故起数和死亡人数分别下降50.3%、42.6%,且未发生较大以上事故。交通运输部门推进"一车三方"联合监管,在京杭运河上新增高清探头40处、VIS基站4座,引入无人机参与港口安全检查执法,严厉打击非法运输危险品行为,检查企业525家,打击严重违法违规行为708起,罚款金额265.8万元。对49家涉及道路客运、港口危化品仓储、交通工程、水上运输等单位主要负责人进行"安全约谈"。城乡建设部门开展建筑施工专项督查,对21个建筑市场相关主体记录不良行为,7个项目施工现场安全问题进行曝光和立案查处。联合公安、交通等部门开展液化气无证经营和违规储存安全整治，取缔液化气非法经营点5处，扣押钢瓶38只，移交行政拘留3人。消防部门强化电气火灾、高层建筑、大型综合体、文物古建筑、出租房、燃气使用等消防安全治理，强力推进隐患整治，整改销案重大火灾隐患17项，下发《临时查封决定书》713份，责令“三停”443家。安监部门推进非煤矿山、冶金煤气、粉尘防爆、涉氨制冷、有限空间等行业领域监管执法，下达执法文书5202份，行政处罚399家次；排查辨识存在有限空间作业企业507家，有限空间7000余个，整治企业343家，创建市级示范企业34家。推进市区烟花爆竹禁放，出台严禁燃放烟花爆竹公告，强化禁放宣传、突出回购服务、设立补偿专款，禁放区内已许可的98家零售点，主动退出，上交注销许可证。水利部门推进水利工程安全生产标准化建设，扬州“城市安全第一工程”瓜洲泵站施工项目，获得水利部考核组充分肯定。（燕海霞）

■危险化学品安全专项整治 编制完成《化工(危险化学品)安全监管白皮书》，建立健全全市危化品安全风险分布档案和重大危险源数据库，初步建成以信息化为支撑的危化品安全风险分布电子地图，形成具有特色的安全监管系统。研究出台《重大行政审批事项集体研究决策制度》，实施专家预审和投资部门联合会商制度，从严把握安全条件关口，依法关停企业14家，主动退出12家，否决安全风险高、安全条件不达标项目7个。督促“红、黄、蓝”表企业隐患整改，311家“蓝表”企业全部完成整改；132家“黄表”企业完成整改126家，未整改完毕的6家停产整顿；48家“红表”企业完成整改37家，其中扬农集团全力落实退城进园搬迁任务，已停产转产60%产能。完成14家构成一、二级重大危险源的危化品生产企业专家会诊检查，发现隐患570条，完成整改483条。完成231家企业重点部位、重点作业环节专项检查的自查复核和抽查督查，安全质态得到明显提升。对135家企业开展危险化学品装卸安全专项整治，排查隐患420项，全部整改完毕，实施停产停业整顿1家，关闭取缔6家；189家企业全部按期完成智能化“二道门”设置；14家企业调优人员配置、强化自动控制、严格防火分区，完成独栋厂房减员要求；推进动火作业提级管理、提级审批，严密落实第三方监护，全年未发生动火作业事故。落实江淮生态大走廊建设要求，详细核实认定化工企业数据，严格执行取缔、关闭、转产、搬迁的隐患消除方式，明确一律不新批化工重点监测点，增强“四个一批”专项行动刚性，实现化工企业数量大幅减少。全年关停化工企业112家，超过年度目标任务39家，其中领取安全生产许可证6家，使用许可证2家，已全部注销；组织经信、环保、安监等部门进行现场核查验收，确保企业关停到位、设备拆除到位。（燕海霞）

■安全生产监管执法 制定《安全生产监管执法计划》，全年检查企业1991家，完成执法计划的122%。及时调整和重新修订安全生产权力清单，梳理权力事项313项，制定办事指南323项，各类清单事项均在江苏政务服务网主动公开。制定出台《扬州市安全生产违法行为举报奖励办法》，发挥社会监督作用。落实《重大行政执法决定法制审核制度》，对5万元以上行政处罚进行严格把关，确保所有重大处罚在行政权力网登记备案，对172条安全生产行政许可和22条行政处罚信用信息进行“双公示”。探索推进观摩式执法。在出台《市属功能园区网格化监管实施办法》的基础上，以10家不同行业领域企业为范本，组织300多家相关企业安全管理人员现场观摩，进行解剖式检查执法，有效解决企业安全检查“查什么、怎么查、如何改”，基层监管执法“隐患查不出、法条用不好、文书填不全”等问题。加强事故统计直报督查督导，事故起数和死亡人数直报率、工矿商贸事故信息完整率均达100%。开展“安全生产执法年”“夏季安全生产百日执法”行动，不断加大执法检查、暗访抽查、联合执法、交叉执法、举报查处工作力度，全年查处违法违规行为505起，行政处罚2753万元，其中事前查处446件，罚款1286万元。全市6个县(市、区)事前处罚均超100万元，其中江都区事前立案83起，行政处罚315万元；5万元以上重大行政处罚案件数和处罚金额数均居全省前列。开展杨庙污水泵站“5·29”硫化氢中毒较大事故调查处理，依法认定2家事故责任单位，实施行政处罚140万元，所有处罚处分均落实到位，并经省安委会审定摘牌销案。（燕海霞）

■企业主体责任落实 在危险化学品、粉尘涉爆、涉氨制冷等重点行业领域，全面推进落实企业安全生产主体责任试点示范工作，组织开展“落实企业安全生产主体责任十佳道路运输企业”评选等活动，全市4136家规模以上和重点行业领域企业全部落实“一必须五到位”要求。各地选培384家示范企业，其中20家企业评为市级示范典型，并在全市范围内加大宣传、推广经验。组织推进安全风险分级管控和隐患排查治理双重预防机制建设省级试点示范工作，以江都区为依托，选取6大重点行业领域10家企业开展试点，引进“安全生产智慧云平台”，建立“一套标准、一个平台、一支队伍、三方协作”的新型“双控”工作体系，实现各岗位、各设备、各流程安全隐患的即时性、可视化、扁平化管理。推进事故隐患排查治理，通过信息系统报送事故隐患8.80万项，完成整改8.78万项，整改率99.85%；排查重大事故隐患33项，完成整改32项，按期整改率100%。推进安全生产责任保险，新增高危行业参保企业754家，全年参保4.40万人，保费1674.1万元，分别增长41.7%、35.8%、34.9%。推进标准化达标升级，制定《安全生产标准化企业创建达标奖励办法》，推进以奖代补支持鼓励政策，年内新增标准化达标一级企业1家、二级企业40家、三级企业697家。（燕海霞）

■安全保障能力建设 全市10家省级以上开发园区、79个乡镇(街道)

11月27日—28日，市安监局在扬州举办全市乡镇安监机构监管监察人员业务培训班 安监局/供稿

全部建成安监机构，配备安全监管人员433名。已建立的1个执法支队7个执法大队，全部通过省规范性建设达标验收。持续推进安全总监制度，建筑施工、交通运输、危险化学品等重点行业配备安全总监213名，配备率100%，另有212家一般企业主动配备安全总监。建成使用“扬州安全生产监管执法综合平台”项目，市级应急指挥中心、市县两级安监专网、危化品重大危险源专网、可视化系统等多项功能得到全面应用，移动执法和应急终端APP等个性化模块完成开发试用。化工园区建成“危化品重大危险源在线监控与事故预警系统”，实现重大危险源分布“一张图”、风险等级分布“一张图”等10项安全参数可视化。启动建设国家总局“危化品企业风险预警与防控系统试点工程”，获得国家总局1000万元建设奖励资金。按照教考分离原则，重建750平方米的市级安全考试考核中心，建成公共科目、电工、焊工、危险化学品等6个标准化实操考场。全市1.90万名“三项岗位人员”依法经培训考核合格后上岗，查处代考、作弊行为26起。83名乡镇(街道)安全监管人员参加执法培训，一线监管人员监督检查能力得到明显提升。“12350”安全专线24小时在岗值守，开展事故灾难类突发公共事件季度总结评估和趋势分析。举办全省农机事故处理、恒基达鑫液化石油气泄漏火灾事故、中压燃气管道破坏应急处置等多次应急演练，有效处置危险化学品运输泄漏事故8起。(燕海霞)

■职业安全卫生监管 全年开展职业卫生监督执法740家次，行政处罚346万元，比上年增长360%。累计申报、定期检测、现状评价、监护建档企业数增长明显，分别为1.04万家、3544家、202家、1428家。对全市92家四类企业职业病危害开展专项整治，发现问题隐患320项，责令停产停业整顿5家，提请关闭17家。21家企业完成尘毒危害治理示范企业创建。《中国安全生产报》专题报道广陵区“职业卫生+”一体化监管典型做法。 (燕海霞)

■安全文化建设 开展安全生产月、“安康杯”知识竞赛、安全文化示范企业、安全班组、青年安全生产示范岗等活动，提升广大市民的安全意识和安全技能。扬汽公司、国信扬州发电、扬州公交公司3家企业获国家级“安全文化建设示范企业”称号，26家企业获省级示范企业称号。“扬州安全教育馆”提档升级，改造提升布展条件，优化体验功能，接待省内外参观团体80余个，参观体验60万余人次。 (燕海霞)

信用体系建设

■概况 2017年，扬州市加快建立健全信用制度和信息系统，夯实信用建设基础；推进信用联合奖惩机制建设，突出信用应用功能；开展诚信宣传活动，营造良好诚信氛围，全面提升社会信用体系建设水平，连续多个周期在全国261个城市综合信用指数排名中位列前十；被评为2017年度江苏省社会信用体系建设工作先进单位，获全省信用工作综合考评二等奖。加大对社会信用体系建设的顶层设计，首次将诚信建设列为全面深化改革、文明城市创建、法治城市建设内容，纳入全市绩效管理和综合考核体系；市委办公室、市政府办公室出台《扬州市关于建立对失信被执行人联合惩戒机制的实施办法》等6个文件；市交通局、邮政局等部门出台40多个包含信用管理内容的文件；市建设局、水利局修订扬州市建筑市场信用评价规则标准和水利工程建设领域诚信体系考核实施办法。全面完成国家政府机构失信专项治理工作要求；市信用办、市工商局和市商务局首次在全市电商行业开展“反炒信、树诚信”活动，引导市电商协会向社会发布自律公约；市工商局检查网站、网店383个次，责令整改网站179个。市发改委对涉审中介机构开展星级评定，建立229家涉审中介服务机构信息管理库和诚信档案，被省委办公厅作为典型刊登在《江苏省委快报》2017年第61期；人民银行扬州支行率先在全省开展“农村信用体系建设工程”，出台《扬州市农户信用等级评定办法》《扬州市信用村、信用乡(镇)评定办法》，在广陵区沙头镇人民滩村试点成功，建立农户档案111户，完成信用评级69户，授信总金额587万元。全市有30多篇信用工作信息被国家、省级媒体刊载，《筚路蓝缕 创新前行 开创城市信用体系新局面》被《信用中国》全文发表；《扬州市推进个人诚信体系建设营造优良社会信用环境》被国务院办公厅内参采用；《扬州打造城市诚信奖惩体系》被《新华日报》《中国江苏网》等多家主流媒体推广。 (高秀丽)

■信用建设基础 12月12日，“扬州市公共信用GIS平台”项目通过专家

组验收，扬州市率先在全省开启信用系统地理模块管理功能，在高邮乡镇企业服务中心成功试点，提供信用查询、信用审查、归集管理和信用纠错等服务，打通信用服务企业“最后一公里”。完善“信用扬州”网站，增加“信用承诺”“异议受理”等互动板块，建成扬州企业信用查询APP和“信用扬州”公众号。（高秀丽）

■信用信息归集 2017年，扬州市公共信用信息平台先后建立与经信小微企业服务平台、财政综合治税平台、工商企业信用信息公示系统、银监“政税银”大数据平台、编办事业单位监管与服务云平台、人行中小微企业信用信息综合服务系统等数据定期交换机制，启动与政务一张网信息交换接口建设。全年归集56个部门各类主题信用信息1.12亿条，入库率99%；向省库报送“双公示”信息近4万条、红名单4批次236条、黑名单8批次106条。（高秀丽）

■信用产品应用 2017年，扬州市地税局率先在全省对1.4万多名符合条件的自然人进行纳税信用等级评定；市国税、环保、建设、水利、食药监、农委等部门分别公布企业纳税、企事业环保、建筑市场企业、水利工程从业单位（人员）、1235家食品药品企业和农产品质量安全信用等级评定结果；市发改委建立229家涉审中介服务机构信息管理库和诚信档案；市邮政管理局对快递企业实行分类、分级管理。全年扬州市信用办为各类企业出具信用查询报告1058份，为各行政部门提供9812家企业的信用审查，在多个领域应用信用报告440份。（高秀丽）

■信用联动奖惩 2017年，市经信委、市财政局在市级先进制造业奖励扶持资金申报中，对36家一般和较严重失信企业降低资金拨付比例，严重失信的2家企业被取消申报资格。市交通局在网约车平台和从业人员资格行政许可审查程序中，在全省率先嵌入信用审查环节，对有严重失信记录的申请对象实施一票否决。市环保局和市银监局推进绿色信贷信息共享，对环保信用评价黑色企业授信实行一票否决。市税务、工商、金融和统战等部门建立信息共享机制，实施部门联动惩戒。（高秀丽）

■诚信文化宣传 2017年，扬州市先后举办“诚信铸就品质，信用引领未来”大学生辩论赛、“诚信在校园、成就在未来”宣传、“信用消费进万家”等主题活动；相继开展第二届民生行业“十佳诚信企业”、“文明扬州”公益广告大赛、“扬州市农业电子商务示范企业”“诚信粮油流通企业”“数据诚信企业”等评比活动；梅岭中学等学校增设“诚信课堂”；仪征市为新入职机关事业单位人员开展信用知识专题讲座；“诚信包工头”蔡云连被《信用中国》专题报道。（高秀丽）

■“红黑榜”发布 2017年，扬州市召开农民工欠薪失信、纳税信用管理、网络市场监管、失信被执行人联合惩戒等四场新闻发布会，发布“黑名单”企业15家。市物价局通过“价格行为警示榜”发布8起违反明码标价规定的失信典型案例；市旅游局在烟花三月国际经贸旅游节期间发布旅游诚信“红黑榜”；市卫计委发布泳池“红黑榜”；市安监局发布安全生产“红榜”；市统计局发布数据诚信企业“红榜”等。（高秀丽）

■企业信用服务 2017年，扬州市信用办通过发函提醒、整改补课、修复记录方式为283家企业免费提供“信用体检”服务，修复15家企业。将企业信用管理贯标与特色小镇建设相结合，在医疗器械特色小镇头桥镇举行企业信用管理贯标宣贯会。全市156家企业通过贯标验收，创成市级示范企业14家，省级示范企业4家，总数居全省第二。承办江苏省第十五届助理信用管理师国家资格认证培训，84名学员参加学习近三年共为企业培训信用管理人才200多名。（高秀丽）

9月23日，江苏省第15届助理信用管理师国家资格认证培训在扬州举办
信用办/供稿

农业
Nongye

编　辑　陈永华

综述

■**概况**　2017年，全市围绕乡村产业兴旺，推进农业供给侧结构性改革，优化农业产能和增加农民收入，加快转变农业生产方式，推动扬州现代农业转型升级。坚持效益优先，提升农业土地产出率和劳动生产率。全市粮食种植面积39.19万公顷，比上年下降6.5%；油菜籽种植面积2.16万公顷，下降6.3%；蔬菜播种面积5.76万公顷，增长6.2%。全年粮食总产量285.4万吨，其中夏粮96.2万吨、秋粮189.2万吨。全年生猪出栏128万头，存栏60.9万头；家禽出栏4217.5万只，存栏1258.6万只。猪牛羊禽肉产量17.4万吨，下降2.0%；禽蛋产量13.23万吨，下降3.7%；水产品产量40.4万吨，增长0.88%，其中养殖产量37.5万吨，增长1.1%，捕捞产量2.96万吨，下降2.1%。推进“1120”工程(通过2至3年的努力，全市重点培育1000个百亩以上粮食生产新型技术示范主体，打造100个高产高效复合种植模式示范方，亩增纯效益200元，化肥农药农业投入品零增长)、“1161菜篮子”工程(让城区100万人口每人每天吃1斤蔬菜，60%产自本地和新增1万亩的蔬菜基地)、“115”鲜奶工程(实现城区居民一天1瓶奶、饲养1万头奶牛、年产鲜奶5万吨)、放心肉工程，向上争取各类财政资金5.58亿元，其中农业4.39亿元、林业0.39亿元、水产0.8亿元。

注重优质高效，实施农业现代化。年末全市6.67公顷以上的家庭农场3053个，其中列入2017年名录的家庭农场654个，经营面积0.83万公顷。全市各级农业龙头企业423家(国家级5家、省级53家、市级155家、县级210家)。支持返乡下乡人员创业创新，促进农村一、二、三产业融合发展，19个农业园区入选全国农业创业创新园区目录。新增粮食仓容10万吨，新建高标准农田1.37万公顷，划定24.87万公顷永久基本农田。新增设施农(渔)业0.87万公顷。新实施国家级农业科技重大专项2项。新创省级示范家庭农场25家。新增省级农产品品牌45个。农业机械化水平86.1%。完成第三次全国农业普查任务。

坚持质量兴农，农业发展由增产导向转向提质导向。开展农业产地环境监测与评价，发展无公害农产品、绿色食品、有机食品和地理标志农产品。创建形成一批扬州特色的国家、省市级农产品品牌和区域特色品牌。坚持绿色导向，提升农业资源利用效率。实施化肥农药零增长行动，开展农药“零差率统一配供”试点，创新化肥减量增效推广模式，提升农业废弃物综合利用水平。坚持创新发展，完善现代农业服务体系。发挥信息技术优势，研制提供互联网、触摸屏查询，智能配肥机，测土配方施肥手机短信和微信服务等，推广使用农技耘APP。加大与扬州大学等科研院所合作力度，推动省、部、市重大农业科研项目的合作共建，共同建设一批产业研究院、博士生研究工作站。

(胡荣利　王又涵　周　娟)

3月30日，广陵区大学生村干部在西江生态农业园学习现代农业无土蔬菜种植技能

庄文斌　杨　露/摄

■农业重大项目建设 2017年，全市新开工重大农业项目33个，新竣工(投产)29个，新增设施农业0.72万公顷，设施渔业0.17万公顷。

(胡荣利 王又涵)

■农业保险 全市承保主要种植业32.98万公顷，承保率90%左右。农业保险总保费收入2.88亿元，其中高效设施农业保险1.52亿元，占总保费收入52.8%。全年理赔总金额1.32亿元，赔付率45.8%，受益农户14万户次。(印笋潘婷)

■创意休闲农业 围绕省创意休闲农业培育计划，实现融合集聚、丰富内涵、提档升级、示范创建的提升。经农业部认定，高邮湖泊湿地农业系统入选第四批中国重要农业文化遗产；培育创建9个省农业特色小镇、9个省主题创意农园、6个省休闲观光农业示范村；获首届江苏省创意休闲农业设计大赛2个金奖、2个银奖、5个铜奖及4个优秀奖，市农委获组委会最佳组织奖。7个企业成功申报国家级休闲农业与乡村旅游星级示范企业，其中仪征江扬生态农业有限公司获批全市第一家五星级休闲农业与乡村旅游企业。全市休闲农业接待游客超500万人次，营业收入超6亿元，增长11.2%。(袁霖)

■农业电商 2017年，全市新增农业电商销售企业(平台)75家，销售额30.5亿元。推进农业电商在平台建设、品牌创建、人才培养等方面发展，实现扬州特色馆在淘宝、京东、苏宁易购、邮政、广电等五大平台的全覆盖，高邮特色馆实现苏宁易购、淘宝、1号店、当当网等四馆合一。扬州宏创科技发展股份有限公司、高邮市红太阳食品有限公司、扬州日顿食品实业发展有限公司等本地农业电商企业超千万元规模；提升扬州鹅、扬州包子、扬州酱菜、宝应藕粉、高邮咸鸭蛋、江都花卉盆景、绿杨春茶叶等扬州名特优农产品的品牌影响力和美誉度。4月15日，“美味·扬州”2017烟花三月海峡两岸名特优农产品电商博览会在广陵食品产业园“烟花三月馆”开幕。

(潘小文)

■农药减量使用 2017年，全市农药使用量3622吨，比上年减少315吨，高效低毒低残留农药使用覆盖率82.9%。建立稻麦、蔬菜等农作物绿色防控、农药减量控害及专业化统防统治示范区37个，其中省级绿色防控示范区13个、示范面积0.58万公顷。推进农药“零差率”配送试点建设，邗江区被列为农药“零差率”统一配供试点县(市、区)，水稻生产期间开展农药配送4次，配送总额450万元，12个乡镇全覆盖，粮食规模种植户配送率100%，配送区域农药使用量比上年减少10%。实施省水稻专业化统防统治项目1.3万公顷，占全省总面积近1/4。高效植保机械保有量1.57万台(套)，日作业能力5.6万公顷。(丁涛 秦玉全)

■化肥减量增效 全市主要作物数字化测土配方施肥技术覆盖面积37.33万公顷，覆盖率95.1%，其中配方肥应用示范面积1.67万公顷，推广应用有机肥3.8万吨，水肥一体化应用面积0.1万公顷，绿肥种植0.15万公顷，宝应、仪征实施高标准粮田项目0.13万公顷。全市农用化肥施用量(折纯)19.26万吨，比上年减少7745吨，下降3.87%。获全国农业农村信息化示范基地(服务创新型)，江苏省农技推广服务先进集体，中共扬州市委、扬州市政府工作创新奖。(李文西)

■农产品质量安全 省级定量抽检样品1220批次，合格率99.34%，其中蔬菜农药残留合格率99.17%、畜产品“瘦肉精”合格率99.5%、生鲜牛奶三聚氰胺及淀粉检测合格率100%，全市未发生一起等级以上农产品质量安全事故。江都区进入国家级农产品质量安全县创建单位名单，高邮市进入省级农产品质量安全县创建单位名单。宝应县射阳湖荷藕产业示范园获批全国首批“全国绿色食品一、二、三产业融合发展示范园”创建单位。全市新增“三品一标”农产品257个，其中无公害农产品212个、绿色食品17个、有机农产品28个，全市有效期内三品总数1253个；宝应核桃乌青菜、宝应慈姑、邵伯菱、仪征绿杨春茶等4个产品获农业部农产品地理标志。确定8个“一品一策”精准监管品种，制作农业标准化生产技术模式图，制定完善农产品标准化生产技术规程，宣传国家有关法律法规和禁限用农药危害。(陈霞)

■扬州9个乡镇入选省农业特色小镇名录 2017年，沙头镇蔬艺体验小镇、甘泉街道樱花爱情小镇、瓜洲

互联网服务站工作人员将宝应县夏集镇蒋庄村种植的草莓拍照上网“叫卖” 王卓 沈冬/摄

镇葵花园小镇、丁伙镇花木田园小镇、射阳湖镇荷藕文化小镇、枣林湾园艺世博小镇、马集镇黑莓小镇、卸甲镇好种源小镇、界首镇芦苇风情小镇等扬州市9个乡镇入选江苏省农业特色小镇名录。农业特色小镇是江苏省特色小镇建设的一部分，农业特色小镇不受行政建制限制，也不同于一般的农业产业园区，规划面积一般控制在3～5平方千米，核心区在1平方千米左右。（鲍忠梅）

■农业招商引资恳谈会 11月17日，扬州农业招商引资恳谈会在上海举行，市农委、高邮市及5家省级以上农业龙头企业进行产业专题推介，吸引省内外100多家客商参加，落实项目15个，总资金18.3亿元，其中12个项目现场签约。扬州坚持农业供给侧结构性改革方向，突出农业供给质量与效益，依托海峡两岸（扬州）农业合作试验区、国家现代农业示范区和国家农业科技园区等三大平台，重点在绿色农产品生产、名特优农产品加工、农业科技研发、休闲观光农业等四个领域与社会各界人士加强合作。（徐步勇）

种植业

■概况 2017年，全市组织实施粮食绿色增产“1120”工程，落实稻麦新品种、新技术推广和各项措施。全市粮食播种面积39.19万公顷，公顷单产7284千克，比上年增加114千克；总产量285.4万吨，比上年减少14.9万吨。其中，小麦公顷单产5641.5千克，比上年增加111千克；水稻公顷单产9066千克，比上年增加7.5千克。全市蔬菜生产面积4.39万公顷、播种面积9.93万公顷，产量319万吨；果、茶、花面积0.67万公顷，其中花卉0.03万公顷、果树0.4万公顷、茶叶0.23万公顷。

（袁秋勇 杨进 袁霖）

■种植业结构调整 全市推进农业供给侧改革，示范推广稻田高效种养和“粮改饲、粮改特、粮改经”等模式，全市发展稻鸭共作、稻虾共作、稻蟹共作等稻田综合种养0.23万公顷，青储玉米、鲜食玉米种植0.04万公顷，“四青”（青蚕豆、青毛豆、青豌豆、青玉米）作物种植0.13万公顷。

（袁秋勇 杨进）

■惠农补贴 2017年，全市规范落实中央农业支持保护补贴（耕地地力保护）政策，发放补贴资金3.76亿元，涉补农户71.86万户，涉补面积21.03万公顷。（袁秋勇 杨进）

■“菜篮子”基地建设 2017年，各基地提升运行质态，提高抗御自然灾害能力，加强本地新鲜安全叶菜供给，市区新建与提升蔬菜标准化生产基地133.33公顷。市区“菜篮子”沙头基地被评为省级蔬菜新品种展示中心，吴桥基地被评为省级蔬菜全产业链示范园区。（袁霖）

甘泉街道樱花爱情小镇　　邗江史志办/供稿

■设施农业建设 2017年底，全市设施农业面积5.11万公顷，约占全市耕地面积的16.8%。提高大型连栋温室、宽体钢架大棚、新材料日光温室、防虫网室等高档设施比例，加强智能装备应用。（袁霖）

园艺业

■园艺标准化建设 全市推荐申报11个园艺作物标准园，其中蔬菜3个、水果7个、茶叶1个，组织起草6个市级农业地方标准并通过专家组审定。编制茄子、韭菜、豇豆、葡萄、梨、烟粉虱绿色防控等6个扬州园艺主栽品种栽培技术挂图，并印刷成册，指导农户标准化生产。

（袁霖）

■园艺获奖 2月11—15日，扬州市第十届春兰展在个园兰苑展出。个园选送的“月佩”“蕊鼎”分获金奖、铜奖。6月29日，荷花池公园管理处获第31届全国荷花展碗莲栽培技术评比一等奖1件、二等奖1件。9月1日至10月7日，第九届中国花卉博览会在宁夏银川举办。扬州农委推选10盆盆景、3盆观赏石、2份通草花、20尾金鱼参加展览，其中盆景展品“别有洞天”获金奖，盆景“听松”、观赏石“龟寿”获银奖，6件展品获铜奖、9件展品获优秀奖。

（王进城 黄健）

■第四届碗莲展 6—8月，个园举办第四届碗莲展。本届碗莲展以缸荷、碗莲为展出主体，展出缸荷、碗莲等42个品种。有锦霞、白寿星桃、一丈粉、锦红袍、小曲、玉楼台等品种缸荷250缸，有红娃娃、繁星、舞妃莲、案头红、童羞面等品种碗莲242盆。（王进城）

林业

■概况 2017年，全市完成成片造林2031.2公顷，计划1333.3公顷，完成率152.5%；创成省级绿化示范村51个，恢复湿地270.67公顷，年末全市林木覆盖率23%，自然湿地保护率49.2%。通过国家森林城市复查，《2015—2017年重大林业有害生物防控目标责任书》完成情况通过省级考核，编制完成《扬州市林业有害生物普查成果材料汇编》。

（孙羊林　郝奇林　纪开燕）

■林业资源普查　市林业局联合市园林局组织人员对全市林业资源进行普查。全市古树名木71种677株，包括一级古树(树龄500年以上)22株、二级古树(树龄300～499年)47株、三级古树(树龄100～299年)573株，名木35株。（孙羊林）

■国有林场改革　仪征市试验林场是扬州地区唯一一家国有林场。扬州市林业局和仪征市农业委员会评审通过江苏省林业科学研究院编制的《仪征市试验林场森林经营方案(2017—2026)》。完成清欠职工养老保险费、医疗保险费梳理工作。明确隶属关系，由铜山办事处管理调整为仪征市政府管理，由仪征市政府委托枣林湾生态园管委会管理。开展界址确定工作，完成大铜山、华岗工区的林地测绘，形成电子和纸质图纸。

（黄　健）

■林木种苗建设　扬州市海棠国家林木种质资源库获国家林业局林木种质资源库管理考核优秀等次；江都区国家柳树良种基地获国家林业局重点林木良种基地考核良好等次；扬州市沿江抗逆湿生树种良种基地获江苏省省级林木良种基地管理考核良好等次。中朴集团有限公司、江苏兰馨园林有限公司向省林业局申请并获批省级保障性苗圃。中朴集团有限公司被认定为第三批国家林业重点龙头企业。（黄　健）

■林业有害生物治理　2017年，全市主要林业有害生物发生面积0.34万公顷，发生程度中等偏轻，局部成灾。其中，虫害发生面积0.33万公顷，增长69.82%；病害发生面积79公顷，下降35.6%。松材线虫病疫情发生面积79公顷，下降30.7%，病死松树12株，下降91.49%；美国白蛾发生面积0.29万公顷，增长91.11%，受害株数159万株，涉及49个乡镇521个行政村；以舟蛾为主的杨树食叶害虫发生面积0.03万公顷，下降29.45%。（纪开燕）

畜牧业

■概况　2017年，全市能繁母猪存栏3.80万头，累计出栏69.24万头，分别增长4.40%、10.41%；生猪养殖每头可盈利300元左右。家禽饲养量4135万只，增长5.2%；家禽养殖上半年深度亏损，下半年产品价格恢复，全年处于略盈水平。全市生猪规模养殖比重86.11%，其中生猪大中型规模养殖比重71.28%，比上年提高2.1个百分点；奶牛规模养殖比重100%；肉禽、蛋禽规模养殖比重分别达87.44%和80.1%。全市新创成部级标准化养殖示范场1家，省级生态养殖示范场11家。市农委、市环保局、市国土局联合制定下发《扬州市畜牧业区域布局调整优化方案》。市农委制定下发《扬州市动物疫苗耳标管理制度》。（张　斌）

■禁养区关闭搬迁　2017年，全市实施“6311”工作法，即成立6个督查组，挂钩包县督查；市长月报图、挂钩主任周报图、业务处室日报图，3张图挂墙作战，掌握关闭进度，实行“1周1督查、1周1通报”制度。全市累计关闭禁养区畜禽养殖场844家，禁养区内生猪存栏减少7.01万头，家禽存栏减少186.64万羽，全面完成禁养区养殖场关闭搬迁工作。

（张　斌）

■非禁养区养殖场污染治理　2017年，全市推广畜禽养殖污染治理五大类十八种典型模式，制定污染治理方案，通过环保督查，落实养殖场户养殖污染治理的主体责任。全年省级规模以上养殖场483家，通过农业、环保、国土三部门联合认定344家，治理率71.22%，超过省“263”专项行动要求11.22个百分点。

（张　斌）

■动物防疫　全市组织开展春、秋防疫和夏季消毒补免三大集中行动，集中免疫口蹄疫194.0万头次，禽流感4601.56万只次，猪高致病性蓝耳117.9万头次，猪瘟149.67万头次，小反刍兽疫5.77万头次。口蹄疫、高致病性禽流感、高致病性猪蓝耳、猪瘟、小反刍兽疫应免密度100%，全市没有发生区域性重大动物疫情。开展抗体监测和人畜共患病防治，累计监测畜禽场3546场次，监测畜禽血样6.32万份次，病原学监测1810份次，重大动物疫病的免疫抗体合格率达到规定要求。开展全市牛羊布病基线调查，检测结果全部阴性。组织开展奶牛“两病”监测，全市布病检测6971头，结核病检测2413头，未发现阳性。组织家畜药物投放和血吸虫病监测，下发2万片吡喹酮，完成家畜血吸虫感染抗体检测1947份，病原检测359份。宝应、高邮通过省级血防消除评估。（张　斌）

■病死动物无害化处理体系建设　2017年，全市推广实施病死猪无害化处理“户申报、站受理、乡收集、县运送、中心处理、部门监督、保险理赔、财政补助”。全市以高邮市无害化处理中心为平台，布局建设33个收集点，探索跨区域合作模式。扬州市畜禽无害化处理中心与高邮、宝应、邗江、江都、广陵签订处理协议，建成收集点31个，完成病死动物无害化处理体系建设。（张　斌）

■畜禽产品质量安全专项整治　2017年，全市未发生一起畜产品质量重大安全事件。开展兽用抗菌药专项整治活动，检测兽药产品30批次、兽药残留监控175批次，合格率98.8%。全市立案查处30多件，涉案兽药100多万元。全面完成生猪屠宰行业清理整顿任务，拆除上百家“散乱差”的生猪手工屠宰点，保留8家全机械化规模生猪屠宰场。开展生猪屠宰监管“扫雷行动”，出动执法人员556人次，开展联合执法25次，移送案件1件。屠宰生猪123.88万头，无害化处理3384.01头，病害猪检出率2.73‰，病死猪检出率100%，无害化处理率100%，出场肉品合格率100%。扬州市主城区7家农贸市场和1家家禽批发市场实施活禽“四隔离”试点，出台《扬州市活禽经营市场交易与屠宰技术标准》。

（张　斌　虞志华）

渔业

■概况　2017年，全市水产养殖面积8万公顷，其中特种水产养殖面积7万公顷。设施渔业面积累计2.2万公顷。全市水产品总产量40.4万吨，其中水产养殖产量37.5万吨，实现渔业产值116亿元。全市渔用物资价格保持稳定略有增长，常规鱼单产水平有所提高，连片精养池塘亩效益1500元以上；罗氏沼虾价格上涨2元/千克，养殖效益有所上升，亩均效益4000～8000元；河蟹规格和亩均产量均比上年有所增加，规格增加15～25克，亩产增加10～20千克，后期价格较高；淡水龙虾价格由于早春价格较高，养殖效益提升10%以上；鳜鱼由于养殖后期病害发生较重，产量有所下降，价格增加4～8元/千克，养殖效益较好。（杨显祥）

■渔业健康养殖　全市稻(藕)渔综合种养面积0.11万公顷。全市新创建农业部水产健康养殖示范场7家，申报并通过无公害水产品产地认定1.04万公顷，宝应县创成农业部渔业健康养殖示范县，农业部、省、市、县水产品质量安全抽检中检测合格率100%。（杨显祥）

■水产苗种产地检疫　强化水产品产地监管和源头控制，加强水产品苗种、投入品抽检力度，试行水产苗种产地检疫。省海洋与渔业局在高邮市举办省水产苗种产地检疫现场观摩会，渔业官方兽医对高邮市董氏特种水产有限公司开出全省首张“动物检疫合格证明”，2万多尾鳜鱼苗发往山东临沂，全市推行苗种产地检疫。

（杨显祥）

■渔业品牌建设　2017年，全市推进实施渔业品牌战略。在全国休闲渔业品牌创建活动中，邗江沿湖村被认定为国家“最美渔村”，高邮市湖畔水产专业合作社被认定为全国休闲渔业示范基地。在中国渔业协会河蟹分会举办的第四届“中国名蟹大赛”中，宝应县宝应湖大闸蟹协会的宝应湖牌、扬州高宝邵伯湖渔业增殖养殖试验场的宝湖牌入选“中国十大名蟹”。在第15届中国国际农产品交易会上，宝应牌中华鳖获参展农产品金奖，宝应湖牌获“2017年最具影响力水产企业品牌”。（杨显祥）

■渔业资源养护　做好长江禁渔期活动，规范放流流程，举办全国“放鱼日”江苏主会场增殖放流活动，放流活动由渔政、纪检、水产技术等联合参与，新闻媒体全程监督与宣传报道，全年放流各类水产苗种3273.3万尾(只)。（杨显祥）

■高宝邵伯湖渔业　2017年，高宝邵伯湖渔业一产总产量2.22万吨，比上年增长27.7%。其中，捕捞产量1.09万吨，增长16.3%；养殖产量1.12万吨，增长41.4%。渔业一产总产值2.91亿元，增长29.3%。其中，捕捞产值1.19亿元，增长10.19%；养殖产值1.72亿元，增长47.01%。渔民来自捕捞养殖人均纯收入1.23万元，增长29.3%。湖区渔业二、三产总值约3.44亿元，涵盖电商、粗精加工、出口流通、休闲渔业等。

改善渔业生态环境。氨氮、高锰酸盐指数分别达《地表水环境质量标准》Ⅱ、Ⅲ类标准；石油类、铜铅等重金属均符合《渔业水质标准》；湖泊发挥良好净水功能，出湖口总氮、总磷、石油类等指标低于入湖口；湖泊底质重金属含量符合《无公害食品淡水养殖产地环境条件》；鱼类等生物多样性指数较丰富，鳙、鲢、翘嘴鲌、鲂等增殖放流品种进入十大优势种，浮游动植物、底栖动物等饵料资源丰富，在现有捕捞产量和生物存量基础上，有4668吨渔业潜力，增养殖鲢鳙转移氮232.9吨、磷53.7吨，实现碳汇1075吨，增强抑藻净水效果。

加强渔政队伍建设。高宝邵伯湖渔业管理办公室被评为“第五批省级法治文化建设示范点”“江苏省2017年度违规渔具清理整治工作先进单位”，1人获农业部“亮剑2017”表彰；江淮生态大走廊建设、增殖放流等工作被中央电视台《新闻联播》、江苏卫视等媒体报道。（眭洁如）

农业产业化经营

■农业产业园区建设　2017年，全市创成8家省级园区，实现县县全覆盖，其中高邮、宝应各2家。广陵和高邮的2家园区获批省级农业产业示范园，分别获得省级财政5000万元支持。开展市级农业产业园区认定，确定市级以上农业产业园区60家，其中国家现代农业产业示范区1家、省级农业产业园区8家、市级农业产业园区51家。（胡荣利　李才胜）

■农业产业化发展　2017年，全市新增8家省级农业龙头企业和27家市级农业龙头企业，有县级以上农业龙头企业423家，销售收入超650亿元，增长6%，带动农户120万户以上。天禾食品、天成食品成功申报省出口农产品示范企业，广陵区头桥镇红平村“翠京元有机稻米”获第七批农业部“全国一村一品示范村镇”，全市有8个国家级“一村一品”示范村镇。（糜　裕）

■新型农业经营主体　2017年，全市新增家庭农场478个，经营面积0.59万公顷，新创省级示范家庭农场25个、市级示范家庭农场47个；累计发展6.67公顷以上规模的家庭农场3053个，经营面积3.86万公顷。出台合作社示范点创建办法，创建首批合作社示范点25个。分别举办全市粮食种植类示范家庭农场主业务培训班、综合类示范家庭农场赴浙江观摩考察、农民合作社规范化建设培训班和合作社示范点观摩培训活动；组织各县(市、区)委农工办分管主任、业务科长和拟任县级合作社联合会负责人赴南通市学习合作社代理服务做法，完成高邮、仪征县级合作社联合会组建。12月，组织20家农民合作社参加第11届省合作社农产品展销会。全年落实省、市财政扶持农业新型主体扶持资金1558.5万元。（周爱军　陈庭伟　毛　飞）

■**农业适度规模经营**　推进土地集中型规模经营，加强土地流转过程中规范管理，化解流转中的矛盾，整改发现的问题，加大对经营主体的资格审核力度，严控工商企业或单个经营主体长时间、大面积、低价格租赁农户承包地，严禁以农业为名圈地从事非农产业。2017年，全市土地集中型经营面积新增0.59万公顷，土地集中型经营面积占承包地总面积的54%。至年底，农业适度规模经营面积累计21.47万公顷，土地集中型经营面积超过11.53万公顷。

（周爱军　陈庭伟　毛　飞）

农业园区

海峡两岸（扬州）农业合作试验区

■**概况**　2017年，海峡两岸（扬州）农业合作试验区开展农业专题招商，举办"美味·扬州"2017烟花三月海峡两岸名特优农产品电商博览会暨农业电商发展论坛，组织台湾企业25家、本地企业50家进行线上线下展销，现场签约项目10个。在第15届江苏名特优农产品（上海）交易会期间，举办扬州农业招商引资（上海）恳谈会，市农委、高邮市及5家省级以上农业龙头企业进行产业专题推介，落实各类农业项目15个，合同利用资金18.3亿元。12月，组织赴台湾农业考察，学习台湾现代农业的发展模式和建设经验，寻求两岸农业合作交流机遇。先后考察宜兰县罗东镇农会、冬山乡农会、台北市农会等农业组织和单位，拜访台湾京华城中城、台湾宝成集团、台湾永丰余集团等。（王　波）

■**海峡两岸名特优农产品电商博览会**　4月15—17日，"美味·扬州"2017烟花三月海峡两岸名特优农产品电商博览会在广陵食品产业园"烟花三月馆"举办，来自扬州、台湾、陕西榆林等地数千种名特优农副产品，线上线下亮相。线下展销包括扬州包子、宝应荷藕、高邮鸭蛋等多种扬州本地农产品；台湾茶叶、台湾水果、金门高粱酒以及台湾小吃等多种台湾农产品；陕西榆林数百个品种的名特优农产品。京东商城、苏宁易购、淘宝、当当网等国内知名电商平台的扬州地方特色馆受邀参与线上擂台赛。15日的开幕式上，对扬州现代农业、广陵食品产业园和线上线下农产品展销运营平台进行推介，落实农产品产销合作项目33个，现场签约农产品产销合作项目10个，现场签约金额6200万元。为2016年度市农业电子商务十强企业和市农业电子商务示范企业进行授牌。（徐步勇）

■**海峡两岸（扬州）农业合作试验区项目通过验收**　3月，受国家标准化委员会委托，省农委植保植检站、社科院农村所、标准化研究院等专家组成考核组，对海峡两岸（扬州）农业合作试验区仪征市"国家农业社会化服务标准化示范区"建设项目——绿篱无公害蔬菜生产试验场进行考核验收。考核组实地察看绿篱无公害蔬菜生产试验场，听取了相关情况介绍，对绿篱无公害蔬菜生产试验场提升农产品质量安全水平、为种植户带来收益的做法给予肯定，同意通过考核验收。

江苏农村科技服务超市仪征设施蔬菜产业分店由绿篱无公害蔬菜生产试验场为主体投资新建，自2013年6月成立后，帮助入园企业、蔬菜种植户与江苏农科院、南京农业大学、扬州大学等科研院所和高等院校建立产学研合作关系，建成66.67公顷标准化蔬菜生产基地，实现集中连片开发，改善农业生产结构。

（陈玉唐）

江都区国家现代农业示范区

■**概况**　2017年，江都区国家现代农业示范区按照"主导产业提升、特色产业扩面、多元复合经营、产业融合驱动"的要求，推进粮油、花木、蔬果、水产、畜禽等五个特色优势产业发展，粮食种植面积8.67万公顷，蔬菜、花木种植面积1.33万公顷，设施农（渔）业面积1.9万公顷，推进有机米、优质菜、健康肉等中高端供给扩大生产。（江都农委）

■**农业产业结构优化**　创建粮食绿色高产高效示范片14个，示范创建面积1.33万公顷。应用推广稻鸭共作、稻虾共作两种模式204公顷，稻鸭共作模式实现水稻亩产500千克以上、亩均效益3000元以上。应用推广稻菜模式833公顷，创新大棚金花菜稻田套种模式，亩均纯效益3200元以上，带动当地农民增收3.84亿元。示范推广蔬菜新品种60多个，良种覆盖率98%以上，培植蔬菜注册商标50多个，蔬菜"三品"总数150多个，"三品"基地面积6000公顷。创成部省级生态健康养殖示范场35家，关停畜禽养殖场181家。构建从生猪养殖、屠宰加工到品牌销售的全产业链发展模式，建设江都生猪产业集聚区。（江都农委）

■**农业科技创新**　加强与中国科学院、扬州大学、里下河农科所等科研单位、高等院校协作，拥有"扬州大学园艺研究生武坚工作站"等研究生工作站6个、现代农业园区科技中心4个、现代农业科学研究所1个。建成育苗中心2个、面积2000平方米，新品种展示基地6个、面积80公顷。制（修）订主要农产品质量及技术操作规程110个、"三品一标"258个，"三品"认证农产品产量比重41.08%，"三品"基地面积4.01万公顷，其中绿色食品基地3533公顷、有机食品基地20公顷。建成省级农业标准化示范区5个、省级蔬菜质量安全示范基地6个、省农产品质量安全追溯管理示范单位4家。全区商品化育秧面积3333.33公顷，植保社会化统防统治覆盖率65%。（江都农委）

■**农业新业态新模式**　在全省率先建成农产品质量安全智能监管信息平台，建立从田头到餐桌的全程监控体系，对省秸秆还田补助政策进行精确化管理。推进农产品销售线上线下融合发展，全区有农产品电子商务网络销售点71个，50家企业入驻淘宝、京东、1号店、苏宁易购，2家企业自建网络销售平台，拥有三邦蜂蜜、华迈食品、“仙女庙”等30多个农产品自主品牌；小纪镇创成首批省级电商示范镇，建成省“一村一品一店”3家、市农业电子商务示范企业3家。推进农产品精深加工业发展，邵伯农产品加工集中区创成省级加工集中区，小纪镇吉东村创成国家级罗氏沼虾“一村一品”示范村。全区有规模以上(年销售2000万元以上)农产品加工企业115个、农业龙头企业100家，其中省级12家、市级22家。创成国家级林业龙头企业1家、省级5家，区级以上农业龙头企业销售额122.6亿元。拥有各类观光农业园区24家，实现营销收入20亿元、利润9000万元；6家单位获江苏省乡村旅游点称号；江都现代农业产业园、小纪镇蔬菜园区、现代花木产业园等3家园区被农业部评为全国农村“双创”园区。（江都农委）

农业标准化示范区

■概况 至2017年末，扬州市建立国家级农业标准化示范区12个、省级农业标准化示范区40个，示范面积66.67万公顷，推广实施国家、行业和省市级农业标准800余项。宝应湖大闸蟹示范区和黄颡鱼示范区通过国家验收，有机鳖、有机稻米和无公害莲藕示范区通过省级验收；高邮鸭、罗氏沼虾产业链和无公害大米示范区通过国家验收；广陵区以沙头为基地的现代农业产业园省级农业标准化示范区通过验收。江都区、宝应县建成全省农业标准化综合示范县(区)。推进槐泗镇现代农业产业园蔬菜种植省级标准化试点、扬州市港湾农业发展有限公司生猪养殖循环农业省级标准化试点建设。（茆法勇）

■农产品生产技术标准体系建立 扬州市鼓励农业龙头企业和广大农户、农村合作经济组织，参与省级和市级农业标准制定工作。至2017年底，全市制定国家农业标准10个以上、省级农业标准210个、市级农业标准122个，总数位于全省前列。标准涵盖稻麦、蔬菜、水果种植、特色水产养殖，包括动植物产品品种标准、生产技术规程和操作规程，优先推荐和制定绿色优质农产品技术标准。宝应荷(莲)藕、高邮咸鸭蛋、高邮湖大闸蟹和邵伯菱等4个农产品获批国家地理标志产品保护品牌，通过制定和实施相应的产品标准获得国家地理标志保护。（茆法勇）

■仪征市两个省级农业标准化示范区通过考核验收 10月19日，省质监局组织考核验收组对仪征村庄绿化综合和蔬菜生产两个省级农业标准化示范区项目进行考核验收。考核验收组实地察看月塘镇尹山村圩云庄台村庄绿化综合标准化建设、新城镇三茅现代农业园蔬菜生产标准化建设两个示范点，听取两个示范区建设情况，查阅台账资料并就建设情况进行质询。考核验收组认为，两个标准化示范区均达成任务书规定的指标，一致同意通过考核评估。自村庄绿化综合标准化示范区和蔬菜生产标准化示范区先后被确定为江苏省第14批、第15批农业标准化示范区项目后，仪征市从强化组织领导入手，建立健全标准体系，落实各方责任，推进制标贯标，推进村庄绿化和蔬菜产业科学化、标准化、现代化建设。（徐步勇）

农业综合开发

■概况 2017年，全市完成国家和省级农业开发项目总投资3.50亿元，其中争取财政无偿资金3.34亿元。

全市争取国家和省级农业开发土地治理项目资金3.09亿元，其中财政资金3.07亿元，改善农田基础设施1.38万公顷，建成高标准农田1.33万公顷。全市建成宝应射阳湖、氾水，高邮汤庄、临泽，仪征陈集、马集，江都小纪、郭村，邗江槐泗等高标准农田建设示范点；累计建成高标准农田18.91万公顷，占耕地面积的66.7%。全市农业开发项目区新建田间道路402.64千米、农桥315座、排灌站391座、衬砌渠道356.36千米，植树50.5万株。通过各类工程建设，项目区新增灌溉面积2220.33公顷，改善灌溉面积8126.3公顷，新增节水灌溉面积6253公顷，新增粮食产量1.59万吨、油料484.6吨，新增种植业总产值4513.16万元，项目区农民增收4955.2万元。

全市争取国家农业开发产业化经营项目和省级丘陵山区项目24个，项目总投资4111.37万元，其中财政无偿资金2738万元。扶持宝应包天下食品、名佳面粉、宝泰米业，高邮万嘉面粉、新文游面粉，广陵维扬豆制品，仪征绿叶农业科技、高山生态农业等农业产业化龙头企业及邗江金林家庭农场、高邮种植大户等农业新型经营主体。（冯龙庆）

■国家农业综合开发项目 2017年，全市争取国家农业开发土地治理和产业化发展项目总投资3.15亿元，财政资金3.08亿元，建成高标准农田1.33万公顷。

国家农业开发土地治理项目包括高标准农田建设项目18个，总投资3.02亿元(其中财政资金3亿元)，治理面积1.33万公顷。全年在项目区新建田间水泥路348.57千米，建设衬砌渠道308.82千米，建设农桥298座，新建或拆建排灌站378座，配套渠系建筑物1.61万座，建设农田林网折实面积196公顷。

争取国家农业开发产业化经营项目12个(包括4个财政补贴项目和8个贷款贴息项目)，项目总投资1295.37万元，其中财政投资793万元，扶持农业产业化龙头企业12家。4个财政补贴项目共投入财政资金390万元，包括江苏包天下食品有限公司实施的“扬州市宝应县100吨速冻食品加工改扩建项目”、高邮陈仁海种植大户实施的“扬州市高邮市1600亩优质稻麦种植基地新建项目”、邗江金林家庭农场实施的“扬州市邗江区700亩种养基地仓储设施新建项目”、扬州维扬豆制品有限公司实施的“扬州市广陵区日产10吨休闲传统风味豆制品加工扩建项目”；8个贷款贴息项目包括扬州名佳食品有限公司实施的“扬州市宝应县年产3万吨面粉加工原料收购流动资金贷款贴息项目”、扬州宝泰米业有限公司实施的“扬州市宝应县年产1.3万吨大米流动资金贷款贴息项目”、江苏大成羽绒制品有限公司实施的“扬州市宝应县1000吨羽绒加工流动资金贷款贴息项目”、扬州天成食品有限公司实施的“扬州市宝应县2000吨调味蔬菜加工原料收购流动资金贷款贴息项目”、江苏建炜家纺制品有限公司实施的“扬州市宝应县1600吨羽绒加工收购原料流动资金贷款贴息项目”、扬州天禾食品有限公司实施的“扬州市宝应县4000吨藕制品加工原料收购流动资金贷款贴息项目”、高邮市新文游面粉有限公司实施的“扬州市高邮市2万吨红皮小麦收购流动资金贷款贴息项目”、高邮市万嘉面粉有限公司实施的“扬州市高邮市5万吨优质小麦收购加工流动资金贷款贴息项目”。（冯龙庆）

■**省级丘陵山区农业综合开发项目** 2017年，全市实施省级丘陵农业综合开发项目12个，建设面积713.2公顷，总投资2816万元，其中财政投资1945万元，重点扶持丘陵山区经济林果、花卉苗木、特色蔬菜、畜禽养殖和生态观光农业等产业发展。仪征市实施8个项目，分别是仪征市凌东经济林果基地项目、仪征市清水经济林果基地项目、仪征市东润观光林果基地项目、仪征市绿叶观光林果基地项目、仪征市观月湖观光林果基地项目、仪征市名扬观光林果基地项目、仪征市长兴观光林果基地项目、仪征市高山生态林茶基地项目。高邮市实施2个项目，分别是高邮市菱塘生态农业基地项目、高邮市送桥生态观光农业园项目。邗江区实施2个项目，分别是邗江区双庙农业生态园项目、扬州昌之茂农业生态园项目。

项目区新建排灌站6座，铺设防渗渠道33.8千米，埋设管道1340米，铺筑田间道路48.04千米，配套田间建筑物438座；新建喷、滴灌设施12公顷；新增经济林果种植面积108公顷、造林6000株。（冯龙庆）

■**省级高沙土项目** 2017年，全市省级高沙土农业综合开发项目总投资700万元，全部为财政资金。项目涉及江都区吴桥镇和广陵区头桥镇，治理高沙土面积466.7公顷。项目区新建排灌站7座、渠系建筑物410座，铺设防渗渠13.75千米，铺筑水泥路6.03千米，造林4045株。项目区新增灌溉面积53.33公顷，改善灌溉面积433.3公顷；新增除涝面积13.3公顷，改善除涝面积413公顷；年节约用水量125万立方米，项目区农民增收总额146.3万元。（冯龙庆）

农业机械化

■**概况** 2017年，扬州市农机总动力274.5万千瓦，农业机械化水平86.1%。全市新增乘坐式插秧机1372台，增长55.4%；新增自走式喷杆植保机529台，增长340%；新增粮食烘干机784台；新建粮食烘干中心110个。新创国家级农机示范合作社3个、省级农机示范合作社20个、市级农机示范合作社20个、市级农机示范大户10个。新建农机社会化服务示范体4个，建成区域性农机维修示范中心1个。全市拖拉机、联合收割机“三率”（挂牌率、年检率和驾驶员持证率）管理水平全部达99%，分别比上年增加1个百分点和4个百分点。（马 勇）

■**粮食生产全程机械化创建** 2017年，全市新增粮食生产全程机械化达标乡镇23个，总数累计达38个；建成万亩示范片24个、千亩示范方93个。江都区获评全国基本实现主要农作物生产全程机械化示范县。（马 勇）

■**农机社会化服务** 扬州市实施“两创一建”（创农机示范大户、创农机示范合作社，建农机社会化服务示范体）行动计划，新创国家级农机示范合作社3个、省级农机示范合作社20个、市级农机示范合作社20个、市级农机示范大户10个。新建农机社会化服务示范体4个，建成区域性农机维修示范中心1个。全市规模农机大户605个，农机合作社563个。（马 勇）

■**农机教育培训** 扬州市开展农机“三个课堂”（田头课堂、大棚课堂、库房课堂）培训模式，现场做给农民看，带着农民干。全年举办各类培训班1260多期（次），培训农机从业人员2.5万人次。县级挂牌“三个课堂”培训基地126个，乡镇级挂牌280多个。（马 勇）

■**农机安全监管** 全市拖拉机、联合收割机“三率”管理水平全部达99%，分别比上年增加1个百分点和4个百分点。建立农机、公安两部门常态化联合执法工作机制，全年共出动执法人员638人次，累计执法90多天。全市农机综合保险参保量超2.5万台，共理赔农机事故526件，累计理赔807万元，赔付率65%。（马 勇）

■**金融扶持农机发展** 市农机局与市农业银行合作，开展银农（银社）对接洽谈签约会，帮助农机合作社、农机大户和农机企业解决发展资金难题。全市共扶持农机户147户，发放贷款3930万元。（马 勇）

新兴产业

Xinxing Chanye

编　辑　贾丽琴

综述

概况　2017年，新兴产业呈现总体平稳、稳中有进的基本态势，全市规模以上企业670家，全年实现总产值4045.9亿元，比上年增长16.5%，占规模以上工业总产值的比重为43.2%。其中，新能源产业实现产值306.5亿元，比上年增长5.4%；新光源产业实现产值213.2亿元，比上年增长17.3%；新材料产业实现产值975.5亿元，比上年增长28.7%；智能电网产业实现产值748.5亿元，比上年增长13.8%；节能环保产业实现产值666.2亿元，比上年增长12.9%；高端装备制造产业实现产值948.3亿元，比上年增长15.3%；新一代信息技术产业实现产值175.7亿元，比上年增长6.0%；生物技术和新医药产业实现产值293.8亿元，比上年增长10.7%。

随着照明、光源产品的更新换代，国内外不断强化对LED产业的政策扶持和推广力度，带动新光源产业年内经营形势持续向好。高端装备制造产业增速较快，扬力集团、金方圆、扬锻等骨干企业订单充足。智能电网、新一代信息技术产业稳步增长，北辰电气、扬杰电子销售收入显著增长。在国家政策利好的驱动及高压督查的倒逼下，节能环保产业稳步增长。由于下半年下游光伏应用市场需求转弱，新能源产业全年增速放缓。生物技术和新医药产业不断壮大，高新区生物科技产业园内近20个一类新药在研。

（朱　枫　鞠斐扬）

2017中国·扬州战略性新兴产业培育发展论坛　4月20日，2017中国·扬州战略性新兴产业培育和发展论坛在扬州会议中心举行。活动分为主题论坛和国家先进制造产业投资基金分场次对接两个部分。国家先进制造产业投资基金管理团队以及全市200多家战略性新兴产业企业负责人出席活动。主题论坛部分，国投创新投资管理有限公司执行董事张一平介绍国家先进制造产业投资基金；北京大学工学院先进智能机械系统及应用联合实验室执行主任刘立作“工业4.0：网络信息物理系统，无处不在的协作机器人”主题演讲，介绍工业智能化和协作机器人应用；国投创新执行董事、清华大学基础分子科学中心前副主任尹正和中国科学院物理研究所清洁能源中心常务副主任黄学杰分别讲解生物医药产业和新能源汽车与动力电池等产业的前沿发展方向。第二阶段举行的国家先进制造产业投资基金对接会上，国投创新管理团队分新能源（电动）汽车、工业自动化和机器人、医疗器械和高端制药、轨道交通与电力电子、高端船舶和海洋工程装备与新材料等5个场次与扬州市企业家交流。

（杨　工）

5家省级工程中心（实验室）新获批　12月21日，省发展改革委公布2017年度第一批省级工程中心（实验室）建设名单，扬州市共获批4家省级工程中心、1家省级工程实验室，分别是江苏传艺科技股份有限公司“江苏省新型柔性线路板及集成化模组关键技术研发工程中心”、扬州

4月20日，中国·扬州战略性新兴产业培育和发展论坛在扬州会议中心举行　　发改委/供稿

杰利半导体有限公司“江苏省快速整流芯片工程中心”、江苏金友电气有限公司“江苏省光伏智能变电工程中心”、扬州稻源微电子有限公司“江苏省超高频电子标签芯片的研发及产业化技术工程中心”、扬州大学“江苏省农业水土资源安全与高效利用工程实验室”。扬州市获批省级工程中心(实验室)累计48家,成为战略性新兴产业科技研发和技术创新的重要载体。 (杨 工)

■3项目入选2017年度省级战略性新兴产业发展专项资金及项目投资计划 12月30日,省发展改革委、省财政厅印发2017年度省级战略性新兴产业发展专项资金及项目投资计划。扬州国扬电子有限公司1200V/900A碳化硅(SiC)多芯片混合集成功率模块关键核心技术研发及产业化项目、江苏新扬新材料股份有限公司大型察打一体化翼龙Ⅱ无人机机体结构的研发与制造项目、江苏中航百慕新材料技术有限公司航空航海VCI特种复合涂层材料研发及产业化项目入选。 (杨 工)

扬州协鑫光伏科技有限公司硅片生产线 发改委/供稿

新能源产业

■概况 2017年,新能源产业实现产值306.5亿元,增长5.4%;50家新能源产业规模企业实现开票销售106.4亿元,下降5.5%。多晶硅价格4月跌至全年低点,跌幅24.0%,触底反弹后一路回升,至12月底涨幅达40.8%。单晶硅片受需求低迷影响,价格大幅下调。2017年末,单晶组件价格跌破3元/瓦,挤压单晶电池价格跌破1.75元/瓦。由于光伏产品价格跌幅较大,导致新能源产业增产不增收。全年实现入库税收3.5亿元,下降13%。全年工业硅市场供需相对平稳,由于原材料成本的快速上升导致工业硅平均价格上涨,全年441级工业硅价格上涨18.4%。由于光伏产品成本上升、价格下降的双重作用,光伏行业利润摊薄、企业所得税减少,新能源产业入库税收呈下降态势。细分行业分化明显。就各细分行业而言,15家企业生产太阳能电池及组件,开票销售、入库税收总量分别占新能源产业的51.6%、61.7%。晶澳贡献81.0%的开票销售和87.9%的入库税收,发挥龙头企业的压舱石作用。8家太阳能硅片生产企业总量位居第二,完成开票销售、入库税收占整个产业的24.3%、17.4%。其中,协鑫、荣德两大企业的开票销售和入库税收分别是硅片企业的79.6%、79.9%。生产太阳能配件及辅料的8家企业累计开票销售占比7.1%,位居开票销售第三。

(扬经信 李 晖)

2017年扬州市新能源产业主要企业一览表

表16-1

企业名称	地 区
晶澳(扬州)太阳能科技有限公司	扬州经济技术开发区
扬州协鑫光伏科技有限公司	扬州经济技术开发区
扬州荣德新能源科技有限公司	扬州经济技术开发区
扬州续笙新能源科技有限公司	宝应县
扬州鑫晶光伏科技有限公司	高邮市
扬州港口污泥发电有限公司	扬州经济技术开发区
扬州天晟光电科技有限公司	宝应县
扬州善鸿新能源发展有限公司	仪征市
扬州艺丰光电发展有限公司	高邮市
江苏金晖光伏有限公司	高邮市

(扬经信 李 晖)

■龙头企业 2017年,晶澳(扬州)太阳能科技有限公司、扬州协鑫光伏科技有限公司、扬州荣德新能源科技有限公司3家龙头企业共实现开票销售65.1亿元,增长0.3%,占全市新能源产业总量的61.2%;共实现入库税收2.4亿元,下降18%,占全市总量的68.6%。晶澳、协鑫入库税收分别下降13.4%、48%,入库税收共减少0.6亿元。 (扬经信 李 晖)

■产业集聚 全市光伏产业以扬州经济技术开发区、高邮市、宝应县为主要集聚区,其中扬州经济技术开发区5家规模以上光伏企业开票销售、入库税收分别占全市光伏产业的63.5%、71.5%。天山光电产业集中区位于高邮高新技术产业开发区的南部工业园，主要产品有单晶硅棒、电池片、太阳能电池组件等，年产单晶硅棒1800吨、电池800兆瓦，拥有规模以上企业9家，其中单项冠军晶品新能源年产单晶硅棒约1400吨，位列扬州第一。宝应县由于具备新能源产业的天然优势，除了拥有宝胜集团、金友电气、天晟光电、润华膜业、汇成鑫阳等各类光伏制造企业10余家，还吸引艾力克、苏美达等重大项目到宝应投资建设。

（扬经信　李　晖）

■研发创新　全市光伏企业拥有晶澳太阳能、协鑫光伏、鑫晶光伏3家省级技术中心。2月，协鑫光伏宣布黑硅首条生产线投产，标志着多晶黑硅片开始大批量生产并且投放市场。协鑫光伏的TS系列黑硅片，应用金刚线切多晶技术和"鑫绒面"亚微米级多孔制绒技术，可显著提高电池转换效率并降低产品成本，拉大多晶相比单晶在硅片端的成本优势。鑫晶光伏的高效TOPCon晶硅太阳能电池被认定为江苏省专精特新产品，光电转换效率提高到20%以上，产品性能指标达到国际主流同类产品，处于国内领先水平。（扬经信　李　晖）

■宝应县入选国家光伏发电应用领跑者基地　11月30日，国家能源局公布2017年光伏发电领跑基地名单，全国2017年建设10个应用领跑基地和3个技术领跑基地，宝应县生态渔业光伏发电应用领跑基地项目入选应用领跑基地。该基地在全国率先采用"渔光互补"开发方式，规划打造成集光伏电站建设、光伏技术先进示范、生态渔业养殖、特色渔业休闲旅游为一体的综合开发基地。基地规划分三期建设，建设规模2.08吉瓦（1吉瓦=1000兆瓦），拟利用水面42.67平方千米。（杨　工）

新光源产业

■概况　新光源产业以升级改造为抓手，实现特色发展。高邮湖西新区成为闻名全国的"灯具之乡"，形成涵盖各种室外照明产品的完整产业链，并将光电转换及传感技术应用到道路照明灯具产品上，形成核心生产技术，实现产品由传统灯具向智能控制灯具的转变。道路照明灯具产品在全国灯具市场占有率达40%，产品覆盖全国，进入东南亚、中东及非洲等国际市场。拥有龙腾照明、宝德照明、承煦电气、伏特照明、现代照明、星慧照明等一批体量大、科技含量高、信誉好的龙头企业。扬州经济技术开发区内新光源企业体量大、产品高端，上游集聚中科半导体、璨扬光电、乾照光电等外延片、芯片生产企业，下游集聚宇理电子、艾笛森光电、峻茂光电等封装企业以及佳明航电、艾特光电、雷笛克等终端应用及配套企业。2017年，新光源产业实现产值213.2亿元，比上年增长17.3%。其中，高邮市新光源产业高速增长，10家累计销售收入过亿元的重点企业，增幅均超过100%。主要得益于对传统路灯进行智能化改造，产品附加值有效提升，利润空间迅速扩大；税收营改增后，高邮市路灯企业全部回高邮市开具发票。

（扬经信　李　晖　杨　工）

2017年扬州市新光源产业主要企业一览表

表16-2

企业名称	地　　区
龙腾照明集团有限公司	高邮市
扬州乾照光电有限公司	扬州经济技术开发区
扬州璨扬光电有限公司	扬州经济技术开发区
扬州强凌有限公司	邗江区
神州交通工程集团有限公司	高邮市
飞利浦照明工业（中国）有限公司	仪征市
江苏承煦电气集团有限公司	高邮市
扬州宇理电子有限公司	扬州经济技术开发区
扬州艾笛森光电有限公司	扬州经济技术开发区
同扬光电（江苏）有限公司	扬州经济技术开发区

（扬经信　李　晖）

■扩展"一带一路"市场　全市有近20家路灯照明灯具制造企业产品进入"一带一路"相关市场。承煦电气公司生产的铝旋压灯杆、智能控制系统产品应用于杭州20国集团峰会萧山机场大道改造项目后，品牌效应大振，2017年陆续收到欧洲、东南亚等地国家的订单。豪纬公司进军丝绸之路"桥头堡"，利用中哈跨境经济贸易区自贸区优势打造"科豪科技城"，建立科技基地、产品展示大厅，对哈萨克斯坦等中亚国家开展灯具产品跨境销售业务，叩开灯具产品挺进中亚、东欧市场的大门；中标缅甸仰光"智能交通管控"项目。龙腾照明集团不断输出多元化、高品质产品，赢得"一带一路"市场。该公司实施内蒙古赤峰首个道路照明PPP项目、西藏拉萨环城高速全线太阳能路灯项目，并受商务部委托，参与巴基斯坦国家援外工程项目等；中标厦门"金砖五国"主会场景观照明项目，并建立全国城市照明维护中心。天祥照明公司在非洲国家建立3家集生产、销售、服务于一体的境外分公司，并在5个国家建成"海外仓"，通过境外公司和"海外仓"，向27个国家和地区销售各类led灯、太阳能灯、交通信号灯、汽车及摩托车led前大灯等产品，境外年销售额超1.5亿元。（杨　工）

■高邮高新区道路照明灯具产业集群获批全国产业集群区域品牌建设试点　11月30日，工业和信息化部公布第四批产业集群区域品牌建设试点工作组织实施单位和产业集群名单，34家单位为第四批产业集群区域品牌建设试点工作组织实施单位，开展区域品牌建设工作。高邮高

新区道路照明灯具产业集群获批全国产业集群区域品牌建设试点。（杨　工）

■中国光明小镇暨高邮智慧城市产业园项目 8月28日，中国光明小镇暨高邮智慧城市产业园项目在高邮高新区开工奠基。高邮智慧城市产业园项目占地约40公顷，由国内顶尖的综合性现代城市发展集团——金诚集团与高邮高新区合作建设，投资额约20亿元。产业园主要建设智慧路灯组装及核心部件生产线、智慧城市联合研发中心、智慧城市产业孵化中心和综合配套服务设施等重点项目。（杨　工）

■高邮智能照明灯具参加"光亚展" 6月19—12日，第22届广州国际照明展览会（简称"光亚展"）在广州举行，来自全球206个国家和地区的2400多家照明灯具企业参展。高邮市22家照明灯具企业集中参展，展示高邮灯具在智能景观照明、智能交通系统、智能道路照明灯杆等方面的优势，共接待中外客户2.3万人，其中外国客户约1400人，订单约3.6亿元。"光亚展"是全球第二大光学照明展会，仅次于德国法兰克福照明展览会。（杨　工）

新材料产业

■概况 全市实施创新驱动发展战略，推进新材料产业高端化发展，初步形成以特种金属功能材料、先进高分子材料、新型无机非金属材料等为主体的新材料产业体系。2017年，新材料产业实现产值975.5亿元，比上年增长28.7%。年内全市化工新材料产品价格涨幅达19.7%。在此带动下，新材料产业增速较快，复合材料、芳纶薄膜等化工新材料产业发展迅速。（朱　枫　鞠斐扬）

2017年扬州市新材料产业主要企业一览表

表16-3

企业名称	地　　区
扬州天富龙科技纤维有限公司	仪征市
江苏太极实业新材料有限公司	广陵区
江苏爱默生新材料有限公司	生态科技新城
江苏扬农锦湖化工有限公司	扬州化工园区
江苏瑞祥化工有限公司	仪征市
实友化工（扬州）有限公司	仪征市
江苏琼花集团有限公司	广陵区
仪化东丽聚酯薄膜有限公司	仪征市
扬州纪元纺织有限公司	广陵区
扬州新扬科技发展产业有限公司	邗江区

（朱　枫　鞠斐扬）

■江苏新扬新材料股份有限公司大型察打一体化翼龙Ⅱ无人机机体结构的研发与制造项目 该项目总投资1亿元，入选2017年度省级战略性新兴产业发展专项资金及项目投资计划，获投资补助1000万元。该项目改建生产厂房3000平方米，购置热压罐、激光铺层定位仪、激光跟踪仪等各类设备44台（套）。项目建成后，可形成年产12架无人机机身、机翼和V尾整个机体结构的生产能力。（杨　工）

■江苏中航百慕新材料技术有限公司航空航海VCI特种复合涂层材料研发及产业化项目 该项目总投资1.05亿元，入选2017年度省级战略性新兴产业发展专项资金及项目投资计划，获投资补助1000万元。项目拟新建厂房5000平方米及相关配套辅助设施，购置粉末挤塑机成套设备、表面处理系统、静电粉末喷涂系统、粉末冷却系统、纳米磨砂机和其他生产设备等共8条VCI粉末涂料生产线和2条自动涂装生产线，以及盐雾、紫外老化等实验室常规理化测试系统，形成年产VCI粉末涂料5000吨的生产能力。（杨　工）

■鸿达兴业股份有限公司 2017年，鸿达兴业股份有限公司实现营业收入65.41亿元，比上年增长6.22%；实现净利润10.05亿元，比上年增长22.88%。全年完成聚氯乙烯（PVC）产量64.86万吨，增长2.77%；烧碱产量46.00万吨，下降2.73%；电石产量71.01万吨，下降18.44%；土壤调理剂产量23.23万吨，增长44.30%；PVC制品产量1.74万吨；稀土产品产量1.10万吨。2017年，公司加大研发力度，完善产业链配置，提高核心竞争力及持续盈利能力，主要产品产销量和经营效益稳步增长。公司氯碱装置全年开工率保持较高水平，通过工艺和技术创新，实施一系列技改项目，降低原料和能源单耗。从生产、研发、营销、人力等方面加大投入，探索土壤修复业务经营模式，推动土壤修复业务发展。应用现代新工艺、新设备研发生产土壤调理剂产品。拓展土壤修复业务，在国内20个省51个城市开展土壤调理剂销售业务，并在美国、加拿大、柬埔寨、越南、哈萨克斯坦、马来西亚、印尼等国家开展土壤调理剂销售和土壤修复技术推广工作。发展PVC生态屋、装配式建筑，建立标准化PVC生态屋建造流程，申报相关专利技术4项。发挥上游原料、下游应用和稀土助剂的产业优势，结合市场需求，持续开发PVC在农业、建筑装潢等领域的应用。（杨　工）

■扬州晨化新材料股份有限公司 2017年，扬州晨化新材料股份有限公司实现营业收入7.03亿元，比上年增长20.07%；实现净利润0.79亿元，比上年增长42.11%。

技术研发。公司紧跟市场需求，持续扩大表面活性剂研发投入，2017年研发投入2165.95万元，占营业收入的3.08%。共有专利31件，其中发明专利26件、实用新型专利4件、外观设计专利1件。江苏省科技成果转化项目“绿色功能材料聚醚胺固化剂连续制备技术的研发与产业化”通过中期验收，全年修订企业标准2份，新增企业标准2份。获得“中国科协第二届全国企业创新方法大赛”江苏省分赛区一等奖、全国赛区三等奖。

市场营销。以市场为导向，加强营销团队建设，优化渠道和市场推广；扩大定制产品销量，挖掘新的利润增长点。2017年公司产品出口6840万元。国内市场方面，公司通过优化营销渠道，加大品牌宣传，强化服务跟踪，三大系列产品均产销两旺，产品市场占有率和品牌影响力进一步提升。表面活性剂方面，与国内外知名公司合作，通过定制化学品模式的开发，拓展聚醚在其他工业领域的拓展，端氨基聚醚、烷基糖苷业务增长显著。阻燃剂方面，加大国内外市场开发力度，销量增长迅速。有机硅橡胶材料方面，依靠在细分领域的领先技术和品牌优势，实现持续增长。（杨　工）

2017年扬州市智能电网产业主要企业一览表

表16-4

企业名称	地　　区
江苏金友电气有限公司	宝应县
江苏国电南自海吉科技有限公司	扬州经济技术开发区
扬州北辰通用智能电网有限公司	扬州经济技术开发区
扬州友强电力科技有限公司	江都区
江苏海德森能源有限公司	高邮市
扬州新概念电气有限公司	扬州经济技术开发区
宝胜集团有限公司	宝应县
江苏国电南自电力自动化有限公司	扬州经济技术开发区
江苏迅达电磁线有限公司	宝应县
扬州国瑞新能源科技有限公司	仪征市

（朱　枫　鞠斐扬）

智能电网

■概况　扬州市在全国地级市中率先响应国家建设“坚强智能电网”的战略构想，确立打造“国家级智能电网产业基地”的目标，相继成为全国首家“火炬计划”智能电网特色产业基地和江苏省首家智能电网产业基地，扬州经济技术开发区智能电网综合示范工程成为国家电网公司智能电网建设试点项目。拥有省级以上研发机构30多家、省以上高新技术产品500多个。智能电网产品覆盖输电—配电—变电—用电—调度及通信各环节。2017年，智能电网产业实现产值748.5亿元，比上年增长13.8%；宝胜集团、北辰电气、国电南自等企业开票销售均显著增长。

（朱　枫　鞠斐扬）

扬州新概念电气有限公司智能永磁真空断路器生产车间　发改委/供稿

■宝胜科技创新股份有限公司　2017年，宝胜科技创新股份有限公司实现营业收入206.91亿元，比上年增长36.79%；实现净利润0.86亿元，比上年下降67.54%。

市场开拓。2017年，公司开发“一带一路”马来西亚项目、金砖峰会厦门会展中心、北京市政府副中心等一批重大项目与重点形象工程，在主体市场取得较好成绩。自主营销实现新签合同2亿元，排产17.5亿元，回笼18.7亿元，分别比上年增长27.6%、24.1%、41.7%。通过技术营销开拓扬子江造船、洪都航空等高端装备客户，与振华重工、徐工重型机械、中船三井、沪东重机形成稳定的合作关系，订单份额逐步扩大。营销管理和队伍建设进一步强化。公司相继开发“营销项目管理、应收账款管理、订单管理”三大信息化平台，出台相关管理制度，营销管控能力进一步提升。

科技创新。2017年完成新产品研发项目45个，有4个新产品被评为国际先进水平产品；完成工艺改进40个；获得授权专利12件，其中国外专利1件，发明专利5件。优化人才结构。全年培养和选拔后备人才94人，引进高层次技术、管理人才29人，特别是在航空航天领域引进行业领军人才10人。管理人员比例由

19.24%下降到17.82%，辅助人员比例由4.94%下降到3.89%，技术人员比例由3.76%上升到5.14%。项目建设总体加速。2017年以来重点实施宁夏电缆等项目，其中海缆项目立塔建至5层，码头岸线申报取得阶段性突破，特种高分子电缆材料、110千伏变电站等一批新建项目按计划加快实施。公司产能、装备水平进一步提升。战略合作成绩斐然。2017年新增重点客户、战略客户11家，与UL公司、国核公司、中广核、中船昆船、中船三井等单位签订战略合作协议，实施上海线缆、常州金源等一批战略重组项目。与长飞公司合资，共同开发海底光缆、海底光电复合缆、光连接器以及海底光缆工程等新项目，推进海洋工程市场全覆盖。（杨　工）

■江苏迅达电磁线有限公司　江苏迅达电磁线有限公司占地面积20公顷，建筑面积4.5万平方米，是国家级高新技术企业、国家“火炬计划”重点高新技术企业、江苏省百强优秀民营企业。主要产品有纸绝缘漆包换位导线、薄膜烧结铜扁线、纸包扁铜线及纸绝缘组合导线等8个系列100多个品种的绕组线产品。产品广泛应用于大型油浸变压器、干式变压器、电抗器、风力发电机、轨道交通牵引电机等厂家，产品远销全国20多个省(市)。公司建有国家级博士后工作站、省级企业技术中心和省级工程技术研究中心，具有自主研发能力。拥有54件国家专利，以及“创新基金”“火炬计划”“星火计划”等20多项国家级省部级科技项目。公司生产的防水型聚酰亚胺薄膜烧结铜扁线、风力发电机专用绕组线等11个产品被评为江苏省高新技术产品，180级聚酯亚胺漆包铜扁线等4个产品被评为江苏省名牌产品，高铁牵引电机专用绕组线等6个产品被列为江苏省重点新产品，风力发电机用聚酰亚胺薄膜—聚酯薄膜云母带绕包铜扁线等2个产品被列为国家重点新产品。“宝池”商标被评为江苏省著名商标。参与制(修)订国家标准14项。2017年，公司实现开票销售17.62亿元。（杨　工）

节能环保产业

■概况　扬州市节能环保产业在政策驱动与需求拉动下稳步快速发展，产业规模迅速扩大，产业结构逐步向制造高端化、产品高效化、布局园区化方向升级演变。全市拥有国家循环经济教育示范基地、扬州环保科技产业园、苏中循环经济产业园区等集聚区，落户天雨集团、宁达贵金属等一批重点企业。基本形成以节能技术装备、环保技术装备、资源循环利用技术装备为主的产业体系，江都区重点集聚培育水、气、固体废弃物及噪声污染处理产业。邗江区初步形成以垃圾发电、灰渣制砖、餐饮垃圾处理为主的资源循环利用产业。2017年，全市有节能环保企业100余家，实现产值666.2亿元，比上年增长12.9%。（朱　枫　鞠斐扬）

■扬州环保科技产业园　扬州环保科技产业园位于扬州市邗江区杨庙镇，2009年规划，2011年被扬州市命名为市级环保科技产业园区。园区距扬州市区约10千米，近期规划用地351公顷，远景规划1182公顷，规划建成辐射苏南、苏北地区的一流环保生态园区。园区静脉产业将逐步形成垃圾焚烧发电、灰渣制砖、医疗废弃物处理、工业固体废弃物处理、工业废油处理、厨余垃圾处理、危险品处理等系统的产业群。园区入驻高新技术企业5家，先后获得江苏省“城市矿产”示范试点基地、省级循环经济教育示范基地、省环保科技特色产业园区、省众创空间、国家级循环经济标准化试点园区等省级园区称号9个。至2017年底，园区内有入驻企业46家，主要从事资源循环利用及环保装备研制生产，有扬州恒星环保有限公司、扬州泰达环保有限公司、扬州永锋工业设备安装有限公司、扬州天扬粮油机械制造有限公司、扬州博尔特电气技术有限公司、江苏博一环保科技有限公司等40个项目投入运营，年处理各类废物132万吨以上，其中城市生活垃圾69.4万吨，建筑垃圾60万吨、医疗垃圾2750吨、餐厨垃圾2.2万吨、汽车废物0.56万吨。2017年，园区完成投入3.6亿元，实现开票销售12.3亿元，实现入库税收4017万元，带动周边居民就业3800多人。（晓　琳）

■扬州佳境环境科技股份有限公司　扬州佳境环境科技股份有限公司拥有10多件专利技术，依托自有知识产权技术生产的应用于重金属废水和高浓度有机废水处理的电镀废水处理设备、线路板废水处理设备，为线路板、电镀、电池、有色金属冶炼等行业制造商提供重金属废水污染处理设备，满足其重金属废水达标排放和高比例回用要求。2017年，公司

2017年扬州市节能环保产业主要企业一览表

表16-5

企业名称	地　区
江苏庆峰国际环保工程有限公司	邗江区
扬州泰达环保有限公司	邗江区
扬州佳境环境科技股份有限公司	邗江区
江苏江澄环保设备工程有限公司	江都区
扬州澄露环境工程有限公司	江都区
扬州宁达贵金属有限公司	江都区
江苏天雨环保集团有限公司	江都区
扬州市华翔有色金属有限公司	高邮市
江苏华旭环保股份有限公司	扬州化工园区
扬州港口污泥发电有限公司	扬州经济技术开发区

（朱　枫　鞠斐扬）

注重重金属废水处理装备的研发、制造，扩大市场；加快装备撬装化研发步伐，开发、生产更多品种，适合不同类型企业的集成化废水处理装备，实现整体规划、快速组装，减小占地面积，缩短现场施工周期；继续投入资金研发、试制新型复合膜材料；在废气治理领域展开有益探索。公司销售网络更加健全，新开辟河北、湖南、西藏等地区市场，海外市场有突破。在技术层面，以重金属废水处理技术、工艺为核心，扩大研发投入，改善产品制造模式，推进标准化生产，部分品种接近定型；加强科研力量，率先提出并实施的"高效低耗零排放"重金属污染防治技术在行业内得到认可。公司成立江苏省重金属废水零排放处理系统工程技术研究中心、扬州市企业院士工作站，并获得江苏省科技型中小企业等多项称号，取得环保工程专业承包三级（建筑业企业资质证书）、江苏省安全生产许可证、江苏省环境保护产业协会环境污染治理能力评价证书（水污染治理甲级、大气污染治理乙级）、环境污染治理工程设计能力评价证书（水污染治理甲级、大气污染治理乙级）、污染治理设施运行服务能力评价证书（工业废水处理甲级）等一系列资质证书。研制生产的含铜废水处理及高比例回用成套设备被江苏省科技厅认定为高新技术产品。全年新增专利4项，其中发明专利1项（含铜氨络合废水资源回收及零排放膜系统及其处理方法及应用）。2017年，公司实现营业总收入5651.93万元，比上年下降13.55%；实现净利润95.88万元，比上年下降82.69%。（杨　工）

■**江苏华旭环保股份有限公司**　江苏华旭环保股份有限公司从事危险废物治理，拥有废渣处置的危险废物经营许可证以及PTA（精对苯二甲酸）废水、废渣、污泥处置和综合利用的核心技术，为PTA产废企业提供PTA危险废物处置服务，开展相关贸易。公司通过直销方式开拓业务，收入来源是提供PTA危险废物处置、综合利用服务以及销售PTA水池料，是江苏省唯一具备PTA污泥处置和利用资质的服务商。5月，与大客户中国石化仪征化纤有限责任公司签订青山堆场污泥安全处置合同，有效利用公司产能，全年实现收入约1410万元。2017年，公司实现营业收入5570.23万元，比上年增长30.29%；实现净利润1541.73万元，比上年增长106.32%。（杨　工）

生物医药产业

■**概况**　扬州市生物技术和新医药产业主要分布在医药制造、医疗器械、诊疗设备、生物农业等方面，集聚联环药业、伯克生物、一洋制药等一批重点企业，有多个国家一类新药品种和知名品牌，形成以扬州大学为依托，以生物技术和新医药企业为主体的创新体系。全市建成江苏省心血管系列新药工程技术研究中心、江苏省转基因制药工程技术研究中心等一批省部级研发机构和农业部畜禽传染病学重点实验室、江苏省植物栽培生理重点实验室等一批重点实验室。加快扬州高新区生物科技园建设，联环药业、奥锐特医药、艾迪生物等重点项目进展提速。园内近20个一类新药在研，其中联亚公司治疗艾滋病的一款新药进入三期临床后期。日兴生物科技股份有限公司开发的氨糖系列产品全国市场占有率25%。2017年，全市生物技术和新医药产业实现产值293.8亿元，增长10.7%。（朱　枫　鞠斐扬）

■**赛分生物科技项目落户高新区**　11月27日，扬州高新区举行赛分生物科技项目签约仪式。赛分生物科技拟在扬州高新区生物健康园征地约4.13公顷，新建生物科技产业基地。其中，2.67公顷建设规模化液相色谱层析介质（填料）生产基地，1.47公顷建设天然产物精制产品（甜菊糖苷）生产基地。赛分科技项目共建设厂房2.5万平方米，分两期建设。一期计划2018年9月试生产，2019年6月正式投产，年产值预计1.45亿元，年综合纳税1000万元；二期预计2021年投产，年产值5.15亿元，年综合纳税3000万元。赛分生物科技致力于开发和生产用于药物及生物大分子分离纯化的液相色谱技术和材料，拥有最高分辨率、最高效的液相色谱分离纯化产品，是世界范围内液相色谱产品最为完善的高科技企

扬州一洋制药有限公司外景　　发改委/供稿

2017年扬州市生物医药产业主要企业一览表

表16-6

企业名称	地　区
江苏联环药业集团有限公司	广陵区
江苏中惠医疗科技股份有限公司	江都区
扬州十二粉黛生物科技股份有限公司	高邮市
扬州科恩生物科技有限公司	高邮市
扬州一洋制药有限公司	高邮市
扬州诺瑞药业公司	江都区
扬州福斯特激光仪器有限公司	仪征市
扬州艾迪生物科技有限公司	邗江区
扬州市三药制药有限公司	江都区
扬州三邦生物工程有限公司	江都区

（朱　枫　鞠斐扬）

业，客户遍及美国、欧洲及亚洲等国家和区域。（杨　工）

■威克生物获二类新兽药证书　10月24日，农业部发布第2598号公告，对扬州威克生物工程有限公司水貂犬瘟热、病毒性肠炎二联活疫苗（CL08株＋NA04株）核发二类新兽药证书。该产品由国药集团扬州威克生物工程有限公司与上海启盛生物科技有限公司联合研发，历时8年在国内外首次将水貂的两种重大疫病疫苗研制成为二联活疫苗，解决经济动物疫病一针多防的难题。（杨　工）

■硒瑞恩生物获省第五届中小企业创新创业大赛一等奖　7月13日，2017"创客中国"预选赛暨江苏省第五届创新创业大赛中小企业创新创业大赛决赛举行。经过层层审查、筛选，全省有117个项目进入预选赛，并评选出进入决赛的30强，参赛项目涵盖新一代信息技术、医疗器械和生物医药、新能源、高端装备制造、软件和集成电路等先进制造业，以及文化创意产业和现代农业等领域。扬州硒瑞恩生物医药科技有限公司获一等奖。（杨　工）

■江苏联环药业股份有限公司　2017年，江苏联环药业股份有限公司实现营业收入6.89亿元，比上年增长13.93%；实现净利润0.71亿元，比上年增长12.53%。

市场开拓。科学制定销售目标，落实销售计划。全年销售苏迪（依巴斯汀片）0.60亿片、销售额1.05亿元，分别增长13.51%、13.14%；全年销售敏迪1.25亿片、销售额0.28亿元，分别增长1.62%、0.51%。坚持临床品种专业化推广，加大学术推广的力度和投入，组织、参与中华医学会和中华医师协会主办的全国性泌尿年会以及江苏、上海、北京等省（市）学术活动，安排部分业内专家的扬州行活动，进一步扩大公司和爱普列特的知名度，全年销售爱普列特片0.36亿片、销售额0.87亿元，分别增长15.25%、15.08%。

科技创新。三类新药醋酸乌利司他及30毫克片（避孕）、5毫克片（子宫肌瘤），取得临床批件。硫酸氢氯吡格雷原料药进行药学研究，完成并提出变更标准补充申请，取得补充批件；硫酸氢氯吡格雷片完成临床样品药学研究，完成预BE实验，开展正式生物等效性试验。米力农原料药根据国家审评中心要求，完成药学补充研究并提交补充申报资料，待审评；米力农注射液完成生产放大，进行质量研究、稳定性研究等。苯磺贝他斯汀及片，按照新区生产设计，采用流化床设备，待中试。醋酸阿比特龙完成小试，获得原料药合格的成品，制备获得6个醋酸阿比特龙相关工艺杂质，并完成其结构鉴定、波谱解析工作，将进入中试。一致性评价及工艺变更项目推进有条不紊。辛伐他汀片完成两规格（10毫克、20毫克）药学研究，已提供临床样品，辛伐他汀片一致性评价新处方的预BE研究招标选定CRO单位，通过临床伦理会批准，开展BE预实验。叶酸片分别研究北京斯利安的叶酸片、德国维尔拉药厂的叶酸片，实验室及车间中试药学基本一致；盐酸舍曲林胶囊药学研究完成小试工艺处方；依巴斯汀片启动一致性评价，药学研究完成小试工艺处方，中试实验室放大1万片；非洛地平片启动一致性评价，完成立项调研、参比制剂选定。完成爱普利特、特非那定工艺变更研究，上报注册申报资料；推进左炔诺孕酮、醋酸氢化可的松、氢化可的松和非洛地平工艺变更，完成中试，进行放大验证。对外合作多点突破。加强与科研院校合作，激发开发人员加速获得新产品。与科研单位合作开发的莫西沙星片已放大1.5万片，进行稳定性加速试验；开展普拉克索片、他达拉非片、托法替布片处方工艺药学研究；与研发销售特色团队合作共同开展阿奇霉素片一致性评价研究，250毫克片完成药学中试放大一批；与开发特色团队共同开发醋酸氟氢可的松，筹备原料药放大生产；开发阿比特龙片、硝苯地平缓释片，初步确定辅料处方。进行氯雷他定片一致性评价研究。加大科技投入，推进管理创新。2017年，公司科技投入比上年增长40%，扬州和南京研发平台重新定位，南京平台致力于新药研发，进行市场化运作；扬州研发中心定位于仿制药研发、新品产业化、实施成果转化以及公司亟待保质保量完成的一致性评价、工艺变更研究工作，对公司上市产品按生产车间条块分工，专人负责，保证生产工艺、技经指标、质量标准与时俱进。（杨　工）

工业

Gongye

编　辑　贾丽琴

综述

■**概况**　2017年，全市净增规模以上工业企业126家，全市2693家规模以上工业企业完成总产值9371.10亿元，增长13.9%；规模以上工业完成增加值2084.7亿元，增长8.0%；规模以上工业企业实现主营业务收入8876.94亿元，增长11.9%；实现利润507.25亿元，增长2.5%。全市工业完成开票销售4817.2亿元，增长17.8%，较上年提高12.8个百分点，增幅为近6年来最高。全市工业实现入库税收204.8亿元，增长4.8%，比上年增幅提高5.1个百分点。全年完成工业用电量162.21亿千瓦时，增长3.6%。

五大重点产业累计完成产值6274.2亿元，增长13.4%，占规模以上工业总产值67%。其中，机械装备产业完成产值3307.2亿元，增长15.1%；汽车产业完成产值1280.2亿元，增长9%；石化产业完成产值1058.7亿元，增长16.6%；船舶产业完成产值212亿元，增长0.9%。三个行业产值过千亿元，电气机械和器材制造业完成产值1691亿元，增长16.2%；化学原料和化学制品制造业完成产值1061亿元，增长17.7%；汽车制造业完成产值1090.4亿元，增长8.16%；三个行业合计完成产值3842.4亿元，增长14.2%，高出全市增幅0.3个百分点，对全市产值增长的贡献率41.9%，拉动全市产值增幅5.7个百分点。

工业投资持续发力，新开工重大项目51个；工业投资比上年增长18.4%，占全社会固定资产投资比重55%，扭转近年来下降的趋势。购进设备抵税额20.48亿元，增长38.5%，为近10年来最高。智能制造加快提升。获批国家智能制造新模式应用项目3项，实现“零”的突破。新增省示范智能车间14个；新增工业机器人384台(套)，保有量达2500台(套)。主导产业、基本产业全线发力。汽车、机械、石化、船舶、食品等产业，规模以上开票销售分别增长2.8%、12.7%、21.3%、28%、11%、15.3%。百强企业支撑有力，2017年度百强中有87家企业继续蝉联，新进13家企业。百强企业累计实现开票销售2390.1亿元、入库税收98.4亿元，分别占全市全部工业总量的49.6%、48.0%，开票销售增长面71%，较上年提高15个百分点，拉动

2017年扬州市规模以上工业企业分体量及其税收贡献情况表

表17-1

企业开票销售规模(亿元)	企业数占比(%)	户均开票销售(万元)	户均入库税收(万元)	每万元开票销售实现入库税收(元)
合　计	**100.0**	**14189.6**	**586.0**	**413.0**
100以上	0.1	1863686.1	72876.5	391.0
50～100	0.1	722076.4	24509.7	339.4
30～50	0.4	411485.3	7376.9	179.3
10～30	1.7	168227.8	8132.6	483.4
5～10	1.6	67044.1	3305.2	493.0
1～5	14.0	19642.3	837.7	426.5
0.5～1	15.0	6922.5	340.6	492.1
0.3～0.5	18.2	3857.1	168.7	437.3
0.3以下	48.8	1198.3	59.9	499.7

(扬经信　李　晖)

2017年度扬州市工业前30强企业一览表

表17-2

序号	企业名称	序号	企业名称
1	宝胜集团有限公司	16	西门子电机(中国)有限公司
2	中国石化仪征化纤有限责任公司	17	江苏华伦化工有限公司
3	江苏扬农化工集团有限公司	18	江苏奥克化学有限公司
4	扬力集团股份有限公司	19	骏升科技(扬州)有限公司
5	扬州恒润海洋重工有限公司	20	潍柴(扬州)亚星汽车有限公司
6	上汽大众汽车有限公司仪征分公司	21	潍柴动力扬州柴油机有限责任公司
7	扬州市秦邮特种金属材料有限公司	22	扬州扬杰电子科技股份有限公司
8	亚普汽车部件股份有限公司	23	森萨塔科技(宝应)有限公司
9	晶澳(扬州)太阳能科技有限公司	24	海沃机械(中国)有限公司
10	扬州第二发电有限责任公司	25	江苏联环药业集团有限公司
11	扬州泰富特种材料有限公司	26	远东联石化(扬州)有限公司
12	江苏牧羊集团有限公司	27	扬州龙川钢管有限公司
13	扬州完美日用品有限公司	28	江苏华电仪征热电有限公司
14	扬州石化有限责任公司	29	江苏长青农化股份有限公司
15	扬州中集通华专用车有限公司	30	江苏亚威机床股份有限公司

(扬经信 李 晖)

全市工业开票销售增长7.7个百分点。企业创新成效明显。新增18项省首台(套)重大装备及关键部件认定。41家企业新获批省级科技型中小企业,占全省总数的21%。新增省"专精特新"产品企业3家、科技小巨人企业3家;获批工信部工业企业品牌培育试点9家。制造业与互联网深度融合。37家企业通过国家"两化"融合管理体系贯标评定。新增8家省级服务型制造示范企业、2家示范培育企业、2家省级工业设计中心。"减化"工作成效显著。全年关停化工企业96家,超额完成关停72家的目标,通过省验收。

(扬经信 李 晖 杨 工)

■工业投资 全市完成工业投资2029.8亿元,增幅18.4%,高于省均11.7个百分点,其中完成高新技术投资553.8亿元,增幅21.2%。全市工业投资占固定资产投资比重回升至55%,比上年提高2.9个百分点。全市完成设备抵扣增值税20.5亿元,增幅38.5%,总量和增幅均创10年来新高。智能化技术改造日渐升温,全市完成工业技术改造投资1521.6亿元,增幅21.1%。全年新增工业机器人384台(套),保有量达2500台(套)。技术改造券助力先进制造业,全市共兑现2016年技改券143项5869.6万元,增加2068.6万元;发放2017年技改券494项9700万元,增加1300万元。省示范智能车间取得历史性突破,新获批"省示范智能车间"14家,累计创成30家;新认定市级智能车间15家(其中优秀智能车间5家),总数达21家。

(扬经信 李 晖)

■工业重大项目 新签约工业重大项目65项,完成年度计划130%,与央企、大型国企、军工集团和世界500强合作项目12项。新开工工业重大项目51项,完成年度计划102%,签订设备合同34.6亿元,预计项目固定资产总投资121.4亿元,新增或租用土建面积119.9万平方米,新增用电报装容量35.9万千伏安。新竣工工业重大项目102项,完成年度计划87%,累计设备投资117.1亿元。新达产77项,完成年度计划100%,实现开票销售771.7亿元,单个项目平均10亿元;入库税收总额33.9亿元,单个项目平均4401万元。推进央企合作对接上海产业转移,赴北京拜访中船重工、中国电科等央企,赴上海拜访中远海运、哈工大机器人、海隆软件、中化国际、华域汽车等企业及上海市经信委,赴南京拜访科远自动化集团等,推进双方项目合作。 (扬经信 李 晖)

■转型发展 科技创新与产业转型有机融合互动并进。以质量变革转变发展方式。开展全国机械行业"世界认可日"主题活动,号召全行业运用国际通行的认证认可手段,开展全面质量管理升级行动。实施品牌战略,开展工业企业自主品牌建设,9家企业入选工信部工业企业品牌培育试点,宝胜集团入选江苏省工业品牌50强。开展国家工业区域品牌建设,高邮高新区道路照明灯具产业集群获批全国产业集群区域品牌建设试点。以技术创新转换增长动力。强化企业创新主体地位,完善以企业为主体、市场为导向,产学研深度融合的技术创新体系。补充完善省级企业技术中心培育库,滚动培育企业100家。指导帮助企业申报省级企业技术中心,推进企业技术中心提档升级。2017年获批省级企业技术中心12家,认定市级企业技术中心64家。组织实施重点技术创新项目175个，其中152个项目入选2017年江苏省重点技术创新项目计划。引导企业加快新技术新产品研发及推广应用，获批省级“双新”项目38项。107项“双新”项目被列入《江苏省重点推广应用新技术新产品目录》。亚普、华富、扬力技术创新水平突出，获江苏制造突出贡献奖；严旭明、王如军获江苏省技术创新领军人才称号。国家“两化”融合管理体系贯标企业全省第一，宝胜集团、亚威机床、虎豹集团、川奇光电等37家企业通过国家“两化”融合管理体系贯标评定。在全国“2017年‘两化’融合突出贡献”评选中，笛莎公主文化创意产业有限公司获“创新型企业”称号；亚威机床股份有限公司副董事长施金霞获评“杰出管理者代表”。企业首席信息官(CIO)获国家级认定，江苏万润软件科技有限公司总经理熊德平、江苏华富储能新技术股份有限公司常务副总经理周寿斌获2017全国优秀首席信息官称号。新增两家省级工业设计中心，龙腾照明集团有限公司工业设计中心、海沃机械(中国)有限公司工业设计中心两家单位被省经信委认定为省级工业设计中心，累计有8家企业的工业设计中心被认定为省级工业设计中心。“减化”工作成效显著，全年关停96家化工企业，超额完成年度关停72家化工企业的目标任务。依法依规淘汰落后产能，全年共实施省淘汰低端低效产能项目2项，淘汰40万千伏安时铅蓄电池、8万吨铅冶炼产能。制定钢铁、水泥等重点行业淘汰落后产能工作方案，开展“回头看”，对天大水泥、双龙水泥落后产能淘汰不彻底问题，责令限期整改到位。煤炭化解过剩产能，江苏拾屯煤矿和扬州王庄煤矿先后通过省、国家的验收和复查，提前3年完成市“十三五”化解煤炭过剩产能40万吨任务。推进“三品”战略，新增扬大康源乳业、华富储能新技术等2家被认定为江苏省消费品工业“三品”示范企业。（扬经信　李　晖）

■军民融合　军民融合产业结构为“一主两特”，“一主”为电子信息产业，共有曙光光电、宝军电子等在国内有影响力的单位35家，总产值204亿元。其中七二三所是我国舰船电子对抗的权威机构。“两特”为装备和新材料产业。装备行业集聚泰利特装、英泰、华富等企业。其中江都永坚为舰船减摇系统、运载火箭尾翼提供配套伺服液压油缸。2017年，66家军工及民口配套单位共实现销售230亿元，比上年增长13.3%，扬州经济技术开发区建有江苏省第8家省级军民结合产业示范基地。新增武器装备科研生产许可证单位2家、保密资质单位8家，累计分别达22家、66家。中共扬州市委与中船重工联合下发《关于扬州市与中船重工战略合作项目推进交流会的会议纪要》，扬州市政府成立“中国船舶重工集团扬州军民融合项目服务推进小组”。中船重工风帆蓄电池项目在高邮注册并通过环评。首次出台市级军民融合产业奖励政策，20个军品资质、民口配套军品和军转民产品项目获得奖励727万元。扬州大学防辐射特种玻璃研制项目获得工信部国防科工局专项科研资金1146万元。联能电子获得“第二届全国军民两用技术大赛”优胜奖。新扬新材料翼龙Ⅱ无人机在某军用基地首飞成功。（扬经信　李　晖）

■工业小微企业　2017年，全市工业小微企业实现开票销售2345.7亿元、入库税收96.5亿元，分别增长26.2%、24%。其中，规模以上工业小微企业实现开票销售1339.8亿元、入库税收49.1亿元，分别增长23.1%、22.5%。全市新增省级科技小巨人企业3家，省级“专精特新”产品3项。累计拥有省级科技小巨人企业15家，省级“专精特新”产品28项。全市共建成市级以上双创基地43个，总建筑面积371万平方米，入驻企业2500户，吸纳就业6.1万人。设立10家特色产业小镇示范点和25家双创基地示范点。江苏省信息服务产业基地(扬州)获批国家级小微企业创业创新示范基地。现有省级以上示范基地24家。制定出台《扬州市小微企业“两创示范”县、乡(园区)服务中心考核奖补方案》。全市82个乡镇(园区)，按照“五有”(有服务场地、服务网络、服务人员、服务制度、服务活动)建设标准，全部建成服务中心，实现服务中心乡镇全覆盖。2017年实施的第一期服务券，小微企业使用服务券跟116家服务机构签订服务合同6855份，合同金额8601万元，为小微企业降低服务成本超5000万元。8月15日，扬州市小微企业“两创”服务大厅暨“1＋N”公共服务网正式启用，集聚线上和线下各类服务资源，为小微企业提供一站式精准服务。（扬经信　李　晖）

■煤炭工业　2017年，扬州市煤炭企业生产原煤46.2万吨，增长11.21%；其中市属煤矿生产原煤41.55万吨，增长94.61%。实现营业收入1.66亿元，与上年基本持平，其中市属煤矿1.47亿元，增长

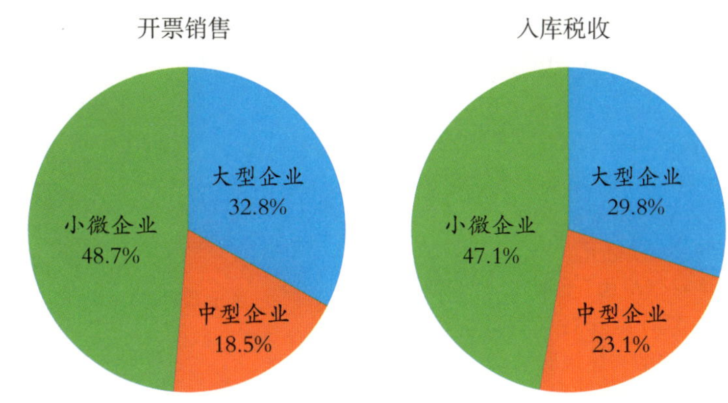

图17-1　**2017年全市大中小型企业主要经济指标占比情况图**

注：大中型企业数和小微企业数分别由市统计局、税务部门提供

（扬经信　李　晖）

106.66%。利润总额261万元，实现扭亏为盈，其中市矿务局利润总额439万元。全系统未发生死亡事故和上等级的非人身伤害事故，实现安全年目标；至年末，振兴煤矿、拾屯煤矿、旭东煤矿、徐州变电所、贵州变电所分别连续安全生产1484天、914天、636天、8228天、4087天。拾屯煤矿矿井关闭工作完成，449名职工基本安置结束，矿井爆破作业许可证、煤矿安全生产许可证完成注销，通过市、省组织的验收，接受国家验收组检查和国家督查组督查。旭东煤矿根据宝应县政府要求，实行煤矿整体托管。拾屯煤矿隶属于宝应县政府，是地方国有企业，位于徐州市鼓楼区九里办事处拾东村境内。1984年开始基建，1991年正式投入生产，核定生产能力18万吨/年，2017年2月9日省经信委正式批准矿井关闭，矿井服务年限为26年，关闭改制共涉及职工人数449人，关井费用约1.55亿元。 （朱介堂）

■建材工业 2017年扬州水泥、混凝土和钢结构行业实现销售收入98.43亿元，实现利税6.75亿元。

水泥生产。全市共8家水泥生产企业，有3.0米以上水泥磨机14台，年生产能力达1000万吨以上，主要生产P·Ⅱ 52.5、PO42.5、PC42.5、PC32.5R型水泥，共生产水泥901万吨，完成工业总产值22.88亿元，销售收入22.60亿元，实现利税1.27亿元。

商品混凝土生产。全市有混凝土企业60家，正常生产运行55家，正常生产的企业比上年增加4家。由于全市重点工程及道路施工需求，城区产量达700万立方米，江都区、宝应县、仪征市各130万立方米，高邮市120万立方米，全年生产总量增长近30%。全年实现销售收入48.40亿元，利税3.63亿元。

建材钢结构。至年末，全市钢结构企业累计制作各类钢结构42万吨，安装钢结构建筑房屋215万平方米，实现销售收入27.43亿元，利税1.85亿元，科技投入1500万元。

预拌砂浆生产。至年末，全市备案的预拌砂浆企业16家，砂浆运输车辆62辆，砂浆储存罐1350只。全市预拌砂浆产量110万吨，营业收入2.75亿元，基本与上年持平。

（卞海波）

■工业资产经营管理 2017年，扬州工业资产经营管理有限责任公司完成工业产值12.9亿元，销售12.62亿元，实现利税8101万元，利润2868万元，完成工业投入1.8亿元。

管理运行。系统各企业创新发展思路，调整应对严峻形势。中电科技扬州宝军电子有限公司询问机首次进入空军市场，数字信号处理器进军高铁板块；通信设备公司开发具有高技术含量和高附加值的数字式转子发电机组；扬州四菱电子有限公司利用重组契机，开拓市场，实施智能化生产线改造工程，开发压接式整流模块、方片模块等新品。借鉴阿米巴经营管理模式，高标准严要求管理，企业发展势头强劲，销售增幅和利润增幅分别为24.14%、49.04%；扬州晶新微电子有限公司调整生产线，扩大生产能力，销售收入增长46.44%。

推动项目建设，着力科研创新。中电科技扬州宝军电子有限公司军品科研保障项目全年累计完成投入3500万元；扬州晶新微电子有限公司投资1500万元的肖特基生产线进入安装调试阶段。全年累计完成新产品、新工艺开发48项，科技投入2500万元。晶新微电子小信号管市场占有率40%以上，位居全国第一，肖特基二极管技术在全国处于领先地位；中电科技扬州宝军电子有限公司相关产品进入高铁领域。

推进退城进园，加快企业改革。江苏通裕纺织集团一期工程建成，一棉、二棉生产线完成搬迁并投产，扬州裕华织造有限公司新厂区生产厂房建设完成，部分生产线试生产。扬州华源有限公司的破产清算工作基本结束，职工全部安置，土地交付市土地储备中心，通过“破产工作报告”和破产财产分配方案。扬州晶来电子公司经市中院裁定宣告破产，通过相关破产方案，债权债务清理和破产财产处置工作基本完成。扬州通信设备公司15%国有股权退出方案经市国资委研究论证后批复同意实施，完成审计评估工作，并在公共资源交易中心挂牌。 （韩 鸣）

电子信息产业

■概况 2017年，全市电子信息制造业实现规模以上开票销售610亿元。扬杰电子跻身全国半导体功率器

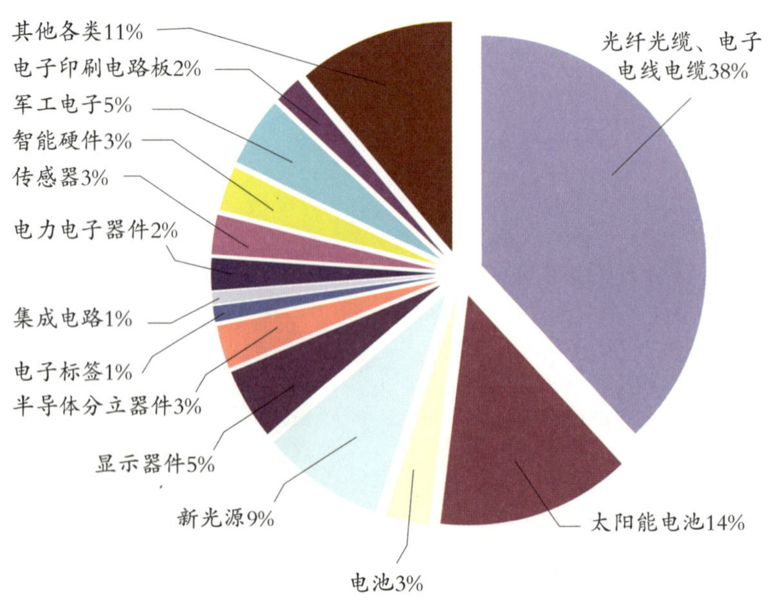

图17-2 **2017年全市电子信息制造业各行业、门类占比情况图**

（扬经信 李 晖）

件前五强；晶新微电子芯片销量占中国总量60%以上；稻源、永道和上扬3家企业的RFID产品占国内市场份额达40%。　（扬经信　李　晖）

■扬州首个物联网（NB-IoT网）正式商用　7月15日，扬州电信分公司宣布，扬州首个物联网（NB-IoT网）建成商用，在全市率先启用物联网（NB-IoT）商用，已在井盖、停车、燃气行业相继签约多个本地项目，树立起行业应用标杆。扬州市的首个物联网历时2年建设，累计投资超1亿元，共建设901个NB-IoT基站，实现NB-IoT网络全市全覆盖。

（扬经信　李　晖　杨　工）

■扬州国扬电子有限公司1200V/900A碳化硅（SiC）多芯片混合集成功率模块关键核心技术研发及产业化项目　该项目总投资8200万元，入选2017年度省级战略性新兴产业发展专项资金及项目投资计划，获投资补助800万元。项目目标产品为1200V/900A碳化硅（SiC）多芯片混合集成功率模块，具备高效率、低损耗、高开关速度等特点，广泛应用于新能源发电、轨道交通、电动汽车以及军事装备等领域。该项目拟采用企业自主开发的纳米银烧结、超声金属焊和大电流铜引线键合等新工艺技术，购置设备27台（套），建设一条大功率碳化硅多芯片混合集成功率模块生产线。项目建成后，将形成年产1200V/900A碳化硅（SiC）多芯片混合集成功率模块4万块。　（杨　工）

■扬州扬杰电子科技股份有限公司　2017年，扬州扬杰电子科技股份有限公司实现营业收入14.70亿元，增长23.47%；实现净利润2.67亿元，增长32.08%。

研发技术。紧跟市场需求，持续扩大微型贴片封装的研发投入，采用全新的高密度产品结构设计，其中高密度料片的贴片系列产品研发成功并实现大规模量产，为国内首家，可有效降低制造成本10%以上；投资新建小信号生产线，开发SOD&SOT系列产品，多款新品一次性实现量产，进一步扩大公司主营产品版图，以满足客户多元化需求。成立晶圆研发部，整合多方研发力量，研制放电管芯片及高压模块雪崩圆形芯片，改善提升TVS产品性能，发挥晶圆—封装—销售的协同效应，提高公司产品在智能交换机、通信设备、轨道交通等下游领域的竞争力；实现6英寸肖特基芯片的全系列开发，大范围覆盖各种电流电压规格，提升公司在消费类电子、安防、工控、汽车电子、新能源等下游应用领域的市场竞争力。组建MOSFET、FRED和IGBT器件研发及市场团队，专业从事于高端半导体功率器件的技术研究、产品设计和市场开发，实现数款中低压沟槽功率MOSFET产品的量产，产品性能和良率均达到国内同行最优水平；完成FRED和IGBT产品的技术积累和产品布局。掌握现阶段中低压MOSFET最新主流技术SGT MOS，为公司开拓同步整流电路及高频电路等高端市场奠定坚实基础。持续推进第三代宽禁带半导体项目的研发及产业化，加强碳化硅领域的专利布局，加大碳化硅芯片量产工艺相关自主知识产权的储备；针对650伏/1200伏碳化硅JBS产品，持续优化自主版图设计，导入新工艺制程，提升产品性能；开发并改进可与硅线相互兼容的生产工艺，以增强产能结构实时调整的能动性。

市场营销。持续推进国际化战略布局，继续加强德国办事处的建设，设立意大利办事处、法国办事处，完成EMEA（欧洲、中东、非洲）地区的销售网络搭建，实现海外市场与国内市场的双向联动，确保产品认证与批量合作的无缝对接；加强“扬杰”“MCC”双品牌推广，进一步发挥品牌影响力，推动与大型跨国集团公司的合作进程。以消费类电子、安防、新能源行业为市场发展基础，大力拓展工业变频、网通等工业电子领域，重点布局充电站（桩）、光伏微型逆变器、汽车电子等高端市场，挖掘公司新的利润增长点。以精准化营销、全方位服务的原则进行市场推广，设立行业开发经理及大客户开发经理，聚焦各行业内的标杆客户；加大对专业技术型销售人才的培养力度，推动技术型销售人才的培养，推动技术型销售人员与客户的同步互动，为客户提供有力的技术支持服务。

运营管理。加大对战略性高毛利产品的持续投入，巩固公司在行业内已形成的规模优势，获得更丰厚的边际效益；持续提升生产线自动化程度，微型贴片封装产品自动线全程实行CCD（图像控制器）监控，保证产品一致性，为客户提供更优质的产品。4寸晶圆线积极推进资源整合，实施扩产项目，成本优势不断增强，产品交货周期进一步缩短，可全方位满足客户需求；新投产的6寸晶圆线产能逐步释放，投入产出比、存货周转天数等各项指标均处于业内一流水平，进一步保证公司在芯片供应趋紧时的生产弹性。　（杨　工）

机械装备产业

■概况　2017年，扬州市机械装备产业完成工业产值3307.2亿元，比上年增长15.1%；规模以上机械装备企业实现开票销售1035.3亿元，增长12.7%，比上年末提升13.7个百分点，占全市规模以上工业的27.2%。随着PMI指数持续震荡上行，制造业景气度回升显著，开票销售连续4个月保持两位数增长，趋稳向好态势进一步巩固。全年除粮食机械行业下降18.4%、金属管件基本持平之外，建材机械、集装箱、家用电器、工程液压机械、环保机械、矿山冶金机械、电动工具、电线线缆、电工电器、金属加工机械等10个行业开票销售实现两位数增长，其中电线电缆、电工电器两个体量最大的细分产业开票销售分别增长16.2%、13.2%。全市923家规模以上机械装备企业中，开票销售超5亿元的有26家，合计开票销售558.3亿元，增长17.4%，增幅高于机械装备产业4.7个百分点，总量占机械装备产业的53.9%，拉动机械装备产业增长9.2个百分点。小微企业“断崖式”下滑。开票销售不足1000万元的有192家企业，企业数占机械装备产业的20%，合计开票销售7.1亿元，下降56.1%，规模仅占机械装备产业的6‰。潍柴动力扬柴、亚威机床、宝胜电气等3家企业在建智能车间项目，获批2017年度国家智能制造综合标准化与新模式应用项目，项目数居全省首位。奥新科技等18家企业的新产品获批2017年江苏省首台(套)重大装备及关键部件，创历史新高。亚威机床、扬力集团、恒佳自动化和创新包装等企业参展2017年世界智能制造大会。亚威机床的“钣金行业智能制造系统解决方案”项目和万润软件的“移动互联网＋项目综合管理系统”项目分别获省制造业企业类、服务机构类第二名。

(扬经信　李　晖　杨　工)

■政策支持　5月，中共扬州市委、扬州市政府出台《关于促进先进制造业加快发展的政策意见》《关于进一步支持软件和互联网、机械及特色高端装备、汽车、食品产业加快发展的政策意见》等一系列政策文件，更加突出发展先进制造业，加大对汽车、机械等装备产业的扶持力度，尤其是重点支持高端装备制造业。全年机械及特色高端装备产业共37个项目通过评审，累计奖补金额1819.3万元。

(扬经信　李　晖)

■重大项目　全市认定机械装备产业新竣工工业重大项目18项，占全市工业重大项目的17.6%，新达产工业重大项目22项，占全市工业重大项目的28.6%。重大项目的高端化、智能化趋势日益突出，如迈安德集团智能化食用油制取装备、恒佳自动化钣金机器人及成套装备、扬力铸锻高速精密压力机扩产建设等。

(扬经信　李　晖)

■高端装备制造业　高端装备制造业基地再添新成员。江都区高端装备制造产业园通过江苏省高端装备制造业特色基地认定，全市累计有5个园区通过省级高端装备制造业示范和特色基地认定，特色产业集聚优势进一步显现。高端装备赶超工程取得新突破。重点企业抢抓省市共建扬州数控装备特色产业战略契机，加大研发力度，加强核心技术攻关，在高端装备研制和进口装备替代方面取得成效。扬力集团25000KN闭式四点八连杆压力机、亚威机床FB-2516A-FMC数控多边折边单元、创新包装粉料高速高精度全自动阀口包装机组研制及产业化三个项目获得省高端装备赶超工程认定。　(扬经信　李　晖)

■3项目获批国家级智能制造项目

工信部、财政部2017年智能制造新模式应用专项中，市经信委、财政局组织申报的亚威机床高档数控机床关键功能部件、潍柴动力扬柴轻量化发动机数字化车间、宝胜电气环保节能电气智能车间等3个项目获批，实现全市国家级智能制造项目零的历史性突破，项目累计奖励资金2700万元，项目数和资金数居全省首位。　(扬经信　李　晖)

■18个产品获批江苏省首台(套)重大装备及关键部件　2017年，全市省首台(套)重大装备通过认定18项，列全省第4位，全市首台(套)认定项目数达93项。其中，海力精机HPP-5000P超大型智能化高效精密粉末成型机、一重数控ZQX-12530型双龙门数控钢板钻铣切割复合加工生产线、澄露环境GTS系列生活垃圾智能化连续处理装置等一批重点装备达到国际先进、国内领先技术水平。　(扬经信　李　晖)

2017年扬州市机械装备产业部分高端化、智能化新竣工、新达产重大项目情况表

表17-3

申报企业名称	项目名称	地　区
迈安德集团有限公司	智能化食用油制取装备	邗江区
扬州恒佳自动化设备有限公司	钣金机器人及成套装备	邗江区
江苏扬力铸锻有限公司	高速精密压力机扩产建设	广陵区
扬州新扬开关设备有限公司	大型精密数控机床	广陵区
江苏海德森能源有限公司	智能电网储能设备	高邮市
江苏海德森能源有限公司	智能电网储能设备	高邮市
江苏华富储能新技术股份有限公司	智能电网储能设备	高邮市
江苏华富储能新技术股份有限公司	智能电网储能设备	高邮市

(扬经信　李　晖)

2017年扬州市获批省首台(套)重大装备及关键部件一览表

表17-4

企业名称	装备名称	地　区
扬州惠通化工科技股份有限公司	LCPP-2700型液相增粘生产装置	扬州经济技术开发区
海沃机械(中国)有限公司	BC4600型车载垃圾桶清洗设备	广陵区
扬州电力设备修造厂有限公司	HQ核级气动执行机构	广陵区

续表17-4

企业名称	装备名称	地　区
扬州市驰城石油机械有限公司	CCSY-Y型压裂返排液直排处理系统	邗江区
扬州金威环保科技有限公司	JWBWS30H型自动化流水线垃圾桶清洗成套设备	邗江区
扬州市伏尔坎机械制造有限公司	VUL91750TCDZH型十轴线40轮液悬超低组合车	邗江区
扬州华铁铁路配件有限公司	HL-15-9-18型主动式变极变能成套防雷系统	生态科技新城
江苏一重数控机床有限公司	ZQX-12530型双龙门数控钢板钻铣切割复合加工生产线	江都区
扬州快乐机械有限公司	BY1617X10/64定向刨花板热压机组	江都区
扬州澄露环境工程有限公司	GTS系列生活垃圾智能化连续处理装置	江都区
扬州显业集团有限公司	LXFJ-1200型固态白酒智能化连续发酵系统	江都区
江苏江鹤包装机械有限公司	JH-VCP10全自动立式装箱机	宝应县
江苏奥新科技有限公司	RM4680就地热再生双层摊铺一体机	宝应县
江苏金友电气有限公司	ZB2-12/0.4-1000型智能光伏预装式变电站	宝应县
江苏仪征华宇机械有限公司	5XFCT-10型种子大型智能优选加工成套设备	仪征市
扬州市海力精密机械制造有限公司	HPP-5000P超大型智能化高效精密粉末成型机	仪征市
江苏奥利思特工程设备有限公司	(150000～300000)Nm3/h智能催化法烟气脱硫装置	高邮市
江苏华富储能新技术股份有限公司	Y-500kW1.2MWh型移动式微电网储能系统	高邮市

（扬经信　李　晖）

■江苏亚威机床股份有限公司 2017年，江苏亚威机床股份有限公司实现营业收入14.39亿元，增长23.07%；实现营业利润1.19亿元，增长40.49%；实现净利润9471万元，下降18.91%。其中，金属成形机床业务实现营业收入10.04亿元，增长12.65%；激光加工装备业务实现营业收入3.73亿元，增长48.88%；智能制造解决方案业务实现营业收入6200万元，增长127.83%。

推进智能制造升级战略。加强智能制造基础设施建设，投资1.7亿元推进生产车间的智能化工厂改造。对外加速外延式发展步伐，拓展智造服务产业链。联合省、市、区三级政府及专业投资机构，共同设立10亿元规模智能制造产业并购基金，运用各方优势，提高公司项目开发和投资能力；并购昆山艾派斯软件科技有限公司，实现以MES为核心的智能制造软件与机床产品的有机结合，形成面向数字化工厂的智能制造软硬件一体化解决方案；参股苏州镭明激光科技有限公司，布局面向半导体行业的皮秒精密激光加工设备。

提升自主创新能力。加大研发投入和研发人才队伍建设力度。全年研发投入8371万元，增长24%；利用省级重点企业实验室等高端研发平台，分别在意大利、南京等地设立研发分支机构，高素质研发人才集聚加速，年末技术人员占比达22%。技术创新硕果累累，获批工信部智能制造专项和江苏省经信委高端装备研制赶超工程项目；获中国机械工业科学技术二等奖一项、扬州市科技进步一等奖一项；获授权专利45项，其中发明专利3项，获软件著作权2项；获批中国锻压标委会剪折机械分标委会秘书处单位，主持和参与制定的4项国家标准颁布实施。大幅提升光纤激光切割机的加工效率和质量，进一步缩小与先进同行的差距；8千瓦及12千瓦超高功率激光切割机成功交付客户并完成多台套销售；上下料装置、自动更换割嘴等装置实现客户应用，提高激光产品自动化水平；推进数控激光切管机的研制，初步实现样件切割；冲割复合机完成技术开发，复合冲床与激光的技术特点，可以实现复杂钣金零件一次成形加工。为精功集团、宝沃汽车等企业提供基于线性和水平多关节机器人的智能制造服务，为中航宝胜、大众动力总成等钣金、汽车行业多家知名客户提供钣金自动化车间、工厂信息化及物流自动化等智能制造解决方案。为昆山沪光汽车电器有限公司打造智能工厂，实现车间生产和厂内物流全程可视、可控，以及物料的自动化出入库和自动配送、成品自动码垛，大幅减少人工、提升生产效率。

市场拓展。全年实现有效合同17.6亿元，增长24%。继续扩大在相关细分行业和区域市场的竞争优势，提升市场占有率，产销规模稳步增长。国际市场继续优化代理商结构，提高高端、智能产品出口占比，签订有效合同2.14亿元，增长40%；其中激光加工装备出口合同8000万元，增长225%。进一步加大新兴产品业务的市场拓展力度，金属成形机床自动化成套生产线合同3.7亿元，增长34%，个性化、定制化产品占比稳步提升，其中铝板精整加工自动化生产线市场推广取得阶段性成果，进军南山铝业等铝加工行业龙头，实现有效合同6000万元。激光加工装备合同总额4.9亿元，增长66%，其中母公司中高功率光纤激光切割机有效合同3.2亿元，连续三年翻倍增长。线性和水平多关节机器人在满足库卡、徕斯、亚威内部需求的基础上，开拓

外部市场，得到客户充分认可，实现订单6500万元，品牌效应初步形成。

（杨　工）

■扬力集团股份有限公司　2017年，扬力集团股份有限公司实现应税销售29.79亿元，完成工业增加值11.58亿元，分别增长22.65%、12.42%。产品结构持续优化，伴随着传统J23和普通剪、折产品市场份额的收缩，激光切割机、伺服液压机以及气动、闭式、门式、高速压力机等高新技术产品进一步呈现增长态势。基础件产能提升明显，铸件增产1.01万吨，焊接件增产4.59万吨。五大事业群经营实绩分别呈现不同程度的增长。

市场拓展。2017年，各营销分、支公司尤其是A级支公司精耕细作，把握所在区域的市场商机。全年实现外贸回笼1.6亿元，其中自营出口9500万元，代理出口6500万元。

科技创新。全年共开发2000吨闭式四点多工位压力机、1200吨闭式双点多连杆多工位压力机、500吨四点大台面高速落料压力机、630吨热模锻压力机、1100吨龙门单点偏心轴压力机、WL1803FT大幅面板管一体机、CL2513F卷板激光切割机、2500吨门式重型热锻液压机、1250吨多级控制高效液压机等新产品32个。先后为海尔、美的、TCL、惠而浦、小天鹅等高端客户设计制造28条自动化连线产品，特别是交付给海尔智慧厨房互联工厂的国内首条“不锈钢”集烟腔全自动冲压生产线，在家电行业自动化冲压领域树立标杆，彰显扬力在自动化系统集成方面的实力。

工艺进步。针对螺纹加工、球杆研磨、运动面刮研、整机装配等特定工艺问题出台一系列工艺规范，强化工艺纪律执行力度，提高各类零件的工艺稳定性。通过消失模铸造线、机器人坡口机、自动焊接生产线、高速数控铣齿机、高精度数控加工中心、大型长轴车床、高档气氛氮化炉等中高端技改项目的实施，进一步提高集团的整体工艺通过能力，为全面提升产品质量奠定基础。

质量体系。注重质量信息的闭环管理，在强化拆机检验、错漏检考核的基础上，重点针对发出商品或已检验合格产品的投诉、退货、返工、服务等方面的信息，实施严格的质量追溯，落实相应的处罚与整改措施，进一步提升客户对扬力品牌的认可度。注重滚动内审的实效性管理，对审核中重复出现的不符合项同步实施追溯机制，强化对体系运行有效性的监管。推进质量体系换版筹划工作，先后通过江苏省工业企业AAA级质量信用等级评审和测量管理监审。

（扬　力）

汽车及零部件产业

■概况　2017年，全市汽车及零部件产业有规模以上企业226家，拥有整车（含新能源汽车生产企业）生产企业3家，改装车生产企业10家，另有低速电动车生产企业3家；省汽车产业基地5家。规模以上企业全年实现产值1280.2亿元，增长9%；全年累计开票销售671.1亿元，占全市规模工业总量17.6%。全市整车产量36.27万辆，下降22.5%；销量34.5万辆，下降26.1%。改装车产量7.5万辆，增长8.7%；销量7.2万辆，增长4.3%。另有低速电动车产量1.73万辆，下降17.6%；销量1.79万辆，下降1%。车辆产品生产企业累计开票销售317.6亿元，乘用车仍然稳居第一，专用车和皮卡增幅明显，特别是中集通华、江淮轻型车、盛达特种车等企业开票销售增幅均超30%。全市新增《道路机动车辆生产企业及产品公告》（简称《公告》）内专用车生产企业2家，全市《公告》内汽车生产企业累计达13家，整车产能达70万辆。

（扬经信　李　晖　杨　工）

2017年扬州市《公告》内汽车企业名单一览表

表17-5

企业名称	主要产品	地　区	备　注
上海大众汽车有限公司仪征分公司	乘用车	仪征市	
扬州亚星客车股份有限公司	客车	邗江区	
扬州亚星商用车有限公司	客车	邗江区	
扬州盛达特种车有限公司	专用车	邗江区	
江苏九龙汽车制造有限公司	客车	江都区	
扬州江淮轻型汽车有限公司	轻型货车	江都区	
扬州中集通华专用车有限公司	专用车	扬州经济技术开发区	
江苏银宝专用车有限公司	专用车	宝应县	
扬州新亚车辆有限公司	专用车	邗江区	
扬州三源机械有限公司	专用车	邗江区	
江苏卫航汽车通信科技有限责任公司	专用车	仪征市	
扬州金威环保科技有限公司	专用车	邗江区	2017年取得资质，公告297批
江苏华东特种车辆有限公司	专用车	江都区	2017年取得资质，公告298批

（扬经信　李　晖）

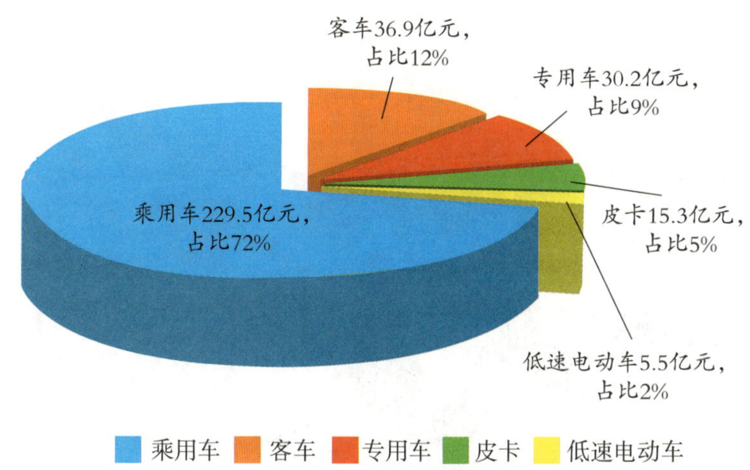

图17-3 **2017年全市车辆产品生产企业分车型开票销售情况图**

（扬经信 李 晖）

■产业链配套 全市有规模以上汽车零部件制造企业210家，包括亚普油箱、潍柴扬柴、双环活塞环、奥力威传感等一批基础较好、实力较强、品牌知名度较高的零部件制造企业，范围涵盖汽车动力系统、底盘、车身内外饰、汽车电子等，主要产品包括轻型柴油发动机、塑料燃油箱总成、变速箱壳体、散热器、内饰件、钣金件、座椅、轮毂等。拥有国家级企业技术中心1个，拥有汽车及零部件产品数字化设计与制造技术、汽车及零部件企业节能技术推广应用、车用热交换器研发和性能试验检测、省级汽车燃油系统检测、仪征汽车及零部件等科技公共服务平台。亚普以扬州总部为基础辐射建成6个海外工厂，形成全球开发和生产供应网络。依托上汽大众仪征公司，国际一流的现代化仪征汽车工业园区基本建成，形成整车及配套零部件"1＋100"的产业格局，具备50万辆整车的生产能力，集聚西门子、江森、彼欧、延锋、纳铁福、安通林、吉凯恩、旭硝子等一批国际知名的零部件百强企业落户，主要生产新桑塔纳、浩纳、斯柯达昕锐、昕动等四款车型。

（扬经信 李 晖）

■技术研发 至年末，全市汽车产业拥有省级以上高新技术企业60余家，有扬州亚星客车股份有限公司的JS6101GHBEV型纯电动城市客车、海沃机械（中国）有限公司的Alpha FC A157公路自卸车用伸缩式套筒液压缸、扬州中集通华专用车有限公司的THT9405TJZB型集装箱运输半挂车、江苏罗思韦尔电气有限公司的新能源汽车动力电池新型PACK系统等省级高新技术产品100余个。拥有省级工程技术研究中心2家，企业院士工作站2个，国家级博士后工作站1个，省级博士后工作站2个。被列入江苏省2017年度企业重点技术创新导向计划项目近30个，省重点推广应用的新技术新产品3个。

（扬经信 李 晖）

■重大项目建设 2017年，全市有5个汽车产业重大项目在建，分别为奔羽电动车（扬州）有限公司的20万台（套）智能电动汽车关键零部件项目，预计固定资产总投资5071万元；江苏威昂新能源科技有限公司的电动汽车项目，预计固定资产总投资1.5亿元；鹰革沃特华汽车内饰材料（扬州）有限公司的280万平方米汽车座椅皮革项目，预计固定资产总投资6.5亿元；江苏天雅万印毯业科技有限公司的800万平方米汽车高档装饰毯项目，预计固定资产总投资1.1亿元；江苏汉和日用品股份有限公司的年产12000吨汽车塑料配件，预计固定资产总投资1.5亿元。

（扬经信 李 晖）

■新能源汽车 全市新能源汽车产业覆盖整车制造、关键零部件配套、充电设施生产与建设等多领域。整车制造方面，拥有亚星客车、九龙汽车2家新能源整车生产资质企业，产品涵盖公交、客运、物流、通勤、商务等多领域，九龙汽车通过与知名院校研究所和企业的合作，形成从整车制造到新能源汽车关键核心配套的全产业链生产布局。2017年，全市《新能源汽车推广应用推荐车型目录》内新能源汽车产销量分别为5159辆、4926辆；另有道爵、威昂新能源科技、五环龙等3家低速电动车生产企业，道爵（含威昂）的低速电动车产销量居国内前列。零部件方面，中兴派能、孚安能源、金阳光锂电等新能源汽车关键零部件项目相继投产，产业配套不断完善；充电设施方面，全市有充电设施生产企业3家，分别为智绿、北辰电气、鼎充能源，全年实现产值1.58亿元、销售额1.39亿元。在氢燃料方面，全市有氢燃料电池生产企业1家，江苏氢璞创能科技有限公司，主要开展燃料电池电堆、燃料电池发动机系统等研发生产，年最大产能6000台，全年电池单体出货量2000台，实现产值6.5亿元。

（扬经信 李 晖）

■上海大众汽车有限公司仪征分公司 上海大众汽车有限公司仪征分公司位于仪征市汽车工业园内，于2012年7月建成投产，占地128.05万平方米，建有冲压车间、车身车间、油漆车间、总装车间、技术中心、培训中心、能源中心、装车发运和零部件配送中心，以及办公楼等相关配套生产辅助设施，年产能30万辆，是典型的"分钟工厂"。仪征分公司是上海大众汽车有限公司的首家标准化工厂，也是德国大众汽车集团在中国的首家标准化工厂。广泛采用大众汽车集团2010生产工艺，冲压车间建有两条国内最先进、自动化程度最高的高速冲压生产线；车身车间的机器人高效运用点焊、激光焊接、单面焊、螺柱焊、涂胶、折边等加工工艺；油漆车间采用无中涂水性漆涂装工艺和电泳第四代RoDip技术；总装车间采用世界领先的拉动式物流供货模式，现场使用全程全高度自由升降式整车吊架和模块化的精益生产装配模式，大幅降低设备投入、劳动强度，是节能减排、绿色环保的标准化工厂。2017年，公司全年实现产量35.7万辆，销售33.92万辆。（杨　工）

■扬州亚星客车股份有限公司　扬州亚星客车股份有限公司主要业务为客车产品研发、制造与销售，产品覆盖范围5～18米各型客车，主要用于公路、公交、旅游、团体、新能源客车和校车等市场。2017年，公司完成客车生产5791辆、销售5728辆，分别下降3.92%、5.2%；实现营业收入23.87亿元，下降29.71%；实现净利润4282万元，下降31.28%。全年共销售新能源客车1556辆，产品以优质的质量和性能受到市场的认可和用户的好评，成为公司重要的利润来源。多措并举，提升经营和管理水平。加强研发与营销、市场的互动，为产品的规划找到方向。对质量管理体系进行提升，通过环安体系认证；开展校企合作，在高产期提供稳定的一线技能人才；开展质量专项整改工作，焊接质量明显提升；精益管理持续进步，评审分数明显高于上年；加强海外服务响应速度，稳定传统客户；通过集团委贷、供应链融资、银行贷款、融资租赁等多种方式筹措资金，维持资金平衡。（杨　工）

■亚普汽车部件股份有限公司　2017年，亚普汽车部件股份有限公司及控股子公司在国内外共计销售塑料油箱950.37万只，其中在我国境内销售塑料油箱754.39万只，占我国整个乘用车油箱市场的30.41%。销量增长6.91%，其中海外市场销量占集团总销量的20%以上。

坚持自主创新，掌握核心科技。公司在中国扬州、美国密歇根特洛伊、德国特洛伊斯多夫、亚普印度普宁共设有4个工程技术中心，为公司科技创新有效发展提供强有力的平台支撑。位于总部扬州的国家级技术中心，具备全球同步开发的能力，拥有亚洲最完整的开发手段和汽车油箱系统成套检测设备，并获得ISO/IEC17025实验室能力认可。公司不断加大研发投入，提升研发装备水平，建立产学研合作机制，推进创新人才队伍建设。2015年，亚普获批设立国家级博士后工作站，2017年首位博士后博士完成出站评审。

亚普汽车部件股份有限公司油箱生产线　　亚普公司/供稿

优化企业管理，突出专利模块。公司加强知识产权管理体系的建设和管理。通过提升知识产权管理水平，实现科技创新管理，保护亚普研发成果。至年末，亚普及子公司拥有境内发明专利35项，实用新型专利240项，外观设计专利5项；拥有境外专利10项。

打造智能制造，加速转型升级。公司以推动“两化”融合和加速企业转型升级为契机，打造智能化生产制造新模式，全面构建企业信息化管控能力。2017年获工业和信息化部颁发的“2017年制造业双创平台试点示范企业”、江苏省人民政府颁发的“江苏制造突出贡献奖优秀企业”等称号。

严把质量关卡，推进品牌建设。2017年，先后通过Q1质量体系、ISO 17025环境体系、OHSAS 18000职业安全卫生管理体系认证等第三方体系认证。公司制定《燃油机总成蒸发排放限值及测试方法》《燃油机总成加油污染物排放限值及测试方法》《燃油机晃动噪音要求及测试方法》三部企业标准，通过审核批准开始执行。公司获江苏省政府颁发的“江苏省重点名牌产品”称号，并先后获长安福特、上汽通用、上汽大众、广汽本田、菲亚特—克莱斯勒、长安马自达、神龙公司等客户颁发的“优秀供应商”“卓越合作伙伴”等奖项。（亚　普）

■江苏奥力威传感高科股份有限公司　2017年，江苏奥力威传感高科股份公司实现营业收入6.02亿元，比上年增长4.63%；实现净利润1.01亿元，比上年增长4.99%。至年末，公司拥有发明专利10件、实用新型专利49件。研发部被确定为江苏省车用传感器多参数集成工程技术研究中心和江苏省企业技术中心。

市场开拓。传统能源业务方面，跟踪客户端项目和产品的升级换代，进一步发掘传统燃油系统领域的业务增长潜力。重点开发的国六法规排放下的OBD蒸汽压力传感器正式小批量生产，金属加油管项目中试结束，样品提交客户试用，反馈良好。新能源业务方面，实施转型突破，全年新增多家新能源客户，如车和家、萤石、大郡、梦达驰、巨一等。储备技术资源，明确新能源业务发展方向，重点项目汽车电机绝缘环和电机控制滤波组件全面量产，并开发相关的电池附件产品。

生产布局。公司多年来紧跟国内OEM主机厂布局步伐，开设多家全资和控股子公司，取得业绩的平稳增长。2017年武汉奥力威完成各项运营管理验收，新建控股子公司慧奥装备模具厂正式运营；控股合资公司江苏舒尔驰巩固传统客户的同时突破多家主流客户，销售业绩取得较大幅度的增长。

海外并购。开展海外并购业务，公司全资子公司欧洲奥力威收购欧洲舒尔驰公司32%股权，欧洲舒尔驰公司终端客户为德国大众、宝马、奔驰等世界顶级的汽车制造商，在汽车精密冲压技术领域具有国际先进制造水平。（杨　工）

船舶及配套件产业

■概况　2017年，受国际航运市场整体回暖的影响，扬州市三大造船指标有升有降，销售规模大幅增长。船舶产业实现五年来首次增长，全市46家规模以上船舶企业开票销售97.6亿元，比上年增长28%，入库税收1.7亿元，比上年增长68%。扬州中远海运重工有限公司实现倍增，2017年实现开票销售42.6亿元，增长180%，9400TEU(标箱)集装箱船、30.8万吨VLCC-01船和15.8万吨苏伊士Max油轮-01船的顺利下水，标志着扬州市建造“大、高、新”船舶产品能力有新突破。中航鼎衡造船有限公司居细分市场首位，在中小型化学品船手持订单量世界第一，交付量国内第一。船舶行业重组加速推进，扬州大洋造船有限公司与江苏苏美达集团公司实施重组，有望成为央企中国机械工业集团有限公司旗下子公司。舜天造船(扬州)有限公司从江苏舜天船舶股份有限公司中剥离，成为江苏省国信资产管理集团公司的子公司。（扬经信　李　晖）

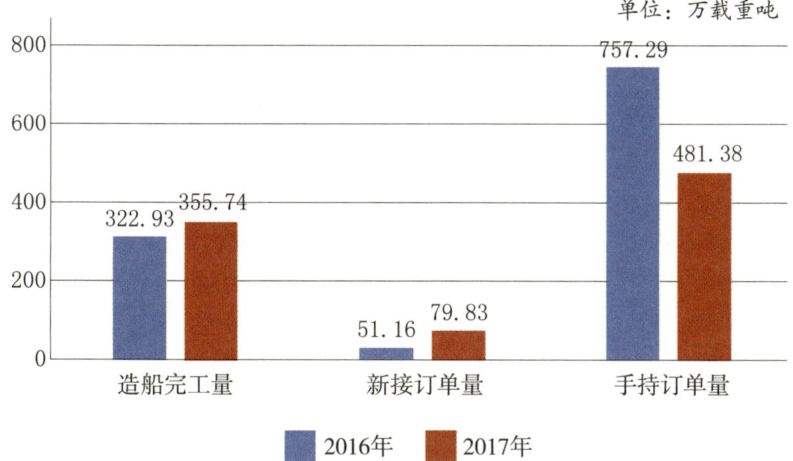

图17-4　**2017年扬州市船舶产业造船行业三大指标图**

（扬经信　李　晖）

■扬州中远海运重工有限公司　扬州中远海运重工有限公司是中国海运集团大型船舶建造基地，生产区占地295公顷，厂房面积43万平方米，岸线长3.5千米，拥有大型船坞3座、10万吨级船台1座、2200米长舾装码头1座(泊位4个)。主要建造集装箱船、成品油船、散货船、化学品船等运输船舶和海洋平台等海工装备，主要产品有4.6万吨系列成品油船、5万～8万吨系列散货船、11万吨阿芙拉油船和大型钢质浮船坞等。年造船能力350万载重吨。2017年，公司实现开票销售42.6亿元，增长180%。

1月17日，扬州中远海运重工有限公司为美国TRF船舶管理公司建造的20.8万吨散货船“TRF CHARLESTON”签字交付，“TRF CHARLESTON”总长299.95米，型宽50米，型深24.9米，设计航速14.5kn，入级DNV-GL。该船是公司为TRF建造的两艘同类型船舶中的首制船，3月23日第2艘20.8万吨散货船“HL PORT WALCOTT”签字交付。3月24日，为民生金融租赁建造的6.4万载重吨系列散货船第5、6号船(CIS64000-17/18)命名交付。3月28日，公司3号码头命名交付一艘10.5万吨散货船“金海辉”，该船是福建海运集团在江苏公司订造的两艘10.5万吨系列散货船中的第2艘。5月19日，为民生金融租赁建造的6.4万载重吨系列散货船(CIS64000-19)和为希腊GOLDPORT公司承建的第5艘3.8万吨系列散货轮命名交付。5月22日，为达飞航运建造的9400TEU集装箱船“CMA CGM RODOLPHE”命名交付，该船的交付标志着公司在大型化高端船型建造技术、生产管理和质量管控等方面满足世界一流船东公司的高标准、高要求，尤其是在大型集装箱船领域实现重大突破和跨越，建造能力达到国内外先进造船企业的水平。6月12日，为交银租赁&达飞航运建造的9400TEU集装箱船“CMA CGM Antoine”命名交付。7月20日，在公司1号舾装码头交付一艘为民生租赁建造的6.4万吨散货船(CIS64000-32)。7月31日，公司批量承建希腊船东Trade and Transport Inc.的11.4万载重吨阿芙拉系列油轮中的一号船和二号船(CIS114K-01、02)顺利出坞。10月9日，建造的30.8万吨VLCC-01船和15.8万吨苏伊士油轮-01船顺利下水。11月24日，为交银租赁和达飞航运建造的9400TEU集装箱船“CMA CGM LISA MARIE”命名交付，这是公司为交银租赁和达飞航运建造交付的第3艘9400TEU集装箱船，也是该公司今年交付的第15艘船，交船总计达138万载重吨。12月19日，为达飞航运建造的9400TEU集装箱船4号船“CMA CGM JACQUES JOSEPH”轮命名交付。（杨　工）

■中航鼎衡造船有限公司　中航鼎衡造船有限公司是定位为建造高端不锈钢化学品船和中小型液货船为主的专业建造基地，按照同时建造4艘1万～1.5万吨船舶的两个宽体船坞进行规划布局。2017年，中航鼎衡造船有限公司实现开票销售收入13.33亿元。

3月15日，为瑞典船东Terntank集团建造的1.5万吨双燃料化学品船姊妹船最后一艘船“TERN OCEAN”

号交付。4月21日，为瑞典船东Erik Thun AB公司建造的1.63万吨双燃料化学品船3号船开工，1.63万吨化学品船采用双壳单甲板单机单桨设计，入级法国BV船级社，采用主机MGO＋LNG直接满足要求，辅机安装独立的SCR系统，废气排放满足TierⅢ要求并将获取TierⅢ证书。将首次采用双燃料惰性气体处理装置，氮氧化物减排约85%，硫氧化物减排99%，二氧化碳减排约50%。6月24日，为美国船东公司建造的3.7万吨沥青船2号船下水。7月14日，为美国船东CTG集团建造的2.5万吨不锈钢化学品船第6艘船"BOW NEON"交付，下水后周期创纪录缩短到118天交付。8月15日，为瑞典船东Sirius集团建造的7999吨化学品船首制船(Hull No.AD0030)开工，该型船长119米，宽19.4米，设计吃水7.4米，1A冰级符号，入籍法国BV船级社。采用EVOlution设计，艏部配备全回转艏侧推，可实现Take me home功能。同时，该船将使用LNG Ready两冲程主机，配备废气清洁系统HPSCR，辅机配备Catamizer以控制氮氧化物的排放，甲板区域进行特殊加固以保证能够安放2个LNG燃料舱。8月30日，美国CTG公司建造的2.5万吨不锈钢化学品船7号"BOW PALLADIUM"交付。9月23日，为瑞典船东Furetank公司建造的1.63万吨双燃料化学品船首制船下水，同在一个坞内的2.5万吨不锈钢化学品船8号船随后下水出坞。11月30日，为挪威船东Utkilen集团建造的9900吨不锈钢化学品船首制船(Hull No.AD0046)开工，该型船长129.5米，宽19.4米，设计吃水8.0米，1A冰级符号，入籍DNV&GL船级社。使用LNG Ready两冲程主机，并申请Gas ready船级符号，同时主机和发电机均配备废气清洁系统SCR；货舱采用不低于2.7Mo含量不锈钢建造，能运输绝大部分比重小于2.0的化学品货物。12月15日，为瑞典船东Erik Thun AB公司建造的1.75万吨化学品船首制船开工。（杨　工）

■**江苏金陵船舶有限责任公司**　金陵船舶是中国外运长航集团船舶重工南京金陵船厂(简称长航重工金陵船厂)投资建设的56万吨级以上大中型船舶建造基地，占地面积90公顷，占用长江岸线1452米，具有国家一级Ⅰ类钢质一般船舶生产资质，主营产品为56万吨级以上巴拿马型和阿芙拉型油船、散货船等。公司有10万吨级、20万吨级干船坞各1座，可同时停靠多艘万吨轮的舾装码头2座，500吨门座式起重机4台，1250吨油压机1台，四喷六涂、四喷四涂标准化环保型喷沙涂装车间各1座，420米×36米船体车间8跨和数控机械手肋骨冷弯机、纵骨焊接机、全数字化精细旋转坡口等离子切割机等现代化生产设备，形成完整的船舶和分段建造体系，能建造20万吨以下的各类船舶，年造船能力达120万载重吨。2017年，江苏金陵船舶有限责任公司实现开票销售13.29亿元。

1月9日，为山东海运股份有限公司建造的首艘8.2万吨散货船"山东福恩"轮命名交船。4月25日，为安吉物流旗下安吉航运有限公司建造的第一艘3800车位汽车运输船签字交船。该船是国内首艘智能型汽车运输船，也是国内第一艘取得中国船级社Greenship Ⅱ(绿色船舶Ⅱ)入级附加标志的汽车运输船。3800车位汽车运输船总长169米、船宽28米，共有10层车辆甲板，可一次装载小轿车3800辆。拥有无人机舱、节能毂帽鳍、LED照明、低压二氧化碳系统、二层全电动升降甲板、全景驾驶桥楼、船岸一体智能化管理系统和能效在线管理系统等特色配置。具有装载量大、油耗低、适货性强、自动化程度高、外形美观等特点。5月31日，为宁波海运建造的第3艘4.95万吨散货船签字交船。6月1日，为澳大利亚TOLL SHIPPING公司建造的首艘1.2万吨滚装船点火开工。1.2万吨滚装船是目前世界上先进、绿色的货物滚装船，全长210米，型宽28米，型深18米，能装载250个MAFI单元/700TEU以及60辆小型汽车。10月10日，为山东海运股份有限公司建造的第三艘8.2万吨散货船"山东福慧"轮命名交船。10月24日，金陵船厂为中谷海运建造的首艘2500箱集装箱船"中谷厦门"轮签字交船，比合同期提前5个月。"中谷厦门"轮总长180米，型宽32.2米，型深16.2米。与同型船相比，该船型能耗低、性能优、装箱多，部分指标达到世界领先水平，获得中国船级社绿色船舶证书。（杨　工）

石油化工产业

■**概况**　2017年，全市144家规模以上石油化工企业完成开票销售525亿元、入库税收17.8亿元，分别增长21.3%、8.2%，增幅较上年末分别提升15.8、5.7个百分点，分别高于全市规模以上工业平均增速6.5、8.2个百分点；规模以上石化工业开票销售、入库税收分别占全市规模以上工业开票销售、入库税收总量的13.8%、11.3%，占比比上年分别提升0.4、0.3个百分点。扬州化工园区规模以上工业企业实现开票销售230.7亿元、入库税收6.2亿元，分别增长21.7%、26%，增幅分别高于全市规模以上石化产业平均增速0.4、17.8个百分点；化工园区规模以上工业开票销售、入库税收分别占全市规模以上石化产业开票销售、入库税收总量的43.9%、34.8%，占比较"十二五"末分别提升6.3和6.5个百分点。得益于产品价格上涨、市场需求增加，全市石化产业重点企业均实现较大幅度的增长。以石油加工为代表的扬州石化有限责任公司，全年实现开票销售比上年增长24.3%；以农药产品为代表的江苏扬农化工集团有限公司，全年实现开票销售比上年增长30.6%；以化纤产品为代表的中石化仪征化纤有限责任公司，全年实现开票销售比上年增长22.5%。（扬经信　李　晖　杨　工）

金茂化工

■**概况**　2017年，江苏金茂化工医药集团有限公司(简称金茂化工)工业实现现价产值、销售收入、利税、利润分别为118亿元、123亿元、15.3亿元、11.6亿元，分别增长37%、40%、40%、54%。加上国药控股扬州公司等流通企业，全年集团实现营业收入、利润分别突破160亿元、12亿元。（戴华侨）

■拓展内外市场 提升营销理念。扬农集团发挥供应、技术等优势，加强战略客户合作，实施差异化营销，精准把握市场主导权；联环集团注重培养优质客户，全年地塞米松磷酸钠、盐酸土霉素、盐酸多西环素销售稳中有升。融入互联网经济。国药控股完成B2B网站平台建设；谢馥春拓展电商业务新平台，精心筹划“双11”等活动，电商销售增长64%；基因公司强化与韩都衣舍合作，电子商务开展初见成效。开拓国际市场。全年集团实现出口交贸值41.7亿元，增长45%。扬农股份强化麦草畏、草甘膦等重点产品的出口，增长65%。（戴华侨）

■企业内部管理 成本管理。扬农集团持续推进降本增效，宝塔湾、瑞祥、瑞泰三厂区万元产值综合能耗大幅下降。质量管理。联环集团全年组织12次质量专题培训，通过省质监局组织的“质量双A”现场评审；谢馥春公司通过江苏省食药监局飞行检查；瑞筑公司强化工程质量控制，宁夏中卫“香山一品”小区房屋质量受到建设主管部门和业主的赞誉。人力资源管理。重视新进员工的培养，联环药业全年引进博士2人，硕士13人。（戴华侨）

■科技创新 扬农集团入选“全国示范院士专家工作站”，被评为江苏省创新型企业100强，“一种制备1,2-戊二醇的新方法”获第19届中国专利优秀奖；扬农股份获得发明专利授权4项，获得中国农药创新贡献一等奖，草甘膦获批江苏省高新技术产品；联环药业完成3个创新药项目调研和专家论证，三类新药醋酸乌利司他取得临床批件，入选两化融合创新试点示范企业；谢馥春全年完成10款新品上市，完成老产品及外包设计改进20余款。（戴华侨）

■项目建设与退城进园 扬农集团经多轮考察论证，选定连云港徐圩新区作为退城进园、转型升级的新基地，承接宝塔湾厂区氯碱及精细化工产品的搬迁，3月签订入园协议，10月举行项目开工仪式；化工园区高性能纤维芳纶项目列入江苏省重大项目，500吨/年纺丝装置进入工程扫尾阶段；宁夏中卫锂电正极材料项目完成土建施工并启动设备安装。扬农股份如东二期项目全部建成，处于试生产阶段，三期项目启动行政审批程序；伴随如东项目建设，宝塔湾厂区36个产品有31个完成搬迁。联环集团邗江新区二期项目完成封顶，将进入设备安装阶段，三期项目完成项目行政审批和土建工程招标。谢馥春杭集基地实现搬迁投产，通过工程竣工验收并完成不动产产权证申领。瑞筑公司“香山一品”一期工程完成竣工验收并交付业主，销售接近200套，南通“优嘉花苑”项目全部建成并交付使用。华天宝公司项目建设主体设备安装到位，正在调试，待省食药监局验收后可正式投产。（戴华侨）

■国企改革 推进企业上市工作，落实全市国企改革座谈会精神，将谢馥春3～5年实现A股上市目标列为集团重点工作目标。做好华天宝中药品种无形资产入股工作，新公司完成工商注册，注册资本5000万元，金茂集团以无形资产评估作价720万元入股。推进扬农集团股权结构调整先期审计评估工作，集团成立专门工作班子，与中化国际一道通过公开程序选聘安永华明会计师事务所、北京中企华资产评估有限责任公司两家中介机构，10月23日正式进场，初步完成审计评估工作。加快投资并购步伐，联环集团着眼产业链延伸，投资控股扬州普林斯化工有限公司，间接控股南通博雅化学公司，开辟原料药生产新基地；着眼大健康产业拓展，注册成立江苏联环健康产业管理有限公司，收购欧华迪洗涤公司和部分药店，创建联环健康大药房。（戴华侨）

■机制创新 建立规范的企业法人治理结构，在市国资委的支持下，完善集团党委会、董事会、监事会。加强绩效薪酬考核，完成控股企业负责人2016年度薪酬考核，签订2017年薪酬考核目标责任书。加强直管资产管理，坚持公开拍标，全年完成8家出租资产公开招标工作；完成供销公司大楼租户的清退工作；完成锦绣花园地下人防工程修缮，全年地下车位出售9个、出租14个。推进依法依规治企，开展“学法律、学规章、学专业”活动，组织学习企业国有资产法、安全生产法等法律法规，坚持重大决策事项征询法律顾问意见。（戴华侨）

■安全生产 健全安全生产责任体系，与企业签订安全生产目标责任书、承诺书，层层传递安全责任；强化安全生产组织建设，危化企业安全总监配备率100%；加强安全生产规章制度建设，修订完善各类安全规章制度145项。推进安全生产检查整治，深入企业开展拉网式检查；聘用安全生产专家，组织企业安全生产互查活动；吸取临沂“6·5”爆炸事故、连云港“12·9”重大爆炸事故教训，及时召开会议，通报事故情况，部署安全检查工作。提高全员安全意识，邀请消防支队专家进行消防安全知识讲座，联合企业开展火灾事故综合应急演练；组织企业开展千人安全知识竞赛和参观“扬州安全教育馆”活动。严格安全生产目标管理考核，修订完善考核办法和细则，完成对6家企业的年度考核。（戴华侨）

■环保治理 按照“263”专项行动要求，深入企业开展环保专项治理，省第三环保督查组驻扬期间，配合并完成现场督查各项工作；扬农集团锦湖公司环氧树脂高盐废水项目调试成功，进一步提升环氧树脂清洁生产水平；扬农股份如东优嘉项目重视环保硬件投入，一二期工程先后完成环保投入5.3亿元，年环保装置运行费用达8000万元，优嘉公司入选工信部2017年第一批绿色制造体系示范企业，成为农药行业唯一一家入围企业；联环药业如期完成新厂区污水处理深化设计方案，被省

环保厅评为2017年度企业环保信用“蓝色”企业。（戴华侨）

■**江苏扬农化工集团有限公司** 2017年，扬农集团实现销售收入95亿元，利润总额9.08亿元。推进战略转型升级。高性能纤维芳纶项目被列入江苏省重大项目，500吨/年纺丝装置进入扫尾阶段，待竣工验收；锂电正极材料完成土建施工，启动设备安装；锂电负极材料与目标公司达成合作意向；完成连云港入园协议签订，注册瑞恒公司，成立瑞兆科公司，启动土建施工。加快研发创新进程。推进创新平台建设，入选“全国示范院士专家工作站”；推行创新项目闸门管理，完成7个项目闸门评审和4个项目技术评审。多项转型升级项目关键技术取得新突破，新申请PCT专利1件、国家专利11件，新授权国家发明专利6件。其中“一种制备1，2-戊二醇的新方法”获第19届中国专利优秀奖。把握市场机遇。发挥供应、技术、规模、成本及产品链的综合比较优势，加强战略客户合作，实施差异化营销，精准把握市场主导权。发挥安全、环保比较优势，全面提升装置开工率，核心产品达产率104%。推动管理变革。加强组织架构与总部职能建设，压减生产管理层级，整合专业管理资源、优化岗位人员配置，提升集团化运营管控能力；实施内控体系建设与重大风险管控；启动SAP-ERP项目建设，以信息化手段支撑集团化的管控流程再造。（戴华侨）

■**江苏扬农化工股份有限公司** 2017年，扬农股份公司完成销售收入约44亿元，实现利润约7亿元。农药市场抓牢重点客户，扩大优势品种的销售。外贸市场加大重点品种的销售，麦草畏继草甘膦之后，成为第二个销售过万吨的品种。项目建设取得新突破。推进优嘉二期项目建设，完成5幢生产厂房及配套设施的建设，在较短时间内完成多个品种的调试。技术创新取得新进展。全年获得国内专利授权5项，国外授权3项。通过国家高新技术企业复审，完成省农药清洁生产技术重点实验室验收，优嘉公司获批省工程技术中心、省企业技术中心，2项技术获得江苏省科技进步三等奖。安全环保得到新提升。全年公司安全工作总体平稳，无重伤、死亡和重大火灾爆炸事故，无职业病发生；推进杜邦安全管理，优嘉工厂对照中化24要素，开展对标创标工作，被中化集团评定为“五星工厂”，优嘉公司被工信部认定为全国农药行业唯一一家“绿色工厂”。（戴华侨）

■**江苏联环药业集团有限公司** 参见154页。

江苏油田

■**概况** 江苏油田组建于1975年4月23日，是集油气勘探开发、炼油化工、盐硝生产、科技研发、危化品运输、餐饮服务于一体的国有大I型企业。原隶属于中国石油天然气总公司，1998年3月国务院对石油、石化实施重组，江苏油田整体划归中国石化集团公司。1998年11月，安徽油田整体并入江苏油田。2000年1月，适应中国石化集团公司重组改制要求，江苏油田分设为中国石化集团江苏石油勘探局及中国石油化工股份有限公司江苏油田分公司两部分。2012年12月，按照中国石化集团公司整合重组统一部署，设立江苏石油工程有限公司。2017年9月，中国石化集团江苏石油勘探局更名为中国石化集团江苏石油勘探局有限公司。油区主要分布在江苏、安徽、广东等3个省的7个地级市15个县（市、区）68个乡镇内。

至2017年末，江苏油田总资产82.59亿元，其中固定资产净值46.93亿元。矿权面积1.91万平方千米，油气远景资源量5.54亿吨，共探明油气田37个，面积252.64平方千米，累计探明天然气地质储量92.83亿立方米（含溶解气）、石油地质储量2.85亿吨，累计生产原油4433.34万吨、生产天然气14.3亿立方米。2017年，新增预测储量1355万吨、控制储量740万吨；生产原油120.1万吨、天然气0.43亿立方米；实现收入72.25亿元、利润总额-63.73亿元（其中折旧折耗34.54亿元，资产减值23.45亿元，社保移交2.58亿元），缴纳税费13.89亿元。（屈传刚）

■**油气勘探** 2017年，江苏油田勘探投资2.73亿元。完钻探井21口，11口井试获工业油流，探井综合成功率48%。聚焦埋藏浅、物性好、产量高的目标，加大井位联合攻关力度，针对高邮凹陷浅层钻探目标部署实施的永X48、黄X166、邵X23和肖X15等4口探井均钻获厚油层，其中肖15块新增控制、预测石油地质储量超千万吨，为近年来单块储量规模之最。针对近年来国际油价低迷、

2016—2017年江苏油田主要生产建设指标一览表

表17-6

指标名称	单位	2017年	2016年
原油产量	万吨	120.1	133.01
天然气产量	亿立方米	0.43	0.23
新增原油生产能力	万吨	4.67	2.27
新增探明石油地质储量	万吨	—	165.10
新增动用石油地质储量	万吨	67.8	—
二维地震	千米	30.0	—
三维地震	平方千米	170.0	238.0
完井	口	50.0	36.0
探井	口	30.0	26.0
开发井	口	20.0	10.0
钻井进尺	万米	12.54	10.23

（屈传刚）

国内天然气价格坚挺现状，加大天然气勘探挖潜力度，开展永安、联盟庄等地区中浅层天然气老井复查，永7-27井重新测试获得成功，肖X15井日产气2.2万立方米。（屈传刚）

■油田开发 2017年，油田开发投资4.96亿元。实施各类流场调整工作量950井次，年增油4万吨以上，主力油田开发态势明显改善，自然递减、综合递减分别控制在9.04%、4.28%，创近年来最高水平。强化滚动、评价、建设一体化攻关，实施滚动勘探井7口，新增商业开发储量105万吨，投产侧钻井21口，年增产油1.4万吨。规模应用生物防腐、二氧化碳吞吐、油井常温输送等低成本技术1878井次，累计降低成本3300万元。实施风险合作开发井108口、合作区块3个，年增油超2万吨。（屈传刚）

■产业升级 落实产业转型行动计划，选择矿业开发、生活后勤服务、盐化工、危化品运输作为油田四大主打产业，推进支柱产业做大做强，全年经营收入占勘探局有限公司总收入近70%。电信业务取得电子工程、建筑智能化等7个资质，迈出市场开拓的关键一步；炼油化工开展专用催化剂工业试验，高附加值产品收率创历史新高；教育培训稳步拓展新疆、北京、南京、扬州四大区域市场；物资供应打造仓储、贸易、采购、服务“四位一体”产业链，逐步由内部供应商转型为社会供应商，各具特色、多极增长态势基本形成。（屈传刚）

■安全生产 落实安全环保主体责任，建立HSE月度例会制度，在上年成立四个安全分委会基础上，增设消防安保分委员会，按照实战标准组织应急演练118次，增强突发情况应对能力。开展安全风险识别评估，发布十大安全风险清单，投入3027万元实施33个安全隐患治理项目。加强承包商安全监管，将承包商的39套现场移动视频接入油田安全视频监控系统，做到全天候、全覆盖现场监管。整合HSE督查大队、石油工程监督、质量监督和生产运行等力量，采取巡回督查、专项督查、视频督查等手段，及时发现、曝光并消除安全环保隐患。（屈传刚）

■环境保护 组织年度清洁生产示范点创建、申报和核准工作，编制上报中国石化《油气田企业清洁生产评价指标体系》，制定下发《江苏油田含油污泥清理、处理管理程序》。开展环保隐患治理，实施常温输送、注水系统改造、空气(水)源热泵换热、高耗能设备淘汰等22个中高费方案，节约能源折合标准煤8216吨。抓好员工职业健康监护检查，实现职业病危害因素监测率、防护合格率两个100%。加强环境风险动态精准管控，完成污染源监测671点位，环境风险得到有效防范。江苏油田连续13年获评中国石化环保先进单位。（屈传刚）

■挖潜创效 加强重点费用管控，成立SEC储量管理、合作开发、信息化建设、资产优化、人力资源优化、“四供一业”分离移交六大项目组，综合施策、精准发力，累计增效1.3亿元。推进革命性降本举措，采取常温输送、修井机钻井、管杆泵整体回收等新技术，动力费、作业费等重点操作成本明显下降。建立油田闲置设备调剂平台，推动各类设备设施跨区域、跨单位、跨油田流动，实现创效996万元。加强房屋等闲置资产管理，利用优质房产开展经营或对外租赁，实现增收7357万元。完善原油弹性销售策略，推进天然气提价增量，实现创效4500多万元。（屈传刚）

■深化改革 加快改革调整步伐，推出一系列提效率增活力的改革举措。完成公司制改制任务，油田成为独立的市场竞争主体。推进油田机关大部制改革，31个机关部门整合为16个处室和3个直属单位。推进紫京集团与洪泽农场整合重组，打造从田间到餐桌的一条龙产业链条，比上年减亏1100万元。剥离采油厂非采注输业务，组建油气生产服务中心，完成采油厂生产信息化项目建设，构建精干高效油公司模式。组建车辆管理中心、社区管理中心，优化整合现有车辆、房产资源。开展采油厂自主经营承包试点，推行大班组、大岗位、大工种设置，提高生产运行效率。加快“四供一业”分离移交步伐，供气、供电业务全部完成，供水业务加快推进，社区、物业管理业务超前启动，金湖县油田职工家属区相关移交协议正式签订。（屈传刚）

■科技创新 全年安排科技经费4089万元，实施科研项目86项，48项成果通过集团公司和油田验收，其中1项达到国际先进水平、2项达到国内领先水平。申请国家专利85项，获得授权52项(其中发明6项)，江苏油田获中国石化创新型企业称号。建立首个科技试验区，在人才、技术、资金、政策等方面大力支持。不断完善EPBP功能模块建设，市场管理、资产调剂、人力资源优化配置平台投入使用，输卤管线巡检、作业工程结算等应用上线运行。（屈传刚）

仪征化纤

■概况 中国石化仪征化纤有限责任公司(简称仪化有限公司)和中国石化集团资产经营管理有限公司仪征分公司(简称资产公司仪征分公司)，统称仪征化纤公司，位于江苏省仪征市，占地10平方千米。前身为仪征化纤工业联合公司，1978年筹建，1981年设立，1993年进行股份制改组，分为上市部分(仪征化纤股份有限公司)和非上市部分(仪化集团公司)。1998年整体加入中国石化集团公司。2000年，仪征化纤股份有限公司更名为中国石化仪征化纤股份有限公司，成为中国石化股份有限公司的控股子公司。2006年，仪化集团公司进行体制转换，更名为中国石化集团资产经营管理有限公司仪征分公司。2014年中国石化仪征化纤股份有限公司进行重大资产重组，成为中国石化股份公司的全资子公司。2015年4月，更名为中国石化仪征化纤有限责任公司。

仪化有限公司主要从事聚酯、涤纶纤维和特种纤维的生产及销

2016—2017年仪化有限公司主要产品产量一览表

表17-7 单位：万吨

产品名称	2017年	2016年
涤纶	235.43	236.61
聚酯切片	125.80	126.78
瓶级切片	33.17	34.94
涤纶短纤维	68.93	74.89
中空纤维	7.52	7.14
涤纶长丝	—	—
加弹丝	—	—
高纤	0.23	0.172
顺酐	10.09	6.05
PTA	94.31	102.48
PBT树脂	9.14	8.60
四氢呋喃	0.59	0.64

（韦　晨）

售，并配套生产聚酯原料精对苯二甲酸(PTA)。拥有2套PTA装置，年产能100万吨；17条聚酯生产线、5条瓶级切片生产线、36条涤纶短纤维生产线，合计聚酯聚合年产能220万吨；3套高性能聚乙烯纤维干法纺丝装置，年产能2300吨；1套对位芳纶试验装置，年产能100吨；1套1，4-丁二醇(BDO)装置，年产能10万吨。资产公司仪征分公司下属3个生产单位和社区管理中心(离退休工作部)。PBT生产中心主要产品为工程塑料(PBT)，年产能9.1万吨；仪化东丽聚酯薄膜有限公司是原仪化集团公司与日本东丽公司各以50%股权合资设立，主要产品为聚酯薄膜，年产能4.4万吨；仪化博纳织物有限公司是原仪化集团公司与英国博纳公司合资企业，主产品为聚丙烯织物和人造草坪纱，年产能8500万平方米。

2017年，仪化有限公司实现营业收入157.57亿元，盈利564万元，实现利税4.03亿元。资产公司仪征分公司实现销售收入9.13亿元，亏损5502万元，实现利税-0.87亿元。

（韦　晨）

■生产运行　仪征化纤公司应对市场变化，分品种动态测算效益，及时优化排产，全年增产增销有光短纤、涤纶中空等高附加值产品3.2万吨，增效2294万元。研判市场走势，优化调整MAH、PTA装置检修安排，增效3566万元。发挥一体化优势，争取总部和化工销售的支持，优化PX、EG、正丁烷等供应渠道和结算方式，有效降低原料采购成本。（韦　晨）

■市场开拓　仪征化纤公司深化MPRC机制，按照跑赢行业大势要求，与化销公司一起顶价推价，切片、短纤、中空等产品销量比上年增加1.2万吨，实现量价双提升。MAH、PBT、高纤等自销产品坚持以客户为中心，注重横向联合和上下游合作，掌握市场主动权，创效水平大幅提升。

（韦　晨）

■结构调整　仪征化纤公司产品结构持续优化。聚酯高附加值产品比例达36.98%，比上年提高4.26个百分点，多增效3930万元。高纤冰凉丝、色丝、超细旦等差异化产品销售796吨，增效432万元。PBT改性、弹性体、高洁净等高端产品接近总销量的60%，继续保持行业领先地位。万吨级聚酯和短纤研发线成功投产，成为创新“孵化器”。MAH精制改造4月份投料开车，多创效益3800多万元，当年收回投资。芳纶和八单元短纤项目进入安装阶段，第三套千吨高纤和PBT项目先后开工建设，20万吨聚酯短纤项目上报可研，与绍兴华彬公司开展合资合作。公司被集团公司授予年度三大合成材料产品结构调整优胜单位。（韦　晨）

■科技创新　仪征化纤公司细化研究院模拟市场化考核，加大科技成果转化及新产品开发激励力度，全年发放各类奖励290万元，进一步调动科研人员积极性。高附加值聚酯专用料开发项目进入集团公司首批科研试点计划。瓶片液相增粘产品得到用户认可，降低生产成本和用户加工成本。千吨对位芳纶成套技术、绿色环保聚酯催化剂、直纺原液着色纤维等项目进展顺利，部分核心技术取得突破。全年开发低粘切片、黑色短纤、高速光缆料PBT等“研发一代”新产品15个，累计产量9155吨。生产环保型瓶片、阻燃短纤、发热中空等“储备一代”新产品9个，成功推向市场。（韦　晨）

■绿色发展　仪征化纤公司全面开展青山污泥堆场无害化处置，加快热电超低排放改造，启动PTA装置氧化尾气治理，实施316个清洁生产方案，污染物排放总量大幅下降。实施聚酯余热利用和沼气送烧等18项“能效倍增”计划，年节能1.4万吨标煤，万元产值综合能耗比上年降低6.8%。（韦　晨）

■产品质量　仪征化纤公司为满足用户需求，把好原料入厂关，强化全流程质量管理，实施71个质量改进项目，提升质量水平，保持高端品牌形象。弘扬工匠精神，培育质量文化，开展群众性质量活动，形成“质量第一”的价值导向。加大奖罚力度，减少“低老坏”等管理原因造成的质量投诉。（韦　晨）

■马来酸酐精制塔改造项目投产　3月16日，仪征化纤公司马来酸酐精制塔改造项目建成投产，各项指标达到设计值。该项目依托现有公用工程及辅助设施，采用连续法精馏工艺技术，建设年产12万吨马来酸酐精制单元，项目总投资2800万元。（韦　晨）

■江苏省高性能纤维重点实验室通过验收 4月22日，由仪征化纤公司承建的江苏省高性能纤维重点实验室，通过江苏省科技厅组织的验收。项目建设对位芳纶实验室、超高分子量聚乙烯纤维实验室、高性能聚酯纤维实验室和测试分析实验室4个子平台，组建拥有博士3人、硕士28人、高级职称45人的专业研发团队，为增强公司自主研发水平提供坚实保障。2017年，实验室承担省部级课题5项，重点开展对位芳纶、超高分子量聚乙烯、高性能聚酯纤维新技术和产品的研发，取得丰硕的科研成果，共申请发明专利19件，其中10件专利获得授权；发表专业论文10篇；获得中国纺织工业联合会科技进步一等奖、中国石化科技进步一等奖等3项省部级奖励。（韦　晨）

■万吨级聚酯研发装置项目投料开车 4月23日，仪征化纤公司万吨级聚酯研发装置项目一次投料开车成功，项目投资4263万元。该装置是一条科研开发中试线，通过特殊的流程设计和反应釜设计，能够进行多种功能性产品的开发生产，可以把研发的新品产业化，并能在短时间内以较小代价迅速摸索优化工艺，为大型聚酯装置生产功能性聚酯产品提供技术支撑和保障。同时，可以根据市场需求进行特殊产品的生产，快速、灵活适应市场需求。（韦　晨）

■涤纶短纤研发生产线搬迁改造项目开车 4月27日，仪征化纤公司涤纶短纤研发生产线搬迁改造项目39K－40K开车成功，项目总投资6391万元。该项目盘活中国石化系统内天津石化和洛阳石化的闲置装置，完善仪征化纤公司涤纶短纤新产品研发手段，增加年产4000吨复合纺短纤研发线和年产7500吨多功能柔性研发线的生产能力，增强研发能力，改善产品结构，提高多功能、复合型短纤产品的比例，适应市场小批量、多品种、定制化的发展趋势，巩固行业的领先地位。（韦　晨）

■高纤尾气处理系统投运 6月，高纤中心二装置尾气处理系统正式投入生产运行，预期每年能回收十氢萘溶剂7.9吨，年经济效益约39.3万元。尾气回收系统是高纤新建年产1000吨高性能聚乙烯干法纺丝项目的配套设施，高纤中心针对现场实际情况，经过系统改进和优化控制程序等多措并举及效果验证，最终解决系统关键问题，消除长期困扰系统稳定运行的“拦路虎”，实现系统安全、稳定、经济运行。（韦　晨）

■仪征化纤获化纤行业“科技领军企业”称号 3月15—17日，仪征化纤公司参加在上海举办的第十三届中国国际纺织春季联展。公司会同化销华东分公司、江苏分公司设立独立展台，重点展示推介仪纶、功能型短纤、高性能纤维等三大类新品，以及与下游用户联合开发的服装、家纺、家用防护等终端产品，受到国内外客户的广泛关注。公司获化纤行业“科技领军企业”称号。（韦　晨）

仪征化纤公司参加第13届中国国际纺织春季联展展台　刘玉福/摄

轻工业

■概况 2017年，全市360家规模以上轻工工业企业实现开票销售221.2亿元、入库税收10亿元，分别增长12.2%、5.9%，分别占消费品规模以上工业开票销售、入库税收总量的43.4%、36%，其中轻工行业开票销售增幅高于消费品规模以上工业平均增幅2.3个百分点。华富储能新技术股份有限公司近年开发新型铅碳电池、锂离子电池、分布式光伏发电系统等多项新产品，加大产品质量管理，是江苏省自主品牌五十强企业，2017年完成开票销售4.4亿元，增长23.6%。毛绒玩具产业有生产企业400多家，主要集中在邗江区和仪征市，其中规模以上企业48家，2017年实现工业总产值73.51亿元，利润总额5.79亿元。其中，规模以上企业吸纳就业人员近万人，毛绒玩具生产和流通的品种3万多个，供应量占全国总量的一半，占全球总量的1/3。五亭龙玩具城吸引入驻商户和企业约1300家，年交易额49亿元。

（许立新　叶步荣　朱晓耘）

■食品工业 全市初步形成1个食品专业园区、3个食品特色基地和5个食品优势行业的“135”格局。2017年，全市食品产业规模以上企业完成开票销售128.7亿元，比上年增长15.3%。其中，亿元以上企业19家，共完成开票销售103.2亿元，占食品产业总量的80.2%，比上年增长19.9%，拉动全行业增长19.9个百分点。龙头企业方顺粮油、完美日用品均实现较大幅度的增长，开票销售均超25亿元。（扬经信　李　晖）

■纺织工业 全市形成高邮羽绒加工和邗江服装生产两大集聚区，有100余家羽绒服装生产企业，年加工各类服装超过6000万件，实现羽绒服生产全球的70%在江苏、江苏的70%在扬州的发展格局，高邮市与邗江区分别获"中国羽绒服装制造名城""江苏省服装服饰产业基地"称号。2017年，全市254家纺织工业规模以上企业完成开票销售122.5亿元，下降0.3%，占消费品规模以上工业开票销售总量的24%；完成入库税收5.4亿元，增长8.3%，占消费品规模以上工业入库税收总量的19.4%，其中入库税收增幅高于消费品规模以上工业平均增幅1.6个百分点，且入库税收增长快于开票销售的增长，说明扬州市纺织工业盈利状况较为良好。

（许立新　叶步荣　朱晓耘）

■工艺美术工业　2017年，扬州工艺美术集团以产品结构调整为企业转型发展的重要抓手，锁定目标市场，致力于题材、造型、材料、工艺四方面创新进步，取得成效。其中，扬州漆器厂根据创新课题设立精品创作、家具产品、文房用品、雕漆小件四个产品研发小组，全年研发系列产品77件套，多种工艺文房用品系列完成首批试制打样，拟亮相2018年全国文房四宝展会；针对室内装饰市场，全年设计创作大型漆艺壁画近1000平方米，实现销售超400万元。扬州玉器厂着重于新型文创类产品研发，尝试将传统玉雕工艺与现代科技结合。通过引进拍照式三维扫描仪和扬州玉器界第一台3.5轴三维立体玉雕机、第一台4轴三维立体玉雕机，组建专项工作团队，使工厂玉雕生产实现从平面机雕到立体机雕的转化，两种设备配合使用提高生产效率，紫袍玉产品实现量产，全年开发紫袍玉新品200多款，实现加工收入126万元。扬州玉石料市场开发婚庆对牌、对章、对碗等50件（套），车饰挂件、车标、车模10个品种，酒具4个品种，文房四宝10件（套），佛教系列5个品种。集团系统全年申报各类文旅创新项目21个，合计获批扶持资金约1000万元。

品牌营销方面，由扬州市人民政府和中国工艺美术协会共同主办，扬州工艺美术集团具体承办的首届中国扬州文化产业博览会（中国玉石雕精品博览会、中国扬州漆器精品展）取得成功，进一步扩大在业内的影响力。在2017年中国工艺美术大师精品展上，扬州工艺收获5金1银7铜；扬州漆器集体商标获批世界地理标志产品。集团所属企业与东方购物、万事利集团、青岛工艺美术有限公司、杭州西泠拍卖、上海老凤祥股份有限公司、江苏大剧院等各类企业、平台广泛开展合作，赴各地参展办展、拜访客户，抢抓销售机遇；网络营销初见成效，全年实现网络销售比上年度增长近30%。

围绕486非遗集聚区融合发展的总体目标，集团投入1000多万元，规划实施玉器街路段改造提升工程，并对照AAAA级景区创建规范要求，对集聚区内标识系统、洗手间等附属设施及多媒体信息播放系统进行艺术化改造提升。不断强化业态布局调整和运营管理，吸引数十个全新的文商、休闲、旅游项目入驻，整体商铺出租率85%以上。集聚区全年承办书画展、文化艺术交流活动近五十场，接待中外游客10万多人次，"世界地理标志大会""世界运河历史文化城市合作组织""上海合作组织"等集体参观活动近百场。利用报纸、广电等传统媒体及微信、微博等新媒体，广泛宣传，扬州486非物质文化遗产集聚区在国内外的影响力得以放大，成为城市对外交流的文化客厅。（林华亮）

■消费品工业"三品"专项行动　2017年，全市开展消费品工业"三品"专项行动，推动消费品工业增品种、提品质、创品牌，提高消费品有效供给能力和水平。全年新增扬大康源乳业、华富储能新技术等2家省级"三品"示范企业，及时兑现首批获得省级"三品"示范的企业奖励资金。推进历史经典产业振兴计划。多次专题调研毛绒玩具、纺织服装等历史经典产业。市工艺美术集团与辽宁丹东市开展深入合作，3家大师工作室获评江苏省工艺美术大师示范工作室，组织推荐4名省大师上报第7届中国工艺美术大师。发展现代食品工业。扬州市首次就食品产业专门制定专项扶持政策，兑现6家食品企业专项扶持资金共100多万元。2017年，全市742家规模以上消费品工业企业实现开票销售509.6亿元、入库税收27.8亿元，分别增长9.9%、6.7%，分别占全市规模以上工业开票销售、入库税收总量的13.4%、17.7%。其中，消费品工业的开票销售、入库税收增幅较上年分别增加10.4和3个百分点。

（许立新　叶步荣　朱晓耘）

电力工业

■概况　2017年，全市16家发电企业有发电机组33台，总装机容量

市民参观首届中国扬州文化产业博览会　　中国扬州画刊/供稿

540.37万千瓦，全年发电量225.17亿千瓦时。其中，3家统调电厂的8台发电机组，总装机容量415万千瓦，年发电量166.81亿千瓦时；4家地方公用热电厂的8台发电机组，总装机容量76.5万千瓦，年发电量32.29亿千瓦时；5家企业自备热电厂的14台发电机组，总装机容量40.47万千瓦，年发电量22.94亿千瓦时；其他4家电厂的3台发电机组，总装机容量8.4万千瓦，年发电量3.13亿千瓦时。全社会用电量237.05亿千瓦时，增长5.2%。第一产业用电量4.83亿千瓦时，增长2.2%；第二产业用电量164.70亿千瓦时，增长3.5%，其中工业用电162.21亿千瓦时，增长3.6%；第三产业用电量30.17亿千瓦时，增长11.1%；城乡居民生活用电37.34亿千瓦时，增长8.5%。

（扬经信　李　晖　杨　工）

■江苏华电扬州发电有限公司　江苏华电扬州发电有限公司（简称扬电公司）由华电江苏能源有限公司（绝对控股）、扬州市扬子江投资发展集团有限责任公司等8家股东共同投资。至年末，有2台330兆瓦燃煤发电供热机组和2台475兆瓦燃气发电机组，总装机容量为161万千瓦，注册资本9.11亿元。扬电公司完成全口径电量44.12亿千瓦时，综合供电煤耗290.47克/千瓦时，综合厂用电率5.40%，供热47.61万吉焦，实现销售收入16.38亿元。

两台400兆瓦级燃机投产。扬电公司F级燃机一期工程建设2×475兆瓦燃气—蒸汽联合循环发电机组。燃机为东方电气股份有限公司设计制造的M701F4重型燃机，采用干式低NOx燃烧器。汽轮机为东方汽轮机有限公司的三压双缸再热下排汽、单轴凝汽式汽轮机。发电机采用东方电气股份有限公司生产的额定功率为480兆瓦全氢冷发电机。余热锅炉为无锡华光锅炉股份有限公司生产的三压再热无补燃卧式自然循环余热锅炉，每套联合循环发电机组保证工况设计出力475.45兆瓦，年发电量约33亿千瓦时，工程静态投资21.45亿元。扬电公司F级燃机主体工程自2015年12月26日开工，2017年3月3日，一号燃机一次点火成功，3月18日首次并网成功，3月20日首次升至额定负荷475兆瓦运行，3月31日通过168小时满负荷试运行。二号燃机于5月24日通过168小时试运行，一期两台9F燃气机组圆满实现“双投”目标，标志着扬电实现从燃煤发电向天然气发电的转型发展。

扬州东部热网项目。7月31日，扬州市政府正式批复实施《扬州市区“十三五”热电联产规划》，按照这一规划，未来扬州市区划分为4个供热片区，即南部供热片区、北部供热片区、江都经济开发区供热片区、江都小纪供热片区。9月，扬电公司将建设连通扬州东部与西南部供热环线热力管网项目发起上报至华电江苏能源有限公司。该项目位于扬州市东部区域，主要由两部分组成：扬电公司对厂内2×330兆瓦机组及厂内管网进行供热改造，单台330兆瓦机组供热能力达每小时200吨，合计技改费用约9556万元；热力公司负责建设和运维，建设一条沟通扬州供热管网东部与西南部环线热力管道，全程约21.5千米，沿途覆盖广陵新城、生态科技新城，热网初步测算总投资约2亿元。12月，华电江苏能源有限公司召开审查会议进行审查。通过该项目实施，330兆瓦燃煤机组热电比可增加20%，机组利用小时增加270小时，供电煤耗下降约6.2克/千瓦时，增加供热量约200万吉焦/年。

建立健全企业标准化体系。至年末，公司标准体系有基础标准228项，技术标准972项（含自编技术标准99项）、管理标准222项、工作标准272项，适用的法律法规243项，上级规范性文件684项，规章制度34项，检修作业文件包146项。开展标准化信息系统建设，建立标准信息库。（蒋　幸）

■扬州第二发电有限责任公司　2017年，扬州第二发电有限责任公司完成发电量126亿千瓦时、利润5.5亿元。继续推行“1223”安全管理理念，强化安全生产主体责任落实，加强隐患排查和风险预控力度，确保重大项目施工安全管理到位，实现三个安全生产百日无事故周期。

经营业绩。深化电量工作“市场化”改革。坚持以挖掘大用户直供电量为核心的电量营销策略，扩大直供电用户数量、提高直供电占比，全年直供电量55亿千瓦时，占总电量的42%，在电量需求增长缓慢、全国火电机组利用小时数普遍降低的大环境下，超额完成发电任务。强化成本控制。克服煤炭市场垄断、环保高压态势等困难，全年煤炭采购单价在沿江同类电厂中处于领先水平。通过对标找差、总结归纳，优化设备维护周期并细化落实经济煤掺烧措施，实现全年51%的历史最高经济煤掺烧率。加快落实技术改造。完成集团首次60万机组暨公司4号机组综合升级改造，改造后机组运行参数均达到预期并保持长期稳定运行，供电煤耗降低10克/千瓦时以上、汽机热耗下降300千焦/千瓦时，机组整体效率接近同级别超超临界机组，年节约煤炭消耗约3.5万吨。打造良好供热品牌。抓住扬州港建设大型木材加工基地的契机，找寻潜在供热新用户，先后与扬州百胜木业、益明木业签订供热协议书。开展供热用户回访工作，并根据反馈意见落实供热改造，总体供热能力提升到每小时600吨，满足当前的供热需求，为以后扩大供热范围留足空间。

清洁化转型。高邮、仪征燃机项目在建设过程中克服专业技术人员缺乏、天然气供应紧缺、安全生产压力大、材料成本剧增等困难，一次性完成各项重大节点工程，实现年内“双投”任务。其中高邮公司1号燃机成为江苏省首个投产的6F级燃气发电机，并实现投产即盈利；仪征投运第一台国产化6F级燃机变频启动（SFC）装置，打破国外公司对我国燃气机组SFC的技术垄断。

（吴　雷）

建筑业

Jianzhuye

编　辑　贾丽琴

综述

■概况　2017年，全市建筑业实现产值3550亿元，比上年增长6%，增加值780亿元，其中本地306亿元；在扬纳税35亿元，占全市营改增税收的25%；行业从业人员年均报酬5.7万元。产值超过50亿元以上的企业有15家，产值超过100亿元以上的企业有9家，超过200亿元以上的企业2家，江苏省华建建设股份有限公司完成产值349亿元，江苏江都建设集团有限公司完成产值264亿元。

（张　婧　卞海波）

■建筑产业化　新获批5家省级建筑产业现代化示范基地。邗建集团投资的和天下PC构件（混凝土预制件）生产基地和安宜集团投资的PC构件生产基地竣工投产，高邮旺财PC构件生产基地和扬建集团、仪征东晟集团等联合投资的PC构件生产基地在建。仪征中医院异地新建工程项目装配式建筑面积达5.6万平方米，预制率达59%。全年新开工装配式建筑38万平方米，竣工装配式成品住房

2017年扬州市省级建筑产业现代化示范项目一览表

表18-1

项目类型	申报（实施）单位	批准时间
示范城市（江都区）	扬州市江都区建筑工程管理局	2015年
部品生产类示范基地	江苏华江祥瑞现代建筑发展有限公司	2015年
示范城市（扬州市）	扬州市城乡建设局	2016年
设计研发类示范基地	扬州市建筑设计研究院有限公司	2016年
部品生产类示范基地	江苏和天下节能科技有限公司	2016年
部品生产类示范基地	江苏华发装饰有限公司	2016年
部品生产类示范基地	扬州牧羊钢结构工程有限公司	2016年
示范项目：天山馨村安置区C1、C2	扬州融通建设有限公司	2016年
人才实训项目：BIM建模师	扬州市建设培训中心	2016年
省级建筑产业现代化抗震项目	高邮市海潮市民广场中心避难场所（中心应急避难场）	2016年
省级建筑产业现代化抗震项目	高邮市城市抗震防灾规划	2016年
省级建筑产业现代化抗震项目	宝应县夏集镇抗震安居村示范农户新建项目	2016年
省级建筑产业现代化抗震项目	仪征市月塘镇郑营村综合服务中心农村公共建筑抗震试点	2016年
集成应用类示范基地	江苏华江建设集团有限公司	2017年
集成应用类示范基地	江苏兆智建筑科技有限公司	2017年
设计研发类示范基地	江苏省华建建设股份有限公司	2017年
部品生产类示范基地	扬州中意水泥制品有限公司	2017年
部品生产类示范基地	宝胜建设有限公司	2017年
示范项目：仪征市滨江新城整体城镇化一期项目（中医院东区分院）	仪征建设发展有限公司	2017年

（张　婧　卞海波）

28万平方米，装配式建筑的预制率达50%。（张　婧　卞海波）

绿色建筑暨建筑节能　2017年，全市累计新增节能建筑760万平方米，新增可再生能源建筑应用面积304万平方米，既有建筑节能改造面积35.12万平方米，均超额完成年度目标任务。能耗监管平台运行良好，65项公共建筑实现能耗分项计量数据实时稳定上传。全市共完成140栋建筑能耗统计，其中大型公共建筑5栋、机关办公建筑132栋、中小型公共建筑3栋。完成5栋建筑的能源审计工作。全市新增能效测评标识项目38个，其中公共建筑28项、居住建筑10项。创新突破。新增绿色建筑标识项目21个，共312.3万平方米，比上年增长89%，其中二星级以上绿色建筑206.8万平方米，2017年取得绿色建筑运行标识项目5个。全市累计绿色建筑标识项目54个，总建筑面积687.38万平方米，其中二星及以上绿色建筑标识项目41个，总建筑面积470.76万平方米，占比68.5%。“扬州市公共建筑能耗限额制定”等5个项目获2017年省级建筑节能专项引导资金，补助资金425万元。2017年度扬州市绿色建筑暨建筑节能专项引导资金项目中“扬州华鼎星城一二期”“扬州市给排水管理处办公楼既有节能改造”2个项目通过评审。年度建筑节能工作目标任务逐级分解到各县(市、区)，并监督落实。开展绿色建筑专项检查，共计检查19个工程项目，其中公共建筑7项、居住建筑11项，对存在问题的项目责任主体下发整改通知单，要求整改到位，下发节能检查通报。配合省住建厅绿色建筑暨建筑节能工作考核组的考核工作，督促各项目主体单位整改发现的问题并及时反馈给省住建厅。完善节能产品备案体制，监管新墙材产品质量。全年对149家企业225个建筑节能材料和产品逐一进行初审，其中143家企业219个建筑节能材料和产品通过初审，并全部通过复审。（阚开慧）

勘察设计

概况　2017年，全市3家建筑设计企业、8家施工企业获批江苏省第一批工程总承包试点企业，“维扬经济开发区社区景观工程”获批江苏省第一批工程总承包试点项目。扬州14家企业获批江苏省全过程工程咨询试点企业，3个项目获批试点项

2017年扬州市勘察设计甲级资质单位一览表

表18-2

单位名称	资　　质
扬州市建筑设计研究院有限公司	建筑甲级、市政(道路、排水)甲级
扬州市城市规划设计研究院责任有限公司	建筑甲级、市政(道路)甲级
扬州大学工程设计研究院	建筑甲级
江苏时代建筑设计有限公司	建筑甲级、岩土工程勘察甲级
扬州市中珩建筑设计院有限公司	建筑甲级
江苏扬建集团有限公司	建筑甲级
江苏江都建设工程有限公司	建筑甲级
江苏邗建集团有限公司	建筑甲级
江苏华建建设股份有限公司	建筑甲级
江苏省江建集团有限公司	建筑甲级
江苏弘盛建设工程集团有限公司	建筑甲级
安宜建设集团有限公司	建筑甲级
江苏兴厦建设工程集团有限公司	建筑甲级
江苏东晟新诚建设集团有限公司	建筑甲级
江苏华江建设集团有限公司	建筑甲级
江苏扬安集团有限公司	建筑甲级
中石化江苏石油工程设计有限公司	石油天然气甲级
江苏省水利勘察设计研究院有限公司	水利行业甲级
江苏省工程勘测研究院有限责任公司	勘察综合甲级
扬州市开元岩土工程检测有限公司	岩土工程勘察甲级、勘察劳务
扬州市勘测设计研究院有限公司	岩土工程(勘察、测试)甲级
扬州日模邗沟装饰工程有限公司	建筑装饰甲级、建筑幕墙甲级
江苏华发装饰有限公司	建筑装饰甲级、建筑幕墙甲级
江苏华磊装饰幕墙工程有限公司	建筑装饰甲级、建筑幕墙甲级
江苏环艺装饰设计工程有限公司	建筑装饰甲级
扬州市森亿装饰工程有限公司	建筑装饰甲级
江苏华宇装饰工程有限公司	建筑装饰甲级
扬州新盛建筑装饰有限公司	建筑装饰甲级
扬州艾特装饰工程有限公司	建筑装饰甲级
江苏裕祥装饰工程有限公司	建筑装饰甲级
扬州福腾门窗幕墙有限公司	建筑幕墙甲级
江苏牧羊集团有限公司	轻钢结构甲级
江苏峰业科技环保集团股份有限公司	环境工程(大气污染防治)甲级
龙腾照明集团有限公司	照明甲级
神州交通工程集团有限公司	照明甲级
江苏现代照明集团有限公司	照明甲级
江苏承煦电气集团有限公司	照明甲级

（阚开慧）

目。至年末，全市勘察设计企业共72家(具有勘察设计双资质的12家)，甲级资质37家，江苏时代建筑设计有限公司具有专业设计和勘察双甲级资质。其中，专业设计资质企业共32家，甲级资质18家；专项设计资质企业50家，甲级资质16家；勘察资质企业11家，甲级资质4家。从业人员2916人，其中注册执业人员584人。年产值约4.5亿元，涉及工程勘察、建筑、市政、水利、水运、电力、石油、化工等8个行业，及建筑装饰、建筑幕墙、环境工程、轻钢结构、照明工程、风景园林等6个专项资质。（阚开慧）

■行业监管 开展工程勘察现场检查，根据《扬州市工程勘察质量与市场行为抽查工作方案》，全年共收202个项目提前告知表，组织专家对15个建筑工程项目(其中公建3项、居建11项、市政1项)的工程勘察现场、项目原始资料及台账进行审查，其中4个项目合格、1个项目被罚款、1家勘察单位负责人被约谈、9个项目要求整改，所有项目整改后均合格。开展勘察设计质量考评工作，共考核建筑工程设计企业39家，项目总数554条，建筑总面积1112.55万平方米，违反强制性条文总数1016条；工程勘察企业17家，项目总数451条，违反强制性条文总数106条。加强对施工图审查机构审查质量监管，全年开展2次施工图审查质量检查工作，每个施工图审查机构抽查1个公共建筑项目、2个居住建筑项目，赴苏州对接施工图审查质量检查工作，对问题较多的勘察设计单位给予批评下发通报。通过江苏省勘察设计信息管理系统，对勘察设计单位市场行为实施动态监管，加强省外勘察设计单位到扬承接勘察设计业务的管理。对全市勘察设计市场进行动态核查，共核查63家设计企业，涉及设计资质142项，下发通报及时反馈问题，要求整改。全年共进行勘察合同备案267项，设计合同备案433项，单项资质核验198项。（阚开慧）

■建设科技 开展2017年度建设科技项目立项评审工作，共申报课题10项，涉及城市基础设施建设、抗震救灾、建筑产业现代化等领域。经评审，7个项目获2017年度全市建设系统科技项目立项。组织专家组对"扬州市瘦西湖隧道工程交通评估及管理提升研究"等5个建设系统科技项目开展结题验收，均通过验收。"京杭运河沿岸城市'海绵城市'建设与运行模式研究"等5个科技项目被列为2017年度住房和城乡建设部科学技术项目。"单管双层盾构隧道关键技术研究——以瘦西湖隧道为例"等2个成果获评2016年度"江苏省建设优秀科技成果"。（阚开慧）

■优秀勘察设计项目评选 2017年，共评选出市优秀勘察设计企业8家，其中上报扬州市政府表彰企业2

2017年扬州市优秀勘察设计项目一览表

表18-3

奖项及等级		项目名称	获奖单位
优秀工程设计项目	一等奖	新万福路建设工程万福大桥工程(市政工程)	上海林同炎李国豪土建工程咨询有限公司
		滕王阁景区二期建设工程	扬州市建筑设计研究院有限公司
		运河一品A1地块、A2地块、A3地块部分、地下车库项目	扬州市建筑设计研究院有限公司
		仪征市实验幼儿园	中船第九设计研究院工程有限公司
		邗江南路(江阳中路—沿江高等级公路)建设工程(市政工程)	上海林同炎李国豪土建工程咨询有限公司
		古运河三湾湿地保护与开发利用一期工程(风景园林)	荷兰NITA设计集团 扬州市城市规划设计研究院有限责任公司
	二等奖	新万福路建设工程(K0＋000-K9＋600)(市政工程)	中铁第四勘察设计院集团有限公司
		秦邮路主辅分离及环境综合整治工程(市政工程)	扬州市建筑设计研究院有限公司
		华鼎星城	扬州市建筑设计研究院有限公司
		扬州迎宾馆扩建工程三期3号综合楼	扬州市城市规划设计研究院有限责任公司
		新源县创业就业培训服务中心(含职业学校搬迁)	江苏时代建筑设计有限公司
		长青大厦	上海华都建筑规划设计有限公司
		品尊国际花园二期(1号、2号、3号、7号、10号、11号、4号、9号楼)	江苏筑森建筑设计股份有限公司
		西峰客栈景观工程(风景园林)	扬州市建筑设计研究院有限公司
	三等奖	2014-88幅地块开发项目	江苏省华建建设股份有限公司
		紫星酒店	江苏迪森建筑设计有限公司
		江苏华江科技研发中心	江苏中珩建筑设计研究院有限公司
		江苏和天下节能科技有限公司新厂区·厂房	江苏邗建集团有限公司
		江苏盐税博物馆	扬州市建筑设计研究院有限公司

续表18-3

奖项及等级		项目名称	获奖单位
优秀工程设计项目	三等奖	方正综合大楼	扬州大学工程设计研究院
		新疆班教学实验楼	扬州市城市规划设计研究院有限责任公司
		天俊悦府住宅小区(751地块)	江苏扬建集团有限公司
		广陵新城人防综合工程	解放军理工大学人防工程设计研究院
		文昌阁周边地区交通综合整治中环纾解工程苏北医院节点荷花池地下停车场	上海林同炎李国豪土建工程咨询有限公司
		吉安北路道路改造工程(江阳路—新328国道)(市政工程)	扬州市城市规划设计研究院有限责任公司
		扬州广陵区头桥水厂扩建工程(市政工程)	中国市政工程中南设计研究总院有限公司
		抗日战争最后一役纪念馆(侵华日军向新四军投降处旧址)、人民公园及周边地块环境整治工程(风景园林)	同济大学建筑设计研究院(集团)有限公司
		蜀冈生态体育公园工程(风景园林)	扬州市建筑设计研究院有限公司
优秀工程勘察项目	一等奖	扬州市城市抗震防灾规划工程地质勘察	江苏省工程勘测研究院有限责任公司
	二等奖	智谷科技综合体(施工单位申报“扬子杯”)	扬州市勘测设计研究院有限公司
		分淮入沂整治工程堤防空洞探查	江苏省工程勘测研究院有限责任公司
		招商局物流集团(扬州)有限公司扬州分发中心(一期)	扬州大学工程设计研究院
	三等奖	扬州天辰首府置业有限公司271号地块项目	扬州市开元岩土工程检测有限公司
		江苏扬力集团有限公司扬力大厦	扬州市勘测设计研究院有限公司
		高邮市城南经济新区小学新建工程	高邮市建筑设计院
		2015年长江启东段水下地形测量	江苏省工程勘测研究院有限责任公司
优秀工程装饰项目	一等奖	泰州数据产业园综合楼三期(三至五层)室内装饰工程	江苏华发装饰有限公司
	二等奖	泰州医药高新区鑫泰写字楼室内装饰工程	江苏华发装饰有限公司
		江苏省工人扬州疗养院一期迁建工程1号楼室内装饰	扬州新盛装饰公司
	三等奖	同方工业南京科技园—生产楼(1)、生产楼(2)室内装饰设计	扬州新盛装饰公司
		扬州市残疾人托养中心(1~3号楼)装饰工程	江苏华发装饰有限公司
		高邮人民法院办公及审判法庭装饰设计工程	江苏裕祥装饰工程有限公司

(阚开慧)

家。开展2017年扬州市优秀勘察设计评选活动，其中优秀设计奖28项、优秀勘察奖8项、优秀装饰6项。组织市勘察设计企业参加2017年省城乡建设系统优秀勘察设计评选活动，全市7家勘察设计单位有26项作品获奖。2017第四届江苏省紫金奖建筑及环境设计大赛评选活动，全市5家设计单位7个作品获奖。

(阚开慧)

建筑企业

■概况 全市有建筑企业1803家，其中市直3家、邗江区371家、广陵区261家、扬州经济技术开发区75家、江都区287家、高邮市469家、仪征市194家、宝应县143家。全市有特级资质企业10家，一级资质企业180家，二级资质企业611家，三级资质企业698家，有对外工程承包资格的企业50家。建筑业总产值超10亿元的企业65家，其中100亿~200亿元的7家、超200亿元的2家，江苏省华建建设股份有限公司率先突破300亿元。 (张婧 卞海波)

■江苏省华建建设股份有限公司 2017年，江苏省华建建设股份有限公司(简称江苏华建)完成建筑业总产值349亿元。先后被授予“全国优秀施工企业”“江苏建筑业优秀企业”等称号，入选全国建筑业竞争力百强位列第21，中国承包商80强位列第19，江苏省建筑业综合竞争力百强位列第五。

市场开拓。11月，云南分公司揭牌成立，相关项目落地进场；12月，贵州分公司成立，新签两项目，合同总额8亿元；扬州分公司重新整合，新的管理构架和部门设置形成。

合作共赢。江苏华建与中建钢构签订战略合作协议，与蜀冈—瘦西湖风景名胜区管委会签署全面战略合作协议，与现代金融集团达成合作共识。11月，被花样年地产集团授予2017年度“精诚服务奖”，被恒大集团授予“2017年度特级区域战略合作伙伴”。

规模工程。在建超过20万平方米的规模项目27个，其中40万平方米以上项目4个、30万平方米左右的项目8个。深圳龙岗保障性住房EPC项目、满京华沙浦项目以及怀来恒大文化旅游城项目，面积均超50

万平方米；岳池东城明珠项目施工面积35万平方米，成为二级分公司最大单体项目。

质量创优。江苏华建施工承建的深圳和平里花园二期工程获2017年度“鲁班奖”，深圳兰江山第一期工程获2017年度“国优奖”。在国家鲁班奖创立30周年大会上，江苏华建被中建协授予“创建鲁班奖工程突出贡献单位”称号。另外，江苏华建获得省级优质(结构)工程17项，市级优质(结构)工程22项。在珠海市30项“改革开放历史性建筑”评选中，公司承建的拱北口岸联检大楼等3个项目入选榜单。

科技创新。江苏华建逐步建立BIM工作体系，选择多个项目开展全过程BIM管理系统应用，其中珠海横琴隆义广场BIM成果获“中国建设工程BIM大赛二等奖”。推动集成式升降平台、铝模、爬架和装配式施工应用，其中珠海华策国际大厦装配式高层钢结构技术被评为“广东省科技创新专项二等奖”。另外，海外公司应用PPVC施工新技术，在建PPVC结构施工项目2项。江苏华建全年获各类科技成果172项，其中获国家发明专利5项、实用新型专利12项、省级科技创新专项奖1项、省级新技术应用示范工程9项、省级工法8项。

安全生产。开展安全生产大检查，落实企业安全生产主体责任。制定新版《施工现场安全文明绿色施工管理手册》，建立项目安全排名考核机制。全年新增全国绿色施工示范工地3项，省级绿色施工工地5项，省级安全文明工地8项，市级安全文明工地15项，江苏华建被评为“省住建系统安康杯竞赛优胜单位”“省建筑业企业安全生产先进单位”。

多元经营。华建地产集团连续三年获评“扬州市房地产十佳企业”。9月，获得槐泗GZ055项目；11月，摘得扬州GZ060地块。与扬州新盛投资、易盛德公司合作开发香颂溪岸二期项目。华建物业管理面积达81.6万平方米。华建小贷公司制定新版投资业务管理制度，与一批物流服务、道路交通等行业优质客户达成合作。华建联盟投资公司以债权投资、股权投资、基金投资为主营业务。华建担保公司组织架构和内控制度基本建立。华建设计院开展地产新形态课题研究，组建社区改造规划设计研究团队，被评为“江苏省建筑产业化研发设计示范基地”。华建检测公司东区分部开业，实现收入比上年增长8%。华建工程管理咨询公司。华建学院共举办各类培训16期，组织5900余人参加面授和网络教学培训。（余　涛　翟法宝）

■江苏江都建设集团有限公司　2017年，江苏江都建设集团有限公司实现施工产值264亿元，先后被评为“全国优秀施工企业”“中国建筑业竞争力百强企业”、江苏省建筑业竞争力百强企业(综合实力类和建筑外经类)。

规模项目。全年承接超5亿元以上项目4个，上海公司承接的赣商国际广场，建筑面积10.29万平方米，工程造价突破9亿元；昆山公司承接的兖州华勤地产有限公司山东锦绣壹号院工程，工程造价达5.6亿元；北京公司承接的北京市丰台区南苑乡南苑村1404-621地块R2二类居住用地(配建限价商品房)项目和房山区良乡镇中心区改造定向安置工程项目，工程造价分别达5.7亿元、5.1亿元。

海外市场。全年累计完成施工产值达3亿元，2017年新开辟坦桑尼亚和乌干达两个国家，承接坦桑尼亚摩西警校扩建项目和乌干达工业技能培训与生产中心项目，工程造价突破2亿元。

质量管理。共创省部级以上优质工程9项，省部级以上文明工地12项，省级绿色施工工程8项。

科技创新。公司主编的《液压爬升模板工程技术标准》修订工作已完成，报批稿上报住建部。公司技术创新成果《砼支撑拆除和结构施工同步进行的深基坑地下施工方法》获得国家发明专利授权，同时新申报发明专利两项，实现公司专利工作由量到质、侧重发明专利的顺利转向。全年申报江苏省省级新技术应用示范工程目标项目8项。此外，公司成功申报全国优秀项目管理成果奖6项；2个质量管理小组获中国建筑业协会、中国施工企业协会全国优秀质量管理小组称号。（徐怀华）

■江苏邗建集团有限公司　2017年，江苏邗建集团有限公司完成总产值173亿元。综合实力位居中国建筑业竞争力百强第77位、“中国承包商”60强第53位，“江苏省建筑业百强”，入选江苏省第一批工程总承包试点企业，连续被评为“全国优秀施工企业”“全国建筑业先进企业”“全国建筑业AAA及信用企业”等。深耕本地市场，承建造价2亿元的市体育公园、明月湖提升改造工程，造价8.7亿元的广陵学院工程。新疆分公司承接46万平方米的托克逊县农副产品配送中心及商业服务配套工程，工程造价超9亿元。拓展海外市场，沙特利雅得立交桥项目，合同额2.89亿美元。集团投资的和天下PC构件(混凝土预制件)生产基地和安宜集团投资的PC构件生产基地竣工投产。集团万丰智能化公司获取电子与智能化工程专业承包一级资质证书，该资质可承包范围为各类型电子工程、建筑智能化工程。

（居建军　杨　志）

■江苏扬建集团有限公司　2017年，江苏扬建集团有限公司(简称扬建集团)实现全年总产值143亿元，年增长10%；结转工作量75亿元；实现利润2.0亿元，年增长9.9%；员工人均年收入增长8%。

多元经营。2017年度，扬建集团土建主业全年产值81.5亿元，结转69亿元，各区域市场总体发展更加均衡。专业施工、多元产业共实现产值61.5亿元，其中安装环保公司产值8.2亿元；华发装饰公司产值12.11亿元；华达房地产公司销售7.1亿元；扬州桩基公司产值10.2亿元，出资40%的江苏扬桩金源管业有限公司(PC项目)顺利投产；钢结构分公司产值1.8亿元，增长20%；建祥公司产值2.2亿元；扬建小贷公司全年营业额3.1亿元，保持省金融办AAA评级；华瑞劳务公司产值9.1

亿元；市政分公司产值2.5亿元，增长39%。

品牌建设。集团公司被江苏省人民政府授予“江苏省建筑业优秀企业”称号；获扬州市“市长质量奖”，在全市建筑行业首开先河；被中建协评为2016年度“中国建筑业竞争力双百强企业”；被中施协评为2016年度“工程建设诚信典型企业”“AAA信用等级企业”；被省住建厅、商务厅、统计局评为2016年度“江苏省建筑业百强企业(综合实力类)”；被省安装行业协会授予江苏省安装行业发展30年功勋企业、创优标杆企业称号。

重点工程。集团用一年时间完成江苏旅游职业学院PPP项目，总包能力通过严格检验、得到长足提升。市区首个大型土方及山体修复工程、集团首个市政总包工程蜀冈西峰山体恢复项目如期完成、顺利开园；省运会场馆扬州游泳健身中心“9·26”前夕竣工，如期投入使用；单体32万平方米的嘉定印象城的总包实施，扩大扬建品牌在上海地区的市场影响。市区首次顶管施工、国内最大截面单孔矩形顶涵工程苏北医院至荷花池地下停车场联络通道大型顶涵项目贯通；规模空前的泰州数据产业园四、五、六期基坑围护工程的实施，为集团上部项目经营赢得主动。

质量管理。2017年，扬建集团全年共获得省级及以上优质工程奖13项、省级优质结构3项、市优质工程奖15项。其中国家级奖项8项，包括国家优质工程奖1项、中国钢结构金奖1项、中国安装之星1项、中国建筑工程装饰奖5项；省级奖项包括煤炭部太阳杯3项、华东片区示范样板工程1项、江苏省扬子杯1项、钢结构省优3项；省级优质结构包括北京市结构“长城杯”1项、广东省优质结构2项。

科技创新。集团全年获得实用新型专利1项、中建协施工技术创新成果奖三等奖1项、中国安装协会科学技术进步奖一等奖1项、安装之星全国BIM应用大赛一等奖1项、全国建筑装饰行业科技创新成果奖1项、江苏省住建厅科技成果奖三等奖1项、江苏省装饰装修行业科技创新成果奖5项、扬州市政府科学技术奖二等奖1项；省级新技术应用示范工程12项、省级工法18项。

安全生产。全年未发生一般以上生产安全事故，轻伤事故15起、频率0.09‰，远低于上级部门控制指标。全年创全国建筑业绿色施工示范工程2项(扬州科教综合馆、深圳艺展天地展示中心)、江苏省绿色施工示范工程4项，省级标准化文明示范工地10项、市级标准化文明示范工地31项；集团公司创成江苏省安全文化建设示范企业；集团公司、桩基公司获评江苏省建筑业企业安全生产先进单位；集团公司、华发公司获评扬州市建筑施工扬尘治理先进单位；集团创市级优秀项目经理部13个。建祥公司被中建协混凝土分会评为中国混凝土行业绿色生产示范企业。

资质管理。集团公司入选江苏省首批装配式建筑部品部件施工企业名录；联合仪征3家同行共同出资2.6亿元并由扬建控股的江苏华晟新型建筑科技有限公司，正式开工。集团公司增项建筑装修装饰工程专业承包二级、地基基础工程专业承包三级、水利水电工程施工总承包三级资质。安装公司成功申报环境工程乙级专业设计资质，华科智能公司取得电子与智能化二级专业施工资质。华科智能公司基地自产的配电柜顺利投产、单项年产值1500万元，工业化生产能力初步形成。环保公司在花都汇项目首次完成大体积溴化锂空调的装机任务，填补该类型专业工程施工空白。华发公司获得展览工程一级资质；完成单元式幕墙加工工艺流程编制，并参编行业标准4项。钢结构公司被中国建筑金属协会授予“建筑金属屋(墙)面设计与施工特级”资质。桩基公司完成扬州荷花池地下通道项目的大截面顶涵施工。 (蒋贵涛)

建筑装饰

■概况 2017年，全市完成装饰装修产值135.79亿元。其中，扬州经济技术开发区完成2.93亿元，广陵区完成24.36亿元，邗江区完成59.75亿元，江都区完成13.12亿元，宝应县完成8.55亿元，仪征市完成5.08亿元，高邮市完成22亿元。2017年，建筑装饰企业获国优、省优、市优的数量明显高于往年，其中扬州华发等21家企业获24项国家优质工程奖；6家企业获6项省优质工程奖；江苏协和装饰工程有限公司等19家企业获45项市优质工程奖。江苏华发、江苏协和、扬州新盛、扬州日模邗沟、扬州华联等5家企业受到扬州市政府表彰。扬州新盛、江苏新潮、扬州中实等3家企业获得江苏省住建厅放心消费创建活动先进单位；江苏爱文、江苏爱尚、江苏鼎尚、扬州一鸣、鼎昇豪装等5家企业获得2017年扬州市放心品牌企业。

(杨　志)

■2017年度扬州市优质工程奖“琼花杯” 9月12日，扬州市城乡建设

2017年度扬州市优质工程奖“琼花杯”(装饰类)获奖项目一览表

表18-4

地　区	工程名称	施工单位
市　直	扬州智谷科技综合体外幕墙工程	江苏协和装饰工程有限公司
市　直	扬州市科技综合体(东区)项目幕墙工程	江苏协和装饰工程有限公司
市　直	复员退伍军人精神残疾鉴定及司法鉴定中心室内装饰工程	江苏协和装饰工程有限公司
市　直	新城西区商务中心二期工程E号楼公共部位装修工程	江苏华发装饰有限公司

续表18-4

地 区	工程名称	施工单位
市 直	新城西区商务中心二期工程A、B、C号楼公共部位装修工程	江苏协和装饰工程有限公司
市 直	扬州国际会展中心(三期)幕墙工程	江苏华发装饰有限公司
市 直	扬州裕元精品酒店精装饰工程	扬州裕元建设有限公司
市 直	建设大厦A幢16～21层室内装饰工程	扬州新盛建筑装饰有限公司
市 直	扬州市妇女儿童活动中心装修工程	扬州艾特装饰工程有限公司
市 直	“校园改扩建”二期服务实训楼装饰工程	扬州艾特装饰工程有限公司
广陵区	江广智慧城A地块研发办公楼幕墙工程	江苏华发装饰有限公司
邗江区	月城熙庭1号、3号～5号、7号～13号、15号～22号楼石材幕墙工程	江苏华宇装饰集团有限公司
邗江区	江苏和天下新厂区厂房幕墙工程	江苏协和装饰工程有限公司
江都区	扬州泰州机场联检服务用房(国检、海关用房)装饰工程	江苏华发装饰有限公司
宝应县	宝鼎国际大酒店装饰装修工程	江苏丰祥建设工程有限公司
宝应县	宝应县人防指挥中心装饰工程	江苏丰祥建设工程有限公司
宝应县	科技创业园服务中心综合楼内装饰工程	扬州市龙扬装饰工程有限公司
宝应县	南京银行宝应支行装饰装修工程	高邮市飞马装饰工程有限公司
宝应县	宝应县新天地商务宾馆装潢工程	江苏诚信嘉业装饰工程有限公司
宝应县	宝应县环球影视巨幕影院装饰工程	江苏诚信嘉业装饰工程有限公司
宝应县	宝应县欧达电子陶瓷有限公司办公楼装饰工程	江苏丰祥建设工程有限公司
宝应县	宝应县新天地巨幕影院装饰工程	江苏诚信嘉业装饰工程有限公司
宝应县	宝应支行营业部装饰工程	江苏诚信嘉业装饰工程有限公司
宝应县	宝应县环球商务宾馆装饰工程	江苏诚信嘉业装饰工程有限公司
宝应县	宝应县北河商业广场外墙装饰工程	江苏新皋幕墙装饰有限公司
宝应县	西安丰镇财政服务中心项目装饰工程	江苏丰祥建设工程有限公司
宝应县	宝应安全教育馆展馆布置工程	江苏丰祥建设工程有限公司
仪征市	新校区项目室内装饰工程	仪征市新潮装饰工程有限公司
仪征市	仪征瑞和康复医院室内装饰工程	扬州一建集团有限公司
仪征市	扬州暖山金域城住宅项目室内装饰工程	江苏美高建筑装饰有限公司
仪征市	新建润霖商城装饰工程	江苏真州建筑装饰工程有限公司
仪征市	仪征市紫星酒店幕墙工程	江苏新皋幕墙装饰有限公司
仪征市	仪征市档案馆迁建装修工程	仪征市新潮装饰工程有限公司
仪征市	2014-88幅地块开发项目外装饰工程	江苏新皋幕墙装饰有限公司
仪征市	江苏擎宇化工科技有限公司综合楼室内装修工程	仪征市新潮装饰工程有限公司
仪征市	桃源商务酒店幕墙工程	江苏新皋幕墙装饰有限公司
仪征市	仪征市人民医院西区分院病房楼修缮工程	江苏艺标建筑装饰有限公司
高邮市	高邮市地方税务局办公楼迁扩建项目内装饰工程	扬州市华联装璜广告有限公司
高邮市	江苏润扬集团商务办公大楼装饰工程	江苏润扬建设工程集团有限公司
高邮市	高邮市国家税务局综合业务用房装饰工程	江苏裕祥装饰工程有限公司
高邮市	扬州市住房公积金管理中心高邮分中心业务用房加固改造工程	扬州市华联装璜广告有限公司
高邮市	江苏新鼎新材料有限公司新建办公楼幕墙工程	扬州市华联装璜广告有限公司
高邮市	高邮市疾病预防控制中心建设项目内装饰工程	高邮市飞马装饰工程有限公司
高邮市	高邮农村商业银行营业网点标准化改造工程	扬州市华联装璜广告有限公司
高邮市	南京银行扬州高邮支行装饰工程	高邮市飞马装饰工程有限公司

（杨 志）

局公布2017年度扬州市优质工程奖“琼花杯”和市外优质工程奖获奖工程名单，“华鼎星城三期2、3、5号楼”等141项建设工程获得2017年度扬州市优质工程奖“琼花杯”，“合肥东方蓝海BC组团三标段”等61项市外建设工程获得2017年度扬州市市外优质工程奖。其中，45个项目获2017年度扬州市优质工程奖“琼花杯”(装饰类)。（杨　志）

■江苏华发装饰有限公司 2017年，公司承接86个施工项目，完成产值12.11亿元，增长14%；实现利润2826万元，增长27%。

市场开拓。扬州市场方面，参与招投标市场，中标承接残联雏鹰儿童发展中心等24项工程。凭借集团总包优势，承接旅游学院(首个PPP项目)、花都汇、邗沟中学、梅岭小学、文峰小学等工程。承接生态科技新城招商中心、跑马场、1912老火车站生活记忆馆等“4·18”工程和扬州游泳健身中心、水上运动基地、体育公园等市重点工程。泰州、南京市场方面，在泰州市场，做好数据园三期、金融城、移动、文创园、寺巷医院了尾和市场维护工作。在南京市场，承接南京明城墙沿线环境综合改造工程西塘小区铝窗工程，并有选择地进行投标。其他市场方面，在海南市场，中标承接海南省博物馆公共服务设施设备(服务中心、服务台、母婴室等)、海南省歌剧院舞台地板改造工程。在重庆市场，承接岳池东城明珠门窗、栏杆工程。在珠海市场，承接华森广场幕墙工程。在深圳市场，做好跨年度工程。在南通市场，承接优嘉花苑1号、4号和厂区工程。在徐州市场，承接新盛广场G楼酒店幕墙工程。在淮安市场，承接水岸家园1～6号楼门窗采购及安装工程。

科技创新。示范基地建设，以单元式幕墙为课题，做好江广智慧城K地块成功实施后的总结完善，完成单元式幕墙加工工艺流程编制。通过省住建厅、省财政厅对省级建筑产业现代化示范基地的中期评估、专项检查。光伏幕墙施工在江广智慧城K地块完成。加大设备投入，实施外装门窗、幕墙后方制作、前方安装，提高产品质量和安装效率，加大成本管控。信息化建设，ERP系统材料、成本板块基本具备推广使用条件。选送2名员工参加中装协举办的专业BIM培训，购置硬件设备，以此为基础开展内部培训工作，并在扬州游泳健身中心、南部体育公园项目上进行技术尝试，取得一定成果。科技创新成果，参编的省级行业标准——《建筑幕墙工程施工图设计文件编制深度规定》《标准化外窗》《建筑遮阳一体化外窗》9月10日发布，《标准化外窗系统及遮阳一体化外窗系统工程施工技术操作规程》10月20日发布。获省级工法5项、全国建筑装饰行业科技创新成果奖1项、江苏省科技创新成果奖5项、煤炭行业工法1项、江苏省建筑行业QC成果获1项。

品牌建设。2017年，公司获17项优质工程。其中国家级优质工程奖6项，省级优质工程奖4项，市级优质工程奖7项。卫校校区装修改造工程等8项工程被评为“扬州市建筑施工文明工地”；扬州盐运文化展示馆装饰布展工程等5项工程获“扬州市建设工程优秀项目经理部”。公司获评扬州市建筑施工扬尘治理先进集体。公司被江苏省住建厅、江苏省人社厅授予“江苏省建筑业优秀企业”称号；跻身江苏省建筑业最具成长性百强前百位；蝉联“江苏省优秀装饰企业”“扬州市建筑业先进企业”“扬州市建筑业综合实力二十强企业”“扬州市装饰先进企业”。

（蒋贵涛）

建筑市场

■本地市场 扬州建筑业企业重视本地市场的拓展，围绕省运会、省园博会两大盛会，参与基础设施和公用设施建设改造，参与政府重点工程、城市综合体工程。扬建集团承建造价分别达2.1亿元的扬州游泳健身中心和南部体育公园工程，造价12.08亿元的江苏旅游职业学院工程。邗建集团承建造价2亿元的市体育公园、明月湖提升改造工程，造价8.7亿元的广陵学院工程。全市建筑企业在本地完成产值920亿元，占总产值的26%，施工面积5200万平方米。

（张　婧　卞海波）

■外部市场 2017年，市外建筑业总产值达2600多亿元，占全市建筑业总产值的74%以上。其中，北京、上海、广东、陕西和南京等五大传统市场增长稳健，完成产值899亿元；

2017年扬州市建筑企业市场规模分布情况表

表18-5

市场规模	分布情况								
百亿元市场	省、市	广东	陕西	南京	安徽	北京	山东	湖北	上海
	产值(亿元)	326	187	153	149	133	130	124	100
50亿～100亿元市场	省、市	河北	苏州	泰州	天津	新疆	四川	内蒙古	海南
	产值(亿元)	97	97	87	75	73	71	65	63
	省、市	青海	贵州	山西	河南	浙江			
	产值亿元)	61	57	55	51	50			

续表18-5

市场规模	分布情况								
20亿～50亿元市场	省、市	青海	重庆	湖南	黑龙江	云南	无锡	徐州	淮安
	产值(亿元)	45	44	41	37	37	36	36	35
	省、市	宿迁	镇江	甘肃	宁夏	江西	常州		
	产值(亿元)	34	34	29	24	23	22		

（张 婧 卞海波）

贵州、青海等新兴市场发展较快，完成产值102亿元，增长35%。百亿元以上规模市场8个，分别是北京、上海、南京、陕西、广东、安徽、山东、湖北。50亿～100亿元规模市场13个，分别是河北、天津、山西、内蒙古、浙江、河南、海南、四川、贵州、青海、新疆、苏州、泰州。20亿～50亿元以上规模市场14个，分别是黑龙江、湖南、广西、重庆、云南、甘肃、宁夏、江西、无锡、徐州、常州、淮安、宿迁、镇江。

（张 婧 卞海波）

■境外市场 扬州市建筑业外向度高，在“一带一路”境外市场占有一定市场份额。覆盖包括新加坡、菲律宾、马来西亚、沙特、卡塔尔、塞拉利昂、阿尔及利亚、坦桑尼亚、埃塞俄比亚等在内的“一带一路”国家，形成东南亚、中东和非洲三足鼎立的市场格局，在手施工合同额15.3亿美元，2017年完成境外营业额5.4亿美元，合同额1亿美元以上的项目达8项。江苏华建在新加坡在建项目6个，施工面积28万平方米。江都建设在手援外项目5项，分别是牙买加外交部大楼、坦桑尼亚国立大学图书馆及孔子学院、利比里亚议会附属楼、坦桑尼亚摩西警校、乌干达工业技能培训与生产中心项目。江苏邗建集团沙特利雅得立交桥项目，合同额2.89亿美元。江建集团承接马来西亚伯特拉再也医院二期6万平方米项目，合同额5000万美元。江安集团及时调整经营布局，延展编织“一带一路”经纬线，在阿尔及利亚、安哥拉、越南、马来西亚、沙特、菲律宾、乌兹别克斯坦、印度尼西亚等国家布点经营，2017年在手海外项目3亿元。（张 婧 卞海波）

建筑质量

■概况 2017年全市共受理房建工程报监510项，总建筑面积371.8万平方米，受理市政工程报监39项，总造价8.92亿元，质量监督覆盖率100%。质量监督环节全年监督材料抽测562批次，监督结构实体抽测408批次。在各类监督巡查、专项检查中累计签发质量整改通知书146份，发现涉及违反强制性条文的质量问题76条；记录责任单位、责任人不良行为44条；签发工程局部停工通知书7份；提交行政处罚建议书10份。联合竣工验收环节全年共受理建设工程竣工验收申请91批次，合计456项单位工程，总建筑面积288.3万平方米。一次性验收合格并出具工程质量监督报告79批次，经整改后达到验收合格要求的12批次。竣工联合验收按时办结率100%，竣工验收合格率100%。在运用质量监管信息化系统的基础上，立足差别化监管模式，确保市重点工程、民生工程关键节点的质监全覆盖。逐步推进建筑材料登记、小区配套设施监管、装配式项目监督等各项新举措的有效落实。通过探索试行验监互促、项目督查的新机制，发挥质监队伍的整体效能，强化制约机制，保证“阳光监督”，确保所有受监工程施工质量稳步提升。（王 坚）

■资质升级 2017年，江苏兴厦建设工程集团有限公司、安宜建设集团有限公司、江苏东晟新诚建设集团有限公司、江苏华江建设集团有限公司4家企业晋升特级资质，升特企业数量全省最多。至此，全市累计有江苏省华建建设股份有限公司、江苏扬建集团有限公司、江苏江都建设集团有限公司、江苏省江建集团有限公司、江苏弘盛建设工程集团有限公司、江苏邗建集团有限公司等10家建筑业特级资质企业。实现各县(市、区)均有特级资质企业，每个乡镇均有三级资质建筑企业。

（张 婧 卞海波）

■品牌建设 江苏华建承建的深圳和平里花园2期、中铁十四局集团承建的扬州市瘦西湖隧道工程等2个项目获中国建设工程鲁班奖，扬建集团承建的扬州西部客运枢纽项目经住建部审核确定为2018年鲁班奖表彰项目。2017年成功申报省级工法216项、省级新技术示范工程36项，创历史新高。（张 婧 卞海波）

■扬州企业入选省工程总承包试点 11月15日，江苏省住房和城乡建设厅公布江苏省第一批工程总承包试点企业、试点项目名单。扬州市建筑设计研究院有限公司、扬州市城市规划设计研究院有限责任公司、江苏时代建筑设计有限公司、江苏省华建建设股份有限公司、江苏瑞沃建设集团有限公司、江苏邗建集团有限公司、江苏兴业环境集团有限公司、江苏弘盛建设工程集团有限公司、江苏华泰路桥建设集团有限公司、江苏省江建集团有限公司、安宜建设集团有限公司共11家企业被评为试点企业。维扬经济开发区社区景观工程被评为第一批工程总承包试点项目。

（张 婧 卞海波）

工程建设管理

■招投标管理 2017年，市区房屋建筑和市政工程项目施工、监理、材料设备、勘察设计等所有进场交易项目电子化招投标比率均达100%。全市房屋建筑和市政工程项目施工类电子化招投标达100%，服务类电子化招投标达97.7%，货物材料采购类项目电子化招标达93.8%以上。符合条件的政府投资工程项目远程异地评标的比例达100%，保证"两个全覆盖"工作目标。市区进入公共资源交易中心完成施工交易项目共275标段，合同价约171.48亿元。其中，公开招标165标段，合同价64.81亿元；邀请招标26标段，合同价22.47亿元；直接发包84标段，合同价84.20亿元。通过招投标资金节约率12.1%。另有咨询服务类招标209标段，合同价4.51亿元；材料设备招标标段，合同价3600万元。

（潘大为　阚开慧　卞海波）

■施工许可与竣工验收备案　2017年，建设行政主管部门坚持依法行政，规范施工许可和竣工验收备案的发证条件和工作程序，执行部门联合查勘制度，严守行政审批承诺时限，严把工程入口关和出口关。全市共发放施工许可证746份，建筑面积1781.23万平方米，完成竣工验收备案436项，备案面积1101.43万平方米。

（潘大为　阚开慧　卞海波）

■数字化联合审图　推动多部门联合在线审图，7月完成扬州市数字化联合审图系统开发，10月联合审图系统上线试运行。数字化审图系统中设置建设、消防部门审查端口，市审图中心设立联合审图办公室，供多图联审相关部门使用，实现网上审图和多图联审同步实行。至年末，扬州市数字化审图系统注册用户103个，其中建设单位63个、勘察单位15个、设计单位25个。通过数字化审图系统完成审查工程7项，其中勘察工程5项、设计工程2项。进行数字化审图工程32项，其中勘察工程4项、设计工程28项。

（潘大为　阚开慧　卞海波）

■工程质量管理　质监部门利用工程质量监督管理系统，强化质监工作过程中薄弱环节的控制，提升质量监管水平和效率。开展竣工联合验收工作，修订竣工联合验收办事指南，优化工程竣工联合验收环节流程；强化重点项目工程质量监督，注重环节控制；加大住宅工程质量分户验收监管力度，提高群众满意度；全面强化建筑材料监管，加大工程主要原材料抽测力度，对"扬州市工程材料登记信息平台"进行系统升级，杜绝不合格材料、未经复试材料运用于工程的情况。全年监督抽测房建工程实体质量408批次，空间尺寸295批次，电阻检测401批次；监督抽测市政工程灰剂量44批次。签发工程质量整改通知单146份，工程局部停工通知书7份，下发工程质量监督抽测通知书21份，工程监督告知书5份，行政处罚建议书10份。

（潘大为　阚开慧　卞海波）

■工程安全监管　通过日常巡查、重点督查、突击检查等方式，推进建筑安全隐患排查治理。突出超危工程和机械设备监管，先后开展春节后复工安全大检查、特种作业人员持证上岗和临时用电安全专项检查2次、超危工程专项检查4次、机械设备专项检查4次、百日安全执法专项行动等。检查工程项目785个次，下发监督记录755份，限期整改通知书315份，局部停工整改通知书127份，发现隐患1712条，整改率100%，移交立案查处安全生产非法违法项目19个，记录建筑市场各方主体不良行为104条，督查企业72家，下发检查意见72份，提出整改意见691条。

（潘大为　阚开慧　卞海波）

■建筑施工扬尘防治　实施防尘设施标准化管理。严格开工前扬尘防治措施审查，对114个市管项目进行现场查勘，其中64个项目整改后通过开工审查，一次通过率43.9%。加大施工扬尘违规处罚力度，组织扬尘日常巡查1328个次，会同公安、城管等部门开展联合执法13次，下发限期整改通知书79份，停工通知书15份，不良行为预扣分通知书72份，移交立案查处17起。开展冬季施工扬尘强化管控，检查建筑工地876个次，下发《责令改正通知书》89份，《行政处罚事前告知书》63份，对区属项目开展指导和督查，共检查建筑工地47个次，下发督办通知单13份，执法建议书5份。

（潘大为　阚开慧　卞海波）

■工程监理　2017年，全市新增1家监理企业，共有监理企业37家，其中甲级监理企业19家、乙级监理企业11家、丙级监理企业7家，行业整体架构更加优化。至年末，全市共有监理从业人员3655人，其中国家注册监理工程师902人、省监理工程师521人、监理员2232人。全年全行业共完成合同产值5.3亿元，监理收入3.7亿元。

（潘大为　阚开慧　卞海波）

■工程造价管理　2017年，工程造价管理部门进一步加大国有投资项目监管力度，提升国有投资项目全过程管理和服务水平，完善造价行业计价依据，推进工程合理计价，强化咨询市场监管、服务，提升信用体系建设水平，做好对造价咨询市场日常管理，实现建设工程造价事前、事中、事后全过程监管。2017年，全市各级造价管理机构监管项目62个，项目资金约15亿元，审查变更269份，审查核实变更金额约3679万元。办理招标控制价备案619项，累计造价138.32亿元，办理施工合同备案59项，纠正计价条款不规范的施工合同16份，办理竣工结算备案120项，累计造价46.41亿元，核减额约4.3亿元。

（潘大为　阚开慧　卞海波）

■工程检测管理　2017年，扬州市加大对检测机构的监管力度，开展检测机构飞行检查、专项检查和检测能力验证工作，将动态监管与信用监管相结合，对各类抽查、检查和能力验证中发现的违规情况计入信用评价系统，规范检测机构市场行为和现场检测行为，打造检测市场诚实守信新环境。

（潘大为　阚开慧　卞海波）

商贸服务业

Shangmaofuwuye

编 辑 贾丽琴

综述

■概况 2017年，全市商务运行保持平稳态势。全市实现服务业增加值2327亿元，比上年增长10.1%，占地区生产总值的45.9%，提升1.5个百分点，服务业对经济增长的贡献率达56.7%；全年实现社会消费品零售总额1494.01亿元，增长10%；实现限额以上零售额507.68亿元，增长6%，增幅比上年提高1.5个百分点。48个10亿元以上商贸流通业重点项目完成投资208.2亿元，18个商业综合体项目完成投资122.6亿元。实施“互联网+商贸”行动计划，全市电子商务交易额770亿元，增长40%。市发展改革委印发实施《落实物流业降本增效专项行动工作方案》，《物流园区空间布局总体规划》通过专家评审，物流业增加值335亿元，增长11.5%，物流总费用占地区生产总值比重降至14.78%。全市认定新签约、新开工、新竣工服务业重大项目分别为49个、40个、35个。422个总投资千万元以上服务业项目完成年度投资633.5亿元。2017年新登记服务业企业占全市新登记企业的67.9%，新增服务业重点企业452家。市发展改革委会同市财政局下达2016年度市级服务业引导资金2109万元，64家企业获得引导资金，318家企业获得新增列统奖励。超达物流自动化汽配仓储及物流项目、486非遗文化集聚区公共服务平台、恒基达鑫化工仓储项目等5个项目获省级服务业引导资金695万元。出台小微商贸企业“双创”系列政策，建成中小商贸流通企业公共服务线上平台，启动国庆路“老字号”和瘦西湖景区“三把刀”集聚区提升改造工程。认定首批商贸集聚区“双创示范点”26家、“扬州老字号”6家、特色商业综合体4家。

（徐其祥 胡慧娟 王 斌）

■13项目入选省现代服务业投资计划重大项目 2017年，省发改委下达全省现代服务业重点项目投资计划，Y-MSD(扬州现代服务业集聚区)、扬州市智慧物流金融中心、扬州486非物质文化遗产集聚区、扬州明月湖文化创意产业园、扬州万达文化体验休闲旅游中心、江都阿波罗花木市场020文化创意展示中心、扬州智谷、苏中跨境电商物流基地、香港新世界(扬州)凤凰水街、联创扬州云计算中心、佳源文化旅游中心、清水潭“大运来”生态文化旅游度假区项目、南水北调源头“七河八岛”湿地保护暨生态旅游项目等13个重大项目入选，总投资582亿元。

（杨 志）

■服务业集聚区 2017年，全市有市级以上服务业集聚区44家，其中省级12家(含省级生产性服务业集聚示范区、省级示范物流园区)。全市服务业集聚区实现营业收入1320.13亿元，比上年增长25.12%；实现服务业税收64.78亿元，增长69.85%。江苏(扬州)汽车科技园获评省生产性服务业示范园区。仪征汽车物流园和扬州商贸物流园入选省级示范物流园区，江都沿江物流产业园入选省级示范物流园区培育库。跟踪服务扬州综合物流园(快递物流园)建设，协调设立2亿元的扬州综合物流园建设基金，项目一期建成并实现100%出租营运，“二港一站”(传化柏泰“公路港”、美设柏泰无水海港、上海铁路局无轨火车站)业务架构基本形成。

（沈 玲 王 斌）

省级服务业集聚区——江苏信息服务产业基地 信息产业基地/供稿

2017年扬州市现代服务业集聚区一览表

表19-1

产业类别	集聚区名称	地　区	认定级别
旅游类（6个）	扬州白鹿岛旅游休闲集聚区	宝应县	市级
	仪征枣林湾生态园	仪征市	市级
	扬州邵伯文化旅游集聚区	江都区	市级
	扬州瓜洲生态旅游休闲集聚区	邗江区	市级
	扬州南河下旅游综合服务集聚区	广陵区	市级
	扬州虹桥坊旅游综合服务集聚区	蜀冈—瘦西湖风景名胜区	市级
软件和互联网类（3个）	宝应天地软件信息集聚区	宝应县	市级
	江都软件园	江都区	市级
	江苏信息服务产业基地(扬州)	广陵区	省级
文化产业类（6个）	宝应乱针绣文化产业集聚区	宝应县	市级
	扬州西安丰水晶文化产业集聚区	宝应县	市级
	扬州圣诞文化产业集聚区	宝应县	市级
	扬州双东文化创意产业集聚区	广陵区	省级
	扬州湾头玉器文化产业园	广陵区	市级
	扬州工艺美术集聚区	蜀冈—瘦西湖风景名胜区	省级
现代物流类（7个）	宝应湖粮食物流中心	宝应县	市级
	仪征汽车物流园	仪征市	省级
	江都沿江物流集聚区	江都区	市级
	扬州商贸物流园	广陵区	省级
	扬州港口物流园区	扬州经济技术开发区	省级
	扬州长江石化物流中心	扬州化工园区	省级
	扬州三笑物流园	生态科技新城	市级
科技类（6个）	扬州生态科技服务产业集聚区	邗江区	市级
	邗江高新技术创业服务中心	邗江区	省级
	江苏(扬州)汽车科技园	邗江区	省级
	扬州“设计瑰谷”工业设计集聚区	广陵区	市级
	扬州高新技术创业服务中心	扬州经济技术开发区	省级
	扬州西安交大科技园	扬州经济技术开发区	市级
商务类（5个）	波司登中央商务服务集聚区	高邮市	市级
	高邮弘盛商务集聚区	高邮市	市级
	扬州商务咨询服务集聚区	邗江区	市级
	京华城商务集聚区	邗江区	省级
	扬州广陵新城中央商务集聚区	广陵区	市级
商贸流通类（9个）	苏中特色农产品电子商务集聚区	高邮市	市级
	扬州阿波罗花木市场集聚区	江都区	市级
	江都国际汽车城集聚区	江都区	市级
	五亭龙国际玩具礼品城	邗江区	省级
	扬州百分百电子商务创意集聚区	邗江区	市级
	邗上万达商贸服务集聚区	邗江区	市级

续表19-1

产业类别	集聚区名称	地　区	认定级别
商贸流通类（9个）	扬州曲江商圈商贸暨产品交易市场	广陵区	市级
	扬州文昌商圈商贸集聚区	广陵区	市级
	扬州锦都国际酒店用品城	生态科技新城	市级
健康类（2个）	扬州曹甸文体教玩具特色产业集聚区	宝应县	市级
	扬州小纪健康产业集聚区	江都区	市级

注：12家省级集聚区，其中仪征汽车物流园、扬州商贸物流园为省级示范物流园区，江苏（扬州）汽车科技园为省级生产性服务业集聚示范区，其余均为省级现代服务业集聚区 （沈　玲）

■《2017年加快发展生活性服务业促进消费结构升级的工作清单和政策清单》印发　4月14日，市发展改革委印发《2017年加快发展生活性服务业促进消费结构升级的工作清单和政策清单》，明确相关部门2017年工作目标、具体工作清单和具体制定政策清单，推动全市生活性服务业加快发展，促进消费结构提档升级。

（杨　志）

■“扬州三把刀”集聚区　集聚区地处蜀冈—瘦西湖风景区，是扬州市旅游经济发展中心地区，东起史可法西路、南临大虹桥路、西靠扬子江北路、北至平山堂东路，规划总面积约2平方千米。规划期为2017—2021年，分三个阶段实施，第一阶段为“三把刀”文化核心功能区——傍花村街区打造，第二阶段为集聚区整体设施布局的完善，第三阶段为“三把刀”文化的营销推广及品牌塑造。2017年，“扬州三把刀”集聚区营业收入突破2.5亿元，增长25%，带动就业1500余人，集聚企业近200家，定向培训“三把刀”专业技术人才500余人。

集聚区定位。“扬州三把刀”集聚区制定发展规划，并委托上海设计团队制定集聚区设计方案，集聚区依托扬州“生态旅游”“理想人居”的城市建设，立足于“健康养生、旅游度假、生态休闲”基本功能定位，着重凸显“中国·扬州元素”特色文化理念。创新产业平台，延伸三把刀相关产业链，以美食、温泉、沐浴品牌建设为抓手，形成类型丰富、优势明显、开放包容、吸引力强的多元文化产业体系，建设成为江苏省知名文化产业基地。

资金政策扶持。结合全国小微企业创业创新示范城市工作，将“建设集研发、体验、展示、传承等功能于一体的三把刀集聚区”作为《扬州市小微企业创业创新基地城市示范三年（2016—2018年）》目标任务。认定集聚区为商贸集聚区“双创示范点”纳入双创资金保障范畴，拟通过制定绩效考核目标，给予3年共计1000万元的绩效考核奖励，通过政策资金扶持，确保集聚区按序时进度推进。

成熟区域带动。扬州市重点培育的虹桥坊休闲街区已成为集聚区内规模最大、发展最成熟的集餐饮、休闲娱乐、商品零售、展示演出为一体的休闲商业街区，总建筑面积近10万平方米，年营业收入突破2亿元，其中休闲餐饮占街区商铺的78%以上，省内规模、综合性服务最全的温泉沐浴中心——虹桥坊温泉位于街区内，是集餐饮、理发、沐浴等“三把刀”服务为一体的综合性体验平台。

提升改造。对傍花村商业街现有的租户进行清理淘汰，招引制造和经营“三把刀”的企业尤其是老字号、老品牌商户入驻，“三把刀”老字号紫罗兰、扬州浴室等就入驻集聚区相关事宜达成初步意向，通过街区内商户的业态升级逐步将街区打造成为“三把刀”服务体验中心、“三把刀”文化展示中心和“三把刀”用品集散中心，并利用傍花村的集群区域优势，通过“三把刀”主题雕塑和“三把刀”主题景观布置、“三把刀”文博馆等设施建设，加强“三把刀”文化氛围打造。

人才培养。为培养实战型人才，集聚区推动“三把刀”行业人才培训基地建设工作。开辟旅投集团与扬州旅游商贸学校校企合作新模式，由扬城一味公司牵头经营管理校方内部集酒店各项功能于一体的实训中心楼，采取实战型教学经营模式，为学校培养宾馆服务及管理人才，以扬城一味公司多年的管理、运营经验帮助教学与市场接轨，共建旅游度假专业实训基地，开展“三把刀”人才定向培养和课题研究工作，探索产学研一体化发展模式。（徐其祥　胡慧娟）

商贸流通

■概况　2017年，全市实现服务业增加值2327亿元，比上年增长10.1%，占地区生产总值的45.9%，比上年提升1.5个百分点。其中，批发业实现增加值194.35亿元，增长7%，占全市服务业增加值的8.35%；零售业实现增加值150.87亿元，增长7.1%，占全市服务业增加值的6.48%；住宿业实现增加值17.03亿元，增长8%，占全市服务业增加值的0.73%；餐饮业实现增加值60.94亿元，增长6.4%，占全市服务业增加值的2.62%。

商贸流通业总体运行平稳，全市实现社会消费品零售总额1494.01亿元，比上年增长10%，其中限额以上企业零售额507.68亿元，增长6%。批发业实现社会消费品零售总额

187.18亿元，增长8.8%。17家重点农产品批发市场实现交易额382.38亿元，增长7.9%;29家重点商品批发市场实现交易额527.6亿元，增长3.8%。零售业实现社会消费品零售总额1134.9亿元，增长10.3%;住宿业实现社会消费品零售总额23.69亿元，增长7.6%;餐饮业实现社会消费品零售总额148.23亿元，增长9.5%。

（徐其祥　胡慧娟　杨　志）

重点商业建设项目　2017年全市有1亿元以上商贸流通业重点项目71个，总投资1020.9亿元，全年完成投资241.4亿元。其中，10亿元以上项目48个，总投资952.3亿元，全年完成投资208.2亿元。市区重点监测综合体项目18个，总投资450.5亿元，全年计划投资124.8亿元，实际完成投资122.6亿元。重点监测的综合体项目中，投资超过50亿元的超大型项目有5个。其中，Y-MSD一期部分竣工验收，进行绿化工程；扬州金奥中心、江都佳源世纪天城项目主体建设中，万达广场、江都金鹰12月开业。　（徐其祥　胡慧娟）

首批城区特色商业综合体认定　11月23日，根据《关于支持城区商业综合体特色发展的意见》，市商务局组织由市财政局、旅游局、房管局、统计局、扬州大学等有关单位专家组成的专家组，对扬州市城区特色商业综合体进行认定评审。认定扬州时代广场为年轻时尚服饰特色商业综合体，扬州京华城为餐饮特色商业综合体，力宝广场为教育培训特色商业综合体，华懋购物中心为儿童特色商业综合体。　（徐其祥　胡慧娟）

批发零售

概况　2017年，扬州市实现批发业社会消费品零售总额187.18亿元，增长8.8%;零售业社会消费品零售总额1134.9亿元，增长10.3%;其中市区实现批发业社会消费品零售额95.89亿元、零售业社会消费品零售额809.07亿元。全市有批发零售业有限额以上法人企业824家，营业面积165.39万平方米，从业人员3.46万人。其中，批发业企业434家，营业面积114.75万平方米，从业人员1.26万人；零售业企业390家，营业面积50.64万平方米，从业人员2.2万人。全市限额以上批发和零售业实现零售额474.03亿元，增长6.2%。在23个大类商品的零售额统计中，有18个类别实现正增长。增幅居前5位的是文化办公用品类、家具类、饮料类、电子出版物及音像制品类、烟酒类，分别增长23.2%、19.1%、13.9%、11.9%、9.3%。

2017年，市区重点监测综合体项目18个，总投资450.5亿元，2017年计划投资124.8亿元，全年完成投资122.6亿元。新开业综合体项目5个，分别是扬州京华城Rmall全生活广场、扬州昌建广场、扬州万达广场、文峰城市广场和江都金鹰购物中心。

2017年，全市53家1亿元以上商品交易市场年末已出租摊位1.93万个，全年实现商品成交额683.38亿元，其中消费品零售额183.82亿元。其中，综合市场年末已出租摊位3319个，实现商品成交额98.40亿元，其中消费品零售额48.97亿元；专业市场年末已出租摊位1.70万个，实现商品成交额584.98亿元，其中消费品零售额134.86亿元。

（徐其祥　胡慧娟　杨　志）

扬州京华城全生活广场　扬州京华城全生活广场（简称扬州京华城）位于西区新城城市商业中心，是国家AAAA级休闲旅游景区、江苏省现代服务业集聚区，总建筑面积19万平方米。2017年，扬州京华城坚持“全生活、一站式、体验式”消费服务体系、贯彻“育乐、活动带动零售”的经营理念，全年举办大小近百场育乐活动，各类精彩演出、大型海洋球展、积木王国展、名车展等诸多活动，吸引大量人潮。尤其是圣诞、跨年形成“圣诞、跨年就到京华城”的品牌效应，吸引超40万人流。2017，扬州京华城品牌全面升级调整，引进西贝莜面村、海底捞、牛匠日料、云香汇等众多国际知名餐饮品牌；增加银河KTV业态；引进孩子王、优衣库、依恋集团旗下MIXXO、SHOOPEN、小米之家等知名零售品牌。扬州喜满客影城京华城店开业10周年，所有影厅升级，全面主导复合式、文创化、绿色生态化影城，全新打造XD双激光巨幕厅、杜比全景声厅、4D动感厅、休闲按摩椅厅，夹带主题复合式贩售餐饮小街等特色装备，形成三位一体的全新消费结构。2017年，扬州京华城全生活广场完成商品销售额32.42亿元，比上年增长8.42%，继续保持全市销售额第一的商业零售业龙头企业地位。

（京　国）

Rmall全生活广场　Rmall全生活广场于2017年1月14日开业，建筑面积26万平方米。Rmall全生活广场

Rmall全生活广场　京　国/供稿

以“文创艺术生活体验”品牌定位深耕“精”营，打造无数独具一格的经典活动，开业IP大展“英伦展”，确立文创的品牌基调。全国新锐青年艺术大赛、2017第一届创客成果展示周、万人“荧光夜跑”以及各类原创IP展，如520气球艺术展、狐猴公益生态科普展、三两笔插画展等，践行文创艺术与生活并行。跨年、圣诞节京华城双MALL抱团发力，人工造雪等一系列热点行销活动，实现跨年超40万的人流量，稳居扬城商圈榜首。此外，Rmall“首创与全生活广场垂直整合的服务业集聚区商业空间”公开销售，公开聚集医美、培训、金融、定制等全功能全方位业态商业空间。

（京　国）

■扬州昌建广场　扬州昌建广场项目总建筑面积65万平方米，坐落于扬州京华城路276号，是集购物中心、主题购物广场、高端住宅、商务公寓、星级酒店为一体的大型城市商业综合体，12月23日开业。商业板块建筑面积约25万平方米，其中一期商业总面积约12.86万平方米，可租赁面积约为5.3万平方米，由6栋特色主题楼构成。其中，1号楼0.86万平方米，2号楼1.11万平方米，8号楼1.49万平方米，9号楼900平方米，10号楼2.20万平方米，11号楼3.62万平方米，地下二层1500个免费停车位，招商率完成80%，是西区融合中影星美国际影城、量贩式KTV、电竞馆、儿童主题馆、世纪星真冰场、快时尚、精品零售、主题餐饮、亲子互动、精品集合店、文创店等一站式全生活的体验城市综合体。

（徐其祥　胡慧娟）

■扬州万达广场　扬州万达广场项目总投资50亿元，位于老汽车西站地块，东靠邗江中路，南邻江阳西路，总占地8.67万平方米，建筑总面积逾40万平方米，项目定位于集高端百货、商务楼宇、高档住宅为一体的大型城市综合体，商业部分于2017年12月8日营业。万达广场二期项目总投资32亿元，建筑面积22.14万平方米，其中商业面积9.6万平方米，商务办公面积6.5万平方米，金街面积5.7万平方米。（徐其祥　胡慧娟）

■文峰城市广场　文峰城市广场项目是文峰街道城中村改造首发项目，位于渡江南路和开发东路的交叉路口西南角，广陵区文峰街道办事处旁。占地1.97万平方米，总建筑面积约9.82万平方米，其中商业建筑面积5.05万平方米、办公楼建筑面积1.77万平方米、地下建筑面积2.99万平方米，总投资10亿元人民币。项目包含一栋80米高18层的办公楼和一幢24米高5层的商业综合体。文峰城市广场项目以大润发连锁超市为核心，集餐饮娱乐、数码影院、SOHO商务办公等于一体的商业综合体。主要包括大润发连锁超市、时代华纳影城、孩子王儿童乐园、书店和文化创意产业、阳光驿站、四星级商务酒店等。

（徐其祥　胡慧娟）

■江都金鹰购物中心　江都金鹰购物中心是一个集休闲、风尚、美食、艺术、娱乐为一体的城市国际化全生活体验中心。项目位于扬州市文昌东路与龙川南路交叉口，一期建筑总面积15万平方米，共四层，共有2500个停车位，项目于2017年12月30日正式开业。（徐其祥　胡慧娟）

■江苏曲江小商品市场　江苏曲江小商品市场占地6.67万平方米，拥有15万多平方米的营业楼，店铺300多间，主营服装、布匹、家具、小百货、文具礼品、五金水暖、电子电器、针织用品、箱包皮具、床上用品等10个大类数万种商品，是中国服务业500强企业、江苏省百强市场、扬州市十大商品市场，是苏北、苏中地区最有影响的生活百货、轻纺产品集散中心之一。2017年，市场实现成交额150亿元。（杨　志）

■江苏联谊农副产品批发市场　江苏联谊农副产品批发市场是以蔬菜批发、南北货和炒货批发、家禽批发、冷冻食品批发、瓜果批发为主的专业市场，市场营业面积8.5万平方米，有从业人员1500人，辐射黑龙江、内蒙古、山东、河南、河北、海南等20多个省(市、自治区)，是苏中、苏北地区最大的农副产品综合性批发市场。作为全省30家省级重点农产品批发市场之一，2017年，联谊农副产品批发市场实现成交额126.9亿元。（杨　志）

■江苏亚联农副产品批发市场　江苏亚联农副产品批发市场位于扬州市东南片区的扬州商贸物流园内，果品区持卡经营商户900多人，会员卡批货客户约5万人，年交易量约26万吨，年交易额约18亿元。2013年，亚联公司投资设立“果然100”“世果365”电商平台。“果然100”线上已建成1个官网、1个微商城、多个销售平台的销售网络，拥有线上会员15万余人。线下“果然100”果饮店已拥有虹桥坊店、时代广场店、京华城店、淮安万达店等20余家连锁门店，2017年“果然100”销售额逾6300万元。“世果365”线上拥有1个微信商城，线下在扬州、泰州、淮安设立门市，固定会员2000余户，经营区域覆盖扬州、镇江、泰州、淮安等地区，2017年销售额超4100万元。（徐其祥　胡慧娟）

■阿波罗花木市场　阿波罗花木市场建于2005年，是全国最大的苗木交易市场之一。市场占地近千亩，分为工程苗木交易区、精品苗木交易区、景观石材交易区、盆花盆景交易区、文旅用品展销区和企业总部集聚区等六大功能板块，是集新品培育、推广、展示、交易为一体，融科普教育、旅游观光等配套资源的综合性一站式交易平台。先后获“省农业综合开发重点龙头企业”“省重点农产品批发市场”“农业部定点市场”“国家林业重点龙头企业”等称号。市场入驻16个农民专业合作社和300多农民商户，聚集花木经纪人近千人，直接带动创业就业7000多人。2017年，市场完成经营额48亿元，实现综合经济效益3亿多元。

（徐其祥　胡慧娟）

■扬州五亭龙国际玩具礼品城 扬州五亭龙国际玩具礼品城(简称五亭龙玩具城)占地12万平方米,营业面积18万平方米,有从业人员4100多人,是国内规模最大、辐射范围最广的综合性玩具礼品集散中心,经营品种3万多个,形成玩具设计、研发、加工、生产、销售产业链,辐射江苏、浙江、安徽、湖南、山东等省,可提供文化创意、动漫体验、电子商务、玩具博览、商品贸易、金融、信息、物流、研发、培训、办公、仓储、生活服务、大型停车场等全方位服务。2017年,五亭龙玩具城实现成交额49亿元。(杨 志)

■扬州国际汽车城 扬州国际汽车城成立于2008年10月,前期总规划面积1.5平方千米,是扬州市政府重点规划的汽车贸易集中区。经过多年培育,汽车城进一步扩容发展,宝马华东地区培训总部—宝马综合大厦正式营业、市重大项目新纪元汽车广场招商中,车管所、环保尾气检测站、中央景观带、二手车交易市场、国税办事处、保险快速理赔服务中心一应俱全,汽车城形成购车消费、行政服务、维修售后、保险理赔等一条龙服务,所有汽车交易手续不出汽车城就可办结。至年末,汽车城共引进各类汽车4S店43家,品牌达49个,其中39家正式营业,汽车城先后被评为扬州市重点服务业集聚区和省级重点服务业项目。2017年,共实现销售90亿元、税收1.3亿元,就业人数2500人以上。

(徐其祥 胡慧娟)

住宿餐饮

■概况 2017年,全市住宿业实现社会消费品零售总额23.69亿元,比上年增长7.6%;餐饮业实现社会消费品零售总额148.23亿元,增长9.5%。全市限额以上住宿业有法人企业75家,从业人员6755人,实现营业额12.44亿元,其中客房收入5.98亿元、餐费收入5.29亿元;全市限额以上餐饮业有法人企业125家,从业人员8605人,实现营业额17.46亿元,其中客房收入2.79亿元、餐费收入13.35亿元。(杨 志)

■旅游饭店 2017年,全市有星级饭店44家,其中五星级4家、四星级12家、三星级26家、二星级2家。全市星级饭店客房出租率为63.2%,比上年下降3.8%。其中,五星级饭店客房出租率为62.2%,四星级饭店客房出租率为61.7%,三星级饭店客房出租率为64.9%,二星级客房出租率为66.6%。全市星级饭店平均房价为294.1元/间·天,增长6.7%。其中,五星级饭店平均房价为569.7元/间·天,四星级饭店平均房价为270.2元/间·天,三星级饭店平均房价为190.5元/间·天,二星级饭店平均房价为123.1元/间·天。

(黄晓宇)

■饭店服务质量管理 开展星级饭店复核工作。加大星级饭店复核工作力度,以《旅游饭店星级的划分与评定》国家标准为指引,引导饭店注重市场变化和需求,科学合理地开展改造升级,注重软件质量提升,关注顾客满意度,不断提高全市星级饭店服务质量;推进旅游饭店业绿色发展、循环发展、低碳发展,鼓励星级饭店通过使用节能减排设备、开展能源管理考核和推行合同能源管理等多种方式实现节能降耗。对 9家星级饭店进行评定性复核,其中五星级1家、四星级2家、三星级6家;对37家星级饭店进行年度复核,其中五星级3家、四星级11家、三星级20家、二星级3家;经复核,取消星级饭店5家、其中四星级1家、三星级4家。提升国资宾馆服务质量。贯彻落实中共扬州市委、扬州市政府《关于更好服务游客建设宜游城市的意见》文件要求,满足旅游消费需求升级,给旅游者提供安全、舒适、便捷的住宿体验,市旅游局委托第三方测评专业机构,对15家国资宾馆进行评价,邀请市民观察团开展宾客满意度调查,并将评价结果进行反馈,各国资宾馆对问题进行梳理分析,针对性解决。

(黄晓宇)

■社会帮扶 为解决冬天老年人、残疾人洗浴难的问题,扬州市沐浴协会连续10年发出倡议为老年人、残疾人提供免费洗浴。沐浴企业进行设施改造,在浴场内建设无障碍浴位、无障碍厕位、无障碍通道等,自动腾出浴池,让出走道,购置轮椅,指定服务员免费接待老年、残疾浴客,帮助他们脱衣、穿衣,保证老年人及残疾人的洗浴安全。组织人员每月一次到老年公寓为孤寡老人免费提供修脚服务。(沐浴协会)

■2017年扬州美食节开幕式暨中外嘉宾迎新春联谊会 1月5日,由扬州公共外交协会主办的2017年扬州美食节开幕式暨中外嘉宾迎新春联谊会在北京举行。百余位外国驻华使节、参赞、国际组织驻华机构负责人、世界五百强及跨国公司在华机构主管等应邀参加,品味扬州美食、领略扬州文化。扬州坚持以食为媒,连续举办三届扬州美食节,使其成为一个以美食为媒推进扬州城市国际化的精彩活动和重要平台。(杨 志)

■扬州4人获"中国淮扬菜大师"称号 8月30日,2017中国淮扬菜大师邀请赛在江苏省会议中心举办。扬州雾中花陈学、淮安鼎立国际酒店陆斌、扬州蔚圃柏翔飞、扬州银都大酒店陈四长4名扬州大厨入围前10名,获"2017中国淮扬菜大师"称号,两位扬州大厨张伟民、吴国永获中国淮扬菜名师奖。(杨 志)

■淮扬菜主题宴席大赛 11月4—5日,2017扬州市淮扬菜主题宴席大赛在江苏旅游职业学院举行。大赛分市区组和县区组进行团体赛和个人赛,共有36支代表队参赛,每个参赛队由5名厨师组成(其中有1人为主厨),共180名厨师参赛。大赛以宴席为主题,采用原料超市自选加特色原料自备的模式,并限定参赛原料成本500元。每个参赛队5名选手合作,在4个小时内制作一桌10人食用量的宴席,包括冷菜、热菜、汤羹以及点心等品种,热菜中必须有传统名菜大煮干丝,同时有淮扬创新菜。最终,萃园扬昆宴团队、冶春御码头扬州八怪宴团队、富春茶社月满芳宴团队和会议中心二十四桥明月夜宴团队获市区

11月4-5日，2017扬州市淮扬菜主题宴席大赛举行　　李斯尔/摄

组参赛队一等奖，望潮楼广陵潮宴团队、锦春锦绣春和宴团队、常青园忆瘦西湖宴团队、狮子楼鱼宴团队获县区组参赛队一等奖。（杨　志）

■两家淮扬菜品牌店入选“全球千佳餐厅”　12月4日，2018法国LaListe国际美食排行榜揭晓，扬州两家淮扬菜品牌店第三次入围。其中，北京淮扬府安定门店在本次中国餐厅榜单中排名第一，位居全球榜并列第六名，并获排名上升最快的“最佳进步”大奖，该店前身为扬州福满楼大酒店；扬州迎宾馆则是唯一一家入选的本地餐饮企业。La Liste国际美食排行榜于2015年由法国人首创，收录165个国家的16000个优秀美食地点，参考500多个专业美食指南和民众在线点评，筛选全球最好的1000家餐厅，其中日本134家、法国118家、中国大陆123家。（杨　志）

■中国淮扬菜大师非遗传承人工作室成立　12月21日，由扬州市烹饪协会、旅游局牵头成立的中国淮扬菜非遗传承人大师工作室正式成立。一批淮扬菜大师以及对淮扬菜发展做出杰出贡献的人将率先入驻大师工作室，承担起淮扬菜的传承以及工业化发展的重任。（杨　志）

2017年扬州市主要餐饮企业一览表

表19-2

名　称	餐位(个)	地　址
西园饭店	1200	丰乐上街1号
新世纪大酒店	1600	文汇南路2号
京华维景酒店	833	文昌西路1号
花园国际大酒店	1400	江阳中路56号
扬州宾馆	1000	丰乐上街5号
石塔宾馆	1200	文昌中路246号
二十四桥宾馆	800	扬子江北路486号
红杉树酒店	600	文昌中路237号
扬州迎宾馆	800	长春路1号
富春茶社	840	得胜桥35号
富春大酒店	550	扬子江北路沃尔玛北侧(沃尔玛)
富春酒楼	800	来鹤台广场文昌西路316号
绿扬邨茶社	500	丰乐下街10号
食为天假日酒店	2400	扬子江中路785号
得月酒家	220	文昌中路139号
金聚德酒店	800	国庆路454号
冶春餐饮有限公司	558	丰乐下街8号
大五酒家	300	梅岭西路宦庄65号
醉无名		大学南路66号
花园茶楼		新城西路53号

续表19-2

名　称	餐位(个)	地　址
萃园饭店	300	文昌中路209号
长兴楼大酒店	700	兴城东路86号
丹顶鹤酒楼	500	来鹤台广场
赛德酒楼		邗江中路428～436号
扬州人家大酒店		解放南路88号
玉玲珑精致餐饮		汶河北路42号
淮扬人家大酒店		文昌西路308号
狮子楼大酒店		邗江中路338号
东园小馆		江都路79号
银都酒楼	300	瘦西湖路25号
三香碎金扬州炒饭店	80	淮海路103号
扬州紫京饭店	1300	文汇南路99号
共和春饺面店		甘泉路等
蒋家桥饺面店		徐凝门路等
双东酒店	300	文昌中路366号
老街饭店		扬子江北路77号
江南一品餐饮经营管理有限公司		顺达广场
皮包水茶社		东关街153号
顺心楼大酒店		润扬北路8号

（杨　志）

粮食购销

■概况　2017年，全年实现粮食购销总量545.8万吨，其中粮食收购244.5万吨，销售301.3万吨。粮油工业实现总产值140亿元，比上年增加9.2亿元，增长7.0%；实现销售138亿元，比上年增加6亿元，增长4.5%。国有粮食购销企业实现销售收入30.16亿元，实现利润1011万元。全市未发生存粮安全责任事故。

（谢兆伟）

■粮食收购　受国际粮价下行、国内连年增产、市场需求不旺、政策性粮食库存高企等因素的影响，年初全市国有粮食购销企业仓容爆满，国有企业面临无仓可收的严峻局面。各地通过亏损让利促销自营粮，提前轮出地方储备，多挂拍政策粮，争取跨省移库计划，加紧新粮仓建设，租用社会仓容等措施，落实夏粮收购仓容60多万吨，申报最低价收购库点90个，总仓容42.5万吨；落实秋粮收购仓容34万吨，申报最低价收购库点32个，总仓容18.4万吨。全市国有粮食购销企业严格执行国家粮食收购价格，依质论价、优质优价收购农民余粮。全市累计收购小麦99.5万吨，较上年同期增加18万吨，其中国有企业收购75.3万吨，较上年增加16.4万吨。夏粮质量好、价格优，市场价格较上年提升0.08元/千克，每亩为农民实现价格增收120元。全市累计收购稻谷53万吨，比上年增加4.6万吨，其中国有企业收购22.7万吨，比上年增加8万吨。稻谷市场价格比去年提升0.05元/千克，每亩为农民实现价格增收110元。（谢兆伟）

■粮食销售　2017年，全市159个粮库共销售粮食301.3万吨，其中宝应县44个库点销售117.6万吨，高邮市35个库点销售70.1万吨，仪征市20个库点销售9.7万吨，邗江区10个库点销售1.9万吨，广陵区9个库点销售4.1万吨，江都区32个库点销售81.1万吨，市直9个库点销售16.8万吨。（谢兆伟）

■粮食产业　2017年，中共扬州市委、扬州市政府将全市新增10万吨仓容纳入民生幸福工程，并列入政府工作报告。全市国有粮食企业累计新增仓容10万吨，新增粮食烘干能力1500吨/日，9个智能化粮库升级项目全部建成，实现省、市、县三级互联互通。全市共争取2017年省财政支持粮仓建设项目1个，建设仓容2.05万吨，上争项目资金502万元；烘干机项目5个，总烘干能力1170吨/日，争取项目资金445万元；获批2017年粮食产后服务中心7个，上争项目资金1346万元；争取县级粮油质量检测中心建设项目4个，上争资金920万元；获批“中国好粮油”行动示范县1家，争取财政补助1435万元。全省首家江苏粮油商品交易市场分市场在扬州挂牌成立，全年分市场累计成交稻麦1.48万吨。鼓励企业技术改造，培植企业做大做强。江苏宝粮控股集团股份有限公司获“中国十佳粮油集团”“中国百佳粮油企业”，江苏宝应湖粮食物流中心获“中国十佳粮油标杆企业”，江苏丰尚智能科技有限公司获国家知识产权局“中国专利金奖”，迈安德集团有限公司获得授权专利31件，获中国粮油学会科技特等奖。（谢兆伟）

■**调控管理** 组织开展春季、汛期等多次存粮安全检查。开展地方储备粮轮换补库工作，完成市级地方储备粮轮换任务，落实成品粮储备2600吨。开展政策性粮食安全隐患大排查快整治严执法行动，对安全储粮、安全生产、执行国家粮食收购政策、国家政策性粮食销售出库、中央储备粮管理、地方储备粮管理等6个方面进行全面排查和整治。开展库存检查，出动巡查人员661人次，督查企业162个。经核查，所有检查粮食账账相符、账表相符、账卡相符、账实相符，数据真实可靠，粮食库存与粮食贷款对应无误，储备粮轮换规范，政策性财政补贴资金足额到位。未发现存在气味异常、霉变、发热、结块、严重虫粮等问题，库存粮食质量良好，品质宜存，处于安全状态。（谢兆伟）

■**市场管理** 开展收购资格核查。全市出动核查人员227人次，共审核各类粮食经营主体405家，其中国有及国有控股企业113家，其他经营主体292家。发放责令改正通知书17份，依法注销21家，共确认具有粮食收购资格经营主体384家。开展收购秩序督查。与泰州、淮安、宿迁等毗邻地区签订联合执法协议，共同维护边界地区市场秩序。宝应县粮食局蝉联“全国粮食流通监督检查示范单位”，并通过首批“全国粮食流通执法督查创新示范单位”现场审核。两季收购期间，全市共出动检查人员527人次，检查各类粮食经营者273户（人），下达责令改正通知书33份，罚款2户。创新监管方式。强化事中事后监管，实施“双随机”监管工作机制。在全省率先出台《扬州市开展粮食行业信用监管工作方案》，评出守法诚信经营者172户。（谢兆伟）

供销合作

■**概况** 2017年，全市供销合作社贯彻落实中央和省、市关于深化供销合作社综合改革的决策部署，紧贴服务“三农”主题，完成中共扬州市委、扬州市政府和省供销总社下达的目标任务。江都区供销社获人力资源与社会保障部、中华全国供销合作总社每五年评选一次的“全国供销合作社系统先进集体”称号。仪征市供销社、高邮市供销社、仪征陈集供销社获“全省供销合作社系统先进集体”称号。高邮市汇金杂粮专业合作社、仪征市陈集祥和菜油专业合作社、扬州市小纪绿园蔬菜专业合作社获批全国供销合作社系统农民合作社示范社。

夯实基层基础。2017年按照“六有”（有证照、有场所、有标识、有人员、有收入、有为农服务项目）标准，改造基层社20个；按照“三体两强”（自主经营实体、农民社员主体、合作经济组织联合体，综合实力强、为农服务能力强）标准，打造示范基层社3个。在条件具备的基层社探索改造建设以农民为主体的综合合作社，拓展和延伸合作社的服务链条，从生产合作延伸到消费合作、信用合作。

提升为农服务成效。以服务规模化推进农业现代化，2017年先后组建区域性农业社会化服务中心16个，为农民社员提供农资配送、商品育秧、统防统治、机耕机收、收储加工等一站式便民服务，实现“土地托管”服务面积2.84万公顷。全市供销合作社农资连锁配送销售6.65亿元，拥有农资配送中心22个、农资网点762个，农资连锁配送销售市场占有率达80.83%。

突出亮点工作。2017年注册成立扬州全程无忧现代农业服务有限公司和扬州一品网电子商务有限公司，构建联合社机关主导的行业指导体系和社有企业支撑的经营服务体系，形成社企分开、上下贯通、整体协调运转的双线运行机制。在22个乡镇供销系统农资网点实施农药包装物回收，全年累计回收包装物161万余件，有效减少农业面源污染，保护农业生态环境。（陈　旭）

■**综合改革** 扬州供销社是全省唯一承担“强化基层社合作经济组织属性”专项试点的设区市单位。扬州供销社发挥供销合作社经营服务优势和村“两委”组织优势，在全市范围内建设开展“社村共建”（共建农民合作社、农业社会化服务体系、经营服务体系、消费信用合作体系和人才队伍），强化与农民在组织上、利益上的联结，实现农民增收、村集体经济增长、供销合作社为农服务能力提升。至2017年末，基本完成18个共建点任务，其中2017年与10个经济薄弱村实施共建的改革试点取得实效，实现10个经济薄弱村增加可持续经营性收入120.3万元，每个经济薄弱村增收均达到10万元以上。仪征市和宝应县供销社承担全国供销总社“健全联合社‘三会’制度专项试点”，高邮市和江都区供销社承担省供销社“推进农村产业融合发展专项试点”。（陈　旭）

■**基层社分类改造** 实施基层社分类改造，对相对薄弱的基层社，全市供销合作社通过参办领办专业合作组织、吸纳承包或租赁的基层社网点加入供销社经营服务体系等方式改造基层社，加快恢复基层社经营服务功能，完成高邮界首、仪征刘集、江都武坚等20个基层社改造。对经济基础较好、有一定实力的基层社，着力做实现代农业生产经营和服务，将仪征新集供销社、大仪供销社和高邮沙埝供销社等3个基层社打造成“三体两强”示范基层社。在条件具备的基层社探索建立综合型合作社，改造建设“丁沟农综社”，建办经验和成效得到省供销社肯定，被认定为“江都模式”。（陈　旭）

■**双线运行机制构建** 9月，扬州市供销社注册成立扬州全程无忧现代农业服务有限公司和扬州一品网电子商务有限公司，运用市场经济的手段，对上连接全国供销集团和省社各企业，对下与各县(市、区)供销企业联合合作，致力于打造农业综合经营服务和线下线上融合发展的社有企业新格局。各县(市、区)供销社在壮大本级经济、转型发展社有企业方面进行探索，宝应县供销社对社有企业资产重新整合，江都和仪征供销社社有企业改革重点是将服务向乡镇拓展，逐步形成以上带下、上下一体、整体联合、相互支撑、统一协调的社有企业运行机制。（陈 旭）

■服务领域拓宽 全市供销合作社围绕农业社会化服务，不断拓宽服务领域，由传统流通经营服务向农业生产经营服务延伸，为农民和各类新型农业经营主体提供耕、种、管、收、加、贮、销等系列化服务。2017年，全市供销合作社以县(市、区)社投入为主，借助上级社项目资金扶持，以“三公里服务圈”为目标，先后组建区域性农业社会化服务中心16个，全市供销合作社通过区域性农业社会化服务中心、庄稼医院、农资中心和各类服务型合作社等服务组织，实现“土地托管”服务面积283.67平方千米。宝应县供销社、江都区供销社依托为农服务社建立植保队伍，推广无人机飞防植保服务，飞防服务面积达14.67平方千米，提高农作物病虫害防治现代化水平。（陈 旭）

■农资经营服务体系 全市供销合作社根据农民和农业生产需求，抓好农资市场保供稳价工作，加强农资连锁配送网点管理，新增农资配送中心，创新农资经营服务方式、加强行业自律和农业科技服务，化肥农药集中采购、统一配送、连锁经营服务体系得到进一步健全。至年末，全市供销合作社拥有全资、参股农资公司5个；农资配送中心22个，其中区域性配送中心17个；农资网点762个；农资连锁配送销售6.65亿元，其中化肥销售4.97亿元、农药销售1.68亿元，农资连锁配送销售市场占有率80.83%。每个农资经营网点均配备庄稼医院，现场为农民和种植大户提供农业技术指导，发放科技指导宣传单2.6万份。（陈 旭）

■农产品产销对接 全市供销合作社组织113家农产品生产经营企业和合作社参加上海·全国优质农产品博览会、海峡两岸(江苏)名优农产品展销会、全国农资科技博览会暨全国品牌农产品交易会，现场销售蔬菜、粮油、肉类、蜂蜜、茶叶、酱菜等各类农产品810多万元，达成合作意向近6000万元，为宣传扬州品牌、展示扬州农业发展成效、销售扬州特色农产品，搭建合作平台。（陈 旭）

■农村电子商务服务 顺应“互联网+”的发展趋势，完善“两超一院”(农产品超市、日用品超市、庄稼医院)基本服务功能，增设电商服务项目，打造“智慧供销”。在全国总社“供销e家”、省供销社“地平线”电商平台的支持下，市供销社和宝应、江都、高邮、仪征分别成立“网上供销社”，在“地平线”和淘宝、天猫等平台展销。以打通农村电商“最后一公里”和农产品进城“最先一公里”为目标，2017年新建17个村级电商服务站，为农民提供快递进村、物流进城等服务。（陈 旭）

■农药包装物回收试点 全市供销合作社推进农药包装物回收试点工作，通过加强组织领导、制定实施方案、明确责任主体、积极争取财政资金、狠抓规范完善、加大宣传力度和督查考核，农药包装物回收试点工作取得初步成效。2017年在22个乡镇供销系统农资网点实施农药包装物回收，做到统一标识标签、统一设置回收专用桶、统一回收价格、统一转运专储、统一集中处理，所有回收网点都建立回收台账，累计回收包装物161.74万件。（陈 旭）

专项经营

■盐业经营 2017年，全市购进盐产品7.77万吨；销售各类盐产品8.02万吨，其中食盐5.59万吨；实现销售收入1.02亿元。

全市碘盐覆盖率100%，碘盐合格率98.77%，合格碘盐食用率98.28%。全年查处盐业违法案件418件，没收盐产品74吨。（胡志伟）

■卷烟营销 2017年，扬州市实现卷烟销量16.57万箱，比上年增长0.13%；实现单箱销售额3.65万元，比上年增长3.18%；实现利税17.1亿元，比上年增长4.78%。（吴仲明）

■烟草专卖 发挥市场监管主体职能，坚持“眼睛向内”，开展“冬季会

2017年扬州市盐业购销存情况表

表19-3　　单位：吨

地　区	购进量		销售量		库存量	
	实　绩	占上年(%)	实　绩	占上年(%)	实　绩	占上年(%)
合　计	**77708**	**100.8**	**80198**	**105.4**	**3877**	**60.9**
市　区	13241	104.2	12328	91.7	2030	181.4
江都区	9271	98.3	9723	97.2	291	39.2
宝应县	24512	77.1	25345	82.1	458	35.5
仪征市	9693	136.1	11137	180.8	296	22.1
高邮市	20992	131.2	21665	138.8	802	54.4

注：市区数据不含江都区　　（胡志伟）

战”“闪电行动”“专卖护航”“大型商超治理”等集中整治行动，卷烟市场得到有效净化；专卖对标进位显著，全市查获5万元以上案件103件，比上年增长77.05%，查获50万元以上案件7件，获省局通令嘉奖6次，全年共完整办结网络案件3件；审理精品案件走在全省前列，侦办两件千万元大案，连续三年破获部级督办案件，“利剑9·9”专项行动受到省局通报表彰，“5·11”案件侦破纪实在《东方烟草报》报道。市烟草专卖局获2017年度全省卷烟打假工作成绩突出集体称号。（吴仲明）

■成品油销售 2017年，全市销售成品油118万吨，其中汽油55万吨、柴油63万吨。开展成品油市场专项整治行动，组织全市各地出动1000多人次，执法车辆300多台，进行集中整治，共排查出非法加油车（站）点120多家。累计关停并整治到位98家，拆除加油机64台，处置库存成品油80吨。加大成品油市场审批改革力度，制定《扬州市成品油零售经营资格审批指引及操作手册》。在全面完成各加油站油气回收改造工作的基础上，开展对全市加油站油罐改造工作，至年末完成全市132座加油站双层罐改造工作。（陆　扬）

■中国石化销售有限公司江苏扬州石油分公司 中国石化销售有限公司江苏扬州石油分公司是扬州地区最大的成品油经销企业。2017年，公司在岗员工1053人，总资产24.38亿元；在营加油加气站136座；在营油库2座，库容4.34万立方米，年吞吐量120万吨以上。公司全年销售成品油67.24万吨、天然气2.07万吨；便利店销售额1.04亿元。全年实现利税总额8.09亿元，缴纳税金6600.53万元。（朱文莹）

特种行业

■典当业 2017年，扬州有典当企业26家、典当企业分支机构9家，总注册资金5.08亿元，其中注册资本2000万元以上企业19家、500万～1500万元企业7家；有从业人员124人。26家典当企业中，市区（不含江都区）17家、高邮市3家、仪征市2家、江都区3家、宝应县1家。2017年末典当余额3.70亿元，累计典当总额5.88亿元，上缴税金56.1万元。（徐其祥　胡慧娟）

■拍卖业 2017年，扬州有拍卖企业24家，其中市区（不含江都区）17家、仪征市4家、江都区2家、高邮市1家；有拍卖企业从业人员188人。2017年，全市拍卖成交场次227场。（徐其祥　胡慧娟）

■特许经营 规范开展商业特许经营备案，2017年扬州市备案企业1家，为江苏宏信超市连锁股份有限公司。（徐其祥　胡慧娟）

邮政

■概况 2017年，全市邮政行业业务收入（不包括邮政储蓄银行直接营业收入）累计完成23.36亿元，比上年增长21.37%；业务总量累计完成36.08亿元，增长35.57%。

全市快递服务企业完成业务量1.30亿件，增长21.51%；完成业务收入13.94亿元，增长22.43%。其中，同城业务量1663.73万件，增长8.21%；异地业务量1.12亿件，增长23.31%；国际及港澳台业务量140.95万件，增长71.03%。

全市完成函件业务量689.96万件，下降40.6%；完成包裹业务量8.97万件，下降3.24%；完成订销报纸业务量6276.93万份，下降3.89%；完成订销杂志业务量352.59万份，下降0.51%；完成汇兑业务量19.46万笔，下降37.93%。

全市有邮政网点182个，其中城市邮政局（所）39个（含城乡接合部），农村邮政局（所）143个；邮政网点总面积2.83万平方米，其中城市邮政局（所）面积7774.09平方米，农村邮政局（所）面积2.05万平方米；城市邮政局（所）网点平均服务半径1.5～2千米，农村邮政局（所）网点平均服务半径3千米；城市网点投递网点平均投递半径3.54千米，农村网点平均投递半径3.85千米。有邮政信筒261个。主城区邮政局（所）每周营业7天，每周投递7天，每天投递2次，每天营业8小时；农村地区邮政局（所）每周营业5～6天，每周投递5天，每天投递1次，每天营业6～8小时。

快递服务首次纳入扬州市基层基本公共服务功能配置标准。市服务业办公室印发《扬州市落实物流降本增效专项行动工作方案（2017—2018年）》，快递获政策支持。市邮政管理局召开首例行政处罚听证会，首次开出“反恐罚单”。市商务局认定江苏信息服务产业基地（扬州）、扬州市商贸物流园、扬州邮政跨境电子商务产业园和高邮市通邮电子商务产业园4家单位为市级跨境电子商务产业园试点。6月29日，由省交通运输厅组织开展的“纪念建党96周年暨最美交通人表彰大会”上，扬州投递员顾松学获“2016·最美交通人”提名，并当选中共十九大代表。（张惠亮）

■快递业 2017年，扬州市提升快递业务收入在行业中占比。快递业务收入占行业总收入比重为59.67%，比上年提高0.55个百分点。同城快递业务量完成1663.73万件，增长8.21%；实现业务收入1.43亿元，增长12.25%。异地快递业务量完成1.12亿件，增长23.31%；实现业务收入9.27亿元，增长17.87%。国际及港澳台快递业务量完成140.95万件，增长71.03%；实现业务收入1.16亿元，增长22.45%。同城、异地、国际及港澳台快递业务量占全部比例分别为12.75%、86.17%、1.08%，业务收入占全部比例分别为10.28%、66.53%、8.31%。

民营快递企业发展。国有快递企业业务量完成932.96万件，实现业务收入1.34亿元；民营快递企业业务量完成1.21亿件，实现业务收入12.06亿元；外资及港澳台资快递企业业务量完成22.85万件，实现业务收入0.54亿元。国有、民营、外资及港澳台资快递企业业务量市场份额分别为7.15%、92.67%、0.18%，

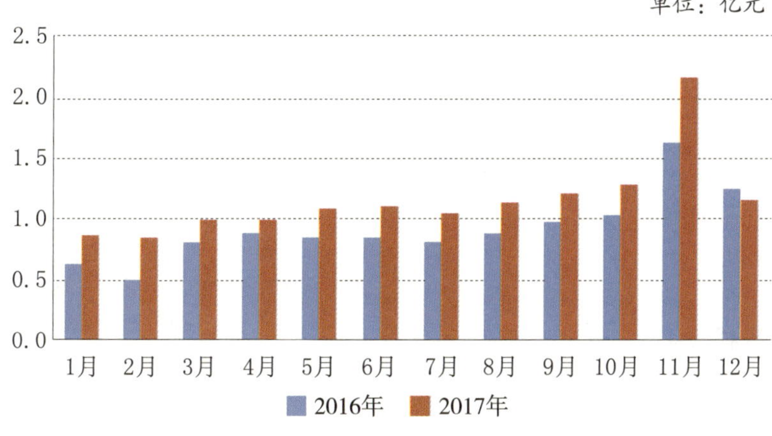

图 19-1 **2017年扬州市快递业务收入情况图**

（衡魏徽）

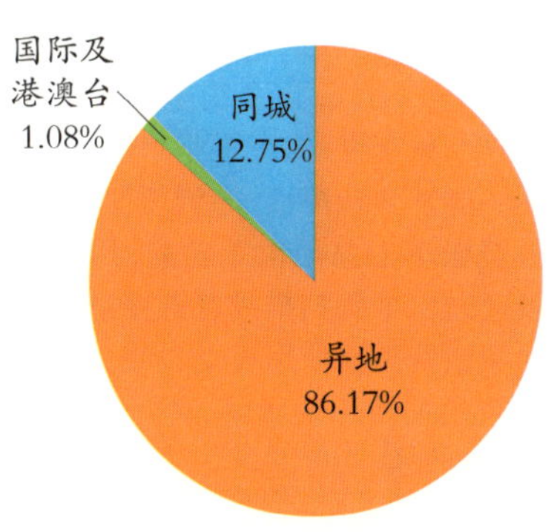

图 19-2 **2017年扬州市快递业务量结构图**

（衡魏徽）

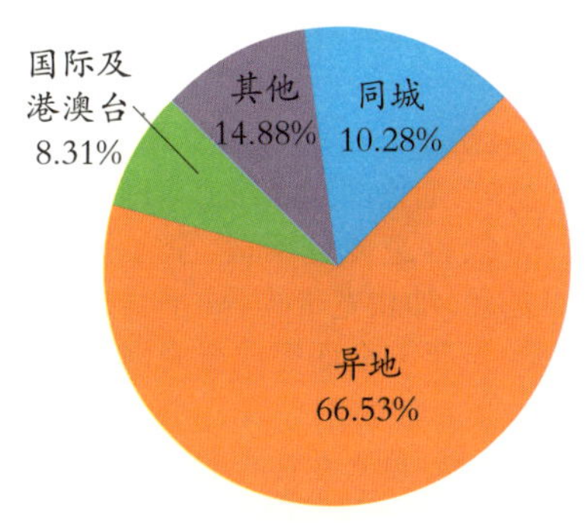

图 19-3 **2017年扬州市快递业务收入结构图**

（衡魏徽）

业务收入市场份额分别为9.61%、86.51%、3.87%。

2017年，扬州市其他区县完成快递业务量8748.06万件，增长24.68%；实现快递业务收入10.15亿元，增长29.96%。江都区完成快递业务量2100.12万件，增长8.48%；实现快递业务收入1.55亿元，下降0.99%。仪征市完成快递业务量814.39万件，增长27.3%；实现快递业务收入0.67亿元，增长2.11%。高邮市完成快递业务量775.26万件，增长18.13%；实现快递业务收入0.86亿元，增长8.47%。宝应县完成快递业务量608.06万件，增长24.64%；实现快递业务收入0.7亿元，增长27.47%。扬州市其他区县、江都区、仪征市、高邮市、宝应县的快递业务量比重分别为67.06%、16.1%、6.24%、5.94%、4.66%。快递业务收入的比重分别为72.83%、11.15%、4.84%、6.15%、5.03%。（衡魏徽）

中国邮政集团公司扬州市分公司 2017年，扬州邮政全区实现业务收入9.23亿，增长12%，列全省第4位。代理金融业务收入6.01亿元，推广“夕阳红”老年金融服务项目、金融服务进社区、“福农卡”代缴农电费、“乡情卡”助农民工回乡等项目，所有网点、加盟店等渠道布放商易通，提供助农取款服务。包裹快递专业实现收入1.05亿元，服务地方产业集群市场9个，酒店用品、皮鞋、毛绒玩具、体育用品、蛋品市场等设立揽投分部，产业集群市场占有率44%。农村电商销售额6022万元。建有5个县级电商运营中心、172个乡镇电商服务站、1795个“邮乐购”加盟店。改造网点10个，新增更新终端、打印机、点钞机等设备530台。建设7个仓储分拨中心，新增仓储面积2.06万平方米。全区建设税邮代征点10个。邮务类业务实现收入9590万元，创新升级邮政文化传媒产品和服务，开展“爱上城市的味道”全球形象推广活动。发行《诗画扬州》专用邮资图，举办高邮邮文化节活动，联合市财政局开展财政惠农宣传。扬州邮政公司获“2015—2016年度江苏省诚信单位”称号。

优化全区网运组织，新增省内干线直达邮路1条，新增省际干线直达邮路7条。建成芦村邮件转运站，实行全区网运一体化功能。调整高邮、宝应的区内邮路，节约邮件运输时限，提高省内邮件次日递率。优化作业流程改造，通过场地建设，实现出口快递包裹处理能力日均达7万件，峰值处理能力达15万件目标。在扬州杭集、高邮实施快递包裹集中收寄点封发运输前置作业模式，减少中间盘驳和运输环节成本。

适应快递包裹发展需要，加大普机优化力度，有机动车专段18条、三轮车专段5条，形成以普邮段道为基础，机动车段道为支撑服务的投递模式。推行“网格+”模式，实施动态排班，提升投递服务水平。增设汤汪、湾头投递站点等，减少投递人员往返空跑、负载里程，提高投递生产效率。推行自提点、代投点和智能柜投递模式，全年有效自提点757个。采取市场化机制搞活投递终端，探索投递外包。

完善ERP（企业资源计划）系统的数据采集、整理，优化保险满期系统，建立中心数据仓库，加强数据服务应用，全年调用数据40万条，清洗与整理数据135.8万条。（纪倩霞）

江苏邮政农产品进城“高邮咸鸭蛋”项目启动 4月17日，2017年江苏邮政农产品进城“高邮咸鸭蛋”项目启动仪式在高邮举行。仪式上，扬州邮政公司与高邮市人民政府签订战略合作协议。高邮咸鸭蛋项目是2017年江苏邮政农产品进城首个省级重点运作项目。江苏邮政与高邮本地鸭蛋企业进行合作，共同策划推出

"咸淡可口"项目，加大农产品进城项目推进力度，提升江苏本土原产地特色农产品品牌价值。邮政公司整合渠道、客户和运营资源优势，为高邮农村电商产业的农产品进城双向流通方面，提供销售解决方案、物流解决方案和金融解决方案服务。（纪倩霞）

■邮资图《诗画扬州》启用 6月24日，《诗画扬州》邮资图首发仪式在扬州瘦西湖万花园举行。《诗画扬州》专用邮资图是首次以"诗画扬州"为题材发行的城市专用邮资图，是宣传和展示扬州国际旅游城市形象，推进历史文化名城建设，提升城市在国内外知名度的新名片。为配合《诗画扬州》邮资图启用，扬州邮政公司发行扬州及瘦西湖题材系列明信片产品。其中《诗画扬州》邮资图首发纪念极限片采用纸质和绢丝两种材质印制，绢丝材质在本地题材的明信片开发中首次使用；《诗画扬州》邮资图明信片连体片首次亮相扬城。扬州剪纸明信片以剪纸形式表现瘦西湖美丽风光；《诗画瘦西湖》风光手绘明信片，以水墨画形式展现瘦西湖风景区各景点靓丽画卷；《瘦西湖十景》明信片以摄影作品呈现瘦西湖风景区春夏秋冬。（纪倩霞）

■邮政明信片和纪念封随"扬州舰"护航远行 4月1日，中国海军第26批护航编队从浙江舟山某军港解缆起航，前往亚丁湾、索马里海域接替第25批护航编队执行护航任务。扬州邮政公司设计定制的1万枚纪念封和明信片，与扬州漆器、剪纸等作为"扬州舰"官兵随行宣传礼仪用品。明信片正面由两幅图拼接而成，分别选取体现扬州旅游文化特色的瘦西湖美景和海上航行的"扬州舰"画面，两幅画面通过"中国海军扬州舰"标志连接，配上"忠诚、荣誉、精武、战斗"体现"扬州舰"精神的字样，明信片反面选取扬州文昌阁的夜景画面，展示扬州城市现代风貌。（纪倩霞）

■快递服务用房建设 扬州市邮政管理局和市建设局、市规划局、市房管局联合发布《关于新建住宅区设置快递服务用房的通知》，1月1日起，全市范围内新建住宅区，建设单位应设置与其规模相适应的快递服务用房。高邮市政府办印发《关于高邮市新建住宅区设置快递服务用房的通知》，将快递用房纳入住宅小区配套设施。（张惠亮）

通信服务

■中国电信扬州分公司 2017年，中国电信扬州分公司完成业务收入17.93亿元。至年末，有电话用户94.2万户、宽带用户95.4万户，天翼移动通信用户147.5万户。优化电信服务网点布局，便民营业网点累计622个。

*加快推进信息基础设施建设。*深化移动通信网和光纤通信网的改造，继续推进光进铜退，全年投资4.3亿元，加快宽带提速，平均速率45兆，至年末全面完成全光网城市建设，宽带速率超百兆。

*继续打造业内领先的服务体系。*针对双百兆家庭用户全面推进当日装、当日修、慢必赔业务，提升服务水平。从3月15日起向社会公开发布百兆光宽带服务标准，实施区域范围为电信光纤已覆盖的扬州市区和区县主城区。

*打造智慧营业厅，提升旗舰店服务能力。*按照电信集团级SI标准，全区7个中心厅实现升级变身，同步启动乡镇主厅SI样板店的打造。完成市区跃进桥、石塔、新城及县（区）钟楼、海潮路、真州路、东方红等7家中心厅升级改造，优化业务办理流程，增加甩单受理台席、缩短受理时间，提升客户服务感知。乡镇同步启动智慧营业厅升级试点，汊河主厅完成乡镇SI样板店打造。

*推进"互联网＋"行动，打造10个行业标杆，助力扬州信息化整体水平提升。*打造市质监局玉器质量溯源云平台、宝应县电子政务云平台、潍柴动力工业云、高邮宏远电子ERP项目、江都区域医卫云、广陵和仪征区域教育云等10个互联网＋行业标杆。

*建设NB-IOT（窄带物联网）网络，打造3个物联网标杆小镇（园区），探索基于智慧城市的物联网应用。*累计投资1亿元，共建设901个NB-IOT基站，实现NB-IOT网络在全市6634平方千米的全覆盖。广陵区仁丰里社区智慧社区物联网综合管理平台正在建设，包括路灯、井盖、停车、水质和空气指数等监测。完成瘦西湖景区的水质、环境、人流等系统设计工作。自主研发智慧小镇基于物联网技术的综合管理平台，可用于城市管理、相关信息采集、分析；实施智能井盖监控、智慧停车等物联网应用项目，联合开发NB-IOT智能水表即将推向市场。

*上线推广翼支付缴费管理系统。*6月翼支付缴费管理系统在东关小学成功上线，该系统基于中国电信旗下翼支付，为企事业单位、学校提供群发缴费短信、一键便捷缴费、缴费账单汇总导出等功能，用户可以通过二维码扫描或者链接进入移动端缴费页面使用翼支付账户完成各种相关费用的缴纳，并可实时查询缴费信息。（杨　珺）

■中国移动通信集团江苏有限公司扬州分公司 2017年，中国移动通信集团江苏有限公司扬州分公司完成运营收入超21亿元，缴纳税收近8000万元；移动通信客户数超300万，其中4G用户超200万，宽带用户数超60万；新领域业务发展迅速，物联网用户超100万；带动产业链就业人数超1万人，在扬州各大企业累计采购额1.5亿元。

*加大资金投入，大力建设信息基础设施。*推进我国自主创新的TD-LTE（第四代移动通信技术标准）网络建设，建成4G基站超5200个，实现乡镇以上区域连续覆盖，高铁高速基本覆盖，商务楼宇、大型场馆等室内场景深度覆盖。城区覆盖目标盲点解决率100%，城区网格下载速率超45Mbps（兆比特每秒）。开展窗口场景质量提升与全网下载速率提升专项活动，高速覆盖率高铁覆盖率提升至近99%。创新"滴灌多层"大话务保障模型，保障"扬马"、观音山香会等大型活动通信保障。加快

宽带网络光纤化改造，促进网间互联互通，提高网络访问速率，实现光纤宽带城区、镇区全覆盖，自然乡镇重点区域覆盖。电表覆盖率提升至94%，累计覆盖超190万户。落实政府“提速降费”要求，宽带忙时下载速率较三年前提升超120%，流量综合资费水平下降近50%，4G统一资费门槛已降至18元且全部取消国内漫游费。

*推动信息技术与社会生产深度融合发展。*发挥“4G＋光纤宽带”立体网络优势，紧扣企事业单位及百姓大众的信息化需求，打造丰富多彩的应用，助力社会进步和民生改善。开发“和目”、居家养老、和云镜、和视讯等移动互联网应用，不断提升客户价值。为各行各业提供丰富的行业应用，开发移动OA、生产监控、位置服务等产品，例如公安“天眼工程”，国土“国土卫士”等，助力各行各业低成本高效运营。为政府管理打造高效便捷的工具，与市交通产业集团合作打造“智慧停车场”项目，成为解决停车难问题全市标杆项目；与环保部门合作打造“蓝天卫士”，远程适时监控秸秆焚烧、夏秋收种等；在城市综合治理、社会治安防范等领域，不断提升信息化水平，有效提升公共服务与管理的效率。

*助力地方经济结构调整和转型升级。*升级组织4G直播扬州鉴真国际半程马拉松比赛，进一步在互联网平台扩大宣传“扬马”影响力；总投资5亿元的中国移动·华为移动大数据基地项目正式投入运营，吸引美团、360、中移在线公司等大型互联网企业入驻；实现上海视听产业基地落户扬州，为扬州创造数以千计的就业岗位，有效带动扬州大数据、云计算、物联网、移动互联网等新兴信息技术产业发展，为地方经济调优产业结构、转变发展方式作出贡献。

*夯实网安信安监控管理和网络安全保障能力。*健全网络与信息安全管理机制，严格执行“实名制”认证，积极开展“黑卡”、不明扣费、“扫黄打非”等专项整治，严厉处置诈骗短信、诈骗电话、不良网站和伪基站等违法行为，全力遏制不良信息传播和电信网络新型违法犯罪，构建安全绿色网络。 （移　动）

■中国联合网络通信有限公司扬州市分公司　2017年，中国联合网络通信有限公司扬州市分公司实现主营业务收入4.26亿元，新建渠道97家。

*加强网络建设。*2017年新建4G基站100多座，室内分布系统300多栋，同时对100多个基站进行载波扩容，解决密集小区以及城区、县城以及乡镇的深度覆盖。

*提供高速稳定的通信服务网络。*完成“烟花三月”国际经贸旅游节、“扬马”等重大活动保障任务，通过开通应急通信车、基站改造扩容、小区分裂、天馈优化调整、载波聚合等多种优化手段对相关活动场所及交通路线进行网络保障，为用户提供良好的网络使用感受。

*配合市政管理工作需要。*累计处理影响市容、市政安全的城管派单案件约2000件，无一超时。配合市政工程建设，及时迁改相关通信管线设施，为工程建设提供便利的条件。对于民生工程，服从服务大局，合计迁移管线设施300多千米。

*推进网络提速降费，提升服务水平。*对具备提速条件的宽带用户免费提速，具备提速条件的小区内，将50M以下宽带用户免费提速至50M。降低全国套餐入网门槛，覆盖高中低人群，均能享受长市漫一个价，全国接听免费的优惠。针对智能手机中应用的视频类应用，推出江苏省内免流量使用的沃家视频APP，为广大扬州联通用户提供丰富、高清、流畅的专业视频体验。

*拓宽领域，服务地方社会及广大客户。*推进智慧江苏食品药品监管行业示范工程项目——“美滋滋”食品安全管理综合平台项目的建设，做好平台的日常维护、技术支撑和商户咨询，项目发挥手机新媒体的群众性、及时性、互动性优势，创新建立群众喜闻乐见的食品安全公共服务网络，打造监管部门自媒体平台。平台在汇聚公众点评打分的基础上，结合监管部门日常监管、监测情况，对商家进行综合排名，促使企业、单位变被动受查为主动自查自纠自律，引导行业整体向上发展，营造良好的市场竞争环境。参与“平安城市”项目建设，通过社会治安监控系统建设对公安所属辖区内住宅小区、沿街商铺、企事业单位重要部位安装视频摄像机，实现24小时监控，确保社会治安安全。 （联　通）

会展业

■概况　2017年，扬州市共接待省级以上会议92场，接待会议人次

2017年扬州市主要展览会(博览会)情况一览表

表19-4

活动名称	主要展品	主办方	级　别	举办时间
2017中国扬州国际机械制造工业展览会	装备制造、数控机床、模具制造、五金机电等	上海联讯会展服务有限公司、扬州市模具工业协会	国家级	11月24—26日
2017·扬州文化产业博览会暨第十二届中国玉石雕精品博览会、中国漆器艺术精品展	工艺美术品	扬州市人民政府、中国工艺美术协会	国家级	6月2—5日
第六届中国扬州户外照明及LED照明展览会	路灯、照明	北京励展北方展览有限公司	省级	3月28—30日
扬州台湾书画交流展	书画作品	市台办　市文联	市级	10月6—16日

续表19-4

活动名称	主要展品	主办方	级　别	举办时间
第二届网民节暨人工智能VRAR博览会	VR、AR产品	中共扬州市委宣传部、市网信办	市级	11月18日至12月
"美味·扬州" 2017烟花三月海峡两岸名特优农产品电商博览会	扬州包子、宝应荷藕、高邮鸭蛋、仪征茶叶及米、面、油等70多种类型400多种产品;台湾茶叶、台湾水果、金门高粱酒以及台湾小吃等40多种类型100多种产品	扬州市人民政府	市级	4月15—17日
"美味·扬州" 名特优农产品展销会	农产品	扬州市农业委员会	市级	4月15—17日
"2017中国·扬州科技创新成果展示洽谈会——智能汽车专场活动"	19辆智能汽车整车、200多项高校科研院所研发的新能源和智能汽车科技成果、100多项我市科研单位和相关企业的汽车技术创新成果	江苏省科学技术厅、扬州市人民政府	市级	4月17—19日
2017年海峡两岸食品展览会	农产品	省农委外事外经办公室	市级	6月21—24日
2017景德镇(扬州)陶瓷文化节暨中国(扬州)工艺品秋季博览会	工艺美术品	扬州市人民政府	市级	9月30日至10月8日
砥砺奋进的扬州图片展	图片文字	中共扬州市委宣传部	市级	10月13日至11月30日
扬州旅博会	旅游产品	扬州广电总台	市级	6月21日
扬州第25届汽车博览会	汽车	扬州广播电视传媒集团(总台)	市级	11月16—19日
扬州健康养生暨绿色食品博览会	绿色食品	扬州广播电视传媒集团(总台)	市级	11月23—26日
中国扬州国际机床模具及机械制造展览会	机床、模具	上海联讯会展服务有限公司	市级	11月24—26日
扬州第12届迎新春淘宝节	南北干货	扬州广播电视传媒集团(总台)	市级	1月14—22日
扬州第32届建材家装博览会	家居建材	扬州广播电视传媒集团(总台)	市级	2月24—26日
扬州第六届婚庆文化博览会	婚庆公司、酒店	扬州广播电视传媒集团(总台)	市级	3月10—12日
中国(扬州)工艺品博览会	工艺品	扬州广播电视传媒集团(总台)	市级	4月14—17日
扬州第24届汽车博览会	汽车	扬州广播电视传媒集团(总台)	市级	4月28日至5月1日

(徐其祥　胡慧娟)

2017年扬州市主要会议情况一览表

表19-5

会议名称	类别	级别	会议规模	举办时间
2017中国·扬州"烟花三月"国际经贸旅游节	社团会议	国际会议	500	4月18日
上海合作组织成员国国家协调员理事会会议	社团会议(政府)	国际会议	40	8月22—25日
2017创新材料与能源学术研讨会	社团会议	国际会议	100	3月25日
江豚保护公益论坛	社团会议	国际会议	300	12月2日
世界地理标志大会	社团会议(政府)	国际会议	200	6月29日至7月2日
运河文化与国际化人才素养青年论坛	社团会议	国际会议	100	8月20日
2017世界运河城市论坛	社团会议	国际会议	300	9月8日
第13届国际电子测量与仪器学术会议(ICEMI2017)	社团会议	国际会议	300	10月20—22日

续表19-5

会议名称	类别	级别	会议规模	举办时间
世界绿色设计论坛扬州峰会	行业会议	国际会议	100	5月20—26日
2017年国际环氧乙烷及衍生表面活性剂技术交流会	行业会议	国际会议	350	4月17—18日
全球饲料加工业和畜牧行业投资战略合作论坛	企业会议	国际会议	50	10月20日
2017亚布力青年论坛创新年会	社团会议	国家级	200	6月9—10日
世界运河古镇合作平台建设第一次会议	社团会议	国家级	100	12月18日
中国免疫学会血液免疫分会2017学术年会	社团会议	国家级	150	6月17—18日
“大美扬州”绿色论坛	社团会议	国家级	760	9月29日
首届中国“世界蜜蜂日”	社团会议	国家级	300	5月20日
2017年全国接待交际年会	行业会议	国家级	200	5月23日
中国物流发展与形式分析会	行业会议	国家级	200	10月14日
第八届中国古筝艺术学术交流会	行业会议	国家级	900	10月31日至11月4日
2017江浙沪特色文化产业项目路演及推广活动	行业会议	国家级	200	10月24—26日

（徐其祥　胡慧娟）

2.48万人次。其中，国际会议15场，国家级会议28场。共举办市级以上展览40个，参展企业3431家，参展观众48.9万人次，展览成交额12.6亿元。从展览级别看，国家级展览2个，省级展览2个，市级展览36个；从展览类别看，专业类展览5个，文化类展览14个，消费类展览21个。（徐其祥　胡慧娟）

■2017·扬州文化产业博览会暨第12届中国玉石雕精品博览会、中国漆器艺术精品展　6月2—5日，2017·扬州文化产业博览会暨第12届中国玉石雕精品博览会、中国漆器艺术精品展举行。展会吸引参观者超过4万人次，实现现场销售额近3000万元，两项数据均创近五年来新高。2017“玉缘漆花·艺博杯”文博精品大赛获奖结果在会上公布。申报参评作品共587件，获金、银、铜、优秀奖共436件。其中金奖118件、银奖126件、铜奖129件、优秀奖63件。比赛分为玉器组和综合组两大门类，其中玉器组总获奖件数为192件，扬州作品占89件；综合组总获奖件数244件，扬州占119件。（杨　志）

扬州文化产业博览会上展示的雕漆作品《群芳献瑞》　日　报/供稿

■“大美扬州”绿色论坛　9月29日，“大美扬州”绿色论坛在京杭会议中心举行，论坛围绕绿色低碳、全民健康、文化实力等话题展开对话，为“大美扬州”建设献计献策。该论坛由万科集团董事局名誉主席、亚洲赛艇联合会主席王石先生倡议设立，由欧美同学会2005委员会和扬州生态科技新城共同举办，为商界、学界、政府等提供一个分享交流的对话平台，探寻人类与自然、健康与生活、传承与开创的和谐发展之道。本次论坛分为生态之美、健康之美和人文之美三个主题。扬州生态科技新城、深潜公司、十三月公司分别与北京新东方学校签订“赛艇进课程、戏曲进校园”合作协议。（杨　志）

物流业

■概况　全市社会物流总额1.44万亿元，比上年增长9.39%。社会物流总费用748.81亿元，增长13.30%。物流业增加值329.89亿元，按可比价计算，增长11.76%。2017年，印发实施《2017年加快发展生产性服务业助力振兴实体经济的工作清单和政策清单》《扬州市落实物流业降本增效专项行动工作方案(2017—2018年)》,《扬州市物流园区空间布局总体规划》通过专家评审。全年新增AAAA级物流企业1家、AAA级3家。

提升集聚水平。扬州汽车科技园获评省生产性服务业示范园区。仪征汽车物流园入选省级示范物流园区，高邮诚信电子商务物流产业园、扬州商贸物流园、江都沿江物流产业园入选省级示范物流园区培育库，启动琴筝文化产业园建设。服务扬州综合物流园(快递物流园)建设，协调设立2亿元的扬州综合物流园建设基金，项目一期建成并实现100%出租营运，形成"二港一站"(传化柏泰"公路港"、美设柏泰无水海港，上海铁路局无轨火车站)业务架构。恒基达鑫化工仓储项目等5个项目获省级服务业引导资金695万元。

(衡魏徽)

■物流联运 推动省级多式联运示范工程——扬州港务集团打造河江海集装箱多式联运项目，淮安新港、宝应港—扬州港—上海港—目的港码头江河海联运线路，全年完成集装箱联运量4.2万标箱，年运量超100万吨。推动企业新开辟防城港—扬州港—扬州火车东站—西宁火车站铁水联运线路，进口石英砂自防城港水路运输至扬州港，经公路短驳，通过铁路运往西宁，回程自西宁通过铁路运输纯碱至扬州港，由公路发往江浙沪，运输成本下降30%。

(仲恒逸 岳鹏翥)

■社区物流 联合市公安局、市商务局修订并印发《扬州市城市配送管理办法》，对封闭式货车、厢式货车、冷藏车等城市配送车辆制定优惠通行管控政策，将信用管理纳入城市配送企业的经营管理，促进社区物流发展。 (仲恒逸 岳鹏翥)

■物流企业评级 全市物流业有市级以上生产性服务业示范企业15家，其中省级生产性服务业领军企业1家(仪征上汽赛克物流有限公司)。开展企业创A工作，2017年新增AAA级以上物流企业4家，其中AAAA级1家、AAA级3家。至年底，全市有A级以上物流企业35家，总量位居全省第4位。 (衡魏徽)

电子商务

■概况 2017年，全市实现电子商务交易额770亿元，比上年增长40%。笛莎获批2017—2018年度国家级电子商务示范企业。邗江区、高邮市车逻镇、宝应县曹甸镇周管村获批江苏省2016年度农村电子商务十强县、镇、村。笛莎等12家企业获批2017—2018年度江苏省电子商务示范企业，江苏信息服务产业基地(扬州)、高邮通邮电子商务产业基地、宝应软件信息产业园获批2017—2018年度江苏省电子商务示范园区(基地)。邗江区槐泗镇沈营村等4个行政村、高邮市马棚街道等4个镇获批第五批、第三批省级农村电子商务示范村镇。邗江区竹西社区和广陵区洼字街社区获评首批省级电子商务示范社区。

江苏信息服务产业基地(扬州)构建"电商孵化园""智慧空间园"等7个分园，集聚微软、京东、一号店、美团网等企业280多家，从业人员2万多人。五亭龙玩具城带动周边毛绒玩具商户发展，线上成交额超过20亿元。扬州综保区落户跨境电商企业超过52家，年电商交易额达50亿元。邮政跨境电商产业园日处理邮件超过1万件。高邮通邮电商园入驻企业107家，整体销售6.4亿元，开票销售5900万元。

淘宝扬州馆2017年入驻商户360家，累计销售额2.9亿元。建筑业B2B(企业对企业)平台"筑牛网"汇集上下游商户3.5万户、金融机构20家，交易额突破20亿元。笛莎专注女童服饰全产业链，2017年线上销售额超3.8亿元。宏创以自有门店和33.3公顷果蔬生产基地为依托，推行"网上购买，门店自提"的销售方式，2017年营业收入突破1亿元，吸收会员20万人。 (徐其祥 胡慧娟)

2017年国家级电子商务示范企业

江苏笛莎公主文化创意产业有限公司

(徐其祥 胡慧娟)

2017年江苏省级电子商务示范镇

邗江区杨庙镇
高邮市马棚街道
宝应县小官庄镇
仪征市马集镇 (徐其祥 胡慧娟)

2017年江苏省级电子商务示范村

邗江区槐泗镇沈营村
广陵区湾头镇万福村
高邮市经济开发区奥林村
宝应县小官庄镇小官庄村

(徐其祥 胡慧娟)

2017年省级电子商务示范园区(基地)

江苏信息服务产业基地(扬州)
高邮通邮电子商务产业基地
宝应软件信息产业园

(徐其祥 胡慧娟)

2017年省级电子商务示范企业

江苏笛莎公主文化创意产业有限公司
扬州鲜生活电子商务有限公司
江苏智途科技股份有限公司
扬州宏创科技发展股份有限公司
江苏筑牛网络科技有限公司
江苏宏信商贸股份有限公司
江苏鑫东方户外用品有限公司
扬州十二粉黛生物科技股份有限公司
扬州市百仕德礼品工艺有限公司
宝胜网络技术有限公司
江苏嘉德光电科技有限公司
江苏汇银电子商务有限公司

(徐其祥 胡慧娟)

2017年扬州市级电子商务示范村

槐泗镇酒甸村
杨庙镇花瓶村
方巷镇沿湖村
西湖镇司徒村
蒋王街道何桥村
头桥镇福成村
小纪镇宗村村
丁伙镇新杭村
小纪镇富东村
汤庄镇汉留村
送桥镇盘塘村
送桥镇德华社区
柳堡镇王通河村
西安丰镇朱郭村
鲁垛镇鲁垛村
夏集镇郭桥村
夏集镇夏集村

真州镇永庆村
刘集镇古井村
大仪镇路南村
杭集镇杭集村　（徐其祥　胡慧娟）

2017年市级电子商务示范基地

五亭龙电子商务基地
百分百电商创意产业园
西区新城电商创意产业园
（徐其祥　胡慧娟）

2017年市级电子商务示范企业

扬州施凯化工科技有限公司
扬州方广食品有限公司
扬州苏宁云商销售有限公司
江苏宏信超市连锁股份有限公司
高邮市红太阳食品有限公司
高邮市嘎嘎鸭商贸有限公司
扬州淘源电子商务信息科技有限公司
扬州市天祥路灯器材有限公司
高邮市湖畔水产专业合作社
扬州康优益商贸有限公司
江苏幻网软件科技有限公司
扬州苏合相咏农产品销售专业合作联社
江苏尚莱场互联科技有限公司
扬州迅博信息科技有限公司
（徐其祥　胡慧娟）

■**电商服务站点**　阿里巴巴、苏宁易购、邮政、供销合作社等企业和单位累计建设电商服务站点1200多个。其中，阿里巴巴"农村淘宝"合作项目落户高邮、宝应，已建设村级服务站157家，苏宁易购建设16家苏宁易购直营店或服务站；邮政建设完成1191家村邮站，并在部分站点叠加电商服务、农村淘宝和便民服务等功能。供销合作社汇集优质农民合作社和电商运营服务商资源，建设电商服务站点100家。西湖镇金槐村毛绒玩具电子商务年交易额超3亿元，湾头镇玉器电子商务平台年产值近10亿元，宝应县柳堡镇、江都区小纪镇、高邮市车逻镇、仪征市大仪镇等电子商务年销售额均过亿元。
（徐其祥　胡慧娟）

■**社区电商**　社区O2O电商包含以宏创为代表的本土传统龙头企业，以日顿、鲜生活、苏合相咏、华南家政、维小保为代表的小型O2O电商企业和以邮政快递服务中心、大学生村官菜篮子平台为代表的合作平台。各类企业在扬州市建设的线下门店、提货点、储物柜等各类O2O实体超过600个。宏创龙会易购开通线下取货点515个。鲜生活"果然100"线上及线下用户超过27万人，2017年线上销售额超8000万元。　（徐其祥　胡慧娟）

■**2017中国（扬州）跨境电商发展论坛**　12月27日，2017中国（扬州）跨境电商发展论坛在扬州香格里拉大酒店举办，国内知名跨境电商企业高管、专家学者、行业精英与扬州市外贸、跨境电商企业和跨境电商产业园共500多人参会。论坛主题为"贸易无界　创享全球"，分为"畅通全球""赋能天下""技术变革"三大板块，从宏观格局到技术应用，深入探讨跨境电商发展的新趋势、新格局与新机遇，进一步明确扬州跨境电商的新模式与新方向，并从跨境物流、支付变革、大数据分析及供应链建设等多个实操层面进行讨论。
（杨　志）

居民服务业

■**家庭服务业**　扬州市拥有各类家庭服务企业、机构近千家，从业人员7万多人，其中解决困难群体就业2万多人。通过"职业化、标准化、品牌化、规模化"建设，打造家政服务业提档升级的"扬州模式"。职业化方面，至年末全市有26所民营家庭服务业培训学校，累计培训各类学员5万多人，实施家庭服务业万人培训工程暨培训月活动，组队参加省家庭服务业大赛，扬州市选手获家政服务员一等奖，扬州市代表队荣获团体优胜奖。标准化方面，《病员（养老）生活护理服务规范》申报为省级服务业标准化试点项目，三利月姨公司的"产期母婴健康服务规范""实现母乳喂养服务规范""小儿湿疹健康服务规范"等成为地方标准。制定行业公约、雇主公约、行业指导价格、示范合同等规范性文本。品牌化方面，有一批在行业内具备知名度的品牌，扬州华南服务有限公司、扬州三利月姨母婴保健护理有限公司获"江苏名牌"称号；"陆琴脚艺""华南服务"获评全国驰名商标；"三利月姨""邦邦家政""友僮母婴""兰庭家政"等10多家企业获评省著名商标、市知名商标。2家企业获评全国家庭服务业百强企业，9家企业获评全国家庭服务业千户企业。规模化方面，连续5年组织企业申报市服务业发展引导资金家庭服务业专项。
（人社局）

■**健康服务业**　以打造健康中国扬州样本为主线，深化医药卫生体制改革，加快建设现代医疗卫生健康体系。推动重点项目建设。实施异地迁建市妇幼保健院、新建市儿童医院（市妇女儿童医院），搬迁市疾控中心、异地新建市公共卫生中心（市疾控中心、血地防办、皮防所等），整体改扩建市传染病医院，新建市遗传医学检测中心等4个重大项目建设。投资1000万元的市遗传医学检测中心建成投用；计划投资8900万元的市传染病院整体改扩建工程实质性开工建设；计划投资2.1亿元的市公共卫生中心异地新建工程启动征地拆迁工作和规划设计方案；计划投资15亿元的市妇女儿童医院项目由市规委会审议确定项目选址（用地10.53万平方米）。宝应县投入5.5亿元异地新建宝应县人民医院；高邮市投入12亿元新建高邮人民医院东院；仪征市投入5000万元对仪征市人民医院老病房楼及其附属设施、急诊科等进行改造，投入2.6亿元启动仪征市中医院、妇保院合并异地建设；江都区投入19.5亿元异地新建江都人民医院。

深化医疗体制改革。全市建有三级医院9个、二级医院16个，创成国家级临床重点专科1个、省医学重点学科1个、省医学创新团队1个、省级临床重点专科30个、市级临床重点专科123个。有90.8%的乡镇级、92.5%的村级基层医疗卫生机构实现标准化建设。市、县两级公共卫生机构全面实现标准化、规范化建设。综合医改取得初步成效。扬州市重点监测的7所城市公立医院总诊疗人次较2014年下降11%，门诊总诊疗人次较2014年下降10.99%，出院患者均次费用比上年下降2.97%。全市基层医疗卫生机构诊疗人次占比达58.6%，县域内就诊率达到90%左右。群众看病就医负担得到有效控制。扬州市个人卫生支出占总费用的比重保持在30%以下，综合医院门诊、住院均次费用较全省平均低8.2元和2305.2元。实施家庭医生签约服务模式，打造家庭医生签约服务平台，实现基本公共卫生全域化和定制式服务。至年末，扬州有4698名家庭医生，签约保障148万居民健康。全市以村(社区)为单位实现家庭医生签约服务全覆盖，市卫计委联合市扶贫办出台推进农村建档立卡低收入人口家庭医生签约服务工作意见，全人群家庭医生签约率33.79%，重点人群签约率66.44%，建档立卡低收入人群签约率99.5%。高邮市和仪征市卫生计生委分别获江苏省家庭医生签约服务创新奖、优秀奖。

加快中医药健康服务发展。动态调整市管中医类医疗收费项目和基层医疗卫生机构医疗服务价格。出台《关于调整部分中医项目价格的通知》，调整中医类医疗收费项目32项。出台《关于调整扬州市基层医疗机构医疗服务价格的通知》，实施医疗服务价格动态调整，5600多项基层医疗收费项目进行统一调价。

全面启动投资8750万元的智慧健康信息系统建设，整合公共卫生、计划生育、医疗服务、医疗保障、药品供应、综合管理等领域的信息，打破信息“孤岛”，建设统一权威、互联互通的全民健康信息平台。推进居民健康卡发放与应用，确定居民健康卡与新市民卡、银行卡融合的发卡思路，市区250万常住人口由扬州市政府统一免费发放。县(市)中，宝应县发放6.8万张、高邮市发放12万张。全面建成扬州市统一预约挂号系统，覆盖全市二级及以上医疗机构和18家农村区域性医疗卫生中心，并与江苏省挂号网、南京都市圈预约诊疗平台互联互通。建设远程诊疗服务系统，以市区苏北人民医院、扬州大学附属医院、市妇幼保健院、市中医院为基层医疗机构的会诊中心，与江都、高邮、仪征、宝应4个县(市、区)远程会诊系统连接，与市区5个区所有基层医疗卫生机构直连。

(曾　强)

■养老服务业　探索发展养老服务新模式，鼓励社会资本投入养老产业，养老服务基础设施不断完善，服务能力进一步提升。加强养老服务设施布局研究，完善福利设施布局规划，市中心城区的养老服务设施规划基本完成。推进颐养社区试点建设，制定《市区颐养社区建设实施方案》《扬州市颐养社区建设指南》《扬州市颐养社区创建奖补资金管理工作实施意见》，在社区扶持建设项目84个，投入资金480万元，2017年市区创建成19个颐养示范社区。引入社会力量参与居家养老政府购买服务工作，实现政府购买服务社会化运营招标全市全覆盖，为全市8164名政府购买服务对象提供专业化的居家养老服务。全市新建标准化社区居家养老服务中心(站)107个、街道日间照料中心3个、老年人助餐点139个，全市累计建成标准化社区居家养老服务中心576个、日间照料中心103个、街道中央厨房5个、老年人助餐点336个。全市有各类养老机构104家，其中乡镇敬老院70家，社会福利中心等公办养老机构11家，老年公寓等社会办养老机构23家。养老床位数4.28万张，其中护理型床位1.01万张。建有养老护理院和康复医院14家，其中市直3家，仪征市6家，宝应县、高邮市、广陵区各1家，邗江区2家。全市持证护理员总数达1923人，持证上岗率90%以上。

(潘　勤　王平安)

连福社区居家养老服务站举办空巢独居老人“花草怡情”活动　范燕茹　刘峰生/摄

商务服务业

■公证　至2017年末，全市有公证机构7家，公证人员97人，全年办理公证总数4.72万件，其中办理国内公证文书3.6万件、涉外及涉港澳台公证1.11万件，公证排名前5位的事项为委托、签名印鉴、继承、合同(协议)、文本相符。扬州公证行业以务实惠民的举措，提升公证工作质效。同城推进“最多跑一次”改革工作。扬州公证处、广陵公证处和邗江公证处在扬州主城区同时推进改革措施的落实。按照“全面梳理、分类要求、分步快走”的工作要求，推进流程优化、环节简化、网上运行的工作格局，进一步增强公证服务理念。9月，市公证协会与扬州邮政EMS签订公证书邮政特快寄递服务合同，为当事人办理公证节约时间成本。公证“服务重大项目、服务小微企业、服务困难群众”三大行动，市、县(市、区)公证处细化各自服务方案，明确责任分工和完成时间节点，并将各公证处惠民措施落实情况纳入司法行政年度考核。开展“公证进校园”活动，为学生群体集中办理出国留学公证。修改扬州市公证参与突发事件善后处置工作预案，并召开《扬州市公证应对突发事件工作预案》新闻发布会，该举措被列为中共扬州市委政法委法治惠民实事项目，被《法制日报》《扬州日报》等多家媒体宣传报道。落实省司法厅“公证敬老月”活动部署，组织公证人员进社区开展“法润江苏·公证敬老”活动。全市各公证机构共有76人参加活动，接待相关公证咨询1856人次，办理涉老公证256件，为老年人提供预约上门服务29人次，对符合条件的涉老公证事项共减免收费12.6万元。贯彻落实省高级人民法院、省司法厅公证参与人民法院司法辅助事务试点工作的要求，确定仪征先行先试。加强县(市、区)域公证处建设，推动公证服务向基层延伸，建立覆盖城乡的公证工作体系。实现公证法律服务协调、均衡、可持续发展。各公证处均与一个村(社区)建立挂钩联系，各公证处办理法律援助公证平均达20件以上。（范晓杰）

■律师 至2017年末，全市有律师事务所77所，执业律师883人，担任法律顾问3148家，全市律师参与刑事诉讼辩护及代理1589件，代理民事诉讼案件1.89万件、行政诉讼案件572件，办理非诉讼法律事务795件，咨询和代写法律文书1.35万件。推进社区律师工作室规范化运作。加强全市主城区150个社区律师工作室、43家社区律师工作室示范点规范化建设，开展专项督查指导，推动社区律师工作室提档升级。邗上、新盛派出所开展驻派出所律师工作室试点，确保值班律师每日在岗值班。全市律师参与值班数1320人次，为社区群众提供法律咨询6840人次，举办法律讲座422场次，社区群众参加讲座9560人次，调处矛盾纠纷640件。推进普遍建立法律顾问制度和两公(公职、公司)律师制度。中共扬州市委办公室、扬州市政府办公室印发《关于推行法律顾问制度和公职律师公司律师制度的实施意见》，全面推进公职律师和公司律师工作。全市律师担任党政机关和部门法律顾问702家，全市1005个村和主城区150个社区全部配备法律顾问。6个县(市、区)全部配备政府法律顾问团，市、县政府法律顾问共47人，为政府提供法律建议、意见135条，代理与政府有关案件86件。规范律师参与涉诉涉法信访工作。在全市开展律师参与涉法涉诉信访工作调研，江苏擎天柱律师事务所张一军等13名律师入选江苏处理信访疑难复杂问题专家库。律师参与信访值班1510人次，接待咨询9186人次，调处矛盾纠纷641件，代理(处理)信访221件。（范晓杰）

■司法鉴定 至2017年末，全市有司法鉴定机构8个，其中从事法医、物证、声像资料鉴定、环境损害鉴定的机构7个。有司法鉴定人117名，全市司法鉴定机构全年出具司法鉴定文书9234件，其中法医临床鉴定5777件、法医物证鉴定195件、法医精神病鉴定931件、法医毒物鉴定2300件，总收费1123.65万元。围绕服务以审判为中心的诉讼制度改革，市司法局与市中级人民法院联合发文完善司法鉴定管理与使用相衔接机制，健全司法鉴定沟通协作、信息反馈、质量评查、违规处置和司法鉴定人出庭保障等机制。整合优质鉴定资源，引导和扶持扬州大学司法鉴定所拓展法医毒物业务，加强与环境保护部门的联系，完成环境损害司法鉴定业务变更登记工作。开展司法鉴定法律援助工作。全市各司法鉴定机构累计开展司法鉴定法律援助11件，减免司法鉴定收费近万元，为残疾人、农民工、下岗职工等困难群众申请司法鉴定提供便利。加强司法鉴定社会宣传力度。在各(县市、区)公共法律服务中心设置司法鉴定宣传窗口，在网上“12348”公共法律服务平台开展司法鉴定职能和业务宣传。组织司法鉴定人走进社区(村居)，向市民普及司法鉴定常识。（范晓杰）

2017年扬州市部分律师事务所一览表

表19-6

序号	名称	序号	名称
1	江苏琼宇律师事务所	16	江苏大扬律师事务所
2	江苏润扬律师事务所	17	江苏征远律师事务所
3	江苏石塔律师事务所	18	江苏政泰律师事务所
4	江苏君诚兴律师事务所	19	江苏金天宁律师事务所
5	江苏法之泽律师事务所	20	江苏民泰律师事务所
6	江苏理华律师事务所	21	江苏华朋律师事务所
7	江苏擎天柱律师事务所	22	江苏众仁律师事务所
8	江苏盛祥律师事务所	23	江苏江业律师事务所
9	江苏石立律师事务所	24	江苏金荣律师事务所
10	江苏安宜律师事务所	25	江苏金星光律师事务所
11	江苏中立信律师事务所	26	江苏忠信义律师事务所
12	江苏秦邮律师事务所	27	江苏江淮盛律师事务所
13	江苏中望律师事务所	28	江苏唐城律师事务所
14	江苏日出律师事务所	29	江苏金飞达律师事务所
15	江苏扬城律师事务所	30	江苏宝宇律师事务所

（范晓杰）

软件信息服务业

Ruanjian Xinxi Fuwuye

编　辑　贾丽琴

综述

■概况　2017年，扬州市经济和信息化委员会(简称市经信委)制定行业规范，推动产业创新发展。结合产业发展特点和行业发展趋势，从龙头企业引进、创新创业、人才引培、品牌创建等关键环节入手，对软件服务业专项政策进行全面修订，并制定相应的实施细则，完成专项政策申报、评审及兑现工作；从技术创新、研发投入、市场开拓等方面入手，制定出台《扬州市软件企业技术中心认定管理办法》《扬州市优秀软件产品评定管理办法》，并评选公布5家市级软件企业技术中心和10个市级优秀软件产品。

突出对外合作，推动产业集聚发展。招引行业知名企业。编制《全国软件和互联网企业百强企业、重点园区名录》，市领导率队赴北京、上海、南京等地拜访中电科、上海咪咕视讯、焦点科技、科远自动化等知名企业，扬州市政府与江苏移动签署战略合作协议；"华云大数据基地""盛世云项目""软通动力创新产业园"等一批行业重大项目建成投运。航盛电子与扬州大学信息工程学院达成"研究生工作站""联合研发中心"等5项合作，万润软件与浪潮集团联合开展建筑行业"移动互联网综合应用平台"的研发合作，工信部第五研究所在扬州市设立"软件评测中心扬州工作站"。

提供专业服务，力促企业发展壮大。指导企业上争资金项目。帮助扬州经济技术开发区瑞丰信息、邗江区玉泰软件、广陵区智途科技等3家企业申请到540万元省级专项资金扶持，爬山虎科技《爬山虎不动产登记管理软件V1.0》项目获省优秀版权评选项目三等奖，明辰信息"工业经济转型升级决策支持信息系统"项目获批省级大数据应用示范项目。采用"集中辅导"与"上门服务"相结合的方式，开展"'双软评估'县(市)行"活动，全市软件企业年检通过率92%；邀请市国税局业务处室负责人开展"双软评估"涉税政策办理专题辅导，170多家企业参加；邀请省政府采购专家组成员、省级专项评审组成员先后到扬开展"IT项目招投标实务培训""省级项目申报辅导会"。

重视活动牵引，营造良好发展氛围。组织开展各类活动10多场次，举办"第11届扬州软件和信息服务外包大会暨共享经济发展论坛""育鹰2.0首期'群鹰汇'""北创营'创行扬州'"等活动，作为全省首个"伙伴城市"参展南京软博会，完成软博会"伙伴城市"的组展、布展、参展、观展工作；开展第二届"双十佳"评选(十佳企业、十佳软件工程师)活动。

启动云上扬州建设，推进新型智慧城市理念在扬州落地，提升智慧扬州建设水平。2017年，扬州市获"2017中国新型智慧城市创新50强""2017中国智慧城市示范城市奖"。　(扬经信　李　晖)

■2园区入选省"两化"融合示范试验园区　12月，省经信委公布2017年度江苏省"两化"融合示范(试验)区名单，全省共有10个园区获批省级"两化"融合示范园区、7个园区获批省级"两化"融合试验园区。扬州经济技术开发区获批省级"两化"融合示范园区，高邮经济开发区获批省级"两化"融合试验园区。　(杨　志)

■2家单位入选省农村信息化应用示范基地　省经信委、省委组织部、省委农工办、省农委、省商务厅联合启动2017年度省农村信息化应用示范基地创建工作。经各市推荐、专家审查、现场考察和省相关部门复审，12月确定17家单位为2017年度江苏省农村信息化应用示范基地。广陵区湾头镇、江都区浦头镇东元村入选，扬州市累计创成省级农村信息化应用示范基地14家。　(杨　志)

■无线电管理　2017年，扬州无线电管理处(简称市无管处)以新修订的《中华人民共和国无线电管理条例》为根基，用心服务民生，科学配置频率，精细管理台站，规范行政执法，推进无线电管理事业发展。

聚焦核心，做实民生工作。市无管处在坚持维护电波秩序和谐稳定的同时，致力加强和补齐民生短板，树立无管新形象。提升免费WiFi品牌口碑。根据中共扬州市委、扬州市政府《关于更好服务游客建设宜游城市的意见》要求，在完成好城区主要公共区域免费WiFi建设任务的基础上，围绕"吃住行游购娱"等市区主要游客消费场所开展"Yangzhou-Free"免费WiFi的深入覆盖，组织通信运营企业改善免费WiFi通信质量，提升接入带宽，优化登录操作，推进县级城区主要公共区域免费WiFi覆盖。国庆期间瘦西湖景区免费WiFi受到中央电视台关注和报道。塑造宜游城市对外形象。牵头组织清理整治文昌路、万福路、瘦西湖路、扬子江路等4条重点道路的通信线缆乱象问题，双向80千米。共计清理整治重点区域143处，新设光缆约19.1千米，解决市区重点道路两侧通信和供电线缆拖曳附挂、走线凌乱等"视觉污染"现象，沿路面貌焕然一新，居民通信未受影响。

聚焦产业，规范行业行为。市无管处抓住频率管理核心，关注行业动态，以问题为导向服务企业。制定通信行业规范性文件。市无管处针对新修订的《中华人民共和国无线电管理条例》，进一步修改完善《扬州市电信设施建设与保护办法(草案)》，加快扬州市通信基础设施建设，保障通信基础设施安全，助力大数据产业发展和支撑"云上扬州"工程建设。服务航空运输导航通信安全。市无管处服务机场扩建工程，推动区域协同监测，邀请淮安无管处到扬交流服务经验、共同测试扬泰国际机场跑道延长电磁环境。5月，市无管处两次赴机场塔台、跑道南北延长线等3处地点，按照国家规范对机场航空无线电通信导航频率开展水平和垂直极化的测试。

聚焦法治，宣贯"条例"新规。自新修订的《中华人民共和国无线电管理条例》颁布实施后，市无管处组织学习宣传贯彻，强化依法履职意识，开展社会宣传，提升市民法治素养。全力扩大新"条例"社会影响。印制新"条例"2000册，在市经信委网站及时更新"条例"内容，并向市政府法制办反馈"条例"修订颁布的信息。在开展文昌路沿线管线清理整治工作的同时，市无管处对沿线的莲花街坊、安乐街坊等小区居民开展新"条例"的普法宣传，发放新"条例"宣传手册200余份。多管齐下，在扬州电视台晚间新闻时段以滚动字幕形式播出新"条例"施行的有关新闻，并通过通信运营商发送50万条手机短信，向全市手机用户宣传新"条例"。主动对接市司法局，将新"条例"纳入"七五"普法范畴，在"宪法日"开展新"条例"普法宣传。开展新"条例"宣传月活动。9月在廉政广场组织开展新《条例》广场宣传，通过悬挂横幅、摆放戗牌、设立咨询台、发放宣传材料以及有奖答题等方式，向市民讲解无线电知识和"黑广播""伪基站"等非法设置无线电台的危害。赴省运会赛事场馆周边小区、超市、酒店等30余个场所开展普法宣传，发放关于依法设台的《友情提醒》40余份，为省运会通信频率创造干净有序的电磁环境。

9月15日，市无管处在廉政广场举行新"条例"普法宣传活动

无管处/供稿

聚焦稳定，织好安保"天网"。提前谋划省运会通信保障工作。市无管处调研学习南京青奥会、徐州省运会和天津全运会的保障经验，拟制第19届省运会无线电保障总体工作方案、可搬移监测站建设方案以及开闭幕式期间公众移动通信保障专项方案。对接筹委会协助组建信息技术部，筹划搭建无线电通信指挥网，提前做好重要比赛场馆的公众通信网络覆盖。做好反无线电考试作弊工作。市无管处与市人事考试管理办公室、教育考试院等多家单位紧密配合、团结协作，全年累计完成考试保障26次，出动保障人员235人次，车辆66辆次，为全市考试的安全、无事故保驾护航。完成扬州鉴真国际马拉松半程赛通信保障工作。市无管处提前20天对比赛使用的13个微波频段进行监测，对12组超短波频率实施警示性干扰。比赛当天分别在起点和终点派驻1辆监测车用于保护性监测。赛事全程通信调度和实况转播未受干扰。市无管处在扬泰国际机场与泰州、淮安无管处联合开展反插播演练，展示过硬的队伍素质和技术力量。通宵护航观音山香期电波秩序。市无管处提前组织各通信运营商召开观音山香期无线电通信安保协调会议，实地为香期4G通信基站布点选址。保障人员提前进入香会活动现场，与各通信运营商现场指挥取得联系，实地查看人员车辆在岗到位情况，就地开展不明信号排查。（陈　晔）

智慧城市应用服务

■概况　2017年，中共扬州市委、扬州市政府启动"云上扬州"建设，推进新型智慧城市理念在扬州落地，提升智慧扬州建设水平。整合各类信息资源，推进基础设施统建共用、大平台融合通用、大数据开放利用和"互联网+"创新应用。对市直部门现有信息系统进行普查，全面完成自查、清理、审计工作。围绕编目、接入、共享和协同，深入推进全市信息资源整合共享。制定扬州市政府数据资源共享清单，实现与省级平台数据对接。2017年，扬州市获"2017中国新型

智慧城市创新50强”“2017中国智慧城市示范城市奖”。

（扬经信 李 晖）

■“云上扬州”建设 “云上扬州”是2017年中共扬州市委、扬州市政府推进智慧扬州建设的重要战略部署，是智慧扬州发展的新阶段，是国家新型智慧城市理念在扬州的落地。结合扬州经济社会发展实际，编制《“云上扬州”顶层设计方案》，提出总体建设目标、体系架构、实施路径、重点任务和保障机制。市政府成立“云上扬州”推进工作领导小组及办公室，召开“云上扬州”建设推进大会。印发《“云上扬州”建设行动计划（2017—2020年）》。“云上扬州”重点在云集智慧、云惠民生、云推治理、云助产业四大领域，推进“一中心三平台一体系七朵云应用”建设。一中心即扬州大数据云计算中心；三平台即大数据共享交换平台、公共应用支撑平台、城市运行管理平台；一体系即云环境下网络信息安全体系；七朵云应用将业务需多部门协同、数据需跨部门交换的7个领域应用聚合成云，扼制分、散、小等碎片化应用，分别在政务、健康、交通、生态、平安、产业、旅游7个方面推进云应用。行动计划规划建设15个项目31个子系统，重点在政务、健康、旅游、出行等方面突出民众好用、政府好管，打造国家新型智慧城市建设的扬州模式。

（扬经信 李 晖）

■信息系统普查 5月，对全市市直部门现有信息系统进行普查，根据国家《政务信息资源目录编制指南》和全省政务信息系统自查和审计工作要求，扬州市政府办公室下发《市政府办公室关于开展政府部门政务信息系统自查和审计工作的通知》，开展全市范围政务信息系统自查、信息资源自查和信息共享需求自查。11月，市审计局对市财政局、市环保局、市人社局、市规划局、市国土局、市工商局、市房管局、市卫计委、市民政局9个部门及其下属单位政务信息系统进行审计。 （扬经信 李 晖）

■政务数据资源开放共享 数据收集上做好“两项准备”。完成全市数据资源摸底调查。对全市66个单位进行为期7个月的调研，基本覆盖政府核心业务。对全市数据资源进行初步编目。形成按主题、按部门、按共享程度等不同类型的目录分类，实现资源目录和数据资源的快速查找。制度管理上做到“三个统一”。坚持统一规划。制定《智慧城市行动计划》《关于加强全市政务信息资源整合共享工作的实施意见》等文件。坚持统一管理。对基础设施和信息化项目实施扎口管理。完成81家市级机关部门（垂直部门除外）、邗江区（部分）及4个功能区机房整合，电子政务内网连接6个县（市、区）140家单位，电子政务外网连接6个县（市、区）181家单位，并与省级平台成功对接，实现省、市、县、乡四级贯通，接通乡镇（街道）90个、村（社区）1347个。坚持统一运营。各部门网络全部纳入扬州市政府云计算中心，集中配置、集中运管、集中网络出口。技术筹备上搭建“四大平台”。建成政务云平台。从基础设施、数据资源、应用平台等方面对市直单位及广陵、邗江、江都三个区的信息资源进行整合。建成全市统一的党政干部工作平台，实现45家市级机关内部协同办公、180家发文单位电子公文传输，同步实现移动办公。建立政务信息资源目录。制定标准规范体系，实现对政务信息资源的有效管理。扬州市政务信息资源目录涵盖全市65个市级部门及其73个下属单位，一级目录92个，资源总数7143个，实现65个市级部门、6个县（市、区）与经济开发区涉及2万个交换指标项、3亿多条数据共享应用。开展集约化网站群建设。“中国扬州”门户网站整合115家市级政务网站，完成邗江、广陵、江都等区县综合门户网站建设，建成基于统一技术平台的市级集约化网站群。开通数据资源服务网。提供数据检索浏览、数据资源下载、APP应用获取、在线接口调用等服务，优先开放地理、信用、交通、卫生、金融等数据资源。 （扬经信 李 晖）

■省级平台数据对接 11月，根据普查结果，结合市政务服务一张网、社会综合治税、公共信用平台、个人基础库、法人基础库等数据需求，编制完成《扬州市政务数据资源共享清单》（第一批）并下发至各相关部门，涉及全市58家单位、923类数据。12月，按照江苏省政务信息资源采集要求，对扬州市政务信息资源目录进行完善，并向省平台全量报送扬州市政务信息资源目录和部分数据资源，涉及全市25家单位、101类数据。

（扬经信 李 晖）

■政府网络安全指数全省第一 5月27日，大数据协同安全技术国家工程实验室等四家机构发布《大数据城市网络安全指数报告》，报告将36个中心城市网络安全指数（指直辖市、省会城市、计划单列市）作排名，将非中心城市单独列出，未作排名。报告中，扬州的政府、企业和个人的网络安全指数分别获得0.870、0.418和0.482。其中，政府网络安全指数位列江苏省第一。 （扬经信 李 晖）

软件和互联网服务

■概况 2017年，全市软件和互联网相关产业业务收入1095亿元，比上年增长30.2%。全年新评估软件企业60家、新登记软件产品275个，分别位列全省第三位、第五位；7家企业通过ITSS认证，2家企业挂牌新三板；全市互联网出口带宽达2.63T。至年末，全市通过评估的软件企业累计503家，通过登记的软件产品累计891件，分别位列全省第四位、第五位；累计10家企业入选“江苏省规划布局内重点软件企业”；大自然科技、金鑫信息、云智传媒等11家企业通过ITSS评估，评估数位列全省第三；易图地信、宏创科技、瑞丰信息等7家本土IT企业先后挂牌新三板。制定出台《软件和互联网产业发展专项政策》《市级“软件企业技术中心”、“优秀软件产品”认（评）定办法》，评选出5家“市级软件企业技术中心”、10件“市级优秀软件产品”；帮助3家企业争取省级专项扶持540万元。

2017年扬州市上市(挂牌)软件和互联网企业一览表

表20-1

证券简称	企业名称	证券代码	所属地区
金泉网	江苏省金泉网络技术有限公司	JQW.L	广陵区
阿尼股份	阿尼信息技术股份有限公司	831728	广陵区
智途科技	江苏智途科技股份有限公司	832282	广陵区
鼎集智能	江苏鼎集智能科技股份有限公司	836954	扬州经济技术开发区
中意股份	中意恒信扬州科技股份有限公司	838165	仪征市
易图地信	江苏易图地理信息科技股份有限公司	838999	广陵区
宏创科技	扬州宏创科技发展股份有限公司	871139	江都区
瑞丰信息	江苏瑞丰信息技术股份有限公司	871949	扬州经济技术开发区

（扬经信　李　晖）

智途地理信息产业园获批“江苏省地理信息产业园示范园区”。

（扬经信　李　晖）

■2软件企业入选省科技服务业“百强”机构　12月28日，江苏省科技服务业“百强”机构发布活动在南京举办。活动现场发布2016年度江苏省科技服务业“百强”机构名单。其中，综合科技服务领域科技服务机构共入选5家，扬州市两家软件企业江苏智途科技股份有限公司、江苏易图地理信息科技股份有限公司入选。

（杨　志）

■软件企业技术中心及优秀软件产品首次认定　11月，根据《扬州市软件企业技术中心认定管理办法》《扬州市优秀软件产品评定管理办法》文件要求，扬州市经济和信息化委员会组织开展市级软件企业技术中心、优秀软件产品申报工作，经企业自愿申报、材料初审、专家评审、网上公示等程序，认定扬州恒隆软件有限公司等5家企业技术中心为市级软件企业技术中心、宏创手机云端软件等10个软件产品为市级优秀软件产品。

（杨　志）

扬州市软件企业技术中心

扬州恒隆软件有限公司

江苏南开之星软件技术有限公司

扬州国脉通信发展有限责任公司

江苏鼎集智能科技股份有限公司

扬州大自然网络信息有限公司

（杨　志）

扬州市优秀软件产品

恒隆射频卡阶梯式计量计费智能水表控制系统软件V3.4

宏创手机云端软件V1.4.8

莱斯公共信用征信管理系统软件

智途地理信息系统桌面软件

国脉智慧停车管理系统软件

向阳花智能家居用品温控系统软件V2.01

润洲工程机械车GPS管理信息服务系统软件V1.0

润江芯模振动制管机控制系统软件V1.0

鹏为CRM软件

六鑫化学实验演示平台应用软件V1.1

（杨　志）

■第二届软件和互联网产业“双十佳”评选公布　3月12日，扬州市政府发文表彰“十佳软件和互联网企业”与“十佳软件工程师”。扬州万方电子技术有限责任公司、江苏易图地理信息科技股份有限公司、江苏果米文化发展有限公司、江苏智途科技股份有限公司、江苏万润软件科技有限公司、扬州莱斯信息技术有限公司、江苏仪化信息技术有限公司、江苏南开之星软件技术有限公司、江苏金鑫信息技术有限公司、江苏六鑫科教仪器设备有限公司等10家企业为“十佳软件和互联网企业”；沈学银、殷利明、李志伟、朱俊、王晗、段金明、苏波、李光普、吴家祥、李兴华等10人为“十佳软件工程师”。（杨　志）

■中国移动·华为大数据基地在扬启用　4月27日，中国移动·华为大数据基地项目正式启用，扬州市政府与江苏移动公司签署物联网战略合作协议。中国移动·华为大数据基地是由中国移动扬州分公司、华为技术有限公司在扬州保税区合作共建的扬州云数据产业项目。项目按照国际tier3标准进行建设，总投资超过5亿元人民币，新上机柜1700个，二期建成后，机房总容量约达3218个机柜，可容纳服务器约4万台，带宽1.2T。

（杨　志）

■智途、易图双获地理信息行业殊荣　9月7—9日，2017中国地理信息产业大会在贵阳召开，扬州市地理信息企业智途科技和易图地信分获荣誉奖项，智途科技荣获“2017中国地理信息产业高成长top50企业”称号；易图地信荣获“2017中国地理信息产业百强企业”称号和“2017地理信息科技进步奖”证书。

（杨　志）

■扬州市民卡有限责任公司　2017年，扬州市民卡有限责任公司实现年营业收入1546.46万元，比上年增长12.69%；年刷卡总额2.52亿元，比上年下降5.97%。年发行市民卡44.93万张，累计发行市民卡239.55万张，其中标准卡24.6万张，副卡158.08万张，园林卡56.87万张。

转型发展。完成新系统硬件部署及软件系统的开发。实现工会会员、居民健康、公共交通、互联互通、公用事业缴费、园林、小额消费等跨部门、跨领域、多用途应用，实现市民卡“多卡合一，一卡多用”建设目标，全年新系统发卡17万张。拓展市民卡线上应用，完成市民卡APP的上线发布，实现线上市民卡充值、查询、圈存以及代缴水、电、燃气费等功能，实现"互联网+市民卡"的转型升级。

推进项目建设。开展国泰大厦智能楼宇项目建设,实现市民卡在国泰大厦梯控、食堂的智能化应用。按照扬州市政府"1号文件"要求,完成大学生卡数据采集、制卡、发卡等工作,举办首发卡仪式,发行"2017年高校大学生卡"。开展市民卡与校园一卡通结合的相关调研工作。按照市政务中心一张网的对接要求,实现政务中心APP查询园林卡有效期功能。

打造智慧旅游平台。实现淘宝网、同程网上出售旅游休闲A/B卡。9月发行宁镇扬虚拟旅游年卡。扬州市民卡智慧旅游项目被列为"智慧江苏建设重点示范工程",是扬州信息化项目中唯一入选的省级重点示范工程项目,在全省起到示范、推广作用。

服务管理工作。先后组织中行、自来水、中燃、市民卡分公司及本单位窗口人员开展新系统业务培训7批次,累计培训180人次。全年分别走进天顺、凤凰桥等12个社区和扬州大学、南京邮电大学通达学院等5所高校开展志愿服务活动。召开两次社区服务工作座谈会,征集群众意见和建议。举办业务技能竞赛、综合业务素质培训和户外拓展训练,提高业务技能水平。 (景惠萍)

江苏信息服务产业基地(扬州)

■概况 江苏信息服务产业基地(扬州)(简称信息产业基地)由江苏省经信委与扬州市政府于2007年联合共建。产业基地面积80万平方米,拥有中国声谷、中国创谷等7大载体和孵化平台,获"国家级科技企业孵化器""国家小型微型企业创业创新示范基地""国家级服务业标准化试点""江苏省首家互联网产业园""江苏省电子商务示范基地""江苏省地理信息产业园示范园区"等30多项省级以上园区品牌。园区吸引京东、美团点评、饿了么、东方财富、优酷、喜马拉雅、咪咕视讯、智途科技、易图地信、金泉网、阿尼股份、宇安电子及三大电信运营商等600多家企业落户,其中互联网百强企业15家、自主培育孵化海内外上市企业4家、千人规模企业4家、百人以上规模企业28家;集聚近3万名软件和信息服务类人才,其中大学以上学历占92%;已形成电子商务、呼叫中心、软件开发、数据处理、地理信息及互联网内容六大重点产业方向。

(信息产业基地)

■人才引进 组织企业赴20多所高校开展25场校园招聘,引进大专以上人才1500人、硕士以上人才13人;申报高层次人才项目3人;引进海归博士1人;申报高校毕业生见习补贴210人;申报住房保障补贴53人;社保补贴7人;企业稳岗补贴22家。组织40多家企业200余名学员参加第三期中小企业管理培训班学习。 (信息产业基地)

■科技创新 获2017—2018年度江苏省电子商务示范基地、江苏省大众创业万众创新示范基地、江苏省中小企业公共服务三星级平台、市级跨境电子商务产业园、市级服务业集聚示范区5项市级以上园区品牌;新增产学研合作项目12项、获批市级以上科技计划项目10项;上争科技创新扶持资金600万元。

(信息产业基地)

■百姓网全国后台运营服务中心运营 百姓网成立于2005年3月,是国内领先的分类信息生态服务商,致力于打造以分类信息业务为平台、多条垂直业务线布局的生态圈。为用户提供涵盖生活服务、招聘求职、房屋租售、二手车买卖、二手交易、教育培训、同城交友等本地生活解决方案。百姓网月活跃用户数过亿,月新增信息量超过千万条,覆盖全国367个城市,其中来自移动的流量超全站流量的90%。12月,百姓网全国后台运营服务中心在扬州中国声谷正式运营。 (信息产业基地)

■钱包生活全国运营中心运营 钱包生活是一家以本地生活服务为核心优势的O2O综合平台,公司总部位于上海,合作商家涵盖餐饮、休闲娱乐等本地生活服务行业,覆盖上海、北京、沈阳、西安、武汉、郑州、杭州等200多个城市。2016年3月钱包生活完成A轮融资,2017年完成B轮融资。9月,钱包生活全国运营中心在扬州中国声谷正式运营。

(信息产业基地)

9月8日,钱包生活全国运营中心在中国声谷正式运营

信息产业基地/供稿

旅游业

Lüyouye

编 辑 陈永华

综述

■概况 2017年，扬州市围绕国际文化旅游名城目标，坚持高位推动和改革创新双驱动，聚力品牌塑造和市场营销双促进，统筹全域旅游和公共服务双发展。中共扬州市委、扬州市政府出台《关于更好服务游客建设宜游城市的意见》。全市旅游实现总收入796.72亿元，比上年增加105.12亿元，增长15.2%，超过全省增幅1.6个百分点；旅游业增加值占全市地区生产总值比重7.7%；接待国内外游客6297.38万人次，增长11.9%；实现旅游外汇收入7505.62万美元，增长19.5%；接待过夜游客771万人次，增长17.6%；主要封闭式景区接待游客1042.54万人次，增长14.6%；游客满意度在全省排名上升1位，名列全省第4位；4个景区通过国家AAAA级景区景观资源评审。至2017年底，全市有国家A级景区41个，其中AAAAA级1个、AAAA级11个、AAA级16个；有省星级乡村旅游区(点)51个，其中省五星级1个、四星级19个；有星级饭店44家，其中五星级4家、四星级12家、三星级26家、二星级2家，星级饭店客房出租率64.08%；有旅行社142家，其中出境组团社10家。（黄晓宇）

■第十届省园博会筹备工作启动 1月，省政府办公厅印发《第十届江苏省园艺博览会总体方案》，3月，省园博会组委会办公室组织召开组委办第一次会议，扬州作为第十届省园博会的举办地，启动各项筹备工作。4月，省园博园建设开始土方调整。6月，省园博园建设全面开工，13个城市展园全面进场，民俗村建筑完成近80%。扬州园完成施工图设计，进行施工前期准备。策划宁镇扬花卉节开幕式暨花卉展销、金秋赏菊活动、花车巡游表演、园艺花卉科普课堂、“花开雅居”作品征集、商业空间园艺作品征集大赛等6项活动。开展包括“百变空间、花样生活”展，插花、盆景、赏石精品展，花卉花艺展，立体绿化专题展等园林园艺专题展览。开展会徽、会标、会歌、吉祥物征集评审活动，在宋夹城组织举行“我爱园博”万人签名活动，开展省园博会倒计时一周年活动。（王进城）

■郑州园博会扬州园 扬州市参加第11届中国(郑州)国际园林博览会，建设扬州展园。4月正式进场施工，8月扬州展园全面建成。9月29日，郑州国际园博会开幕，扬州开展城市活动日活动，传播扬州园林和地方传统文化。（吕 游）

■扬州高校新生免费游政策发布 4月14日，扬州市通过传统媒体和新媒体平台正式对外发布：根据中共扬州市委、扬州市政府“1号文件”要求，扬州大学、扬大广陵学院、南邮通达学院、扬州工业职业技术学院、扬州市职业大学、江海学院、扬州中瑞酒店职业学院、江苏旅游职业学院等8所高校本、专科新生及全日制研究生新生(硕士生和博士生)自入学日起凭学生证一年内免费游览瘦西湖、个园、何园、大明寺、茱萸湾、汉陵苑、汪氏小苑、唐城遗址、东关街六景点、八怪纪念馆、普哈丁园、吴道台宅第、卢氏盐商住宅、隋炀帝陵等20个景点。（黄晓宇）

■2017中国·扬州国际友城旅游合作暨旅游标准化研讨会 4月17日，2017中国·扬州国际友城旅游合作暨旅游标准化研讨会在扬州召开。来自美国、法国、荷兰、匈牙利及中国的嘉宾考察扬州旅游标准化，体验旅游标准化成果。研讨会上，与会专家围绕“旅游标准化与国际文化旅游名城建设”等话题展开研讨。（黄晓宇）

■旅游扶持政策 4月25日，扬州市正式出台“3号文件”——《关于更好服务游客建设宜游城市的意见》，聚焦游客需求，创新政策保障，打造服务游客“扬州模式”。实施以来，到扬游客人数同比上涨三成，旅游淡旺季趋势得到改变，游客满意度居全省前四位。国家旅游局、省政府给予高度评价，省旅游局两次在全省对扬州市“3号文件”进行转发。《人民日报》、中央电视台等37家国家、省级新闻媒体对“3号文件”主要内容进行报道。（黄晓宇）

■水韵江苏·全域旅游国际摄影大赛在扬启动 5月4日，水韵江苏·全域旅游国际摄影大赛在扬州启动。省、市宣传部门以及各级旅游部门，中外摄影家，各级媒体人士参加赛事的开幕活动。大赛从5月至9月，在江苏13个地级市景区开展采风活动，面

向全球征稿，共收到摄影作品2万多幅，评出一、二、三等奖及优秀作品200幅。（黄晓宇）

扬州市出席联合国世界旅游组织第22届全体大会 9月15日，世界运河历史文化城市合作组织（简称WCCO）主席朱民阳应邀出席联合国世界旅游组织第22届全体大会特别环节——旅游互联网，并在会上作题为“让世界运河旅游城市插上科技的翅膀”主旨演讲。市旅游局、蜀冈—瘦西湖管委会主要负责人等出席大会。（黄晓宇）

“水韵江苏”旅游强省建设推进会在扬召开 11月15日，“水韵江苏”旅游强省建设推进会在扬州市召开。会议要求，要注重统筹谋划、品质提升、企业培育、特色品牌、人才树培、宣传推介和整体形象，打造旅游强省、国际旅游目的地。会上，扬州、苏州、南京以及江苏天目湖、荷兰花海旅游风情小镇、宿迁文旅集团作交流发言。会议期间，与会人员考察江苏旅游职业学院以及江都邵伯镇、马可波罗花世界、李宁体育园、三湾公园、东关街等。（黄晓宇）

世界运河古镇合作平台建设第一次会议在扬召开 12月18日，世界运河古镇合作平台建设第一次会议在扬州召开。本次会议由WCCO、扬州市旅游局、集商网络科技（上海）有限公司（86Links）共同主办。世界绿色设计组织、上海交通大学创新设计中心、上海社科院生态与可持续发展研究所、86Links、浙江科澜信息技术有限公司、浙江卓锐科技股份有限公司、浙江大丰实业有限公司、中国银行扬州分行、东方汇富等国际组织、高校科研机构、企业的代表，以及来自北京、山东、江苏、浙江等26个运河古镇代表及当地旅游部门代表出席会议。会上，该平台设计开发者86Links与部分运河古镇签署合作协议书，世界运河古镇合作平台正式上线。（黄晓宇）

扬州获评“2017中国十大品质休闲城市” 11月12日，由杭州市政府、《小康》杂志社联合主办的以“全域旅游、田园城市与休闲发展”为主题的2017中国（国际）休闲发展论坛活动发布“2017中国十大品质休闲城市”等榜单，扬州与杭州、成都、三亚等10个城市获评“2017中国十大品质休闲城市”。（黄晓宇）

旅游资源开发

概况 2017年，扬州市加大旅游项目招引力度，推进全域旅游。投资120亿元的江都邵伯运河风情小镇项目按序时推进；投资57.73亿元的广陵湾头玉器小镇项目入选省2017年第一批PPP（政府和社会资本合作）示范项目，并开标；投资150亿元的瘦西湖华侨城项目正式落地签约；投资100亿元的江都中国电影世界项目签署合作框架协议；扬州青普文化行馆、中医药养生健康旅游示范基地南区国医书院、瘦西湖唐子城民宿建成并对外营业；总面积5万平方米的扬州英迪格酒店主体建筑基本完工；生态科技新城生态之窗野奢酒店建成先期“河宿”3栋；湾头玉缘旅游风情小镇项目完成PPP招投标；仪征玥珑湖旅游度假区一期项目开园运营；陈集露营小镇项目签订意向性协议。扬州汉陵苑景区、马可波罗花世界创成国家AAAA级旅游景区。创成省三星级乡村旅游区8家、省四星级乡村旅游区5家，润德菲尔庄园创成首家省五星级乡村旅游区。出台全省首部旅游风情小镇地方标准，推出首批市级创建单位6家。新增民宿客栈床位超800张，全市四星级以上乡村旅游区全部建有专用停车场。修订出台《扬州市旅游专项资金使用管理办法》，规范实施项目申报、审核、资金发放和后续督查。2017年，全市11个项目获市级资金扶持700万元，16

2017年扬州市国家A级旅游景区一览表

表21-1

景区名称	等级	景区名称	等级
瘦西湖风景区	AAAAA	扬州陈园	AAA
大明寺	AAAA	江都开元寺	AAA
个园	AAAA	江都朴园	AAA
何园	AAAA	瓜洲润扬森林公园	AAA
扬州“双博馆”	AAAA	江都自在公园	AAA
京华城休闲旅游区	AAAA	仪征市陈集孔雀山生态体育公园	AAA
茱萸湾风景区	AAAA	宝应县曹甸楚甸公园	AAA
东关历史文化旅游区	AAAA	宝应周恩来少年读书处	AA
高邮盂城驿	AAAA	朱自清故居	AA
宋夹城景区	AAAA	隋炀帝陵景区	AA
汉陵苑	AAAA	宝应“二妹子”模范民兵活动中心	AA
马可波罗花世界	AAAA	江都龙川盆景艺苑	AA
史可法纪念馆	AAA	扬州玉文化景区	AA
凤凰岛生态旅游区	AAA	江都仙女公园	AA
吴道台宅第	AAA	宝应射阳湖荷园	AA
宝应纵棹园	AAA	宝应革命烈士纪念馆	AA
仪征博物馆	AAA	宝应博物馆	AA
高邮镇国寺	AAA	高邮菱塘古清真寺	AA
高邮文游台	AAA	江都邵伯湖旅游区	AA
宝应宁国寺	AAA	江都山水园	AA
仪征红山体育公园	AAA		

注：扬州“双博馆”即扬州博物馆、扬州中国雕版印刷博物馆（黄晓宇）

2017年扬州市省三星级及以上乡村旅游区(点)一览表

表21-2

景点名称	等　级	景点名称	等　级
扬州润德菲尔庄园	五星级	扬州西湖春天	三星级
凤凰岛生态旅游区	四星级	扬州蒋王农业观光园	三星级
宝应白鹿岛生态旅游区	四星级	扬州建华村	三星级
扬州金泓生态园	四星级	扬州润水湾	三星级
江都渌洋湖生态旅游区	四星级	扬州溪桂园	三星级
宝应射阳湖荷园	四星级	扬州江都香翎湖	三星级
仪征翔宇茶叶生态园	四星级	高邮市周邶墩生态休闲农庄	三星级
西江生态园	四星级	扬州渔文化博览园(沿湖村)	三星级
碧水蓝天度假村	四星级	水世界渔乐园	三星级
吴桥蔬果产业观光园	四星级	江苏天祐生态园	三星级
扬州棠湖度假村	四星级	瓜洲镇瓜洲村葵园乡村旅游区	三星级
高邮湖苇荡水寨	四星级	紫福生态园	三星级
扬州市勇龙国际生态园	四星级	扬州市回乡缘休闲农庄	三星级
宝应和悦园	四星级	扬州永乐庄园	三星级
仪征捺山那园	四星级	香榭丽玫瑰园	三星级
广陵区七彩·梦升缘休闲农庄	四星级	宝应县金绿健农庄	三星级
宝应县九九艳阳天	四星级	宝应文化生态园(景坤园)	三星级
江都区佳乐农庄	四星级	宝应县兴水园生态农庄	三星级
江都区白塔河度假庄园	四星级	高邮市雁南飞家庭农场	三星级
仪征市江扬·天乐湖	四星级	高邮市华俊生态农业园	三星级
扬州胡场人家	三星级	广陵区扬子江农业园	三星级
江都小纪农业生态观光园	三星级	广陵区头桥现代农业产业园	三星级
江都樊川猕猴桃园	三星级	邗江区格林生态园	三星级
高邮连标葡萄园	三星级	邗江区京甘泉生态农业园	三星级
扬州古渡春生态园	三星级	仪征市鱼泽康泉生态园	三星级
扬州烟花三月度假村	三星级		

(黄晓宇)

个项目获省级资金扶持1134万元。瘦西湖风景区获评第二批国家重点花文化基地。　(黄晓宇)

旅游资源提档升级　2017年,扬州市加大建设力度,打造旅游品牌。扬州瘦西湖旅游度假区获2016年度江苏省级旅游度假区考核第一名,获申报国家级旅游度假区资格。扬州汉陵苑景区、马可波罗花世界获批国家AAAA级景区,高邮抗日战争最后一役文化园、邵伯古镇、三湾公园、仪征捺山地质公园通过国家AAAA级景区景观资源评审。方巷镇沿湖村、自在岛—万福片区旅游集聚区等项目建成开放。马可波罗花世界入选“2016江苏十大新景区”,扬州市中国旅行社有限责任公司推荐的淮扬美食文化游学之旅入选“2016年江苏十条新线路”。扬州西园饭店完成五星级评定性复核检查;扬州瘦西湖温泉度假村成为第二批“江苏精品休闲度假饭店”。扬州红山体育公园入选全国体育旅游示范基地。宝应县宇通旅行社获江苏省旅游局“三星级旅行社”,扬州小秦淮国际旅行社有限公司获江苏省旅游局“四星级旅行社”。扬州途居露营地投资管理有限公司获国家标准试点验证基地、长三角房车旅游标准化示范营地。全市新创成14家省级乡村旅游区,其中创成省五星级乡村旅游区1家(仪征润德菲尔庄园),创成省四星级乡村旅游区5家(仪征市江扬·天乐湖、广陵区七彩·梦升缘休闲农庄、江都区白塔河度假庄园、江都区佳农农庄、宝应县九九艳阳天),创成省三星级乡村旅游区8家(宝应县兴水园生态农庄、高邮市雁南飞家庭农场、高邮市华俊生态农业园、仪征市鱼泽康泉生态园、广陵区扬子江农业园、广陵区头桥现代农业产业园、邗江区格林生态园、邗江区京甘泉生态农业园)。新增民宿客栈床位超800张，全市四星级以上乡村旅游区全部建有专用停车场。11月，市旅游局、扬州市职业大学、扬州市旅游学会共同制定出台全省首部旅游风情小镇地方标准——《扬州旅游风情小镇建设与管理规范》。评定市级旅游风情小镇创建对象6家(湾头玉缘小镇、泰安自在岛欢乐小镇、邵伯运河美食小镇、菱塘回族风情小镇、瓜洲古渡小镇、甘泉爱情小镇)，培育对象4家(月塘颐乐小镇、射阳湖荷荡温泉小镇、界首芦荡渔乡小镇、柳堡"柳堡的故事")。湾头、泰安、菱塘、邵伯4个乡镇入选省级旅游风情小镇培育名单。 (黄晓宇)

凤凰岛　　张宝贵　王爱勇　晨　曦/摄

■沿湖村获评国家级"最美渔村" 11月3日，农业部在厦门举办第二届中国休闲渔业高峰论坛暨休闲渔业品牌发布活动。经过基层申报、省级初审、专家评审、公众投票以及网络公示等环节，东港市獐岛村等全国27个村(镇)被农业部认定为"最美渔村"。其中，江苏省的扬州市方巷镇沿湖村、宿迁市穆墩岛村、南通市吕四港镇、淮安市新滩村、泰州市沙沟镇等5个村(镇)被认定为"最美渔村"。 (吕　游)

■凤凰岛创成国家级湿地公园 2017年，江苏扬州凤凰岛通过国家林业局验收，成为国家湿地公园。扬州已有2个国家湿地公园，7个省级湿地公园。

扬州凤凰岛国家湿地公园位于江广融合地带生态科技新城北部泰安镇，是扬州城市南北方向重要生态走廊，前身为凤凰岛生态旅游区。自2011年被批准进行国家湿地公园试点以来，邀请南京大学专家修订湿地公园总体规划，申请中央财政湿地补助资金500万元，更新公园建设理念，保护和改善湿地生态系统，扩大生物多样性栖息环境，完善公园区域内生态保育区、恢复重建区等的生态恢复，健全湿地生态系统保护管理。至2017年底，扬州凤凰岛国家湿地公园总面积225公顷，由京杭大运河及其岛屿为主组成复合湿地生态系统，区域生态资源优越，湿地功能完好。有国家重点保护植物9种；野生脊椎动物139种(鸟类80种，鱼类36种，两栖动物8种，爬行动物10种，哺乳动物5种)，其中国家二级保护动物3种：小鸦鹃、白琵鹭和小天鹅。 (吕　游)

■宁镇扬旅游一卡通 参见第35页

■瘦西湖风景区建设 2017年，瘦西湖风景区推进项目建设。打造瘦西湖应急指挥中心，实现实时在园人数统计、监控查看、应急处置等功能整合。推进"厕所革命"，完成二十四桥、五亭桥等4座厕所的整体提升改造和6座厕所的第三方卫生间建设。完成瘦西湖路、友谊路近2万平方米临时停车场的建设，缓解旅游旺季的停车压力。打造儿童研学项目"童乐园"，针对学生、儿童市场，打造集游、学、娱、购为一体的亲子"第二课堂"。完成景区污水管网接入市政管网工程。实施景观节点提升工程。完成万花园道路及景观改造，选取重要节点，打造全新景点亮点。完成盐业历史遗迹·白塔保护区环境综合整治工程招标和主体施工。完成花卉基地建设、洛春堂雅集改造提升和电路消防系统检测及整改等工程。共完成大小维修工程55项。 (蜀冈办)

■个园建设 2017年，个园硬件设施提档升级，完善《个园保护规划(2016—2035)》并报送审批。启动个园维修与保护整治工程；完成夏山石梁、四季假山整体排危修缮工程，抱山楼、丛书楼、宜雨轩修缮工程，花局里部分建筑屋面修缮工程；完成南部住宅纠偏、鹤亭、清漪亭维修方案编制；完成个园北区入口厕所改造工程，增设第三卫生间；完成准提寺建筑修缮工程方案设计及施工招投标；完成游客服务中心改造升级工程和个园监测预警平台建设项目招投标，进入施工。优化园区环境。对北大门入口进行景观改造，增设花坛、假山小品，移除枯死老竹，新增品种竹；设计制作新型草坪护栏，增加地被竹栽植面积，推进绿化景观提升；加强植保和古树名木保护。与扬州大学合作申报的国家自然科学基金"扬州园林地域特征、造园意匠及其传承研究"、江苏省林业三新工程"景观用银杏种质资源的创新与种苗标准化快繁技术研究示范"等2项课题结题；与扬州大学合作申报的市级科技项目"扬州园林叠石技艺及其传承的数字化研究"立项，获项目资金5万元。个园门禁新系统上线运行，个园移动端游客服务平台获财政补贴10万元。建设个园官方微信服务号，打造个园微商城，实现门票、文创产品在线销售，与何园、茱萸湾景区实现交叉推广模式。新增明信片合成功能，做强微信公众号。吸引中央人民广播电台《城市新跨越》、中央电视台《城市与园林》等剧组先后到园采风。餐饮服务中心开发与宣传盐商四季宴（清美宴、清响宴、清漪宴、清颂宴），推出盐商文化宴竹林清飨宴、荷香宴，与扬大联合举办“盐商美食文化节”。宜雨轩加强书画艺术品拍卖品牌建设，举办春季、迎新春大型书画拍卖会；利用微信网络，推进宜雨轩书画“微拍堂”业务，在宜雨轩书画“微拍堂”进行艺术品拍卖。个园被命名为中华文化海外交流基地，被表彰为江苏省诚信旅游示范单位、2017年度江苏省住房和城乡建设系统“安康杯”竞赛先进集体，“个园”商标获2017—2019年度江苏省著名商标称号。（吕　游）

■**何园建设**　2017年，何园实施油漆保养，推进古建修缮，落实景区古建筑保护。实施接风亭、玉绣楼长廊、蝴蝶厅、赏月楼、牡丹厅、船厅外廊油漆维护保养工程。排除片石山房假山处围墙开裂隐患，采用“工”字钢做主支撑，外围用太湖石堆砌假山对围墙进行加固，实施玉绣楼排水系统工程，完成桂花厅抢修修缮工程，启动复道回廊维护保养工程，完成二分明月楼内部史料布展并通过文物部门验收。

补植调整灌木，保护古树名木，提升景区绿化养护水平。南门广场新栽植紫薇、香橼、红枫等绿植；补种园内牡丹，新增牡丹品种；对二分明月楼进行绿化整体提升工程，栽植羽毛枫、鸡爪槭、乌竹、八角、月季、麦冬、连翘、迎春花等绿植；对赏月楼北侧名木古树桂花进行施救；与扬州大学、扬州绿地生态农林建设咨询有限公司共同开展“何园古树名木保护复壮关键技术研究”。与成都智慧旅游合作，增加北斗智能导游自助讲解机；改造升级东门门禁系统、无人售票系统、建设云平台，构建云服务综合营销及管理系统，提供电子购票渠道。开发何园名迹书签系列、家训竹简，何园风光明信片等特色旅游文创产品，打造“何氏家训”“何园名迹”系列文创产品。（吕　游）

■**茱萸湾风景区建设**　2017年，景区提升品质，推动重点项目开展。加强生态烧烤场和餐厅配套设施升级，建成包括饲料间、仓库、兽医室为一体的动物后勤保障系统，建成生态孔雀园，改造琼花园、雪松林厕所、茱萸邨木桥、庄台排涝系统。与市残联开展签约仪式，共同建立适合残疾儿童康复训练的“阳光户外康复训练基地”。提升智慧旅游系统，增强旅游服务水平。升级游客服务中心和售票中心，售票中心增加游客实时统计系统和LED显示屏，向游客公示优惠政策、承载量、实时人数、旅游舒适度等信息；游客服务中心设立专门投诉调解室，新增服务公示牌、电子行李寄存柜、旅游信息电子触摸屏、景区介绍文化墙等。升级检售票系统。售票处新增5台自助售票机，增加人脸识别和微信、支付宝支付功能，实现客户端在线预订团体票，检票处实现直接扫码入园。与中国电信合作，对全园网络线路重新铺设，建成覆盖全园Wifi网络，实现46个发射点独立工作。规范动物饲养科学。全年未发生安全事故，巡检周边水域、动物笼舍、游乐项目、基础设施和食品安全等，新增铝制安全提示宣传牌80多块，开展“安全生产月”活动，组织开展麻醉枪使用培训、应急救援演练等活动。做好动物饲养管理与科研，挂牌扬州大学兽医学院科研实习教育基地，全年繁殖成活金丝猴2只、棕熊3头、环尾狐猴4只、梅花鹿2只、麋鹿1只、黑天鹅9只。（吕　游）

■**荷花池公园建设**　2017年，荷花池公园开展荷花池公园环形步道提升改造工程建设。栽植八角金盘、麦冬等500多塘，移栽蜡梅、红枫、海棠等，播种狗牙根草籽800平方米，播种黑麦草等，优化绿化配置。配合荷花池地下停车场建设和荷花池公园绿化景观及基础设施提升项目的实施，投入20多万元完善项目后期扫尾工作。荷花池公园对接何园文化旅游发展有限公司，注册成立荷花池经营分公司，增设地方特产、儿童游乐设施等经营项目，提供便民服务项目。（吕　游）

2017年扬州市全国工业旅游示范点

扬州漆器厂
扬州玉器厂　（黄晓宇）

2017年扬州市全国农业旅游示范点

凤凰岛生态旅游区
江都现代花木产业园
兴科农业科技博览园
仪征登月湖农业旅游区
宝应白鹿岛生态旅游区
宝应射阳湖荷园
高邮临泽生态度假村　（黄晓宇）

2017年扬州市国家文化旅游示范区

瘦西湖风景区　（黄晓宇）

2017年扬州市江苏省旅游度假区

仪征枣林湾体育旅游度假区
扬州瓜洲旅游度假区
扬州瘦西湖旅游度假区
扬州凤凰岛生态旅游度假区
（黄晓宇）

2017年扬州市江苏省工业旅游区(点)

扬州乱针绣文化产业园
上海大众汽车仪征分公司
江苏牧羊控股有限公司
青岛啤酒(扬州)有限公司　（黄晓宇）

2017年扬州市江苏省生态旅游示范区

凤凰岛生态旅游区
瘦西湖风景区
高邮市清水潭生态旅游区　（黄晓宇）

2017年扬州市江苏省自驾游基地

仪征红山体育度假村
瓜洲国际露营地
宝应白鹿岛生态旅游区　（黄晓宇）

2017年扬州市全国体育旅游示范基地

扬州红山体育公园 （黄晓宇）

2017年扬州市江苏省特色景观旅游名镇(村、乡)

扬州市广陵区泰安镇
高邮市菱塘回族乡
高邮市界首镇
宝应县射阳湖镇冲林村
高邮市马棚街道东湖村
高邮市菱塘回族乡清真村 （黄晓宇）

旅游区建设

蜀冈—瘦西湖风景名胜区

■**概况** 蜀冈—瘦西湖风景名胜区于1988年由国务院批准设立，总规划面积12.23平方千米。2006年1月，景区党工委、管委会挂牌成立，实际管辖面积6.68平方千米。2013年1月和12月，中共扬州市委、扬州市政府两次对景区实施扩容。扩容后，景区代管区域总面积33.6平方千米，下辖平山、城北2个乡和瘦西湖、梅岭2个街道，有24个行政村(社区)，总人口约16万人。

2017年，实现地区生产总值56.36亿元，按可比价计算，比上年增长8.5%。完成一般公共财政预算收入4.79亿元，比上年增长5.6%，其中税收收入4.16亿元，增长17%；完成服务业固定资产投资58.01亿元，增长23.4%。完成社会消费品零售总额45.27亿元，增长10.6%。实际利用外资及港澳台资6750万美元。各旅游景点完成购票游客318.3万人次，增长19.4%，门票及经营性收入2.68亿元。 （蜀冈办）

■**招商引资** 瘦西湖文旅公司在全国股转系统挂牌，成为扬州第一家在新三板挂牌的旅游企业；旅发集团成为扬州第二家平台公司AA+企业；与中保投资有限责任公司合作发行大运河生态基金20亿元，直接融资占比超60%，融资综合成本压降到5.8%。招引江苏省再担保公司、现代金融集团入驻；招引电子商务、贸易销售、金融科技、文化创意类总部经济企业15家，贡献税收超亿元。推进重大项目建设，新签约5个、新开工4个、新竣工4个，实现投资额41.38亿元；签约华侨城集团总投资150亿元综合文化旅游项目。成立旅商公司并升级为旅商集团，打造聚焦主业、相互协作、共同发展的“旅发、旅投、旅商、文旅、营销”五大集团公司“景区舰队”。注册设立运河三湾公司，与城控集团合作，推进三湾公园打造，参与仪征园博会建设，向北京、盐城输出水上旅游管理。建立与大企业、大集团、大银行互利合作机制，先后与城控集团、建工控股、工商银行、农发行等达成战略合作。 （蜀冈办）

■**旅游发展** 青普文化行馆、中医药养生基地、瘦西湖民宿等一批文化类服务业项目正式运营，平山堂廉政教育基地获批为江苏省廉政教育基地，汉陵苑创成国家AAAA级旅游景区，《风景区总体规划》通过国务院批准。瘦西湖旅游度假区在全省45个省级旅游度假区年度评审中获第一名并获得申报国家级旅游度假区资格。四季酒店、英迪格酒店、万丽酒店等国际品牌酒店项目按序时推进；文创产品销售额超千万元；《锋味》节目形成影响，景区全年累计11次亮相央视。 （蜀冈办）

■**2017瘦西湖非遗文化月** 9月15日，2017瘦西湖“非遗文化月”开幕式在瘦西湖景区内举行，扬州传统的面塑表演、木偶演出、通草花制作、雕版印刷体验等十多项非遗项目集体亮相展示，吸引游客驻足欣赏并近距离体验非遗文化的传统魅力。活动从9月15日到10月15日持续1个月时间，主要在每个周末亮相展示。

（徐步勇）

■**2017扬州万花会** 4月8日，2017扬州万花会在瘦西湖风景区开幕，时间持续1个月。经过10年的打造和完善，万花会由单纯的踏青赏花活动发展成为融探花赏景、休闲娱乐、文化体验等于一体的文化旅游盛会，成为中国·扬州“烟花三月”国际经贸旅游节的代表性活动之一。2017万花会以“人融景、景成画，人景相融”为主题，从“赏花、探花、品花、恋花”四个方面推出10项主题活动。

（徐步勇）

古城片区

■**概况** 近年来，扬州逐步完善古城旅游配套设施，完善和提升双东历史

在2017瘦西湖万花会开幕式上，记者航拍万花园

程建平 刘江瑞 司新利/摄

街区，推进彩衣街、杨总门地区的街景整治和民居修缮，启动南河下历史街区保护整治，统筹做好仁丰里、湾子街历史街区和老城区5大传统建筑群的保护，展示古城精致形象。对文昌路、泰州路、广陵路、徐凝门路、国庆路、渡江路等10多条古城主干道进行街景整治和美化亮化，搬迁改造近50万平方米的乱搭乱建、不协调建筑和棚户区，保持老城区传统风貌的协调统一。扬州明清古城成为中国东南沿海地区规模最大的历史城区，吸引国内外游客到扬参观游览。

2017年，东关街道举办运河特色文化旅游产品设计邀请赛、“游古巷品家风”等系列活动。儿童假日剧场、南河下书场、个园美食广场、周末剧场、新仓巷戏曲剧场常态开展活动，建成融传承、传播、展示、展演为一体的全国首家扬州清曲展示馆。挖掘南河下家风家训家规和家庭文化，打造全国首个家风文化展示区。配合编制完成教场片区提升改造规划，推进徐凝门桥建设，建成东圈门停车场，新建提升口袋公园10个，新增民居客栈床位64张。南河下、双东历史文化街区创成省级价格诚信区域。汶河街道打造古琴工作室、非遗雕版工作室等大师工作室10个，新建旧城7号民宿、青雨民宿等特色客栈6家，剪纸、雕版印刷等非遗文化展示点5个。创新设立“雅韵青声”诗词课堂；举办“名人讲名城”讲座12场，2000多人次参加。打造更新通泗西街、仁丰里等街巷文化墙9处。优化提升汶河“古巷游”，连续4年开展雏鹰导游大赛，累计接待国内外游客近30万人次。（施华健　杨贝拉　朱　平）

■双东历史文化街区　双东历史文化街区是东关街、东圈门历史街区的合称，位于广陵古城区内，是具有鲜明扬州特色的文化休闲旅游区。主街东关街全长1122米，宽约5米，拥有比较完整的明清建筑群及“鱼骨状”街巷体系，保持和沿袭明清时期的传统风貌特色，形成独具魅力的古巷游。街内现有50多处名人故居、盐商大宅、寺庙园林、古树老井等重要历史遗存，其中国家级文保单位2处、省级文保单位2处、市级文保单位21处。东关街将文物古迹、深宅大院、名人故居、古树名木、寻常百姓的生活场景点缀其间，融情景雕塑、主题客栈、茶社评书剧场等具有扬州特色的景观为一体，有扬州各大“老字号”和漆器、玉器、剪纸、雕刻品、古琴、古筝等扬州传统文化商品的商铺。年平均游客量400万人次，节假日高峰期，日游客量30万人次。

（施华健　杨贝拉）

■南河下历史文化街区　南河下历史文化街区位于扬州老城区南部、古运河畔，街区范围大致为北至广陵路，南至南河下中段及花园巷一线，东至徐凝门路，西至傅家甸、渡江路一线。该街区形成于明代中后期，有晚清第一园的何园，遍布官宦豪商住宅以及徽、鄂、湘、赣盐商聚集寓所，是古运河畔的核心文化区之一和扬州保存最为完好、最有特色的历史文化街区之一。区内现存花园巷、南河下、丁家湾等老街古巷近70条，有文物保护单位32家，历史建筑109个，片区内存有百年以上古树16株。2015年，扬州南河下历史文化街区入选第一批30个中国历史文化街区，成为江苏省首批入选的5个历史文化街区之一。

2017年5月，南河下历史文化街区家风展示区建成并向市民和游人开放，设家风教育传承基地、家风文化公园、“四维八德”廊、家风文化展示馆等37处家风展示点。

（杨家华）

■仁丰里历史文化街区　仁丰里历史文化街区东至小秦淮河，西至迎春巷、史巷，北至旧城七巷，南至甘泉路，占地12.07公顷；是扬州唐“里坊制”格局保存最完整的历史街区和扬州传统文化的发祥地。2011年仁丰里被纳入国家“文化和自然遗产街区”保护项目。街巷体系呈现南北向鱼骨状街巷格局，两侧东西向排列着头巷、二巷、三巷、四巷、五巷、六巷、七巷等数条小巷，汇集十几处隋唐至明清的文博遗址，其中有阮家祠堂、旌忠寺、陈六舟故居等，民俗非遗文化微型博物馆——“印象仁丰里”建成开放。仁丰里文化街区有众多旅游景点，沿线深巷中隐藏着部分私家园林和民居客栈。近年来，汶河街道培养百名“古巷游”导游志愿者，为全国各地游客提供免费导游服务，推进集游览、民宿、曲艺表演、非遗文化体验、特色工艺品展示为一体的古巷文化之旅。“仁丰里街巷游”游客接待量累计超过30万人次。（徐步勇）

■湾子街历史文化街区　湾子街历史文化街区位于扬州老城中部，南至广陵路，北至文昌中路，东接皮市街，西接国庆路，范围内无城市道路穿越，规划占地面积32.5公顷；以手工业、商业命名的传统街巷众多，数量名列扬州各街区之首。湾子街文物古迹分布密集，有省级文保单位2处、市级文保单位31处，尚未核定公布为文保单位的登记不可移动文物192处，核定历史建筑11处；现存古井51个，含5个文保、16个未定级文物；现存古树名木10株；湾子街沿线及三义阁两侧有众多“老字号”；地藏庵附近聚集10多处宗教场所。2015年3月，《扬州市湾子街历史文化街区保护规划》通过省住建厅组织的专家评审，成为扬州第四个历史文化街区保护规划。（徐步勇）

世界遗产运河景观带

■概况　中国大运河列入世界文化遗产名录，全部27处河道、58个遗产点中，扬州有1处河道(包含6段河道)、10个遗产点，基本覆盖水工遗存、各类伴生历史遗存、历史街区村镇、相关联的环境景观等主要遗产类型。扬州市研究和探索大运河遗产的多种保护利用模式，规划建设一批主题文化广场，推进运河文化旅游产品开发，完善运河沿线旅游配套设施和服务，加大对运河旅游的宣传和营销推介。至2017年末，编制完成环扬州古城大运河遗产展示利用工程方案，推进建设运河遗产主题展示系统、运河滨水史道系统、运河水上文化活动系统、运河遗产数字创新系统；宝应大运河遗产服务展示中心、宝应二里排河运河景观带按序时建设;高邮明清运河故道(一期)保护整治工程和盂城驿保护展示工程完成,二期项目实施方案编制完成;运河界首古镇段保护工程推进实施;邵伯明清运河故道保护展示工程、运河主线邵伯段保护整治工程完成;大运河邵伯古镇段遗产展示利用项目方案获国家文物局批复;邵伯船闸展示馆、廉政文化馆建成;扬州盐业文化展示馆(汪鲁门宅)和扬州水文化展示馆按序时推进实施;广陵、邗江推进运河文化专题展示馆建设。 (徐步勇)

■大运河文化带示范区建设 与扬州大学共同组建中国大运河研究院,系统开展运河文化的研究、交流、传播、创作。开展专题研究,召开全市大运河文化带建设动员会,围绕"大运河文化带建设"主题举行学习报告会,召开大运河文化带建设决策咨询工作座谈会。在全国率先颁布实施大运河遗产保护规划、保护办法和扬州段世界遗产保护办法,设立33个大运河社区守护站,建立大运河扬州段遗产数字管理平台和遗产监测预警系统。建立雕版印刷、扬州剪纸等13个传统文化重点传承保护基地,打造486非遗集聚区、中国琴筝文化园等文化集聚区。开展文化名人系列访谈,建立25个文化名师工作室和1个文化名师工作总室。策划出版"京杭大运河遗产保护出版工程"系列丛书。推进运河文化与旅游深度融合,结合古镇古街古道保护,建设高邮京杭大运河中国驿文化城、古运河南门御街、三湾生态旅游产业园、环邵伯湖、环高邮湖等大运河旅游项目、体育项目。结合美丽乡村和特色小镇建设,把十二圩、瓜洲、施桥、槐泗、湾头、邵伯、樊川、界首、氾水、安宜等运河沿线古镇,打造成各具特色的旅游小镇。打造"运河风情""江南曲美"等大运河文化交流品牌,赴天津、济宁、聊城、洛阳、开封等地演出。主办大运河书香文脉传承发展论坛,发布《"千年运河,千里书香"扬州宣言》。策划举办"南渡北归·千年光影"中国大运河摄影大赛、"运河风情"中国运河城市美术作品展。开展"喜迎十九大·江苏大运河文化带探访之旅·从扬州出发"大型公益活动。推进大运河主题文艺创作,编创《运河之花》系列木偶剧、大型扬剧《鉴真》等剧目。 (蒋少华)

■"一馆多园"项目建设 扬州以大运河文化带建设为契机,规划建设"一馆多园"项目。"一馆",即新(改、扩)建一批大运河文化博物馆、展览馆和主题公园,将扬州城打造成为一个大的"运河文化博览城",重点推进扬州城国家考古遗址公园、隋炀帝墓遗址公园、龙虬庄遗址建设和隋江都宫遗存保护,推进康山文化园扬州大运河盐业盐商盐运主题展馆建设,形成覆盖全城、特色多样的运河文化博物馆体系。"多园",即利用历史名人、盐商漕运、水利工程等文化特色,在运河沿线打造一批展示运河文化特别是水工文化的综合性园区,重点推进邵伯水工文化博物园、高邮明清古镇街区、宝应南水北调水利风光园、仪征仪扬运河和十二圩历史街区建设。 (徐步勇)

旅游业态

■假日旅游 2017年,春节黄金周期间,市区瘦西湖等8家主要封闭式景区接待游客57.78万人次,增长30.27%;东关街接待游客66.4万人次,增长22%;宝应、高邮、仪征、江都等9家主要景区接待游客24.7万人次,增长14%。市区主要星级饭店出租率74%,其中1月30日至2月1日,平均出租率90%以上。清明小长假期间,市区瘦西湖等8家主要封闭式景区接待游客48.76万人次,增长10.95%,其中瘦西湖接待27.61万人次,增长31.16%。新景区及县(市、区)景区接待游客21.84万人次,其中陈园接待2.67万人次、马可波罗花世界接待2.65万人次、瓜洲途居露营地接待4.8万人次。开放式景区东关街27.7万人次、京华城10.6万人次、宋夹城3.15万人次。市区主要星级饭店平均出租率79.55%,增长4.53%。"五一"小长假期间,市区瘦西湖等8家主要封闭式景区接待游客43.8万人次,增长5.7%,其中瘦西湖接待18.6万人次,增长1.7%。新景区及县(市、区)景区接待游客17.6万人次,其中陈园接待0.69万人次、马可波罗花世界接待2.45万人次、瓜洲途居露营地接待2.4万人次。开放式景区东关街27.5万人次、京华城24.8万人次、宋夹城2.3万人次。"十一"黄金周期间,市区瘦西湖等9家(包括马可波罗花世界)主要封闭式景区接待游客80.1万人次,增长8.1%;东关街接待游客62.12万人次,增长158.6%;三湾湿地公园接待44.4万人次。市区主要星级饭店和客栈平均出租率75.3%,其中10月3日超过95%。 (黄晓宇)

■"扬州的夏日" 6—8月,扬州市打造以朱自清先生散文名篇"扬州的夏日"为主题的特色文化节庆活动品牌。6月12日,扬州市举行由市旅游局联合各县(市、区)、景区、相关部门共同推出的2017"扬州的夏日"特色主题活动新闻发布暨推进会,现场公布9个主体活动和8个其他特色旅游活动、旅游奖励、优惠政策以及推荐线路产品。新华网、中新网、现代快报、新浪江苏、《扬子晚报》等30多家媒体进行报道和转载。7月15日,"扬州的夏日"开幕暨2017第二届国际灯光艺术节启动仪式在马可波罗花世界举行。活动当天,扬州市举行"江苏人游江苏"——"扬州的夏日"旅游产品说明会。省旅游局,省各市旅游局(委),各地(市)旅行社代表,国家、省、市媒体代表以及扬州市旅游局,蜀冈—瘦西湖管委会,生态科技新城,扬州旅游企业代表等近200位代表参加会议。8月2日,2017"扬州的夏日"主题歌在国医书院举行发布会,介绍"扬州的夏日"系列活动举办情况。在扬州瘦西湖等景点取景拍摄"扬州的夏日"主题曲,由侃侃(《北京爱情故事》主题曲演唱者,扬州人)演唱,洛兵作词,卢中强作曲,在QQ音乐、虾米音乐、网易云、喜马拉雅等平台上线。

"扬州的夏日"期间,举办2017首届"扬州的夏日世界音乐季"、品味诗韵淮扬菜活动、安徒生戏剧故事节、扬州第二届国际灯光艺术节、瘦西湖童乐汇、国学亲子体验等近20项特色旅游活动以及96个研学和亲子消夏产品，为游客打造包含音乐、美食、国学、研学、亲子等元素的欢乐夏日。赴北京、上海、广州、重庆、深圳、西安等10个城市开展21场扬州旅游推介，为扬州淡季旅游市场聚集人气，拓展市场增长空间，中新网、新华网等100多家媒体报道。活动期间(6—8月)，全市接待国内过夜游客172.8万人次，增长23.6%，净增过夜游客32.98万人次；主要景点非周末购票人数56.08万人，增长48.63%，其中瘦西湖景区非周末购票人数增长69.85%。（黄晓宇）

■扬州赛马场开启品牌战略合作 8月30日，“共谋发展一马当先，品牌联动马到成功——扬州赛马场&莱德马业战略合作新闻发布会”在扬州赛马场举行。活动现场，扬州国际赛马场与莱德马业正式宣布开启战略合作。莱德马业联合扬州国际赛马场打造国际高端速度赛马以及华东地区专业马术俱乐部品牌。（黄晓宇）

2017年扬州市主要景区游客接待量一览表

表21-3

景区名称	接待量(万人次)	比上年增长(%)
京华城休闲旅游区	1292.3	8.6
东关历史文化旅游区	644.2	7.8
瘦西湖风景区	531.3	18.3
宋夹城景区	218.6	12.9
个园	204.6	15.7
大明寺	130.5	5.2
何园	110.2	23.4
扬州“双博馆”	100.1	7.4
茱萸湾风景区	97.1	21.1
汉陵苑	50.6	0.1

（黄晓宇）

旅游营销

■概况 2017年，扬州市整合营销、务实营销，通过举办活动、参加展会、举行旅游推介会、邀请旅行商媒体考察踩线等开展城市旅游营销。瘦西湖风景区旅游景点完成购票游客318.3万人次，增长19.4%，门票及经营性收入2.68亿元。个园景区实现门票收入3511.93万元，增长2.54%；经营总收入814.32万元，增长8.68%。何园接待入园游客55.10万人次，增长23.4%，实现门票总收入1490.17万元(不含年卡、联合票分成)，增长6.3%；租赁景点卢氏盐商住宅入园游客7022人，增长59%，门票收入8.13万元，增长40%(不含年卡分成)；经营总收入240.35万元。茱萸湾风景区实现经济收入2190万元，其中门票收入1750万元，增长8.18%；经营性收入359.4万元，增长8.54%；购票入园游客48.6万人次，增长18.89%；租赁等收入80.6万元，增长25.47%；争取各类项目经费350万元。

*开展入境旅游市场推介。*瞄准重点入境市场，丰富促销手段，全面推介“Find China in Yangzhou”城市旅游形象。自组团和随省旅游局、中共扬州市委、扬州市政府组团先后赴德国、瑞士、法国、澳大利亚、新西兰、法国、中国香港等国家(地区)进行宣传推促销，通过参加展会、举行旅游推介会、拜访重点旅游机构等形式，推广城市旅游；“烟花三月”国际经贸旅游节期间，举办“洋眼看扬州”活动，邀请在上海学习和工作的9个国家的外国人体验扬州旅游，并在上海旅游时报、东方英文网进行宣传报道；邀请澳大利亚、日本、韩国等国家旅行商到扬考察采风，围绕外国人视角考察包装扬州旅游线路产品；邀请港澳旅游达人、澳大利亚、西班牙网红到扬考察，宣传报道扬州旅游；配合省旅游局举行全域旅游国际摄影大赛，美国、西班牙、挪威等10个国家摄影师到扬采风。

*扩大国内客源市场。*坚持重点市场和目标市场全覆盖，整合市、县旅游资源，统一打“扬州牌”，建立旅游部门、企业、媒体等参与的营销机制，组织参加重庆都市旅游节、南京国际度假休闲及房车展览会、北京国际旅游博览会、2017杭州世界休闲博览会等系列展会，向当地市民推介扬州旅游。其中，为期11天的杭州世界休闲博览会，100平方米的扬州展区现场进行雕版印刷、扬州厨艺、古筝互动表演以及抽奖、地方特色工艺品展销等活动展示城市特色。联合南京、镇江、马鞍山组成“宁镇扬马”联合促销团，向珠海、厦门两地近300旅行商重点推广区域旅游形象、线路产品及“扬州的夏日”特色旅游活动，搜狐网、珠海电视台、港澳在线等10多家媒体对活动进行报道。

*举办特色旅游活动。*组织“5·19中国旅游日”扬州分会场主题活动，重点推介新景区、“江苏人游江苏”及乡村旅游线路产品等。6—8月，打造“扬州的夏日”为主题的特色文化节庆活动品牌，推出2017首届“扬州的夏日世界音乐季”、品味诗韵淮扬菜活动、安徒生戏剧故事节、扬州第二届国际灯光艺术节、瘦西湖童乐汇、国学亲子体验等近20项特色旅游活动以及96个研学和亲子消夏产品。针对冬季市场，打造“冬季养生节”，推出花世界之冰雪大世界、江都迎春花市年俗节等25项特色旅游活动和天乐湖温暖养生之旅、宝应湿地游等12条旅游线路产品，推动扬州四季宜游。

*加强媒体宣传。*2017年，利用传统媒体、新媒体宣传渠道和影响力优势，开展宣传营销。央视《共同关注》《朝闻天下》等栏目聚焦扬州旅游发展新变化，宣传扬州旅游。清明小长假、国庆黄金周期间，央视多次聚焦扬州瘦西湖，提升扬州旅游

形象，扩大扬州旅游在全国乃至全球影响力。瘦西湖景区携手谢霆锋等一线明星，推出《锋味》扬州专场，网络点击率突破2亿人次。春节期间开播的《舌尖上的中国第三季》，连续展示扬州淮扬菜、宝应莲藕等扬州特色，提升扬州旅游知名度和美誉度。邀请西班牙“网红团”到扬深度旅游体验，宣传推介扬州美景美食，在全球社交媒体上赢得点赞。在客源目标市场投放旅游宣传广告，加强广告宣传。市旅游局在日本RETRIP网站和台北旅游大巴车身投放城市形象广告；和上海旅游时报合作，在上海投放社区广告；在高铁车厢投放《旅伴》杂志平面广告和视频广告。县市联动，联合在市区公交站台、电视台等投放宣传广告。加强境外旅游市场拓展，拍摄海外旅游宣传片，首部以运河为主题的扬州旅游宣传片亮相BBC，向全球展现扬州美景、美食、人文。利用Tripadvisor（猫途鹰）平台开展扬州旅游宣传营销，提升扬州旅游海外影响力和美誉度。利用微博、微信、网站、微杂志等新媒体平台，宣传扬州旅游，通过“扬州十大生态农庄”评选、“十大最美导游”评选、“扬州的夏日摄影大赛”、七夕免费游捺山活动、仪征捺山枣林湾天乐湖摄影采风活动等，在微信朋友圈形成宣传效应。在省旅游局联合新浪网和清博大数据中心公布的2017年上半年江苏省旅游行业微信、微博排行榜中，市旅游局官方微信影响力位列江苏省地市微信排行榜第1位，官方微博排名第4位。4月正式开通“www.touryangzhou.com”一站式中英文旅游网站，受到境外游客关注，成为扬州旅游海外推广宣传阵地。

（黄晓宇　王进城）

■园事活动　2017年，瘦西湖风景区策划系列主题活动20多项，打造最美江苏诗词大会，瘦西湖爱鸟周等子活动项目60多个。举办2017中国扬州万花会暨全国晚报协会摄影展活动，全国60多家晚报媒体同时聚焦景区，提升景区知名度和美誉度；举办以“走近非遗，与古老技艺零距离”为主题的2017瘦西湖非遗文化月系列活动，保护非物质文化遗产，传承非遗文化之美；开展系列花卉活动，将时代要求与景区文化联系开展四季花卉活动；举办“清风雅韵”画家陆越子花鸟画展等系列书画展览活动，以瘦西湖廉政书画院为平台，打造书画廉文化品牌。全年省级以上宣传110次，央视报道11次，8天9次登上央视重点栏目。推进瘦西湖文创产业发展，文创产品销售额1000多万元。

宋夹城风景区围绕“乐动、乐活、乐享”三大主题开展文化体育活动。“乐动”是举办“2017国际剑联女子佩剑世界杯赛”“2017虎扑路人王篮球赛”“华蒙星全国幼儿篮球赛”“江苏省球王争霸赛”等省级以上品牌赛事15批次，组织开设“宋夹城之夏”暑期夏令营班9个。“乐活”是以宋城书坊、文化艺术展厅等文化场所为载体，主办、承办13批次的艺术画展和摄影展；开展“2017金鸡报春新春游园会”“灯谜结缘庆元宵汉文化活动”“闲云茶会（女儿节）”“我们的节日—欢乐粽动员”等节庆活动。“乐享”是以“乐享公益课程”为主题，分别设有琵琶、古琴市民免费学习课程；以“书香宋夹城”主题，开展宋夹城心理健康驿站系列活动、古典诵读、读书分享会等各类艺术雅集。全年承接商业活动55批次，实现收入12万元。

唐子城风景区举办“大汉王朝印象”汉代画像艺术专题展、“巧夺天工、天地造化”奇石收藏品专题展、“欢庆国庆、喜迎十九大”金秋书画展、迎新年书画展等4期临时展览，“汉唐风范、礼敬扬州”少儿传统礼仪系列讲座4期和中国社科院考古研究所研究员汪勃谈“考古学视野中的汉广陵城遗址”等汉唐历史文化讲座，迎新春送“福”活动、新疆新源县歌舞团歌舞表演、“走进古城春天放飞童年梦想”清明节亲子踏青、唐子城—保障湖大草坪四朝之“筝”主题风筝游乐会、唐子城汉唐礼仪少儿传统才艺选拔、文化遗产日“印上名字去旅行”活动、暑期“七彩之夏”文博夏令营、中秋汉唐文化创意集市、“汉风唐韵是扬州”等活动。所属博物馆免费接待中小学生集体参观和扬州高校新生参观等。

个园全年举办各类园事活动60多场次。举办迎新春、端午、中秋等活动10多场次；组织第五届竹文化节，举办开幕式演出活动、“梦里个园四季之美”摄影大赛等15项系列活动；组织第四届盐商文化节，举办开幕式演出活动、盐商体验式集体婚礼等16项系列活动；举办首届个园非遗小传人选拔赛、个园非遗小传人夏季活动；承办《中国文人园林》新书首发式，“园本中国·一个园”扬州万科2017扬州园林作品发布会；举办“盐商百年精致银饰展”“和平的旗帜一带一路呼唤和平书法作品展”等10多场展览。承办“个园论盐·中国盐文化高峰论坛”，推动扬州盐商遗产开发和整合。参与2017长三角景区联盟交流，协同35家知名景区与北京奥林匹克公园共同举办旅游文化展示周；走进上海豫园举办“丽人沪上行”推介活动，向海内外游客发出“盛世下扬州”邀请。个园联合苏州拙政园在拙政园远香堂、李宅等举办“奇石小品赏石展”，展出近20组奇石小品。市园林局、外语教学与研究出版社在个园举行《中国文人园林》（中英对照）新书首发式。馥园千秋粉黛演艺亮相第11届中国（郑州）国际园林博览会；承办“中日旅游江苏交流月”之扬州“聆听丝韵·品味扬州”主题活动。个园亮相CCTV4《大运河传奇》之《盐商的大俗与大雅》。

何园围绕“研学游”热点，开发“何氏家训”研学产品；与茱萸湾景区、扬州赛马场开展定向组合营销，增加游客量；与华东线旅行社开展主题促销活动，举办“万人游何园”“千人旗袍秀”活动。开展首届何园牡丹文化艺术节，与洛阳市王城公园建立友好景区，与洛阳红公司达成战略合作伙伴关系；举行“传承好家风，何园再相聚”活动，丰富何家史料馆实物资料；开展清明插柳、中秋拜月等系列传统园事活动，其中“何园中秋雅集”和“大手牵小手”在央视进行录播。

荷花池公园先后举办“红色巴士”四季公益行——“雷锋精神伴我行”、“浪漫春天，情系荷花池”大型公益相亲会、"清凉夏日，荷风莲韵"为主题的首届荷文化节、"快乐国庆—文明旅游"等园事活动。完成个园、何园、茱萸湾，镇江金山、南山等景点荷花布展，布展精品碗莲600多盆、缸荷1500多盆。

茱萸湾风景区春季推出国际马戏节活动，秋季开展冰雪体验乐园项目；承办江苏省园林绿化行业绿化工职业技能竞赛；依托假日节点开展动植物主题活动，推广夏令营和篝火晚会特色活动。利用电视、报纸、公交电视、户外大屏宣传160多次，发布微信博文140多条，与近60家旅行社签订合作协议，强化学生游、亲子游和老年游的推广，接待团队游客10.4万人。引进冶春茶社、"壮壮家"等品牌店，新增侏罗纪公园、梦幻飞车等游乐项目。4月21日，由市园林局、市林业局联合主办，市野保站、扬州动物园、绿杨鸟类摄影艺术中心共同承办的2017年扬州市"爱鸟周"宣传活动启动仪式在茱萸湾风景区举办。（蜀冈办　吕　游）

■旅游休闲卡线上推广　2017年，市旅游局创新营销模式，开展扬州旅游休闲卡线上宣传营销。从春节黄金周开始，市旅游局联合运营商向到扬游客定向推送文明旅游宣传短信，向游客重点推介宣传旅游休闲卡。联合OTA(在线旅行社)开展网络营销，与同程网等OTA合作，在同程网等OTA设置旅游休闲卡专栏，与扬州各大景点、酒店作推广链接，实现旅游休闲卡一键购买。开通旅游休闲卡淘宝专卖店，在淘宝网打造开通旅游休闲卡专卖店，网民可办理旅游休闲卡。（黄晓宇）

■旅游商品推广　2017年，市旅游局组织旅游商品企业"走出去"宣传推广，鼓励旅游商品企业创新，促进特色旅游商品研发。以展会为平台，进行宣传推广。组织旅游商品企业参加"江苏发展大会"期间的特色旅游商品展示和非遗文化表演、第九届中国国际旅游商品博览会、中国旅游产业博览会等活动，扩大旅游商品宣传与销售；设计并采购4种新的旅游纪念品，用于对外推介宣传活动。在江苏发展大会"水韵乡情·江苏游礼"特色商品展示活动上，市旅游局获"最佳组织奖"，扬州非遗大师—漆画金桂清获"个人奖"。（黄晓宇）

■第五届竹文化节　4月2日，第五届竹文化节在个园开幕。本届文化节开展"梦里个园四季之美"摄影大赛，竹蜻蜓大赛大比拼，个园花伞长廊，明信片合成自拍大赛，"竹韵千秋"竹诗词朗读比赛，"竹海探秘"个园互动活动，小小竹课堂，跟着大师学画竹，跟着专家学盆景，小乐童识竹品竹长知识，刘声如、刘恒英山水花鸟画暨藏品展等活动。（王进城）

■"扬州园林杯"中国晚报航拍扬州园林大型采风活动　4月8日，"扬州园林杯"中国晚报航拍扬州园林大型采风活动开镜仪式在茱萸湾风景区举办。本次活动由中共扬州市委宣传部、中国晚报摄影学会、市园林局、市旅游局、扬州报业传媒集团共同主办，扬州晚报、扬州园林营销中心共同承办。来自全国60多家媒体的总编、主任和摄影记者以及中国晚报界无人机队参与活动。采风活动中，摄影家采用无人机拍摄方式，以多媒体形式向全国展示扬州。（王进城）

■第四届盐商文化节　9月15日，个园第四届盐商文化节开幕。此次文化节为期2个月，开展第四届个园盐商体验式集体婚礼、金玉满堂——盐商民俗花钱精品展、个园竹语新续、把个园带回家——盐商旅游纪念品展销、盐商厨艺展等活动，为游客展现盐商文化、盐商发展史、盐商家居、盐商家宴，以及个园园主的传奇一生，让游客了解扬州盐商，了解盐商文化。（王进城）

■"个园论盐·中国盐文化高峰论坛"　11月25日，个园联合中国商业史学会盐业史专业委员会、自贡市盐业历史博物馆、扬州大学共同举办"个园论盐·中国盐文化高峰论坛"。本次论坛主要内容包括交流各地盐文化研究信息，通报世界盐业大会情况，颁发第三届全国盐文化研究成果奖等。（王进城）

■2017瓜洲云上音乐节　5月28—29日，由扬州广播电视传媒集团(总台)主办，江苏月亮城文化艺术有限公司、北京十三月文化传播有限公司、杭州网易云音乐科技有限公司、扬州金典广告传播有限公司、扬州正和文化传播有限公司等联合举办的"柔和双沟"2017瓜洲云上音乐节在邗江瓜洲润扬森林湿地公园举行。本次音乐节主题为"致自然ToNarure"，意为"用有限的眼睛去看无限的世界"；设民谣舞台、新乐府舞台、大冰的小屋舞台等三大舞台，林宥嘉、赵雷等国内原创歌手及乐队在音乐节上表演。2天累计3万多人次观众参与。（吕　游）

旅游管理

■概况　2017年，扬州市旅游旺季推出主要景区间免费旅游巴士，4—5月运送游客40万人次。市区周边设置6个临时换乘中心，提供免费停车、免费换乘服务，累计服务游客超万人次。开通"Touryangzhou"扬州旅游网和扬州广播电台旅游交通频率，为到扬游客提供旅游攻略和交通出行等最新资讯。开展"旅游厕所革命"，推动AAAA级以上旅游景区厕所设置"第三卫生间"，主城区实现旅游厕所全覆盖，全市新建成、改造旅游厕所122座。与法国奥尔良市进行旅游标准化合作，制定服务国际游客接待标准。丰富扬州旅游宣传资料，新增《运河旅游攻略》《手绘地图》等宣传品，对原中英文版《扬州旅游攻略》、多语种(中、英、日、韩)《扬州旅游指南》及5种较受游客欢迎的宣传折页(扬州美食、扬州小吃、扬州旅游交通指南等)进行调整修改，在综合性游客服务中心、旅游信息服务点、志愿服务点、公安岗亭及三星级以上酒店等游客聚集地进行免费投放。

开展行业法律法规宣传培训。市旅游局开展新设立旅行社法规培训2次，召开旅行社及分支机构安全

2017年扬州市星级饭店分布情况表

表21-4　　单位：家

地　区	小　计	五星级饭店	四星级饭店	三星级饭店	二星级饭店
合　计	**44**	**4**	**12**	**26**	**2**
主城区	22	4	5	12	1
江都区	7	0	2	5	0
宝应县	3	0	0	3	0
仪征市	9	0	2	6	1
高邮市	3	0	3	0	0

注：主城区不含江都区　　（黄晓宇）

2017年扬州市旅行社分布情况表

表21-5　　单位：家

地　区	旅行社	旅行社星级			
		五星级	四星级	三星级	二星级
合　计	**142**	**1**	**8**	**11**	**1**
主城区	103	1	6	4	1
江都区	15	0	0	2	0
宝应县	8	0	0	3	0
仪征市	9	0	1	1	0
高邮市	7	0	1	1	0

注：主城区不含江都区　　（黄晓宇）

法规培训会1次，邀请专家进行“旅游合同管理暨电子合同应用”业务培训，对新聘用24名扬州市旅行社星评员进行业务培训。开展全市景区、乡村旅游区标准培训班。邀请专家授课，120多人参加培训，现场观摩学习瘦西湖景区的“第三卫生间”改造案例样板。加强旅游品牌日常管理。开展A级旅游景区、乡村旅游区评定性复核，对盂城驿、吴道台宅第等景区通过暗访提出整改要求，对暗访不达标的1家四星级乡村旅游区和3家三星级乡村旅游区进行摘牌处理。推进旅行社建设。市旅游局联合市财政局推动江苏邮驿国际旅行社有限公司、江苏国都之旅国际旅游有限公司争取2017年度旅行社综合排名奖励资金，指导扬州舜天国际旅行社、宝应西湖旅行社创建江苏省四星级旅行社，支持扬州东方假日旅行社、小秦淮国际旅行社申请组团出境游资质。　（黄晓宇）

■旅游市场监管　全年开展旅游市场综合检查8次，举办安全、业务培训3次，旅行社行政服务事项139项（其中旅行社设立7家、分社备案7家、服务网点备案34家）。

综合治理形成监管新模式。成立市旅游警察支队，加强景区周边旅游乱象治理。联合涉旅部门常态化开展“五黑”（黑车、黑导游、黑旅行社、黑店、黑点）、不合理低价游等专项整治，对扬州迎宾馆等15家国资宾馆服务质量进行评价，树立服务标杆，引领全社会酒店服务水平提升。实行旅游旺季和节假日价格政策提醒，对价格违规行为严肃查处。建立假日联动值班制度。与中共扬州市委、扬州市政府总值班室联动建立旅游旺季值班制度，做好游客服务，提升旅游咨询、求助、投诉快速响应能力，处置舆情反应和游客投诉事件。健全投诉受理联动机制。“12345”政府服务热线作为接受游客咨询、投诉和救助的主平台，24小时值班、15秒内接听应答。建立先行赔付制度。在不违反法律禁止性规定的情况下，对符合条件的涉旅纠纷给予先行赔付，打造放心消费旅游市场。加强旅游市场综合整治。开展旅游市场秩序综合整治“四季行动”（春季行动，暑期整顿，秋、冬会战），对出境游市场中“不合理低价”“虚假宣传”“超范围经营”“挂靠承包”等违法违规行为进行查处，定期公布曝光违法违规典型案件，建立健全针对出境游市场管控机制。开展包车客运市场专项整治，对瘦西湖北门、大明寺、个园、何园、东关古渡等主要包车集散区域进行检查，通过责令整改、扣押车辆、行政处罚等方式，整顿包车客运市场秩序。做实旅游安全。市旅游局重点加强在节前活动、节假日期间的旅游安全预警和监管力度，联合相关部门开展旅游安全专项检查活动，联合市综治办开展“平安旅游”创建活动，联合蜀冈—瘦西湖风景名胜区管委会开展旅游突发事件应急演练活动，联合市食药监局召开食品安全现场会。全年累计下发、转发安全文件90份，各地开展旅游安全专题培训讲座近10场次，联合质监、消防、食药监等部门出动检查人员近300人次，对各辖区企业进行检查，提出隐患整改50多处，全市旅游行业未发生安全责任事故。

开展旅游企业约谈。对重点督查投诉案件、出现旅游服务质量投诉的旅游企业法定代表人进行约谈，强化质量监管，减少纠纷、违规的发生。实行提醒警诫制度。向旅游企业发放旅游监督卡，全年发放监督卡26张，其中提醒卡20张（旅行社11张，景区5张，酒店2张，餐饮1张，交通1张）、警诫卡7张（旅行社7张）。推进诚信旅游品牌创建。联合市放心消费创建办、市信用办、市工商局等单位推进省级诚信旅游示范单位的创建；厦门、鼓浪屿、土楼双飞四日游（扬州中国国际旅行社），泰国曼谷、芭提雅六日游（扬州市中国旅行社有限责任公司），青岛、海阳三日游（江苏邮驿国际旅行社有限公司），重庆、三峡、武汉单飞单动六日游（江都中原国际旅行社有限公司）等获“2016年度江苏省诚信旅游示范线路”；瘦西湖风景区管理处（瘦西湖风景区）和个园管理处（个园）等获评“2016年度江苏省诚信旅游景区”，扬州云鹤金陵大饭店有限公司（云鹤金陵大饭店）和扬州西园实业发展有限公司（西园饭店）等获评“2016年度江苏省诚信旅游饭店”，扬州漆器厂旅游商品部获评“2016年度江苏省旅游购物诚信商店”，扬州四八六运营管理有限公司（486非遗集聚区）获评“2016年度江苏省旅游购物诚信街区”，扬州市旅游集散中心有限公司获评“2016年度江苏省诚信旅行社”。（黄晓宇）

2017年扬州市五星级饭店

扬州迎宾馆
扬州云鹤金陵大饭店
江苏汇金国际酒店
扬州西园饭店（黄晓宇）

2017年扬州市四星级饭店

扬州新世纪大酒店
扬州京华大酒店
扬州花园国际大酒店
淮左名都国际大酒店
仪征市黎明大酒店
仪征怡景半岛酒店
高邮加洲阳光大酒店
高邮华侨国际大酒店
扬州皇华国际大酒店
扬州空港宾馆
扬州蓝天大厦玉蜻蜓雅致酒店
扬州辰茂京江大酒店（黄晓宇）

2017年扬州市出境旅行社

扬州中国国际旅行社
扬州市中国旅行社有限责任公司
扬州中国青年旅行社有限公司
江苏邮驿国际旅行社有限公司
扬州市开元国际旅行社有限公司
哥伦布极限旅行江苏有限公司
扬州市旅游集散中心有限公司
扬州东方假日旅行社有限责任公司
扬州小秦淮国际旅行社有限公司
扬州舜天国际旅行社有限公司
（黄晓宇）

2017年扬州市五星级旅行社

扬州中国青年旅行社有限公司
（黄晓宇）

2017年扬州市四星级旅行社

扬州中国国际旅行社
扬州市中国旅行社有限责任公司
江苏邮驿国际旅行社有限公司
扬州市开元国际旅行社有限公司
哥伦布极限旅行江苏有限公司
扬州市旅游集散中心有限公司
扬州小秦淮国际旅行社有限公司
扬州舜天国际旅行社有限公司
（黄晓宇）

■**导游队伍建设** 至2017年底，全市注册电子导游3171人。其中，高级导游员36人、中级导游员186人、初级导游员2949人；普通话导游员2949人、粤语2人，外语导游员223人（英语207人、日语7人、朝鲜语4人、德语2人、法语2人、俄语1人）。2月27日至3月1日，在第三届全国导游大赛江苏选拔赛中，瘦西湖风景区管理处夏良萍和张建导游大师工作室郭程被省旅游局评为“江苏省优秀导游员”。4月8—9日，市旅游局举办2期导游员岗前培训班，培训人数232人，发放“扬州市导游员岗前培训合格证书”。组织全市中高级导游参加国家旅游局实施的“云课堂”研修项目，3000多名导游会员参加培训考试。依托市导游协会平台开展新导游人才培养，召开新导游和旅行社见面会，搭建供需平台，开展以老带新活动10多次。10月30日，江都中原旅行社、旅游英才第一期培育对象姚龙海列入国家旅游局2017年度万名旅游英才计划——“金牌导游”培育项目。12月12日，在江苏省旅游培训微课竞赛中，扬州市旅游商贸学校沈海军的“淮扬名小吃烫干丝制作”获一等奖，市旅游局获“优秀组织奖”。瘦西湖导游服务部被中华全国妇女联合会评为“全国巾帼文明岗”。个园导游班被确认为省级青年文明号；导游班工会小组被评为江苏省住房和城乡建设系统模范职工小家。12月15日，个园陈思月获第三届“海上丝绸之路”国家导游（讲解）员邀请赛银奖。（黄晓宇）

■**文明旅游** 市旅游局招募、培训旅游志愿者，组织开展元旦、清明、“五一”、端午、国庆假期志愿服务。至2017年底，达成志愿服务合作的团体、组织5个，登记在册扬州旅游志愿者658人，由导游、大学生、医生、律师、国企员工、自由职业者等组成。

构建全域旅游志愿服务机制。市旅游局联合市文明办制定《扬州旅游志愿服务工作方案》，全市范围内设立9个志愿者服务站，19个旅游志愿服务点于国家法定节假日及旅游旺季开展旅游志愿服务。旅游志愿服务从市区主要景点延伸至马可波罗花世界等新景区和县（市、区）主要景区，实现旅游志愿服务全域动员和全域覆盖，中国文明网等国家级媒体进行专题报道。宣传引导文明旅游。旅游旺季及节假日前，通过市旅游局官网及市旅游新闻频道发布出游温馨提示，提醒游客及旅游经营者创造文明、和谐旅游环境。4月15—16日，市旅游局对市区240名人力旅游观光三轮车夫进行《旅游知识与礼仪文化》和《坐三轮游古城》培训。2017年，广陵区旅游志愿者队伍被国家旅游局评为“中国旅游志愿服务先锋”。9月29日，扬州花园国际大酒店餐饮部餐厅组被省旅游局和团省委授予“2015—2016年度旅游行业江苏省青年文明号”；扬州中国国际旅行社被国家旅游局和共青团中央联合授予“全国青年文明号”。
（黄晓宇）

房地产业

Fangdichangye

编　辑　徐国磊

综述

■概况　2017年，扬州市政府出台《关于进一步促进市区房地产市场平稳健康发展的通知》《关于进一步加强市区房地产市场调控工作的通知》，从土地供给、价格控制、交易管理等方面加强管控，加大市场供应，保障刚性需求，稳定市场预期。坚持“房子是用来住的，不是用来炒的”的战略定位，建立租购并举的住房制度，建设扬州市住房公共租赁平台。严密监控市场质态，强化市场监督与检查。

全年全市完成房地产开发投资443.58亿元，实现商品房销售833.68万平方米。其中，市区（不含江都区，下同）商品住宅成交319.41万平方米2.79万套，成交价格保持稳定，去化周期5.5个月，基本处于合理区间。市区二手房成交面积266.21万平方米，比上年增长21.37%，其中二手住宅成交面积250.88万平方米，增长42.69%。

（方　观）

■房屋产权和交易管理　市房屋产权和交易管理中心办理各类房屋交易备案业务12.8万件，累计提供上门服务100余次，办结率100%。推进“放管服”改革工作，全面整合业务系统，实现“3550”中5个工作日办结不动产权证书的目标任务。

（方　观）

■住房贷款担保服务　市住房贷款担保服务中心根据不动产统一登记改革精神，配合完成房屋产权和交易管理业务整合工作，做好各项担保业务。全年办理住房贷款担保业务5878笔、担保金额29.19亿元，办理二手房交易资金托管业务1.35万笔、托管金额108.5亿元。（方　观）

■房产信息化管理　全面启动房屋全生命周期管理基础信息调查，以房产GIS平台为依托，建立多源调查成果数据库，为实现“以图管房”，构建“智慧房产”，促进信息资源共享等奠定基础。建立“双随机”抽查管理系统。建立微信公众号“扬州市房地产信息网”，方便市民及时了解楼盘的销售信息。（方　观）

■房产测绘管理　2017年，市房地产测绘中心完成各类测绘业务877笔，总测绘面积约1246.9万平方米。定期召开测绘质量分析会议和业务服务承诺时限兑现会议，建立2015版ISO9000质量管理体系，把控测绘质量。扬州市政府办公室印发《扬州市建设项目竣工阶段联合测绘工作实施方案》，推进联合测绘。

（方　观）

■房屋安全管理　2017年，市房屋安全鉴定中心完成各类房屋安全鉴定项目218件，预勘、鉴定面积18.45万平方米。坚持“安全第一、预防为主、综合治理”的原则，做好公房夏季查勘防汛工作和冬季拉网式排查工作，及时排除隐患，确保不发生责任性倒房伤人事故。市白蚁防治中心实施药物质量检测及新建预防工程质量抽检，开展新建预防质量抽检38次，对200多个项目进行回访复查。做好城市虫害防治精细化服务工作，对古树名木进行全面检查维护，对老城区改造白蚁防治全覆盖，全年对近20万平方米的老小区综合整治实施白蚁预防。（方　观）

房地产开发投资

■概况　2017年，全市有房地产开发企业458家，其中一级资质企业6

2017年扬州市房地产开发统计一览表

表22-1

开发投资				新开工面积				竣工面积			
房地产（亿元）	比上年（%）	住宅（亿元）	比上年（%）	房地产（万平方米）	比上年（%）	住宅（万平方米）	比上年（%）	房地产（万平方米）	比上年（%）	住宅（万平方米）	比上年（%）
443.58	8.14	280.15	-3.16	988.15	39.34	672.12	40.29	671.4	-8.26	468.14	-12.22

（方　观）

家、二级资质企业42家、暂定二级资质企业256家、三级资质企业2家、暂定三级资质企业141家、四级资质企业4家、暂定四级资质企业7家。全市完成房地产开发投资443.58亿元，比上年增长8.14%，其中商品住宅投资280.15亿元，下降3.16%。市区完成房地产开发投资274.72亿元，增长4.07%，其中商品住宅投资143.58亿元，下降12.02%。江都区完成房地产开发投资53.71亿元，增长3.57%，其中商品住宅44.34亿元，下降1.4%。全市房地产新开工面积988.15万平方米，增长39.34%，其中商品住宅672.12万平方米，增长40.29%。市区房地产新开工面积561.65万平方米，增长14.9%，其中商品住宅371.53万平方米，增长26.61%。江都区房地产新开工面积109.99万平方米，增长60.59%，其中商品住宅78.09万平方米，增长75.8%。（方　观）

房屋征收

■概况　完善《房屋征收和征地拆迁补偿环节操作规范》，制定“招标比选、三榜公示、两级会办、复核审计、全程留痕”的操作规范、实施细则、操作流程图，加强对房屋征收（拆迁）补偿环节关键节点的风险防控，规范房屋征收（拆迁）补偿安置工作。2017年，市区实施征收（拆迁）项目45个6537户，建筑面积189.95万平方米。江都区实施征收（拆迁）项目7个832户，建筑面积31.76万平方米。（方　观）

■棚户区改造　2017年，市区棚户区改造新开工7985套，基本建成8506套；江都区棚户区改造新开工1986套，基本建成2035套。研究制定市区2018年度棚户区改造计划及2018—2020三年棚户区改造规划。（方　观）

■超腾仓期安置　2017年，市区完成超腾仓期安置任务7352套，按套数完成率111.75%。江都区完成超腾仓期安置任务1892套，按套数完成率100%。（方　观）

■拆迁安置货币化　2017年，市区实施集体土地上房屋拆迁项目38个，按政策安置选择货币化安置的被拆迁人，签约选择货币化安置5009户。江都区实施集体土地上房屋拆迁项目7个，签约选择货币化安置665户。（方　观）

■规范行业管理　对市区从事房屋征收（拆迁）的房地产价格评估机构加强备案管理，审核公布《市区2017年度房屋征收（拆迁）评估机构名录》。举办2期培训班，对市区33家房屋征收（拆迁）服务机构、18家房屋征收（拆迁）评估机构从业人员进行岗位培训。（方　观）

商品房销售

■市场供应　2017年，全市批准商品房预售面积721.64万平方米，增长41.93%，其中商品住宅批准预售面积624.74万平方米，增长39.63%。市区批准商品房预售面积369.5万平方米，增长36.48%，其中商品住宅预售面积303.96万平方米，增长32.36%。江都区批准商品房预售面积128.39万平方米，增长125.28%，其中商品住宅预售面积121.3万平方米，增长132.2%。全市商品房累计可售面积608.32万平方米，下降0.44%，其中商品住宅可售

2017年扬州市区销售面积前10名房地产项目一览表

表22-2

排名	项目名称	开发企业	销售面积（万平方米）
1	新城吾悦花园	扬州新城悦盛房地产发展有限公司	13.70
2	星领地花园	扬州联成置业有限公司	13.27
3	悦荣华府	扬州骏安置业有限公司	12.83
4	盛城世家	扬州盛城置业有限公司	10.60
5	运河丹堤花园二期	扬州中海宏洋置业有限公司	8.79
6	蓝湾国际名邸	恒通建设集团有限公司	8.52
7	君悦蓝庭二期	扬州华亨房地产开发有限公司	8.15
8	吾优花园	扬州融辉置业有限公司	7.58
9	扬州万达茂广场	扬州万达广场置业有限公司	7.33
10	酩悦城	金地集团扬州置业发展有限公司	7.13

（方　观）

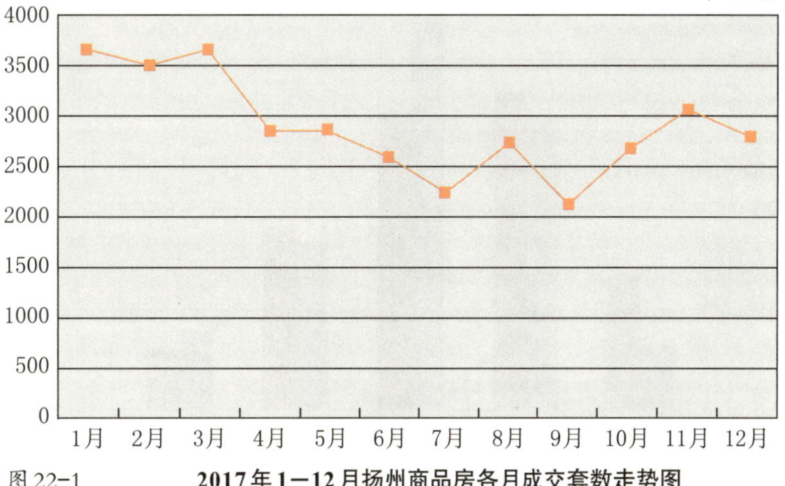

图22-1　**2017年1—12月扬州商品房各月成交套数走势图**

（房天下）

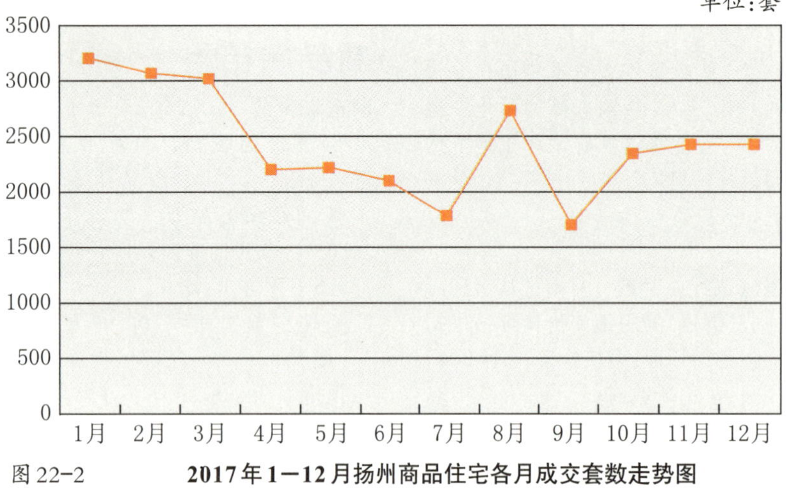

图 22-2　**2017年1—12月扬州商品住宅各月成交套数走势图**

（房天下）

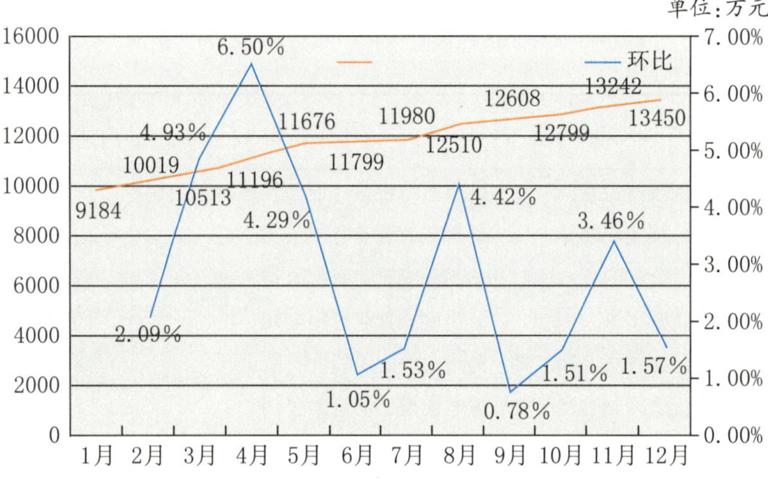

图 22-3　**2017年扬州市二手房均价环比走势图**

（房天下）

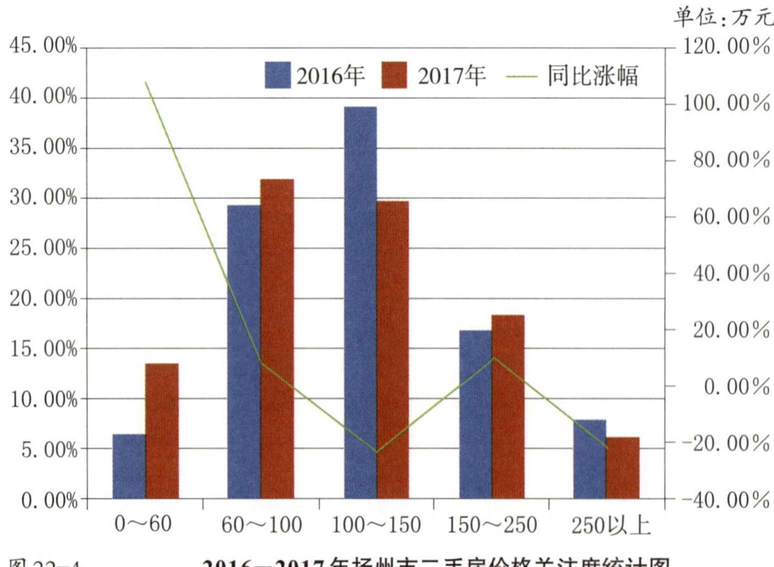

图 22-4　**2016—2017年扬州市二手房价格关注度统计图**

（房天下）

面积361.9万平方米，下降10.97%。市区商品房累计可售面积295.89万平方米，增长28.3%，其中商品住宅可售面积147.3万平方米，增长24.69%。江都区商品房累计可售面积61.09万平方米，下降4.62%，其中商品住宅可售面积39.63万平方米，下降2.81%。（方　观）

■**市场成交**　2017年，全市商品房合同成交面积833.68万平方米，增长14.41%，其中商品住宅合同成交面积739.29万平方米，增长14.63%。市区商品房合同成交面积381.03万平方米，增长0.27%，其中商品住宅合同成交面积319.41万平方米，下降1.79%。江都区商品房合同成交面积130.63万平方米，增长53.5%，其中商品住宅合同成交面积121.9万平方米，增长56.56%。

（方　观）

二手房市场

■**概况**　全年办理各类房屋交易备案业务12.8万件，增长28%。其中，楼盘表建立1203件，转移备案5.78万件，抵押备案8226件，按揭备案1.94万件，存量房资金托管1.67万件。市区（不含江都区、邗江区）二手房成交面积266.21万平方米，增长21.37%，其中二手住宅成交面积250.88万平方米，增长42.69%。办理二手房交易资金托管业务1.35万笔、托管金额108.5亿元。（方　观）

■**扬州二手房价格**　2017年，二手房（住宅）挂牌均价持续上涨，从环比数据来看，2月环比上涨2.09%，4月环比上涨6.50%，6月环比下降1.05%，8月环比上涨4.42%，在之后的9月涨幅下降0.78%以下。

（房天下）

■**扬州二手房价格关注度**　与上年相比，二手房各价格区间关注度变化较大。从各价格区间来看，2017年关注度从大到小依次为60万～100万元、100万～150万元、150万～250万元、250万元以上。（房天下）

■**扬州二手房商圈关注度** 二手房前10名商圈，新增文昌阁商圈，城北乡商圈排名在前10名之外。从名次来看，2016年与2017年京华城商圈和万达广场商圈均占据榜单的前3名。2017年扬州二手房商圈关注度前十名为京华城、瘦西湖、万达广场、曲江花园、东关古渡、大润发邗江店、广陵产业园、文昌阁、城北乡、扬州大学城。 （房天下）

■**扬州二手房楼盘关注度** 与上年相比，奥都花城、百祥园、保集半岛、崇文苑、碧水栖庭、春江花园、翠柳苑7个楼盘继续位于榜单之内，3个楼盘发生变化。2017年扬州二手房楼盘关注度前十名为奥都花城、百祥园、宝带新村、保集半岛、碧水栖庭、财富广场、崇文苑、春江花园、翠岗新村、翠柳苑。 （房天下）

物业管理

■**概况** 扬州市政府以规范性文件形式转发《省政府办公厅关于提升社区物业服务水平促进现代服务业发展的指导意见》；出台《关于明确市区住宅物业服务收费有关事项的通知》；出台市区电梯、消防设施设备专项维修资金制度；起草《扬州市区物业服务企业信用信息管理试行办法》，推进物业管理规范化、标准化、智慧化。2017年，市区新增市场化物业服务499.31万平方米，实现基本物业服务全覆盖。推行物业管理服务标准化，开展示范项目创建活动，增强优秀项目辐射带动作用，全年创成省级物业管理示范项目7个、市级示范项目21个。加强行业职业培训，在江苏省住建厅、人社厅、总工会举办的物业行业知识竞赛中获团体第一、个人前三名。 （方 观）

■**老小区综合整治** 2017年，市区实施老小区综合整治61万平方米，惠及居民6000余户1.9万余人。江都区实施老小区综合整治11万平方米，惠及居民1000余户2000余人。坚持推动属地化管理，市、区两级职责分工明确，形成市房管部门指导行业管理、各区政府属地负责、街道（乡镇）具体组织、职能部门密切配合的工作体制。荷花池小区和翠岗小区被列为“适老住区省级试点示范项目”。 （方 观）

翠岗小区 李斯尔/摄

■**行业服务管理水平提升** 组织开展省市级物业管理示范项目申报，金天城大厦、中集紫金文昌等7个项目获“2016年度江苏省省级示范物业管理项目”称号，揽月豪庭、中海玺园等21个项目获市级示范物业管理项目称号。对物业管理开展“双随机”检查，组织各县（市、区）对辖区内市场化住宅项目进行抽查，抽查率41%。对16家企业进行专项抽查。委托第三方公司开展行业专项调查，客观评价物业企业生存发展现状并提出有针对性的建议。举办物业从业人员、项目经理、街道社区物业工作人员、业委会成员等培训，培训人员400多人。鼓励物业企业开展岗位技能培训，提高员工的服务技能。 （方 观）

■**公有住房管理** 开展公房查勘和监管工作，推动实现直管公房管理的长期良性运作。组织2015年度、2016年度市区公共租赁住房公开摇号配租活动，其中2015年度符合申请条件的492户家庭、2016年度符合申请条件的510户家庭均通过公开、公平、公正的摇号配租方式，解决住房困难。注重文保房的修缮保护工作，完成廖可亭盐商住宅、汪氏小苑等修缮工程。按照“原地修缮为主、异地搬迁为辅”的解危模式，有序推进公房解危工作，市区实施直管公房解危3.52万平方米，惠及657户。 （方 观）

■**省级示范物业管理项目** 在江苏省住房和城乡建设厅举办的“江苏省省级示范物业管理项目”评选中，扬州市帝景蓝湾（江苏恒通不动产物业服务有限公司扬州市江都区分公司）、东方运河名城（扬州银湖物业管理服务有限公司）、品尊国际（扬州虎豹物业服务有限公司）、锦苑世家［中信泰富（上海）物业管理有限公司扬州分公司］、名门一品（江苏新能源物业服务有限公司）、中宸·御龙湾（扬州爱涛物业管理有限公司）等6个居住物业项目和商城国际大厦（扬州市扬子江投资发展集团现代物业管理有限公司）1个公共物业项目获2017年度江苏省省级示范物业管理项目。

评选活动根据《江苏省省级示范物业管理项目服务质量评价标准》要求，随机抽选全省专家评委，经过现场定性评价和定量打分，评选出江苏省49个公共物业项目和83个居住物业项目荣获“江苏省省级示范物业管理项目”称号。 （方 观）

住房公积金管理

■概况 2017年，全市新增住房公积金归集单位1191个，增加106个，增长9.8%。其中人数10人以上的新增单位数347个，占全部新增单位数29.1%；100人以上的新增单位数30个，占全部新增单位数2.5%。新增归集人数6.69万人，其中城区（含市直、驻扬单位、广陵区、扬州经济技术开发区、扬州化工园区、蜀冈—瘦西湖风景名胜区、生态科技新城）3.24万人、邗江9678人、江都7073人、仪征6192万人、宝应6161万人、高邮5043万人、仪化95人、油田250人。全市非公企业新增扩面5.39万人，占扩面总数80.6%。至年末，全市有76.27万人开户缴存住房公积金，增加2.2万人，其中正常缴存50.21万人，封存26.05万人。

全年全市归集住房公积金64.55亿元，增长12.0%，其中12月份归集住房公积金5.81亿元，创单月归集额和年度归集额历史新高。全市累计归集住房公积金459.24亿元，增加67.0亿元（含结息）、增长17.1%；全市归集余额为180.47亿元，增加14.54亿元。2017年，全市21.89万人次提取住房公积金52.46亿元，提取总额增加10.73亿元、增长25.7%，平均每笔提取2.39万元，增加0.3万元，其中11月份全市提取住房公积金5.44亿元，为全年单月提取额最高，12月末全市当期提取比率81.3%。全市累计提取住房公积金278.77亿元，增加52.45亿元，增长23.2%。2017年，全市向1.39万户家庭发放公积金贷款35.65亿元，减少13.15亿元，下降27.0%。全市全年平均每户贷款25.6万元，减少5.3万元。全年单月放贷额最高为1月、5.89亿元，创造新的单月贷款纪录。截至2017年底，全市累计向15.47万户家庭发放贷款340.68亿元，贷款余额190.0亿元，增加11.93亿元。全市住房公积金平均个贷比率105.3%，下降2个百分点。2017年住房公积金贷款职工中，低收入群体占34.7%，中等收入群体占59.8%，高收入群体占5.5%。6月，启用全国公积金异地转移接续平台，处理转移业务750笔；7月1日，新一代住房公积金业务管理系统上线运行；广陵管理部挂牌，国庆路业务网点对外服务。 （杨粉梅）

2017年扬州市住房公积金归集情况表

表22-3

地 区	当年归集额（万元）	增幅（%）	累计归集额（万元）	增幅（%）	归集余额（万元）	增幅（%）
合 计	**645452**	**12.0**	**4592425**	**17.1**	**1804704**	**8.8**
城 区	293776	15.4	1997441	18.0	783508	10.5
邗 江	59930	12.4	372473	20.0	160934	12.8
江 都	72004	14.5	486189	18.2	215079	11.0
宝 应	49346	11.0	338142	17.8	124593	9.6
仪 征	75212	8.2	503199	18.3	197045	7.3
高 邮	45263	11.9	304518	18.2	121072	8.5
仪征化纤	20374	-2.1	231598	10.3	81102	-5.3
江苏油田	29547	-3.2	358865	9.6	121370	1.7

（杨粉梅）

■公积金缴存 2017年，扬州市缴存职工人数在5人及以下的新开户单位占62%，住房公积金制度向小微型企业强化覆盖，小微型企业建制成为扬州市制度扩面工作的主导。市住房公积金管理中心与市人社局、市财政局等部门发布年度基数调整文件，直属管理部调整基数28.89万人次，

2017年扬州市住房公积金使用情况表

表22-4

地 区	当年提取额（万元）	增幅(%)	累计提取额（万元）	增幅（%）	当年贷款额（万元）	增幅（%）	累计贷款额（万元）	年末贷款余额(万元)
合 计	**524585**	**25.7**	**2787722**	**23.2**	**356508**	**-27.0**	**3406837**	**1900105**
城 区	229579	32.7	1213933	23.3	149423	-36.3	1597877	887046
邗 江	43824	30.7	211539	26.1	37913	-12.9	278994	171749
江 都	53555	20.4	271111	24.6	39395	-14.9	357598	195633
宝 应	40139	4.5	213549	23.1	29114	-29.2	275512	148851
仪 征	64562	24.4	306154	26.7	35323	-48.9	392793	238365
高 邮	22608	34.8	183445	25.6	36011	30.9	240548	123619
仪征化纤	18411	14.4	150495	21.0	15161	13.6	124091	64576
江苏油田	23128	16.1	237495	14.1	14169	12.4	139425	70266

（杨粉梅）

2017年扬州市住房公积金制度扩面情况表

表22-5

类　别	缴存单位数	占比(%)		地　区	机关、事业、国企		非公企业	
					人数	占比(%)	人数	占比(%)
合　计	**66871**		区域分类扩面	城　区	6165	19.04	26214	80.96
国家机关、事业单位	7569	11.32		邗　江	1074	11.10	8604	88.90
国有企业	4045	6.05		江　都	1429	20.21	5644	79.79
城镇集体企业	23987	35.87		宝　应	2292	37.21	3869	62.79
外商投资企业	4032	6.03		仪　征	942	15.21	5250	84.79
城镇私营企业及其他城镇企业	11870	17.75		高　邮	1090	21.62	3953	78.38
民办非企业单位、社会团体	1731	2.59		**合　计**	**12992**	**19.67**	**53879**	**80.33**
其他	13635	20.39						

（杨粉梅）

全系统缴存率98.3%。明确对低于最低缴存水平的不予开户缴存，从信息系统上加以控制，杜绝“低门槛”缴存现象，有效提升缴存水平。（杨粉梅）

■公积金贷款发放　2017年，扬州楼市以稳房价、去库存为主。由于国家房地产调控以及公积金等信贷组合政策调整的影响，扬州市公积金贷款申请发放量从高位持续向下走低，全年贷款发放量比上年大幅下降，资金紧张状态和积压贷款消化得到有效缓解。随着公积金贷款政策调整，单笔贷款支持力度也有所减弱，全年平均户贷金额25.6万元，减少5.3万元。至年末，全市住房公积金个贷逾期率0.1‰，资金总体安全，风险可防可控。（杨粉梅）

■公积金提取使用　2017年，全市住房公积金累计提取21.89万人次52.46亿元，增加10.73亿元，增长25.7%，平均每人提取2.39万元，其中11月份全市提取住房公积金5.44亿元，为全年单月提取额最高。全市住房消费提取占住房公积金提取总额79.2%，其中还贷占44.9%，占比略有下降；购房提取和离退休提取有所上升。住房消费和退休提取占比90.9%，其他合计占比9.1%。其他非住房消费提取1.60万笔1.42亿元，为部分职工解决生活困难、应对家庭变故提供支撑。（杨粉梅）

2017年扬州市住房公积金贷款发放情况表

表22-6

	月　份	一季度	二季度	三季度	四季度
户数(户)	**合　计**	**4367**	**3855**	**2599**	**2708**
	商品房	3115	2328	1588	1458
	存量房	1234	1511	999	1237
	置　换	0	0	0	0
	其　他	18	16	12	13
金额万元	月　份	一季度	二季度	三季度	四季度
	合　计	**127205**	**93043**	**59843**	**62343**
	商品房	92660	57590	37342	33895
	存量房	34148	35149	22268	28189
	置　换	0	0	0	0
	其　他	397	304	233	259

注：不含江苏油田　（杨粉梅）

2017年扬州市住房公积金提取情况表

表22-7

类　别	笔数(笔)	金额(万元)	占比(%)
住房消费提取	167633	415449	79.2
其中：购买、建造、翻建、大修自住住房	25522	176776	33.7
偿还购房贷款本息	135945	235526	44.9
租赁住房	3339	3147	0.6
其他住房消费提取（物业费）	2827	525	0.1
离休、退休	10256	61373	11.7
完全丧失劳动能力，并与单位终止劳动关系	22384	27801	5.3
户口迁出本市或出境定居	2667	5770	1.1
其他非住房消费提取	15983	14163	2.7
合　计	**218923**	**524558**	

（杨粉梅）

■住房公积金业务收支及增值收益 2017年，全市住房公积金实现业务收入6.76亿元，其中存款利息收入5826万元、委托贷款利息收入5.65亿元、贴息贷款利息收入4742万元、其他业务收入482万元，资金运作保持较高水平。全市发生业务支出3.97亿元，其中住房公积金利息2.81亿元、归集手续费用1660万元、委托贷款手续费2124万元、贴息贷款利息6473万元、其他1427万元，各项业务支出均经市住房公积金管委会和市财政部门审核批准。全市住房公积金增值收益率1.6%，比上年提高0.06个百分点。（杨粉梅）

■住房公积金支持廉租住房建设 2017年全市合计提取廉租房建设补充资金6690万元，增加1189万元，增长21.6%。其中，城区2760万元、仪征844万元、江都686万元、邗江471万元、宝应351万元、高邮351万元、仪化120万元、油田1107万元。至年末，全市累计提取廉租房建设补充资金6.05亿元，增加0.67亿元，增长12.5%。（杨粉梅）

■住房公积金基数和缴存比例调整 经扬州市政府批准，扬州市区（含市直、驻扬单位、广陵区、扬州经济技术开发区、扬州化工园区、蜀冈—瘦西湖风景名胜区、生态科技新城）住房公积金基数调整。缴存住房公积金的月工资基数，按职工本人2016年度月平均工资收入（工资总额）核定。月缴存基数最低不低于扬州市区社会保险月缴纳基数1770元，最高不超过1.8万元。1998年12月1日后参加工作的新职工，逐月住房补贴的缴存基数与住房公积金的缴存基数相同。2017年1月1日以后新参加工作的职工，以该职工参加工作后第二个月的工资收入计算其缴存住房公积金的月平均工资。（杨粉梅）

市住房公积金服务大厅　　杨粉梅/摄

■住房公积金政策调整 2017年，个贷比超过100%的部分分中心、管理部执行贷款紧缩政策，住房公积金贷款首付比例由20%统一上调为30%；职工提取额加住房公积金贷款额不超过房价的70%；个贷比达到或超过95%的地区，最高额度不超过全市住房公积金贷款上限的70%；职工第二次申请住房公积金贷款的，额度减半发放，暂停向购买第三套住房（首次贷款除外）或第三次（含以上）申请贷款的职工发放住房公积金贷款；夫妻双方中有一方在本市行政区域外缴存住房公积金的，不合并计算贷款额度；夫妻双方中有一方有过住房公积金贷款记录的，累计计算贷款次数。2017年12月1日起执行提取住房公积金还商业贷款的新政策，明确除了原有一年一次提取公积金转账偿还商业贷款本金这种方式外，职工可以选择提取本人、配偶、拥有房屋所有权的职工直系亲属（父母、子女）的公积金用于归还商业性住房贷款本息，但是当期提取总额（含职工本人、配偶及符合条件的直系亲属）不超过当期实际归还住房贷款的本息之和，一年最多可办理两次。（杨粉梅）

■“互联网+公积金” 2017年，市住房公积金中心建成新一代住房公积金业务管理系统。按照住建部住房公积金管理信息系统建设要求，自建中心网络平台，搭建集中统一、分层互联、安全高效的网络体系；重构和优化住房公积金各业务子系统的业务处理模式，建立规范的业务管理体系、有效的住房公积金监管体系、科学的分析决策体系。7月1日，系统正式上线运行。建设公积金综合服务平台。建成集“12329”客服热线、“12329”短信平台、门户网站、微信公众号、网上营业厅、官方网站、手机APP、自助终端八位一体的服务体系，承载业务查询、业务办理、信息发布和互动交流四项功能，满足缴存职工多层次、个性化服务需求。全年“12329”客服热线提供人工及自助语音服务18.3万人次，其中人工接听咨询电话7.2万个，接通率97.6%。中心门户网站受理网上在线咨询1440人次；“扬州公积金”微信公众号关注人数16万，发送推文10篇；网上营业厅试用近百家，覆盖缴存职工3万人。完成异地转移接续平台建设。6月，接入全国住房公积金异地转移接续平台，处理转移业务750笔。（杨粉梅）

金融业

Jinrongye

编 辑 贾丽琴

综述

■概况 2017年，全市实现金融业增加值269.42亿元，比上年增长9.6%，增幅高于地区生产总值1.6个百分点，低于服务业增加值增幅0.5个百分点，占地区生产总值、服务业增加值比重分别为5.32%、11.58%。全市社会融资规模增量(不含异地贷款净流入和异地信托贷款)738.3亿元，比上年增加184.87亿元。全市金融机构各项存款余额5811.97亿元、贷款余额4028.99亿元，分别较年初增加363.75亿元、502.63亿元，分别增长6.6%、14.25%，贷款首次突破4000亿元大关，余额存贷比首次接近70%，新增存贷比138%。全市保险保费收入158.15亿元，比上年增长6.59%；赔付金额24.62亿元，比上年增长5.59%。小贷公司转型发展成效显著，全年累计发放贷款112.34亿元，开办创新业务21.92亿元，直投及参与股权投资4.93亿元，年度纳税1.55亿元，泰和小贷在香港联合交易所创业板上市，金海科贷业务拓展至南京及苏南地区。

开展供给侧结构性改革中去杠杆工作，实现各类直接融资300.82亿元。其中，银行间市场债务融资工具21单127亿元，发改委系统企业债7单65.59亿元，证券市场公司债9单46.65亿元。推进上市挂牌工作，晨化股份、传艺科技、泰和小贷、虹扬电子等4家企业分别在创业板、中小板、港交所和台交所上市，瘦西湖等15家企业在“新三板”挂牌，28家企业实现股权融资31.58亿元。至年末，全市共有境内外上市公司17家，其中境内A股上市公司11家、境外上市公司6家。“新三板”挂牌企业68家。亚普汽车、倍加洁、扬瑞新材3家企业IPO(首次公开募股)排队，海昌新材、扬力集团、嘉和热系统、揽月科技4家企业IPO报省证监局辅导。动态保持市级上市挂牌后备企业80家以上，其中重点上市后备企业30家。备案新设股权投资机构及产业基金44只，资金规模68.39亿元。

开展互联网金融风险专项整治工作，加强民间投资理财机构日常监管、商事登记管理、进场检查、宣传引导等工作，民间投资理财机构风险逐步释放。推进防范和处置非法集资工作，加强宣传教育引导，加大打击力度，企业大额债务风险、联保互保风险稳步化解。不良贷款率1.25%，与全省平均水平持平。

鼓励金融机构创新产品，市财政局与10家银行机构合作开发小微特色贷款产品。联合财政、银行、小贷公司组建小微企业融资担保联盟，2017年累计发放小微企业贷款9.93亿元。至年末，全市小微企业贷款余额1486.9亿元，比年初增长12.49%。市金融办提请出台金融支持高端装备制造业发展意见，按季度通报制造业信贷情况，至年末全市制造业贷款余额559.54亿元，比上年增长6.2%(人民银行口径)，增幅超省均2.31个百分点。搭建综合金融服务平台，银监、财政牵头建设的“政税银”大数据服务平台一期发布上线，为征信系统与金融服务平台对接提供技术保障，国税、地税、工商、社保4家单位实现数据源对接，39家银行机构接入平台并收到近2000家企业查询授权，政府投资、基金、担保和风险缓释等扶持政策及产品在平台推广。组织融资对接服务活动，开展扬州产业人才金融合作、“新三板”联盟季度活动、直接债务融资政策宣讲等活动。

加大各类金融机构的对接和招引力度，民生银行、浙商银行、紫金农商银行等扬州分行开业，平安银行在扬选址筹建，新设民生证券等证券分支机构6家、保险分支机构1家。广陵区扬州金融集聚区、江都区月亮湾基金小镇、瘦西湖花都汇基金小镇规划建设。参与协调化解企业债务风险，扬安集团、天宇集团、玛切嘉利、龙川钢管、中机环建、金陵饭店、弘盛集团、润扬交通等单位债务风险得到稳控，仪建集团债务风险实现平滑。 (金融办)

■票据市场 2017年末，全市人民币票据融资余额209.41亿元，比年初减少36.85亿元，比上年少增80.73亿元，余额比上年下降14.96%，增速比上年末下降37.09个百分点。 (和树贺)

■证券业务 2017年末，全市有29家证券公司41个证券营业部，共开设资金账户62.65万户，按可比口径比上年增加6.35万户，增长11.27%；保证金余额25.73亿元，比上年减少9.99亿元，增速比上年下降7.96%。全年净流入股市资金15.02亿元，比上年增加10.88亿元。全年累计完成证券交易额1.17万亿元，比上年减少19.21亿元，增速比上年下降0.16%。其中股票交易额8510.68亿元，比上年减少830亿元，增速比上年下降8.89%。

（赵晓红）

■保险业务 截至2017年末，全市有64家保险机构，其中财险公司25家，寿险公司39家。全年实现保费收入158.15亿元，增长6.59%，增速下降13.87个百分点。其中，财产险保费收入35.02亿元，比上年增长4.77%；人身险保费收入123.12亿元，比上年增长7.12%。全年赔付金额24.62亿元，比上年增长5.59%。其中，财产险赔付21.08亿元，比上年增长3.17%；人身险赔付3.54亿元，比上年增长22.73%。（赵晓红）

■小额贷款公司 2017年，扬州市辖内有小额贷款公司64家，实收资本78.41亿元，年末贷款余额89.52亿元。其中，市区（含江都区）33家，实收资本49.99亿元，贷款余额61.19亿元；仪征市8家，实收资本7.74亿元，贷款余额8.00亿元；高邮市13家，实收资本13.81亿元，贷款余额14.35亿元；宝应县10家，实收资本6.87亿元，贷款余额5.97亿元。（杨 志）

银行业

■概况 2017年末，扬州市金融机构本外币存款余额5811.97亿元，比年初增加363.75亿元，余额比上年增长6.68%。其中，人民币存款余额5700.87亿元，比年初增加339.32亿元，余额比上年增长6.33%；外币存款余额17.00亿美元，比年初增加4.51亿美元，比上年增长36.09%。从人民币存款结构来看，非金融企业存款余额1818.87亿元，比年初增加65.42亿元，余额比上年增长3.41%。住户存款余额2664.64亿元，比年初增加103.53亿元，余额比上年增长4.05%。

2017年末，扬州市金融机构本外币贷款余额4028.99亿元，比年初增加502.63亿元，余额比上年增长14.25%。从贷款币种来看，人民币贷款余额4007.76亿元，比年初增加499.62亿元，余额比上年增长14.24%。外汇贷款余额3.65亿美元，比上年增长23.65%。从贷款期限结构看，短期贷款余额1423.48亿元，比年初增加76.29亿元，余额比上年增长5.65%。中长期贷款持续增加，中长期贷款余额2394.94亿元，比年初增加464.4亿元，余额比上年增长24.07%。（和树贺）

2017年扬州市全金融机构人民币信贷分地区资金运用情况表

表23-1　　单位：亿元

项目名称	全　市	市区（不含江都）	江都区	宝应县	仪征市	高邮市
资金运用总计	**5732.81**	**2980.21**	**1046.81**	**514.96**	**632.17**	**558.67**
一、各项贷款	**4007.76**	2305.47	612.59	328.11	402.88	358.71
（一）境内贷款	**4007.26**	2304.99	612.59	328.11	402.88	358.70
1. 住户贷款	**1456.80**	815.03	211.61	153.27	147.47	129.42
（1）短期贷款	**353.10**	150.89	68.98	36.65	65.17	31.41
消费贷款	**109.34**	60.58	13.48	9.79	17.10	8.40
经营贷款	**243.75**	90.31	55.50	26.86	48.07	23.01
（2）中长期贷款	**1103.70**	664.14	142.64	116.61	82.30	98.01
消费贷款	**1012.15**	615.31	128.91	110.63	66.65	90.64
经营贷款	**91.55**	48.83	13.72	5.98	15.65	7.36
2. 非金融企业及机关团体贷款	**2550.46**	1489.96	400.98	174.84	255.41	229.28
（1）短期贷款	**1051.53**	578.81	177.32	91.21	92.44	111.75
（2）中长期贷款	**1288.87**	777.21	183.94	67.68	156.62	103.41
（3）票据融资	**209.41**	133.41	39.71	15.94	6.23	14.11
（4）融资租赁	**0.00**	0.00	0.00	0.00	0.00	0.00
（5）各项垫款	**0.66**	0.54	0.10	0.00	0.12	0.00
3. 非银行业金融机构贷款	**0.00**	0.00	0.00	0.00	0.00	0.00
（二）境外贷款	**0.50**	0.48	0.01	0.00	0.000	0.01
二、债券投资	**139.90**	13.65	59.67	32.13	18.44	16.02
三、股权及其他投资	**33.05**	27.61	0.31	1.21	0.51	3.43
四、买入返售资产	**2.26**	0.00	2.26	0.00	0.00	0.00

续表 23-1

项目名称	全　市	市区（不含江都）	江都区	宝应县	仪征市	高邮市
五、存放非银行业金融机构款项	**0.00**	0.00	0.00	0.00	0.00	0.00
六、联行往来(净)	**1478.74**	594.15	361.75	146.03	202.85	173.97
其中:境内存放二级准备金	**152.34**	93.56	19.34	9.69	18.10	11.65
七、金银占款	**0.00**	0.00	0.00	0.00	0.00	0.00
八、外汇买卖	**0.00**	0.00	0.00	0.00	0.00	0.00
九、应收及预付款	**18.86**	4.76	5.40	2.99	2.50	3.21
十、投资性房地产	**0.03**	0.02	0.01	0.00	0.00	0.00
十一、固定资产	**52.20**	34.55	4.83	4.50	4.99	3.33

（和树贺）

2017年扬州市全金融机构人民币信贷分地区资金来源情况表

表 23-2　　单位:亿元

项目名称	全　市	市区（不含江都）	江都区	宝应县	仪征市	高邮市
资金来源总计	**5732.81**	**2980.21**	**1046.81**	**514.96**	**632.17**	**558.67**
一、各项存款	**5700.87**	2880.59	1050.47	527.20	649.94	592.68
(一)境内存款	**5696.14**	2876.66	1050.25	526.99	649.70	592.54
1. 住户存款	**2664.64**	1048.69	633.72	304.47	306.16	371.59
(1)活期存款	**739.23**	330.21	143.92	87.73	70.15	107.22
(2)定期及其他存款	**1925.41**	718.48	489.80	216.74	236.01	264.37
2. 非金融企业存款	**1818.87**	1160.34	245.74	115.37	186.84	110.59
(1)活期存款	**756.19**	429.07	124.54	62.47	82.80	57.31
(2)定期及其他存款	**1062.68**	731.27	121.20	52.90	104.03	53.28
3. 广义政府存款	**1189.91**	646.17	170.68	107.04	156.24	109.77
(1)财政性存款	**28.99**	12.47	3.76	4.31	3.83	4.62
(2)机关团体存款	**1160.92**	633.71	166.92	102.73	152.41	105.16
4. 非银行业金融机构存款	**22.72**	21.45	0.10	0.10	0.46	0.60
(二)境外存款	**4.73**	3.93	0.22	0.21	0.23	0.13
二、金融债券	**4.00**	4.00	0.00	0.00	0.00	0.00
三、卖出回购资产	**0.00**	0.00	0.00	0.00	0.00	0.00
四、借款及非银行业金融机构拆入	**0.00**	0.00	0.00	0.00	0.00	0.00
五、联行往来(净)	**0.00**	0.00	0.00	0.00	0.00	0.00
六、应付及暂收款	**124.64**	59.79	27.33	11.11	14.29	12.11
七、各项准备	**84.38**	45.41	12.81	6.90	10.69	8.56
八、所有者权益	**151.74**	49.47	38.66	19.37	26.06	20.98
其中:实收资本	**28.93**	10.54	6.70	3.70	4.67	3.31
九、其他	**-332.82**	-59.05	-82.47	-49.62	-68.82	-75.65

（和树贺）

银行业监督管理

■**概 况** 至2017年末，全市银行机构各项存款余额5784.17亿元，较年初增加362.62亿元，增长6.69%；各项贷款余额4028.95亿元，较年初增加501.52亿元，增长14.22%；实现净利润82.93亿元，比上年增加3.85亿元，增长4.87%。不良贷款余额50.31亿元，不良贷款率1.25%，与全省平均水平持平。资产负债回归本源效果显现，贷款业务占比上升。至年末，辖内银行机构各项贷款在资产中的占比为63.08%，较年初提高3.81百分点，自4月以来首次超过非信贷资产增速，成为拉动银行资产业务增长的主要动力。同业业务增速趋缓。至年末，同业资产较年初增长15.06%，增速较三季度下降6.46个百分点；同业负债较年初下降6.64%。票据业务下降。贴现及买断式贴现业务余额209.42亿元，较年初下降36.99亿元。信贷结构稳步向好，制造业贷款恢复性增长。至年末，制造业贷款余额676.73亿元，较年初增加28.97亿元，增长4.47%，全年实现9个月环比正增长。制造业31个细分行业中，近一半行业贷款正增长。其中，汽车制造业、机械制造业、仪器仪表制造等行业贷款增速均接近或超过15%；钢铁、水泥、平板玻璃、电解铝、造船等五大高耗能高污染产能过剩行业表内外授信下降10.1%。至年末，辖内小微企业贷款余额1486.9亿元，较年初增加165.08亿元，增长12.49%，比上年多增14.15亿元。贷款中长期化趋势减弱。在房地产及规范政府融资等新政影响下，中长期贷款较年初增加463.91亿元，占全部新增贷款比重92.5%，比上年下降16.97个百分点。表外业务增势趋缓。担保类业务规模收缩。受资金价格上升等因素影响，企业结算方式调整，部分表外融资需求转表内，承兑汇票、保函较年初分别减少26.33亿元、17.43亿元。新型表外业务增速趋缓。受去通道、去杠杆政策影响，金融资产服务类余额较年初增长37.81%，增速比上年回落近10个百分点；托管资产增速回落8个百分点。（银监分局）

■**小微金融服务** 推进改善小微金融服务。采取按月监测、按季考核、定期通报、重点督导和监管约谈等措施，推动辖内银行机构加大小微企业金融服务力度。支持银行借助政府性担保和风险补偿机制，加大对小微企业创业创新支持力度。开展小微企业融资难、融资贵问题专项检查“回头看”工作，推动银行机构减少企业融资成本2.49亿元。2017年，辖内银行机构创新开发小微企业产品77个，新营销客户3526户，贷款90多亿元。至年末，辖内银行机构小微企业贷款余额1486.9亿元，比年初增加165.08亿元；小微企业贷款5.22万户，比上年增加3151户；小微企业贷款申贷获得率96.27%，比上年提高1.45个百分点。（银监分局）

■**“三农”金融服务** 推进改善“三农”金融服务。督促农村中小金融机构持续推进“村村通”工程，落实将基础金融服务从行政村全覆盖向自然村全覆盖延伸的要求；督促大型银行通过合理授权和联合调查会审等方式，提高县域客户信贷审批效率，提升县域金融服务能力。持续开展“三权”（农村土地承包经营权、农村居民房屋权、林权）抵押融资试点，至年末辖内5家法人农商行“三权”抵押贷款754户1.99亿元；探索开展大型农机具、农业生产设施抵押贷款业务，至年末辖内12家法人机构共创新农机贷、光伏贷等产品4个，新发放贷款1.07亿元；支持宝应农商行探索将“阳光信贷”升级为“阳光金融”，至年末预授信规模9.8万户102.08亿元；推动扬州农商行开办涉农风险担保基金支持新型农业经营主体，至年末该项业务授信14户546万元；江都农商行代理不动产抵押登记“一窗办结”服务，缩短抵押登记办结时间，提高抵押物状态查询效率。（银监分局）

■**改革转型** 印发《关于加快辖内农商行战略转型发展的通知》，要求法人农商行完善落实3～5年中长期转型发展规划。组织农商行和村镇银行赴苏南学习改革转型发展经验和微贷技术经验，组织农商行开展信息系统建设经验交流会，指导法人机构规范“三会”运作，指导2家农商行优化部门设置、建立标准化作业模式，提升信贷和运营精细化管理水平。定期向各县（市、区）政府报送农村中小金融机构改革发展情况专函，协调政府加大扶持力度；与7家村镇银行的主发起行、5家异地支行总行及相关属地监管部门建立经常性信息交换和监管联动机制，督促主发起行或总行规范履职、强化监督，落实村镇银行主发起行派驻风险合规负责人等要求。召开督查督办会议，要求中小银行机构降低存款水分，提高签发票据贸易背景真实性。（银监分局）

■**金融风险防控** 严肃查处违法违规行为，共对4家银行机构、3名高管实施7件行政处罚，罚款240万元，警告3人。强化信用风险管控。建立建筑业、船舶、房地产等重点行业监测制度及快速反应机制，“一企一策”指导银行机构采取稳贷、重组等处置措施。督促银行机构综合运用重组、转让、追偿、核销等手段，全力化解存量不良贷款；依托债委会、联合地方政府做好大额、行业授信风险客户的风险化解工作。至年末，辖内机构共处置不良贷款31.85亿元；全市银行业不良贷款余额50.31亿元，不良贷款率1.25%，与全省平均水平持平。建立机制深化债权人委员会工作。推动建立共享信息、共同会商、共同进退、共御风险的“四共”机制；明确支持实体经济、帮扶“三有”困难企业、推进信息共享、防范金融风险的四大目标。年内新组建单一客户债委会20家，授信余额174亿元；新组建集团债委会客户34家，授信余额641亿元；共组建债委会96户，授信余额1222.17亿元。累计为102家企业组建银行债权人委员会，涉及授信1288亿元。（银监分局）

■**“政税银”服务平台建成** 扬州市银监分局作为平台建设牵头单位，相

6月23日，扬州市"政税银"合作框架协议签约会举行　银监分局/供稿

继完成前期调研论证、签订合作框架协议、组建开发团队、合作开发建设等各项工作。至年末，全市40家银行机构接入平台展示服务品牌和信贷产品，国税、地税、工商等部门的企业征信信息相继导入，首批存量企业的授权和数据归集工作展开。

（银监分局）

■**特色产业主题系列银企对接活动** 扬州市银监分局联合各县（市、区）政府、市经信委、市科技局、市环保局等单位组织银企对接活动。2017年共举办3场支持科技创新型企业、进出口企业、高端装备制造企业的银企对接活动，6场"银企合作县（市、区）行"活动。辖内银行机构针对9场活动共安排6000多人次走访企业3000多户次，新投放企业436户67.64亿元。（银监分局）

■**扬州市银行业消费纠纷人民调解委员会成立** 为维护银行业金融机构及金融消费者的合法权益，扬州市银监分局成立扬州市银行业消费纠纷人民调解委员会，与扬州市司法局及律师事务所合作，选聘39名由律师和具备专业素质的银行从业人员组成调解员队伍，化解银行业矛盾纠纷。通过报刊、网络等渠道宣传介绍调委会工作内容、运行机制等，提升社会公众对第三方调解机制的认知度和接受度，引导银行业消费者借助调委会平台维护自身合法权益。

（银监分局）

中国人民银行扬州市中心支行

■**央行资金** 2017年，中国人民银行扬州市中心支行（以下简称"扬州中心支行"）完善常备借贷便利操作机制，提高常备借贷便利操作效率，向扬州农商行等4家法人机构提供12.69亿元流动性支持。加强准备金管理，落实存款准备金双平均法考核要求，对扬州农商行等9家法人机构实施现场检查。制定实施中央银行资金定向精准扶持计划，突出智能制造、绿色制造、高新技术企业、出口创汇企业，举办定向精准扶持授信协议签约仪式。全市累计办理再贴现43.61亿元，再贷款余额8.4亿元。

（陈佳佳）

■**货币政策执行** 引导辖区信贷总量合理适度增长，全市本外币各项贷款增加502.6亿元，余额比上年增长14.2%。落实宏观审慎政策，做好关键时点的信贷规模管控，法人机构广义信贷向稳健水平逐步回调，狭义信贷总量和节奏基本稳定。深化产融合作，提升制造业金融服务水平，推进制造业金融品牌建设年、企业信贷专员、"直通快办"等工作。制造业贷款扭转连续两年负增长态势，实现增长6.2%。深化农村金融改革创新，召开农房财产权抵押贷款推进会，推动试点地区健全风险分散与补偿机制，全年累计发放农房财产权抵押贷款1236.35万元。全年小微企业本外币贷款余额新增167.4亿元，余额增长18.1%，增速提高4.3个百分点。推动宝应县出台金融精准扶贫工作，通过产业化扶贫方式发放扶贫类贷款余额1.72亿元，惠及低收入农户1510户。

（唐　波）

■**利率政策执行** 推动村镇银行加强定价能力建设，完善利率定价系统。开展合格审慎评估，5家农商行全部通过年审，联合村镇银行成为基础成员并发行同业存单5000万元，3家村镇银行成为观察成员。依法合规、柔性管理，指导市级自律机制进行换届选举，推动成立县级自律机制。按照区别对待、放开局部的原则，部分放开村镇银行存款定价上限约束。持续做好利率统计、大额存单事前备案，规范披露实际执行利率。

（孙永安）

■**金融市场** 跟踪市场动态和法人机构市场交易，督促合规开展债券回购、同业拆借等业务，防止其频繁出现结算失败、高价融入资金等情况。以债券交易合规管理情况、杠杆及流动性情况、黄金市场业务备案等为重点，对江都农商行、高邮农商行开展现场检查，督促其合理规范开展金融市场业务。跟踪市场动态和上级行政策导向，做好法人机构发行二级资本债的沟通工作。出台《2017年非金融企业债务融资提速推进工作计划》，建立项目储备库。举办债务融资工具政策宣讲会、政策解读与产品推介会，推动债务融资工具转型发展。全年注册发行直接债务工资工具20单125亿元。（周　媛）

■**制造业金融品牌建设年活动** 确定重点示范项目104个，全年投放重点领域贷款235.2亿元。建立企业信贷专员制度，完善"直通快办"工作机制，组织并推动银行开展综合性、专题性银企对接129场，重点支持高性能电池、输变电装备、数控装备特色产业基地和再生纤维利用省级先进制造业基地。建立并实施《制造业信贷政策导向效果评估制度》。至年末，全市本外币制造业贷款余额559.54亿元，增长6.2%。（程秋君）

■住房金融宏观管理 落实扬州市政府《关于进一步促进市区房地产市场平稳健康发展的通知》，调整限购区域最低首付款比例。加强个人住房贷款、个人消费贷款行业自律管理和现场核查，出台《关于规范购房融资和加强个人消费贷款管理的通知》，重点整治个人消费贷款违规流入房地产市场等问题。以法人机构为重点，督促其回归本源、植根实体，全面压降房贷占比和增速。（许 鹏）

■"双创"金融服务 常态化宣传e贷网。2017年末，平台注册企业1586户，企业发布融资需求1369笔178.3亿元，对接1198笔165.7亿元。印发《关于进一步明确创业担保贷款相关政策助推"两创"的通知》，放宽创业担保贷款政策，明确市区经办银行、担保基金的运营管理机构、托管方式、代偿比例、财政性存款的配套比例等事项。全年累计发放创业担保贷款642笔7509万元。（田明弟）

■金融风险防控 完成《江苏省金融风险监测系统》"银行业"和"地方经济金融"两个模块的升级和开发工作，实现分机构、分地区、分类型和分性质的多维度汇总，建立"大金融"风险数据库，提升风险监测工作效能。加强重大风险点专题调研，对辖区建筑行业担保圈风险、大型企业、政府平台债务风险和操作风险案件进行专项排查。重点关注仪征仪建、宝应天宇、扬安、中机环建等大型建筑企业授信风险，并推动仪建建设集团有限公司金融债务风险稳妥处置。加强风险提示，对2家法人机构开展资产质量真实性情况现场评估并反馈结果，对5家法人农商行机构开展流动性风险压力测试并反馈结果。加强应急管理和风险处置，在全辖区开展金融机构突发事件应急预案学习培训，提高应对能力，开展非法集资集中宣传、专项排查和治理等工作。（常 龙）

■金融生态建设 组织辖区5个县(市、区)参加全省2016年度县域金融生态综合评估。仪征市创成"2014—2016年江苏省金融生态优秀县"，扬州中心支行被授予2016年江苏省金融生态创建先进单位。全年组织开展集中宣传月活动2次，利用"三八"活动开展社区宣传1次。（常 龙）

■金融机构综合管理 做好新设机构准入，金融管理与服务工作。完成民生银行扬州分行、苏州银行扬州分行、浙商银行扬州分行和紫金农商行扬州分行4家新设机构开业管理工作，开展集中监管谈话。修订《扬州市银行业金融机构执行人民银行评价标准(2017年)》，对市级银行业机构开展综合评价，确定8家机构为A类，14家机构为B类，3家机构为C类。对3家C类机构主要负责人进行监管谈话。对辖区2家机构开展综合执法检查，反馈执法检查意见书责成整改，并对部分机构给予行政处罚。对12家银行机构进行重大事项报告专项核查，并按月、季、年通报重大事项报告执行情况。（范永滨）

■存款保险制度 贯彻落实存款保险评级和差别费率制度，确保相关存款保险制度在辖区稳步实施。对全辖12家投保机构开展现场评级；规范整理存保评级档案，并提请评级审核小组会议审核后将评级结果报上级行。开展存款保险核查工作，组织开展对4家法人机构风险情况、保费归集、信息报送真实性等内容核查。开展存款保险申报统计工作，实施差别费率制度，确保12家投保机构2016年下半年、2017年上半年保费及时准确交纳。建立辖区投保机构运行情况定期监测制度，按月监测数据，按季分析运行情况，对关键指标异动及时提示。加强存保应急管理，研究制定《人民银行扬州市中心支行存款保险风险处置预案》。开展存款保险标识准备工作。组织全辖41家机构做好存款保险标识的准备，对67家机构和网点开展存保标识准备情况现场督查，完成督查报告。组织全辖银行业机构和助农取款点开展存款保险宣传，提升辖区存款保险制度认知度。（张立群）

■反洗钱管理 采取考核评比、综合评级、风险评估等手段强化对辖区义务主体的反洗钱非现场监管。组织开展对江都农村商业银行等3家反洗钱义务主体的反洗钱专项检查，运用双罚制对违规较严重的2家机构分别处以28万元和20万元的罚款，对其反洗钱工作相关责任人员分别处以2.8万元和1万元的罚款。与扬州市商务局联合制定印发《扬州市典当企业反洗钱和反恐怖融资管理办法(试行)》《扬州市拍卖企业反洗钱和反恐怖融资管理办法(试行)》，对扬州市典当企业和拍卖企业的反洗钱和反恐怖融资工作作出明确要求。深化与公安、国安、检察、海关等反洗钱工作联席会议成员单位的协作机制。组织全市银行机构开展"反恐融资监测月"活动，通过对重点人群、重点地区进行数据筛查，发现较有价值的线索13条，需进一步跟踪关注线索8条。协助公安机关破获涉毒案件2起，缴获各类毒品(折合海洛因)1.15千克，抓获涉毒犯罪嫌疑人12人；配合海关破获1起走私废物案，抓获犯罪嫌疑人7人，该案为江苏省在海关总署开展的"蓝天行动"中查获数量最多的走私废物案件，被央视《新闻联播》等媒体报道。在"打击利用离岸公司和地下钱庄转移赃款专项行动"中，发现可疑线索11条，向公安机关报案6起，立案1起。被公安部和人民银行列为双督案件的"8·05"特大地下钱庄案宣判，4名涉案人员被判定犯有非法经营罪，涉案金额高达700亿元。在"打击骗取出口退税和虚开增值税专用发票专项工作"中，配合警方、税务机关开展案件线索协查，全年共立案9起，破案3起。（徐 红 娄丽敏）

■征信管理 持续推广应收账款融资服务平台应用，全年共推动两家核心企业对接平台，平台累计注册企业816户，推动应收账款累计融资167.08亿元，全年促成6条供应链，惠及上下游31家企业21亿元。组织辖区银行开展征信短剧的编剧和制作，开展征信短剧展播月活动。与扬州大学、扬州高等职业技术学校合作，向广大学生开展征信宣传活动。开展“信用名片”微电影及“3·15”“6·14”等征信主题宣传活动。推进农户及农村经济主体非银行信用信息采集，多部门合作推进“三信”评定机制建立，在人民滩村开展信用户、信用村创建试点，在宝应、仪征探索开展低收入农户档案征集和金融精准扶贫工作。探索“征信+财政+信贷”方式，助推中小企业信用体系建设，推广运用扬州市中小微企业信用信息综合服务系统。2017年共受理审核7家银行业金融机构接入企业和个人征信系统，对6家银行开展现场检查，对2家银行均处以单位5万元、个人1万元罚款。对7家银行开展19次数据现场核查、企业和个人征信系统数据质量量化考评等工作。组织39家银行业接入机构签订《征信业务合规管理承诺书》，强化银行征信合规管理。组织14家担保机构参加信用评级，351家借款企业申报评级。开展企业信用报告查询1700笔；个人信用报告查询7.93万笔，累计发放机构信用代码1.33万张，协助反洗钱领域查询机构信用代码311笔。累计报送个人公积金缴存信息778.43万笔，企事业单位公积金缴存信息12.99万笔。（樊瑾瑜）

■人民币结算账户管理 2017年，全市银行机构共办理单位人民币账户5.7万户，年末共有单位人民币账户26.1万户，比年初增长16.5%。落实“放管服”改革要求，梳理企业开户环节，优化企业开户流程，实现新设企业开户一个工作日完成的目标。协助财政部门开展行政事业单位账户清理，首次将定期存款账户纳入清理范围，同时引入第三方机构对账户信息进行现场核实。年末全市银行机构共开立个人结算账户2901.1万户，比年初增长10%。开展个人银行账户分类管理机制的宣传教育工作，推进Ⅱ、Ⅲ类户成为线上支付和移动支付的主要渠道。组织对4家银行机构落实个人账户分类管理情况的检查。按照总行统一部署，组织辖区银行机构参加全国集中账户管理系统相关系统模拟运行。通报2016年全辖银行机构同业账户检查情况，明确监管要求，抽取2家机构核实整改情况，开展后续检查。（张怀玲）

■支付业务风险管理 完成辖区2家无证经营支付业务机构的分类整治。全年辖区各银行机构柜面堵截异常开户400余次，监测可疑账户300多户，暂停账户柜面交易156户。核查50万人次存量个人大量开户，涉及存量账户105万户，撤销3.3万户；核查对应多人的电话号码26万个，涉及账户82万户，撤销1.4万户。加强对开户单位意愿的核查，共对4112户开户单位的开户意愿进行核查。通过搭建通讯平台及时传递风险信息，全年发送风险信息近60条。对辖区农村金融服务站“类银行”、套取手续费进行专项风险排查，开展辖区银行机构违规开展聚合支付和对银行机构的违规交易场所提供支付服务，以及电票业务风险排查。协助公安部门成立“扬州市反通讯网络诈骗中心”，形成快速查询、追踪、拦截、封堵电信诈骗的有效屏障。工行、农行、建行、邮储等4家银行机构8名业务人员入驻中心办公，全年共协助查询3500余次，7600余笔交易，冻结止付被骗资金9092万元。组织对点佰趣、嘉联2家支付机构银行卡收单业务的检查。建立执法检查系统的初始信息，将支付市场主体信息及2016年执法检查信息录入系统，通过系统实现对执法检查的规范化管理。组织对9家银行机构支付结算执法检查，对4家机构的违规行为实施行政处罚。根据总行关于集中代收付系统业务的管理要求，完成2家入网单位退出系统的清理任务。（张怀玲）

■经理国库 全辖各级国库共计办理预算收入731.17亿元，比上年增长10.4%。其中，中央级收入174.90亿元，增长8.4%；省级收入6.43亿元，减少9.79亿元；地方级收入549.85亿元，增长13.4%。地方级预算收入中，税收收入241.44亿元，下降9.6%；非税收入78.74亿元，增长0.8%。办理地方预算支出1264.14亿元，增长11.6%。全年累计办理各级预算收入退库91.96亿元，其中出口产品退库73.49亿元，增长17.13%，占退库总量的79.9%。凭证式国债发行共8期、销售总额6.64亿元，多销1.27亿元。电子式国债发行共10期，销售总额9.65亿元，少销0.90亿元。（肖和萌）

■国库管理 全年扬州市中心支库完成扬州市本级江苏省财政支出电子化系统授权支付业务、财关库银横向联网银行端查询缴款业务及全辖江苏省财政信息共享无纸化系统前置等多项系统的上线工作。扬州市中心支库按照国库局和江苏省分库文件要求，及时做好TCBS参数维护，确保各级国库准确办理收入、支出、退库、更正等业务。不断发展电子化程度，提升监督管理能力。2017年，扬州市中心支库通过电子化系统办理财政集中支付（直接和授权）4223笔677.86亿元，退库2.69万笔66.58亿元，发现并纠正不合规拨款28笔11.41亿元，不合规退库405笔3128.27万元。加强国库知识宣传，完善国债业务管理，开展“2017年扬州市国库知识竞赛活动”，宣传中国人民银行经理国库的职能和作用，提升社会各界对人民银行经理国库重要性的认识和了解；扬州市中心支库组织开展国债发行期的现场检查，创新采取“互查互督”方式，分组交叉对辖区所有储蓄国债承销机构进行“拉网式”现场检查，被查机构覆盖面100%。（肖和萌）

■平安金融创建 研究制定《扬州市2017年平安金融创建工作意见》，完成2016年度平安金融创建达标验收检查工作报告，下发“2016年扬州市平安金融单位”的认定结果的通报；加大平安金融创建检查和抽查力度，引导金融机构树立大局意识、危机意识、责任意识；对新设机构平安金融创建工作进行现场辅导；利用市“平安旅游”创建活动推进大会平台，组织开展以“加强支付结算管理，防范电信网络新型违法犯罪”为主题的平安金融宣传和咨询活动。（丁圣明）

■货币发行 2017年，执行发行基金调拨命令63次211.62亿元，累计投放发行基金302.19亿元，回笼发行基金263.53亿元，净投放38.66亿元，银行业金融机构共开展相互取现业务231笔84.83亿元。健全小面额现金供应长效机制，优化流通中现金供应结构。实行发行基金券别组合供应，完善小面额现金备付制度、主办网点和主办银行制度，累计投放10元及以下券别4.07亿元。全年共回收残损人民币90.18亿元。督导农业银行扬州分行规范、有序公开发行2017年贺岁普通纪念币、建军90周年普通纪念币以及和字纪念币的兑换发行工作。推进第二代货币发行系统发行库管理模块试点，提高现金投放回笼效率。（张福芳）

■人民币流通管理 对苏州银行、浙商银行、紫金农商行到扬设立分支机构开展现金业务进行现场验收，组织对13家银行业机构现金整点中心现场检查，完成辖区银行业机构人民币流通管理政策执行情况的评价。加强全额清分和现金机具管理，持续深化全额清分核查制度，并组织开展全额清分现场检查，督促银行业机构提升现金服务质量。组织开展银行业机构现金处理设备功能抽检，完成192台存取款一体机、487台点钞机的功能检测。加强反假货币基础工作，组织开展银行业机构现金从业人员培训，全年共组织3期反假货币培训合格证考试，参训人员900余人次。督促银行业机构认真做好假币收缴工作，全年收缴假币2.04万张(枚)137.72万元。组织开展“3·15”现金权益保护宣传活动。与扬州广播电台联手打造“3·15反假货币实验室”，与扬州电视台深度合作，打造5期反假宣传系列节目。“反假宣传月”活动期间，通过网络微信和《扬州晚报》推介“反假小超人”网络知识竞答，开展现金使用情况问卷调查。与扬州电视台《成长学院》栏目合作，录制反假知识进课堂节目。引导银行业机构深入车站、学校、社区、乡镇等开展反假宣传和《不宜流通人民币纸币》行业标准宣传。深化硬币自循环试点，推进硬币服务功能建设，督促银行设置硬币服务点，配置硬币清分设备。开展农村反假宣传点叠加硬币服务试点，筛选8个农村反假宣传点进行叠加硬币服务试点，累计提供硬币清分、调剂服务162笔金额7.93万元。推进人民币冠字号码信息流与实物流同步试点工作，制定工作方案，召开专题会议和业务培训，至年末13家在人民银行发行库办理交取款业务的银行业机构全部实现信息流与实物流同步运转功能。（张福芳）

■金融电子化 牵头完成扬州辖区银行业、证券业和保险业金融机构共同搭建“扬州数字普惠金融掌上服务平台”工作。该平台以服务民生、服务金融机构、服务金融行业标准化建设为目标，具有提高市民办理金融业务效率、保护金融消费者权益、合理配置金融资源以及推动金融行业标准化建设等优势。至年末，平台注册政策性银行1家、商业银行40家、证券公司28家、期货公司6家、保险公司62家。（王　昆）

■金融IC卡应用 构建安民便民的支付服务环境，由建设银行和银联商务共同承建的金融IC卡“智慧菜场”应用平台投入运行。至年末，试点范围包括扬州全辖10余家菜场的300多个商户。把握智慧城市建设新方向，牵头组织中国银行扬州分行、中国移动扬州分公司和扬州交通产业集团，共建“宜行扬州 智能停车”金融IC卡应用平台。平台全面上线，广泛应用于市区22个停车路段、4个大型交通枢纽，覆盖4628个停车泊位，为市民出行提供便捷的支付方式。（王　昆）

■外汇管理 2017年末，扬州市外汇存款余额17.00亿美元，较年初增加4.51亿美元，比上年多增3.48亿美元；外汇贷款余额3.25亿美元，较年初增加0.62亿美元，下降0.82亿美元。扬州市跨境收支总量133.55亿美元，增长5.58%。其中，跨境收入92.74亿美元，增长8.32%；跨境支出40.81亿美元，下降3.99%；跨境收支顺差51.93亿美元，扩大20.45%。经常项目项下跨境收支总量107.25亿美元，增长10.38%。其中，跨境收入75.40亿美元，增长11.10%；支出31.85亿美元，增长5.70%。资本项目项下跨境收支总量26.30亿美元，下降10.33%。其中，跨境收入17.34亿美元，下降3.24%；支出8.96亿美元，下降27.59%。扬州市银行结售汇总额85.23亿美元，增长9.07%。其中，结汇61.08亿美元，增长8.88%；售汇24.15亿美元，增长9.54%；结售汇顺差36.92亿美元，扩大8.45%。

全年查处各类外汇违法违规案件9起，处行政罚款342.9万元，增长67.35%。其中，个人违规案件数6起罚没款金额143.9万元人民币，分别增长500%、128.78%；企业违规案件数2起罚没款金额196万元人民币；金融机构违规案件数1起罚没款金额3万元人民币。

全市共办理跨境人民币结算业务111.81亿元，下降22.90%。其中，经常项下结算业务61.79亿元，增长10.07%；资本项下结算业务50.02亿元，下降43.72%。2010年6月至2017年末，辖区76家银行共为1197家企业办理跨境人民币结算，涉及113个境外国家和地区，累计金额711.26亿元。其中，经常项下结算业务307.61亿元，资本项下结算业务403.66亿元。开展跨境人民币业务现场宣传活动4次，宣传培训260余人次。

全辖共办理FDI(外商直接投资)义务登记96笔，投资总额41.43亿美元，增长327.55%；注册资本24.35亿美元，增长266.72%；实际到资7.9亿美元，下降23%。办理ODI(对外直接投资)义务登记14笔，中方协议投资总额0.94亿美元，下降79.29%；实际汇出0.94亿美元，下降54.37%。（人　行）

政策性银行

■中国农业发展银行扬州市分行 2017年末，中国农业发展银行扬州市分行各项存款日均余额63.36亿元，比年初增加3.65亿元。各项贷款余额134.4亿元，比年初增加17.8亿元；中长期贷款余额87.5亿元，比年初增加14.7亿元；累放各项贷款50.03亿元；累收各类贷款33.25亿元。实现中间业务收入189.24万元，其中代理保险手续费收入38.58万元，国际结算手续费及外币汇兑收入50.35万元。实现国际业务结算量4591.73万美元，比上年增加880.73万美元。全行无新增不良贷款，各项贷款继续保持“无不良、无欠息、无逾期”。

贷款业务。2017年，全行为支持夏秋两季托市粮收购累计发放贷款12.08亿元，其中夏粮8.8亿元、秋粮3.28亿元，发放省市县级粮油储备贷款3.41亿元，自营性小麦收购贷款4.42亿元，自营性稻谷收购贷款2.13亿元。筹集粮食共同担保基金1.3亿元，其中财政资金0.8亿元，占比61.54%。支持基础设施建设，延伸发展空间。重点围绕县域城镇建设、棚改、水利、农村路网和省道建设等中长期项目，累计投放中长期项目贷款15.5亿元。将棚改作为重点发展项目，累计发放棚改项目贷款8亿元，另有2笔合计15亿元棚改项目贷款获批。支持创新转型发展，寻求业务突破。抓住江淮生态大走廊战略规划机遇期，因地制宜，探索转型发展新思路，以林业资源开发与保护为突破口，有效弥补业务转型发展“空档期”。分行营业部、邗江支行在全市率先投放林业资源开发与保护项目3个，金额3.3亿元，其中市分行营业部1.3亿元林业中期流动资金贷款，被总行列入《2017年中国农业发展银行创新类贷款案例汇编》，是全省唯一入选项目。

存款业务。全行存款年末时点余额61.32亿元，实现各项存款日均余额63.64亿元，创历史新高。其中，企事业单位日均存款63.36亿元，同业日均存款0.28亿元，利润贡献率66%以上，存款利润贡献率持续提升。

中间业务。根据总行中间业务政策变化，迅速调整，将中间业务工作重点由投融资顾问收入迅速向代理保险、银团和理财业务转移。全年共实现中间业务收入189.24万元，实现国际业务结算量4591.73万美元，实现国际业务收入50.35万元。

风险管理。结合总行、省行、银监会各项专项治理活动、反洗钱系统升级和粮食库存远程监控系统上线，开展集体交叉互查、自检自测检查等，全行全年继续实现贷款“三无”和无重大事故、案件发生。

社会责任。服务扬州“三农”发展，主动践行支农政策性职能，与蜀冈—瘦西湖风景名胜区管委会签订战略合作协议，合作金额50亿元，银政合作机制、合作平台进一步完善。支持扶贫、教育等公益事业，发动贷款企业参与东西部结对扶贫。带领通裕纺织、虎豹服饰两家企业到陕西省榆林市横山中学，向40名贫困学生进行捐助，并签订结对帮扶协议。

（陈洪斌　周　斐）

国有商业银行

■中国工商银行股份有限公司扬州分行 2017年末，中国工商银行股份有限公司扬州分行实现拨备前利润8.91亿元，净利润5.08亿元，中间业务收入3.87亿元，经济增加值2.49亿元。本外币全部存款余额404.1亿元，新增9.68亿元，其中机构存款新增13.22亿元，日均新增7.22亿元；个人住房贷款新增25.18亿元，比上年多增12.78亿元，增长103.2%。本外币各项贷款余额321.66亿元，新增24.47亿元。全年累计投放项目贷款21个，共35.44亿元。小微企业贷款增速10.87%，高于全行各项贷款平均增速3.26个百分点。

实体经济金融服务。围绕区域信贷市场需求，加大实体经济贷款投入。坚持“项目为先”的经营方向，支持和服务全市重大基础设施建设、城镇公共事业建设、PPP等重点项目。突出制造业金融支持和服务。围绕工业百强企业、战略新兴产业等先进制造业领域加大营销力度，全市工业百强企业授信金额58亿元，较上年增加8亿元。至年末，新增制造业贷款3.19亿元，重点支持装备制造、化学化工、汽车零部件产等重要产业。加大“走出去”企业扶持力度。依托并发挥工商银行集团综合化、国际化的优势，运用出口信贷、贸易融资和跨境顾问等多种方式为扬州市“走出去”企业提供服务。

普惠金融业务。创新金融手段，加大普惠金融支持。探索金融服务新模式。运用“互联网+”模式，依靠自身的综合科技实力，满足客户金融需求，加快推广企业网银、银企互联等产品，创新推出电子供应链、网络融资、网上结售汇等多项安全快捷的互联网金融业务，为小微企业发展构建便捷化的服务平台。至年末，网络融资余额1.28亿元。加大创新业务推广。落实“小微创业贷”相关政策，推进银政合作、服务小微的普惠金融模式。至年末，累计投放小微创业贷370户51.62亿元，余额15.2亿元，较好地解决部分小企业融资难、融资贵问题。“小微创业贷”成为服务小微信贷市场的主打产品，被人民银行评为2017年服务制造业“十佳金融品牌”。

（季晓明　陈　斌）

■中国农业银行股份有限公司扬州分行 2017年末，中国农业银行股份有限公司扬州分行本外币各项存款余额659.47亿元，比年初净增45.97亿元；本外币各项贷款余额361.41亿元，比年初净增46.06亿元。信贷投放重点突出，集中投向实体经济、普惠金融和“三农”领域。资产质量进一步提高，全行不良贷款余额1.6亿元，占比0.44%，分别比年初下降0.74亿元、0.3个百分点。“三农”业务加快发展，全行涉农贷款余额137.05亿元，比年初增加27.32亿元，增长24.9%，超过全行平均增长水平10.29个百分点。

资金组织。持续开展对公业务“季季争先”营销竞赛活动，抢抓新开户存款源头，扩大结算账户和有效存款客户规模；落实政府增信资金，年末政府增信资金余额2.37亿元；参与各级政府项目招标，上线扬州市土地交易网上拍卖平台；加强系统客户营销，获得市本级财政非税电子化征缴清分行与执收行资格并上线运行，新增3个县区级财政集中支付收付银行资格并上线。2017年末，全行对公存款224.25亿元，比年初增加31.62亿元。持续开展个人业务阶段性综合营销活动，加强年初旺季源头资金引存，强化年中稳存增存工作；利用"大额资金流出入系统"，对大额资金实行逐户维护；做好存款利率政策宣导，开展客户积分回馈活动，吸引行外增量资金。至年末，全行个人存款余额435.22亿元，比年初增加14.35亿元。

公司贷款营销。抓实重点项目储备，与市重大项目办、两级平台公司保持密切沟通，做到第一时间掌握信息、第一时间跟进措施，实现储备充分、储备高质，可实施性、操作性强。全年组织上报项目贷款28个，申报贷款金额141亿元。加强组织推动，建立重大项目营销周报制度，从已批项目、在批项目、近期拟上报项目、储备项目等四个维度对全行在手项目推进情况按周检测和督导，按月召开项目过堂会，促进度，解难题，共同推动项目贷款营销投放。加大直接营销力度，市分行前台部门全流程参与，排除信息不对称造成的效率降低，缩减不必要的重复沟通，加快项目贷款营销投放。全年新发放项目贷款19笔38.69亿元。

个贷业务营销。加强个人住房贷款业务拓展，全年累计发放个人住房贷款49.63亿元，贷款余额比年初净增26.44亿元。加大个人消费贷款业务营销力度，开展个人非住房贷款专项营销活动，推动"网捷贷"等新消费贷款业务发展，年末个人消费贷款余额2.13亿元，其中"网捷贷"余额1.12亿元，比年初净增1.11亿元。提速发展农户贷款业务，年末农户贷款余额3.84亿元，比年初增加1.8亿元，比上年多增0.99亿元。年末，全行个人贷款余额196.95亿元，比年初增加32亿元。

"三农"业务。深化"三农"事业部改革，加强"一部四中心"和零售、电子银行等部门协作，履行"三农"工作职责。突出"大新特"客户营销，抓分解落实，抓措施细化，抓方案制定，抓目标考核。全年3个县域贷款项目获批，金额25.8亿元，当年实现投放4.88亿元。推进"一县一方案""一项目一方案一授权"工作，上报江都、宝应、高邮、仪征支行2018—2020年"一县一方案"发展规划，对辖区内优势行业、特色产业、产业集群、成熟专业市场和4类农业开展专项摸排，确定13个重点项目。开展"三农"产品用新创新，加快"金农贷""苏担通""农机贷"等新产品、新模式复制推广，全年"金农贷"增加7639万元，增幅113.9%。

信用风险管理。按月组织辖内支行对存量正常、关注类信用客户进行信用风险排查。动态开展多种形式的信用风险专项排查工作，开展岁末年初开工情况、企业主跑路情况、环保等级、他行逾期客户等信用风险排查活动。开展贷后管理，实行信贷客户分层分级监控及行领导包片管户制度，市分行、支行两级行领导直接挂钩111个信贷客户，建立贷后管理例会挂钩联系工作制度。强化贷款到期管理，按日监测辖内法人客户贷款到逾期收息情况。加大不良贷款清收处置力度。加大依法诉讼力度，成功清收亚联钢管不良贷款3820万元及利息920万元。加强已核销贷款清收管理，合计清收隆耀光电和江苏泽盈2户核销贷款2520万元。

操作风险管理。制定操作风险自评估工作计划，及时监测实施进度。加强操作风险管理系统的信息录入维护管理，对重要岗位人员管理要求落实情况进行及时提示和跟踪督查，全年轮岗117名重要岗位人员，轮岗率100%。强化运营操作风险检查，先后开展省分行层面组织的18项专项检查，和市分行层面组织的13项专项检查，开展临柜业务15项重点违规事项专项整治活动，加强问题整改。扎实开展运营管理"三化三铁"创建活动，经省分行考核验收，确认总行级"三铁"单位11个、省分行级"三铁"单位23个，全行"三铁率"达34.69%，网点"良好A"38个、"良好B"24个、达标网点1个，4座金库全部达"良好"。

内控合规管理。加强反洗钱、关联交易和内部交易管理，共排查各类线索366条，查出疑似集资客户10人，涉及业务笔数2.15万笔16.1亿元；下发反洗钱风险提示13份，上报当地人民银行重点可疑报告5份。加强日常检查监督，全年堵截诈骗案件37起，涉及金额256.4万元。

（吕元兆）

■中国银行股份有限公司扬州分行 2017年末，中国银行股份有限公司扬州分行（简称中行扬州分行）人民币余额存贷比87.75%，高于目标7.75个百分点。各项贷款新增31.98亿元，目标完成率159.9%。本外币日均存款余额415.87亿元，较年初新增29.87亿元；实现拨备前利润10.12亿元，比上年增长9.65%，实现年初预定的负债业务跨越400亿元大关、拨备前利润跨越10亿元大关的经营目标。新增制造业贷款7.74亿元，目标完成率154.8%。新增小微企业贷款13.82亿元，目标完成率138.2%，增幅19.13%。表外融资业务余额21.8亿元，目标完成率101.4%。创新"中银税贷通""中银结算通宝""中银知贷通"等三项金融产品，在全市45个网点上线智能柜台。

服务供给侧结构性改革。将市重大技术改造项目融资对接表、规模以上工业企业融资需求表等，汇总形成目标客户清单，分解到各支行，逐户上门对接。参与工业百强企业场内、场外融资对接活动。为助力汽车产业发展，邀请省汽车工程协会秘书长、3个省行职能部门、市金融办、邗江区政府与扬州市20家汽车及配套件企业及10家4S店举办汽车行业银企合作研讨会，推介汽车产业链金融产品，提供从生产到销售的一站式服务。制造业表内贷款余额较年初新增7.68亿元，余额占总贷款比重较年初提升3.68个百分点。服务生态文明建设。与市发改委联合发起"江淮生态大走廊发展基金”“江淮生态大走廊集合债”的发行；投放表内绿色信贷5.22亿元，为生态科技新城水环境治理工程叙做3亿元表外融资。服务国际文化旅游名城建设。与世界运河历史文化城市合作组织(WCCO)合作，共同推进“中银运河明珠文化发展基金”的筹组，用于支持扬州运河沿线文化产业特色小镇建设；向扬州日报社、扬州电视台、扬州四方影院的文化产业项目新增投放1亿元，向高邮盂城驿景观业态提升工程、抗日战争最后一役纪念馆和江都区仙女生态旅游项目等新增投放3.31亿元。

开放型经济金融服务。服务海外引资大局。配合扬州市政府在中国银行纽约分行举办2017中国扬州城市推介暨海外资本对接会，邀请摩根大通、花旗等国际顶级机构参与交流，现场签署一批战略合作协议。以外币贸易融资解决客户需求。与中国银行悉尼分行联动，为完美日化叙做等值人民币3.13亿元海外代付组合业务和3.5亿元表外理财业务；外币贸易融资较年初新增5843万美元，新增额列全省中行系统第二。为客户提升价值贡献。针对收受汇率波动影响较大的外资外贸企业，推广汇率避险产品，累计为江苏创智建设、众鑫建设等企业叙做人民币LPR利率掉期业务7.05亿元，提高企业财务收益。

普惠金融。至年末，小微企业贷款增速19.13%，高于全行贷款增速8.67个百分点；小微企业户数2172户，比上年增加318户；小微企业申贷获得率95.7%，比上年上升0.09个百分点。创新“中银税贷通”产品。小微企业通过“电子税务局”或微信扫描二维码进行贷款申请。96个小微企业在线申请“中银税贷通”并通过筛选，金研机械制造、好年华高分子材料等44户获得授信批复，批复金额超过9000万元。创新“中银结算通宝”产品。针对在中行扬州分行结算的小微企业无贷户，以其结算流水和存款沉淀作为主要参考指标，通过金融模型为客户核定信用贷款额度，具有“线上申请、随借随还”的特点。投放欧普兄弟机械、宏琪金属制造等12户，贷款金额2660万元。创新“中银知贷通”产品。面向科技型小微企业，实行知识产权质押模式。与市科技局、知识产权局联合举办科技型企业对接会，进行定向推广。投放海力精密机械等3户，贷款金额1200万元。

“三农”金融服务。至年末，投放涉农贷款49.47亿元，增幅26.23%，余额较年初新增10.28亿元。对接农村生态治理、乡村道路建设、农民集中居住区等基础设施项目。向高邮市农村节水改造项目投放2.5亿元贷款，向仪征市滨江新城农民集中居住区项目投放3亿元贷款，向江都乡村公路提档升级改造工程项目投放4.3亿元贷款。深入广陵头桥医疗、江都武坚高压电器、高邮郭集灯具、宝应长沟藕制品加工等乡镇特色产业集群对接客户。向头桥佑康医疗器械投放800万元，向江都美华电器等4户企业投放1000万元，向高邮苏发照明等4户企业投放1695万元，向宝应荷仙食品等3户企业投放1210万元。在宝应县氾水镇柘沟村成立一家农村金融综合服务站，在蒋王镇新设立一家乡镇网点。以“益农贷”“福农分期”等个人金融产品为抓手，优化对家庭农场和生态农企的上下游种植户、养殖户、经销户的服务。（袁　庆）

■中国建设银行股份有限公司扬州分行　2017年末，中国建设银行股份有限公司扬州分行全量资金日均余额884亿元，较年初新增82亿元；一般性存款日均余额695亿元，较年初新增40亿元；各项贷款余额465亿元，较年初新增65亿元。全年实现账面利润17.1亿元，较上年多盈利1.3亿元。

服务实体经济。坚持服务实体经济的本质要求，加大金融支持力度。紧跟地方政府招商引资导向，支持重点项目建设。全年实现项目贷款投放40亿元。做好重点客户服务，通过组建内部银团，为中国铁路总公司提供一年期流贷15亿元。坚持“以小为主、以微为重”，加快普惠金融发展。小企业客户由年初的290户增加到年末的1644户；四部委口径小企业贷款余额91亿元，较年初新增7.7亿元，增速高于全部贷款增速1.07个百分点。成立大客户业务经营中心，探索建立贷前调查前移、授信流程缩短机制，加大直接经营范围，提高服务效能和风控水平。

改革创新。新一代核心系统顺利上线，构建一体化营运体系。稳妥推进内设机构改革，改革后的内设机构包含13个部门和4个直营机构，有效压缩中后台职能部门数量。加强产品与服务创新，与市房管局签订住房租赁平台合作协议，公共住房服务平台、住房租赁监管平台、“两创”特色平台相继成功上线，成为全省首家签约住房租赁平台的分行。集团内母子公司联动，承销境内债券25.5亿元。外汇新产品推广应用实现6项破零，包括为3家客户办理出口订单外汇融资，为1户小微企业办理小微出口信用贷等。

强化风险管控。坚持以“零容忍”的态度惩治腐败和违规违纪行为，保持高压态势。多渠道、多手段开展员工行为排查，遏制违规经营和各类案件。深化“平安建行”创建，加强“点、库、楼、房、区”等重点部位的安全管理。扎实组织开展银监会系列金融乱象整治活动，强化问题发现和整改。加强资产质量管控，不良贷款率较年初下降0.03个百分点。

（黄克义）

■交通银行股份有限公司扬州分行　2017年末，交通银行股份有限公司扬州分行资产总额262.95亿元，比年初增加3.41亿元，增幅1.31%；实现经营利润4.99亿元，实现经济利润3.54亿元。人民币存款余额241.24亿元，人民币贷款余额165.29亿元，分别较年初增加2.40亿元、3.24亿元；全年人民币存款日均余额242.12亿元，人民币贷款日均余额171.21亿元，分别比上年增加16.74亿元、8.1亿元。全年清收处置存量不良资产3615万元，完成年度计划的241%；年末，不良贷款余额9985万元，逾期非不良贷款余额8020万元，分别完成年度控制计划的147%、125%，不良贷款率0.59%，保持较好的资产质量。全年实现经营利润4.99亿元，经济利润3.54亿元，分别比上年增加334万元、1193万元。

主要业务。公司业务的主导作用显现。通过出台公司板块客户工程劳动竞赛方案，配置专项资源，强化导向管理和客户经理履职能力考核；建立分层营销体系，加强前中后台联动，强化团队意识和团队营销优势，实施重点客户一户一策精准营销，较好促进公司业务发展。全年公司条线净增对公有效客户43户。年末，分行人民币对公存款余额160.8亿元。个金业务的基础作用得到加强。运用“以客荐客、外拓获客、合作赢客”等多种形式撬动客户指标增长，增强支行发展氛围；组织开展客户经理路演大赛，强化个金销售能力建设，提升销售人员执行力与营销力，实现AUM(资产管理规模)、储蓄、客户三赢的良好局面，全年新增个金财管客户新增2621户。年末，分行人民币储蓄存款余额80.43亿元，比年初增加3.34亿元，增幅4.33%。负债结构进一步优化。落实息差管理的要求，开展“息差管理”大讨论，把握好存款稳步增长与负债结构调整之间的关系，抓好低成本核心负债的拓展，负债成本进一步优化。全年分行低成本负债日均213.3亿元，比上年增加12.82亿元，增幅6.39%。

项目储备推进。坚持资产业务推进和重点项目储备“双轮驱动”，实现资产业务的稳中有进。全年分行人民币日均贷款余额171.21亿元，比上年增加8.1亿元。年末，人民币贷款余额167.96亿元，比年初增加5.92亿元。项目储备取得阶段成效。第一季度、第三季度两次组织全行性的储备项目劳动竞赛活动，分别实现新增储备53.13亿元和11.4亿元，新增实质性贷款投放26.72亿元和3.5亿元。为有力、有效争取贷款规模，分行贷审会在较好把控业务风险与推进业务发展关系，保持授信方案合理性、有效性的基础上，加快运转节奏，提高审查时效、提升审查质量。全年共召开对公贷审会41场，审议通过授信项目107户，金额69.09亿元，其中对公新客户14户；上报省行授信项目54户，敞口额度81.28亿元。信贷业务的结构、质量更趋优化。在推动信贷业务稳定增长的同时，扎实推进贷款结构调整，总量匹比更加合理，保证结构持续优化，资产质量保持稳定。年末，分行信用方式贷款比例9.37%，比年初下降1.4%；保证方式贷款比例31.3%，比年初下降1.78%；抵质押方式贷款比例56.84%，比年初上升4.89%，风险缓释能力进一步提升，年末逾期非不良贷款余额8020万元，完成控制计划的147%。（邵巧兄）

其他商业银行

中信银行股份有限公司扬州分行 2017年，中信银行股份有限公司扬州分行对公存款日均余额162亿元。零售管理资产余额136.4亿元，比年初增加21.7亿元。营业净收入6.25亿元，实现拨备前经济利润3.12亿元。分行加强名单制管理和方案营销，搭建和运用“协同、同业、海外”三大平台，加快新产品开发与运用，在结构化融资、债券承销、资本市场业务等领域均取得突破。深化零售体系建设，外强渠道获取，内强客户经营，提升网点产能。扬州分行零售管理资产增量、网均中收、零售业务净利润、保险销售、高定价产品销售、个贷年发放量均位居全辖第一。建立“全面合规、全员合规、主动合规”的风险文化体系，切实防范金融风险，规范金融秩序。2017年，扬州分行新增京国实业13.5亿元结构化融资业务、扬州龙川控股集团10亿元以同业资金对接行内授信项目、亚威股份1亿元场内股票质押融资等项目。8月，推荐总行金融市场部投资扬州城控中期票据3亿元，是扬州分行第一单债券自营投资业务。（中　信）

招商银行股份有限公司扬州分行 2017年末，招商银行股份有限公司扬州分行自营存款115.71亿元，比年初减少4.09亿元，下降3.41%。其中，公司存款89.26亿元，比年初减少8.63亿元；个人存款26.46亿元，比年初增长4.54亿元。全行一般性贷款余额96.4亿元，比年初减少0.73亿元，下降0.75%。其中，公司贷款55.06亿元，比年初减少7.46亿元；个人贷款41.34亿元，比年初增加6.73亿元。不良贷款合计1.91亿元，较年初增加0.39亿元，不良贷款率1.82%，较年初增加0.26个百分点，其中对公不良贷款1.48亿元，个贷不良贷款余额0.43亿元。全行未发生一起重大违规、责任性事故和经济刑事案件。

深化体制改革。改变营销模式，定期开展研讨分析，强调专业专注，搭建平台批量获客，公司沿着客户、产品、项目名单制营销管理，在分行主打的交易银行及投行资管产品落地方面，成效显著，共叙做票据池业务客户25户、付款代理6.5亿元、虚拟现金池落地2户。突出“一体两翼”与“轻型银行”战略。零售业务保持稳定发展，营收比例比上年提高0.8个百分点。公司业务转型加快，退出或提升低价值客户40户，金额20亿元；在信贷资源紧张情况下，组织各种渠道为客户融资，至年末新兴FPA融资业务余额113亿元，新增65亿元，共发生撮合业务4笔、发债业务6笔、基金业务2笔。聚焦战略客户经营，做深做透。推行名单制、方案制营销，一户一策、多维度经营，提升战略客户EVA。调整客户结构，评级4级以上的授信余额占比85%。低价值客户大幅提升，至年末累计提升低价值客户37户，较年初减少30户，低价值客户敞口余额28.65亿元，较年初减少18.21亿元。

资产风险管理。抓好风险协同工作，2017年共协同104笔，贷后直查30笔，集中核保27笔，完成各类风险排查25次。强化清收基础管理，建立并规范工作模式。2017年实现存量不良现金清收0.32亿元，完成全年指标的115%，对公核销7户，实现南京分行管控目标。（佘振东）

中国邮政储蓄银行股份有限公司扬州市分行 2017年末，中国邮政储蓄银行股份有限公司扬州市分行自营存款余额178.72亿元，全年净增13.87亿元。其中，个人储蓄存款104.37亿元，市场占有率4.07%；公司存款74.35亿元，市场占有率2.4%。各项贷款余额162.36亿元，净增32.31亿元，比上年增长24.85%。

业务发展。基础金融业务，全年自营储蓄年均余额净增7.3亿元，其中活期净增3.9亿元。金融总资产净增25.57亿元。零售信贷业务新增市场份额扩大，2017年零售信贷结余134.45亿元，净增30.23亿元。至年末，经营性贷款结余市场占有率5.2%，新增市场占有率26.4%。消费类贷款结余市场占有率10.3%，新增市场占有率9.65%。打造“惠农贷”品牌，实现农村地区全覆盖。全年小额贷款净增9278万元，实现放款4.13亿元。公司存款年均余额73.50亿元，年日均净增12.23亿元。全年自营类公司批发贷款累计投放14.65亿元。结存贷款余额8.28亿元，储备项目17个，总授信金额近70亿元。小企业业务创新发展，年末小企业贷款结余8.18亿元，净增8355万元，年日均余额8.33亿元，比上年净增9765万元。全年走访企业634户，新增38户，投放2.62亿元。注重新产品开发推广，全年新增投放医院贷1.81亿元、第三方法人担保贷款5000万元、税贷通520万元、苏科贷150万元、民营幼儿园贷款130万元。

业务转型。提升授信管理能力。出台全流程能力提升活动方案，召开前中后台风险偏好座谈会，组织开展全区审查审批人员技能培训。开展大额涉农贷款专项检查和银监相关规定制度检查，联手人行加强征信管理，持续加强高风险行业监测，提升信管工作水平。做好全区授信政策的细化工作，指导前台部门精准营销，推进全行区域授信政策调研，提升授信政策实效。全面落实抵(质)押品管理工作要求，合理评估、防范和化解业务风险，提升资产防控质量。推进网点提质增效。加强财务精细管理。提升产品定价能力，加强成本管控力度，在全区开展成本管控工作，实现成本控制的最大化。创新驱动增强能力。通过“市县联动、全员参与”，将创新与日常经营管理工作相结合、与13项重点工作相结合、与集团公司的“双创”工作相结合，全年共上报237个创新项目。科技引领服务支撑。信息科技支撑能力稳步提高。全年提供业务数据分析74次，分析次数列全省第一。开展“送科技服务到网点”主题活动，发挥科技对网点的支撑服务作用。全年金融网运行稳定，未发生信息科技风险事件。

风险管控。建立全面风险管理机制，强化履职。做好风险管理政策传导，实现风险管理的全面性和及时性，全年共排查落实整改问题63个。在全区组织开展银行业风险防控指导意见落实等监管系列整治活动，并取得实效。资产管控能力持续提升。全年下发6份风险提示，及时引导信贷结构调整，有效实现资产管控。做好新业务开办前的风险监测和开办后的评估工作，加强数据分析，保障新业务稳健发展。案防合规管理逐步加强。落实案防责任。组织签订2017年案件防控目标责任书，强化各级机构、各条线“一把手”作为案防第一责任人的主体责任，形成上下联动、齐抓共管的工作格局。做精内控合规建设。开展专项活动，引导员工主动发现风险，自觉规范行为。持续推进合规检查工作。加大检查工作力度，利用好非现场检查资源，强化数据分析，加强整改问责，明确检查部门职责及考核实施流程，强化闭环管理。代理网点管理职能落实到位。履行代理营业机构负责人任职资格审核职责，实现代理网点负责人任职资格审核的全覆盖。履行对代理网点的检查职责。按照半年覆盖的频次开展网点合规检查，结合重点环节开展专项检查，按月实施考核，按季下发检查通报。加强邮银沟通。每月与邮政召开内控合规会议，互通检查及整改情况，做好事实确认书、整改意见书的交接签收，确保问题沟通到位。

(冯鲁闽)

■江苏银行股份有限公司扬州分行

2017年末，江苏银行股份有限公司扬州分行各项存款余额469.3亿元，新增35.98亿元，增长8.3%，储蓄存款较年初增加10.85亿元，比上年多增3.41亿元。各项贷款余额319.9亿元，较年初新增35.75亿元，增长12.58%。全年实现营业净收入16.61亿元，实现考核净利润8.81亿元。

市场开拓。重存款、优结构。重视机构客户结算类存款营销，重点营销政策性银行代理业务，托管、监管类资金沉淀，棚改、拆迁客户存款等，运用保本理财、大额存单等负债工具稳定企事业单位闲置资金；及时调整财政性存款营销策略，引导支行主动适应财政和预算单位的新要求。扩大零售业务转型优势，加强厅堂营销，建立联动营销机制，全力吸储揽存，储蓄存款持续攀高。抓储备、快投放。将项目储备作为全年工作重点，紧跟省、市级政府的重大基础设施项目和工业项目，选择具有较强市场竞争力和发展前景的重点企业进行挂图作战，加大项目跟踪力度。用考核“指挥棒”引导全行上下支持先进制造业发展，专项设置先进制造业贷款考核指标，加大激励力度。主动压降贴现支持实贷投放，全年累计投放表内外贷款179.03亿元。

转型创新。聚焦创新业务，打造轻型银行。基金业务成为拳头主打产品，全年累计投放基金类资产44.95亿元，基金类业务余额101.46亿元，位居全行系统第二。聚焦渠道建设，打造智慧银行。全面推进网点智能化建设，网点服务功能得到跨越式提升。借助财富中心、专属理财、微沙龙等提升客户黏性。“串串盈”“筋斗云”“直销银行”等线上平台逐步成为获客新渠道。“串串盈”注册客户数突破8万户。手机银行、直销银行新增有效户分别为6.3万户、2.01万户。运用“筋斗云”服务平台为34家制造企业客户制定综合金融服务方案。

精细管理。深化分行EVA和KPI双向动态管理机制，将效益放在第一位。合理摆布好资产负债结构，通过灵活配置票据规模、择时进行市场操作、强化实贷定价管控、重视结构性存款规模管控等方式，扭转分行EVA

考核完成率偏低的局面，实现经营效益的提升。以产品为核心，拓展公司基金及投行类信贷业务，推动中间业务提质发展。提升业务督导和推动。开展项目储备、科技金融、稳存增存等专项营销竞赛，适时调整绩效考核办法，改进对零售客户经理和小微客户经理的考核方式，调动员工的工作热情和积极性。强化督办机制，建立“横到底、纵到边”的督办体系，提升管理能力和效率。

风险管控。在清降过程中，综合分析各机构信贷资产状况，对存量逾欠息贷款化解方案逐一对接，明确清收时间节点和期末控制数要求。对催收无望的逾欠息贷款及早诉讼，抢抓处置先机。实施律师准入管理制度，归并诉讼案件批量上诉，提高诉讼效率。全年共办理诉讼仲裁案件298笔，涉及金额6.06亿元。通过法院执行共收回执行款项2828.78万元。加强风险防范不动摇。把好新增授信质量关，学习总行信贷投向指引，加强政策研读和市场研判，持续关注房地产、政府平台融资、借道融资、过剩产能等重点风险领域，加强主动性和有效性风险管控。审慎开展平台业务，确保政府类融资业务的合规性，做好政府融资平台排查及整改工作，提升非平台企业授信分类的准确性。坚持审慎合规不动摇。推行案防责任机制，将案防职责与业务同部署、同落实，增强全员对案件防控的责任感。全面贯彻落实监管要求，开展专项治理整改问责及“回头看”。（骆君华）

江苏扬州农村商业银行股份有限公司 2017年末，江苏扬州农村商业银行股份有限公司资产总额295.47亿元；存款余额254.85亿元，市场份额8.84%；贷款余额180.87亿元，市场份额7.84%；资本充足率14.03%，贷款拨备覆盖率214.75%。

服务实体经济。加大实体经济金融供给，将有限的信贷资源重点投入实体经济建设。至年末，实体经济贷款余额151.93亿元，比年初增加14.29亿元，增幅10.38%，占全部贷款比重85%以上。落实扬州市政府“两创示范”创新发展工程部署，2017年累计发放青年创业贷款5.12亿元，为1700名青年圆了创业梦。开展“阳光信贷”提质升级工作，全面落实农村“整村授信”建档和城区“网格化”营销建档，做小做透普惠金融市场。至年末，共建立“整村授信”农户档案1.82万户，建立“网格化”居民档案7886户。

改善金融服务模式。创新金融产品，提升服务水平。推进“科技贷”“兴农贷”“小微企业循环贷”“定向贷”等特色金融产品投放，助推传统产业改造提升和经济结构优化调整，新增投放特色金融产品贷款3.62亿元。加快电子银行发展，以客户体验感提升为切入点，开展线上线下系列活动，提升电子银行客户转化率。至年末，电子银行客户覆盖率49.74%，柜面替代率76.62%，新增手机银行3.50万户，发行社保卡12.33万张，占扬州市发卡份额50%以上。（黄海田原）

华夏银行股份有限公司扬州分行 2017年末，华夏银行股份有限公司扬州分行资产总额80.07亿，较年初增长3.28亿元，增幅4.27%；负债总额78.12亿元，较年初增长3.86亿元，增幅5.20%。一般性存款余额77.14亿元，较年初增长3.97亿元，增幅5.43%。一般性存款日均81.14亿元，较年初增长3.14亿元，增幅4.03%。个人金融资产总量31.42亿元，比上年增长10.39%。各项贷款余额77.30亿元，比上年增长20.09%。净增对公客户数378户，净增小企业贷款户20户，企业网银新开户343户，净增个人基础客户620户，净增个人贵宾客户641户。营业收入3.27亿元，比上年增加915万元，增长2.88%；拨备前利润总额2.5亿元，比上年增加522万元，增长2.13%。完成国际结算4.49亿美元，比上年增加4795万美元；结算汇量9392万美元，比上年增加3903万美元。不良贷款余额1201.12万元，不良贷款率0.16%，较年初下降1.71个百分点；逾欠贷款余额1470.94万元，逾欠率0.19%，较年初下降1.67个百分点；拨备覆盖率887.14%，较年初提高752.33个百分点。

存款组织。开展阶段性营销竞赛活动，调动揽存积极性，推动存款有效增长。重点组织开展旺季营销竞赛活动，旺季经营实现高开高走，资产总额较年初增加17.29亿元，一般性存款较年初增加16.51亿元。加强重点产品推广运用，将重点产品推广目标落实到具体客户和项目上，以产品拉动存款有效增长。开展批量开发业务营销工作，拉动储蓄存款有效增长。加强存款计划管理，定期召开工作例会和存款组织推进会，

9月19日，扬州农村商业银行与市示范家庭农场进行“银农对接”签约

农商行/供稿

剖析存在问题、分解任务目标、落实责任到人。

项目储备与客户开发。实行“行长挂牌制”营销，定期更新《行长挂牌重点项目名录》，深入推进网格化营销，开展“走进园区、走进企业”活动，抓住重点行业、营销重点行业，夯实实体经济客户基础。持续加强授信项目申报全过程管理，跟踪督查项目进展，落实专人负责对所有项目在各个环节的推动，明确授信申报的时间节点要求，推动项目早落地、早投放、早收益，年末储备获批项目和进入审批流程项目超60亿元。持续加强渠道建设，拓展业务发展空间，定期搜集发布客户信息与项目信息，引导各经营单位开展客户走访。

批量营销开拓小企业业务。加强与担保公司的合作，抓平台开发，投放担保类新客户20户3.64亿元；参与市财政“十百千万”行动，新增“华夏小微双创贷”8918万元；加强与市科技局对接，投放“苏科贷”业务2户250万元；实现“电商贷”首笔投放。开展小微企业产品宣传，组织参加扬州市政府组织的“绿扬金凤”众创大赛现场活动，开展“房贷通”宣传月活动，走访国家电网及相关企业开展“光伏贷”宣传。

推广运用重点产品。发行扬州瘦西湖旅游发展集团非公开债务融资工具5亿元，扬州市城建国有资产控股集团有限公司发行非公开债务融资工具10亿元，江苏华建建设股份有限公司公司债8亿元，仪征十二圩建设有限公司发行企业债13亿元，扬州盛裕投资信贷资产证券化1亿元，投放扬州市江都沿江开发有限公司理财项目融资7亿元。

风险管控。组织完成一系列检查及整改；组织开展分行各类业务自查，增加业务环节合规检查次数，开展季度员工异常行为排查，开展会计业务跨机构交叉检查，开展半年度案防突击检查、非法集资专业整治自查，强化对员工日常业务的管控力度。加强信用风险防控，注重贷前、贷中、贷后一体化管理，定期开展风险排查和客户重检工作。推进问题贷款处置进程，实现存量问题贷款处置1.12亿元，其中核销1.01亿元，现金清收1076.71万元。（周和平）

3月15日，广发银行扬州分行在康乐社区举行“3·15”金融消费者权益日宣传活动　　广发银行/供稿

广发银行股份有限公司扬州分行

2017年末，广发银行股份有限公司扬州分行人民币各项存款余额24.75亿元，比年初增加0.39亿元，增幅1.58%。其中，对公存款23.26亿元，个人存款1.49亿元。日均存款余额24.44亿元，比上年增加2亿元，增幅8.93%。人民币各项贷款总额为34.8亿元，较年初增加14.29亿元，增幅69.71%。其中，对公贷款余额32.79亿元，个人贷款余额2.01亿元，分别较年初增加13.34亿元、0.95亿元。全年实现营业收入1.33亿元，实现净利润5327万元。把握与中国人寿协同合作带来的机遇，有效实现潜在优势向现实效益转变，发行联名借记卡突破4000张。以深化科技与业务融合为抓手，着力提升运营效率和服务水平，提出“数字广发”科技发展战略，推动网点智能化转型，提升业务拓展能力，做好差异化客户服务。通过建立健全“三道防线”的合规管理架构，完善制度约束、强化科技支撑、重塑合规企业文化，夯实风险防控的管理基础，全面提升风险防控的能力。（赵晓琳）

兴业银行股份有限公司扬州分行

2017年末，兴业银行股份有限公司扬州分行本外币各项存款(不含非存款类金融机构存款)余额125.09亿元，较年初下降14.4亿元。其中，公司存款余额113.11亿元，较年初下降13.84亿元；储蓄存款余额11.98亿元，较年初下降0.56亿元。同业负债余额75亿元，较年初新增9亿元。本外币各项贷款余额106.31亿元，较年初新增9.03亿元。实现考核利润4.92亿元，比上年增加0.22亿元。企金有效基础客户758户，较年初新增53户；零售核心客户1.73万户，较年初新增1740户。

负债业务。以“智慧城市”业务为代表的现金管理产品继续在交通、医院、商场等重点行业取得突破，上线扬汽包车定制业务开发及窗口扫码、扬州中燃支付宝缴费、扬州自来水微信缴费和北京新东方扬州外国语学校公众号缴费等重点项目，逐步提升交易结算型存款和客户拉动负债增长的贡献度，存款结构得到进一步优化。零售负债抓住总行直销银行保证金上线的契机，在南京辖内首次营销当地多个楼盘的购房诚意金业务，全年共批量拓展客户300余人，吸收储蓄存款2.5亿元，并通过公私联动开立多个对公账户；代发业务实现放量增长，全年共营销拆迁资金7亿元，综合金融资产留存率达50%以上；代理类产品销售保持较好水平，全年共代销保险1.81

亿元；代理类业务实现中间业务收入1542万。同业负债累计实现NCD(同业存单)销售229亿元，日均规模达72亿元。

资产业务。助力重大基础设施建设、小微企业融资和实体经济发展，全年共计上报各类重点项目22个，获批7个，实现投放23亿元。主要包括兴汉建设和宝应开发投资资产证券化业务及高邮驿都和广贸物流政府采购业务9亿元、运鑫保障房项目贷款10亿元、上市公司宝胜集团流动资金贷款3亿元等；为扬州瘦西湖旅游发展集团发行理财直融3亿元，成为南京分行年内首单也是扬州分行成立以来首单落地的理财直融项目；年内完成人民银行中征应收账款线上融资平台的开发与上线工作，成为扬州当地首家运用和推广该平台的股份制商业银行；亚星客车供应链融资项目落地；银证担、保兴贷集群业务合作取得成效并成为新增有效集群，带动授信客户新增20户。

（蒋　劼）

■南京银行股份有限公司扬州分行　2017年末，南京银行股份有限公司扬州分行资产总额324.91亿元，比年初增加44.69亿元，增长16%；各项存款余额318.32亿元，比年初增加42.95亿元，增长15.6%；各项贷款余额149.24亿元，比年初增加18.33亿元，增长14%，直接融资余额53.75亿元；实现账面利润7.77亿元；不良贷款余额1.18亿元、不良贷款率0.79%，分别比年初下降0.85亿元、0.81百分点，实现“双降”；全年未发生一起重大风险和安全责任事故。

助推小微企业成长发展。发展“苏科贷”业务。密切与市科技局合作，对符合授信要求的科技型小微客户，落实授信方案，及时做好信贷投放。2017年落实“苏科贷”业务6户，投放1360万元。创新推出“股权＋债权(授信)”的“投贷联动”融资服务，落地3单项目，授信金额1.25亿元，被评为扬州市支持实体经济十大创新项目之一。支持“新三板”企业。2017年建立信贷合作关系的上板实体类企业11家，授信总额超过1亿元。构建“普惠金融”工作责任体系，推进阶段性重点工作的完成。至年末，小微企业授信户数665户，贷款余额92.78亿元，增加10.3亿元；科技贷款新增2.03亿元；现代农业金融新增6400万元。

满足客户需求，发展零售金融业务。在个人负债业务方面，个人一般性存款余额33.61亿元，增加4.98亿元；12月22日成立南京银行扬州分行财富管理中心，个人金融资产总量136.59亿元，比年初增加35亿元；理财保有量64.73亿元，比年初增加26.47亿元。在个人资产业务方面，坚持以“客户为中心”，巩固扩大客群，提升服务效率，创新业务渠道和特色产品，重点拓展了“扬州e贷”“信易贷”“房易贷”等线上线下产品。至年末，有授信余额的个人客户4651户，比年初增加2595户，增长126.22%；个人贷款(不含“个人经营性”贷款)13.59亿元，比年初增加6.08亿元，增长80.96%，其中“扬州e贷”新增3170万元。

强化风险管控。提升基础管理，加强对重点领域、关键环节和重要岗位的重点监督和持续监测，加强风险管控，强化排查机制，推行积分管理，严肃问责整改。落实监管要求，落实各项检查措施，推进监督全覆盖，对检查发现的问题深入整改，提升全员合规意识。压降风险资产。建立资产质量管理委员会工作规程，定期组织召开分析会，全面指导分行资产质量管理工作；前移增量授信风险关口，推进潜在风险事项的处置化解。2017年南京银行股份有限公司扬州分行对9起对公、对私信贷风险资产提起诉讼，涉及本金金额合计7326万元，通过诉讼执行、拍卖抵质押物，收回现金6860.85万元，全年核销不良资产6笔1.28亿元。

（周亚明）

■中国民生银行股份有限公司扬州分行开业　1月9日，中国民生银行股份有限公司扬州分行开业，并与扬州市签订服务扬州小微企业战略合作协议。民生银行是国内率先提出做“服务小微企业银行”的商业性银行。开业仪式上，民生银行扬州分行与扬州市部分企业进行授信签约，并向市社会福利院捐赠助困金20万元。

（杨　志）

■浙商银行股份有限公司扬州分行开业　4月18日，浙商银行股份有限公司扬州分行开业。浙商银行是一家全国性股份制银行，总部位于浙江杭州，2004年8月成立。扬州分行是该行在江苏省内设立的第六家二级分行，在扬州地区的客户授信总额达82.83亿元，实际信贷余额21.3亿元，累计信贷投放超过100亿元。

（杨　志）

■江苏紫金农村商业银行股份有限公司扬州分行开业　5月18日，江苏紫金农村商业银行股份有限公司扬州分行开业。紫金农商银行是一家总部在南京、专注于“三农”和小微企业服务的金融机构。开业仪式上，扬州市与紫金农商银行签署战略合作协议。根据协议，未来三年，紫金农商银行将为扬州地区提供总额不少于300亿元的金融支持。紫金农商银行捐赠20万元，定向支持扬州全国小微企业创业创新基地城市示范建设和2017中国·扬州“绿扬金凤”众创大赛。（杨　志）

保险业

■概况　2017年，全市共有保险机构64家，比上年增加2家；有营业网点350个，其中财产保险公司25家、营业网点158个，寿险公司39家、营业网点192个；营销员2.92万人。全市共实现保费收入158.15亿元，比上年增长6.59%。其中，财产险保费收入35.02亿元，增长4.77%；人身险保费收入123.12亿元，增长7.12%。保险密度为3550元/人。保险深度为3.16%。

全年共支付各类赔款24.62亿元，增长5.59%。其中，财产险赔付21.08亿元，增长3.17%；人身险赔付3.54亿元，增长22.73%。（刘珊珊）

2017年扬州市保费收入情况一览表

表23-3

地区	寿险保费收入（亿元）	比上年增长（%）	财险保费收入（亿元）	比上年增长（%）
合 计	**123.12**	**7.12**	**35.02**	**4.77**
市区(不含江都区)	61.73	1.51	18.36	3.95
江都区	23.87	13.82	5.97	6.08
宝应县	12.17	4.51	2.79	5.26
仪征市	11.33	35.02	3.8	0.85
高邮市	14.01	6.91	4.1	10.34

（刘珊珊）

2017年扬州市部分财产保险公司主要业务指标一览表

表23-4

公司简称	保费收入（万元）	比上年增长（%）	赔付支出（万元）	比上年增长（%）
人保财险	178121	7.58	110174	2.25
平安财险	50745	9.69	24223	1.58
国寿财险	27186	-14.31	20327	1.52
太保财险	21646	6.53	12404	-11.82
大地财险	14176	20.22	10127	47.35
中华联合	6323	-3.98	3756	0.96
紫金财险	6019	-11.2	3622	-1.38
阳光财险	5332	-14.34	3045	20.33
天安财险	4870	25.03	3579	124.71
华泰财险	4851	8.41	2490	23.59

（刘珊珊）

2017年扬州市部分人身保险公司主要业务指标一览表

表23-5

公司简称	保费收入（万元）	比上年增长（%）	赔付金额（万元）	比上年增长（%）
中国人寿	454927	21.83	17694	8.52
君康人寿	102147	3991.38	32	2361.54
太保寿险	77765	18.36	1224	18.12
国华人寿	67016	257.14	132	-5.00
平安人寿	55460	30.24	2882	25.78
太平人寿	44674	24.09	615	9.31
利安人寿	41094	-24.81	572	151.80
富德生命	40342	12.07	44	1.39
人民人寿	33994	-13.1	2356	425.02
华夏人寿	33330	-66.93	209	253.99

（刘珊珊）

■**保险市场环境净化** 开展自律活动。推进车险市场整治工作，市保险行业协会召开产险总经理会议和产险专业委员会议，组织各产险公司签订《关于落实〈中国保监会关于整治机动车辆保险市场乱象的通知〉的倡议书》，并对执行文件情况开展自律检查。遏制违法犯罪，组织开展“安宁2017”打击保险欺诈犯罪专项行动。至年末，产险公司共拒赔财产险案件838件，拒赔金额5310万元；寿险公司移送案件1件，涉案金额3.2万元；拒赔案件26件，拒赔金额96.7万元。规范保险中介市场，关注未取得保险业务经营许可证、也未取得相关保险公司的授权委托，擅自开展保险咨询活动的公司，要求整改，删除网站上与保险有关的所有信息，停止对保险业务的咨询等服务。 （殷 瑛 罗 玲）

■**服务行业发展** 2017年，市保险行业协会接到各类投诉30件，按投诉途径分为上门投诉3件、来信投诉1件，电话投诉26件。按产寿公司分为财险公司投诉13件，占整个投诉量的43%；寿险公司投诉17件，占整个投诉量的57%。财险投诉大部分都是电话销售引起纠纷导致客户要求退保；寿险投诉主要是保单退保收益纠纷和代理人离职纠纷。扬州市保险行业协会投诉处理中心在投诉处理过程中，与各公司客服人员处理矛盾纠纷。做好车险查勘理赔测评，聘请市消协、新闻媒体、行风监督员、车险客户组成测评小组，由测评小组全权负责测评的全过程。对全市25家产险公司进行现场理赔查勘测评。开展高速公路轻微事故快处快赔。做好直赔定点汽修企业维修服务。市交通局与市保险行业协会研究制定《扬州市道路交通事故直赔定点汽修企业维修服务工作实施方案》。方案明确直赔维修服务模式，直赔汽修企业基本条件，直赔汽修服务认定程序及如何审核等内容。建立协作联席会议制度，通报情况、交流经验、分析问题，共同规范事故车辆的维修工作。推进交通事故理赔服务中心区域全覆盖。年初，原来的三个理赔中心(东、南、西)对服务大厅完成改造升级。5月，扬州市交通事故保险理赔服务中心(北荷叶东路点)挂牌启动。该中心填补北区无快速理赔点的空白。组织总经理信访接待日工作。为进一步推动保险公司加大初信初访解决力度，保护保险消费者合法权益，树立行业良好形象。根据江苏保监局的统一部署，每月信访接待日当天对各公司总经理信访接待情况进行巡查，并通过电话检查接待人是否在岗，以保证咨询维权途径畅通，使保险消费者的投诉维权更加方便。

(殷 瑛 罗 玲)

■中国人民财产保险股份有限公司扬州市分公司 2017年，中国人民财产保险股份有限公司扬州市分公司全年实现保费收入17.82亿元，增长7.36%；处理赔案12.23万件，增长9.69%；支付各类赔款10.11亿元，增长9.10%。市场份额49.71%，比上年提高0.51个百分点。全年共为2万多家企业、40多万辆汽车、100多万户家庭提供1.42万亿元风险保障。

*融入扬州地方经济发展。*2017年缴纳税款1.86亿元，独家承保扬州市城市南部快速通道建设工程施工项目工程险、五峰山过江通道南北公路连接线工程险、启扬高速公路双沟互通连接线扬州生态科技新城段工程施工项目工程险；服务三农，全年累计承担风险责任59亿元，13.97万户次农民受益，高邮螃蟹养殖户赖某由于连续暴雨获赔438万元，成为2017年全省高效农业最大单笔赔款。推进扶贫攻坚，扬州人保财险与市扶贫办签订保险扶贫合作协议，商定“十三五”期间，每年提供不少于100万元的扶贫资金，用于扶持市级经济薄弱村集体增收项目建设，重点支持村集体经济组织盘活集体资产，增强村集体的内生动力。全年结对帮扶7个经济薄弱村，为全市1245人提供保险帮扶，总计提供帮扶资金63万元。至年末，公司借助“农业保险贷”产品为全市54家新型农业经营主体提供1125万元的融资贷款，解决农户“贷款难、贷款贵”的问题。

*参与社会风险管理和保障体系建设。*配合政府部门做好农业保险、安全生产责任保险、环境污染责任保险、医疗责任保险、城乡居民大病保险、校园方责任保险、重大装备首台(套)保险、新材料保险、自然灾害民生保险等工作。

(罗临峰)

■中国人寿保险股份有限公司扬州市分公司 2017年，中国人寿保险股份有限公司扬州市分公司实现总保费46亿元，比上年增长21.8%，保费市场份额占比36.95%，提升4.46个百分点。长险首年标保实现5.5亿元，增长46.3%；首年期交保费实现10.6亿元，增长26.1%；10年期保费实现6.7亿元，增长34.6%；大短险保费实现2.5亿元，增长20.3%。至年末，公司拥有在职员工539人，销售队伍规模1.59万人。

公司自营个人客户数174万人，净增17万人，法人客户3600家，净增900余家，共计承担风险保额1.13万亿元，增长17.76%。承办江都区、广陵区、邗江区、经济技术开发区、宝应县五地农民大病保险业务，服务183万参保群众。助力全市交通秩序大整治活动，“为百日无违法挑战赛”胜出者送上大奖，获准组建交通安全宣传员队伍进驻社区。为365个困难计生家庭兑现“微心愿”，向扬州慈善总会捐赠20万元。为1.2万余名应届毕业生和社会再就业人员提供创业岗位。上缴税收8858万元。

(涂 帅)

证券业

■概况 2017年，全市新增上市企业4家，其中扬州晨化新材料股份有限公司、江苏传艺科技股份有限公司在深圳证券交易所挂牌上市，扬州市广陵区泰和农村小额贷款股份有限公司在香港联合交易所上市，扬州虹扬发展科技股份有限公司在台湾证券交易所挂牌上市。扬州市累计有宝胜股份、扬农化工、联环药业、亚星客车、鸿达兴业、汇银智慧社区、长青股份、亚威股份、扬杰科技、仁恒实业控股、苏奥传感、罗思韦尔、金世纪车轮、晨化股份、传艺科技、泰和小贷、虹扬发展科技等17家上市企业。其中汇银智慧社区、仁恒实业控股、泰和小贷在香港联交所上市，虹扬发展科技在台湾证交所上市，罗思韦尔、金世纪车轮在韩交所上市。11家境内上市公司全年累计完成营业收入418.74亿元。

至年末，全市有29家证券公司41个证券营业部，比上年新增东方证券、广州证券、中信建投、安信证券、联储证券、东方财富6家证券公司，全年共开设资金账户62.65万户，保证金余额25.73亿元，全年净流入股市资金15.02亿元，累计完成证券交易额1.17万亿元，其中股票交易完成额8510.68亿元，占交易额的72.55%；基金交易完成额444.35亿元，占交易额的3.79%。

(杨 志)

■中国建银投资证券有限责任公司扬州证券营业部 中国建银投资证券有限责任公司(中投证券)在扬州市区、江都区、仪征市、高邮市开设4家营业部。至2017年末，中投证券扬州4家营业部共开设资金账户10.11万户，保证金余额5.03亿元，当年净流入股市资金2.56亿元，累计实现证券交易额1717.43亿元，其中股票交易额1335.45亿元、基金交易额20.34亿元。

(杨 志)

■华泰证券扬州证券营业部 华泰证券扬州证券营业部在扬州市区开设证券营业部2家，在江都区、宝应县、仪征市、高邮市各开设证券营业部1家。至2017年末，华泰证券扬州6家营业部共开设资金账户17.79万户，保证金余额5.93亿元，当年净流入股市资金0.49亿元，累计实现证券交易额4097.88亿元，其中股票交易额3273.07亿元、基金交易额114.34亿元。

(杨 志)

■海通证券扬州营业部 海通证券扬州营业部在广陵区、江都区、宝应县开设证券营业部3家。至2017年末，海通证券扬州3家营业部共开设资金账户9.95万户，保证金余额3.50亿元，当年净流入股市资金-4.27亿元，累计实现证券交易额1237.91亿元，其中股票交易额955.13亿元、基金交易额13.31亿元。（杨　志）

申万宏源证券股份有限公司扬州营业部　申万宏源证券股份有限公司扬州营业部在邗江区、江都区开设证券营业部2家。至2017年末，申万宏源证券股份有限公司扬州2家营业部开设资金账户3.65万户，保证金余额2.25亿元，当年净流入股市资金-0.64亿元，累计实现证券交易额1057.69亿元，其中股票交易额656.72亿元、基金交易额109.80亿元。（杨　志）

2017年扬州市证券公司分机构主要业务指标一览表

表23-6

机构		开设资金账户（万户）	保证金余额（亿元）	当年净流入股市资金（亿元）	当年证券交易额（亿元）		
					累计额	#股票	#基金
1	中投证券	10.11	5.03	2.56	1717.43	1335.45	20.34
	市　区	3.93	1.91	-0.77	697.55	516.63	8.39
	江都区	2.93	1.79	3.22	524.44	414.84	2.24
	仪征市	3.12	1.26	0.04	479.18	391.44	9.40
	高邮市	0.14	0.07	0.07	16.26	12.54	0.30
2	华泰证券	17.79	5.93	0.49	4097.88	3273.07	114.34
	文昌中路	6.12	2.48	-1.21	1480.52	1140.19	4.89
	文昌西路	5.38	1.99	-0.93	1123.86	880.89	4.61
	高邮市	2.57	0.50	1.44	335.49	273.56	14.37
	宝应县	2.87	0.73	0.72	1052.29	886.51	88.96
	仪征市	0.45	0.14	-0.04	52.62	44.72	0.06
	江都区	0.41	0.09	0.51	53.10	47.19	1.45
3	海通证券	9.95	3.50	-4.27	1237.91	955.13	13.31
	市　区	4.85	2.47	-4.47	911.09	686.37	9.26
	江都区	4.04	0.87	-0.48	262.87	214.97	3.92
	宝应县	1.06	0.15	0.68	63.95	53.79	0.14
4	申万宏源	3.65	2.25	-0.64	1057.69	656.72	109.80
	市　区	3.60	2.23	-0.73	1041.40	642.23	109.76
	江都区	0.05	0.02	0.10	16.29	14.49	0.04
5	招商证券	4.56	1.39	8.42	706.24	408.63	101.24
6	银河证券	2.62	1.02	0.74	470.52	259.00	3.21
7	新时代证券	1.37	0.93	0.21	253.20	211.95	4.31
8	太平洋证券	0.46	0.26	-0.45	95.64	60.55	1.05
9	东吴证券	0.94	0.41	0.62	164.46	124.70	1.16
	市　区	0.29	0.11	0.45	46.11	33.72	0.91
	仪征市	0.66	0.30	0.17	118.35	90.98	0.25
10	国联证券	0.50	0.26	-0.43	206.42	119.06	0.40
11	东莞证券	1.91	0.54	-1.04	199.59	105.58	32.48
12	东海证券	0.36	0.20	-0.16	141.54	98.25	3.00
13	光大证券	0.67	0.18	-0.44	144.38	48.11	0.50

续表23-6

机构 \ 栏目		开设资金账户（万户）	保证金余额（亿元）	当年净流入股市资金（亿元）	当年证券交易额（亿元）		
					累计额	#股票	#基金
14	德邦证券	0.21	0.15	0.05	24.92	20.67	0.53
15	长城证券	0.39	0.22	-1.08	148.10	77.29	1.92
16	金元证券	0.09	0.25	-0.06	69.04	40.51	3.95
17	方正证券	1.58	0.25	1.50	215.80	170.47	4.97
18	广发证券	0.50	0.25	-0.55	159.85	120.42	2.87
19	华龙证券	0.58	0.14	0.33	75.34	51.48	0.04
20	华鑫证券	0.20	1.68	1.53	93.88	64.15	5.02
21	国泰君安	1.83	0.23	0.11	201.90	148.60	0.65
22	华林证券	0.22	0.05	0.26	26.09	20.76	0.07
23	长江证券	0.38	0.09	2.41	64.90	23.43	10.46
24	东方证券	0.12	0.06	0.32	6.49	4.45	0.04
25	广州证券	0.02	0.01	0.30	17.27	10.22	5.64
26	中信建投	1.02	0.13	1.02	63.73	48.32	0.07
27	安信证券	0.44	0.10	1.52	59.27	44.31	2.14
28	联储证券	0.04	0.15	0.15	0.31	0.26	0.00
29	东方财富	0.12	0.10	1.59	11.23	9.14	0.83
合　计		**62.65**	**25.73**	**15.02**	**11731.03**	**8510.68**	**444.35**

（杨　志）

2017年扬州市部分上市公司经营业绩一览表

表23-7

股票简称	股票代码	营业收入（万元）	净利润（万元）	基本每股收益（元/股）	加权平均净资产收益率（%）
亚星客车	600213	238672.98	4281.84	0.19	28.17
扬农化工	600486	443822.82	57495.40	1.855	15.71
联环药业	600513	68909.93	7054.73	0.25	8.29
宝胜股份	600973	2069116.40	8623.74	0.071	2.40
鸿达兴业	002002	654062.63	100488.29	0.4074	21.93
长青股份	002391	224530.59	22789.82	0.6340	7.63
亚威股份	002559	143903.93	9470.82	0.2552	6.02
扬杰科技	300373	146950.84	26655.69	0.57	12.50
苏奥传感	300507	60196.46	10113.26	0.84	12.25
晨化股份	300610	70340.09	7888.77	0.54	12.97
传艺科技	002866	66863.46	7776.63	0.59	10.93

（杨　志）

对外及港澳台经贸

Dui Wai Ji Gang-Ao-Tai Jingmao

编　辑　贾丽琴

对外及港澳台贸易

概况　2017年，全市实现进出口总额108.0亿美元，比上年增长13.2%。其中，进口总额29.3亿美元，比上年增长23.9%；出口总额78.7亿美元，比上年增长9.7%。主要进口产品有机电产品、化学化工制品、矿物燃料与植物油、塑料及其制品等21类，主要出口产品有机电产品、车辆、船舶及有关运输设备、化学化工制品、纺织原料及其制品、钢铁制品、塑料及其制品等20类，销往200多个国家和地区。按贸易方式划分，一般贸易出口总额56.18亿美元，占全市出口总额的71.4%，加工贸易出口总额20.53亿美元，占全市出口总额的26.1%。　（徐其祥　胡慧娟）

2017年扬州市分地区外贸进出口情况一览表

表24-1

地　区	进出口额（万美元）	出口额	进口额	比上年增长（%）
合　计	**1079930**	**786778**	**293152**	**13.2**
扬州经济技术开发区	224560	143298	81312	12.1
扬州化工园区	90022	16285	73737	34.0
扬州生态科技新城	33349	30962	2387	7.3
广陵区	102640	91528	11056	2.5
邗江区	207878	177876	29939	-5.6
江都区	208987	157280	51773	49.9
宝应县	112462	86912	25539	6.2
仪征市	45222	32858	12484	10.1
高邮市	49012	46315	2672	3.2

注：因海关只公布人民币值，本表县（市、区）美元值根据省商务厅当期美元值报表和人民币值报表折算汇率得出　（徐其祥　胡慧娟）

出口商品结构　2017年，化学化工制品、纺织制品、船舶、鞋帽等十大出口行业累计出口额45.43亿美元，占全市出口总额的57.2%，占比较上年提高4.9个百分点。十大行业中8类商品出口额比上年上升，累计出口额前三的化学化工、纺织制品、船舶分别占全市出口总额的11.8%、9.1%和7.8%。船舶、机动车辆与零配件、电动工具与机床等加工设备出口增速最快，分别比上年增长74.6%、23.9%、19.6%。

（徐其祥　胡慧娟）

2017年扬州市主要出口商品一览表

表24-2

商品类别	出口额（万美元）	比上年增长（%）	占全市出口比重（%）
合　计	**454260**		**57.2**
化学化工制品	92539	17.5	11.8
纺织制品	71132	-2.6	9.1
船舶	64542	74.6	7.8
鞋帽	41802	-0.7	5.4
机动车辆与零配件	41449	23.9	5.3
电子纸与液晶装置	38244	14.0	4.9
新光源新能源	35381	18.7	4.2
电动工具与机床等加工设备	27979	19.6	3.5
牙刷	22292	8.3	2.8
玩具	18900	5.2	2.4

（徐其祥　胡慧娟）

出口市场结构　2017年，全市对欧盟、美国市场出口额继续保持前两位，其中对欧盟出口18.7亿美元，比上年增长18.6%；对美国出口18.6亿美元，比上年增长5.6%。对大洋洲、拉丁美洲、印度等新兴市场出口增速较快。在船舶出口增幅近

200%的拉动下，对大洋洲出口增长35.2%；在有机化学品和船舶出口带动下，对拉丁美洲出口增长23.5%。全市对“一带一路”沿线国家、地区累计出口额16.1亿美元，比上年增长8.7%，增幅较上年提高1.3个百分点。 （徐其祥 胡慧娟）

■县域出口 2017年，扬州市9家列统单位中，扬州经济技术开发区出口总额14.33亿美元，比上年增长6.8%；广陵区出口总额9.15亿美元，比上年下降1.1%；邗江区出口总额17.79亿美元，比上年下降2.4%；江都区出口总额15.73亿美元，比上年增长49.0%；宝应县出口总额8.69亿美元，比上年增长3.1%；高邮市出口总额4.63亿美元，比上年增长7.1%；扬州化工园区出口总额1.63亿美元，比上年增长20.0%；仪征市出口总额3.29亿美元，比上年增长0.2%；扬州生态科技新城出口总额3.10亿美元，比上年增长5.6%。

（徐其祥 胡慧娟）

■重点出口企业 2017年，全市出口前30强企业累计出口总额35.2亿美元，占全市出口比重44.7%，比上年提高3.4个百分点。出口前30强企业中，21家实现增长；前10强企业全部实现增长，其中7家企业增幅在10%以上。中海工业累计出口额6.2亿美元，位居全市第一，比上年净增长4.1亿美元，拉动全市出口增长5.8个百分点。化学化工类企业和高新技术出口企业增势明显，其中长青农化累计出口增幅达33.8%、优士化学增幅16.8%；高新技术企业中川岳科技累计出口增长19.3%，荣德新能源、佳明航电科技、德奇电子出口增幅均在15%以上。（徐其祥 胡慧娟）

■口岸建设 2017年，扬州泰州国际机场新增至越南芽庄国际航线。国内货运站主体建设完成，进口肉类指定口岸申报材料完成并报省政府。电子口岸“三个一”系统运行平稳，上线运行国际航行船舶进出口岸申报、通关信息查询、关检“三个一”等项目。 （徐其祥 胡慧娟）

2017年扬州市出口额前30名企业一览表

表24-3

序号	企业名称	出口额（万美元）	比上年增长（%）
1	中海工业(江苏)有限公司	62320	196.9
2	扬州骏升科技有限公司	33149	15.2
3	川岳科技(扬州)有限公司	31333	19.3
4	江苏扬农化工股份有限公司	18333	4.6
5	海信容声(扬州)冰箱有限公司	15690	13.1
6	江苏优士化学有限公司	12628	16.8
7	森萨塔科技(宝应)有限公司	12154	5.0
8	江苏长青农化股份有限公司	11454	33.8
9	江苏汇成光电有限公司	11120	1.2
10	扬州荣德新能源科技有限公司	10929	419.9
11	江苏牧羊控股有限公司	10864	-7.4
12	高露洁三笑有限公司	10842	7.5
13	江苏金飞达电动工具有限公司	10650	17.7
14	扬州英谛车材实业有限公司	7460	-10.9
15	扬州金泉旅游用品有限公司	7436	-3.5
16	扬州佳明航电科技有限公司	7324	15.9
17	扬州易凡贸易有限公司	6867	19.6
18	扬州龙川钢管有限公司	6489	-1.6
19	扬州诚德钢管有限公司	6448	3.4
20	扬州联博药业有限公司	6138	-2.3
21	扬州中集通华专用车有限公司	6111	124.6
22	扬州化工股份有限公司	5999	55.4
23	扬州通利冷藏集装箱有限公司	5707	-20.4
24	德奇电子(扬州)有限公司	5236	120.3
25	扬州巨钛科技有限公司	5189	6125.5
26	扬州润扬物流装备有限公司	5117	-41.5
27	宝胜科技创新股份有限公司	4968	-32.0
28	江都国汇箱包有限公司	4684	63.8
29	扬州亚星客车股份有限公司	4591	119.7
30	扬州宝亿制鞋有限公司	4547	-23.5

（徐其祥 胡慧娟）

■“广交会”扬州参展 5月1—5日，第121届中国进出口商品交易会（简称“广交会”）在广州举行。本届“广交会”共分三期，展品涉及大型机械及设备、建筑及装饰材料、家用电器、照明产品、园林用品、男女装、家用纺织品、医疗器械等39类商品。扬州市共有252个展位，参展企业152家，参展人数800余人，累计意向成交额1.9亿美元。10月15日至11月4日，第122届“广交会”在广州举行。本届“广交会”分为三期，展品涉及工程农机（室内）、化工产品、通用机械及小型加工机械、玻璃工艺品、玩具、裘革皮羽绒及制品、公文具、鞋等39类商品。扬州市共有251个展位，参展企业150余家，参展人数800余人，累计意向成交额1.9亿美元。

（徐其祥 胡慧娟）

外资及港澳台资利用

■概况 2017年，全市新批外资及港澳台资项目122个，比上年增长74.3%；项目协议利用外资及港澳台资23.69亿美元，比上年增长79.3%。外资及港澳台资实际到账10.87亿美元(不含上年结转数)。

全市第一产业实际利用外资及港澳台资847万美元，比上年下降32.29%，占全市总额的0.78%；第二产业实际利用外资及港澳台资5.90亿美元，比上年增长100.07%，占全市总额54.27%；第三产业实际利用外资及港澳台资4.88亿美元，比上年下降45.53%，占全市总额的44.95%。全市实际利用亚洲地区外资及港澳台资8.52亿美元，比上年下降25.34%；实际利用南美洲外资7529万美元，比上年增长580.74%。

(徐其祥　胡慧娟)

■外资及港澳台资项目 2017年，全市新批外资及港澳台资项目122个，比上年增长74.3%，其中新批(增资)1000万美元以上企业81个，比上年增加39个，增长92.85%。新增协议外资及港澳台资23.69亿美元，比上年增长79.3%，其中新批及增资总投资过亿美元大项目15个，合同外资及港澳台资7.9亿美元，增长64.58%，占比33.34%。

(徐其祥　胡慧娟)

2017年扬州市分地区利用外资及港澳台资情况一览表

表24-4

地　区	协议注册外资及港澳台资(万美元)	比上年增长(%)	实际利用外资及港澳台资(万美元)	比上年增长(%)
扬州经济技术开发区	51277	66.44	28008	-36.54
扬州化工园区	4417	157.55	3225	164.13
生态科技新城	5000	1150.00	2000	1701.80
蜀冈—瘦西湖风景名胜区	4096	-78.63	6750	100.00
广陵区	34997	59.99	12064	19.92
邗江区	24413	19.51	24105	15.98
江都区	28953	130.00	24062	118.27
宝应县	22770	321.28	6058	21.09
仪征市	31225	80.85	8046	-33.01
高邮市	29759	1094.66	6774	35.21

注：数据含各县(市、区)上年结转数

(徐其祥　胡慧娟)

■"530"招商行动计划 2017年，连续实施"530"(5年内招引30家以上世界500强企业和跨国公司)招商行动计划。年内世界500强及跨国公司落户扬州6家，分别是中化集团1万吨芳纶1414生产及纤维项目、芬兰瑞特格集团瑞特格散热片项目、台湾东贝LED封装项目、台湾康那香集团生活用品项目、美国AZZ电气集团高压电气项目、新加坡淡马锡集团仓储项目。扬州经济技术开发区分布3家，广陵区、江都区、扬州化工园区各分布1家。

(徐其祥　胡慧娟)

对外及港澳台经济技术合作

■概况 2017年，全市完成外经营业额9.11亿美元，比上年增长11%。其中，对外劳务合作完成外经营业

2017年扬州市分地区对外及港澳台经济技术合作情况一览表

表24-5

地　区	外经营业额(万美元)	比上年增长(%)	期末在外人数(人)	比上年增长(%)
合　计	**91130**	**11**	**8543**	**-3**
扬州经济技术开发区	15317	10	2407	13
广陵区	15120	14	1547	24
邗江区	15474	17	805	-50
江都区	41644	9	1661	-23
宝应县	2466	12	1854	37
仪征市	701	10	259	2
高邮市	408	24	10	0

(徐其祥　胡慧娟)

2017年扬州市分地区对外及港澳台投资情况一览表

表24-6

地　区	新批项目数(个)	比上年增长(%)	扬州市协议投资额(万美元)	比上年增长(%)
合　计	**16**	**-67.3**	**6239.2**	**-89.2**
扬州经济技术开发区	3	-85.7	2671.3	-92.4
扬州化工园区	—	—	—	—
广陵区	1	-66.7	100	-98
邗江区	5	-44.4	2342.8	-80.2
江都区	5	-37.5	93.7	-97.1
宝应县	—	—	—	—
仪征市	2	-33.3	185.4	-83.8
高邮市	—	—	—	—

（徐其祥　胡慧娟）

2017年扬州市对外及港澳台经济技术合作营业额前20名企业一览表

表24-7

序号	企业名称	营业额（万美元）	比上年增长(%)
1	江苏江都建设集团有限公司	30932	34
2	中石化江苏油建工程有限公司	13550	24
3	江苏省华建建设股份有限公司	13153	24
4	江苏牧羊控股有限公司	7602	88
5	江苏恒远国际有限公司	5550	-41
6	江苏邗建集团有限公司	3472	-20
7	迈安德集团有限公司	3200	529
8	恒远国际工程集团有限公司	1850	-40
9	扬州市世达对外经济合作有限公司	1767	103
10	江苏荣腾建设工程有限公司	1755	36
11	扬州市国际经济技术合作有限公司	1356	-16
12	江苏中油天工机械有限公司	1100	83
13	江苏中化建设有限公司	930	-13
14	扬州海经对外经济贸易有限公司	814	9
15	江苏飞扬对外经济技术合作有限公司	701	10
16	扬州汇鸿国际经济贸易合作有限公司	611	-38
17	江苏牧羊集团有限公司	600	-74
18	江苏省水利建设工程有限公司	600	-28
19	扬州市建盈建筑劳务有限公司	468	20
20	江苏宝泰建设工程有限公司	436	-38

（徐其祥　胡慧娟）

额8495万美元，比上年增长10.7%。全年累计备案境外投资项目16个，扬州市协议投资额6239万美元，比上年下降89.2%。全市期末在外人数8543人，比上年下降3%。

（徐其祥　胡慧娟）

■外经市场　2017年，全市境外工程承包市场达35个国家，主要投向为亚洲的蒙古、新加坡、沙特阿拉伯等国家(地区)，非洲的肯尼亚、加纳、阿尔及利亚等国。境外投资达12个国家，主要投向为南美洲的巴西、北美洲的墨西哥等国家(地区)。

全市外经营业额1000万美元以上企业12家，累计完成营业额8.53亿美元，占全市总量的93.6%。其中，江都建设、江苏油建、江苏华建位居前三，分别完成营业额3.09亿美元、1.36亿美元、1.32亿美元。迈安德集团有限公司完成外经营业额3200万美元，比上年增长529%，增幅排名第一。（徐其祥　胡慧娟）

■境外投资结构　2017年，全年备案境外投资项目16个，扬州市协议投资额6239万美元，比上年下降89.2%。境外投资制造业项目占据主导，制造业投资项目8个，扬州市协议投资额5755万美元，占全市投资总量的92.2%。其中，亚普汽车部件股份有限公司在巴西圣保罗市投资2550万美元成立的亚普巴西汽车系统有限公司、江苏江扬电缆有限公司在澳大利亚墨尔本投资2000万美元成立的江扬有限公司是2017年最大的投资项目。 （徐其祥　胡慧娟）

参与“一带一路”建设

■概况　成立市推进“一带一路”建设工作领导小组，印发《扬州市推进国际产能和装备制造合作三年行动计划(2017—2019)》，建成市级层面产能合作滚动项目库，恒远集团转移富余产能做法成为全省典型。构建政银企合作模式，与中国进出口银行、中国出口信用保险公司等政策性金融机构建立战略合作关系，为“走出去”企业提供金融、保险支持。扬州经济技术开发区出资5000万元参与国家首个“一带一路”示范园区——中阿(联酋)国际产能合作示范园增资扩股。注重双向经贸投资。全年共备案境外投资项目17个，其中工业项目10个，中方协议投资额5.4亿美元；23家企业完成外经营业额9.11亿美元，增长11%。布局沿线重点国别。扬州市友好代表团先后访问菲律宾、印尼、缅甸、柬埔寨等国，加强与以色列、印度等国在医疗卫生、人才教育、经贸等方面的合作。抓住载体通道建设。国家级扬州综合保税区封关运作。扬州泰州国际机场国际航线优化调整为5条，全年旅客吞吐量突破180万人次。扬州港整体纳入省港口集团。推进社会人文交流。实施“外国专家项目合作”“企业家海外提升计划”。组织中国扬州国际友城旅游合作暨旅游标准化研讨会、“洋眼看扬州”、外国“网红”到扬采风、中国香港“舌尖上的扬州”醉美香江淮扬美食周、第三届东盟国家外交官淮扬美食文化体验等活动。举办2017中国·扬州科技创新成果展示洽谈会——智能汽车专场对接洽谈会，签约国际产学研项目31个。以职业教育为重点，与印度、新加坡、韩国等国家及中国香港、中国澳门地区开展合作办学。扬州木偶、扬州曲艺、扬剧先后赴欧洲、大洋洲、南美洲等国家展演。苏北医院举办第二届中国—以色列卫生健康论坛和第一届中国—匈牙利学科合作发展论坛。做好对外宣传推介。举办中国扬州鉴真国际半程马拉松赛、世界地理标志大会、世界城市运河论坛等一批国际性活动。在美国《侨报》、法国《欧洲时报》等20余家海外重点华文媒体设立扬州专版，全方位宣传扬州。 （张　锋）

■经贸合作　加强投资交流合作。以活动促交流、以交流促投资，先后组织100余家企业参加“中国企业走出去风险发布会”“江苏企业走出去投融资与政府服务活动”等国际交流活动。开拓外贸市场。2017年，全市十大出口行业累计出口45.4亿美元，占全市出口总额的57.2%。鞋帽、玩具等传统行业出口回暖，分别进入出口额前十。全市对“一带一路”沿线国家地区累计出口额16.1亿美元，比上年增长8.7%，增幅较上年增长1.3个百分点；占全市出口比重20.5%，占比较上年持平。加大外经合作。全市累计完成外经营业额9.11亿美元，比上年增长11%，外经营业额突破1000万美元以上的企业12家。江都建设、江苏华建、江苏油建、牧羊控股、恒远国际5家企业完成外经营业额7.08亿美元，占全市总量的77.68%。在建的19个千万美元以上外经项目中，有13个在沙特、卡塔尔、阿联酋、塞拉利昂、阿尔及利亚、埃塞俄比亚等“一带一路”沿线国家，形成中东和非洲并驾齐驱的双区域市场格局。 （张　锋）

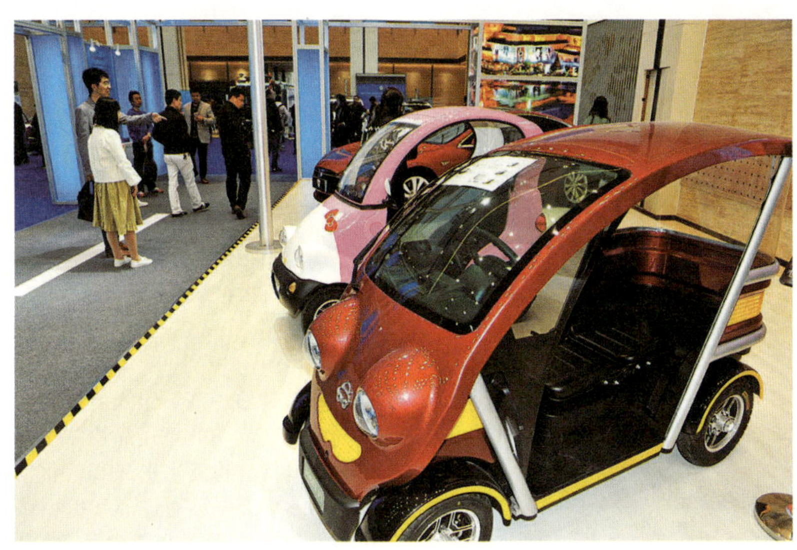

2017中国·扬州科技创新成果展示洽谈会现场　　董　辉/摄

■产能合作　综合服务水平持续提升。成立扬州市推进“一带一路”建设工作领导小组，建立全时段、立体式、多层面的服务平台，为企业“走出去”提供政策法律、融资保障、风险防控等服务。在服务平台支持下，扬州经济技术开发区参与中阿(联酋)国际产能合作示范园增资扩股，舜大新能源、新扬新材料、五环龙电动车等企业签订入园协议。产能合作项目稳步推进。出台《扬州市推进国际产能和装备制造合作三年行动计划(2017—2019)》，储备国际产能合作项目39个，分布于30个“一带一路”沿线国家和地区，其中17家企业境外投资项目实质性启动，1家企业被列为全省国际产能合作典型案例，2个项目纳入省国际产能合作重点项目库。金融保障能力日趋增强。加强与中国进出口银行江苏省分行战略合作，重点支持牧羊、恒远、邗建、扬农等出口型企业。工商银行扬州分行促成工银亚洲为晶澳越南项目提供银团贷款、与中国出口信用保险公司联手为亚星客车提供出口卖方融资。江苏银行为邗建集团办理内保外贷业务。建设银行向宝胜科创、亚普汽车部件、迈安德等企业发放流动资金贷款6.1亿元，支持相关产品出口到“一带一路”沿线国家。扬州市政府与中信保险江苏分公司强化战略合作，支持新材料、新能源、装备制造及玩具、牙刷等特色产业产品出口。浦发银行、恒丰银行等多家银行开发“一带一路”并购基金、跨境投融资基金等特色业务。 （张 锋）

出入境检验检疫

■概况 2017年，扬州检验检疫局共检验检疫出入境货物2.12万批，下降27.89%；金额13.40亿美元，增长8.8%。其中，出境货物1.88万批4.37亿美元，入境货物2752批9.03亿美元。查验出入境船舶477艘次，集装箱5.86万标箱，航空器1163架次，出入境旅客17.26万人次，分别增长5.76%、4.79%、-16.6%、1.3%。完成7925人次传染病监测体检，截获传染病95例，分别下降10.92%、22.13%。全年共截获有害生物353种3395种次，其中检疫性有害生物39种633种次。 （倪明媛）

■安全防控 提升口岸公共卫生工作水平。扬州江港口岸卫生检疫核心能力通过国家质检总局复核督查。推进口岸卫生检测平台建设，建成机场医学媒介实验室。联合多部门开展各类应急处置演练。提升国门生物安全防控水平。组织开展口岸动植物规范化建设、国门生物宣传等活动，完成江苏首次进境罗氏沼虾种虾隔离检疫工作。优化“科带室”工作模式，深化“智慧动植检”建设，全年共截获有害生物353种3395种次，其中检疫性有害生物39种633种次。江港口岸重大疫情截获连续“首次”突破，其中首次在全国口岸发现4种有害生物，2种为检疫性有害生物。在扬州空港口岸截获旅客携带物2608批次，增长77%，首次截获鱼胶和台湾珊瑚等。提升进出口商品检验监管水平。深入开展“清风”行动，完成重点出口商品专项整治工作。突出危化品安全监管，查获1批涉嫌逃避监管的危险化学品。试行集装箱查验新机制，提升口岸现场规范化监管水平，推动口岸集装箱查验由“单控”模式向查验、放行分离的“双控”模式转变。 （倪明媛）

■便企服务 推进“多证合一”改革。根据地方商事改革要求，探索“多证合一”“证照联办”登记改革，推进出入境检验检疫报检企业备案、原产地签证企业备案与工商部门营业执照等涉企事项整合办理。全面推进外贸“优进优出”。推动“三互”大通关建设提档升级，推进扬州电子口岸与省电子口岸对接。全面推广全国检验检疫无纸化系统和原产地签证全国“一体化”工作。加强业务流程时长管理。加大督查力度，提高工作效率。推动地方政府开展出口工业品质量安全示范区建设，深化“示范区+”和“示范企业+”建设，完成宝应县国家级出口食品农产品质量安全示范区复查。进一步推进技术性贸易措施工作。加强技贸措施制度与队伍建设，组织参与各类特别贸易关注与调查10余次。1篇国外技术贸易信息，被省局第8期国外技术贸易信息专刊采用。 （倪明媛）

4月7日，检验检疫人员在扬州樱花出口示范基地进行检查

检验检疫局/供稿

■质量管理 维护进出口食品安全。针对人民群众关注度高的食品安全问题，与扬州市食品药品监督管理局签署合作备忘录，建立“信息互换、监管互认、执法互助”的食品安全监管合作机制。开展进出口食品、化妆品安全风险隐患排查和专项整治活动，完成扬州市进出口食品追溯体系建设重点产品“十三五”期间追溯系统初步规划。全力助推“三同”企业建设。精准帮扶11家企业上线“三同平台”，让消费者分享供给侧结构性改革成果。首次采信HACCP(危害分析的临界控制点)认证结果，高效完成对扬州丰禾食品有限公司的备案审批，为丰禾快速上线“三同平台”赢得时间。培育质量共治共享意识。加强与地方政府、行业协会、社会组织、第三方机构等的沟通交流，构建质量共治共享新格局。注重新闻媒体的舆论引导，近百篇宣传稿件被新华网、国门时报等采用。开展质量状况监测，完成多篇质量分析报告编写工作。 （倪明媛）

■实验室建设 江苏出入境检验检疫局轻工产品与儿童用品检测中心继续提升检验检测水平，乐器、化妆品、食品等新项目通过CNAS扩项认可。加强与中国玩具与婴童用品协会的合作，推动玩具与婴童用品的质量

提升，获“行业服务奖”。光电中心加强技术研发，组织参加国际电工委员会、国家认监委、CNAS的多项能力验证活动，完成IEC光伏新版标准、GB照明产品新版标准的扩项评审，测试业务稳步增长。与扬州经济技术开发区紧密合作，深化检验检测认证公共服务平台建设。扬州进出口玩具检验所通过香港实验室认可计划(HOKLAS)审核现场评审。（倪明媛）

■首份原产地证书通过中国电子检验检疫网上系统申报 2月16日，扬州地区首份原产地证书通过中国电子检验检疫网上系统申报成功。扬州保来得实业有限公司通过该系统成功申报一份到爱尔兰的普惠制原产地证书(FORM A)，扬州地区产地证签证进入零成本时代。（倪明媛）

■大量肉类制品被截获 2月17日，扬州检验检疫局机场科工作人员在依法对来自台湾的航班进行检疫查验时发现一可疑行李箱，开箱检查后发现箱内有大量肉制品和水产品，包括猪肉、禽肉、鱼肉、鱿鱼丝、鱼松等，共计37件17余千克。这是扬州检验检疫局自扬泰机场开通境外航线以来，单次截获禁止进境物数量重量最大的一次。据相关规定，检疫人员依法对该批携带物进行截留。（倪明媛）

■机场配备现场查验一体机 2月21日扬州检验检疫局在省检验检疫局的统一部署下，按照口岸动植检规范化建设的要求，在旅检口岸配备现场查验一体机，成为继南京禄口国际机场后，全省第二家配备现场查验一体机的口岸。该一体机集执法现场视频采集、人员护照信息扫描、截留凭证打印、截留物称重以及截留物品图片采集等功能于一体，涵盖数据录入、汇总、上报、统计等模块，单批次违禁携带物截留用时仅一分钟，具有较高的自动化程度和较强的信息处理功能。（倪明媛）

■罗氏沼虾种虾首次进境 3月14-15日，两批泰国罗氏沼虾种虾苗抵达扬州高邮市，共3156只、货值约10万美元，为江苏首次进境罗氏沼虾种虾。扬州检验检疫局帮助企业高效完成隔离场审批、进境许可证办理、入境口岸查验、目的地隔离检疫等一系列复杂流程。为了防止水生动物疫情疫病传入，扬州检验检疫局对该批种虾实施疫病抽样检测和隔离检疫，并对进境种虾的包装物、装载用水和冰袋，进行严格消毒处理，经过30天的隔离检疫，3000余只进境种虾获得“入境货物检验检疫证明”。（倪明媛）

6月9日，扬州口岸首次截获检疫性有害生物北美苍耳和三裂叶豚草

出入境检验检疫局/供稿

■树根雕首次被截获 5月15日，扬州检验检疫局会同海关查验人员在对一批申报装载智利水晶石的进境集装箱实施开箱查验时，发现箱内夹带树根状木制品4件。经核查，该木制品未申报、无植物检疫证书、未经除害处理，根据我国相关法律法规判定为非法夹带的进境植物制品。这是扬州口岸首次在非法检货物中查获的木制进境物。（倪明媛）

■多型拟海小蠹首次被截获 6月2日，扬州检验检疫局检疫人员在对一批来自几内亚比绍的集装箱载刺猬紫檀原木进行开箱检疫查验时，发现小蠹、白蚁等多种有害生物及其危害状。截获的有害生物经扬州检验检疫局植检实验室初筛，江苏检验检疫局植检实验室鉴定复核，确认为多型拟海小蠹Hylesinopsis dubius Eggers，中间乳白蚁Coptotermes intermedius S. 和非洲乳白蚁Coptotermes sjostedti Holmgren。其中多型拟海小蠹经中国检科院确认为全国口岸首次截获的有害生物。（倪明媛）

■外来恶性杂草被截获 6月9日，一艘新加坡籍“华悦大连”轮停靠扬州海螺码头等待装载水泥。检验检疫人员实施登轮检疫时，在甲板上发现10余吨混装于包装袋中的大豆和玉米残留物。工作人员当即打开包装实施查验，发现多种杂草籽和一定数量疑似带有病斑的粮谷。6月16日，经江苏检验检疫局植物检疫实验室鉴定，确定为北美苍耳、三裂叶豚草、裂叶牵牛和蓟属4种杂草。其中，北美苍耳、三裂叶豚草为检疫性有害生物，是扬州口岸首次截获。（倪明媛）

■检疫性有害生物金斑窄吉丁首次被截获 9月12日，扬州检验检疫局检疫人员在对来自巴布亚新几内亚的阔叶杂木进行检疫查验时，截获有害生物窄吉丁。经省检验检疫局植检实验室鉴定复核，为金斑窄吉丁Agrilus maculiventris Deyr.，后报请中国检科院确认为

全国口岸首次截获的检疫性有害生物。为防止有害生物传入，检疫人员按照相关规定对带疫原木实施检疫处理。（倪明媛）

■检疫性有害生物澳洲窄吉丁首次被截获 10月10日，扬州检验检疫局检疫人员在对来自所罗门群岛的阔叶杂木进行检疫查验时，截获有害生物澳洲窄吉丁。经省局植检实验室鉴定复核，为澳洲窄吉丁Agrilus australasiae Laported Gory，后报请中国检科院确认为全国口岸首次截获的检疫性有害生物。为防止有害生物传入，保护我国农林生态安全，维护扬州口岸国门生物安全，检疫人员按照相关规定对带疫原木实施检疫处理。（倪明媛）

海关监管

■概况 截至2017年末，扬州海关监管进出口货物1096万吨，比上年增长19.6%，创历史新高。其中进口770.3万吨，增长29.7%；出口325.7万吨，增长1.3%。监管进出口货物总值63.5亿美元，增长15.5%。其中，进口货物价值30.8亿美元，增长23.9%；出口货物价值32.7亿美元，增长8.5%。监管进出境船舶1345艘次，增长15.06%。入库税收35.15亿元，增长38.77%。办理征免税证明219份，审批货值3405万美元，增长107.93%；减免税款3012万元，增长83.71%。征收行邮税458笔115.55万元，分别增长139%、162%。办理加工贸易合同备案664份，下降18.43%，备案总金额6.32亿美元，下降9.92%。扬州海关缉私分局立案侦办刑事案件3件，查获特大走私固体废物案件1件，查证走私废粉末涂料9200余吨，被中央电视台报道。查获枪支走私案件2件，查扣枪支5支，抓获犯罪嫌疑人6名；行政立案94件，罚没入库215万元。（扬海关）

■海关监管改革 通关一体化改革全面落地，税收征管方式改革取得实效，自报自缴比例达53%，电子支付和通关作业无纸化比例分别稳定在90%、96%以上。融入加贸保税监管一体化改革全局，各项工作推进顺利。推进“三互”大通关建设，关检合作一次查验80票。国际航行船舶“单一窗口”系统应用实现进出境运输工具申报全覆盖。科技对改革支撑作用显现，开展移动查验单兵作业3000余次，平均减少查验时间30分钟以上。在省内首批推广“掌上物流”项目，压缩综保区通关时间约80%。“智慧旅检”研究取得阶段性成果，实现行邮税二维码支付。（扬海关）

■服务地方经济 推进“两优两提”工作法，进口平均通关时间压缩47.69%，出口压缩62.86%，大幅提升通关速度。全市开放平台进一步优化，扬州泰州国际机场开通新航线。全面推广14项海关创新监管政策和海关总署AEO互认等11项特殊区域创新监管政策，有效增强区域功能。（扬海关）

■服务进出口企业 深化海关诚信体系建设，为重点企业开展海关认证辅导30余次，全年4家企业通过高级认证，通过率达100%。免除704个查验无问题集装箱费用15.48万元，惠及企业428家。在省内首家启动知识产权海关保护“订单预确认”工作。深度挖掘海关数据，向中共扬州市委、扬州市政府建言献策，报送《扬州海关专报》30篇。（扬海关）

■扶持重点项目发展 支持扬州综合保税区通过验收。为扬州倍加洁集团上市提供有力支持。实地走访调研扬州奥克石化仓储有限公司、扬州第二发电有限责任公司、扬州通利冷藏箱有限公司等企业，解决危化品监管场所、煤炭进口、出口退税等政策对企业的影响。（扬海关）

4月13日，扬州综合保税区验收会议在扬州召开　　海　关/供稿

开发园区

Kaifayuanqu

编　辑　徐国磊

综述

■概况　扬州有国家级经济开发区1个、国家级综合保税区1个、国家级高新技术产业开发区1个、省级经济开发区7个、省级高新区(筹)2个。全市开发园区代管面积981.05平方千米、规划面积408.1平方千米、开发面积158.5平方千米；有企业1.2万家，其中规模以上工业企业1320家。2017年，全市开发园区实现规模以上工业增加值1538.79亿元，比上年增长5.75%，占全市规上工业增加值72.1%；公共财政预算收入123.32亿元，比上年下降3.73%，占公共财政预算收入的42%；规模以上工业开票销售3049.53亿元，增长14.96%；自营出口64.86亿美元，增长14.99%；实际到账外资及港澳台资8.62亿美元，增长1.05%，为全市经济社会发展做出贡献。　（邱永永）

■招商引资　2017年，全市开发园区聚焦长三角、港澳台等重点区域，开展"530"招商、"510"并购行动计划，制定实施具有比较优势的招商引资优惠政策，成立专业化的招商队伍，完善招商人员激励机制，探索由政府主导招商向政府与市场化招商相结合转变。采取"抓上游、连下游""抓主业、带配套"的策略，深化产业链招商，引进一批补链、扩链、强链项目。推进项目经理制，每个项目明确专人负责，进一步加强在手、在谈项目的跟踪推进力度，提高项目履约率和资金到位率，确保项目早开工、早建设、早投产、早达效。全年全市开发园区新签约重大项目54个，

2017年扬州市开发园区主要经济指标一览表

园区	规模以上工业增加值（亿元）		公共财政预算收入（亿元）		规模以上工业开票销售（亿元）		规模以上工业入库税收（亿元）		注册外资实际到账（万美元）		自营出口（万美元）		固定资产投资额（亿元）	
	全年	比上年增长(%)	全年	比上年增长(%)	全年	比上年增长(%)	全年	比上年增长(%)	全年	比上年增长(%)	全年	比上年增长(%)	全年	比上年增长(%)
扬州经开区	220	5.5	23.8	-28.8	600	10	23	-14	28008	-36.54	143298	6.8	200	-18.1
扬州高新区	241.87	12.87	10.10	12.60	278.68	10.67	17.90	16.23	11536	161.70	73077	46.89	185.24	18.4
扬州化工园	103	7.8	5.09	4.7	230	21.7	6.21	26	3225	164.1	16285	20.00	142	20
江都开发区	227.20	10.3	14.7	8.9	315.1	14.6	13.7	24.5	13497	96.3	119156	63.9	215.7	2.7
仪征开发区	141.6	6.51	15.99	0.76	423.1	-6.17	28.1	-18.26	5671	8.53	25246	17.6	143	11.5
高邮开发区	122.00	10.9	13.5	4.7	248	30.5	10.66	97.4	4964	47.56	32849	13.84	155	19.2
宝应开发区	143.39	9.88	15.68	1.28	340.12	17.01	10.92	21.02	4751	155.70	74521	3.62	134.06	6.05
广陵开发区	132.45	4.98	7.75	15.26	211.64	45.28	6.94	24.93	6015	-44.1	62574	-21.98	143.87	6.08
维扬开发区	86.93	9.5	9.85	11.2	172.29	10.2	8.41	11.6	7589	-36.2	65453	51.26	148.6	17.2
杭集高新区	65.89	11.01	2.25	9.22	61.4	15.49	3.55	7.25	0		30962	5.57	18.75	16.56
高邮高新区	54.46	17.6	4.61	21.93	169.2	32.8	7.29	35	904	27.5	5208	20.04	130.95	29.51
合　计	**1538.79**	**5.75**	**123.32**	**-3.73**	**3049.53**	**14.96**	**136.68**	**5.46**	**86160**	**1.05**	**648628**	**14.99**	**1617.17**	**11.60**

注：1. 数据来源：根据外资企业代码、海关代码按照各开发区管辖范围逐一核查得出；
　　2. 开发园区到账外资不含上年度结转

（邱永永）

2017年扬州市开发园区主导产业、特色产业基地(园)分布表

单　　位	主导产业	特色产业基地(园)
扬州经济技术开发区	新能源、新光源、智能电网、电子书	国家科技兴贸创新基地、国家“火炬计划”智能电网特色产业基地、国家半导体照明产业化基地、国家绿色新能源特色产业基地、国家级数字出版基地、国家“火炬计划”扬州汽车及零部件产业基地、省半导体照明产业基地
扬州高新技术产业开发区	智能装备、新能源新光源、文化创意、生物科技	国家“火炬计划”邗江金属板材加工设备基地、数控机床产业园、省新型工业化产业示范基地、国家级文化创意产业示范基地、高端装备制造业示范产业基地
扬州化学工业园区	石油化工、基础化工、合成材料、精细化工和石化物流	江苏扬州新材料产业园、江苏省重点物流基地
广陵经济开发区	液压机械、汽车及零部件、电子信息	江苏扬州液压装备产业园、江苏船舶配套产业园
维扬经济开发区	机械制造、半导体材料、轻工玩具、文化创意、太阳能光伏	江苏扬州环保科技产业园、扬州邗江汽车及零部件产业园
江都经济开发区	特钢生产加工、汽车及零部件、船舶制造、生物医药化工、软件及现代服务业	江都船舶产业园、江苏江都沿江物流产业园、扬州(江都)软件园、江都留学人员创业园
宝应经济开发区	智能输变电装备、泵阀管件、压力容器、汽车配件	江苏宝应智能电网装备产业园
仪征经济开发区	汽车及零部件、船舶制造、现代物流	江苏仪征汽车产业园
高邮经济开发区	太阳能光伏、电子、纺织服装、冶金机械、医药食品	江苏高邮光伏产业园、高邮电池工业园、国家火炬高邮特种电缆特色产业基地
杭集工业园	酒店日用品	江苏扬州杭集日化科技产业园

(邱永永)

新开工重大项目47个,新竣工重大项目90个,新投产重大项目57个,分别占全市的36.7%、35.1%、52%、47.1%。(邱永永)

■产业发展　出台《关于全市开发园区转型升级加快发展的实施意见》,引导园区产业结构升级。实施“一特三提升”(打造特色创新集群,提升土地产出率、资源循环利用率、智能制造普及率)工程,围绕1～2个重点发展的主导产业,集中力量、集聚资源、集成政策,做大做强一批有优势、有特色的标志性产业,重点打造13个省级特色产业园和11个国家级特色产业基地,形成特色产业创新集群。以创建国家级、省级生态工业园区、循环经济示范区、智慧园区为抓手,提升土地产出率、资源循环利用率、智能制造普及率。(邱永永)

■科技创新　2017年末,全市开发园区累计落户高新技术企业524家,省级以上研发机构353个,建成科技产业综合体10个,建成面积139.3万平方米,入驻企业655家,引进清华大学、北京大学、南京大学等高校协同创新中心54个。广陵信息产业基地、扬州智谷、金荣(扬州)科技园、智能装备科技园等园区内60%科技综合体具有较为完善的市政设施、景观绿化、孵化平台、人才公寓等配套保障,在财务咨询、法律顾问、知识产权、金融服务等方面配备专业化的服务保障。全年建成众创空间19个,其中国家级4个、省级5个、市级10个,招引创客公司519家,引进高新技术创业服务中心31家;累计引进领军型人才579名,获批省级以上创新型开发区2家、知识产权园区9家。(邱永永)

■合作共建　推进开发园区与发达国家、国内先进园区、行业协会、知名企业等开展资本、技术、人才、管理及品牌合作。推进海峡两岸(扬州)绿色石化产业合作区、德国梅泰尔工业园、中意食品工业园、日本健康产业园等跨境合作园区建设,提升跨境合作园区影响力。至2017年末,江苏莘庄工业区(宝应)工业园、波司登高邮工业园等2家南北合作共建园区分别落户项目27个和24个,总投资251亿元和27.18亿元。(邱永永)

■开放发展　落实外商及港澳台商投资领域机制改革。实施外资企业实用备案管理,一表式告知报批材料,简化流程、缩减时间。出台进一步推进利用外资及港澳台商工作的17条措施,推进外资项目落户集聚。推进电子口岸“三个一”信息平台、通关信息查询系统、船舶申报系统等三个功能项目建设,提升服务效能和通关效率。鼓励牧羊集团、迈安德集团分别在缅甸、泰国、越南等东南亚国家开展大型成套设备输出、工程承包等一系列工程,实现扬州品牌和标准“走出去”。(邱永永)

扬州经济技术开发区

■概况 2017年，扬州经济技术开发区(简称扬州开发区)实现地区生产总值600亿元，比上年增长6.9%；规模以上工业增加值220亿元，增长5.5%；规模以上工业开票销售600亿元，增长10%；购进设备抵扣税2.52亿元，增长18%；进出口总额22.5亿美元，增长12%；全社会固定资产投资200亿元；公共财政预算收入23.8亿元；实际到账外资及港澳台资2.8亿美元。 (赵 军)

■招商引资 2017年，扬州开发区新签约重大项目14个、新开工重大项目15个、新竣工重大项目29个、新达产重大项目17个，其中李尔汽车座椅、东贝LED等优质项目签约，中航海底电缆、扬州国家小微企业“双创”示范基地等重大项目开工建设，佳明航电、永丰余生活用纸等重点项目投产达效。至年末，欧美工业园、绿色光电产业园、军民融合产业园、智谷创新创业园等特色园区进一步提升产业集聚度；绿色光电产业开票规模占全区总规模的1/3左右；汽车零部件产业汇聚中集、亚普、李尔等龙头企业，形成从油箱、发动机到车身、车饰的完整产业链；高端轻工产业引进英国逸洁、台湾康那香，产业链条拉长增粗。 (赵 军)

■科技创新 2017年，扬州开发区万人有效发明专利21.7件，位列全市第一。推进小微企业“两创示范”，全区科技综合体新增入驻企业76家，全年实现业务收入超15亿元、税收超亿元。智谷获批国家级众创空间、江苏省留学生创业示范基地，亚普获批国家“两创示范”平台。实施“招院引所”，促成企业与中科院半导体所、复旦大学等国内知名院校签署科技、人才项目46个；申报“千人计划”项目1个、“双创人才”项目6个、“双创博士”项目3个。新增瑞丰信息、舜大能源等“新三板”挂牌上市企业2家，新认定海通电子、合晶科技等高新技术企业8家，新获批高新技术产品39个，培育入库高新技术企业30家。 (赵 军)

■城市建设 推进新城开发。以构建“五分钟生活圈”为目标，围绕临港新城和“二城”核心区开发建设，实施宜居工程、通达工程、教育工程、健康工程、社会保障工程。江苏旅游职业学院竣工并实现首批招生，南部体育公园完成主体工程，智谷科技综合体二期按序时推进，雅居乐国际广场开工建设，扬子万象都汇二期全面竣工。完善功能设施。建成区路网全面形成，各产业基地实现“九通一平”，临江路开工建设，新城河路南延等10条道路竣工，临港汽车零部件标准厂房、临港供暖设备标准厂房建设按序时推进。全年改造、铺设各类杆线、管道5.8千米。加强生态建设。组织开展“263”专项行动，施港河等5条黑臭河道整治完成，8家规模畜禽养殖场、102家规模以下养殖场全部关闭，大气污染防治、秸秆禁烧和综合利用工作有序开展。推进公园体系建设。扬子津生态中心首发工程、大江风光带首发项目、古运河风光带贯通工程、富瑞公园南延北拓等4个大中型公园建成开放，南宝带小区等3个城市公园相继建成。全年植树24.8万株，成片造林47.73公顷，新增、提升城市绿化面积约80万平方米。 (赵 军)

建设中的中航海底电缆项目 经济技术开发区／供稿

■社会事业 聚焦富民增收。推进精准扶贫、阳光扶贫，低收入农户基本达到人均可支配收入7000元。落实农民收入五年倍增计划，加强农村集体“三资”管理，全区农民人均纯收入3.1万元，比上年增长10%。推进惠民工程。振兴花园学校建成并招生；3个镇卫生服务中心新建工程启动；东南片区改造、棚户区改造等工程有序开展；扬子新苑D区一期等41万平方米安置房开工建设，振兴花园二期北组团14万平方米竣工交付；银苑新村等6.1万平方米老小区综合整治完成；扬子津城市书房、振兴花园学校城市书房建成开放；5000吨粮库建成并投入使用；新城花园等2个生活垃圾分类示范小区在全市率先建成。 (赵 军)

■综合保税区 2017年末，扬州综合保税区累计完成注册项目77个，投资总额27.35亿美元，注册资本18.24亿美元；累计完成进出口总额117.9亿美元，完成实际进出境52.7亿美元。初步形成电子信息、太阳能光伏、装备制造和LED芯片封装检测等特色产业。 (邱永永)

扬州高新技术产业开发区

■概况 2017年，扬州高新技术产业开发区(简称扬州高新区)实现规模以上工业开票销售278.68亿元、入库税收17.90亿元、自营出口7.31亿美元，完成技改投入88.8亿元，公共财政预算收入10.1亿元，实现固定资产投资185.24亿元；有开票亿元以上企业26家、开票10亿元以上企业3家、国家高新技术企业40家、入库税收千万元以上企业19家、亿元以上企业3家。全年获全国知识产权试点园区、国家火炬统计工作先进单位、长三角生物健康产业集聚区、省智能装备产业区域集聚发展试点、省创新型数控成形机床产业集群、省生物医药科技产业园、省服装服饰产业基地等称号。（徐彦妮）

■招商引资 2017年，扬州高新区实现外资及港澳台资到账1.15亿美元，新增私营企业181家，其中工业规模以上企业12家、限上服务业和重点服务业企业13家。新签约华鼎电器等工业项目4个、绿地商办等服务业重大项目2个，新开工奥锐特等重大项目4个，新竣工完美二期等重大项目4个，新投产恒佳等重大项目4个；皇普电器等13个项目主体工程按序时建设，中曼动力主体施工完成，联环药业二期、生合厂房封顶，月城科技广场、金方圆、美迪森通过基建竣工验收，20多家科创型企业入驻金荣科技园。（徐彦妮）

■科技创新 2017年，扬州高新区完成国家知识产权优势企业验收2家，获国家科技进步奖1个，立项省成果转化项目2个、省地联合招标项目3个、省知识产权重点项目和平台项目各1个，获省科技进步奖二等奖1个、三等奖2个，获批省工程技术研究中心1家、省研究生工作站4家，获批专利授权600件，13家高新技术企业完成贯标。获省科技创业大赛第一名1个，“绿扬金凤”众创大赛一等奖和二等奖各1个。全年申报国家级众创空间2家、国家级孵化器1家、国家高新技术企业8家，省科技企业孵化器、省科技加速器、省科技创业孵化链条各1家，省以上科技计划项目43个，省高新技术产品55件；完成国家知识产权试点、国家创新型产业集群试点、省级众创社区申报。签约博士后工作站进站博士7人，签约项目25个，复旦大学教授武培怡项目落户。联合武汉大学、上海交通大学、中国农业科学院等高校科研院所举办生物医药产业专场发布会。全年获评省“双创”计划领军人才3人、高技能人才2人、“双创”博士2人、省科技副总4人，自主申报国家千人计划4人。（徐彦妮）

■城市建设 实施银河路改造并建成通车；开工建设祥园路、银柏路、中曼区间道路、纵三路、福尔禧路；建华大道和建华路启动建设，推进华扬西路改造规划方案设计。全年完成拆迁项目8个，累计拆迁面积13.8万平方米。仪扬河北岸整治项目完成，运西花园、建华二期安置房和青年公寓二期公租房以及医药公共平台建成，面积累计46.7万平方米。（徐彦妮）

■社会事业 举办劳动力专场招聘会，提供1500个就业岗位。规范企业用工管理，劳动合同签订率98%以上。开展社保扩面，城镇职工基本保险参保率98%以上，员工参保率90%以上。新农合参保率100%，全年报补医药费近1900万元。启动高新区第二幼儿园和汊河卫生服务中心项目。开展社会救助，累计发放各类救助金300多万元。注重文体惠民，吉安路体育公园、夹桥河公园先后建成开园，新增省级综合文化服务中心3家，发展文艺团队20多支，举办文体活动20多场次，周末剧场、百姓秀场、文艺课堂成为品牌活动。（徐彦妮）

■扬州高新区生物医药科技产业园 2017年11月7日，江苏省扬州生物医药科技产业园被省科技厅认定为省级科技产业园，这是扬州高新区获批的第二家省级科技产业园和扬州市唯一的生物健康产业专业化园区。园区位于扬州高新区南园，总规划面积8.3平方千米，一期启动区3平方千米。园区以“生物科技、健康服务”为主题，规划建设“一平台、四基地”（公开研发和孵化平台，生物制药、医疗器械、试剂疫苗、健康保健产业基地）。联环药业、上海奥瑞特、联亚生技、生合生物、艾迪生物等一批项目签约落户，形成产业集聚效应。（徐步勇）

扬州化学工业园区

■概况 2017年，扬州化学工业园区（简称扬州化工园区）实现公共财政预算收入5.09亿元，比上年增长4.7%；规模以上工业增加值103亿元，比上年增7.8%；规模以上工业开票销售230亿元，比上年增长21.7%；规模以上工业入库税收6.21亿元，比上年增长26%；注册外资及港澳台资实际到账3225万美元，比上年增长164.1%；固定资产投资142亿元，比上年增长20%。连续第五年位列中国石化联合会“中国化工园区20强”。（童　俊）

■招商引资 2017年，扬州化工园区推进总投资38亿元的中化国际江苏高端精细化工扬州高强防护新材料基地系列项目建设，先导工程瑞盛新材料500吨/年1414纤维项目建成，5000吨/年芳纶1414及1万吨/年芳纶1414等2个项目推进报批。总投资10亿元的百思德粉末涂料用聚酯树脂、总投资1亿美元的安美特电子化学品助剂、总投资9153万美元的大阳日酸电子化学品等3个项目按序时建设。总投资1.5亿美元的长连化工电子化学品、总投资3.5亿元的天诗5.2万吨/年特种蜡、总投资4亿元的四新8万吨/年消泡剂等3个项目推进报批。（童　俊）

■科技创新 2017年，扬州化工园区新增国家高新技术企业1家，完成重大科技成果转化项目数2个，新增省级以上研发机构2家，培育、认定省高新技术产品6个、省科技型中小企业3家，申报省、市科技计划项目10个；申请专利185件，专利授权101件。推动企业与科研院所、高校开展深度合作，促成政产学研合作项目23个；促成艾萨斯与中科院朱兆良院士团队、瑞祥化工与黄维院士团队合作共建市院士工作站并获授牌；

擎宇化工、建元生物建成省企业研究生工作站。组织申报中国石油和化工科普联盟科普基地。开展园区开门办园活动，全年接待参观人员1000余人次。 （童 俊）

■**安全环保** 2017年，扬州化工园区开展“263”、“四个一批”、危化品安全综合治理等专项行动。实施气煤替代，关停2台75蒸吨/小时锅炉，实现减煤4.5万吨。推进危化品安全综合治理，建成危化品运输车辆公共停车场。强化“三废”治理，开展气味深度治理，实施青山污水处理厂改造提升，规范落实危废储存、转移及处置措施。强化生态建设，扩建提升绿化隔离带、生态防护林带，绿化覆盖率35.4%。 （童 俊）

■**社会事业** 2017年，扬州化工园区实施六大类19项民生实事项目；通过开展大走访大排查活动，解决群众关心关注的问题，提升民生工作实效。完成古湄家苑A区1968套住房安置工作，保障搬迁群众权益。以开展“责任关怀体系建设”为引领，每月开展开门办园主题活动，增进群众对园区和企业的了解。落实环保信息公开制度，全年组织29个项目进行网上公示70余次，推动13家企业14个项目开展公众参与调查，及时公布信息，回应群众关切，切实保障公众知情权、参与权和监督权，营造良好的舆论环境。 （童 俊）

■**扬州大阳日酸半导体气体有限公司电子化学品项目** 2017年6月28日，扬州大阳日酸半导体气体有限公司电子化学品项目在扬州化工园区举行奠基典礼。该项目由气体公司大阳日酸株式会社(TNSC)增资建设，总投资9153万美元(约6.23亿元)，新增注册资本3000万美元(约2.04亿元)，规划建设年产240吨电子材料项目。项目呼应半导体产业发展大趋势，立足于下游半导体产业对高纯特种材料的需求，属于化工园区重点发展的新材料类项目，是园区加快转型发展、绿色发展的先导项目之一。 （徐步勇）

广陵经济开发区

■**概况** 2017年，广陵经济开发区(简称广陵开发区)实现地区生产总值217.36亿元，比上年增长6.7%；规模以上工业增加132.45亿元，比上年增长4.98%；实际利用外资及港澳台资6015万美元，自营出口6.26亿美元，高新技术企业产值181.01亿元，固定资产投资额143.87亿元，比上年增长6.08%。 （高 鹏）

■**招商引资** 2017年，广陵开发区新引进项目16个，1个项目增资扩股；注册资本3000万美元以上项目3个，注册资本5000万元以上民资项目9个，其中亿元以上项目4个，完成民资注册20.6亿元；全年实际外资及港澳台资到账9413万美元。招引上海产业转移项目4个。建立招商项目跟踪机制，世界500强淡马锡智能制造产业园落户园区，总投资2000万美元的苏航科技项目开工建设。 （高 鹏）

■**科技创新** 2017年，广陵开发区实现高新技术产业产值181.01亿元，占规模以上工业总产值的46.57%；完成规模以上企业研发投入4.01亿元；有规模以上企业117家，其中高新技术企业55家。巨鑫石油、通用电梯、森源电气等企业获批省高新技术产品23个。组织暻泰车材、科迈液压、万方电子等企业参加2017年中国扬州科技合作展示洽谈会推介活动，推进巨鑫钢管、海星数控等企业加强与高校院所的合作。完成专利申请714件、专利授权309件，其中发明专利申请214件，发明专利授权20件。完成PCT(海外专利)2个。申报省级成果转化项目2个。协助完成省级众创社区创建。江新电子获批市级科技成果转化项目，银焔机械、科迈液压获批市级科技计划项目，科技创业园获批市级科技设施项目。科迈液压、巨鑫钢管新增为省级以上研发平台，科技综合体新增珞能信息、草珊瑚启迪科技、苏星机器人等6家入园孵化科技型企业。引进衡麓投资人才创业基金。苏星机器人参加省创新创业大赛并获奖；众诚纳米、苏星机器人获批参加市级创新创业大赛。草珊瑚启迪科技闫强博士、耀扬新能源李晓锦博士、苏星机器人蔡则苏博士获批参加“绿扬金凤”项目，其中草珊瑚、耀扬、苏星获批广聚英才项目，签约的草珊瑚启迪科技总经理闫强博士为国家青年“千人计划”高层次人才。 （高 鹏）

■**基础设施建设** 推进安置房建设，翠月苑北区二期总建筑面积9.7万平方米住宅661套竣工并交付安置；翠月西苑A区总建筑面积21.8万平方米1460套住宅，一期15.8万平方米主体封顶，二期6万平方米基础开挖。完成运河人家北区4号楼1.3万平方米主体验收。加强绿化、道路建设，完成董庄路、运河人家三期北侧、江湾城东侧和沙湾南路绿化工程，完成团结河护坡和滨河路绿化施工、沪陕高速两侧绿化补植；完成京杭路、华扬路交叉口施工和七里河周边道路雨污水管道整改工程；完成扬霍路改造工程亮化施工和沙湾路(运河东路—利民桥)路灯改造提升，完成沙湾路电子警察安装。 （高 鹏）

■**中德梅泰尔液压装备研发中心项目** 该项目总投资1.2亿元，总建筑面积2.04万平方米，建设1栋办公楼、2栋生产厂房，引进数控测量机、三坐标测量仪器、制度光谱仪、工业机器人等国内外先进设备，计划建成开发区首家智能制造研发和生产中心。 （高 鹏）

■**扬州苏航电子科技有限公司微波组件项目** 该项目由扬州苏航电子科技有限公司投资建设，计划总投资1.85亿元，占地33.83公顷，总建筑面积2.9万平方米，主要建设6栋框架结构厂房，购置台式钻床、数控立式钻床、数控铣等主要设备144台。建成后预计年产1万套大功率微波组件，实现年产值2亿元。 （高 鹏）

维扬经济开发区

■概况 2017年，维扬经济开发区(简称维扬开发区)实现地区生产总值240.64亿元，工业增加值157.98亿元，公共财政预算收入9.85亿元，固定资产投资148.6亿元，自营出口6.55亿美元，实际利用外资及港澳台资7589万美元。 (尹姝萍)

■招商引资 2017年，维扬开发区开展外出招商300多批次，接待客商263批次，新引进总投资10亿元以上项目3个、总投资1亿元或1000万美元以上项目5个，其中外资及港澳台资项目协议签约1.5亿美元。奥吉瑞斯等6个项目通过新签约认定，三元玻璃等5个项目通过新开工认定，李尔二期等9个项目通过新竣工认定，扬杰二期等4个项目通过新达产认定。维扬开发区开发建设总规划面积19.98万平方米的微电子产业园，培育百亿级高端微电子产业集群。推进创智湖现代城建设一批总部型、研发型楼宇集群。以五亭龙玩具城为中心，启动长毛绒玩具特色小镇1平方千米核心区建设。 (尹姝萍)

■科技创新 2017年，维扬开发区围绕国家人才计划，借助科技镇长团资源，在海外多个人才平台发布需求信息，为中天利新材料引进美国人才赵斌并申报国家人才计划，为新亚高电压引进国家人才计划赵春晖教授。围绕省“双创计划”，申报“双创团队”2个、领军人才6人、企业博士后1人、科技副总8人。围绕市“绿扬金凤”计划，申报创业领军人才2人、创新领军人才5人、优秀博士8人。全年获批国家高新技术企业5家，新增省级以上高新产品40个，获批省科技成果转化项目1个、省级研发平台4个。围绕创业大赛，分别申报年轻人专场4人、领军人才专场8人。 (尹姝萍)

■基础设施建设 完成扬子江路亮化改造提升和部分建筑外立面整治、启扬高速北出入口绿化提升和匝道拓宽以及汽车文化体育公园、蜀冈西路社区公园、双塘路改造、荷叶路改造、老人沟河道整治等工程。完成双塘路、荷叶路雨污水管道测量及管道CCTV内窥检查和蜀冈东路、朱塘东路、养怡花园、荷叶小区雨污水管道测量及管道CCTV内窥检查等雨污水管道工程。完成北绕城绿化约800平方米、嘉瑞琪路与扬子江北路交叉口绿化约500平方米、李尔三期围墙边绿化1200平方米等绿化工程。完成220千伏王蜀线及100千伏蜀金线高压杆线迁移工程。完成高蜀北路及金槐路燃气管道铺设工程。 (尹姝萍)

■江苏罗思韦尔电气有限公司 2017年，该公司开票销售10.74亿元，纳税3880万元。主要从事汽车电子和汽车电器产品研发、制造和销售，主导产品涵盖车身电子控制系统、车载电子装置和汽车电器三大类12个系列，为国内10余家商用车和轿车企业提供专业配套和技术服务，先后建成省级“三站三中心”“CNAS实验室”“省级重点企业研发机构”等高层次研发平台，通过国际汽车组织ISO/TS16949:2009质量体系认证，并获“江苏省汽车电子控制系统工程技术研究中心”“江苏省创新型企业”等称号。被汽车工业协会汽车电子电器电机委员会评选为2017年度“行业十佳企业”“行业优秀供应商”。 (尹姝萍)

■李尔汽车系统(扬州)有限公司 2017年，该公司开票销售5.3亿元、纳税超5000万元。主要从事汽车电子、汽车电器、汽车线束等产品的研发、生产和销售。建设中的李尔三期汽车电子工厂项目，占地4.66公顷，厂房面积2.5万平方米，总投资约6000万美元，其中设备投资约3000万美元，10万级净化车间约5000平方米，计划2018年7月建成并投产。 (尹姝萍)

江都经济开发区

■概况 2017年，江都经济开发区(江都开发区)完成规模以上工业增加值227.20亿元，比上年增长10.3%；公共财政预算收入14.7亿元，比上年增长8.9%；规模以上工业开票销售315.1亿元，比上年增长14.6%；规模以上工业入库税收13.7亿元，比上年增长24.5%；自营出口11.9亿美元，比上年增长63.9%；固定资产投资额215.7亿元。(谈 平)

■招商引资 2017年，江都开发区新签约泰富智能化生产等项目8个，实际到账外资及港澳台资1.15亿美元，比上年增长50.2%。深化与青浦工业园区的结对共建，承接产业转移，全年签约并落户项目3个，分别是启成水净化膜项目、伊美特水净化空气净化设备项目、日新特种集装箱项目。新开工长青农化5000吨盐酸羟胺改造、中船澄西海上风塔及桥梁钢构、伊美特净水设备、中海置业商业广场等市级重大项目4个，日新特种集装箱、世豪轻纺、启成水净化膜、龙川钢管小口径热轧管生产线技改、龙川钢管环保提升技改、华伦化工有机废气治理、长青农化氟虫腈生产线技改等区级重大项目7个。新竣工中船澄西船用钢结构、中天管桩混凝土预应力管桩、中海工业海工装备、龙川大口径高合金无缝钢管、宝金新城空分、沿江商业广场等市级重大项目6个，鼎范环保、中煤科工供热站、卡明车身覆盖件等区级重大项目3个。 (谈 平)

■基础设施建设 滨江人民医院建成并部分启用，景诚酒店对外营业，星北湖游道建成开放，恒大地产落户。配合江广高速改扩建工程，实现安大公路南北贯通，北华路全线建成通车，完成红旗河5号桥等12座农桥和六王线提档升级。第二消防站、太字污水提升泵站主体竣工。全年累计完成拆迁项目4个、161户。开展“263”专项行动，关停化工企业7家、砖瓦企业7家、养殖场19家、砂石码头(搅拌站)11家，整治燃煤锅炉82台，治理重点挥发性有机物企业6家，疏浚幸福河等河道(塘)20条(个)，通过环保“三个一批”审批107家，新增村庄污水处理设施4个，铺设污水管网2.3千米，成片造林26.67公顷，四旁植树8万株。

（谈　平）

■**科技创新**　2017年，江都开发区推进港口物流、电子商务和软件信息等新兴产业集聚。江都港累计建成万吨级泊位13个，货物吞吐量突破5500万吨。扬州（江都）软件园新增扬州朗彩软件科技有限公司、找找计算机科技有限公司等10家企业，累计落户企业55家，主要从事行业应用软件、移动应用软件、嵌入式软件开发和企业信息化、电信增值服务等业务。落户企业通过“双软”认定11家，有软件从业人员700余人，累计获软件著作权认定159个、软件产品认定96个，获得专利65个，其中发明专利13个。京东扬州馆上线品牌242个，线上销售额居全国地方特色馆第三名。（谈　平）

■**泰富特材生产全过程信息化改造项目**　2017年2月12日，总投资9980万美元的泰富特材生产全过程信息化改造项目参加全省集中开工活动。该项目由扬州泰富特种材料有限公司全资投资，计划总投资7亿元，2017年投资4000万美元。项目按照“对企业经营管理系统—制造执行系统—过程控制系统三层架构进行集成组合”，推进“管控一体化”建设，内容涵盖过程控制、生产执行与企业经营多层次整体自动化、信息化系统。项目建成后，可年产600万吨磁铁精粉高品位氧化球团。（徐步勇）

宝应经济开发区

■**概况**　2017年，宝应经济开发区（简称宝应开发区）完成地区生产总值305亿元，比上年增长14.63%；业务总收入1218亿元，比上年增长9.89%；公共财政预算收入15.68亿元，比上年增长1.28%；规模以上工业入库税收10.92亿元；实际使用外资及港澳台资4751万美元，比上年增长155.7%；自营出口7.45亿美元，比上年增长3.62%；全社会固定资产投资134.06亿元，比上年增长6.05%。（徐建花）

■**招商引资**　2017年，宝应开发区全年新增内资项目61个，其中工业项目36个，新增内资注册资本51.2亿元。启动建设3平方千米的光伏发电装备制造产业园。新开工建设投资亿元以上工业项目5个，分别是投资10亿元的江苏艾力克新能源有限公司2GW智能制造高效太阳能组件封装项目、投资6.30亿元的宝胜科技创新股份有限公司高速轨道交通用数字信号及智能网络电缆生产项目、投资2亿元的江苏康源纺织有限公司第三期技改项目、投资1亿元的江苏浩睿车业有限公司30.8万套电动客车传动装置及零部件项目、投资1亿元的扬州曼沃汽车工程有限公司第二期新能源客车项目。新开工建设投资5000万元以上工业项目2个，分别是江苏润曼机械设备有限公司精密模具项目、宝应电器厂热保护器项目。竣工投产投资1亿元项目4个，分别是扬州曼沃汽车工程有限公司新能源客车项目（第一期）、江苏盛时科达实业有限公司汽车零部件项目、江苏宝胜电气股份有限公司特种电气项目、宝胜科技创新股份有限公司高速轨道交通用数字信号及智能网络电缆生产项目。新竣工投资5000万元以上项目1个，为扬州花仙子食品饮料有限公司荷藕制品深加工项目。（徐建花　乔冬琳）

■**科技创新**　2017年，宝应开发区获批国家高新技术企业7家、省高企15家、省“三站三中心”4家、省民营科技型企业25家，申报高新技术产品35件、专利1020件，产学研合作16家，开展“百博进百企”活动18次，柔性引进高层次人才42人，申报省市人才项目12个。获批“省级留学归国人员创新创业园”。科技综合体收集项目信息40多条，落户项目10个，其中高层次人才创业项目2个，实现开票销售3亿元、税收3000万元，获批“省小企业创业基地”项目资助100万元。通宝众创空间正式投入运营，招引互联网创业项目13个。

（徐建花　顾瑶瑶）

■**基础设施建设**　2017年，宝应开发区新建基础设施工程23项，投资总额1.85亿元，竣工21项。总体规划重新修编，规划3平方千米的光伏装备制造产业园，开展搬迁安置，国际学校初中部、第二消防站、八浅干渠道路拓宽等项目开工建设。招引宝应电器厂、鼎创陶瓷、艾力克新能源、苏美达集团等项目，盘活企业存量土地45.47公顷。推进生态环境建设，开展“263”整治，落实“河长制”，提升环境整治效果。

（徐建花）

■**光伏制造业链条**　宝应开发区启动规划3平方千米的光伏发电装备制造产业园建设，推进光伏发电项目和光伏制造业项目建设。光伏制造业总量从2012年销售收入不足2亿元，发展到2017年8亿元；光伏产品从原来单一的接线盒、密封胶等，发展到包括太阳能组件、光伏电缆、智能变电站、逆变器、支架、背板膜、硅胶硅片、光伏焊带等数十个品种。金友电气成为中国电器行业光伏电缆和光伏智能变电柜2个产品，标准的制定者。晶科、协鑫、艾力克、苏美达、艾能

扬州依利安达电子有限公司全自动化生产线

仪征开发区/供稿

等全国知名光伏制造业央企、大型民营企业及上市公司，投资新能源制造项目。其中，艾能新能源有限公司光伏组件封装自动化生产线项目于2017年12月通过扬州市新开工认定，计划总投资20亿元，建成后可年产1GW电池组件和1GW电池，实现年开票销售40亿元。

（徐步勇）

仪征经济开发区

■概况 2017年，仪征经济开发区（简称仪征开发区）完成工业总产值792亿元，其中规模以上工业产值745亿元，比上年分别增长4.3%和6.43%；实现规模以上工业开票销售423.1亿元；实现入库税收28.1亿元。实现工商税收收入43.1亿元，实现公共财政预算收入15.99亿元。

（吴四化　夏智慧　杨天齐）

■招商引资 2017年，仪征开发区完成实际利用外资及港澳台资近2000万美元；完成项目注册50多个；引进亿元以上项目15个，其中10亿元级项目1个。临江产业、汽车及零部件产业、高新区产业完成工业产值720亿元，占全区工业总量的91%，其中，规模以上临江产业企业完成产值64亿元，规模以上高新区企业完成产值28亿元，汽车产业完成产值616亿元。金陵船舶等龙头船企通过优化重组、扩产增效、强化技改等方式提升规模和效益，依利安达、耀皮玻璃、飞利浦等企业发展形势趋好。培育中兴派能、万润薄膜、稻源微电子等一批高质量的新能源、新材料、现代信息技术等新兴产业项目。（吴四化　夏智慧　杨天齐）

■科技创新 2017年，仪征开发区申报各类科技、人才项目49个；新增国家级高新技术企业7家；申请专利800件；达成产学研合作项目18个；引进高层次领军人才8人，柔性引进教授博士人才30人。11月，仪征开发区新兴产业高层次人才专场对接会在江苏省产业技术研究院举办。

（吴四化　夏智慧　杨天齐）

■基础设施建设 全年基础设施建设累计投入3.45亿元，实施大众广场科技综合体、三蒋花苑安置房及体育公园、沙河新苑五期、国华路、沿江公路两侧绿化等10余项工程，建成保障房、安置房10.7万平方米，道路、管网4.8千米；新增绿化面积20.5万平方米。十二圩集镇改造、工业核心区、科教产业园等重点区域配套建设逐步完善，利浦工业园初步成形。（吴四化　夏智慧　杨天齐）

■国泰消防项目封顶 2017年12月25日，国泰消防项目举行封顶仪式。该项目总投资10多亿元，规划占地33.3公顷，其中国泰总部大楼9层，建筑面积16万平方米。园区以消防产品创意产业为核心，全面打造集科技、研发、中试、孵化、生产、生活、教育、体验及商业设施于一体的综合性产业聚集，拥有全国领先的一流消防器材生产硬件设施。（徐步勇）

高邮经济开发区

■概况 2017年，高邮经济开发区（简称高邮开发区）完成公共财政预算收入13.5亿元，比上年增长4.7%；规模以上工业开票销售248亿元，比上年增长30.5%；规模以上工业入库税收10.66亿元，比上年增长97.4%；注册外资及港澳台资实际到账4964万美元，比上年增长47.56%；自营出口3.28亿美元，比上年增长13.84%；固定资产投资155亿元，比上年增长19.2%。

（印锦菲）

■招商引资 2017年，高邮开发区签约项目44个。其中，20亿元项目2个，即波司登光伏组件项目和晶樱多晶硅铸锭及切片项目；20亿元以下、10亿元以上项目5个，即新洲印刷、风帆电池、宇浩源球墨铸铁、威昂电动车和中药饮片增资扩产项目；10亿元以下、1亿元以上项目8项。科技项目招商注册签约康乃尔生物、旭呈生物、上和医疗、知行动力、临航核安、华青电子等23个（家）科技型中小企业项目。与美国南部工商贸易发展促进委员会、上海克莱登商务咨询有限公司以及深圳无界投资控股有限公司分别签订委托招商合作协议。全年新开工重大项目5个，计划总投资51.08亿元；新投产重大项目9个，实际总投资91亿元；新竣工重大项目13个，实际总投资184.6亿元。启动光储充产业、高端装备制造等特色产业园规划建设。出台《关于鼓励和引导企业加快发展的扶持奖励政策》。（印锦菲）

■科技创新 出台完善《鼓励科技创新与人才发展奖励扶持政策实施意见》《高新技术企业提升行动计划》2份政策文件，每年安排1000万元用于奖励高新技术产业发展，鼓励企业建立创新研发平台。推进产学研合作，邀请30多名专家学者参加“院士专家高邮行”“百名博士进百企”等产学研对接活动。15家企业与湖南大学、东南大学、四川大学等高校科研院所建立校企联盟，达成技术开发合同9项。2017年获批省高新技术产品38个；完成专利申请534件，其中发明专利申请213件；授权专利365件。申报省“双创人才”计划项目5个，扬州“绿扬金凤”计划项目14个。欧力特获批江苏省企业院士工作站，传艺科技、航天水力申报省博士后科研实践基地。（印锦菲）

■基础设施建设 启动特色产业园基础设施建设，完成洞庭湖路东延、金桥路北延、汤北路及污水处理厂二期建设等工程；围绕提升园区功能形象，实施凌波路改造、泰北路东延和老横泾河风光带等重点工程；围绕江淮生态大走廊建设，推进“263”专项整治，关停青青畜业运河养猪场和宏扬助剂厂；关停改造企业燃煤锅炉，完成减煤任务；围绕卫生城市和文明城市创建，推进环境整治和生态建设，园区改造新增绿化面积8万平方米。（印锦菲）

■江苏国信高邮燃气热电项目投产运行 2017年11月20日，江苏国信高邮燃气热电联产工程1号联合循环机组投产运行。江苏国信高邮一期工程2x100兆瓦级燃气热电联

11月20日，江苏国信高邮燃气热电联产工程1号联合循环机组投产运行
高邮开发区/供稿

产项目是江苏省“十二五”能源规划的重点项目，工程总投资约11亿元，于2016年9月25日开工建设。一期工程投产后，可年发电13亿千瓦时、供热75万吨，将全面替代167台小锅炉，实现集中供热，年可减排二氧化硫1390吨、氮氧化物464吨、烟尘2295吨、灰渣3.8万吨，年节约标煤8.77万吨。1号和2号两台机组并网发电、供热后，将实现年开票销售近10亿元、税收5000万元。（徐步勇）

■扬州道爵新能源发展有限公司电动汽车项目竣工投产 2017年6月，扬州道爵新能源发展有限公司电动汽车项目竣工投产。该项目由江苏道爵实业有限公司投资，总投资20亿元，注册资本2亿元，占地19.73公顷，于2015年3月开工建设。项目建设层高8米以上的厂房11万平方米，设计年产电动汽车16万辆以上。至2017年末，实现开票销售4.6亿元。项目全部达产后可实现年销售30亿元以上、年创税1.5亿元以上。

（赵倩倩）

江苏省杭集高新技术产业开发区

■概况 2017年6月15日，江苏省杭集高新技术产业开发区（简称杭集高新区）获批设立。全年实现地区生产总值90.20亿元，比上年增长8%；实现规模以上工业产值260亿元，增长18%；规模以上工业入库税收3.55亿元，增长7.25%。新增“新三板”挂牌企业1家、规模以上工业企业8家，新发展私营企业272户、个体工商户654户、个转企28户。

（杭集办）

■招商引资 2017年，琼花新型包装材料技改项目开工建设，倍加洁高档日化项目主体工程封顶，两面针华东日化用品生产基地项目建成投产。国融证券扬州曙光路营业部正式营业。科技企业孵化中心项目通过竣工验收。红豆万花城商业综合体项目推进建设。（杭集办）

■科技创新 2017年，江苏两岸创客家孵化器项目签约入驻。实现高新技术产业产值87.61亿元，比上年增长16.4%；技术合同成交额1800万元。新增国家高新技术企业1家、高新技术产品11个。新增省级以上研发机构2家、省级科技型中小企业4家、重点科技成果转化项目2个。新增专利申请223件、专利授权121件，万人发明专利拥有量13.27件。新增省名牌1个、省著名商标3件。举办“杭集杯”国际创新设计大赛，推动杭集传统优势产业可持续发展。成立扬州日化产业技术创新战略联盟和小微企业双创服务中心。

（杭集办）

■基础设施建设 至年末，杭集高新区投入20多亿元用于交通、供水、能源、环保等基础设施建设，建成曙光路、三笑大道、兴园路、高露洁路、龙王路、翟庄路、琼花路等东西主干道工程，形成“十纵十一横”道路框架。建成110千伏安变电所1座、220千伏安变电所1座，建成污水管网总泵站和杭集专业消防站。

（杭集办）

■2017“杭集杯”国际创新设计大赛 5月26日，2017“杭集杯”国际创新设计大赛终评在生态科技新城举行。此次活动分为终评答辩、颁奖典礼及高峰论坛三个环节。大赛以“绿色设计、健康发展”为主题，充分运用互联网和资本平台，将设计成果个性化与产业化相融合，将现代化设计思想、文化内涵、时尚元素和独特功能融入杭集日化产品设计之中。经过90多天的作品征集，收到参赛作品2683件，15件作品入围决赛。最终确定优秀奖8名，最佳商业价值奖、最佳概念设计奖、最佳产品奖、最佳设计潜力奖、最佳材质应用奖各1名，金奖1名，至尊奖1名。

（杭集办）

■杭集镇入选全国特色小镇 2017年8月，生态科技新城杭集镇入选第二批全国特色小镇名单，成为扬州首个全国特色小镇。杭集镇位于扬州东郊，面积34.15平方千米，是扬州市首批“一区四园”之一，享有“中国牙刷之都”和“中国酒店日用品之都”称号，集聚美国高露洁、比利时安泰士、江苏三笑集团以及上市公司鸿达兴业、两面针股份等200多家品牌企业，牙刷和酒店用品国内市场占有率分别为80%、60%，是全球最大的牙刷生产基地。（徐　徐）

交通

Jiaotong

编 辑 陈永华

综述

■概况 2017年，全市交通基础设施建设完成投资117.74亿元。其中，高速公路建设完成投资15.28亿元，国家、省干线公路建设完成投资21.07亿元，农村公路及桥梁建设完成投资3.01亿元，航道船闸建设、撤渡建桥完成投资1.75亿元，港口建设完成投资2.09亿元，机场建设完成投资0.52亿元，连淮扬镇铁路扬州段工程完成投资32.2亿元，城市南部快速通道工程完成投资28.32亿元，金湾路工程完成投资13.5亿元。公路、铁路、水路分别完成客运量3421万人次、258.5万人次、5.99万人次，分别完成货运量7112万吨、32.7万吨、6262万吨；港口完成货物吞吐量1.3亿吨；扬州泰州国际机场完成旅客吞吐量183.7万人次、货邮吞吐量9377.6吨。市区（含江都区）城市公共交通行业全年完成客运量2.98亿人次。

加强交通行业管理，促进交通运输业发展。扬州市入围交通运输部"十三五"期间公交都市建设第一批创建城市。强化交通基础设施养护管理，保障路航设施产权完整，清除路航非标物，增设交通安全设施，保持路航通行环境良好。保障辖区内河水上交通安全畅通，未发生重特大水上交通事故和船舶污染水域事件，京杭运河扬州段等干线航道未发生航道堵塞4小时以上责任事件。完成汛期、枯水期及恶劣天气条件下公路、水路运输保障任务，畅通电煤、鲜活农副产品等重要物资运输"绿色通道"，保障中国扬州"烟花三月"国际经贸旅游节、中共十九大等重大活动期间交通运输安全和行业稳定。

（王宏雷 任轶群）

■扬州市交通产业集团有限责任公司 2017年，扬州市交通产业集团有限责任公司（简称市交通产业集团）实现营业收入10.19亿元，完成上缴国资收益450万元。年末总资产129.89亿元，净资产65.26亿元。下属江苏扬州汽车运输集团公司实现营业收入5.01亿元；扬州市公共交通集团公司实现总收入1.39亿元；扬州市交通停车场投资建设管理有限公司新增路面收费停车泊位202个，实现主营业务收入952.84万元，比上年增长110%；扬州市机动车辆检测有限公司扩建启用2条环检线，实现机动车辆安全性能检测、尾气环保检测一站式服务，检测车辆5.36万辆，增长33.73%。

2017年扬州公路里程年底到达数一览表

表26-1 单位：千米

项目	总计	等级公路									等外公路
		合计	高速公路				一级公路	二级公路	三级公路	四级公路	
			小计	四车道	六车道	八车道及以上					
年底到达数	**9610.43**	**9238.73**	**293.69**	**194.99**	**88.42**	**10.28**	**564.15**	**1293.09**	**828.74**	**6259.07**	**371.70**
国道	**489.97**	489.97	206.96	133.46	63.22	10.28	248.32	34.69	0.00	0.00	0.00
#国家高速公路	**206.96**	206.96	206.96	133.46	63.22	10.28	0.00	0.00	0.00	0.00	0.00
省道	**531.36**	531.36	82.22	57.03	25.20	0.00	256.43	192.70	0.00	0.00	0.00
县道	**1269.77**	1263.59	4.51	4.51	0.00	0.00	20.54	729.73	361.93	146.87	6.18
乡道	**3533.92**	3487.74	0.00	0.00	0.00	0.00	30.97	136.89	373.32	2946.56	46.18
村道	**3785.42**	3466.08	0.00	0.00	0.00	0.00	7.89	199.07	93.48	3165.64	319.34

（任轶群）

2017年扬州公路桥梁、渡口年底到达数一览表

表26-2

项目	桥梁												渡口	
	总计		按跨径分										总计	机动渡口
			互通式立交桥		特大桥		大桥		中桥		小桥			
	数量（座）	长度（延米）	数量（座）	长度（延米）	数量（座）	长度（延米）	数量（座）	长度（延米）	数量（座）	长度（延米）	数量（座）	长度（延米）	数量（处）	数量（处）
年底到达数	**4400**	**197366.89**	**22**	**9071.38**	**15**	**28998.25**	**251**	**63686.82**	**998**	**48011.04**	**3136**	**56670.78**	**18**	**1**
国道	**334**	**50773.31**	16	5039.2	10	15844.74	67	23322.51	166	9367.37	91	2238.69	**0**	0
#国家高速公路	**195**	**36012.01**	5	1117.25	9	14017.16	46	14618.31	107	6339.33	33	1037.21	**0**	0
省道	**252**	**44052.13**	6	4032.18	5	13153.51	70	22352.53	111	6770.07	66	1776.02	**0**	0
县道	**465**	**22225.45**	0	0	0	0	35	8576.78	188	8543.39	242	5105.28	**0**	0
乡道	**1825**	**44925.75**	0	0	0	0	47	5471.9	319	13927.52	1459	25526.33	**9**	1
村道	**1524**	**35390.25**	0	0	0	0	32	3963.1	214	9402.69	1278	22024.46	**9**	0

（任轶群）

开展公交优先“双市同创”。全年新购公交车辆200辆，空调公交车、新能源和清洁能源公交车比例分别提高到81.1%和85.6%。优化公交线网。全年新辟、优化调整线路20条，至2017年末，公交线路达123条，服务面积近1100平方千米，实现市区国家AAA级以上景区和省三星级以上乡村旅游区公交巴士全覆盖，市区主要景区和酒店周边公共自行车租赁系统全覆盖。实施惠民公交政策。旅游旺季观光巴士实行免费乘坐，延长旅游专线等7条线路收班时间，实现与晚班线路无缝衔接；法定节假日、周五至周日，6个换乘中心为外地游客提供免费公交接驳服务；落实扬州高校新生入学后一年内享受市区公交刷卡减半优惠，累计办理优惠卡2.58万张；配合推进江都区公交线路纳入市区公交线网运营。研发启用“大间隔、大接龙智能报警”系统，合理配置车辆、人力资源，提高行车准点率、实载率，减少空驶里程，降低运营成本。完成各类重大节庆活动的客运保障任务，全年完成客运量1.2亿人次。扬州市先后入围江苏省“公交优先示范城市”、“十三五”期间首批国家公交都市创建城市。

推进重大工程项目建设。完成念四桥路西延工程，道路长641米，宽22米（路口23.5米），中间为双向混合车道，总投资1300万元，建设周期为2016年10月至2017年5月，畅通瘦西湖西门、扬子江北路与维扬路间的交通，缓解瘦西湖隧道出入口的交通压力；新建国庆路北段（东圈门）、扬州西部客运枢纽等2个公共停车场，续建完成荷花池地下停车场与苏北人民医院地下联络通道及荷花池景观恢复工程；建成并启用北部换乘中心和扬州西部客运枢纽联勤联动指挥中心，改善市民、游客出行和保障条件；对主城区、主要景区国有停车场进行智能化改造，完善“宜行扬州”智慧出行系统建设，被列入“云上扬州”建设子项目之一。

（夏　俊）

■国庆路北段（东圈门）停车场工程　国庆路北段（东圈门）停车场工程项目位于东圈门入口、原机关东泽园食堂和浴室位置。总投资97万元，占地1024平方米，可提供停车位33个，配套建成4间管理用房（面积57.48平方米），建设地面式停车场。项目9月23日开工建设，历时2个多月，于11月30日投入试运营，国庆路北段（东圈门）停车场建成投入使用，改善东圈门周边环境，缓解老城区停车难问题。

（夏　俊）

■扬州联勤联动指挥中心及周边环境整治工程　由市交通产业集团负责的扬州联勤联动指挥中心及周边环境整治工程包括建设扬州联勤联动指挥中心，扬州火车站、扬州西部客运枢纽周边环境整治提升，配套建设生态停车场。其中扬州联勤联动指挥中心位于扬州火车站西南侧、扬州汽车客运站北侧，主体建筑分为上下两层，建筑主体为钢结构形式，总建筑面积512平方米，配有信息采集室、询问室、备勤室、值班室等，具备服务群众、治安防范、打击处置、应急处突等功能，该项目7月动工，历时3个多月，于10月10日交付使用；配套建设的生态停车场项目于9月开工，11月10日竣工交付，停车场占地3300平方米，设计停车位80个，按照生态停车场的建设标准，在停车位内采用植草砖铺设，用香樟树作为车位间分隔，美化扬州火车站周边环境及满足接站送站旅客的停车需求，改造扬州汽车客运站与扬州火车站的风雨连接长廊以及站前广场公交站台新雨棚，整体采用钢结构形式，低辐射玻璃顶棚，改变进出站旅客露天候车的旧状，方便乘客在扬州西部客运枢纽内部无风雨换乘。

（夏　俊）

公路

■干线公路建设　全年完成普通国、省干线公路建设投资21.07亿元，建成通车48千米，工程质量优良率

100%。611省道、352省道江都段建成通车。331省道宝应段先导段路基、中小桥基础与下部构造基本完成,跨京沪高速立交桥基础完工,二期工程4个标段施工单位进场,驻地、便道开工建设。333省道高邮东段全线开工,原地面处理完成50%。328国道仪征段快速化改造工程全面启动,汉金大道桥梁桩基完工。（唐吉士）

■农村公路建设 全年完成农村公路及桥梁建设完成投资3.01亿元,新(改)建农路250千米、改造农桥50座,项目验收合格率100%。江都区陈家渡、杨家渡、邱墅阁实现撤渡建桥,高邮市界首大桥主桥合龙。（赵端端）

■金湾路工程 金湾路工程北起启扬高速双沟互通,向南利用老237省道与华山路交叉后,分别跨高水河、老古运河、金湾河,南连沪陕高速杭集南互通,全长13千米,概算总投资45亿元,2015年开工建设。2017年,该项目完成投资13.5亿元,金湾河大桥与北侧道路、下穿文昌路隧道、古运河大桥交工,其中龙城路至文昌路段建成通车,高水河大桥主体基本完成;古运河大桥道路标桥梁桩基完工,完成桥面铺装50%、路基填筑70%;下穿韩许河路隧道完成主体隧道砼浇筑;南海村段完成桥梁桩基95%、路基填筑70%。461省道主线桥下部结构全部完成,现浇箱梁完成80%;328国道主线桥桩基全部完成,承台完成95%、墩柱50%。（唐吉士）

■611省道扬州段 611省道扬州段起于125省道高邮段,串联高邮市送桥镇、邗江区公道镇、方巷镇、槐泗镇及竹西社区,终于运河北路与江平东路交叉口,工程全长35.2千米。全线采用一级公路标准建设,设计速度100千米/小时,同步建设感知公路。2014年5月10日开工建设,其中高邮段8.09千米,2016年12月16日建成通车;邗江段27.15千米,一期工程于2017年4月10日建成通车,二期工程于2017年12月28日建成通车。全线累计完成投资16.83亿元,其中2017年完成投资8.83亿元。（唐吉士）

■江广高速公路扬州段改扩建工程 江广高速公路扬州段改扩建工程西起江都正谊枢纽,途经江都区仙女、大桥、浦头等3个镇,止于扬泰交界,全长19.22千米,概算总投资16.5亿元。2015年8月18日开工,2017年度完成投资6.23亿元,累计完成投资12.03亿元,浦头互通建成,路基桥涵完工,南侧路面沥青上面层全部完成;正谊服务区北区房建工程、场地建设完工,外部供水管道、污水管道、供电对外接通。（潘大为）

■328国道仪征段快速化改造工程 328国道仪征段快速化改造工程起于328国道仪征市与扬州主城区交界处,向西沿现有328国道扩建,经新集镇、新城镇、仪征汽车工业园、仪征城区,止于扬州仪征市与南京六合区交界处,接328国道南京段,全长30.291千米,概算总投资39亿元。2017年开工,完成投资4亿元,桥梁桩基基本完工。（唐吉士）

■城市南部快速通道 城市南部快速通道工程西起八字桥互通,向东沿江阳路,经渡江南路,转入开发路,上运河南路,接宁通高速匝道、沪陕高速汤汪互通,工程全长17.2千米,总投资59亿元,其中建安投资39亿元。2016年4月18日,项目全线开工建设。2017年,工程完成投资28.32亿元,项目先导段、扬子江路支线上跨桥和蒋王接线建成并临时开放交通,开发路隧道、渡江南路隧道、邗江路隧道和扬子江路隧道主体完工,通扬桥(三幅桥梁)和江阳西路主线高架主体完工。至年底,全线完成路基39%、桥梁桩基93%、现浇箱梁81%、雨污水管道59%,推进管线规划迁改。（黄　征）

■宿扬高速公路扬州段 宿扬高速公路扬州段工程西起仪征市大仪镇苏皖省界,终点通过扬州西枢纽与启扬高速互通,接润扬北路至扬州市区,全长22.77千米,概算总投资17.08亿元。全线采用双向四车道,设计行车速度120千米/小时。共设陈集、刘集、蜀冈等3处互通,蜀冈主线收费站1处、陈集和刘集2处匝道收费站,服务区1处。2017年,完成投资3.21亿元,12月28日建成通车。（张志超）

■五峰山过江通道公路接线工程扬州段 五峰山过江通道公路接线工程扬州段工程起于正谊枢纽,跨芒稻河,经江都区仙女镇、滨江新城、广陵区李典镇、头桥镇和镇江市丹徒区高桥镇,接五峰山公铁合建大桥。在扬州境内设置滨江新城互通、头桥互通,新建1个服务区、3个收费站。2017年,扬州段完成投资约13.46亿元;10月11日,项目先导段芒稻河特大桥开工建设。（张志超）

■333省道高邮东段改扩建工程开工 5月4日,被列入江苏省2016年度第一批PPP入库项目的333省道高邮东段改扩建工程正式施工,沿线乡镇(园区)征地、拆迁等工作同步推进。7月18日,高邮市举行611省道高邮段正式通车暨333省道高邮东段改扩建工程正式开工仪式。333省道高邮东段全长35.27千米,路宽26米,总投资14.75亿元,计划于2018年完工。项目东起高邮兴化交界处,经甘垛镇、汤庄镇、卸甲镇,跨京沪高速公路并下穿连淮扬镇铁路至233国道与333省道交叉口。全线按双向四车道一级公路标准建设,设计行车速度100千米/小时。（衡魏徽）

■公路客运 2017年,全市完成道路客运量3421万人次、旅客周转量29.93亿人千米,比上年分别下降10.9%、7.1%。全市有道路旅客运输经营业户25户,有营运客车1358辆(不含城市公交、出租车)、客位数5.82万个,户均拥有车辆54辆。全市开通客运班线452条,其中省际班线134条,市际班线181条,县际班线43条,县内班线94条,营运范围辐射全省13个地级市及全国16个省(自治区、直辖市)。（宋维同　王建统）

■**公路货运** 2017年，全市累计完成营业性公路货运量7112万吨、货物周转量132.4亿吨千米，分别增长8.6%、9.7%。全市有道路货运企业4173家，其中道路危险货物运输企业54家。有载货汽车4.5万辆，总载重31.91万吨，分别下降3.6%和增长1.7%。其中，厢式货车1.08万辆2.95万吨，危货运输车辆1672辆2.11万吨。载货汽车中牵引车3706辆、挂车4210辆，甩挂比1:1.14。

（宋维同　岳鹏翥）

■**节假日旅客运输** 2017年春运期间，全市安全运送旅客423.4万人次，下降11.2%。其中，公路运输387.5万人次，下降14.5%；铁路运输25.4万人次，增长67.1%，民航运输10.5万人次，增长52.6%。国庆期间，全市公路运输83万人次，下降2.4%。（王建统　岳鹏翥）

2017年扬州市营业性运输车辆情况表

表26-3

地　区	公路客运		公路货运	
	客车数(辆)	客位数(座)	货车数(辆)	吨位数(吨)
合　计	**1399**	**57225**	**45449**	**319070**
市　区	711	31339	30823	205408
宝应县	212	7687	3529	26087
仪征市	183	5981	4843	46126
高邮市	293	12218	6254	41449

注：公路客运车辆不含城市公交、客运出租车辆　（扬运管）

2017年扬州市公路营业性运输量表

表26-4

地　区	公路客运		公路货运	
	客运量（万人次）	旅客周转量（万人千米）	货运量（万吨）	货物周转量（万吨千米）
合　计	**3421**	**299283**	**7112**	**1324106**
市　区	1875	163917	4580	852593
宝应县	459	40194	581	108179
仪征市	357	31275	1028	191333
高邮市	730	63897	923	172001

（扬运管）

铁路

■**连淮扬镇铁路扬州段** 2017年，连淮扬镇铁路扬州段项目用地手续全部办理完成，完成投资32.2亿元，占年度计划的107.33%。签订连淮扬镇铁路扬州南站站房规模扩大和路基改高架补充协议，扬州南站路基改高架设计变更方案获中国铁路总公司和江苏省政府的联合批复。11月9日，连淮扬镇铁路全线首杆接触网柱在扬州宝应段架设，站后"四电"（通信工程、信号工程、电力工程、电气化工程）工程施工启动；宝应特大桥、上跨启扬高速公路大桥、上跨宁启铁路特大桥陆续合龙。至年底，扬州段累计完成桥梁灌注桩3.30万根、承台3923座、墩身3846座，分别占总量的96.4%、92.48%、90.66%，完成架梁1699榀，占比43.79%。

（王　东）

■**连淮扬镇铁路扬州站首根桩基开钻** 8月28日，连淮扬镇铁路扬州站首根桩基开钻，进入施工阶段。因规划调整，扬州站（扬州南高架站）由路基地面站变更为高架站，设置2条正线、4条到发线，同步实施地铁1号线穿越预留工程，规划建设多种交通方式，实现"零距离换乘"的综合交通枢纽。（衡魏徽）

■**铁路客运** 2017年，宁启铁路扬州站发送旅客258万人次，到站旅客261万人次，实现客运收入2.67亿元。（扬　铁）

■**铁路货运** 2017年，宁启铁路扬州站发送货物13.33万吨，装车2772辆；到站货物19.36万吨，卸车3732辆。实现货运收入4998.4万元。发车货物主要为钢管、粮食、金属制品等产品，到站货物主要为化肥、化工产品、钢材等。

（扬　铁）

航空

■**概况** 扬州泰州国际机场是由扬州、泰州两市按8:2比例投资合建的民用机场，机场位于扬州市江都区丁沟镇境内，距扬州市区25千米，距泰州市区20千米。2015年机场口岸开放通过国家级验收，2016年中国民航局批复同意机场更名为扬州泰州国际机场。2017年底，扬州泰州国际机场运营的国内航线有北京、沈阳、深圳、西安、厦门、三亚、哈尔滨、大连、南宁、长沙、广州、长春、成都、桂林、博鳌、天津、贵阳、昆明、珠海、兰州、福州、呼和浩特、石家庄、乌鲁木齐、北海、郑州、洛阳、重庆等28条，国际（地区）航线有济州、曼谷、普吉、大阪、芽庄、中国台北等6条。全年安全保证各类飞行5.55万架次，其中保障运输飞行1.51万架次；完成旅客吞吐量183.7万人次，平均客座率84.01%；完成货邮吞吐量9377.6吨。全年收入1.2亿元，上缴税金208万元。

2月27日至3月3日，民航江苏监管局成立评估组对扬州泰州国际机场安全管理体系（SMS）运行效能进行评估。4月19日，扬州泰州国际机

2017年底扬州泰州国际机场航班情况一览表

表26-5

航　　线	航空公司名称	机型	航　　班
扬州泰州国际机场—韩国济州国际机场	春秋航空公司	A320	每周二、四、六、日各一班
扬州泰州国际机场—泰国曼谷素万那普国际机场	春秋航空公司	A320	每周二、四、六、日各一班
扬州泰州国际机场—泰国普吉国际机场	春秋航空公司	A320	每周二、五、日各一班
扬州泰州国际机场—日本大阪关西国际机场	春秋航空公司	A320	每周一、四、六各一班
扬州泰州国际机场—越南芽庄机场	越南捷星航空	A320	每两周三班(周一、五,次周三)
扬州泰州国际机场—台北桃园国际机场	台湾中华航空公司	B738	每周五各一班
扬州泰州国际机场—北京首都国际机场	中国国际航空公司	B738	每日一班
扬州泰州国际机场—深圳宝安国际机场	深圳航空公司	A320	每日两班
扬州泰州国际机场—西安咸阳国际机场	深圳航空公司	A320	每日一班
扬州泰州国际机场—广州白云国际机场	中国南方航空公司	A320	每日一班
	深圳航空公司	A320	每日一班
扬州泰州国际机场—厦门高崎国际机场	深圳航空公司	A320	每日一班
	春秋航空公司	A320	每日一班
扬州泰州国际机场—昆明长水国际机场	春秋航空公司	A320	每周二、四、六各一班
扬州泰州国际机场—三亚凤凰国际机场	深圳航空公司	A320	每周一、三、五、日各一班
扬州泰州国际机场—哈尔滨太平国际机场	深圳航空公司	A320	每周一、三、五、日各一班
扬州泰州国际机场—成都双流国际机场	四川航空公司	A320	每日一班
扬州泰州国际机场—沈阳桃仙国际机场	深圳航空公司	A320	每日一班
扬州泰州国际机场—贵阳龙洞堡国际机场	春秋航空公司	A320	每日一班
扬州泰州国际机场—天津滨海国际机场	春秋航空公司	A320	每周一、三、五、日各一班
扬州泰州国际机场—桂林两江国际机场	桂林航空公司	A319	每周一、三、五、日各一班
扬州泰州国际机场—郑州新郑国际机场	春秋航空公司	A320	每周一、三、五、日各一班
扬州泰州国际机场—大连周水子国际机场	深圳航空公司	A320	每日一班
扬州泰州国际机场—长春龙嘉国际机场	春秋航空公司	A320	每周四、日各一班
	深圳航空公司	A320	每日一班
扬州泰州国际机场—呼和浩特白塔国际机场	春秋航空公司	A320	每周二、六各一班
扬州泰州国际机场—琼海博鳌国际机场	桂林航空公司	A319	每周二、四、六各一班
扬州泰州国际机场—珠海金湾国际机场	春秋航空公司	A320	每周一、三、五、日各一班
扬州泰州国际机场—石家庄正定国际机场	春秋航空公司	A320	每周二、五、日各一班;每周二、四、六各一班
扬州泰州国际机场—南宁吴圩国际机场	深圳航空公司	A320	每日一班
扬州泰州国际机场—长沙黄花国际机场	深圳航空公司	A320	每日一班
扬州泰州国际机场—兰州中川国际机场	春秋航空公司	A320	每日一班
扬州泰州国际机场—洛阳机场	春秋航空公司	A320	每周一各一班
扬州泰州国际机场—乌鲁木齐地窝堡国际机场	春秋航空公司	A320	每周二、四、六各一班
扬州泰州国际机场—福州长乐国际机场	春秋航空公司	A320	每日一班
扬州泰州国际机场—北海福成机场	春秋航空公司	A320	每周一、三、五、日各一班
扬州泰州国际机场—重庆江北国际机场	华夏航空公司	A320	每日一班

（鞠宏晨）

场一期扩建工程可行性研究报告获批。扬州泰州国际机场江都城市候机楼、宝应城市候机楼、泰兴城市候机楼落成营业。（鞠宏晨）

珠海航线开通 1月1日，扬州泰州国际机场开通扬州泰州国际机场—珠海金湾国际机场航线。该航线由春秋航空执飞，每周一、三、五、日各一班。（鞠宏晨）

博鳌航线开通 1月7日，扬州泰州国际机场开通扬州泰州国际机场—琼海博鳌国际机场航线。该航线由桂林航空执飞，每周二、四、六各一班。（鞠宏晨）

台湾航线复航 5月26日，扬州泰州国际机场台湾航线正式复航。复航后的扬州泰州国际机场—台北桃园国际机场航线由台湾中华航空执飞，每周五各一班。（鞠宏晨）

乌鲁木齐航线开通 7月1日，扬州泰州国际机场开通扬州泰州国际机场—乌鲁木齐地窝堡国际机场航线。该航线由春秋航空执飞，每周二、四、六各一班。（鞠宏晨）

福州航线开通 7月2日，扬州泰州国际机场开通扬州泰州国际机场—福州长乐国际机场航线。该航线由春秋航空执飞，每周一、三、五、日各一班。（鞠宏晨）

芽庄航线开通 12月4日，扬州泰州国际机场开通扬州泰州国际机场—越南芽庄机场航线。该航线由越南捷星太平洋航空公司执飞，每两周执行三班，周一、五，次周三执飞。（鞠宏晨）

扬州泰州国际机场一期扩建工程 扬州泰州国际机场一期扩建工程项目概算总投资5.6亿元，于2017年10月开工建设，机场800米跑道向北延长至3200米，由4C升级为4E。扩建消防站980平方米，新建消防值勤点360平方米，扩建机务、特种车库5250平方米等。（衡魏徽）

水路

港口建设 2017年，《扬州港总体规划（审批稿）》上报交通运输部，《扬州内河港总体规划（送审稿）》上报省政府审查。全年完成港口建设投资2.09亿元。扬州港区二电厂煤码头改扩建项目初步设计和施工图设计获批复，并完成开工备案。扬州港中航宝胜码头、仪征港务公用码头一期工程项目岸线利用评估，扬州内河港高邮城东作业区码头项目工可报告上报省交通运输厅。江都港区3号泊位工程完成竣工验收，金陵、科进造船舾装码头项目完成竣工验收补办手续。（张　艳）

芒稻船闸扩容改造工程 芒稻船闸扩容改造工程按Ⅲ级船闸标准扩建船闸，船闸口门宽180米、闸室长23米、槛上水深4米，设计最大船舶吨级1000吨，工程概算投资2.35亿元，12月28日通过竣工验收。实施芒稻船闸绿化景观提升项目，打造全省园林式船闸示范样板，绿化面积1.80万平方米。工程实施后，船闸设计年通过能力4720万吨，提升芒稻河整体通航能力。（陈三保）

通扬线高邮段航道整治工程 通扬线高邮段航道整治工程概算投资23亿元，共整治航道35千米，改建桥梁9座，为扬州市水运航道建设史上单体工程投资量最大。2017年，工程项目初步设计获省发改委批复，完成航道工程施工图审查，开展招标工作，安置用地位置红线确定，市、县工程建设指挥机构、建设管理机构明确，高邮市启动征地拆迁工作。工程消除"卡脖子"航段的通航安全隐患，全线航道通航等级达三级标准，可满足1000吨级船舶畅行，形成继京杭运河后扬州第二条内河"水上高速"，提高航运效益、沿线防洪等级、改善沿线生态环境。（陈三保）

盐宝线航道整治工程 盐宝线航道是江苏省"两纵四横"规划网中"两纵"之一连申线的重要组成部分，扬州段现状等级六级，规划等级四级。盐宝线航道整治工程列入江苏省"十三五"交通发展规划，2017年，完成稳定评价、规划选址认定、土地预审方案初步确定等前置工作，开展水利规划许可和环境评价。该工程共整治航道37千米，改建桥梁14座，新建水上服务区及停泊锚地1处。（陈三保）

水路运输 2017年，全市有水路客运经营业户2家，客运船舶15艘、客位1100个，完成全社会营业性水路客运量5.99万人次、旅客周转量36.5万人千米。全市有水路货运经营业户75家，有货运船舶2441艘、总载重吨位612.5万吨，分别下降9.3%、3.5%。其中，液货危险品船241艘、总载重吨位23.7万吨；沿海运输船舶49艘、总载重吨位23.2万吨。全年完成水路货运量6262万吨，货物周转量258.1亿吨千米，分别增长8.4%、8.9%。（宋维同　仲恒逸）

2017年扬州市长江港口情况表

表26-6

泊位长度（千米）	泊位个数（个）	年总通过能力（万吨）	年专项通过能力				
			货物（万吨）			集装箱（万标箱）	旅客（万人次）
			矿石	煤炭	液体化工		
19.7	112	7594	100	1245	739	28	10

（张　艳）

2017年扬州市营业性运输船舶情况表

表26-7

地　区	水路客运		水路货运	
	船舶数(艘)	客位数(座)	船舶数(艘)	吨位数(吨)
合　计	**15**	**1100**	**2441**	**6124569**
市　区	15	1100	725	1063919
宝应县	0	0	803	735643
仪征市	0	0	494	4112676
高邮市	0	0	419	212331

（扬运管）

2017年扬州市水路营业性运输量表

表26-8

地　区	水路客运		水路货运	
	客运量（万人次）	旅客周转量（万人千米）	货运量（万吨）	货物周转量（万吨千米）
合　计	**6**	**36.5**	**6262**	**2580854**
市　区	6	36.5	1088	448552
宝应县	0	0	752	309961
仪征市	0	0	4205	1733043
高邮市	0	0	217	89298

（扬运管）

■港口营运　2017年，全市港口完成货物吞吐量1.3亿吨，增长8.7%。其中，沿江港口完成货物吞吐量1.06亿吨(其中外贸完成货物吞吐量1132万吨，增长23%)，增长12%；内河港口完成货物吞吐量2613.16万吨，下降4.3%。完成集装箱吞吐量51万标箱。（张　艳）

■电煤和春节物资运输保障　对电煤、成品油等重点物资运输实行“绿色通道”通航措施，确保“北煤南运”主通道重点物资运输快捷，全年维护6223.2万吨电煤安全通过。

（黄善娟）

■邵伯三线船闸工程获全国水运建设行业最高奖　2017年，邵伯三线船闸工程获“2017年度全国水运交通优质工程奖”，这是全国水运建设行业工程质量评选的最高奖项。邵伯三线船闸工程概算4.56亿元，2012年8月正式通航，2016年10月通过竣工验收。至2017年底，邵伯三线船闸累计开放7.2万闸次，过闸船舶25.8万艘，货物4.4亿吨，占邵伯船闸运量总数的42%。

（衡魏徽）

公共交通

■概况　2017年底，市区(含江都区)有公交企业2家，公交从业人员3035人；有公交车1976辆，公交线路165条(含镇村公交线路54条)，公交站台4076座，分别增长8.2%、9.5%、4.4%、4.2%；公交线路总长2636千米，增长3.9%；万人拥有公交车标台数主城区18标台/万人、江都区6.83标台/万人；公共交通出行分担率主城区27.1%、江都区6.39%。市区有出租汽车经营企业25家，出租汽车运营车辆2465辆，从业人员3756人；主城区有三轮车管理企业1家，在营人力观光三轮车80辆，从业人员80人。市区城市客运行业全年完成客运量2.98亿人次。

（刘　云）

■公交场站建设　2017年，宝应县城南公交首末站、仪征市滨江新城公交停车场、槐泗出租车综合服务中心建成，新增公交场站面积1.66万平方米。至年底，市区建成公交场站29座，总面积22.18万平方米，车辆进场率82.3%。主城区新(改)建吉安路、润扬路、京华城路、同泰路、兴城路等路段仿古式公交站棚51座，累计新(改)建公交站棚732座。

（陈　虹）

■客运班线开通、变更　2017年，全市新辟公交线路10条，优化调整公交线路31条。其中，市区新辟公交线路5条，调整公交线路19条。1月2日，市区开通南邮通达学院—西部客运枢纽大学城公交专线，全年线路客流总量1.24万人次。4月29日，市区实行观光巴士在4、5、9、10月等4个月旅游旺季免费乘坐政策。5月1日，市区开通大明寺—高旻寺公交旅游专线二号线，运营时间为每年的4—11月，全年线路客流总量6.24万人次。开通扬州—宝应、扬州—泰州、宝应—南京等定制班线，新增扬州汽车东站至镇江定制班线。仪征市开通仪征城区—六合雄州地铁站的城际公交线路。宝应县与南京医疗机构合作开通宝应—南京一站式就医专线。开通宝应、高邮至南京禄口机场定线包车线路。

（王建统　岳鹏翥　杨　智）

■镇村公交　2017年，全市新增送桥镇、柳堡镇等2个乡镇开通镇村公交，累计有54个乡镇开通镇村公交，开通率88%，沿江地区和宝应县覆盖率100%。（王建统　岳鹏翥）

■城市客运管理　实施出租汽车行业改革。3月17日，扬州市政府成立由市委宣传部、市交通局、市维稳办等19个部门组成的全市深化出租汽车行业改革领导小组，组织领导全市出租汽车行业改革工作。6月12日，扬州市政府办公室印发《扬州市深化出租汽车行业改革的实施意见》《扬州市区网络预约出租汽车服务质量信誉考核实施细则(试行)》。7月25

日，市交通局、市公安局、市经信委等3部门联合印发《关于做好市区网约车相关业务办理工作的通知》。11月27日，扬州市向深圳万顺叫车扬州分公司发放第一张网约车经营许可证。优化出租汽车行业治理机制。11月，出台《出租汽车行业信用管理工作实施方案》《出租汽车行业信息公开发布工作方案》，完善出租车行业信用管理、信息公开的体制机制。加快出租汽车"提档升级"。全市更新出租汽车266辆，市区新增出租车智能化停靠点30个，累计达396个。开展第三届"乘客满意公交线路·最美的哥的姐"评选活动和出租车"99日零违章"活动，开办"我是党课主讲人""客管讲堂""的哥的姐微党校"特色课堂。组织开展从业人员大轮训、交通秩序大整治专题教育、企业培训教育竞赛等活动，累计培训人数达4500多人次。

（赵家伟　魏园晨　邵　霞）

■**旅游专线二号线开通**　5月1日，扬州市开通旅游专线二号线。该线路从大明寺发车，沿途停靠瘦西湖西门（东方百合园）直达高旻寺。该线路直接串联大明寺和高旻寺等2个重要旅游景点。线路走向为：平山堂西路—扬子江北路—扬子江中路—扬子江南路。每年的4—11月营运。运营时间为：大明寺首班8:30，末班17:00；高旻寺首班8:30，末班17:00。线路实行直达对开，单程运营时间25～30分钟。如遇客流高峰及时加密班次。线路实行无人售票，全程一票制，票价2元/人。（衡魏徽）

■**绿色低碳公交**　2017年，全市新购新能源公交车250辆。其中，市区新购新能源公交车200辆。至年底，市区清洁能源公交车占比33.02%，新能源公交车占比52.73%。

（杨　智）

交通运输管理

■**公路安全保障**　扬州市公路管理处（简称市公路处）加强平安公路创建，实施普通国省干线公路安全生命防护工程225.9千米，主要包括328国道、345国道、333省道。实施农村公路安全生命防护工程340千米。开展233国道"畅安舒美"示范路创建，完成公路安全生命防护工程示范点建设。（姜　磊　赵端端）

■**干线公路养护**　市公路处全年完成16个普通干线养护大中修工程，总投资1.32亿元，水毁修复率100%，全市普通国省干线公路平均公路技术状况指标（MQI）值92、优良路率93%；全市304座普通干线桥梁保持"零危桥"，一、二类桥梁比例达98.4%。一、二级公路机械清扫率分别达100%和70%以上、小修作业机械化率分别达95%和70%以上。

（马　尚）

5月1日，扬州市开通旅游专线二号线　　张孔生/摄

■**农村公路养护**　推进"四好农村路"创建，仪征、邗江通过省交通运输厅"四好农村路"示范县验收。完成县道大中修工程60千米，全市县道MQI值88、优良路率85%。开展第二届"最美乡村路"评选活动，宝应县曹甸镇周西路、高邮经济开发区东湖路、广陵区头桥镇丰裕北路、邗江区杨寿镇永和路、江都区仙女镇花木大道、仪征市月塘镇双湖路等6条道路获命名。（赵端端）

■**公路路政管理**　全年依法办理路政许可国、省道74件，县、乡道37件；强化交通干线沿线环境综合整治，依法清除障碍物4481.5立方米，违法摊点2344个、非交通标志3193块；开展治理货车非法改装和超限超载专项行动，强化交警路政联勤联动，实行超限检测站24小时值班值守，累计出动执法人员1.65万人次，查处违法超限车辆473辆，卸驳载743.5吨，结案率100%。（姜　磊）

■**公路客运市场管理**　2017年，全市更新中高级客车70辆，全市中高级客车占比60%。开展农村客运班线公司化改造，推进农村客运班车规范经营，农村客运班线公司化率50%。开展2016年度信用等级试评定，评定AAA级道路运输企业19家，A级道路运输客运企业1家。

（王建统　岳鹏翥）

■**公路货运市场管理**　2017年，扬州综合物流园和宝应中众合农产品物流园申报纳入省交通运输厅"十三五"交通物流基地规划建设项目库，"基于电子商务的农村物流线上线下一体化体系建设"项目被省交通运输厅评为全省道路水路运输行业管理创新成果。江苏星通北斗智慧物流平台无车承运项目被纳入交通运输部道路货运无车承运人试点并通过交通运输部考核。约谈全市存在违法超限运输行为52家运输企业负责人，对55家一年内超限车辆达到

本单位车辆总数的10%运输企业进行停业整顿行政处罚；对3名一年内违法超限运输超过3次的驾驶员实施停止营业性运输处罚。落实货运物流安全查验、客户、物品信息实名制登记管理规定，当场送达告知书745份，散发宣传卡片3400多张，制作戗牌和悬挂标语12条（个）。组织开展全市道路货运行业安全与维稳工作互查、零担货运企业实名验视和信息留存等专项检查，检查企业380多家，并下发检查通报。

（仲恒逸　岳鹏翥）

■汽车维修市场管理　全市有机动车维修企业645家，其中一类汽车维修企业84家（含危险品车辆维修企业6家）、二类汽车维修企业196家、三类汽车维修企业327家、汽车快修企业38家；完成产业值7.36亿元，减少11.24%；完成维修工作量120.91万辆次，减少12.10%。全市有汽车综合性能检测站5家，完成机动车综合性能检测4.69万辆次。全年新增8家市级“绿色汽修示范企业”。6个县（市、区）均开设“车大夫”服务站分点，形成“一站六点”（扬州市区开设“车大夫”服务站，6个县、市、区开设“车大夫”服务站分点）服务格局。首批9家机动车排气超标治理维护站（M站）启动建设。

（王　杰　岳鹏翥）

■驾培市场管理　2017年，全市有驾校64家，其中综合类一级驾校4家，综合类二级驾校15家，专项类三级驾校45家。有备案教练员3150人，教学车辆2289辆，有驾驶模拟器484台，实现培训数据智能化管理。全年培训12.2万人次，其中从业资格培训9152人次。全市道路运输从业人员8.75万人。推进驾校达标升级改造，全市所有驾校完成达标升级改造。仪征市兴盛驾校和江苏省扬州汽车运输集团公司分别建成6.67公顷以上培训与考试一体的经营性训练场地，高邮和江都分别建成小型车辆驾驶员训考场。推广驾培“先培后付”试点，全市58家驾校开展“先培后付”试点，通过“先培后付”学员1.4万多人。开展道路运输驾驶员继续教育，2.8万人参加继续教育。联合市总工会、市公安局、市人社局开展第三届教练员大赛。全市22家驾校被中国交通运输协会评选为第三批全国“承诺遵守驾培行业自律公约单位”。

（惠云超　岳鹏翥）

■航闸养护管理　2017年，扬州市航道管理处（简称市航道处）完成芒稻河江都城区段2千米护岸整治工程、盐宝线宝应射阳湖镇段2.5千米护岸整治工程、盐宝线航道37.4万立方米疏浚工程和盐邵船闸大修工程，质量优良。宝应船闸待闸锚地建设工程完成方案设计等前期工作。推进养护管理标准化，完成各船闸运行养护台账标准化和运东船闸测量、备品备件仓库管理标准化建设，推进宝应、运东、运西船闸日常养护电子巡检系统。

（陈三保）

■内河航政管理　全市航道系统累计巡航6万多千米，制作各类行政指导文书44件，办理行政许可35件。开展联合执法5次，加大船闸常见违法行为查处力度，查处各类航道违法案件48件，收取航道赔（补）偿费433万元，管理维护航标30座，正常率均达省定标准。推动“一张网”建设，优化不见面审批流程，推行“三早三优三严”工作法，办理三湾湿地建设、城市南部快速通道建设、353省道东段改建工程、徐凝门桥翻建等重大项目许可事项。

（陈三保）

■航道科技创新　完成“内河航道扫床新技术研究和应用”科研工作，“船闸水下检测交互式柔性机器人系统研究与开发”项目获省交通运输厅立项；运东、芒稻、盐邵船闸推广应用“船闸视频联动”“过闸船舶超警戒线报警”等信息化成果，提高船闸运行安全性和可靠性；宝应船闸QC（质量控制）成果在全省航道作经验示范介绍；全系统4个QC成果获江苏省优秀成果，6个QC成果获省交通运输厅和扬州市优秀成果称号，市航道处获“江苏省优秀质量管理优秀企业”称号。

（陈三保）

■船舶建造技术监督　扬州市地方海事局（简称市地方海事局）开展“诚信船检、诚心服务”活动，全年完成建造检验137艘34.6万总吨，营运检验3238艘次337.3万总吨，完成各类图纸审查90套，新建船舶受理86艘。举办首届船舶检验技能大赛，运行“三船一航”（船舶、船员、船厂，航运公司）诚信管理平台，实施诚信发布“红白灰”船厂49家、设计单位4家；列入黑名单船舶61艘次；实施船员违法记分91件；全年抄送各类失信行为28条。

（黄善娟）

■危险品船舶安全管理　开展内河航运市场秩序专项整治活动，摸底调查全市液货危险品运输企业及船舶，责令1家未办理注销手续的企业立即整改。市、县运管部门联合对全市所有液货危险品运输企业开展航运秩序专项治理，检查企业14户，下发行政警示书7份，整改通知书7份。交通运管、海事部门对船舶公司经营资质条件、船舶违规挂靠情况、安全与防污染情况开展联合检查，检查面100%。执行船舶进出港报告制和危化品船舶进出港申报，通过信息化系统对危化品船舶申报、停泊、装载等进行动态跟踪；开展油船、散装化学品船舶专项整治活动，检查船舶237艘；组织专家小组对辖区码头到港危化品船舶进行执法检查，检查船舶7艘；邀请第三方对辖区危化品码头进行随机抽查，抽查2艘。实施危化品航运企业检查6次，完成油船和散装液体化学品船防污染设备核查104艘次。

（仲恒逸　岳鹏翥　黄善娟）

■内河水上交通安全管理　开展“保安全、保畅通、强服务”专项行动，应对枯水期、汪家窑罕见秋汛、持续冰雪天气、涉水重点工程多、京杭运河高位运行等影响，全年安全保障27.4万艘次船舶安全通过、船舶通过量3.29亿吨，分别增长4.8%、12.4%。开展水上交通安全大检查和百日执法活动，先后组织各类专项整治11项；检查船舶5928艘次，查处各类违法行为955件，当场纠正船舶557艘次。召开辖区航运

6月14日，交通海事部门在宝应县泾河镇张桥村开展进校园活动

交通局/供稿

公司安全形势分析评估会6次，全市56家航运企业签订安全承诺书全覆盖。水上交通指挥中心(一期)投入使用，"4＋N"联动执法机制进入常态化运行，非接触执法增长320%，联动查处重点违法行为增长55%；发布预警信息2.3万条。首次开展应急搜救桌面推演。（黄善娟）

■港口安全管理 2017年，全市港口未发生一起安全生产责任事故。编制《市交通运输局港口安全监管权力清单和责任清单》，下达安全检查装备、资金16套127万元，组织开展港口危险化学品从业人员考核。开展港口危化品码头及仓储企业"四个一批"专项行动和港口危化品储罐安全专项整治，实现"一罐一档"；不再受理新增危化品码头岸线审批，完成仪征港区安全风险评估，形成安全风险目录清单和管控措施目录清单。开展港口安全生产大检查和夏季生产百日执法行动。对全市15家危化品码头进行全面隐患排查，排查各类安全隐患124条，整改114条。发布《港口危险货物、重特大事故、预防自然灾害应急救援预案》，联合扬州化工园区编制《应急物资储备库建设方案》。（张　艳）

■内河船舶污染防治 推进现有船舶LNG(液化天然气)动力系统更新改造，完成改造船舶10艘；推进船型标准化，完成18艘船舶生活污水防污染改造任务，累计完成改造船舶557艘；协同实施船舶拆解118艘。保护船舶排放控制区，与环保、安监部门组织船舶大气污染联合执法，完成船舶燃油抽检95艘次，发现船舶燃油不达标68艘次；督促辖区64艘公务船、6艘港作船全部加注符合质量标准燃油。开展船舶防污染专项整治，船舶生活污水抽样检测11艘次；开展船舶固体废物检查191艘次、码头检查43次。推进交通环境综合整治，配合港口、航道、水上公安等涉水部门和地方政府，责令11艘浮吊船停止作业，驱离在邗江港务处、兴扬码头、高邮盂城驿码头等装卸作业或非法停靠的船舶226艘次；协同开展长江非法过驳专项整治，对辖区新建浮吊船进行排查把关，监管离扬浮吊船34艘。提请扬州市政府印发防治船舶污染水域环境应急能力建设规划及船舶污染物接收、转运、处置联单和联合监管制度。（黄善娟）

■船舶进出港 2017年，扬州海事局辖区进出港货运船舶5.92万艘次，增长22.81%。其中，海船6116艘次，下降2.03%；内河船5.31万艘次，增长26.5%。国际航行船舶(含中国籍外贸船舶)进出港653艘次，增长1.08%；中国籍海船进出港5506艘次，下降2.7%。全年辖区进出港船舶货运量8568万吨，增长15.63%；国际航行船舶货运量685万吨，增长10.31%；进出港船舶集装箱运输量46.73万标箱，增长7.67%。

（陈菊琴）

■船舶登记 2017年，扬州海事局登记在册船舶132艘，其中海船114艘、内河船18艘。设立抵押登记船舶4艘，年度办理债权数额2870万元。办理各类船舶登记260艘次，船舶所有权登记25艘次、船舶国籍登记109艘次(其中临时国籍登记11艘次)、船舶抵押权登记4艘次、光船租赁登记15艘次、船舶注销登记18艘次、船舶变更登记5艘次等。办理船舶识别号58艘次，办理船名审核42艘次，核发船舶最低安全配员证书14艘次。办理司法协助执行10次，船舶登记资料查询5次。船舶登记业务量104件。全年无任何违规发证行为，未发生超越权限办理船舶登记或船舶登记有理投诉情形，未发生因船舶登记工作责任引发行政败诉案件。

（陈菊琴）

■船舶试航与监督检查 2017年，扬州海事局开展船舶检验质量现场监督检查、船舶建造重要日期确认、船舶吨位丈量复核、外国驻华验船公司或代表机构检验行为监督管理。全年完成112艘船舶检验质量监督检查，占参加安检船舶总数的15.98%，其中沿海船舶22艘、内河船舶88艘、新建海船2艘；发现船舶检验质量重大缺陷4艘次。确认95艘次船舶建造重要日期，丈量复核21艘次船舶吨位。全年办理船舶下水(出坞)报备104件，下降19.4%；办理船舶试航报备82件，下降27.4%。辖区水域未发生由于新造船舶下水、试航引发的水上交通事故。（陈菊琴）

■船舶安全检查 2017年，扬州海事局开展创建"平安船舶"专项检查活动、航行安全CIC专项检查活动、大型散货船专项检查及入厦船舶专项检查等活动，利用船舶安全检查手

海事部门工作人员对船舶进行安全检查　　海事局/供稿

段履行在港船舶海事监管职能。全年实施海船安全检查94艘次、检查单船87艘次，实施内河船安全检查644艘次、检查单船568艘次，海船与内河船单船检查覆盖率8.77%；实施PSC（港口国监督）检查18艘次，其中应检船9艘次，检查率19.05%，可检船9艘次，检查率16.07%。

（陈菊琴）

■海事行政处罚　2017年，扬州海事局办理行政处罚案件182件，其中外轮1件，海船10件，内河船舶149件，对所有人、经营人实施行政处罚11件，对船员实施行政处罚6件，对船厂等其他主体实施处罚5件。未按规定航路航行84件，超载运输货物20件，未按规定标明船名、船籍港8件，未按规定留足值班人员7件，分别占行政处罚案件总数的46.2%、11%、4.4%、3.9%。（陈菊琴）

■水上巡航与搜救　2017年，扬州海事局海巡艇巡航3620艘次，出动巡航执法人员5098人次，巡航6450小时，巡航里程6.93万海里，分别下降15.9%、14.8%、20%、23.7%。加强辖区嘶马弯道、瓜洲渡口等重点水域的巡航驻守，探索运用AIS/GIS信息化系统与视频监控相结合开展电子巡航，执行领导带队巡航、带班值班、24小时应急值班、巡航救助一体化等，加强船艇日常应急演练。全年接到辖区内水上突发事件报警54件，组织、协调搜救行动54次，成功救助遇险船舶84艘、遇险人员185人，人命救助成功率98.4%。

（陈菊琴）

■水上交通安全专项整治与隐患治理　2017年，扬州海事局实施《长江江苏段船舶定线制（2013）》规定，推进长江干线水上综合执法改革。组织开展“平安交通”创建、“安全生产月”、“长江水上交通安全专项整治”、“水上交通安全突出违法行为专项整治”、“水上交通安全生产大检查”、“汛期百日安全”、“夏季安全生产百日执法”、“内河航运市场秩序专项治理”等活动，通过宣传告示、提醒纠正、违章查处、送达事故隐患整改通知书或安全管理建议书等执法手段，排除辖区涉水港航单位和船舶的事故隐患。全年共排查治理事故隐患40个，发放事故隐患整改通知书36份、安全管理建议书4份，完成全国“两会”及节假日等重要时段的水上交通安全监管和应急值守，保障辖区水上交通安全形势的持续稳定。

（陈菊琴）

■船舶载运危险货物管理　2017年，扬州海事局推进船载危险货物、防污染作业申请电子申报。全年办理船舶载运危险货物（不含固体散装货物）申报审批4202艘次，增长4.4%。其中内贸危险品申报2909艘次、外贸危险品申报1293艘次，分别增长6.5%、-0.2%。辖区危险品吞吐量476.57万吨，增长10.2%。其中内贸危险品吞吐量400.07万吨、外贸危险品吞吐量76.52万吨，分别增长11.0%、6.4%。（陈菊琴）

■航运公司管理　2017年，扬州海事局辖区有航运公司41家，建立运行安全管理体系的国内航运公司11家，其中海船公司3家、内河公司8家，化学品或油品运输公司10家、散杂货运输公司1家。所属体系管理船舶123艘，其中油、化类船舶120艘，占比97.6%。收到航运公司重要事项报告报备72次。开展航运公司日常监督检查46次，对辖区体系内公司覆盖率200%。组织约谈辖区航运公司23次。上报1艘船舶列入重点跟踪船舶名单。开展安全管理体系审核74次，其中公司11次，船舶63艘次。签发符合证明（DOC）证书4份，签发临时符合证明（临时DOC）1份，DOC年度签注证书7份，船舶临时安全管理（临时SMC）证书20份，船舶安全管理（SMC）证书39份，给予船舶SMC证书中间审核签注12次，给予船舶临时SMC证书展期1次。

（陈菊琴）

水利

Shuili

编　辑　陈永华

综述

■**概况**　2017年，扬州市构建“水安全、水资源、水环境、水生态、水管理、水文化”六大体系。提升防洪保安能力，投资22亿元的淮河入江水道整治工程全面建成，投资5亿元的瓜洲泵站工程主体工程开工，投资40亿元的江堤提标工程全面启动；推进清水活水、水系连通工程，主城区实现活水全覆盖，改善城市水环境质量，投资3亿元的槐泗河综合整治工程一期工程全面开工；加大农村水利建设力度，实行最严格水资源管理制度考核，提升水资源管理水平，提高水管理、水文化水平，扬州市水利展馆建成并对外开放。全国水利厅局长会议要求在全国推广扬州市河湖水系连通的经验做法。6月，扬州市“国家节水型城市”创建工作通过住房城乡建设部和国家发改委的复查考核，考核得分名列全国第一名。7月，扬州市水生态文明建设试点通过水利部和江苏省政府组织的技术评估和验收。利用“3·22”世界水日和中国水周、城市节水宣传周、“12·4”法制宣传日，设立宣传台，宣传水法律法规，公开全市水利建设主要目标任务、工作措施，接受社会公众咨询和建议。

新建污水管网160千米、污水集中处理率90%。清淤县乡河道740万立方米、村庄河塘970万立方米，创成省级水美乡镇4个、水美村庄21个。完成市区27条、县(市)9条黑臭水体整治。江淮生态大走廊建设纳入国家《长江经济带生态环境保护规划》，推进27项年度重点工程，制定宝应、高邮江淮生态经济区建设“四个清单”。创成国家水生态文明城市。完成仪征滨江水源地取水口整治，通过国家节水型城市复查。

执行《扬州市河道管理条例》，全面推行“河长制”，实现市、县、乡三级河长制文件全部出台、河长制组织体系全面覆盖。强化河道水污染防治和水环境治理，强化河湖联合执法。加大执法力度，联合市发改委组织开展河湖岸线调查和专项整治，全面排查核查沿江岸线各类开发利用项目57个。强化各地采砂执法巡查，突出重点水域集中打击，市本级组织联合行动8次，全市出动执法人员5097人次，出动船艇924航次，查处非法采砂船16条次。公示行政许可18件、行政处罚3件，受理信访128件(次)，办结率、答复率、满意率均达100%。落实“容期整改”“首违不罚”等制度，规范和完善水行政处罚裁量权基准制度，制定《扬州市水利局“双随机”抽查规范事中事后监管工作实施方案》，抽查17个审批项目，抽查事项占审批事项的100%。

(周　娟)

■**水利规划**　2017年，完成仪征市城市防洪规划、江都区中心城区防洪规划编审工作，实现市、县两级城市防洪规划全覆盖。配合省水利厅推进里下河地区水利治理规划编制，启动扬州市城市水系规划修编，完成扬州市沿江区域骨干河湖水质改善提升方案年度任务。开展专项研究。配合完成南水北调东线二期工程规划调研和线路布局方案论证，完成扬州市境内规划影响工程方案和项目初选，组织开展瘦西湖水系水质问题诊断调查。推进项目前期工作。配合完成淮河流域重点平原洼地治理的工程可研、移民规划及水土保持等编制，并通过审查，工程可研上报国家发改委；完成长江崩岸应急整治工程项目初设编制，获省发改委批复；完成2016年长江灾后应急项目的前期工作，获批实施完成；推进长江江堤防洪能力提升工程的前期工作，工程项目建议书获市发改委批复，一期工程可研基本完成，开展土地预审、规划、维稳、环评等前期手续的办理。配合编制的中型泵站规划通过省发改委、省水利厅审查，并印发。水利灾后薄弱环节实施方案由水利部、国家发改委、财政部印发，扬州市的仪扬河朴席段、横泾河、龙河、江都红旗河4条河道治理及瓜洲泵站、沙河泵站、小龙涧泵站3座泵站建设列入实施方案，其中瓜洲泵站工程11月通过水利部长江水利委员会的规模核查，江都红旗河获批复并实施，横泾河、仪扬河初步设计编制完成并上报，龙河基本完成初步设计编制。完成广陵区湾头镇西片区水系治理工程、蜀冈景区北城河的上报竞争立项；城区清水活水韩万河、立新河、杭集圩南段大堤等工程进行技术审查；配合扬州市水务投资集团有限公司完成槐泗河一期工程的前期工作，并获批实施；与扬州市水务投资集团有限公司合作完成乌塔沟项目建议书的编制并获省发改委批复；白羊山水库完成可研及初设的编制,并获省发改委批复。规范规划管理。健全水利规划工作任务书制度,建立规划项目规范的前期调研、任务立项、合规招标、编制大纲、征求意见、咨询审查、合同验收、分期支付的管理制度;强化水工程建设规划同意书编制与符合性审查,批准生态科技新城立新河等3项工程的项目水工程规划,加强规划许可事中、事后的监督检查,确保水工程建设按规划实施。完成水利综合统计年报、水利建设投资统计年报、水利服务业统计年报、水利建设投资全社会统计月报、中央水利建设投资直报等统计数据报送。

(徐冬蓓)

■水利工程建设管理 2017年,完成水利投资22亿元,重点水利建设投资4.96亿元。淮河入江水道1项技术研究(基于微劈裂的管路真空预压排水法加固深淤土技术)获水利部颁发的2017年度大禹水利科学技术奖三等奖,2项工程创成省级及以上文明工地。

创新建设管理模式。推行水利工程代建制,广陵区和仪征市2017年小型农田水利重点县工程采用代建制实施。推行区域集中监理制,对项目进行分类型集中监理和分年度集中监理,全市各县(市、区)农水项目均实现集中监理,长江堤防防洪能力提升工程涉及长江沿线5个县(市、区)采用集中招标、集中监理。

规范招标投标管理。水利工程电子招投标系统实现全程电子化交易,各类水利工程均进入市公共资源交易中心实行集中交易、集中监管,进场交易率100%。至2017年底,65个项目98个标段在市公共资源交易中心完成招投标,项目总投资额5.8亿元。实施招标文件审查制度,严格审查招标计划、分标方案、资质资格、评标办法等。加强履约考核,依托招投标电子系统同期上线“扬州市水利工程履约考核电子系统”,完成参与全市2017年水利工程建设的39家从业单位的履约考核和项目评级。加强水利市场监管,监督检查水利建设市场中工程招投标、质量、安全现状等,重点围绕出借或借用资质、围标串标、转包、违法分包等违法违规行为进行检查,加大违法违规惩处力度,规范水利市场运行秩序。

重点水利工程安全生产。落实安全生产责任制,逐级签订2017年安全生产责任状,与各县(市、区)水利局签订安全生产责任书,启动“安全生产一张网”。开展安全生产专项整治,开展安全生产大检查、水利行业夏季安全生产百日执法行动、危险化学品安全综合治理、电气火灾综合治理、隐患排查治理和落实企业安全生产主体责任等专项整治。对重点工程部署开展安全生产专项整治,加大危险源和隐患排查治理力度,做好重大危险源的监控。11月,瓜洲泵站工程接受水利部安全生产考核。推进安全生产标准化建设,制定《扬州市水利行业开展安全生产标准化建设实施方案》,9家单位(水利施工企业6家,运行管理单位3家)申报省水利安全生产标准化二级企业,其中4家(邗江水建、高邮水建、龙川水建、仪征水总)创成省水利安全生产标准化二级企业,其余5家单位通过省级初评。做好教育培训,全年举办各类安全专题培训4次,包括施工临时用电、消防安全、逃生演练等,培训人员500多人次。

强化工程验收管理。2017年,扬州市先后完成古运河束窄段整治工程完工验收,新港漫水闸完工验收,仪征泗源沟二期工程和长江堤防能力提升五标、六标放水前检查性验收,治淮工程新老王港漫水闸水下工程阶段验收等。完成广陵沙头小夹江水利血防工程、宝应地涵除险加固工程、高邮向阳闸除险加固工程、古运河瓜洲运河整治工程等4项水利重点工程竣工验收。

(徐冬蓓)

■水利工程质量监督 2017年,市水利局开展质量监督活动45次,未发生一起质量事故。7月,省水利厅考核组对扬州市开展水利建设质量工作考核活动,获全省前三名、A等级。市水利工程质量监督站受理14项工程质量(安全)监督申请,开展质量(安全)监督活动45次,发出各类监督意见通报29份。市水利局印发《扬州市水利工程建设质量管理制度》《扬州市水利工程质量监督实施细则》《扬州市水利工程建设质量安全巡查工作制度》《扬州市水利工程建设安全监督工作实施细则》等,强化质量和安全监督效果。印发《关于加强水利工程质量安全联合执法的通知》,推进质量安全监督机构与水政监察机构联合执法,对有严重违反工程建设相关法规和强制性条文的参建单位实行行政处罚。聘请省检测站专家对扬州市扬子工程质量检测公司进行专项督查。举办《工程建设标准强制性条文》培训班、水利工程质量管理人员培训班。

(徐冬蓓)

■水政监察 *推进部门协作*。完善水行政执法与刑事司法衔接工作机制,市水政监察支队联合市公安局印发《扬州市级水行政执法机关与公安机关执法联合工作制度》,建立两个部门日常联络、联合执法行动、重大案件会商、案件挂牌督办、联动工作保障等制度。

严格采砂管理。2017年全市出动执法人员5097人次,出动船艇924多航次,立案查处非法采砂船16条次,拆除采砂机具27台(套)。沿江各地开展“护江”行动和系列重点水域的集中整治行动,落实长江采砂管理巡查制度,重点水域和时段加大巡查密度。江都水政大队24小时值班巡查不间歇,广陵水政大队确保12.5米深水航道工程设施安全,在新坝相关水域驻守监管4个月,防止非法采砂行为危害水下交通设施。仪征、广陵、江都水政大队分别在世业洲、大洋船厂、扬中水域联合公安、海事部门组织集中整治行动。4月28日,仪征水政大队与仪征特警对非法停泊采砂船采取联合行动,拆除采砂机具17台(套)。市水政监察支队组织沿江各大队参加省水利厅集中行动4次,市本级组织联合行动8次。设立采砂船指定停泊点。落实采砂船指定停泊点停靠制度,仪征、广陵、江都水利部门在沿江设立采砂船指定停泊点,树立提示牌,明确停泊点管理要求,广陵、江都在停泊点安装

监控，市水政监察支队在执法基地和扬州经济技术开发区等敏感水域安装高清监控。推进执法基地建设。市水政监察支队和广陵水政大队合建的执法基地完成立项审批，落实地方建设资金，11月底完成施工建设，年底投入使用。

河湖保护专项执法行动。全市各地发挥“河长制”和开展“263”（两减六治三提升）专项行动的平台作用，开展汛前及汛期执法清障活动。高邮市拆除河湖管理及保护范围内违法建设的建筑物674平方米，迁移饮用水源地保护范围内的渔船、加油船等船只130多条，清理非法圈围养殖14.6公顷，渔网鱼簖131处，清除违章种植2.53公顷。邗江区清除乌塔沟、友谊河、槐泗河等37处渔网渔簖，拆除仪扬河堤脚坟墓13处，清除河道岸坡扒翻种植2.6万平方米，汛前拆除邵伯湖围网养殖133.3公顷，查处水事案件12件，(立案7件，现场处理5件)。广陵区配合“263”专项行动及长江岸线保护与开发利用专项整治，拆除非法码头4个。宝应县清除长期滞留城市河道中的船只84条，依法封填55眼深层地下水井，对戴堡加油站湖泊保护范围内违法建设进行立案查处。仪征市水务局联合公安、海事、渔政等部门对胥浦河、潘家河中37道渔网鱼簖进行清除。扬州经济技术开发区李文明非法占用长江岸线得到拆除整治，江都芒稻河砂石码头占用河道得到拆除。全市查处水事违法案件279件，其中立案查处56件。 （徐冬蓓）

■**水利科技** 2017年，扬州市申报省水利科技项目10个，其中“稻田治虫灌溉的排水过程及农药流失控制技术研究”“平原圩区水稻田管道输水灌溉技术研究与应用推广”“里运河堤防工程长效安全运行保障关键技术与示范”获立项，总投资140万元，均为省级补助资金。结合大型灌区改造，高邮市开展灌区管理信息化试点，高邮南关灌区、江都沿运灌区实施自动化信息管理系统。结合小型农田水利重点县项目，先后开展高邮市农田水利信息系统建设、仪征市农田水利信息系统建设、邗江区公道镇排涝泵站自动控制信息系统建设、广陵区“一张图”建设。结合农业水价综合改革，开展高邮市农村水利工程信息化管理，扬州市防洪工程润扬河及其配套建筑物建设自动化控制系统，实现闸门自动控制、泵房数据自动监测和总控制中心的远程监控。市水利专网与各县（市、区）水利局、局属事业单位网络实现连通，建设完善视频会商系统，实现市、县联网和防汛视频会商。 （徐冬蓓）

■**水文化遗产调查** 5月，市水利局牵头，与市文物局等联合成立市水文化遗产调查工作领导小组，调查全市境内的工程建筑类水文化遗产。由市水利局协调各有关部门（地方水利、交通、城建、文物、档案、博物馆等），委托扬州大学苏中发展研究院人员调查文献资料类和非物质文化遗产类水文化遗产，梳理出水文化遗产调查名录533项，调查对象为1950年以前的水文化遗产及1950年以后至改革开放前的重要水文化遗产，主要包括河道、闸站、堤坝、桥梁等工程，包括与水文化有关的志书、档案等。至年底，全市完成上述名录中水文化遗产的名称、位置、年代、存续现状、所有权属及历史沿革和价值内涵等基本信息数据采集和登记填报。 （徐冬蓓）

水利工程建设

■**淮河入江水道整治工程** 扬州市淮河入江水道整治工程2011年开工建设，形象进度完成98%以上。2017年，完成邗江施工五标、江都施工五标、广陵施工六标、广陵施工七标、高邮施工九标、高邮施工十标的增补项目招标，完成投资9900万元。完成邗江施工三标、四标等8个标段验收。至年底，扬州市境内工程土建施工标共计47个，设备采购标6个，单位工程验收完成27个。工程累计完成土石方4128.09万立方米，混凝土及钢筋混凝土16万立方米，金属结构安装583吨；完成新民滩切滩长8.52千米，切滩面积992.07公顷；完成邵伯湖滩切滩长15.23千米，切滩面积947.8公顷；完成金湾河浚深8.4千米；完成运河西堤加固堤防35千米；完成湖西大堤防渗处理2.4千米，堤防复堤加固54.1千米，填塘固基总长4.1千米，护坡翻砌36.946千米；完成归江河道堤防加固8.5千米，新建护坡10.11千米，抛石护岸8.35千米；完成穿堤建筑物61座；高邮湖控制线建筑物批复3座、完成1座，新、老王港漫水闸正在实施。 （徐冬蓓）

■**长江江堤防洪应急工程** 长江江堤防洪应急工程包括堤防加固及建筑物改造等两个部分。涉及堤防加固6段，总长2.1千米，建筑物改建12座（其中1座为合建），其中主江堤、港堤堤防级别为二级，滁河支流港堤为四级。沿线中小型建筑物防洪工程部分的标准与所在堤防等级为二级，临时工程为四级。工程初步设计概算总投资4500万元。2017年完成6个施工标、1个监理标的招标，完成长江江堤6段2.1千米的加固，分别为仪征滁河支河段450米，仪征周冯庄段400米，江都夹江余坂码头至六圩涵段700米，邗江润扬大桥西侧段100米，邗江海浪谷段50米，扬州经济技术开发区永顺村段400米。除险加固建筑物12座（拆建涵闸9座、封堵3座）。该工程通过完工验收。 （徐冬蓓）

■**长江镇扬河段三期整治工程** 长江镇扬河段三期整治工程扬州境内工程概算总投资5.14亿元。工程包括河势控制工程和护岸工程，其中河势控制工程为世业洲左汊进口段左侧护滩27.78万平方米，世业洲左汊口门护底11.12万平方米，世业洲左汊下段新建潜坝工程1座，坝长611.5米；护岸工程为仪征水道、世业洲汊道、六圩弯道等重要部位新建、加固护岸。工程于2016年底开工，计划2019年全面完成，建设工期36个月。2017年工程完成12个施工标、5个监理标的招标，分9个批次实施，完成投资2亿元，抛石97.6万立方米。 （徐冬蓓）

■瓜洲泵站工程 瓜洲泵站工程于2016年12月5日开工建设。至2017年底，施工一标完成桥梁工程主体、接线工程及60米河道工程；施工二标完成河道开挖、堤防填筑及无砂混凝土水下护坡（除口门段外）；施工三标（主体泵站）完成主体工程基础部分，556米地连墙施工全部完成；558根主站身及上下游翼墙灌注桩施工全部完成；完成主站身底板验槽并封底；水泵、电机设备标均进入生产制造阶段。累计完成土方开挖28.9万立方米，土方填筑16.49万立方米，混凝土1.82万立方米，累计完成投资2.1亿元。（徐冬蓓）

■泗源沟二期工程 仪征泗源沟二期工程（梅家沟东—龙河段）于2月开工建设，工程包括河道清淤疏浚4.94千米，堤防加固0.7千米，新建护岸总长1905米，岸坡整治9300米，整治建筑物17座，对存在白蚁危害堤段进行白蚁防治，拆除封堵废弃涵洞8座。该工程于10月完工并通过验收。（徐冬蓓）

■红旗河整治工程 江都区红旗河（反修河—波庄河段）整治工程河道及穿堤建筑物工程级别为4级，河道设计排涝标准为20年一遇，设计灌溉保证率95%。工程包括疏浚河道3.6千米，新建两岸挡墙护岸7.42千米，维修加固、拆建、新建沿线建筑物13座，对现状1座跨河桥梁的桥台进行防护。工程概算投资3640万元，其中建安投资2776.57万元。2017年完成工程征地拆迁、打坝排水、施工便道修筑等，对河道主围堰和支河口围堰组织验收，完成投资500万元。（徐冬蓓）

城市水利

■城市河道整治技术审查 2017年，开展城市河道整治项目技术预审，先后对北城河（叶桥大沟）综合整治工程、玉带河整治工程、老人沟整治工程、竹西河冷却河整治工程、马泊河南延工程、大学路南延项目水系调整以及古运河段（大运河—扬州闸）清淤工程实施方案等城市河道整治项目进行水利技术审查，为城市河道整治提供支撑和保障。（徐冬蓓）

■县（市）黑臭河道整治 县（市）编制、上报黑臭水体治理专项行动实施方案，2017年度县（市）黑臭水体整治列入扬州市“263”专项行动的共有15条河道，其中跨年度（2017—2018）项目6条。市水利局组织人员定期对项目进展情况进行跟踪督查，明确每月23日汇总项目进度，完成郜家河整治工程、石桥河和仪城河疏浚整治等9条河道整治项目，6条跨年度整治河道按序时推进。（徐冬蓓）

■城市河道整治督查 2017年，开展城市河道整治项目督查，先后对沿山河疏浚工程、官河整治工程、七里河二期综合整治工程等城市河道整治项目，开展现场督查，提出整改意见并要求落实到位。（徐冬蓓）

七里河二期综合整治工程现场　　张孔生/摄

农村水利

■概况 2017年，全市建设旱涝保收农田、实施农村河道轮浚、建设水美乡村，深化农业水价综合改革、建设农村水利信息化、加强农田水利工程管理，改善农业生产条件，提升农村居民饮水质量，修复农村水生态环境。完成农村水利投入6.79亿元，新增有效灌溉面积0.27万公顷，旱涝保收农田面积0.8万公顷，节水灌溉面积1.07万公顷，高效节水灌溉面积0.28万公顷。完成农业水价综合改革面积1.13万公顷，各县（市、区）出台农业水价核定办法、节水奖励及精准补贴办法。（徐冬蓓）

■小型农田水利工程管理体制改革 完成全市30.11万个（处）小型农田水利工程调查摸底、确权等工作，共颁发产权证书9.14万本，明晰工程产权，明确管护主体，落实管护人员、管护经费。各地出台小型农田水利工程管理细则、工程管护资金使用管理和考核办法等文件，建立产权明晰、责任明确、制度健全、管护规范的工程管理体制和运行机制，落实工程管护经费保障机制，探索工程管护模式，制定工程管理监督机制。各县（市、区）均通过小型水利工程管理体制改革市级验收。高邮、江都分别作为水利部、省水利厅小型农田水利设施产权制度改革和创新运行机制试点，均通过验收。（徐冬蓓）

■农村河道疏浚整治工程 2017年，全市疏浚整治农村河道土方360万立方米，其中县乡河道50条、土方200万立方米，村庄河塘300条（面）、土方160万立方米。农村河道全面落实“河长制”管理。开展省级“水美乡村”建设，创成4个省级“水美乡镇”和21个省级“水美村庄”。（徐冬蓓）

■小型农田水利重点县工程 2017年，宝应、高邮、仪征、江都、邗江、广陵等6个县(市、区)实施完成年度小型农田水利重点县项目，总投资1.85亿元，共更新改造小型泵站263座，新建防渗渠道149千米，配套田间小型建筑物8886座。(徐冬蓓)

■灌区设施改造 2017年，实施完成高邮灌区、江都沿运大型灌区及宝应庆丰中型灌区节水改造项目，投资0.52亿元，新建防渗干、支渠6条21千米，配套计量设施37套，配套干、支渠建筑物296座。(徐冬蓓)

■千亿斤粮食田间工程 2017年，扬州市实施完成宝应、高邮、江都等3个新增千亿斤粮食产能规划田间工程(末级渠系)建设项目，总投资4500万元，建设高产稳产粮田0.2万公顷。(徐冬蓓)

■水土保持工程 2017年，全市治理水土流失面积18平方千米，办理开发建设项目水土保持行政审批8件。高邮林庄冲小流域被列为2017年江苏省生态清洁型小流域，投资3000万元。(徐冬蓓)

■农村饮水安全巩固提升工程 “十三五”期间，宝应、高邮和仪征农村饮水安全巩固提升工程总投资1.17亿元，2017年度完成投资5150万元，工程建设受益人口39.8万人，更新改造供水管网133千米。(徐冬蓓)

防汛防旱

■落实防汛防旱责任制 2017年汛前，市四套班子主要领导先后对防汛准备工作进行视察、检查。5月，市政府召开全市防汛防旱工作会议，部署防汛防旱工作。市防指、市水利局分别于3月和4月召开全市防办主任会议和水利系统安全生产会议，对汛前安全检查和安全生产工作动员、部署，落实各项防汛准备工作。督促各县(市、区)调整充实防汛防旱指挥部成员，乡镇、村全部建立防汛组织网络。市政府与各县(市、区)、各功能区、市有关部门签订责任状，明确任务、责任，市防指向各县(市、区)、功能区防汛指挥长发出告知信，对辖区内工程隐患、防汛薄弱环节进行书面告知，在5月22日《扬州日报》等新闻媒体集中公布全市大江大河、县级城市(城镇)、各类水库和10万立方米以上重点塘坝的防汛行政责任人和技术责任人，接受社会监督。(防　办)

■汛前准备 水利工程汛前检查。市防指部署各县(市、区)对境内水利工程进行自查；2—3月，派出检查组赴各县(市、区)督促指导汛前准备工作，对重点险工患段安全度汛工作进行安全督查；3月，派员对扬州市区范围内在建连淮扬镇铁路、城市南部快速通道等重点涉河建设项目进行专门检查，对施工坝埂和便桥等严重阻水设施，要求建设单位限期清除，确保城市排涝通畅。

水利工程消险处理。启动长江堤防能力提升工程建设，对上年长江出险的8座涵闸和6段堤防进行拆建和加固；推进国家172项重点水利项目之一——长江镇扬三期护岸工程建设，完成护岸抛石；淮河入江水道整治进行扫尾，启动增补项目建设；瓜洲泵站主体工程开工，年底前完成主体基础工程；里下河及沿江、沿湖圩区重点县项目完成加固改造涵闸560座，泵站30座，疏浚整治河道50条，疏浚土方200万立方米，加固圩堤土方50万立方米；筹措资金1000多万元，对严重的险工隐患实施完成10多个应急修复项目。

防汛应急保障。市防指与市委组织部联合对全市60多位乡镇防汛指挥长进行防汛知识培训；与扬州军分区联合组织110名全市民兵抢险骨干进行为期一周的抢险集训，并组织各县(市、区)防指、水利局人员进行观摩；对各地防汛物资储备情况进行检查抽查，对数量、品种不足的进行补充；与水利、交通、市政等施工队伍签订应急抢险协议；对防御洪涝灾害预案和水旱灾害应急预案进行修订完善；建立有20多名水利专家组成的市级防汛抢险专家库；全市各地组建各类防汛抢险队伍1103个，总人数4.6万人。

河湖进行清障。各地组织开展专项执法检查，依法查处非法侵占河湖水域和堤防资源的开发行为；上年汛后，全市出动执法巡查人员6800人次，执法车1400台次，执法船230航次，拆除违章建筑5500平方米，清理违章占用300平方米，查处涉河水事案件73件(起)。打击长江非法采砂，组织开展“护江—2017”等专项行动，联合公安、海事有关部门等巡查打击24次，出动执法人员3300人次，出动执法艇480航次。(防　办)

■抗旱 强化水源调度，市水利局商请省防指调度江都水利枢纽、泰州高港水利枢纽引江水流量保持在500立方米/秒以上，压缩新通扬运河向泰州送水流量，加大向三阳河、潼河沿线高邮、宝应里下河地区输水流量，稳定并抬高里下河河网水位。商请省防指协调淮安市，将白马湖穿运河地涵向宝应下引河引送流量由10立方米/秒加大至20立方米/秒，解决宝应曹甸、西安丰等下引河沿线地区夏栽抗旱水源。地方党委政府启动抗旱预案，组织劳力清除引水河道内渔网鱼簖、暗坝暗埂和杂草杂物，在河道中开挖引水龙沟，确保引水畅通。组织移动抗旱设备将圩外干河水抽入圩内河道，通过多级翻水解决抗旱水源问题。宝应县防指在6月启动抗旱预案，派出工作组进驻乡镇一线，协调解决上下游、左右岸水事矛盾。6月21日8时里下河的宝应射阳镇、陆庄水位分别达0.51米、1.87米，缓解夏栽抗旱水源矛盾。(防　办)

■抗洪 长江汛情发展，市防指于7月3日16时启动全市长江防汛Ⅳ级应急响应，于7月7日16时将长江防汛应急响应提升至Ⅲ级，做好迎战长江洪水和农历十八大潮的防御。市防指派出4个工作组，加强长江一线防汛工作的检查和指导。沿江各地组织动员干部群众5000多人次对长江、归江河道沿线堤防、涵闸实行24小时不间断巡查防守，对重要薄弱堤段、病险涵闸落实专人防守，对长江等堤防开展全面清杂，清杂总面积100万平方米，强化长江水下地形监测，掌握河势变化情况，确保安全隐患及时发现、处置，确保长江防洪安全。针对淮河流域秋汛，市、县防指恢复24小时防汛值班，关注水情和天气变化情况，启动应急响应，淮河入江水道沿线涵闸关闭，控制运用，所有涵闸落实专人防守。沿湖大圩各乡村按划分的防守堤段，组织人员日夜上堤巡逻，确保淮河行洪安全。

（防　办）

水利工程管理

■涉河项目管理　加强涉河开发建设项目监管。向涉河建设项目业主单位宣传有关法规，引导建设单位开展防洪影响评价，严格审批涉河项目，组织管理人员对已批涉河建设项目进行跟踪督查，落实影响补偿方案或措施，降低建设项目对防洪工程影响。加大市级审批项目实施过程中的检查督查频次，组织开展涉河建设项目双随机抽查专项检查行动，确保项目规范实施。（徐冬蓓）

■河湖管理与保护　2017年，全市水利部门推进省管湖泊退圩还湖。高邮、宝应两地投入近1000万元，启动退圩还湖规划和实施方案编制。其中《宝应县省管湖泊退圩还湖专项规划》获省政府批准，并启动管湖泊退圩还湖规划实施方案编制；《高邮湖(高邮市)退圩还湖专项规划》通过省水利厅组织的专家审查；《里下河湖泊湖荡(高邮市)退圩还湖专项规划》通过省水利厅组织的专家咨询。强化水域岸线管理。加强占用水域补偿尤其城市填埋沟塘水域补偿的管理，建立城市建设填埋沟塘水域等效补偿机制，确保城市水面积率不降低。配合省水利厅对全市境内水域面积开展检测比对，对省管湖泊湖荡以及长江、入江水道、京杭大运河、通扬运河等流域性河道开展卫星遥感监测，对发现的变化点逐个核实处理，确保河湖功能不改变、生态不破坏、水域面积不减小。（徐冬蓓）

■水利工程规范化管理　2017年，扬州市奖励国省级水管单位创建、省规范化小水库创建及国省级水利风景区创建。扬州市涵闸河道管理处安墩管理所创成省三级水管单位，仪征六巷、小洼、魏井、芦坝、达天岗和邗江区北涧等6座水库创成省级规范化管理小水库。组织各地利用现有水利资源、景观资源、人文资源和生态环境，开展水利风景区建设，广陵区京杭之心创成省级水利风景区，市涵闸河道管理处辖下黄金坝闸站工程入选江苏最美水地标。（徐冬蓓）

■水利工程安全管理　做好堤闸站工程日常巡查和安全检查，对病险涵闸站组织开展安全鉴定。2017年，下达水利工程市级维修(度汛)经费700万元对流域性区域性工程进行维修、消险。对流域性堤防组织开展春、秋两季白蚁普查和防治，对危害严重堤段进行处理。组织完成小水库白蚁防治工作的达控复查验收，巩固治理白蚁成果，维护堤坝安全。市级落实专项经费，定期开展长江、归江河道等流域区域性河道河势监测。启动运河堤防安全课题研究。市水利局联合南京水利科学研究院、河海大学，对里运河江都、高邮段堤防工程车逻坝、清水潭等13处险工险段的窨潮、渗漏、堤坡陡立单薄、白蚁危害、堤防超高不足、堤后深塘、堤基深淤等工程问题，开展堤防工程安全监测技术研究，提出监测预警方案和防治措施，为大运河可持续安全运行提供技术支撑，争取省级科技课题引导资金80万元。（徐冬蓓）

水资源管理

■概况　扬州市落实最严格水资源管理制度，推进水资源开发利用和节约保护。2017年用水总量34.94亿立方米，低于40.3亿立方米的年度控制目标；万元工业增加值用水量下降率为21%，达到年度控制目标；农业灌溉用水有效利用系数为0.622，完成指标任务；境内省重点水功能区水质达标率为94.3%，超过年度目标值。放大生态优势，改善城市水环境质量，扬州市通过全国首批水生态文明试点城市技术评估和水利部、省政府联合验收。

中共扬州市委、扬州市政府重视最严格水资源管理工作，结合“263”专项行动和江淮生态大走廊建设，将重点工作任务写入市委全委会报告、政府工作报告和民生一号文件，将最严格水资源管理制度考核纳入县(市、区)、功能区经济社会发展综合考评和党(工)委书记考核。市四套班子先后开展专项行动现场督查，有效推进七里河、槐泗河整治、饮用水源地达标建设、化工企业关停、畜禽养殖治理等重点工作，对长江滨江饮用水源地、黑臭水体整治等项目进行跟踪督查，重点督办，对高邮“黑液塘”、宝应藕制品加工污染、施桥大桥运河沿线砂石码头等环境问题，协调相关部门商议整治方案，共同推进解决。对黑臭水体整治、重点污染源治理等项目，利用《扬州日报》、扬州电视台等媒体和“河长制”等公众微信号宣传，定期通报进展情况，宣传先进做法，构建公众参与、社会监督机制。

提升水资源管理水平。强化饮用水源地保护，完成广陵区三江营水源地、仪征市长江饮用水源地、江都区芒稻河饮用水源地保护区环境隐患整治，编制应急水源可研报告。编制各县(市、区)水功能区达标整治方案并通过省级审查。开展重要饮用水源地安全评估，制定江都区、高邮市乡镇集中式饮用水源地达标建设工作方案，编制并发布重要饮用水源地突发性水污染事件水利系统应急预案。贯彻落实《入河排污口监督管理办法》，严格入河排污口设置审批，加强排污口整治与监管，建立健全入河排污口管理档案，复核全市规模以上入河排污口55个，逐一落实监测。严格控制区域用水总量，依据省下达的用水总量控制指标，分解下达县(市、区)用水总量控制指标和年度用水计划。

加强河湖管护，市政府专门成

立政府负责人领导的长江岸线专项整治领导小组，组织开展专项整治活动，取缔、拆除沿江非法码头22个，关停船厂企业8家。（徐冬蓓）

■计划用水管理 2017年，市节水办合理配置水资源，落实最严格水资源管理制度，全面实行用水总量控制，提高水资源利用效率，根据《江苏省节约用水条例》《江苏省计划用水管理办法》等法律法规，结合省、市下达的总量控制计划，对市区所有自备水单位下达用水计划，联合供水主管部门对市区日用水500立方米以上的公共供水单位下达用水计划。加强用水定额和计划用水管理，对19个行业202个定额户的用水定额进行修订，计划用水率100%。开展执法巡查2次，对水资源费欠缴问题进行集中清查处理。对于未按期缴纳水资源费的单位和个人，督促其限期上缴；依法查处故意拖欠、拒不缴纳水资源费的单位和个人。全年累计征收水资源费2419万元，完成年度征收任务的134.4%。对市区25个测站和34个测点进行集中排查，确保江苏省水资源管理信息系统扬州测点上线率。（节水办）

■水环境治理 治理黑臭水体，编制实施《扬州市黑臭水体整治实施方案》。2017年，全市完成黑臭水体治理项目36个，建成城镇污水收集管网203.5千米。完成汤汪污水处理厂（18万吨/日）、仪征实康污水处理厂等一级A提标改造，实现全市县级以上城镇污水处理厂一级A尾水排放全覆盖。新建行政村污水处理设施160个。各县（市、区）均启动2个以上小区“清源行动”整治项目，对小区排水管网进行疏通整改。治理高宝邵伯湖水环境，实施“一湖一策”，编制高邮湖、宝应湖、邵伯湖《生态环境保护规划》，获省级批复并组织实施。编制实施高邮湖近大汕退水闸等4个断面达标整治方案，开展入湖河道排查，摸清27条主要入湖河道现状，启动实施高邮市状元沟水环境整治工程、邗江区老人沟整治工程。推进“三退三还”，高宝邵伯湖清退围网养殖0.43万公顷，提升湖心区水质类别，高邮湖心区、宝应湖心区、邵伯湖心区水质分别达到Ⅱ类、Ⅳ类、Ⅳ类。编制扬州市江淮生态大走廊建设规划和大江风光带景观规划。关闭拆除长江、大运河、高宝邵伯湖等重要水体沿线砂石码头、小船厂和搅拌站111个。实施城区河道水质交接补偿政策，收缴补偿资金1750万元，新增排污权落实有偿使用项目351个，收缴有偿使用费1759万元。加大水生态修复力度，完成湿地恢复工程393.3公顷。（徐冬蓓）

■“河长制”建设 构建市、县、乡、村四级全覆盖的“河长制”组织体系。全市共落实市级河长12人、县级河长98人、乡级河长958人、村级河长2485人，设立省、市、县、乡、村五级河长公示牌近5000块。市本级、全市6个县（市、区）、3个功能区及所辖90个乡镇（街道）出台“河长制”会议、信息报送、数据信息共享、考核、验收、督查等6项“河长制”工作制度。编制完成全市31条市级河道（含湖泊）“一河一策”行动计划及河长工作手册。书记、市长带头巡河，全市各级河长多轮巡河，对发现的突出问题进行口头或书面交办，2017年全市共下发各类交办单386份，河长交办事项落实率100%。（徐冬蓓）

■节水工作 2017年，扬州市接受“国家节水型城市”复查。扬州市政府调整扬州市创建国家节水型城市工作领导小组成员，落实建设方案，分解任务。6月27—28日，扬州市通过住房城乡建设部、国家发改委组织的复查考核验收。加强载体建设。落实省、市级节水型载体创建及实施节水技改示范项目单位，全市创成国家节水型社会建设达标县1个（仪征市成为全国首批首个通过国家级县域节水型社会达标县验收的县级市）、省级节水型社会示范区1个（宝应县）、省级水效领跑者1家、省级节水型社区6家、省级节水型学校6所、省级节水型单位4家、省级节水型企业4家、省级公共机构节水型单位5家、市级水效领跑者4家、市级节水型学校30所和市级公共机构节水型单位12家。完成省、市级节水技改示范项目15个以及6家企业的水平衡测试。对2014年命名的45家省级节水型载体进行复查。在火电、钢铁、纺织、造纸、石化、食品和发酵等六大行业中选择5家重点企业开展单位产品取水量（工业用水重复利用率）对标达标活动，其中，火电1家，化工2家，食品1家，制药1家，确定3家企业为标杆企业，2家企业为达标企业。联合市发改委等七部门制定出台《扬州市水效领跑者实施方案》，中国石化仪征化纤有限责任公司被评为首批省级水效领跑者，永顺泰（宝应）麦芽有限公司等4家被评为首批市级水效领跑者。完成对永丰余造纸（扬州）有限公司、青岛啤酒（扬州）有限公司等5家重点监控用水单位的用水审计试点。完成扬州市节水信息系统（一期）开发，通过专家验收并投入运行。推进农业节水，2017年实际完成高效节水面积0.28万公顷，超额完成省水利厅目标任务。各县（市、区）编制完成“十三五”高效节水规划和2017年度高效节水实施方案，并经县级人民政府批准。推进节水型社会建设，建立节水激励机制，通过财政补助、按省相关文件规定减免有关事业性收费等政策，鼓励和支持节水型载体建设、水平衡测试、节水技术改造、用水审计、科研等，设立节水管理机构，强化节水管理，2017年省、市各项节水财政补助资金251万元。推进水价改革。落实27个试点村、2个试点灌区开展水价改革工作，高邮市探索实行农业用水价格分类水价，以及精准补贴和节水奖励办法。与江苏长江地质勘查院共同开展“地热1号地热水含气量对计量影响及综合利用研究”，与中国矿业大学合作开展“扬州市区地下水动态评价与应急水源保障对策研究”，与江苏杨大汇仁生态科技有限公司合作开展“扬州市特色产品用水定额编制研究”。（节水办）

城市建设

chengshi jianshe

编　辑　徐国磊

综述

■概况　2017年，扬州市区(含江都区)完成城市基础设施投资47.27亿元。推进城市基础设施建设。运河南路南延工程建成；城市南部快速通道先导段主体完工，推进全线隧道、高架等主体施工；金湾路下穿文昌路隧道主体建成，文昌路至万福路段开放交通；推进真州路与文昌路交叉口立体化改造、扬冶路、站东路、站西路、北城路、运河路南延、徐凝门桥、观潮路跨古运河大桥等项目建设。

推进城市功能性设施建设。全年共完成供水支管网改造184.9千米。市区新增燃气管道143千米，对20个老小区的燃气管道进行改造，更新老旧管道25.9千米，城市天然气储气能力76万立方米，供气管道长度约6373千米，供气总量4.15亿立方米。推进污水处理设施“四统一”进程，城区污水日处理能力38万吨，城市污水集中处理率89.55%。新建污水管网160千米，建成高邮湖西污水处理厂扩容工程、宝应氾水镇污水处理厂和曹甸镇污水处理厂等工程。

推进古城保护利用。深化历史街区整治，推动“双东”(东关街、东圈门)街区AAAAA级景区创建工作，完成东关街综合管理服务平台和消防设施改造提升，建成智慧旅游监控平台、吴道台宅第保护再利用工程和大运河盐业文化展示馆。实施东门遗址广场旅游线路景观提升工程，推进三和四美地块整治工程。推进南河下街区整治，启动汪鲁门盐商住宅利用工程。整治修缮传统民居，以技术支持和资金补贴的方式完成老城区10户民居修缮。

推进民生城建工程。实施“清水活水”工程，完成念四河、西银沟、老沙河等27条黑臭河道整治，整治河道57千米。提升城市生态水环境，完成润扬北路下穿通道大修、文昌路等2个积水点改造。累计维修道路13万平方米，更换井盖框762座，疏浚下水道160千米，清疏雨水井3.6万座次，检查井4000余座次。

推进建设领域节能减排。全市新增绿色建筑标识项目16个，面积212万平方米，其中二星级以上绿色建筑133万平方米，完成年度目标任务的166%。其中，扬州市扬子·商城国际、金域蓝湾住宅小区获绿色二星运行标识；华鼎星城住宅小区获绿色认证“皇冠奖”，成为扬州市首个取得三星级绿色建筑运行标识的项目。

(卞海波)

■城建监察　2017年，扬州市城建监察支队立案查处各类违法违规案件185起，下达责令改正通知书311份、行政处罚决定书102份，其中施工许可类17起、招投标类26起、建筑节能类9起、文明施工类26起、建筑安全质量类10起、建筑设计勘察类6起、公用事业类8起。所有案件实行网上立案运行，无一例“体外循环”，无一起被投诉或行政复议诉讼败诉案件。其中接受并处理各类举报案件95起，办复率100%。

(葛　苗　卞海波)

城市规划

■规划编制　启动新一轮总规修编，完成城市总体规划评估和强制性内容论证，形成正式评估成果。完成总规战略研究，确定中国城市规划设计研究院为本轮总体规划修编的编制单位。完成包括江都在内的中心城区63个单元控规成果和外围21个镇区控规的优化完善，实现建设用地控规全覆盖。完成《城市外围大型临时换乘中心的选址方案》《生态临时停车场布局规划》《老城区及周边区域公共停车场近期实施规划研究》《新城西区体育公园周边交通研究》。组织开展《城市东南片区更新改造研究》，编制完成《中心城区城市色彩规划》《扬州市公园体系发展与保护规划》《传统建筑特色调查和传承研究报告》《传统建造技艺调查和传承研究报告》《城市空间和地域建筑特色塑造规划设计指引》。对京杭大运河两侧、万福大桥周边、“三河六岸”地区等区域，系统整合完善既有城市设计成果并提出优化方案。对三湾公园外围拓展区城市设计进行优化调整完善。制定《扬州古城历史建筑修缮管理办法》。

(徐　峰)

■规划管理　服务民生建设。编制《扬州市中心城区养老设施布局规划》《扬州市农贸市场及农副产品批发市场整合规划》，开展家禽屠宰、生猪养殖项目的选址工作。配合相关部门提出47个地块年度城中村改造计划，划定所有地块城中村改造红线，出具相关规划意见。

服务重大项目建设。推动重大项目选址、审批等相关工作，完成妇女儿童医院、市公共卫生中心、技师学院、市中级人民法院、警示教育基地等用地的选址初步方案。服务省运会、省园博会相关体育场馆、园林展馆建设。开展供热规划、排水规划编制。做好连淮扬镇铁路、京沪高速(G2)扩建工程扬州段扩容工程、五峰山过江通道南北公路连接线扬州段、宿扬高速连接线等国级、省级重大项目的规划上报和服务工作。参与扬镇第二通道、北沿江高铁等重大工程的定址论证。做好南部快速通道、大学路南延等市政基础设施项目建设的规划线型和项目服务。做好公交首末站停车场的规划服务以及七里河、沙施河支河等河道整治工作。

做好“一书两证”发放。全年受理各类项目791件，办结787件，发放“一书两证” 3578份。其中，选址意见书106份，用地总面积738.4公顷；用地规划许可证168份，用地总面积1471.9公顷；建设工程规划许可证1979份，建筑面积1262万平方米；规划核实1325份，建筑面积849.4万平方米。

推进“放管服”改革。开展项目规划阶段的并联审批工作，对20余个项目(主要是市政基础设施项目和政府投资的公共建筑)发出并联审批一次性告知单，13个项目完成并联审批。落实不见面审批，实现“一窗式”规划服务。推进联合踏勘和联合测绘工作，牵头起草《关于建设项目联合踏勘的实施意见》《扬州市建设项目竣工阶段联合测绘工作实施方案》。

建设项目规范化、精细化管理。召开方案审查小组会41次，审查项目69个。完成化工项目规划管理工作要点，强化面积审核，细化规则，规范程序，审核项目建筑面积约700万平方米。召开服务对接会，对已出让地块提前介入，解读规划条件。完善规划变更流程，市规划局与相关部门联合出台《专题会商备忘录》。（徐　峰）

■规划督查　市规划局制定“三直接”建设领域批后管理环节操作规范及实施细则。落实建设工程规划许可证正副本、公示牌、规划验线制度，加大对经市规划委员会审定的项目监管力度，对正负零、主体、外立面、平面布置等关键节点进行全过程监管。落实规划信用管理制度，对6个严重违规建设项目的建设单位和2个勘察设计单位进行约谈，对其中6家单位进行城乡规划信用扣分处理，并在门户网站上公布。开展日常巡查34次，与城管联合巡查22次，发现违法建设行为49起。发出《责令改正违法行为通知书》39份、《停工(核查)通知书》2份；实施行政处罚25次，收缴罚没款454.78万元。（徐　峰）

新城区建设

生态科技新城

■概况　扬州市生态科技新城2013年11月成立，位于扬州城市新中心江广融合地带，北起凤凰岛、南至夹江、西至廖家沟、东至高水河—芒稻河沿岸，总面积约81平方千米。下辖杭集、泰安2个镇，21个行政村、2个居委会，常住人口9.9万人。

2017年，完成地区生产总值122.95亿元，比上年增长8%；全社会固定资产投资29.16亿元，比上年增长25.7%；工业开票销售86.23亿元，比上年增长6%；规模以上工业总产值335.58亿元，比上年增长16.7%；服务业固定资产投资增长35.5%，社会消费品零售总额增长10.1%，净增规模以上服务业企业4家；全社会研究与开发经费占地区生产总值的2.5%，新增重大科技成果转化项目2个、省级以上研发机构2个；旅游总收入增幅15.2%，新增AAAA级景区1个，新增民宿客栈床位100张。杭集镇入选全国特色小镇。（徐　徐）

■招商引资　2017年，生态科技新城发展体验经济、定制经济、论坛经济、赛事经济，举办中城联盟年会、亚布力青年论坛、深潜国际赛艇比赛、大美扬州论坛、新乐府小私塾音乐节等一系列品牌活动，吸引王石、冯仑等一批商界人士到扬州，引进深潜大运河中心等一批新经济项目。全年新增注册企业647家，其中注册资本1000万元以上58家、1亿元以上5家，实际利用外资及港澳台资2000万美元。全年新签约、新开工、新竣工重大产业项目10个，完成投资46.8亿元，发放各级产业扶持资金2400万元，引进琼花、明星、赛艇基地、红豆万花城等产业项目，两面针日化基地实现投产，江苏艾萨克机器人股份有限公司在“新三板”挂牌，倍加洁集团股份有限公司在上交所主板上市。（徐　徐）

■科技创新　2017年，生态科技新城以扬州软件园为重点，建成北京“众创空间”和马场创业街、扬大科技园、万方科创中心等国家级、省级孵化器，先期入驻项目67个，集聚创业人员600人，重点孵化哈工智能、有书共读、58同城、阿里巴巴LBS、网易新闻、充充动力、净道科技等一批优质项目。杭集高新区建立“一区四园”体制，举办创意设计大赛，推进石墨烯研究院、艾萨克机器人、金材科技等一批转型项目，锦禾高科获批全市唯一的国家绿色设计产品。高新技术产值占规模以上工业产值的25%，研发投入经费占比提高至2.5%。（徐　徐）

■旅游发展　2017年，生态科技新城以全域旅游为抓手，创新打造自在岛—万福片区城市板块，对照AAAAA级景区标准，引进大批文旅项目和功能性设施，年接待游客70万人次、参观700批次。新开工建设集装箱酒店、老火车站记忆馆、1912小镇二期和三期等10多个项目，新落成书院、图书馆、艺术馆、创客公寓、创客咖啡等一批配套设施，策划组织数十场人气活动。凤凰岛获批国家湿地公园，马可波罗花世界创成AAAA级景区。（徐　徐）

■基础设施建设　2017年，生态科技新城着眼江淮生态大走廊总体布局，规划建设48千米“生态环”、10平方千米中央公园、46万平方米韩万河公园、100万平方米“三河六岸”公园。其中，韩万河公园先导区、三笑花苑社区公园建成开放，“三河六岸”公园启动建设，中央公园四期主体建成，“生态环”新增杭集夹江段13千米。编制高铁站方案及站前区规划。全年投入30亿元，实施9个城中村改造，完成铁路沿线拆迁，收储搬迁企业33家，腾让发展空间50万平方米。建成创智坊周边5条道路，站东路、夏桥路率先试点综合管廊，曙光路南延段通车。（徐 徐）

■扬州万方科创书院开业 参见307页。

■生态科技新城图书馆揭牌 2017年12月24日，生态科技新城图书馆（扬州市图书馆生态科技新城分馆）举行揭牌仪式。生态科技新城图书馆位于万福大桥东北侧的1912小镇内，由生态科技新城与扬州市图书馆合作共建。面积近1300平方米，藏书近30万册，同时拥有30万种电子书、22个大型数据库及6个自建数据库等海量数字资源。（徐 徐）

西区新城

■概况 西区新城位于扬州主城西翼，西起扬溧高速，北至司徒庙路，东至扬子江北路，南边以润扬路及邗江路为轴，西南方至文汇西路，东南方至平山堂西路、翠岗路，主要由原蜀冈生态区和原新城西区两大区域组成，横跨西湖镇、新盛街道，总面积近30平方千米。2017年，西区新城围绕“扬州城市副中心、扬州城市西部门户、邗江中心”的总体定位，坚持规划策划同步推进、产业城市同步建设、形态质态同步提升，推进城市建设健康发展。（吴跃进）

■规划编制 2017年，西区新城拓展区规划整合修编工作取得进展，11.7平方千米待建区（N8、W6单元）的城市设计工作经全国招标，由中标单位中国美院编制的城市设计和市规划编研中心修编的控制性详细规划同步推进，于年中出台正式方案并通过专家评审，9月底在市规划委员会上通过审查。各类专项规划编制工作取得突破，产业发展、土地利用以及水系等专项规划出台，并通过专家评审和相关主管部门认可，为新城“多规合一”引领建设工作奠定基础。（吴跃进）

■招商引资 2017年，西区新城抓对接、促落户、强管理，促进项目滚动发展。在建项目。京华城A6（R-MALL）项目运营；昌建广场国庆期间正式开业；五彩世界项目按序时施工；国泰大厦、华城科技广场投入运营，入驻企业日益增多；万科“金色梦想”、君鸿“金叶广场”商业配套建成，商户招租形势良好。在手项目。京华城A1、A2、A4综合体项目按序时推进，文化旅游项目开工建设；扬州大剧院文创综合体、边城酒店综合体等项目按序时推进；万科“翡翠云山”、联发集团“星领地”、融创一中梁首府壹号等项目建设、销售情况良好。在谈项目。花样年·奥特莱斯项目地块摘牌，建筑规划方案进入优化设计阶段；启迪科技园项目签署合作协议，并办理土地上市等相关准备工作；健康养老项目与新城控股、三胞集团、九如城集团等公司开展对接，细化相关方案。（吴跃进）

■基础设施建设 2017年，西区新城推进路网体系建设，西湖路、平山堂路西延（润扬北路至蜀冈南路）、万科路、唐悦路建设完工，扬冶路拓宽工程开工建设，真州路北延段、平山堂路西延（蜀冈南路至经九路）开工建设。蜀冈生态中心二期项目（蜀冈生态体育公园）进行新一轮优化提升，蜀冈生态中心三期工程（蜀冈生态休闲公园）建成开园，揽月河嵌入式市民广场投入使用。推进公共配套完善，多个社区公园、“口袋”公园按序时推进，区级卫生中心开工建设，蜀冈怡庭幼儿园建成。（吴跃进）

■蜀冈生态休闲公园 该项目位于润扬北路西侧、平山堂路西延北侧、梅苑双语学校南侧、外环快速路东侧，占地约12公顷，总投资约3500万元，于2017年4月16日建成开园。公园设置滨水观光塔、碧潭迎客、桃花源、爱情花海、竹林逸境等区域，是蜀冈生态体育公园的补充与完善，为市民提供休闲健身娱乐场所，提升区域生态环境和投资环境。（吴跃进）

■京华城文旅项目（京华城A1、A2、A4） 该项目位于明月湖南岸，总建筑面积40.5万平方米，总投资约24亿元，建设体验式综合广场（A1）、复合式影城广场（A2）、城市生活综合广场（A4）。A1、A2板块于2017年上半年开工建设。（吴跃进）

■五彩世界 该项目位于国展路东侧、京华城路北侧，占地5.74公顷，总建筑面积26万平方米，总投资20亿元。在建筑设计上，以“都市田园”和“山水体验”为核心理念，建设集大型购物中心、休闲游乐、美食餐饮、商务办公于一体的一站式全生活广场。2016年5月开工建设，2017年1月与众多国际品牌商家签约。（吴跃进）

■启迪科技城 该项目拟选址新盛拓展区真州路以东、宁启铁路以北、丁洼路、国防路以南，占地33.35公顷，总投资超60亿元。致力打造生产生活生态融合发展、园区住区校区三区合一的创新创业综合体。2017年，邗江区政府与启迪控股签订协议。（吴跃进）

■金叶广场 该项目位于金辉小学、台扬路南侧，占地2.33公顷，总建筑面积5万平方米，总投资10亿元，内设农贸市场和综合商业配套等。2017年6月，金叶广场建成投入使用。（吴跃进）

城建重点工程

■三湾公园建成开放 三湾公园规划范围东至大学南路、南至新328国道、西至经八路、北至开发路，占地约101公顷。公园建设围绕古运河三湾段这一轴线，打造东西两个片区，实施水系疏浚优化与运河驳岸改造、生态修复与保护、基础设施建设与景观提升、公共服务与配套设施完善等工程。公园于2015年6月开工建设，开发片区和广陵片区分别于2016年4月16日和9月10日对外开放。2017年9月29日，以“一环两桥三入口”（一条3千米环形健身步道，两座跨古运河大桥——剪影桥和凌波桥，东、西、北三个入口）重点工程建成为标志，实现全面对外开放。

（城建控股集团）

■汤汪污水处理厂三期工程建成投运 该项目位于扬州市广陵区汤汪乡，计划投资8.09亿元。2017年主要对原有18万吨/日的汤汪污水厂一、二期项目进行提标改造，采用高效沉淀池＋次氯酸钠消毒接触工艺。项目于2017年12月29日通水运行，出水排放达到一级A标准。

（城建控股集团）

■赞化巷立体停车场建成投运 该项目位于主城区文昌商圈，西临南门街、北临赞化巷、南临甘泉路。项目占地0.28公顷，建筑面积1497平方米，共五层，高10米，设停车位198个，2017年9月30日正式投运。

（城建控股集团）

■老旧燃气管网改造工程完成 2017年，该工程投入资金650万元，完成良友新苑、师院宿舍、海棠小区、鸿泰家园、正泰花园等小区4300多米地下燃气管网和顾庄、联谊、柳湖南北苑、大草小区等小区4453户燃气立管改造，提高供气安全性。

（城建控股集团）

■西三环增压站工程建成 该项目位于真州路与文昌西路交叉口西南角，规划用地0.64公顷。工程概算总投资2829.83万元，设计水量规模为5万立方米/日，新建增压泵房、控制室、消毒间及值班室1座（合建），清水池2座，2017年底建成。项目满足西区新城西北片区及蜀冈新城西片区的供水需求。（城建控股集团）

■西湖增压站扩建工程建成 该项目位于扬子江北路与蜀冈路交叉口以北428米，扬子江北路的西侧，工程概算投资1769.1万元，建设8300立方米清水池1座、2200平方米配套用房，改造泵房设备等，2017年底建成，保证扬州市西北区域供水可靠性，保障居民饮用水安全。

（城建控股集团）

■蜀冈中西峰生态修复一期工程建成 该项目位于扬子江路东侧，北起台扬路，南至平山堂路，工程填土21万立方米，修复山体4.35万平方米，增设扬子江路东侧200米生态挡墙，恢复小香雪、万松叠翠和宋亭等历史景点。山南打造1.2万平方米文化广场，修建欧阳修、苏轼铜雕像，升级改造1万平方米生态停车场，设置小汽车泊位89个，大客车泊位26个，对平山堂路和台扬路进行改造。蜀冈中西峰生态修复一期工程2016年11月启动，2017年11月完成。

（樊 荣）

■运河南路南延工程竣工 该项目北起鼎兴路，南至横沟河，长约500米，宽50米，新建跨横沟河桥梁1座。按城市主干道标准设计施工。工程同步实施雨污水管道、绿化、交通安全及照明工程。该工程2016年12月开工，2017年12月竣工。（樊 荣）

市政设施

■地下管线信息系统(GIS) 全年对16个项目1259.5千米管道数据、152.07千米带状地形图数据进行查错、复核，完成中心城区管线798个隐患点的排查，升级更新GIS系统程序，完成数据库更新维护工作。开通4条专线，实现与市规划局、天然气公司、自来水公司、洁源公司、市政设施处的数据共享。

（许 健 卞海波）

■城市照明管理 全年累计修复、更换故障电缆9.73千米，维修路灯1.88万杆，测试路灯接地4.44万杆，整改接地电阻不达标121处；维修景观灯7961盏，更换LED（发光二极管）照明灯带26.52千米，更换存在安全隐患灯杆165杆，亮灯率98%以上。（陈有文 卞海波）

■排水管理 加强对排水施工方案的审查，以出具审查意见方式对20个项目进行把关。与环保部门联动，严格排水许可证的发放标准，对重点污染源的排放进行跟踪监测，控制超标排放现象。（许 健 卞海波）

■城市供水 2017年，扬州市区（不含江都区部分乡镇）完成售水量1.47亿立方米，比上年增长3.06%；管网水压综合合格率100%，管网水质综合合格率100%。新发展用户2.76万户；铺设直径100毫米以上供水管道137.08千米，市区管网总长度3132.89千米。建成西三环增压站、西湖增压站扩建工程；推进第四水厂深度处理工程各项前期工作；开工建设头桥水厂深度处理工程；完成农村支管网更新改造124千米。完善水质监控体系，加大对原水、出厂水的检测频率，合理调整药剂投放，水质综合合格率100%。

（扬州自来水有限责任公司）

■供电 2017年底，扬州供电公司有基层供电所64个，营业客户249.6万户。全市有35～500千伏变电所168座，变电总容量2401.39万千伏安；有35千伏及以上输电线路384条5060.40千米；有10千伏和20千伏配电变压器3.6万台，容量1167.07万千伏安，配电线路1609条19364.2千米。2017年，扬州市全社会用电量237.05亿千瓦时，比上年增长5.18%。其中，工业用电量162.21亿千瓦时，比上年增长3.59%。全市最高用电负荷460.8万千瓦，比上年增长8.91%。全年累计完成电网投资24亿元，累计报装申请9.95万户，申请容量276.73万千伏安；完成业扩报装9.15万户，新增容量209.15万千伏安。全市供电可靠性99.98%，列全省第三位。居民户均容量5.86千伏安，居苏中、苏北首位。全年完成重大活动保电任务140次，动用发电车（机）147次，出动保电人员2611人次。

提升电网供电能力。2017年，开工建设220千伏龙王输变电等18项电网工程，建成220千伏霍沙输变电等16项电网项目。推动城乡电网换代升级，新增容布点配电变压器893台，整改超重载线路135条、超重载配电变压器264台。打造高可靠示范区和不停电示范区。广陵新城实现0.5秒内完成故障隔离和网络重构，年均停电时间5分钟。强化与交通、铁路等部门联防联控，完成69项电网橙色风险及以上保电任务，保持220千伏线路“零外破”。在全省率先消除配电网线路“三跨”（跨越高速铁路、高速公路和重要输电通道的架空输电线路区段）隐患。编制完成全省首份市级新能源发展规划。编制完成宝应“领跑者”光伏基地接入系统规划并获国家能源局立项。在全省率先完成扩大用户源网荷友好互动标准化设计，实现127个用户、12万负荷毫秒级控制。

推动能源变革发展。编制形成江淮生态大走廊电网专项规划和绿色发展调研报告，推动电网从“电能输送平台”向“资源优化配置平台”“综合节能服务平台”转变。以建设“多表合一”省级示范区为抓手，为客户提供多元化、个性化的综合能源服务，全年新增“多表合一”3.35万户，累计7.2万户。深化清洁能源替代，建成风电站1座、容量5万千瓦；累计建成集中式光伏电站21座、容量48.3万千瓦；累计完成光伏发电项目8037个、容量19.02万千瓦。完成电能替代电量5.92亿千瓦时推广电锅炉127台。建成省内首个生猪屠宰蓄热式电锅炉示范项目和省内首个公交车辆“气改电”项目，建成商城国际大厦等5座城市快充站。

推动供电智能服务体系建设。深化“大云物移智”新技术应用，在全省首批建成供电服务指挥中心并实体化运行。中心投入运营后，全市“95598”投诉工单量下降68.61%，工单业务流程时长缩减30%，故障处理时长缩短12%。加快构建网站、APP、微信多位一体的智能互动服务体系，实现一般业务“临柜一次”、简单业务“足不出户”。试点建设智能营业厅、无人营业厅，优化营业厅分区，强化自助办理、业务体验等功能，加快实体营业厅向体验服务转型。

（孙　荣）

2017年扬州市电网规模一览表

表28-1

电压等级	变电站、配电变压器(座、台)	主变容量(万千伏安)	线路条数(条)	线路长度(千米)
500千伏	3	525	13	669.92
220千伏	29	858	101	1687.24
110千伏	97	935.45	178	1816.71
35千伏	39	82.94	92	886.53
20千伏 10千伏	36011	1167.07	1609	19364.20

（孙　荣）

■燃气供应与管理　2017年，市区（不含江都区）新增天然气居民用户2.92万户、商业用户300户、工业用户12户，新增天然气出租车21辆、私家车290辆。至年末，累计有天然气居民用户37.99万户、商业用户1622户、工业用户71户，有使用天然气出租车3249辆、公交车486辆、私家车1995辆。市区（不含江都区）新建燃气高压管线3.27千米、中压管线28.97千米、低压管线151.86千米，完成老旧管线改造总长度约30.47千米，新增天然气调压设施16台，西部客运枢纽压缩天然气加气站投入运营。全年市区（不含江都区）供应天然气1.52亿立方米。管道天然气销售价格与上年持平；15千克瓶装液化石油气最高售价98元/瓶，最低售价80元/瓶。

2017年冬季，全国范围上游天然气供应紧张，扬州市区城市供气出现短缺。经扬州市政府批准启动《天然气保供应急预案》，组织向外采购液化天然气通过汽化器向管网补充。按照“先安全后生产、先民用后工用、先重点后一般”的原则，按照停供计划对市区工业用户实施限、停供气措施，先后对市区压缩天然气汽车加气站实施限时加气、停止加气（停止加气期间由扬州市政府给予油气差价补贴）等措施，确保城市供气系统的平稳运行。部署开展城镇燃气安全大检查、大排查、大整治专项行动，市直排查一般隐患54条，6个县（市、区）排查一般隐患149条，停产整顿企业2家，关停供应站2座。组织开展瓶装液化气市场专项整治行动和瓶装液化气无证经营和违规储存的安全整治，取缔非法经营液化气点5处，公安机关行政拘留非法供气人员3人。组织开展餐饮场所用气安全专项行动。建设部门联合安监部门、公安消防部门、相关街道、社区开展燃气场所专项检查，督促供气企业履行“一份协议、一次宣传、一次检查”。冬季每周组织开展燃气安全进社区活动。

2017年4月14日，金港路中压A燃气管道被勘探作业钻破，导致4136户居民停气。为防范类似事故发生，组织开展燃气管道保护专项行动，下发《关于切实加强市区燃气管道周边施工安全管理工作的通知》，召集全市近200家建设、施工、监理单位相关负责人参加燃气管道保护知识专题培训。全年立案查处6起破坏燃气管道行为，罚款31万元。全年组织开展31期燃气企业主要负责人、安全生产管理人员、运行维护抢险人员“三类人员”培训考核，培训2103人；开展2期、271名燃气器具安装维修工岗前培训考核培训271人；开展6期瓶装燃气送气服务人员岗位培训考核，培训757人。瓶装燃气送气服务人员上岗证首次使用电子二维码证书。　（余　伟）

■环卫设施建设　推进“厕所革命”，市区新建公厕5座，改建公厕38座、

垃圾中转站4座，安装公厕夜间指引标识111个。（张华中　臧益军）

城市管理

■概况　2017年，全市城市管理工作坚持"以人民为中心"的工作理念，强化环境整治，优化队伍管理，组织开展市容环境综合整治和专项整治50多次，保障"烟花三月"国际经贸旅游节、世界地理标志大会、江苏省城市治理与服务大会、全国文明城市复查等重大活动开展。城市环境综合整治5年行动收官，累计完成"931"整治任务5853项，改造城中村、棚户区、城郊接合部779处，19个整治改造案例被江苏省整治办介绍推广。推行住建部倡导的城市管理"721"工作法（70%的问题用服务手段解决、20%的问题用管理手段解决、10%的问题用执法手段解决），全市城管系统举办各类培训班17期，培训800人次。9月30日，扬州市举行城管系统统一执法制式服装换装仪式。（张华中　臧益军）

■城市环境综合整治收官　完成为期5年的全省城市环境综合整治。2017年完成1870项整治目标任务，其中"九整治"项目160个、"三规范"项目379个、"深化拓展"项目1331个。具体为：整治城郊接合部11片、城中村10个、棚户区18个、老旧小区33个、背街小巷43条、城市河道7条、低洼易淹易涝片区8片、建设工地18个、农贸市场12个，规范经营疏导点22处、停车场建设20处（新增公共停车泊位1942个）、户外广告337处，深化整治违法建设1160处，新建（改造）公共厕所86座、城市家具28处，建设公共自行车系统停放点38处，整治杆线等新增项目19个。（张华中　臧益军）

■城乡生活垃圾分类　2017年，制定《扬州市城乡生活垃圾分类和治理专项行动实施方案》，编制《扬州市城乡生活垃圾分类和治理三年行动计划（2018—2020）》《扬州市城乡生活垃圾分类管理规范》。全年建成分类示范小区36个，配置站台式垃圾分类投放亭2464座，规范再生资源回收网点30个，建设可回收物分拣中心3个、大件垃圾拆解中心5个，整治再生资源回收网点30个。在全省率先建成10个垃圾分类试点社区，在全市党政机关事业单位率先开展生活垃圾分类，同步开展垃圾分类进社区、进校园、进企业、进镇村试点等工作。

（张华中　臧益军）

■垃圾分类再生资源兑换超市　在扬州市区设立8个"垃圾分类再生资源兑换超市"，通过积分兑换的方式引导6000户居民实施生活垃圾分类。设立"环卫工人二次分拣再生资源回收中心"，为环卫工人办理积分卡，引导1500名环卫工人对分类投放垃圾进行二次分拣和收集可回收物。（张华中　臧益军）

■市容环境综合整治　全年组织开展市容环境综合整治提升、共享单车整治、城市家具整治等9项整治行动，完成整治任务8554项，整治路段80条，取缔流动摊点和出店经营2000多个、马路市场17处，拆除违法建设41.95万平方米，整治箱柜体577处，拆除破旧电话亭182个及扬子江路、文昌路、邗江路等路段楼顶广告、墙体广告和不规范店招993处，消除安全隐患，有效控制主次干道流动摊点、出店经营、市容"六乱"（乱贴乱画、乱挂乱晒、乱堆乱放）现象，街景容貌得到美化提升。

（张华中　臧益军）

■"三尘"防治　开展烧烤烟尘、渣土扬尘、道路灰尘"三尘"防治工作。对市区265家烧烤店落实严格监管措施。建成建筑垃圾综合管理平台，410辆渣土车安装GPS定位系统，130处规模以上工地和市区渣土消纳场均纳入平台监管。全年查处渣土案件349起，每日在城区主要道路开展"两扫两保、六洒水"，重点区域开展"八洒水"，主干道机械化作业率100%。（张华中　臧益军）

■数字化城管　市数字化城管系统增加机动车违停信息、共享单车管理等小类，监督员在采集信息的同时，协助处置共享单车轻微无序乱停放、单车倒伏等问题。将江广融合区域纳入系统监管。将"12319"城管服务热线打造成相对独立的闭环系统，24小时受理群众来电，实现接处、立案、派遣、结案一条龙服务。全年系统处理城市管理问题18.74万件，结案18.53万件，结案率98.90%。

（张华中　臧益军）

■建成区违法建设专项治理5年行动　按照住建部统一部署，推进全市建成区违法建设5年治理行动，全年查处违法建设30.54万平方米，其中市区查处违法建设约28万平方米，约占5年行动总任务的54%。

（张华中　臧益军）

乡村建设

Xiangcun Jianshe

编　辑　陈永华

综述

■**概况**　2017年，扬州市新增转移农村劳动力1.43万人，扶持农村劳动力自主创业5678人，新增就业创业22.4万人次。农村居民人均可支配收入1.97万元，比上年增长9.1%；农村居民人均生活消费支出1.48万元，增长7.6%。

全市完成村镇建设投资76.18亿元，竣工住宅建筑面积236.90万平方米，公共建筑面积40.94万平方米，生产性建筑面积120.73万平方米。推动美丽宜居乡村建设，联合苏中发展研究院组织开展"美丽乡村"建设课题研究。落实月塘镇乌山村挂钩帮扶工作。完成2017年度江苏省扬州市城乡建设统计年报。组织开展农村人居环境信息调查采集和农村危房现状调查工作，摸清掌握全市农村危房群体的总体情况，争取中央和省农村危房改造政策支持。加大村镇建设工作培训力度，先后组织全市村镇建设系统干部职工参加国家、省危房改造工作专题培训班，举办村镇建设统计专题培训班。

推进精准扶贫、阳光扶贫，全市扶持低收入农户创业项目180个，建档立卡低收入农户基本达到人均可支配收入7000元，沿江、沿河地区经济薄弱村集体经济年收入分别达50万元、40万元。

推动城乡统筹，改变乡村环境。加快首批10个市级特色小镇建设，头桥镇入选省级特色小镇创建单位，杭集镇获批全国特色小镇，仪征枣林湾入选国家首批运动休闲特色小镇试点。启动实施特色田园乡村"111"行动（1个镇、10个点、1个亿元），沙头镇沙头村和月塘镇四庄村入选省级试点，方巷镇沿湖村获评国家级"最美渔村"，创成"优美乡村" 10个。建成51个省级绿化示范村。新改建农村公路180千米、农桥50座。镇村公交开通率84%。执行《扬州市河道管理条例》，全市四级河长体系全面建立。清淤县乡河道740万立方米、村庄河塘970万立方米，创成省级水美乡镇4个、水美村庄21个。

（周　娟）

杭集镇广场公园　　日　报/供稿

2017年度扬州市获批省级水美乡镇

宝应县曹甸镇
仪征市马集镇
江都区武坚镇
邗江区西湖镇

（周　娟）

2017年度扬州市获批省级水美村庄

宝应县射阳湖镇魏荡村
宝应县曹甸镇曹南村
宝应县西安丰镇苗圃村
高邮市周山镇万福村
高邮市三垛镇柳南村
高邮市汤庄镇联谊村
仪征市铜山办事处程营村
仪征市新集镇联盟村
仪征市月塘镇魏井村
仪征市陈集镇丁桥村
仪征市马集镇岔镇村
仪征市十二圩办事处土桥村
江都区武坚镇花庄村
江都区吴桥镇季刘村
江都区丁沟镇黄花村
江都区宜陵镇同兴村

邗江区瓜洲镇鞠庄村
邗江区甘泉街道焦巷村
广陵区沙头镇沙头村
生态科技新城杭集镇新生村
蜀冈—瘦西湖风景名胜区瘦西湖街道堡城村　（周　娟）

■**“美丽乡村”建设**　广陵区沙头镇沙头村和仪征市月塘镇四庄村入选全省首批特色田园乡村试点，并全面启动工程建设。市建设局制定出台《扬州市特色田园乡村行动计划》，联合市财政局研究起草扬州市特色田园乡村建设资金管理办法，全面启动扬州特色田园乡村建设行动，14个市级试点村完成规划设计。完成2016年度11个省级“美丽乡村”和5个“康居乡村”试点项目建设并通过市级验收，9个省级传统村落保护项目先后开工建设。

（睢春广）

■**“优美乡村”创建**　围绕“经济强、百姓富、环境美、社会文明程度高”四大类16项指标，全市16个村参与“优美乡村”创建。市委农工办组织县（市、区）委农工办分管负责人和创建村党组织书记集中培训、现场观摩及赴外地考察学习，指导各地把握创建标准、要求，细化创建方案，推进创建工作。2017年，全市新创“优美乡村”10个。

（张长山　刘信哲）

■**扬州市返乡下乡人员创业创新大赛**　5月27日，市农委举办扬州市返乡下乡人员创业创新大赛，各县（市、区）农委分管负责人、产业化科科长和部分双创人员、市农委代表等近80人参加。各县（市、区）农委选拔的20多名选手重点围绕项目科技含量、发展潜力、创意设计、专利发明等，项目业绩的规模与资金投入、品牌创建、市场份额、利税等，项目带动效果的产业融合度、就业贡献、农户带动、社会美誉度等，通过现场抽签参赛顺序、演讲答辩等方式展示创业经历、创业才能、创业成果。最终，评出一等奖2名、二等奖4名、三等奖4名。　（鲍忠梅）

宝应县夏集镇刘其贵家庭农场工作人员在操作智能终端配肥机对肥料进行搭配　王　卓　沈冬兵/摄

农村经济

■**概况**　2017年，扬州市农民人均可支配收入1.97万元，提前三年实现比2010年翻一番；高于省均536元，连续11年绝对值超省均；增长9.1%，高于省均0.3个百分点，列全省第6位。全市共扶持低收入农户创业项目180个，1.02万个低收入农户家庭成员实现就业。全市建档立卡低收入农户3.51万户6.71万人基本实现人均收入7000元，全市沿河、沿江地区65个市级经济薄弱村集体年收入分别达40万元、50万元以上。全市新创“优美乡村”10个。累计对892个村69.3万户农户19.47万公顷土地开展农村土地承包经营权确权登记颁证工作。全市农业适度规模经营面积累计达21.47万公顷，土地集中型经营面积超过11.53万公顷，其中当年新增0.59万公顷，土地集中型经营面积占承包地总面积的54%。创建首批合作社示范点25个。新增家庭农场478个，新创成省级示范家庭农场25个，市级示范家庭农场47个。全市农村产权实现流转交易5524笔、交易额16.56亿元，农村“三权”（农村土地承包经营权、农村集体居住区房屋产权、林权）抵押贷款总额超6亿元。承保主要种植业32.98万公顷，农业保险实现保费总收入2.88亿元。深化农村集体资产股份合作制改革，培育村（居）经济合作社（社区股份合作社）示范典型57个。实施村级公益事业一事一议财政奖补项目416个，总投入1.2亿元，其中省级财政奖补资金8912万元。

（陈五湖　夏　墨）

■**农村土地承包经营管理**　2017年，全市推进农村土地承包经营权确权登记颁证扫尾工作。累计有892个村69.3万户农户19.47万公顷土地开展农村土地承包经营权确权登记颁证工作。至年底，有892个村完成建档入库，889个村发放证书。完成市对县第三方验收工作，高邮市、邗江区、广陵区相关数据汇交农业部，其他地区进行数据质量检查与修改。

（周爱军　陈庭伟　毛　飞）

■**农民负担监管**　2017年，全市各级农民负担监管部门加强农民负担监管，统一设计印制农民负担监督卡90.6万份，到户率95%以上。市委农工办与市委组织部联合举办全市农民负担政策法规培训班，220人参加培训。联合市农委、市财政局等8个部门制定出台《关于做好2017年农民负担监管工作的意见》。全年全市农民卡内负担7290万元，比上年减少149万元。其中，一事一议筹资4356万元，人均14.3元，比上年低0.6元，比省定标准低5.7元；一事一

议以资代劳2894万元，劳均3.4个工日，低于省定标准。（沈 翔）

■**村级公益事业一事一议财政奖补** 2017年，全市实施一事一议财政奖补项目416个、惠及387个村，其中村内道路296个、路灯建设22个、小水设施20个、环卫设施3个、文体广场30个；投入资金1.2亿元，其中省级财政8912万元、县乡财政40万元、筹资筹劳2002万元、村集体及社会捐助1231万元。实施整村推进项目5个，市级财政投入专项资金250万元。（沈 翔）

■**农村产权流转交易** 2017年，全市农村产权实现流转交易5524笔、交易额16.56亿元，分别增长69.6%、27.4%，溢价8921万元，溢价率5.4%。扬州市获全省农村产权交易工作综合评比第四名，江都区、宝应县、高邮市列全省前30位，13个乡镇列全省前70位，争取省级财政奖补资金155万元。研究制定《农村集体资产流转交易环节操作规范》，列入中共扬州市委、扬州市政府《2017年“三直接”十大环节操作规范》，明确“前置审核、公告报名、组织交易、公示鉴证、督查问责”五个环节的操作要求，制定下发《农村集体资产流转交易环节操作规范实施细则》。按照“五有”（有牌子、有人员、有场所、有台账、有信息服务平台）要求，加强县乡农村产权交易市场建设，促进规范健康发展。开展农村产权抵押、担保、处置工作，帮助农业经营主体解决融资难问题，市设立土地承包经营权抵押贷款风险基金200万元，与市农商行达成贷款授信额度1000万元。实行定期检查和动态监测制度，查处暗箱操作、场外交易等违法违规交易行为，按季通报检查中发现情况。

（吴兆明 刘乃祥 蔡琳娜）

■**农村集体“三资”管理** 2017年，全市开展农村集体“三资”（资金、资产、资源）管理专题治理活动，排查农村集体“三资”管理薄弱环节和风险点31项，建立完善规章制度、廉政监控防范管理长效机制。至年底，全市1100个村（居委会）集体总资产109.57亿元，其中经营性资产46.97亿元、货币资金23.76亿元；资源性资产（农用地）31.74万公顷，其中耕地22.68万公顷。建立农村集体“三资”管理信息系统。召开全市“阳光三农”信息系统建设部署会，制定出台《扬州市“阳光三农”信息系统建设实施意见》，建立“阳光三农”信息系统。邗江区“三资”监管系统全面投入运行。推进“三资”管理“e阳光行动”。通过建立手机APP平台，与“阳光三农”信息系统实行互联互通，定期推送集体资产财务等信息，开创集体“三资”管理新模式。至年底，全市1081个村（居委会）推广使用手机APP，录入农户信息数据80万户，发布信息2万多条，点击37.1万人次。推广实施村级资金管理“村务卡”制度。制定出台《全面推行“村务卡”实行村级财务非现金结算的实施方案》，资金往来结算推广实行银行转账或“村务卡”结算。至年底，全市开展“村务卡”试点村546个，发放“村务卡”580张。化解村级债务。中共扬州市委、扬州市政府召开全市促进农民增收暨村级债务化解工作会议，制定下发《关于进一步加强村级债务化解的意见》，全年全市村级债务下降7.2%。（吴兆明 刘乃祥 蔡琳娜）

村镇建设

■**概况** 2017年，全市完成村镇建设投资76.18亿元，其中住宅建设投资36.47亿元、公共建筑建设投资6.33亿元、生产性建筑建设投资12.65亿元、基础设施建设投资20.73亿元。全年竣工住宅建筑面积236.90万平方米，公共建筑面积40.94万平方米，生产性建筑面积120.73万平方米。全年新增村镇供水管道210.08千米，年供水总量1.34亿立方米；全年新增村镇道路长度211.76千米，道路面积125.5万平方米。新增排水管道201.97千米；小城镇绿地覆盖面积4863.48公顷，公园绿地面积669.74公顷，人均公园绿地面积7.59平方米；小城镇安装路灯的道路长度2047.33千米，小城镇桥梁1015座。（睢春广）

■**城镇建设** 指导入选省综合规划建设示范镇和重点镇、特色镇建设基础设施引导项目的高邮市临泽镇、宝应县柳堡镇、广陵区湾头镇等开展小城镇建设；全面推进小城镇基础设施建设，全市城镇供水普及率100%，所有乡镇生活垃圾中转站和涉农乡镇生活污水处理设施实现全覆盖；城镇人均道路面积19.39平方米，燃气普及率91.51%、污水处理率76.25%、建成区绿化覆盖率26.70%、建成区绿地率22.84%；18个农村区域医疗卫生中心、58个乡镇室内全民健身中心、1000个农村“五个一”（有一片300平方米的水泥或橡胶平地、一副篮球架、一盏照明灯、10米长椅或长凳、至少10棵大树的配套绿化）健身广场建成并投入使用。（睢春广）

■**农村长效管护** 全市按照“五有”要求建立完善村庄环境长效管护机制。2017年全市累计投入各类长效管护经费1.6亿元，聘用各类管护人员1.52万人，巩固和扩大村庄环境整治成果，保障长效管护工作的规范化、制度化和常态化。组织4次农村长效管护随机抽查，累计抽查480个（次）自然村庄的长效管护工作，对照《江苏省村庄环境整治考核评分办法》标准，合格率95%以上。（睢春广）

■**农村实事工程** 开展精准扶贫，实施农村危房改造，全面完成1277户农村危房改造（宝应县385户、高邮市435户、仪征市261户、江都区156户、邗江区17户、广陵区20户、生态科技新城3户），其中，建档立卡贫困户、低保户、农村分散供养特困人员、贫困残疾人家庭等四类对象1122户。推进行政村村庄生活污水处理设施建设，先后印发督查专报3期、市长批示2次；组织召开3次专题推进会，督查进度，传达市长批示精神，各地农村污水治理专项规划编制完成并通过评审，完成150个行政村污水处理设施建设目标任务。

（睢春广）

扶贫开发

■概况 2017年，中共扬州市委、扬州市政府将低收入人口脱贫目标列入全市“十件大事”，各县(市、区)出台系列配套政策意见。全市组织571个机关部门、2930家企业、2.65万名党员干部结对帮扶低收入农户，针对有劳动能力的低收入农户，实施“创业扶持和就业援助”工程；针对因病、因学致贫的低收入农户，实施“生活救助”工程；针对完全或部分丧失劳动能力的低收入农户，实施“政策保障”工程；针对65个市级经济薄弱村，组织65个国有重点企业、市级机关部门开展“1＋1”结对帮扶。市县两级财政安排4240万元专项资金，市级结对帮扶部门(企业)落实扶持资金1716.4万元，帮助低收入农户创业就业增收，支持经济薄弱村建设集体经济增收项目。至2017年底，全市扶持低收入农户创业项目180个，开展低收入农户职业技能和实用技术培训6894人次，1.02万个低收入农户家庭成员实现就业；减免低收入农户水、电、有线电视等公共服务费2672万元；低收入农户重大疾病医疗费用二次报销收益1.34万人次、报销费用2411万元；各级各部门资助低收入农户子女就学6738人次、资助金额977万元。2017年底，全市3.51万户6.71万人建档立卡低收入农户基本实现人均收入7000元，沿河、沿江地区65个市级经济薄弱村集体年收入分别达40万元、50万元以上。 (张长山　刘信哲)

■实施新型职业农民培育工程 出台《新型职业农民培育意见》《新型职业农民规范管理办法》。整合各类培训资源，创新培育机制和培育模式，共培训新型职业农民2.05万人。实施农村人才定向培养，加强宣传引导，调整培养院校和专业，共招录92人。 (袁秋华　翟福丽)

■返乡下乡人员创业创新 制定出台《关于支持返乡下乡人员创业创新促进农村一二三产融合发展的实施意见》，全市有19家园区入选农业部《全国农村创业创新园区(基地)目录》。举办全市“双创大赛”，选拔20名导师、培育30个典型。 (糜　裕)

农村环境

■农村生态环境 2017年，全市15个乡镇8个村通过省级现场考核，被命名为省级生态文明建设示范乡镇、村。加强覆盖拉网式农村环境综合整治。提升农村生态环境，18个乡镇50个村开展生活污水治理和农村生活垃圾收运项目。 (恽立群)

■农村试点村环境质量 2017年，江都区、高邮市、宝应县、仪征市等4个县(市、区)各有3个村庄开展农村环境质量监测，主要监测内容为饮用水源地、地表水、环境空气、土壤等。监测结果表明：高邮市监测的3个断面水质均为地表水Ⅲ类；江都区监测的江都西闸东、胜利桥断面水质为地表水Ⅲ类；宝应县监测的八浅、地龙断面水质均为地表水Ⅲ类，宝应湖湖心断面水质为地表水Ⅳ类；仪征市监测的泗源沟下游断面水质为地表水Ⅱ类，小河口上游、登月湖坝上断面水质为地表水Ⅲ类。高邮市太丰村、扬沟村、赵王村，环境空气优良率均为95%，主要超标污染物均为臭氧；宝应县贾林村、张袁村、潘舍村$PM_{2.5}$、一氧化碳、臭氧无监测数据，其他指标优良率100%；江都区五塔村、吴堡村、滨湖村一氧化碳、臭氧无监测数据，其他指标优良率100%；仪征市张家村、开建村、黄营村等村庄在监测期间环境空气优良率100%。高邮市车逻镇太丰村境内车逻大河的省道237桥断面(入境)和春风大桥断面(出境)水质均符合地表水Ⅲ类标准。江都二水厂断面符合地表水Ⅱ类标准，水质为优；其他各饮用水源地水质均符合地表水Ⅲ类标准，水质良好。各村庄土地利用类型为居民聚集区、基本农田、园地、饮用水源地周边、水产养殖场周边、工业企业周边、生活垃圾场周边的土壤环境质量均符合《土壤环境质量标准》(GB 15618—1995)中的二级标准，土壤污染程度为Ⅰ级、无污染。车逻镇污水处理厂总排口水质符合《城镇污水处理厂污染物排放标准》(GB 18918—2002)表1一级标准中B标准。 (王　宁)

■农业废弃物综合利用 加快秸秆综合利用技术推广。全市农作物秸秆综合利用率96.35%。组织申报25处省级畜禽粪便综合利用项目，全部建设完成并投入运行，畜禽粪便利用率95%。编制完成《扬州市现代生态循环农业专项发展规划》，组织实施大田循环农业项目11个，新增沼液沼渣利用面积220公顷；高邮市成功入选省级现代生态循环农业试点县，以八桥农业园为重点开展全区域生态循环农业建设。 (徐　敏)

扬州冶春食品生产配送股份有限公司精准扶贫，帮助周边群众300多人实现家门口就业。图为工人在制作包子 庄文斌　周　扬/摄

生态环境

Shengtai Huanjing

编 辑 陈永华

综述

概况 2017年，扬州市厚植绿色根基，加强生态文明建设。推进"263"专项行动(省委、省政府"两减六治三提升"专项行动。"两减"指减少煤炭消费总量和落后化工产能，"六治"指重点治理太湖水环境、生活垃圾、黑臭水体、畜禽养殖污染、挥发性有机物污染和环境隐患，"三提升"指提升生态保护水平、环境经济政策调控水平、环境监管执法水平)，关闭搬迁禁养区内畜禽养殖场844家，超额完成省定32万吨减煤任务，关停化工企业103家，开展砖瓦行业专项整治，完成市区27条、县(市)9条黑臭水体整治。江淮生态大走廊建设纳入国家《长江经济带生态环境保护规划》，推进27项年度重点工程，制定宝应、高邮江淮生态经济区建设"四个清单"(江淮生态经济区宝应和高邮产业准入正面清单、负面清单、限制清单和生态保护区管控清单)。完成省环保督察迎检任务，按期落实839份环保信访件。全年细颗粒物($PM_{2.5}$)均值54微克/立方米，较基准年2013年下降22.9%，完成国家"大气十条"考核目标。创成国家水生态文明城市。32个省考以上断面水质达标率93.8%。仪征滨江水源地取水口整治到位。凤凰岛创成国家湿地公园。通过国家节水型城市、国家森林城市复查。全市新增植树569万株、成片造林0.20万公顷、永久性保护绿地4块。新增绿色建筑面积191万平方米。扬州环保产业园成为国家循环经济标准化试点园区。广陵区获全国首批国土资源节约集约"四个创新"(模式创新、技术创新、制度创新、管理创新)示范点称号。推进公园体系建设，全市新建改造8个综合公园、81个社区公园、29个口袋公园，三湾公园、蜀冈文化公园建成开放，明月湖体育休闲公园提档升级。建成51个省级绿化示范村，创成省级水美乡镇3个、水美村庄10个。 (夏新平)

生态文明城市建设 严格生态红线区域保护与监管，督促、指导各地2016年度生态红线省级考核，扬州市在全省考核位次上升4位。开展2016年度市区生态红线区域保护考核，强化补偿资金奖罚措施，市财政部门根据考核结果下发市级生态补偿资金近3000万元。开展生态示范创建。2017年，全市15个乡镇8个村通过省级现场考核，被命名为省级生态文明建设示范乡镇、村。加强覆盖拉网式农村环境综合整治。提升农村生态环境，18个乡镇50个村开展生活污水治理和农村生活垃圾收运项目。 (恽立群)

生态环保改革 推进环保机构监测监察执法垂直管理制度改革，形成工作方案和实施方案报中共扬州市委、扬州市政府。推进排污许可制度改革，全面推行排污权有偿使用和交易制度，完成15个行业94家企业的新版排污许可证发放，全市开展排污权有偿使用项目446个，征收有偿使用费2512万元。推行城区河道水质交接补偿，累计收缴补偿资金2455.61万元。推进企业环境污染责任保险和环境信用修复，强化企业环境责任和环保意识。深化审批制度改革，全市环保行政许可事项全部列入"不见面"审批清单，优化环境评价审批流程，实行环境评价文件受理清单化管理、环境评价信息全程公开。中共扬州市委、扬州市政府印发实施《扬州市生态环境保护工作责任规定(试行)》，强化地方党委政府及其相关部门环境保护责任。市政府办公室印发《关于进一步加强网格化环境监管工作的意见》，落实地方各级人民政府对本行政区域环境质量负总责要求。探索全域水环境质量交接补偿，市环保局制定出台《扬州市水环境区域补偿工作方案(试行)》，落实治水责任，被中共扬州市委、扬州市政府授予2017年度创新奖。 (樊盛健)

"263"专项行动 扬州市成立市"263"专门工作班子，从15个市直部门抽调24人集中办公，实体化运作。首创"263"工作日制度，牵头制定"263"专项行动方案和11个配套方案。在市级主流媒体开设"263扬州在行动"专栏专版，制作专栏91期，对244个环境问题进行曝光、回访。七里河整治、槐泗河整治、水源地治理、交通干线整治等环境突出问题得到及时处理。联合有关部门按序时推进"263"环保牵头行动。实施高宝邵伯湖水环境治理，签约退出无证养殖0.36万公顷、持证养殖0.07万公顷；实施省定171项挥发性有机物治理项目和30项追加项

11月28日，市八届人大常委会第六次会议对“263”专项行动推进情况开展评议　　环保局／供稿

目；完成177家企业环境安全隐患排查治理，建立14家危化品码头、107个储罐基础数据库，建成一批危废处置项目；提升环境执法监管水平，全市立案调查环境违法行为862件，下达行政处罚决定680件，处罚金额3060万元；提升生态保护水平，新增611省道及其高邮段、邗江段造林绿化面积218.7公顷。　（樊盛健）

■**环境保障能力**　全年依法审批各类建设项目环境评价文件91个，其中报告书36个、报告表55个；不予批准项目1个。贯彻落实中共扬州市委、扬州市政府“2号文件”精神，优化企业发展环境。做好百强企业跟踪服务，协调解决企业涉环问题。围绕“263”专项行动、江淮生态大走廊建设、省环保督察迎检等生态环保重点工作，开展宣传报道，央视《新闻联播》4次播报扬州美丽宜居生态环境，《人民日报》、新华通讯社等国、省级媒体20多次宣传扬州生态文明建设成果。市环保局编发政务信息、宣传信息700多篇，举办环保新闻发布会5次，环保部门3次走进“12345”政风行风热线。　（樊盛健）

■**环保亲子嘉年华活动**　6月1日，扬州市环保局联合吉的堡幼儿园共同举办“阳光中成长 快乐中飞扬”环保亲子欢乐嘉年华庆“六一”主题活动。现场进行“六一”文艺汇演、环保闯关游戏、亲子环保走秀节目等活动，公布幼儿环保绘画大赛评选结果（从500多幅参赛作品中，评选出优秀奖50幅）。培养孩子环保意识，让更多人共同参与环境保护。　（夏新平）

■**环境应急演练**　9月26日，由扬州市环保局主办，扬州化工园区管委会、仪征市环保局及南京港股份有限公司共同承办的南京港码头泄漏环境事故联合处置应急演练在南京港608、609码头举行。此次演练设定事故为南京港608、609码头2号泊位在原油装船过程中因软管法兰连接处垫片破损，造成原油泄漏，后因法兰接口处缝隙大，泄漏量多并有部分物料下江，码头处置的员工在清理码头面泄漏原油过程中滑倒，工具坠落产生火花并引燃原油蒸气、造成火灾。事故发生后，先后按《南京港突发性环境事件应急预案》《扬州化学工业园区突发性环境污染事故应急预案》启动响应，联合各支持部门和单位现场开展火灾扑救、环境监控、消除泄漏、控制并处置下江原油等；扬州化工园区现场处置、环境监控等8个应急救援小组开展事故处置。

（夏新平）

环境质量

■**空气环境质量**　2017年，扬州市区环境空气有效监测天数365天，优良天数228天，优良天数占62.5%，比上年下降9.1个百分点，比2013年下降1.4个百分点；其中优46天、良182天、轻度污染98天、中度污染35天、重度污染4天，无严重污染天气。影响市区环境空气质量的主要污染物为细颗粒物。137个污染天中以细颗粒物为首要污染物的天数为67天、以臭氧为首要污染物的天数为64天、以可吸入颗粒物为首要污染物的天数为4天、以二氧化氮为首要污染物的天数为2天。江都区有效监测天数365天，优良天数占85.8%；仪征市有效监测天数365天，优良天数占82.5%；宝应县有效监测天数365天，优良天数占85.5%；高邮市有效监测天数321天，优良天数占76.9%。

扬州市区$PM_{2.5}$日均值分布范围10～191微克/立方米、超标天

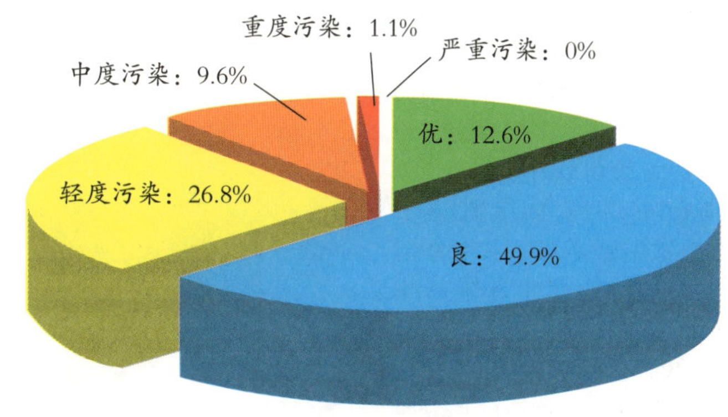

图30-1　**2017年扬州市区空气质量级别百分比图**

（夏新平）

数74天、超标率20.3%，年平均值54微克/立方米、上升5.9%、超标倍数0.54；扬州市区可吸入颗粒物(PM_{10})日均值分布范围19～307微克/立方米、超标天数38天、超标率10.4%，年平均值95微克/立方米、上升9.7%、超标倍数0.36；扬州市区二氧化氮(NO_2)日均值分布范围7～114微克/立方米、超标天数14天、超标率3.8%，年平均值40微克/立方米、上升31.3%、达标，日均值第98百分位数浓度90微克/立方米、超标倍数0.13；扬州市区二氧化硫(SO_2)日均值分布范围4～43微克/立方米、无超标天数，年平均值18微克/立方米、下降21.7%，日均值第98百分位数浓度38微克/立方米，两者均达标；扬州市区臭氧(O_3)日最大8小时平均值分布范围10～262微克/立方米，超标天数65天，超标率17.8%；扬州市区一氧化碳(CO)日均值分布范围0.3～2.0毫克/立方米、无超标天数，一氧化碳日均值第95百分位数1.4毫克/立方米、达标。

2017年，扬州市发布重污染天气蓝色预警3次，出现重度污染天气4天，1月、12月各出现2天；影响扬州市出现重度污染天气的主要因素为：本地污染源、不利气象条件、外来污染输入等。

扬州市区降尘监测值范围1.7～12.4吨/平方千米·月，降尘年均值5.7吨/平方千米·月，下降13.6%。

扬州市区微生物含量年均值为污染水平，空气质量比上年变差。各监测点位空气微生物污染状况由好到差排序依次为：城东财政所监测点位、邗江监测站监测点位、第四医院监测点位、扬州环境监测中心站监测点位。

2017年，扬州市区降水pH值分布范围4.14～7.67，pH均值5.32，降水酸雨发生频率31.1%，全年酸雨pH均值4.96；扬州市区降水中离子组分浓度百分比最高的为铵根离子、其次为硫酸根离子，硫酸硝酸混合型。江都区降水pH值分布范围6.95～7.23，pH均值7.01，无酸雨发生；仪征市降水pH值分布范围6.17～8.14，pH均值6.85，无酸雨发生；高邮市降水pH值分布范围6.28～6.87，pH均值6.54，无酸雨发生；宝应县降水pH值分布范围6.30～7.29，pH均值6.42，无酸雨发生。（王　宁）

■水环境质量　2017年，全市13个县级以上集中式饮用水源地列入考核，有3个乡镇集中式饮用水源地；各饮用水源地月度水质均达到或优于地表水Ⅲ类标准、水质良好，109项全分析项目有部分检出，均低于控制标准。市区集中式饮用水源地开展生物监测，各水源地水质均为清洁到轻污染状态、水质急性毒性维持在低毒水平、水质卫生状况良好。饮用水源地检出底栖动物种类均为软体动物门物种，优势种为田螺科螺蛳和梨形环棱螺，黑螺科方格短沟蜷和贻贝科湖沼股蛤。

全市地表水环境质量总体稳定、呈轻度污染。9个国考断面水质达标率100%，其中Ⅱ～Ⅲ类断面比例为77.8%、Ⅳ类断面比例为22.2%、无Ⅴ类和劣Ⅴ类断面；32个省考断面水质达标率93.8%，Ⅱ～Ⅲ类断面比例为71.9%、Ⅳ类断面比例为25.0%、Ⅴ类断面比例为3.1%、无劣Ⅴ类断面。全市国考、省考断面的水质优良(达到或优于Ⅲ类)比例及劣Ⅴ类比例均符合年度考核要求。8个城市水环境质量考核断面水质均无黑臭现象发生、均符合相应的考核标准。长江扬州段水质为优，京杭运河扬州段、新通扬运河、北澄子河、宝射河水质为良好，古运河、通扬运河、仪扬河水质为轻度污染。

城市内河水质月达标率范围20.9%～60.5%，水质有所改善。冷却河、七里河、横沟河(西区)、槐泗河、胜利河、叶桥大沟、西银沟、安墩河、杨庄河、引潮河、沙施河等河流水体污染较严重，主要污染物为氨氮、化学需氧量、高锰酸盐指数。45条城市内河水体中氨氮平均浓度5.57毫克/升，下降4.0%。

京杭运河、古运河沉积物重金属污染等级均为Ⅰ级、污染程度为安全，各监测断面沉积物中砷、汞、总铬、铅、镉、铜等污染物浓度均符合《土壤环境质量标准》(GB 15618—1995)二级(水田)标准。

高邮湖水质为良好，邵伯湖、宝应湖水质为轻度污染；各湖泊营养状态均为轻度富营养。

全市10个地下水监测井中，2个监测井水质为优良、6个监测井水质为良好、1个监测井水质为较差、1个监测井水质为极差；水体中毒物、重金属指标均未检出。（王　宁）

■声环境质量　2017年，扬州市区昼间区域环境噪声平均等效声级值53.8分贝，为二级(较好)。宝应县昼间区域环境噪声平均等效声级值55.8分贝，为三级(一般)；高邮市昼间区域环境噪声平均等效声级值50.4分贝，为二级(较好)；江都区、仪征市昼间区域环境噪声平均等效声级值分别为49.5分贝、48.7分贝，均为一级(好)。

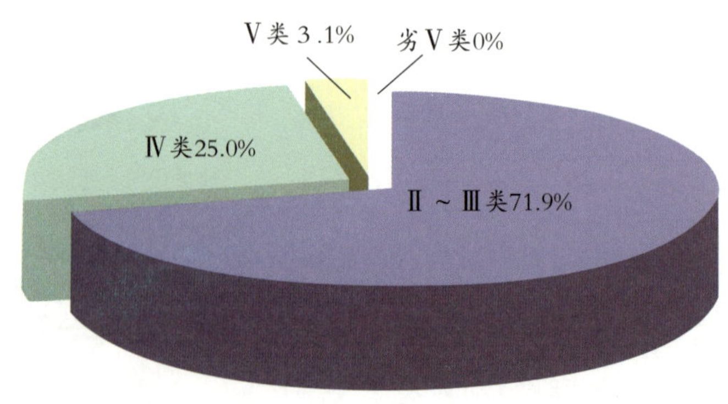

图30-2　**2017年扬州市32个省考断面水质类别比例图**

（夏新平）

扬州市区4a类功能区夜间声环境质量达标率91.7%，其他各类功能区昼、夜间声环境质量达标率均为100%。仪征市1类功能区夜间声环境质量达标率75%，其他各类功能区昼、夜间声环境质量达标率均为100%；江都区、高邮市、宝应县各类功能区昼、夜间声环境质量达标率均为100%。

扬州市区道路交通噪声平均等效声级69.0分贝，为二级（较好），超标路段占监测道路总长的4.1%。各县（市、区）道路交通噪声平均等效声级范围61.8～65.2分贝，均为一级（好）。高邮市道路交通噪声超标路段占其监测道路总长的11.4%，江都区、仪征市、宝应县均未出现超标路段。（王　宁）

■**土壤环境质量**　2017年，扬州市土壤环境质量监测54个点位，包括土壤国控网基础点位和背景点位中的历史点位，监测的25个污染因子达标率99.63%。全市土壤质量总体良好，仅个别点位存在超标现象，超标因子为汞和镍。（王　宁）

■**生态环境质量**　2016年，扬州市生态环境状况指数66.88，生态环境质量等级为良，生物多样性较丰富，植被覆盖度较高。与2015年相比，生态环境质量无明显变化。各县（市、区）生态环境质量等级均为良，其中宝应县的生态环境质量最高，生态环境状况指数69.23，江都区和仪征市的生态环境质量相对较低，生态环境状况指数分别为65.46和64.61。与2015年相比，江都区和仪征市的生态环境状况指数略有下降，市区和高邮市的生态环境状况指数略有上升。（王　宁）

■**辐射环境质量**　2017年，扬州市重点流域地表水中核素浓度、γ辐射空气吸收剂量率、土壤中主要放射性核素含量、空气中氡浓度均在江苏省天然本底水平范围内，饮用水中放射性监测因子浓度、电磁辐射环境质量监测值均符合相关标准要求。（夏新平）

生态建设

江淮生态大走廊建设

参见第1页。

公园体系建设

■**概况**　2017年，扬州市推进公园体系建设，促进从城市公园向公园城市转变，新（改）建公园118个（其中综合公园8个、社区公园81个、口袋公园29个）。至年底，扬州市建成并对外开放198个公园，其中综合公园22个、社区公园147个、口袋公园29个。形成分布均衡、层次分明的城市公园体系，直接惠及500多个小区150多万居民，扬州市区人均拥有公园绿地18.58平方米。（王进城）

■**公园理论研究**　2017年，市园林局完成省住房和城乡建设厅《江苏省公园管理评价标准研究》项目申报、《江苏省公园评价标准（草案）》研究并提出修改意见。《扬州市城市公园体系建设研究》在市社科联《蓝皮书》上发表，《推进公园体系建设，打造宜居宜游城市》获扬州智库论坛优秀奖。（夏新平）

■**公园管理立法**　推进《扬州市公园条例》立法及普法宣传，完善管理考核标准制定，推进公园建设、管理。参与扬州市人大立法调研、论证及修改完善，出台《扬州市公园条例》。起草《条例50问》《条例有奖问答》等宣传文本，参与"条例进校园、进社区、进公园"等宣讲活动。组织邀请公园立法专家、管护行家对各县（市、区）公园主管部门、管护单位人员进行条例专项业务培训，提高公园管理人员依法行政、依法管理能力。（夏新平）

■**公园管理**　组织12个检查组4次赴公园现场进行巡查指导，现场解决管理问题，并向各级主管部门反馈相关信息；完成《扬州市公园管理考核办法（试行）》起草，规范管理行为、提升管护水平。完成《关于规范扬州公园体系建设流程的通知》《扬州市公园建设管理技术规范（讨论稿）》起草及修改完善。组织扬州市公园设计优秀方案评比活动，通过选拔、表彰优秀方案，提升公园总体设计水平。组建公园管理专业考核与社会评价队伍。对公园管理专家库进行动态调整，保证公园指导、考核专家队伍水平；组建"公园管家""公园管理志愿者"队伍，与市民代表、新闻媒体搭建"群众评"体系。（夏新平）

绿化

■**城市绿化**　2017年，扬州市区（含江都区）建成区绿化覆盖面积6528万平方米，绿化覆盖率43.82%；绿地面积6201.8万平方米，绿地率41.63%；城市人均公园绿地面积18.58平方米。推进城市新增绿地建设。至年底，市区完成市民健身广场绿化、开发路（杉湾大桥—杉湾路）北侧新建绿化、奥园邻里公园等绿化项目建设，市区新增城市绿地面积136.72万平方米，其中包括公园绿地69.18万平方米、道路河道绿地27.86万平方米、居住区绿地3.58万平方米、防护绿地26万平方米、其他绿地10.1万平方米。

城市绿化美化。对文昌路、润扬路等城市重要干道沿线附属绿化进行维护和局部提升，推进城市主要道路交叉道口园艺化改造。其中扬子江南路沿线、金湾路与文昌路交叉口、邗江北路与文昌路交叉口西北角、兴城西路沿线、文昌东路与龙川南路交叉口、文昌东路与广州路交叉口等园艺化改造建设完成。（王进城）

■**第五批永久性保护绿地划定**　9月，扬州市人大常委会审议通过《关于同意确定第五批城市永久性保护绿地的决议》。半岛公园（保护面积约7.6万平方米）、扬子津古渡体育休闲公园（一期）（保护面积约16.5万平方米）、樱语园（保护面积约2万平方米）、跑鱼河公园（保护面积约2.9万平方米）等4块绿地确定为市区第五批永久性保护绿地。（夏新平）

■**乡贤林建设**　3月23日，中共扬州市委办公室出台《扬州籍知名人士返乡考察交流活动方案》。市园林局组织荷兰尼塔设计集团设计乡贤林规划方案，确定乡贤林规划选址在廖家沟城市中央公园东侧(位于规划高铁站与文昌东路之间，紧邻规划高铁站广场，占地面积0.15万平方米，种植银杏和香樟，后混播红、白三叶为地被)，由生态科技新城负责实施完成。4月27日，乡贤林规划方案交付实施主体。至年底，乡贤林完成建设。

(夏新平)

■湿地保护与建设 2017年，全市湿地保有量14.19万公顷。其中，自然湿地面积8.13万公顷、自然湿地保护面积4万公顷。有国家湿地公园2处，省级湿地公园7处，凤凰岛湿地公园通过国家湿地公园试点建设验收，被国家林业局授予国家湿地公园称号；省林业局正式批复同意建立扬州三江营省级湿地公园。完成省级以上湿地公园建设管理评估。评估组实地考察和听取汇报，摸清各湿地公园建设状况和存在问题，推进湿地公园建设管理。

(郝奇林)

■省园林绿化行业绿化工职业技能竞赛在茱萸湾举办 10月27—28日，2017年度江苏省园林绿化行业绿化工职业技能竞赛在扬州市茱萸湾风景区举办。竞赛活动由省住房和城乡建设厅、省总工会、省人力资源和社会保障厅共同主办，省风景园林协会、扬州市园林管理局承办。本次绿化工职业技能竞赛包括理论考试和技能操作两部分内容，来自全省12个城市36名选手参加竞赛，促进各市选手理论知识和业务技能提升，搭建交流与学习平台。

(王进城)

节能减排

■主要污染物排放 废水、废气污染物排放。2017年，全市废水排放总量2.59亿吨，化学需氧量排放总量4.44万吨、氨氮排放总量5971.3吨；废气排放总量1.05万亿立方米，二氧化硫排放总量2.48万吨、氮氧化物排放总量3.89万吨、烟尘排放总量1.41万吨、挥发性有机物排放总量3159.0吨。

固体废物排放。2017年，全市一般工业固体废物产生量568.80万吨，综合利用量382.95万吨(其中综合利用往年贮存量0.26万吨)，处置量179.12万吨(其中处置往年贮存量0.02万吨)，贮存量7.01万吨；危险废物产生量18.59万吨，综合利用量4.38万吨(其中综合利用往年贮存量0.26万吨)，处置量14.27万吨(其中处置往年贮存量1.29万吨)，贮存量1.48万吨。

(夏新平)

■主要污染物减排 2017年，全市完成化学需氧量削减量2554吨、氨氮削减量357吨、总磷削减量42吨、总氮削减量450吨、二氧化硫削减量1666吨、氮氧化物削减量3916吨，在2016年排放基数上分别削减3.17%、3.45%、2.53%、2.54%、4.13%、4.01%，均达年度减排目标。

(夏新平)

■节能降耗 2017年，全市万元地区生产总值能耗下降3.85%。实施节能技术改造项目128项，节能10万吨标准煤。累计淘汰落后变压器193台总容量6.7万千伏安，淘汰落后电机1650台总功率3.4万千瓦。全年累计推动实施循环经济项目25项、组织实施清洁审核企业69家。江苏锦禾高新科技股份有限公司通过工信部首批绿色产品示范认定。累计对158家用能单位进行节能执法监察、能效监测。

(扬经信 李 晖)

■循环经济建设 推动传统产业生态转型，推进循环经济建设。宝应县安宜工业集中区等10家园区通过市级生态工业园区复核。扬州环保科技产业园循环经济标准化试点工作通过省级评审验收。推进污水处理循环经济产业链建设，洁源排水有限公司形成“光伏发电—处理污水—再生水利用—污泥发电”的清洁生产模式。扬州环保科技产业园区入选国家发改委、国家标准委联合发布的国家循环经济标准化试点示范项目。

(颜 峰)

污染防治

■大气污染防治 全面落实《扬州市大气污染防治行动计划实施细则》，协同各方实施“五气”(限煤、治企、抑尘、管车、禁燃)同治，完成255项大气工程项目。协同相关部门开展扬尘污染专项整治、大气突出问题联合执法、秋冬季空气质量保障行动和强化攻坚行动，改变大气环境质量不利形势，全年$PM_{2.5}$均值54微克/立方米，较基准年2013年下降22.9%，完成国家“大气十条”考核目标。

(樊盛健)

■水污染防治 制定实施《扬州市2017年度水污染防治工作计划》，建立水污染防治联络员制度，搭建联防联控平台，召开全市水污染防治联席会议，指导水污染防治重点、难点工作实施。扬州市政府督查室不定期对全市水污染防治工作开展专项督查，督促完成省级水污染防治重点工程项目40个、水污染物减排重点项目39个。贯彻实施《扬州市城区河道水质交接补偿工作方案》，编制《扬州市水环境区域补偿工作方案》，将水环境区域补偿断面由5个扩大到21个，配套制定《扬州市水环境区域补偿监测管理办法》《扬州市水环境区域补偿资金使用管理办法》。对地表水国、省考核断面实行“断面长”制，组织编制《古运河邗江河叉口南省考断面达标方案》等水体达标方案，推进断面水质改善。2017年，全市9个地表水国考断面水质达标率100%，水质优良比例77.8%；32个省考断面水质达标率93.8%，水质优良比例71.9%，无劣Ⅴ类断面；13个列省考核的城市集中式饮用水水源地水质全部达到或优于Ⅲ类；8个城市河流省考断面水质达标率100%。

(吕海燕)

■重金属污染防治 全市排查已建、在建的使用及排放含镍、锑、铊等重金属污染物的工业企业，掌握36家涉及镍、锑、铊污染源的分布及排放现状，编制完成《扬州市镍、锑、铊污染源调查报告》。开展涉汞企业调查，涉及电光源用固汞生产和电光源生产等2个行业，对排查的7家企业的汞使用情况、三废（废气、废水、废渣）排放情况、污染防治管理现状等进行调查梳理，形成《扬州市汞污染排放源调查报告》。（吕海燕）

■**土壤污染防治** 扬州市政府出台《扬州市土壤污染防治工作方案》。开展重点行业企业筛选及空间位置遥感核实，做好关闭搬迁化工企业遗留地块排查。开展农用地详查点位核实与布设，确定土壤污染重点行业企业769家、土壤环境影响大的工业园区（电池工业园）2个、土壤污染问题突出区域7块，计划定详查单元235个。建立具备3000件样品处理能力、占地面积430平方米的扬州市样品流转中心。开展艾诺斯（江苏）华达电源系统有限公司地块土壤修复。（樊盛健）

环境监管

■**概况** 2017年，扬州市环境监测中心站（简称市环境监测站）完成各类综合性分析报告472份，向上级传输各类数据（不含自动监测数据）14.7万多个。编制的《扬州市环境质量报告书（2011—2015年）》在全国“十二五”环境质量报告书评估中获评优秀。建立健全环境监管工作机制，扬州市政府办公室印发《关于进一步加强网格化环境监管工作的意见》。扬州市环境监察支队全年开展化工行业专题执法检查、环境执法突击月、大气专项执法检查等10多项专项行动，立案调查环境违法行为862件。（李子军　朱健荣）

■**环境监测科研** 市环境监测站全年完成3项课题成果鉴定，在各类期刊中发表论文19篇；申报环保部卫星中心《细颗粒物（$PM_{2.5}$）卫星遥感监测应用技术指南》、环保部固体废物与化学品管理技术中心《土壤背景点监测指南》等课题。（李子军）

■**环境监测能力建设** 2017年，市环境监测站新增土壤颚式破碎机、微波消解仪、水土自动进样器等仪器。新建扬州市土壤流转中心，更新瓜洲水质自动站和万福闸水质自动站的仪器设备。至年底，市环境监测站管理市区4座水质自动站、3座空气自动站、6座噪声自动站、1个实验室，有各类仪器设备400多台（套），其中包括便携式气相色谱/质谱仪、电感耦合等离子体发射光谱仪（ICP-OES）、连续流动分析仪、气相色谱质谱联用仪、超高液相等。（李子军）

■**环境监测质量管理** 2017年，市环境监测站完成总站质管室等7家单位的能力验证，结果全部满意。通过实验室资质认定和认可复评审，完成《质量手册》和《程序文件》等体系文件改版修订，通过中国国家认证认可监督管理委员会和中国合格评定国家认可委员会联合派出的专家评审组评审；通过LIMS功能开发，创新受控文件管理措施，加强文件管理。（李子军）

■**环境保护督察** 全市做好省级环境保护督察迎检。建立市、县、乡、村四级协同、多部门联合参与的“大信访”办理机制，按期办结省督察组交办的环境信访案件839件，责令企业停产整顿51家，关闭取缔31家，查封扣押26家，立案处罚133件，罚款804.3万元，立案侦查15件，刑事拘留2人，约谈59人，问责8人。完成中央环保督察后续整改涉及扬州市的畜禽养殖场搬迁、瓜洲饮用水源地整治、化工园区卫生防护距离内搬迁；128件环境信访整改到位120件，正在推进8件。（樊盛健）

■**环境执法监管** 2017年，扬州市环境监察支队执行环境保护法及其配套办法，开展化工行业专题执法检查、环境执法突击月、大气专项执法检查、百日环境安全执法大检查、环境执法交叉互查、秋冬季工业企业大气污染防治强化执法检查等10多项专项行动。全市立案调查环境违法行为862件，下达行政处罚决定680件，处罚金额3060万元；利用环境保护法及其配套办法查处案件130件，其中按日计罚6件、查封扣押67件、限产停产39件、移送公安机关实施行政拘留18件；向公安机关移送涉嫌环境污染犯罪案件13件。创新信访办理机制，提升群众环境满意度。建立健全环境监管工作机制，扬州市政府办公室印发《关于进一步加强网格化环境监管工作的意见》，落实地方各级人民政府对本行政区域环境质量负总责要求；市环保、公安部门联合印发《进一步加强环境保护联动执法的实施意见》，强化完善市、县两级环保部门与公安机关联合打击环境犯罪的联动执法工作机制。加强环境应急管理。督促179家企业完成环境安全隐患排查治理，133家企业开展环境安全达标建设，其中84家企业完成“八查八改”。完成政府层面演练6次、园区层面演练1次、企业层面演练214次，提高相关部门和单位的应急协调处置能力。全年发生突发环境事件6件，均进行有效处置，未造成较大环境影响。（朱健荣）

■**固体废物与辐射环境监管** 推进危险废物处置利用项目建设，扬州杰嘉工业固废处理有限公司技改工程建成投运，危险废物填埋库容从10万立方米提高至30万立方米，年处置能力从2万吨提高至4万吨；扬州东晟固废环保处理有限公司年焚烧危险废物1.5万吨新建项目、扬州康博环境资源有限公司年焚烧危险废物3万吨项目建成投运。开展全市“减存量、控风险”三年专项行动，至年底，全市危险废物贮存量较基准年下降39.3%。推进危险废物网上动态申报和转移电子联单网上运行，全市在江苏省危险废物信息管理系统上申报的企业数701家。加强辐射环境管理，有249家涉及放射源和射线装置单位，其中涉及放射源单位39家，有密封放射源531枚，核发（延续）辐射安全许可证71份，审批、预审辐射项目环境评价文件27份。督促扬州大学送贮16枚闲置放射源。按照《扬州市辐射事故应急预案》组织开展辐射事故应急演练。（阚　霄）

科学技术

Kexue Jishu

编 辑 陈永华

综述

■**概况** 2017年，扬州市持续推进“12345”（推进1个国家级示范，建设20个特色小镇，打造3大创新板块，每年新开工40个重大服务业项目、50个重大工业项目）创新发展工程，国家创新型试点城市通过验收。实施重大科技项目“双百”［产业（工业）前瞻性研发、成果的重大科技成果转化各100项］工程，组织开展105项关键共性技术攻关和103项重大科技成果转化项目。新认定省高新技术产品885件，数量居全省第五位，实现高新技术产业产值4219.5亿元，比上年增长12%，居全省第八位，占规模以上工业产值比重45%。引进培育研发设计、技术中介、创投融资等领域品牌机构，推动科技服务业业务收入超100亿元。实施科技企业“小升高”计划，获批国家高新技术企业213家，累计达745家，遴选275家企业进入高企培育库重点扶持；新增省级“三站三中心”（博士后科研工作站、院士工作站、研究生工作站，工程技术研究中心、企业技术中心、工程研究中心）125家，累计达818家；大中型企业及规模以上高新技术企业研发机构建有率92.81%；扬农、迈安德、扬力等7家企业入选2017年江苏省创新型百强企业，比上年新增1家。扬州高新区晋级全国百强并创成国家创新型产业集群试点、创成国家知识产权试点园区，高邮高新区获批国家特色产业基地，杭集高新区启动“一区四园”新机制。双创载体加快建设，新建科技综合体和众创空间面积104万平方米，新引进企业1000多家，累计建成面积409万平方米，其中投入使用291.3万平方米，使用率71.3%，入驻企业超1900家，全年实现销售额81亿元，引进本科以上从业人员2万人。布局“苗圃—孵化器—加速器”科技创业孵化全链条，广陵、扬州高新区获批省级众创社区，新增国家级孵化器1家、众创空间6家，省级孵化器2家、众创空间12家。全市先后开展9次高层次拜访推介和展示洽谈活动，科技系统累计开展各类产学研专场活动117场，组织1468家企业拜访高校273家、科研院所166家，促成产学研合作项目签约558个。新建校企联盟126家，引进研创中心56家，共建离岸孵化器21家，企业柔性引进教授博士780多人，其中新增省科技副总133人，占该批次总人数的1/3，居全省第一位。承担省级以上科技项目407个，其中2个项目获批国家农业重点研发专项、4个项目列入国家重点研发计划，省农业重点研发项目立项数和资金数居全省第一位。4人获批国家“万人计划”，3项扬州市主持的科研项目入选全国科技最高奖项名单，其中2项获国家科技进步二等奖、1项获国家自然科学二等奖。全年专利申请量和授权量分别为3.26万件和1.42万件，分别增长20.7%和7.3%；新增发明专利授权996件，增长34.96%，增速居全省第二位；万人发明专利拥有量9.87件，增长32.7%；3项专利获中国专利奖优秀奖。新增国家、行业和地方标准30项。玉器产品质量监督检验中心通过国家验收。“扬州漆器”创成国家地理标志商标。

2017年，扬州市气象局发布决策服务材料148期、为农服务材料88期，发送气象灾害预警信号73次、决策气象服务短信119条。市气象灾害防御办公室启动（变更）重大气象灾害（高温）应急响应3次。综合气象探测业务质量95.92%，24小时晴雨预报准确率90.16%，最高温度准确率90.97%，最低温度准确率88.14%，雷暴、暴雨、高温等灾害性天气预报预警准确率85.71%。扬州市政府办公室印发《关于优化建设工程防雷许可的实施意见》，完成江苏政务服务网上市气象局全部14项行政许可。扬州、宝应、高邮、江都、邗江将“推进突发事件预警信息发布系统建设”纳入地方政府绩效考核。

2017年，扬州水文分局通过扬州市境内水文站网对江河、湖泊、水库的水位、流量、水质、水温、水下地形和地下水资源及降水量、蒸发量、风暴潮等实施监测、分析与计算，为开发、利用、节约、保护水资源和防灾减灾提供服务。编制扬州市水资源公报、扬州市地下水监测年报、扬州市河长制“一河一策”行动计划、扬州市各县（市、区）省级水功能区达标整治方案、扬州市市区集中式饮用水源地突发性水污染事件水利系统应急预案、扬州市广陵区节水型社会建设规划、高邮市海潮污水处理厂改扩建工程入河排污口设置论证等报告。

2017年，扬州市地震局开展地震监测预报，未发生里氏4.0级以上地震。抗震设防要求管理纳入基本建设程序，实现抗震设防监管全覆盖。完善地震应急预案体系建设，出台《扬州市中心城区应急避难场所布局规划》《扬州市中心城区抗震防灾规划》。开展防震减灾宣传教育，开展防震减灾知识“进校园、进社区、进机关、进企业、进乡村、进家庭”活动。高邮市高邮街道康华社区、仪征市真州镇红叶社区、江都区仙女镇云峰社区、邗江区竹西街道安平社区被授予“国家地震安全示范社区”称号，高邮市高邮中学创成“国家防震减灾科普示范学校”，高邮市被命名为“江苏省防震减灾示范县”。

2017年，全市组织科普宣传周、全国科普日、青少年科技创新大赛、机器人大赛等活动，承办全国“七巧科技”及全省科技模型竞赛。提升科普能力，建立青少年机器人名师工作室和青少年科技创新名师工作室，开展科普示范乡镇(街道)等创建，建设社区科普体验馆。 (杨　科)

■创新型城市建设 2017年，扬州市推进完成小微“双创示范”三年行动计划，启动新一轮创新型城市建设。国家创新型试点城市通过验收，小微“双创示范”获评绩效优秀。全市单年研发经费支出首次超100亿元，全社会研发投入占地区生产总值比重提升至2.4%，新增发明专利授权996件，增长34.96%，增速居全省第二位，新认定省高新技术产品885件，居全省第五位。壮大创新型企业梯队，提升企业研发能力，新获批国家高新技术企业213家，累计745家，遴选275家企业进入高企培育库重点扶持，新增省级“三站三中心”125家，累计818家；大中型企业及规模以上高企研发机构建有率92.81%。落实三大创新板块建设实施意见，江广融合区软件和互联网产业板块推动扬州软件园、创E地带、信息产业基地双创中心等项目建设；扬州经济技术开发区—扬州高新区—扬州科教园融合发展板块推进科技综合体、院校迁扩建及生物医药、高端制造领域重大产业项目，加快建设国家数控成形机床创新型产业集群试点；国家农科园区板块加快核心区及扬大科教示范园、好种源特色小镇、中法种猪示范基地等重点项目建设。 (孟祥晋　刘　薇)

■产学研合作 2017年，扬州市先后开展9次高层次拜访推介和展示洽谈活动，与清华大学、香港城市大学、航天五院、西安光机所等院所建立合作关系。全市科技系统累计开展各类产学研专场活动117场，组织1468家企业拜访高校273家、科研院所166家，促成产学研合作项目签约558个，其中清华MEMS产业园、哈工大科创中心、航天五院太空主题公园、万方科创书院、巨如质子刀、海航VR&AR文创园等项目落户，新建校企联盟126家，引进研创中心56家，共建离岸孵化器21家，企业柔性引进教授博士780多人，其中新增省科技副总133人，占该批次总人数的1/3，居全省第一位。

3月1日，北京万方数据股份有限公司与扬州市生态科技新城管委会、市科技局签订万方科创书院合作共建协议。

4月8日，扬州市政府和省科技厅联合举办的2017中国·瘦西湖创客活动周在扬州开幕。4月17—19日，省科技厅和扬州市政府主办，市科技局、科学技术部机关服务局会展部承办，车载信息服务产业应用联盟支持的“2017中国·扬州科技创新成果展示洽谈会—智能汽车专场活动”在扬州科技广场高新技术展示交易中心举行。

5月5日，2017扬州(邗江)高层次人才、高科技成果交流洽谈会举行。5月18日，万方科创书院正式开业。5月21—22日，诺贝尔物理奖获得者、美国国家科学院院士、中国科学院外籍院士丁肇中等参加江苏发展大会扬州论坛并作主题演讲，并参观扬州市城市和科技创新发展情况。5月24日，市科技局召开高校院所科技合作座谈会。举办“发现科技创新金融”——巨谷基金&扬州市技术市场管理办公室战略合作签约暨扬州巨谷创投财富管理有限公司成立仪式。

6月15日，市委常委、宣传部部长姜龙带队赴重庆开展“大拜访、大招商、大合作”活动。扬州市与重庆大学达成全面合作协议，合作共建智能化技术研究所、技术转移与成果转化中心、扬州—重庆大学离岸孵化器，扬州高新区与重庆高新区达成战略合作协议，在高端智能装备、生物医药产业加强产业链互补合作。6月21日，市科技局召开全市大院大所合作对接工作推进会。6月22日，市长张爱军率领扬州市政府代表团考察香港数码港，并举行扬州市投资环境推介会。

7月25日，市科技局赴上海走访入驻扬州市技术产权交易市场的巨如集团。8月23日，扬州市赴西安开展“科技创新·产业合作”大院大所拜访恳谈活动。9月26日，市委书记谢正义率队赴中国空间技术研究院拜访。10月24日，上海中科荟智企业服务有限公司创始人兼董事长张杭率团队考察扬州科技广场，与市科技局开展座谈交流。11月17—18日，市委常委、常务副市长陈扬率扬州考察团赴武汉开展“科技创新·人才集聚·产业合作”拜访恳谈暨大型人才招聘活动。

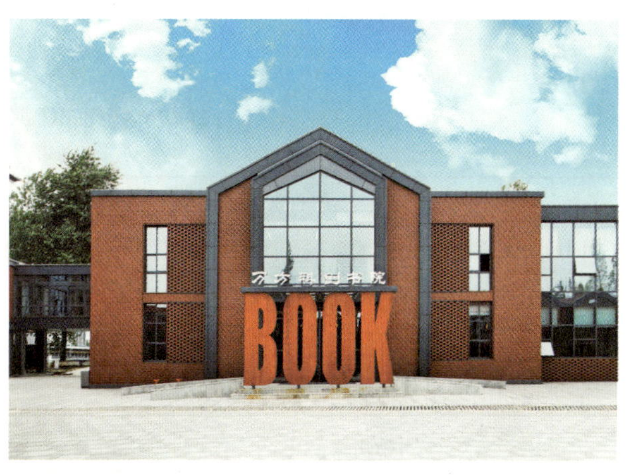

万方科创书院　　　　生态科技新城/供稿

12月6日，扬州市产业技术研究院举办高分子材料专场项目成果路演对接活动。产研院联合南京大学、“人才计划”创新药物与食品安全研究院成立的高性能复合材料研究所、特医营养与创新药物研究所揭牌。12月7日，扬州市产业技术研究院举办智能装备专场项目成果路演对接活动。产研院联合大连理工大学高邮研究院、中科院沈阳自动化所成立的高端装备设计制造研究所、工业自动化制造研究所揭牌。

（孟祥晋　刘　薇）

■公共科技服务平台建设　2017年，出台《扬州市技术产权交易市场入驻机构管理办法（试行）》。与上海巨谷股权投资基金管理有限公司、江苏和钧正策信息技术有限公司、格局商学院扬州分院（扬州蓝德管理咨询有限公司）等9家技术转移和中介服务机构签订入驻合同。引入广东博士科技有限公司对技术产权交易市场进行专业化、市场化运营，建立以盈利服务收入反哺公益性服务支出发展模式。成立扬州市技术转移协会，建立全市技术转移服务体系、改善技术交易环境、加速技术转移及科技成果产业化，首批80家会员单位召开第一次全体会员大会，通过协会章程，选举产生会长、副会长和理事单位等。扬州市技术产权交易市场入选江苏省技术产权交易市场首批4家地方分中心，综合排名列第一位。

推进技术合同登记备案，促进技术转移和成果转化，全年完成技术合同登记备案704项，技术交易总额9.37亿元。围绕高端装备制造、新能源汽车等战略性新兴产业，梳理产业关键技术成果，通过“扬州科技”官方微信平台重点推送发布5期30多项成果信息；收集并发布国内外最新科技成果信息1万多条、技术需求信息2000多条、专利信息1000多条；制作政策汇编及服务手册，发放宣传资料1000多份。组织全市200多名从事技术转移、科技咨询与服务的相关人员参加全省技术经纪人培训，发展企业科技副总、乡镇科技助理633人，联合省技术产权交易市场开展技术经理人培训。

扬州市产业技术研究院与清华大学签订“合作共建扬州市智能技术研究所”协议，依托清华大学优势科教资源，合作共建扬州市智能化技术研究院，注册成立扬州市智能化技术研究院有限公司。与江南大学、广陵区政府、市食品产业园管委会合作共建的江南大学（扬州）食品生物技术研究所进行企业化改组。吸纳大连理工大学高端装备设计制造研究所、中科院沈阳自动化研究所工业自动化制造研究所、南京大学高性能复合材料研究所等4家专业研究所，制定市产研院专业研究所考核办法。

扬州市产业技术研究院举办多场项目路演、成果推广、成果展洽活动，吸引300家企业、30多家创投、20多家科技服务机构参与成果转移转化活动，促成技术成果与投资人、市外优质资源与市内企业沟通，推动扬州产业转型升级。组织30多名专家教授赴各县（市、区）及功能区，为100多家科技企业进行技术创新服务，了解企业科研项目、新品开发和技术创新等方面情况，现场为企业提供工业自动化设计、机械加工工艺、食品生物技术等方面技术指导，帮助企业解决难题。扬州清华大学智能化技术研究院建设项目获批省重大新型研发机构建设项目，获批资金1000万元；扬州市产业创新育成中心建设项目获批市级创新能力建设项目，获批资金100万元。

2017年，创新驿站作为国家级众创空间引进5家博士企业入驻，新入驻26家创业公司，孵化10家企业。举办各类培训活动、创业沙龙等65场次，培训人数5033人次。新增加席位式创客工作室36席，完善配套设施，扩充创业咖啡图书室，为入驻创业公司及创客提供科技资讯。

（孟祥晋　刘　薇）

■科技创新园区建设　优化区域创新布局，加快三大创新板块建设。2017年，全市1/4的高层次人才、1/3的省级以上研发机构、1/4的软件服务业收入、1/3的高端装备制造业产值集聚于创新板块。高新园区有500家规模以上企业、211家高新技术企业，高新技术产业投资253.4亿元，占全市总量的45.8%；扬州高新区晋级全国百强并创成国家创新型产业集群试点，高邮高新区获批国家特色产业基地，杭集高新区启动“一区四园”新机制。新增2个国家特色产业基地、3个省级科技产业园、1个省级现代农业科技园，形成涵盖3个高新区、5个农科园、10个特色产业基地、15个科技产业园的高新技术产业特色发展格局。

（孟祥晋　刘　薇）

2017年扬州市国家特色产业基地情况表

表31-1

序号	基　地　名　称	序号	基　地　名　称
1	国家火炬计划邗江数控金属板材加工设备特色产业基地	6	国家火炬计划江都建材机械装备特色产业基地
2	国家火炬计划扬州汽车及零部件产业基地	7	国家火炬邗江硫资源利用装备特色产业基地
3	国家火炬计划扬州绿色新能源产业基地	8	国家火炬高邮特种电缆特色产业基地
4	扬州国家半导体照明高新技术产业化基地	9	国家火炬扬州高邮智能健康装备特色产业基地
5	国家火炬计划扬州智能电网特色产业基地	10	国家火炬扬州高邮智慧照明特色产业基地

（孟祥晋　刘　薇）

2017年扬州市省级科技产业园情况表

表31-2

序号	园 区 名 称	地 区
1	江苏省宝应输变电设备科技产业园	宝应
2	江苏省高邮绿色照明科技产业园	高邮
3	江苏省高邮特种电缆科技产业园	高邮
4	江苏省高邮智能健康装备科技产业园	高邮
5	江苏省仪征汽车及零部件科技产业园	仪征
6	江苏省江都建材装备科技产业园	江都
7	江苏省江都汽车及零部件科技产业园	江都
8	江苏省扬州邗江数控装备科技产业园	邗江
9	江苏省扬州环保科技产业园	邗江
10	江苏省邗江新能源汽车及车控电子科技产业园	邗江
11	江苏省扬州生物医药科技产业园	邗江
12	江苏省邗江文化科技产业园	邗江
13	江苏省扬州广陵液压装备科技产业园	广陵
14	江苏省扬州健康医疗科技产业园	广陵
15	江苏省扬州光电科技产业园	扬州经济技术开发区

（孟祥晋　刘　薇）

2017年扬州市省级以上科技企业孵化器情况表

表31-3

序号	孵 化 器 名 称	级 别	地 区
1	宝应县高新技术创业中心	省级	宝应
2	高邮市科技创业中心	国家级	高邮
3	江苏红旗光电科技创业园	省级	高邮
4	扬州广陵高新技术创业服务中心	国家级	广陵
5	江苏扬州广陵经济开发区高新技术创业服务中心	国家级	广陵
6	扬州市广陵区曲江高层次人才创业服务中心	省级	广陵
7	扬州市邗江区高新技术创业服务中心	国家级	邗江
8	扬州市维扬区高新技术创业服务中心	省级	邗江
9	扬州环保科技创业园	省级	邗江
10	扬州邗江经济开发区智谷创业园	省级	邗江(扬州高新区)
11	扬州大学大学科技园	国家级	邗江(扬州高新区)
12	扬州金荣科技创业园	省级	邗江(扬州高新区)
13	扬州市江都区高新技术创业服务中心	省级	江都
14	扬州(江都)软件园	省级	江都
15	扬州高新技术创业服务中心	国家级	扬州经济技术开发区
16	西安交通大学扬州科技创业园	省级	扬州经济技术开发区
17	仪征市科技创业园	国家级	仪征

（孟祥晋　刘　薇）

2017年扬州市科技产业综合体情况表

表31-4

序号	名　　称	地　区
1	宝应软件信息产业科技综合体	宝应
2	宝应科技创业园	
3	望直港科技创业园	
4	高邮湖西光电科技产业园	高邮
5	高邮市科技产业园	
6	通邮电子商务产业园基地	
7	仪征科技创业园	仪征
8	大众广场	
9	江都软件产业科技综合体	江都
10	天雨环保节能科技产业园	
11	扬州市江都区仙城科技产业综合体	
12	扬州智汇科技产业综合体	
13	税友软件园(南方)	邗江
14	金荣扬州科技园(高新区)	
15	联创扬州软件园	
16	甘泉生态科技园	
17	智能装备科技园	
18	通安科技园	
19	西区职大南科技产业综合体	
20	扬州·邗江互联网产业园	
21	广陵新城信息产业基地(一、二、三期)	广陵
22	广陵经济开发区科技产业综合体	
23	食品科技园	
24	Y-MSD项目(一期)	
25	开发区科技园	扬州经济技术开发区
26	扬州智谷	
27	西安交大科技园	
28	杭集科技产业综合体	生态科技新城

（孟祥晋　刘　薇）

2017年扬州市众创空间情况表

表31-5

序号	名　　称	地　区
1	鲁垛乱针绣创客工坊	宝应
2	扬州纵横创客巢	
3	纵横时空	
4	宝应科创中心创客空间	
5	东方圣诞创客园	
6	锐拓科技创客园	
7	宝应县通宝众创空间	
8	扬州星火科技创客园	

续表31-5

序号	名　　称	地　区
9	文游汇	高邮
10	诚信创业吧	
11	高邮众创空间	
12	通邮梦工厂	
13	豪纬光电众创园	
14	创睿坊	
15	大邮众创空间	
16	高邮集创	
17	腾邮创艺园	
18	创途在线	仪征
19	仪征众鑫创新梦工厂	
20	仪征真州创客工场	
21	仪征鑫鑫众客坊	
22	仪征电商创业园众创空间	
23	大仪C空间	
24	仪电创新工区	
25	创·艺985创客街区	江都
26	江都创客邦	
27	武汉理工大学扬州创客汇	
28	星客梦工厂	
29	智创梦工厂	
30	江都尚客空间	
31	新起点一创客梦工场	
32	梦里水乡创客荟	
33	青禾众创	
34	宜创梦想园	
35	绿地新都会	邗江
36	西湖创客空间	
37	扬州创谷·创客工场	
38	扬州大学大学科技园众创梦工场	
39	创客“1＋1”众创空间	
40	扬州金荣科技园创新创富工场	
41	扬州上市基地创新工场	
42	通安创客空间	
43	3C创客空间	
44	汇智众创空间	
45	酷立方(扬州)众创空间	
46	海昌新材众创空间	
47	和天下绿色建筑众创空间	
48	扬州优客工场	
49	RAMLL “1001”	
50	软通动力扬州乐业空间	
51	扬州百分百众创空间	

续表31-5

序号	名　　称	地　区
52	扬州青麦坊“互联网+”文创空间	广陵
53	江苏微软创新中心	
54	中国创谷	
55	扬州设计谷众创空间	
56	圆梦创新工坊	
57	食品科技园创新工坊	
58	智创天地	
59	两岸物联众创基地	
60	金枫达创新工场	
61	源湾头玉器创新工坊	
62	创客文昌	
63	北京大学创业训练营江苏基地	
64	东创星辉	
65	智造工坊	
66	曲江创客工场	
67	平地起创新工坊	
68	悦课·教育孵化创客空间	
69	智谷众创空间	扬州经济技术开发区
70	西交大扬州科技园创客营	
71	霍比屯创客乐园	
72	多米创新工场	
73	睿智创客空间	
74	瑞丰众创空间	
75	爬山虎众创空间	
76	盛世云众创空间	
77	长江石化众创空间	化工园区
78	尚锦汇都创业孵化工场	生态科技新城
79	杭集旅游日化产业众创空间	
80	扬州软件园双创孵化体验基地	
81	扬州软件园马场创业街	
82	万方科创	
83	创新驿站	市直
84	左岸右转青创驿站	
85	扬州工业职业技术学院大学生创业园	
86	扬州486非遗创客空间	
87	扬州市职业大学创新创业基地	

（孟祥晋　刘　薇）

创新创业载体建设　2017年，扬州市召开创新驱动暨科技综合体建设推进会，出台科技综合体运营发展考核办法，提升科技综合体运营质态。新建科技综合体和众创空间面积104万平方米，新引进企业1000多家，累计建成面积409万平方米，其中投入使用291.3万平方米，使用率71.3%，入驻企业超1900家，全年实现销售额81亿元，引进本科以上从业人员2万人。布局“苗圃—孵化器—加速器”科技创业孵化全链条，广陵、扬州高新区获批省级众创社区，新增国家级孵化器1家、众创空间6家，省级孵化器2家、众创空间12家，省级以上孵化器和众创空间累计数分别达17家和34家。

（孟祥晋　刘　薇）

■**高新技术产业** 2017年，扬州市组织实施105项关键共性技术攻关，其中6个项目获批省重点研发计划(产业前瞻与共性关键技术)项目，中科半导体"超高密度LED"和"超高能效半导体光源"、中天利"新型陶瓷原料高效合成"、中集通华"危险品运输罐车侧翻事故主动防控技术"等4个项目列入国家重点研发专项。获批省级高新技术产品885个，居全省第四位。全年高新技术产业投资553.79亿元，增长21.2%，增速分别高于工业投资、全部投资的2.8和9个百分点，其中新能源、仪器仪表、医药、新材料、电子通信设备制造业投资分别增长79.9%、72.1%、49.7%、41.6%、10.9%；实现高新技术产业产值4219.5亿元，增长12%，居全省第八位，占规模以上工业产值比重45%，其中新材料、智能装备、医药、新能源制造业产值分别增长28.7%、15.3%、10.7%、10%。

(孟祥晋　刘　薇)

■**2017中国·瘦西湖创客活动周** 4月8—12日，由扬州市政府与省科技厅主办，市科技局、双创办、人才办、发改委、团市委、科协共同承办的2017中国·瘦西湖创客活动周在扬州举办。本次活动周由"4＋3＋8＋X"系列活动组成，即开幕式、创客精英论坛、创客大咖对话、创客成果展示会等4项主场活动，青年创客项目路演赛、扬州十佳创客评选、科技资本对接会等3项专题活动。活动期间，咕咚创办人、首席执行官申波，Insta360联合创始人陈金尧，ofo共享单车联合创始人张巳丁，优客工场执行总经理王浩，新龙脉控股集团董事长曲敬东，京东集团基础云事业部总经理王直等与扬州创客进行面对面交流，讲述他们的创业经历和经验教训。各县(市、区)、功能区举办8个联动活动，各科技综合体、众创空间举办系列主题活动，服务全市创业创新者。

(杨　科)

■**扬州万方科创书院开业** 5月18日，扬州市与万方数据共同举办扬州万方科创书院开业仪式。来自全国新闻出版、科技、文化、高校、传媒领域的代表参加活动。万方科创书院是市科技局联合北京万方数据股份有限公司、生态科技新城共建的科技公共服务平台，打造集公共科技图书馆、科普教育基地、科技众创空间、科技信息与咨询、科技主题活动等为一体的高端科技信息综合服务平台，提供面向科技创新的知识服务、面向大众的科普教育服务。开业仪式后，举办"科技文化融合服务新模式专家研讨会""科技信息服务思享汇暨2017新一代科技情报服务华东高端论坛""医学信息知识服务新融合——2017年万方数据医学知识服务高峰论坛"等3场研讨活动。

(杨　科)

4月12日，"做创客、赢未来"扬州市众创空间创业项目路演赛在创谷举行

张孔生/摄

■**扬州企业参加中国江苏·大院大所合作对接会** 7月5日，中国江苏·大院大所合作对接会暨第六届产学研合作成果展示洽谈会在南京开幕，来自20多个国家和地区、260多个大院大所的1500多名专家参加。扬州市扬杰电子、华富储能等20多家企业代表参加主题大会。会上，扬杰电子与西安电子科技大学签订投资1亿元的"1200V碳化硅功率器件研发与产业化"合作项目；扬州展区展示扬州大学以及牧羊集团、华富储能、诚德钢管、扬力集团、扬农集团等百强企业。会前，开展500多场对接活动，参与对接企业6900多家，签约项目或合作意向2900多项，其中有江苏亚光医疗器械有限公司和南京航空航天大学对接签约项目"术后镇痛中央监护管理的研发和产业化项目"、江苏星通北斗航天科技有限公司和高校合作签约项目"星通北斗智慧物流平台"等扬州项目304项。

(杨　科)

■**2017中国·扬州"绿扬金凤"众创大赛** 8月23日，以"聚力创新兴人兴城"为主题的2017中国·扬州"绿扬金凤"众创大赛总决赛在扬举行。大赛自4月启动，历时4个多月。有中科院院士、"人才计划"专家等参与，1093个海内外项目参赛。经过资格审查，专家初评，"青春飞扬圆梦扬州"青年人才专场、"扎根乡土聚焦富民"乡土人才专场、"人才引领聚力创新"领军人才专场等决赛、总决赛环节选拔，共有21个创业创新项目分获一、二、三等奖和优胜奖。总决赛上，优客工场创始合伙人刘岩、Insta360公司联合创始人陈金尧作专题演讲，并举行天使梦想基金、天使(人才)资金资助及银行授信仪式。

(杨　科)

科技项目和成果

■重大科技成果转化项目 2017年，全市围绕重点产业发展需求，加大力度培育项目源，在工程化关键技术应用、重大创新产品开发等方面，组织实施投资5000万元以上的重大科技成果转化项目103个，其中涉及机械装备、汽车船舶和软件与信息服务等基本产业项目57个，涉及新能源、新光源、新材料、节能环保等新兴产业项目39个，来自中国科学院、上海交通大学、浙江大学等高校院所的重大科技成果在扬州实施转化和产业化。

2017年，全市申报省成果转化项目41个。其中，11个项目进入合同签订阶段，列全省第六位；涉及省拨资金7500万元，其中直接拨款资助5700万元，贴息400万元，后补助1400万元。（孟祥晋 刘 薇）

■民生科技 强化农业科技基础设施建设。国家农业科技园区核心区的高邮城南新区板块规划面积200公顷，有红太阳蛋品、秦邮蛋品、通威饲料、日兴生物等农业企业60多家，省级以上农业品牌商标近20个。核心区的卸甲镇板块规划面积38平方千米，投入资金近5亿元，实施水电路气、桥涵闸站、绿化亮化等基础设施项目；丰庆种业、瑞康农场、年红花木、飞扬科技、惠万家花卉等26个高效农业项目落户；高效农业面积433.3公顷，其中设施农业面积306.7公顷；形成稻麦良种繁育和种植实验、花木种植、蔬果种植及生态立体种养等4个基地；投资10亿元的扬州大学农业科教示范园项目正式落户建设，好种源特色小镇规划建设。全市设立国家农产品加工技术研发专业分中心2个（高邮鸭集团蛋品加工、高邮日兴生物水产品加工），院士、博士后工作站4个，实现农业领域重点企业研发机构全覆盖。

加快农业新技术、新品种研发。推进农业品种科技创新、农业技术集成与示范，19个项目获省级重点研发（现代农业）立项，获批项目数和资金数居全省第一位，其中“动物源性食品病原微生物全产业链防控关键技术研究”等7个重点示范项目获1100万元支持，“设施蔬菜真菌病害高效拮抗菌剂S. rochei的研发与应用”等8个现代农业高新技术攻关项目获400万元，“耐迟播高产抗病中筋小麦品种扬麦25的选育与应用”等4个品种获补助300万元支持。扬州大学承担的“鸡重要疫病免疫防控新技术研究”、江苏里下河地区农业科学研究所承担的“长江中下游冬麦区高产优质抗病小麦新品种培育”等2个重大科技项目获国家重点研发计划支持4255万元。

强化农业科技服务。完善农业科技服务体系，全市新增1家国家级

2017年度扬州市省重大科技成果转化专项立项项目一览表

表31-6

序号	项 目 名 称	承 担 单 位	产学研合作单位	地 区
1	7-10km超深井超宽频重载承荷探测电缆研发与产业化	江苏华能电缆股份有限公司	西安交通大学、澳大利亚迪肯大学（维多利亚州）	高邮
2	新能源汽车用轻质高强原位纳米强化铝轮毂研发及产业化	扬州戴卡轮毂制造有限公司	江苏大学、上海交通大学	高邮
3	面向汽车节能环保的NOX传感器研发及产业化	江苏奥力威传感高科股份有限公司	吉林大学	邗江
4	高效智能化饲料环模制粒装备的研发及产业化	江苏牧羊控股有限公司	南京理工大学	邗江
5	1200V碳化硅功率器件研发与产业化	扬州扬杰电子科技股份有限公司	西安电子科技大学	邗江
6	年产3000吨高强对位芳纶关键技术研发及产业化	江苏扬农化工集团有限公司	东华大学	广陵
7	超宽带高分辨监视雷达研发及产业化	中船重工海博威（江苏）科技发展有限公司	中船重工集团公司第七二三研究所、扬州海菱电讯科技实业公司\俄罗斯MICRAN公司	广陵
8	碳酸司维拉姆原料药的研发及产业化	江苏天和制药有限公司	浙江工业大学	江都
9	空间柔性可调式重型运输装备研发及产业化	扬州市伏尔坎机械制造有限公司	江苏大学	扬州高新技术产业开发区
10	新一代智能中压配电成套设备研发及产业化	江苏亚开电气有限公司	西安交通大学	扬州高新技术产业开发区
11	高端数控机床专用智能温控系统研发及产业化	扬州恒德工业科技有限公司	上海理工大学	扬州高新技术产业开发区

（孟祥晋 刘 薇）

"星创天地",4家省级"星创天地",实现农村科技服务超市"1家分店+2家便利店"县(市、区)全覆盖,农业科技进步贡献率超65%。开展"送科技下乡、促农民增收"活动,依托23家农村科技服务超市分店和便利店,围绕本地产业开展品种推广、技术培训和专家咨询等科技服务,全年开展各类农业知识培训312次,示范推广新品种新技术372项,辐射带动农户2.26万户。

加强社会发展及基础科学研究。围绕医疗卫生、环境保护、智慧城市、公共安全等民生领域,全市有5个项目获省重点研发计划(社会发展)项目立项。加大对基础研发活动激励,有56个项目获省自然科学基金项目立项,其中省优秀青年基金项目1个、青年基金项目40个、面上项目15个。 (孟祥晋 刘 薇)

■江苏里下河地区农业科学研究所 2017年,江苏里下河地区农业科学研究所(简称农科所)在研课题(项目)203个,新立项各类课题(项目)80个,其中国家级课题(项目)15个、省级课题(项目)23个。新立项项目合同经费4923万元,往年项目及新立项项目实际到账经费2651万元。其中,农科所联合江苏省农业科学院、安徽农业大学、浙江省农科院、华中农业大学等16家科教单位,主持立项国家重点研发计划"七大农作物育种"重点专项,获2182万元财政支持。

2017年,农科所获各类科技成果奖4个。其中,由农科所主持完成的"新型生物杀蚊幼剂苏云金杆菌以色列亚种大粒剂的创制和应用"和"中国兰品种资源收集与种质创新"分获江苏省农业科学院科技一等奖和江苏省农业科学院科技二等奖,"地区级农业科研单位知识产权的经营与管理"获江苏省农业科学院社科优秀成果二等奖。农科所与其他单位联合申报的"江苏地区设施蔬菜烟粉虱的绿色防控技术及应用"获全国商业联合会科技二等奖。

2017年,农科所培育的3个新品种通过审定。其中,小麦新品种"扬麦26"通过浙江省审定,水稻新品种"扬两优316""扬粳103"通过江苏省审定。小麦品种"扬辐麦5号""扬麦24"通过江苏省引种认定,"扬辐麦4号""扬麦16""扬麦24"通过安徽省引种认定。"扬籼3S""扬金2A""扬籼2S""扬籼6S""扬籼7A""扬籼9A""扬籼246A"等7个水稻不育系通过江苏省鉴定。油菜品种"扬优10号"获植物新品种权授权。"一种培育广谱、持久穗瘟抗性水稻育种材料的方法""一种与小麦面粉水溶剂保持力关联的分子标记及分子标记方法""一种慈姑无土育苗的方法"等3项成果获国家发明专利,"蛹虫草液体菌种接种器""食用菌多糖加热震动提取器""一种标记仪器"等3项成果获国家实用新型专利。2项技术列入江苏省农业科学院首批主推技术名录。制定发布2项省级、8项市级地方标准。科研人员全年发表研究论文75篇,其中7篇论文被收入SCI(科学论文索引)。参与出版专著1部。

2017年,小麦新品种"扬麦28""扬辐麦6号""扬辐麦8号"通过国家初审,"扬麦27""扬辐麦7号"分别通过江苏省和安徽省初审。优质中强筋小麦"扬麦23"以高产稳产、抗倒伏、成熟期早等特点得到认可。"扬麦25"以耐迟播特性得到生产认可,连续两年因极端天气于12月播种,亩产400千克以上。"扬辐麦4号"在大面积生产和农业部高产创建中表现突出,2017年江苏淮南麦区推广面积名列前3名。"扬粳805"以灌浆速度快、出米率高、米香浓等特性发展成为苏中地区主栽品种。牵头成立"小麦赤霉病综合防控协同创新联盟",联合全国50多家科研院所集中攻关,保障小麦生产安全。成功选育出7个中高抗赤霉病新品系。选育9个转耐寒基因回交新品系、4个转耐盐碱基因新品系。联合淮安农科所、盐都农科所、金土地公司等6家单位,牵头组建江苏粳稻联合体。50个水稻新品系(组合)参加各级试验,其中10个参加生产试验。成功克隆水稻稻瘟病广谱抗性基因1个,为稻瘟病抗性育种奠定基础。油菜新品系"扬J4506"参加江苏省联合试验。研究冷鲜鸡辐照冷藏保鲜技术,延长5天保鲜期至28天,形成辐照综合保鲜体系。筛选水稻病虫防治药剂新配方1个。形成组装肥药双减体系,减少化肥和农药使用量各10%以上。水蛭人工繁育成功。创新"四水"(水稻、水产、水禽、水生蔬菜)循环农业新模式,集成"三绿"(绿色种养、绿色施肥、绿色防控)生态种养体系。开展颗粒体病毒潜伏浸染机制研究,建成病毒特异性分子检测标记1个。研究获得整合增效蛋白基因的Bt菌株。机插秧苗期控苗缓释肥研制初获成效,多地区开展旱育保姆、育苗伴侣应用试验,形成整套技术操作规程。

2017年,4个花菖蒲品种获国际登录。新引进国兰新品种101个,资源库品种扩增至502个,举办专题花展。收集地方水生作物资源64份。4个蔬菜品种完成登记程序。制定"青花菜—慈姑轮作"和"慈姑—泥鳅高效立体种养模式"标准,示范推广130多公顷。

2017年,农科所与扬州市政府、邗江区政府达成协议,合作共建"扬州市—江苏省农业科学院"现代农业产业技术研究院。蒙古国代表到农科所考察生物农药在森林和草原上的使用技术,达成合作共识。农科所与美国亿滋国际就"优质软麦新品种培育及调优栽培技术研发"达成合作协议,为弱筋小麦产业开发奠定基础。

(詹存钰 朱凌宇)

■江苏省家禽科学研究所 2017年,江苏省家禽科学研究所(简称家禽所)获批科技项目50个,到账经费2342.5万元,其中新立项经费1595.65万元、往年滚动经费746.85万元。

2017年,家禽所开展家禽科学研究。家禽种质资源保护及评价。完成29个保存鸡种的继代繁殖,参与国家家禽遗传资源动态监测管理平台建设,参与起草《鸡品种资源性能测定及评价技术规程》。家禽遗传育种与种禽扩繁。开展具有高产、节粮蛋用专门化品系选育,完成9个品系的继代繁殖。开展苏禽5号、神丹6

号配套系性能测定，早熟、节粮及加工型等特色优质肉鸡新品系的选育；开展肉用麻鸭杂交组合筛选，苏威1号肉鸽配套系的选育等，环境调控、节能减排、饲料营养价值评定与营养需要等饲养配套技术研究及其功能性添加剂产品研发。家禽品种性能测定与品质监督检验。承担农业部和江苏省下达的种禽及禽产品质量安全各类项目7个，执行农产品质量安全风险监测、监督抽查、禽蛋药残等专项监测任务，为各级政府有关部门对畜禽产品质量安全监管提供科学依据。家禽重大疫病研究与防治。重点开展鸡传染性支气管炎病毒的细胞嗜性、分子致病机制及检测技术研究，禽病诊断与检测新技术研究，种禽场重要疫病的净化技术研究。家禽业信息服务与决策咨询。开展家禽产业信息与经济研究基础资源搜集，监测和分析产业发展动态与信息，为构建家禽业信息基础大数据库做前期准备；进行产业舆情监测、禽产品安全信息的健康传播。

2017年，家禽所加快科技成果的集成推广。推动科技人员与企业合作，引导科技人员针对企业创新需求开展研发活动和技术服务。分别与中国农业大学、南京农业大学、扬州大学、鹤山墟岗黄畜牧有限公司、高邮鸭集团、广西贵港市港丰农牧有限公司、南京尚迪纳米科技有限公司、广州体合高新材料科技有限公司、宿迁市晟大畜禽养殖专业合作社、江苏立华牧业股份有限公司等单位进行合作研究。全所全年横向合作经费100多万元。开展公益性科技服务。依托江苏省家禽产业技术创新战略联盟，利用省挂县强农富民工程、省农业三新工程、科技服务超市等项目，加大科技服务力度，集成推广产业关键技术，在仪征、江都等县(市、区)开展家禽健康养殖、疫病防控技术等讲座10多场次。累计为220多个养殖户，1000多人提供技术咨询服务，为30多家企业提供技术支持。推广为专家与农民实时联系开发的手机APP“农技耘”。开展家禽生产管理相关技术培训会，现场为养殖户提供技术培训与咨询指导服务。

2017年，家禽所邀请美国奥本大学、德克萨斯农工大学等专家教授12人次到所作学术讲座。举办全国家禽遗传资源动态监测培训会议、第九届中国优质禽育种与生产学术研讨会、蛋鸡产业(上海)2017论坛——中国特色发展路径高级别对话、中国鹅业产学研恳谈会等全国性学术会议。“邵伯鸡产业化开发关键技术创新集成与应用”项目获江苏省科学技术奖二等奖，“家禽质量安全全程控制关键技术研发、体系构建与应用”获2017年度神农中华农业科技奖二等奖，“水禽集约化高效健康养殖技术集成与推广”项目获第八届江苏省农业技术推广奖一等奖。　（肖　芹）

■扬州市3个项目获国家科学技术奖　2017年，扬州市有3个项目获国家科学技术奖。其中，扬州大学杨建昌等完成的“促进稻麦同化物向籽粒转运和籽粒灌浆的调控途径与生理机制”获国家自然科学奖二等奖，该项目首创协调光合作用、同化物转运和植株衰老关系和促进籽粒灌浆的水分调控方法，为解决谷类作物衰老与光合作用的矛盾及既高产又节水的难题提供新的途径和方法。扬州大学焦新安、黄金林等完成的“重要食源性人兽共患病原菌的传播生态规律及其防控技术”获国家科学技术进步奖二等奖，该项技术历经14年研究，揭示重要食源性人兽共患病原菌在全产业链的定量流行病学新特征，创建定性、定量快速检测新技术及定量风险评估方法，构建重要的种质资源菌种库和分子流行病学数据库，在国内首次开展禽肉弯曲菌污染对人群风险的定量评估，探明风险防控的关键点，建立覆盖生猪养殖至冷鲜肉终端销售全产业链的产品质量安全溯源系统，实现产品病原菌全程追溯。牧羊集团范天铭、陈正俊等牵头的“大型智能化饲料加工装备的创制及产业化”项目获国家科学技术进步二等奖。该项目创新研制新一代大型智能化饲料加工装备，开发饲料生产全流程智能控制系统，形成饲料生产大型成套工程高效建设技术，推出的每小时生产75吨的大型饲料机械，生产效率比国外顶尖公司提高10%。　（孟祥晋　刘　薇）

■扬州市17个项目获江苏省科学技术奖　2017年，全市有17个项目获2017年度江苏省科学技术奖，其中一等奖3项、二等奖9项、三等奖5项。扬州大学“多熟制地区水稻机插栽培关键技术创新及应用”“宁麦系列弱筋小麦品种选育及配套技术研究与应用”和江苏华江祥瑞现代建筑发展有限公司“装配式混凝土结构创新与应用”项目获江苏省科学技术奖一等奖。　（孟祥晋　刘　薇）

扬州市获2017年度江苏省科学技术奖项目情况表

表31-7

序号	项目名称	主要完成单位	获奖等级
1	装配式混凝土结构创新与应用	江苏华江祥瑞现代建筑发展有限公司	一等奖
2	多熟制地区水稻机插栽培关键技术创新及应用	扬州大学	一等奖
3	宁麦系列弱筋小麦品种选育及配套技术研究与应用	扬州大学	一等奖
4	二代生物柴油的制备及发动机适应性关键技术	扬州建元生物科技有限公司	二等奖
5	新一代自主可控云计算大数据一体机	扬州万方电子技术有限责任公司	二等奖
6	千米级高温超导线(带)材和超导电缆制备技术及产业化	宝胜科技创新股份有限公司	二等奖

续表31-7

序号	项 目 名 称	主 要 完 成 单 位	获奖等级
7	超高压气体绝缘金属封闭输电线路(GIL)关键部件及系统	江苏金鑫电器有限公司	二等奖
8	高效、高可靠性模块化智能集成储能系统关键技术及应用	江苏欧力特能源科技有限公司	二等奖
9	燃料电池用全氟磺酸离子交换膜关键技术研发及产业化	宝应县润华静电涂装工程有限公司	二等奖
10	面向复杂环境的大电流测量新装置研制与应用	国网江苏省电力公司扬州供电公司	二等奖
11	新型高性能城市供排水泵站关键技术与应用	扬州大学	二等奖
12	邵伯鸡产业化开发关键技术创新集成与应用	江苏省家禽科学研究所、扬州翔龙禽业发展有限公司、江苏省家禽科学研究所家禽育种中心	二等奖
13	基于微电网技术的光伏发电箱变集成系统	扬州华鼎电器有限公司	三等奖
14	超高压电缆用纳米半导电缓冲阻水材料的研发及产业化	扬州腾飞电缆电器材料有限公司	三等奖
15	高活性卫生用拟除虫菊酯创制研发与推广应用	江苏扬农化工股份有限公司	三等奖
16	基于能量回馈与自适应控制的电梯驱动控制与节能技术与应用	江苏通用电梯有限公司	三等奖
17	海洋船舶后收式智能减摇鳍	扬州市江都永坚有限公司	三等奖

（孟祥晋 刘 薇）

扬州市科学技术奖评审奖励 2017年，经扬州市科学技术奖评审委员会评审，“高效大吨位精密热模锻关键技术及其智能化生产系统”和“主要中国鹅和欧洲鹅种质特性研究与创新利用”等2个项目获扬州市科技进步特等奖，“高效三结砷化镓太阳能电池外延及芯片研发与产业化”等10个项目获扬州市科技进步一等奖，“带背光柔性线路板集成化模组(TBM)”等20个项目获扬州市科技进步二等奖，“具有励磁涌流抑制功能的变压器保护测控装置的研制”等49个项目获扬州市科技进步三等奖；扬力集团股份有限公司等5家企业获2017年度扬州市企业技术创新奖；与江苏华能电缆股份有限公司合作的澳大利亚迪肯大学副校长、教授彼得·霍奇生等3人获2017年度扬州市科技合作贡献奖。

（孟祥晋 刘 薇）

2017年度扬州市科技进步特等奖、一等奖、二等奖获奖项目情况表

表31-8

获奖等次	项 目 名 称	主 要 完 成 单 位	主 要 完 成 人
特等奖	高效大吨位精密热模锻关键技术及其智能化生产系统	扬力集团股份有限公司	仲太生 金 魏 丁武学 范如明 吉桂生 马继斌 倪 俊 王军领 徐 丽
	主要中国鹅和欧洲鹅种质特性研究与创新利用	扬州大学、上海市农业科学院、江苏农牧科技职业学院、扬州市农业委员会、扬州天歌鹅业发展有限公司	陈国宏 何大乾 秦豪荣 徐 琪 张 扬 王惠影 孙国波 张 斌 张 勇
一等奖	高效三结砷化镓太阳能电池外延及芯片研发与产业化	扬州乾照光电有限公司	姜 伟 李俊承 吴真龙 韩效亚
	智慧城市体系下智能交通大数据集成应用系统	扬州大学、扬州国脉通信发展有限责任公司	张正华 孙小兵 李 云 李春晓 苏 权 章小卫 刘国澍 苏 波
	分布式电站系统用储能锂离子电池	江苏华富储能新技术股份有限公司	居春山 周寿斌 汪的华 吴战宇 彭 创 朱明海 钱帮芬 毛旭辉 姜庆海
	国内首创新型猪圆环病毒2型基因工程亚单位疫苗的开发及应用	扬州优邦生物药品有限公司	李玉和 宋庆庆 潘 杰 范 娟 秦卫红 丁国伟 李 群 钱 钟 许兆君
	CLL-2.5×1850数控开卷落料线	江苏亚威机床股份有限公司	张冠军 潘恩海 杨建军 潘 凌 周德宇 管 俊 张 峰

续表31-8

获奖等次	项目名称	主要完成单位	主要完成人
一等奖	江苏油田稠化酸储层改造增油增注技术	中国石油化工股份有限公司江苏油田分公司	袁萍 虞建业 马巍 卢敏晖 黄一汉 杲春 储明来 李日科 陈兴越
	S形轴伸贯流泵装置关键技术研究与工程应用	扬州大学、扬州市勘测设计研究院有限公司、扬州市涵闸河道管理处、无锡利欧锡泵制造有限公司	刘超 杨帆 张松 金燕 钱军 杨华 袁尧 周济人 林川
	重要农艺性状基因在水稻和玉米中的遗传演化及功能鉴定	扬州大学	杨泽峰 周勇 印志同 朱金燕 徐辰武 梁国华 王益军 张恩盈 龚志云
二等奖	miRNA及其作用蛋白在肿瘤早期诊断、预后评估的应用及其机制研究	苏北人民医院	任传利 韩崇旭 陈慧 符德元
	病理性心肌重构的分子调控机理及其应用研究	扬州大学附属医院	龚开政 张振刚 赵培 李伟 陈明星 宋国杰 孙红光 董志峰
	带背光柔性线路板集成化模组(TBM)	江苏传艺科技股份有限公司	邹伟民 毛伍云 孟雨亭 徐晓丹 管国志
	交通路口信号灯自适应控制系统	扬州市鑫通交通器材集团有限公司	胡春良 潘翔 柏杨 姚炜 郑昌帅 张荣国 魏光宝
	国产新型大数据云计算系统	扬州万方电子技术有限责任公司	高杰 肖远 朱洪斌 葛朝永 王玉琳 李晨 王如意
	基于光伏微电网柔性并网技术的接口柜集成系统	扬州华鼎电器有限公司、西安交通大学	蔡长虹 卓放 戴永林 高雄鹰 韩善楚 曾宝明 江启芬
	变压器EFPI光纤局部放电检测技术的研究及应用	国网江苏省电力公司扬州供电公司、国网江苏省电力公司电力科学研究院	张春燕 周志成 朱健 盛吉 李培培 李建生 滕俊
	连续不对称催化氢化生产(S)-异丙甲草胺工业化生产技术	江苏长青农化股份有限公司、南京工业大学	于国权 孙霞林 吕良忠 马长庆 丁华平 朱红军 李玉峰
	大型智能化节能饲料烘干装备的研发及产业化	江苏牧羊控股有限公司、扬州大学、江苏牧羊集团有限公司、江苏丰尚智能科技有限公司	陈正俊 范文海 张瑞宏 张鹏飞 张琦 周春景 张季伟
	7-10km超深井超宽频重载承荷探测电缆	江苏华能电缆股份有限公司	乔文玮 皮·达·霍奇森 陶明 钟力生 吴开明 杨冬 杨恒勇
	高效吸附催化氧化处理废水中生物难降解有机物的技术与应用	扬州大学、扬州石化有限责任公司	孔黎明 姚日远 贾哲华 王佩德 史正清 朱金荣 凌曙
	生态道路建设关键技术研发及应用	扬州大学、江苏省扬州市公路管理处、金埔园林股份有限公司、扬州工业职业技术学院	康爱红 殷成胜 王宜森 余晖 窦逗 吴正光 卢佩霞
	高性能玄武岩纤维沥青混合料关键技术研究及应用	扬州大学、江苏天龙玄武岩连续纤维股份有限公司、江苏京沪高速公路有限公司、扬州润扬路面工程有限公司	肖鹏 吴正光 薛晓薇 徐亚林 张兴明 陈国庆 陆如洋
	粉体保水复合型水稻种衣剂旱育保姆及其应用	江苏里下河地区农业科学研究所、扬州市农业技术推广站、扬州绿源生物化工有限公司、宝应县作物栽培技术指导站	黄年生 徐卯林 张小祥 姚义 蒋敏 高剑波 莫渟
	创新的腹腔镜技术在肝胆疾病治疗中的应用与临床研究	苏北人民医院	柏斗胜 蒋国庆 陈平 钱建军 金圣杰 陶永忠 向晓星
	优质液态乳加工关键技术研究与集成应用	扬州市扬大康源乳业有限公司、扬州大学	印伯星 顾瑞霞 张军 华鹤良 王锦荣 杨仁琴 房东升
	金属热塑性成形过程微观组织演变预报与调控	扬州大学	金朝阳 严凯 吴德峰

续表31-8

获奖等次	项目名称	主要完成单位	主要完成人
二等奖	建筑工地环境扬尘防治技术研究及应用	扬州市建筑安全监察站、江苏邗建集团、扬州大学	周欣 顾勇军 苏宗华 徐永海 仝小芳 杨梅 殷进
	基于苏北医院医联体网络的胃癌早期筛查、综合治疗及相关机制研究	苏北人民医院	朱海杭 陈超伍 吴银霞 陈磊 徐晓玲 孙超
	四肢骨不连翻修关键技术的建立及推广应用	扬州大学附属医院、上海长海医院、中国人民武装警察部队江苏省总队医院	茹江英 牛云飞 胡方勇 时代 徐饶
	急性肺损伤病理机制及药物干预研究	苏北人民医院	束余声 高巨 陶炜
	国家二类新药依巴斯汀的研究与产业化	江苏联环药业股份有限公司、南京工业大学	秦雄剑 李学明 褚青松 俞波 李霞 贾志祥 黄坤

（孟祥晋　刘　薇）

2017年度扬州市企业技术创新奖获奖企业

扬力集团股份有限公司

江苏扬农化工集团有限公司

迈安德集团有限公司

江苏扬建集团有限公司

扬州市扬大康源乳业有限公司

（孟祥晋　刘　薇）

■**"高效大吨位精密热模锻关键技术及其智能化生产系统"项目**　扬力集团股份有限公司完成的"高效大吨位精密热模锻关键技术及其智能化生产系统"项目获2017年度扬州市科学技术奖特等奖。该项目广泛配套应用于华晨宝马以及通用、大众等国内外品牌汽车制造商，实现我国高效大吨位精密热模锻压力机产品从无到有、从有到精、从精到强的跨越式发展，展示扬州市装备制造业的创新实力。（杨　科）

■**"主要中国鹅和欧洲鹅种质特性研究与创新利用"项目**　扬州大学、上海市农业科学院、江苏农牧科技职业学院、扬州市农业委员会、扬州天歌鹅业发展有限公司完成的"主要中国鹅和欧洲鹅种质特性研究与创新利用"项目获2017年度扬州市科学技术奖特等奖。该项目创建鹅遗传资源评价理论方法体系，全面揭示国内外鹅种种质特性，探究主要经济性状分子遗传机制，推出4个优质肉鹅杂交组合(品系)，攻克中外鹅种杂交障碍的技术瓶颈，在羽绒活体测定和肉品质多指标评价方面取得原创性突破。成果广泛运用于鹅保种以及种鹅和商品鹅养殖中，取得显著社会经济效益。（杨　科）

知识产权保护

■**概况**　2017年，全市完成专利申请量3.2万件，比上年增长20.7%；其中发明专利申请量8287件，增长46.1%。专利授权量1.4万件，增长7.3%；其中发明专利授权量996件，增长35%。专利合作条约(PCT)申请量78件，每万人发明专利拥有量9.87件，增长32.7%。推进高价值专利培育，扬州大学、高邮华富公司、扬农化工集团等3项专利项目获第19届中国专利奖优秀奖；仪征化纤公司的1项专利项目获第十届江苏省专利奖优秀奖。组织全市126项企事业专利项目获批2017年度省知识产权创造与运用(专利资助)专项资金120万元；联合市财政局组织发放2016年度授权发明专利资助金，共资助专利近600项，发放资助金近160万元。提高社会知识产权意识。开展知识产权宣传活动，开展知识产权宣传周活动，以"创新改变生活"为主题，开展知识讲座、广场咨询、现场执法等活动，邀请市工商局、市版权局、市质监局、扬州海关等部门共同参与。4月26日，与省专利信息服务中心联合举办世界知识产权日宣传活动，普及知识产权知识；举办广场宣传活动，现场观摩省、市知识产权行政执法人员联合执法行动。活动周期间，江都区、广陵区、宝应县、仪征市知识产权局分别组织举办宣传活动。组织举办省知识产权工程师培训班、企业总裁和知识产权总监培训班。9月23—29日，举办江苏省知识产权工程师培训(扬州)班，来自全市企事业单位从事知识产权工作人员115人参加培训。11月15—17日，举办江苏

第19届中国专利奖扬州市获奖项目情况表

表31-9

序号	专利名称	完成单位	所获奖项
1	一种钛/亚氧化钛/铅复合基板的制备方法	江苏华富储能新技术股份有限公司	优秀奖
2	基因VII型新城疫病毒致弱株A-NDV-VII及其构建方法	扬州大学	优秀奖
3	一种制备1，2-戊二醇的方法	扬农化工集团	优秀奖

（孟祥晋　刘　薇）

省企业总裁和知识产权总监培训(扬州)班，来自全市高新技术企业、知识产权优势企业、传统优势产业规模以上企业的知识产权总监或副总近100人参加培训。开展专利培训与政策宣讲活动。面向企业围绕省、市知识产权政策解读、企业知识产权战略、专利申请文件撰写、《企业知识产权管理规范》解读及实施等开展宣讲与培训。（孟祥晋 刘 薇）

■知识产权强市建设 2017年，出台《扬州市政府关于加快推进知识产权强市建设的若干政策措施》，知识产权工作经费提升至2000多万元。赴苏州和南通学习专利创造与运营激励、行政保护、维权援助服务等工作经验。推进知识产权区域示范试点建设，组织申报国家知识产权示范城市；江都区获批江苏省知识产权强省建设示范区，广陵区国家知识产权强区工程试点通过省科技厅专家验收，并获批国家知识产权强县工程示范区；扬州高新技术开发区获批国家知识产权试点园区，高邮高新技术开发区获批江苏省知识产权试点园区。

（孟祥晋 刘 薇）

■知识产权密集型企业培育 遴选近250家企业作为知识产权优势企业培育对象，帮助企业建立产学研服金战略合作，制定专利布局规划，推动企业实施研发战略、知识产权战略、市场战略的发展战略。制定《2017年度扬州市级企业知识产权管理标准化工作方案》，实施全市高新技术企业知识产权贯标创建3年全覆盖计划，全年申报贯标创建备案高新技术企业203家。联合市财政局、市质监局召开企业知识产权管理标准化示范绩效先进评审会，并推荐先进企业参加省级绩效评价优秀企业评审。其中，江苏赛特电气有限公司等6家企业获批2017年度省企业知识产权管理优秀企业，获奖励资金120万元。组织企业实施省级、市级知识产权战略推进计划，扬力集团、奥克化学分获2017年度省级企业知识产权战略推进(重点)计划、(一般)计划，获经费支持130万元；遴选10家企业，投入100万元实施市级知识产权战略推进计划。

（孟祥晋 刘 薇）

■知识产权运用与保护 开展省、市、县(市、区)联合行政执法行动，帮助企业维权。开展打击侵犯知识产权和制售假冒伪劣商品专项行动，特别针对商贸流通领域假冒专利开展执法突击行动，累计出动人员48人次，检查产品3228件、商品4821件，协作检查商业场所63家；查处涉嫌假冒专利产品387件，知识产权纠纷案件21件。建立信息共享机制。建立全市专利行政执法群、微信群，实现线上信息共享、线下效率提升。引导全市授牌的国家、省、市“正版正货”示范街区践行“正版正货”承诺，加强街区知识产权保护。市区京华城商业街获批省“正版正货”示范承诺街区，获省级经费支持30万元；汇银乐虎电商获批省级知识产权电商平台保护项目，获省级经费支持26万元。开展维权援助服务。“12330”电话有效接听量235个，服务企业115家；接收企业维权援助申请服务16件，其中移交并立案15件；先后邀请相关专家对15件专利侵权案件进行侵权判定咨询，并出具《专利侵权判定咨询意见书》，维护企业合法权益。

（孟祥晋 刘 薇）

■知识产权服务 召开全市专利中介服务机构座谈会，制定《扬州市优秀专利代理机构评选办法(试行)》。扬州科技广场建设扬州市知识产权公共服务中心，组织有关人员赴上海等地进行招才引智，引进知识产权高端服务机构，为社会提供知识产权价值评估、转让交易、抵押融资、托管登记等服务。扬州市专利数据库建成，通过省科技厅有关专家验收。

（孟祥晋 刘 薇）

行业科技

气象测报

■概况 2017年，扬州市年平均气温偏高，高温日较常年偏多，遭遇暴雨、持续高温、强对流、寒潮、低温连阴雨、冰冻等气象灾害。扬州市气象局发布决策服务材料148期、为农服务材料88期，发送气象灾害预警信号73次、决策气象服务短信119条；气象部门内部启动(变更)重大气象灾害应急响应5次(暴雨2次、高温3次)，市气象灾害防御办公室启动(变更)重大气象灾害(高温)

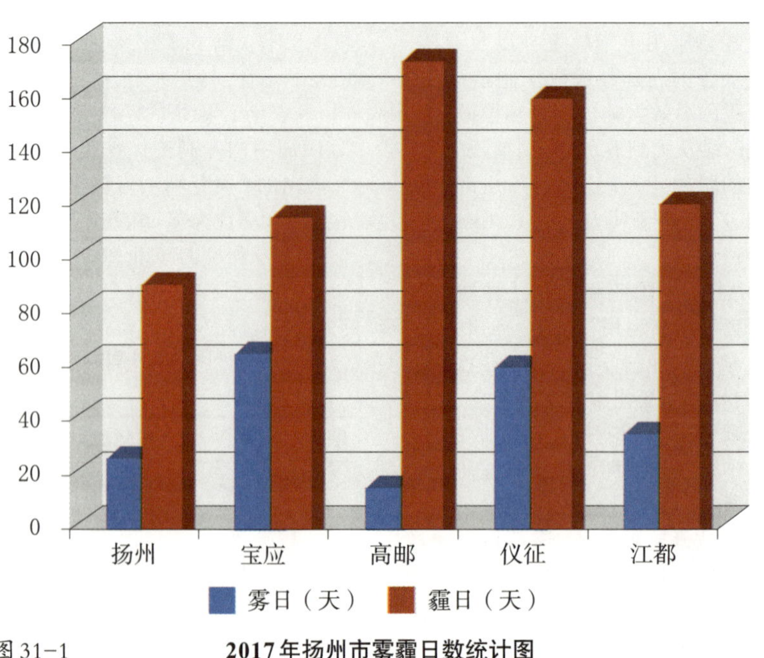

图31-1 **2017年扬州市雾霾日数统计图**

（张 波）

2017年扬州市气象资料表(一)

表31-10

天气现象	初日	终日	初终间日数(天)
霜	11月24日	3月15日	112
雪	11月22日	2月9日	80
积雪	11月23日	11月23日	1
结冰	11月23日	3月9日	107
最低气温0.0摄氏度以下	11月23日	3月15日	113

注:表内资料统计时段为2016年11月至2017年12月　　(张网定)

2017年扬州市气象资料表(二)

表31-11

天气现象	初日	终日	初终间日数
雷暴	2014年停止观测		
无霜期日数(天)	248		

注:表内资料统计时段为2017年1—12月　　(张网定)

应急响应3次。

扬州、宝应、高邮、江都、邗江将“推进突发事件预警信息发布系统建设”纳入地方政府绩效考核,市气象局成立突发事件预警信息发布系统建设工作机构和办事机构,加强突发事件预警信息发布系统建设工作的组织实施和协调管理。深化行政审批制度改革和防雷业务体制改革,强化部门联动和防雷安全监管。推进政务服务“一张网”建设,完成江苏政务服务网上市气象局全部14项行政许可及其他项目在线率100%并全部确定为“不见面”事项。扬州市政府办公室印发《关于优化建设工程防雷许可的实施意见》,明确防雷工作市、县政府领导职责、部门监管职责和企业主体职责,对落实监管经费、年度考核提出要求。市气象局成立深化气象行政审批制度改革、“双随机一公开”(即在监管过程中随机抽取检查对象、随机选派执法检查人员,抽查情况及查处结果及时向社会公开)暨防雷安全监管专项行动工作小组;与市建设局完成防雷许可整合后的交接工作;制定“双随机一公开”抽查工作实施方案,组织对74家企业实施双随机抽查,抽查情况每月通过门户网站对社会公开;联合安监、文保等部门开展防雷安全专项检查。

(顾承华)

■气象灾害　2017年,扬州市灾害性天气主要有暴雨、高温、强对流(雷雨大风、龙卷)、大雾、霾、寒潮、低温连阴雨、冰冻等。全市受灾人口1440人,受伤2人,死亡9人;房屋受损243间,倒塌12间;农作物受灾面积133公顷;树木折断450棵;电线杆倒断70根,电力中断15小时;道路中断封闭3次,交通停运23小时;灾害造成农业经济损失150万元,直接经济损失241.71万元。从灾情分析来看,高温中暑导致人员伤亡较重,暴雨洪涝和低温冰冻造成农业损失较重,雾、霾和雨雪冰冻天气对大气环境和交通造成较大影响。

(1)强对流。7月5日17时,宝应县山阳镇光辉村、大东村等4个村遭受雷暴大风袭击,118人受灾,其中受伤2人;严重损坏房屋18户,主房23间、辅房19间;一般损坏房屋12户,主房12间、辅房9间。1家养殖户因大风刮坏野鸭棚,倒塌野鸭棚17间,损失约20万元。灾害造成直接经济损失约37.23万元。7月15日,宝应县广洋湖镇兰亭村、肖家村、东进村和万新村等8村,射阳湖镇廖徐村、高夏村等5村,夏集镇双塘村、蒋庄村、王营村等6村受雷雨大风影响,全县受灾人口约260人;倒塌房屋3户12间,其中2户4间为彩钢瓦搭建生产用房,严重损坏房屋28户63间,一般损坏房屋60户100间;受大风影响,倒伏电线杆70根,造成2条10千伏线路故障,5510户居民电力中断19小时。450多棵树木倒断,部分蔬菜大棚受损;广洋湖镇荷藕地受灾近133公顷,夏集镇果园场部分梨树因灾受损。灾害造成直接经济损失约199.48万元。8月7日17时,扬州市区东部出现强雷电,文峰路吴巷10多户住户遭受雷击,损坏房屋1间(屋顶被雷击坏),造成空调、电视、冰箱、照明灯、机顶盒、插座、开关等家用电器损毁,造成直接经济损失5万多元。

(2)高温。受副热带高压影响,7月13—29日,扬州出现连续高温天气,超过39摄氏度的高温日数达5天,23—24日和27日高温强度最强,南部大部分地区最高气温40.0摄氏度以上,其中24日扬州(40.2摄氏度)、仪征(40.4摄氏度)、江都(40.4摄氏度)高温创扬州有气象记录以来的历史新高。27日扬州城区高温创历史新高40.3摄氏度。全市因高温中暑患者1058人,其中死亡9人(广陵142人,死亡4人;邗江50人;宝应289人;高邮307人,死亡3人;江都110人;仪征160人,死亡2人)。

(3)大雾。1月1—4日受连续强浓雾影响,扬州境内的G2京沪高速、S28启扬高速、G4011扬溧高速、G40沪陕高速、S49新扬高速多个入口多时次封闭。镇扬汽渡停航。(张　波)

■主要天气气候事件　高温日数偏多,持续时间长,强度历史罕见。2017年高温日数明显偏多,持续时间长,高温强度大,多地日高温突破历史极值。全市各地高温日数16~32天,较常年偏多9~21天,连续高温日数20天,排历史第一位。高温天气主要集中出现在3个时段,分别出现在7月13日至8月1日、8月4—7日和8月22—24日,其中7月24日扬州市区最高气温40.2摄氏度,仪征和江都40.4摄氏度,均超1953年有气象记录以来的历史极值;7月27日,扬州市区最高气温40.3摄氏度,刷新历史极值。

入梅偏迟、出梅正常、梅雨量偏少。扬州市6月23日入梅，7月11日出梅。梅雨特点：入梅时间偏迟，出梅时间正常。6月23日入梅，较常年(6月19日)偏晚。7月11日出梅，接近常年(7月10日)。梅长18天，较常年(22天)偏少4天。梅雨量偏少。全市梅雨量与常年相比偏少5～7成。扬州城区梅雨量为2006年以来最少。梅雨带南北摆动大，多分散性雷阵雨，短时雨强大。主要降水过程出现在6月29日至7月2日和7月7—10日。日最大降水量为73.2毫米(7月2日江都浦头)，1小时最大降水量为65.1毫米(6月30日仪征大仪)。

暴雨时空分布不均，秋季暴雨偏强。全市出现2次局地性暴雨和6次区域性暴雨过程，降水时空分布不均。9月24—25日受低涡切变线影响，全市出现大范围暴雨过程，10月1日宝应出现局地大暴雨天气。

雾霾日数增多，空气质量下降。全市各地的雾日数分别为：扬州24天、宝应63天、高邮13天、仪征58天、江都33天。1月1—4日和29日全市出现能见度小于500米以下的连续性大雾天气，多地能见度不足50米。9月12—13日、10月21—22日，全市出现区域性大雾，多地能见度不足200米，大雾给交通运输和市民出行造成较大影响。全市各地霾日数分别为：扬州89天、宝应114天、高邮172天、仪征159天、江都119天。12月达到重度霾的日数平均为7天，其中23、24日市区扬州空气质量等级(AQI)平均值达到重度污染，霾天气造成空气质量下降，对人体健康造成较大影响。

强对流天气频发。6月30日中午，受高空冷涡冷空气影响，宝应、仪征、高邮的部分乡镇出现雷暴和短时强降水，多地1小时雨量超30毫米。7月3日，高邮、仪征大部分地区出现雷电；高邮中东部、仪征南部部分乡镇出现短时强降水，最大小时雨强33.8毫米(高邮三垛镇)。7月5日下午，全市出现雷暴大风天气，并伴有短时强降水。黄塍新丰、泾河镇极大风风力达7级以上，分别为15.9米/秒、15.1米/秒。7月10日，全市大部分地区出现雷电，高邮大部、仪征大部、扬州中南部出现短时强降水，最大小时雨强28.3毫米(仪征青山)；高邮临泽(15.8米/秒)，江都市区(16.2米/秒)、丁沟(14.5米/秒)出现7级雷雨大风。7月15日凌晨，全市出现雷电活动，并伴有7级左右雷暴大风和短时强降水等强对流天气。8月7日17时左右，受强对流天气影响，扬州市区东部出现强雷电。18—20日，全市大部分地区出现雷暴大风、短时强降水等强对流天气，最大风力出现在高邮临泽东荡23.9米/秒(9级)，高邮周山1小时最大雨强52.4毫米。8月19日傍晚到夜间全市大部分地区出现雷暴大风、短时强降水等强对流天气，其中高邮三垛局部出现短时冰雹，冰雹最大直径约1厘米。仪征陈集最大风力22.9米/秒(9级)，江都仙女1小时最大雨强53.7毫米。10月1日夜间，受冷暖空气影响，全市出现短时强降水、雷电等强对流天气，公道镇最大小时雨强42.6毫米。

寒潮。全市出现5次寒潮天气过程，分别为：1月19—21日，全市48小时降温幅度达7.8(高邮)～11.2摄氏度(江都)，扬州、仪征、江都达到寒潮标准。29—31日全市48小时降温幅度达6.0(高邮)～8.9摄氏度(江都)，除高邮外，其余地区均达到寒潮标准。3月1—2日，受冷空气影响，气温明显下降，24小时最低气温下降幅度达5.1(高邮)～9.7摄氏度(仪征)，扬州和仪征出现寒潮天气过程，最低气温零下2.5摄氏度(2日，仪征)。受冷空气影响，3月1日，全市出现大风天气，最大出现在仪征大仪(20.5米/秒)。5—7日，受较强冷空气影响，除高邮外，全市大部分地区达到寒潮标准，48小时最低气温下降5.1(高邮)～9.7摄氏度(仪征)，最低气温零下0.3度(仪征，7日)。11月17—19日受强冷空气影响，气温持续走低，全市出现寒潮天气过程，48小时最低气温降幅达11～13.6摄氏度，过程最低气温出现在19日，零下1.2(宝应)～1.6摄氏度(高邮)。 (张　波)

■气象基础业务建设　新建1个大气成分综合观测站及高邮湖面自动气象观测站；完成大气垂直探测(风廓线仪)的立项和基座建设。购置大疆无人机等设备，提升气象灾情勘察、收集能力。完善气象观测、通信网络，提升气象实时信息传输率，省市县传输速率50兆；落实气象设备社会化保障，完成全年巡检监督全部覆盖。气象基础业务质量保持平稳，全年综合气象探测业务质量95.92%，24小时晴雨预报准确率90.16%，最高温度准确率90.97%，最低温度准确率88.14%，发布气象预警信号73次，雷暴、暴雨、高温等灾害性天气预报预警准确率85.71%；提升空气质量预报时效，联合市环保局对公众发布未来72小时AQI预报，联合发布重污染天气预警3期。 (石建红)

■气象科技　加强科技项目和人才队伍建设。开展省第19届运动会气象服务系统、防雷安全生产监管平台等科研和业务项目建设，《借力“互联网＋安全监管”强化防雷重点单位监管》获2017年度江苏省气象部门创新工作奖。《扬州智慧气象服务系统建设项目可行性研究报告》获江苏省气象局批复。与市总工会、市人社局联合举办预报竞赛；举办“维扬气象讲堂” 6次，组织全市预报、观测等业务培训6次。参加省级以上业务培训30人次，自立项目9个，发表一级核心期刊论文2篇，获专利2项、软件著作权1项。市气象学会开展普及气象知识和宣传防灾减灾知识活动23次。 (顾承华)

■气象服务　全年向地方党委政府及相关部门报送决策气象服务材料148期，完成“烟花三月”国际经贸旅游节、鉴真国际半程马拉松赛等活动的气象预报服务。开展“三农”(农村、农业、农民)气象服务，指导农民防灾减灾，为涉农部门及种养殖大户发布农业气象服务材料88期。召开5次新闻发布会向公众通报重大节假日天气和重大天气过程。通过手机短信、电视、广播、网站、电子显示屏、农村大喇叭、微博、微信、扬州发布APP、服务热线等发布气象信息，提高气象信息覆盖面。全年发送决策气象服务短信119条，发布微博3300多条、微信2200多条，发布预警信号73次，部门联动3次，系统内部启动应急响应5次。（顾承华）

■气象灾害防御体系建设 扬州、宝应、高邮、江都、邗江将“推进突发事件预警信息发布系统建设”纳入地方政府绩效考核。通过扬州市突发事件预警信息发布平台（一期）发布各类灾害性天气预警信号119次（含升级变更）。完成暴雨、台风、高温、雷电等13种气象灾害的风险普查，开展分灾种的灾害风险评估和区划。

（顾承华）

水文测报

■概况 2017年，扬州水文分局做好水文测报工作，通过扬州市境内水文站网对江河、湖泊、水库的水位、流量、水质、水温、水下地形和地下水资源及降水量、蒸发量、风暴潮等实施监测、分析与计算，为开发、利用、节约、保护水资源和防灾减灾提供服务。

地表水水文测验。全市水文站网观测水位、潮位、流量、降水量、水温和蒸发量等6类48项水文数据。流量站施测瓜洲闸站流量14次，施测泗源沟闸站流量51次，水位流量关系延长均未超出规范允许范围。

地下水监测。全市有Ⅰ～Ⅳ承压的深层地下水监测井73眼。Ⅰ承压含水层水位下降区主要位于扬州市区及高邮市甘垛镇，其余地区水位保持稳定；Ⅱ承压含水层水位上升区主要位于宝应县，下降区主要位于邗江区杨庙镇附近及江都区大桥镇等，其余大部分区域水位保持稳定；Ⅲ承压含水层水位上升区主要位于高邮市、宝应县部分区域，下降区主要位于高邮市区及江都区邵伯镇，其余大部分区域水位保持稳定；Ⅳ承压含水层中，高邮市、宝应县监测井水位均呈上升趋势。全市有浅层地下水监测井16眼。扬州地区平均地下水位、最低水位与上年相比有所下降，主要原因是年度面降水量比上年偏少36.4%。2017年末，全市地下水位与上年同期相比，各监测井水位均有所下降，最大降幅0.93米，位于鲁垛站。

水文部门在大运河扬州市与淮安市交界处的泾河镇设立省属市际断面，实时监测大运河流量，计量考核全市里运河沿线各县（市）实时用水情况。全年施测518次。其中，施测江水154次，最大流量222立方米/秒，引江水6.45亿立方米；施测淮水364次，最大流量308立方米/秒，排淮水24.46亿立方米。

扬州水情分中心每天校核、记载28个遥测水位站和27个遥测雨量站遥测数据。全市省建遥测站在线率和单站实时在线率均超90%。

扬州水文分局在江都区和仪征市土壤墒情监测点配置自动监测设备，实现土壤墒情自动化监测，为防汛抗旱部门决策提供数据支撑。

（谈　立　王丽丽）

■水文服务 2017年，扬州水文分局编制扬州市水资源公报、扬州市地下水监测年报、扬州市河长制“一河一策”行动计划，扬州市各县（市、区）省级水功能区达标整治方案、扬州市市区集中式饮用水源地突发性水污染事件水利系统应急预案、扬州市广陵区节水型社会建设规划、高邮市海潮污水处理厂改扩建工程入河排污口设置论证等报告。编制高邮市三阳河高邮水源地、高邮湖菱塘水源地、里运河界首水源地、江都区里运河邵伯水源地达标建设方案，开展扬州城市活水河道闸站流量率定、扬州市北山污水处理厂入河排污口设置论证前期工作，继续开展扬州市沿江区域重点河湖水质改善提升方案、水文手册修编等工作。编制江苏华电扬州仪征刘集镇100兆瓦风电场项目水土保持方案、江苏华电扬州天然气发电输送管道项目水土保持监测等报告，完成高邮天山五星冲小流域监测点和江都吴桥季刘河小流域监测点水土保持监测和资料整编。

（尹景伟　王亚宾）

■雨情水情 2017年，扬州市年降水量比常年少6.5%，降水的时空分布极为不均。三河闸开闸行洪，最大流量6500立方米/秒，万福闸和金湾闸先后开闸排洪，沿线水位未超出警戒水位。受降水影响，里下河地区先旱后涝，江都抽水站开机抽里下河涝水。里运河扬州段沿线用水分别由江水和淮水补充，水位正常。大通来量与常年持平，最大流量达7.06万立方米/秒，在1951年以来的系列资料中排名第八位，瓜洲闸和泗源沟闸最高潮位超警戒水位。城区内河、仪六区和月塘水库水位正常。

一、雨情

全市面平均年降水量939.1毫米，比常年少6.5%。降水的时间分布极为不均，上半年偏少，1—7月总降水量395.9毫米，占全年总量的42.2%，比常年同期少38.3%，降水主要集中在8月和9月，2个月降水总量为441.1毫米，占全年总量的47.0%，比常年同期多87.1%，造成全市先旱后涝的水情态势。降水的空间分布呈北少南多格局，年降水量最大站是江都区三江营站，降水量1249.2毫米，比常年多21.7%，最小是宝应县鲁垛站，降水量752.5毫米，比常年少19.3%。

1. 汛期雨情

汛期扬州市面平均降水量674.1毫米，比常年少0.3%。降水的时间分布极为不均，入梅前和梅雨期降水均较常年偏少，出梅后迎来长时间的高温少雨天气，8月中旬至汛末降雨极多，造成扬州市全年汛期先旱后涝的水情态势。

汛期降水的空间分布呈北少南多格局，江都区降水最多，总量780.3毫米，比常年多17.3%；宝应县最少，总量580.8毫米，比常年少14.5%。最大降水量点为江都区三江营站，汛期总量916.5毫米，比常年多37.9%，最小点为宝应县鲁垛站，总量538.0毫米，比多年均值少18.7%。

2. 梅雨

扬州市6月23日入梅，较常年（6月19日）偏晚，7月11日出梅，接近常年(7月10日)。梅雨期长18天，比常年(22天)少4天，梅雨总量81.0毫米，比常年少65.5%，为近十年来最少年份。在空间分布上呈北少南多格局，最大梅雨量点为江都区三江营站(157.0毫米)，比常年少34.1%，最小点为高邮市岗板头站(45.0毫米)，比常年少81.5%。梅雨带南北摆动大，多分散性雷阵雨天气，主要降水过程出现在6月29日至7月2日、7月7—10日，单站日最大降水量51.5毫米(江都区六闸站)。

3. 暴雨

2017年，扬州市降水比较集中，暴雨频繁。6月10日，全市除宝应县外普降大到暴雨，局部大暴雨，面降水量55.9毫米，最大降水量点为仪征市泗源沟闸站(113.5毫米)；8月7—9日，扬州市遭遇大到暴雨，面平均降水量65.0毫米，最大降水量点江都区三江营站(127.0毫米)，其次为邗江区瓜洲闸站(116.5毫米)；8月18—19日，扬州市普降大到暴雨，面降水量53.2毫米，最大降水量点宝应县射阳镇站(92.0毫米)；9月24—25日，扬州市遭遇暴雨，面平均降水量112.0毫米，最大降水量点为仪征市大仪站(163.0毫米)，其次为江都区三江营站(162.5毫米)。

二、水情

1. 淮河入江水道

2017年，淮河入江水道的水情态势分为3个阶段：年初至8月底，入江水道水情平稳，三河闸和万福闸短时间小流量排水，7月下旬万福闸开闸抢长江低潮引水；9月初至11月上旬，由于降水偏多，三河闸开闸泄洪，万福闸和金湾闸先后开闸排洪，两湖水位上涨，但未超警戒水位；其后至年底，三河闸和万福闸均未开闸，入江水道水情平稳。

2017年，三河闸开闸102天，排水量214.6亿立方米，排水流量在6000立方米/秒以上有7天，5000立方米/秒以上有18天，4000立方米/秒以上有29天，最大泄洪流量6500立方米/秒(10月15日)；万福闸开闸116天，排水量213.9亿立方米，最大流量5530立方米/秒(10月17日)；金湾闸开闸23天，排水量13.48亿立方米，最大流量754立方米/秒(10月19日)。

2. 里下河地区

入梅前，里下河地区降水偏少，尤其是宝应地区，水位持续下跌，至6月中旬，旱情极为严重，射阳镇站6月17日16:10水位0.13米，为1960年以来的历史最低水位，江都东闸开闸引水，补充里下河地区用水需求；入梅后，里下河地区降水增多，宝应地区旱情消除，江都东闸关闸；出梅后，扬州市遭遇高温少雨天气，江都东闸开闸，补充里下河地区用水需求，射阳镇水位在1.00米上下波动；9月，里下河地区降水频繁，全区水位上涨，三垛站和射阳镇站水位先后超警戒水位，江都抽水站9月26日至10月7日开机抽里下河涝水，其后里下河地区水位开始回落。

2017年，江都东闸开闸引水298天，引水量38.56亿立方米，最大流量604立方米/秒(3月28日)，排里下河涝水12天，排水量3.798亿立方米，最大流量470立方米/秒(10月6日)。

3. 里运河

2017年初至5月上旬，淮水南下满足里运河沿线用水需求；其后由于降水较少，宝应抽水站5月6—19日开机抽水，江都抽水站于5月8日开机抽江水，经泾河站向淮北地区送水；8月5日始，淮北地区降水频繁，淮水南下，江都抽水站自流发电，9月26日至10月7日开机抽里下河涝水。

2017年，经泾河站淮水南下量为24.46亿立方米，最大流量为308立方米/秒(1月20日)，江水北上量为6.45亿立方米，最大流量为222立方米/秒(5月29日)；江都抽水站开机引江水82天，总引水量为23.34亿立方米，最大流量为499立方米/秒(6月13日)，排里下河涝水12天，总排涝量为3.80亿立方米，最大流量为470立方米/秒(10月6日)，自流发电51天，总排水量为3.43亿立方米，最大流量为86.6立方米/秒(11月24日)；芒稻闸开闸68天，排水7.99亿立方米，最大流量为599立方米/秒(10月2日)。里运河一线水位正常。

4. 长江来量和沿江潮位

2017年，大通来量较常年偏多3.2%，平均流量2.93万立方米/秒，最大流量7.06万立方米/秒(7月11日)，在1951年以来的系列资料中排名第八位，最小流量1.16万立方米/秒(12月28日)。

1—4月大通来量均较常年偏高，5—6月较常年偏低，长江潮位正常。入梅后，长江流域降水频繁，大通来量增长较快，从4万立方米/秒左右上升到7万立方米/秒用了11天，扬州市沿江潮位迅速升高，瓜洲闸于7月7日超警戒水位，最高潮位达5.89米(7月11日)，超警戒水位0.20米，泗源沟闸于7月9日超警戒水位，最高潮位达6.43米(7月11日)，超警戒水位0.07米，三江营最高潮位5.10米(7月11日)，距警戒水位0.22米，此后扬州市沿江潮位缓慢下跌，至7月26日跌至警戒水位之下。出梅后长江大通来量持续下跌，9月跌幅较大，月均流量3.10万立方米/秒，比常年偏少20.7%，全市沿江潮位正常。

5. 扬州城区与仪六区月塘水库

2017年初至出梅，扬州城区和仪六区降水偏少，全区水情平稳，泗源沟闸和瓜洲闸开闸排水，改善城区内河水环境，月塘水库水位正常。出梅后，扬州市遭遇长时间的高温少雨天气，仪六区用水紧张，泗源沟闸抢长江高潮引水。8月中旬至10月初，扬州市降水极多，瓜洲闸加大流量排水，泗源沟闸适时开闸，降低城区内河水位，月塘水库开启溢洪道排水，保证水库安全。其后至年底，城区内河和仪六区水情平稳，月塘水库水位正常。

2017年，泗源沟闸开闸排水130天，排水量为1.96亿立方米，最大流量为179立方米/秒(9月25日)，开闸引水9天，引水量为0.05亿立方米，最大流量为28.6立方米/秒(7月27日)；瓜洲闸开闸353天，排水8.85亿立方米，最大流量为144立方米/秒(7月25日)。 (谈 立)

■水质监测 2017年，水文部门加强对南水北调输水干线、集中式饮用水水源地、水功能区、深(浅)层地下水、入河排污口及突发性水污染事故等水质监测。全市有地表水定期定点监测站点92个、集中式饮用水水源地监测站点13个、省管湖泊监测站点13个、深层地下水监测站点17眼、浅层地下水监测站点18眼、入河排污口监测站点57个,全年监测总站次1600次,监测项目包括水质感观、无机物污染、有毒有害物质和重金属等,获各类数据3.6万个。全年编制《扬州市水功能区水质通报》12期,《扬州市集中式饮用水源地水文情报》24期,《扬州市广陵区水功能区水质简报》5期;编制2017年度扬州市及各县(市、区)水功能区监测报告。

水功能区水质监测。单月监测全市75个水功能区87个水质监测站点,双月监测全市35个省级重点水功能区42个水质监测站点。

集中式饮用水水源地水质监测。每月2日、22日定时监测全市13个集中式饮用水水源地,保障居民饮用水安全。

地下水水质监测。加强丰水期和枯水期地下水水质监测,3月和8月,分别监测全市17眼深层地下水水质;8月监测全市18眼浅层地下水水质,为水利部门开发地下水资源提供技术支撑。

入河(湖)排污口水质监测。5月和10月,分别对57个入河(湖)排污口进行水质、水量同步监测,为扬州市水环境治理提供依据。

省管湖泊水质监测。在高邮湖、邵伯湖、宝应湖和白马湖等各生态区布设监测站点13个,每季度第2个月监测1次,为湖泊管理提供基础资料。 (刘 芳)

防震减灾

■**概况** 2017年,扬州市地震局开展地震监测预报研究,加强地震监测基础设施建设,强化台站建设和管理,提高地震监测能力;加强应急管理,推进应急避难场所建设;开展宣传活动,增强公众防震减灾意识、保障社会经济发展和维护社会稳定;规范地震行政权力运行,提高依法行政水平,健全和落实地震行政执法规章制度。扬州市地震局获评全省防震减灾工作综合考核市级先进单位。

(胡如珺)

■**地震监测预报** 2017年,全市范围内地震活动相对平稳,未发生里氏4.0级以上地震。全市测震台网和前兆台网正常运行,江都小纪数字化水井、江都小纪数字化电磁波、仪征铜山数字化电磁波、宝应地震台电磁波观测运行率100%。在省地震局组织的年度地震观测资料质量评比中,高邮市地震台获江苏省2017年度省属台站观测资料质量分析评比第一名。在2017年度全省市县地震监测预报工作效能考核中,扬州市地震局获评市级优秀单位,高邮市地震局获县级评比第一名,仪征市地震局、宝应县地震局获评优秀单位。 (胡如珺)

■**地震灾害防御** 全市抗震设防要求管理纳入基本建设程序,实现抗震设防监管全覆盖;做好事中事后监管,出台"双随机一公开"实施细则;开展"多评合一"工作;行政权力全入库,落实权责清单制度,融入全省政务服务"一张网";使用好"双公示"平台和江苏省投资项目在线审批监管平台,开展并联审批;针对中共扬州市委、扬州市政府"2号文件"要求,市地震局先后出台一系列落实措施,逐条对照分解,制定序时进度表,优化涉企服务。开展减隔震技术运用和推广,高邮市人民医院东区医院病房楼采用消能减震技术。扬州市活断层探测项目自2012年开始实施,按照序时进度推进。高邮市高邮街道康华社区、仪征市真州镇红叶社区、江都区仙女镇云峰社区、邗江区竹西街道安平社区被授予"国家地震安全示范社区"称号,5个社区创成省级地震安全示范社区;高邮市高邮中学创成"国家防震减灾科普示范学校",江苏传艺股份有限公司被认定为市"地震安全示范企业"。高邮市被命名为"江苏省防震减灾示范县"。 (胡如珺)

■**地震应急救援** 2017年,全市完善地震应急预案体系建设,加强专项预案建设,开展应急避难场所地震应急预案的编制指导和备案。市建设局、规划局、应急办、地震局、民防局等五部门协作,出台《扬州市中心城区应急避难场所布局规划》《扬州市中心城区抗震防灾规划》。9月,市应急办联合建设、地震等部门对全市10家重点应急避难场所进行检查。市地震局对应急避难场所建设常态化备案管理,并指导编制应急预案。

形成专业应急救援队伍网络,在江苏省志愿者协会、江苏省城市应急协会和江苏省地震学会联合评选的第五届江苏省优秀志愿者和优秀志愿服务者组织奖评比中,市地震局被评为"江苏省十佳应急志愿者服务组织"。 (胡如珺)

■**防震减灾宣传** 2017年,市、县两级地震部门开展防震减灾宣传教育,防震减灾知识"进校园、进社区、进机关、进企业、进乡村、进家庭"活动。在"5·12防灾减灾日"、科普宣传周、"7·28唐山地震纪念日"等时间节点,组织宣传活动,通过现场咨询、发放宣传资料和物品、电台访谈、户外电子屏、手机短信等进行专题宣传;制作防震减灾宣传挂图、宣传用品,在机关、学校、社区、乡村等

2017年扬州地区地震活动情况表

表31-12

时　间	纬　度	经　度	里氏震级	震中地点
2月24日	N33.16	E119.23	1.6	宝应
4月3日	N32.36	E119.05	1.1	仪征
5月7日	N32.84	E119.69	1.3	高邮
8月20日	N32.41	E119.85	1.3	江都

(胡如珺)

地发放;举办防震减灾科普知识讲座;通过网站、新闻媒体等进行日常宣传。每月编印1份《防震减灾工作简报》。发动市民参与全省防震减灾知识网络竞赛活动,与市民政局、市科协联合组织县(市、区)参加竞赛。 (胡如珺)

科学知识普及

■科普活动 2017年,全市组织科普宣传周、全国科普日、青少年科技创新大赛、机器人大赛等传统品牌活动,承办全国"七巧科技"及全省科技模型竞赛。市科协与市教育局、市安监局、扬州报业传媒集团、扬州广电传媒集团等联合开发"科技助成长、安全伴我行""喜迎十九大、科普进万家"社区文化节"我与太空种子共成长"等系列科普新品牌,近100万名市民参加各类活动,10万名青少年参加科技竞赛,近3000名学生及科技老师获各类表彰。仪征市举办的"首届青少年机器人大赛",173支代表队326名选手参加。 (李佳坤)

■科普能力提升 加强队伍建设,提升科普能力,全市注册科普志愿者总数达3万人。与市教育局联合建立青少年机器人名师工作室和青少年科技创新名师工作室,举办机器人及创客课程培训,发挥名师示范带动效应,推动全市青少年科技创新活动提档升级;科普讲师团全年开展养生保健、航天科技、生态环保等专题宣讲170场。开展各类创建,提升科普能力,"基层科普行动计划"获奖补资金70万元,创成2所"十三五"省科学教育综合示范学校、4家省级科普教育基地、17所省级STEM[科学(Science),技术(Technology),工程(Engineering),数学(Mathematics)四门学科英文首字母的缩写]项目试点学校、43家市级星级科普示范乡镇(街道)及村(社区)、10家科普活动十佳社区及9家科普惠农服务站。 (李佳坤)

■社区科普体验馆建设 2017年,社区科普体验馆建设纳入扬州市政府1号文件"2017年度民生幸福工程"。全市新建邗江殷湖社区、蜀冈锦旺社区、广陵汤汪乡等3家科普体验馆,累计总数32家,实现各县(市、区)及功能区全覆盖。 (李佳坤)

■科普信息化建设 市科协以中国知网为平台,以"科普中国""江苏科普云""科普网络书屋"落地应用为核心,合作开发网页版和手机版"扬州科普e站通"。召开扬州市科普信息化工作会议,联合中共扬州市委组织部印发《关于充分依托党员远程教育平台加快科普信息化建设的通知》,提升农民科学素质,推动乡村振兴战略,基层乡镇社区配备科普大屏110块。在扬州电视台开设《科学五分钟》《玩转科技馆》等科普栏目,新开通"扬州市科协"微信公众号和科协系统政务OA平台。网络竞赛参与人数100万,在"全国农民网络知识竞赛"中,仪征、宝应、邗江进入全国前20强;高邮、邗江获全省"全民科学素养测试"优秀组织单位称号。 (李佳坤)

■扬州科技馆 2017年,扬州科技馆12个展厅全部对外开放,坚持"周周有活动,月月有主题",定期组织"寻找未来科学家""科普夏令营""科普实验秀"等品牌活动及"脊椎动物"、"南海之美"、VR等特色临时展览,累计接待100万人次、团队362个;健全志愿者运作机制,拓展馆校(社)合作模式,先后与扬州职大等8所院校达成科普教育协作单位协议,吸纳学校校长、博物馆馆长等代表组成"顾问团"参与管理。 (李佳坤)

■扬州市第五届青少年机器人大赛 4月8—9日,由扬州市科学技术协会、扬州市教育局共同主办,扬州市教育科学研究院、扬州市青少年科技辅导员协会、扬州市新华中学承办的扬州市第五届青少年机器人大赛在新华中学体育馆举行,来自全市6个县(市、区)的60多所中小学校的500多名学生参加大赛。比赛项目分为:WER能力挑战赛、WER工程创新赛、能力风暴WER普及比赛、FLL机器人工程挑战赛、太空探索主题任务赛、超级轨迹和机器人创意比赛,强调青少年独立完成编程、调试、临场机动应对能力与水平。扬州电视台、扬州电台、扬州晚报、扬州时报等媒体进行报道,新浪网、腾讯网、中国江苏网、网易、扬州网、中国教育装备采购网、扬州官方微博等进行转载。 (杨　科)

扬州市第五届青少年机器人大赛现场　　聂　超/摄

教育

Jiaoyu

编　辑　陈永华

综述

■概况　2017年，全市有各级各类学校711所，在校生67.23万人，专任教师4.61万人。其中，幼儿园298所，在园学生11.29万人，专任教师7063人；小学206所，在校生21.05万人，专任教师1.35万人；初中130所，在校生11.19万人，专任教师1.01万人；普通高中34所，在校生6.31万人，专任教师6043人；特殊教育学校7所，在校生1008人，专任教师207人；中等职业学校13所，在校生4.42万人，专任教师2138人；普通高等学校8所，在校生8.28万人，专任教师5251人。全市3～5周岁学前三年教育毛入园率99.40%，义务教育入学率、高中阶段毛入学率均为100%，高等教育毛入学率56.1%。全市职业学校招生1.74万人，毕业生就业率99%，对口就业率82%，直接就业学生中本地就业率89.5%。

学前教育普惠优质发展。扩大学前教育优质资源。全年新创省、市优质幼儿园17所，适龄幼儿在省优质园就读比例达80%以上。适应国家生育政策调整和城镇化发展步伐，扩大各地学前教育资源，新(改、扩)建幼儿园11所，化解幼儿入园困难。宝应县、高邮市、江都区等地在全市率先试行划片入园。推进课程游戏化项目建设，建成省级幼儿园课程游戏化建设项目2个、市级幼儿园课程游戏化建设项目16个。围绕幼儿园课程游戏化，组织召开幼儿园环境创设、生成课程、种植园地课程等专题会议，提高幼儿园课程建设能力。围绕“游戏——点亮快乐童年”主题，组织第六个全国学前教育宣传月活动，宣传游戏对幼儿童年生活的重要价值。

义务教育优质均衡发展。2017年，全市义务教育入学率、巩固率均为100%，创成江苏省义务教育学校51所，全市义务教育现代化学校数量311所，占全市义务教育学校总数的92%。5月19日，扬州市政府出台《关于统筹推进城乡义务教育一体化促进优质均衡发展的实施意见》，明确推进全市义务教育优质均衡发展及学校标准化建设中补短板的相关政策、措施等。10月，扬州市功能区小学教育发展联盟成立，促进功能区小学教育互助优质发展。实施青少年茁壮成长工程，探索学生核心素养。创成江苏省教育厅薄弱初中质量提升工程项目3个，江苏省教育厅小学特色文化建设项目3个。启动市级课程基地建设，创成市级课程基地15个。实施特殊教育提升行动，推进残疾人高中阶段整合教育、义务教育阶段特殊学生“个别化教育”及“送教上门服务”。

高中教育优质特色发展。中共扬州市委、扬州市政府制定出台《关于进一步加强普通高中教育的若干意见》，市教育局召开“教育质量攻坚深化年”动员大会。高考综合实力居全省第一方阵。全市有2.06万人

2017年扬州市教育事业基本情况表

表32-1

学校类别	学校数（所）	班级数（个）	在校学生数（人）	专任教师数（人）
合　计	**711**	**—**	**672283**	**46098**
普通高校	8	—	82755	5251
成人高校	1	—	26064	312
普通中学	164	3977	174956	16177
高　中	34	1415	63071	6043
初　中	130	2562	111885	10134
小　学	206	5140	210467	13510
幼儿园	298	3329	112867	7063
特殊教育学校	7	91	1008	207
中等职业学校	13	—	44200	2138
技工院校	14	—	19966	1440

注：1.表格数字按江苏省教育厅统计口径填报；
2.本表技工院校数据由市人社部门提供

（柏　珏　发规处）

参加高考，本二以上(含艺体)达线人数1.82万人，达线率89%，比上年提高27.4个百分点。全市普通类本二以上达线人数1.65万人，比上年净增5042人，万人口普通类本二以上达线率35.73%。普通类本一达线人数6518人，比上年净增1962人。全市被世界排名前20名高校录取32人，比上年增加2人；被世界排名前50名高校录取68人，比上年增加13人。推进在建的17个江苏省普通高中课程基地建设，新创成江苏省高中课程基地3个。邗江区公道中学创成江苏省四星级高中。

职业教育实现新提升。新创江苏省职业学校现代化实训基地4个、现代化专业群6个，建成江苏省职教智慧校园2个。2017年，全市职校师生获全国和江苏省职业教育技能大赛金、银牌共52枚，获奖牌总数创历史新高。在江苏省职业学校文明风采大赛中获一等奖60件、二等奖80件，获奖比例位居全省前列。出台《关于在扬州市中等职业学校开展创新创业教育的实施意见》，各校按规定开足“双创”(创新、创业)教育课程。优化职业院校新学期专业设置，提高招生专业与本地产业发展的吻合度。出台《关于在扬州市开展社区教育富民行动的实施意见》，制定“五个一批”创建标准，启动第一批创建项目申报。创成2个江苏省教育服务三农高水平示范基地，2个江苏省标准化学习苑，2个江苏省“社区教育品牌项目”。市职教集团助力扬州市小微企业“双创”工作，组建行业培训中心，开展针对小微企业员工职业能力提升培训。制订《扬州市大学生实习实训基地建设实施方案》。

推进教育现代化建设。开展义务教育学校标准化监测，强化结果反馈和整改落实。2016年度全市教育现代化建设综合得分85.29分，比上年提高0.73分。校安工程开工11.1万平方米。新(改、扩)建幼儿园11个。推进义务教育学校标准化建设，完成9所中小学建设工作。梅岭小学花都汇校区、扬州经济技术开发区振兴花园学校、仪征市月塘中学、高邮市城南经济新区小学、广陵区文峰学校、仪征陈集小学等建成并招生。扬州市特殊教育学校新校区交付使用。加强信息化工作，加快教学模式和学习方式改革，农村中小学校与城市优质学校网上结对共建率100%。优质资源班班通、网络学习空间人人通、省级教育资源服务平台覆盖率分别达85.1%、46.5%、93.7%。开展教育信息化、教育装备“三类示范”创建，新创智慧校园58所、智慧课堂示范校27所、基础教育装备示范校86所。制作“同步课程”“名师大讲堂”等420课时。扬州市智慧教育应用服务平台正式启动上线。第二批新疆新源县25所学校与扬州市18所学校全面开展网上结对。

推进教育民生保障水平提升。制定并发布教育民生“1号文件”。全市义务教育阶段免除学杂费、教材费、作业本费等1.3亿元，发放义务教育生活补助2782.41万元、普通高中国家助学金1269.6万元、中职国家助学金320.6万元。免除普通高中建档立卡经济困难家庭子女学杂费93.07万元，1108名学生受益。发放生源地信用助学贷款298.43万元，494名学生受益。新招收中小学宏志班26个，其中市直12个。做好残智障儿童招生、入学和教育工作，残疾儿童受教育率99%以上。到扬务工人员子女入学享有“同城待遇”，保障到扬务工人员子女100%有公办学位。扬州8所高校新生在入学后一年可凭身份证免费游览瘦西湖、个园、何园等20个公办旅游景点。加强校园人防、物防、技防建设，新创“市平安校园示范校”38所，为市直学校购买校方无责任保险。 (柏 珏)

■**教师队伍建设** 开展新一轮师德师能建设双“百千万”工程(百名机关干部下基层进学校，结对联系促发展；千名教师进社区访家长，共商教育助成长；万名教职员工立师德树师表，示范引领展形象。百名校长科研引领下“我的教育主张”微讲座展示、千名骨干教师科研引领下“我的教学研究”微课题展评、万名青年教师科研引领下“我的教学改进”微课竞赛活动)。启动“三项行动”(青年教师启航行动、骨干教师攀越行动、特级教师牵手行动)。新增省中小学正高级教师11人，正高级讲师1人。评出首届市特级班主任20人和第四届市特级教师50人。对4709名省、市名师进行考核，提高名师考核奖励标准。

组织省、市特级教师到农村送培送教121人次。组织市级以上教师培训3.36万人次，其中出国培训153人次。组织首届特级教师论坛和21场次扬州教育讲坛，受益教师6000多人次。完成省乡村教师定向培养计划招生195人。举办第六届扬州市“百优十佳”班主任评选活动。扬州市教师发展中心基本完工，广陵区教师发展中心建设工作迎接省检。组织特级教师结对帮扶100个乡村教研组(备课组)建设。全市师资队伍建设经验先后被《中国教育报》《中国教师报》《基础教育参考》等媒体进行报道和推介。全市义务教育阶段学校教师和校长交流工作常态化、制度化。全面落实中小学(幼儿园)教师普惠式体检，组织全市教职工乒乓球、羽毛球、篮球比赛。

(柏 珏 师资处)

2017年新增江苏省正高级教师情况表

表32-2

姓 名	工 作 单 位	姓 名	工 作 单 位
刘 祥	江苏省仪征中学	鲁东海	扬州大学附属中学东部分校
尤善培	扬州市邗江区教育局教研室	吴春燕	扬州市第一中学
张丹彤	扬州市教育科学研究院	郑 春	高邮市第一小学
王 峰	扬州市新华中学	蔡月珍	扬州市育才小学
鲁向阳	扬州市梅岭中学	沐文扬	扬州市机关第三幼儿园
陈宝定	江苏省邗江中学		

(柏 珏 人事处)

■中小学素质教育 推进中小学德育工作。举办中小学仪式教育，高中新生入学教育，第四届“百名美德少年”评选，省、市级优秀三好学生和学生干部评选等活动。开展第三届扬州市中小学生核心素养展示月、义务教育“国学与英文经典”校本系列活动。组织全市中学生古诗词默写、汉字听写大赛，小学生经典诵读大赛。完成中小学素质教育实践基地综合实践活动6万人次。实施青少年茁壮成长工程，细化义务教育学校管理，督查义务教育阶段学校到校时间、在校集中学习时间、减轻课业负担情况。“青少年茁壮成长工程”项目被省教育厅确定为2017年教育综合改革20个试点项目之一。市直学校试点开展“每天一节社团课”活动。组织第四批小学生“精品社团”评选，表彰60个“精品社团”，重点推进“非遗”项目。国家级重点课题《基于大数据背景下扬州市义务教育段学生健康提升的实证研究》开题，市教育局获评全国群众体育先进单位(2013—2016)。组织对义务教育段学生体质抽测，建立义务教育段学生体质健康监测制度。举办全市中小学生田径、足球、篮球、排球、乒乓球等赛事。完善体育中考方案，耐力跑列入2020年体育中考的必考项目，足球、篮球、排球列入选考项目。新创全国校园足球特色学校39所、校园篮球特色学校8所。新创省健康促进金牌学校10所。首聘20多名扬州市中小学心理健康教育指导专家，扬州中学入选全国中小学心理健康教育特色学校。新创全国国防教育特色学校25所。 (柏 珏 基教处)

梅岭小学学生走进扬州市中小学素质教育实践基地，开展火箭模型手工制作活动 庄文斌/摄

■教育科研 创新教学视导方式，强化经验交流，突出高中教学工作视导针对性，组织全市义务教育段学生学业质量监测暨“飞行”式教学视导。推行“一课一研”，加强高考试题研究，组织高中各学科试卷及资料研制研讨会，提高教师研题和资料开发能力，提升教学资料和试卷质量，组织新高考方案的主题研讨活动。举办全市奥赛教练员培训2次，提升教练员的指导水平和自身专业能力。举行全市第三届优秀微课及微课程展评活动。评定第三批校本教研星级学校61所(其中四星级5所、三星级12所、二星级21所、一星级23所)；组织申报江苏省第二届教学成果奖，基础教育有21项获奖，职业教育有8项获奖；评定“十三五”第二批教育科研优质校18所；启动“科研普惠”工程；培育全市第四批校本特色课堂教学模式20个；中小学教师和职业教育教师专项优秀运作课题40个；创成2017年度江苏省基础教育前瞻性项目3个，江苏省STEM课程基地校17所。 (柏 珏 教科院)

■教育督导 分别对所辖6个县(市、区)人民政府2016年度教育工作督导评估考核。各督导小组召开区域内部分人大代表、政协委员、中小学(幼儿园)校(园)长、教师代表座谈会18场，考察12个乡镇的教育工作，实地察看走访120所中小学、幼儿园、社区教育中心(成人教育中心校)。撰写《关于对县(市、区)政府2016年度教育工作督导情况的通报》，下发各县(市、区)政府对照整改，向相关部门和媒体公开督导考核结果和意见。开展民办学校督导，规范民办学校办学行为。对市直3所普通民办中小学和2所职业民办学校进行教育综合督导。开展2017年县域学前教育工作暨学前教育先进乡镇政府(街道办事处)市级督导和幼儿园规范办园行为专项督导。2017年，首次针对县域学前教育工作开展专项督导，对申报学前教育工作先进乡镇政府(街道办事处)进行市级督导，评出11个先进乡镇政府(街道办事处)，至年底，全市有52个乡镇政府(街道办事处)创成先进乡镇政府(街道办事处)。强化督学责任区建设，完善挂牌督导。高邮、仪征两市申报全国中小学校督学责任区挂牌督导创新县(市、区)。 (柏 珏 督导室)

■教育监察 9月，取消市教育局监察室建制；11月，市教育局成立党风廉政建设领导小组，下设办公室，承担全市教育系统落实党风廉政建设工作职责。落实全面从严治党主体责任要求。制定党风廉政建设责任清单，签订党风廉政建设责任书，落实从严治党政治责任。贯彻民主集中制，落实“三重一大”(重大事项决策、重要干部任免、重要项目安排，大额资金使用)决策制度。组织廉政谈话、述廉述职活动。加强师德师风建设，严肃督查在职教师有偿补课、校外兼课、推销教辅、体罚学生等违规违纪行为。全市教育系统受理投诉举报214件，立案40件，诫勉谈话34

人次，约谈校长13人次。加强工程招标、政府采购、选人用人、教师招聘、职称评审等监督，坚持标准，严格程序，公正公开。开展“5·10党风廉政教育日”“12·9世界反腐败日”系列宣传教育活动。通过组织党员干部观看教育片、参观教育基地等活动，接受警示教育。强化监督执纪问责，深化机关作风建设。3次走进“政风行风热线”直播室，现场解答关于教育方面的各种咨询和投诉。各类信访投诉均按要求及时办结。对市直12家学校（事业单位）内部控制制度执行情况进行审计。（柏　珏　党廉办）

■招生考试　2017年，扬州市教育考试院组织41次各级各类教育考试，报考人数50万人，参考人次145万人次。其中，普通高考报考总人数2.22万人，比上年减少3586人；普通高中学业水平测试报考总人数2.27万人；普通高中学业水平信息技术测试2.10万人；对口单招有3494人报名，其中参加文化统一考试2066人；成人高考报考总人数1.90万人，增加3777人；初中毕业升学和会考考试报考总人数7.37万人，其中中考学生3.62万人，减少1178人；江苏省中等职业学校学生学业水平测试8314人；自学考试报考总规模26.46万人，比上年同期增加1.66万人，增长6.6%。其中，学历考试报考规模3.83万人，减少65人；社会考试报考规模22.63万人；大学生英语四、六级考试7.00万人；成人高考学位英语测试4854人；司法考试1979人。扬州教育考试全年实现零差错、零失误、零投诉。（柏　珏　考试院）

■教育信息化　建成扬州市智慧校园58所，扬州市智慧课堂示范校27所，市级基础教育装备示范校80所。全市城乡学校网上结对共建巩固率100%。完善优质资源共建共享机制，建成扬州市智慧教育应用服务平台，推进优质资源班班通、人人用。制作“同步课程”“名师大讲堂”等优质教育资源420节。扬州教育网（扬州市级教育门户网站）被省委宣传部、省网信办、省文明办等8个部门联合评为“文明办网”先进单位。文津中学“依托信息化媒介　助推优质化发展”案例参评教育部基础教育司基础教育信息化应用典型示范案例；开展网上教育援疆，第二批25所新源县学校与扬州市18所学校网上结对，借助网络组成教育发展共同体。

（柏　珏　电教馆）

■语言文字工作　2017年，全市完成普通话测试1.01万人。开展第五批市级语言文字规范化示范校创建。41所学校创成市级语言文字规范化示范校。调查5个县（市、区）开展普通话普及情况，采录3000人的音频数据。全市15～60周岁居民中，普通话普及率97.10%，位居全省前列。开展学校语言文字达标验收。完成全市25%的学校语言文字达标验收。141所学校成为扬州市首批江苏省语言文字达标校。组织中学生汉字听写、诗词诵写大赛。首次面向全市组织开展小学生经典诵读大赛。开展全市中小学教师中华经典诵写讲综合能力大赛。开展第20届推普周系列活动，扩大语言文字法律法规社会知晓度。（柏　珏　语委办）

■教育经费　2017年，全市地方教育经费总投入109.05亿元，比上年增加7.86亿元，增长7.77%。其中，财政拨款85.81亿元，增加7.02亿元，增长8.91%；教育费附加7.41亿元，增加0.59亿元；教育事业收入13.36亿元，增加0.37亿元；各项教育捐资收入0.09亿元，减少0.07亿元；其他收入2.38亿元，减少0.05亿元。市直教育系统（含市属高等学校）经费总额19.65亿元，增加1.71亿元。其中，财政拨款13.75亿元，增加1.31亿元；教育费附加1.92亿元，增加0.52亿元；教育事业收入（含民办教育收入）3.98亿元，减少0.11亿元。（柏　珏　财审处）

■《关于统筹推进城乡义务教育一体化促进优质均衡发展的实施意见》出台　5月19日，扬州市政府出台《关于统筹推进城乡义务教育一体化促进优质均衡发展的实施意见》。该意见从规划并建设好义务教育学校、切实规范义务教育学校办学行为、深入实施素质教育、切实保障随迁子女和留守儿童接受义务教育、切实抓好校园和学生安全管理工作、切实加强义

2017年扬州市普通高校招生、录取情况表

表32-3

地　区	实际参加考试人数（人）	录取人数（人）		
		合　计	本科人数	专科人数
合　计	**20636**	**19630**	**16152**	**3478**
市　区	4203	**4003**	3434	569
邗江区	2104	**2051**	1804	247
江都区	4490	**4346**	3620	726
宝应县	3889	**3695**	2873	822
仪征市	2320	**2191**	1776	415
高邮市	3630	**3344**	2645	699

注：表中市区不含邗江区、江都区

（柏　珏　考试院）

务教育学校教师队伍建设、保障义务教育经费投入等七个方面推进全市城乡义务教育优质均衡发展。

（柏 珏）

首批特级班主任评选 2017年，中共扬州市委宣传部、市文明办、市教育局组织扬州市首批中小学特级班主任评选，邗江区实验小学卜恩年等20名班主任入选扬州市首批特级班主任。扬州市中小学特级班主任评选对象为全市中小学（含职业学校和特殊教育学校）班主任。要求评选对象在当地教育界有较高声望，曾获市级及以上或两次县级劳动模范、优秀教师、先进工作者等称号，最近5年年度考核至少有一次被评为优秀。扬州市中小学特级班主任实行动态管理，如发生与其荣誉称号极不相符的行为，将取消该荣誉称号，并严肃追究相关责任。

（柏 珏）

扬州新源第二批学校网上结对工作签约启动 9月13日，扬州市、新疆维吾尔自治区新源县两地第二批学校网上结对签约启动仪式在扬州沙口小学举行。新源县25所学校与扬州市18所学校签约成为网上结对学校，其中包含幼儿园、小学、初中和高中等学段。2012年，两地首次进行学校网上结对，首批18组37所学校签约结对，实现扬州市与新源县学校之间数字教育资源的共建共享，两地教育联动发展。此次18组43所学校签约网上结对。新结对学校通过信息网络技术，让两地学校师生共享优质教育资源，共同研讨教育教学，共同开展学校管理，共同组织师生活动，共同推进学生德育教育。结对学校借助网络信息技术平台成为发展共同体，共同推进两地教育均衡发展。

（柏 珏）

青少年茁壮成长工程 2017年，中共扬州市委、扬州市政府将青少年茁壮成长工程列入关注民生"1号文件"。市财政专门设立青少年茁壮成长工程专项经费，每年300万元，为青少年茁壮成长工程提供财力保障。6月12日，市教育局召开青少年茁壮

2017年获批扬州市第四批特级教师情况表

表32-4

姓　名	工作单位	姓　名	工作单位
陈　林	宝应县城南小学	凌　志	江苏省高邮中学
潘湘云	江都区仙女镇龙川小学	乔　丽	南师二附中(高中)
刘吉才	高邮实验小学	许兴震	邗江区教育局教研室
丁宏喜	仪征实验小学	徐广卫	江苏省邗江中学
陆　香	宝应县白田小学	王　斌	江苏省江都中学
郜晓定	江都区实验小学	李福庆	邗江区教育局教研室
黄　彪	邗江区实验小学(瓜洲)	朱　玲	宝应县安宜高级中学
王强国	宝应县实验小学	李恒林	江苏省高邮中学
秦　丽	江都区实验小学	蔡中明	江苏省宝应县中学
郃晓霞	扬州市广陵小学	林　军	扬州市新华中学
许志文	邗江区陈俊学校	成际宝	高邮市一中
相　东	扬州市少年宫	高　峰	江苏省江都中学
周国安	江都区空港中学	陈　芳	江苏省扬州中学
谢　颖	高邮市临泽初中	周　霞	江苏省邗江中学
刘庆良	仪征香沟中心学校	程志华	扬州中学教育集团树人学校
陆高平	高邮市车逻初中	谢博名	邗江区瓜洲中学
杜成智	邗江中学(集团)北区校维扬中学	夏心军	扬州市教育科学研究院
张蕾萍	扬州市翠岗中学	刘　根	扬州高等职业技术学校
林　松	仪征市陈集第二中学	徐兆林	宝应中等专业学校
曹　刚	江都区第三中学	倪福疆	邗江中等专业学校
叶成林	南师二附中(初中)	谢革新	江都中等专业学校
应爱民	扬州教育学院附属中学	江　扬	扬州市明月幼儿园
徐兆宏	宝应县射阳湖中心初中天平分部	周爱萍	高邮机关幼儿园
潘劲秋	扬州大学附属中学	韩美香	江都区育才幼儿园
袁　圆	江都区大桥高级中学	郑黎丽	扬州市育才幼儿园

（柏 珏 人事处）

2017年获批扬州市首批特级班主任情况表

表32-5

姓　名	工作单位	姓　名	工作单位
卜恩年	邗江区实验小学	张志强	扬州市翠岗中学
万　玲	江都区实验小学	李兆兵	邗江区公道中学
陈文海	江都区仙女镇中心小学	朱德彬	江苏省宝应县中学
孙丽华	高邮市高邮镇城北小学	孟令军	江苏省仪征中学
田　英	仪征市实验小学	王永昌	江苏省高邮中学
周岳梅	扬州市育才小学	孙美丽	扬州大学附属中学
杨光剑	宝应县实验小学	梅亚娣	扬州市第一中学
陈　俊	邗江区实验学校	金　庞	江苏省邗江中学
王　娟	江都区大桥镇中学	陆元峰	仪征市第二中学
李国祥	高邮市外国语学校初中部	林红明	扬州旅游商贸学校

（柏 珏 人事处）

6月12日，市教育局召开"青少年茁壮成长工程"推进会　教育局/供稿

成长工程推进大会，推进青少年茁壮成长工程。青少年茁壮成长工程包括中小学生营养改善计划、减负计划、健身计划。扬州市青少年茁壮成长工程入选省教育综合改革试点项目。

（柏　珏）

■**扬州市首届特级教师论坛**　10月27日，扬州市举办"面向未来的教师专业发展"为主题的首届特级教师论坛。165名省、市特级教师围绕课堂建设和教师专业发展等进行研讨，300多名青年教师观摩学习。当天上午，来自全市的44名省、市特级教师分别在梅岭小学、梅岭中学、扬州中学进行展示。其中，22名特级教师对小学、初中、高中的11门学科22节课进行同课异构展示；22名特级教师进行现场同课异评。当天下午，扬州中学举行特级教师学术沙龙。围绕"面向未来的教师专业发展"主题，6名省特级教师发表观点，介绍经验，启迪思想，激发智慧。华东师范大学公共管理学院院长陈玉琨作题为《教育依时代而变》专题报告，向教师展示当代教育随着时代发展而产生的系列变化，给教师指明教育未来的发展方向。

（甄　葆）

■**第29届江苏省"教海探航"征文竞赛颁奖大会在宝应举行**　11月19日，第29届江苏省"教海探航"征文竞赛颁奖大会暨苏派与全国名师课堂教学观摩研讨活动在宝应县实验小学举行。江苏省委教育工委书记、教育厅厅长葛道凯，省教育厅相关处室、直属单位负责人，市委常委、宣传部部长姜龙，市教育局局长周应华等出席颁奖活动并为大会开奖、颁奖。江苏及全国各地的名师和论文获奖代表等1000多名教师现场观摩。活动现场，举行《希望的田野》文艺演出，情景表演《祭孔大典》与《弟子规诵读》，舞蹈《柳堡的故事》，综艺展示《阳光少年》以及主题诗朗诵《希望的田野》等节目展示宝应地方特色文化和教育发展成果。活动期间，青年教师进行同题教学展示与研讨活动，省内外特级教师进行现场课堂展示。

由江苏教育报刊总社组织开展的"教海探航"征文竞赛活动起始于1989年。29年来，全省累计10多万名教师参与，近万人获奖，走出400多名特级教师、人民教育家培养工程培养对象、正高级教师。本届征文活动收到稿件3万多篇，经评委会评审，最终评出特等奖10篇、一等奖190篇、二等奖252篇、三等奖547篇，22家单位获优秀团队奖，32人获杰出水手奖，10人获年度新人奖，10人获感动人物奖，15家单位获先进集体奖。

（甄　葆）

学前教育

■**概况**　2017年，全市有幼儿园298所，比上年增加3所；有幼儿教

2017年扬州市学前教育情况表

表32-6

地　区	幼儿园数(所)	班级数(个)	在园幼儿数(人)	专任教师数(人)	教职工数(人)
合　计	**298**	**3329**	**112867**	**7063**	**12210**
广陵区	39	427	14299	939	1694
邗江区	45	545	19073	1133	2133
江都区	59	719	24786	1656	2351
扬州经济技术开发区	17	162	5454	338	607
生态科技新城	3	35	1484	72	136
蜀冈—瘦西湖风景名胜区	10	118	3955	243	482
宝应县	45	494	15886	1022	1754
仪征市	32	363	12535	728	1353
高邮市	48	466	15395	932	1700

注：表格数字按江苏省教育厅统计口径填报

（柏　珏　发规处）

学班3329个，比上年增加93个；有在园幼儿11.29万人，比上年增加1919人。全市3～5周岁学前三年教育毛入园率99.40%。有幼儿园教职工1.22万人，比上年增加666人；有幼儿专任教师7063人，比上年增加281人。

缓解“入园难”问题。适应国家生育政策调整和城镇化发展要求，扩大各地学前教育资源，制定招生政策，化解幼儿入园困难。宝应县、高邮市、江都区等地在全市率先试行划片入园，保障当地适龄幼儿入园需求。

探索农村幼儿园服务区制度建设。乡镇政府（街道）实行幼儿园优先安排辖区内适龄幼儿入园，对辖区内幼儿提供足额学额，确保优先入园。

推进幼儿园课程游戏化项目建设。2017年，全市建成省级幼儿园课程游戏化建设项目2个、市级幼儿园课程游戏化建设项目16个。贯彻落实《3～6岁儿童学习与发展指南》，围绕幼儿园课程游戏化开展幼儿园环境创设、生成课程、种植园地课程等专题会议，提高幼儿园课程建设能力，提升幼儿教师专业水平。

开展学前教育宣传月活动。围绕“游戏——点亮快乐童年”主题，组织开展主题宣传活动，宣传游戏对幼儿童年生活的重要价值。加强幼儿园监管指导，落实幼儿园年检制度，加强对幼儿园办园资质、教师资格、办园行为、收费等方面监管。加强幼儿园保教工作随机督查，防止幼儿园“小学化”和“保姆化”倾向，推进幼儿园管理规范化和科学化。

（柏　珏　基教处）

■**《广陵区普惠性民办幼儿园收费管理暂行办法》出台**　2017年，《广陵区普惠性民办幼儿园收费管理暂行办法》出台。该办法是江苏省首个针对普惠性民办幼儿园制定的收费管理办法。适用于广陵区所辖经教育行政主管部门批准的普惠性民办幼儿园。规定学前教育属于非义务教育，幼儿园可向入园幼儿收取保育教育费、服务性收费和代收费，对在幼儿园住宿的幼儿可收取住宿费。幼儿园的保教费、服务性收费、住宿费属于政府指导价。幼儿园保教费标准根据年生均保育教育成本和合理利润确定，利润率不得超过10%。幼儿园服务性收费，按月据实结算。住宿费标准按照实际成本确定，不得以营利为目的。幼儿园为在园幼儿教育、生活提供方便而代收代管的费用，应遵循“家长自愿，据实收取，及时结算，定期公布”的原则，不得与保教费一并统一收取。

（柏　珏）

■**“大阅读”工程暨“童子功”修身计划现场推进会**　12月22日，邗江区中小学幼儿园“大阅读”工程暨“童子功”修身计划现场推进会在邗江实验学校召开。全区各中小学校校长、分管校长和相关部门负责人，各幼儿园园长、分管园长参加会议。会议发布《邗江区中小学幼儿园“大阅读”工程三年行动方案》，全区7万多名师生开展“全生活阅读”计划，做到“四全”（全员阅读、全面阅读、全程阅读、全心阅读）。活动现场观摩中小学名师“大阅读”展示课，听取邗江实验学校、甘泉中学、黄珏学校、维扬实验小学、京华城幼儿园等经验汇报。“童子功”修身计划现场推进会进行邗江实验学校社团活动和“健美功”现场展示，邗江实验学校、公道小学、扬大教科院附属杨庙小学作推进“童子功”行动主题交流发言，梅岭小学西区校、竹西小学、维扬实小北区校师生现场展示“童子功”行动成果。

（甄　葆）

小学教育

■**概况**　2017年，全市有小学206所，比上年增加2所；有教学班5140个，比上年减少60个；有在校生21.05万人，比上年减少2087人。全市小学学龄儿童入学率100%。全市小学专任教师1.35万人，比上年减少83人。

习惯养成教育。改进“品德与法制”等课程教学，重视小学生生活能力、文明素养、学习好习惯等养成教育。组织第二批好习惯养成教育研究

2017年扬州市小学教育基本情况表

表32-7

地　区	学校数(所)	班级数(个)	在校生数(人)	专任教师数(人)
合　计	**206**	**5140**	**210467**	**13510**
广陵区	17	707	31851	1957
邗江区	18	741	34674	1917
江都区	53	1108	40772	2880
扬州经济技术开发区	7	182	8458	483
生态科技新城	2	70	3304	180
蜀冈—瘦西湖风景名胜区	4	156	6978	362
宝应县	35	906	34597	2281
仪征市	30	599	23249	1567
高邮市	40	671	26584	1883

注：表格数字按江苏省教育厅统计口径填报

（柏　珏　发规处）

成果评审，重点关注学生好习惯养成达成度。开展《平安成长》《友好合作》等好习惯养成专题攻关，组织开展好习惯养成教育经验交流会。

推动课程改革。创成扬州传统五艺课程建设项目(扬州市维扬实验小学北区校)、“小镇·大世界”现代公民建设项目(扬州市育才小学东区校)、“小龙人”成长课程建设项目(仪征市龙河中心小学)等3个江苏省教育厅小学特色文化建设项目。围绕“聚集核心素养，构建幸福课堂”，组织各县(市、区)相关学校开展前瞻性的发展学生核心素养教学改革研究，组织第四批小学生“精品社团”评选，现场抽查小学社团活动情况，表彰60个“精品社团”，重点推进“非遗”项目，11月开展全市小学生核心素养展示活动。成立扬州市功能区小学教育发展联盟，促进功能区小学教育互助优质发展。（柏　珏　基教处）

■扬州市功能区小学教育发展联盟成立　10月17日，扬州市功能区小学教育发展联盟成立大会在梅岭小学召开。全市功能区内的学校数量较少，各校整合资源与教育力量的意愿强、积极性高，伴随学校对创新发展的渴求。联盟的成立为学生发展提供平台，为教师队伍建设提供支撑，推进扬州市城区小学教育优质均衡发展。（柏　珏）

■邗江区“百草园学堂”活动启动　2017年，邗江区启动“百草园学堂”活动。“百草园学堂”立足各社区教育中心、社区居民学校、各中小学校，面向学生、家长、教师，包括“百草园儿童学堂”“百草园父母学堂”“百草园教师学堂”。“百草园儿童学堂”含“三点半学堂”“假日学堂”，“三点半学堂”开课时间周二到周五下午，为小学低年级学生提供免费托管服务，开展课业辅导、兴趣培养等活动；“假日学堂”在节假日开课，为社区少年儿童提供作业辅导、图书阅读、绘画手工、周末影院等服务。各镇以社区教育中心为阵地建立1个学堂，各街道以社区居民学校为阵地建立2～3个学堂，全区共建立20个。“百草园父母学堂”主要面向学生家长，开展“幸福父母大讲堂”“幸福儿童工作坊”等公益活动。“百草园教师学堂”利用节假日和寒暑假，为全区教师创新设计系列成长幸福课。（柏　珏）

■扬州市小学生经典诵读大赛启动　4月23日，由扬州市语言文字工作委员会、扬州市教育局、扬州广播电视传媒集团主办的2017“运河一品杯”扬州市小学生经典诵读大赛在古运河畔的运河一品启动。启动仪式现场，来自梅岭小学、汶河小学、邗江实验学校、花园小学等学校的学生表演以诗词吟诵为主题的节目。此次大赛全市共有21万小学生参加，2000名选手通过20多场复赛和决赛，决定吟诵小达人名次。11月16日，举行总决赛暨颁奖典礼，63名选手获奖。（甄　葆）

中学教育

■概况　2017年，全市有普通中学164所，比上年减少2所。其中，高中34所(含完全中学)，比上年减少1所；初中130所(含九年一贯制学校)，比上年减少1所。有高中班级1415个，比上年减少18个；有初中班级2562个，比上年减少21个。中学在校生17.50万人，比上年减少623人。其中高中在校生6.31万人，比上年减少1125人；初中在校生11.19万人，比上年增加502人。有初中专任教师1.01万人，比上年减少198人；有高中专任教师6043人，比上年减少92人。

推进均衡发展。实施结对组团，带动城区初中教育整体提升，落实课程实施方案，推进初中社团活动、课外实践活动，促进全体学生全面成长。实施青少年茁壮成长工程。强化义务教育学校管理，减轻学生过重课业负担。小学、初中学生每天在校集中学习时间分别不得超过6小时、7小时，小学不得要求学生8:00前、

2017年扬州市普通中学情况表

表32-8

地　区	学校数(所)		班级数(个)		在校生数(人)		专任教师数(人)	
	初中	高中	初中	高中	初中	高中	初中	高中
合　计	**130**	**34**	**2562**	**1415**	**111885**	**63071**	**10134**	**6043**
市　直	9	6	416	248	20464	11655	1280	961
广陵区	8	2	104	56	3900	2069	455	221
邗江区	14	5	291	176	13286	7698	1147	731
江都区	31	6	543	305	22856	13637	2361	1308
扬州经济技术开发区	3	—	42	—	2202	—	170	—
生态科技新城	2	—	27	—	886	—	133	—
蜀冈—瘦西湖风景名胜区	1	—	11	—	407	—	46	—
宝应县	22	5	476	253	20649	11041	1724	1171
仪征市	17	4	290	157	12058	6804	1234	579
高邮市	23	6	362	220	15177	10167	1584	1072

注：表格数字按江苏省教育厅统计口径填报　　（柏　珏　发规处）

初中不得要求学生7:30前到校；控制小学、初中学生每天课后书面作业量，保证中小学生充足睡眠时间。

落实就近免试入学政策。5月，市教育局出台全市招生“十个严禁”，规范招生行为，解决“大轨制”“大班额”问题，2017年，全市任何义务教育学校招收起始年级学生不得出现55人以上的大规模、超大规模班级。严格义务教育学校均衡编班，所有义务教育学校不得举办重点校、不得举办或变相举办重点班。加强新建中小学启用办学条件风险评估，实行市直高中和邗江高中招生考试“五统一”，实施普通高中网上填报志愿，做到惠民招生、公平招生、秩序招生。

提升高中教育质量。中共扬州市委、扬州市政府制定《关于进一步加强普通高中教育的若干意见》。9月，召开全市高中教育教学工作会议，明确质量目标，落实工作举措，制定重点工作分解落实方案。扬州中学开展“2＋4”拔尖人才早期培养活动，招生66人。注重激发学生内驱力，召开全市高三德育工作现场推进会。推进在建的17个江苏省普通高中课程基地建设，新创成江苏省高中课程基地3个。邗江区公道中学创成省四星级高中。

（柏　珏　基教处）

■“法治进校园”全国巡讲活动江苏站走进竹西中学　3月15日，由最高人民检察院、教育部联合组织的“法治进校园”全国巡讲活动江苏站在扬州市竹西中学开讲。最高人民检察院、江苏省人民检察院、江苏省教育厅、扬州市两级检察机关的负责人以及竹西中学全体初二学生、教师代表、家长代表参加讲座。活动现场，巡讲检察官结合法律知识和校园高发性问题为参加活动学生上2节法治课。提高在校学生自觉守法意识和自我保护意识，从源头上预防和减少青少年违法犯罪案件发生的基础性。

（柏　珏）

■扬州中学开设劳动实践课程　2017年春学期起，扬州中学高一、高二年级增设生活、家政、烹饪、手工、园艺等劳动实践必修课程，每学期6节课，以1学分计入学生综合成绩。每个学生配发劳动手册，记录学生自我评价及老师评价。（柏　珏）

■扬州市中学生汉字听写、诗词诵写大赛　7月2日，由扬州市语言文字工作委员会、扬州市教育局、扬州广电总台共同主办的2017年扬州中学生汉字听写、诗词诵写大赛总决赛在扬州广电总台举行。该比赛经过学校选拔赛、县（市、区）初赛和6场复赛，最终11万多名中学生选出30名选手参加现场决赛。经汉字听写、诗词默写、诗词朗诵及抢答等环节，最终，扬州中学教育集团树人学校张苏灿获特等奖，江都区国际学校尹畅、扬州市梅岭中学戴蕙舣、江都区第三中学曹雨欣、江都区第二中学石媛媛等获一等奖。（甄　葆）

特殊教育

■概况　2017年，全市有特殊教育学校7所，有特殊教育班级91个。有特殊教育学校在校生1008人，比上年增加71人。有专任教师207人，比上年增加6人。有1334名智障、身残学生随中小学普通班就读，接受相应的特殊教育辅导。实施特殊教育提升行动。推进残疾人高中阶段整合教育、义务教育阶段特殊学生“个别化教育”及“送教上门服务”，依法保障残疾儿童少年受教育权利。8月，协助省教育厅、省编办、省民政厅等部门在江都区开展特殊教育学校（特殊教育指导中心）人员编制配备标准调研。（柏　珏　基教处）

■“社区融合教育基地”设立　4月11日，扬州市特殊教育学校和广陵区曲江街道玺园社区正式签约设立“社区融合教育基地”。扬州市特殊教育学校帮助玺园社区建立残疾人“幸福港湾”，为社区管辖内的残疾人提供烹饪、服装缝制、刺绣、广告设计、理疗康复等方面的技术支持与指导，配合社区开展家庭教育、青少年心理健康辅导。社区利用自身资源为残疾学生提供手工、陶艺制作、社区书房勤工俭学岗等社会实践平台，让学生融入主流社会，实现人生价值。（柏　珏）

■广陵区特殊教育指导中心培智学校挂牌成立　5月26日，广陵区特殊

2017年扬州市特殊教育情况表

表32-9

地　区	学校数(所)	班级数(个)	在校生数(人)	专任教师数(人)
合　计	**7**	**91**	**1008**	**207**
市直	1	27	242	70
广陵区	1	10	109	17
邗江区	1	8	74	17
江都区	1	14	187	38
宝应县	1	12	162	24
仪征市	1	9	105	16
高邮市	1	11	129	25

（柏　珏　发规处）

教育指导中心在扬州市培智学校挂牌成立，扬州市特殊教育代表30多人参加。广陵区特殊教育重点开展个别化教育、送教上门项目、学前教育、资源建设项目等。揭牌仪式后，现场进行《为了每一个孩子的发展》专题培训，参会人员实地参观区特殊教育指导中所在地培智学校的设施设备。（甄　葆）

中等职业教育

■概况　2017年，全市有中等职业学校13所，比上年减少1所。有在校生4.36万人（不含职教培训机构在校生），比上年减少932人。有专任教师2047人，比上年减少312人。有技工学校及技师学院14所，技工类学校在校生2.00万人，比上年减少38人。全市各类中职校和技工类院校在校生6.36万人，比上年减少350人。

改善职业教育办学条件。扬州高职校、江都中专等2所学校获批第二批江苏省职业学校智慧校园。扬州高职校计算机应用技术等4所学校的4个实训基地获批江苏省职业教育现代化实训基地。扬州高职校的电子信息工程技术、扬州旅游商贸学校的酒店服务与管理等6个高、中职专业群获批江苏省职业教育现代化专业群。

推进创新创业教育。出台《关于在扬州市中等职业学校开展创新创业教育的实施意见》，各校普遍开设双创课程，将双创教育纳入学校人才培养计划，确保每学年不少于36课时。

提升职业技能大赛成绩。扬州获2017年江苏省职业院校技能大赛奖牌148枚，其中金牌18枚、银牌34枚、铜牌96枚。承办2017年全国职业院校光伏发电项目和全省职业院校计算机硬件检测项目的技能大赛。在第八届江苏省文明风采大赛中，全市上报作品385件，获奖作品227件，获奖率59%，居全省第二；其中一等奖60件，占作品总数的16%，二等奖80件，三等奖87件，均位列全省前三名；市教育局获市级组织奖，扬州6所职业学校获学校组织奖。

扬州旅游商贸学校教师万代红被评为“感动江苏教育人物——2017最美职教教师”。殷燕财经名师工作室、王云珠语文名师工作室、张红旗机电名师工作室等3个名师工作室被评为江苏省职业教育名师工作室，王进电子商务工作室被列入江苏省名师工作室培养对象。

（柏　珏　职社处）

■扬州市职业教育活动周　5月5日，由市教育局主办，扬州旅游商贸学校承办的以“共筑职教梦，喜迎十九大”为主题的2017年扬州市职业教育活动周启动仪式在扬州旅游商贸学校举行。各县（市、区）教育局分管局长、职成教科科长，全市各中等职业学校校长，市区各初中学校校长及班主任代表，部分企业及学生家长代表及扬州市教科文卫产业工会成员代表等200多人参加活动。与会人员参观扬州旅游商贸学校的潜能教育成果展示和技能方阵展示等活动。活动周期间，全市各职业学校组织校园招聘、技能才艺展示、志愿者进社区等系列活动。（甄　葆）

■第14届扬州市职业学校技能大赛　11月16—21日，第14届扬州市职业学校技能大赛举行。大赛在市区扬州高职校、扬州旅游商贸学校、扬州生活科技学校等3所职校和宝应、高邮、江都、仪征、邗江等5个县（市、区）5所中专校共设立8个赛点。来自

2017年扬州市中等职业学校情况表

表32-10

学校名称	在校生数（人）	专任教师数（人）
合计	**37269**	**2047**
扬州高等职业技术学校	4495	274
江苏省扬州旅游商贸学校	4662	115
扬州生活科技学校	1188	75
扬州市体育运动学校	410	48
扬州文化艺术学校	858	42
扬州市天海职业技术学校	535	13
扬州市弘扬中等专业学校	794	53
邗江中等专业学校	2909	177
宝应中等专业学校	6460	266
仪征市工业学校	3868	318
江苏省高邮中等专业学校	5603	220
高邮市菱塘民族中等专业学校	1121	40
江苏省江都中等专业学校	4366	406

注：1.扬州高等职业技术学校另有江苏联合技术学院分院学生1384人；
2.另有江苏旅游职业学院（原江苏省扬州商务高等职业学校）附设中职班，学生6324人

（柏　珏　发规处）

全市11所中等职业学校784名师生选手参与竞赛。竞赛项目包括土木水利、加工制造、交通运输、财经商贸、石油化工、旅游服务、信息技术、文化艺术等8个专业大类45个单项。每个竞赛项目分设中职、高职和教师等3个组别。

大赛邀请扬州大学、扬州职业大学、潍柴动力扬柴公司、扬州市导游协会、扬州市汽车协会等高校、企业、行业协会的教授、高级工程师、高级技师等105名专家担任评审。大赛的优胜选手代表扬州参加2018年的全省大赛。（甄　葆）

■万代红当选江苏“最美职教教师” 扬州旅游商贸学校教师万代红当选“感动江苏教育人物——2017最美职教教师”。万代红任扬州旅游商贸学校慈善励志项目总负责人，“万妈潜能德育工作室”领衔人，长期在学校的扶贫教育项目中担任重要工作，被她的学生喊作“万妈妈”。她所带民族班曾获“江苏省先进班集体”“江苏省活力团支部”称号。（柏　珏）

■扬州旅游商贸学校两大实训中心揭牌 1月13日，扬州职教集团商贸旅游专业中心电子商务公共实训中心、淮扬菜创新研发中心在扬州旅游商贸学校正式揭牌。电子商务公共实训中心由扬州市职教集团商贸旅游中心、扬州旅游商贸学校、江苏信息产业基地（扬州）以“政校企”三方合作形式共建完成。中心占地约1500平方米，已完成一期项目建设，一期项目总投资520万元，建成网店装修、网络营销、网店运营、商务摄影、移动电商等7个实训中心（室），拥有覆盖中等职业学校学生实训项目的9大类电子实训系统，可开展网店装修、商务摄影、ERP管理、跨境电商、电子商务师资格考试等10项电商实训项目。淮扬菜创新研发中心合作建设主体为扬州市职教集团商贸旅游专业中心、周晓燕大师工作室（含烘焙中心）、江苏省烹饪大师扬州区工作站。项目总投资527.28万元。

（柏　珏）

普通高等教育

■概况 2017年，扬州有普通高等学校8所。其中，市属高等学校1所，扬州市职业大学（扬州教育学院划入职大管理，不计校数），有在校普通专科生1.35万人，教职工1484人；驻扬省属高校3所，分别是扬州大学、扬州工业职业技术学院、江苏旅游职业学院，有在校本、专科生3.57万人，教职工4966人；驻扬省属民办高校1所，江海职业技术学院，有在校专科生6961人，教职工454人；民办高校3所，分别是扬州大学广陵学院、南京邮电大学通达学院、扬州中瑞酒店职业学院。其中，扬州大学广陵学院、南京邮电大学通达学院为独立学院，在校生1.86万人，教职工1233人；中瑞酒店职业学院为高职院校，在校生605人，教职工109人。

全市召开高校思想政治工作座谈会，出台《中共扬州市委、扬州市政府关于加强和改进新形势下全市高校思想政治工作的实施意见》，建立全市高校思想政治工作联席会议制度。围绕“扩大招生规模、提高招生层次”主题，征集省属驻扬高校和市属高校招生工作计划和意见建议。全面实施高校新生入学一年内免费游览市区20个公办景点、乘坐市内公交享受对折优惠等政策。

（柏　珏　高教处）

■扬州市高校思想政治工作联席会议制度 7月10日，扬州高校思想政治工作联席会议召开第一次会议，全市高校思想政治工作联席会议制度正式建立。该制度为加强全市高校思想政治工作领导，统筹协调社会各方资源，形成市校齐抓共管的工作合力，推进高校思想政治工作常态化、制度化。会上，研究确定各个部门的工作职责，联席会议各成员单位通过加强协调、履职尽责、同频共振、齐抓共管，推动全市高校思想政治工作创特色、出亮点、有成效。（柏　珏）

■江苏旅游职业学院 2月21日，省政府就省教育厅和扬州市政府《关于组建江苏旅游职业学院的请示》作出批复，同意在江苏联合职业技术学院扬州商务分院（江苏省扬州商务高

2017年在扬普通高等学校情况表

表32-11

学校类别	办学层次	校园面积（公顷）	普通本专科学生（人）	教职工数（人）
合　计		**648.74**	**75445**	**8246**
扬州大学	本　科	237.70	25645	4017
扬州大学广陵学院	独立学院	54.30	9712	652
南京邮电大学通达学院	独立学院	59.56	8891	581
扬州市职业大学	专　科	73.85	13548	1484
江海职业技术学院	专　科	64.00	6961	454
扬州工业职业技术学院	专　科	68.48	9915	545
扬州中瑞酒店职业学院	专　科	12.21	605	109
江苏旅游职业学院	专　科	78.64	168	404

注：1.另有扬州教育学院在校生174人，教职工132人；
2.表格数字按省教育厅统计口径填报

（柏　珏　发规处）

等职业学校）的基础上，建立江苏旅游职业学院，撤销原学校建制。江苏旅游职业学院作为专科层次的普通高等学校，2017年秋学期开始招生，2018年完成新校区建设任务。江苏旅游职业学院新校区位于扬州市古运河东，九龙湖西南侧，占地56.3公顷，规划建筑面积24万平方米，按照国家AAAAA级景区打造。（柏　珏）

扬州大学

■概况　扬州大学是江苏省人民政府和教育部共建高校，是江苏省属重点综合性大学，是全国首批博士、硕士学位授予单位。学校有8个校区，校园占地292.0公顷，校舍建筑面积160万多平方米。全校固定资产总值58.7亿元，教学科研仪器设备总值11.66亿元，图书馆藏书428.9万册，有直属附属医院、实验工厂、实验农牧场、动物医院、附属中学等教学、科研、实习基地及临床医学院。学校具有招收外国留学生（包括接受政府奖学金外国留学生）和港、澳、台学生的资格，先后与47个国家（地区）的高校和研究机构建立合作交流关系。

至年底，学校有普通全日制本科生3.5万多人，各类博、硕士研究生1.1万多人，海外学生1900多人。设有文学院、社会发展学院、马克思主义学院、法学院、教育科学学院（师范学院）、学前教育学院、新闻与传媒学院、外国语学院、数学科学学院、物理科学与技术学院、化学化工学院、体育学院（体育工作部）、机械工程学院、信息工程学院、建筑科学与工程学院、水利与能源动力工程学院、环境科学与工程学院、农学院、园艺与植物保护学院、动物科学与技术学院、兽医学院、生物科学与技术学院、医学院、护理学院、商学院、旅游烹饪学院（食品科学与工程学院）、音乐学院、美术与设计学院和公有民办的广陵学院等29个学院120个本科专业，涵盖哲学、经济学、法学、教育学、文学、历史学、理学、工学、农学、医学、管理学、艺术学等12个学科门类。学校有国家级特色专业6个、国家精品课程14门、国家精品资

2017年扬州大学国家级、部省级学科及科研基地一览表

表32-12

类　别		学科及科研基地名称
重点（优势）学科	国家级重点学科	预防兽医学
		作物栽培学与耕作学
		动物遗传育种与繁殖（培育）
	江苏省优势学科	化学
		作物学
		畜牧学
		兽医学
		文化传承与区域社会发展
		农村水土安全与环境保护
	江苏省一级学科重点学科	马克思主义理论
		数学
		生物学
		植物保护
		草学
		中西医结合
		外国语言文学
		机械工程
		土木工程
重点实验室	教育部	教育部植物功能基因组学重点实验室
		教育部禽类预防医学重点实验室（部省共建）
		农业与农产品安全国际合作联合实验室
	农业部	农业部畜禽传染病学重点开放实验室
		农业部农产品质量安全生物性危害因子（动物源）控制重点实验室（试运行）
		农业部长江中下游作物生理生态重点开放实验室
		农业部食品安全监测重点开放实验室
		农业部禽用生物制剂创制重点实验室
		农业部长江中下游地区作物栽培科学观测实验站
	国家中医药管理局	国家中医药管理局胃癌毒邪论治重点研究室
	江苏省	江苏省作物遗传生理国家重点实验室培育建设点
		江苏省植物功能基因组学重点实验室
		江苏省作物栽培生理重点实验室
		江苏省动物预防医学重点实验室
		江苏省动物遗传与繁育分子设计重点实验室
		江苏省人兽共患病学重点实验室
		江苏省环境材料与环境工程重点实验室
		江苏省水利动力工程重点实验室
		江苏省乳品生物技术与安全控制重点实验室
		江苏省中西医结合老年病防治重点实验室
		江苏省水环境保护技术与装备工程实验室
		江苏省非编码RNA基础与临床转化重点实验室
		江苏省农业水土资源安全与高效利用工程实验室

续表32-12

类别		学科及科研基地名称
工程中心(研究院)	教育部	教育部新型兽用疫苗工程研究中心
	农业部	农业部长江中下游稻作技术创新中心
		农业部弱筋小麦良种繁育与检测中心
	江苏省	江苏省转基因动物制药工程研究中心
		江苏省家禽疫病防控工程技术研究中心
		江苏省扬州现代乳业加工服务中心
		江苏省扬州农业环境安全服务中心
		江苏省扬州LED新光源材料测试技术服务中心
		江苏省扬州规模猪场高效健康公共技术服务中心
		江苏省高分子无机微纳复合功能材料工程技术研究中心
		江苏省种猪繁育和健康养殖工程技术研究中心
		江苏省淮扬菜产业化工程中心
		江苏省现代农机农艺融合技术工程中心
		江苏省乳业生物工程技术研究中心
		苏中发展研究院
		淮扬文化研究中心
		马克思主义大众化学习实践基地
		江苏苏中发展研究基地
		江苏省中国特色社会主义理论体系研究基地
		江苏省学生心理健康运动干预研究中心
		江苏省如皋花木研究院
		江苏省杂交粳稻工程技术中心(扬州分中心)
		扬州大学经济研究所
		江苏省邪教问题研究中心
		扬州大学中国大运河研究院
		江苏省民办教育研究中心
		江苏省社会科学普及研发基地

(马水锋)

源共享课13门、教育部精品视频公开课2门、国家双语教学示范课程1门、国家级教学团队3个、全国农科教合作人才培养基地2个、国家级校外实践教学基地1个、国家级实验教学示范中心1个、国家级虚拟仿真实验教学中心1个、中央与地方共建实验室23个、省高校品牌专业6个、省重点专业(类)15个、省品牌特色专业29个、省级基础课实验教学示范中心18个、省级优秀研究生工作站9个,2个专业的人才培养创新模式被列入国家级实验区,6个专业列入教育部卓越工程师教育培养计划,获国家级教学成果二等奖3项、省高等教育教学成果特等奖5项。

学校有教职工4669人,其中专任教师2300多人,医护人员1900多人,具有高级职称1300多人,博、硕士生导师2700多人,中国工程院院士2人,外籍院士1人,“长江学者奖励计划”入选者2人,国家“杰出青年科学基金”获得者4人,国家“优秀青年科学基金”获得者2人,国家级教学名师2人,“百千万人才工程”国家级人选7人,教育部“新世纪优秀人才支持计划”入选者11人,“创新人才推进计划”中青年科技创新领军人才3人,享受政府特殊津贴专家20人,国家级、省级有突出贡献的中青年专家13人。学校有博士后流动站14个,一级学科博士学位授权点22个、一级学科硕士学位授权点47个,博、硕士专业学位21种;有国家级重点学科2个,国家级重点(培育)学科1个,江苏省优势学科6个,江苏省一级学科重点学科9个,教育部国际合作联合实验室1个,教育部区域国别研究中心1个,部、省级实验室23个,部、省级工程技术研究中心、公共技术服务中心和研究院27个,省级协同创新中心2个,国家技术转移示范机构1个,国家级科技特派员创业培训基地1个。

2017年,学校获省首批“党支部书记工作室示范点”1个、省高校“党建工作创新”一等奖1项、“最佳党日活动”优胜奖2项、省“教育宣传工作表扬单位”。2名教师分获全国思政课“教学标兵”“教学骨干”、2人入选“全国见义勇为模范群体”、1人当选省道德模范、1人入选“江苏好人榜”并被评为“中国大学生自强之星”。1项成果获全国高校校园文化成果二等奖,1项成果获全国统战理论政策研究创新成果一等奖。(马水锋)

■**学科建设** 学校开展优势学科建设工程二期项目建设,下达建设经费3400万元;开展“十三五”省重点学科建设,下达建设经费320万元;遴选“十三五”校重点学科建设项目29个;建设管理2016年中央财政支持地方高校发展专项资金项目,完成2017年项目申报、遴选。兽医学在第四轮学科评估进入前10%,居全国前3名,6个学科进入前30%。材料科学5月进入ESI(基本科学指标数据库)全球前1%,学校有农业科学、化学、植物与动物科学、工程学、临床医学、材料科学等6个ESI前1%学科,入围学科数位居全国高校第39位,江苏省第6位。新增11个一级学科博士点、1个专业学位博士点、3个一级学科硕士点、4个专业学位硕士点。学校入选江苏高水平大学建设行列。(马水锋)

■**科学研究** 2017年,学校获省部级以上科研成果奖9项,其中国家自

2017年扬州大学获省部级及以上奖励科研成果一览表

表32-13

成果名称	获奖种类
促进稻麦同化物向籽粒转运和籽粒灌浆的调控途径与生理机制	国家自然科学奖二等奖
重要食源性人兽共患病原菌的传播生态规律及其防控技术	国家科学技术进步奖二等奖
基因VII型新城疫病毒致弱株A-NDV-VII及其构建方法	中国专利奖优秀奖
长江中下游稻田氮磷流失综合防控技术及应用	高等学校科学研究优秀成果奖(科学技术)—科技进步奖二等奖
冰鲜型优质黄鸡的选育与应用	高等学校科学研究优秀成果奖(科学技术)—科技进步奖二等奖
多熟制地区水稻机插栽培关键技术创新及应用	江苏省科学技术奖一等奖
宁麦系列弱筋小麦品种选育及配套技术研究与应用	江苏省科学技术奖一等奖
新型高性能城市供排水泵站关键技术与应用	江苏省科学技术奖二等奖

(马水锋)

然科学奖二等奖1项、科技进步奖二等奖1项、专利优秀奖1项,以第一完成单位获国家奖数量居全国高校第12位。主持国家重点研发计划重点专项1项、课题9个,国家自然科学基金项目立项156项,名列全国高校第57位。自然科学类到账经费3.35亿元。国家社科基金项目立项28项,其中重大项目和重点项目各1项,名列全国高校第45位。《扬州通史》启动编撰,获700万元资助。获部省级项目44项,其他各类纵向项目80多项。人文社科类到账经费近2000万元。苏丹研究中心入选教育部区域国别研究中心备案名单,与扬州市人民政府共建的“扬州大学中国大运河研究院”获批江苏高校人文社会科学校外研究基地,获批“江苏省民办教育研究中心”“江苏省社会科学普及研发基地”。 (马水锋)

■人才培养 学校创新招生宣传,推进大类招生,提升生源质量。修订完成新版培养方案,推进通识教育改革,提升大学外语、公共体育、公共艺术教学水平。3个专业通过专业认证(评估)。获省教学成果奖9项(其中特等奖2项),总数位居全省第3位。新增国家级大学生双创项目45个,省级优秀毕业设计(论文)15项,累计获600项省级以上本科生学科竞赛奖,获第15届“挑战杯”竞赛特等奖,连续第5次获“优胜杯”。推进博士研究生申请考核制招生,硕士研究生报名人数增长32%。提高研究生培养质量,新增省研究生教学改革、创新计划等66项,获省优秀博士论文1篇、省优秀硕士论文9篇、省优秀专硕论文10篇、省优秀研究生课程7门、省首届MBA案例大赛特等奖、首批研究生暑期学校资助项目1个。“国培”“省培”等高层次培训增长50.2%。学校获评全国首批深化创新创业教育改革示范高校、全国实践育人创新创业示范基地、全国优秀成人继续教育院校。

(马水锋)

扬州大学在第15届“挑战杯”全国大学生课外学术科技作品竞赛中获特等奖 扬州大学/供稿

■师资队伍建设 2017年,学校举办首届国际青年学者论坛,启动实施“33111人才引进和培养计划”。出台《关于建立健全师德建设长效机制的实施意见》,成立党委教师工作部,加强师德师风建设。加大人才引培,全年引进各类人才284人,博士以上高层次人才218人,其中杰出人才4人、拔尖人才15人。获首批“全国高校黄大年式教师团队”1个、省“双创计划”创新团队2个,“创新人才推进计划”1人、省级各类人才项目39人次。落实职称评审权下放相关要求，修订《扬州大学专业技术职务评聘工作办法(试行)》，评审正高级职称人员39人、副高级职称人员85人。录取公派出国79人，学院资助、自筹经费等海外访学12人。在站博士后269人，博士后获资助增长19.3%，2人分别入选“博士后创新人才支持计划”和“博士后国际交流计划”。加强高层次人才考核，完成151人次的期中、聘期及验收考核。

（马水锋）

■学生工作 学校成立在扬高校大学生朋辈成长联盟。优化就业服务，本科生就业率98.83%[其中升学率25.11%，出国(境)率2.74%]，研究生就业率97.13%。“创艺家”获中国青年志愿服务项目大赛公益创业赛铜奖，1名学生被评为省大学生“军训之星”。帮扶贫困生，强化研究生奖助体系的科研导向，提升研究生科研产出，国家奖学金获得者的科研成果增长40.7%，全日制非定向博士生人均获资助近7万元。举办辅导员“新视野”论坛，推进辅导员学科归属。1人获省高校辅导员职业能力大赛一等奖、华东赛区二等奖，1人入围省高校辅导员年度人物。学校获评全国暑期“三下乡”社会实践活动先进单位。（马水锋）

■社会合作服务 2017年，扬州大学科技园获批国家级科技企业孵化器和国家级众创空间。与扬州市共建中国大运河研究院，共同举办4期扬州智库论坛和首届扬州名城论坛。总建筑面积27万多平方米的广陵学院新校区交付使用，推进高邮现代农业科教示范园区一期工程建设。与镇江润州区、扬州江都区签订全面合作协议，成立“扬州大学江都高端装备技术研究院”，与生态科技新城共建“创新创业孵化基地”。扬州大学附属医院收入比上年增长3.3%，综合满意度98.49%；通过三级甲等医院复核评价。（马水锋）

■国际合作 学校推进“一带一路”国际合作，接待22个国家和地区的44个代表团近150人次到访，组织5个校级代表团出访18所高校和科研机构，组织383人次教工和885人次学生，分赴38个国家和地区访学交流。获批国家高端外国专家项目7个，教育部“春晖计划”项目10个。新增来华留学生297人，增长11.2%。新开3个成建制全英文授课专业，1门课程入选国家第二期来华留学英文授课品牌课程。对非培训349人，选派孔子学院(课堂)志愿者25人次，储备中方院长1人。入选全国首批优秀本科生国际交流项目改革试点高校、“1＋2＋1中美人才培养计划”项目创新人才培养实验基地等。（马水锋）

其他高校

■扬州市职业大学 扬州市职业大学(简称扬州职大)是全日制综合性高等职业技术院校，创建于1984年。实行扬州职大、扬州教育学院、扬州环境资源职业技术学院和扬州市广播电视大学合并办学。校园占地73.85公顷，校舍建筑面积近40万平方米；有基础和专业实验室70多个，教学仪器设备总值1.5亿元，图书馆有藏书143万册、电子图书等资源140万种、各类期刊2000多种。有22个教学单位，21个党政部门，5个教学辅助单位。学校开设机械制造、汽车、土建测绘、纺织服装、生化环境、电子通讯、太阳能光伏与LED照明、信息技术、旅游管理、工商管理、经济贸易、园艺、医学卫生、外语、艺术、人文、数学、体育等18个大类71个专业和专业方向。学校有机械制造与自动化专业、服装设计专业、环境监测与治理技术专业、护理专业等4个教育部、财政部支持的高等职业学校提升专业服务产业发展项目。有光伏材料与LED照明应用技术实训基地、护理实训基地等2个中央财政支持的职业教育实训基地。有机械制造与自动化专业群、软件技术专业群、旅游管理及在线运营服务专业群、环境监测与治理技术专业群、国土资源与地理信息专业群、园艺园林类专业群等6个江苏省财政支持的省级重点专业群。有数控技术实训基地、服装设计实训基地、国土勘测规划实训基地、农业安全与环境保护实训基地、护理实训基地等5个江苏省财政支持的省级实训基地。有28个项目获省大学生实践创新训练立项项目。做好与加拿大圣克莱尔学院合作项目续约，与美国海蓝学院和加拿大圣克莱尔学院进行4个专业项目合作。学校先后走访中国—东盟中心、中国公共外交协会等机构，收到来自7个国家87份入学申请，经审核，首批41名留学生报到，举行首批留学生开班仪式。2017年底，学校有教职工1484人，有专任教师近1000人，其中具有硕士和博士学位的教师495人，教授61人(二级教授3人、三级教授16人)，副教授379人。有全国优秀教师4人，省“333工程”培养对象11人，省“六大人才高峰”(教育、医药卫生、电子信息、机械汽车、建筑、农业人才高峰)培养对象2人，省“青蓝工程”培养对象33人，江苏省中青年专家2人，扬州市中青年专家17人，江苏省优秀教学团队2个，江苏省“青蓝工程”科技创新团队1个。专业基础课和专业课教师中“双师型”(具有专业技术职称资格、技术等级证书的教师)占91%以上。2017年，学校新增固定资产入库580多万元。加强实验实训室管理，开展实验实训室考核。完成4.39万台教学仪器设备资产信息化标签更新。加强校园信息化建设，维护管理多媒体教室、校园广播系统和网络系统，提升无线校园网建设与管理水平，完成扬州职大无线校园网络二、三期扩容项目。注重文献资源采选质量，增加文献资源数量和种类，完成“扬州工艺美术专题特色数据库”建设，新开通试用9个电子数据库，全年电子资源使用总次数1000多万次。面向社会开展借阅图书、查阅报刊等服务，建设绿色休闲阅读区，丰富图书馆阅读空间，提升服务读者能力和水平。

2017年，学校录取新生5394人，报到5096人，有全日制在校生1.35万人。2017届全日制专科毕业生5078人，召开就业推荐会、就业情况通报会、就业信息跟踪推进会等，举办校级大型招聘会2场，中型和专场招聘会350多场，发布招聘信息2600多条。至年底，2017届毕业生年终就业率99.72%。

构建国家、省、校三级重点专业建设体系。4个中央财政支持专业和1个省品牌专业、6个省重点专业（群）通过结项评审，5个专业被评为江苏省高等职业教育高水平骨干专业，10个专业被遴选为校级品牌专业，4个专业被遴选为校级现代学徒制试点专业。以质量工程建设为抓手，深化教育教学体制机制改革。完成2017专业人才培养方案修订，获江苏省教学成果奖2项，立项建设省级及以上的规划教材和重点教材12本，遴选建设校级重点教材20本，校企合作编写教材60多本，校本教材70多本。获江苏省优秀毕业设计一等奖1个、二等奖1个、三等奖7个，优秀团队奖3个，获省级大学生创新实践训练计划项目23个。推进网络数字化教学资源建设，遴选建设校级在线开放课程45门，校级教学资源库8个。构建超星泛雅网络学习平台，1000多门校外优质在线开放课程、数字资源可供教师、学生教学使用，优质教学资源共享课程班级应用覆盖率100%。

参加师生技能大赛。全年组织参加国家、省、市各类技能大赛，获全国职业院校技能大赛服装设计项目一等奖1项，第八届“蓝桥杯”软件大赛全国总决赛一等奖1项、二等奖1项，首届全国高职高专基础力学邀请赛特等奖1项、一等奖2项、二等奖9项和团体二等奖，第五届全国大学生房地产经营管理大赛团体综合一等奖、团体综合二等奖。

服务地方产业发展。深化校企合作，推进“两创示范”，完善校企协同育人机制，完成扬州市智能制造先进技术示范中心、石柱山康养城附属医院、省服装设计与贸易产业链产教深度融合实训平台、省国土资源勘测与环境保护实训平台、金方圆培训学院等产教深度融合平台（中心）建设，发挥学校资源优势，组建科技研发与创业团队入驻科技综合体，12个项目入驻国泰大厦。对接并服务扬州小微企业，联合举办多场“两创”需求方培训暨供需对接会。做好科研工作，服务区域产业发展。制定《扬州市旅游风情小镇建设与管理规范》等地方标准，承接扬州市第三期智库论坛。出台《扬州市职业大学科研项目管理办法（试行）》，与企业开展横向课题研究75个，到账经费210.43万元，全校教师获批专利26项，建立校企协同创新平台1个、校地产学研联盟平台各1个。全年教职工公开发表论文383篇，出版著作1部；有17人获扬州市自然科学优秀成果奖，其中一等奖1人、二等奖5人。获扬州市科协优秀软科学成果奖评选一等奖2项，二等奖1项，优秀奖15项。

加强师资队伍建设。2017年，学校2人获批“青蓝工程”青年骨干教师，1人获批“青蓝工程”专业带头人，1人获批“扬州市有突出贡献的中青年专家”，3人获批“扬州绿扬金凤计划”优秀博士人才。招录24人，引进1名博士。有20人获高级职称，其中获正高级职称2人、中级职称14人。2人参加境外研修项目，46人参加省级骨干教师培训，2人参加专业带头人高端研修，4人参加院系师资负责人培训，8人参加高校哲学社会科学教学科研骨干研修，3人参加高校教师英语强化培训，6人参加新教师职业素养培训，24人参加新教师岗前培训，164人参加信息化教学培训，33人参加省内外各类培训。

开展主题教育，完善学生工作机制。开展“六个文明”创建和学生安全主题教育活动，举办第四届辅导员节，举办963场团日活动。以“青年马克思主义者培养工程”平台，开展2017届“青马工程”培训。学校获江苏省高校学生教育管理“创新奖”二等奖，被评为江苏省“全省百佳学生资助工作单位典型”。

拓展继续教育。2017年，学校“专接本”教育招生939人，成人业余教育招生4294人，远程教育招生272人。开展老年康复、健身、摄影、诗词鉴赏等精品培训。建设新盛街道大刘社区等学习点。依托扬州市各职业院校在乡镇、街道、园区开展各类培训项目50多个，培训小微企业员工1.40万人。依托扬州开放大学，整合校内外培训资源，开展乡村医生、企业职工、现代农民等职业培训，培训1.50万人次；依托校内外33个职业鉴定站（所）开展职业技能鉴定，鉴定量超8000人次。（甄　葆）

■江海职业技术学院　江海职业技术学院（简称江海学院）1999年筹建，2004年经省教育厅批准、教育部备案，成为具有独立颁发专科文凭资质的民办全日制普通高等院校。2016年末，学院占地64.0公顷，建筑面积22.15万平方米，其中教学用房14.5万平方米；教学仪器和实验实训设备总值6000万元，图书馆馆藏纸质图书55万册。

学院设有专业43个。其中，会计电算化为省级特色专业；机电一体化技术、电气自动化技术、数控技术、模具设计与制造、汽车检测与维修技术等5个专业为省重点专业群建设点；会计电算化、应用电子技术、物流管理、计算机应用技术、建筑工程技术、珠宝首饰工艺及鉴定、机电一体化技术等专业为院级特色专业。现代机电制造技术实训基地被列为省高职教育实训基地。

2017年，学院有教职工454人，其中专任教师312人、副高级以上职称80人、“双师型”教师140人。学院专业指导委员会由200多名专家、教授和企业高级工程师、高级经济师、高级工艺师、高级园艺师等组成。推动提高科研水平，扬州市社科联重点课题立项获批16项，市科协软科学研究项目立项11项，6项成果获一、二、三等奖。市自然科学优秀论文评选获政府二等奖1篇、三等奖6篇，学校获“科技为地方服务”先进单位；省高校哲学社科项目、中国职教学会课题、省厅教改课题等立项19项。在中国职教学会结项课题中，1项课题获一等奖。1名教师入选2017“青蓝工程优秀骨干教师”项目，2人入选省高职院校教师专业带头人高端研修项目，1人获省优秀骨干教师境外研修项目。

学院有全日制在校生6961人。当年毕业学生2200人，毕业生初次就业率90%。学院重视学生能力培养，按照“校企合作”“工学结合”办学模式和“教学做”一体化教学模式，实行情景教学、模拟教学、案例教学等教学改革，在63家企业建有校外实习基地，在校内建有机械实习工厂、汽车实训基地、土木实训基地、各类实验实训室等实训基地57个，专业实验实训实习课时占总课时的50%。江海国家职业技能鉴定所可鉴定32个工种技能等级。2017年新增20多家企业与学校达成合作。其中，智能信息学院和文化创意学院联合与上海九城教育合作，“双主体”培养智能化游戏人才；人文旅游学院“金陵”工学班“双主体”办学与上海“马上诺”餐饮有限公司合作，企业提供设备建设实训室、企业课程植入培养方案；机电汽车学院与广州华胜汽车服务苏州大区深度合作，引进高端品牌汽车和企业文化进校区设立实训室；经济管理学院近1000名学生在南通罗莱、苏州科澳斯、杭州悠可等9家合作企业跟岗教学实训。（江海办）

■南京邮电大学通达学院 南京邮电大学通达学院（简称南邮通达学院）是经教育部批准，由南京邮电大学于1999年创办的全日制民办本科独立学院。学院实行理事会领导下的院长负责制。2012年，学院迁址扬州办学。学院占地59.56公顷。2017年，因扬州市总规划绿线变动，学院调整二期工程建筑规划方案，在原规划方案基础上，减少科创园建筑面积，增加1栋5000平方米的学生宿舍，二期工程建筑总面积从5.1万平方米调整为5.2万平方米；确定扬州市发改委可研报告投资金额从2.3亿元增加到4.66亿元；完成一期建设教学楼、实验楼、学生宿舍、教师公寓、地下车库等4.7万平方米的工程质量、消防、规划、节能、环评等竣工验收。

学院有通信工程学院、电子工程学院、计算机工程学院、电气工程学院、商学院、基础教学部、思想政治理论课教学部、国际学院等学院，有通信信息类专业等优势专业21个，工学门类12个、管理学门类5个、文学门类2个、经济学门类1个和理学门类1个。在大学生科技创新训练计划(STITP)中，2017年度STITP项目中60个项目立项，其中20个作为省级项目立项。

2017年，全院自有教职工202人，其中专任教师95人，高级职称教师占22.1%、中级职称教师占44.2%，具有硕士、博士学位的教师占91.81%。实施新的绩效工资标准，提高教职工待遇，平均增幅在40%左右，优化人才激励机制，推动学院可持续发展。完成首次高级职称和中级职称的评审，有6人通过副高职称评审，2人获副高职称确认，34人通过中级职称评审，6人获中级职称确认。学院有1人入选省“青蓝工程”优秀青年骨干教师。全国电工电子基础课程实验教学案例设计竞赛中，有5名教师的项目案例分获一等奖。

2017年，学院有在校生8891人。普通本科招生计划2358人，比上年增加100人；实际录取2358人，其中江苏省录取1530人、外省录取828人。“专转本”计划招生350人，实际录取359人。2017届毕业生中，有383名学生考取国内外研究生，其中358名学生选择国内继续深造；25名学生考取国外的研究生，升学率17.23%，其中物联网工程专业考研升学率42.17%。在各类学科竞赛中，218人次获省级以上奖项141项。获美国大学生数学建模竞赛国际一等奖2项，国际二等奖1项；大学生电子设计竞赛省级二等奖1项；中国大学生计算机设计大赛国家级二等奖2项；全国大学生英语竞赛一等奖1项、二等奖8项、三等奖13项；“新华三杯”全国大学生IT技术大赛全国三等奖2项、省级特等奖1项、省级一等奖5项、省级二等奖12项、省级三等奖12项；江苏省大学生机器人大赛省级二等奖4项、省级三等奖3项；“软银机器人杯”全国大学生机器人技能大赛三等奖2项；“外研社杯”全国英语阅读、演讲和写作大赛省级阅读大赛二等奖1项、演讲大赛二等奖1项、省级写作大赛三等奖1项。学院男子篮球队获江苏省第二届独立学院校园篮球联赛冠军、扬州市第二届大学生篮球联赛冠军；男子足球队获扬州市首届大学生足球联赛暨第二届大学生篮球联赛冠军。麦可思数据有限公司的南京邮电大学通达学院毕业生培养质量评估报告中，在就业落实情况、就业质量、教学与课程评价和素养/能力/知识培养等主要办学评价指标上，学院指标基本与全国非“211”高校的平均数持平，在就业率、平均薪资、就业稳定性等指标上高于全国非“211”高校的平均数。

2017年，学院提高国际交流合作层次。与费尔菲尔德大学签署“3.5＋0.5＋X”本硕连读项目协议；与新西兰维多利亚惠灵顿大学落实协议附件；完善与美国中密西根大学学生申请入学备忘录与基本协议；与加拿大高校、澳大利亚帕斯地区的高校商谈合作意向。推动学生出国(境)学习、交流，全年有11名在籍学生通过学院校际合作项目在国外高校学习，4名学生参加江苏省政府境外学习奖学金项目，3名学生参加加拿大哥伦比亚大学暑期课程学习项目，5名学生作为交换生赴中国台湾学习，12名师生赴中国台湾参加夏令营活动；2名教师到英国诺森比亚大学进修。（甘宗盛　徐文慧）

成人教育

■概况 2017年，扬州市无独立建制的成人高等学校，原属成人教育系列的扬州教育学院纳入扬州市职业大学统一管理；其他在扬普通高校分别设有成人教育机构，招收参加全国成人高考的本、专科毕业生。全市有1.90万人参加各类成人高考。

规范高校学历继续教育行为。开展高校学历继续教育校外教学点年审，组织专业人员对高校学历继续教育校外教学点进行现场抽查。对省内外主办高校在江苏设置的校外教学点进行布局优化调整，对全市所有校外教学点的招生宣传、注册入学、教学实施、考试考务等工作进行监督管理，提升高校学历继续教育管理水平。

提升社区教育质态。推进社区教育富民行动计划，出台《关于在扬州市开展社区教育富民行动的实施意见》。完善全市四级社区教育阵地网络建设，以乡镇社区教育中心为平台，对社区居民开展教育培训和学习活动。高邮市卸甲镇惠万家花卉种植示范基地、仪征市枣林湾社区教育中心农科教结合苗木示范基地创成江苏省教育服务三农高水平示范基地，2个社区教育中心创成江苏省标准化学习苑，2个品牌项目被评为江苏省“社区教育品牌项目”，其中大桥镇留守儿童e家被江苏省教育厅推荐参与全国“社区教育品牌项目”评选。10人入选江苏省“百姓学习之星”，10人入选江苏省级“社区教育先进工作者”，10人入选江苏省级“社区教育优秀志愿者”。3家社区学院和社教中心入选江苏省级“优秀成人继续教育院校”，3个节目入选江苏省级“美蕴秋歌——社区教育文艺成果”，其中《印象龙虬》参加江苏省全民终身学习活动周节目现场展演。

（柏 珏 职社处）

■社区教育富民行动启动 市教育局出台《关于在扬州市开展社区教育富民行动的实施意见》，提升城乡居民思想道德素质、科学文化素质、心理健康素质、职业技能技术，统筹发展好城乡社区教育。社区教育富民行动以五年为期，开展富民行动“五个一批”（一批标准化社区老年学习苑、一批青少年校外辅导培训品牌项目、一批新型职业农民培训示范基地、一批特色社区家长学校、一批优秀社区学习共同体）创建，推动全民终身学习，加快学习型扬州建设。（柏 珏）

■宝应县入围“国家级农村职业教育和成人教育示范县” 2017年，教育部办公厅下发《关于公布第四批国家级农村职业教育和成人教育示范县创建入围名单及开展第五批示范县创建工作的通知》，扬州市宝应县入围“国家级农村职业教育和成人教育示范县”，是扬州市第一家，本次入围全国示范县的县（市、区）江苏省3家。

2016年4月，宝应县启动第四批国家级示范县创建工作。经扬州市教育局、江苏省教育厅指导、推荐，教育部组织专家对创建申报材料进行评审，最终宝应县入围第四批“国家级农村职业教育和成人教育示范县”。

（甄 葆）

■自学考试 2017年，扬州市有26.48万人参加各类自学考试，比上年增加1.68万人，增长6.8%。其中，学历教育考试报名人数3.83万人，与上年基本持平；非学历考试报名人数22.65万人（不含大学生英语四、六级考试7.00万人）比上年增加1.69万人，增长8.0%。

全市非学历证书报名考试人员中，参加全国计算机等级考试(NCRE)4.83万人，参加成人全国计算机应用技术证书考试(NIT)1178人，参加剑桥英语考试29人，参加全国英语等级考试(PETS)7321人，参加书法等级考试15.93万人，参加教师资格证书考试1.04万人。

全市有5.36万课次通过学历自学考试合格，占实考课次的76.9%，比上年提高0.6个百分点。

（柏 珏 考试院）

2017年扬州市成人高等教育招生录取情况表

表32-14

地 区	报名人数(人)			录取人数(人)			
	小计	统一考试	非统一考试	小计	专科升本科	高中升专科	高中升本科
合 计	**19024**	**13152**	**5872**	**16706**	**8278**	**8261**	**167**
市 区	9888	7149	2739	8693	4364	4162	167
邗江区	3767	2733	1034	3254	1700	1554	—
江都区	2091	1182	909	1835	898	937	—
宝应县	743	437	306	660	324	336	—
仪征市	1548	1141	407	1389	448	941	—
高邮市	987	510	477	875	544	331	—

注：表中市区不含邗江区、江都区

（柏 珏 考试院）

2017年扬州市学历自学考试报名考试情况表

表32-15

单位：课次

地 区	总 计	1月考试	4月考试	7月考试	10月考试
报考课次	**86423**	22271	23195	18100	22857
实考课次	**69645**	20146	17367	15794	16338
合格证次	**53555**	16248	13034	12042	12231

（柏 珏 考试院）

文化
Wenhua

编 辑 崔成鹏

综述

■**概况** 全市进一步推进国有文化企业改革，拟定《扬州市市属文化企业国有资产监督管理暂行办法》《扬州市市管文化企业负责人薪酬管理暂行办法》《扬州市市管文化企业年度绩效考核管理暂行办法》。推进媒体融合发展，扬州报业集团获评年度中国媒体深度融合30强。扬州广电集团5个电视频道尼尔森、索福瑞收视份额位居全国城市台第二，并被授予年度最具综合实力城市台奖。广陵古籍刻印社获省文化产业"金梧桐奖"。推进文化市场综合执法改革，印发《扬州市文化市场、卫生计生、水利领域综合执法改革实施方案》《扬州市文化市场综合执法支队主要职责、内设机构和人员编制》，实现"同城一支队伍"。新建成11家24小时"城市书房"、331家村(社区)综合文化服务中心、9家文博场馆，新增350家农家书屋，实现通借通还。宝应县氾水镇文体站被授予国家公共文化政策研究实验基地。国家示范项目扬州"四位一体"公共图书馆服务体系建设通过省文化厅中期督查。组织开展公益文化活动562场次、曲艺书场演出838场次、全民阅读活动2000余场次，放映公益电影1.22万场次，举办第三届"绿杨人家"社区艺术节、"绿杨风"群众文艺新作评比、"朱自清读书节"、广场舞大赛、扬州地区革命文物展、纪念汪曾祺逝世20周年、"美丽中国唱起来"文艺演出等活动。扬州市入选省首批书香城市建设先进市。6个项目获得国家艺术基金资助，名列全省设区市第二，1个项目获国家艺术基金滚动资助，5部作品获省第十届精神文明建设"五个一工程"奖，3部剧目获第三届省文华奖，6个项目获省艺术基金资助。木偶剧《嫦娥奔月》首登国家大剧院，获第二届南充国际木偶艺术周最佳剧目奖，扬剧《史可法——不破之城》参演第15届中国戏剧节。戏曲数字电影扬剧《衣冠风流》完成拍摄，扬剧《扳和珅》首演并获国家艺术基金提名。市区文化艺术精品工程资助13部作品。市文艺创作引导资金资助图书出版类作品10部、舞台表演类作品14部、书画展览类等项目6个。8篇短篇小说被授予第五届汪曾祺文学奖。《全闽词》获全国优秀古籍图书奖一等奖，《焦循全集》获全国优秀古籍图书奖二等奖、华东地区优秀古籍图书特等奖，4种图书获华东地区优秀古籍图书一、二等奖，《郑板桥手书论语》古装书获美国印制大奖"班尼奖"。报业集团获江苏新闻奖1个、2016年度省好新闻奖38个。微电影《一代剪给一代看》获第五届亚洲微电影艺术节"金海棠奖"。廉政文化纪录片《史可法家训》在中纪委监察部网站播出。视频《非遗扬州·墨香》获全国党媒优秀原创视频"十佳视觉奖"。广电集团共有17件次节目作品、10件技术类作品获得省级一等奖以上奖项。组织大运河第一城扬州书画摄影作品展进京展出。举办第八届中国古筝艺术学术交流会、"运河风情"中国运河城市美术作品展、全国中国画名家作品邀请展、省优秀美术家系列展、首届书画双年展、扬州八怪书画展、第八届中国邮文化节、第三届焦循戏剧节等活动。《扬州文化名人访谈录》第二辑出版。举办5大文化创意平台专项文创赛事。评选首批6个文化创意产业"两创"示范点。在甘泉街道规划建设琴筝文化产业园。华侨城、光线传媒(扬州)中国电影世界等百亿级重大项目落户。举办扬州文化产业博览会暨第12届中国玉石雕精品博览会、中国漆器艺术精品展，参观者超4万人次，交易额3000万元。举办江浙沪特色文化产业产金融合推介活动。举办扬州·台湾文创产业交流合作恳谈会、扬州厦门台湾文化产业对接会，推介文化产业项目。14个项目获省级以上文化产业专项资金1590万元。在第四届"紫金奖"文化创意设计大赛中获16个奖项。2家企业入选第三批省重点文化科技企业，全市累计13家。全年净增"三上"文化企业(规模以上文化制造业、限额以上文化批发零售业、规模以上文化服务业)70家。"扬州漆器"创成国家地理标志商标。全市总票房收入2.42亿元，文化产业增加值占地区生产总值5%。推进大运河文化带建设，编制完成《扬州运河文化遗产保护利用总体策划》。举办第十届世界运河城市论坛、大运河文化带动员大会，建立世界运河古镇合作机制，与扬州大学共同组建中国大运河研究院，开展"一带一路一河"文化走亲活动。推进扬州城国家考古遗址公园建设，隋炀帝墓考古遗址公园建设进展顺利。龙虬庄考古遗址公园项目被列入第三批国家考古遗址公园立项名单，仪征庙山汉墓和邗江甘泉山汉墓群入选第三批省大遗址名录。3个项目入选省红色遗产、名人故居抢救性保护和展示提升工程。开展《扬州市非物质文化遗产保护条例》立法调研，举办首个“文化和自然遗产日”活动，打造“非遗悦心”展示展演品牌。（蒋少华）

■人才建设 “‘1＋N’文化名师工作室打造文化传承‘扬州样本’”项目获评全省宣传思想文化工作创新奖。陈韵强、薛春梅入选中宣部“四个一批”人才。省木偶剧团(市木偶研究所)被联合国教科文组织国际木偶联会中国中心、中国木偶皮影艺术学会授予中国木偶艺术人才传承培训基地。6名青年扬剧演员获第八届江苏戏剧奖·红梅奖，其中包揽2枚金奖。承办国家艺术基金资助项目——全国杖头木偶表演人才培训班。举办曲艺人才传承班。加强系统高技能(高职称)人才建设，评选出政工高级17人、新闻高级1人，政工中级35人、新闻中级23人。举办全市宣传文化系统集中学习会、高层文化人才专题研修班、基层宣传委员培训班、党委政府新闻发言人培训班、全市中心组学习秘书培训班、理论宣讲骨干培训班、文艺骨干培训班、戏剧曲艺创作人员讲习班、基层文化干部培训班等，实现基层、系统、业务培训“三个全覆盖”。加大基层文化队伍扶持力度，评选表彰21支优秀群众文化团队，项目化扶持10支优秀基层文化团队。宝应县、高邮市分别委托扬州文化艺术学校培育淮剧传承人、基层文化人才。（蒋少华）

文化设施

■扬州市图书馆 2017年，市图书馆服务读者160万人次，借还图书191.5万册次，数字资源访问下载67万次，电视图书馆平台点击率86万余次。新增借阅证3.58万张，总持证读者13.65万人。采购纸质图书4.19万种14.97万册，馆藏总量146万册。扬州市个人综合阅读率列江苏省第三位。新增中国知网汽车产业特色数据库和中宏经济数据分析决策数据库2个实用性教学数据库。拥有30个外购数据库和6个自建数据库，存储总容量80太字节(TB)。

主阵地服务。图书部设置每周新书、好书推荐，结合时事热点，设有“两学一做”“跟习总书记读经典”“喜迎十九大”等专题书架，受到读者和文化部评估定级专家组的好评。期刊部接待阅览读者8.06万人次，流通期刊3.86万册，提供参考咨询907条，公开信息8000多条。采编部赠送新疆新源县图书馆图书近万册。古籍部完成近1.6万张古籍拓片登记、造册和数字化，制订《扬州市图书馆馆藏金石拓片分编细则》草案，建立市图书馆馆藏金石拓片数据库。挖掘馆藏古籍155种申报第四批《江苏省珍贵古籍名录》，完成378部古籍普查编目，完成古籍普查问题数据269条的核改，完成《江苏经籍志·书志》收录的馆藏75部珍贵古籍的条目撰写工作。

分馆、城市书房建设和管理。2017年，建成12家城市书房，以及中国人寿、市文化宫、市财政局、中共扬州市委、智谷5家分馆。至年底，建成17家场馆式城市书房、4个机器式24小时自助图书馆，拥有高标准通借通还“一卡通”分馆30个。各城市书房及分馆共接待读者150万人次，借还书115万册次，新办证3.7万张，图书配送总次数累计400次，配送书刊10万余册(含新建书房图书配送)，回库书刊1.8万册。实体图书馆和数字图书馆融合工作获省委宣传部和扬州市政府工作创新奖，并入选扬州人民广播电台2017年10个“赞工作”之一。

品牌活动。2017年，完成现场讲座42场，其中高端名家讲座22场、地方文化讲座20场，现场听众1.58万人次。举办展览18场，做到月月有新展览，参观人次10万多人次。组织开展“阅读，遇见更好的自己”2017年度扬州市红领巾读书征文评奖活动，开展江苏少儿数字图书馆数字资源线上线下体验活动；组织“阅读成就梦想、书香美丽扬州”——第三届“朱自清读书节”主题活动，开展“我最喜爱的童书”评选、“优惠图书任你选”“你选书，我买单”精品图书展销会及签名售书活动、“图书交换·共享阅读”“阅读成果”展示展览等系列活动；组织全市公共图书馆开展“书香润身心 阅读塑品质”2017年度图书馆服务宣传周活动，倡导全民阅读；策划组织“七彩夏日”——2017年市图书馆青少年暑期系列活动；开展“高清电影周周看”“视频讲座周周听”活动，分别放映电影92场、视频讲座37场。

合作发展。《扬图讲堂》走进山西，以馆际协作的方式，开展地方文化传播、交流的新探索。受邀加入由

三湾城市书房外景 张孔生/摄

省干部理论教育讲师团“江苏大讲堂”与南京市委宣传部“市民学堂”共同发起“紫金讲坛联盟”。11月17日，由市图书馆、深圳市盐田区图书馆、金陵图书馆联合承办的中国丝绸之路——海洋文化论坛暨海图展览于市图书馆开幕，以联盟合作的方式，围绕“一带一路”倡议进行交流。

（董仲元 李宗强）

扬州市美术馆(国画院) 2017年，举办由省书法家协会参与的市书法双年展。5月，由中国画学会、中共扬州市委宣传部主办，中国国家画院学术支持，省中国画学会、市文广新局承办的“中国梦·笔墨情——2017畅美扬州全国中国画名家作品邀请展”在市美术馆举行。此次展览是省政府与中国国家画院首次合作举办的全国性中国画名家作品邀请大展，汇集刘大为、冯远、杨晓阳等30余位书法家的百余幅作品，市美术馆收藏参展画家作品各一幅。举办“扬州画家画扬州”活动。举行“喜迎十九大 书画颂扬州”百名书画家绘百米长卷活动。扬州网、扬州发布等新媒体进行现场直播，活动作品由市美术馆永久收藏，还参与进京展览活动。市美术馆举办展览51场。

（安玉民 韩 震）

扬州博物馆 2017年，扬州博物馆现代艺术展厅改造工程完成。举办展览22期，其中馆内制作特展14期、输出展览6期、合作联展2期。特展包括吉祥如意——扬州博物馆鸡年艺术展、省第一次全国可移动文物普查成果展、流耀含英——汉代王室文物展、细君归来——新疆伊犁草原文物和民族风情展等。外展包括在河北博物院、南宋官窑博物馆、仪征博物馆和江都博物馆等举办的清孤不等闲——扬州八怪书画展、扬州慢——风物中的雕刻之美、峥嵘岁月——扬州地区革命文物展等。2期联展为：各有灵苗各自探——扬州博物馆·贵州省博物馆藏扬州八怪书画联展、陈崇光 黄宾虹——扬州博物馆、浙江省博物馆馆藏近现代书画联展。文博城重点项目——郑板桥纪念馆于6月10日对外开放。借展文物246件(套)支持成都博物馆、南京市博物总馆、山东博物馆等举办主题展览。全年接待观众100.12万人次，外展参观观众35.6万人次，共计接待观众135.72万人次，比上年增长46%。讲解接待共1920批次，志愿服务讲解接待累计1.74万小时。为观众提供社教体验项目2400多场次，举行“乐高积木主题搭建”“陶艺文化体验”“传统文化小课堂”“趣味DIY”等系列主题特色社教活动100多场。共举办义务鉴定活动11期，参与人数近600人，与市博物馆协会共同举办“扬博大讲堂”，开办讲座17次。与扬州技师学院、市特殊教育学校等建立合作共建关系。接受大中院校学生社会实践、毕业实习等50余人次。举办参观交流、讲解培训、讲座学习等志愿者培训20多次。完成扬州博物馆官方网站改版升级上线工作。征集玉石、书画类等器物17件(套)，接受各类捐赠品78件(套)。文物征集经费支出100万元，完成征集及捐赠文物登记入账。遴选47件(套)一普馆藏文物，完成定级工作。修复陶瓷器24件(套)，基本完成省文物局陶瓷器保护修复项目，保护修复宋代铁钱130枚，修复书画类文物(裱画及拓片)100件。完成国家和省级文保项目——馆藏珍贵文物预防性保护项目。完成木漆器脱水200件(套)，木漆器文物修复50件(套)，承接无锡考古研究所27件宋原木漆器文物修复工作。《江淮文化论丛》第四辑出版。2017年，扬州博物馆入选省首批文创开发试点单位，争取市文化产业发展引导资金用于馆内文创开发。开发系列文博创意产品，完成梅瓶系列，环保小夜灯、DIY涂色套装、商务纪念套装；八怪书画系列，竹制书签、手机壳、多彩窗格文化衫、笔记本；馆藏系列，打马球铜镜丝巾、长沙窑罐和梅瓶桌面夜灯、瓷器金属直尺、书画背包、水墨马克杯；非物质文化遗产系列，狗年剪纸册、扇面镜框装饰画等文创产品的开发。改造升级博物馆一楼、二楼商品部，开辟博物馆书店，加入“博苏堂”省博物馆商店联盟。增加扬州汉广陵王墓博物馆、东关街广陵古籍刻印社门店2处合作经营点，馆外经营点达到6处。组织“让文物活起来”——市文博创意产品设计大赛，并完成成果转化工作。组织人员赴潍坊、北京、广州多地参加文博展会，获最佳人气奖和文创产品优秀奖。服务部实现营业额72万元。投资400万元完成安防升级改造项目。天宁寺安防改造工程于8月全部完工。全年实现文物和开放安全无事故。定期组织人员对天宁寺古建筑进行检查，对大殿、两廊、办公区漏雨的屋面进行修缮，对会议室、活动室、水泵房等内墙涂料剥落严重处进行重新粉刷，对天宁寺进行全面的白蚁防治。对郑板桥纪念馆屋顶望砖进行加固。（冯永革）

扬州市文化馆 2017年，市文化馆承办第二届“绿杨人家”社区艺术节，将“我爱主持”业余主持人大赛首次引入到社区艺术节中；承办第二届“绿杨风”群众文艺新作评比；组织“绿杨风”送文艺进基层近40场和“绿杨书场”说书200场；承办第三届“紫金合唱节”市选拔赛；承办“向上向善”——戴珩品味人文扬州分享会；承办“大美三湾 生态家园”——三湾生态公园开园仪式暨群众文体演出；协办“精彩江苏”——全省优秀群众文艺作品巡演。全年共举办书画摄影作品展览27场，4.6万多人次进馆参观。4月，由伊犁州文化馆主办的“民族风·伊犁情”摄影作品展在市文化馆举行；5月，举行“精彩江苏”基层文化送展巡展——“半日闲”5人书法小品扬州展；12月，承办纪念孙龙父先生诞辰100周年系列活动——孙龙父书画篆刻作品展；举办第二届“书香扬州”摄影大赛。组织开展“我爱歌唱”——声乐大课堂、“歌声飞扬”——声乐沙龙、“小小主持人”“广场舞月月训”等公益培训，2期共培训400人次；举办16期道德讲堂活动。举办“非遗保护——传承发展的生动实践”主题展演活动，“扬州之春”艺术周——琴筝艺术传承人“翔声之音”演奏会，陕西省国家级非物质文化遗产华阴老腔交流演出活动，“非遗悦心”系列活动——“七弦为益友，满目皆知音”古琴艺术讲座，扬州毛笔制作技艺讲座，扬州清曲《好一朵鲜花》曲目赏析，顾永骏、顾铭玉雕作品展，扬州杖头木偶历史渊源讲座以及承办《五知斋琴谱》专题打谱学术交流会等活动。同时组织“非遗”传承人赴港参加庆祝香港回归20周年——淮扬美食周活动，赴宁参加第13届中国(南京)国际软件产品和信息服务交易博览会，参加世界运河古镇合作机制·邵伯行开幕式展演，扩大对外交流。做好国家级“非遗”传承人抢救性保护记录工作。

（董仲元　李宗强）

■**基层阅读设施**　实施“图书馆＋”模式，全市7个县级以上公共图书馆全部达到国家一级图书馆标准。建成100多个县级图书馆乡镇分馆，新建成331家村(社区)综合文化服务中心，新增350家农家书屋实现通借通还。主城区公共图书服务网络覆盖率超过90%。主城区建成开放自在公园、四望亭路、仁丰里、扬子津、三湾湿地公园、市民中心、振兴花园、华建上院、绿地、STARRY、曲江、邗江区等12家24小时城市书房，县(市、区)新建3家城市书房。至年底，主城区建成开放17家城市书房。

（苗　芹　李相林）

■**农家书屋建设**　2017年，完成全市1096家农家书屋信息核查工作；完成350家农家书屋通借通还建设，并发放2016年度全市完成通借通还建设任务的300家农家书屋补助资金30万元。以农家书屋等公共阅读服务场所为平台，先后开展全市农民读书节系列活动、读书会、读书征文、雕版印刷演示、书画大赛等活动。开展农家书屋提升工程试点申报工作，高邮市获评省2016年农家书屋提升工程试点工作示范县(市、区)，宝应县获评省2016年农家书屋提升工程试点工作先进县(市、区)，邗江区蒋王街道、江都区仙女镇、宝应县安宜镇获评省2016年农家书屋提升工程试点工作先进乡镇(街道)。江都区滨江新城新和村农家书屋获评全国示范农家书屋，高邮市汤庄镇缨阳村农家书屋管理员孙燕获评全国优秀农家书屋管理员。宝应县安宜镇大桥村等5家农家书屋获评市级四星级示范农家书屋，宝应县山阳镇春光村等12家农家书屋获评市级三星级示范农家书屋。组织参加全国、省“我的书屋，我的梦”征文活动，江都区张纲小学顾明山、冯千诺获得全国小学组优秀征文奖，宝应县小官庄镇中学杨淑雯、望直港镇中学王伟获得全省中学组三等奖，宝应县望直港镇小学房馨怡获得全省小学组优秀奖。　（苗　芹　李相林）

公共文化

■**概况**　2017年，第六次全国公共图书馆评估定级，全市7个图书馆均达到国家一级馆。扬州市个人综合阅读率列省第三位。市图书馆建成17家场馆式城市书房。建立《扬州市图书馆馆藏金石拓片数据库》。参加省级珍贵古籍申报工作，挖掘馆藏古籍155种申报第四批《江苏省珍贵古籍名录》，完成新部378部古籍普查编目，完成《江苏经籍志·书志》收录的馆藏75部珍贵古籍条目撰写。《扬图讲堂》完成现场讲座42场，扬州市文化馆获得“全国十佳文化馆”称号。市文化馆承办第二届“绿杨人家”社区艺术节，第三届“紫金合唱节”市选拔赛，“向上向善”——戴珩品味人文扬州分享会，“大美三湾 生态家园”——三湾生态公园开园仪式暨群众文体演出等重大文化活动。推进“非遗”立法并取得阶段成果，举办“非遗”系列展演展示活动，组织开展非遗进校园的“非遗”传习传播活动，做好国家级“非遗”传承人的抢救性保护记录工作。

（董仲元　李宗强）

■**全民阅读活动**　举办第三届以“阅读成就梦想、书香美丽扬州”为主题的“朱自清读书节”，全年安排10个篇章260余项全民阅读系列活动，活动总数2000多场。全市开展读书会、朗诵会、分享会、讲堂讲座等系列阅读活动。塑造以“扬州讲坛”“扬图讲堂”为代表的集群式讲堂讲座活动。向全市广大市民推荐12本好书阅读，开展第二届“书香扬州”摄影大赛，举办“书香扬州”摄影图片展等活动。开展书香建设评选活动，表彰“全民阅读工作先进单位”“全民阅读工作先进个人”“优秀基层社会阅读组织”。扬州市获“省书香城市建设先进市”称号。　（苗　芹　李相林）

■**第二届“绿杨人家”社区艺术节**　由中共扬州市委宣传部、市文明办、市文化广电新闻出版局、市民政局、市体育局、扬州广播电视传媒集团(总台)、扬州报业传媒集团等7部门联合举办市第二届“绿杨人家”社区

演员们在表演苏扬评弹《小巷情深深》　庄文斌/摄

艺术节。社区艺术节共评出“舞动扬城”广场舞比赛表演一等奖3个、二等奖5个、三等奖6个，编创奖3个；“幸福和声”合唱比赛一等奖3个、二等奖5个、三等奖5个，优秀指挥奖3个；“我爱主持”业余主持人大赛金奖3个、银奖4个、铜奖5个；“绿杨人家”社区艺术节优秀组织奖9个。

（董仲元　李宗强）

文学艺术

■概况　举办“扬州之春”艺术周活动，先后组织扬州曲艺专场、木偶剧《森林王子》、琴筝艺术传承人演奏会、舞蹈诗剧《大运扬州》、扬剧《红鬃烈马》、民族音乐会等6个专场7场演出以及迎春系列画展。承办城市荣誉表彰暨新年联欢会。中国戏曲学院表演系2014级多剧种班（扬剧）开展教学剧目成果汇报演出。举行省优秀美术家系列展，先后展出喻慧、胡丽娜、刘红沛、时卫平、梁元5位美术家作品。开展“运河风情”扬州地方文艺特色展演和“江南曲美”国家“非遗”展演，并在17个城市共演出22场。举办“庆‘七一’·扬清风”市第五届廉政书画摄影展，共展出国画、油画、漆画、漫画、书法、摄影及其他作品共463件。木偶剧《嫦娥奔月》晋京演出。中国戏剧梅花奖数字电影工程——4K戏曲电影扬剧《衣冠风流》在宜兴江南影视中心开机。9月，举办2017扬州书法双年展，展出132件作品，《出幽入明学日益》等20件书法作品被评为优秀作品。举行偶韵流芳——庆祝省木偶剧团建团60周年惠民演出，省木偶剧团老中青三代演员表演《琼花仙子》《白雪公主》《木偶绝技组合》《嫦娥奔月》等剧目，参加演出的还有唐山荧光皮影《三岔口》、泉州提线木偶《青春梦与猴趣》、南充大木偶《千里共婵娟》。开展“砥砺奋进的五年”——市喜迎十九大艺术展演月活动，共举办展演21场、展览2场。举办第八届中国古筝艺术学术交流会和“喜庆十九大、书画颂扬州”扬州百名书画名家绘百米长卷活动。举办“运河风情”中国美术作品展，138件作品参展。承办江苏戏剧奖·红梅奖总决赛。

扬州市微电影《报痴罗永庚》在中宣部宣教局、中央网信办网络新闻信息传播局、中央新闻纪录电影制片厂（集团）举办的第二届社会主义核心价值观主题微电影征集展示活动中获“五分钟优秀作品”二等奖；歌曲《芦柴花开是故乡》《月亮城》，木偶剧《乐伢与精灵》等6个项目获国家艺术基金资助，名列全省设区市第二；扬州弹词《梅兰芳·蓄须明志》入选国家艺术基金滚动资助项目；扬州清曲《扬州小巷》、扬州评话《推开“麻”门》入选全国曲艺优秀剧（节）目展演；木偶剧《嫦娥奔月》首登国家大剧院，获第二届南充国际木偶艺术周最佳剧目奖；扬剧《史可法——不破之城》参演第十五届中国戏剧节，与小说《李光荣下乡记》、歌曲《月亮城》、广播剧《飞到延安去》同获省第十届精神文明建设“五个一工程”奖；诗歌集《扬州慢》获省第六届紫金山文学奖；纪录片《男儿立志初生日　乳饱饴甘便要廉》获得省电视奖优秀奖。市文联在

2017年扬州部分出版文艺作品一览表

表33-1

书　　名	类　别	作　者	出版社
无底洞的底	短篇小说集	王树兴	江苏凤凰文艺出版社
下乡记	散文集	尤泽勇	广陵书社
蓝蓝和外星人	儿童文学	涂晓情	江苏凤凰文艺出版社
独上齐云	散文集	曹阳春	团结出版社
明月文化中的扬州文学	文艺研究	孙德喜	广陵书社
芦苇花又开	长篇小说	张兆珍	江苏人民出版社
长清短清	长篇小说	王　艳	古吴轩出版社
在路上	散文集	胡琳珍	江苏凤凰文艺出版社
骑在围墙上看鸟和铜像	诗集	王玉清	新华出版社
印萃——孙龙父先生印谱	印章作品集	市文联编	广陵书社
“守护安宁　为民设防”摄影作品集	摄影作品集	市文联编	
铁铸军魂——庆祝建军90周年书画作品集	书画作品集	市文联编	
紫荆花艳——庆祝香港回归20周年书法作品集	书法作品集	市文联编	
“喜迎十九大 共筑中国梦”书画作品集	书画作品集	市文联编	
两岸一家亲——扬台交流合作30周年书画作品集	书画作品集	市文联编	

（吴建军）

省第八届江苏戏剧奖·红梅奖大赛中获优秀组织奖。《李光荣下乡记》《温暖的小手》《月亮城》等3部作品获第二届扬州市政府文学艺术奖作品奖，王虹军、戈弘、李仁珍、杨麟、汪琴5位老艺术家获终身成就奖；《一生缘》等22部作品获市优秀文艺作品刊播展演奖。李政成获省文华表演奖，游佳琦、徐梦雪囊括第八届江苏戏剧奖·红梅奖两个金奖。刘[illegible]君、康康、谭敏、赵松艳获第七届江苏曲艺“芦花奖”表演奖，王智超获新人奖。周紫薇、陈俊获省第五届青年舞蹈演员大赛“十佳青年舞蹈家”称号。严安书法作品入选全国第二届楷书展；孔研书法作品入选全国第二届书法临帖作品展；姜忠明、韩卫民书法作品入选全国第八届楹联书法作品展；在第二届“江苏书法奖”中，梁奇获提名奖，许爱明、朱瑞华、吴顺乐作品入选；在“江左风流奖”——省第八届青年书法篆刻作品展中，梁奇作品获奖，霍宝华、李文兵、梅静、王成斌、吴德兰、吴顺乐、徐闻骏、俞爱生、张斌、赵宏武、钱一凡等11人作品入展。徐郊作品入选“艺术与和平”——中国当代美术作品展，徐雪芬、董雷、李云飞、宋体文、房林、张大成、范银华、鞠培峻、陈学春、曹生龙、王华逸、方有明、卢涛、周明扬、肖渝山、陶磊作品入选省第二届“江苏美术奖”。市八刻艺术研究会组织参加第18届中国工艺美术大师作品暨手工艺术精品博览会，获得5金2银7铜的佳绩。（朱运桃　吴建军）

■**理论研究**　聘请50多名特聘研究员，作为扬州文化艺术理论研究的合作伙伴，形成研究团队，范围涵盖扬州历史文化、地方戏剧、曲艺、木偶及非物质文化遗产等领域。年底与剧目室组织扬州地方艺术理论研究重点资助项目申报和评审工作，有5部著作获得资助。《扬州市文化产业与文化消费的研究》课题研究被列为2017年度市级社科重点课题；参与研究的《刘师培诗词注释与研究》完成30万字。朱小涛与东北师范大学文学院合作，参与朱自清相关调研研究活动；策划朱自清诞辰120周年系列活动方案；参与家风讲座、江苏“孔子诞辰日”全民阅读活动、朱自清散文奖颁奖暨纪念晚会等多项社会文化活动。

（殷德平　崔绪平）

■**文艺创作引导资金**　2017年度市文艺创作引导资金加大对项目统筹规划、质量把关、资金扶持的力度，申报范围涵盖各个艺术门类，共收到70余项创作规划和实施方案，经省、市两级专家进行评审，扶持《无底洞的底》《下乡记》《蓝蓝和外星人》等图书出版类作品10部，《板桥作画》《推开“麻”门》《小巷情思》舞台表演类作品14部，“铁铸军魂——庆祝建军90周年”书画作品展等展览类重大项目5个。（吴建军）

■**文学作品交流**　1月17日，《村庄的真相》《在场》《飞虎与黑狼》作品研讨会在市文联召开。研讨会上，图书作者周荣池、傅强、王志林分别介绍自己的创作心得与体会，张泽民、吴周文、叶橹、韦明铧等分别对3部作品进行点评。2月24日，书法家、篆刻家袁立中的散文集《心性之道》首发式暨座谈会在市文联举行。《心性之道》集中收录袁立中从事书法艺术创作30多年来心路历程的散文23篇。4月27日，《绿杨书画缘》《张綖〈诗馀图谱〉考辩》《扬州俗语集萃》作品研讨会在市文联召开。3本书籍均为2016年度文艺创作引导资金的入选项目。6月8日，由市文联、市体育总会联合主办的王资鑫《广陵风》《剑道》作品研讨会在文联举行。（吴建军）

■**第二届“春的律动”文艺活动展示月**　4月，市文联开展30项文艺活动，分别由各县（市、区）文联和各文艺家协会和其他相关单位、文艺团体具体承办，涵盖文学、音乐、舞蹈、书法、美术、戏剧、曲艺、民间文艺等各艺术门类，包括“到人民中去”——扬州市文艺界惠民演出走进“486”暨第二届“春的律动”文艺展示月启动仪式、“歌吹是扬州”音乐会、“诗意栖居”——扬州新兴私家庭院艺术展、“百部影片颂扬州”活动、“春的律动”——宁镇扬女书画家邀请展等。（吴建军）

■**喜迎十九大艺术展演月活动**　9月16日至10月16日，举行“砥砺奋进的五年”——市喜迎十九大艺术展演月。活动期间，共举办21场展演、2场展览。艺术形式囊括歌舞、扬剧、扬州评话、扬州弹词、音诗画、木偶表演、美术、书法等，包括获得中国木偶“金狮奖”、华东六省一市舞蹈比赛金奖、国家艺术基金资助、省舞台艺术精品工程重点资助、中国戏剧节优秀剧目奖的优秀作品以及近五年创作的优秀美术书法作品。

（朱运桃）

■**“到人民中去”江苏文艺志愿服务主题实践活动**　12月15日，由省文联主办，省书法家协会、宝应县政府、市文联承办的“‘到人民中去’江苏文艺志愿服务主题实践活动（宝应站）暨‘苏风墨韵’省书法名家精品巡回展走进宝应”在宝应举办。展览展出尉天池、言恭达、孙晓云等书法名家的80幅作品。“江苏省书法家协会公益大讲堂走进宝应”在宝应举办，讲座由黄正明主讲。书法家王卫军、黄正明、谢少承作作品点评，对现场书法家和书法爱好者的书法作品进行点评。（吴建军）

■**第二期文艺骨干培训班**　6月13—15日，市第二期文艺骨干培训班在中共扬州市委党校举办，各县（市、区）文联负责人和各乡镇（街道）文联主要负责人共70余人，交流学习先进文联工作经验，聆听专家学者精彩授课。培训班邀请省文联副主席杨企鹏讲授《坚定文化自信，用文艺振奋民族精神》，南京市江宁区文联副主席李萍讲授《百花扎根沃土，艺术奉献人民——南京市江宁区文联工作的实践与创新》，市纪委常委赵志宏讲授《深化“两学一做”，提高法纪素养》，市文联副主席朱红林讲授《书法艺术赏析》，市文联原主席、文化学者曹永森讲授《扬州传统文化的历史底蕴与当代价值》，中共扬州市

6月13—15日，扬州市第二期文艺骨干培训班举办　　　文联/供稿

委党校教授王向东讲授《文化发展改革与基层文艺工作者的“小目标”》。（吴建军）

■**第二届文艺新作展演**　11月19日，由市文联、广陵区委宣传部主办，广陵新城管委会、广陵区文联、市舞蹈家协会、市音乐家协会、市曲艺家协会、市戏剧家协会协办的“向党和人民汇报”——市第二届文艺新作展演在扬州举行。演出过程中还举行2017年度市文艺创作专项引导资金入选项目颁证仪式。此次演出的10个节目均为2017年度引导资金评出的舞台表演类项目。（吴建军）

■**市文学艺术界联合会**　2017年，市文学艺术界联合会（简称市文联）新成立协会1家（市朗诵协会），市摄影家协会换届。至年底，全市有市级文联1家、县（市、区）级文联6家、乡镇（街道）级文联68家、行业文联4家、企业文联8家。市文联有下属文艺家协会（研究会）39家，会员1万余人，其中国家级会员400余人、省级会员1400余人。（吴建军）

■**扬州文化艺术学校**　2017年，扬州戏曲园（扬州文化艺术学校改扩建）项目建成并投入使用。戏曲园占地3.64公顷，建筑面积7.3万平方米，总投资概算3.4亿元。省文化厅、苏州市政府、扬州市政府联合决定由省戏剧学校、苏州评弹学校、扬州文化艺术学校联合申办成立江苏戏剧职业学院。扬州文化艺术学校招收新生265人，比上年上升38%。新一届曲艺班开班，高邮市文广新局委托培养的一年制社会文化艺术班开班。2017学年度，对口单招班学员4人进入本科院校学习。8名学生参加普通高考进入本科院校学习。毕业生就业率稳定在98%以上。学校在各级各类赛事中，获得国家级奖项18个、省级奖项41个、市级奖项56个。在2017全国艺术职业教育首届“微课”比赛中获金奖1枚（共设金奖10枚）；在2017全省职校师生技能大赛中，获1金2银2铜。在江苏戏剧奖·红梅奖大赛中，第13届扬剧班毕业生游佳琦、徐梦雪摘得2枚金牌。12月，学校获选“省华文教育基地”“中华文化海外交流基地”。（殷德平　崔绪平）

戏剧曲艺

■**中国戏曲学院表演系2014级多剧种班（扬剧）教学剧目成果汇报演出**　3月23日，举行中国戏曲学院表演系2014级多剧种班（扬剧）教学剧目成果汇报演出。扬剧史上首批13名本科生以及市扬剧研究所青年演员表演《王宝钏·花园会》《鸿雁传书》《夜奔》《梁祝·回十八》《艳阳楼》等剧目。（周寿泉　薛梦莹）

■**戏曲电影扬剧《衣冠风流》开机**　8月2日，由中国文联、中国剧协主

2017年扬州市文联讲堂一览表

表33-2

时　间	地　　点	主讲人	主　　题
4月11日	“486”非遗集聚区	朱红林	褚遂良《大字阴符经》与行书的关联性
4月21日	琼花观	马　啸	从技法进入文化，以文化提升技术
5月10日	琼花观	赵志宏	深化“两学一做”，提高法纪素养
5月18日	市地税局	丁　捷	追问初心
5月23日	琼花观	刘东芹	草书的辨识与学习
5月24日	吴堡小学	朱红林	“到人民中去”文艺志愿服务——公益书法讲座
7月12日	琼花观	王卫军	行书的临帖与创作
9月28日	扬州树人学校	刘庆邦	做人与作文
10月10日	扬州职业大学	周文彰	让业余更有意义
10月26日	琼花观	郑长安	国展优秀行书作品赏析与投稿技巧

（吴建军）

大型历史古装扬剧《衣冠风流》演出剧照　庄文斌/摄

办，市文广新局承办的中国戏剧梅花奖数字电影工程——4K戏曲电影扬剧《衣冠风流》开机仪式在宜兴江南影视中心举行。扬剧《衣冠风流》由市扬剧研究所创作，由中国戏剧“梅花奖”得主、“扬剧王子”李政成领衔主演，演绎东晋大臣谢安尽忠报国的故事。（周寿泉　薛梦莹）

■第八届江苏戏剧奖·红梅奖总决赛 12月20—23日，由省文学艺术界联合会主办，省戏剧家协会、市文化广电新闻出版局、市文学艺术界联合会承办，市扬剧研究所、市戏剧家协会协办的第八届江苏戏剧奖·红梅奖总决赛在扬州举行。此次比赛有262名专业戏剧演员报名参赛，参赛剧种有昆剧、京剧、扬剧、锡剧、淮剧、越剧、柳琴戏、徐州梆子、淮海戏、黄梅戏、通剧，评出金奖2个、银奖12个、铜奖16个。其中，游佳琦、徐梦雪2人包揽全部金奖，赵倩获得银奖，彭楷仪、赵悦、徐凡等3人获得铜奖，获奖率100%。（朱运桃）

■扬州市第二届“芍药奖”曲艺大赛 7月30日，由市文联、市文广新局主办，市曲艺家协会、市文化馆承办的第二届市“芍药奖”曲艺大赛在市文化馆举行。此届大赛设少年组、成人业余组和成人专业组，张正、祝乐、刘芓君分别获得少年组、成人业余组、成人专业组一等奖。大赛还设置二等奖、三等奖、入围奖等奖项，邗江区文化馆、仪征市文化馆、洪运府学获优秀组织奖。“芍药奖”是扬州曲艺最高奖，该奖项是与江苏曲艺最高奖“芦花奖”衔接的奖项，旨在发现培养曲艺人才、传承弘扬曲艺艺术、推动扬州曲艺事业发展和繁荣。（吴建军）

■江苏省扬州市扬剧研究所 2017年，市扬剧研究所组织演出76场，其中公益演出12场，组织“周周看扬剧”惠民演出78场。3月，举办教学剧目汇报演出及研讨活动，检验在中国戏曲学院表演系2014级多剧种(扬剧)本科班学习的青年演员学习成果。新创扬剧《史可法—不破之城》参加在宁夏银川举办的第15届中国戏剧节演出，获“优秀入选剧目”。该剧还获省第十届精神文明建设“五个一工程”奖、第三届省文华优秀剧目奖，领衔主演李政成获文华表演奖。6月、12月，两度赴南京博物院参加口头表演类“非遗”项目展演和“非遗”系列扬剧演出周演出。经中国戏剧家协会筛选，新创舞台剧《衣冠风流》入选中国戏剧梅花奖数字电影工程项目。7月在宜兴开机，8月15日拍摄完成，并进入后期制作阶段。组织两场《折子戏》专场汇报演出，对青年演员进行业务考核。12月，协办在扬州举行的第八届江苏戏剧奖·红梅奖大赛决赛，所内青年演员游佳琦、徐梦雪、赵倩、彭楷仪、徐凡分别取得2金1银2铜的成绩。（周寿泉　薛梦莹）

■扬州市木偶研究所 2017年，市木偶研究所综合创收1039万元。演出426场，其中剧场演出148场，景点演出165场，指令性演出15场，境外演出49场，公益演出43场，其他演出6场，演出收入230多万元。制作中心实现经营收入231万元，共为全国10多家单位制作约200件木偶。2月28日，全国杖头木偶表演人才培训班开班，并于5月26日结业，是继全国木偶制作人才培训班后又一个国家艺术基金资助的人才培训项目，为全国13家木偶艺术剧(院)团共培养36名人才，促成中国木偶艺术人才传承培训基地落户剧团。7月16日，编创的木偶剧《嫦娥奔月》登上国家大剧院的舞台，其为扬州首台在国家大剧院演出的精品剧目，《人民日报》《光明日报》《中国文化报》等媒体相继作报道。10月，举办省木偶剧团建团60周年惠民演出等木偶艺术活动。完成并演出创编剧目《璀璨成语》3则(《乘风破浪》《鹬蚌相争》《黔驴技穷》)、《才子与佳人》《国网保密》《奇幻河之歌》《再见了，熊爸》，创作进行中的有《运河之花》《神奇的宝盒》。在第二届南充国际木偶艺术周上，《嫦娥奔月》获得3项奖项，《秋江》获得2项奖项。在第三届精彩江苏艺术展演月暨第三届江苏省文华奖活动中，《秋江》获得3项奖项，其中包括个人奖2项。该戏还入选11月文化部举办的全国曲艺、木偶、皮影优秀剧(节)目展演。

随市文广新局、扬州市政协代表团参加香港回归20周年活动和台湾“故乡的云”献礼音乐会；《木偶绝技组合》剧组赴克罗地亚里耶卡参加木偶艺术节，演出两场；《森林王子》剧组赴阿根廷，演出4场。

4月14日，剧团获省文化厅2016年度对外交流工作“先进单位”称号；6月6日，在第二届南充国际木偶艺术周上，木偶剧《嫦娥奔月》获最佳剧目奖、集体表演奖，戴荣华、李敏、邓小惠、崔茜获造型服装设计制作奖；木偶戏《秋江》获优秀表演奖、优秀传承奖；在9月8日至10月9日举办的第三届精彩江苏艺术展演月暨第三届江苏省文华奖活动上，木偶戏《秋江》获文华优秀节目奖，颜育、韩健获文华编导奖，梁苏获文华表演奖。（戴荣华　汪　莹）

■江苏省木偶剧团建团60周年暨惠民演出　10月16日，在扬州大剧院举办"偶韵流芳"——庆祝省木偶剧团建团60周年暨惠民演出活动。活动为剧团创始人苏文忠、李凤莲颁发荣誉证书。剧团老中青三代艺术家表演1981年版《嫦娥奔月》和《琼花仙子》《白雪公主》《木偶绝技组合》及2016年版《嫦娥奔月》等经典片段。

（戴荣华　汪　莹）

■扬州市曲艺研究所　2017年，市曲艺研究所参加市文广新局、市红十字会主办的"喜迎新春，夕阳有约"——"文化博爱进社区"公益活动。国家一级演员、蒲氏扬州评话第九代传人、"非遗"传承人杨明坤，扬州弹词表演艺术家、一级演员沈志凤在"绿杨书场"——仪征分书场揭牌仪式上表演。参加《南北同说一部书——水浒专场》曲艺表演活动。参加"江南曲美 粤韵飞扬"——苏粤国家级"非遗"曲艺专场交流演出。参加"运河风情"地方特色文艺节目展演。参加承办由市文联、市文广新局主办的第二届市"芍药奖"曲艺大赛。参加"江南曲美·丝路情深"——"非遗""文化走亲"赴西北交流展演活动。扬州弹词《风筝》《赛金花·初遇李鸿章》、扬州评话《推开"麻"门》3个节目参加第三届省文华奖镇江分会场参评剧剧目演出。举行曲艺专场演出，首次公演新创中篇扬州弹词《瓜洲余韵》。报送的原创中篇扬州评话《雍正朝秘事》在第七届江苏曲艺"芦花奖"颁奖仪式暨惠民演出中获节目奖，个人获表演奖、获新人奖，短篇扬州评话《推开"麻"门》获作品奖。参加何桥书场开书演出，11月22日起康康开说扬州弹词《王老虎抢亲》。参加"南曲北韵"津扬迎新年交流演出。

（姜庆玲　陈雪娟）

音乐舞蹈

■"扬州行"·第三届"运河情"6省市音乐创作系列活动　5月13—15日，由中国音乐家协会《词刊》编辑部、市文广新局、市文联等单位共同主办的"扬州行"·第三届"运河情"6省市音乐创作系列活动在扬州举行，运河沿岸6省市的40余位音乐创作人才汇聚扬州。词作家宋青松、作曲家冯世全、作家刘鹏春参加启动仪式。活动期间组织在扬州采风，并举办多场讲座。"运河情"系列活动成功举办两届，之前分别在山东德州、江苏沛县举办，并在全国核心刊物《歌曲》《词刊》推出很多优秀音乐作品。（吴建军）

■扬州市第九届"琼花奖"舞蹈比赛　5月28—29日，由市文联、市舞蹈家协会、扬州文化艺术学校共同主办，《扬州时报》、扬州大学附属中学东部分校协办的市第九届"琼花奖"舞蹈比赛在扬州大学附属中学东部分校举行。此次比赛分专业组、少儿组、青年组、中老年组4个组别分别进行，全市53支代表队103个舞蹈节目参加比赛，共评出金奖40个、银奖39个、铜奖24个，创作金奖3个、创作银奖3个，11人获"舞蹈之星"称号。（吴建军）

■第八届中国古筝艺术学术交流会　10月31日至11月4日，第八届中国古筝艺术学术交流会在扬州举行。中外筝坛耆宿、新秀，民乐界专家学者以及古筝制造等各界代表900多人参加会议。学术交流会主题为"传统和现代筝艺迈向世界"，展示和交流自2013年以来中国古筝艺术在创作、演奏、教学、制作和理论研究方面的新成果，研讨进一步繁荣海内外古筝艺术的发展战略。其间，举行开幕式暨欢迎晚会、2场专场古筝音乐会、3场高峰论坛、3次分组交流，并举办琴筝制作成果展示活动。（崔绪军）

■扬州市歌舞剧院　2017年，市歌舞剧院演出363场。完成"送文化下乡"、进社区、进校园系列演出活动，完成"市民开放日"系列公益演出活动，配合中央电视台完成《美丽中国唱起来》新年版拍摄演出任务。舞蹈《望闻问切》获得第三届省文华优秀节目奖，舞蹈《望闻问切》《两滴水》《无言便是怀仙处》《行者》入选2017年省文联精英精品工程。周晨、周紫薇获得文华表演奖。在江苏舞蹈"莲花奖"暨省第五届青年舞蹈演员大赛中，周紫薇、陈俊获优秀青年舞蹈家称号，蒋雯、冯丽姗、王秀秀获表演奖，孙青原获优秀创作一等奖，《望闻问切》获优秀创作奖。完成省第19届运动会开、闭幕式导演团队公开招标工作，歌舞剧院打造的大型音乐舞

8月23日，扬州市第九届琼花奖舞蹈大赛比赛现场　市文联/供稿

蹈诗《大运扬州》，在大剧院驻场演出9场。（王鹭声　郑爱云）

书法美术摄影

■首届扬州书法双年展　10月，由省书法家协会做学术支持、中共扬州市委宣传部和市文广新局主办，市国画院（美术馆）承办的2017扬州书法双年展举行。此次书法双年展共收到书法作品304幅。经专家评审，评出入展作品132件，其中优秀作品20件。作者有专业画院、学校、美术馆的专业书法家和机关、企事业单位等社会各界的业余书法爱好者，书体涵盖真、草、隶、篆等各个字体，内容有扬州题材的诗词、廉政警句和作者自撰、赞美新扬州的文字。

（安玉民　韩　震）

■丝路书韵——2017扬州市东书艺友好书法展　11月23—26日，由市文联、市外办、日本爱知县东海书道艺术院主办的“丝路书韵”——2017市东书艺友好书法展在市美术馆举行。此次展览共展出近300幅书法作品，其中日方东书艺200多幅作品、扬州方面51幅作品。上述书法作品真、草、篆、隶诸体俱全，笔墨精到、风格各异。其间，举办中日双方交流笔会。（吴建军）

■全国中国画名家作品邀请展　5月，由中国画学会、中共扬州市委宣传部主办，中国国家画院学术支持，省中国画学会、市文广新局承办，市国画院、市美术馆协办的“中国梦·笔墨情——2017畅美扬州”全国中国画名家作品邀请展在扬州举行，中国国家画院院长、中国美术家协会副主席杨晓阳，中国画学会常务副会长孙克，中国美术家协会中国画艺术委员会副主任、省文联副主席、省中国画学会会长高云出席开幕式并讲话。此次展览是省政府与中国画学会首次合作举办的全国性中国画名家作品邀请展，汇集刘大为、冯远、杨晓阳、孙克等30余位国内当代中国画界代表性艺术家百余幅精品力作，是中国当代重要中国画家群体的一次集中亮相。（安玉民　韩　震）

■扬州百名书画名家绘百米长卷活动　10月21日，“喜庆十九大、书画颂扬州”扬州百名书画名家绘百米长卷活动在市美术馆举行。扬州百名书画名家以现场创作的形式，向中共十九大献礼。参加此次活动的百名书画名家均为扬州本地或扬州籍在外地，以及曾经在扬州工作、学习、生活过的中国美术家协会会员或中国书法家协会会员。其为扬州首次由多名“国字号”书画家，围绕运河主题文化和城市建设新风貌等主题，共同精心创作的一幅作品。（安玉民　韩　震）

■扬州书画摄影作品展　11月14—18日，由省文联、中共扬州市委、扬州市政府主办，中共扬州市委宣传部、市文联、扬州报业传媒集团承办，市美术家协会、市书法家协会、扬州书法院协办的“新时代新征程新篇章”——大运河第一城扬州书画摄影作品展在中国文联文艺家之家展览馆举行。展览共展出书画摄影作品220余幅，其中特邀名家书画作品16幅。此项工作获2017年省文联系统优秀创新项目和2017年度市宣传思想文化工作“创新提名奖”。

（吴建军）

■扬州市国画院　2017年，市国画院在中国美术家协会、省美术家协会等举办的国家级、省级大展中获得8个奖项。举办首届扬州书法双年展和全国中国画名家作品邀请展。举办扬州“运河风情”中国运河城市美术作品展，共收到作品213件，有135件作品入选参展。市国画院画家在美术馆经常举办新展。在淮安、连云港以及市内举办各类展览5场。市美术馆举办《悲鸿精神·第二届全国中国画作品展》《第三届江苏省文华美术奖·优秀美术作品扬州展》《“运河风情”中国运河城市美术作品展》等展览48场。（安玉民　韩　震）

社会科学

■概况　2017年，市社科联获2017年度全省先进社科联奖、省社科界第11届学术大会优秀组织奖，全市宣传思想文化工作创新提名奖。

课题研究。邀请南开大学中国特色社会主义经济建设协同创新中心组建课题组，开展“治国理政新理念新思想新战略的扬州实践”重大课题研究工作。与南京、镇江市社科联共同开展“宁镇扬一体化”重大课题研究，课题成果获得省长吴政隆，省委常委、南京市委书记张敬华，副省长蓝绍敏等领导的批示。与扬州大学联合开展“扬州市大运河文化带建设”重大课题研究，并征集“扬州市大运河文化带建设”论文40篇。与市发改委联合完成省社科联的专项委托课题《扬州市对接扬子江城市群建设，推进沿江一体化发展研究》。在5月8日省社科联举办的“扬子江城市群建设”智库论坛上，扬州市课题组代表汇报课题成果。开展《扬州蓝皮书》课题、重点课题、中国特色社会主义理论研究中心课题工作。《扬州蓝皮书》课题立项31项，结项29项；重点课题立项233项，结项216项；中国特色社会主义理论研究中心课题立项30项，结项30项。《扬州蓝皮书》获中国社会科学院科研局批复同意于2018年起使用“中国社会科学院创新工程学术出版项目”标志。

学术活动。市社科联与中共扬州市委研究室、扬州市政府研究室、中共扬州市委党校、扬州大学苏中发展研究院、扬州职业大学共同创办“扬州智库论坛”。全年共开展论坛4场。10月30日，与南京、镇江市社科联共同举办“宁镇扬一体化发展论坛”，宁镇扬3市90多人参加会议。论坛共收到论文90篇，其中45篇被评为优秀论文。11月28日，举办省社科界第11届学术大会苏中区域专场，邀请省社科联党组书记、常务副主席刘德海，省委研究室副主任陈向阳作主旨报告。大会共征集研究论文116篇，其中36篇被评为优秀论文。举办以“服务‘两聚一高’新实践、建设‘强富美高’新扬州”为主题的全市第九届社科学术年会，共征集论文412篇。年会采用“3＋1”模式，先后召开县（市、区）专场、学会专场、主会场暨党校、高校专场。中共扬州市

委宣传部、市台办、市社科联共同创建扬州台湾经济文化交流研究中心。中心首批聘请市内外6名特约研究员，开展3项年度重点课题研究。

社团建设和管理。开展学会年检工作，对学会日常管理、日常工作、内部建设以及活动情况逐一进行排查梳理。评选出10家2016年度全市宣传文化系统优秀学会。落实学会重大活动报批备案制度，学会按照有关规范开展学术活动，遵守和维护意识形态秩序和规矩。6月13日，举办2017年度学会秘书长、省和市级社科普及示范基地骨干培训班。市地方志学会、市审计学会、市国际税收研究会等学会开展换届工作。

社科普及。9月16日起举办以"服务'两聚一高'新实践，建设'强富美高'新扬州"为主题的全市第14届社科普及宣传周，采取全市同一主题，省、市、县三级联动，错时实施的方式进行。普及周开幕式现场举办"喜迎党的十九大"社科知识竞赛。普及周期间，各县(市、区)社科联、市级学会、社科普及基地等单位围绕主题，集中开展各类讲座、学堂、咨询等直接服务群众的普及活动。组织省级社科普及示范基地申报与复评。至年底，全市共建成国家级社科普及示范基地2家、省级社科普及示范基地12家、省级社科普及研发基地1家、市级社科普及示范基地50家。编印社科普及口袋书。组织专家学者编撰《社科知识普及ABC(2017)》口袋书，共分为《社会主义核心价值观》《社会保险》《金融理财》《物业服务与管理》等4册。 (孔 悫)

■扬州市第14届社科普及宣传周 采取全市同一主题，省、市、县三级联动，错时实施的方式进行。9月16日，以"服务'两聚一高'新实践，建设'强富美高'新扬州"为主题的全市第14届社科普及宣传周开幕式举行。各县(市、区)、市级社科类学会、社科普及示范基地代表及市民群众、志愿者、师生代表共300余人参加开幕式。开幕式现场举办"喜迎党的十九大"社科知识竞赛，扬州经济技术开发区4所小学的学生代表队围绕主题进行答题竞赛。为迎接全国文明城市测评活动，此次竞赛专门增加有关文明城市创建的内容，营造热爱城市、提倡文明、加强公民道德建设的氛围。普及周期间，各县(市、区)社科联、市级学会、社科普及基地等单位围绕主题，集中开展各类讲座、学堂、咨询等直接服务群众的普及活动。 (孔 悫)

■省级社科普及示范基地申报与复评 7月，省社科联社科普及部到扬州进行实地检查，全市各省级社科普及基地通过复评。全市共建成国家级社科普及示范基地2家、省级社科普及示范基地12家、省级社科普及研发基地1家、市级社科普及示范基地50家。 (孔 悫)

■江苏省社科界第11届学术大会苏中区域专场 11月28日，省社科界第11届学术大会苏中区域专场在扬州召开。省社科联党组书记、常务副主席刘德海出席并作中共十九大精神宣讲。会议以"学习贯彻党的十九大精神，提升区域发展新能级"为主题，南通、泰州、扬州3市论文作者代表、市社科类学会代表及师生代表参加会议。大会共征集研究论文116篇，其中36篇被评为优秀论文。会上，6名优秀论文作者代表交流发言。 (孔 悫)

■扬州智库论坛 市社科联与中共扬州市委研究室、扬州市政府研究室、中共扬州市委党校、扬州大学苏中发展研究院、扬州职业大学旅游学院共同创办扬州智库论坛。论坛旨在围绕中共扬州市委、扬州市政府中心工作，立足扬州发展实际，聚焦"四个全面""两聚一高"和"十件大事"，集中社科界专家学者的智慧力量，为党委、政府科学决策提供建议参考。3月21日，以"颐养城市建设"为主题的首期论坛由市社科联轮值主办。论坛收到研究成果13篇，8名专家学者在会上作主题发言。6月30日，以"聚焦富民"为主题的第二期论坛由扬州大学苏中发展研究院轮值主办。论坛共入选优秀论文11篇。10月9日，以"建设宜游城市"为主题的第三期论坛由扬州职业大学轮值主办。论坛共入选优秀论文14篇。12月29日，以"优化发展环境"为主题的第四期论坛由中共扬州市委党校轮值主办。论坛入选优秀论文15篇。 (孔 悫)

■扬州讲坛 12月2日，"开坛十年 芬陀利香"——扬州讲坛十周年特别活动在鉴真图书馆举行。扬州讲坛于2008年1月1日开讲，十年来，累计举办讲座200多场，累计参加人数20多万人次。星云法师、莫言、余秋雨、唐家璇、蒙曼等社会各界160多

2017年扬州讲坛演讲目录一览表

表33-3

时　间	主讲人	讲　　题
3月4日	白先勇	《青春版〈牡丹亭〉与昆曲复兴运动》
3月25日	方志远	《"鸡缸杯"与明朝"好玩"的时代》
4月1日	何亚非	《"一带一路"倡议与全球治理》
4月22日	高希均	《星云之道》
5月6日	纪连海	《大秦帝国兴衰启示录》
5月20日	依　空	《禅与现代人的生活》
6月3日	柴松林	《创龄新人生》
6月17日	王玉新	《当好孩子的第一老师——谈孩子的早期家庭教育》
7月8日	陈肇隆	《一个医生的养成与社会关怀》
7月29日	赵建中	《中国古都的历史文化特色》

续表33-3

时　间	主讲人	讲　　题
8月12日	杨惠姗、张　毅	《琉璃工房的学习之路》
8月19日	蒙　曼	《唐诗中的唐代女性》
9月9日	白燕升	《漫谈艺术与生活》
9月23日	马瑞芳	《王熙凤的魔力》
10月7日	田　青	《佛教与"一带一路"》
10月21日	毛佩琦	《明代陈诚通西域与郑和下西洋——天下共享太平之福》
11月4日	叶小文	《登岸何须分彼此好从当下证菩提——赵朴老与星云大师》
11月18日	妙　士	《幸福从"心"开始！》
12月2日	林清玄、李　涛、翁振进、赖永海	《开坛十年芬陀利香——扬州讲坛十周年特别活动·讲主座谈回顾与前瞻》
12月17日		《我与扬州讲坛——十周年全球华文征文展演暨颁奖活动》

（王清荣　郭宏芳　陈　鹏）

位名人名家陆续登临主讲，讲座内容包括文学、艺术、历史、哲学、宗教、教育等多个领域。　（曹云梅）

■**宁镇扬一体化发展论坛**　参见第35页。

课题研究

■**2017年度《扬州蓝皮书》**　2017年度《扬州蓝皮书》共收到申报课题55项，其中立项31项，结项29项。《扬州蓝皮书》围绕中共扬州市委、扬州市政府中心工作，突出江淮生态大走廊、宁镇扬一体化、扬子江城市群等与扬州发展紧密相关的战略主题，重点研究扬州改革发展的亮点和经验。《扬州蓝皮书》于12月底出版，并在2018年"两会"上发给人大代表、政协委员作为参政议政资料。

（孔　态）

2017年度《扬州蓝皮书》结项课题一览表

表33-4

课　题　名　称	课题组成员
2017年扬州市经济社会发展报告	杨　蓉　郎　俊　夏卫峰　于松海
江淮生态大走廊建设研究	中共扬州市委研究室课题组
宁镇扬一体化发展战略研究	市发改委课题组
2017年扬州市重点领域深化改革研究	许德奎　陶小军　张克辉
扬州协同推进扬子江城市群建设研究	市发改委课题组
扬州市对接长江经济带战略发展研究	郭志咸　吉爱平　张　锋
2017年扬州市工业经济发展研究	市经信委课题组
扬州市聚焦富民，提高城镇居民收入对策研究	程兆君　赵　亮　宋犁犁
扬州市颐养城市建设的金融支持研究	市金融学会课题组
扬州市主要政府投融资平台债务分析与发展路径研究	张苏煜　潘　涵　管　宇
2017年扬州市城乡居民收支状况分析	国家统计局扬州调查队课题组
2017年扬州市物价情况分析与研究	市物价局课题组
2017年扬州市民营经济发展情况研究	胡春风
2017年扬州市开放型经济发展研究	市商务局课题组
2017年扬州市创新驱动发展研究	赵松林　胡　军　葛羽丰
扬州农业供给侧结构性改革调研报告	王　磊　裴　郁
扬州市旅游风情小镇的建设与发展研究	市旅游风情小镇研究课题组
扬州文化消费与文化产业发展研究	中共扬州市委宣传部课题组
2017年扬州市教育事业发展研究	市教育局课题组

续表33-4

课　题　名　称	课题组成员
2017年扬州卫生计生事业发展报告	黄为民　陈东升
扬州产业工人队伍劳动经济权益中的问题及对策建议——基于扬州市总工会对产业工人状况的调查	洪慧娟　高　云　吉　晶　郝明然
2017年扬州市民政事业发展研究	市民政局课题组
扬州市优化完善人才政策体系的研究报告	中共扬州市委组织部课题组
2017年法治扬州建设现状与对策研究	中共扬州市委政法委课题组
2017年扬州市环境保护发展研究	市环保局课题组
扬州市城乡公园体系建设研究	扬州大学、市园林局课题组
扬州市广陵区实体经济发展研究	广陵区发改委课题组
扬州市江都区实体经济发展研究	江都区市场监督管理局课题组
扬州市邗江区文化产业影响力提升研究	吴　迪　张德兰

（孔　悫）

■2017年市级社科重点课题　2月，市社科联印发扬州市2017年度社科研究课题指南，共收到申报项目589项。通过对课题选题、课题组人员组成、课题初步设计与论证等方面综合评审，对233项市级重点课题予以立项，其中216项课题结项。市社科联对结项课题成果进行评审，共有145项成果被评为扬州市2017年度市级社科重点课题优秀成果，其中一等奖25项、二等奖50项、三等奖70项。2017年，中国特色社会主义理论中心共对20项重点课题进行立项，并予以资助。至年底，全部课题结项，汇编出版。（孔　悫）

2017年度扬州市社科重点课题优秀成果一等奖项目一览表

表33-5

课　题　名　称	课题组成员	工作单位
湾头"玉文化"特色小镇建设研究——兼论如何科学推进特色小镇建设	符宇忠　邹　燕　方　芳　黄兴红	扬州大学
新型城镇化进程中地方政府治理创新及其实践路径研究	刘　华　林祖华　唐慧玲　树友林	扬州大学
扬州乡村生态文明建设中的村民动员机制研究	王晓燕　姚海波	扬州大学
"一带一路"背景下的扬州汽车产业出口贸易发展及提升策略研究	刘　衎　陈国波　杨　娟	扬州职业大学
基于克氏系统模型的扬州市区城镇空间格局优化研究	王　丹　杜晓艳　吴胜峰　岳喜成　唐闽妍　廖伶俐　刘欣玮	扬州职业大学
扬州美丽乡村建设研究	袁　刚　袁　蕾　谈永祥　蒋　丽　张　星　沈新华　沈顺根	扬州职业大学
社会主义新农村建设下扬州市自然村落建筑文化的现状及发展研究	束必清　肖忠平　睢文静　王昕明　张苏俊　朱　敏	扬州工业职业技术学院
治理交通拥堵，提升城市品质	王惊旻　卢佩霞　呼梦洁　张　沫	扬州工业职业技术学院
基于移动互联网技术的提升扬州文化消费市场竞争力的策略研究	郝　杰　钱　璐　俞丽丽　周雨秸　袁　荣　瞿　苏	江苏旅游职业学院
挖掘、提升、普及扬州八怪景区、景点文化内涵的研究——基于2021年扬州世界园艺博览会	潘宝明　华国梁　潘长宏	江海学院
论思想建党和制度治党同向发力	吴　玲　钱学平　周　娟	中共扬州市委党校
构建职业院校"互联网+"就业服务新模式研究	陈康林　王新文　王劲峰　程　芳	扬州技师学院
扬州循环经济发展战略研究	温菊萍　成新华　钱卫峰　李东虎　石火培　朱凤花　孙　晶	扬州高等职业技术学校

续表33-5

课题名称	课题组成员	工作单位
贯彻执行《监督执纪工作规则》现状、问题及对策	蔡蕾 何巧明 刘潇 薛凯	扬州市纪委
运用法治思维促进行政管理水平的提升——以扬州市交通运输部门为视角	杨步云 沈彦 后文斌 顾大松	扬州市交通局
养老价值链再造与颐养社区建设	王振祥 陈晓星 江洪斌 孙波 黄金结	扬州市民政局
2017年扬州金融形势回顾与展望	戴又有 叶小玲 胡章灿 张翼 傅佳伟	扬州市金融学会
扬州地方立法体制机制建设研究	刘柏	扬州市人大
关于建立健全党的作风建设应对问题机制研究调研报告	徐志刚 孙明 覃雁君	中共扬州市委组织部
扬州市农村产权流转交易市场建设研究	李春国 陈家根 吴兆明 刘乃祥 蔡琳娜	中共扬州市委农工办
加快农业供给侧结构性改革，提高扬州现代农业发展水平	刘春来 吴伟松 徐嵘	国家统计局扬州调查队
高邮市创建国家全域旅游示范区研究	秦立 张维亚 秦恩娟 邵兴华 徐辰韬	高邮城南新区管委会
宁镇扬一体化战略下的仪征发展思考	刘同胜 宜飞 徐东富	仪征市发改委
新形势下培育基层慈善文化的思考	张艳 吴玲 刘大明 隋林林 李翔宇	江都区委党校
扬州明清古城“口袋公园”布局研究	吴晖 许世源 王琛 崔鹃鹃 陈梦竺 朱家萌 肖雯	市规划局广陵分局

（孔 悫）

■**扬州市第九届社科学术年会** 全市第九届学术年会以“服务‘两聚一高’新实践、建设‘强富美高’新扬州”为主题，共征集论文412篇，评出优秀论文213篇，其中一等项38项、二等奖75项、三等奖100项。12月6日，在广陵区召开学术年会县（市、区）专场。12月8日，在市工商局召开学术年会学会专场。12月28日学术年会主会场暨党校、高校专场召开。年会特邀中国社会科学院近代史研究所党委书记、副所长夏春涛研究员作《走进新时代 迈向新征程——以理论研究和宣传为视角》的主旨演讲。（孔 悫）

扬州市第九届哲学社会科学优秀论文一等奖项目情况一览表

表33-6

项目名称	主要完成单位	主要完成人
基于互联网大数据的扬州文化国际影响力评估及其提升策略研究	扬州大学	莫凡
扬州地名命名与城市文化形象研究	扬州大学	陈莉
“扬州工”研究	扬州大学	管世俊 刘春凤
江河联动，凸显扬州生态宜居特色，协调共建扬子江城市群	扬州职业大学	朱莹
当前大学生马克思主义认知的若干问题探赜——基于对扬州7所高校的调查分析	扬州职业大学	唐开鹏
产业融合视角的扬州田园综合体发展路径研究	扬州工业职业技术学院	陈俊金 陈月娜 董景燕
特色小镇调研报告	扬州工业职业技术学院	高悦文 张苏俊 张雪雯
“互联网+”下的扬州智慧旅游建设实践研究	江苏旅游职业学院	仇明
基于供给侧改革背景下的扬州民宿旅游发展探究	江海学院	纪花
新媒体环境下高职院校思想政治工作创新路径研究综合报告	扬州技师学院	徐祥华 袁法军
扬州市环境质量、主要空气污染物排放及减排成本分析	扬州高等职业技术学校	吉丹俊

续表33-6

项 目 名 称	主 要 完 成 单 位	主 要 完 成 人
创新党建工作 推动社区治理——以扬州市邗江区邗上街道为例	中共扬州市委党校	陆玉珍
关于以五大发展理念谋划推动基层党建工作调研报告	中共扬州市委组织部课题组	
通过规范权力运行提高国家制度执行能力——扬州市推行“三直接”制度的调研报告	扬州市纪委课题组	
扶贫领域案件定性处理研究	扬州市纪委案件审理室课题组	
扬州经济发展现状及产业转型升级路径研究	扬州市发改委	杨 蓉
宁镇扬一体化战略下扬州市产业布局及发展路径研究	扬州市发改委	卞 吉 沈诗贵
扬州市民营企业知识产权保护现状、存在问题及对策建议	扬州市中级人民法院课题组	
“两聚一高”发展理念下的扬州小微企业金融支持研究	扬州市金融学会课题组	
“两聚一高”发展理念下扬州市小微企业创新发展研究	扬州市市场监督管理学会	胡春风 蒋 斌
从税收视角浅议如何促进扬州经济发展	扬州市税务学会	杨 洁 马锦军 蓝 茜
江苏省社会保险费实际费负实证分析及政策建议	扬州市国际税收研究会	朱中良
从一个老旧小区面貌改变看社区自治管理的生动实践及其意义	扬州市儒商研究会	杨杏芝
构建卫生计生服务体系的扬州路径	扬州市卫生经济学会	黄为民 陈东升
培养数学思维能力的课堂教学建构	扬州市教育学会	张秀花
末梢监督的“铁钉效应”——乡镇纪委委员监督作用发挥研究	蜀冈—瘦西湖风景名胜区纪工委	郭 坚 臧国庆 潘茂洲
宝应县规模以上服务业发展状况分析与研究	宝应县统计局 宝应县国税局	韦建军 郑晓艳 缪云亭 卢玉春
增进平安法治和谐的新引擎 民办社会服务机构孕育探讨——以宝应县立责社工服务社为例	宝应县政协 宝应县综治办	陈金荣 黄永年
高邮市纪检监察信息化建设的实践性研究	高邮市纪委	朱莉莉
致力打造诚信之城——浅谈新时代邮文化的传承与发展	高邮市社科联	姚正安
关于特色小镇的调研和思考	仪征市政府	刘春华
关于宁仪扬轻轨对促进仪征市经济社会发展的一点思考	仪征市发改委	陈光辉 宜 飞
筑牢实体经济发展根基——扬州市江都区实体经济发展情况调研报告	江都区市场监督管理局课题组	
农业供给侧结构性改革背景下土地流转纠纷及司法应对	江都区人民法院	袁江华
聚焦聚力 善作善成 全力打造生物医药健康产业新高地——关于邗江生物医药健康产业发展的调查与思考	邗江区委	张耀武
找准新跑道 领航新飞越——关于构筑邗江转型升级新优势的调查与思考	邗江区政府	钱 峰
关于广陵区农民增收致富和农村扶贫工作的调查与思考	广陵区人大	赵长松 刘广胜
广陵区沙头镇特色田园乡村旅游发展研究报告	广陵区旅游局 扬州大学	赵 伟 郑永贤

（孔 悫）

档案

■概况 2017年末，全市7家综合档案馆馆藏文书档案97.12万卷96.65万件、资料11万册、实物档案1758件、录像档案1.36万盘。其中市档案馆馆藏文书档案23.08万卷31.59万件、资料36.51万册、录像档案1.11万盘、照片档案1.11万张，实物档案1341件。2017年，全市综合档案馆接待查档人员1.88万人次，提供档案资料6.14万卷(件、册)。其中，市档案馆接待查档人员2921人次，提供档案文件资料2.28万卷(件、册)，服务满意率100%。（许 军）

■档案规范化建设 2017年，中共扬州市委办公室、扬州市政府办公室印发《关于切实加强“十件大事”实施过程档案管理工作的通知》，加强“十件大事”实施过程档案管理工作。市档案局派档案专业人员进驻省运会筹备组、文明城市建设资料组，先后与省园博会筹备、扬子津科教园、江苏旅游职业学院、城南快速通道等重大项目建设单位对接，对项目档案工作提出要求，提供指导。3月，启动市级机关《机关文件材料和文书档案保管期限表》修订工作。年内，86家单位修订档案收集范围和保管期限表，59家单位通过星级规范测评验收，其中五星级4家，18家通过星级复查。连续第五年开展新农村规范建档活动，2017年新完成8个镇(街道)、84个村(社区)规范化建档，全市新农村规范建档工作基本完成。（许　军）

■**档案安全建设**　开展全市档案安全工作检查，7—9月，市档案局印发《关于开展全市档案安全工作检查的通知》，在全市范围开展档案安全检查，实行自查自纠、专家指导、面上督查三措并举。市、县两级综合档案馆共排查安全隐患142条，限期整改到位并建立长效管理机制，确保档案安全管理制度化和常态化。市档案局组织开展馆藏1980—1987年档案鉴定划控工作，全年共鉴定档案1.89万卷，其中1.49万卷依法向社会开放。（许　军）

■**档案资源建设**　做好中共扬州市委、扬州市政府和扬州市纪委年度文件材料归档和进馆工作，全年共完成市委办公室2016年归档文书档案1462件，市政府办公室2016年归档文书档案1963件，市纪委2016年归档文书档案375件、案件档案134卷。与市文联合作，首次面向全国征集84位扬州籍中国书法家协会、中国美术家协会会员111幅作品入馆。市档案馆征集到《吴筠孙殿试卷模考手书》、测海楼藏书《佩文韵府》60册及吴引孙手书《测海楼书目》等珍贵档案与古籍，馆藏吴氏家族档案共计1505件。组建档案方志拍记队，拍大事、记大事，拍变迁、记发展，拍民俗、记民生，拍摄照片1200余张、视频350分钟。加大社会散存档案征集力度，发布征集公告，聘请档案征集顾问。（许　军）

■**档案信息化建设**　12月1日，市档案馆数字档案馆项目通过初验，完成通信线路专网构建、硬件平台系统部署与集成、应用软件功能开发与完善、系统试运行等工作，基本完成库房及档案RFID、二维码智能监管系统建设。市档案馆馆藏档案数字化基本完成，全年完成336万页，累计超过1400万页。全市综合档案馆档案数字化累计5100万页，平均数字化率71%，创建省AAAAA级数字档案室4家。（许　军）

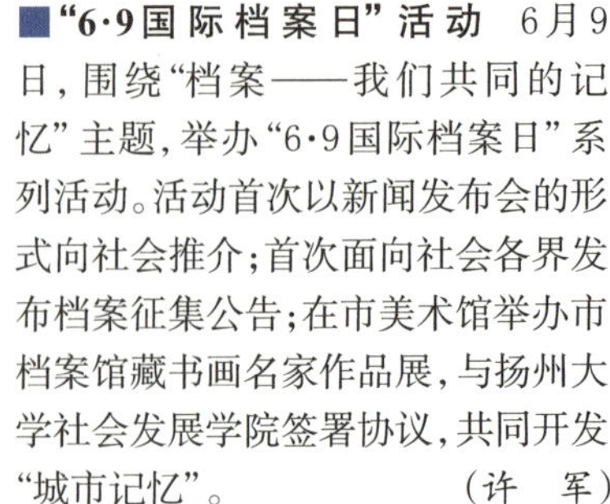

10月13日，市档案馆以“喜迎十九大、档案展辉煌”为主题，举办第二届“扬州市档案馆日”活动　　李斯尔/摄

■**“6·9国际档案日”活动**　6月9日，围绕“档案——我们共同的记忆”主题，举办“6·9国际档案日”系列活动。活动首次以新闻发布会的形式向社会推介；首次面向社会各界发布档案征集公告；在市美术馆举办市档案馆藏书画名家作品展，与扬州大学社会发展学院签署协议，共同开发“城市记忆”。（许　军）

■**第二个扬州市“档案馆日”活动**　10月13日，以“喜迎十九大，档案展辉煌”为主题，举办第二个扬州市“档案馆日”系列活动。活动包括举办“砥砺奋进的五年”档案图片展；制作“喜看发展新变化，追逐梦想新征程”移动展牌到社区、学校、工厂巡展，举办市、县(市、区)档案馆藏精品图片展，并在县(市、区)巡展，累计参观人数5.5万人次。（许　军）

■**“扬州记忆”系列丛书启动编纂**　策划和启动“扬州记忆”系列丛书编纂工程，《扬州历代地方名官》《测海楼吴氏珍档解读》《江苏治淮在扬州(1952—1956)》等编纂工作有序推进，在国内各大媒体、平台发布系列丛书装帧设计方案征稿启事。《运河串珠》获省档案文化精品特等奖。编印《扬州档案馆藏名家书画作品集》，收录185位古今书画名家作品255件。（许　军）

地方志

■**概况**　2017年，扬州市全面完成二轮修志任务，推进乡镇志、名镇志、部门专业志和年鉴编纂工作，加强地方志立法工作，开展地方志立法调研。《维扬区志(1989—2011)》出版，《广陵区志(1989—2011)》《江都市志(1994—2011)》《高邮市志(1986—2005)》交付印刷，全市二轮修志全面完成。《扬州市体育志》进入评审验收阶段，《扬州市园林志》完成初稿，《扬州市交通运输志》进入收集资料、试写初稿阶段。推动全市79个乡镇(街道)启动志书编纂工作，《中国名镇志·湾头镇志》《新城镇志》《宜陵镇志》出版，《槐泗镇志》《杨庙镇志》进入出版程序，《真州镇志》《杭

集镇志》《方巷镇志》进入总纂,《中国名街志·东关街志》完成初稿编纂。全市出版地方综合年鉴7部。在全省地方志优秀成果评选中,《扬州市志(1988—2005)》获得综合优秀一等奖和篇目设计、内容记述两个单项优秀奖,《邗江县志(1988—2000)》获得综合优秀一等奖和篇目设计、特色创新两个单项优秀奖,《宝应县志(1990—2005)》《仪征市志(1988—2006)》获得综合优秀二等奖。在第四届江苏省优秀年鉴评选中,《扬州年鉴(2016)》获综合优秀一等,《宝应年鉴(2016)》《邗江年鉴(2015)》《高邮年鉴(2014)》获综合优秀二等,《广陵年鉴(2015)》《仪征年鉴(2015)》《江都年鉴(2015)》获综合优秀三等。此外,《扬州年鉴(2016)》《高邮年鉴(2014)》获条目编写类单项优秀,《邗江年鉴(2016)》获内容资料类单项优秀,《宝应年鉴(2016)》获视觉设计类单项优秀。 (许 军)

■部门专业志编纂 围绕服务中心工作,为省园博会、省运会举办和连淮扬镇高铁通车贡献"志"礼。2017年3月17日,扬州市政府专题召开"扬州园林志丛书"编纂协调会,标志着以《扬州市园林志》为首的系列丛书编纂工作启动。园林、体育、交通运输三大部门专业志编纂有序推进。至年底,《扬州市体育志》完成统稿,进入评审验收阶段。《扬州市园林志》完成初稿。《扬州交通运输志》进入收集资料、试写初稿阶段。 (许 军)

■乡镇(街道)志编纂全面开展 2月27日,扬州市政府与各县(市、区)、功能区签订《扬州市全面开展乡镇(街道)志编纂工作责任书》,扬州市政府办公室印发《扬州市全面开展乡镇(街道)志编纂工作方案》,全市79个乡镇(街道)启动志书编纂工作。9月,扬州市政府专项督察组对6个县(市、区)乡镇(街道)志、名镇名村志编纂工作进行实地督查,印发《关于全市乡镇(街道)志、名镇名村志编纂工作的督查通报》,促进编纂工作有序开展。至年末,《新城镇志》《宜陵镇志》《中国名镇志·湾头镇志》出版,《槐泗镇志》《杨庙镇志》进入出版程序,《真州镇志》《杭集镇志》《方巷镇志》进入总纂。 (许 军)

12月18日,2017卷《扬州年鉴》暨各县(市、区)综合年鉴集中发行仪式举行 李斯尔/摄

■省人大调研扬州地方志工作 10月24—25日,省人大常委会副主任许仲梓带领部分省人大常委会委员、省人大代表到扬州视察调研扬州市地方志工作情况。其间考察市方志办,参观万方科创书院、丰乐社区方志开放、合作成果,征询对《江苏省地方志工作条例(征求意见稿)》的意见和建议。 (许 军)

■全市年鉴集中发行仪式举行 12月18日,市方志办举办2017卷《扬州年鉴》暨各县(市、区)综合年鉴集中发行仪式,首次向市图书馆、城市书房、社区等赠送《扬州年鉴》。通过仪式,集中展示全市地方综合年鉴,扩大社会影响,引导社会各界读鉴用鉴。(许 军)

■全市首部乡镇年鉴出版 2017年,仪征市新集镇编纂的《新集年鉴(2016)》正式出版。该年鉴是扬州市首部乡镇年鉴、全省第二部乡镇年鉴,全面、客观地记载新集镇改革开放和经济建设的发展轨迹,准确、翔实地记录新集镇各行各业的成就。全书共23万字,采用分类编辑法,以类目为单元,下设分目和条目,设置特载、大事记、概貌、政治建设、经济建设、村镇建设、生态建设、社会事业、人民生活、村·社区、人物、附录等12个类目。 (陈永华)

■《扬州史志》《扬州大事记》全新改版 《扬州史志》《扬州大事记》以新面目与读者见面,美化外部装帧及版面内页设计,细化、优化栏目设置,更加贴近时代、贴近读者。2017年,分别编印4期、12期。 (许 军)

新闻出版

■概况 2017年,全市有出版社1家、报纸5种、期刊16种、连续性内部资料性出版物40家、出版物发行企业621家、印刷复打印企业584家。 (李相林)

■图书出版 2017年,广陵书社完成《中国历代僧诗总集》《渊雅堂全集》《苏州传统藏书文化研究》《明清小说俗字典》等重点项目编辑工作,出版国家古籍整理普及类专项资助项目《名家解读经典》《僧诗三百首》《扬州画舫录》,完成地方综合性文化出版工程《扬州历史文化大辞典》。广陵书社申报选题272种。其中,年度选题61种,完成40种;补报选题共17批次211种。出版图书305种,其中重印书52种。核发书号178种,实际使用259种。总印数81万册,总印张9067千印张,定价总金额8511

万元。销售码洋2995万元；营业收入1829万元，比上年增长9.75%；实现利润365万元，比上年增长6%。8种图书分获10个奖项。其中，《焦循全集》获2016年度全国优秀古籍图书奖二等奖、2016年度"苏版好书"、第20届华东地区古籍优秀图书奖特等奖；《全闽词》获2016年度全国优秀古籍图书奖一等奖；《中国风土志丛刊续编》获第20届华东地区古籍优秀图书奖一等奖；《僧诗三百首》《临川四梦》《翠屏集》获第20届华东地区古籍优秀图书奖二等奖；《回望汪曾祺》获2016年度"苏版好书"；《苏州传统藏书文化研究》获2017年度上半年"苏版好书"；《曲礼注疏长编》《福惠全书》获2017年度国家古籍整理专项经费资助；《江苏学术文化译丛》、雕版文创产品与线装书店连锁经营项目获2017年度省新闻出版广播影视产业发展专项资金资助。

（苗　芹　李相林）

■媒体管理　2017年，市文化广电新闻出版局（简称市文广新局）开展打击"四假"和"新闻敲诈"等专项整治活动，对群众反映的意见和诉求及时进行核查落实，加强报刊审读和报刊社、记者、记者站日常监管，规范报刊单位及其所办新媒体采编管理。开展全市新闻单位采编人员情况统计，全市有新闻单位26家、713名新闻采编人员。加强市属报纸、期刊审读工作，全年编发《扬州市报刊审读》14期，撰写审读报告、新闻评析等文章54篇，共计10.3万余字。

（苗　芹　李相林）

扬州报业传媒集团

■概况　2017年，扬州报业传媒集团各媒体对全市政治、经济、社会生活中的大主题、大工程、大事件、大项目进行浓墨重彩的报道，做到出新、出彩、出精品。完成20多项重大活动、重点工作报道，参与"1＋13"省市党报全媒体环省行、紧扣"两聚一高"、办好"十件大事"环市行大型新闻行动等，刊发系列特稿300多篇。围绕"每逢大事必有'论'"，《扬州日报》重点打造"杨平"深度评论，开办"学思行"理论周刊。集团出台对外宣传奖励规定，首次对外宣先进个人进行奖励。探索构建外宣工作"央媒导师制"，盯准全国两会、中共十九大期间央媒报道计划，做到"精准外宣"。集团对外宣传发稿数量超历史、质量创新高。中共十九大期间，《人民日报》同日两篇稿件点赞扬州。

2017年，报业集团实现扬州发布与扬州网整体合并，以"内容、运营、技术"为三大框架，组建全新的媒体融合创新中心。推动《扬州时报》整体转型，重点办好《老年周刊》《教育周刊》。报业集团旗下新媒体矩阵创造扬州鉴真国际半程马拉松比赛报道770万＋的阅读量，创造扬马报道的新纪录。中国报业协会秘书长胡怀福作出批示，对全国地市级党报新媒体发展的"扬州模式"予以肯定。

2017年，报业集团实现销售收入3.1亿元，比上年增长14%。由"扬州发布"、《扬州晚报》微信公众号"双轮驱动"，核心圈新媒体、紧密圈新媒体、协同圈新媒体组成的"三圈环流"的经营平台矩阵，总粉丝量突破800万。集团新媒体经营收入1400万元。

扬州报业传媒集团获2017年度江苏省报纸优秀作品一览表

表33-7

报纸名称	作品标题	类别	作者	等次
《扬州日报》	生态扬州新增十个"瘦西湖"	消息	拾景炎　吴　涛　何瑞琳	一等奖
	全省环境污染罪最大罚单开出	通讯	黄　燕　兆　明　赵　磊	一等奖
	高起点规划建设江淮生态大走廊	系列报道	邹　平　吴　涛　崔　卉　胡　俭　石默然	一等奖
	高起点规划建设江淮生态大走廊	编辑奖	李　峰　刘　贺	一等奖
	新闻策划中的"大事化小"与"小题大做"	论文	拾景炎	一等奖
	巴西南极科考站"扬州造"	消息	陈永婷　刘　贺	二等奖
	116名村民摁手印留任"第一书记"	通讯	江　萱　江　组　张孔生	二等奖
	将世界运河古镇拉入"朋友圈"	通讯	丁　蕾　赵　天	二等奖
	领导干部大走访要听得进"骂声"	评论	毛建国	二等奖
	4月24日A1—A4版	版面	拾景炎　詹大云　刘　贺	二等奖
	沿江村渔民党员20年不辍上党课	消息	徐　平　袁小园　嵇长青	三等奖
	沿江村渔民党员20年不辍上党课	编辑奖	李　峰	三等奖
	23万立方米垃圾"逼"出一个花都汇	消息	拾景炎　吴　涛　从有志	三等奖
	23万立方米垃圾"逼"出一个花都汇	编辑奖	冯　刚	三等奖
	何祚庥院士"回家"买门票	消息	拾景炎　吴　涛　胡　俭	三等奖
	就是忘了自己，也能喊出"大老李"	通讯	张玉峰　从有志　殷长庆	三等奖

续表33-7

报纸名称	作品标题	类别	作者	等次
《扬州日报》	喜迎十九大·江苏大运河文化带探访之旅	重大主题创新策划	邹平 王鹏 庄文斌 赵钢 孙浩 徐子尧	三等奖
	杨平	专栏	李峰 毛建国	三等奖
	想发声 敢发声 会发声	论文	李峰	三等奖
	“扬州发布”探索地市新闻客户端发展路径	论文	张志虹	三等奖
	绿杨城郭是扬州	副刊	李舫	二等奖
	绿杨城郭是扬州	编辑奖	周保秋	二等奖
《扬州晚报》	扬州工造出“世界十大名船”冠军	消息	陈高君	二等奖
	十九首诗盛赞扬州五年巨变	通讯	陈桂香 宫鋆煜 高锦岭	二等奖
	“85岁拥军模范周宏英72年苦寻王岗烈士后人报恩”系列报道	系列报道	周晓明 孟俭 施家新	二等奖
	“85岁拥军模范周宏英72年苦寻王岗烈士后人报恩”系列报道	编辑奖	朱广盛	二等奖
	漫画大数据图说扬州“10件大事”	漫画	作者:沈江江 袁亮 编辑:费大洋	二等奖
	大虹桥惊现清代曹寅题石碑	消息	陶敏	三等奖
	千年唐杏唐槐“后代”成功移栽	通讯	向家富	三等奖
	“扬州号”画舫亮相法国奥尔良市	通讯	孙炎 居小春	三等奖
	5月14日A4版	版面	肖德林 刘昌云 魏鑫	三等奖
《扬州时报》	“第一餐”咋样？爷爷奶奶笑着“打满分”	通讯	林勇 周阳	二等奖
		编辑奖	陆瑶	二等奖
	三天两夜，三个扬州娃徒步穿越沙漠	通讯	蒋斯亮	三等奖
	9月4日A3版	版面	周寿鸿 陆瑶 王露	三等奖
扬州发布、扬州网	马上办	网络好新闻	张志虹 赵钢 谢翠红 王婧	二等奖
	高起点规划建设江淮生态大走廊	网络好新闻	张志虹 赵钢 谢翠红 凌鹏	三等奖
	视频纪录片《非遗扬州·墨香》	媒体融合优秀作品	张志虹 包闻军 赵钢 李蓉君 徐勇 冯庭如 张岳 嵇晨宇	三等奖

（从有志 刘新平）

江南大业传媒股份有限公司跻身新三板“创新层”。8月，隶属于报业集团的扬州市文化投资管理有限公司成立，负责扬州新大剧院建设和运营工作。报业集团通过竞标获得万达院线映前广告江苏省独家代理权，全年院线事业部实现到账收入1917万元。集团成功承接江苏发展大会扬州分会场图片展、“砥砺奋进的扬州”大型主题图片展等，举办孟京辉大师话剧演出季活动；继续与中国美术家协会合作举办“丹青扬州”画展；由报业集团规划建设的扬州书画艺术城4月下旬开业。报业集团与市农委合作开办市名特优农产品展示展销中心（扬州礼物）；与江苏罗思韦尔电气有限公司合作，组建扬州乐程特色小镇旅游发展有限公司，进入定制交通、乡村游、亲子游等市场。报业集团设立教育培训中心，全年托管和培训学员3000多人次。市中小学素质教育实践基地累计接待拓训3万人次，实现销售收入620万元，创成全国课程建设示范性基地。集团小记者中心发展会员1.2万多人，全年组织2万多人次参加各类活动，“科技进校园”活动获省报业协会小记者优秀品牌活动二等奖。集团生产办生产16.5万千克优质有机大米，通过国家有机农产品检查验收，并获“有机农产品省级质量安全示范单位”称号。报纸广告向户外广告拓展，承办省运会、省园博会倒计时一周年系列活动和形象推广等项目；举办张学友演唱会、刘若英演唱会、“我们的年代”演唱会、社区艺术节等活动。发投公司从送报向“轻物流”转型，开拓物流配送以及城市河道巡查等新业务。

（从有志 刘新平）

《扬州日报》 2017年,《扬州日报》出版354期,印数(开机数)6.76万份,征订数6.45万份,发行量6.76万份。日报围绕中心,服务大局,实施"影响力工程"。日报组织中共十九大会前、会中、会后宣传,营造良好舆论氛围,宣传好中共十九大精神。5月,启动"砥砺奋进的五年"重大主题宣传。6月,策划"党报带你感受城市新变化"公益活动。参加全市"喜迎党的十九大:紧扣'两聚一高'办好'十件大事'环市行"大型融媒体新闻行动,刊发"环市行"系列报道近80篇。7月,参加"1+13省市党报全媒体环省行"大型新闻行动和"喜迎十九大 全景看江苏"采风活动。9月,和《新华日报》等媒体同步刊登"环省行"17个专版,对全省"强富美高"建设成果进行全面展示。联合有关单位启动"喜迎十九大·江苏大运河文化带探访之旅"。中共十九大开幕后,日报运用近40个版面报道中共十九大和中共十九届一中全会,开设"直通北京""报告解读""代表日记""代表之声""海外反应""新时代 新使命"等栏目,宣传和解读十九大报告中新思想、新论断、新提法、新举措。前方报道小组重点关注扬州3名党代表参会履职情况,对党代表郑翔带上大会的《我们眼中的十九个变化》画册,率先进行报道,成为新闻热点。中共十九大闭幕后,报道全市传达学习贯彻十九大精神情况,组织系列访谈和理论笔谈,开辟专栏报道扬州市贯彻落实中共十九大精神的实践。日报还携手党代表开展"迈进新时代 党报伴你行 十九大精神进万家"宣讲活动。日报开辟"两聚一高引领新扬州建设"专栏,报道扬州市贯彻落实省第十三次党代会、市第七次党代会精神的举措和成果。3月刊发《撸起袖子加油干·紧扣"两聚一高"干好"十件大事"》系列报道29期。开辟专栏,持续报道扬州市领导和各地党员干部"聚焦富民·走千村访万户"大走访大排查活动情况,发表数十篇大走访"民情日记",报道一批通过大走访帮助群众解决问题的故事。6月,刊发市委书记谢正义的民情日记《今天开始,我就是七里河河长》,并连续报道七里河整治大会战。刊发《脚底下能够走出好经验》《身在基层也要"下基层"》《领导干部大走访要听得进"骂声"》等评论员文章。2月,省两会召开,重点就"江淮生态大走廊写进省政府工作报告""宁镇扬一体化全面加速"等话题,采访代表委员,议深议透。市两会召开,日报围绕创新、富民、项目建设、城市管理等热点组织专题报道,刊发"撸起袖子加油干、甩开膀子往前走"系列评论。刊发"高起点规划建设江淮生态大走廊"系列报道。3月,全国两会期间,两次发表重点稿件,传递将江淮生态大走廊建设上升为国家战略的呼声。日报紧紧围绕中心工作策划报道,开展宣传。"烟花三月"国际经贸旅游节,编发8个版的《绿杨》特刊,对开幕式、"科洽会"智能汽车专场、运河城市合作恳谈会、软件和信息服务外包大会等活动进行重点报道。"扬马"开赛,拿出6个整版进行全景式报道,并采用大幅航拍图片。5月,开设"海内外扬州人"栏目,连续介绍10多位乡贤事迹,对江苏发展大会和扬州论坛进行全景式宣传。7月,报道中共扬州市委七届四次全会精神,围绕富民、办好两个盛会、打造永恒的城市经典、求真务实作风建设刊发系列评论。8月,刊发"践行绿色生活方式 淮扬美食新时尚"系列报道,引起中国文明网等媒体关注。对2017世界运河城市论坛、世界地理标志大会、世界体育赛事与旅游峰会、亚布力青年论坛创新年会等重大活动给予突出报道。关注"两个盛会"(2018年省运会、省园博会)筹备进展,市游泳健身中心8月下旬对外开放组织系列报道。9月,报道省运会、省园博会倒计时一周年活动,刊发长篇通讯和评论。全年高密度开展城市公园体系建设宣传报道,通过消息、通讯、评论、图片专版(专题)等,报道历次公园集中开放(开工)和三湾公园开园活动。12月,宣传《扬州市公园条例》实施和集中开园(开工)活动。持续关注连淮扬镇铁路和重点交通项目建设。6月,对城市南部快速通道、611省道、金湾路三大交通重点工程进行巡礼报道。对五峰山过江通道公路连接线开工、宿扬高速和611省道邗江段通车等,给予突出报道。重视生态文明和环保宣传,年初起,开辟"263扬州在行动"专栏,记者跟随执法人员行动,连续曝光暗访发现的问题,对整改情况进行回访。加强城市文明和先进典型宣传,3月起,开辟"安全文明出行 共建扬州规矩"专栏,报道道路交通秩序大整治行动,8月配合全国文明城市省级测评,开辟"同住一座城 共治一个家"专栏。全年报道高邮籍潜艇"金舵手"戴长宏、宝应乱针绣产业带头人朱军成、"万婴之母"陈玉瑛等典型人物。"扬州好人""最美扬州人""扬州好家风"等栏目,报道一批正能量典型。办好"杨平"评论专栏,基本做到"每周都有、每逢大事必有"。刊发"学思行"理论专版。《扬州百里清波入江淮》《护佑一江清水奔涌向北》《扬州城区黄金地段建公园》等约10篇报道登上《人民日报》。在第二届江苏"十强报刊"评选中,《扬州日报》蝉联省"十强报纸"荣誉。10月7日,"扬州推进城市公园体系建设回眸与展望"系列报道获第20届江苏新闻奖,日报民生部主任胡俭获全省"走转改"先进个人称号。 (肖德林 刘新平)

《扬州晚报》 2017年,《扬州晚报》出版353期,印数(开机数)10万份,征订数7万份。晚报围绕重大热点,打好新闻宣传"规模战"。中共十九大召开期间,晚报每天报道量在6个版以上;聚焦党代表郑翔带上大会的特殊礼物——《我们眼中的十九个变化》,取得良好宣传效果;新媒体策划制作一批媒体作品,并以"喜庆十九大 不忘初心跟党走"为主题推出多场直播,观看网友总数43万人次。8月,晚报启动策划"砥砺奋进的五年·感受扬州力量"系列新闻主题活动,活动分为"百、千、万"三大板块,即"百名老外看扬州、千人岗位感发展、万名市民走公园"。10月,承办"喜迎十九大·砥砺奋进的扬州"主题图片展,用近400幅图片,展示扬州五年来的发展成就,市四套班子领导和数万名市民参观展览；晚报官方微信开辟网上展馆，3万多人次点击观看。晚报新媒体参与"90秒看扬州"系列微视频拍摄制作，展现扬州发展新风貌。围绕中心工作，做好重大主题和重大活动报道。"烟花三月"国际经贸旅游节，晚报推出"4·18"特刊《大国走廊》，通过手绘、航拍、大数据等手段，全面展示扬州江淮生态大走廊的魅力与风采。围绕城市南部快速通道、金湾路、611省道等三大道路工程，开展持续报道。2017年扬马，与扬马组委会联合举办火炬手推选活动，派出20多名记者报道大赛，通过直播、航拍、VR、视频、图片、文字，全程跟踪记录跑者感受、志愿服务、市民心声、城市发展、赛事组织等。强化对扬州筹办2018年省运会、省园博会工作的报道，由《扬州晚报》负责建设的省园博会"两微一网" 4月8日上线；开辟"迎省运大型图文报道""办会为城 办会惠民·聚焦省园会"等专栏，持续全方位报道"两个盛会"筹备情况，并派专职记者驻扎仪征采访报道。宣传推介"扬州的夏日"系列活动，参与承办"扬州的夏日·世界音乐季"活动，共有5大板块、15场活动，10多个国家的近百位音乐艺术家参与。晚报组织开展"朗读者"活动。活动分为"四季"板块，邀请文化名家通过朗读形式分享作品和人生故事，社会反响很好，受到中共扬州市委主要领导肯定。1月，晚报承办"扬州开门红·我为城门挂春联"活动，全国近百人为扬州城门创作300多副春联，组织评选并邀请书法家书写，制作成巨幅春联在宋夹城、万福大桥塔楼、东门遗址等10座城门悬挂。2月1—17日，举办10场回乡扬州人座谈会。4月上旬，组织开展"大美瘦西湖"中国晚报摄影节、中国晚报航拍扬州园林大型采风活动，邀请全国60多家晚报、都市报航拍扬州。4月12日，在市音乐厅举办2016扬州十大经济新闻人物颁奖活动。举办百强企业论坛和专家讲座。11月中旬，"新时代 新征程 新篇章"——大运河第一城扬州书画摄影作品展在北京举行，晚报遴选约60幅摄影作品参展。11月18日，承办第二届扬州市网民节开幕式暨扬州市人工智能、VRAR博览会。晚报编印《书香水韵新扬州》摄影画册，策划出版《我与扬州讲坛》《海外扬州人》《扬州画册》等出版物。年内，晚报获得传媒中国"十大影响力城市晚报"称号。以晚报官方微信、微博、视频"三位一体"的新媒体平台获"2017传媒中国年度报业微信公众号影响力20强""中国移动互联网与传媒融合风云榜政务新媒体平台示范奖"等。

（肖德林　刘新平）

■**《扬州时报》** 2017年，《扬州时报》出版247期，印数(开机数)4万份，征订数2.37万份。做好中共十九大报道和重大主题宣传。参加"环市行"采访行动，刊发《重大项目建设筑就"实力宝应"》等报道40多篇。6月1日起，刊发"重大项目看交通"系列报道。6月27日起，开设"聚焦三大工程·助推扬州发展"专栏，报道城市南部快速通道、611省道、金湾路等三大交通工程。10月11日起，开设"喜迎十九大·我家这5年"专栏，从百姓视角观察，通过家庭生活的变化展现城市巨变，展示时代发展和新扬州建设的成就。10月12日起，开辟"砥砺奋进的5年·航拍扬州新地标"专栏。10月18—25日，开设26个"聚焦十九大"专版，对中共十九大议程、重要精神、亮点精华作全方面报道。以媒体融合提升报道水平。时报通过"掌上直播"平台对市"两会"进行音视频和图片、文字直播，全媒体团队创作的说唱Rap《接力走好新征程》《十三五，咱们撸起袖子加油干》，被腾讯、优酷、土豆等多家视频网站转载。重大节庆、活动报道。3—4月，时报共刊发"烟花三月"国际经贸旅游节新闻稿件(含图片)189件、专题版面32个。3月25日，协办扬州首届"烟花三月·炫舞扬城"国标舞交流展示会，吸引近700名舞蹈爱好者参赛。扬马期间，策划"老马小马跑扬马""扬马宝宝看扬马"活动。4月18日，刊发报纸特刊《见词如面，扬州新画卷》，同时发布微信特别报道《一张大图看大美扬州》，将航拍的扬州美景连接成画卷，获"刷屏"转发。5月27日，中国作家协会原副主席、网络文学委员会主任陈崎嵘走进"扬州时报名人大讲堂"，主讲《青少年读者如何看待与阅读网络文学作品》。7月1日，第二届中国成语大会冠军彭敏走进"扬州时报名人大讲堂"，与千名青少年分享人生经历和诗词故事。7月，承办第13届中华童星全国青少年艺术人才选拔活动扬州初赛。联合社区开展"忆传统、说家规、传家风"青少年暑期社区课堂活动。继续组织"梦想书架"公益活动，赠送爱心书籍3.5万册。依托《老年周刊》打造新型老年活动平台，服务老年人。年内，开展"健康社区行"系列讲座和举办各种技能班，举办近20场社区艺术节活动。参与承办市第四届体育文化交流节、千人健身走等活动。至年底，时报官方微信粉丝数近30万。在新华社等中央级媒体发稿130多篇(幅)。由扬州时报负责管理的扬州报业传媒集团教育培训中心，3月开始运转。春季、暑期、秋季三个学期，共培训学员3000多人次，还为城区小学1000多位家长上课，指导家庭教育。5月下旬，在第二届中国(杭州)传媒创新合作项目交流大会上，扬州时报"'童聚'打造未成年人'传媒＋教育'平台"项目，获"2017最佳创新合作项目平台奖"，"老伴儿俱乐部"项目获"2017传媒创新合作项目TOP100"荣誉。11月，在中国报业十九大融合传播峰会上，《扬州时报》选送的《航拍扬州新地标》作品，获"中国报业十九大融合传播优秀作品(报道类)"奖。（肖德林　刘新平）

■**扬州发布** 2017年底，"扬州发布"新闻客户端用户数突破135万人，位居全国地级市新闻客户端前列。4月，制作推出"江苏发展大会·扬州站"云平台。7月，和新华社合作，用现场云平台进行视频直播。8月28日，"扬州发布"全新改版上线。9月，首创"正能量网红"概念，在客户端开通"网红"频道，从集团采编人员中"孵化"推出"十八网红"，生产美文、辣评、访谈、航拍、说史等独特内容。11月，加入全国党媒公共平台。中共十九大期间，扬州发布客户端开通"十九大"一级频道，刊发稿件、直播、H5等约500篇，视频直播27场。"喜庆十九大系列H5""喜庆十九大·公园体系建设"系列微视频，"扬州发布带你VR逛扬州""为扬州代言"网络小游戏等受到网友欢迎。制作《一镇一味》系列微视频纪录片，首季15集全网阅读量突破300万。"扬州发布"开设"直播"一级频道，全年共推出近300场直播。"扬州发布"制作的庆祝建军90周年H5《倘若我生在1927年的中国》工具H5排行榜第七位。10月，由省委宣传部等单位主办的"喜迎十九大 全景看江苏"系列视觉作品大赛上，"扬州发布"3件H5作品分别获一、二等奖和网络人气奖（最佳H5创意）。刊发"让爱相守"主题微电影、沙画拜年视频等众多新媒体作品。7月，第二届"扬州发布、扬州网进社区"系列纳凉晚会启动，在御龙湾广场、蒋王社区等地共举办11场纳凉晚会。年内还举办"致敬中国节——万人诗歌朗诵会""童眼看扬州"征文等参与性活动。拓展互联网金融服务，2月与南京银行联合开办扬州首个定制金融产品"扬州e贷"。1月，"扬州发布"获2016江苏年度政务新媒体"创新传播奖"。6月22日，在2017中国传媒融合发展大会上，扬州报业传媒集团以"扬州发布"项目入选中国媒体深度融合30强，为江苏唯一入选的地级市媒体。7月1日，2017（第二届）全国党报网站高峰论坛发布《2017全国党报融合传播指数报告》，《扬州日报》自有APP（扬州发布）影响力名列全国第17位，在地级市中排名第三。9月14日，在省报业协会五届三次理事会上，"扬州发布"客户端获江苏报业年度融合创新项目一等奖。9月26日，在2017中国（南京）传媒"移动优先"峰会上，"扬州发布"客户端获创新项目一等奖。11月，扬州网获中国城市新闻网站"优秀网站奖"，扬州网、"扬州发布""帮你问"栏目获中国城市新闻网站"移动创新优秀奖"。12月，在第五届中国网络视听大会上，"扬州发布"制作的人文视频纪录片《非遗扬州—墨香》获全国党媒优秀原创视频"十佳视觉奖"。（于彬彬 刘新平）

广播影视

■概况 2017年，扬州广电有自办广播频率5个、电视频道5个、数字电视频道2个，全年获省优秀广播电视节目奖一等奖作品11件（包括优秀栏目奖2件），二、三等奖以上作品50.25件，一等奖获奖总数位列地级市第二（并列），总排名地级市第三。《江苏收听收看》连续9期对《扬州新闻》中共十九大报道进行点评。开展全市广播电视净化荧屏声频安全播出专项检查、网络视听节目安全管理检查、广播电视新闻节目抽查活动。全市影院票房收入2.42亿元，居全省第六、苏中第二水平。

（蒋学亮 杜 程 沈春祥）

■电影放映 2017年，全市城市影院39家（含县、市），增加8家；银幕达257块，增加63块。全市影院票房收入2.42亿元，增长11.38%。全年放映农村公益电影1.2万多场。组织送电影进社区活动，市区（含功能区）224个社区，放映公益电影672场。

（蒋学亮 沈春祥）

■卫星管理 与市综治办联合开展6次执法查处，整治卫星地面接收设施。共检查全市三星以上宾馆饭店64家，对4家宾馆作出经济处罚和没收设施处理。暗访全市5家网络公司营业厅，对发现违规传输境外电视信号的个别网络公司，下达整改通知，违规公司停止传输有关节目。宝应县组织8次"小耳朵"专项整治行动，拆除非法安装的"小耳朵"285台（套），捣毁销售窝点6处。（蒋学亮 尤 萌）

■安全播出管理 2017年，全市安全播出重点保障春节，全国省市政协、人大两会，"烟花三月"国际经贸旅游节，"五一"节、沙场阅兵、一带一路高峰论坛、金砖国家领导人会晤、国庆节、中共十九大等重要保障期，共完成120多天、3620值守人次的安全播出工作，全市安全播出工作未发生重大技术设备和责任事故。5月，启动为期3年的应急广播体系建设，至年底，宝应县完成建设方案设计和论证，其他县（市、区）推进顺利。（董仲元 刘先宝）

扬州广播电视传媒集团（总台）

■概况 2017年，扬州广播电视传媒集团（总台）〔简称扬州广电集团（总台）〕围绕中共十九大、各级"两会"、中共扬州市委全委会、"烟花三月"国际经贸旅游节、省运会、省园博会、市区东南片区改造、七里河整治、连淮扬镇高铁建设、城市公园体系建设、幸福民生工程、扬州"三把刀"、扬州服装产业、全省城市治理与服务现场推进会、中国电视好演员评选等重点工作、重大活动开展宣传报道。自办广播频率5个、电视频道5个、数字电视频道2个，自创栏目包括新闻、资讯、娱乐等多种类型，聚焦党委、政府的重点工作和市民关心的热点问题，满足市民各类生活资讯、娱乐生活的需要。新开办《一路楼台直到山》《成长学院》《我是戏剧王》等一批关注传统文化传承的节目。电视频道尼尔森、索福瑞收视份额分别达到43.4%、47%，位居全国城市台第二，广播收听份额保持在80%以上。全年有19件次节目作品、10件技术类作品获得省级专业评审一等奖以上奖项，位居全省城市台第一。在全国"TV地标"电视媒体综合实力大型调研中，获2017年度最具综合实力城市台奖；新闻广播获评"时代之声"年度最具成长性市级广播频率。扬州广电集团（总台）被中共扬州市委、扬州市政府授予"特别贡献奖"。（杜 程）

■精品生产 2017年，扬州广电集团（总台）参拍的"中共十九大"献礼影片《你若安好》在全国公映，投拍的《东风破》《太行英雄传》在中央电视台黄金时间段播出，并进入全国网电视剧收视率前十强。（刘先宝）

■品牌活动 2017年，扬州广电集团（总台）继续举办新闻女生三关爱

2017年扬州广电集团(总台)获省级一等奖及以上奖项作品一览表

表33-8

类　别	作品标题	奖项名称
电视类	《鸟儿用翅膀为扬州"点赞"》	2016年度江苏电视新闻奖长消息一等奖
	《三把叨》	2016年度江苏电视新闻奖优秀栏目
	《"上扬帆看扬马"电视电台手机融合直播》	2016年度江苏电视新闻奖现场直播一等奖
	《两岸情一家亲——北齐佛首造像的回归路》	2016年度江苏电视彩虹奖电视专题一等奖
	《扬州工》	2016年度江苏电视社教奖系列片一等奖
	《春去春又回——苏北民歌邀请赛南通专场》	2016年度江苏电视文艺歌舞节目一等奖 第33届江苏电视奖优秀栏目奖
	《男儿立志初生日,乳饱饴甘便要廉》	第33届江苏电视奖优秀纪录片奖
	一代剪给一代看	第五届亚洲微电影艺术节金海棠奖
	电视连续剧《飞虎队大营救》	第33届江苏电视奖优秀电视剧奖
广播类	《985早新闻》	2016年度江苏广播新闻奖优秀栏目
	《燃灯渡海》	2016年度江苏广播电视彩虹奖广播文艺一等奖
	《公益少年和他的"一分钱助学"》	2016年度江苏广播社教对象性节目一等奖
	《叫一声师父》	2016年度江苏广播剧、广播文艺奖戏曲曲艺节目一等奖
	《飞到延安去》	省精神文明建设"五个一工程"奖
报纸类	《创新试错须有"容错机制"》	2016年度江苏报刊新闻与专稿奖评论一等奖 2016年度全国城市广播电视报优秀新闻作品评论类一等奖
	《2016中国扬州鉴真国际半程马拉松赛鸣枪开赛,扬州广电成功尝试手机与广播电视直播相融合》	2016年度全国城市广播电视报优秀新闻作品消息类一等奖
	《"最后"的江刀》	2016年度全国城市广播电视报优秀新闻作品通讯类一等奖
	《破解萧后冠密码》	2016年度全国城市广播电视报优秀新闻作品通讯类一等奖
	《扬州胖女孩余燕:单身剩女的寻爱之旅》	2016年度全国城市广播电视报优秀新闻作品专访类一等奖

(杜　程)

大行动、"3·15"声音的力量、公益慈善义演晚会、温暖大行动、"1007"陪你成长、爱心助考等公益活动,为市民助困解忧,为数百户贫困家庭解燃眉之急,助数千学子完成学业。举办旅游交易会、小主持人大赛、导游大赛、模特大赛、魅力乡村评选、"扬帆宝宝"大赛、我与太空种子共成长、首届教育培训嘉年华、文化创意产品设计大赛等活动。举办年度新闻人物评选、经典诵读、"中国电视好演员"评选、瓜洲音乐节、新年音乐会等活动,丰富广大市民文化生活。承办世界体育赛事与旅游峰会2017扬州峰会,争取到世界沙滩排球大奖赛、世界匹克球中国巡回赛等国际赛事落户扬州。

(李宗强　赵桂左)

■手机频道开播　扬州广电集团(总台)开办的"扬帆"手机APP是具有移动化、社交化、视觉化特性的融合性集成平台。2017年,手机频道从开始的十几个发展到316个,广播电视各频道、频率在"扬帆"上共开设36个与栏目同名的手机频道,实现手机直播常态化、手机频道矩阵化、"主播秀"个性化。133位主持人在"扬帆"上开设账号,全年播出"主播秀"1600多次,每天直播近20场,累计访问量超过2000万人次。至年底,"扬帆"下载装机量超百万次,用户数达35万户,入驻企事业单位达97家。2017年"扬马"融合直播,短短4个小时内点击量超过300万次。

(孙　珉　刘先宝)

■技术基础建设　2017年,扬州广电集团(总台)广播电视发射塔迁建工作启动;第一辆高清车引进装备到位,为推进高清频道体系建设做好前期准备和基础建设;启动融媒体内容生产平台建设,将形成内容汇聚、生产、指挥调度、分发互动四大业务模块。其中,融媒体内容汇聚系统建成,并与传统的节目制作网络实现贯通。　(孙　珉　刘先宝)

省广电有线信息网络股份有限公司扬州分公司

■概况　2017年,省广电有线信息网络股份有限公司扬州分公司实现总收入5.08亿元,累计建成有线电视电缆2926千米、光缆2429千米,覆盖有线数字电视用户156万户，有线数字电视注册用户143万户、宽带注册用户27万户、互动终端55万个。扬州有线电视网在网传输数字电视共206套(其中高清频道58套、3D频道一套、标清节目147套)，数字广播节目8套，开展数字视频广播业务、视频点播、时移回看等基于双向网络的应用。省、市级光缆传输干线网广播电视业务可用度达到99.96%以上，有线广播电视网一、二级保障前端均达100%。完成全年特别是十九大期间的安全播出任务，提高高清互动电视普及率，创新内容产品，上线"孝乐神州""电影院线""地方新闻"三大内容平台，推进"智慧城市"项目建设和"益农信息社"项目建设，提供优质可靠的信息化服务和公共文化服务。

（广电有线）

■网络建设 推进无源化建设和改造，新建网络覆盖区域实施FTTB和FTTH结合的方案，原有有源机柜接入的区域优先进行无源化改造，提升网络接入质量。结合光缆资源的优化将骨干接入设备进行扁平化的割接调整，优化网络接入的层次，降低故障率、中断率。市干波分传输系统新建安装自动光倒换系统，实现主备路由同时接入并自动切换，提升波分系统业务的安全性。对远郊乡镇区域网络进行升级改造，提高广播电视双向网络覆盖率。建设城域MSTP系统，承载政企、金融、保险等重要客户数据业务专线，网络运行安全可靠，保护功能及预警功能更加完善。

（广电有线）

■内容创新 2017年，江苏有线"孝乐神州""地方新闻""电影院线"三大内容平台陆续在全市上线，为广大观众提供更优质、更贴近、更丰富的收视内容。"孝乐神州"电视互动平台是江苏有线和全国老龄办信息中心合作打造的，精选超过10万条视频节目，组成中老年观众喜爱的健康、教育、文化、娱乐四大内容板块，为全市老年人提供一个内容丰富的文化乐园和优质生活的服务平台。全省新闻聚合平台——"地方新闻"汇集江苏卫视及各市一周播出的新闻栏目，扬州观众足不出户即可直击全省各地新闻现场、尽览江苏新鲜资讯。"电影院线"则是江苏有线在国家新闻出版广电总局电影数字节目管理中心的支持和指导下，探索的家庭观影全新模式，满足扬州数字电视用户足不出户、欣赏"大片"的美好生活需求。

（广电有线）

■智慧项目建设 聚焦"智慧城市"项目，提供定制化服务，与邗江区杨寿镇政府联手打造扬州首个"智慧乡镇"电视互动平台——"智慧杨寿"，统筹兼顾宣传文化、党员教育、科技普及、图书阅读、普法教育、电影放映等功能，由政府补贴，陆续为居民安装1500台高清机顶盒，给乡镇居民带来全新的智慧生活体验。宝应"智慧安宜"党建平台、江都智慧乡镇-美丽南渡村、智慧司法直通车等项目均取得成果。实施邗江天网工程、生态科技新城、交警支队路面监控线路、高邮公交站台监控、江都"天眼"等项目，为平安扬州打造可靠的综合治理和安防监控网络。与市、县农委对接，在全市开展"益农信息社"建设，打造"互联网+"现代农业的示范工程，为每个"益农信息社"提供宽带接入(不低于20兆)、有线电视接入、WIFI服务、硬件设备，将农业信息资源服务延伸到乡村和农户。 （广电有线）

■高清电视普及 以"户户通""村村响"为目标，推进全市高清互动电视普及，针对标清数字电视用户推出一系列高清置换优惠活动，与地方政府合作建设高清社区、高清村、宽带村，逐步实现整个行政村或社区的高清整转，确保扬州广播电视频率、频道的全覆盖、全落户。不断加大高清内容建设，适时推出高清专题，方便用户收视，在做好标清产品的同时，新上线4个高清套餐，为高清用户提供更优质的增值业务。

（广电有线）

文化产业

■概况 2017年，扬州文化产业规模总量提升。提升市级486"非遗"集聚区，加快戏曲园区建设，琴筝文化产业园落户邗江区甘泉街道。各县(市、区)新增千万元以上文化产业项目16个。江都荣膺"中国毛笔画笔之都"和"文房四宝特色产业区域"，投资100亿元的光线(扬州)中国电影世界项目成功签约，笛莎互联网智慧大厦、创艺985创客街区等项目开工建设。举办2017扬州文化产业博览会，参观者超4万人次，交易额3000万元。赴台湾、厦门开展恳谈推介会。组织参加苏州创博会、深圳文博会、厦门文博会等展会。产业融合加深。文化旅游深度融合，"瘦西湖游礼"文创旗舰店广受关注。促进媒体融

市民在486"非遗"集聚区近距离观看大师制作　　董　辉/摄

扬州市获2017年度江苏省文化产业、新闻出版广播影视产业发展专项资金项目一览表

表33-9

序号	项目名称	实施单位	金额(万元)
1	“扬帆”移动云频道集群综合服务(传播)平台	扬州广播电视总台	150
2	党报融媒体平台	扬州日报社	150
3	古籍复制技术转型升级与开发应用	扬州古籍线装文化有限公司	100
4	雕版文创产品拓展与线装图书连锁书店经营项目	江苏广陵书社有限公司	80
5	钟书阁扬州广陵店	扬州市广陵钟书文化传媒有限公司	60
6	江苏学术文化译丛	江苏广陵书社有限公司	15
7	广播电视高清化改造	宝应县广播电视台	150
8	扬州艺术馆(扬州市江都区非物质文化遗产展示展销中心)一期工程	江苏龙腾坤鑫建设发展有限公司	150
9	2017扬州文化产业博览会暨第十二届中国玉石雕精品博览会·中国漆器艺术精品展	扬州工艺美术集团有限公司	180
10	“摇享扬州”智慧文化旅游项目	江苏合云网络科技有限公司	100
11	扬州青麦坊互联网+文创空间	扬州青麦文化传媒有限公司	100
12	江扬天乐湖青少年绿色文化基地	仪征江扬投资置业有限公司	100

(魏　昕)

合,扬州报业集团新媒体营业收入比上年增长130%,扬州广电集团“扬帆”APP用户超34万户。举办2017江浙沪特色文化产业项目路演及推广活动,16个项目路演。融资规模2亿元扬州486非物质文化遗产集聚区文化旅游项目签约。“传统漆器在现代生活中的应用和推广”和“雕版印刷技艺的传承、创新与发展”两个项目分别获得中央文化产业发展专项资金250万元、50万元。“扬州艺术馆(扬州市江都区非物质文化遗产展示展销中心)一期工程”“党报融媒体平台”等12个项目共获得省级文化产业、新闻出版广播影视产业发展专项资金1335万元。　(王　宁　魏　昕)

■**2017扬州文化产业博览会**　参见第199页。

■**文博创意产品设计大赛**　5月18日,由中共扬州市委宣传部、扬州市文物局主办,扬州博物馆承办的“让文物活起来——扬州市文博创意产品设计大赛”启动,面向社会征集优秀文博创意设计作品。9月26日,大赛评选结果揭晓,27件文创产品设计稿从300余件参赛作品中脱颖而出。主办方与文创产品开发公司合作进行成果转化,设立创意成果转化奖,以单件创意成果知识产权转让费的30%,奖励给创意设计者。　(冯永革)

■**2017江浙沪特色文化产业项目路演及推广活动**　10月24—26日,由省文化厅和扬州市政府主办,市文化广电新闻出版局和深圳证券信息有限公司承办的2017江浙沪特色文化产业项目路演及推广活动在扬州举行。16个项目接受投融资实务培训,并参与路演,100多家文化企业与投融资机构进行交流。融资规模2亿元的“扬州486非物质文化遗产集聚区文化旅游项目”现场签约。

(王　宁　魏　昕)

■**出版物发行**　2017年,完成全市621家出版物发行单位年度核验登记换证工作。全市有出版物二级批发单位11家,出版物发行零售企业610家,从业人数2866人,实现销售收入5.81亿元。广陵书社参加第27届全国图书交易博览会、第七届江苏书展;开展县级新华书店社会效益考核评价活动;开展第六届扬州市“双优诚信”书店评选活动,扬州新华书店有限责任公司等15家书店被评为第六届扬州市“双优诚信”书店。

(苗　芹　李相林)

■**印刷业**　2017年,完成全市584家印刷经营单位年检工作。全市有出版物印刷企业13家、专项印刷企业2家、包装装潢印刷企业249家、其他印刷企业320家。印刷企业实现销售收入30.6亿元,利润总额1.2亿元,从业人员1.13万人。扬州皓宇图文印刷有限公司、扬州邗城数码印艺有限公司、扬州市嘉成印刷有限公司转型升级为出版物印刷企业,扬州古籍线装科技文化有限公司等6家印刷企业参展首届江苏印刷行业创新发展博览会。开展第六届扬州市“双优诚信”印刷企业评选活动,扬州古籍线装文化有限公司等15家印刷企业被评为第六届扬州市“双优诚信”印刷企业。　(苗　芹　李相林)

■**扬州广陵古籍刻印社**　2017年,扬州广陵古籍刻印社有限公司(简称广陵古籍刻印社)刊印雕版印刷作品《唐诗三百首》《涉园诗录》《周易》《水浒叶子》《郑板桥诗钞词钞》。开发雕版印刷系列文创产品,包括《二十四节气日志》《北平笺谱日志》《孔子圣迹图日志》等系列线装笔记本,《和合如意》《喜得连科》《乾隆御笔福字》等吉祥寓意版画。和省文化产权交易所合作,用中国雕版印刷术复制现代书法艺术作品,雕刻印刷《慈悲》《不忘初心》两件作品。4月，参加第二届澳门·非物质文化遗产暨古代艺术国际博览会。4月8日，和南京非物质文化遗产专业学院等单位合作，在安徽祁门牯牛降风景区成立徽州正言雕版非遗传习所。10月，赴金门参加“文化行销，阅读金门”书展。12月，广陵古籍刻印社获扬州“老字号”称号，通过省名牌复评，开发的文创产品获得省文化产业“金梧桐”奖。陈义时、陈美琦、顾孝慈分别获江苏乡土人才“三带名人”“三带能手”“三带新秀”称号。（肖德林　刘新平）

文化交流

■概况　2017年，扬州各文化单位开展对外文化交流，促进地方公共外交，扩大扬州知名度和影响力。文化“请进来”交往增多，组织开展艺术表演、艺术教育、美术创作、特色文化、学术交流活动，开展扬州曲艺、扬剧、扬州木偶、扬州民间歌舞等“走出去”。展示地方文化，参加节庆文化交流和策划组织主题性文化活动，开展文化产业项目交流，文化“走出去”影响扩大。（朱运桃）

■艺术教育交流　扬州文化艺术学校特聘引进俄罗斯、哈萨克斯坦外教，进行舞蹈基训教学；举行“中国寻根之旅”夏令营——扬州营活动，74名海外华裔青少年参加，展示扬州“非遗”文化；市木偶研究所举办国家艺术基金资助项目全国杖头木偶表演人才培训班，邀请国际木偶界专家到扬州授课，国内和台湾地区等地木偶表演高层次专业人才参加学习。（戴荣华　汪　莹）

■艺术表演交流　2017年，市音乐厅举办“未来大师”“欧洲室内乐”“欧美音乐汇”“扬州的夏日”等系列活动，邀请拉丁古巴传奇音乐组合、英国交响乐团、维纳斯女神爱乐乐团等，举行音乐会、音乐讲座33场；市木偶研究所邀请黎巴嫩木偶剧团演出木偶剧《1001朵玫瑰》；市青麦坊剧场引进第二届国际喜剧节，美国、法国、英国、日本、荷兰、西班牙等国数十位表演艺术家参加表演。（王鹭声　郑爱云）

■美术创作交流　市美术馆开展美术交流活动，法国奥尔良3位造型艺术家与扬州市画家开展美术创作交流。10月11日，“两岸一家亲”——扬台交流合作30周年史料展、书画展暨主题征文颁奖仪式在扬州举行。（安玉民　韩　震）

■特色文化交流开展　2017“艺海流金·精彩江苏”内地与港澳文化界、台湾文化界扬州专题交流活动，承办江苏发展大会扬州分会场扬州地方文艺演出。2月，台湾两岸出版交流协会理事长沈荣裕带队，考察扬州雕版印刷，意向在台湾天龙书局开设雕版印刷传习所。10月底至11月初，在扬州举办第八届中国古筝艺术学术交流会，900多名海内外古筝表演、教育、研究、制作专业人士参加，共举办3场音乐会、3场高峰论坛、3场学术交流。（朱运桃）

7月26日，2017年海外华裔青少年“中国寻根之旅”夏令营——扬州营活动结营　王爱萍/摄

■学术交流　以扬州讲坛、扬图讲堂、音乐大师讲座为阵地，邀请台湾白先勇、高希均、依空法师等文化专家、学者、知名人士到扬州开展学术讲座。2017年，成立扬州台湾经济文化交流研究中心。1月，中华文化海外交流基地授牌仪式暨工作会议在扬州举行，市文化艺术中心、瘦西湖风景区管理处、个园管理处等3家单位被省侨办和省文化厅联合命名为中华文化海外交流基地。（崔绪军）

■节庆文化交流　市木偶研究所随扬州市政府代表团赴阿尔巴尼亚，参加中国驻阿尔巴尼亚大使馆举办的庆祝中华人民共和国成立67周年文艺活动；市木偶研究所随省文化厅代表团赴尼泊尔，在加德满都参加“中国年”演出活动；市木偶演员梁苏荣和刘宇随扬州表演团赴澳大利亚参加鸡年中国节，在珀斯和悉尼演出5场；木偶演员李芳随文化部“2017欢乐春节，精彩江苏”艺术团赴法国，在留尼汪、圣保罗、勒唐蓬、圣勒、下帕等多地演出半个月，演出11场；木偶演员李芳随文化部“2017欢乐春节，精彩江苏”艺术团赴印度、斯里兰卡、马尔代夫巡演。（朱运桃）

■地方文化“走出去”展示　市木偶研究所随扬州市政府代表团赴台湾佛光山参加“故乡的云”献礼音乐会演出；扬剧青年演员游佳琦、陈芝越赴比利时，参加北京新国戏文化投资管理有限公司主办的第二季戏曲真人秀活动，分别在布鲁塞尔等4个城市表演扬剧；木偶演员王芸赴哈萨克斯坦阿斯塔纳世博会参加“江苏周”活动，表演木偶节目；《森林王子》《木偶绝技组合》剧组分别赴阿根廷、克罗地亚参加木偶艺术节，并与阿根廷演出商达成意向协议，赴

阿根廷、乌拉圭、智利等国家进行商业演出；扬州大学教授常再盛赴台湾，在台湾工艺美术馆参加学术性展览活动。（朱运桃）

■主题性文化交流 7月，应香港江苏社团总会邀请，市非物质文化遗产展示团一行21人赴香港参加庆祝香港回归20周年淮扬美食周扬州非物质文化遗产文化展示活动。其间，举行淮扬美食周开幕演出、江苏庆祝香港回归20周年系列活动非物质文化遗产展示、乡情联谊活动。12月，赴澳门参加庆祝澳门回归18周年纪念活动暨淮扬美食周扬州非物质文化遗产文化展示活动。在香港、澳门期间，艺术家们进行扬州剪纸、扬州雕版印刷、扬州刺绣、扬州清曲、扬州弹词、扬州评话、扬州民歌、古筝等非物质文化遗产艺术项目表演。（朱运桃）

■文化产业项目交流 7月，受中国台湾"中华经贸文教发展协会"邀请，市委常委、宣传部部长姜龙率团赴台考察文创产业，开展扬州·台湾文创产业交流合作恳谈会。扬州雕版印刷技艺在澳门"非遗"博览会展示。全年江都画笔、毛笔产业出口超过10亿元；扬州古筝年产30万台，成为全国最大的古筝生产基地，出口量在全国位居第一；扬州毛绒玩具90%以上销往海外，出口量占全国总量一半，供应量占全球总量1/3。（王　宁）

文化市场管理

■概况 2017年，市文广新局加强平台应用监管管理，屏蔽和删除有害信息2万余条，发现并制止30余次不规范经营行为。共审批民办非企业单位5家，其中书画院3家、文化交流中心1家、服装艺术展示1家。市文化行政综合执法支队（简称市文化执法支队）共出动检查700余人次，检查各类经营场所800余家次，处理执法案件38件。刘光明被全国"扫黄打非"办公室评为2016年全国"扫黄打非"先进个人，宝应县氾水镇被评为2017年全国"扫黄打非"进基层示范点，唐海宁被国家版权局评为2016年度查处侵权盗版案件有功个人，市文化执法支队、宋海冬受到文化部文化市场司表彰。（王家藻　皋长明）

■版权保护 2017年，新增五亭龙玩具城、宝应县版权工作站。完成作品版权登记2034件，增长127.26%。参与全省优秀版权作品评选活动，选送的三人舞《甘霖》获全省舞台艺术类优秀版权作品二等奖。组织市工艺美术集团、省木偶剧团、江苏古河创意设计院有限公司等10家单位参加首届江苏（南京）版权博览会，在300平方米的展区内展示扬州漆器、扬州玉器、扬州剪纸、扬州木偶、文创产品、毛绒玩具等具有扬州地方特色的3大类52种产品。（伏京京）

■文化市场监管 组织开展文化行政综合执法培训，开展线下集中培训，推进线上学习，开展以案施训活动和体能训练活动；对互联网上网服务营业场所、歌舞娱乐场所、印刷企业等进行随机抽查，对违法违规行为及时立案查处上报，并加强对基层部门的监督指导；开展网吧、娱乐场所、音像制品市场、演出市场、出版物市场等整治。坚持市场巡查制度，做好"12318"举报电话受理查处工作，全年共查处4件非法卫星电视类案件，收缴卫星接收机10台、卫星高频头1只。立案查处蜀冈—瘦西湖风景名胜区管委会擅自在全国重点文物保护范围内建设的案件。办理以"私服村"网络私服游戏平台所牵扯的系列案的网络案件3件。办理杨某某销售盗版《现代汉语词典》案等案件4件。10月17日起，对16家直播平台进行网络巡查。（王家藻）

■扫黄打非 2017年，全市"扫黄打非"组织专项行动，开展"护苗2017""净网2017""清源2017"、中共十九大期间及重点部位出版物市场专项治理等专项行动。共出动检查人员600余人次，收缴非法出版物近9000件，查办案件35件，取缔游商摊点30多个。完成全市1338个乡镇（街道）、村（社区）全国"扫黄打非"信息系统信息录入、规范工作，完成率100%。5月31日，宝应县"扫黄打非·护苗2017"专项行动被中央电视台综合频道《晚间新闻》和新闻频道《新闻直播间》报道。6月9日，江苏省暨扬州市"2017绿书签系列活动"在广陵区东关小学东部校区举办，并被江苏卫视等媒体关注报道。刘光明被全国"扫黄打非"办公室评为2016年全国"扫黄打非"先进个人，宝应县氾水镇被全国"扫黄打非"办公室评为"扫黄打非"进基层示范点，仪征市月塘镇、生态科技新城夏庄村被评为省"扫黄打非"进基层示范点，邗江区蒋王社区等18个基层点被评为市"扫黄打非"进基层示范点。（宋海冬）

文化市场综合执法支队对演出现场进行全程监管　刘文献/摄

历史文化名城保护

Lishi Wenhua Mingcheng Baohu

编 辑 崔成鹏

古城保护利用

■概况 2017年，扬州市贯彻落实《扬州古城保护条例》，法制化推进古城保护。深化历史街区整治，推动“双东”（东关街、东圈门）历史街区AAAAA级景区创建，完成东关街综合管理服务平台和消防设施改造提升，建成智慧旅游监控平台、吴道台宅第保护再利用工程。实施东门遗址广场旅游线路景观提升工程，加快推进三和四美地块整治工程。继续推进南河下街区整治，启动汪鲁门盐商住宅利用工程。整治修缮传统民居，以技术支持和资金补贴的方式，推进传统民居的整治修缮，完成老城区10户民居修缮。 （卞海波）

■扬州大运河盐业文化展示馆 5月2日，扬州大运河盐业文化展示馆（汪鲁门）工程开工。项目位于南河下170号汪姓盐商住宅内，展陈面积约1500平方米，主要工程内容包括住宅本体布展陈列（分筑园、行商、积习、文风、盐政、兴衰6个篇章）、东侧花园的考古遗迹展示、入口功能区建设及布展、园林绿化、路灯等配套。该项目以汪鲁门盐商住宅为载体，以扬州盐商文化为核心，通过文字、图片、影像、实物等多种展示手段，将汪氏盐商住宅打造成扬州最具特色的盐业文化展示中心。 （杨 志）

■亚洲城市发展中心到扬州拍摄古城保护专题片 7月24—28日，亚洲城市发展中心（简称CDIA）由亚洲开发银行、德国联邦经济合作部以及瑞典和西班牙政府共同出资建立的国际性技术合作机构宣传片摄制小组到扬州拍摄古城保护专题片，主要是对三和四美地块改造、汪鲁门盐商住宅保护利用等古城保护项目进行实地调研，通过采访“双东”历史街区居民、东关街游客和商户，重点了解文化遗产保护、居民生活条件改善以及街区商业发展对游客和旅游业的影响，以及实施中的大运河盐业文化展示馆（汪鲁门）项目的重要性和必要性。通过宣传片向合作城市展示扬州的经典项目，把扬州在历史文化名城可持续发展领域中所取得的成功经验推广到世界各地。 （杨 志）

■“扬州古城保护十大工程”评选 9月15—22日，市古城保护办公室、市城乡建设局举办“扬州古城保护十大工程”评选活动，发动市民通过微信投票方式，从40个候选项目中评选出10项工程，得票前10名的确定为“扬州古城保护十大工程”。9月25日，评选结果揭晓，梅花书院修缮工程、绿杨旅社修缮工程、吴氏宅第修缮工程、逸圃修缮工程、汪姓盐商住宅修缮工程、东关街环境综合整治工程、扬州宋夹城遗址公园保护利用工程、阮家祠堂整修及阮元广场建设工程、街南书屋复建工程、扬州老城低碳示范项目被市民评选为“扬州古城保护十大工程”。 （杨 志）

■首届“中国名城论坛”在扬州举办 9月26日，由扬州市城乡建设局、古城保护办公室、中国名城杂志社主办的首届“中国名城论坛”开幕。国务院参事、住房和城乡建设部原副部

梅花书院 张孔生/摄

长、中国城市科学研究会理事长仇保兴，江苏省委宣传部、中国名城委秘书处、中国古都学会、华东师范大学等为《中国名城》杂志创刊30周年发来贺信。中国房地产协会名誉会长、住建部原副部长宋春华，中国城市规划协会会长、住建部原总规划师唐凯以及专家学者120余人出席论坛，副市长何金发致辞。论坛期间，中国社科院、上海社科院、中国城市规划设计研究院、同济大学、天津大学、东南大学、华东师范大学、南京林业大学、云南理工大学等高校、研究机构的专家学者围绕名城制度、优秀传统设计文化、城市特色风貌、建筑文化遗产保护技术等方面展开研讨，北京、西安、重庆、广州、南京、杭州、绍兴、襄阳等20多座城市名城名镇保护机构的代表，知名文史研究工作者围绕历史文化名城名镇的保护建设等进行交流。（杨　志）

物质文化遗产保护

■概况　2017年，全市各博物馆、纪念馆举办临时展览78个，输出“扬州八怪书画展”“仪征博物馆藏汉代铜镜展”等11个展览。举办纪念金农、黄慎诞辰330周年、李方膺诞辰320周年系列活动。实施《大运河扬州段世界文化遗产保护办法》，完成淮扬运河主线宝应二里排河段堤岸保护展示工程等项目，推进大运河遗产监测预警通用平台完善提升项目。推进海上丝绸之路申遗工作，明确扬州支援参与海上丝绸之路申遗，协助牵头城市完善《海丝联合申遗城市联盟章程》。胡笔江故居、郭村战斗指挥部旧址参谋处、高邮周山烈士纪念碑修缮工程等3个项目入选江苏省红色遗产、名人故居抢救性保护和展示提升工程。编制完成《扬州运河文化遗产保护利用总体规划》，开展《史可法家训》专题片组稿和拍摄，9月在中纪委网站上线播出。联合央视完成《凤冠复生记》纪录片拍摄工作，在央视十套《探索·发现》栏目播出。出版《源远流长——画说扬州与大运河》《风流宛在——扬州文保单位图录》等书籍。制定《扬州市文物保护工程丙、三级资质评审办法(试行)》，起草上报《关于加强文物保护利用工作的实施意见》。（吕怡然）

■实验室考古与文物保护　市文物考古研究所技术人员开展对出土文物的一般性保护和修复；完成可程式恒温恒湿试验箱安装并调试，对出土木漆器进行恒温恒湿保存；加强与考古研究机构合作。与中国社会科学院考古研究所文化遗产保护中心合作开展的隋炀帝萧后墓棺椁实验室考古工作结项。与陕西省文物保护研究院合作，开展隋炀帝墓墓葬本体文物保护工作。与省考古研究所江南工作站合作开展隋炀帝墓出土金属文物清理及保护修复工作。与湖北荆州文物保护中心合作，开展出土木漆器的保护工作，取得初步成果。（张富泉）

■史可法纪念馆提升工程　史可法纪念馆提升是2017年扬州文化博览城建设完善提升项目之一，工程共计投入50余万元，完善提升史可法文物史料陈列，整治提升绿化环境。陈展提升内容包括新增史可法生平展、史公铁炮展、忠义廊展、史公讲堂，完善提升飨堂、祠堂、遗墨厅内的陈列展览。整个陈展采用平面与立体相结合的方式，辅以模拟场景、灯光等，全面系统地介绍史可法忠正清廉、坚贞壮烈的人生历程及“史公精神”对后世的深远影响。绿化提升主要是根据扬州园林景观的特点，通过整枝、塑形、疏化、补植等方式，打造更加舒适优美的参观环境。（陈　康）

■郑板桥纪念馆开放　6月10日，位于天宁寺内的2017年扬州文化博览城建设重点项目——郑板桥纪念馆正式对外开放。纪念馆依托天宁寺禅房建设，占地700平方米，展览分为“故园风雨一板桥”“漫漫征程功名迟”“十年县令雄心退”“梦醒扬州一酒瓢”四个部分，较为完整地介绍郑板桥的艺术人生，突出展示郑板桥与扬州、扬州天宁寺、扬州八怪、地方官员及盐商的渊源。纪念馆开放后由扬州博物馆管理。（冯永革）

■汉代王室文物展　2月24日至5月4日，扬州博物馆与河北博物院、河北省文物研究所共同举办的“流耀含英——汉代王室文物展”在扬州博物馆展出。展览以河北地区著名的中山靖王刘胜夫妇墓、中山怀王刘修墓、三盘山汉墓、中山简王刘焉墓出土文物为主体，同时展出部分扬州地区出土汉代珍贵文物。展品包括金、银、铜、玉、陶器等137件(套)，其中不乏金缕玉衣等国宝级文物。（冯永革）

■扬州地区革命文物展　5月18日至8月2日，由中共扬州市委宣传

史可法纪念馆　　庄文斌/摄

部、扬州市文物局主办，扬州博物馆、宝应博物馆、仪征博物馆、江都博物馆、泰兴市红色文化博物馆承办的“峥嵘岁月——扬州地区革命文物展”在扬州博物馆首展，展出扬州地区各文博单位收藏的红色文物115件(套)，集中展示土地革命时期、抗日战争时期及解放战争时期扬州各地武装力量在中国共产党的领导下开展的一次又一次的革命斗争，勾勒出扬州地区红色革命历史的发展脉络。首展结束后，展览移至宝应、仪征等地博物馆巡展。

（冯永革）

■大运河遗产专项巡查 根据国家文物局的要求，市文物局2017年完成对河南、山东、天津等省(市)的大运河遗产专项巡查，并撰写巡查报告，该项目于2017年下半年通过国家文物局最终验收。（张　益）

■“运河情”系列宣传展示活动 5—6月开展的四场“运河情”活动主要是将运河两岸历史文化故事，非物质文化遗产(简称“非遗”)文化项目通过民间艺术手法创编成群众喜闻乐见的艺术表现形式，并通过进社区、学校、各遗产点等文艺展演和大运河艺术图片展的方式展现给广大市民和外地游客。让广大市民和游客进一步了解运河、弘扬运河文化。该项目获得市文明办表彰，并获得扬州市志愿服务重点项目扶持资金3000元。（张　益）

非物质文化遗产传承保护

■“非遗”保护立法启动 2017年3月，扬州市正式启动市级“非遗”保护立法工作。市“非遗”保护中心牵头组织、参加多轮“非遗”立法工作会议，明确“非遗”立法的人员分工、相关程序、材料、时间节点等内容，并组织开展、参加立法调研。9月12日，《扬州市非物质文化遗产保护条例(讨论稿)》专家座谈会召开。至年底，《扬州市非物质文化遗产保护条例(讨论稿)》仍在修改、校正中。

（董仲元　李宗强）

■《五知斋琴谱》专题打谱学术交流活动 11月24—28日，《五知斋琴谱》专题打谱学术交流会在扬州召开。国内近50位古琴名家齐聚扬州，打谱交流。活动期间，举办古琴讲座“谈古琴打谱”、古琴交流雅集、《苍梧怨》专题打谱研讨会、“雅韵”古琴音乐会、研琴艺术交流、名家与琴人“府中君”古琴音乐会。（董仲元　李宗强）

■首个“文化和自然遗产日”活动 6月9日，扬州首个“文化和自然遗产日”活动在瘦西湖桂花厅举行。本次遗产日以“‘非遗’保护——传承发展的生动实践”为主题，集中展示扬州弹词、古筝、扬州杖头木偶、扬州民歌、扬剧、扬州清曲、扬州雕版印刷、剪纸、漆器髹饰、扬派盆景、扬派雀笼传统制作技艺等19个传统“非遗”项目。（董仲元　李宗强）

■世界运河古镇合作机制·邵伯行 9月9日，世界运河古镇合作机制·邵伯行开幕式举行。来自各国的友好城市、运河城市、古镇代表以及世界运河历史文化城市合作组织顾问等200余名嘉宾参加此次活动。雕版印刷技艺、扬州剪纸、扬州刺绣、扬州通草花制作技艺、扬派盆景技艺、扬州面塑等18个扬州非物质文化遗产项目参与展演。

（董仲元　李宗强）

■国家级“非遗”传承人抢救性保护 2017年，完成“非遗”项目高邮民歌国家级传承人王兰英23个小时的原始片素材拍摄，并从中剪辑出文献片近10小时(包括口述片6.18个小时、传承教学片1.47个小时、项目实践片1.05个小时)以及综述片30分钟；完成邵伯锣鼓小牌子国家级传承人王荣堂原始素材拍摄和所有的资料收集整理工作。

（董仲元　李宗强）

扬州市入选“人类非物质文化遗产代表性项目名录”项目一览表

表34-1

项目名称	入选时间	保护单位
古琴艺术(虞山琴派、广陵琴派、金陵琴派、梅庵琴派)	2003年11月	常熟市虞山派古琴艺术馆、扬州市史可法纪念馆、南京市秦淮区文化馆、镇江市镇江梦溪琴社、南通市非物质文化遗产保护中心
中国雕版印刷技艺(扬州雕版印刷技艺、金陵刻经印刷技艺)	2009年10月	扬州广陵古籍刻印社、南京市金陵刻经处
中国剪纸(扬州剪纸、南京剪纸、徐州剪纸、金坛刻纸)	2009年10月	扬州剪纸博物馆有限公司、南京市工艺美术总公司、徐州文化馆、金坛市刻纸研究所

（文广新局）

扬州市国家级非物质文化遗产代表性项目名录一览表

表34-2

项目名称	项目类别	保护单位
扬剧	传统戏剧	扬州市扬剧团
扬州评话	曲艺	扬州市曲艺团

续表34-2

项目名称	项目类别	保护单位
扬州清曲	曲艺	扬州市广陵区扬州清曲传承发展研究会
扬州剪纸	民间美术	扬州剪纸博物馆有限公司
扬州玉雕	民间美术	扬州玉器厂
扬州漆器髹饰技艺	传统手工技艺	扬州漆器厂
雕版印刷技艺	传统手工技艺	扬州市广陵古籍刻印社
高邮民歌	民间音乐	高邮市文化馆
古琴艺术(广陵琴派)	民间音乐	扬州市史可法纪念馆
十番音乐(邵伯锣鼓小牌子)	民间音乐	江都区邵伯镇文化站
木偶戏(杖头木偶戏)	传统戏剧	扬州市木偶剧团
扬州弹词	曲艺	扬州市曲艺团
盆景技艺(扬派盆景技艺)	传统美术	扬州市瘦西湖风景区(扬派盆景博物馆)
金银细工制作技艺	传统手工技艺	江都区工艺美术家协会
茶点制作技艺(富春茶点制作技艺)	传统手工技艺	扬州富春茶社
扬州毛笔制作技艺	传统技艺	江苏省江都区国画笔厂
苏绣(扬州刺绣)	传统美术	扬州刺绣研究所有限公司
传统造园技艺(扬州园林营造技艺)	传统技艺	扬州古典园林建设有限公司
扬州传统修脚术	传统医药	扬州陆琴脚艺(三把刀)发展有限公司

(文广新局)

扬州市国家级非物质文化遗产传承人一览表

表34-3

项目	传承人姓名	单位	传承人级别
中国雕版印刷技艺(扬州雕版印刷技艺)	陈义时	扬州市广陵古籍刻印社	国家级
中国剪纸(扬州剪纸)	张秀芳	扬州剪纸博物馆有限公司	国家级
扬剧	李开敏	扬州市扬剧研究所	国家级
	汪　琴	扬州市扬剧研究所	国家级
扬州评话	王丽堂	扬州市曲艺研究所	国家级
	李信堂	扬州市曲艺研究所	国家级
	惠兆龙	扬州市曲艺研究所	国家级
扬州玉雕	江春源	扬州玉器厂	国家级
	顾永骏	扬州玉器厂	国家级
	薛春梅	扬州玉器厂	国家级
	高毅进	扬州玉器厂	国家级
扬州漆器髹饰技艺	张　宇	扬州漆器厂	国家级
	赵如柏	扬州漆器厂	国家级
高邮民歌	王兰英		国家级
十番音乐(邵伯锣鼓小牌子)	王荣棠	江都区邵伯镇文化体育站	国家级
木偶戏(杖头木偶戏)	殷大宁	扬州市木偶研究所	国家级
	华美霞	扬州市木偶研究所	国家级
扬州弹词	李仁珍	扬州市曲艺团	国家级
盆景技艺(扬派盆景技艺)	赵庆泉	扬派盆景博物馆	国家级
茶点制作技艺(富春茶点制作技艺)	徐永珍	富春茶社	国家级
扬州毛笔制作技艺	石庆鹏	江都区国画笔厂	国家级

(文广新局)

文化博览城建设

■**概况** 推进文化博览城项目建设。2017年，扬州市文化博览城建设领导小组下达重点项目18个，完成9个，有5个取得重要进展；下达完善提升项目6个，完成4个。至年底，完善提升、恢复和新建的文博场所总数达133处162个。全市文博场馆接待游客1209.32万人次，比上年增长11.36%。文博场馆全年举办各类临展300多个，扬州中国雕版印刷博物馆、扬州博物馆全年接待游客100.12万人次，成为继市科技馆、扬派盆景博物馆、个园盐商生活文化展示馆之后第四个"参观人次百万馆"。举办"七彩之夏"文博夏令营、优秀志愿者和先进团体评选、文博场馆运行利用评估、文化创意产品开发等特色活动。 （王艳东）

■**"七彩之夏"文博夏令营活动** 2017年暑假期间，市文化博览城建设领导小组办公室（简称市文博办）举办为期一个多月的第六届"七彩之夏"文博夏令营活动，市区13所参营学校师生及市报业传媒集团小记者1373人参加活动。参营学校自主免费参观全市文博场馆，并带领营员到扬州科技馆参与体验"疯狂毕加索""智力七巧板""电子百拼"等科普活动。在扬州大剧院参加"非遗"演示活动，千名营员现场感受扬州评话、扬州弹词、古琴古筝、扬州杖头木偶、扬剧、邵伯锣鼓小牌子等"非遗"传承项目的魅力。首次采用小型分散方式举办讲座，邀请吴道台后人讲授吴家励志成才故事，邀请阮家后人讲授阮元家风，邀请专家学者讲授何氏家训、扬州在古代"丝路"上的地位和影响等内容。将参营学生的180篇优秀征文编印成《将文化之根植入心田》一书，发放至所有营员手中，并于9月19日在《中国文物报》综合版登载3000余字的长篇通讯《将文化之根植入青少年心田》。 （王艳东）

■**第九届文博知识大赛** 市文博办、蜀冈—瘦西湖风景名胜区管委会和市旅游局等部门共同策划蜀冈·瘦西湖——2017第九届扬州文博知识大赛，编印2000册大赛知识读本，免费赠送广大读者。8月25日至9月10日举行个人赛，采取网上答题和报纸答题方式进行，扬州网、扬州文博网读本点击阅读量32.8万次、试题阅读量24.5万次，有效答题3056人；报纸答题933人。除扬州市外，还有北京、上海、广东、浙江、辽宁、黑龙江、河北等15个省（市）的网友参与答题。经过网上系统评分和专家批阅计分、市公证处人员的监督下，抽奖系统随机抽取20个优秀奖和100个幸运奖。团体赛按照初赛、决赛的步骤进行，9支代表队经过3场初赛，有3支代表队参加9月22日在广电总台演播大厅举行的决赛，蜀冈—瘦西湖景区代表队获得一等奖，蜀冈—瘦西湖学校代表队和扬州市文物局代表队同获二等奖。 （王艳东）

7月6日，2017扬州市"七彩之夏"文博夏令营开营　　日　报/供稿

■**文博场馆运行利用评估** 11月中旬，市文博办制定并印发《2017年度文博场所运行利用评估工作方案》，并召开专题会议动员部署。全市48家文博场馆参与评估，新增参评场馆有高邮市博物馆、邗文化博物馆、扬州艺术馆。评估工作按照材料报送、场馆自评、专家审核评估的步骤依次进行，组织专家审核场馆提交的台账资料，并实地走访核实，评审出扬州博物馆等18家场馆为优秀等次，扬州八怪纪念馆等20家场馆为良好等次，小盘谷等7家场馆为合格等次，华夏琴筝艺术馆等3家场馆为基本合格等次。 （王艳东）

■**优秀文博志愿者和先进团体评选** 10—11月，市文博办和市文物局组织开展全市优秀文博志愿者和先进团体评选活动。设立"优秀文博志愿者""文博志愿者之星""文博志愿者组织工作先进团体"3个奖项。初评候选团体及个人事迹在《扬州日报》《扬州晚报》和扬州网上专版宣传，并开通网络投票专线，市民投票计2.62万票。最后综合现场演讲文博专家评分排名，评选出"优秀文博志愿者"及提名奖获得者各5人，"文博志愿者之星"及提名奖获得者各10人，"文博志愿者组织工作先进团体"3个、提名奖获得者2个。 （王艳东）

考古发掘

■**概况** 2017年，扬州市文物考古研究所进行考古调查、勘探项目59项，考古勘探总面积259.4万平方米，探明古墓葬、古窑等遗迹现象逾千处。在相别路东侧桑树脚地块、扬

州大剧院地块等扬州市范围内49处地块进行考古调查、勘探工作，勘探面积183.5万平方米。在扬州城遗址、甘泉一杨庙战国至五代地下文物埋藏区、城北汉代居住区、隋代宫殿、唐宋寺庙及历代古墓葬埋藏区、周边县(市、区)等处展开考古发掘工作，全年累积发掘面积1.02万平方米，发掘清理古墓葬、古房址、古井、古窑等重要遗迹416处，出土文物1000余件(套)。其中蜀冈上城址发掘面积2000平方米。对扬州蜀冈古代城址北城墙东段西部城门遗址的考古发掘，发现七期城门遗存，包含汉晋南朝广陵城的“北门”。蜀冈下城址发掘面积6600平方米。主要是在凤凰水街三期地块、相别路东侧桑树脚地块等9处建设工地展开抢救性考古发掘，取得大量翔实的考古实物资料。在凤凰水街三期地块的发掘中，发现隋唐时期官河东侧驳岸遗址。该遗址构筑方式为岸边以杉木南北向连接成挡板，斜植入土中，挡板西以木桩与斜撑木加固，再西2道木桩及斜撑，高度由东向西逐渐降低。此外，通过发掘，确定至少宋代时期此段河道已填埋，并建有房址等。晚期还有房址、道路、水井、灰坑等遗址。甘泉一杨庙战国至五代地下文物埋藏区、城北汉代居住区、隋代宫殿、唐宋寺庙及历代古墓葬埋藏区抢救性发掘古墓葬406座，古井、古窑、房址若干，出土大量珍贵文物。参与高邮龙虬庄遗址考古发掘工作，考古发掘面积900平方米，清理灰坑29处、沟2处、宋代墓葬2座以及大面积陶片兽骨和蚌壳堆积的生活面遗迹，出土大量石器、陶器、骨角器等珍贵文物。与仪征博物馆合作在扬子公园文化广场进行考古发掘，面积200平方米。与宝应博物馆合作在331省道改扩建工程宝应段进行考古发掘，面积100平方米。参与南京市范围内金陵热电厂以北地块、南京医药电商产业园项目地块等2处地块考古调查、勘探工作，勘探总面积63.9万平方米。受省文物局委托，对泰州靖江燃机热电联产项目地块进行考古调查、勘探，勘探面积1.5万平方米。与南京市博物馆合作，对南京大报恩寺南区黄泥塘地块进行考古发掘，面积500平方米。与仪征博物馆合作，在仪征枣林湾园博会地块等2处地块进行考古调查、勘探，勘探面积10.5万平方米。与南京博物院、仪征博物馆合作，开展仪征庙山汉墓考古调查、勘探，基本弄清楚陵园的范围、分布规律及其内涵，为保护规划方案的制定提供科学翔实的考古资料。国家文物局授予扬州市文物考古队“中华人民共和国考古发掘资质”。 （张富泉　吕怡然）

■火车站南侧下坝遗址考古发掘　5—8月，扬州文物考古队对扬州下坝遗址进行考古发掘，发掘面积约500平方米，发掘墓葬17座，出土商周时期大量陶片标本、石器以及汉代釉陶器、铜镜、玉佩、青铜器等文物100余件。此次发掘确认扬州市区存在商周时期遗存；出土一批商周时期文物标本，丰富扬州的历史文化内涵。 （张富泉）

■晚唐五代时期大型建筑基址考古发掘　4月11日至12月11日，对扬州桑树脚地块进行考古发掘，发掘面积600平方米。发掘清理出的建筑基址是扬州城遗址迄今发现的晚唐五代时期规模最大的建筑基址。受发掘面积限制，遗址的形制、布局以及性质等尚未明确，相关工作仍在进行。 （张富泉）

■科技考古　2017年，扬州市文物考古研究所新购ARTEC高精度智能手持三维扫描仪一套。至年底，拥有全站仪、无人机、高精度智能手持三维扫描仪、手持测距仪、手持北斗系统GPS、全幅单反数码相机、高清数码摄像机、惠普移动工作站、可程式恒温恒湿试验箱等多种先进考古、文保仪器设备。完成无人机登记注册工作，取得合法低空飞行执照。在桑树脚地块、邗江府项目地块等10处考古工地综合利用RTK、全站仪、三维扫描仪等技术设备开展科技考古实践，取得一系列重要成果。与陕西省文物保护研究院合作，利用多光谱成像技术对近年来出土的存有墨书文字的木俑、木牍、印章、封泥等考古材料进行成像、辨识、释读工作，取得系列重要成果。与郑州大学音乐考古研究院启动合作开展隋炀帝萧后墓出土礼乐器的测音、复制、复原研究，取得部分阶段性成果。与日本奈良文化财研究所、南京大学地理与海洋科学学院合作开展树木年轮研究，通过森林气候学、树木生态学、考古学、历史学等多学科合作的途径，建立较为完整、系统、准确的样本树种树木年轮序列指数年表，进而探索通过树木年轮确定考古资料绝对年代的全新工作方法，取得阶段性研究成果。 （张富泉）

■水下考古　6—8月，扬州市文物考古研究所在扬州地区首次开展水文化遗产调查，调查面积6634平方千米，涉及遗址点449处。8月，参与辽宁绥中水下遗址调查，在三道岗遗址附近海域发现沉船一艘，测年等相关工作仍在进行。 （张富泉）

■公众考古　开展公众考古实践，通过成果展示、知识讲座、参观考察等活动，搭建专业考古界与公众之间的沟通、交流平台，提高公众对考古学、文化遗产保护与利用等方面的认知度和参与度。全年接待各类团体70余批次，接待人员660人次。选送文物参加上海科技馆“青出于蓝——青花瓷的起源、发展与交流”展。选送文物参加首都博物馆“美好中华——近20年考古成果展”。联合央视完成纪录片《凤冠复生记》拍摄工作。该纪录片在央视十套《探索·发现》栏目中播出。与仪征博物馆、宿扬高速公路扬州段工程建设指挥部、仪征市文化广电新闻出版局联合主办“千年穿越——宿扬高速公路扬州段考古发掘成果展”。 （张富泉）

医疗卫生

Yiliao Weisheng

编　辑　陈永华

综述

■概况　2017年末，全市卫生机构总数1756个（含诊所、医务室、卫生所、社区卫生服务站、村卫生室），医疗机构床位2.22万张，卫生人员3.33万人。

全年医疗机构总诊疗人次数2836.72万人次，入院人数72.27万人；医疗卫生机构收入123.28亿元，支出120.82亿元；平均每诊疗人次费用162.5元，平均每一出院者住院费用8190.8元。

2017年，扬州市争取五级财政投入经费44.38亿元。政府卫生投入重点用于支持促进公共卫生服务均等化、公立医院改革、健全医疗卫生服务体系、市区基层医疗机构实施国家基本药物制度、卫生信息化建设等5个方面的改革。出台《扬州市公立医疗机构债务化解方案》，通过增加政府投入分年度化解债务，化债资金列入年度部门预算；全年安排市直5所医院基本建设贷款贴息和化债资金1.24亿元。

推进医疗卫生服务体系建设。争取中央、省专项投资，开展基层医疗卫生机构、全科医生临床培养基地、儿童医学中心和社区卫生服务站建设。争取中央预算内投资资金2436万元支持2个项目（仪征市中医院东院区门诊医技楼和邗江区疾病预防控制中心）建设，建设面积2.13万平方米；争取省级乡镇卫生院和社区卫生服务中心43个项目完工投入使用。至年底，全市各级财政总投入11.33亿元，其中市级财政投入3.2亿元的18家农村区域性医疗卫生中心（易地新建14家、改扩建4家），全部建成投用，被列为全国基层医改典型案例，与县级医院形成资源互补格局，县级财统筹安排各中心的基本建设和设备购置等费用，确保人员费用、业务经费等开支。

动态调整市管中医类医疗收费项目和基层医疗卫生机构医疗服务价格。出台《关于调整部分中医项目价格的通知》，调整中医类医疗收费项目32个，11月1日正式实施。出台《关于调整扬州市基层医疗机构医疗服务价格的通知》，11月30日正式实施，5600多项基层医疗收费项目进行统一调价，与城市、县级公立医院医疗服务价格政策衔接。

（陈东升）

■基层卫生服务体系建设　2017年，全市创成国家群众满意的乡镇卫生院14所、全国优质服务示范社区卫生服务中心6个、全国百强社区卫生服务中心1个、省示范乡镇卫生院5所、省示范村卫生室65个，累计建成省示范乡镇卫生院（社区卫生服务中心）66所、省示范村卫生室139个，省示范乡镇卫生院（社区卫生服务中心）创成率68.8%，省示范村卫生室（社区卫生服务站）创成率14.5%。高邮市入选首批“江苏省基层卫生十强县（市、区）”，宝应县获江苏省基本公共卫生服务主题知识竞赛优秀组织奖。在全省基层卫生康复竞赛总决赛中，获个人二等奖、团体优秀奖和创新组织奖。（缪　彦）

■基本公共卫生服务　2017年，扬州市卫生和计划生育委员会（简称市卫生计生委）、市财政局联合下发《2017年基本公共卫生服务实施方案》，明确基本公共卫生服务项目经费标准提高到人均60元，规范实施14大类55个服务项目。建立完善各项制度，先后制定下发《关于调整基本公共卫生服务项目市级技术指导组的通知》《扬州市基本公共卫生服务项目负责人制度》《扬州市基本公共卫生服务项目联络员制度》《基本公共卫生服务项目工作领导小组相关工作制度》。联合市财政局完成市级绩效考核工作。（缪　彦）

■卫生科教工作　2017年，全市获省医学新技术奖8项，其中一等奖1项；扬州市科技奖23项，占全市获奖总数的28%，其中一等奖2项；扬州市医学新技术奖51项，其中一等奖17项、二等奖34项。发表SCI（科学引文索引）论文134篇、中华系列论文131篇，苏北人民医院专家在新英格兰杂志发表的1篇论文，影响因子72.41分；45篇论文获2014—2016年扬州市自然科学优秀论文，占总数的21%。国家自然基金面上项目、国家自然基金青年科学基金项目及省、市级项目共76个，苏北人民医院全年新获国家自然科学基金8项，本单位和上级主管部门配套所有科研项目经费767万元。在医学领域，至年底全市有全国学会主任委员1人，全国学会副主任委员8人，全国学会常委21人，省级学会主任委员和副主任委员分别有9人和63人；47人被评为省医学青年人才，苏北人民医院获评总数在全省三级医院中名列第四位，江都人民医院1人入选。新获专利6项。

苏北人民医院招录113人，扬州大学附属医院招录96人，实际完成省指标116.2%，当年新进入医疗卫生系统的人员，全部进行规范化住院医师培训。扬州大学附属医院接受国家级督导组考核，获全省第一名。苏北人民医院通过省级评估。苏北人民医院、扬州大学附属医院分获省2个学科、1个学科的理论考试第一名，扬州大学附属医院住院医师薛同敏获"全国百佳住院医师规范化培训学员"称号。落实市级全体全科规培生的国家、省级生活补助247万元。

举办国家级继续医学项目培训22次、省级培训52次、市级培训300次，近400名国内、省内专家到扬讲课，加强对远程继续医学教育项目管理，有201个单位、近5000人次参加230个远程继续医学教育项目学习。全市继续医学教育覆盖率、学分达标率均在95%以上，累计有5万人次各级医疗卫生人员接受新理论、新知识、新技术、新方法等培训。市医药卫生学会办公室制定《扬州市医学会学术活动告知书》。

全市159家病原微生物生物实验室进行资料和现场审核，其中128家申领可感染人类高致病性病原微生物菌(毒)种或样本准运证书的单位进行资质、条件等审核，通过省级管理部门审核，获备案证书、准运证书。159家病原微生物生物实验室中，二级实验室45家、一级实验室114家，检测内容覆盖临检、生化、血液、免疫、微生物等项目，全市经过正式备案审核的病原微生物安全实验室均持证工作。

全市招录120名农村定向医学免费生，其中本科生44人、专科生76人，分布在全省7所高校。全市541人参加江苏省农村卫生人员培训、考试，其中合理用药28人、初级急救513人，占全市村医总数的18%，成绩合格率99.9%。贯彻落实国务院《全民科学素质行动计划纲要》，实施全民健康素养提升工程，推动医疗卫生工作从"以治病为中心"向"以健康为中心"转变。实施全民健康教育和健康促进行动，普及健康知识，推进健康生活方式。

（江　澜）

■基层卫生人才队伍建设　2017年，新招录农村医学人才208人、大专本科层次人才120人，累计定向培养农村医学人才781人、大专本科层次人才274人。18家农村区域性中心新遴选市级基层骨干医生120人，市、县财政给予每人每年不低于3万元的补助。江都区对基层单位临床、影像、麻醉等专业新招录本科生、大专生分别一次性补助12万元、6万元。宝应县对紧缺型卫生人才给予每人每月300元、200元的生活和住房补贴；宝应县设立人才专项基金，对名师工作室补助专项工作经费4万元，对工作室领衔专家每人每年补助0.5万元津贴；对名师工程培养对象，每年给予专项津贴0.2万元；对县、镇名医分别给予每年2万元、1.5万元津贴。高邮市财政预算安排200万元用于基层骨干人才协议工资补助，基层骨干人均年薪15万元；推行基层医疗卫生机构院长年薪制，基层院长平均年薪18万元，达到当地基层医疗卫生机构年人均绩效工资水平的2倍。

（缪　彦）

■胸痛、创伤、卒中救治中心建设　制定《扬州市胸痛、创伤及卒中救治中心建设方案》，明确市级三大救治中心建设单位名单，除苏北人民医院为江苏苏中片区胸痛、创伤及卒中救治中心建设单位外，市级胸痛救治中心建设单位3家，为扬州大学附属医院、高邮市人民医院、江都人民医院；市级创伤救治中心建设单位4家，为扬州大学附属医院、高邮市人民医院、江都人民医院、仪征市人民医院；市级卒中救治中心建设单位3家，为扬州大学附属医院、高邮市人民医院、江都人民医院。各市级救治中心建设周期1年。利用报纸、电视、广播电台等媒体向社会公示救治中心及网络单位名单、救治途径、分级诊疗流程等信息，4月、8月、11月先后3次开展市级三大中心建设专项督查。

开展多科联合诊疗，加大建设力度。苏北人民医院卒中中心获"国家脑卒中筛查与防治基地""高级卒中中心""综合卒中中心"等称号。7月，国家卫生和计划生育委员会(简称国家卫生计生委)脑卒中防治工程委员会办公室公布"全国高级卒中中心百强医院"名单，苏北人民医院名列第43位；苏北人民医院胸痛中心通过中国胸痛中心认证，成为国家级胸痛中心；苏北人民医院创伤救治中心成为江苏省区域创伤中心建设单位。12月6日，扬州大学附属医院接受国家卫生计生委脑卒中防治工程委员会高级卒中中心建设情况现场评审。

（陈　长）

■区域化五大中心建设　制定《扬州市县域内区域病理诊断、医学检验、影像诊断、心电诊断中心基本标准》，依托各县(市、区)人民医院规划建设病理诊断、医学检验、影像诊断、心电诊断、消毒供应等五大资源配置中心43个。广陵区、仪征市消毒供应中心规划运行；宝应县医学检验、病理诊断依托"爱加问诊"信息平台启动建设，消毒供应中心第三方提供；高邮市医学检验、消毒供应、病理、影像、心电诊断中心正在建设；江都区医学检验、病理诊断中心正常运转，消毒供应、影像、心电诊断中心正在建设；仪征市病理、影像、检验、心电诊断中心建设运行；广陵区病理、影像、心电诊断中心依托扬州大学附属医院，临检中心与市临检中心签订委托协议；邗江区五大中心全部依托扬州大学附属医院实施，蜀冈—瘦西湖风景名胜区影像、病理、心电诊断中心分别委托市中医院、市检验中心、扬州友好医院实施。

（陈　长）

■基层卫生家庭医生签约服务　2017年，扬州市以村(社区)为单位实现家庭医生签约服务全覆盖，市卫计委联合市扶贫办出台推进农村建档立卡低收入人口家庭医生签约服务工作意见，全人群家庭医生签约率33.79%，重点人群签约率66.44%，

双桥社区卫生服务中心“家庭医生”上门为签约居民做常规检查

庄文斌/摄

建档立卡低收入人群签约率99.5%。高邮市和仪征市卫生计生委分获江苏省家庭医生签约服务创新奖和优秀奖。广陵区开展“我和家庭医生有个约定”文艺汇演并组建家庭医生志愿队伍，结合志愿服务与签约服务，扩大签约服务知晓率。（缪　彦）

■扬州国医书院、养生基地正式授牌　4月13日，扬州国医书院、中医药传承教育示范基地、健康养生示范基地在唐子城中医药养生基地举行授牌仪式，成为全国第一家正式授牌的“国医书院”。国家卫生计生委副主任、国家中医药管理局局长王国强，江苏省人民政府副省长蓝绍敏共同为“扬州国医书院”揭牌；江苏省卫生计生委巡视员陈亦江、国家中医药管理局国际合作司副司长吴振斗为“国家中医药管理局传统医药国际交流中心传承教育示范基地”授牌；中国中医药科技开发交流中心主任黄晖、江苏省卫生计生委党组成员朱岷为“中国中医药科技开发交流中心健康养生示范基地”授牌。授牌仪式结束后，来自北京同仁堂的中药技师向大家现场展示中药材的切片技艺，扬州的养生爱好者现场为大家表演中医养生健体运动五禽戏与八段锦。

200名参加仪式的代表参观投入运营的中医药养生（扬州）示范基地。扬州中医药养生（扬州）示范基地由扬州市蜀冈—瘦西湖风景名胜区管委会和中国中医药科技开发交流中心合作共建，在风景区内建设中国中医药养生保健示范基地暨扬州国医养生院。该项目位于唐子城西华门，利用旧厂房和办公楼改造，占地3.67公顷，总建筑面积约8000平方米，分为国医沙龙、国医书院、国医诊堂、神农草园等4个部分。

（陈　威）

医疗卫生机构

■概况　2017年末，全市卫生机构总数1756个（含诊所、医务室、卫生所、社区卫生服务站、村卫生室）。其中，医院69所，社区卫生服务中心（站）195个，卫生院71所（城市街道卫生院2所、乡镇卫生院69所），村卫生室814个，门诊部143个，诊所、卫生所、医务室422个，计划生育技术服务机构3个，疾病预防控制机构7个，专科疾病防治院（所、站）4所，妇幼保健院（所、站）8所，急救中心（站）2个，采供血机构1个，卫生监督所（中心）7个，其他卫生机构10个。

全市医疗机构床位2.22万张。其中，医院床位1.63万张，占73.19%；社区卫生服务中心（站）床位1552张，占6.99%；卫生院床位3504张，占15.77%。医疗机构床位比上年增加1532张。其中，医院床位增加999张，社区卫生服务中心（站）床位增加161张，卫生院床位增加344张，其他医疗机构增加28张。每千人口床位数4.93张。

全市卫生人员3.33万人，其中乡村医生和卫生员1821人。卫生人员中，卫生技术人员2.86万人，执业（助理）医师1.09万人（其中执业医师9281人），注册护士1.13万人。每千人口卫生技术人员6.35人，每千人口执业（助理）医师2.42人，比上年增加0.1人，每千人口注册护士2.52人。全市各级各类卫生机构1万元以上医疗设备2.02万台，总价值30.53亿元。

2017年，全市医疗机构总诊疗

2017年扬州市医疗卫生机构情况表

表35-1

卫生机构	合计	按经济类型分				
		公立			非公立	
			国有	集体		私营
总　计	**1756**	**1275**	**550**	**725**	**481**	**382**
医院（所）	69	26	23	3	43	33
基层医疗卫生机构（个）	1645	1209	487	722	436	347
社区卫生服务中心（站）（个）	195	185	35	150	10	1
卫生院（所）	71	71	32	39	0	0
村卫生室（个）	814	777	297	480	37	1
门诊部、诊所、卫生所、医务室（个）	565	176	123	53	389	345
专业公共卫生机构（个）	32	32	32	0	0	0
其他卫生机构（个）	10	8	8	0	2	2

（陈东升）

2017年扬州市医疗机构工作量、效率分析表

表35-2

项　目	2017年	2016年	增减数	增幅(%)
总诊疗人次数(万人次)	2836.72	2613.01	223.71	8.56
入院人数(万人)	72.27	65.57	6.70	10.22
病床使用率(%)	84.62	82.52	2.10	2.54
平均住院日(天)	9.00	9.30	-0.30	-3.23
每诊疗人次费用(元)	162.50	158.20	4.30	2.72
每一出院者费用(元)	8190.80	8339.90	-149.10	-1.79

(陈东升)

人次数2836.72万人次。其中，医院1032.22万人次，占36.39%；社区卫生服务中心(站)378.81万人次，占13.35%；卫生院558.96万人次，占19.7%；村卫生室507.68万人次，占17.9%；门诊部64.4万人次，占2.27%；诊所、卫生所、医务室61.96万人次，占2.18%；专科疾病防治院(所、站)21.23万人次，占0.75%；妇幼保健院(所)126.05万人次，占4.44%。全市医疗机构提供的平均每一居民全年诊疗次数6.29次，其中门(急)诊次数6.1次。

全市医疗机构入院人数72.27万人。其中，医院53.6万人，占74.17%；社区卫生服务中心(站)4.11万人，占6.27%；卫生院10.21万人，占14.13%；其他医疗机构4.35万人，占6.02%，平均每千人口入院人数160人次。全市医疗机构病床使用率84.62%。其中，医院89.31%，社区卫生服务中心69.15%，卫生院67.48%。医疗机构出院者平均住院日9日。

2017年，全市医疗卫生机构收入123.28亿元，比上年增加12.43亿元，增长11.21%。其中，财政补助收入16.99亿元，增长12.29%；上级补助收入2.4亿元；业务收入99.26亿元，比上年增加9.73亿元，增长10.86%。全市医疗机构支出120.82亿元，比上年增加12.74亿元，增长11.78%。其中，业务支出97.82亿元，比上年增加9.16亿元，增长10.33%。全市医疗卫生机构平均每诊疗人次费用162.5元。其中，药费70.6元，占43.45%；检查治疗费26.4元，占16.25%。平均每一出院者住院费用8190.8元。其中，药费2934元，占35.82%；检查费648.4元，占7.92%；治疗费858.4元，占10.48%；手术费453.5元，占5.54%；床位费421.7元，占5.05%。出院者平均每床日住院医疗费用908.5元。(陈东升)

■农村区域性医疗卫生中心建设 2017年，全市18家农村区域性医疗卫生中心全面建成投用。扬州市自2015年起全面启动建设18家农村区域性医疗卫生中心。2017年12月21日，中共扬州市委、扬州市政府在高邮送桥区域性医疗卫生中心举行18家农村区域性医疗卫生中心全面投用仪式，全市18家农村区域性医疗卫生中心全面建成并投入使用。全市各级财政共投入11.33亿元，是扬州市近年来投入最大的医疗卫生重大工程。18家区域性医疗卫生中心建成投用后，基层医疗卫生资源布局更合理，群众获取优质医疗资源更便捷，到达二级医院时间从最长1～2小时缩短为15分钟左右。基层医疗卫生优质资源总量增加，就医条件改善，基层医疗机构的建筑面积、床位、服务人口分别比建设前增长104%、74%、33%。整合基层优质医疗卫生资源，具有区域聚集优势，形成覆盖2～3个乡镇、辐射15万～20万人口的医疗中心、急救中心、产儿科、中医诊疗中心和妇幼儿童保健中心，满足全市200多万农村居民医疗卫生服务需求。提升基层医疗卫生服务能力，全面落实以苏北人民医院、扬州大学附属医院为龙头的医联体精准帮扶。全年18家农村区域性医疗卫生中心门(急)诊、住院、手术比2015年分别增长13%、25%、10%。18家农村区域性医疗卫生中心建设工作被列为全国基层医改典型案例，《新华日报》、省政府《专报信息》、省委党刊《群众》杂志先后专题报道相关建设成效。(缪　彦)

■市儿童医院建设 启动市儿童医院建设前期工作，编制《市儿童医院项目建议书》，项目规划用地面积5.44万平方米，设置床位1000张，其中儿科床位400张、妇科产科保健床位500张、综合病房床位100张，市儿童医院规划总建筑面积17.60万平方米，其中医疗建筑面积10.70万平方米。完成市儿童医院概念性方案设计及预算。2017年，完成各项审批手续。(陈　长)

李典区域性医疗卫生中心　　市重大项目办/供稿

■苏北人民医院 苏北人民医院始建于1900年,1994年被卫生部评定为首批三级甲等综合医院,是首批"中国—中东欧国家医院合作联盟"成员单位,首批"中以医院合作联盟"成员单位,先后获全国文明单位、全国卫生系统先进集体、全国改革创新医院、国家引进外国智力示范单位等称号。

医院中心院区编制床位2000张,开放床位2300多张,承担扬州及毗邻地区近千万人口的医疗和保健任务。2017年,医院门(急)诊病人172.3万人次,出院病人10.47万人次,出院患者手术病人4.6万人次。设备总值7亿多元,其中百万元以上大型设备96台(套)。医院有在岗职工2504人,其中高级职称人员535人、博士132人、硕士570人,省"科教强卫工程青年医学人才"35人,江苏省特聘医学专家2人,有院士工作站2个,"大国工匠"名医工作室1个;全国综合医院重点中医科1个,省重点学科及省创新团队各1个,省级临床重点专科19个,省妇幼重点学科1个,国家级药物临床试验科室(专业)23个,国家级内镜诊疗技术培训基地6个;医院脑卒中中心为国家高级卒中中心,胸痛中心为国家级胸痛中心。有医学博士、硕士培养点35个,为扬州大学、中南大学湘雅医学院、吉林大学、大连医科大学、南京医科大学等院校医学博士、硕士研究生培训基地,是国家博士后科研工作站,2017年成为南京医科大学扬州临床医学院。医院2015年成立医疗集团,下辖3家三级医院在内的27个成员单位。

医院拥有医学影像中心、医学实验中心、生物样本库等医学公共应用平台,为医院科研项目、研究生带教、科研转化提供支撑。医院成立五大中心、5个研究所和14个多学科联合诊疗中心,推动多学科融合,在危重症救治、微创、介入、无痛、脑卒中等关键领域和技术发展前沿掌握核心技术。医院先后与美国、德国、以色列、匈牙利、韩国等医疗机构建立合作关系。 (缪丽亚)

扬州大学附属医院 卫计委/供稿

■扬州大学附属医院(扬州市第一人民医院) 医院创建于1960年,系扬州大学唯一直属附属医院。是集医疗、教学、科研、急救、预防、康复为一体的综合性三级甲等医院。医院被确立为住院医师规范化培训国家级基地、全科医师规范化培训省级示范基地,获国家药物临床试验机构资格认定。医院有东、西两个院区,占地9.21公顷,总建筑面积17.3万平方米,总资产14.8亿元,各类专业诊疗设备3000多台(套)。医院实行一院两区一体化管理,核定床位1600张,开放病区37个、临床医技科室57个。2017年,医院门(急)诊量157.8万人次,出院患者6.5万人次。

医院有在职员工1900多人,其中高级技术职称人员479人、医学博士87人。有博士、硕士生导师80多人,享受政府特殊津贴专家4人,有突出贡献中青年专家18人,江苏省医学重点人才4人,"333高层次人才培养工程"人才24人,国家级专业委员会委员26人,省级专业委员会副主任委员11人,市级专业委员会主任委员10人。

医院有消化内科、神经内科、心血管内科、儿科、病理科、影像科等省级临床重点专科6个,普外科、肿瘤科等市级临床重点专科28个。有医学硕士点17个,博士点2个(临床医学、中西医结合基础与临床),承担18所医学院校实习带教工作。近年来发表SCI论文200多篇,获国家自然科学基金立项13个,获国家发明专利40项,有54项科研成果获各级各类科技进步奖和新技术引进奖。医院投入城市公立医院改革,进行分级诊疗体系建设。牵头20个医疗机构组建扬州大学附属医院医疗联合体。 (戴春阳)

■扬州市中医院 扬州市中医院是综合性三级甲等中医医院,南京中医药大学附属医院。2017年,医院门(急)诊诊疗人次50.36万人,出院人次1.61万人,总收入3.12亿元,其中业务收入2.80亿元。

开展中医诊疗技术项目72个,门诊中药饮片总处方量占总门诊人次的54.37%,病房中药饮片手术科室使用率42.57%、非手术科室使用率72.77%。门诊非药物中医技术治疗人次占门诊总人次的28.37%。优势病种中医治疗率72%。围手术期中医药参与率26%。急危重症应用中医药,急诊中医药参与治疗率35%,应用中医技术数6项。巩固、提高肿瘤一体化诊疗模式,推广颈肩腰腿痛一体化诊疗模式、针灸+全科综合诊疗模式。与北京、上海、南京等单位联系,促成"臣字门儿科""耿氏喉科""丁氏痔科""丁氏推拿"等4个源于扬州,兴于外埠的中医门派回流。开展"冬病夏治""膏方养生节"等服务,推出"淮扬膏滋"品牌,进行商标注册,培育扬州地区品质膏滋识别符号。扬州中医药文化展示馆通过省中医药文化宣传教育基地评审，被评为文博场馆运行先进单位。举办名中医大讲堂等中医科普栏目300多期，开展中医药服务“六进”(进农村、进社区、进家庭、进机关、进学校、进企业)30多场次。与扬帆频道协作，面向全市举办“中医药知识竞赛”，关注参与人数超4万人次。开展“岐黄进校园”、养生功法演练等活动，展示中医药文化魅力。举办“青年骨干管理知识培训班”，授课11场次，收集征求管理意见建议186条。加强医院临床路径管理、“三合理”(合理用药、合理检查、合理诊疗)的监管、日间手术管理和药物使用管理。全年药占比44.97%。门诊均次费用260.93元，比上年下降10.20%；住院均次费用1.07万元，比上年下降7.75%。平均住院日11.69天，比上年下降10.10%。购置飞利浦256层高端CT、GE全身彩超等大型设备，提升医疗服务质量。加强医疗质量管理，构建医疗质量三级质控网络，完成医疗质量专项检查59期，涉及23个临床科室，共计1900多份终末病历。通过省、市质控管理检查。加大信息化建设力度，实施分诊叫号系统，完成手机APP微信版开发上线，实施手术麻醉临床信息管理系统、血库管理系统等，强化规范管理。完善医疗服务供给，新建医疗美容科、开设产科。加强重点专科内涵建设。肿瘤科通过国家临床重点专科验收。新增市级中医重点专科1个(耳鼻喉科)。强化中医人才引进和培养，新进博士2人、柔性引进博士1人，新进新增硕士19人。发挥“扬州市中医院医疗联合体”联动作用。全年长期派驻医师162人次，短期派驻管理专家326人次，短期派驻医疗专家102人次，开展专业讲座34场次，培训基层医务人员350人次。完成消毒供应中心、影像中心、检验、病理中心建设，并投入使用。全年省级立项课题6个，厅、市级立项课题3个。获省级科技奖1项、市级科技奖8项，扬州市科协优秀论文14篇，扬州市自然科学优秀论文2篇。获实用新型专利2项。新增市级中医重点学科2个(中医肺病学、针灸学)，肿瘤科以“优秀”等级通过省级重点学科验收评审。新增全国名中医药专家经验继承指导老师2人、学术继承人3人，省级优才项目1人。成立徐荣谦、丁义江、谈勇等专家传承工作室，在基层医疗机构设立李耀谦、张晓春等中医药名师传承工作站。举办各级继续教育项目16个，其中国家级2个、省级4个，开展院级讲座24次、学术沙龙9期。通过省中医药局三级甲等中医医院复审。 (张　辉)

■扬州市妇幼保健院 扬州市妇幼保健院是三级甲等妇幼保健院。医院占地2.13公顷。设一级科室45个，二级科室43个。有在职职工793人，其中高级专业技术人员137人、医学博(硕)士研究生40人。2017年，门诊总诊疗量58万人次、分娩8000多人次，出院病人1.8万人次。

医院妇科为“江苏省妇幼保健重点学科”；产科、生殖健康科、儿童保健科为“江苏省妇幼保健重点学科建设单位”；新生儿科为“江苏省新生儿急救中心扬州市妇幼保健院协作中心”；儿科、乳腺科、肛肠科、骨科、妇女保健科、营养科、医学检验科、麻醉科、医学影像科为市级重点专科。下辖“扬州市医学遗传中心”“扬州市危重孕产妇救治中心”“扬州市新生儿救治中心”“扬州市儿童保健中心”等4个市级区域性中心，拥有全市唯一的新生儿专用急救转运车。全年开展29项遗传代谢病筛查、无创DNA产前检测、染色体芯片检测；获全省妇幼健康服务工作有突出贡献的集体二等功；被评为基层预防艾滋病、梅毒和乙肝母婴传播工作优秀集体、全国“流产后关爱”优质服务示范单位、首批江苏省分娩镇痛技术培训基地、国家级出生缺陷干预救助基地，加盟南京市儿童医院医联体。 (郑　洵)

■扬州市第二人民医院 医院占地3公顷，总建筑面积2万多平方米；固定资产1.51亿元，其中医疗设备总值1768.5万元。医院设有内科、外科、妇科、儿科、口腔科、眼科、检验科等临床诊疗科室。神经内科、肾内科创建市级重点专科。拥有飞利浦彩超、进口全自动生化分析仪、全自动血流变仪等医疗设备，新购置口腔全景机、肺功能测试仪、动态血压检测仪、呼吸机等设备。

医院有编制床位301张，实际开放4个病区172张床位。有在岗职工203人，其中卫生专业技术人员163人(高级职称人员29人)。2017年，医院总诊疗量11.03万人次(含学校体检人次)，出院病人3161人次。为市区低保、孤寡、特困人群提供医疗救助服务，医疗救助8841人次，救助金额137.36万元。 (夏少臣)

■扬州市第三人民医院 扬州市第三人民医院(扬州市传染病医院、苏北人民医院新区分院)是三级传染病专科医院。医院有编制床位350张，开放床位295张。2017年，医院门诊量17.19万人次，收治病人5828人次，出院者平均住院日15.57天，病床使用率86.56%。医院有14个诊疗科室、8个病区、7个社区诊所。有结核病科、肝病科、感染病科、医学检验科、医学影像科等5个扬州市临床医学重点专科。

医院有在岗职工277人，其中高级技术职称人员49人。医院常规开展肺功能检查、肺穿刺活检术、DSA介入治疗、支气管检查、冷冻治疗、球囊扩张术等30多个项目。对40例肝科、肺科疑难危重病例进行联合会诊讨论。

2017年，医院除常规收治肝炎、肺结核等传染病人外，收治手足口病、疟疾、麻疹、伤寒、疟疾、布氏菌病、狂犬病、梅毒等传染病118人次；收治艾滋病门诊2608人次，开展艾滋病抗病毒(HAART)治疗995例，艾滋病住院病人234人次。 (於晓芳)

医疗服务

■概 况 2017年，全市24所二级以上医院总诊疗量1042.39万人次，比上年增长5.17%。其中，门诊量887.63万人次，增长3.31%；急诊量147.36万人次，增长21.17%。出院51.80万人次，增长6.14%；手术15.64万例，增长5.95%；病床使用率95.38%，其中4家三级综合医院病床使用率99.41%，比上年上升0.92个百分点；病床周转次数37.29次，增长0.61%；出院者平均住院日9.04天，比上年减少0.25天。

全市24所二级以上医院平均每诊疗人次医疗费260.38元，增长2.39%；平均每一出院者住院医疗费9782.99元，下降0.95%；平均药品加成率5.36%，比上年上升0.44个百分点；住院费用药占比平均34.68%，比上年下降2.13个百分点。

全市24所二级以上医院业务收入总额80.34亿元，增长6.96%。其中，门诊收入27.14亿元，增长7.68%；住院收入50.68亿元，增长5.13%。支出总额82.40亿元，增长6.78%。其中，药品支出27.38亿元，下降0.34%；卫生材料支出13.64亿元，增长9.58%；人员支出27.19亿元，增长10.35%；其他支出13.94亿元，增长12.27%。 （洪　梅）

■优质护理服务　至年底，全市优质护理服务病房覆盖率100%，优质护理服务病房312个，A类病房数127个。完成每月全市优质护理服务工作开展情况报表汇总上报。下发省2016年二、三级医院护士临床工作能力考核结果，制定下发《扬州市护理十三五规划》。组织医院、病房、护士参加国家卫生计生委优秀评选，1个病房、2人受到国家卫生计生委办公厅、国家中医药管理局、中央军委后勤保障部联合发文通报表扬。遴选30名护理人员参加江苏省护理学会“百名优秀护士评选活动”。完成省卫生计生委护士节系列征稿；组织全市护士节征稿活动，完成《扬州卫生报》护士节专版组稿。组织各县（市、区）卫生计生委、各级各类医疗卫生机构开展“5·12”国际护士节系列活动，开展医疗护理安全专项整顿工作“回头看”。全市各级各类医疗机构开展医疗质量管理，防范医疗安全风险，消除医疗安全隐患的自查自纠，市卫生计生委组织对25家二级以上医院抽查督查，省卫生计生委组织专项抽查。以苏北人民医院、扬州大学附属医院为龙头分别与18家农村区域性医疗卫生中心组建医联体，分别组织18家农村区域性医疗卫生中心进行护理操作比赛。开展“展示护士风采，守护群众健康”护士先进事迹微电影展播，全市二级以上医疗机构自拍选送18部微电影参加。以“安全质量、创新发展”为主题，举办扬州市科技论坛护理分论坛，开展护理质量管理培训。开展“优秀护士长”“优秀护士”评选活动。推进优质护理服务，提升护理工作水平，评出“优秀护士长”“优秀护士”各50人。组织护士节活动直播。《扬州卫生报》设立“5·12”护士节专版，宣传先进人物、先进事迹。利用扬州卫生计生、扬州发布、云诊堂、扬帆等媒体直播全市“5·12”护士节活动。举办护理管理知识培训班，加强护理质控，推进优质护理服务向基层延伸。发挥护理质控中心成员作用，以医疗联合体为载体，选派护理管理人员赴各级医院、社区卫生服务站，讲授护理质量管理新知识新方法，为基层提供护理知识、技能支持。完成全市二、三级医院第三方满意度调查。 （乔　莉）

■医疗质量控制　加强病历、院感、检验、影像、药事、护理、麻醉、血液净化、眼科、儿科、肿瘤、重症医学科、血液质量、血液病管理、康复医学等16个临床质量控制中心管理，保障医疗安全。2月，市病理科医疗质量控制中心邀请省病理科医疗质量控制中心副主任张炜明对该质控中心建设和运转提出意见，并举办《常规病理质量控制》专题讲座。3月，市病理科医疗质量控制中心举办全市病理人员培训班，邀请4名淋巴瘤病理专家开展授课及专题讲座。加强肿瘤规范化诊疗管理，提升癌痛规范化治疗水平，提高肿瘤患者生存质量，落实省卫生计生委《关于委托省肿瘤科质控中心承担癌痛规范化治疗病房质量管理工作通知》和省医院协会《关于委托省肿瘤科质控中心承担癌痛规范化治疗病房质量管理工作通知》等。3月，市肿瘤科诊疗质量控制中心召开全市肿瘤质控会议；4月，召开二级及以上医院“癌痛规范化治疗病房”创建培训会，对《江苏省肿瘤科质控中心癌症疼痛诊疗规范》（2017版）、《江苏省癌痛规范化治疗病房质控督导表》、麻醉药品规范化管理、癌痛规范化护理管理、难治性疼痛处理原则、阿片类药物的合理选择等规范进行解析，参会人员432人。开展二级以上医院抗菌药物使用、高值耗材临床合理使用、抗肿瘤药与辅助用药合理使用、急诊科规范管理专项检查，提高医疗质量，保障医疗安全，规范医疗行为。市病历质控中心参与制定省级病历质控中心数据报表模板及2017年工作计划，参与省卫生计生委组织的新版《医院评审标准实施细则（通用版）》修订，完成省病历质控中心三级医院病案管理调研。配合省卫生计生委开展医疗质量监管系统的研发和首页信息对接。组织实施全市二级以上医院病历处方质量专项检查，在检查内容中新增加首页质控，推动首页质量管理。市临床检验质量控制中心组织开展全市临床检验专项检查，市直及部分驻扬二、三级医疗机构和医学检验所14个医疗机构参加检查。市临床检验质量控制中心承办“2017年扬州市临床检验质控工作会议暨检验质控知识培训班”，各县（市、区）卫生计生委、卫生监督所、全市各级各类医疗机构临床实验室负责人250人参加，邀请省临检中心吴元健、赵建华、韩崇旭等省、市检验专家6人作学术讲座。 （陈　长）

■医院重点专科建设　全市开展2017年省级临床重点专科申报，推荐4所三级医院9个专科申报省级临床重点专科，其中3所三级医院6个专科通过省卫生计生委初审。12月，配合省卫生计生委对全市3所三级医院8个临床重点专科（2个建设单位复核）进行现场评审。加强市级临床重点专科建设与管理，提高重点专科医疗技术与临床科研水平，下发《关于开展2016—2017年度扬州市市级临床重点专科申报与评审工作的通知》，修订《扬州市市级临床重点专科评分标准（2017年版）》，组织二级以上医院申报市级临床重点专科。各地符合原卫生部《医疗机构诊疗科目名录》规定及当地专科发展规划和方向的二、三级临床专科及部分一级临床专科、少数与临床医学相关的医学专科，对照评分标准自评合格（自评得分达标准分80%以上）的12所二级以上医院53个专科申报市级临床重点专科。12月，先后评审43个新申报专科，并对10个建设单位进行复核。经专家初审、现场测评、结果公示等环节，新确认苏北人民医院心理科等25个专科为扬州市市级临床重点专科，其中新申报专科18个，建设单位升格专科7个；新确认高邮市人民医院医学影像科等5个专科为市级临床重点专科建设单位。

（陈　长）

■**平安医院创建**　落实全国严厉打击涉医违法犯罪专项行动会议精神，保障医务人员和患者人身安全，营造安全、有序的诊疗环境。开展涉医矛盾排查。走进医疗机构及周边社区、村镇开展涉医矛盾纠纷调查摸排，特别是长期没有得到解决的医患纠纷，发现问题，梳理分析，制定解决措施和时间表，落实责任人。对适宜通过人民调解解决的，引导到当地医患纠纷人民调解组织解决；对有暴力倾向，或调解过程中可能激化矛盾，引起治安案件、刑事案件的纠纷，向当地公安机关和卫生计生行政部门通报，运用人民调解、行政调解、司法调解联动工作机制，进行矛盾化解，防止矛盾激化。排查长期占床拒不出院、遗弃病人、恶意拖欠医疗费用等“医赖”问题。通过涉医矛盾纠纷隐患排查，共排查63件，化解纠纷隐患57件，保障医疗机构及医务工作者的合法权益。开展平安医院创建活动督查考评。9月12—15日，联合市公安局开展全市平安医院创建活动暨打击涉医违法犯罪专项行动督查，市直及驻扬各二级以上医院9所医院接受督查考评。各县（市、区）卫生计生委对辖区内二级以上医院开展专项督查，全市三级医院达标率100%，二级以下医疗机构达标率88%。做好医疗责任险投。2017年，全市投保的医疗机构221家，保费1335.47万元，赔付结案率91.6%，赔付额1188万元。一级以上医疗机构全部参加医疗责任保险，引导非公立医疗机构参保。一级以上公立医院参加医疗责任保险100%，非公立医院参保率84%，其他基层医疗机构参保率77.5%。创新医疗责任保险制度。扩大保障内容和范围，满足医疗机构保险需求。鼓励和引导患者在医院就诊、治疗前，购买医疗意外险，应对医疗风险。苏北人民医院、市妇幼保健院手术意外险、母婴安康险正式实施。推进医患纠纷人民调解组织建设。加强市、县（市、区）医患纠纷人民调解委员会建设，确保医患纠纷人民调解工作覆盖全市所有医疗机构，1—11月通过人民调解途径化解重大医患纠纷的比例76.9%，调解成功率90%。人民调解医疗纠纷司法确认案件比例48.7%。

市司法局牵头成立市医调中心，为全额拨款事业单位。市医患纠纷调处委员隶属于该中心。有专职调解员4人，其中3人具有医学和法学专业，占75%。建立市、县两级医患纠纷人民调解月报告制度。5月，联合市司法局成立市调处医学专家委员会，充实调解专家库，医学专家库专家370人，法学专家库专家42名，心理学专家库专家23人。全市医调委实现全覆盖，各县（市、区）分别按照属地原则组建医患纠纷调解委员会。有医患纠纷专职调解员31人，具有法律背景和医学专业知识的专职调解员占70%以上，兼职调解员52人。全市没有出现因调解不当形成自诉，越、集访或民转刑案件，实现纠纷受理率100%；调处率100%；调结率96.8%。

（陈　长）

■**无偿献血**　2017年，全市有3.91万人参加无偿献血，采集全血量1321.46万毫升，比上年上升1.83%。临床使用全血量1257.72万毫升，比上年上升1.58%，采供比105%，千人口献血率14.39‰，满足扬州市临床用血需求，向其他城市调拨红细胞2376单位。开展第四届“白衣天使献血月”活动，全市卫生计生系统82家单位1920多人献血62.65万毫升。获2014—2015年度全国无偿献血先进市称号，获全国无偿献血奉献奖金奖246人、银奖297人、铜奖862人，15人获全国无偿献血志愿服务奖，江苏扬农化工集团有限公司获全国无偿献血促进奖单位奖、市人民检察院孙程获全国无偿献血促进奖个人奖。4月，市无偿献血科普教育基地被首批命名为“江苏省爱国卫生教育

9月6日，江苏信息产业基地（扬州）组织开展无偿献血活动

信息产业基地/供稿

(健康教育)基地”;10月,获全国“健康促进与教育优秀实践基地”称号。开展无偿献血“六进”(进机关、厂矿、学校、企事业单位、驻军部队及大中专院校、社区及乡镇)活动。加强质量管理,确保血液安全。市中心血站每月对各科室进行质量检查,加强基层医疗机构临床合理用血。全市确认符合“三免”(免缴普通门诊诊察费、免费乘坐市区公共交通工具、免费游览园林景区)待遇人员2188人,制发首批扬州市无偿献血光荣卡,发放江苏省无偿献血荣誉证1835张。

(陈 长)

■公务员招录、高考、征兵体检 全年完成公务员招录体检552人,其中合格527人,合格率95.4%。完成市直、邗江区高考学生体检8479人,复查166人,不合格1人,残疾考生3人。完成征兵体检工作。 (陈 长)

■医养融合建设 制定下发《扬州市医养融合发展建设“十三五”规划》《扬州市康复医疗事业“十三五”发展规划》《扬州市医疗机构设置规划(2006—2020年)(修订稿)》《扬州市江广融合地带医疗机构设置规划(2017—2025年)》等,预留医养融合机构发展空间,鼓励和引导社会资本优先举办康复、护理等专科医院,鼓励养老机构内设立医疗机构。至年底,公办的市社会福利中心与东方医院合作,成立颐和康复医院;社会举办的曜阳国际老年公寓与苏北人民医院合作,成立曜阳康复医院;扬州绿康缘颐养院内设立扬州绿康缘护理院,南京鼓楼医院集团仪征医院设立仪征华康老年康复中心等。按照《扬州市医疗机构设置规划(2006—2020年)(修订稿)》要求设置审批医疗机构,联合市发展和改革委员会、市财政局、市人力资源和社会保障局、市商务局出台《关于促进社会办医加快发展的实施意见》,印发《扬州市促进社会办医“十三五”规划》。联合市发展和改革委员会印发《2017年度扬州市鼓励和引导社会资本举办医疗机构投资指引》。

(韩 鲜)

■医疗服务行动计划 制定《扬州市2017年深入落实进一步改善医疗服务行动计划重点工作实施方案》。所有二、三级公立医院通过市预约诊疗平台与省预约平台转诊预约通道对接。二级以上医院将一般专家、特殊专家各不少于20%的专家号源投放至转诊预约通道。10月,组织专家对全市二级及以上医院预约诊疗、日间手术、电子病历和临床路径管理工作开展检查,所有二级以上公立医院均试点开展分时段预约,三级公立医院预约诊疗率50.13%,门诊患者分时预约就诊率40.57%,二级以上医院住院患者分时预约检查率90.06%。推动二级及以上医疗机构实施国家卫生计生委颁布的1010个病种临床路径二级公立医院开展26个专业65个病种的临床路径管理,对符合进入临床路径标准的病例,入组率66.3%,完成率95.65%。三级公立医院开展50个专业163个病种的临床路径管理,对符合进入临床路径标准的病例,入组率79.78%,完成率92.58%。二、三级医院中电子病历系统应用水平达3级、4级的分别有6所、5所。 (韩 鲜)

■留守儿童健康促进项目点设立 3月23日,市卫生计生委在江都区樊川镇三周小学举行“市留守儿童健康促进项目点”授牌仪式。该项目点的设立,旨在探索扬州市留守儿童健康促进工作新模式,发挥示范引领作用,为全市留守儿童健康促进工作积累经验;满足留守儿童健康服务需求,改善留守儿童发展环境,促进留守儿童健康成长。活动现场,市卫生计生委、江都区卫生计生委、江都区计生协向三周小学赠送图书,并为心理咨询、儿童保健辅导员颁发聘书。来自市妇幼保健院的专家为师生开展爱牙护牙专题讲座。 (陈 威)

妇幼保健

■概况 2017年,扬州市婴儿死亡率2.02‰,5岁以下儿童死亡率2.79‰,孕产妇死亡率7.67/10万,出生缺陷率4.81‰,婚检率90.77%,妇女病普查率95.74%,剖宫产率40.89%,孕产妇保健管理率99.81%,7岁以下儿童保健管理率98.91%,产前筛查率91.25%。托幼机构卫生保健合格率100%,其中计划生育技术服务总例数7.62万例。

(林 萍)

■妇幼健康服务体系 2017年,扬州市妇幼保健院异地新建项目启动规划立项,规划建设用地10.53公顷,增挂市儿童医院牌子。仪征市妇幼保健院基建项目进行施工建设。宝应县妇幼保健院扩建儿科、创成市级儿科重点专科。高邮市妇幼保健所向院转型升级工程开展规划立项。以18家农村区域医疗中心产科达标建设为重点,中心产科按二级医院助产技术标准建设,形成区域基层产科优势。加强市县级妇幼保健联合体建

2016—2017年扬州市区儿童健康体检抽样调查情况表

表35-3

指标		2017年	2016年
受检人数(人)		25372	25677
受检率(%)		98.70	98.87
体重达标率(%)		74.26	78.18
身高达标率(%)		76.71	78.89
乳牙龋齿发生率(%)		32.67	35.21
患病率	肥胖儿发生率(%)	7.31	7.42
	低体重发生率(%)	0.28	0.28
	发育迟缓发生率(%)	0.24	0.21
	消瘦发生率(%)	0.94	0.70

(林 萍)

设。市妇幼保健院上挂上海红房子医院和南京市儿童医院，下联成员单位由原来的7家扩大到10家。江都区、仪征市、宝应县分别建立县级妇幼健康服务联合体，与基层医疗保健机构结对，重点加强联合病房、特色科室建设、妇幼健康专家工作室等，推动区域内妇幼健康管理、技术和服务资源实现纵向流动。（林　萍）

■妇幼健康服务能力 开展妇幼健康优质服务示范创建。高邮市创成国家级妇幼健康优质服务示范市，仪征市、江都区创成省级妇幼健康优质服务示范市（区）。全市基层医疗机构妇幼健康规范化门诊创建达标率66.5%，高邮市送桥中心卫生院、仪征市月塘中心卫生院创成省级示范门诊，6个基层医疗卫生机构创成市级示范门诊，改善基层就诊环境和服务质量。开展全市大规模孕产妇和新生儿危急重症应急救治演练活动，市、县、乡三级联动，演练范围覆盖全市各级孕产妇和新生儿危急重症救治中心。（林　萍）

■重大妇幼卫生服务项目 制定《扬州市2017年重大妇幼卫生服务项目指导意见》。2017年，实施住院分娩补助1.82万人，完成率127.42%；免费补服叶酸1.85万人，完成率113.81%；“两癌”（宫颈癌、乳腺癌）检查13.01万人，完成率101.16%。强化出生缺陷三级预防。提高婚检率、叶酸补服依从率、孕前优生健康检查质量、产筛和新筛质量。开展无创DNA检测，新生儿疾病筛查病种由3项增加至29项，推动基因检测技术在出生缺陷综合防治中的应用。实施免费孕前优生健康检查2.81万人次，完成率103.9%。提高药具服务体系建设和管理水平。完成市药具站迁（扩）建，药具管理纳入卫生计生公共服务体系。（林　萍）

■妇幼健康服务内涵建设 推进妇幼健康分级服务。基层早孕建卡率82.6%，发挥妇幼保健联合体平台作用，建成基层首诊、分级服务、双向转诊、上下联动的妇幼健康服务新模式。推动妇幼健康信息化建设，完成全市妇幼信息系统建设，推广使用“母子健康手册”APP。重视妇幼保健重点学科和重点人才建设，申报新技术和科研项目，全年建成省第二周期妇幼健康重点学科及建设单位6个、重点人才及培养人才4人，建成儿科省、市重点学科各1个，获省级新技术引进项目1个。规范妇幼健康技术服务督查监管。加强对全市母婴保健服务机构和从业人员依法执业监管，开展执业资格定期审核及助产计生技术人员“三基”（基础理论、基础知识、基本技能）考试、换（发）证考试等，组织93人参加母婴保健技术实践技能考试和理论考试。确保机构和从业人员100%持证上岗。（林　萍）

疾病预防与控制

■疾病预防控制体系建设 推进疾病预防控制机构建设达标。2017年，宝应县完成疾控机构建设项目，并完成疾控机构建设达标工作；广陵区规划疾病预防控制机构建设，列入区政府“十三五”规划目标；全市两级疾控机构建设达标率86%。围绕项目建设主体、规划设计、土地扭转、征地拆迁、申请立项、报批报建等环节与市有关部门沟通协商，推进扬州市公共卫生中心建设项目。（常　艳）

■重性精神疾病管理治疗 建立以精神卫生专业机构为主体、疾控机构为辅助、基层医疗机构为依托的精神卫生管理治疗服务网络，对全市乡镇、街道实行全覆盖管理。成立由精神科专业医师和护士、社区/乡镇医生和护士以及其他相关工作人员（社区卫生服务站/村卫生室的医护人员、居/村委会人员、民警、民政助理、残联助残员等）组成的项目工作队伍。各县（市、区）实施“以奖代补”政策，引导监护人承担严重精神障碍患者监护责任。业务培训覆盖所有专兼职人员。2017年全市重性精神疾病患者检出率4.37‰，位居全省第三位；在册患者管理率、规范管理率分别为97.8%、96.8%，均位居全省第一位。（常　艳）

■免疫规划 2017年，全市适龄儿童建卡率100%。一类疫苗常规免疫接种率99.88%。报告AFP病例13例，无脊髓灰质炎确诊病例报告；报告疑似麻疹117例，确诊麻疹病例8例，发病率0.17/10万，发病数比上年（40例）下降80.95%；报告乙肝388例，报告发病率8.4/10万，未发现15岁以下急性乙肝病例报告；报告1例流脑病例，无乙脑、百日咳和新生儿破伤风病例报告。以乡为单位儿童预防接种信息管理系统建设覆盖率100%。全市105家预防接种单位，建成一级门诊51家，二级以上门诊54家，二级门诊建成率51.4%，三级门诊2家。105家预防接种单位296台疫苗储存用冰箱安装冷链实时监测仪的单位有105家254台冰箱，预防接种单位和冰箱安装覆盖率分别为100.00%和85.81%。

下发《扬州市第一类疫苗预防接种异常反应补偿保险操作手册》，建卡3.67万人，补偿保险告知率80%以上，投保1.23万人，投保率33.61%。（常　艳）

■城乡生活饮用水及其他环境卫生监测 制发《关于印发2017年全市生活饮用水卫生监测工作方案的通知》。强化水质监测能力建设，实现所有乡镇、街道和供水单位、增压站水质监测全覆盖。市、县疾病预防控制中心均指定专人负责饮用水水样采集、水质检测、数据上报、核实汇总及分析工作，建立监测数据的检查审核制度，保证监测数据可靠性。市及县（市、区）卫生计生委每季城市生活饮用水水质监测情况向社会公示，监测结果反馈当地政府。开展供水单位卫生调查，掌握全市所有供水单位和加压站卫生基础资料。2017年，全市监测出厂水、末梢水及二次供水928份，合格924份，合格率99.6%，其中城市供水合格率99.4%（二次供水合格率97.4%）、农村合格率99.6%。开展空气污染对人体健康影响监测、农村环境卫生监测，上报监测结果，掌握环境卫生动态情况。

（吉华祥　邹　露）

■传染病防控 2017年，全市报告甲、乙类传染病15种，报告发病率114.17/10万。报告丙类传染病5种，报告发病率180.08/10万。无死亡病例。4—10月，累计登记腹泻病人3.53万人，检索1.03万人，检索率29.07%。加强疫情预防控制，与市教育部门开展联合防控，组织3次覆盖全市所有学校的传染病防控知识业务培训，制作视频发放到学校，通过现场指导、疫情信息快报、防控技术培训等规范处置疫情。全年报告突发公共卫生事件20件，其中流感2件、水痘5件、诺如病毒13件，全部结案。全市26个二级及以上医疗机构有20个HIS系统建设完成，其中18个通过验收。

（常　艳）

■重大传染病防治 2017年，全市DOTS(肺结核)防治覆盖率100%。非结核病定点诊疗医院报告2560例结核病例，报告率100%，总体到位率98.5%。病原学阳性诊断率43.19%，发现39例耐多药患者，12例纳入耐多药临床路径治疗，其余27例均维持原方案治疗。全市检测艾滋病60.88万人次，占总人口的13.58%，比前两年平均值增加10.79%；报告病例215例，比上年增加15.59%；报告艾滋病病人51例，晚发现比例23.72%，比上年减少32.09%；阳性检出率0.0353%，比前两年平均值增加10.19%。新加入治疗病例270例，在治病例1102例，治疗覆盖率97.18%。

（常　艳）

■慢性病防治 2017年，全市慢病病人规范化管理覆盖率100%。54.93万名慢病病人建立健康档案；建档高血压病人管理率72.91%，建档糖尿病病人管理率72.82%，高血压、糖尿病病人管理有效率分别为59.26%和50.31%。开展慢病综合防控示范区创建。江都区慢病综合防控示范区创建通过省卫生计生委验收，广陵区完成慢病基线调查，仪征市启动创建。完成《扬州市2016年全人群死因监测分析报告》。2016年全人群总粗死亡率7.64‰，2016年全人群期望寿命79.15岁，比2015年增加0.18岁。

（常　艳）

■血吸虫病防治 2017年，全市对60个乡镇、614个村开展查螺，使用总查螺工日3.76万个，查螺面积167.71平方千米，超目标任务的8.2%。解剖钉螺3.12万只。药物灭螺面积34.65平方千米，超目标任务的23.73%。环境改造灭螺面积0.72平方千米，消灭钉螺面积0.77平方千米。利用机械筑圩、潮水药浸，降低灭螺成本，保证灭螺质量，购置发电机和抽水泵，弥补潮水不足，全市累计筑圩25.66千米、药浸灭螺面积1.60平方千米。完成血清学查病7.98万人，超目标任务的6.40%，粪检查病1.12万人，超目标任务的18.39%，没有发现阳性病人；晚血救助235人次，帮助解决医疗费用47.65万多元。沿江5个县(市、区)10处江滩开展3次调查，投放6000个捕鼠夹或捕鼠笼，捕捉老鼠69只，未查出阳性；5—9月，沿江5个县(市、区)每月选择10个重点环境进行哨鼠预警监测，未发现阳性哨鼠。国家卫生计生委检查组对扬州市进行血防春查。宝应、高邮实现消除血吸虫病目标。市级实现有效控制肠道线虫病标准。《扬州市血吸虫病监测预警关键技术研究与应用》获2017年扬州市科技计划立项。

（王　建）

爱国卫生运动

■健康教育与健康促进 打造“健康中国扬州样本”，深化健康教育与健康促进活动。开展健康下基层宣传“五进”活动。联合市教育局、市级机关工委、市总工会、团市委、市安监局、市妇联等9部门印发《关于组织开展健康下基层宣传“五进”活动的通知》，组织医疗卫生专家进学校、进企业、进机关、进社区、进农村免费开展系列健康宣传服务活动，以专题讲座、义诊咨询、知识竞赛、文娱活动等形式开展健康主题宣传。全年开展541场活动，16.3万人次接受各类健康服务。

深化“十大主题健康促进行动”。加强健康细胞工程和健康教育基地建设，市中心血站无偿献血科普馆被授予“全国健康促进实践优秀基地”称号。至年底，全市累计建成健康医院141所(其中省级健康促进医院16所)、健康学校360所(其中省级金奖学校47所)、健康机关110家、健康企业39家、健康社区113个、健康家庭810户、健康厨房830个、健康公园(广场)113个、健康步道121条、健康学堂131个。拓展健

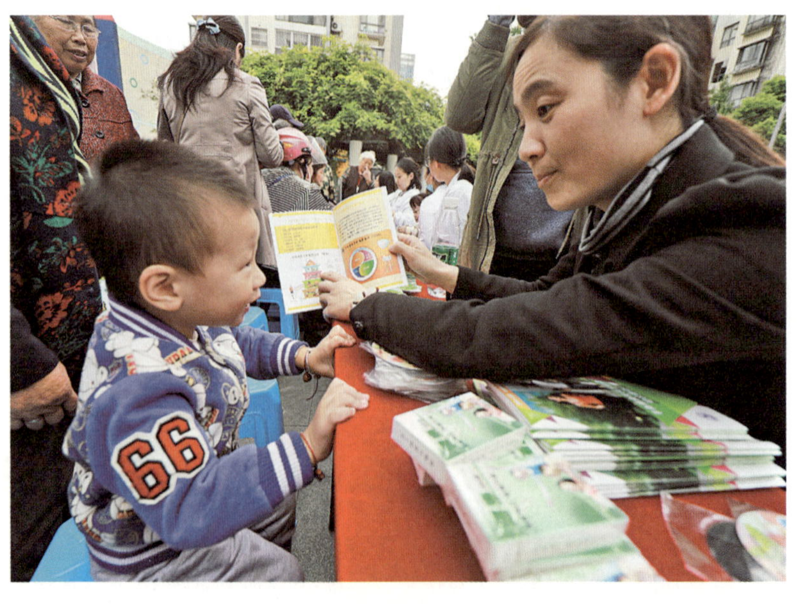

10月13日，文昌社区联合市卫生计生委、邗上街道卫生服务中心举办大型广场义诊活动　张晓宇/摄

康教育宣传阵地，设计制作健康教育读本、折页、海报、影像等114件作品，建立10大类42种全市健康宣教资料库。与《扬州日报》、《扬州时报》、市广总电台等媒体合作，打造“967健康学堂”“天天健康”“中医养乐汇”等栏目，播放近800期健康类节目。利用微信公众号拓展新媒体受众范围，定期发布健康信息。开展吸烟与二手烟危害宣传，通过各类媒体播放公益广告1.2万次，印发宣传材料10万多份。举办以“我为控烟发声，共享无烟生活”为主题公益接力活动。联合市教育局、市公安局、市交通局、市文广新局、市体育局、市食品药品监管局、市旅游局、市机关事务管理局等10部门下发《关于开展2017年扬州市公共场所控制吸烟专项监督检查工作的通知》，组织开展专项督导检查。

（吉华祥　邹　露）

■健康城市、村镇建设　扬州市政府出台《关于推进健康城市健康村镇建设的实施意见》，开展健康社区（村）、健康单位、健康家庭建设培训和实施。8月1—2日，全省健康城市建设标准培训班在扬州举行。2017年，全市创成省级健康镇6个、省级健康村35个、省级健康社区25个、省级健康单位62个。

（吉华祥　邹　露）

■农村改厕　推进农村改厕扫尾工程并试点生态改厕，开展改厕培训、“百日突击”和督导检查。改厕培训400多人，发放技术宣传资料8万多份，筹措改厕资金2018万元，其中省财政1110万元、市财政200万元、县乡财政430万元、群众278万元。全年新建无害化卫生户厕1.50万座（含生态改厕1003座），累计建设无害化厕卫生户厕93.72万座，普及率96.5%。　（吉华祥　邹　露）

■卫生创建　开展城乡环境卫生整洁行动，推进卫生镇创建。2017年，高邮市被全国爱卫会命名为国家卫生城市。高邮市车逻镇、仪征市大仪镇、邗江区西湖镇、广陵区头桥镇、蜀冈—瘦西湖风景名胜区平山乡等5个乡镇创成国家卫生镇，仪征市新城镇、蜀冈—瘦西湖风景名胜区城北乡等2个乡镇创建省级卫生镇，创成省卫生村44个；至年底，累计建成国家卫生镇20个，省级卫生镇28个。所有接受复审的卫生镇、卫生村均通过复审。　（吉华祥　邹　露）

■除“四害”　制发《关于组织开展春季灭鼠 迎接“烟花三月”国际经贸旅游节活动的通知》《关于大力开展夏秋季灭蚊蝇、灭蟑螂活动的通知》《关于开展冬季集中灭鼠的通知》，组织开展病媒生物防制业务培训，培训160多人。组织开展环境综合整治，清除卫生死角、阴沟污物、杂草等蚊蝇孳生地，进行集中消杀，完善防制设施，降低蚊蝇、蟑螂密度。市区投放灭鼠药6000千克，粘鼠板1.20万块，灭蟑胶饵1000支，灭蟑颗粒剂1万包，灭蚊蝇药物3600升，建设病媒生物防制示范小区11个，毒饵站2775个，设置诱蝇笼945只，灭蚊灯19个。

（吉华祥　邹　露）

中医中药

■基层中医药服务能力建设　5月，市卫生计生、发展和改革、财政、人力资源和社会保障、市场监督部门联合印发《扬州市基层中医药服务能力提升工程“十三五”行动计划实施方案》。5月24日，扬州市基层中医药能力提升工程领导小组召开全市基层中医药服务能力提升工程“十三五”行动计划启动视频会，强化工程目标任务跟踪考评。全市乡镇卫生院（社区卫生服务中心）中医科按规定设置率100%，除功能区外，100%乡镇卫生院（社区卫生服务中心）建立独立中医药综合服务区。100%社区卫生服务中心（乡镇卫生院）和社区卫生服务站（村卫生室）使用6类、4类以上中医药治疗方法。全市65岁以上老年人中医健康管理覆盖率74.04%，0～36个月儿童中医健康管理率76.43%。

（全　粲）

■中医医院建设　重视中医专科、学科建设。组织开展2017年度市级中医重点专科评审，实施扬州市中医重点专科周期评审制度。扬州市中医院耳鼻喉科、高邮市中医医院针灸康复科、江都中医院针灸康复科、仪征市中医院肿瘤科、高邮市中西医结合医院针灸推拿科等5个专科被命名为2017年扬州市中医重点专科，扬州市中医院肾病科、泌尿科，高邮市中医医院骨伤科、肾脏科，仪征市中医院脾胃科、针灸推拿康复科，广陵区中医院骨伤科，宝应县中医医院肝胆科等8个扬州市中医重点专科复查合格。8月，组织开展对扬州市“十二五”中医药重点学科建设单位评审验收，扬州市中医院中医肺病学、针灸学，仪征市中医院中医儿科学，高邮市中医医院中医骨伤科学被命名为扬州市“十二五”中医药重点学科。加强中医医疗机构督查。组织开展全市中医医院日常管理工作专项检查活动。部署全市中医药系统医疗安全专项整顿活动，组织对全市中医医院开展医疗安全专项整顿活动市级检查。组织开展全市中医医院改善医疗服务行动计划，定期收集汇总进展情况上报省中医药局。开展综合医院、妇幼保健机构中医药科室达标建设达标检查。推进“全国综合医院中医药工作示范单位”创建。江都人民医院通过“全国综合医院中医药工作示范单位”国家评估。扬州市中医院通过三级甲等中医医院复审。2017年获中医药发展引导资金800万元。　（全　粲）

■全国基层中医药工作先进单位创建　6月，扬州市政府成立市创建全国基层中医药工作先进单位工作领导小组，制定下发《扬州市创建全国基层中医药工作先进单位实施方案》；市卫生计生委制定卫生计生部门创建实施方案，召开卫生计生系统内创建全国基层中医药工作先进单位（地级市）动员部署会。7月，组织召开扬州市政府创建基层中医药工作先进单位地级市工作推进会。仪征市通过全国基层中医药工作先进单位国家级复核评审。江都区创建全国

基层中医药工作先进单位工作接受国家中医药管理局组织的国家评估。邗江区启动全国基层中医药工作先进单位创建活动。（金 粲）

■中医药特色医疗机构创建 2017年，新增省级乡镇卫生院示范中医科4个，中医药特色社区卫生服务中心2个。3月，修订印发《扬州市乡镇卫生院示范中医科评审标准(2017修订版)》《扬州市中医药特色社区卫生服务中心评审标准(2017修订版)》。评选2017年扬州市乡镇卫生院示范中医科3个，市中医药特色村卫生室(社区卫生服务站)20个，市级财政给予每个命名的示范中医科以奖代补10万元，社区卫生服务站(村卫生室)5.16万元。完成2017年基层医疗机构中医诊疗区(中医馆)能力建设项目、2016年度江苏省中医药特色社区卫生服务中心建设单位和江苏省乡镇卫生院示范中医科建设项目、2016年基层中医药适宜技术服务能力建设项目、江苏省基层医疗机构中医特色专科建设项目评估考核。新增2017年基层医疗卫生机构中医诊疗区(中医馆)服务能力建设项目14个。（金 粲）

■中医分级诊疗 推进农村区域医疗卫生中心中医诊疗区达标建设。10月，印发《关于加快农村区域医疗卫生中心中医诊疗区达标建设的意见》，建立健全中医综合诊疗服务区。健全中医医院医疗联合体工作机制。市中医院医联体及各县(市、区)医联体按照《关于进一步推进纵向医疗联合体建设的意见》，加大对成员单位帮扶支持。推进基层中医药家庭签约服务，实行工作目标量化考核。全市以村(社区)为单位家庭医生中医药服务签约率98.83%，重点人群中医药服务签约率67.78%，重点人群中医药签约个性化服务签约率15.24%。（金 粲）

■中医药人才科研 2017年，全市新增全国第六批全国名老中医药专家学术经验继承项目指导老师2人、继承人4人，省第三批江苏省中医临床优秀人才研修项目培养对象2人。新增全国基层名老中医专家传承工作室项目1个。获2017年省中医药科研课题3个。至年底，全市有全国名老中医工作室1个，全国基层名中医工作室2个，省名中医工作室3个。（金 粲）

■中医药名师工作室 2017年，组织对15个中医药名师工作室建设情况检查考核，考核合格者由市财政给予每个工作室4万元/年经费补助，名师工作津贴5000元/年，主管部门管理经费15万元。15个中医药名师工作室配置设施设备，并与32个基层医疗机构建立对口指导联系。全年开展学术、读书交流活动189次，收集整理中医药名师医案及处方、学习笔记、论文等原始资料4281份，形成临床诊疗方案、经验方或技术方法共68个。在核心期刊上发表论文43篇，团队在国内公开发行的期刊发表有关名师学术思想论文28篇。（金 粲）

■名中医“师带徒”项目 开展扬州市名中医“师带徒”活动，确定30名市级以上名中医与55名青年中医结为师徒关系，学期3年。市级财政在中医药事业专项资金中，设立名中医“师带徒”专项补助，对完成带徒任务的老师按每月每人600元标准发放工作津贴，对年度考核合格的徒弟按每人每月200元标准发放学习补助。6月，名中医“师带徒”工作进行年度考核，考核继承人55人，其中优良45人、合格10人。（金 粲）

■中医药文化建设 制定《2017年度扬州市中医药文化惠民工程主要活动计划》《江苏省第七届“中医药就在你身边”中医药健康巡讲扬州站活动方案》，每月赴各县(市、区)组织中医药“六进”服务或健康巡讲活动1～2场。全市全年开展中医药服务“六进”活动797场，受益人数4.92万人，发放宣传资料数6.74万份，开展扬州市第七届“中医药就在你身边”中医药文化健康巡讲311场。举办省级巡讲2场。实施中医药文化进校园活动，举办进校园活动103场。扬州市中医院被确定为江苏省中医药文化宣传教育基地。31个项目被列入江苏省中医药传统知识首批保护名录。（金 粲）

卫生监督

■概况 2017年，全市开展规范医疗市场、职业和放射卫生监督、学校卫生监督、饮用水卫生监督、公共场所卫生监督、传染病防治卫生监督及医疗服务监督等工作。

全市各级卫生监督机构监督检查各类单位1.58万户次，办理行政处罚案件393件，其中一般程序271件，简易程序122件，罚没金额93.58万元，其中医疗卫生案件70件、公共场所卫生案件106件、消毒产品案件3件、放射卫生案件4件、生活饮用水案件6件、传染病案件32件，打击非法行医案件50件，案值(罚没款)93.58万元，其中罚款86.76万元、没收违法所得6.83万元，因非法行医移送司法部门4件。

加强卫生监督机构规范化建设，改善执法条件，落实监督执法人员与现场快速检测设备、执法取证工具、现场执法记录仪等执法装备配备、经费安排等保障措施。执行涉企行政处罚和涉企检查备案制度。加强卫生监督网站建设，建立健全执法信息(许可和处罚情况)公开制度，更新网站各类板块，开展诚信体系建设，提高公众服务水平；贯彻落实新版《国家基本公共卫生规范》，对协管服务规范、考核标准、档案资料要求和巡查要点进行修订，健全基层卫生监督网络。注重卫生监督队伍素质培养，运用网络、多媒体及实战演练等培训手段，组织开展业务培训和学术交流活动。（陆爱民）

■职业、放射卫生监督 2017年，全市对9个职业健康检查机构、1家职业病鉴定办事机构、1个职业病诊断机构、7个放射卫生技术服务机构开展专项监督检查；对市直26个放射诊疗机构进行监督检查，对县(市、区)18个放射诊疗机构进行抽检，对全市18家新建农村区域性医疗卫生中心放射诊疗机房的放射防护设施建设督查。全年立案处罚放射案件7件，罚款金额1.15万元。（陆爱民）

■学校卫生监督 2017年，全市对395所学校传染病与常见病防控、学校饮用水、教学环境等情况进行监督检查；开展学校饮水卫生专项抽检，抽检学校89所，其中合格学校74所；开展学校卫生综合监督评价，评价学校115所，其中优秀学校53所、合格学校60所、不合格学校2所。（陆爱民）

■饮用水卫生监督 2017年，全市对19家集中式供水单位、56家二次供水单位、7家正常营业的涉水产品生产单位、31家净水器经营单位进行专项检查，立案查处5家销售无卫生许可批件净水器经营单位，罚款4.08万元。（陆爱民）

■公共场所卫生监督 2017年，全市监督检查公共场所单位5453家，监督覆盖率100%；完成389家监督抽检任务与438家国家监督检查任务；对4954家公共场所单位开展量化分级管理，量化分级率100%。组织召开文明城市创建工作培训会议2次，发放创建公示牌、禁烟标志、创建基本规范要求卡片、消毒卡片1800多份。（陆爱民）

■医疗废物、传染病监督 2017年，全市开展医疗废物专项督查，检查机构726个，其中警告医疗机构35个，罚款14个，金额4.24万元。推进传染病防治卫生监督综合评价试点，227个医疗卫生机构纳入评价试点。对7个疾病预防控制机构，133个预防接种单位开展疫苗专项检查。组织开展传染病监督抽检。共监督抽检医疗卫生机构173个。（陆爱民）

■消毒产品卫生监督 开展节日前消毒产品专项监督抽检，抽检21个批次159件产品，检测合格率100%。联合市食药监局开展餐饮具清洗消毒专项整治，采集33个单位170批次330套样品，对10家检测不合格餐（饮）具集中消毒服务单位进行卫生行政处罚，督促整改到位。（陆爱民）

■医疗卫生监督 全年对1712个医疗机构开展依法执业专项检查，下发监督意见书1615份，对各级医疗机构立案查处96件，警告41个，罚款75个，罚没款金额22.43万元。检查24个市直医疗机构，针对发现的输血科面积不足、冷藏设施不够等情况，下发9份监督意见书要求限期整改。监督检查75家无证行医户，立案查处37件，罚款金额16.62万元，没收违法所得5.64万元，没收药品、器械54件（箱），移送涉嫌非法行医案件4件。（陆爱民）

医政管理

■医疗机构准入与管理 2017年，全市接待医疗机构设置审批咨询30多次，市级办理医疗机构设置审批申请5件，执业登记3件，变更注册登记申请16件，注销登记10件。1个医学检验实验室设置审批，1个医学检验实验室办理注册登记。对市卫生计生委发证的校验期即将到期的36个医疗卫生机构进行梳理，组织专家和市卫生监督所对5个医疗机构进行现场校验。103个二级以下医疗机构下放至各区卫生计生委、功能区卫生计生主管部门。（韩　鲜）

■医疗技术管理 3月，转发《省卫生计生委办公室转发国家卫生计生委办公厅关于开展医疗技术临床应用事中事后监管政策试点工作通知的通知》，组织专家对提交《第二类医疗技术项目备案表》的二级医疗机构进行专业评估，评估12所二级以上医院114份医疗技术材料，并对同意备案的医院医疗技术在网站公示，接受社会监督，最终同意备案10所医院64项医疗技术。（韩　鲜）

■医师管理 2017年，全市国家医师资格考试网上报名人数1204人，现场审核1076人，经审核符合报考条件1067人，不合格9人。参加实践技能考试986人，缺考73人，实际参加考试913人。组织899名考生参加医学综合笔试。（韩　鲜）

■医疗安全专项检查落实 省医疗安全专项整顿活动工作方案要求，组织开展全市二级以上医院病历处方、“三合理”、核心制度落实情况、抗菌药物使用专项检查。全市18所二、三级医院（不含中医院、中西医结合医院）接受检查。市直三级医院抽调10名专家成立专家组，制定检查标准，开展检查。共抽查住院病历1980份，输液室门诊病历180份，在院住院病人运行门诊病历、死亡病历中的门诊病历180份，门、急诊处方各1800张。（陈　长）

体育

Tiyu

编　辑　陈永华

综述

■**概况**　2017年，全市体育系统围绕省运会主题，做好公共体育服务、参赛办赛、场馆建设、体育产业发展等工作。推进省运会场馆建设，新（改）建19处省运会场馆，完成建设9处，其他项目按序时推进。6月，市体育公园整体改造提升工程进场施工。8月，扬州游泳健身中心对市民开放。扬州射击运动中心完成主体工程，宝应新城体育中心、仪征新体育中心和广陵体操馆进入收尾阶段。

扬州市政府出台《扬州市筹备第19届省运会总体方案》，建立筹委会沟通协调、信息通报、督查落实机制，形成省运会筹委会办公室、场馆建设部、竞赛备战部、社会宣传部、大型活动部、市场开发部、城乡环境部、安全保障部、财务审计部和信息技术部等组织体系。制定《筹委会管理暂行规定》《扬州市承办第19届省运会行动计划（2017）》。

省运会备战参赛。落实备战竞赛任务，开展办赛演练，召开省竞赛场地器材专家会，先后承办12项省年度青少年比赛，作为省运会的赛事组织保障、场馆安全使用、竞赛队伍能力提升的大演练、大培训、大检查。强化省运会备战过程管理，加强训练督查指导，制定落实备战部门会议制度、日常事项报告制度等。扬州市参加27个大项的省青少年锦标赛获70枚金牌，金牌数居全省第七名。第13届全国运动会扬州选手获3金2银5铜。

公共体育服务体系完善。加强体育设施建设，推进生态体育公园，推动公共体育设施向社会免费或低收费开放，959个村完成健身广场建设、44个乡镇建成室内全民健身中心。举办扬州市第16届全民健身体育节、首届大学生足球联赛、大学生篮球联赛、2017年全民健身万里行（扬州站）、全国百城千村健身气功交流展示系列活动启动仪式（江苏站）、扬州市首届社区运动会等群众体育比赛、活动500场次以上，参与人数300万人次以上。督促、指导各县（市、区）全部建成多功能科学健身服务点。开展3期全民健身大讲堂，开放宋夹城“全民健身益站”，开展科学健身讲堂进机关系列活动，开展游泳、篮球等8个项目免费培训。开展扬州市国民体质监测活动。完善群众身边的体育健身组织。市级体育社团43个，新成立保龄球运动协会、航空运动协会，设立公共体育服务引导资金，加大政府购买服务力度，激励社会主体参与。广陵区老年人体育协会入选2016年度“江苏省示范性社会组织”。

青少年运动员培养体系和体育人才队伍建设。完善青少年运动员培养体系，与市教育部门制定《扬州市优秀运动员升学工作意见》，举办2017年全市青少年阳光体育年度比赛，设田径等8个大项，1500多名青少年运动员参加比赛；做好校园足球、校园篮球等普及和推广，开展中小学生体质测试。加强体育人才队伍建设，实施人才兴体工程，推进“体育名师工作室”建设，10个体育工作室申报。2017年全市参加省体育局2017年注册运动员1880人，教练员136人。

体育产业和服务供给。培育体育精品赛事，举办2017扬州鉴真国际半程马拉松赛，央视航拍直播，新浪微博“烟花三月跑扬马”主题阅读量1.4亿人次，新华通讯社首次在海外通过新媒体直播扬马赛事，开设“我为马狂”电视专题栏目，举办马拉松城市与文化论坛；承办2017国际剑联女子佩剑世界杯（扬州站）、全国历史文化名城乒乓球赛、全国武术散打冠军赛、中国气排球公开赛等赛事。发展体育休闲产业，推动国家级体育产业基地项目建设，筛选、推荐、配合宝应曹甸文体产业集聚区推荐申报国家级体育产业基地。13个健身休闲产业申报省级体育产业发展专项资金，有4个项目入选，上争资金近300万元。做实体育产业基础，围绕高危性项目审批等开展“双随机一公开”（即在监管过程中随机抽取检查对象、随机选派执法检查人员，抽查情况及查处结果及时向社会公开）工作，建立随机抽查事项清单；加强体育产业市场监管，开展职业鉴定培训；体育彩票全市销售7.96亿元，市场份额59.40%，规范体彩公益金管理使用。推动融合发展，宁镇扬三地共同举办2017年轮滑世锦赛、体育舞蹈公开赛、宁镇扬龙舟邀请赛、宁镇扬城市足球邀请赛、8月8日宁镇扬健身大联动等活动，共同打造宁镇扬体育休闲健康生活圈。　（乔志刚）

■扬州市运动员骨龄拍摄 2月17—20日，扬州市参加2017年度省级注册的运动员在市体校进行骨龄拍摄。全市有1880名运动员参加注册，除男子1999年(含)、女子2000年(含)前出生的运动员和射击运动员外，1359名运动员参加拍摄。（惠立锋）

■巴赫会见扬州代表团 3月4日，市委书记谢正义率扬州市友好经济代表团参观洛桑奥林匹克博物馆，学习国际办赛经验，指导办好2018年江苏省第19届运动会。国际奥委会主席巴赫和夫人会见扬州代表团。会谈中，谢正义对巴赫和夫人会见扬州代表团表示感谢，介绍扬州体育发展情况，代表扬州人民向巴赫和夫人发出邀请，希望巴赫和夫人在中国访问时能到扬州参观指导。巴赫和夫人表示愿意到扬州做客，期待未来的扬州之行。（郝书远）

■国民体质监测扬州市启动仪式 9月22日，2017年江苏省国民体质监测扬州市启动仪式在李宁体育园举行，近100名市民进行免费体质测试。全市全年在广陵区、邗江区、宝应县、江都区共选取2880名不同年龄段的居民，进行体质监测。了解全市群众体质现状，指导群众开展体育锻炼。（郝书远）

■江苏省足球超级联赛落户扬州 10月20日，江苏省足球协会到扬州考察承办省足球超级联赛的廖家沟城市中央公园足球场。考察组实地检查足球场草皮、看台、运动员休息室、比赛功能房等。江苏省足球超级联赛是江苏省足球改革之后推出的一项全新赛事，省足协在全省范围内进行遴选，最终确定包括扬州等8个城市俱乐部参赛。（郝书远）

■扬州市公共体育服务引导资金评审会 11月11日，市体育局举办2017年扬州市公共体育服务引导资金评审会。全市有109家大型体育场馆、体育单项协会、体育俱乐部、新闻媒体等单位申报，来自省体育局和扬州大学的专家对入围项目进行现场评议。最终，经过研究、审核和公示，有40个项目获得立项和资助，引导资金178万元。（郝书远）

■“舞动中国”特殊教育学校排舞公益行走进扬州 11月13日，由中华全国体育基金会和中国体操协会发起的“舞动中国”特殊教育学校排舞公益行走进市培智学校。活动现场，省社体中心向市培智学校捐赠100套运动装备，全国排舞广场舞推广中心江苏省中心的教师和市培智学校学生进行互动，通过舞蹈给予特教人群展示机会，帮助其身心健康发展，更好地融入社会，倡导社会关注特殊教育群体，关爱残障儿童。（郝书远）

■扬州市获长三角体育圈全民健身大联动团体二等奖 11月19—21日，2017年长三角体育圈全民健身大联动在浙江开化举行，来自华东六省一市的37支代表队近1000名群众体育工作者参加。扬州市有21人参加稻田气排球、稻田拔河、渔业丰收等3个项目，最终获团体二等奖。（杨　文）

■全省体育竞赛专题研讨会在扬召开 12月14日，全省体育竞赛专题研讨会暨第19届省运会青少年部各项目竞赛场地器材专家会议在扬州举办，来自省体育局相关单位的竞赛专家和扬州赛区竞委会的相关负责人参加研讨。会后，省运会竞赛场地器材专家们实地查看扬州市承办省运会的场馆，对接竞委会负责人，检查和评估相关场馆设施，完成竞赛器材清单。（惠立锋）

体育设施

■概况 打造体育休闲公园，推进体育设施建设。2017年，全市959个村全部完成村“五个一”(有一片300平方米的水泥或橡胶平地、一副篮球架、一盏照明灯、10米长椅或长凳、至少10棵大树的配套绿化)健身广场建设，44个乡镇建成内含5个运动项目的室内全民健身中心、717个村建成体育活动室；新建或改造三湾公园等74个生态体育公园。开展城市社区“10分钟健身圈”盲点清扫，配建各类健身器材1270件；推动公共体育设施向社会免费或低收费开放，推动有条件的学校、企事业单位的体育设施向社会开放。4月16日，扬州市2017年第一批19个生态体育休闲公园(“口袋公园”)集中对外开放；6月30日，扬州市2017年第二批15个生态体育休闲公园、8个“口袋公园”集中对外开放；9月20日，扬州市2017年第三批22个生态体育休闲公园、古城区10个“口袋公园”集中对外开放；12月1日，扬州市举行33个开放式公园集中开园和20个开放式公园集中开工仪式。自2015年全市公园体系建设大会召开后，至2017年底，全市先后建成开放198个各类开放式公园，其中综合公园22个、社区公园147个、“口袋公园”29个，形成多层次公园体系。（鲍忠梅）

■体育公园整体改造提升项目开工 6月16日，扬州体育公园整体改造提升项目正式开工，该项目对公园现状按功能进行重新分区、对交通现状重新梳理、解决整个场地排水问题、增加附属用房、提升园区景观、解决园区内智能化系统缺失问题、提升室外配套小品等进行全方位改造。（郝书远）

■仪征红山体育度假村获“国家体育旅游示范基地”称号 6月28日，国家体育总局和国家旅游局联合公布“国家体育旅游示范基地”创建单位名单。全国30家创建单位被认定为“国家体育旅游示范基地”，江苏省的仪征红山体育度假村、无锡蠡湖国家体育旅游示范基地等2家单位入选。（郝书远）

■扬州市游泳健身中心建成 8月26日，扬州市游泳健身中心正式建成对外开放。扬州市游泳健身中心是全市最大的游泳运动场地，位于瘦西湖风景区、古邗沟旁，占地4.1公顷，建设面积约4.1万平方米，包括游泳

馆和综合馆等两大区域，游泳馆设有游泳练习池、老年泳池、比赛池、少儿戏水池、VIP池。（郝书远）

群众体育

■扬州市第三届社区广场健身操(舞)大赛 1月7日，扬州市健美操排舞协会2017年第三届社区广场健身操(舞)大赛启动仪式暨“迎春起舞”联欢会在市文化宫举行。来自全市20多个社区700多名协会会员进行排舞、健身操和扬州特色的民间舞蹈“渔鼓声声”“茉莉花”等表演。（高清法）

■扬州市第四届“舞动扬州”广场舞大赛 2月12日，扬州市第四届“舞动扬州”广场舞大赛启动，来自全市60多支广场舞队伍报名参赛。比赛由7个分站赛和总决赛组成，通过评委打分和观众评比，每个分站赛区评出1～5个“最佳人气奖”晋级总决赛。来自市区和高邮市的9支队伍参加首站比赛，最终舞之韵队、舞美队、扬州体育舞蹈运动协会拉丁舞俱乐部获首站比赛的“最佳人气奖”。在3月26日的总决赛中，舞之韵舞蹈队获总冠军。（郝书远）

■“魅力广陵·动起来”市民体育嘉年华启动仪式 2月25日，2017“魅力广陵·动起来”市民体育嘉年华启动仪式暨扬州市小学生乒乓球比赛在李宁体育园举行。市民体育嘉年华活动由趣味运动季、时尚运动季、品牌赛事季、新城冬运季等四大主题60多项活动赛事组成，来自全市83名小学生参加活动。（田长健）

■扬州市阳光体育中学生乒乓球赛 3月5日，扬州市2017年阳光体育中学生乒乓球比赛在李宁体育园举行，来自全市各中学的近80名运动员和教练员参赛。比赛为单打赛，分初中、高中等2个组别。最终，市直中学代表队的马佳乐和任小迪分获初中组和高中组女子单打冠军，邗江代表队的翟俊杰和仪征代表队的熊志捷分获初中组和高中组男子冠军。（郝书远）

第19届省运会新(改)建场馆情况表

表36-1

序号	名　称	类型
1	扬州市游泳健身中心	新建
2	扬州市射击运动中心	新建
3	扬州体育公园	改建
4	扬州体育公园体育场	改建
5	扬州体育公园体育馆	改建
6	扬州体育公园跳水游泳馆	改建
7	扬州市体校球类馆	改建
8	宝应新城体育中心	新建
9	高邮市文体中心	新建
10	仪征市新体育中心	新建
11	仪征青马车寨山地自行车赛道	改建
12	生态科技新城赛艇皮划艇赛道	新建
13	江都区体育中心	改建
14	广陵区体操馆	新建
15	李宁体育园	改建
16	扬州职业大学体育馆	新建
17	扬州中学体育馆	改建
18	扬大附中体育馆	改建
19	扬州工业职业技术学院体育馆	改建

（郝书远）

■扬州市阳光体育中学生篮球比赛 3月24—26日，扬州市2017年阳光体育中学生篮球比赛在仪征市举行。比赛分初、高中男女组和职校男子组共5个组别，来自市直和各县(市、区)26支代表队302名运动员参赛。最终，邗江区代表队分获初中、高中男子组和职校组冠军，市直代表队分获初中、高中女子组冠军。（王永波）

■高邮卸甲美丽乡村半程马拉松赛 4月2日，省内首家由乡镇政府主办的“半马赛”——2017高邮卸甲美丽乡村半程马拉松赛开赛。来自高邮市357名马拉松爱好者参加比赛，高邮国寿队朱春宏、新邮队吴增霞分获男、女半程冠军。比赛设置的3公里迷你跑，200多名健身爱好者参加。（郝书远）

■2017扬马“城市跑不停”系列活动 2017年，扬马“城市跑不停”系列活动分别举办宋夹城春季亲子跑、自在岛夏季荧光夜跑、仪征龙山秋季登高跑、三湾公园暖冬跑等四站跑步活动。4月16日，2017扬马“城市跑不停”——宋夹城春季亲子跑活动在宋夹城举行，来自全市480多个家庭的近1000人参加活动。6月7日，2017扬马“城市跑不停”——自在岛夏季荧光夜跑在马可波罗花世界举行，800多名跑步爱好者参加。10月28日，2017扬马“城市跑不停”——仪征龙山秋季登高跑在仪征龙山森林公园举行，1000多名跑步爱好者参加。本次活动对老年人免收报名费，活动现场开设慈善捐款，所募善款全部捐献给当地敬老院。12月16日，2017扬马“城市跑不停”——三湾公园暖冬跑在三湾公园举行，来自全国近1000名跑者参赛。（郝书远）

■深潜艇进·2017扬州大师赛 4月30日，深潜艇进·2017扬州大师赛在生态科技新城举行，来自全国32支民间赛艇队近400名运动员参赛。最终，上海SRC代表队获冠军。

（郝书远）

■首届“百座名城，万人赛艇”测功仪大赛 5月1日，以“全民健身，享受运动快乐”为主题的首届“百座名城，万人赛艇”测功仪大赛在生态科技新城举行，来自全国32支民间赛艇队近400名运动员参加。上海赛艇俱乐部获城市精英组和飒爽巾帼组冠军，南京金帆赛艇俱乐部获亲子畅划组冠军，天津师范大学赛艇队获鲜肉高校组冠军。（郝书远）

■扬州市第16届全民健身体育节 5月3日，扬州市第16届全民健身体育节、第13届老年人体育节和首届体育社团文化节在来鹤台体育公园开幕。开幕式上，来自各县（市、区）及各体育协会的1200多名健身爱好者表演手杖操、健身球操、水兵舞、功夫扇、健身气功、空竹等节目。本届体育节以“全民参与、全民运动、全民健康、全民欢乐”为宗旨，以“迎省运、健康扬州动起来”为主题，举行群众体育品牌赛事、体育“五进”（进学校、进机关、进企业、进社区、进农村）等八大系列100多项活动，贯穿全年，有近100万人次参与，覆盖城乡各类人群。（郝书远）

5月21日，奥运冠军仲满领跑全民健身万里行　　日　报/供稿

■扬州市阳光体育中小学生排球比赛 5月13—14日，由市教育局、市体育局联合主办的扬州市2017年阳光体育中小学生排球比赛在江苏省邗江中学和邗江区美琪学校两个赛区举行。比赛分小学男女组、初中男女组、高中男女组等6个组别，来自全市28所中小学的小学男子组5支队、女子组7支队，初中男子组5支队、女子组6支队，高中男子组2支队、女子组3支队，共315名运动员参赛。最终，邗江区代表队获小学男女组和初中男女组4个团体冠军，市直代表队（扬州中学）获高中男女组2个团体冠军。（夏新平）

■2017全民健身万里行（扬州站） 5月21日，由国家体育总局人力资源开发中心、国家体育总局职业技能鉴定指导中心主办，广陵区政府、扬州市体

扬州市第16届全民健身体育节主要活动一览表

表36-2

活动名称	时间	地　点	参加者情况
2017年全国百城千村健身气功交流展示系列活动启动仪式（江苏站）	4月	江都龙川广场	近5000名健身气功爱好者参与展演
扬州市第16届全民健身体育节开幕式	5月3日	来鹤台体育公园	近20个体育社团，1200名健身爱好者参加活动
2017年全民健身万里行（扬州站）	5月21日	广陵新城马拉松广场	5500人参加活动
“我要上全运”第12届“长江经济带”全民健身大联动扬州分会场暨2017年邗江区科学健身社区行武术、健身气功进余林社区活动展演	6月11日	余林社区水晶广场	近1000名健身爱好者参加活动
全民健身日大型健身演示活动	8月7日	扬州市游泳健身中心广场	太极、武术、排舞、长跑等爱好者近1000人参加活动
2017年全国气排球公开赛	9月8—11日	扬州市游泳健身中心	来自全国各省、市、自治区40多支队伍，500多人参加
扬州市首届大学生足球联赛暨第二届大学生篮球联赛	10—12月	各高校体育场馆	7所院校300多名选手参加
扬州市“庆元旦，迎新年”万人健身长跑活动	12月	市体育公园体育场	健身爱好者1万多人参加

（邬　成）

育局承办的主题为“健康中国，喜迎省运，活力扬州”2017全民健身万里行(扬州站)活动在广陵新城马拉松广场举行。北京奥运会男子佩剑冠军仲满带领5500多名市民冲出起跑线，开始5公里的欢乐里程，并在全民健身体验区与跑友完成互动游戏，分享科学运动的健康理念。在终点，全民健身嘉年华同步举行，跑友们现场体验体能检测仪、“Bosu球”、“趣味跳绳”、“柔力球”等赛后放松项目，国家职业健身教练现场传授科学运动的防止运动损伤方法。（李　露）

■“我要上全运”第12届“长江经济带”全民健身大联动分会场活动在江都、邗江举行　6月11日，“我要上全运”第12届“长江经济带”全民健身大联动分会场活动在江都、邗江举行。江都区在龙川广场举办太极拳交流展示活动，600多名区武术协会会员及健身爱好者集体齐练太极拳等；邗江区在蒋王街道余林社区水晶广场举办科学健身社区行武术、健身气功展演活动等21个特色体育运动节目，近1000名健身爱好者参加。（潘元松　王文松）

■江苏省业余足球锦标赛扬州赛区比赛　7月22—24日，2017年江苏省业余足球锦标赛扬州赛区的比赛在廖家沟城市中央公园足球场举行。扬州队、淮安队和泰州队争夺2个出线名额。最终，淮安队以1胜1平积4分的成绩排名第一，扬州队以2平积2分的成绩排名第二，共同晋级江苏省业余足球锦标赛总决赛。（郝书远）

■扬州第九个全民健身日活动　8月7日，扬州市以“健身每一天，喜迎十九大”“迎省运，健康扬州动起来”为主题举办第九个全民健身日活动。采取市、县联动，举办群众体育活动。市级主会场活动在市游泳健身中心举行，数百名健身爱好者展演传统武术、太极拳、广场舞、排舞、空竹等健身项目。《全面健身计划》宣传、健身咨询辅导、体质监测等活动在现场同步开展。（郝书远）

■江苏省“全民健身日”活动暨“宁镇扬”健身大联动启动　8月8日，由江苏省体育局，南京市体育局、镇江市体育局、扬州市体育局，南京市六合区政府联合主办的2017年江苏省“全民健身日”活动暨“宁镇扬”健身大联动启动仪式在南京市六合大厦广场举行，来自南京、镇江、扬州等3市的3000多名健身爱好者共同参加。（郝书远）

■扬州市第七届千人越野赛　9月24日，2017年扬州市第七届千人越野赛在广陵新城举行，来自江苏和安徽两省的35支队伍1300多名跑步爱好者参加。比赛为环形线路，选手由马拉松公园出发，经广陵大桥、廖家沟城市中央公园、万福大桥等，最终回到起点，全长10公里。最终，包月坤、李建分获男子青年组和中老年组冠军，金萍、徐丽萍分获女子青年组和中老年组冠军。（郝书远）

■第15届江苏省定向锦标赛在扬举行　10月14—16日，2017年第15届江苏省定向锦标赛暨第五届江苏定向邀请赛在仪征枣林湾举行，比赛共设有18个竞赛组别，每个组别分别设有中距离个人计时赛、短距离个人计时赛、百米个人计时赛、接力赛和长距离个人计时赛等5个项目，来自全省各地的近1000名运动员参赛。（王永波）

■扬州市首届大学生足球联赛暨第二届大学生篮球联赛　10月31日，扬州市首届大学生足球联赛在南邮通达学院开幕。来自南邮通达学院、扬大广陵学院、扬州工业职业技术学院、扬州职业大学、江海职业技术学院、江苏旅游职业学院等6所在扬高校报名参赛。比赛采用单循环赛制和主客场制方式，6支球队进行5轮角逐，历时1个多月。10月31日，第二届大学生篮球联赛开赛，扬州大学、南邮通达学院、扬大广陵学院、扬州工业职业技术学院、扬州职业大学、江海职业技术学院、江苏旅游职业学院等7所高校参加。经过2个月57场次的比赛，南邮通达学院获足球、篮球本科组的两个一等奖，扬州工业职业技术学院获足球、篮球专科组的两个一等奖。（郝书远）

■扬州获苏宁球迷会联赛第三名　11月26日，苏宁球迷会超级联赛总决赛在南京举行。扬州赛区的出线球队——八怪球迷协会和高邮大金球迷协会，与其他赛区的6支球队进入决赛。最终，南京统一战线球迷会队获冠军；扬州八怪球迷协会队获第三名，队员谈金迪以7个进球获“最佳射手”称号，扬州赛区被评为联赛最佳赛区。（郝书远）

■江苏省城市假日羽毛球团体赛分区赛在扬举办　12月3—4日，2017年江苏省城市假日羽毛球团体赛扬州赛区的比赛在扬州中瑞酒店职业学院举办。全省设16个赛区，采用团体对战模式，分为混双、男单、女双、男双、第二男双等5个项目，每个赛区的优胜队伍晋级最终的决赛。仪征征羽俱乐部获扬州赛区的冠军，获得代表扬州参加全省总决赛；扬州大航乒羽俱乐部、陈平羽毛球俱乐部分获第二名、第三名。（高清法）

■万人健身长跑活动　12月30日，扬州市“庆元旦，迎新年”万人健身长跑活动在市体育公园体育场举行。市委书记谢正义、市长张爱军等市四套班子领导带领各界干部群众代表参加。长跑活动设有主会场，广陵区、江都区设立分会场，参加人员1万多人。扬州市体育公园是第19届省运会的主会场、主赛场和主展场。72个长跑方阵从体育场东北门出发，围绕省运会的主会场，贯穿省运会的主展场，经七里甸路、双博馆东北侧道路、明月湖体育休闲公园健身步道到达公园南广场，全程4公里。（夏新平）

竞技体育

■李天蕾被授予2016年体育运动荣誉奖章　1月4日，国家体育总局表彰2016年度优秀运动员和教练员。扬

州市体校运动员李天蕾被授予2016年体育运动荣誉奖章。（郝书远）

■广陵获全国少儿乒乓球赛铜牌 2月5—12日，由国家体育总局乒羽中心和中国乒协联合主办的2017年第43届全国少儿乒乓球比赛在山东曲阜举行，来自全国各省、市、区的59个代表队近1000名运动员参赛。广陵区乒乓球队获男子2008年组团体第三名和高中组男双第五名。（李　露）

■宝应运动员代表江苏苏宁队参加全国青少年足球联赛 2月7日，全国青少年男子U14和U15足球联赛分别在梧州和武汉举行，宝应县满天星青少年足球俱乐部队员张子力、周敏杰代表江苏苏宁队男足U14队参赛，宝应县满天星青少年足球俱乐部队员陈昊和扬州籍队员史靖宇代表江苏苏宁队男足U15队参赛。（乔明峰）

■扬州拳手获全国冠军 3月18日，2017全国泰拳锦标赛暨中国泰拳俱乐部职业联赛选拔赛在佛山落幕。扬州亚东俱乐部获团体第二名，俱乐部成员袁兵第6次获71公斤级全国冠军。代表中国参加5月2日在白俄罗斯举行的世界泰拳锦标赛，是第二位参加泰拳世锦赛职业组赛事的中国选手。（郝书远）

■扬州马拉松自行车骑行大会 3月19日，2017年扬州马拉松自行车骑行大会暨第11届马拉松自行车骑行资格赛在扬州举行，来自全国各地的1600多名骑手参加。比赛选手从广陵新城扬州马拉松永久起点出发，骑经京杭大运河、邵伯湖、高邮湖大桥、登月湖、瘦西湖，终点设在宋夹城，全程210公里。最终，广陵区自行车运动协会16队获女子团体冠军，东台自行车运动协会一队获男子团体冠军。（田长健）

■全国U15女篮赛在扬举行 3月20—26日，2017年全国U15女篮比赛在扬州市体育公园举行，来自全国13个省、市的17支队伍近300名教练员和运动员参赛。最终，北京队和青岛队分获冠、亚军，宁波队获第三名。扬州籍裁判员何牧和郝平获优秀裁判员称号。（郝书远）

■扬州获省保龄球锦标赛佳绩 3月23—26日，2017年江苏省保龄球锦标赛在省五台山体育中心举行，来自全省19支男队、8支女队近150名保龄球手参加。扬州选派姚扣勤等10名男选手和4名女选手参赛。最终，扬州队获2个第一名和3个第三名。（郝书远）

■2017国际剑联女子佩剑世界杯（扬州站） 3月24—26日，2017国际剑联女子佩剑世界杯（扬州站）在宋夹城体育休闲公园举行，来自意大利、法国、美国、中国等20个国家和地区的130名运动员参赛。最终，法国队玛农获个人赛冠军，美国队获团体赛冠军。中国队获团体赛第六名，张鑫进入个人赛16强。（郝书远）

■扬州“市长杯”青少年足球赛（中学组） 3月24—26日，扬州市2017年阳光体育“市长杯”青少年校园足球比赛（中学组）在江都举办。来自各县（市、区）的28支代表队500多名学生参加。除初、高中男女四个组别外，首次增加职校组。最终，宝应代表队获初中男、女组别以及高中、职校男子组冠军，邗江队获高中女子组冠军。（潘元松）

■扬州队员代表江苏在希腊夺冠 3月24—26日，2017年世界艺术体操邀请赛在希腊举行，江苏省艺术体操队获集体全能、五人圈操、三球两绳等3个项目金牌。其中，集体全能6名选手中金珂冰、姜斯玥、王若琦均为扬州籍运动员，教练组成员邵媛为扬州人。（李　露）

■陈盛获省少儿羽毛球冠军赛分站赛冠军 4月21—23日，2017年江苏省少年儿童羽毛球冠军赛第一分站赛在苏州吴中举行，扬州市体校培养的运动员陈盛获12岁男子组单打冠军。5月19—21日，2017年江苏省少年儿童羽毛球冠军赛第二分站赛在连云港举行，陈盛获12岁男子组单打冠军。（奚谷颖）

■鉴真国际半程马拉松赛 4月23日，2017扬州鉴真国际半程马拉松赛鸣枪开赛，来自43个国家和地区的3.5万名选手参赛。比赛设半程、10公里和迷你马拉松等3个项目。市长张爱军主持起跑仪式并致辞，扬马民间形象大使火炬手传递采自大明寺鉴真纪念堂长明灯的圣火入场，市委书记谢正义等领导与嘉宾接过圣火并共同点燃赛事主火炬，中华全国体育总会顾问崔大林为比赛鸣枪发令。比赛实行两枪制，半程马拉松赛选手在第一枪发令后出发，10公里和迷你马拉松赛选手在第二枪发令后起跑。半程马拉松赛的比赛线路从扬州马拉松公园出发，途经京杭大运河、古运河、东关古渡、瘦西湖、大明寺等景点。埃塞俄比亚选手莫斯内特·格雷姆·贝以赫和苏图姆·艾瑟法·克贝蒂分获鉴真国际半程马拉松赛男子、女子组冠军。（郝书远）

■中国围棋甲级联赛在扬举行 5月16日，由中国棋院、江苏省棋类运动协会主办的2017中国围棋甲级联赛第六轮比赛在仪征枣林山庄落子，江苏队迎战珠海队。经过4台对阵，最终江苏队4:0战胜珠海队。本轮结束，江苏队以13分位居积分榜第二名。（王永波）

■高文靓获田径亚锦赛季军 5月19日，2017年亚洲少年田径锦标赛在泰国曼谷开幕。扬州市体校运动员高文靓代表中国队获女子5公里竞走项目季军。（奚谷颖）

■江苏省第三届青少年足球精英联赛（U10组）在宝应举行 5月27—29日，江苏省第三届青少年足球精英联赛（U10组）在宝应县体育场举行。徐州、连云港、宿迁、盐城、淮安、泰州、扬州等7市均组队参赛。最终，徐州、连云港、淮安、扬州代表队分获前四名。（乔明峰）

■江苏省青少年自行车锦标赛(公路、山地赛)在仪征举行 6月5日，2017中国芍药节“两园杯”江苏省青少年自行车锦标赛(公路、山地赛)在仪征枣林湾生态园举行。比赛分为14～16周岁和17～18周岁等2个年龄组，设公路赛和山地赛等2个项目，来自全省各地11支代表队244名运动员参加。扬州队派出17名选手参赛，其中王博超获17～18周岁年龄组男子山地赛冠军。

(王永波)

■扬大体院获全运会佳绩 7月9日，第13届全国运动会群众项目舞龙决赛在北京师范大学天津附属中学体育馆举行。比赛设传统套路和自选套路等2个项目，分别有8支省、市代表队入围，由12名大学生组成的江苏代表队参加2个项目，其中有10人来自扬州大学体育学院。最终，获1银1铜的成绩。来自扬州大学体育学院运动员郝晓帆代表江苏队获全国运动会女子马拉松团体银牌。 (郝书远)

■扬州体操队员获全运会铜牌 8月20日，第13届全国运动会艺术体操比赛在天津科技大学体育馆举行。江苏艺术体操队获集体全能项目第三名，其中6名队员中，金珂冰、姜斯玥、王若琦等3名队员均来自扬州。

(郝书远)

■王兰代表江苏女垒获全运会冠军 9月4日，第13届全国运动会女子垒球决赛在天津市团泊体育中心举行。扬州选手王兰参加的江苏队6:1战胜辽宁队获得冠军。 (郝书远)

■王娇获全运会女子摔跤亚军 9月6日，第13届全国运动会国际式摔跤比赛决赛在天津职业技术师范大学举行，扬州选手王娇获女子自由式摔跤69公斤级亚军。 (郝书远)

■胥秋子获全运会女子5000米冠军 9月7日，第13届全国运动会女子5000米决赛在天津奥林中心体育场举行，扬州选手胥秋子以15分46秒42的成绩获得冠军。 (郝书远)

■2017海上丝路中国扬州赛艇公开赛 9月30日，由国家体育总局水上运动管理中心、扬州市政府主办，江苏省体育局水上运动管理中心、江苏省赛艇协会、扬州市生态科技新城管委会、扬州市体育局、深潜教育培训有限公司承办，扬州市交通局、扬州市卫计委、扬州市旅游局、江苏省高宝邵伯湖渔业生产管理委员会协办的2017年海上丝路中国扬州赛艇公开赛在扬州生态科技新城太平河开赛，来自海上丝绸之路沿线8个国家和地区的42支代表队共500多名运动员参加，比赛分为青少年组、大学组、大师组(A、B、C)、老桨组等6个组别。最终，日本京都大学获大学组的冠军，香港大学和印度尼西亚教育大学分获第二名、第三名。

(郝书远 徐 徐)

■李娜娜获国际轮椅冰壶公开赛银牌 11月24—26日，2017年国际轮椅冰壶公开赛在捷克举行。扬州选手李娜娜代表中国队参赛，最终中国队获亚军。 (郝书远)

2017年扬州市运动员参加江苏省青少年比赛获金牌情况表

表36-3

比赛名称	项目	组别	性别组	运动员姓名
江苏省青少年举重锦标赛	40公斤级	13～15岁组	女子	向林香
江苏省青少年举重锦标赛	48公斤级	13～15岁组	女子	黄 柯
江苏省青少年举重锦标赛	53公斤级	13～15岁组	女子	李成洁
江苏省青少年举重锦标赛	69公斤级	13～15岁组	男子	胡 博
江苏省青少年举重锦标赛	52公斤级	16～17岁组	男子	马金龙
江苏省青少年举重锦标赛	62公斤级	16～17岁组	男子	石云福
江苏省青少年自行车锦标赛(公路、山地赛)	山地越野赛(4圈)	17～18岁组	男子	王博超
江苏省青少年体操锦标赛	平衡木	儿童丙组	女子	高子涵
江苏省青少年体操锦标赛	自由体操	儿童丙组	女子	高子涵
江苏省青少年艺术体操锦标赛	个人团体	7～9岁组	女子	樊徐萱 张珏馨
江苏省青少年艺术体操锦标赛	个人全能	7～9岁组	女子	张珏馨
江苏省青少年艺术体操锦标赛	集体五人球	10～11岁组	女子	董佳昕 杨昊宇 高琛玥 王钰洁 虞竹君
江苏省青少年艺术体操锦标赛	单项球	7～9岁组	女子	樊徐萱
江苏省青少年艺术体操锦标赛	单项带	7～9岁组	女子	张珏馨

续表36-3

比赛名称	项目	组别	性别组	运动员姓名
江苏省青少年足球锦标赛		13～14岁乙组	男子	
江苏省青少年柔道锦标赛	-71公斤级	甲组	男子	郝达仁
江苏省青少年柔道锦标赛	-83公斤级	甲组	男子	徐郭昊
江苏省青少年柔道锦标赛	100公斤级	甲组	男子	胡浩男
江苏省青少年柔道锦标赛	-60公斤级	乙组	男子	付家源
江苏省青少年柔道锦标赛	-81公斤级	乙组	男子	唐卫成
江苏省青少年柔道锦标赛	80公斤级	丙组	男子	顾　康
江苏省青少年柔道锦标赛	-66公斤级	丙组	男子	徐法浩
江苏省青少年蹦技锦标赛	蹦床网上团体	11～12岁组	女子	梁姝涵　邓思懿
江苏省青少年蹦技锦标赛	蹦床网上个人	9～10岁组	男子	黄玉鼎
江苏省青少年蹦技锦标赛	技巧四人第二套		男子	史经纬　焦文超 华宏图　梁希鹏
江苏省青少年棒球锦标赛		15～16岁甲组	男子	王唯一　孙　卫　杨　洋　王　磊 邵　为　孙　禹　张　波　林柯禹 伏文龙　卜少奇　陈　波　刘　凌 徐厚升　孔令阳
江苏省青少年棒球锦标赛		13～14岁乙组	男子	李　潇　陈凯凯　刘　伟　周　坚 杨孟奇　宣煜骁　陈荣青　李昊轩 焦福权　殳成峰　李孝炀　张显捷 郑铭远　陈浩然　经　辉　李振强 赵纬天
江苏省青少年垒球锦标赛		甲组	女子	蒋　晨　高方圆　马驭轩　高　颖 张海萍　王　晗　李　惠　施雨涵 彭弋戈
江苏省青少年垒球锦标赛		乙组	女子	房心怡　曹　源　韩　蕾　程思雨 王　钰　陈薪洋　王紫吉　孙立晨 李欣语　李新月　董思涵　李　墨 蔡欣茹　李　莹
江苏省青少年排球锦标赛		甲组	男子	周俊伟　雍洪铭　竺志伟　许锦涛 叶　陈　刘航宇　臧仕喆　崔　杰 姚金杰　郑　宇　孙宏伟
江苏省青少年排球锦标赛		乙组	男子	陈炳昕　唐天皓　胡天赐　葛　洋 黄佳乐　陈　欣　蒋　丰　马飞越 吕　鹏　汪　涛　李　想
江苏省青少年排球锦标赛		乙组	女子	卞敏璇　陈　硕　赵　珂　曹曦月 张静雯　陈奕帆　沈佳文　孙子童 赵化跃　高妍睿　孙　睿
江苏省青少年田径锦标赛	400米	17～18岁组	女子	张净雨
江苏省青少年田径锦标赛	4×400接力	17～18岁组	女子	周汐雯　吴　婧　周　郑　张净雨
江苏省青少年田径锦标赛	800米	16岁组	女子	仇之颖
江苏省青少年篮球锦标赛		10岁组	男子	杨文强　巫家乐　朱玫鑫　王圣豪 刘天磊
江苏省青少年武术(散打)锦标赛	-52公斤级	15～16岁组	女子	吴　倩
江苏省青少年武术(散打)锦标赛	-60公斤级	15～16岁组	男子	张　冲
江苏省青少年武术(散打)锦标赛	-56公斤级	17～18岁组	男子	廖荣真

续表36-3

比赛名称	项目	组别	性别组	运动员姓名
江苏省青少年武术(散打)锦标赛	-60公斤级	17～18岁组	男子	林伟江
江苏省青少年跳水锦标赛	一米板	丙组	男子	肖　潇
江苏省青少年跳水锦标赛	五米台	丙组	男子	肖　潇
江苏省青少年跳水锦标赛	全能	丙组	男子	肖　潇
江苏省青少年跳水锦标赛	一米板	丙组	女子	翟思涵
江苏省青少年跳水锦标赛	五米台	丙组	女子	翟思涵
江苏省青少年跳水锦标赛	全能	丙组	女子	翟思涵
江苏省青少年跳水锦标赛	团体	丙组	女子	翟思涵　顾若茜　许子涵
江苏省青少年跳水锦标赛	五米台双人	丙组	女子	翟思涵　顾若茜
江苏省青少年游泳锦标赛	200米蝶泳	12岁组	男子	马福晶
江苏省青少年武术(套路)锦标赛	太极拳、剑、规定拳全能	16～17岁组	男子	李润羽
江苏省青少年击剑锦标赛	佩剑个人	甲组	男子	陈海龙
江苏省青少年击剑锦标赛	佩剑个人	儿童组	女子	蒋一宁
江苏省青少年击剑锦标赛	花剑个人	儿童组	女子	刘忱怡
江苏省青少年击剑锦标赛	花剑团体	儿童组	女子	刘忱怡　吕思莹　苗晁爱可　张竞文
江苏省青少年跆拳道锦标赛	44公斤级	乙组	女子	刘诗雨
江苏省青少年跆拳道锦标赛	＋60公斤级	乙组	女子	张芙蓉
江苏省青少年跆拳道锦标赛	49公斤级	丙组	女子	刘雨洋
江苏省青少年跆拳道锦标赛	45公斤级	丁组	男子	张明阳
江苏省青少年跆拳道锦标赛	50公斤级	丁组	男子	张茗轩
江苏省青少年拳击锦标赛	46～51公斤级	乙组	女子	王婉君
江苏省青少年羽毛球锦标赛	男子单打	12岁组	男子	陈　盛
江苏省青少年摔跤锦标赛	古50公斤级	丙组	男子	谭浩东
江苏省青少年摔跤锦标赛	古55公斤级	丙组	男子	常雪峰
江苏省青少年摔跤锦标赛	古60公斤级	丙组	男子	蔡子翔
江苏省青少年摔跤锦标赛	古120公斤级	甲组	男子	张　露
江苏省青少年射击(步手)锦标赛	50米手枪团体慢射	18岁以下组	男子	熊海旺　金润生　盛　建
江苏省青少年射击(步手)锦标赛	慢射	18岁以下组	男子	金润生
江苏省青少年田径单项赛	10000米竞走	17～18岁组	女子	李雨晴
江苏省青少年田径单项赛	5000米竞走	16岁组	女子	高文靓
江苏省青少年田径单项赛	10000米竞走	16岁组	女子	高文靓

（李　萍）

体育产业

■太极禅江苏分院落户扬州 1月10日，"领悟太极国学智慧 探讨金融投资秘诀"扬州论坛在汇金玄武大酒店举办。活动旨在迎接第19届省运会在扬州举行，介绍太极传统文化，领悟太极国学智慧，升级全民体育健康的活动品质。 （郝书远）

■仪征红山体育公园入选全国体育产业示范项目 1月12日，国家体育总局经材料审核、专家评审、现场评估和综合评定，评选出2016年全国12个国家体育产业示范项目、11个国家体育产业示范基地、22个国家体育产业示范单位。仪征红山体育公园入选国家体育产业示范项目，是全省唯一一个国家体育产业示范项目。 （郝书远 叶 琳）

■《宁镇扬体育板块一体化发展框架协议》签署 1月17日，宁镇扬三地体育局主要负责人在南京体育训练中心签署《宁镇扬体育板块一体化发展框架协议》。主要涉及共建共享重大品牌赛事、合作交流宁镇扬体育产业、共同组织开展大型群众体育活动、共同培育竞技体育人才等四大领域，融合三市体育资源，推动体育板块一体化发展，发挥体育在宁镇扬一体化发展战略布局中的作用和价值，让三地群众享受优质的体育资源。 （郝书远）

■"扬马"获新十年上榜2016十大文化表情 1月22日，扬州网主办的年度盛典"2016扬州表情大型评选活动——那些最能代表扬州的元素"在街南书屋玲珑馆举行，"扬马"获新十年上榜十大文化表情。本次颁奖活动分为经济表情、社会表情、文化表情等3个层面，通过网友推荐、专家评审、网友投票等环节，最终产生出"最能代表扬州进步的元素和符号"。 （江 月）

■扬马连续五年获"中国马拉松金牌赛事"称号 3月20日，2016中国马拉松年会在上海召开。扬州马拉松和北京马拉松、厦门马拉松、上海马拉松等24个马拉松路跑赛事被中国田协评为"2016中国马拉松金牌赛事"称号，这是扬马连续五年获金牌赛事称号。扬州马拉松与北京马拉松、厦门马拉松、广州马拉松等10个马拉松赛事获"2016中国马拉松最具传播影响力赛事"称号，扬马是其中唯一的半程赛事。 （江 月）

■扬州获体彩大乐透10周年全国"百强市"称号 7月11—12日，2017上半年全国体育彩票市场形势分析会在北京召开。2017年是"体彩大乐透"上市十周年，大会对全国销售额前100名的城市授予"百强市"称号，扬州市入选。扬州体彩开展的社区快递柜宣传项目获"体彩大乐透"十周年宣传类三等奖。 （张 瑜）

■扬马连续六年获国际田联金标称号 12月3日，扬马组委会收到国际田联确认金标赛事的邮件及证书，这是扬马连续第六年获国际路跑顶级荣誉，也是国内唯一连续多年获此殊荣的半程马拉松赛事。 （郝书远）

■扬州获2017江苏体育产业大会6项大奖 12月11日，2017江苏体育产业大会在南京举行。会上，扬州市对即将在扬州举办的江苏省第19届运动会的市场开发进行现场推介。扬州体育产业获6项大奖，其中宋夹城体育休闲公园、李宁体育园获"2017江苏省十佳体育公园"称号，宋夹城体育休闲公园、红山体育公园获"体育旅游示范基地创建单位"称号，途居露营地投资管理有限公司获"江苏省特色运动项目基地(山地户外)"称号，扬州鉴真国际半程马拉松赛位居"魅力江苏"2017马拉松赛事年度榜首位。 （郝书远）

■"寻找十二城·烟花三月跑扬马"宣传案例获全省最佳 12月14日，省体育局发布2017年度全省体育宣传典型案例征集结果，扬州市"寻找十二城·烟花三月跑扬马"宣传案例被评为最佳案例之一。2017年，扬马组委会与新浪网合作，通过城市升级项目"寻找十二城"结合扬州生态体育城市特色，以扬马为依托，由延参法师、魏新等大V组成"寻城体验团"，通过对扬州体育公园体系建设的探访，扬马体育精神的呈现，全程记录、全程网络直播，微博话题"烟花三月跑扬马"阅读量1.4亿人次，现场1.6万名跑友参与互动，宣传视频曝光量413万人次，视频直播在线观看量1500万人次，多次蝉联微博热门话题社会榜、政务榜第二名，运动扬州、扬马官微粉丝增长率分别为1879%、42.32%，引发18＋全媒体联动，新浪网平台上关于扬马的新闻信息累计53.4万个。 （郝书远）

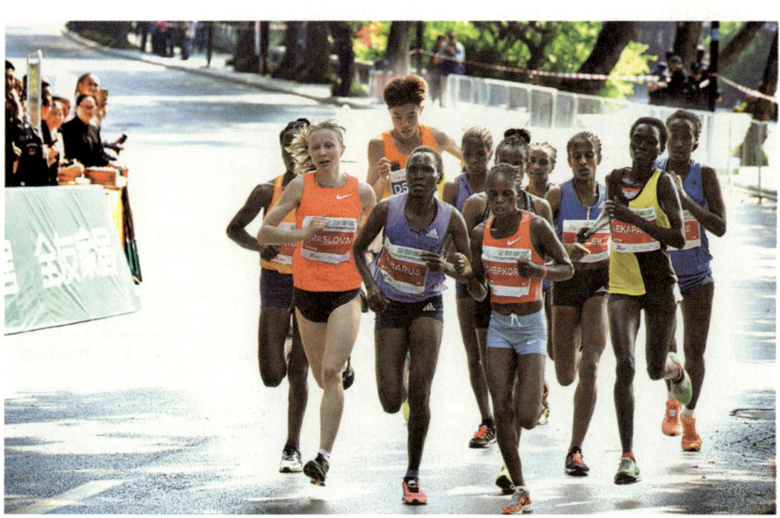

2017扬州鉴真国际半程马拉松赛事的参赛选手 蒋永庆 程 曦/摄

收入消费

Shouru Xiaofei

编　辑　徐国磊

居民收入

■概况　2017年，扬州市居民人均可支配收入31370元，比上年增长9.6%。其中，城镇居民人均可支配收入38828元，比上年增长8.9%；农村居民人均可支配收入19694元，比上年增长9.1%。居民人均可支配收入中，工资性收入18762元，增长9.4%，占可支配收入的59.8%；经营净收入5222元，增长8.1%；财产净收入2506元，增长12.4%；转移净收入4880元，增长10.3%。　（解国元）

2017年扬州市分地区居民可支配收入构成表

表37-1　单位：元

可支配收入	广陵区	邗江区	江都区	宝应县	仪征市	高邮市
合　计	**40237**	**39699**	**32471**	**23470**	**29444**	**26116**
工资性收入	24903	28072	19357	13639	19664	15631
经营净收入	4942	6787	5497	4311	5288	4746
财产净收入	3577	872	2874	1767	889	1806
转移净收入	6815	3969	4743	3753	3603	3933

（解国元）

2017年扬州市分地区城镇居民可支配收入构成表

表37-2　单位：元

可支配收入	广陵区	邗江区	江都区	宝应县	仪征市	高邮市
合　计	**41350**	**43761**	**39887**	**29284**	**39686**	**34230**
工资性收入	25470	31191	24229	16886	27527	20910
经营净收入	4952	7278	5853	4058	6703	4912
财产净收入	3816	942	4381	3295	1418	3239
转移净收入	7112	4350	5425	5045	4038	5170

（解国元）

2017年扬州市分地区农村居民可支配收入构成表

表37-3　单位：元

可支配收入	广陵区	邗江区	江都区	宝应县	仪征市	高邮市
合　计	**26607**	**22128**	**21175**	**18447**	**19033**	**18494**
工资性收入	17955	14582	11936	10834	11670	10672
经营净收入	4822	4664	4955	4530	3850	4591
财产净收入	647	565	579	447	352	460
转移净收入	3183	2317	3705	2636	3160	2771

（解国元）

■城镇居民收入　2017年，扬州市城镇居民人均可支配收入38828元，比上年增长8.9%，增长幅度高于全省平均水平0.3个百分点。其中，工资性收入23413元，增长8.7%，对收入增长贡献率59.2%，拉动收入增长5.3个百分点；转移净收入6135元，增长9.5%，对收入增长贡献率16.8%，拉动收入增长1.5个百分点；经营净收入5475元，增长7.3%，对收入增长贡献率11.9%，拉动收入增长1个百分点；财产净收入3805元，增长11.1%，对收入增长贡献率12.1%，拉动收入增长1.1个百分点。　（林　宁）

■农村居民收入　2017年，扬州市农村居民人均可支配收入19694元，比上年增长9.1%。其中，工资性收入11481元，增长8.9%，对收入增长贡献率57.2%；经营净收入4825元，增长8.6%，对收入增长贡献率23.4%；财产净收入473元，增长9.2%，对收入增长贡献率2.4%；转移净收入2915元，增长10.5%，对收入增长贡献率17.0%。　（叶　进）

居民消费

■概况　2017年，全市居民人均生活消费支出19237元，比上年增长6.6%。其中，城镇居民人均生活消费支出22093元，比上年增长4.9%；农村居民人均生活消费支出14766元，比上年增长7.6%。居民生活消费支出中，食品烟酒消费支出5884元，占30.6%；居住消费支出4003元，占20.8%；教育文化娱乐消费支出2944元，占15.3%。城镇、农村居民人均住房建筑面积分别为44.4平方米、51.2平方米。 （解国元）

城镇居民消费 2017年，扬州市城镇居民人均生活消费支出22093元，增长4.9%。恩格尔系数(食品消费支出占消费支出的比重)30.8%。八大类消费中，食品烟酒消费支出6805元，占30.8%，增长3.9%；衣着消费支出1767元，占8.0%，增长6.2%；居住消费支出4617元，占20.9%，增长8.5%；生活用品及服务消费支出1215元，占5.5%，增长3.0%；交通通信消费支出2430元，占11.0%，增长2.1%；教育文化娱乐消费支出3513元，占15.9%，增长5.6%；医疗保健消费支出1149元，占5.2%，增长2.9%。 （林 宁）

农村居民消费 2017年，扬州农村居民人均生活消费支出14766元，增长7.6%。恩格尔系数30.1%。八大类消费中，食品烟酒消费支出4445元，占农村居民生活消费支出的30.1%，增长6.2%；衣着消费支出945元，占农村居民生活消费支出的6.4%，增长5.9%；居住消费支

2017年扬州市分地区居民生活消费支出构成表

表37-4 单位：元

生活消费支出	广陵区	邗江区	江都区	宝应县	仪征市	高邮市
合　计	**30510**	**27445**	**21815**	**14985**	**19546**	**17790**
食品烟酒消费支出	8727	8249	6753	4925	6127	5556
衣着消费支出	1949	1648	1849	1093	1771	1318
居住消费支出	5017	3324	4918	2859	3594	3570
生活用品及服务消费支出	1821	1386	1024	801	1404	1042
交通通信消费支出	3340	2997	2673	1921	2114	2116
教育文化娱乐消费支出	5142	5390	2936	2049	3330	2660
医疗保健消费支出	2519	2473	1052	841	788	1039
其他用品和服务消费支出	1995	1977	609	496	418	489

（解国元）

2017年扬州市分地区城镇居民生活消费支出构成表

表37-5 单位：元

生活消费支出	广陵区	邗江区	江都区	宝应县	仪征市	高邮市
合　计	**30986**	**29704**	**24290**	**17133**	**21569**	**21573**
食品烟酒消费支出	8902	8903	7027	5740	6837	6736
衣着消费支出	2008	1773	2336	1294	2300	1728
居住消费支出	4953	3607	5615	3199	3479	4367
生活用品及服务消费支出	1914	1500	1122	876	1770	1212
交通通信消费支出	3261	3280	3015	2139	2109	2446
教育文化娱乐消费支出	5302	5790	3333	2470	3656	3395
医疗保健消费支出	2549	2652	1213	787	956	1106
其他用品和服务消费支出	2097	2198	628	628	462	583

（林 宁）

2017年扬州市分地区农村居民生活消费支出构成表

表37-6 单位：元

生活消费支出	广陵区	邗江区	江都区	宝应县	仪征市	高邮市
合　计	**24687**	**17676**	**18044**	**13130**	**17488**	**14238**
食品烟酒消费支出	6581	5421	6337	4220	5406	4448
衣着消费支出	1228	1106	1107	920	1233	933
居住消费支出	5804	2097	3856	2566	3700	2822

续表37-6

生活消费支出	广陵区	邗江区	江都区	宝应县	仪征市	高邮市
生活用品及服务消费支出	676	895	874	736	1068	884
交通通信消费支出	4311	1774	2151	1733	2093	1805
教育文化娱乐消费支出	3183	3662	2331	1685	2999	1970
医疗保健消费支出	2155	1700	808	888	617	975
其他用品和服务消费支出	749	1021	580	382	372	401

（叶　进）

出3042元，占农村居民生活消费支出的20.6%，增长9.2%；生活用品及服务消费支出901元，占农村居民生活消费支出的6.1%，增长7.6%；交通通信消费支出1934元，占13.1%，增长10.2%；教育文化娱乐消费支出2052元，占农村居民生活消费支出的13.9%，增长5.3%；医疗保健消费支出1034元，占农村居民生活消费支出的7.0%，增长10.8%。

（叶　进）

2017年末扬州市百户家庭耐用消费品拥有量表

表37-7

消费品名称	单位	城镇家庭拥有量	农村家庭拥有量
家用汽车	辆	33.4	22.4
摩托车	辆	23.0	47.6
助力车	台	162.3	153.6
洗衣机	台	103.0	102.8
电冰箱(柜)	台	105.7	109.6
微波炉	台	95.0	88.1
彩色电视机	台	188.6	182.6
#接入有线电视	台	174.5	150.3
空调	台	192.0	151.7
热水器	台	115.9	104.8
#太阳能热水器	台	86.8	89.5
洗碗机	台	1.5	0.6
排油烟机	台	78.5	49.8
固定电话	线	78.3	87.7
移动电话	部	249.9	251.7
#接入互联网	部	175.1	155.6
计算机	台	90.7	55.0
#接入互联网	台	84.6	45.0
照相机	台	35.6	13.3
中高档乐器	架	7.2	1.0
健身器材	台	6.2	2.4

（解国元）

消费价格

■概况　2017年，扬州市居民消费价格指数(简称CPI)，比上年上涨1.7%。CPI涨幅高于全国水平0.1个百分点，与全省持平。从消费结构看，构成CPI的八大类商品“七涨一跌”。其中，居住价格上涨3.2%，教育文化和娱乐价格上涨2.8%，衣着价格上涨2.6%，生活用品及服务价格上涨2.2%，交通和通信价格上涨1.9%，食品烟酒价格上涨0.1%，其他用品和服务价格上涨2.4%；医疗保健价格下降0.4%。全年CPI月度环比涨幅-0.5%～0.7%。1月，在春节效应影响下，鲜活食品价格上涨，CPI环比上涨0.2%；2月，食品价格回落，春节后房租上调，涨跌互抵后CPI环比持平；3月，黄金价格上涨，景点门票旺季上调，CPI环比上涨0.1%；4月，部分旅游路线价格上调，黄金价格上调，CPI环比上涨0.6%；5月，气候适宜，菜、肉、鱼、蛋等主要鲜活农副产品价格走低，CPI环比下降0.5%；6月，汽柴油价格下调，景点门票淡季下调，CPI环比下降0.4%；7—8月，天气炎热，鲜活食品价格回升，CPI环比分别上涨0.6%、0.7%；9月，在学区房房租上涨带动下，CPI环比上涨0.2%；10月，景点门票旺季上调，部分装潢材料价格上涨，CPI环比上涨0.1%；11月，气候适宜，鲜活食品价格走低，景点门票淡季下调，CPI环比下降0.4%；12月，汽柴油、黄金价格上调，CPI环比上涨0.3%。

（季　杰）

■主要商品和服务价格特点　2017年，食品烟酒价格比上年上涨0.1%，其中食品价格比上年下降0.5%，带动总指数下降0.1个百分点。列入调查范围的14个食品类别中，有7个类别价格上涨，涨面50%。粮食价格上涨2.8%，其中大米价格上涨3.6%、其他粮食价格上涨3.5%、粮食制品价格上涨1.6%、面粉价格下降0.2%。食用油价格上涨0.6%，其中食用植物油价格上涨0.7%、食用动物油下降6.3%。菜类价格下降5.6%，其中鲜菜价格下降6.0%。

畜肉类价格下降4.2%，其中猪肉价格下降6.3%、畜肉副产品价格下降7.1%。水产品价格上涨2.7%，其中淡水鱼价格上涨3.5%、虾蟹类价格上涨0.2%。蛋类价格下降4.2%，其中鸡蛋价格下降5.1%。干鲜瓜果类价格上涨8.4%，其中鲜瓜果价格上涨10.1%。居住价格上涨3.2%。住宅销售出现回暖趋势，带动房屋租赁价格小幅上涨，自有住房上涨3.0%。

交通和通信价格上涨1.9%，其中交通价格上涨2.3%，通信价格上涨1.1%。全年汽、柴油价格分别上涨9.1%、10.4%。服务项目价格上涨2.1%，带动价格总水平上涨0.8个百分点，影响程度49.5%。其中，鞋类加工服务上涨20.6%、其他住房费用上涨17.0%、其他保险上涨15.2%、美发上涨14.9%、宾馆住宿上涨12.5%、车辆修理与保养上涨12.1%。 （季 杰）

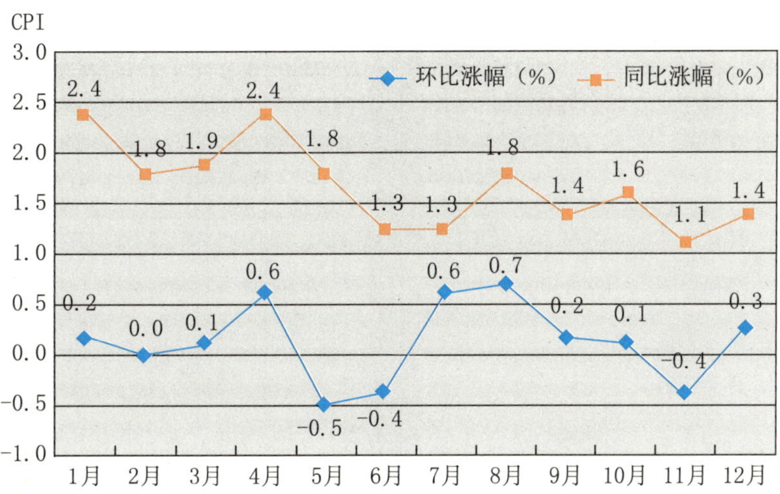

图37-1 **2017年扬州市居民消费价格指数走势图**

（季 杰）

消费价格影响因素 人工费用上涨。2017年7月1日起，扬州市区（含江都区、邗江区、广陵区）月最低工资标准调整为1890元，上调120元；非全日制用工小时最低工资标准调整为17元，上调1.5元。2017年服务项目累计上涨2.1%，高于CPI涨幅0.4个百分点。食品价格下降。气候适宜，鲜活食品供应充足，价格较为平稳。全年鲜菜、猪肉、鸡蛋价格分别下降6.0%、6.3%、5.1%，带动食品价格下降0.5%。大宗商品价格推动。受国际市场价格波动以及国内去产能、去库存政策的影响，大宗商品价格出现明显上涨，其中金饰品价格上涨2.0%，汽、柴油价格上涨9.1%、10.4%。房地产市场推动。受房地产市场整体上涨以及原材料成本上涨等多因素推动，居住价格上涨3.2%，其中住房装潢材料价格上涨11.1%，钢铁、水泥等大宗商品价格震荡上行。 （季 杰）

2017年扬州市部分食品价格一览表

表37-8 单位：元/500克

商品名称	规格等级 \ 零售价	1月	2月	3月	4月	5月	6月	7月	8月	9月	10月	11月	12月
1. 成品粮													
晚籼米	二级	2.07	2.07	2.07	2.07	2.07	2.07	2.07	2.07	2.07	2.07	2.07	2.07
粳米	三级	2.22	2.22	2.22	2.22	2.23	2.24	2.24	2.24	2.24	2.24	2.31	2.31
面粉	标准粉	2.42	2.42	2.40	2.40	2.40	2.40	2.40	2.40	2.40	2.40	2.25	2.31
2. 杂粮													
红小豆	中等	6.54	6.54	6.45	6.45	6.45	6.82	7.00	6.43	6.32	6.10	6.05	6.05
绿豆	中等	5.75	5.75	6.08	6.08	6.08	5.73	5.60	5.98	5.80	5.75	5.66	5.66
黄豆	标准品（三等）	3.88	3.88	3.87	3.87	3.87	4.17	4.33	4.10	4.06	4.06	4.13	4.13
3. 肉禽蛋													
鲜猪肉	肋条肉	13.26	13.86	13.39	13.62	13.22	12.48	12.13	12.90	12.72	12.59	12.48	12.79
鲜猪肉	去骨后腿肉	14.43	14.71	13.96	13.37	12.46	11.89	11.66	12.72	12.33	11.79	11.93	12.38
鲜牛肉	牛腩	30.81	31.68	30.80	30.36	30.36	30.36	30.36	29.96	29.96	29.96	33.98	34.78
鲜羊肉	新鲜带骨	21.94	22.94	22.94	22.94	22.94	22.94	22.94	22.94	22.94	22.94	23.98	26.43
鸡肉	白条鸡、开膛 上等	8.02	8.02	8.06	8.08	8.08	8.08	8.08	8.08	8.08	7.53	8.05	8.05
活鸡	活肉鸡1-1.5公斤	12.33	12.67	12.67	12.67	12.67	12.67	12.67	12.89	13.00	13.00	13.00	13.00
鸡蛋	新鲜完整（洋鸡蛋）	3.72	3.43	2.82	2.98	2.76	3.09	3.59	4.59	4.98	4.33	4.65	5.10

续表37-8

商品名称	规格等级 \ 零售价	1月	2月	3月	4月	5月	6月	7月	8月	9月	10月	11月	12月
4. 水产品													
带鱼	冰鲜250克左右	16.45	17.12	17.32	18.16	18.16	18.16	18.16	16.89	16.43	16.96	16.34	16.81
鲳鱼	冰鲜250克左右	31.12	31.12	31.12	27.32	27.32	27.32	27.32	25.12	24.39	26.52	26.45	26.37
鲫鱼	活350克左右	9.72	9.94	10.17	10.84	11.11	11.72	11.99	11.52	9.56	9.65	9.13	8.70
5. 蔬菜类													
芹菜(西芹)	新鲜一级	3.52	3.76	3.36	3.16	3.36	3.44	3.73	4.29	4.14	4.02	3.39	2.94
大白菜	新鲜一级	1.22	1.37	1.31	1.28	1.16	1.46	1.61	1.85	1.76	1.70	1.10	0.84
油菜(青菜)	新鲜一级	1.32	1.41	1.34	1.62	1.49	1.69	2.08	3.72	3.02	3.13	1.75	1.34
黄瓜	新鲜一级	4.12	4.18	2.83	2.84	2.60	1.85	1.85	3.42	2.78	3.14	2.85	3.19
萝卜	新鲜一级	1.63	1.54	1.53	1.15	1.08	1.10	1.39	1.45	1.49	1.68	1.44	0.97
茄子	新鲜一级	5.25	5.43	4.37	3.60	3.35	2.52	2.06	3.17	3.02	3.05	3.19	3.14
西红柿	新鲜一级	4.94	4.86	4.49	4.57	3.77	3.20	2.84	4.02	3.68	3.98	3.35	2.95
土豆	新鲜一级	1.98	1.98	1.98	2.47	2.54	2.26	2.21	1.98	1.78	1.74	2.05	1.85
胡萝卜	新鲜一级	2.15	2.21	2.25	2.53	2.40	2.30	2.58	2.58	2.51	2.18	1.97	1.82
青椒(菜椒)	新鲜一级	3.85	3.85	3.85	3.85	3.85	3.85	3.62	3.65	3.59	3.75	3.47	3.87
豆角	新鲜一级	6.37	5.97	5.70	6.27	4.48	3.89	3.53	4.97	5.96	6.52	6.48	6.08
韭菜	新鲜一级	5.32	4.35	3.18	2.80	2.05	1.96	2.27	2.91	2.44	2.90	3.24	3.35
花菜	新鲜一级	3.41	2.92	2.60	2.63	2.53	2.70	2.95	3.51	3.55	3.64	2.99	2.99
洋葱	新鲜一级	2.32	2.39	2.45	2.21	2.06	2.00	1.90	1.83	1.69	1.87	1.87	1.76
冬瓜	新鲜一级	1.94	1.98	2.07	2.22	2.20	1.71	1.21	1.13	1.17	1.76	1.39	1.23
黄豆芽	新鲜一级	2.00	2.00	2.00	2.00	2.00	2.00	2.00	2.00	2.00	2.00	1.90	1.90
菠菜	新鲜一级	3.92	3.59	3.31	3.91	4.40	5.22	5.45	6.92	8.80	7.63	4.39	3.08
山药	新鲜一级	3.77	3.78	4.11	4.26	4.27	4.27	4.45	4.77	4.58	4.22	3.62	3.89
蒜头	干,新鲜一级	10.76	10.76	10.74	9.57	5.79	4.35	4.59	5.39	5.59	5.23	5.15	4.86
生姜	老姜,新鲜一级	4.56	4.90	4.91	4.63	4.21	4.08	4.17	4.56	5.78	5.93	5.66	5.21

（朱 霞）

劳动就业

■概况 2017年,扬州市城镇新增就业7.53万人,新增转移农村劳动力1.43万人,就业困难人员再就业5779人,离校未就业高校毕业生实名登记率100%,离校未就业高校毕业生(有就业服务需求)服务率100%,有就业意愿的困难家庭毕业生就业率100%,城镇失业人员再就业7.52万人,期末城镇登记失业率1.84%。列入国家去产能计划的江苏拾屯煤矿和扬州恒润海洋重工有限公司通过国家、省、市三级验收。

（人社局）

■就业创业政策 制定出台"1＋11"就业创业政策。扬州市政府出台《关于做好当前和今后一段时期就业创业工作的实施意见》,坚持就业优先战略和积极就业政策,实现更高质量和更充分就业。落实稳岗补贴政策,全市发放稳岗补贴1.06亿元。市人社局印发《扬州市区政府购买公益性岗位认定和管理办法》,将公益性岗位补贴标准提高为本地区最低工资标准的60%,2017年为1134元/月。出台《扬州市区"聚焦富民"鼓励创业工作的政策意见》,鼓励创业实行项目化管理，对8个创业补贴项目标准进行明确，全年发放创业补贴资金1295万元。印发《关于做好失业保险支持参保职工提升职业技能工作的通知》，对符合条件的职工取得初、中、高级职业资格证书或职业技能等级证书的，分别给予600元、1000元、1200元的资金补贴。出台《扬州市区社会保险补贴实施意见》，将吸纳高校毕业生就业的小微企业、初始创业人员、创业失败人员等群体纳入社保补贴范围，全年市区发放社保补贴1832万元。（人社局）

■**人力资源服务业** 建立"政策清单、问题清单、工作清单"等清单制度引领产业发展。联合筹建全市首家人力资源服务产业园，组织参加省高端人才培训班，开展2017年人力资源服务业从业人员资格培训班。遴选、扶持和培育一批重点人力资源服务企业，开展诚信企业、骨干企业、领军人才等评比活动。贯彻落实"先照后证""不见面审批"等改革精神，集中开展全市人力资源服务机构年度报告公示工作，开展人力资源市场秩序清理整顿专项行动。（人社局）

■**公共就业服务** 2017年，市人社局组织"春风行动"系列活动，百强企业用工服务、就业援助月活动及民营企业招聘周活动等专项用工服务活动216场，提供就业岗位10.7万个，意向成交3.96万人。开展城乡劳动者职业技能培训4.85万人，培训城乡新成长劳动力2.1万人。上线运行新版就业创业管理信息系统建设，做好就业形势研判，为稳定就业局势提供指导方向和工作措施。举办2017年江苏人力资源服务从业人员资格培训班，153名从业人员通过业务知识和能力测试。（人社局）

■**创业带动就业** 推进全民创业，使用创业引导资金500万元。开展创业培训"进校园、进社区、进乡村"活动，组织创业培训班580期，全年全市创业培训1.75万人。认定市级创业孵化基地12个，申报3个省级大学生创业孵化基地。举办"创响扬州"大学生创业创新大赛，评选10位"扬州市创业明星"和10位"扬州市创业能手"；征集市级100个优秀创业项目，选取100个创业典型事迹，汇编成"创响扬州"创业典型故事。扶持农村劳动力自主创业5678人，支持自主成功创业1.41万人，实现创业带动就业4.27万人。（人社局）

9月5日，"创响扬州"大学生创业创新大赛决赛在扬州广电总台演播大厅举行　人社局/供稿

■**劳动保障监察** 开展企业劳动用工风险评估监督行动，推进用工风险评估防控"五步工作法"，引领企业规避用工风险。启动治欠保支三年行动计划（2017—2019），开展农民工工资支付情况专项检查、用人单位遵守劳动用工和社会保险法律法规情况检查等专项行动。全市劳动保障监察机构巡查用人单位6499户，受理投诉举报案件1230件，立案查处542件，向社会公示重大劳动保障违法行为19件，责令补签劳动合同5914人，社会保险扩面5286人，追讨工资1758.39万元，全市劳动关系矛盾纠纷案件成功调处688件。（人社局）

■**劳动争议调解仲裁** 开展"调解仲裁服务年"活动，规范案件处理程序，完善劳动人事争议多元化处理机制，坚持案件处理集体评议制度，加强仲裁队伍建设，提升办案质效。强化基层调解组织建设，扩大基层巡回仲裁庭建设试点范围，实现调解专家团队全覆盖。全年全市各级劳动人事争议仲裁委员会处理劳动人事争议3133件，其中实际立案2253件，案外调解880件。立案受理案件中，结案2241件，结案率98.6%。（人社局）

■**工伤预防** 创新现场互动与持续改善模式开展工伤预防培训。按照审慎稳妥、分步实施、逐步推开的原则，优先选择工伤事故及职业病发生率高的重点行业、重点企业、重点岗位和重点人员，增强企业预防事故责任意识和职工安全防范意识，降低安全事故发生率。全年有针对性地组织工作现场工伤危险因素评估企业50家，现场互动式工伤预防导师培训50场，员工职业安全健康调查问卷5235张，基层员工现场互动式工伤预防培训5769人次。（人社局）

社会保障

Shehui Baozhang

编　辑　徐国磊

社会保险

■**概况**　2017年，扬州市企业职工基本养老保险、城乡居民基本养老保险、城镇职工基本医疗保险、城乡居民基本医疗保险、工伤保险、生育保险、失业保险参保人数分别为145.7万人、163.9万人、133.7万人、314.5万人、80.5万人、70.4万人、66.6万人。全市7项社保基金实现总收入199.86亿元，比上年增长15%；实现基金总支出181.28亿元，比上年增长14%；当期结余18.58亿元，累计结余235.17亿元。同步调整企业退休人员和机关事业单位退休人员养老金，实现企业退休人员养老金第"十三连调"，调整后月人均养老金收入为2223.24元，增幅6.75%。2017年，按照国家和省统一部署，扬州市机关事业单位养老保险制度改革正式落地实施。全市各统筹区均线上运行全省统一的业务经办信息系统，实现机关事业单位养老保险费、职业年金和养老金从财政供养向社会化发放的转变。　（人社局）

■**城乡居民医保整合**　2017年，市人社局牵头负责，有序推进城镇居民基本医疗保险与新型农村合作医疗整合工作，建立覆盖范围、筹资政策、保障待遇、医保目录、定点管理、基金管理"六统一"的城乡居民基本医疗保险制度，实现全市约315万城乡居民参保全覆盖，促进全民医保体系持续健康发展。　（人社局）

■**企业社保成本降低**　降低企业职工养老保险费率，从2016年8月1日起两年内，将企业职工基本养老保险单位缴费比例由20%降至19%，每年为企业减负约1.92亿元。调整工伤保险费率，将各行业工伤风险类别由三类调整为八类，分别执行0.6%到2%不等的费率，综合平均费率下降约0.23%，每年为企业减负约2000万元。降低失业保险费率。2017年5月，出台《关于阶段性降低失业保险费率有关问题的通知》，从2017年1月至2018年12月，阶段性调整全市失业保险缴费比例，其中用人单位应缴纳的失业保险缴费比例从1%下降为0.5%，2017全年减收失业保险费约1.3亿元。　（人社局）

■**异地就医跨省直接结算**　2017年，扬州市正式接入国家异地就医平台，实现跨省全国联网结算。至2017年末，全市跨省异地就医上传备案人员信息2983条，联网医疗机构14家，直接结算162人次，医保基金支付145.35万元；接收跨省到扬异地就医备案6103人，结算163人次，医保基金支付150.14万元。　（人社局）

2017年扬州市社会保险参保人员、基金收支情况表

表38-1

保险种类	净增参保人数(万人)	累计参保人数(万人)	基金收入(亿元)	基金支出(亿元)
企业职工基本养老保险	3.2	145.7	104.03	104.50
城乡居民基本养老保险	2.7	163.9	16.80	13.24
城镇职工基本医疗保险	9.5	133.7	47.75	35.83
城乡居民基本医疗保险	-12.6	314.5	22.90	18.82
工伤保险	0.6	80.5	3.49	2.44
生育保险	5.4	70.4	1.60	2.60
失业保险	1.1	66.6	3.29	3.85

注：企业职工基本养老保险和城乡居民基本养老保险参保人数包含参保缴费人数和领取待遇人数　（人社局）

社会救助

民政救助

■**城乡居民最低生活保障**　2017年，全市新增低保对象0.34万人次，退出低保1.43万人次；全市保障城乡低保对象5.28万人（城市0.83万人、农村4.45万人），支出城乡低保资金2.09亿元（城市0.41亿元、农村1.68亿元）。从2017年7月1日起，市区（广陵区、邗江区、江都区、经济技术开发区、生态科技新城、蜀冈—瘦西湖风景名胜区）城乡居民最低生活保障标准由月人均600元统一提高到月人均630元。宝应县、高邮市城乡低保标准统一提高到月人均585元，仪征市城乡低保标准统一提高到月人均600元。（袁　伟）

■**医疗救助**　全额资助城乡低保对象、享受民政部门定期定量生活补助的20世纪60年代精减退职职工等符合条件的困难对象参加城乡基本医疗保险，对其经基本医疗保险报销后，符合医保补偿规定的个人自付费用再按70%的比例实施救助，年度封顶线为城乡基本医保封顶线的50%。继续使用医疗救助同步结算平台，实现基本医疗保险和民政医疗救助“一站式”结算。市区民政医疗救助同步结算范围扩展至8家公立医院，简化减免程序，保障困难对象就近就医、平等享受优质医疗资源。2017年，全市实施参保和医疗救助38.27万人次，支出资助参保和医疗救助资金9345万元。（袁　伟）

■**临时救助**　市区继续设立1000万元临时救助基金，对因突发性事件导致基本生活暂时陷入困境的家庭或者支出型贫困家庭、困境个人等给予临时救助。2017年，全市救助各类困难群众3.12万人次，支出临时生活救助资金2251万元。（袁　伟）

■**扶贫济困送温暖**　春节前，各级党委政府安排专项资金分类慰问城乡低保对象、农村五保供养对象、重点优抚对象等特困群体。全市各级民政部门慰问困难群众约11万人，发放慰问资金约3300万元。其中，市领导分成9个组，慰问困难乡镇（街道）、村（社区），敬老院和部分城乡低保对象、五保供养对象、优抚对象、困难老党员等群众，发放慰问金117.6万元。（袁　伟）

■**防灾减灾**　7月，宝应县遭受风雹灾害，受灾人口378人，其中轻伤2人；因灾倒塌房屋4户29间，严重损坏房屋46户105间；农作物受灾面积133公顷；灾害造成直接经济损失236.71万元；灾情发生后，全市各级民政部门启动应急预案，深入灾区一线，引导和发动当地群众开展生产自救、互助互济。结合全国第九个防灾减灾日“减轻社区灾害风险，提升基层减灾能力”的主题，联合市减灾委成员单位开展“防灾减灾日”系列宣传周教育活动，发放各类科普资料6000余份，接受现场群众咨询2000余人次。开展综合减灾示范社区创建活动，邗江区蒋王街道蒋王社区等9家社区创成“全国综合减灾示范社区”。2017年，全市投入福彩公益金234.98万元，开展市区自然灾害民生保险续保工作，保险协议于2017年9月24日正式生效，期限为一年。（袁　伟）

汶河街道树人苑社区开展尊老敬老爱老志愿服务活动　庄文斌/摄

慈善救助

■**概况**　2017年，市慈善总会和各县（市、区）慈善会募集慈善资金2.04亿元，年度募捐总量首次突破2亿元。使用救助资金8050万元，受益困难群众10万人次。市慈善总会有会员133人、慈善义工组织4家，全市有慈善超市92家。市慈善总会全年募集慈善资金6236万元；使用救助资金1530万元，受益困难群众3.73万人次。（朱荣臻）

■**“情满扬州”春节慰问活动**　春节前，市慈善总会、市民政局和市福彩中心联合举办2017年“情满扬州”春节慰问活动，筹集资金1000万元，以慰问金、慰问物资形式分配至各地，慰问和资助全市2500多户困难家庭以及福利院、敬老院、社区居家养老服务中心、慈善超市等公益机构。向全市39名困难家庭重大疾病患儿和19名困难家庭血友病患者发放资助金，向全市100户失独家庭发放慰问金，向全市慈善志愿者赠送意外伤害保险，向扬州电视台《今日生活》温暖大行动项目发放资助金。（朱荣臻）

■**基层慈善组织建设**　2017年，经过党委政府主推、分门别类指导、外出学习借鉴、以点带面铺开，全市基层慈善组织建设尤其是村（社区）慈善工作站建设取得成效，成为扬州慈善工作亮点。6个县（市、区）全部建成符合“六有”（有牌子、有组织、有人员、有资金、有制度、有档案）标准的村（社区）慈善工作站。全年新建村（社区）慈善工作站628个。全市1225个村（社区）建成基层党委政府可信任、困难群众可依靠的村（社区）慈善工作站，建站比例92%，基本实现目标全覆盖。（朱荣臻）

■**“大爱之城”扬州第三届公益慈善义演晚会**　9月5日，由中共扬州市委、扬州市政府主办，扬州市慈善总会、扬州市民政局承办的“大爱之城”扬州第三届公益慈善义演晚会举

9月5日，“大爱之城”扬州第三届公益慈善义演晚会举行　　王　卓/摄

行，宣传大爱扬州的慈善感人事迹，表彰首届“扬州慈善奖”获奖单位和个人。义演晚会期间，220家企业、6位人士通过举牌捐赠，捐赠善款4400万元。社会各界爱心人士、爱心企业代表900多人参加晚会。

（朱荣臻）

红十字会救助

■**概况**　2017年末，全市有基层红十字会组织383个、团体会员单位335个、红十字会员21.36万人、红十字志愿者1.25万人、社区红十字服务站147家。全年全市红十字会组织发放救灾救助款物589.62万元，3.27万人次受益；实施救护培训14.03万人次；开展遗体捐献纪念活动，成立由扬州大学医学院大学生志愿者组成的“天使感恩”志愿服务队，实现遗体捐献22例(累计捐献98例)；推进造血干细胞捐献工作，造血干细胞累计捐献23例；参与第14个“世界献血者日”活动，宣传推动无偿献血10.15万人次。

（潘　杨）

■**应急救援**　明确红十字会在自然灾害和突发事件中的职责及运行机制。8月，组建扬州市红十字救援队，并联合武警扬州市消防支队开展联训活动。构建全市红十字备灾救灾网络，加大救灾物资储备力度，盘点整理备灾仓库，提高救灾应急保障能力，形成统一指挥、反应灵敏、协调有序、运转高效的应急管理体系。

（潘　杨）

■**博爱救助**　开展“博爱送万家”等人道救助活动，发放救助物资41万元。市红十字会“博爱送万家”项目获首届扬州慈善奖最具影响力慈善项目奖。联合部分社区红十字服务站、学校红十字会连续第四年开展“志愿服务行 博爱1＋1”活动；联合市计生协会开展书画义捐笔会和2017“博爱送万家·生育关怀专项救助活动”，救助全市计生特困家庭95户；联合扬州电视台“今日生活”栏目，开展跨年祈福救助活动、迎新春温暖大行动；联合卫计、疾控、残联等部门，到宝应皮肤预防病防治院慰问麻风病休养员，并捐赠物资和救助金；联合扬州日报社举行“博爱1＋1好人传温暖”活动、“好人好报 少年壮志不言愁——仪征乡村行送温暖活动”，走访慰问40户困难家庭；联合市文广新局开展“喜迎新春，夕阳有约”文化·博爱进社区公益活动。向两家老年公寓赠送传统曲艺书目、《皮五辣子》光碟及图书、电视及DVD播放器等；联合广陵区红十字会、广陵区环卫处、市公安局交警支队，开展“送清凉、送健康”高温慰问活动；联合邗江区红十字会、冠名红十字医疗机构、爱心企业，开展“情满九月九 爱在夕阳红”关爱老人公益活动，向老年朋友捐赠重阳糕、棉被和关爱老人黄手环；对市直单位及个人申请的困难职工家庭、困难学生、帮扶对象发放救助金；举行纪念第70个“世界红十字日”活动，向开发区30户特困家庭发放救助金和生活用品；向扬州市癌症康复协会发放一批救助款物。（潘　杨）

■**救护培训**　落实2017年公益性应急救护百万培训工作。联合市应急办、市公安局、市卫计委、市消防支队、市交警支队等多家单位共同开展“应急知识进社区”等公益宣传活动。参与2017年“中国·扬州鉴真国际半程马拉松赛”医疗保障工作。对全市15家国资宾馆服务人员进行急救技能培训，增强服务人员急救能力。组建6支养老照护志愿服务队，结合“博爱家园”建设，完成知识普及培训和入户志愿服务任务。开展“博爱青春”项目，举办红十字骨干志愿者培训班，组织和引导广大红十字志愿者参与人道救助志愿服务。

（潘　杨）

社会福利

■**福利彩票**　2017年底，全市有福彩电脑票投注站532个。全市实现福利彩票年销售额5.45亿元，其中电脑票销售额3.53亿元、刮刮乐即开票销售额0.15亿元、中福在线即开票销售额1.77亿元，当年筹集福彩公益金0.63亿元。开展“三关爱大行动”“新春祈福”“福彩爱心助学”“唱响夕阳老年歌唱比赛”等公益活动。市直完成福利彩票销售额1.06亿元，其中电脑票销售6400万元、刮刮乐即开票销售300万元、中福在线即开票销售3900万元。全年共中出双色球一等奖2注，均为高邮站点中出。全市彩票公益金资助支出0.48亿元，其中，城市福利事业0.23亿元，乡镇福利事业422.23万元，社区服务580.99万元，其他公益事业729.97万元。

（赵　亮）

■**老年人福利和保障**　全市有养老机构104家、床位4.28万张。其中，公办养老机构82家，有床位2.01万张；民办养老机构22家，有床位3.09万张(含居家养老床位)。市民政局贯彻落实《关于推进医疗与养老服务融合发展的意见》，护理型床位数占比提高至47%。免费培训各养老机构养老护理员348人，其中市级免费培训中高级护理员52人。养老护理员持证上岗率90%以上。市民政局通过市福彩公益金以奖代补形式，支持养老机构投保综合责任保险，其中保额100元/人·年，意外死亡赔付上限20万元；散居老人意外保额40元/人·年。保障人群覆盖全市城市“三无”、农村五保和养老机构寄养1.98万人，市、县(市、区)两级保费投入120.5万元，决案48起，赔付金额59万元。继续为高龄老年人发放尊老金，其中，80～90周岁老年人每人每月50元，90～94周岁老年人每人每月230元，95～99周岁老年人每人每月260元，100周岁及以上老年人每人每月500元。全年全市向15.22万人发放尊老金1.21亿元。继续推动老年人意外伤害保险，各级财政为全市14.56万名80周岁以上老年人购买意外伤害保险291.22万元。全年全市老年人参保率46.1%，整体赔付率60.3%，赔付金额1265万元。（李　佳　王平安）

■农村五保供养　2017年，各县(市、区)按照不低于当地上年度农村人均可支配收入45%的比例确定农村五保供养标准。全市保障农村五保供养对象1.82万人，落实供养资金1.5亿元。建立分散农村五保对象关爱照料制度，全市有1.22万名分散供养五保老人签订协议，意外伤害保险覆盖率100%。出台《扬州市特困人员认定办法》，规范认定条件、认定流程，明确生活自理能力评估和终止供养的要求。（李　佳）

■儿童福利　实行孤儿基本生活费自然增长机制。2017年，扬州市社会散居孤儿基本生活费标准为每月1215元，集中供养孤儿基本生活费标准为每月2050元。全市有孤儿462人，其中机构供养92人、散居370人，全部纳入公共财政保障。市、县(市、区)儿童福利指导中心负责监督、评估孤儿养育状况，指导和培训监护人，代理儿童权益相关事务，为孤儿成长提供服务和支持。继续开展困境儿童助学工作，全市全年资助困境儿童1196人，发放助学金239.2万元。（庞庭金）

■市福利中心儿童福利保障　2017年，市福利中心儿童生活补助标准由每人每月1771元增长到2051元。引入社会资源与市机关三幼合作成立“公益早教服务基地”，共同研制适合混龄儿童的早教课程，在保证100%入学率的基础上优化早教质量。完善“社会实践区”建设，开展社会环境模拟、社会角色扮演等活动，促进儿童全面发展。结合特教、个训和水疗等多元化手段实施康复训练，参训率85%，儿童各项能力得到提升。（朱传英）

■残疾人福利和保障　4月，市民政局联合市财政局、市残联出台《扬州市困难残疾人生活补贴和重度残疾人护理补贴发放管理工作指导意见》，对发放对象、政策衔接、审批流程以及部门的职责作出细化。至年末，全市纳入困难残疾人生活补贴的有3.40万人、护理补贴的有1.83万人，全年支出2.15亿元。落实残疾人“两项补贴”等优惠政策，将靠家庭供养且无法单独立户的成年重度残疾人纳入最低生活保障范围。全市有491名残疾学生及贫困残疾人家庭子女享受到考学奖励政策，获考学奖励66.66万元。全市有339名在校残疾学生享受教育专项补贴政策，获教育专项补贴64.8万元。向扬州市区240名7～17岁残疾人发放生活补贴14.4万元。为扬州市区1.1万余名残疾人办理意外伤害保险。帮助全市22户农村贫困残疾人进行危房改造。市残疾人联合会与市残疾人福利基金会联合开展“集善扶残”系列公益活动。全年向250户贫困残疾人家庭和100名重度精神残疾人发放救助金，向77名考上高中及以上学校的残疾学生发放励志奖学金，为300名失明、智障、脑瘫和孤独症儿童发放助学金，向贫困残疾人家庭发放洗衣机500台、电饭煲1000台、轮椅100台，为130户贫困残疾人家庭免费安装太阳能热水器，全年累计发放捐赠物资价值180余万元。（陈　娟　庞庭金）

■市福利中心“三无”老人保障　2017年，市福利中心社福院“三无”老人供养标准提高至每人每月1235.5元。完成人员搬迁和物资清点，31名托养人员回迁中心。创新实施老人自查自管模式，民主选举老人管委会协

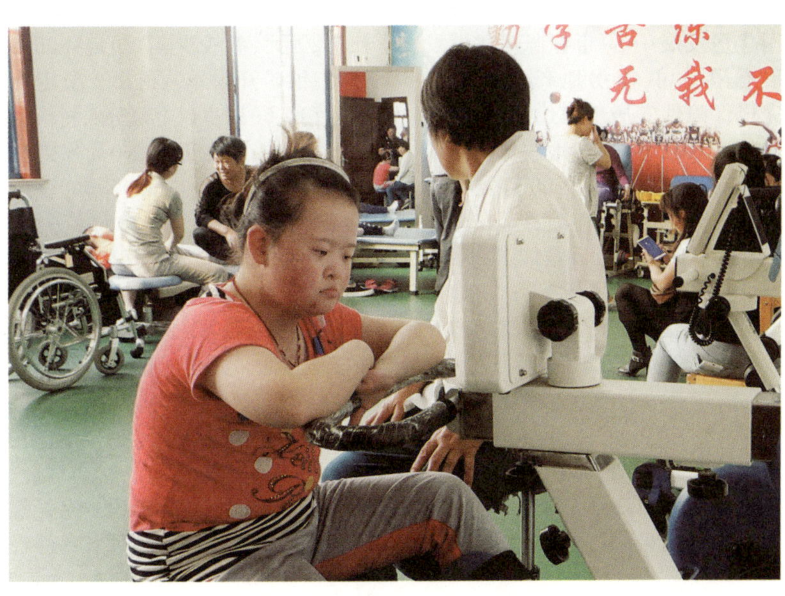

“残疾人之家”一角　　张孔生/摄

助院内管理。制定并实行《护理员考评制度》，鼓励护理员争优争先。组织“三无”老人外出春秋游，提供免费体检。（朱传英）

■市福利精神病院投入运行 2017年，市福利精神病院投入运行，中心95名服务对象和救助站80多名服务对象搬入新院区稳定安置。中心组建派驻点，负责与五台山医院配合沟通，保证各项管理服务按照规范要求高标准运行。（朱传英）

住房保障

■概况 2017年，扬州市以棚户区改造为重点，推进公租房建设和分配管理工作。创新体制机制，着力做好住房保障工作，切实缓解城市中低收入家庭和新就业、外来务工人员住房困难。加大保障性安居工程建设力度，全市棚户区改造实际新开工1.49万套、基本建成1.66万套，其中市区实际新开工7985套、基本建成8506套，超额完成全年目标任务。研究出台2017年度经济适用住房和公共租赁住房保障实施细则，将经济适用房、公租房的人均月收入线标准分别提高至1800元/月、2600元/月，扩大住房保障覆盖面。（方 观）

■保障房建设 2017年，市经济适用住房发展中心(市保障房建设发展有限公司、市房地产开发中心)完成保障性安居工程建设任务。推进市本级联谊南苑C地块保障房项目建设。完成全年1000套公租房装修任务。联谊南苑项目部在全国“十二五”时期劳动和技能竞赛中获“全国工人先锋号”称号；市房地产开发中心获2016年度“省房地产开发行业综合实力五十强”称号。（方 观）

■保障房分配 全面落实中央和省关于住房保障政策、房源、对象、流程和分配结果“五公开”要求，接受群众、社会和媒体全方位监督，做到全过程公开，切实把惠及民生的好事办好、实事办实。10月27日，组织市区2016年度公共租赁住房公开配租活动，通过公平、公正、公开的“摇号定序、抽签定房”的方式，有499户符合申请条件的家庭完成签约，分得房源。（方 观）

优抚安置

■概况 2017年，全市有享受国家抚恤补助的优抚对象2.6万人。全年支出各类抚恤、定补、优待金2.4亿多元。全市完成接收2016年秋、冬季退役士兵、接收军队退休干部、复员干部的工作任务，接收安置率100%。组织开展2017年退役士兵教育培训，参训率84%，培训政策知晓率100%。（沈 静 夏 文）

■抚恤优待 11月，市民政局、市财政局按照省民政厅、财政厅关于完善重点优抚对象抚恤补助标准动态调整机制的要求，对全市重点优抚对象抚恤补助标准进行提高，新标准从7月1日起执行。其中在乡九级因战残疾抚恤金标准增幅47%。全年向2.6万名享受国家抚恤补助的优抚对象发放抚恤补助金1.49亿元，其中伤残人员残疾抚恤金5017万元、“三属”定期抚恤金971万元、在乡复员军人定补1980万元、带病回乡退伍军人定补782万元、参战涉核人员定补2592万元、铀矿开采军队退役人员定补316万元、60周岁以上部分农村籍退役士兵定补2912万元、60周岁以上烈士子女定补328万元。向3000多户义务兵家庭发放优待金5000多万元。向800多名企业退休“两参”退役人员发放专项慰问金300多万元。老残疾军人、老复员军人遗孀生活补助标准随城市低保标准同步提高，全年向近3000名老残疾军人、老复员军人遗孀发放补助2122万元。（沈 静）

■落实重点优抚对象待遇 完善落实优抚对象水、电、气、网络宽带费补贴和物价补贴，以及公交、游园、体检“三免费”等优待政策，使其惠及所有享受国家抚恤补助的优抚对象。落实重点优抚对象抚恤补助标准动态调整机制。向企业退休“两参”退役人员，按每人每年4000元标准发放专项慰问金。组织开展重点优抚对象短期疗养和医疗巡诊活动，安排540名在乡复员军人和“三属”参加短期疗养，完成420名一至六级残疾军人和复退军人精神病患者医疗巡诊。春节、“八一”节期间，各地全面走访慰问享受国家抚恤补助的优抚对象。（沈 静）

■烈士褒扬 9月30日，中共扬州市委、扬州市政府在扬州市烈士陵园隆重举行烈士公祭活动。市委宣传部、市民政局、市国教办等单位在扬州市烈士陵园举行新婚夫妇“向革命烈士献花”活动，50对新婚夫妇向英雄纪念碑敬献鲜花，缅怀先烈的丰功伟绩，并向全市青年发出倡议，用实际行动表达对革命先烈的敬仰。各县(市)也在当地烈士陵园举行烈士公祭活动。11月，组织南疆保卫战牺牲安葬在云南的扬州籍烈士的亲属赴云南金平、麻栗坡和屏边等烈士陵园祭扫烈士。（沈 静）

■退役士兵安置 1月15日，扬州市政府印发《关于下达2016年符合安排工作条件的退役士兵安置计划的通知》，明确“四类对象”(服现役满12年的士官、服现役期间平时获二等功以上奖励或战时获三等功以上奖励的士兵、因战致残被评定为五至八级残疾的士兵、烈士子女)实行阅档积分，并采用积分选岗方式安排工作。全市接收2016年冬季“四类对象”70人，全部实行岗位安置；5名双向选择对象(立三等功的士兵，伤残士兵、在艰苦边远地区服役的退役士兵)中，4人通过双向选择落实工作单位，1人选择自主就业。全市支持退役士兵选择自主就业，发放补助经费约8045万元。（夏 文）

社会事务

Shehui Shiwu

编　辑　徐国磊

基层自治组织建设

■概况　2017年，扬州市有居委会386个、村委会1002个。全市全年紧扣社区治理和服务创新，以建设宜居社区为目标，深化社区建设内涵，推进社区转型升级，激活基层社会治理活力；全面推广社区综合管理服务信息平台，城区社区实现全覆盖。全年举办社区工作者培训班6期，培训500人次。连续第八年开展年度“十佳社区”“十佳社区工作者”评选。完成第11届村民委员会和第六届社区居委会换届选举工作。全年创成省和谐社区建设示范街道（乡镇）4个、示范社区（村）58个。至年末，全市城市、农村和谐社区建设达标率分别为94.5%、88%。（林　波）

■“十佳社区”评选　11月，市民政局启动2017年度“十佳社区”评选活动。分别举办2017年度明星社区评审、第八届十佳社区现场评选活动，综合现场评委打分、居民满意度测评得分和突出工作成绩得分、现场答题表现，广陵区曲江街道文昌花园社区、邗江区竹西街道安平社区、广陵区东关街道琼花观社区、广陵区汶河街道荷花池社区、蜀冈—瘦西湖风景名胜区梅岭街道凤凰桥社区被评为2017年度明星社区；扬州经济技术开发区文汇街道春江社区、邗江区双桥街道虹桥社区、江都区仙女镇禹王宫社区、广陵区曲江街道玺园社区、蜀冈—瘦西湖风景名胜区梅岭街道便益门社区、仪征市真州镇鼓楼社区、邗江区双桥街道康乐社区、邗江区邗上街道兰庄社区、广陵区东关街道个园社区、蜀冈—瘦西湖风景名胜区梅岭街道丰乐社区等10个社区被命名为年度“十佳社区”。（林　波）

■“十佳社区工作者”评选　市民政局开展2017年度“十佳社区工作者”评选活动。经过对候选对象的资料审核、专家评审、实地走访、问卷调查，广陵区汶河街道旌忠寺社区党总支书记、主任张雪松，广陵区文峰街道八大家社区党总支书记、主任朱华，邗江区西湖镇润扬社区主任吴国清，江都区仙女镇玉带社区党总支书记邵萍，江都区仙女镇北苑社区党总支书记韩淑娟，扬州经济技术开发区扬子津街道顺达社区党支部书记程建忠，蜀冈—瘦西湖风景名胜区瘦西湖街道园林社区主任吴秀华，宝应县安宜镇世纪园社区党委书记李新，高邮市高邮街道琵琶社区党总支书记陆凤霞，仪征市真州镇阳光社区党支部书记、主任张颖获2017年度全市“十佳社区工作者”称号。（林　波）

■社区综合管理服务信息平台建设　3月，扬州市在市区社区全面推广使用社区综合管理服务信息平台，上线扬州市网格化管理平台和手机APP。至年末，平台覆盖至市区所有社区。依托信息平台，社区将初步实现基础信息数据“一次采集、多方共享”，网格长在入户走访收集社情民意时，可随时对网格现有基础信息进行增删改查，确保社区信息的精准与实时更新，助推社区减负增效。（林　波）

■社区专职工作者工资福利待遇自然增长机制　8月3日，市民政局、市财政局联合下发《关于下划社区运转（含社区工作者工资自然增长机制）支出基数的通知》，继续执行市区社区专职工作者工资福利待遇（含按现行政策由单位负责缴存的社会保险和住房公积金）自然增长机制，按人均年增加3252元计发。12月13日，市民政局、市财政局联合下发《关于追加下达2017年度社区专职工作者工资福利待遇自然增长经费的通知》，继续追加2017年度社区工作者工资经费，确保社区主要负责人工资待遇不低于上年度当地城镇单位在岗职工平均工资水平。（林　波）

■瘦西湖景区“555”社区治理模式获评江苏基层社会治理模式创新成果　10月12日，江苏省现代民政研究院对外公布2016年度江苏省基层社会治理十大创新成果，扬州市选送的瘦西湖景区“555”社区治理模式获评2016年度江苏省基层社区治理模式创新成果。瘦西湖景区践行“一居一品”社区建设理念，通过实行“5有”（有理念、有品位、有内涵、有特色、有活力）战略，逐步夯实“5社”（搭建社区平台、培育社会组织、发展社工义工、链接社会企业、创立社区基金）基础，达到社区建设“5最”（管理最有序、环境最美丽、服务最完善、社会最和谐、百姓最幸福）境界，推动社区治理规范化、体系化、现代化，形成“特色引领、多元共治、功能完善、邻里融合”的治理体系，构建

共有、共商、共享、共建、共治的和谐社区建设新格局。（林　波）

■**“全科社工”服务模式试点**　2017年下半年，扬州市在社区推行“全科社工”服务模式，明确29个全科社工试点社区，各社区均按本社区实际重新调整社区事务分工及工作制度。“全科社工”服务模式是由全面掌握人社、民政、卫计等社区公共服务各项业务技能的社区工作者，为社区居民提供全方位服务的模式，具有一人多岗、全科全能的优势。市民政局梳理人社、卫计、房管、残联、民政等部门延伸至社区受理的业务事项，根据业务部门提供的政策文件，组织第三方编印《全科社工实务培训教材》；下发《关于推进“全科社工”服务模式的实施意见》，就全科社工服务模式推进计划、业务范围、工作目标、保障措施等进行部署，并明确全科社工工资待遇不低于社区副主任标准；举办全科社工业务培训班，10月组织第一期全科社工业务培训考试，向考试合格的学员授予全科社工结业证书。（林　波）

民族宗教事务

■**概况**　2017年，扬州市有1个民族乡（高邮市菱塘回族乡）、2个民族村（仪征市月塘镇龙山村、大仪镇河北村），有12个省级民族工作示范社区、8个民族用品生产定点企业、1个少数民族传统体育项目训练基地；邗江中学12个新疆班有学生480人；高邮菱塘回族乡有民族中小学和幼儿园3所；有领取清真标志牌的清真网点17家、清真基本供应点7家、清真拉面店202家。全市有5个市级宗教团体、18个县级宗教团体、1所省属佛学院（鉴真佛教学院）；有信徒约50万人；有经登记的宗教活动场所228处，其中佛教活动场所130处、道教活动场所4处、伊斯兰教活动场所8处、天主教活动场所2处、基督教活动场所84处；有宗教教职人员789人，其中佛教教职人员491人、道教教职人员23人、伊斯兰教教职人员13人、天主教教职人员3人、基督教教职人员259人。

（王清荣　郭宏芳　陈　鹏）

■**少数民族服务体系建设**　市民族宗教局（简称市民宗局）会同公安、城管、工商等相关部门座谈新疆籍务工经商人员服务管理工作，增加对民族工作的了解，增进对少数民族群众的感情，增强服务少数民族群众的工作责任。通过广泛调研和征求意见，将涉及少数民族服务工作细化为48项任务，分解到19个部门、单位。5月，扬州市政府办公室下发《关于建立健全少数民族服务体系的意见》。市民宗局召开少数民族服务体系建设工作推进会，邀请相关部门学习《关于建立健全少数民族服务体系的意见》精神，交流贯彻落实工作的经验做法，提升为少数民族服务的质量。

（王清荣　郭宏芳　陈　鹏）

■**民族乡村发展**　市民宗局多次赴民族乡村，帮助协调经济社会发展相关政策措施落实到位。指导、帮助民族乡村安排、落实“十三五”经济社会发展计划，梳理出民族乡村25个中共扬州项目13亿元，协调市级机关16个部门结对帮扶。中共扬州市委办、扬州市政府办下发扬州《关于印发“十三五”期间结对服务少数民族乡村发展项目的通知》，明确市级机关部门与民族乡村结对服务工作职责。7月，中共扬州市委、扬州市政府召开市委民族宗教工作领导小组扩大会议，专题部署结对服务工作，要求有效推进项目实施。市民宗局加强对中央、省支持少数民族乡村发展项目的指导和帮助，规范项目资金运转使用，确保用好、用实，受到国家民委检查组的肯定。（王清荣　郭宏芳　陈　鹏）

■**民族团结进步教育**　市民宗局将每年5月定为“民族团结进步宣传月”，连续第4年组织集中宣传活动。2017年，“民族团结进步宣传月”活动以“爱国爱教爱扬州”为主题，利用传统媒体阵地和微博、微信等新型媒介，普及民族政策、民族知识，宣传先进事迹。《扬州日报》组织新闻记者采访民族团结先进单位和个人，开辟《民族团结进步看扬州》专栏，先后刊登邗江中学新疆班、菱塘回族乡、解放桥社区等多个单位民族团结新闻报道。扬州市重视新疆客人的接待工作，推进与边疆地区的交流。邗江中学设立扬州地区专题讲座，定期为新疆班学生宣讲扬州历史文化，让新疆学生了解扬州，爱上扬州。邗江中学与民宗部门联合举办征文活动，新疆班学生踊跃投稿，有41篇入选佳作集辑。（王清荣　郭宏芳　陈　鹏）

■**宗教团体建设**　2017年，扬州正式推行《扬州市市级宗教团体建设规范》。市民宗局连续第3年对市级宗教团体进行考核评比。组建宗教团体服务中心，支持宗教团体工作；协调两名年轻人到市佛教协会、天主教会参与宗教团体建设。自2018年起，将4个市级宗教团体财政补助由每年10万元提升至20万元；将新成立的道教协会经费列入财政预算项目。市级宗教团体依法依规办事，按章程换届，筹备推进市佛教协会、基督教两会换届工作。

（王清荣　郭宏芳　陈　鹏）

■**宗教活动场所建设**　继续开展宗教活动场所和谐创建和星级评比工作，全年新认定四星级场所3家、三星级场所12家。扬州市政府从2017年起每年补贴鉴真学院办学经费100万元，鉴真学院与扬州、南通等地佛教协会联合举办教职人员培训班，全面轮训佛教法师。2017年是鉴真图书馆举办扬州讲坛十周年，累计举办文化讲座200多场。文峰慈善基金会募集善款200万元，帮助3806户困难家庭，被扬州市政府表彰为“最具爱心慈善捐赠组织”。市基督教两会举办场所负责人培训班、圣职人员培训班、音乐事工培训班。市道教协会举办“扬城论道”系列讲座，挖掘道教文化思想内涵。

（王清荣　郭宏芳　陈　鹏）

社会组织管理

■**概况**　2017年，全市有各类社会组织5670个，其中社会团体2712

个、民办非企业单位2943个、基金会15个；有1687个社会组织完成等级评估，其中AAAAA级14个、AAAA级267个、AAA级441个、AA级482个、A级483个。市直全年登记各类社会组织38个，评估社会组织54个；市直598个社会组织参加年检，年检合格率86%。（张绍华）

■社会组织培育发展 推进行业协会、商会类、科技类、公益慈善类、城乡社区服务类社会组织优先发展。启动慈善组织和公募资格的认定工作，认定慈善组织2家、公募资格1家。扶持社区社会组织发展，降低社区社会组织准入门槛，至年末，全市登记（备案）社区社会组织4936个。有计划、有重点地培育和支持枢纽型、支持型社会组织发展。广陵区进行社会组织发展促进会组建的试点，区、街道成立社会组织发展促进会5家。推进市级社会组织联合会筹备工作。（张绍华）

■社会组织资金扶持 市民政局、市财政局联合出台《关于对枢纽型、支持型社会组织和社会工作机构等给予专项资金扶持的通知》，对枢纽型、支持型社会组织和社会工作机构以及社工人才等给予专项扶持。经评审，对13个枢纽型、支持型社会组织和9名社工人才给予资金扶持。继续通过公益创投大赛的形式，支持社会组织提供社会公益服务。2017年，举办第五届社区公益创投大赛，立项项目130个，首次举办微公益创投，立项项目69个，投入专项资金和福彩公益金近500万元。（张绍华）

■社会组织能力建设 2017年，市民政局重点对社会组织培育发展中心运营模式进行改革，明晰市区各级社会组织服务中心的功能。根据不同类别社会组织特点，开展社会组织的分类指导，针对行业协会、商会、社工机构等制定不同的能力提升行动方案。先后组织行业协会、科技类、公益慈善类社会组织交流沙龙活动4次，组织培训8次。主办“中国好公益”扬州路演活动，举办“社会组织开放日”活动，近1000人次参加活动。（张绍华）

■社会组织监督管理 通过年检、评估、专项抽查等方式，加强对社会组织的监督管理。全面推行网上年检，首次推行全面审计制度，严格年检审核标准，逐步淘汰年检不合格且整改无效的社会组织，形成社会组织退出机制。开展社会组织“双随机一公开”执法抽查，2017年对4%的社会组织进行执法抽查和审计抽查。加强社会组织信用体系建设，江苏省社会组织信用信息查询系统上线，向社会提供查询服务。（张绍华）

■社会组织宣传引导 开通“扬州社会组织”微信公众号，对“扬州社会组织网”进行调整，进一步加强社会组织宣传，促进社会组织交流，提升社会组织的影响力和社会认可度。牵头组织开展行业协会“十佳诚信企业”系列评选活动，启动第二届“公益扬州”微电影大赛活动，打造有品牌、有特色、有影响的社会组织。（张绍华）

地名管理

■概况 2017年完成广陵区与江都区1条县际界线联检工作，对10根界桩实施维护、描红。推进平安边界建设，落实界线管理责任，确保边界地区和谐稳定。完成市区主要道路地名标志牌更新工作。全年设置地名标志牌163块，维护、出新地名标志牌300余块次。市区全年命名各类地名75个，其中道路、街巷、桥梁名32个，居民住宅区名33个，商用建筑物名10个。修订《扬州市地名管理办法》。完成全国第二次地名普查省级检查验收工作。（冯 静）

2017年扬州市区新命名的道路、街巷、桥梁一览表

表39-1

名 称	地 理 位 置（起 讫 点）
安居路	位于邗江区双塘路北侧，南起双塘路，北至槐泗河
友谊路	位于瘦西湖景区友谊新村西侧，南起瘦西湖路，北至平山堂东路
润蜀路	位于邗江区汇锦花苑西侧，南起扬冶路，北至司徒庙路
唐韵路	位于瘦西湖景区，南起鉴真路，北至司徒庙路东延线
津江路	位于邗江区，东起新甘泉西路，西至津园
运通路	位于江都区东进河东侧，南起南环路，北至迎宾路
兴业路	位于江都区，南起运河路，北至328国道
兴浦路	位于江都区浦发新天地南侧，东起环镇西路，西至武嘶路
华诚路	位于邗江区运河北路东侧，南起竹西路，北至秋实路（暂用名）
双科路	位于邗江区维扬开发区科技园旁，东起高蜀北路，西至农田
邗江河东路	位于扬州经济技术开发区邗江河西路向东延伸段，东起京杭大运河，西至扬子江南路
九龙湖东路	位于扬州经济技术开发区九龙湖路向东延伸段，东起临江路，西至扬子江南路

续表39-1

名　称	地　理　位　置(起　讫　点)
通宝路	位于扬州经济技术开发区施沙路与九龙湖东路之间，东起临江路，西至施裕路
金湾南路	南起沪陕高速，北至文昌东路
金湾中路	南起文昌东路，北至高水河
金湾北路	南起高水河，北至宁启高速
建前路	位于扬州经济技术开发区阳光花都与骏和国际公馆之间，东起维扬路，西至祥和路
北城路	位于瘦西湖景区瘦西湖名苑北侧，东起运河北路，西至瘦西湖路
叶桥路	位于瘦西湖景区，原三星路更名为叶桥路，南起竹西路，北至江平东路
宜园路	位于广陵区东花园新村北侧，东起东花园路，西至联谊路
文苑路	位于广陵区文峰佳苑南侧，东起联谊路，西至文峰小学
腾飞路	位于江都区大桥初级中学门前，东起东园路，西至青龙巷
五台山路	位于五台山医院南侧，东起新民路，西至万福西路
兴槐路	位于启扬高速以南、王巷涧以北，东起S611，西至瘦西湖路
鼎兴路	原鼎兴路向东向西延伸段，东起运河南路，西至古运河九龙墓园
旺庭巷	位于邗江区旺庭公馆西侧，南起文昌西路，北至四望亭路
顺心街	位于扬州经济技术开发区龙庄路南侧，东起维扬路，西至新城河
太阳宫大桥	开发东路东延线跨京杭运河大桥
三湾二桥	328国道跨古运河大桥
仪扬河大桥	邗江南路跨仪扬河大桥
盐关桥	观潮路跨古运河大桥
扬子津大桥	扬子津东路东延线跨古运河大桥

（贾继辉）

2017年扬州市区新命名的住宅区、建筑物一览表

表39-2

名　称	地　理　位　置(起　讫　点)
星领地花园	位于邗江区，东至蜀冈南路，南至规划道路，西至规划道路，北至润扬北路
长乐府	位于邗江区，东、北至桃源居，南临方正苑，西至规划道路
铂悦华府	位于扬州经济技术开发区，东至雅筑园，南至兴扬路，西至维扬路，北至二桥河
美堤花园	位于邗江区，东至真州中路，南至规划道路，西至站南路，北至栖祥路
唐韵华府	位于瘦西湖景区，东至唐韵路，南至鉴真路，西至扬子江北路，北至司徒庙路东延线
银溪花园	位于邗江区，东至汊河，南至宏溪路，西至西银路(暂用名)，北至规划河道
金沙美第花园	位于广陵区，东至国税大道，南至施沙路沙头小学，西至三星村，北至三星村
悦荣华府	位于邗江区，东、南至规划道路，西至荷叶西路向南延伸线，北至司徒庙路
月湖园	位于瘦西湖景区，东至瘦西湖路，南至老长春路，北至新长春路
观湖尚苑	位于瘦西湖景区，东至黄金坝路，南至秋实路(暂用名)，西至规划道路，北至江平东路
景汇华府	位于邗江区，东至友好医院，南至四望亭路，西至嘉丰苑，北至排涝河
文锦雅苑	位于广陵区，东至秦邮路，南至韩熙路(暂用名)，西至京杭北路，北至万福西路
悦珑台花园	位于广陵区，东至观潮路，南至中海九玺园，西至沙施河，北至安康路
翡翠丽景华庭	位于广陵区，东至秦邮南路，南至名城路(暂用名)，西至安林路，北至运河东路
熙华府	位于邗江区，东至新城河路，南至江阳西路，西至康馨花园，北至幸福河

续表39-2

名 称	地 理 位 置(起 讫 点)
钰公馆	位于邗江区,东至业恒生活广场,南至吉祥路,西至水晶湖路,北至栖祥路
运和蓝湾花园	位于广陵区,东至规划道路,南至锦华路,西至秦邮路,北至健民路
光华嘉苑	位于广陵区,东至规划道路,南至连运路,西至联谊路,北至规划道路
碧江名苑	位于江都区,东至龙川南路,南至宜和路,西至建乐路(暂用名),北至规划道路
水岸云庭	位于广陵区,东至京杭运河,南至解放北路,西至运河北路,北至安康路
恒馨花苑	位于江都区,东至兴港路,南至白沙路,西至东园路,北至新城路
瘦西湖榴园	位于邗江区,东至扬子江北路,南至念四桥路,西至维扬路,北至杨柳青路
蝶翠园	位于扬州经济技术开发区,东至金轮星城,南至新城河,西至维扬路,北至茉莉花路
兰亭公馆	位于扬州经济技术开发区,东至维扬路,南至二桥河路(暂用名),西至新城河南路延伸段,北至开发西路
光明花苑	位于江都区,东至牡丹园,西至规划道路,南至北华路,北至江平公路
荣园	东至小区规划道路,南至春辰路(暂用名),西至史可法路,北至江平东路
誉园	东至黄金坝路,南至春辰路(暂用名),西至小区规划道路,北至江平东路
铭园	东至黄金坝路,南至秋实路,西至小区规划道路,北至春辰路(暂用名)
鹭园	东至小区规划道路,南至秋实路,西至史可法路,北至春辰路(暂用名)
金玺园	位于江都区,东至龙川路,南至浦江路,西至富豪花园,北至长江路
水漾花苑	位于邗江区槐泗镇,东至吉兴南路,南至扬菱路,西至农田,北至兴达绿郡
金梦佳苑	位于邗江区西湖镇,东至金色梦想花园,西至尚桥冲干河,南至幸福里花园,北至维扬中学
春缇苑	位于江都区,东至春和人家,西至建都路,南至宁通公路(328国道),北至在建住宅区
京和坊	位于广陵新城,东至新东路,南至健民路,西至京杭中路,北至规划道路
漕河坊	位于漕河北侧,东至御河苑,南至漕河风光带,西至凤凰新村,北至老虎山路
文昌商业中心	位于邗江区,东至大学北路,南至文昌中路,西至庄台,北至贾庄巷
双滨商务广场	位于邗江区,东至双塘河,南至双塘路,西、北至扬州市维扬区神洲运输车队
缤格生活广场	位于扬州经济技术开发区,东至欧尚超市江阳店,南至规划道路,西至金天城大厦,北至江阳中路
瘦西湖生活广场	位于瘦西湖景区,东至扬州瘦西湖旅游发展集团,西至黄金坝路,南至鸿福路,北至瘦西湖鼎苑
中杭酒店日用品科创园	位于生态科技新城,东至山鹰纸业,南至龙王路,西至九龙路,北至天润公司
林创智慧生活中心	位于广陵区,东至中心路(规划名),南至规划道路,北至开发东路,西至规划道路
万花城市广场	位于生态科技新城,东、南至规划道路,西至三笑大道,北至翟庄路(暂用名)
润美生活广场	位于邗江区,东至庄台,南邻紫荆苑,西至润扬北路,北至杨柳青路

(贾继辉)

计划生育

生育登记服务 扬州市及各县(市、区)相继出台全面两孩政策实施、生育登记等实施细则,明确服务流程,细化落实措施。全市为2.94万对夫妇办理生育登记,其中一孩1.59万人、二孩1.35万人。优化再生育申请审批流程,全市办理符合政策再生育审批620例。仪征市在全省率先试点"多证合一",将涉及育龄群众结婚、怀孕、生育、预防接种等全过程的各种证件整合为《仪征市生育全程母子保健手册》,并推广使用手机APP,与妇幼信息平台相连数据共享,实现群众个人信息一次性采集、证件一次性领取、信息多部门共享,解决卫生计生服务管理项目分散、证件繁多、群众个人信息重复提供等问题,累计发放证件2066本。

(童 欣)

基层基础工作 在全市范围内组织开展省"百佳计生专干"、市"十佳计生专干"评选活动,举办全市计划生育工作培训班,全面提升计划生育服务管理水平。8月,完成全国生育状况抽样调查任务。此次调查涉及扬州市6个县(市、区)14个乡镇(街道)

28个样本点，样本类型单一，560名被调查对象均为户籍人口。9月，按照国家、省要求，组织开展数据比对核查工作，进一步提高调查质量及全员数据库质量。扬州市卫生计生委被国家卫生计生委表彰为全国生育状况调查先进单位，4个县级卫生计生委和14名督导员、调查员分别被国家、省卫生计生委表彰为先进集体和优秀个人。 （童 欣）

■流动人口生育管理 完成2017年流动人口卫生计生动态监测调查。加强流入地流出地网上核查和信息共享，提升流入育龄妇女服务管理效率。全市反馈外地发送协查按时率97.71%，外地发送通报本地按时接受率71.43%；现居住地提交现孕对象协查信息96条；户籍地15日有效反馈协查率97%。全面推行现居住地符合政策生育服务登记制度。为居住在扬州市1个月以上，符合政策规定准备生育第一个或第二个子女的流动人口免费办理生育登记。截至2017年末，共办理、发放《流动人口生育登记证明》605份，其中一孩397份、二孩208份。全面落实流动人口卫生计生基本公共服务项目。全市纳入卫生计生服务范围的流动人口总数29.02万人，其中育龄妇女10.53万人；流入人口总数12.59万人，其中育龄妇女4.58万人；流出人口总数16.42万人，其中育龄妇女5.96万人。流动人口规范化电子建档率81%。有针对性地开展流动人口健康教育，辖区内居住满3个月的0～6岁流动儿童预防接种率100%，流动人口传染病报告率和报告及时率100%；将流动人口中的严重精神障碍患者纳入属地管理；为流动孕产妇和0～6岁儿童免费建立保健手册，流动人口计划生育技术指导咨询服务率100%，计划生育免费技术服务率100%。开展“流动人口健康促进示范企业、学校和健康家庭”创建活动，有17个学校、企业、家庭被评为国家和省级流动人口健康促进示范企业、学校和健康家庭。5月25日，在广陵区时代广场举办扬州市流动人口“健康伴您同行”主题宣传年活动启动仪式。组织流动人口关怀关爱活动，共办理卫生计生证件1180本，发放避孕药具1.59万人次；慰问流动人口1654人次，发放慰问金73.71万元；落实计划生育奖励补助2300人次，落实奖励金补助139.4万元。 （童 欣）

■计划生育家庭发展 2017年，全市登记农村奖扶对象18.04万人，发放奖扶金1.69亿元，发放各项计划生育奖励近2.8亿元。登记特扶人员8176人，发放扶助金5614.32万元；登记城镇企业退休职工一次性奖励对象2.12万人，发放奖励金4977万元(其中市本级3675人，发放奖励金1102.5万元)。登记手术并发症扶助1385人，发放扶助金185.67万元。登记非从业人员一次性奖励对象1889人，发放奖励金393.05万元。

开展对计划生育特殊困难家庭关怀关爱工作，为6170名计生特殊对象办理家庭医生签约服务。明确苏北人民医院、扬州大学附属医院、市中医院和省五台山医院4家三级公立医院以及各县(市、区)所有二级公立医院为特扶对象定点医疗服务机构，为就诊的计生特殊对象开通就医“绿色通道”，为6742名计生特扶对象办理“生育优先诊疗卡”。对计划生育特殊对象开展心理疏导服务，实施精准干预，为特扶对象提供有效心理治疗和疏导。市卫生计生委借助省五台山医院(市精神病防治中心)心理专家资源，挂牌设立“扬州市计划生育特殊对象心理疏导服务项目中心”，专门对有需求的计划生育特殊对象进行心理治疗和心理干预。建立计划生育特殊家庭“双岗”联系人制度，通过定期上门走访、电话联系和“大走访”、节日期间慰问等形式，及时掌握被联系人的身体状况、精神状态和利益诉求，及时进行心理疏导，化解心理压力，协调相关部门帮助解决实际困难。持续开展出生人口性别比综合治理，完善政府主导、部门协作、社会监督、群众参与、奖惩并举的出生人口性别比问题综合治理长效机制。强化孕情跟踪服务、社会监督机制，严格执行技术服务机构妊娠14周以上B超检查专项登记和“双签名”制度以及出生实名登记、凭证引产、定点手术、有奖举报等管理制度。全市出生人口性别比为105.93。 （张加云）

婚姻家庭

■婚姻登记 2017年，全市完成1980年以来婚姻历史数据的补录工作。推进婚姻家庭文化建设，指导各地各婚姻登记处利用“情人节”“520”登记高峰日在服务大厅滚动播放婚姻家庭培训专题课件，免费发放婚姻、家庭宣传手册。在全市各婚姻登记处设立婚姻家庭辅导室，聘请专业人士和专业社会组织常态化开展婚姻危机干预和疏导，抑制冲动型离婚，维护家庭和谐，全年挽救近400对危机婚姻。全年全市完成结婚登记4.36万对，其中补办登记1.73万对；完成离婚登记1.12万对。 （孙 荣）

■收养登记 全市完善收养评估程序和流程，收养评估由收养登记机关委托依法登记、有资质的社会组织或儿童福利机构承担评估工作，确保儿童利益最大化。全年全市办理收养登记127件，完成收养评估121件，评估率95.3%。 （孙 荣）

■未成年人保护 完成农村留守儿童关爱保护专项行动，落实监护责任，健全关爱保护网络，及时更新数据，规范台账管理。市未成年人保护工作平台步入实体化运营轨道。市民政局、团市委、扬州广电总台共同建立“12355”未成年人保护服务平台，完成市未成年人保护服务平台的社会化招标工作，引入专业社工组织入驻参与平台日常工作。市未成年人救助保护中心微信公众号正式开通并上线运行。制定出台《扬州市未成年人社会保护工作操作规程》。 （孙 荣）

殡葬管理

■概况 2017年，全市各殡仪馆火化遗体5.5万具，惠民殡葬使用资金4596.89万元。实现经营收入8890.2

万元，实现业务盈余1130.93万元。清明服务期间，累计接待祭扫人员近50万人次，推出“鲜花换纸钱”等方式，推进文明低碳祭扫。（管其君）

■殡葬改革 推进节地生态安葬奖补政策落地和节地生态产品供给。全市除功能区外，各县(市、区)按照省、市要求，结合本地实际出台生态节地奖补政策，通过政策引导，选择生态节地殡葬的群体逐步扩大。2017年全市立体式骨灰存放等节地生态安葬设施覆盖率87.7%；全国重点中心镇中的邵伯镇、汜水镇、曹甸镇、菱塘回族乡建有集中守灵殡仪服务中心，建成率44.4%；全市生态安葬214例、节地安葬1.31万例，生态节地安葬比例比上年提高3%。（管其君）

■殡葬服务 启动实施西屏山生态墓园建设工程，向上争取推进茅山殡仪服务中心扩建工程；开通统一的殡葬服务热线“96444”，及时受理广大市民的殡葬服务需求；编印“百年礼仪服务指南”；扬州墓园推出人文纪念区域，面向社会免费推出草坪葬。各县(市)对现有墓园进行提档升级，在节地、生态、绿色、人文、科技、公益等方面进行谋划。高邮市引入上海福寿园国际集团参与殡仪服务中心项目建设。全市组织火化机构专项整治，各地督促火化机构进行整改。开展全市殡葬机构安全工作检查，提高殡葬单位技防水平，扬州墓园技防工作成为全省先进典型。（管其君）

老龄工作

■概况 2017年末，扬州市有60周岁及以上老年人115.91万人，占户籍总人口的25.20%；有65周岁及以上老年人78.37万人，占户籍总人口的17.04%。全市有80周岁及以上老年人15.48万人，占60周岁及以上老年人口的13.35%；有100周岁及以上老年人243人。全市60周岁及以上老年人中，城镇老年人71.37万人，占61.58%，农村老年人44.54万人，占38.42%。市老龄工作委员会调整组成人员，调整后市老龄工作委员会有成员单位44个。10月17日，市老龄工作委员会研究通过《扬州市老龄工作委员会成员职责》《扬州市老龄工作委员会议事制度》。（王平安）

2017年末扬州市老年人分布情况一览表

表39-3　　单位：人

地　区	60周岁及以上老年人数量	百岁老人数量
合　计	**1159140**	**243**
宝应县	219741	30
高邮市	218107	34
仪征市	135013	14
江都区	285585	79
广陵区	113881	32
邗江区	109167	16
经济技术开发区	39702	10
蜀冈—瘦西湖风景名胜区	21064	14
生态科技新城	16880	14

（王平安）

■居家养老服务 全市新建标准化社区居家养老服务中心(站)107个，其中广陵区10个、邗江区8个、江都区20个、经济技术开发区8个、蜀冈—瘦西湖风景名胜区2个、生态科技新城3个、宝应县20个、高邮市18个、仪征市18个。全市新建成139个老年人助餐点，其中广陵区15个、邗江区15个、江都区32个、经济技术开发区2个、蜀冈—瘦西湖风景名胜区2个、生态科技新城2个、宝应县25个、高邮市27个、仪征市19个，方便社区老年人就近就便就餐需求。新建街道日间照料中心3个，其中广陵区1个、邗江区1个、江都区1个。各地引入社会力量参与居家养老政府购买服务工作，实现政府购买服务社会化运营招标全市全覆盖，为全市8164名政府购买服务对象购买服务，其中广陵区1700人、邗江区1623人、江都区1000人、经济技术开发区500人、蜀冈—瘦西湖风景名胜区436人、生态科技新城200人、宝应县855人、高邮市1100人、仪征市750人。（王平安）

■颐养社区建设试点 年初，市民政局以市区1万余名老年人需求调查为基础，研究制定《市区颐养社区建设实施方案》；联合市规划局、市卫计委、市房管局、市质监局等部门共同制定《扬州市颐养社区建设指南》；与市财政局联合制定《扬州市颐养社区创建奖补资金管理工作实施意见》，投入资金480万元，在社区扶持建设项目84个。经委托第三方检查验收，全年市区创成19个颐养示范社区。（王平安）

■老年精神关爱 加强涉老宣传工作，在《扬州时报》开设《老年周刊》。向社会发布《扬州市2016年度老年人口信息和老龄事业发展状况报告》。“市民日”期间，举办第九届“百寿宴”，邀请市区100名80岁以上的耄耋老人游览花都汇生态公园，市四套班子领导与受邀老人一起参加“百寿宴”活动。“敬老月”期间，《扬州晚报》《扬州时报》等媒体刊发“敬老月”宣传专版。组织开展走访慰问、涉老政策咨询服务、老年文艺演出等敬老活动，全市开展各类为老年人服务活动241项，投入377万元，慰问老人3.14万人。老年人“万步健身走”活动受到省老龄办领导好评。举办“夕阳风采”——2017唱响夕阳·老年群众戏曲演唱比赛、老年门球比赛、“看扬州、看中国、看世界”老年摄影作品展、扬州老人看扬城等活动。组织省老年春晚优秀节目海选活动，扬州市红十字博爱艺术团入选并参演江苏省老年春晚。

（王平安）

扬州老年大学 2017年，扬州老年大学春季学期开班117个，注册学员3446人（其中注册新生585人），单科注册人数4825人次；秋季学期开班143个，注册学员4500人（其中注册新生1286人），单科注册人数6301人次。新校区装修改造工程2月20日开工，完成加固、装修、新建电梯、连廊、装修、管网改造、绿化等项目，6月30日竣工，8月31日交付使用。老校区装修改造工程7月1日开工，8月20日竣工。9月8日，扬州老年大学新校区举行落成典礼，市委常委、组织部部长、市老年大学校长江桦出席仪式，并为老年大学新校区落成揭牌。10月，扬州老年大学与扬州电视台联合录制“喜庆十九大，我想对你说《校园篇》”节目；在琼花观举办喜庆十九大暨老年大学校庆三十周年金秋颂书画展。11月，老年大学举办校庆30周年庆祝表彰大会。12月，老年大学与新研会联合举办“学习贯彻十九大，红色文化进校园”图片巡展。2017年，陈鼎礼、陈晓被江苏省老年大学协会评为老年教育先进工作者，姚佩伦、李寿松、何永廉、金录明、夏桂兰被评为江苏省第二届优秀文化老人。

（杨晓玮）

关心下一代 全市有各级关心下一代工作委员会（简称关工委）3499个，形成市、县、乡、村四级关工委组织和市、县两级关工委组织网络。有“五老”（老干部、老专家、老教师、老模范、老战士）4.55万人，比上年增长3.7%。报告团、宣讲团和校外辅导、结对帮教、网吧义务监督、创业帮扶等骨干队伍的工作活力进一步增强。2017年，“五有五好”社区（村）创建开展数1280个，达标数1057个。

社会主义核心价值观教育。会同市文明办、市教育局等部门开展“学史立志、崇德向善”主题教育活动，组织“五老”进校园宣讲。全市关工委系统编写1400多篇宣讲材料，有2000多名“五老”参加宣讲，

9月8日，扬州市老年大学举行新校区落成典礼　　房　园/摄

78万多人次青少年受教育。举办图片展览、文艺演出1300场次，85万人次青少年参与活动；举办演讲比赛1000多场，20万多人次青少年参加征文活动。

校外教育阵地建设。全市有辅导站（点）1400多个，其中较高标准的中心辅导站近100家；全市1000多个社区（村）建立辅导站，建立分站和辅导点200多个。全市有3800多名在职教师、1000多名大学生村干部、5000多名“五老”和2000多名社会志愿者进站开展辅导活动，吸引青少年56万多人次参加活动。全市辅导站有电子阅览室近600个、电脑6200多台。在全省校外教育辅导站优秀活动推广项目和特色活动品牌评选中，广陵区宋都社区关工委的“法治扬州，幸福我家”获特等奖，江都区仙女镇乐和社区的“两史为内容，故事为形式，榜样为引领”获一等奖。市少儿图书馆全年接待小读者50万人次，举办各种大型阅读推广活动100多场，与市人民检察院合作建立青少年法治教育基地，开展3D影院影前法治教育活动130场，1.5万名青少年受到法治教育。

未成年人“零犯罪社区（村）”创建。开展“法治课间餐”活动。11月，全市中小学校和高（中）等职业（技工）学校聘请535名法治副校长，全市关工委系统300多个法治教育报告团的1400多名“五老”报告员举办法治讲座和报告会1400多场，70万人次青少年受教育。全市2300多名“五老”志愿者帮教员组成700多个帮教小组，采取“一帮一、几帮一”等形式，对600名失足青少年进行帮教，帮助解决就学、就业等实际问题，促进被帮教者转化思想，转化率95.8%。全市1338个村和社区有1277个实现未成年人零犯罪，占95.4%。

关爱帮扶活动。全市关工委募集助学助困资金1900多万元，1.6万多名贫困家庭未成年人受益。配合妇联、教育部门组织“五老”和社会爱心人士与5000多名留守儿童开展“亲情、友情、邻里情”三情结对活动，重点关注亲情、学习、行为、心理和安全方面存在的问题，做好关爱工作。江苏新能源置业集团9年时间结对帮扶市区近百名贫困学生，在仪征设立助学基金，2017年新资助40名贫困学生。开展“三扶两创一促进”活动，全市组织2700多名老科技工作者，举办培训700多场次，参加培训的农村青年4万多人次，涌现出255个优秀创业基地和258名优秀创业青年。全市500多家规模民营企业和600多家中小民营企业建立关工委组织。

（练瑞芳）

消费者权益保护

概况 2017年，扬州市有各级消费者协会（简称消协）基层分会94个、消费者投诉站1234个、企业监督站235个，在册维权志愿者3096人，消费教育讲师团成员56人、法律

工作者志愿团志愿者18人。全市消协系统办结消费者投诉1371件，比上年上升30.2%；为消费者挽回经济损失621.42万元。接待来电、来访咨询1980人次，比上年下降14.5%。全市各级消协运用人民调解程序调解消费纠纷20件，为消费者挽回经济损失21.98万元；运用诉调对接程序调解消费纠纷121件，为消费者挽回经济损失79.4万元；企业内部监督站自行和解消费纠纷6347件，比上年下降20.6%。各级消协组织围绕"网络诚信，消费无忧"主题，宣传落实新《江苏省消费者权益保护条例》，加强消费教育、消费调查、消费指导等社会监督职能，深化"诉调对接"工作，依托市消协微信公众号，鼓励消费者通过手机进行便捷投诉，探索维权工作新机制。推进"五进"（进社区、进企业、进学校、进乡镇、进景区）消费教育活动，宣传低碳消费、限制过度包装等绿色消费理念。全年各级消协组织发布各类警示、引导信息近万条次。扬州市消协被中消协授予"2016—2017年度全国消协组织先进集体"称号。（吴　涛）

■"3·15"活动　3月15日，市消协与邗江区消协在力宝广场联合举办"国际消费者权益日"广场咨询服务活动，市工商局、市物价局、市卫计委等政府职能部门及水、电、气等基础公共服务业40余家单位150余人参加活动。现场发放各类宣传资料近万份，接待来访咨询近800件，比上年上升近一倍；现场受理投诉38件，上升72.7%。投诉涉及预付卡、房屋质量、装饰装潢、家用电器等多个热点项目。"3·15"期间，市消协编印《3·15特刊》，公布典型侵权案例，宣传消费维权法律法规，用数据说明投诉热点、难点行业，用事例提升消费者维权意识。各地消协自行组织开展现场咨询活动。其中，江都区消协联合多个部门开通微信投诉渠道，编制《"3·15"年度报告》。（吴　涛）

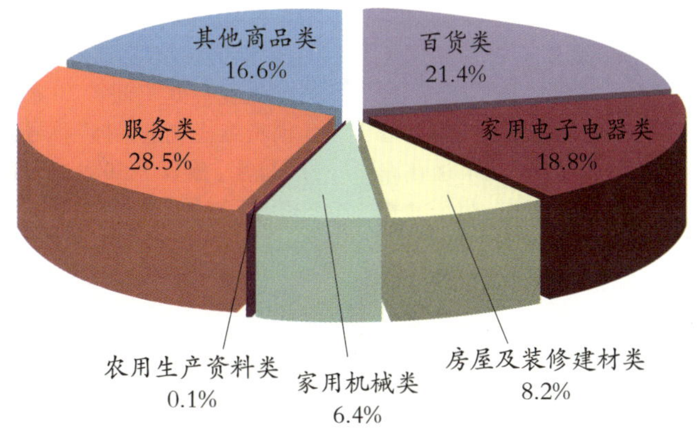

图39-1　**2017年扬州市各级消协办理投诉类型比例图**

（吴　涛）

假冒类
0.3%
其他问题类
24.9%
营销合同类
41.1%
计量类
0.7%
质量类
26.4%
广告类
6.6%

图39-2　**2017年扬州市各级消协办理投诉性质比例图**

（吴　涛）

■2017年消费投诉　综合消协系统全年受理的投诉和接待咨询情况，涉及合同条款、服装洗涤的投诉较多，家居产品、汽车等投诉有上升的趋势。(1)合同类纠纷逐年增多，诚信意识亟待加强。全年受理合同类投诉564件，比上年上升23.4%，占投诉总量的四成。合同类纠纷主要涉及预付卡、家居装修建材两大领域。预付卡纠纷主要集中在美容美发领域，健身行业的投诉逐年增多。经营者诚信意识严重缺失，无视契约精神，有些美容美发企业关门停业前还对消费者作着不靠谱的口头承诺，有些健身会所的合同充斥着不合理的条款，部分商家的服务内容口头宣传与实际严重不符。(2)服装类投诉争议不断，洗涤标识亟待规范。全年受理服装鞋帽类投诉172件，比上年上升41%。不少服装特别是冬季服装在洗涤时遇到麻烦，原因是许多服装采取两种以上的面料，而面料之间的洗涤方式不可兼容。消费者缺乏此类专业知识，加之经营者没有及时告知，从而引起消费纠纷。(3)家居类投诉年年递增，行业自律亟待提升。全年受理装修建材类投诉56件，比上年上升86.7%；受理家具类投诉36件，比上年上升89.5%。此类投诉问题主要体现为：样品与实际商品不符，协议内容不明确，售后服务不到位等。原因是部分企业负责人对消费者的投诉不够重视，对员工缺乏必要的专业知识培训，管理不规范。(4)汽车类投诉有所回升，众多环节亟待规范。全年受理汽车类投诉74件，比上年上升76.2%。具体表现为销售环节合同不规范，单方扣留合同，强制搭售保险、装潢项目，收取服务费不透明；售后环节过度保养，维修费用不透明，"三包"内问题无法彻底解决等。(5)老年消费和非现场购物方式消费的投诉解决难度较大。老年消费投诉群体以"空巢老人"居多，防范意识较为薄弱，保留证据意识欠缺，导致维权难以举证，使一些不法商家有机可乘。非现场购物投诉主要集中在电视、电话购物，维权工作很难得到有效进展。（吴　涛）

■**社会监督** 开展网上订餐服务调查。6—7月，市消协联合扬州大学法学院志愿团对"美团""饿了么"两个互联网外卖平台的15家餐饮企业同一食品的外卖和堂食质量、价格、送餐时长、卫生状况、服务态度进行体验、比对。开展无障碍设施"回头看"体验。8月，组织5名志愿者，对市区商贸流通、公共服务营业(服务)网点建筑物附设的无障碍设施进行体验式调查。9月，省消协联合扬州等5个城市对体验调查进行公开通报。在省消保委、省残联联合发布的《江苏省无障碍设施体验式调查项目报告》中，扬州"残疾人获得感"指标名列全省第二。开展车险理赔测评。联合市保险行业协会对全市25家车险公司的查勘及时性、座席服务、查勘员服务、查勘设备和单证的规范性方面进行测评，规范理赔流程。 （吴　涛）

■**老年消费教育活动** 5月，市消协依托老年消费教育基地，在全市组织开展"自我保护，消费无忧"老年消费教育主题活动。9月，市消协完成老年消费防骗漫画手册编印；重阳节前，组织完成"买不买"老年消费情景喜剧的剧本创作和演出光盘制作，到石桥、康乐、荷花池社区开展现场宣传教育活动。仪征、高邮等地消费者协会联合当地老干部局在老年大学开展消费者维权主题宣传活动，通过讲座解答老年人在消费中遇到的问题。 （吴　涛）

3月14日，竹西街道打假志愿服务队走进居民小区开展"打击假冒伪劣与电信诈骗"宣传活动　　庄文斌　周　扬/摄

■**消费者保护运动30年纪念活动** 12月25日，扬州市消费者保护运动30年暨扬州市消费者协会成立30周年纪念大会举行，各消协理事单位、行业代表200多人参加会议。会上播放30年纪念专题片《维权永远在路上》，与会人员共同回顾扬州市消费者保护运动的30年历程。30年来，市消协6次被中消协授予"全国消协组织消费维权先进集体"称号，多次获"江苏省保护消费者合法权益先进集体"称号。现场授予丁强、乔修林、赵鹤年等10名个人(集体)"30年消费维权特别贡献奖"称号，授予共青团扬州市委、市文明办、市工商局、扬州报业传媒集团等70家单位"30年消费维权先进集体"称号，授予沈红、杭宇、戴蓉等60人"消费维权先进个人"称号。 （吴　涛）

2017年扬州市各级消协办理投诉情况表

表39-4

项　　目	案件数(件)	挽回经济损失(万元)
运用人民调解程序进行调解	20	21.98
运用简易程序调解	1121	278.81
运用一般程序调解	109	241.24
运用诉调对接调解	121	79.4
企业自行和解的投诉数	6347	84.83
在社区、村设立的投诉站受理消费者投诉	38	5.22
在社区、村设立的投诉站直接调解成功的投诉	37	5.2
在行业组织设立的投诉站、监督站(联络站)受理投诉	16	2.14
在行业组织设立的投诉站、监督站(联络站)直接调解成功的投诉	16	2.14

（吴　涛）

区(县、市)发展

Qu(Xian Shi)Fazhan

编　辑　崔成鹏

广陵区

■概况　广陵区总面积255平方千米,下辖头桥镇、李典镇、沙头镇、湾头镇、汤汪乡等5个乡镇,曲江、文峰、东关、汶河等4个街道,有62个行政村,57个社区,年末户籍总人口49.44万人。

2017年,全区实现地区生产总值734.41亿元,比上年增长6%;一般公共预算收入30.06亿元,下降17.5%。社会消费品零售总额315.70亿元,增长9.5%;工业开票销售354.74亿元、入库税收14.7亿元,分别增长32.7%、16%;城镇居民人均可支配收入41350元、农村居民人均可支配收入26607元,分别增长8.8%、8.7%。　(曹小卫)

■农业　2017年,全区实现农业总产值10.65亿元。新增高效设施农业151.33公顷,农作物转经济作物325公顷,建成绿色稻米生产基地333.33公顷,创成省稻田综合种养试点区。新增省园艺作物标准园2个、省示范家庭农场3个,认定农业龙头企业8家,新增"三品"(无公害农产品、绿色食品、有机农产品)农产品26个。广陵现代农业产业园创成省级示范园,沙头镇获批省农业标准化示范区,食品产业园被认定为全国农村创业创新园区,九鼎香餐饮获评农业部中央厨房案例企业。成功承办扬州海峡两岸名特优农产品电商博览会,农产品网上销售6亿元,休闲观光农业项目增收8000万元。村级集体经营性收入增长10%,超60万元村达60%。　(曹小卫)

2017年广陵区经济社会发展主要指标一览表

表40-1

项　　目	单位	数量	比上年增长(%)
地区生产总值	亿元	734.41	6
第一产业增加值	亿元	10.09	0.1
第二产业增加值	亿元	330.14	3
第三产业增加值	亿元	394.18	8.3
规模以上工业总产值	亿元	835.39	7.4
人均地区生产总值(按常住人口计算)	元	138843	5.6
固定资产投资总额	亿元	304.17	-27.7
外贸自营出口总额	亿美元	12.25	-1.1
实际利用外资及港澳台资	亿美元	1.41	19.9
社会消费品零售总额	亿元	315.70	9.5
一般公共财政预算收入	亿元	30.06	-17.5
城镇居民人均可支配收入	元	41350	8.8
农村居民人均可支配收入	元	26607	8.7

(曹小卫)

■工业和建筑业　2017年,全区规模以上工业实现产值835.39亿元。六大主导产业开票销售增长55%,船舶重工产业完成开票销售近100亿元。新增规模以上企业18家、亿元企业8家、10亿元企业1家,扬州恒润海洋重工有限公司规模突破50亿元。小微企业发展态势良好,完成开票销售140亿元,增长20%。获批工信部两化融合管理体系贯标企业2家、省互联网与工业融合创新试点企业3家、省科技小巨人企业1家,省首台(套)重大装备及关键部件认定2个,27个项目入围省重点技术创新导向计划。建筑业完成施工产值145亿元、税收4.5亿元,新增总承包一级资质企业1家、专业承包一级企业4家。　(曹小卫)

■服务业　2017年,全区实现社会消费品零售总额315.70亿元。服务业增加值占地区生产总值比重60.5%,比上年提高1.1个百分点。净增服务业"四上"(规模以上工业企业、资质等级建筑业企业、限额以上批零住餐企业、限额以上服务企业)企业20家,新增纳税过千万元企业9家。新增软件信息企业390家,其中互联网百强企业1家、百人规模知名企业5家。新引进金融机构30余家，农行扬州分行、平安人寿、安信证券等机构相继入驻。林安智慧物流科技城开工建设，物流信息交易中心建成开放。新增电商企业209家，实现销售额67亿元，智途科技、扬州鲜生活创成省电子商务示范企业。传统商贸提档升级，创成商贸集聚区6个，新增省级老字号品牌9个，SM至成广场开工建设。不断提升特色旅游品质，创成省三星级以上乡村旅游区3家。建成市级以上现代服务业集聚区11个，头桥镇创成省健康医疗科技产业园、入选第二批长三角健康服务业集聚区，商贸物流园通过省示范物流园区发展规划评审。（曹小卫）

■招商引资 开展“招商引资突破年”活动，主动对接沿海先进地区和战略投资者，汇众机械、丰元仓储、石油交易中心等项目成功落户，大洋重组、雨润并购等项目不断推进，全年新批1000万美元以上外资及港澳台资项目7个，新开工亿元以上民资项目24个，实际利用外资及港澳台资1.41亿美元，新增民资注册资本金131.5亿元。新开工重大项目14个、竣工投产21个，39个亿元以上项目完成投资90亿元。国经中欧医疗器械、国家玉文化创意园2个列省重大项目全面开工，奥特莱斯、中德梅泰尔液压装备研发中心等4个参加省集中开工项目进展顺利。完成全社会固定资产投资304.17亿元，实施工业技改项目40个，完成投入6亿元。（曹小卫）

■重点改革 实施供给侧结构性改革，全面落实“三去一降一补”五大任务，压减粗钢产能88万吨，商品房库存去化周期低于周边市区，小微企业税收优惠政策享受面达100%。积极创新投融资模式，新增“新三板”挂牌企业2家，泰和小贷在香港联交所成功上市，“广陵两创贷”风险资金池、“金创京杭”创投基金投放超5000万元。争取政府债券资金12.28亿元，政府购买服务投入棚户区改造92.8亿元，4个项目全部纳入省住建厅目录。推进政府体制机制改革，完成安全生产监管等6个领域综合行政执法体制改革，推进纪检监察机构改革和巡察机构建设。健全财政监管机制，强化政府性债务风险管控和化解，清理规范融资担保行为。全面推进机关事业单位养老保险制度改革，城镇居民基本医疗保险和新农合实现一体化。（曹小卫）

■创新创业 全年新建高校协同创新中心6家，实施产学研合作项目68个、科教合作重大项目8个。高新技术产业产值占比达51%，获批高新技术企业12家、省高新技术产品85个，引进转化省重大科技成果2项，认定省级“三站三中心”19家。专利申请4500件、授权2600件，新增省名牌产品2个，顺利通过国家知识产权强县工程试点区评审。获批市级以上重大创新创业团队2个、省“双创计划”人才17人、首席技师2人，新增省博士后创新实践基地2家、省技能大师工作室1家。“两创示范”工作走在全市前列，新增省星级公共服务平台12家、省级示范基地1家，区镇两级小微企业“两创”服务中心实现全覆盖，全年净增私营企业1384家、个体工商户2391户，青年创业就业服务中心跻身省“十佳”，江苏海客创成省双十佳设计创新企业。投入使用科技产业综合体15万平方米，新增省科技企业孵化器1家、省软件信息服务众创社区1家、省级以上众创空间4家。（曹小卫）

■城乡建设 全年争取点供用地指标16.33万平方米，盘活存量用地184.87万平方米，新建高标准厂房7.5万平方米。获省国土资源节约集约利用模范区称号，获33.33万平方米用地指标奖励。作为全省唯一代表入选国家首批国土资源节约集约“四个创新”示范点和全国土地调查试点地区，节约集约工作经验和土地调查新技术模式在全国推广。广陵新城加速成型，建成Y-MSD一期、京杭水镇二期、信息服务产业基地三期，新建体操馆、万福邻里中心等项目，与华东师范大学签订合作办学协议。信息服务产业基地完成空间整合，产业面积使用率达74%。金融集聚区从业人员超3000人，交通银行金融服务中心正式运营。古城提升有序推进，开展文昌中路、盐阜路、淮海路、南通路、泰州路等沿线整治，翻建背街小巷30条，建成特色文化园（会馆）20个、民居客栈床位115张，完成石塔桥南街小街巷杆线整理，实施仁丰里片区综合改造、徐凝门桥翻建工程，编制完成教场片区提升改造规划。旧城更新持续加码，实施城中村地块改造项目23个，整治老小区15.64万平方米，改建垃圾中转站4个，新建和提档升级农贸市场5个，建成南区大润发等公共配套设施。新建提升口袋公园24个，建成社区公园8个，增加城市绿地30万平方米。特色镇村全面推进，湾头玉器特色小镇纳入省PPP（政府和社会资本合作）示范项目库，与中国铁建、青旅城市签订57.7亿元PPP项目协议，实现投资10亿元；头桥医械小镇入围省特色小镇创建名单，先期基础工程建设、核心区拆迁改造陆续展开；沙头蔬艺小镇进入省农业特色小镇创建名录，编制完成“三园合一”总体建设规划。小虹桥村入选“全国文明村”，红平村入选全国“一村一品”示范村，沙头村成为省特色田园乡村试点，九圣村通过“美丽乡村”验收。（曹小卫）

■劳动和社会保障 2017年，新增城镇就业1.3万人，扶持自主创业成功2016人，创成省级创业孵化示范基地1家、创业型街道1家、创业型社区9家。实施全民参保登记，新增各类参保3125人次。城乡低保、农村五保等自然增长机制有效落实，临时急难救助288人次，270户建档立卡低收入农户全部达到人均年收入7000元的脱贫标准，村（居）慈善工作站实现全覆盖。政府购买居家养老服务4500人，新建乡镇养老护理院1家、全市首批颐养社区5个。建成“残疾人之家”8个、“幸福港湾”4个，为100户残疾人家庭改造无障碍设施。新开工安置房1009套，完成超腾仓期安置房4625套，货币化安置

1434户，改造农村危房20户。

（曹小卫）

■**基础设施建设** 改造完善461省道李典段、462省道广陵经济开发区段，建成新民路、桂府东侧支路、文峰小学北侧支路，拓宽改造连运西路，启动大学南路南延工程，全力保障连淮扬镇铁路、五峰山过江通道公路接线、城市南部快速通道广陵段等重大工程建设。提升农村公路9.5千米，完成26千米道路安全防护工程，建成红桥客运站和通运商贸城公交首末站。新建排涝泵站4座，改造涵闸4座，新增排涝流量40.8立方米/秒，疏浚整治城乡河道7条。完成淮河入江水道整治、小农水重点县、长江镇扬河段三期整治等重点水利工程，京杭之心创成省级水利风景区。

（曹小卫）

■**生态建设** 对接江淮生态大走廊建设，编制完成广陵段实施方案，实施重点工程11项，新增成片造林134.27公顷，饮用水源地水质达标率100%，三江营省级湿地公园获批建设。推进“263”（省委、省政府“两减六治三提升”专项行动。“两减”指减少煤炭消费总量和落后化工产能，“六治”指重点治理太湖水环境、生活垃圾、黑臭水体、畜禽养殖污染、挥发性有机物污染和环境隐患，“三提升”指提升生态环境保护水平、环境经济政策调控水平、环境监管执法水平）专项行动，完成9大类54项重点年度任务，“河长制”治河管河新机制全面推行，基本完成沙施河支河等6条城区黑臭河道整治，全面实施七里河整治，建成农村污水处理设施6个，铺设污水管网2800米。稳步开展各项污染防治，全面完成燃煤锅炉拆除改造任务，实施重点清洁生产企业2家，查处环境违法行为80起，办结省环保督查交办信访件132件。

（曹小卫）

■**社会事业** 校园建设提档升级，文峰小学建成招生，广陵小学整体搬迁，滨江小学主体封顶，汶河小学启动空间扩容，实施校安工程1.1万平方米，新建和改造提升幼儿园各2所。全面启动“教师专业发展”三年行动计划，全市首家省示范性教师发展中心通过验收，获批省优质幼儿园3所、省标准化社区教育中心2个。医疗卫生机构标准化建设实现突破，李典区域医疗卫生服务中心建成开诊，头桥医养综合体主体封顶。有序推进分级诊疗制度，家庭医生签约服务进入省创新举措30强，获全国基层中医药先进单位、省卫生应急规范区称号，头桥创建国家卫生镇、沙头创建省健康镇通过验收评审，广陵中医院创成省健康促进医院，汤汪区域医疗卫生服务中心创成全国优质社区卫生服务中心。血防综合治理和联防联控举措走在全国前列，流动人口动态监测调查数据质量位列全国第二位。各类文化活动深度覆盖，新建基层综合性文化服务中心31家、广陵书吧5家、城市书房4家，广陵文化中心运营招商有序推进。《广陵区志（1989—2011）》完成修纂，《中国名镇志·湾头镇志》出版发行，乡镇（街道）志修纂全面开展。举办全民健身活动40多场次，成功承办省少儿体操冠军赛、马拉松自行车骑行大会、全民健身万里行等大型赛事，提前完成农村健身设施提质工程年度任务。广陵旅游志愿者总队被授予“中国旅游志愿服务先锋组织”称号。

（曹小卫）

邗江区

■**概况** 邗江区总面积536平方千米，辖7个街道、7个乡镇，有91个行政村、49个社区，年末户籍总人口61.24万人。

2017年，全区实现地区生产总值859.46亿元，按可比价计算，比上年增长8.5%。实现公共财政预算

2017年邗江区经济社会发展主要指标一览表

表40-2

项　　目	单位	数量	比上年增长(%)
地区生产总值	亿元	859.46	8.5
第一产业增加值	亿元	20.35	0.2
第二产业增加值	亿元	335.52	6.2
#工业增加值	亿元	273.52	8.7
第三产业增加值	亿元	503.59	10.3
人均地区生产总值(按常住人口计算)	元	124271	—
规模以上工业总产值	亿元	1242.63	16.7
农林牧渔业总产值	亿元	38.26	4.8
全社会固定资产投资总额	亿元	699.91	28.3
其中:项目投资	亿元	568.79	37.9
净增加私营企业	户	4255	22.7
外贸自营出口总额	亿美元	17.79	-2.4
实际利用外资及港澳台资	亿美元	3.09	19.4
社会消费品零售总额	亿元	316.61	10.3
一般公共财政预算收入	亿元	54.75	-6.9
城镇居民人均可支配收入	元	43761	8.7
农村居民人均可支配收入	元	22128	8.9

（施旭东）

收入54.75亿元，下降6.9%。实现社会消费品零售总额316.61亿元，增长10.3%；城镇居民人均可支配收入43761元、农村居民人均可支配收入22128元，分别增长8.7%、8.9%。中国市辖区综合实力百强区排名前移至第26位，连续五年位列苏中第一。

（施旭东）

■农业 2017年，全区实现农林牧渔业总产值38.26亿元，比上年增长7.6%。农业现代化水平不断提高，新增高标准农田466.67公顷、高效设施农(渔)业面积533.33公顷，农业机械化水平达89%，槐泗蔬菜基地创成市级农业园区。（施旭东）

■工业和建筑业 2017年，全区实现开票销售540亿元、入库税收33亿元，分别增长12%、8%。“三主三特”（装备制造、汽车及零部件、生物健康，纺织服装、节能环保、新型建材）增势强劲，汽车及零部件产业开票销售增长35%，新型建材产业开票销售增长40%，纺织服装产业入库税收增长10%，创成省服装服饰产业基地。优质企业集群不断壮大，开票销售超10亿元企业增至9家，税收超5000万元企业增至11家，工业列统企业净增28家。建筑业转型步伐加快，完成建筑业产值539亿元，邗建集团津园项目获得扬州首个“詹天佑住宅金奖”。

（施旭东）

■服务业 2017年，全区实现社会消费品零售总额316.61亿元，比上年增长10.3%。现代服务业量质齐升，制定新一轮专项扶持政策，新增服务业规模以上企业40家、限额以上企业44家，新培育税收“亿元楼”(纳税总额过亿元楼宇)1座，服务业增加值占地区生产总值比重57.4%，比上年增长1.1%。（施旭东）

■项目建设 全年完成固定资产投资699.91亿元，比上年增长28.3%。制定出台“招商十条”，组织实施“510”（“十三五”期间，新招引世界500强及跨国公司等全球知名企业分支机构10家以上）招商计划、“双百”（百员联系百企引商）招商行动，全面深化对接上海产业转移合作，李尔三期、启迪科技城等26个项目签约落户。积极应对重大项目考核变化，“四新”(新签约、新开工、新竣工、新达产)项目完成率、认定率保持全市领先，亚达亲亲、罗思韦尔二期、五彩世界等21个项目开工建设，完美二期、金威环保、月城科技广场等24个项目顺利竣工，恒佳机器人、迈安德二期、冶春食品等11个项目投产达效，新增开票销售5000万元以上工业增长点30个。全面落实技改扶持政策，完成工业技改投入289亿元，实现购进设备抵扣税2.7亿元。“两区两园”（扬州高新区、维扬开发区，汽车产业园、环保产业园)争先进位步伐加快，扬州高新区进位至国家级高新区第99位，维扬开发区在省级开发区排名提升至第16位，汽车产业园创成省级科技产业园，槐泗镇入选经济发达镇行政管理体制改革试点，环保产业园入选国家循环经济标准化试点示范。（施旭东）

■创新转型 大力发展新兴服务业，文化产业增加值占比达5.2%，获批省级农村电子商务十强县，笛莎创成全市首家国家级电商示范企业，方巷沿湖、甘泉长塘分别获评“中国最美渔村”“江苏最美乡村”。全面推进新平台建设，互联网产业园集聚软通动力、朗坤科技等知名企业，建筑产业园创成省级建筑产业现代化示范基地，扬子津科教园广陵学院新校区建成交付，北湖湿地公园启动建设。“两创”示范工作深入推进，在全国创新创业百强区排名前移至第52位，建成科技综合体16万平方米，新增孵化企业252家，获批国家级众创空间2个、省级众创空间4个。强化企业创新主体地位，新增国家高新技术企业20家、省级以上“三站三中心”（院士工作站、博士后流动站、研究生工作站和工程技术研究中心、工程中心、企业技术中心)23家，高新技术产业产值占比达48.96%，全社会研发投入占地区生产总值比重2.9%，数控成形机床产业成为扬州首个国家级创新型产业集群，牧羊创成国家级科技小巨人企业。加大专利、品牌、标准创建力度，万人发明专利拥有量达16.3件，扬州漆器成为地理标志商标，高新区创成国家知识产权试点园区。实施产学研项目90个，新引进高层次人才235人，其中国家人才计划、长江学者特聘教授等领军人才36人，获评省“双创计划”领军人才9人、团队1个。资本市场邗江板块持续壮大，虹扬科技台湾交易所上市，新扬科技、德胜股份“新三板”挂牌。（施旭东）

■生态环保 淘汰燃煤锅炉124台，治理17家企业挥发性有机物，关停化工企业2家，整治砖瓦生产企业38家。采取6大类20条措施，加强对工地扬尘、餐饮油烟、秸秆焚烧的整治，杨寿渣土消纳场建成投用，工地绿篱式围挡全面推广。江淮生态大走廊建设扎实推进，无证围网养殖全部退出，有证围网养殖减少88.93公顷，关停规模畜禽养殖场21家，新增绿化造林172.67公顷，建成611省道先导段绿化景观带。“水美邗江”深入推进，“河长制”实现全覆盖，完成明月湖清淤，实施杨庄河、幸福河二期、官河、南北排涝河等17条河道整治，启动槐泗河水系综合治理，疏浚区镇级河道11条、河塘188口，新建污水管网13千米、农村污水处理设施7个，完成14个村覆盖拉网式农村环境综合整治。生活垃圾分类有序推广，新增试点社区2个、示范小区5个，安装分类收集亭600座。土地节约集约水平不断提升，盘活低效闲置用地125.67公顷，创成省级国土资源节约集约利用模范区。

（施旭东）

■城乡建设 西区新城控规修编、概念性城市设计顺利完成，动态调整扬州高新区北园、维扬开发区拓展区、蒋王片区控规。重要节点开发有序推进，万达广场、昌建广场、润茂广场正式运营，吾悦广场、中集琼花苑开工建设，金色梦想商业街主体竣工。交通路网加密优化，611省道邗江段、公瓜线北段、宿扬高速建成通车，新甘泉大道东延启动实施，全力配合城南快速通道、扬子津路建设。实施扬冶路拓宽升级，完成体育公园路大修，改造百祥路、司徒庙路铁路桥段，启动银柏路、建华大道、荷叶路提档升级。整治海关北岗、来鹤台岗等交通堵点，建成扬州西临时换乘中心，新增生态停车场2个，区级机关部分停车场实现错峰开放。民生城建扎实推进，改造城中村3个、棚户区5个，整治老小区7个、老街巷6条、积水点2处，实施危房改造1.8万平方米，新增基本物业服务面积19万平方米。制定农贸市场标准化建设和管理三年行动方案，完成四季园、双桥、念香苑、吉兴等4个农贸市场改造。“235”(城乡环境整治行动：推进店牌店招、工地扬尘“两规范”，做好园区环境、城市水生态环境、农村综合环境“三提升”，开展市政干道、普通国省道、高速公路、航道、铁路沿线“五整治”)城乡环境整治行动有力推进，拆除违规店招1065个，取缔马路市场12个，建成汉河裴庄、双桥小贩中心，道路市场化保洁实现全覆盖。美化文昌路、邗江路、扬子江路街景立面，完成老飞机场地块综合整治。 （施旭东）

■劳动和社会保障 坚持就业优先，新增城镇就业1.31万人次、创业带动就业5316人次，城镇登记失业率为1.9%。社保体系不断完善，“五大保险”(养老保险、医疗保险、失业保险、生育保险和工伤保险)扩面征缴1.1万人次，城乡居民医保顺利整合。精准扶贫力度持续加大，549户建档立卡低收入农户全部脱贫，设立300万元急难家庭救助专项基金，提高城乡低保月标准至630元。

（施旭东）

■社会事业 启动主城区新一轮教育布局调整，建成扬州天下小学，完成校舍加固1万平方米。高考本一、本二上线率分别达40.26%、93.77%，再创历史新高，公道中学晋升省四星级高中。医疗卫生服务体系更加完善，区公共卫生中心开工建设，方巷区域性医疗卫生中心投入使用，重点人群家庭医生签约率突破60%。高标准提升明月湖公园、来鹤台广场，建成蜀冈生态中心三期、吉安路、樱之园等10座生态体育公园，新增89个农村“五个一”(拥有一片300平方米的水泥或橡胶平地、一副篮球架、一盏照明灯、10米长椅或长凳和至少10棵大树的配套绿化)健身广场。公共文化设施科学布点，邗文化博物馆、邗江好人馆正式开馆，四望亭路、邗江中路城市书房对外开放，区第二届运动会、第五届瓜洲音乐节成功举办。 （施旭东）

■招商引资 4月17日，2017邗江产业发展推介大会暨项目签约仪式举行。近300位海内外宾客参加。现场签约32个项目，总投资折合人民币148.4亿元。有6个项目参加市集中签约，其中民资重大项目2个，总投资达70亿元；外资重大项目2个，总投资均超过3000万美元；签约央企合作项目1个、科技项目1个。全年实现注册外资实际到账3.09亿美元，实现自营出口17.79亿美元。

（施旭东）

■2017扬州(邗江)双高成果交流洽谈会举行 5月5日，2017扬州(邗江)高层次人才、高科技成果交流洽谈会举行。来自清华大学、上海交通大学、武汉大学等56家高校院所的领导、专家参加洽谈会。现场筛选发布与邗江区“三主三特”产业紧密相关的国家科技进步奖、国家重大专项及省部级以上重点科技成果350项。活动期间有120项左右人才科技项目签订合作协议，40项重点人才科技项目在交流洽谈会现场签约，其中科技成果合作项目10项、科技创客引进项目10项、博士人才引进项目10项、博士后工作站进站项目10项。 （施旭东）

江都区

■概况 江都区总面积1332.54平方千米，辖1个省级经济技术开发区

2017年江都区经济社会发展主要指标一览表

表40-3

项　　目	单位	数量	比上年增长(%)
地区生产总值	亿元	1055.12	8.0
第一产业增加值	亿元	63.55	3.9
第二产业增加值	亿元	500.81	6.9
#工业增加值	亿元	422.59	8.2
第三产业增加值	亿元	490.76	9.8
人均地区生产总值(按常住人口计算)	元	104457	7.8
农业总产值	亿元	113.51	5.6
粮食总产量	万吨	62.91	0.5
固定资产投资总额	亿元	832.94	17.4
外贸自营出口	亿美元	15.73	49.0
实际利用外资及港澳台资	亿美元	2.41	38.7
社会消费品零售总额	亿元	277.6	10
公共财政预算收入	亿元	52.66	-4.5
公共财政预算支出	亿元	100.33	17.7
城镇居民人均可支配收入	元	39887	9.1
农村居民人均可支配收入	元	21175	9.05
年末存款余额	亿元	1050.47	3.2
年末贷款余额	亿元	612.59	2.8

（江都统计局）

和13个镇，有259个行政村、71个社区。年末户籍总人口105.21万人。

2017年，全区实现地区生产总值1055.12亿元，比上年增长8%；一般公共预算收入52.66亿元，下降4.5%；全社会固定资产投资832.94亿元，增长17.4%；城镇居民、农村居民人均可支配收入分别为39887元、21175元，分别增长9.1%、9.05%。入围全国综合实力百强区、最具投资潜力百强区，分列第37位、第39位。获批全国主要农作物生产全程机械化示范区，第二批国家农产品质量安全县创建试点；获全国综治工作最高荣誉“长安杯”，蝉联省法治建设示范区。（江都府办）

■**农业** 2017年，全区实现农业总产值113.51亿元，比上年增长5.6%。粮食总产量62.91万吨，增长0.5%。新增成片林面积335.44公顷、完成率119.8%，其中珍贵树种面积191.44公顷、完成率205.1%；植树总株数110万株、完成率110%，其中“三化”（彩色化、珍贵化、效益化）树种64万株；恢复湿地面积52.75公顷。开展畜禽养殖污染综合治理，全区关停畜禽养殖场234家，治理非禁养区规模养殖场63家，治理率达70.8%。农业产业园区新增面积140公顷，总面积达1.51万公顷，占耕地面积22.2%。全区104个农业产业园区新增投入近10亿元，其中市级以上农业园区新增投入4.3亿元。园区常年吸纳农业劳动力5500多人、人均年收入2万元以上；辐射周边面积1万公顷，带动农户2.5万人，人均增收3000元以上。全年新增设施农业面积1466.67公顷、总面积1.8万公顷；新增设施渔业面积202.27公顷、总面积2400公顷。获批全国主要农作物生产全程机械化示范区、全国供销合作社先进集体，被认定为第二批国家农产品质量安全县创建试点；全面落实粮食安全责任制，新增设施农业1500公顷，创成省级农业龙头企业、国家林业重点龙头企业各1家、全国农村“双创”园区3家；16个村农地综合社创新试点有序推进，入股面积652.93公顷，新增“两权”（农村承包土地经营权、农民住房财产权）质押贷款4665万元，创成省级示范家庭农场5家、新增土地集中规模经营1200公顷；高标准农田比重达63%。（江都府办）

■**工业** 2017年，全区完成工业开票销售841.3亿元、工业入库税收37.56亿元、购进设备抵扣税2.84亿元，比上年分别增长25.4%、6.1%、21.6%。新增规模以上工业企业64家，总数646家，开票销售亿元以上企业88家，其中10亿元以上企业13家，亚威机床被评为江苏制造突出贡献奖优秀企业。国网平高智能电工装备、金世纪轮毂、广船国际海上风塔等8个项目通过市新开工认定，金阳光新能源锂电池、金世缘绿色环保家居、长青农化技改等24个项目通过市新竣工投产认定，赛诺格兰PET/CT被列为省级重大项目并实现量产，位列中国工业百强区第44位。（江都府办）

■**建筑业** 2017年，全区建筑业完成施工产值1286亿元、境外营业额2.58亿美元，比上年分别增长4.6%、38.8%。江建集团、江安集团、华磊装饰等企业创国家级优质工程奖7项，其中总承包“国优”1项、参建“国优”3项，安装、装饰专业“国优”3项。全区建安企业获省优工程10项、市优工程27项。华江集团获批国家建筑工程总承包施工特级资质，中化建设晋升石化总承包一级资质，全区拥有特级资质企业3家，一级资质企业32家。华江集团获批国家建筑工程总承包施工特级资质，获批建筑工程、人防工程甲级设计资质。全区拥有特级资质企业达3家。江都建设、江建集团、扬州建工、沪武集团被中国建筑业协会评为2016年度“中国建筑业双200强企业”；江都建设、江建集团、龙腾坤鑫被评为“江苏省建筑业双百强企业”。（江都府办）

■**服务业** 2017年，全区实现固定资产投资832.94亿元、社会消费品零售总额277.6亿元，比上年分别增长17.4%、10%。服务业占地区生产总值比重46.5%，比上年提高1.2个百分点。推进电商示范工程，新增江苏宏信超市连锁股份有限公司市级电子商务示范企业1家，小纪镇宗村村、丁伙镇新杭村、小纪镇富东村创成第四批扬州市农村电子商务示范村。全年实施市级重大项目16个，建成省级产业集聚区标准化试点、市级服务业集聚区各1家；金鹰新城市中心一期建成运营，佳源商务中心主体基本完工，金奥中心主楼建至30层，文昌东路商圈建成区面积达45万平方米；宏信连锁门店突破400家，国际汽车城销售额突破18亿元；江都港建成万吨级泊位13个，年吞吐量达5900万吨，占全市总量一半以上；吴桥白塔河庄园、仙女佳农农庄创成省四星级乡村旅游区，自在公园创成国家AAA级景区，全年实现旅游收入4.68亿元，增长3.5%。接待旅游人数470万人次，增长2.1%。全年旅游项目投入总额17.92亿元，增长7.3%。旅游公共服务四星级以上乡村旅游区均建成专用停车场，三星级以上乡村旅游区、AAA级以上景区实现城市公交、农村客运线路全覆盖；新建、改造第三卫生间6座；旅游交通指示牌实现国省干道及高速出口全覆盖；“江都旅游”微信公众号位列全省区县旅游局官方微信订阅号榜单第五名。邵伯古镇创AAAA资源评价片通过省景区质量评定委员会评审，邵伯运河风情小镇列入首批江苏省旅游风情小镇培育名单、市级创建名单，并成为“2017中国大运河文化带产业特色项目”，白塔河度假庄园、佳农农庄创成省四星级乡村旅游区。（江都府办）

■**对外及港澳台经贸** 全区完成外资及港澳台资实际到账2.41亿美元，比上年增长38.7%。外贸方面，全区完成外贸自营进出口20.9亿美元，其中出口15.73亿美元，分别增长49.9%、49.0%。船舶、机电产品、钢管、医药化工、文体箱包、车辆及零部件分别增长196.9%、15.9%、10.8%、26.9%、21.5%、9.3%。自营生产企业、三资企业、外贸公司出口分别增长66.5%、11.5%、1.3%。中海工业、长青农化、龙川钢管、扬州诚德等20家重点企业累计完成出口12.3亿美元，增长72%，占出口总额的78.2%。外经方面，全区实现外经营业额4.16亿美元，增长9%。全区共有在建境外承包项目17个，新增境外投资企业5家。（江都府办）

■交通和供电 2017年，全区实现客运量1271.9万人次，比上年增长5.0%。全年完成道路货运量1086万吨，增长36.0%；货物周转量19.44亿吨千米，增长13.1%。完成水路货运量2517.6万吨，增长5.4%；货物周转量100.61亿吨千米，增长5.3%。浦头互通、352省道先导段先后完工，推进连淮扬镇高铁、江广高速扩容、五峰山过江通道工程，扬州泰州国际机场一期扩建工程开工建设，新（改、扩）农村公路15条、45千米、交通危桥12座。500千伏江晋江陵线路改造工程竣工投运；110千伏麾村、吴堡输变电工程开工建设。完成110千伏龙川变、富民变等改造项目。推广电能替代，完成江都商城气改电项目，完成高压岸电系统1套、低压岸电系统1套，电锅炉推广38台，实现替代电量0.86亿千瓦时。新建2座城市快充站、1个专用桩群，完成光伏并网3000余户，并网容量3.5万千伏安。（江都府办）

■财税与金融 2017年，全区实现财政总收入127.96亿元，比上年增长26.6%。其中一般公共预算收入52.66亿元，下降4.5%。全面落实国家减税降费政策，依法减免税费15.9亿元。深化国有企业改革，加快龙川集团市场化、实体化进程，打造区中小企业金融综合体。设立总规模25亿元的政府引导、重大项目等股权投资基金。推进“两创示范”，政策引导、资金扶持，加快两创示范点建设，全面建成13家镇级小微企业服务中心。

强化金融服务。至年末，全区银行业机构各项存款余额1050.47亿元，增加32.83亿元，增长3.2%；各项贷款余额612.59亿元，增加16.86亿元，增长2.8%；存贷比和新增存贷比分别为57.31%、48.30%；小贷公司贷款余额16.84亿元，保险公司保费收入29.85亿元，证券公司股票基金交易额844.73亿元。恒丰银行、中泰证券成功落户，银行证券机构总数达24家。（江都府办）

■城乡建设与环境保护 全年投资9亿元，实施47个城镇重点建设项目。全区小城镇人均道路面积27.81平方米，城镇绿化率28.6%，改造区域供水支管网50余千米、危房156户。强化村庄环境整治长效管护，推进吴桥镇季刘村、大桥镇花荡村“美丽乡村”创建工作，武坚镇新祥村、浦头镇双丰村“美丽乡村”创建工作全面收尾，丁沟镇黄花村、吴桥镇高扬村确定为市级“特色田园乡村”。江广融合区域建设快速推进，全面启动城市总规修编，江广融合江都片区城市设计形成初步成果，核心区实现控规全覆盖。启动江桥片区棚户区综合改造，金湾路江都段三座跨界大桥、西闸大桥基本竣工，发展框架不断拉伸。南水北调源头公园开工建设，“三河六岸”先导段景观绿化带完工，引江河疏浚、灰粪港疏浚整治全面竣工，开发区及芒稻河、金湾河沿线29家小船厂、砂石码头、搅拌站拆除到位。实施市容环境、道路交通秩序整治等六大行动，取缔世纪联华西侧、工农中路、大会堂南路等马路市场，通过“全国文明城市”复查验收。完成土地利用总体规划调整，实施工矿废弃地复垦和城乡建设用地增减挂钩100.67公顷。统筹“263”专项行动和“江淮生态大走廊”建设任务，全年累计减煤8万吨、“减化”76家、关闭禁养区畜禽养殖场245家、整治VOC（挥发性有机化合物）企业31家、治理环境隐患147个。全力配合省环保督察，办复公示交办件176件；开展钢铁、印染等10大重点行业专项执法检查，实施砖瓦窑、“小散乱污”企业等专项整治，立案查处环境违法违规案件163件。重点水、气污染防治项目有序推进，4个集中式饮用水源地水质稳定达标，环境空气优良率提高2.46%。（江都府办）

■科技创新 2017年，全区实现高新技术产业产值1288.1亿元，比上年增长21.4%，占全区规模以上企业产值比重达48.7%。获批国家高新技术企业60家、省以上高新技术产品208项；新增“新三板”企业3家、总数达17家。组织百强企业拜访高校院所19家，达成产学研正式合作协议100项，其中科教合作重大项目11项。新增省以上企业研发机构13家，新建协同创新中心10家，创客邦、创艺985等10家众创空间投入运行，入驻企业100多家、创客150多人。知识产权战略实施，全年共完成专利申请5201件，其中发明申请1832件；专利授权2281件，其中发明授权191件。签订产学研合作项目108项，新认定国家高新技术企业19家、省级以上高新技术产品208个；获得专利授权2300件，其中发明专利124件、增长17.6%；4家企业获评2017年度省科学技术奖，其中华江祥瑞获一等奖。新增省级企业研发机构13个，全区大中型工业企业和规模以上高新企业研发机构建有率达94.7%。新建投运扬州智汇、仙城科技综合体12.5万平方米，江都创客邦、创艺985获批国家级众创空间。（江都府办）

■社会事业 建成开放扬州艺术馆一期、自在公园24小时城市书房、非遗展示厅，新建村（社区）公共文化服务中心100家，完成央视“美丽中国唱起来”新春节目录制，创成“中国毛笔画笔之都”。举办大型公益演出9场，书画、盆景展览10场，文博展览13场，文化交流10场。开展文化“三送”活动，送戏180场，送书1.33万册，全区公益及农村电影放映3400场，举办书缘书场150场。举办“2017中朴·阿波罗民俗文化艺术节”。举办第二届社区艺术节，组织“同唱中国梦”社区合唱比赛、“共舞龙川情”社区广场舞比赛、“我爱主持”业余主持人大赛。与扬州电视台江都频道成功举办“我是戏剧王”扬剧赛事及颁奖典礼。区图书馆通过全国第六次公共图书馆一级馆评估定级，新增图书2.03万册，建立1.34万册古籍普查数据库。创建成区级电视图书馆，服务全区23万数字电视用户。开通移动图书馆，手机用户享受手机图书馆服务。至年底，自在公园24小时城市书房接待读者20余万人次，列全市11家城市书房第一名，被央视新闻现场拍摄。建成投用北城区中学，完成3.2万平方米校舍抗震加固，实现公交专线学生班车全覆盖，职教集团成立全国首家社区教育管理学院，高考本二达线人数居全市之首。

建成大桥、小纪、邵伯、真武四大区域医疗卫生中心，区域医联体建设覆盖39家一级医疗机构和所有村卫生室，3家医院与国内一流医院签订合作协议，创成省级妇幼健康优质服务示范工程。家庭医生签约服务质效提升，家庭医生签约服务覆盖面达100%，至年底，全人群签约31.04万人，签约率30.8%；重点人群签约21.43万人，签约率71.44%；个性化签约7.97万人，其中重点人群个性化签约7.95万人，签约率38.19%；建档立卡低收入人口签约1.62万人。新农合参合农民人数73.3万人，筹资标准提高为620元，参合率达99.11%，参合农民区、镇两级政策范围内住院补偿比达77%。稳步推进农村部分计划生育家庭奖励扶助和独生子女伤残死亡家庭特别扶助两项工作。农村奖扶新增8244人，年末发放总人数为5.27万人，全年发放奖扶金4867.1万元。独生子女伤残死亡家庭特别扶助全年新增257人，年末发放总人数为1818人，全年发放特扶金1258.8万元。第五批一次性奖励发放兑现人数5622人。全民健身加快推进，体育馆改造完成，举办全国百城千村健身气功交流展示系列活动江苏站启动仪式、首届运河城市门球邀请赛、江苏省第27届元老男子篮球赛、“我要上全运”第12届长江经济带全民健身大联动活动扬州市江都区分会场太极拳交流展示活动、江苏省青少年摔跤锦标赛、举重冠军赛等一系列国家、省市重大赛事活动，全面推进公共体育设施服务均等化建设，建成开放银河之春、金湾等11个体育休闲公园、259个农村“五个一”文体活动广场，其中仙女、大桥、武坚等8个镇建成室内全民健身中心，184个村建成体育活动室。（江都府办）

4月17日，江都第15届花卉节开幕式举行　　郁　兴/摄

■劳动和社会保障　全年城镇新增就业1.3万人以上，龙川社区创成国家级“充分就业社区”，期末城镇登记失业率1.9%。重点推进社会保险市级统筹，制定并实施被征地农民群体社会保障办法、机关事业单位住房补贴和乡镇工作补贴等规范性文件。实施城乡居民医保整合和机关事业单位养老保险制度改革，统筹推进城乡协调发展。全年各项基金征缴超25亿元。组织企业赴西安、武汉等地开展高端人才招引和项目对接，首次举办扬州江都千人计划人才产业合作对接会。（江都府办）

■民营经济　2017年，全区净增个体工商户7420户，净增私营企业4950户，个体工商户转为私营企业729户，新增“四上企业”（规模以上工业企业、资质等级建筑业企业、限额以上批零住餐企业、限额以上服务业企业）128家，分别占全年目标的328%、275%、221%、194%；全区民营注册资本总量1130亿元，市场主体总量突破8万户，其中私营企业近2.4万家、个体工商户5.73万户。新开工亿元以上民资项目34个，占全年目标的155%，其中10亿元以上重大项目7个，赛诺格兰PET/CT被列为省级重大项目。2017年在全市民营经济考核中排名第一。（江都府办）

■中国江都第15届花卉节　4月17日至5月18日，江都区举办第15届花卉节。开幕式上，有30个项目参加集中签约，资金集中投向机械电子、汽车零部件等主导产业和高端装备、新能源、节能环保、智能电网等战略新兴产业以及商务综合体、温泉度假等三产服务业。其中，签约外资及港澳台资项目8个，协议利用外资及港澳台资1.94亿美元；签约民资项目22个，总投资64.75亿元。

（江都府办）

宝应县

■概况　宝应县总面积1461.55平方千米，辖14个镇，222个村委会、43个社区，17个村居合一，有1个省级经济开发区和1个宝应湖旅游度假区，年末户籍总人口89.49万人。

2017年，全县实现地区生产总值574.93亿元，比上年增长8.1%。其中，第一产业增加值68.77亿元，增长2.1%；第二产业增加值257.42亿元，增长7.2%；第三产业增加值248.74亿元，增长11.1%。城镇居民人均可支配收入29284元、农村居民人均可支配收入18447元，分别增长9.1%和9.4%。（吉寿杏）

2017年宝应县经济社会发展主要指标一览表

表40-4

项　　目	单位	数量	比上年增长(%)
地区生产总值	亿元	574.93	8.1
第一产业增加值	亿元	68.77	2.1
第二产业增加值	亿元	257.42	7.2
#工业增加值	亿元	211.75	7.7
第三产业增加值	亿元	248.74	11.1
人均地区生产总值(常住人口)	元	75828	9.0
规模以上工业总产值	亿元	1119.89	11.4
农业总产值	亿元	128.24	2.6
粮食总产量	万吨	88.83	-1.3
全社会固定资产投资总额	亿元	443.02	18.9
外贸自营出口总额	亿美元	8.69	3.1
实际利用外资及港澳台资	万美元	6058	21.1
社会消费品零售总额	亿元	165.48	10.1
财政总收入	亿元	62.03	16.2
#一般公共预算收入	亿元	27.59	-10.5
城镇居民人均可支配收入	元	29284	9.1
农村居民人均可支配收入	元	18447	9.4
年末存款余额	亿元	527.20	10.1
年末贷款余额	亿元	328.11	11.4

（吉寿杏）

■农业　2017年，全县实现农业总产值128.24亿元，比上年增长2.6%。新增设施农(渔)业1400公顷，发展稻(藕)田套养2866.67公顷。实施农业规模项目23个。创成全国渔业健康养殖示范县、“中国好粮油”行动计划示范县，射阳湖荷藕产业园获批全国绿色食品一二三产业融合发展示范园。新增农业龙头企业省级2家、市级7家。新创省农业特色小镇1家。创成市级粮食生产全程机械化示范镇4个。犁耕深翻1.07万公顷。新增粮食仓容3万吨。创成“三品一标”（无公害农产品、绿色食品、有机农产品和农产品地理标志)42个，宝应大米、宝应湖大闸蟹获国家地理标志商标。新认定登记家庭农场182个，创成省级示范家庭农场5个。新增“农田托管”面积4200公顷。培育新型职业农民6300人。高效设施农业保险覆盖率达51.4%。完成第三次全国农业普查。（吉寿杏）

■工业和建筑业　2017年，全县规模企业、重点企业增长面分别达61.1%和73.3%，完成开票销售646.7亿元，增长12.2%，工业用电量增长7.8%。新能源产业发展取得重大进展，获批国家级光伏发电应用领跑基地，本期装机规模500兆瓦；新获核准5个风力发电项目，装机容量居全省前列。创成中国汽车零部件制造基地、全国优秀羽绒产业集群。宝胜集团等龙头企业继续发挥骨干支撑作用，骏升科技开票销售突破20亿元，新增10亿元企业1家、5亿元企业4家、1亿元企业16家，净增规模企业22家。新增制造业贷款23.5亿元，增幅全市第一。完成建筑业施工产值492亿元，增长7%，安宜建设获得施工总承包特级资质。（吉寿杏）

■财政和金融　2017年，全县财政总收入62.03亿元，比上年增长16.2%；公共财政预算收入27.59亿元，下降10.5%。年末金融机构人民币存款余额527.2亿元，增长10.1%。年末金融机构人民币贷款余额328.11亿元，增长11.4%。全年新增贷款31亿元，发放小微贷款16亿元。南京银行宝应支行开业，全县商业银行数达12家。县城投公司发行5亿元5年期债券融资计划，16亿元开发区债券成功发行，发行建筑行业私募债3000多万元。新增“新三板”挂牌企业2家。（吉寿杏）

■服务业　2017年，全县社会消费品零售总额165.48亿元，比上年增长10.1%。实现服务业增加值246.5亿元，占地区生产总值比重比上年提高1个百分点。新增服务业重点企业44家。中众合农产品物流园、金源商业综合体等重大项目开工建设，新增品牌汽车4S店2家。创成省级农村电子商务示范镇1个，获批省级电子商务示范园、示范企业各1个。编制完成全域旅游规划及射阳湖旅游特色小镇规划，创成省星级乡村旅游示范区2个，旅游收入增长19%。宽带网络实现提速降费。保险、邮政、盐务等服务业持续发展。（吉寿杏）

■招商引资和项目建设　4月17日，举行2017宝应县产业推介与项目集中签约仪式，签订外资及港澳台资正式项目3个，其中注册资本金1亿美元项目1个，计划总投资15亿元，其中外资及港澳台资1.3亿美元；民资项目中5000万元以上项目18个，10亿元以上正式项目3个、亿元以上项目10个，协议总投资48.1亿元。全社会固定资产投资增长18.9%，工业固定资产投资占比达65%。超额完成市“四新”（新签约、新开工、新竣工、新达产)工业重大项目任务，新开工亿元项目13个。新上500万元以上技改项目40个，完成设备抵扣税2.8亿元，增长76.4%，增幅全市第一。实际利用外资及港澳台资6028万美元，外贸自营出口8.69亿美元，外经营业额2400万美元。“两创示范”(创新、创业　)工作深入推进，净增私营企业1560家、个体工商户4100户。新建标准化厂房5万平方米，新认定省众创空间1个。开发区与黄塍镇实行“区镇合一”管理体制。强化项目用地预审会审，重点工业集中区内涵提升、特色发展迈出新步伐。再次创成省国土资源节约集约模范县。（吉寿杏）

■**重点改革** 贯彻落实供给侧结构性改革各项措施，实施“地条钢”清查整治，拾屯煤矿政策性停产关闭，旭东煤矿托管经营。深化“放管服”改革，“3550”改革扎实起步，推行不见面审批，不动产登记实现“一窗受理、集成服务”，80%以上审批事项实现“网上办”。“双随机”抽查有序推进。公共资源交易平台、城乡居民医保得到整合。机关事业单位人员养老保险登记有序开展。完成农村土地承包经营权确权登记颁证。加强地方债务管理，置换政府存量债务8.7亿元。成立建筑业产业基金，投放制造业产业基金2.55亿元，设立小微企业创业贷款风险资金池。发行企业债16亿元。（吉寿杏）

■**创新创业** 获批高新技术企业9家、省高新技术产品65个、“三站三中心”13家。新一批科技镇长团驻宝任职。新建校企联盟12个，签订产学研合作协议62项。获批省“双创人才”4人、“外专百人”1人、市“绿扬金凤”领军人才10人，引进高层次创新创业人才48人。新增科技综合体5.2万平方米。开发区获批省留学归国人员创业园。新认定省专精特新产品1个。新增中国驰名商标1件、省级名牌产品3个，参与制定国家及行业标准9项，专利授权1260件。晨化股份在创业板上市。宝胜集团荣获全国质量奖鼓励奖。（吉寿杏）

■**城乡建设** 新城体育公园、县人民医院迁建等重大项目有序推进，南部片区联动开发格局加快成型。宝南路、城中路及白田路南延等骨干道路基本建成，白田中路、老淮江路等路段改造出新。完成宝射河北岸、运河城区段风光带建设，15个公园建成开放，新增城区绿地面积30万平方米。创新搬迁机制，依法组织征收，完成棚户区、城中村等搬迁30万平方米。建设农民安置区7个。整治老旧小区15万平方米。实施“三线”入地4.8千米。郭庄农贸市场竣工交付，提档升级公厕5座。城市环境综合整治扎实开展，交通秩序、市容环境得到改善，拆除违法建筑3.1万平方米。房地产市场平稳发展，实现商品房销售72万平方米。住宅小区物业管理机制不断完善。（吉寿杏）

■**基础设施建设** 完成连淮扬镇铁路宝应段建设进度全市领先。省道331改扩建工程加快实施，沙汜公路柳堡段建成通车。改造盐宝线航道驳岸4千米。城南公交首末站建成投用，提档升级农村公路69千米，改造危桥15座。完成农村水利土方382万立方米，配套各类建筑物1433座。新建高标准农田1.2万公顷。镇村公共设施和服务功能持续完善，新建集镇道路40多千米，清理河道70多千米。（吉寿杏）

■**生态建设** 开展“263”专项行动，主动对接江淮生态大走廊建设，累计实施年度工程86个。关闭“三证”不全砖瓦生产企业25家，关停化工企业6家、禁养区养殖场204家，湖区签约退养800公顷，拆除运河沿线各类码头、堆场、经营单位155个，同步开展饮用水源地一级保护区及运河西堤生态修复。交通干线沿线及沿湖村庄环境综合整治取得阶段性成效。铺设城镇污水管网25千米，氾水、曹甸污水处理厂建成投运。生活垃圾焚烧发电项目开工建设。新增生活垃圾分类收集设施250座。农药包装物回收处理35.5万件。新建节能建筑55.6万平方米，新增燃气用户8930户。成片造林443.33公顷，栽植苗木118万株，建成绿化整体推进村22个。建成6.67公顷以上生态林地6个。曹甸镇获批国家园林城镇。创成省“美丽乡村”“康居乡村”各2个。获评省耕地保护激励单位。秸秆综合利用率达95%。煤炭消费总量比上年下降30%。万元地区生产总值综合能耗下降3.8%。完成化学需氧量、二氧化硫等减排任务。实施土地综合整治项目109个。（吉寿杏）

■**劳动和社会保障** 新增城镇就业人数9000人，转移农村劳动力2000人。落实全民参保登记计划，新增各类参保3.7万人。筹建保障性住房200套。归集住房公积金4.96亿元，贷款支取公积金6.94亿元。社会救助及优抚优待标准稳步提高，实现城乡低保一体化。县、镇、村三级慈善工作网络全覆盖。县残疾人综合服务中心建成，新建镇级残疾人之家8个。建档立卡低收入农户精准扶贫工作扎实推进，所有村集体经营性收入均达40万元，化解村级债务6500万元。（吉寿杏）

■**社会事业** 开发区国际学校、安宜实验学校二期工程启动建设。创成省优质幼儿园2所、省义务教育现代化学校8所，普通高考成绩位居全市前列，成功承办省“教海探航”活动。县疾控中心及4个农村区域性医疗卫生中心投入使用。医联体加快建设，家庭医生签约服务全面推开。新一轮县、镇、村文体阵地建设积极推进，新建基层综合文化服务中心80个、村级大舞台28个、城市书房1家。文体惠民工程有效实施，成功举办首届文化艺术节及重点文体活动近30场次。“中国乱针绣之乡”创建通过评审。文明城市创建通过省市测评。社会信用体系建设加快完善。创成全省首批食品安全示范城市。省级双拥模范县创建通过验收。少数民族服务站实现镇区全覆盖。（吉寿杏）

■**创成“中国乱针绣之乡”** 12月19日，宝应县“中国乱针绣之乡”创建工作通过中国工艺美术协会的验收。宝应乱针绣产业，既有历史文化的工艺传承，更有现代美术的发扬出新，至年末，有各类刺绣企业60多家，省市级工艺美术大师26人，中高级工艺美术师近80人，产品年产销规模超4亿元，已成为行业有地位、国内有影响的文化创意产业基地。（吉寿杏）

仪征市

■**概况** 仪征市总面积859平方千米，辖9个镇、2个街道，有137个村、58个

2017年仪征市经济社会发展主要指标一览表

表40-5

项　　目	单位	数量	比上年增长(%)
地区生产总值	亿元	628.36	8.0
第一产业增加值	亿元	23.28	-0.4
第二产业增加值	亿元	328.81	6.8
第三产业增加值	亿元	276.27	10.3
全部工业总产值	亿元	1871.3	10.9
规模以上工业总产值	亿元	1530.50	11.9
规模以上工业销售收入	亿元	1463.46	10.0
规模以上工业利税总额	亿元	178.03	-8.2
规模以上工业利润总额	亿元	107.22	-2.7
全部工业开票销售收入	亿元	1048.41	9.7
建筑业施工总产值	亿元	303	12.3
一般公共财政预算收入	亿元	47.79	6.8
外贸自营出口总额	亿美元	4.91	5.98
实际利用外资及港澳台资	亿美元	1.13	0.24
向上争取国资	亿元	9.32	-27.7
固定资产投资	亿元	550.15	16.8
工业技改投资	亿元	281.02	30.9
社会消费品零售总额	亿元	120.68	10.0
城镇居民人均可支配收入	元	39686	8.7
农村居民人均可支配收入	元	19033	8.7

（李明飞　吕　伟）

社区，年末户籍总人口59.44万人。

2017年，全市实现地区生产总值628.36亿元，比上年增长8.0%。其中，第一产业增加值23.28亿元，下降0.4%；第二产业增加值328.81亿元，增长6.8%；第三产业增加值276.27亿元，增长10.3%。完成全社会固定资产投资550.15亿元，增长16.8%。实现社会消费品零售总额120.68亿元，增长10.0%。城镇居民人均可支配收入39686元，增长8.7%；农村居民人均可支配收入19033元，增长8.7%。

（李明飞　吕　伟）

■**农业**　2017年，全市粮食总产量24.78万吨，比上年下降20.4%。其中，夏粮产量4.50万吨，下降49.9%；秋粮产量20.28万吨，下降8.5%。油料总产量0.85万吨，下降9.0%。蔬菜总产量27.99万吨，增长4.1%。全年粮食种植面积3.44万公顷，下降25.5%；油料种植面积3320公顷，下降13.4%；蔬菜种植面积7087公顷，增长3.1%。肉类总产量2.14万吨，增长0.3%；牛奶总产量270吨，下降19.4%；禽蛋总产量1.5万吨，下降4.1%；水产品总产量8002吨，增长3.8%。

调整完善新一轮土地利用规划。实施耕地轮作休耕2000公顷，土壤深翻4000公顷，新增高标准农田2266.67公顷。完成高集库点、十二圩粮库一期仓容建设，新增仓容2.65万吨。创成全国休闲农业园区3家、省主题创意农园3家、省休闲观光农业示范村1个，新增高效农业面积666.67公顷。新认证“三品”农产品43个。新增农民专业合作社28个，新组建家庭农场100个，新集镇壮禾农机专业合作社被评为全国示范合作社。（李明飞　吕　伟）

■**工业**　2017年，全市工业开票销售收入1048.41亿元，比上年增长9.7%，其中市辖工业开票销售收入648.11亿元，增长3.1%。规模以上工业实现产值1530.50亿元，增长11.9%，其中市辖规模以上工业实现产值986.47亿元，增长8.7%。规模以上石油化工产业实现产值553.76亿元，增长20.8%；规模以上汽车及零部件产业实现产值610.47亿元，增长5.2%。产品结构持续优化。在列入统计的38种主要工业产品中，产量比上年增长的有20种，下降的有18种。其中，金属冶炼设备、粉末冶金零件、变压器、无纺布、纱等产品产量增长20%以上，初级形态塑料、布、服装、铸铁件等产品产量下降20%以上。（李明飞　吕　伟）

■**建筑业**　2017年，全年建筑业实现总产值303亿元，比上年增长12.3%；建筑业增加值36.87亿元，增长2.3%；竣工产值254.51亿元，增长27.4%。建筑业企业房屋建筑施工面积1917.71万平方米，增长23.8%；竣工面积899.50万平方米，增长18.4%。（李明飞　吕　伟）

■**国内贸易**　全年实现社会消费品零售总额120.68亿元，比上年增长10.0%。按经营单位所在地分，城镇市场实现零售额103.93亿元，增长10.0%；乡村市场实现零售额16.75亿元，增长9.4%。按消费形态分，批发业零售额18.64亿元，下降7.8%；零售业零售额87.59亿元，增长13.9%；住宿业零售额1.24亿元，增长6.4%；餐饮业零售额13.21亿元，增长14.9%。（李明飞　吕　伟）

■**开放型经济**　全市注册外资及港澳台资实际到账1.13亿美元。其中市本级（不含扬州化学工业园区）注册外资及港澳台资实际到账8046万美元。全市进出口总额13.52亿美元，增长24.9%，其中出口4.91亿美元，增长5.98%。本市级（不含扬州化学工业园区）进出口总额4.52亿美元，增长10.1%，其中出口3.29亿美元，增长0.2%。（李明飞　吕　伟）

■**交通、邮电和旅游业** 年末全市公路里程1539.50千米。全年公路货运量427.35万吨，比上年下降8.8%；水路货运量950万吨，增长11.9%；铁路货运量15.33万吨，增长108.3%；港口货物吞吐量585.5万吨，增长29.1%。全年公路客运量950.67万人次，下降24.0%。年末民用汽车拥有量8.74万辆，增长11.9%，其中私人汽车拥有量8.03万辆，增长12.5%。

全年邮政业务收入1.22亿元，增长14.8%；电信业务收入4.24亿元，下降3.9%。全市电话用户83.92万户，下降0.7%。其中，固定电话用户13.73万户，下降9.6%；移动电话用户70.09万户，增长1.1%。年末互联网宽带接入用户24.8万户，增长9.3%。

年末全市有旅行社及其分支机构45家，星级旅游酒店饭店7家。全年接待旅游者315.5万人次，增长16.1%；旅游业总收入32.85亿元，增长16.5%。 （李明飞 吕 伟）

■**财政和金融** 全市实现一般公共财政预算收入47.79亿元，比上年增长6.8%，其中，税收收入41.47亿元，增长7.5%；税收占比86.8%，比上年提高0.6个百分点。市本级（不含扬州化学工业园区）实现一般公共财政预算收入42.70亿元，增长7.1%，其中，税收收入36.71亿元，增长7.6%；税收占比86.0%，比上年提高0.4个百分点。

市本级（不含扬州化学工业园区）实现公共财政预算支出57.50亿元，比上年增长12.9%。其中，交通运输支出2.00亿元，增长73.7%；城乡社区支出4.05亿元，增长37.4%；社会保障和就业支出8.43亿元，增长30.4%；医疗卫生与计划生育支出5.63亿元，增长23.9%；节能环保支出1.69亿元，增长18.5%；科学技术支出1.33亿元，增长9.9%。

年末金融机构人民币存款余额649.94亿元，比年初增长7.2%。其中，居民储蓄存款306.16亿元，增长3.5%；企业存款186.84亿元，增长5.1%。年末金融机构人民币贷款余额402.88亿元，比年初增长17.4%。其中，短期贷款157.60亿元，增长10.6%；中长期贷款238.92亿元，增长26.4%。

全年保费业务收入15.13亿元，增长24.4%。其中人寿险收入11.33亿元，增长35.0%；财产险收入3.80亿元，增长0.8%。（李明飞 吕 伟）

■**科技创新** 全年各类专利申请4870件。其中发明专利1014件；专利授权1568件，其中发明专利授权53件。新增国家高新技术企业17家，省级高新技术产品124个，获批扬州市级研发机构19家，省级院士工作站2家。全市共签订产学研合作协议62项。组织申报国家人才计划4人，申报省“双创”人才10人、省“双创”团队2个、科技副总类博士30人、企业创新博士3人。组织实施“凤来仪”人才引进计划，申报创新创业领军人才14人，柔性引进教授博士107人，引进高层次领军人才23人、优秀博士40人。 （李明飞 吕 伟）

■**城乡建设与环境保护** 城市总规修编成果通过专家论证，实施新一轮城建十大工程。推进棚户区（城中村）改造，完成征地拆迁2300多户。启动“翡翠项链”计划，开工建设石桥河示范段、仪城河仪中段。整治临街临水低矮危旧房屋4.1万平方米。实施危房解危1.2万平方米、老旧小区整治35.4万平方米。启动万年大道北延、站前路改扩建、泗大线拓宽改造工程。改造道路交叉口1个、背街巷道6条。新建停车场5个。滨江新城综合体育馆、奥克伍德酒店、农贸市场主体建成，综合客运枢纽站加快建设。城市公园体系逐步完善，新建、改造城市综合性公园2个、社区公园2个、街心游园7个，建成集镇生态公园8个。实施城市环境综合整治项目81项。

推进特色小镇建设，枣林湾入选国家首批创建运动休闲特色小镇名录，铜山、月塘、新集特色小镇列入扬州首批特色小镇创建、培育名单。完成集镇环境综合整治项目110项。推动数字化城管向基层延伸，建筑渣土和建设工地专项治理实现全覆盖。启动特色田园乡村建设，月塘镇成为扬州市唯一全域整体推进试点镇，四庄村被列为全省首批试点。实施枣林湾全域绿化，打造353省道、333省道两条风景廊道，建成绿化重点工程38项，栽植树木105万株。补办农民集中居住区不动产权证1.5万户。

加强生态红线区域管控，划定生态红线保护区域。推进“263”专项行动，组织23项专项整治。累计“减煤”（减少煤炭消费量）18万吨，关停小化工企业14家，关闭整治砖瓦企业63家、预拌混凝土企业39家，取缔砂石加工点25个，复垦工矿废弃地30个，规范取缔再生资源回收网点327个。空气质量优良天数占比82.5%。省控以上断面水功能区水质达标率100%，基本消除劣五类水质。创成国家级县域节水型社会。关闭保护区内相关设施，完成取水口水源地达标建设。 （李明飞 吕 伟）

■**社会事业** 建成月塘中学、刘集学校、陈集小学，加快城北幼儿园建设，推进实验小学东区校、曹山小学选址规划，完成陈集中学撤并。创成省级平安校园示范市，通过省级社区教育示范区评估验收。省优质幼儿园比例75.0%，省现代化小学比例96.8%，省现代化初中比例100%，省三星级以上高中比例75%。全市各类学校85所，招生1.52万人，在校生5.86万人。3～5周岁幼儿毛入学率99.5%，小学净入学率100%，初中净入学率100%，初中升学率99.8%。

全年广播节目制作时间3822小时，电视节目制作时间3827小时，广播电视节目综合覆盖率100%。全市有电影放映单位6个、艺术表演场馆1个、博物馆1个、纪念馆2个、公共图书馆1个、文化站9个，全年电影放映2.84万场，电影观众78.35万人次，艺术表演观众23.3万人次，文物展览参观21.4万人次，纪念馆参观1.2万人次，公共图书馆总藏书量41.2万册件，书刊文献外借23.5万册次。

新集、大仪、月塘农村区域性医疗卫生中心正式运营，启动人民医院综合改造，实施中医院和妇保院异地新建、刘集和青山卫生院建设。深化医药卫生体制改革，人民医院创建三级医院接受省级考核。通过全国中医药工作先进单位复审。年末有各类卫生机构(不含村卫生室)77个，比上年增加1个；有床位数2381张，增加5张；有卫生技术人员3762人，增加409人，其中执业医师、执业助理医师1169人，增加102人。

全市有体育场7个、体育馆7个、游泳池馆7个，有教练员18人、等级裁判员154人、等级运动员78人。全年运动员获奖牌总数186枚，举办体育竞赛表演95次。完善村、社区文体设施，年末建成全民健身活动设施809个。组织城市龙舟赛等文体活动160多场。 （李明飞　吕　伟）

■社会保障　全年新增转移农村劳动力就业3800人，新增城镇就业9500人，城镇登记失业率1.86%。年末城镇职工基本养老保险覆盖率、基本医疗保险覆盖率、失业保险覆盖率分别为97.17%、97.57%、97.34%，参保人数分别达到15.56万人、17.51万人、9.45万人。连续第13年调整企业退休人员养老金，月均养老金达2521元。连续第5年提高居民基础养老金最低标准，提高至每人每月125元。城乡低保标准统一提高至每人每月600元。新增经济适用房货币安置36户，公租房保障90户。住房公积金扩面6100人，使用公积金9.8亿元。 （李明飞　吕　伟）

高邮市

■概况　高邮市面积1921.78平方千米，辖10个镇、1个回族乡、2个街道，有2个省级开发区(高邮经济开发区、高邮高新技术产业开发区)、1个新区(高邮城南经济新区)，有175个行政村、52个社区，年末户籍人口81.18万人。

2017年，全市实现地区生产总值608.41亿元，按可比价计算，比上年增长8.2%。其中，第一产业增加值74.09亿元，增长3.7%；第二产业增加值267.85亿元，增长7.9%；第三产业增加值266.47亿元，增长9.7%。三次产业结构比例12.2:44:43.8。人均地区生产总值81908元。全市完成社会固定资产投资563.06亿元，增长23.6%。城镇居民人均可支配收入34230元，农村居民人均纯收入18494元，分别增长8.9%、9.1%。 （宝珍芳）

2017年高邮市经济社会发展主要指标一览表

表40-6

项　　目	单位	数量	比上年增长(%)
地区生产总值	亿元	608.41	8.2
第一产业增加值	亿元	74.09	3.7
第二产业增加值	亿元	267.85	7.9
第三产业增加值	亿元	266.47	9.7
人均地区生产总值(常住人口计算)	元	81908	12.98
规模以上工业产值	亿元	1069.89	17.1
农林牧渔业产值	亿元	142.9	5.4
粮食总产量	万吨	84.51	-1.7
全社会固定资产投资总额	亿元	563.06	23.6
外贸自营出口总额	亿美元	4.63	7.1
实际利用外资及港澳台资	万美元	6774	34.1
社会消费品零售总额	亿元	187.38	10.2
一般公共财政预算收入	亿元	32.63	-4.4
城镇居民人均可支配收入	元	34230	8.9
农村居民人均可支配收入	元	18494	9.1
年末存款余额	亿元	592.68	7.2
年末贷款余额	亿元	358.71	11.4

（高邮市统计局）

■农林牧渔业　2017年，全市实现农林牧渔业总产值142.90亿元，比上年增长5.4%。其中，实现农业总产值53.81亿元，增长7.1%；林业总产值2.20亿元，增长5.5%；牧业总产值21.36亿元，下降2.8%；渔业总产值57.81亿元，增长6.9%。实现粮食总产量84.51万吨、油料总产量2.02万吨、蔬菜57.12万吨；生猪出栏量33.02万头、家禽出栏量1297万只、水产品产量22.34万吨。新增高效设施农渔业面积0.28万公顷，累计建成千亩农业连片园区11个、省级农产品加工集中区1个。新创成扬州市级现代农业园区3家、省级现代农业产业示范园1家。新建高标准农田0.17万公顷。新创成省级农业龙头企业3家。新增农产品“三品”品牌43个。强化村级集体经济建设，行政村年集体经营性收入40万元实现全覆盖。 （宝珍芳）

■工业　2017年，全市529家规模以上企业累计完成现价产值1069.89亿元、销售收入1033.51亿元、利税总额82.39亿元、利润48.95亿元，分别比上年增长17.1%、15.1%、9.6%、13.8%。规模以上工业产销率96.6%。实现工业增加值194.85亿元，可比价增长9.9%。实现工业用电量25.15亿千瓦时，增长12.4%。完成工业入库税收24.41亿元，增长38.5%。完成设备抵扣税1.76亿元，下降12.2%。工业技改投资完成184.29亿元，增长25.8%。实施投资额10亿元或1亿美元以上在建项目26项，计划投资320亿元，当年用款31.9亿元，累计完成投资186亿元。机械装备、电线电缆、纺织服装、照明灯具等4个基本产业的规模以上企业运行平稳。获批省"两化"（互联网与工业融合创新）深度融合创新试点企业6家、省服务型制造示范企业4家，获批高新技术产品146种，建成省示范智能车间2间。江苏传艺科技股份有限公司成为全市首家获批在A股上市的企业。（宝珍芳）

■建筑业 全市建筑业企业完成总产值1100.99亿元，比上年增长5%；完成建筑业施工总产值846.04亿元，增长5.4%。完成建筑业税收4.1亿元，下降13.7%。全年晋升建筑施工总承包特级资质企业1家（江苏兴厦建设工程集团有限公司）、一级资质企业2家；新开辟外埠市场7个（国内6个、国外1个）。建筑企业承建工程新获市级以上优质工程62项、文明工地60个。市建筑产业现代化研发生产基地第一期工程建设快速推进，实现预制构件工厂投产，装配式施工面积12.5万平方米。（宝珍芳）

■国内贸易 全市社会消费品零售总额187.38亿元，比上年增长10.2%。其中，批发业32.4亿元，增长17.4%；零售业129.27亿元，增长9.6%；住宿业1.2亿元，增长19.2%；餐饮业24.51亿元，增长4.3%。全市有贸易业限额以上企业127家，全年实现营业收入119.41亿元。在限额以上企业商品零售额中，粮油、食品类零售额6.11亿元，增长5.2%；饮料类零售额6.26亿元，增长19.7%；烟酒类零售额1.46亿元，增长8.2%；服装、鞋帽、针纺织品类零售额2.93亿元，增长49.4%；日用品类零售额1.33亿元，增长11.4%；化妆品类零售额0.35亿元，增长6.1%；金银珠宝类零售额1.52亿元，增长10%；家用电器和音像器材类零售额2.38亿元，增长15.2%；中西药品类零售额3.83亿元，增长40.9%；石油及制品类零售额9.97亿元，增长12.1%；建筑及装潢材料类零售额6.93亿元，增长15.8%；汽车类零售额5.39亿元，下降2.7%。（宝珍芳）

■对外及港澳台经贸 举办第13届中国双黄鸭蛋节，开展"春季招商迎节庆""上海招商月""深圳、北京招商周"等活动，新签约投资额5000万元以上产业合作项目126项，其中含外资及港澳台资项目22项。实际利用外资及港澳台资6774万美元，增长34.1%。全市进出口总额4.9亿，其中出口总额4.63亿美元，分别增长3.2%、7.1%。（宝珍芳）

■科技创新 制定并实施《高邮市科技创新12条政策措施及实施细则》。市科技创业中心获评优秀（A类）国家级科技企业孵化器，高邮高新区、高邮城南经济新区获批国家火炬特色产业基地。获批省级以上"三站三中心"22家，新增校企联盟55个。获批省重大科技成果转化项目13项。制定并实施《关于深入实施"秦邮人才集聚"战略加快推进人才强市建设的政策措施》，引进国家"万人计划"1人、博士以上人才93人，入选省级人才计划25人；新认定全国百强示范院士专家工作站2家（龙腾照明集团有限公司、江苏绿科生物技术有限公司）。创成中国驰名商标1件（江苏承煦电气集团有限公司"图形"产品商标）。高邮灯具获批省区域名牌、国家产业集群区域品牌。实现规模以上高新技术产业产值365.68亿元，占规模以上工业产值的34.2%。全社会研发经费支出占地区生产总值比重2%。（宝珍芳）

■交通和供电 连淮扬镇铁路高邮段建设工程沿线征地拆迁全面完成。界首运河大桥主体工程完工。通扬线高邮段航道整治工程全面启动。S125、S352、S333高邮段西延工程获省发改委立项。实施县道安保工程43千米，农村公路提档升级100千米，改造危桥25座。新设智能化公交站牌108个，新上线运营纯电动公交车30辆。开通周山镇、三垛镇镇村公交。新增10千伏以下线路1462千米、主网变电容量10万千伏安。

（宝珍芳）

■财政和金融 全市实现公共财政预算收入32.63亿元，比上年下降4.4%。全年完成税收收入26.98亿元，下降5.5%，占公共财政预算收入的82.7%。公共财政预算支出65.26亿元，增长14.6%。

年末，全市金融机构各项存款余额592.68亿元，比年初增加40.25亿元，增长7.2%；各项贷款余额358.71亿元，比年初增加36.64亿元，增长11.4%。（宝珍芳）

■城乡建设与环境保护 编制完成城市建成区控制性详规及城市色彩、综合交通等专项规划。按照发展新城、完善旧城、保护古城、美化邮城的思路，组织实施2017年度城建"双十"（城建十大重点项目、城建十类重点工程）重点工程，涉及项目74项，总投资额175.98亿元。出台公园体系规划建设导则，建成开放市级公园2个、社区公园15个、镇村公园189个，新增绿地36公顷。有序推进生活垃圾焚烧发电厂、建筑垃圾消纳场建设。启动实施东北片区域供水提标及镇级污水治理提升项目。在全省率先实施老旧小区信报箱改造工作。市区数字化城管巡查覆盖35平方千米。百里湖堤运动风光带道路全线贯通。菱塘民族风情小镇列入省级特色小镇培育名单，卸甲好种源小镇和界首芦荡渔乡小镇分别列入扬州市级创建、培育名单。高邮湖湿地入选中国重要农业文化遗产。

全市房地产开发投资42.77亿元，增长35.2%。其中，住宅投资33.98亿元，增长41.9%；商业营业用房投资6.04亿元，下降3.7%。全市商品房新开工面积55.67万平方米；商品房竣工面积41.75万平方米，下降62.5%；商品房销售面积125.59万平方米，增长61.5%。

推进生态环境建设。制定《高邮市"两减六治三提升"环保专项行动实施方案》，全面开展"两减六治三提升"行动，关闭市助剂厂等涉污企业15家、畜禽养殖场110家。建立三级河长体系，整治玉带河、新华河、支农河等城河6条，疏浚县乡河道205条。推进江淮生态大走廊建设，三阳河生态清水廊道、渌洋湖生态湿地初具规模，高邮湖退圩还湖规划获省政府批复。清水潭、龙虬庄、状元湖、界首芦苇荡等生态中心建设全面启动。完成造林面积800公顷。创成省"美丽乡村" 2个、省绿化示范村9个。开展农药包装物集中回收统一处理试点，入选省现代生态循环农业试点市。全市空气质量优良率76.9%，比上年提高7.7个百分点；PM2.5年均值45.9微克/立方米，比上年下降18.1%；地表水断面水质达标率100%。节能降耗超额完成省和扬州市下达任务。（宝珍芳）

■社会事业 全国文明城市创建带动市容市貌明显改善、市民素质不断提高，创成国家卫生城市。卸甲镇金港村获"全国文明村"称号。"五馆二园一城一中心"文化建设工程进展顺利，市博物馆、当铺博物馆、集邮家博物馆、文化体育休闲公园相继建成，非遗文化展示馆、汪曾祺纪念馆和龙虬庄遗址公园、大运河世界遗产公园及文化博览城建设稳步推进。龙虬庄遗址入选国家考古遗址公园立项名单。《中国影像方志·江苏卷高邮篇》在中央电视台科教频道播出。丰富群众文体生活，城乡46所学校运动场地对社会开放。建成人民公园城市书房和90家村(社区)综合文化服务中心。抗日战争最后一役纪念馆文化园全面落成，北门瓮城遗址公园等一批文博场所建成开放。举办第十三届双黄鸭蛋节、第八届中国邮文化节、首届高邮文化艺术节。首获省"五个一工程"图书奖。

力推教育优先发展，高考普通类本二以上达线人数突破3000人，万人口本科上线率跃居扬州首位。省现代化学校建设提前实现"十三五"目标。三垛、甘垛、周山3个乡镇在全市率先开通校车。优化调整教育布局，完成原赞化学校回购工作，并在该校旧址完成市第一小学迁建工程。

加快完善卫生服务体系，市人民医院东区第二期工程开工，三垛、送桥、临泽、卸甲等4家农村区域性医疗卫生中心建成使用。初步建成分级诊疗体系，高邮市以总分第二的成绩获评省首批基层卫生十强县(市、区)。龙虬镇、车逻镇创成国家卫生镇。菱塘回族乡率先在全市创成省健康镇。全面二孩政策平稳施行，一、二孩生育登记信息5669条，审批照顾再生育133例，出生政策符合率99.9%。

承办中国桨板黄金联赛(高邮站)，举办第八届环高邮湖国际自行车越野赛、第六届大运河半程马拉松赛等品牌赛事。（宝珍芳）

■劳动和社会保障 落实促进就业创业扶持政策，扶持创业414人，"双零"家庭保持动态清零，城镇登记失业率1.83%。建立城乡统一的居民医保制度，城乡低保实现提标同标。募集慈善资金762.89万元，支出慈善资金901.72万元。开展最贫困家庭精准帮扶工程，26项普惠政策及25项个性化政策有效落实，惠及被帮扶对象411人。建成省级示范性居家养老服务中心2家、护理型托养机构1所。完成省定保障性安居工程任务。住房公积金发放贷款3.6亿元。新改造农村危房435户。（宝珍芳）

■第13届中国双黄鸭蛋节 4月中旬至5月上旬，高邮市举行第13届中国双黄蛋节。期间，先后举行第13届中国双黄鸭蛋节开幕式暨产业合作商机说明会，春季招商迎节庆"大拜访、大招商、大合作"活动、组织参加扬州市"烟花三月"国际经贸旅游节系列活动、"高邮湖春色·里下河风情"旅游招商推介会、2017年江苏邮政农产品返城高邮鸭蛋项目启动仪式、第2届"美味高邮"农产品电商展销会暨扬州高邮国家农业科技园区花卉交易市场开业、北京市青年企业家协会会员企业到高邮考察投资推介活动和"八老改造"项目推介招商，扬州(高邮)"4·18"集中开工仪式、城建重大项目集中开工、农业重大项目集中开工，新能源产业发展系列论坛、院士专家高邮行、高邮市"百名博士进百企"启动仪式暨创新实践就业见习基地挂牌签约仪式、"互联网+服务业"电子商务高端论坛、上市挂牌(后备)企业与金融机构对接推介路演及"名城在我心中"征文、摄影、书法大赛评选颁奖活动，"三馆"开馆仪式，全民健身活动展示，环高邮湖国际自行车赛和千名市民生态行首发仪式等五大类共21项活动。其间，全市签约产业合作项目57项，其中战略合作协议项目1项、产业项目56项，总投资额151.56亿元。

（宝珍芳）

人物

Renwu

编　辑　徐国磊

先进模范

“全国五一劳动奖章”获得者

■**唐玉刚**　男，汉族，1974年6月出生，技校毕业，仪征化纤有限公司PTA生产中心PTA装置值班长，高级技师。唐玉刚勤奋好学，利用业余时间自学化工、设备、仪表、电气方面的知识，记录学习笔记13本，根据自己的操作经验编写的《PTA1#装置生产及操作原理》成为新员工培训教材。他刻苦钻研，近年来在工作中提合理化建议40多条，其中“控制进入系统密封冲洗醋酸流量”的建议，规范工作的操作流程，降低醋酸消耗，年增产PTA约2000吨，创经济效益200万元。他解决生产难题40多个，率领“唐玉刚劳模创新工作室”成员开展创新、攻关课题近30项，每年减少污水排放20多万吨、COD排放近300吨，产生效益1200余万元。唐玉刚爱岗敬业，热心“传、帮、带”工作，主动修改装置PID图及作业指导书、编写装置事故案例等，为职工学习和技能提高提供帮助，并将自己的经验跟大家分享，对操作人员有针对性地开展岗位练兵、仿真模拟操作训练。几年来，他累计授课350课时，帮助30多人提高技能等级。先后获“央企知识型员工”“中石化劳动模范”“中石化技术能手”等称号。2017年4月，被授予“全国五一劳动奖章”。（凌月明）

■**薛金培**　男，汉族，1971年10月出生，初中文化，扬州宇通服装有限公司车间主任。2005年8月进入公司从事缝纫机工作。薛金培平时好学，逐步熟练丝绸服装工艺流程，不断提高产品质量。2006年5月被公司提拔为缝纫三组组长，几年来，他带领三组28名工人学先进、赶先进、超先进，高质量、超产量完成公司下达的日产、月产、年产指标任务，得到员工的认可、公司的表彰。在工作过程中，善于帮助同事，对技术不过关、质量难提高的同事耐心指导、细心帮助。他对待工作兢兢业业、一丝不苟，上班总是在人前做好各项准备工作，让班组员工走马上任；下班总是在人后，做好班后各项检查扫尾工作。2010年7月被公司提拔为车间主任，得到公司近300名员工的公认。2007年、2008年被公司评为“优秀员工”。2009年被市总工会表彰为“优秀员工”。2011年获“扬州市优秀能手”称号。2014年获“江苏省五一劳动奖章”。2017年4月被授予“全国五一劳动奖章”。（凌月明）

江苏省“五一劳动奖章”获得者

■**陈重生**　男，汉族，1970年9月出生，本科学历，扬州日精电子有限公司董事长。2008年，陈重生率领企业落户扬州。公司是一家生产和销售薄膜电容器的专业厂家，几年来先后获“高新技术企业”“纳税先进企业”“安全生产企业”等称号。陈重生个人获“创业扬州十大风云人物”、扬州市五一劳动奖章。2011—2015年间，公司上缴税金3550万元，缴纳社保和公积金近千万元。他勇于创新，2008年收购扬州无线电三厂、扬洋电子、实浦电子3家企业。2010年，斥资收购日本日精电机株式会社在日本本土、中国上海、江西宜春、中国香港、新加坡的所有资产，成为扬州本土企业海外并购的典范。2013年，投资近亿元在维扬经济开发区建造4.3万平方米的日精电子运营总部、研发中心和生产大楼。组建新能源项目组，投入大量资金，引进行业精英，加大研发力度，带领团队成功研发具有自主知识产权的新能源汽车电容，并被日本本田电动汽车、韩国起亚电动汽车采用。搭桥央企中国振华集团，成立扬州薄膜电容器研究院。陈重生关心员工的工作和生活，创办《新日精报》，宣传员工的先进事迹；成立“伙伴基金”，与员工共同享受发展成果；重视员工的技能培训，定期举办技能大赛，并且分批次派员工去日本参加学习培训。2017年4月被授予江苏省“五一劳动奖章”。（凌月明）

■**董海霞**　女，回族，1975年8月出生，中共党员，本科学历，中国人寿保险股份有限公司扬州市分公司营销二部经理。自1996年参加工作以来，从一名基层营销员一步一个脚印成长为公司的中层管理人员。多年来，她兢兢业业、尽心尽责，经营思路清晰明了，工作中善于抓主要矛盾；能够点燃营销人员创富热情，引导他们向更高的目标挑战；对于后台管理人员，能够不厌其烦地传帮带，培养一批优秀的后台管理青年骨干。她所在的市区营销二部发展势头良好，2016年个险十年期业务近3000万元，主管人数由年初的48人增长到年底的139人，总出发人力由年初的661人增长到年底的1271人，实现队伍和业务的双提升，成为全省系统的标杆。2016年，获“扬州市五一劳动奖章”。2017年4月被授予江苏省“五一劳动奖章”。（凌月明）

■**花　静**　女，汉族，1970年3月出生，中共党员，职业高中毕业，扬州漆器厂工艺美术师。进厂工作30多年来，一直从事红彩勾刀和描金彩绘的制作，现为企业彩绘勾刀技艺的带头人。其技法熟练，刀线流畅，并将勾刀细如蚕丝的特点和彩绘柔和典雅的用色结合起来，形成独特的艺术风格。近年来在省级以上比赛中获金奖4个、银奖4个、铜奖2个、优秀奖4个。参与大型漆壁画、挂屏、漆艺家具等产品制作，为企业带来良好的经济效益，连续4年被评为企业先进个人。在技艺的传承方面，先后带过10名青年技工，用心传授技艺，合理安排实践操作，其中两人获助理工艺美术师职称。先后获“扬州市工艺美术大师”“扬州市五一劳动奖章”“江苏省工艺美术名人”等称号。2017年4月被授予江苏省“五一劳动奖章”。（凌月明）

■**李红雷**　男，汉族，1978年4月出生，高中学历，两面针（江苏）实业有限公司班组长。他是公司的一名基层员工，爱岗敬业、踏实工作、默默奉献，数年如一日，超额完成工作目标任务，得到领导和同事们的一致好评。他刻苦钻研，锐意创新，带领工友大胆进行技术改革，取得多项小发明、小创造成果，为公司节约成本，节省人力、电力，缩短工时。他关心公司发展、团结爱护同事，乐于帮助有困难的工友，参加公司组织的各项公益活动。利用业余时间自学行业理论知识，潜心钻研生产工艺流程，提高自身工作能力和业务水平。2011年获“扬州市五一劳动奖章”。2017年4月，被授予江苏省“五一劳动奖章”。（凌月明）

■**刘良兵**　男，汉族，1968年5月出生，中专学历，可瑞尔科技（扬州）有限公司课长。自2003年入职以来，脚踏实地从基层开始，由技术员到组长到课长，担任过多个部门要职，由生技课课长到自动化办公室到感测课课长再到电子课课长，工作尽心尽责。他带领部属进行相关作业及设备改良，取得良好成果。2016年，他利用专业知识，创新突破，将晶片线的底片底数设计变更，直接提高生产产量15%以上，月减少报废4万～5万元以上。将供气管道和使用设备改良，氮气使用量降低1/2，月节约4000元以上。优化改善生产工艺，使公司生产效率提升18%～20%，月减少用工人员15人。2011年被评为开发区“十佳首席员工”称号。2015年获“扬州市五一劳动奖章”。2017年4月被授予江苏省“五一劳动奖章”。（凌月明）

■**谈家彬**　男，汉族，1971年6月出生，中共党员，本科学历，江苏清溢环保设备有限公司技术中心主任。他爱岗敬业，在污水处理工艺方面有很深的研究。在公司工作期间，主持科研开发项目8项，申报国家专利21项，均获授权，其中发明专利2项。研发的“高效快速清污机”项目列为国家重点新产品（2011TJC10190），“智能化循环式高效澄清工艺装备及其产业化”被列为国家火炬计划项目（2013GH060539），“污水资源化集成工艺装备”项目被列为扬州市科技支撑工业项目（YZ2012023）。另有4个项目被认定为江苏省高新技术产品。项目实施后，新增销售9375万元，新增利税1922万元。污水处理运营中，年节约原材料5500万元，动力燃料减少290万元。2015年获“扬州市五一劳动奖章”。2017年4月被授予江苏省“五一劳动奖章”。（凌月明）

■**王军文**　男，汉族，1964年11月出生，中共党员，本科学历，扬州市文津中学校长。他长期从事基础教育教学管理与研究工作，致力于基础教育课堂教学改革并形成具有丰富内涵、实践成效和颇具推广价值的“四导四学课堂教学模式”。该项教科研成果于2013年获江苏省教学成果奖的特等奖。他主编的《凤凰数字化导学稿》，为省内近30所初中学校所使用，在江苏省内具有一定的影响力和辐射力，成为江苏基础教育教学改革的重要成果。他以《凤凰数字化导学稿》为基础，创制“互联网＋课堂导学”学习系统，获扬州市基础教育教学成果奖特等奖。先后获“江苏省优秀教育工作者”“扬州市五一劳动奖章”。2017年4月被授予江苏省“五一劳动奖章”。（凌月明）

■**徐尼军**　男，汉族，1980年10月出生，中专学历，骏升科技（扬州）有限公司技术部副经理，技师。他主要承担电子加工技术研发工作，发挥技术研发部门技能带头人的作用，结合市场对IR、RF等高端产品的大需求，带领团队5人先后研发自动测试架、高效自动螺丝机，做到硬件电路的兼容性，每条产线节省5人，每条产线产能7500部，效率提升300%。高效自动螺丝机获国家实用新型专利证书（ZL201250549036.1），平均每年为公司节省成本50万元～100万元。遥控器推动射频功能测试，实现一键自动完成所有测试的目的，达到减少测试时间、提升测试直通率、降低测试人员培训周期的多项目的。该成果成为所有带射频机型的标配。先后获“宝应县十大金牌工人”“扬州市五一劳动奖章”。2017年4月被授予江苏省“五一劳动奖章”。（凌月明）

■**于成功**　男，汉族，1965年10月出生，中共党员，博士研究生，南京鼓楼医院集团仪征医院院长，主任医师，教授、博士生导师。他是美国哈佛大学医学院博士后，中华消化病学会炎症性肠病学组成员，江苏省中西医结合学会第八届理事，江苏省中西医结合消化学会副主任委员，江苏省消化病学会常委、炎症性肠病学组组长，南京市消化病学会副主任委员。担任中华炎性肠病及胃肠病学等杂志编委及特约审稿人。他长期坚持在临床一线，为广大患者提供优质医疗服务，在仪征地区首次开展内镜超声诊断技术及多种内镜下治疗术，并多次举办学术会议，促进相关学科的发展及人才培养。主持课题16项，其中国家自然科学基金2项。发表论文110篇，其中SCI收录论文18篇。主编《消化系肿瘤学》《消化道狭窄与梗阻性病变的内镜治疗》《消化内镜诊疗关键》等专著，培养研究生60人。2012—2014年度被评为"扬州市优秀科技工作者"。2017年4月被授予江苏省"五一劳动奖章"。（凌月明）

■吴延路 男，汉族，1964年5月出生，中共党员，大专学历，中国核工业华兴建设有限公司深圳分公司经理和第十工程管理部项目经理，高级工程师。参加工作30多年来，从普通的技术员成长为区域分公司经理，参与施工的工程先后获江苏省"扬子杯"、南京市优质工程、国家3A级安全文明样本工地、省级新技术应用示范工程等荣誉，从未发生过质量、安全责任事故。2007年，在公司新建南京总部大楼过程中，他临危受命，担任该工程项目经理，攻克以"清水混凝土施工工艺"为代表的多个难关，完成施工任务，赢得上级领导和广大员工的赞誉。2010年，他带着不到10人的团队，到深圳开展民用市场的开拓工作。2013年组建深圳分公司，并兼任项目经理，先后承建龙华中央原著、合正荣悦府等10多个项目。先后获全国优秀项目经理、江苏省优秀建造师、中核华兴公司劳动模范等称号。2017年4月被授予江苏省"五一劳动奖章"。（凌月明）

江苏省"五一劳动荣誉奖章"获得者

■温宏仕 男，1962年11月出生，台湾人，硕士研究生，永道无线射频标签(扬州)有限公司总经理。2016年，永道产量为16亿枚，比上年增加5.8亿枚。至2016年底，永道累计出货标签量突破46亿枚，出货量列全球第二位。2016年，永道技术开发获6项发明专利，永道实验室升级为符合GS1TIPP最新规范的RFID微波暗室实验室。2017年，永道目标产值为20亿枚，力争成为全球最大最强的RFID标签生产基地。温宏仕注重企业民主管理，每月与员工代表召开会议，面对面的听取职工在生产和生活中的意见和建议，并定期对职工提出的问题整改情况进行督查，提升职工的归属感和幸福感。2017年4月被授予江苏省"五一劳动荣誉奖章"。（凌月明）

■康国忠 男，1956年3月出生，台湾人，本科学历，大连化工(江苏)有限公司总经理。他从事石油化学行业39年，于2005年由台湾大连化工公司调驻大连化工(江苏)有限公司。先后参与厂内四个项目建厂、调试、主持生产工作，有丰富的化工工艺技术、安全、环保管理经验。多次获扬州市安全生产先进个人、节能先进个人等称号，先后被推荐为化工园区安全专家、扬州市安全专家及江苏省安监局危险化学品第一批专家。公司先后获安全生产先进单位、环保先进单位、节能先进单位、安全文化建设示范企业、扬州市依法诚信经营示范企业等称号。他推动园区与企业的社区共建，连续三年获一等奖表彰。2016年公司转亏为盈，出口增长40%，税利7000多万元。他关心员工生活，员工2016年薪酬比上年增加9%，年终奖金增加5天；支持工会工作，每年举办篮球等体育活动，赞助园区工会举办足球比赛、科普教育。2016年公司获江苏省颁发的台商"紫锋奖"。2017年4月被授予江苏省"五一劳动荣誉奖章"。（凌月明）

2017年度扬州市享受劳模待遇人员一览表

表41-1

姓　名	工作单位及职务	受表彰情况	表 彰 单 位	享受待遇
陈玉瑛(女)	扬州大学附属医院主任护师	全国卫生计生系统先进工作者	人力资源和社会保障部、国家卫生计生委、国家中医药局	省劳模
郑瑞强	苏北人民医院主任医师	全国卫生计生系统先进工作者	人力资源和社会保障部、国家卫生计生委、国家中医药局	省劳模
胡朝霞(女)	高邮市卫生计生委党委书记、主任	全国卫生计生系统先进工作者	人力资源和社会保障部、国家卫生计生委、国家中医药局	省劳模
乐锦旗	扬州市人力资源和社会保障局医疗保险处处长	全国人力资源和社会保障系统先进工作者	人力资源和社会保障部	省劳模
刘雨平	扬州市规划局总规划师	全国住房和城乡建设系统先进工作者	人力资源和社会保障部、住房和城乡建设部	省劳模
郭庆禄	扬州市广陵区住房保障和房产管理局局长	全国住房和城乡建设系统先进工作者	人力资源和社会保障部、住房和城乡建设部	省劳模
范世宏	江苏邗建集团有限公司董事长	全国住房和城乡建设系统劳动模范	人力资源和社会保障部、住房和城乡建设部	省劳模
季红军	扬州市城建国有资产控股(集团)有限责任公司副总经理	全国住房和城乡建设系统劳动模范	人力资源和社会保障部、住房和城乡建设部	省劳模

续表41-1

姓　名	工作单位及职务	受表彰情况	表 彰 单 位	享受待遇
肖国琴(女)	扬州市邗江区环境卫生管理办公室邗上环卫所督检员	全国住房和城乡建设系统劳动模范	人力资源和社会保障部、住房和城乡建设部	省劳模
张常宝	宝应县委农工办副主任、县扶贫办主任	全省农工办(扶贫办)系统先进工作者	江苏省人力资源和社会保障厅、中共江苏省委农村工作领导小组办公室、江苏省扶贫工作领导小组办公室	市劳模
陈晓明	扬州市委农工办(市扶贫办)副主任	全省农工办(扶贫办)系统先进工作者	江苏省人力资源和社会保障厅、中共江苏省委农村工作领导小组办公室、江苏省扶贫工作领导小组办公室	市劳模
张长山	扬州市委农工办发展处处长	全省农工办(扶贫办)系统先进工作者	江苏省人力资源和社会保障厅、中共江苏省委农村工作领导小组办公室、江苏省扶贫工作领导小组办公室	市劳模
刘　钢	扬州市信访局副调研员	全省信访系统先进工作者	江苏省人力资源和社会保障厅、江苏省信访局	市劳模
颜素勇	扬州市信访局办案处处长	全省信访系统先进工作者	江苏省人力资源和社会保障厅、江苏省信访局	市劳模
宣恩林	仪征市信访局接访科科长	全省信访系统先进工作者	江苏省人力资源和社会保障厅、江苏省信访局	市劳模
王义春	扬州市江都区信访局副局长	全省信访系统先进工作者	江苏省人力资源和社会保障厅、江苏省信访局	市劳模
孙羊林	扬州市林业生产技术指导站	江苏省农技推广服务先进工作者	江苏省人力资源和社会保障厅、江苏省农业委员会	市劳模
王长松	仪征市耕地质量管理站	江苏省农技推广服务先进工作者	江苏省人力资源和社会保障厅、江苏省农业委员会	市劳模
陈友斌	高邮市植保植检站	江苏省农技推广服务先进工作者	江苏省人力资源和社会保障厅、江苏省农业委员会	市劳模
王长新	宝应县柳堡镇农业技术推广服务中心	江苏省农技推广服务先进工作者	江苏省人力资源和社会保障厅、江苏省农业委员会	市劳模
张建华(女)	扬州市江都区丁伙镇农业技术推广服务站	江苏省农技推广服务先进工作者	江苏省人力资源和社会保障厅、江苏省农业委员会	市劳模
孙建文	扬州市邗江区西湖镇畜牧兽医站	江苏省农技推广服务先进工作者	江苏省人力资源和社会保障厅、江苏省农业委员会	市劳模
蒋华锋	扬州市公安局广陵分局五里庙派出所民警	全省优秀人民警察	江苏省人力资源和社会保障厅、江苏省公安厅	市劳模
卜春华(女)	扬州市公安局邗江分局新盛派出所民警	全省优秀人民警察	江苏省人力资源和社会保障厅、江苏省公安厅	市劳模
孔德年	扬州市公安局江都分局刑警大队综合股副股长	全省优秀人民警察	江苏省人力资源和社会保障厅、江苏省公安厅	市劳模
李　劭	扬州市公安局江都分局巡特警大队二中队中队长	全省优秀人民警察	江苏省人力资源和社会保障厅、江苏省公安厅	市劳模
朱　宇	宝应县公安局望直港派出所所长	全省优秀人民警察	江苏省人力资源和社会保障厅、江苏省公安厅	市劳模
张如军	宝应县公安局交警大队副大队长	全省优秀人民警察	江苏省人力资源和社会保障厅、江苏省公安厅	市劳模
陈　伟	仪征市公安局交警大队樟木桥中队中队长	全省优秀人民警察	江苏省人力资源和社会保障厅、江苏省公安厅	市劳模

续表 41-1

姓　名	工作单位及职务	受表彰情况	表彰单位	享受待遇
尹子川	高邮市公安局蝶园派出所民警	全省优秀人民警察	江苏省人力资源和社会保障厅、江苏省公安厅	市劳模
陈俊宝	扬州市公安局仪化分局白沙派出所副所长	全省优秀人民警察	江苏省人力资源和社会保障厅、江苏省公安厅	市劳模
张生兵	扬州市公安局生态科技新城分局治安大队副大队长	全省优秀人民警察	江苏省人力资源和社会保障厅、江苏省公安厅	市劳模
史习敏(女)	扬州市公安局蜀冈瘦西湖风景名胜区分局经侦大队大队长	全省优秀人民警察	江苏省人力资源和社会保障厅、江苏省公安厅	市劳模
沈卫东	扬州市公安局指挥中心情报中心主任	全省优秀人民警察	江苏省人力资源和社会保障厅、江苏省公安厅	市劳模
陈德崇	扬州市公安局国保支队五大队教导员	全省优秀人民警察	江苏省人力资源和社会保障厅、江苏省公安厅	市劳模
施森林	扬州市公安局治安支队案件查处大队副大队长	全省优秀人民警察	江苏省人力资源和社会保障厅、江苏省公安厅	市劳模
杨晓涌	扬州市公安局巡特警支队副支队长	全省优秀人民警察	江苏省人力资源和社会保障厅、江苏省公安厅	市劳模
卞大军	扬州市公安局交警支队高速公路三大队五中队中队长	全省优秀人民警察	江苏省人力资源和社会保障厅、江苏省公安厅	市劳模
钱兴宇	扬州市公安局电子物证检验鉴定中心副主任	全省优秀人民警察	江苏省人力资源和社会保障厅、江苏省公安厅	市劳模
谢东华	扬州市公安消防支队开发区大队政治教导员	全省优秀人民警察	江苏省人力资源和社会保障厅、江苏省公安厅	市劳模
汪庆湖	扬州市国土资源局副局长、党组成员	江苏省国土资源系统先进工作者	江苏省人力资源和社会保障厅、江苏省国土资源厅	市劳模
罗启友	宝应县国土资源局广洋湖国土资源所所长	江苏省国土资源系统先进工作者	江苏省人力资源和社会保障厅、江苏省国土资源厅	市劳模
涂志成	高邮市国土资源局局长、党组书记	江苏省国土资源系统先进工作者	江苏省人力资源和社会保障厅、江苏省国土资源厅	市劳模
刘　建	江苏龙腾坤鑫建设发展有限公司总经理	江苏省建筑业有突出贡献的企业家	江苏省人力资源和社会保障厅、江苏省住房城乡建设厅	市劳模
张明东	江苏东晟新诚建设集团有限公司董事长	江苏省建筑业有突出贡献的企业家	江苏省人力资源和社会保障厅、江苏省住房城乡建设厅	市劳模
孙金东	江苏华宇装饰集团有限公司董事长	江苏省建筑业有突出贡献的企业家	江苏省人力资源和社会保障厅、江苏省住房城乡建设厅	市劳模
康往东	扬州市环境保护有限公司总经理	江苏省建筑业有突出贡献的企业家	江苏省人力资源和社会保障厅、江苏省住房城乡建设厅	市劳模
刘忠鸣	江苏江安集团有限公司董事长	江苏省建筑业有突出贡献的企业家	江苏省人力资源和社会保障厅、江苏省住房城乡建设厅	市劳模
高学娟(女)	宝应县妇联主席	江苏省妇联系统先进工作者	江苏省人力资源和社会保障厅、江苏省妇女联合会	市劳模
朱明元	仪征市纪委常务副书记	全省纪检监察系统先进工作者	中共江苏省纪律检查委员会、江苏省人力资源和社会保障厅	市劳模
范　耘	扬州市委组织部副部长，市人力资源和社会保障局党委书记、局长(原任扬州市纪委副书记、市监察局局长)	全省纪检监察系统先进工作者	中共江苏省纪律检查委员会、江苏省人力资源和社会保障厅	市劳模

续表41-1

姓　名	工作单位及职务	受表彰情况	表彰单位	享受待遇
方加根	扬州市委第一巡察组副组长	全省纪检监察系统先进工作者	中共江苏省纪律检查委员会、江苏省人力资源和社会保障厅	市劳模
朱　娟(女)	扬州市纪委办公室副主任	全省纪检监察系统先进工作者	中共江苏省纪律检查委员会、江苏省人力资源和社会保障厅	市劳模
陈世信	扬州市纪委第十派驻纪检组副组长	全省纪检监察系统先进工作者	中共江苏省纪律检查委员会、江苏省人力资源和社会保障厅	市劳模
范　杰	扬州市公安局二级警长(原任扬州市公安局纪委副书记、市监察局驻市公安局监察室主任)	全省纪检监察系统先进工作者	中共江苏省纪律检查委员会、江苏省人力资源和社会保障厅	市劳模
周纯清	宝应县委第一巡察组组长	全省纪检监察系统先进工作者	中共江苏省纪律检查委员会、江苏省人力资源和社会保障厅	市劳模
吴忠勤	仪征市纪委纪检监察一室主任	全省纪检监察系统先进工作者	中共江苏省纪律检查委员会、江苏省人力资源和社会保障厅	市劳模
强祝平(女)	扬州市江都区纪委第二纪检监察室主任	全省纪检监察系统先进工作者	中共江苏省纪律检查委员会、江苏省人力资源和社会保障厅	市劳模
王俊松	扬州市广陵区纪委常委，区委第三巡察组组长	全省纪检监察系统先进工作者	中共江苏省纪律检查委员会、江苏省人力资源和社会保障厅	市劳模
刁安心	扬州市邗江区人民法院执行局副局长	全省法院系统先进工作者	江苏省高级人民法院、江苏省人力资源和社会保障厅	市劳模
葛　梅(女)	扬州市中级人民法院审管办审判员	全省法院系统先进工作者	江苏省高级人民法院、江苏省人力资源和社会保障厅	市劳模
刘星农	高邮市人民法院政治处副主任	全省法院系统先进工作者	江苏省高级人民法院、江苏省人力资源和社会保障厅	市劳模
王　俊	扬州市邗江区委区级机关工委书记	全省机关党建工作先进工作者	中共江苏省委省级机关工作委员会、江苏省人力资源和社会保障厅	市劳模
李宇宙	高邮市委老干部局副局长	全省优秀老干部工作者	中共江苏省委组织部、中共江苏省委老干部局、江苏省人力资源和社会保障厅	市劳模
马仕权	扬州市广陵区委老干部局局长	全省优秀老干部工作者	中共江苏省委组织部、中共江苏省委老干部局、江苏省人力资源和社会保障厅	市劳模
沈　路	扬州市工商行政管理局登记注册处副主任科员	全省工商和市场监管工作先进工作者	江苏省人力资源和社会保障厅、江苏省工商行政管理局	市劳模
张长江	扬州市邗江区市场监督管理局党委书记、局长，区食安委主任	全省工商和市场监管工作先进工作者	江苏省人力资源和社会保障厅、江苏省工商行政管理局	市劳模
叶支龙	仪征市市场监督管理局胥浦分局分局长	全省工商和市场监管工作先进工作者	江苏省人力资源和社会保障厅、江苏省工商行政管理局	市劳模
单杰华	扬州市委党史办公室副主任	全省党史系统先进工作者	江苏省人力资源和社会保障厅、中共江苏省委党史工作办公室	市劳模
韩长金	扬州市发展和改革委员会副主任	全省发展改革系统先进工作者	江苏省发展和改革委员会、江苏省人力资源和社会保障厅	市劳模
徐　彪	扬州市邗江区发展和改革委员会投资科科长	全省发展改革系统先进工作者	江苏省发展和改革委员会、江苏省人力资源和社会保障厅	市劳模

（刘人麟）

新闻人物

2017年扬州市城市贵宾

（由中共扬州市委、扬州市政府评选表彰）

马修·西蒙奇尼　美国李尔公司董事、全球总裁、首席执行官
小林常良　日本厚木市市长
王　煜　春秋航空股份有限公司董事长
李　宁　李宁（中国）体育用品有限公司董事长
朱克平　江苏金大地集团董事长
苏　峻　中保投资有限责任公司副总裁
唐世文　海润光伏科技股份有限公司总裁助理、扬州海润光伏科技有限公司总经理　（徐步勇）

2017年度扬州市"十大功臣"

（由中共扬州市委、扬州市政府评选表彰）

丁克鸿　江苏扬农化工集团有限公司总经理助理
邓　洪　西门子电机（中国）有限公司总经理
印德明　市交通运输局（铁路办）党委委员、副局长
刘秀梵　中国工程院院士，扬州大学教授
余栋梁　广东林安物流集团执行董事兼总裁
邹伟民　江苏传艺科技股份有限公司董事长兼总经理
周长军　蜀冈—瘦西湖风景名胜区管委会副主任
俞洪泉　江苏九龙汽车制造有限公司董事长
傅和亮　江苏艾迪药业有限公司董事长
简春国　安宜建设集团有限公司董事长　（徐步勇）

2017扬州十大经济新闻人物

（由市经信委、市发改委、市工商联、共青团扬州市委、扬州报业传媒集团评选表彰）

杨泽元　宝胜集团有限公司董事长
周颖华　江苏扬农化工集团有限公司总经理
于子洲　扬州晨化新材料股份有限公司董事长兼总经理
冷志斌　江苏亚威机床股份有限公司董事长、总经理
柏万林　江苏柏泰集团有限公司董事长
吴义彪　江苏华伦化工有限公司董事长
李俊江　苏新扬新材料股份有限公司总经理
谈　浩　海沃机械（中国）有限公司执行董事、海沃集团亚洲区总裁
王传祥　扬州市卫星卷烟材料有限公司董事长
王志远　扬州科派股份有限公司董事长　（徐步勇）

2017年中国科学院新增扬州籍院士

杨德仁　浙江大学材料科学与工程学院教授
樊　嘉　复旦大学附属中山医院院长　（徐步勇）

2017年中国工程院新增扬州籍院士

陈　坚　江南大学校长
戴厚良　中国石化集团有限公司总经理

2017扬州年度新闻人物

［由中共扬州市委宣传部、市文广新局、市广播电视传媒集团（总台）评选表彰］

十九大代表　顾松学
创新典范　严旭明
见义勇为好市民　陆维德、骆有山、乐万军
造园工匠　蒋　东
江豚守护者　陈宜林
中国好人　戴生香
火场英雄　王克巍
完美党支书　李益萍
杆管迁移专家　余　跃
运动骄子　胥秋子　（徐步勇）

2017年度十大"扬州好人"

（由中共扬州市委宣传部、市文明办评选表彰）

吕正云　江都区宜陵镇同兴村卫生服务站医生
刘玉香　滨湖社区"小水滴"志愿者服务队队长
汤佳保　扬州市精诚电子有限公司员工
何春涛　邗江区竹西街道安平社区居民
陈成陈希涵父子　仪化公司销售服务部职工、南京师大第二附中学生
姚　春　生态科技新城分局巡特警大队大队长
梁　刚　宝应县安宜镇退休教师
蒋殿雨　李典镇新坝社区居民
谭永山　高邮市天山初级中学教师
戴生香　邗江区"馨香莲"理发店店主　（潘　莉）

5月4日，第十一届"扬州市十大杰出青年"评选活动举行颁奖典礼

董　辉／摄

2017第十一届扬州市十大杰出青年

（由中共扬州市委宣传部、市文明办、团市委、市青联、扬州报业传媒集团、扬州广电传媒集团评选表彰）

于　洋　扬州市伊绿鲜生态农业科技有限公司总经理

王刘陈　扬州广电传媒集团《扬州新闻》栏目主编

卞　婷　扬州市公安局扬子津派出所社区民警

张晓梅　苏北人民医院生殖医学中心主任

周　欣　扬州市建筑安全监察站副站长

顾陈杰　中国人民银行扬州市中心支行经济师

顾学荣　扬州市人民检察院公诉处副处长

郭　靳　中国人民解放军空军某雷达旅操纵员

韩　杰　扬州大学化学化工学院副院长

谭伟海　中国残疾人艺术团首席盲人笛子独奏演员　（徐步勇）

逝世人物

■**李振金**　男，江苏灌云人，汉族，民国9年（1920）12月27日出生，民国32年（1943）6月30日参加工作，民国32年（1943）6月30日加入中国共产党，离休前任广陵区政协主席，1985年12月11日离休，享受副地（局）级待遇。2017年1月25日逝世。（房　园）

■**章仪明**　男，江苏沭阳人，汉族，民国17年（1928）12月14日出生，民国35年（1946）9月30日参加工作，民国36年（1947）3月31日加入中国共产党，离休前任扬州市贸易局局长，1989年6月30日离休，享受副地（局）级待遇。2017年3月12日逝世。（房　园）

■**杜明甫**　男，江苏江都人，汉族，民国13年（1924）3月2日出生，民国30年（1941）7月31日参加工作，民国31年（1942）3月31日加入中国共产党，离休前任江都市人大常委会副主任，1984年12月31日离休，享受副地（局）级待遇，2015年9月23日提高享受按副省长级标准报销医疗费待遇。2017年4月25日逝世。（房　园）

■**陆文泰**　男，江苏如皋人，汉族，民国18年（1929）11月29日出生，民国34年（1945）3月31日参加工作，1949年4月30日加入中国共产党，离休前任扬州市市级机关党委巡视员，1989年12月14日离休，享受副地（局）级待遇。2017年5月3日逝世。（房　园）

■**徐竟湘**　男，江苏建湖人，汉族，民国15年（1926）2月28日出生，民国31年（1942）3月31日参加工作，民国34年（1945）3月31日加入中国共产党，离休前任扬州市民政局局长，1987年10月22日离休，享受副地（局）级待遇，2015年9月23日提高享受按副省长级标准报销医疗费待遇。2017年5月13日逝世。（房　园）

■**徐星祥**　男，江苏绍兴人，汉族，民国15年（1926）11月16日出生，民国36年（1947）12月31日参加工作，民国36年（1947）12月10日加入中国共产党，离休前任扬州教育学院党委书记，1989年9月29日离休，享受副地（局）级待遇。2017年5月26日逝世。（房　园）

■**张如才**　男，江苏六合人，汉族，民国16年（1927）11月13日出生，民国33年（1944）8月31日参加工作，民国35年（1946）2月28日加入中国共产党，离休前任扬州建筑职工中等专业学校书记，1985年7月30日离休，享受副地（局）级待遇，2015年9月23日提高享受按副省长级标准报销医疗费待遇。2017年11月4日逝世。（房　园）

■**杨　智**　男，江苏大丰人，汉族，民国16年（1927）10月31日出生，民国33年（1944）8月31日参加工作，1949年3月15日加入中国共产党，离休前任仪征市政协主席，1989年12月30日离休，享受副地（局）级待遇，2015年9月23日提高享受按副省长级标准报销医疗费待遇。2017年11月5日逝世。（房　园）

■**胡正元**　男，江苏高邮人，汉族，民国8年（1919）6月30日出生，民国34年（1945）3月30日参加工作，民国36年（1947）2月20日加入中国共产党，离休前任高邮市计划委员会副主任，1983年4月30日离休，享受副地（局）级待遇，2015年9月23日提高享受按副省长级标准报销医疗费待遇。2017年12月9日逝世。（房　园）

■**于　俊**　男，江苏姜堰人，汉族，民国18年（1929）6月30日出生，民国30年（1941）6月30日参加工作，民国34年（1945）7月31日加入中国共产党，离休前任江苏省工人扬州疗养院巡视员，1989年6月30日离休，享受副地（局）级待遇，2015年9月23日提高享受按副省长级标准报销医疗费待遇。2017年12月22日逝世。（房　园）

附录

Fulu

编　辑　徐国磊　贾丽琴　陈永华

组织机构及负责人

(起讫时间:2017年1—12月)

中国共产党扬州市委员会

书　记　谢正义
副书记　张爱军
　　丁　纯(2月5日免)
　　张宝娟(女,5月12日任)
常　委　陈　扬
　　许建树(12月22日免)
　　张宝娟(女)
　　孔令俊
　　江　桦(女,5月12日任)
　　李　航　陈锴竑　姜　龙
　　王炳松
　　郦　斌(12月22日任)
秘书长　陈锴竑(兼)
副秘书长　沙志芳(2月24日免)
　　肖卫东(2月24日任)
　　李春国(兼)
　　佘俊臣(兼,12月29日免)
　　苏爱根(兼,11月29日免)
　　徐宏宇(兼)
　　杨　斌(兼,11月29日免)
　　徐永泰(7月18日免)
　　高长明(兼,11月29日任)
　　张贵强(7月18日任)

市委工作机构、直属单位

市委办公室
主　任　沙志芳(兼,2月24日免)
　　肖卫东(兼,2月24日任)
副主任　刘卫清　陈永平(兼)
　　王　浩(7月18日任)
　　任彬彬(女,8月18日任,试用期一年)

市委研究室
主　任　徐宏宇
副主任　王　浩(7月18日免)
　　李道松(7月18日任,试用期一年)

市委全面深化改革领导小组办公室
副主任　张震宇(正处级,9月13日任)

***市委保密委员会办公室**
主　任　高海巍

市委组织部(“挂市委非公有制企业和社会组织工作委员会”牌子)
部　长　张宝娟(女,兼,5月12日免)
　　江　桦(女,兼,5月12日任)
常务副部长　徐　龙(2月24日任)
副部长　臧　民(兼,3月30日免)
　　徐　龙(2月24日止)
　　徐　萌(女,兼,3月23日任)
　　范　耘(兼,3月30日任)
　　徐志刚　康　尧(2月24日任)

市委非公有制企业和社会组织工作委员会
书　记　徐　龙(兼)
副书记　王　兵

市委宣传部(挂“市精神文明建设指导委员会办公室”牌子)
部　长　姜　龙(兼)
常务副部长　李广春
副部长　夏洪春　季培均(兼)
　　李继业(兼)
　　张贵联(兼,3月23日免)
　　蒋元峰(兼,7月18日任)
　　周学军(正处级)
　　陈　洁(7月18日任)

市精神文明建设指导委员会办公室
主　任　张贵联(3月23日免)
　　蒋元峰(7月18日任)
副主任　强学民(7月18日免)
　　卫　军
　　王辉森(7月18日任,试用期一年)

市委统一战线工作部
部　长　张宝娟(女,兼)
常务副部长　宗金林
副部长　陈荣进(兼)　朱建明(兼)
　　夏顺义

市委政法委员会(挂“市依法治市领导小组办公室”“市社会治安综合治理委员会办公室”牌子)
书　记　孔令俊(兼)
常务副书记　陈博文
副书记　宫文飞(兼,3月23日任)
　　沈兴华
　　徐　闽(2月24日免)
政治部主任　成　勇

市依法治市领导小组办公室
主　任　孔令俊(兼)
副主任　葛鸿翔

市社会治安综合治理委员会办公室
主　任　陈博文(兼)
副主任　阎　军(3月30日任,试用期一年)

市委农村工作办公室
主　任　李春国
副主任　陈家根　陈晓明　袁强华

市委台湾工作办公室
主　任　平志明
副主任　蔡　平　崇玉强

市委市级机关工作委员会
书　记　许　明
副书记　周步祥　刘　刚　徐良明
纪工委书记　王　卫(女)
市机构编制委员会办公室
主　任　韩　劬(11月29日免)
副主任　房学明　焦立群(女)
市委610办公室
主　任　刘　毅(11月29日任)
副主任　王恒弟　王庆国　韦　健
市委老干部局
局　长　徐　萌(女)
副局长　沈兆琼　翁广琪　章士江
市委离退休干部工作委员会
书　记　徐　萌(女,兼,11月29日任)
市信访局
局　长　苏爱根(11月29日免)
　　　　高长明(11月29日任)
党组副书记　高长明(兼,3月23日任,11月29日止)
副局长　冯雪明
督查专员　蒋立新　王春香(女)
　　　　景　虎　卢奇峰(7月18日任,试用期一年)
市档案馆(挂"市档案局""市地方志办公室"牌子)
馆　长　殷元松
副馆长　柏桂林　马　俊　朱道宏
市委党史办公室
主　任　王振宗(7月18日免)
　　　　强学民(7月18日任)
副主任　单杰华　黄文明　冯雅勤
市委讲师团
团　长　夏洪春(兼)
副团长　丁新伯
市委党校
校　长　丁　纯(兼,2月24日免)
　　　　张宝娟(女,兼,7月18日任)
党委书记　陈长新
常务副校长　陈长新(兼)
副校长　贾同跃　李存灵　薛　峰
纪委书记　刘久德(8月31日免)
扬州报业传媒集团(扬州日报社)
集团党委书记　李继业
集团党委副书记　王岚峰(兼,11月29日免)
　　　　陈剑峰(正处级)
集团纪委书记　李继学
集团有限公司董事长　李继业(兼)
集团有限公司总经理　杨世春(8月31日免)
　　　　袁文生(11月29日任)
集团有限公司副总经理　徐　扬
　　　　曾学文
扬州日报社社长　李继业(兼)
扬州日报社副社长　王岚峰(兼,11月29日免)
扬州日报总编辑　王岚峰(11月29日免)
扬州日报副总编辑　周保秋(女)
　　　　张志虹(女)
　　　　李　峰
　　　　拾景炎
***扬州晚报社**
总编辑　袁文生(兼)
***扬州时报社**
总编辑　张广秀(女)
接待办公室
副主任　杨　斌(11月29日免)
　　　　陈永平(11月29日任)
　　　　薛　翔(9月23日免)

扬州市人大常委会

主　任　谢正义
党组副书记　孔令俊(2月24日任)
副主任　陈卫庆(正市级,2月20日止)
　　　　孔令俊(2月20日当选)
　　　　袁秋年(2月20日止)
　　　　卢桂平(2月20日止)
　　　　王玉新(2月20日止)
　　　　朱　妍(女,2月20日当选)
　　　　沙志芳(2月20日当选)
　　　　范天恩(2月20日当选)
　　　　杨正福(2月20日当选)
秘书长　林正玉(副市级)
副秘书长　朱元豪
　　　　吴效安(正处级)
　　　　刘　洁(女,正处级)
　　　　毕　刚

市人大常委会办公室、研究室,各工作委员会

办公室
主　任　朱元豪(兼)
副主任　陈　曦(女,1月23日任)
　　　　吕天龙(9月28日任)
　　　　张敬武(12月27日任)
***信访办**
主　任　朱荣驹
研究室
主　任　罗庆久
副主任　殷　荣(女)
内务司法工作委员会
主　任　阚肖虹
副主任　朱正明　张媛媛(女)
经济工作委员会
主　任　王华平
副主任　顾元周(4月14日免)
农村工作委员会
主　任　阚成法
副主任　王　平　张静江
教育科学文化卫生工作委员会
主　任　沈宏跃
副主任　江晓昀(女)
环境资源城乡建设工作委员会
主　任　刘焕琴(女)
副主任　周　蕾(女)　陈　军
人事代表工作委员会
主　任　孙玉培
副主任　许金荣(12月27日免)
　　　　平大春
民宗侨台外工作委员会
主　任　陈志宏
副主任　郑国华
法制工作委员会
主　任　刘　柏
副主任　于　力
　　　　陈　曦(女,1月23日免)
预算工作委员会
主　任　吴焱新
副主任　王　薇(女,9月28日任)

扬州市人民政府

市　长　张爱军(2月20日当选)
代理市长　张爱军(2月20日止)
副市长　张爱军(2月20日止)
　　　　陈　扬
　　　　闻道才(2月20日止)
　　　　董玉海(2月20日止)
　　　　丁　一　宫文飞
　　　　何金发
　　　　汪志坚(挂职,7月24日止)
　　　　张长金(女,2月20日当选)
　　　　余　珽(2月20日当选)
秘书长　李忠盛(4月14日止)
　　　　尤在晶(4月14日任)
副秘书长　汤天波(兼,4月7日免)
　　　　王玉军(兼,4月7日任)
　　　　李　林(4月20日免)

林宝荣　雍有瑜
张　伟
李桂山(4月7日任)
吴　军(4月20日任)
郭宇峰(挂职)

市政府工作机构

市政府办公室(挂"市政府研究室""市政府金融工作办公室"牌子)
主　任　汤天波(4月7日免)
　　　　王玉军(4月7日任)
副主任　宋振邦(兼)
　　　　李红卫
　　　　吴　军(4月20日免)
　　　　黄振宇
　　　　顾友红(7月18日任,试用期一年)
　　　　李　斌(8月18日任,试用期一年)
市政府研究室
主　任　黄俊华
副主任　李炜冰
市政府金融工作办公室
主　任　蔡先建
副主任　许立宏
　　　　李　宁(女,8月18日任,试用期一年)
发展和改革委员会(挂"市经济协作办公室""市服务业办公室"牌子)
主　任　范天恩(4月14日止)
　　　　杨　蓉(女,4月14日任)
副主任　许德奎(兼)
　　　　郭志咸(8月31日免)
　　　　程兆君(女)
　　　　卞　吉(12月21日任)
　　　　韩长金
　　　　纪泽祥(挂职,1月27日免)
纪检组长　居　勇(8月31日免)
经济协作办公室
副主任　卞　吉(12月21日免)
　　　　王　峰(11月29日任,试用期一年)
服务业办公室
主　任　范天恩(兼,3月14日免)
　　　　杨　蓉(女,兼,3月14日任)
副主任　孙景亮
重大项目办公室
主　任　许德奎
副主任　张苏煜　戴富云
　　　　郎　俊(8月18日任,试用期一年)
经济和信息化委员会(挂"市中小企业局"牌子)
主　任　尤在晶(4月14日止)
　　　　王正年(4月14日任)
副主任　董兆芝(9月23日免)
　　　　杨福喜
　　　　许亚军(12月21日任)
　　　　李厚林　赵宽安　陈江伟
　　　　许立新
　　　　华占军(11月29日任,试用期一年)
中小企业局
副局长　张云翔　郭万山
教育局(挂"中共扬州市委教育工作委员会"牌子)
局　长　夏正祥(4月14日止)
　　　　周应华(4月14日任)
副局长　周应华(4月14日止)
　　　　卫　刚(正处级)
　　　　匡成兰(女,兼)余通海
　　　　昌　明(11月29日任,试用期一年)
纪委书记　蒋仲林(8月31日免)
市委教育工作委员会
书　记　夏正祥(兼,3月30日免)
　　　　周应华(兼,3月30日任)
副书记　王朝勃
市政府教育督导团
主任督学　匡成兰(女)
科学技术局(挂"市知识产权局""市地震局"牌子)
局　长　杨　蓉(女,4月14日止)
　　　　陈　星(4月14日任)
副局长　陈　星(4月14日止)
　　　　赵松林　赵浩岭
　　　　钱　东
纪检组长　魏德余(8月31日免)
知识产权局
副局长　肖　猛(12月21日任)
地震局
局　长　徐　健
副局长　李凤如　方开宏
公安局
局　长　宫文飞(兼)
党委副书记　翁国彦
常务副局长　翁国彦
副局长　张晓泓(12月21日免)
　　　　刘　毅(兼)　秦雨花
　　　　基国平
　　　　彭苏宁(4月20日免)
　　　　高长明(12月21日免)
　　　　周　晖(挂职,8月3日任)
纪委书记　徐　鹏(8月31日免)
政治部主任　李春阳
监察局
局　长　范　耘(4月14日止)
　　　　仲　生(4月14日任)
副局长　蔡　蕾(女,兼,4月7日免)
　　　　李　琪(女,兼,4月7日免)
　　　　赵志宏(兼,4月7日任,12月29日免)
　　　　池建强(兼,4月7日任,12月29日免)
　　　　李　锋(12月29日免)
民政局
局　长　王振祥
党委书记　潘建民
副局长　陈晓星　毕顺元
　　　　翟江淮
　　　　王艾平(正处级,12月21日任)
纪委书记　张志安(8月31日免)
司法局
局　长　许林灿
副局长　徐德林　丁玉祥
　　　　王桂才(正处级)
　　　　李福才
　　　　万益文(挂职,8月3日任)
纪检组长　方建中(8月31日免)
财政局
局　长　张　彤(9月28日免)
　　　　刘晓明(9月28日任)
副局长　高　阜　罗庆寿
　　　　郭　佳(女)　张思忠
总会计师　杨建民
纪检组长　张　洁(女,9月9日免)
人力资源和社会保障局
局　长　臧　民(4月14日止)
　　　　范　耘(4月14日任)
副局长　吴　芳(女)　孙玉金
　　　　张跃春(8月31日任)
　　　　李晓钟　李宏平
　　　　王飞飞(8月3日免)
　　　　周光践
纪委书记　刘玉鑫(8月31日免)
国土资源局
局　长　周正权
副局长　汪庆湖　严　寒
　　　　叶卫东　伏年久
土地储备中心主任　陶加宏
规划局

局　长　刘　流(女,兼)
副局长　姚爱国　裴东伟
　　杨庆洋(7月18日任,
　　试用期一年)
总规划师　刘雨平
城乡建设局(挂"市建筑工程局""市古城保护办公室"牌子)
局　长　杨正福(4月14日止)
　　刘晓明(4月14日任,
　　9月28日免)
　　陶伯龙(9月28日任)
副局长　徐惟涛(正处级)
　　苏文奇
　　耿　良(4月20日免)
　　肖　波
建筑工程局
局　长　杨正福(兼,3月14日免)
　　刘晓明(兼,3月14日任,
　　8月31日免)
　　陶伯龙(兼,8月31日任)
副局长　成自勇(12月21日免)
古城保护办公室
主　任　杨正福(兼,3月14日免)
　　刘晓明(兼,3月14日任,
　　8月31日免)
　　陶伯龙(兼,8月31日任)
副主任　薛炳宽　刘　泓(女)
城市管理局(挂"市城市管理行政执法局""市数字化城管监督办公室"牌子)
局　长　彭苏宁(兼,4月14日任)
副局长　王应福　朱从安
　　张　雷(12月21日任)
　　汤　勇　王　琴(女)
纪委书记　陈锡宽(8月31日免)
数字化城管监督办公室
主　任　彭苏宁(兼,4月20日任)
副主任　王应福(兼)
　　王德伟　吴　广
住房保障和房产管理局
局　长　余　斑(4月14日止)
　　耿　良(4月14日任)
副局长　杨　云(兼)　徐志文
　　刘忠华　孙　蔚(女)
　　张　虎(12月21日任)
纪检组长　虞克宁(8月31日免)
交通运输局
局　长　徐　斌
副局长　马长辉(9月23日任)
　　晏　明　印德明
　　杨步云
　　丁泽民(8月3日任)
　　张宏亮(兼)
纪委书记　马长辉(8月31日免)
水利局
局　长　康盛君
副局长　俞长健(12月21日免)
　　凌国栋　尹晓斌
　　徐海中　郑灯龙(正处级)
农业委员会(挂"市农业资源开发局""市农业机械管理局""市林业局"牌子)
主　任　王正年(4月14日止)
　　马顺圣(4月14日任)
副主任　陈　石(正处级,4月7日
　　任)
　　王友芳(女,4月20日免)
　　徐煜峰　吴永宏
　　严巧玲(女)
纪检组长　桑育林(9月9日免)
林业局
局　长　王正年(兼,4月7日免)
　　马顺圣(兼,4月20日任)
副局长　沈万林
农业资源开发局
局　长　周学金
副局长　顾加旺　吴　华(女)
　　汪爱智
农业机械管理局
局　长　张安龙
副局长　殷立松　潘绪海　李铁军
商务局(挂"市口岸办公室"牌子)
局　长　周春光(12月27日免)
　　苏爱根(12月27日任)
副局长　张连生　何　炜　陈　清
　　车国华(女)
纪委书记　颜　非(8月31日免)
口岸办公室
副主任　张德云
文化广电新闻出版局(挂"市版权局"牌子)
局　长　季培均
副局长　范梅青(女)　周启云
　　张亚华　姜师立　李政成
　　王官宏(12月21日任)
纪委书记　徐朝平(8月31日免)
版权局
局　长　季培均(兼)
文物局
局　长　华德荣
党组书记　仲玉龙
副局长　仲玉龙(兼)　徐国兵
　　曹华军(12月21日任)
纪检组长　刘德广(8月31日免)
世界遗产保护管理办公室(大运河遗产保护管理办公室)
主　任　华德荣(兼)
卫生和计划生育委员会
主　任　黄为民
党委副书记　王　林
副主任　陈　雷　王　骏
　　赵国祥(4月20日免)
　　胡彩云(女)
纪委书记　刘　咏(8月31日免)
体育局
局　长　佘俊臣
党组副书记　李桂山(12月29日任)
副局长　周　烈　张　荣　盛　宇
　　丁卫社(挂职,8月3日任)
　　石文虎(挂职)
　　朱海明(挂职,4月7日任)
纪检组长　黄　波(8月31日免)
审计局
局　长　蔡先建(4月14日任)
副局长　袁竹青　李永高　周春山
　　潘宝庆(正处级)
纪检组长　彭如桂(8月31日免)
总审计师　高金松
统计局
局　长　赵振东
副局长　陈凤桂　刘网华　刘加祥
纪检组长　郭　庆(8月31日免)
安全生产监督管理局
局　长　熊佳芝
副局长　戚安宝　周　炜
　　胡顺斌　付有根
纪检组长　史美章(8月31日免)
工商行政管理局
局　长　胡春风
副局长　朱　彤(女)　苏　明
　　刘观清
　　谈嘉山(9月23日任)
　　姜文洋(正处级,12月21
　　日任)
纪检组长　谈嘉山(8月31日免)
质量技术监督局
局　长　侯承海
副局长　彭金山(9月23日免)
　　朱　桥　杜建武　刘如林
　　杜志贵(9月23日任)
纪检组长　杜志贵(8月31日免)
食品药品监督管理局
局　长　平志明(4月14日止)

赵国祥(4月14日任)
副局长 谈法华 王海峰
朱宋华 陆志林
纪检组长 王 睿(8月31日免)
安全总监 洪 昊
环保局
局 长 金春林
副局长 王和清 滕远东
陈修道 姚江潮
旅游局
局 长 王玉军(4月14日止)
张贵联(4月14日任)
副局长 王明宏 陈玲春(女)
毛卫东
纪检组长 姜秀志(8月31日免)
粮食局
局 长 姜开圣
党委副书记 周 军
副局长 马建荣 黄学东 朱晓进
纪委书记 周 军(兼,8月31日免)
物价局
局 长 吴顺文
副局长 沈洪林
管兴余(12月21日免)
管宏喜
李 锋(12月29日任)
夏增忠
纪检组长 张正华(8月31日免)
民族宗教事务局
局 长 朱建明
副局长 廖 勇
民防局(挂"市人民防空办公室"牌子)
局 长 马 群(4月14日止)
陈小浩(4月14日任)
副局长 侯载铭 殷 杰
朱 元 苏明清
纪检组长 滕泽宏(8月31日免)
人民防空办公室
主 任 马 群(兼,4月20日免)
陈小浩(兼,4月20日任)
市政府外事办公室(挂"市政府港澳事务办公室"牌子)
主 任 朱 勇
副主任 蒋旭东 徐 静(女)
王玉琴(女)
纪检组长 潘晓成(8月31日免)
市政府港澳事务办公室
主 任 朱 勇(兼)
市政府侨务办公室
主 任 朱路跃(4月14日止)
顾元周(4月14日任)
副主任 王绍云 李越平
庞春奎(12月21日任)
市政府法制办公室
主 任 苏满满(4月14日任)
副主任 厉海涛 高玉波 徐晓明
市政府国有资产监督管理委员会
主 任 王庆山
党委副书记 陈贵江
副主任 顾克荣 沈家宽
夏心忠(正处级)
监事会主席 陈焕章(11月29日任,试用期一年)
冷静玉(女,11月29日任,试用期一年)
纪委书记 陈贵江(兼,8月31日免)
机关事务管理局
局 长 葛社清
副局长 陈仁茂 张 林
许宝忠(12月21日任)
纪委书记 王 明(8月31日免)
园林管理局
局 长 赵御龙
党委书记 顾爱华(女,2月28日免)
赵御龙(3月23日任)
党委副书记 赵御龙(兼,3月23日止)
副局长 顾爱华(女,兼,3月18日免)
张家来 唐红军 陆士坤
赵 岚(女,3月30日任,试用期一年)
纪委书记 周玉清(8月31日免)

市政府派出机构

政务服务管理办公室
主 任 陈小浩(4月20日免)
王 涛(女,4月20日任)
副主任 倪旭平(12月21日免)
曹文明 郭有亮
乔有金(12月21日任)
纪检组长 徐茂生(8月31日免)
扬州经济技术开发区管理委员会
工委书记 丁 一(兼,5月12日免)
蒋爱祥(5月12日任)
主 任 陈 曦
工委副书记 陈 曦(兼)
马顺圣(3月30日免)
李 林(3月30日任,11月29日免)
魏冠中(挂职,7月18日任)
副主任 施益香(女)
谢百川(4月20日任)
丁晓东(4月20日任)
臧灿甲
田醒民(11月29日任,试用期一年)
杨 斌(11月29日任,试用期一年)
胡国堂(挂职)
许艳秋(女,挂职,8月3日任)
纪工委书记 李 琪(女)
政法委书记 谢百川(3月30日免)
组织部部长 陈国祥
工委、管委会办公室主任 商长冠
市公安局开发区分局局长 张力前(7月18日任,试用期一年)
扬州经济技术开发区法院
院长 纪晓东
副院长 刘俊 乔文进
政治处主任 朱建朝
审判委员会专职委员 柏文栋
扬州化学工业园区管理委员会
工委副书记 张震宇(兼,9月13日免)
副主任 吴 汛(女) 张宏康
唐 虎 陆永进(女)
纪工委书记 刘尚玉
扬州市生态科技新城管理委员会
工委书记 陆金龙
主 任 陶伯龙(8月31日免)
副书记 陶伯龙(兼,8月18日免)
夏正东
副主任 夏正东(兼)
袁慧中(女,8月31日任)
钱建忠 陈 彬 唐朝文
乐正明(挂职,1月27日免)
张列英(女,挂职,4月20日任)
纪工委书记 吴 俊
扬州市蜀冈—瘦西湖风景名胜区管理委员会
工委书记 张福堂
主 任 汤卫华
工委副书记 汤卫华(兼) 刘马根
副主任 周长军 胡晓峰
顾永良

蔡定洪(挂职,4月20日任)
皮春丽(女,挂职,4月20日任)
纪工委书记　郭　坚

市直属单位

供销合作总社
主　任　苏满满(4月20日免)
乔国银(女,4月20日任)
副主任　卢爱生　徐兆书　陈正清
赵国斌(12月21日任)
纪委书记　曹　妍(女,8月31日免)
扬州仲裁委员会秘书处
秘书长　朱愈明
副秘书长　胡士博　朱毅锴
扬州广电传媒集团(扬州广电总台)
集团党委书记　陈韵强
集团党委副书记　肖卫东(兼,2月24日免)
徐永泰(兼,7月18日任)
吴黎宁
集团纪委书记　张晓斌
集团有限公司董事长　陈韵强(兼)
集团有限公司总经理　陆建华
集团有限公司副总经理　周晓晓(女)
高华彬
广电总台台长　肖卫东(3月14日免)
陈韵强(兼,8月3日任)
广电总台副台长　陆建华(兼)
周明涛　经　农
王　永
广电总台总编辑　陈韵强(兼,8月3日免)
徐永泰(8月3日任)
广电总台副总编辑　孙建昶
***住房公积金管理中心**
主　任　杨　云
党支部书记　王正凡
江苏里下河地区农业科学研究所
所　长　肖鸣祥
党委副书记　肖鸣祥(兼)　戴正元
副所长　周如美　苏建坤
李爱宏　吴宏亚
纪委书记　戴正元(兼)
江苏省工人扬州疗养院
院　长　田　伟
副院长　葛礼敏(女)　夏朋林

政协扬州市委员会

主　席　洪锦华(2月18日止)
朱民阳(2月18日当选)
党组书记　朱民阳
党组副书记　洪锦华(2月18日止)
张跃进(2月18日止)
杨明荣(2月18日止)
李忠盛(2月24日任)
副主席　杨明荣(2月18日止)
李忠盛(2月18日当选)
王克胜
董玉海(2月18日当选)
程吉林　王静成
刘在銮(2月18日止)
倪士俊(2月18日止)
朱　妍(女,2月18日止)
夏正祥(2月18日当选)
王　骏(2月18日当选)
刘　流(女,2月18日当选)
秘书长　王　骏(2月18日止)
汤天波(2月18日当选)
副秘书长　徐晓明(1月3日免)
苏迎春
冬　冰(正处级)
王振宗(正处级,1月3日任)
董　雷(正处级,1月3日免)
吴道根(1月3日任)
徐　跃(兼,1月25日免)
刘　文(女,兼)
黄锦山(兼,9月29日任)

市政协办公室、研究室,各专门委员会

办公室
主　任　徐晓明(兼,1月3日免)
吴　军(女,1月3日任)
副主任　吴　军(女,1月3日止)
王荣山
王志年(1月3日任)
研究室
主　任　吴道根(兼)
副主任　伏兴中
提案委员会
主　任　颜　军
副主任　卞　翔
王振祥(兼,4月5日止)
王玉军(兼,9月29日任)
徐宏宇(兼,4月5日任)
施益香(女,兼,4月5日任)
李　锋(兼)
汤天波(兼,4月5日止)
经济科技委员会
主　任　张曙升
副主任　常春芳(女)
刘晓明(兼,4月5日止)
潘建民(兼,4月5日止)
周学金(兼,4月5日止)
王华平(兼,1月3日免)
陈荣进(兼,4月5日任)
姜开圣(兼,4月5日任)
钱中声(兼)
董兆芝(兼,4月5日任,9月29日免)
城乡建设委员会(人口资源环境委员会)
主　任　王建台(1月3日免)
江国勤(1月3日任)
副主任　吴有新
陶伯龙(兼,4月5日任)
赵御龙(兼,4月5日任)
刘雨平(兼)
汪庆湖(兼,4月5日止)
姚江潮(兼)
教育文化卫生体育委员会
主　任　王鸣芳(女,1月3日免)
陈　莘(1月3日任)
副主任　陈　莘(1月3日止)
李继业(兼,4月5日止)
华德荣(兼,4月5日止)
佘俊臣(兼,4月5日任)
季培均(兼,4月5日任)
仲衍书(兼,4月5日任)
薛　峰(兼,4月5日任)
社会和法制委员会
主　任　杨　哲(1月3日免)
沈宝玲(女,1月3日任)
副主任　曹卫国
浦志强(兼,4月5日止)
陈博文(兼)
王振祥(兼,4月5日任)
许林灿(兼,4月5日任)
陈锡朝(兼)
姚宏斌(兼,4月5日任)
文史和学习委员会
主　任　王虎华
副主任　殷元松(兼,4月5日任)
华德荣(兼,4月5日任)
王岚峰(兼,4月5日任)

贾同跃(兼,4月5日止)
王永平(兼)
叶善祥(兼,4月5日任)

港澳台侨委员会(外事委员会)

主　任　于　进(1月3日免)
朱路跃(1月3日任)
副主任　王志年(1月3日免)
陈　静(女,1月3日任)
平志明(兼,4月5日任)
朱路跃(兼,1月3日止)
杨为民(女,兼)
朱　勇(兼,4月5日任)

委员工作委员会

主　任　苏迎春(兼)
副主任　贾　平(女)
宗金林(兼,4月5日任)
徐志刚(兼,4月5日任)
张跃春(兼,4月5日任,9月29日免)
孙玉金(兼,4月5日任)

中共扬州市纪律检查委员会

书　记　李　航(兼)
常务副书记　仲　生
副书记　范　耘(5月12日免)
蔡　蕾(女)
郭鹏驰(12月14日任)
常　委　李　琪(女,3月30日免)
赵志宏　池建强
陈　钧　殷立琴(女)

市纪委派驻纪检组

王　明(8月31日任)
彭如桂(8月31日任)
徐茂生(8月31日任)
魏德余(8月31日任)
潘晓成(8月31日任)
徐朝平(8月31日任)
张志安(8月31日任)
陈锡宽(8月31日任)
居　勇(8月31日任)
张正华(8月31日任)
刘　咏(8月31日任)
徐　鹏(8月31日任)
刘玉鑫(8月31日任)
刘德广(8月31日任)
方建中(8月31日任)
吕所宝(8月31日任)
颜　非(8月31日任)
王　睿(8月31日任)
卢华月(8月31日任)
张延浩(8月31日任)
曹　妍(女,8月31日任)

市委巡察工作领导小组办公室

主　任　蔡　蕾(女,兼)
副主任　傅　颖(女)

市委巡察组

组　长　宗金林(兼,8月31日任)
杨世春(8月31日任)
赵志宏(兼,9月9日任)
董兆芝(9月9日任)
桑育林(9月9日任)
张　洁(女,9月9日任)
副组长　薛　翔(8月31日任)
方加根(8月31日任)
郭　峰(9月9日任,试用期一年)
曹让礼(9月9日任,试用期一年)
孙桂生(9月9日任,试用期一年)
钱方清(9月9日任,试用期一年)
张　曹(9月9日任,试用期一年)
郑依贫(9月9日任,试用期一年)
潘大联(9月9日任,试用期一年)
黄　燕(女,9月9日任,试用期一年)

民主党派　工商联

中国国民党革命委员会扬州市委员会

主任委员　王静成(兼)
副主任委员　陈　惠　丁卫社(兼)
刘晓明(兼)
关　兵(女,兼)

中国民主同盟扬州市委员会

主任委员　程吉林(兼)
副主任委员　仲子午　王永平(兼)
葛晓群(女,兼)
常国庆(兼)
徐卯林(兼)

中国民主建国会扬州市委员会

主任委员　王振祥
副主任委员　黄锦山(7月18日任)
程兆君(女,兼)
伏兴中(兼) 何晓华

中国民主促进会扬州市委员会

主任委员　董玉海(兼)
副主任委员　帅　潇(女)
余　珽(兼)
张一军(兼)
王嘉川(兼)

中国农工民主党扬州市委员会

主任委员　朱　妍(女,兼)
副主任委员　颜安明(女)
李政成(兼)
陈志华(兼)
赵建芳(兼)

中国致公党扬州市委员会

主任委员　徐　晟
副主任委员　王兰海(女)
张仁田(兼)
曾祥华(女,兼)
丁明哲(兼)

九三学社扬州市委员会

主任委员　余海鹏
副主任委员　刘　文(女)
田志明(兼)
潘云龙(兼)
黎寿丰(兼)

扬州市工商业联合会

主　席　王克胜
党组书记　陈荣进
副主席　陈荣进(兼)　吴　钧
戴凌云(女)　徐　直
朱　彤(兼,1月22日止)
陆金龙(兼,1月22日止)
王　璘(女,兼,1月22日止)
吴义彪(兼,1月22日止)
包广林(兼,1月22日止)
郭万山(兼,1月22日当选)
王　宏(兼,1月22日当选)
梁　勤(女,兼)
江　强(兼)　卢之云(兼)
董洪齐(兼,1月22日当选)
何小军(兼,1月22日当选)
曹宽平(兼,1月22日当选)
林在珏(兼,1月22日当选)

人民团体

扬州市总工会

主　席　何金发(8月31日止)
杨正福(8月31日当选)
党组书记　李明安
副主席　李明安(兼)
陈锡朝(正处级)　朱　明
洪慧娟(女)　陈维权
孙玉金(兼,11月17日当选)

戚安宝(兼,11月17日当选)
徐　勇(兼,11月17日当选)
纪检组长　吕所宝(8月31日免)

中国共产主义青年团扬州市委员会

书　记　郭鹏驰(11月29日免)
洪　扬(女,11月29日任)
副书记　徐明玥(女)
张跃春(8月18日免)
袁慧中(女,8月18日免)
李　杰(女,8月18日任,试用期一年)
李　伟(8月18日任,试用期一年)
毕　亮(兼,12月25日当选)
王愉翔(兼,12月25日当选)
周　伟(挂职,12月15日任)
滕　蔓(女,挂职,12月15日任)

扬州市妇女联合会

主　席　马　宁
副主席　陈　静(女)
乔国银(女,3月30日免)
王雅静(女)
万潇潇(女,9月8日当选)

扬州市文学艺术界联合会

主　席　仲衍书
党组书记　仲衍书
副主席　朱红林
吴乃怀(1月20日当选)
李政成(兼)　张美林(兼)
周永平(兼)　周启云(兼)
王　永(兼)　周鸿钧(兼)
夏　峰(兼)

扬州市科学技术协会

主　席　王华平(4月27日免)
王友芳(4月27日任)
副主席　葛明顺　王德平　钱靖平
程顺和(兼)　黄建晔(兼)
王大新(兼)　丁爱军(兼)
王国宏(兼)　周颖华(兼)
梁文旭(兼)

扬州市哲学社会科学界联合会

主　席　徐向明
副主席　张　雷　刘　斌
徐宏宇(兼)　黄俊华(兼)
陈亚平(兼)　许金如(兼)
贾同跃(兼)　高　阜(兼)
臧灿甲(兼)　管路平(兼)

扬州市归国华侨联合会

主　席　杨为民(女)
副主席　周　军　高志刚(兼)
王修文(兼,11月28日止)
魏全林(兼)
王　飞(兼,11月28日当选)
姚友礼(兼,11月28日当选)
孔庆友(兼,11月28日当选)

扬州市残疾人联合会

理事长　张　跃(3月18日免)
顾爱华(3月18日任)
副理事长　龚　智　陈　林
张佑根

中国国际贸易促进委员会扬州市支会

会　长　周春光(兼,12月21日免)
钱中声(12月21日任)
副会长　杜　滨
秘书长　梁顺龙

***红十字会**

会　长　董玉海(兼)
常务副会长　张宝马(11月29日任)

法院　检察院

扬州市中级人民法院

院　长　蒋惠琴(女,1月23日止)
薛剑祥(2月20日当选)
代理院长　薛剑祥(1月23日任,2月20日止)
党组副书记　任国凡
常务副院长　任国凡
副院长　薛剑祥(1月23日任,2月20日止)
王继荣(12月29日免)
李凤光　姚宏斌
纪检组长　卢华月(3月23日任,8月31日免)
政治部主任　张　澎
审判委员会专职委员　陈　俊
沈　红(女)

扬州市人民检察院

检察长　闵正兵(1月23日止)
戴　飞(女,2月20日当选)
代理检察长　戴　飞(女,1月23日任,2月20日止)
党组副书记　李秋航(挂职,3月23日任)
副检察长　戴　飞(女,1月23日任,2月20日止)
李秋航(挂职,4月14日任)
浦志强　戴前良
纪检组长　张延浩(8月31日免)
政治部主任　王晓尧
检察委员会专职委员　鞠　进
许玛明

扬州经济技术开发区人民检察院

检察长　田庆生
副检察长　刘大军　朱桂明
政治处主任　费　依(女)
职务犯罪侦查预防局局长　夏继金(12月15日免)

高等院校

扬州大学

党委书记　姚冠新
校　长　焦新安
党委副书记　焦新安(兼)
叶柏森
副校长　叶柏森　刘祖汉
陈　耀(女)　黄建晔
胡效亚
陈国宏　洪　涛
陈亚平

市职业大学

党委书记　周　胜
校　长　吴春笃
党委副书记　吴春笃(兼)
林道立(12月29日免)
许金如
副校长　林道立(兼)　许金如(兼)
王如平　陈亚鸿　刘　宏
纪委书记　刘建伟

原江苏省扬州环境资源技术学院

院　长　吴春笃(兼)

市广播电视大学

校　长　吴春笃(兼)

扬州教育学院

院　长　吴春笃(兼)

江苏省扬州技师学院

党委书记　徐祥华
院　长　张颖超
党委副书记　张颖超(兼)
黄华明
副院长　陈康林　王思源

林　峻(女)
纪委书记　黄华明(兼)

驻扬州机关单位

扬州市国家税务局
局　长　杨　洁(女)
党组副书记　祝树人
副局长　祝树人(兼)　何　敏(女)
张汉东　孔燕云(女)
总经济师　方　林
纪检组长　侯昭华
扬州经济开发区国税局局长
蔡年青
扬州市国税局稽查局局长
陈国华

扬州地方税务局
局　长　朱中良
党组副书记　尹家朋(正处级)
副局长　尹家朋(兼,正处级)
李　璐(女)　柏兆邦
总经济师　李玉群
纪检组长　徐　斌
总会计师　张耀斌
扬州市地税局稽查局局长　唐　洪
扬州市地税局四分局局长　何春明

扬州出入境检验检疫局
局　长　施　军(副厅级)
轻工产品与儿童用品检测中心主任
陈　明
副局长　徐汉清(10月27日免)
王旭东
陈　洁(女)　葛荣晖

扬州气象局
局　长　秦铭荣
副局长　谢义明
纪检组长　仲维建

扬州海关
关　长　李存勇
副关长　徐旭辉　卜艳姝(女)
朱凤家　杜庆生
南京海关驻扬州海关纪检监察特派员　王晓峰
缉私分局局长　徐旭辉
缉私分局政委　王　炜
缉私分局副局长　蒋惠力

扬州海事局
局　长　蒋永龙
政　委　郭学军
副局长　陆裕彪　王　泉

中国人民银行扬州市中心支行
行　长　戴又有
副行长　崔　萌　叶小玲(女)
蔡定洪
纪委书记　华明远
党委委员、工会主任
何　飞(12月5日任)

扬州银监分局
局　长　薛润生
副局长　刘　旸　陈　洪
纪委书记　杨　光

国家统计局扬州调查队
党组书记　刘春来
队　长　刘春来(兼)
副队长　游立华　钟媛媛(女)
纪检组长　黄祥凤

省高宝邵伯湖渔管会
副主任　索维国　蔡云海　孙文祥

县(市、区)

广陵区

中共广陵区委
书　记　张长金
副书记　徐长金　刁顺勤
常　委　周鸿钧　李斌桃
郭长明　李刘杰
王　峰　喻智荣
王飞飞(7月18日任)
王　涛(女,3月30日免)

广陵区人大常委会
主　任　赵长松
副主任　张　华　李成志
周家富(1月19日任)
薛高辉(1月19日免)

广陵区人民政府
区　长　徐长金
副区长　王　峰　孟亚东　王早东
李建芳(女)　游　杰
叶　浩(1月19日任)
胡　宏(挂职,3月20日任)
廖章波(省科技镇长团)
魏小葵(挂职,4月27日任)
黄　艳(女,挂职,8月29日任)
胡明寿(1月19日免)

政协广陵区委员会
主　席　刘春晓
副主席　居益芬(女)　丁卫社
胡明寿　阚永明

邗江区

中共邗江区委
书　记　张耀武
副书记　钱　峰　朱跃龙
常　委　朱发奎　孟德和(援疆)
徐　明　张小辉　王庆伟
叶华生(7月18日任)
李虎仁(挂职)
陈洁(7月18日免)
王公锋(12月29日免)
洪　扬(女,11月29日免)

邗江区人大常委会
主　任　王庭国
副主任　祁胜媚(女)　曹占田
李德居(1月20日任)
吴心明
徐圣龙(1月20日免)

邗江区人民政府
区　长　钱　峰
副区长　王庆伟　王根云　丁明哲
陈　建
徐安朝(1月20日任)
贺宝兰(女,1月20日任)
李虎仁(挂职,3月27日任)
贾　浩(挂职,4月27日任)
盛　宇(挂职,8月30日任)
祁　凯(省科技镇长团,10月25日任)
李峻青(省科技镇长团,10月25日免)

政协邗江区委员会
主　席　陈佳宏
副主席　徐　晟　羊汉江
高长明(1月19日任)
沈少林(1月19日任)
何晓华(1月19日任)
许宏楼(1月19日免)
李德居(1月19日免)
冯筱白(女,1月19日免)
王亚民(1月19日免)

江都区

中共江都区委
书　记　张　彤(7月24日任)
蒋爱祥(5月12日免)
副书记　韦　峰
李　林(11月29日任)
曾庆玲(女,11月29日免)
常　委　顾　明　于　越　刘卫国
姜　熔
盛维林(7月18日任)
汤从虎(挂职,3月30日任)
田醒民(11月29日免)

康　尧(2月24日免)
李桂山(3月23日免)
王志松(12月29日免)

江都区人大常委会

主　任　张永庭
副主任　李　杰　孙恩明
沈仁礼(1月19日任)
陆德川(1月19日任)
孙逸山(1月19日免)
叶　跃(1月19日免)

江都区人民政府

区　长　韦　峰
副区长　孙　明　夏忠平　杨德银
闫冬梅
杨晓荣(1月19日任)
陆　丕(省科技镇长团)
朱　健(女,挂职,2月24日任)
张　静(女,挂职,6月29日任)
张德胜(挂职,9月29日任)
田醒民(12月26日免)

政协江都区委员会

主　席　曾庆玲(女,1月18日任)
许　煜(1月18日免)
副主席　蒋孝文　袁中飞　孙　明
黄春涛
刘宝宏(1月18日任)
沈仁礼(1月18日免)

宝应县

中共宝应县委

书　记　王逍霄(9月13日任)
王炳松(9月13日免)
副书记　佘俊臣(12月29日任)
顾长荣(7月18日任)
王逍霄(9月13日止)
陈金荣(7月18日免)
常　委　沈伯宏　王梅峰　张　利
吉　琳(女)　吴建志
周正威　陆安亚
蒲　章(挂职,4月7日任)

宝应县人大常委会

主　任　周玉宝
副主任　翟士高　黄才堂
徐建林(1月20日任)
孙学龙(1月20日任)
夏征宇(1月20日免)
李长春(1月20日免)

宝应县人民政府

县　长　王逍霄
副县长　张　利(1月20日任)
杨洪国　顾锡芳(女)
闫　伟　杨　林
金　陵(1月20日任)
郑东升(挂职,9月25日任)
杜晓钟(科技镇长团,9月25日任)
张　伟(1月20日免)
杨步云(1月20日免)
高　敏(女,省科技镇长团,9月25日免)

政协宝应县委员会

主　席　陈金荣(1月19日任)
秦有芳(1月19日免)
副主席　王松年　傅春景
周新华(1月19日任)
姜海峰(1月19日任,援陕)
徐建林(1月19日免)
金　陵(1月19日免)

仪征市

中共仪征市委

书　记　王炳松(9月13日任)
张震宇(9月13日免)
副书记　朱柏兴　仲　玲(女)
常　委　刘春华　王长田　张　伟
崔学锋　罗瑞勤
沈文杰(援青)　施家新
马立新　睢万仁
杨天水(挂职)
辜应强(挂职,4月7日任)
蒋元峰(7月18日免)

仪征市人大常委会

主　任　仲　玲(女,1月20日任)
刘本义(1月20日免)
副主任　骆　翔　顾学云
吴惠芬(女)
徐厚江(1月20日任)
纪　明(1月20日免)

仪征市人民政府

市　长　朱柏兴
副市长　刘春华　赵建芳(女)
李正涛　丁雪海　黄苏晋
李　强
杨天水(挂职,3月20日任)
张志诚(挂职,9月21日任)
黎堂斌(省科技镇长团,9月21日任)
朱正东(省科技镇长团,9月21日免)

政协仪征市委员会

主　席　邵　卫(1月18日任)
赵　明(1月18日免)
副主席　陆永进(女)
吴正明
赵永江(1月18日任)
施伟文(女,1月18日任)
韩兰芬(女,1月18日免)
王雪峰(1月18日免)

高邮市

中共高邮市委

书　记　勾凤诚
副书记　潘学元　方桂林(援藏)
张新钢
常　委　徐　健　朱莉莉(女)
王学峰　陈立柱　杨文喜
赵广华　潘建奇
栾卫亮(挂职,4月7日任)
孙建年(3月30日免)

高邮市人大常委会

主　任　张秋红(女)
副主任　薛晓寒　孙明如
吴惠山(1月20日任)
杨向东(1月20日任)
葛桂秋(1月20日免)
王永海(1月20日免)

高邮市人民政府

市　长　潘学元
副市长　赵广华(8月31日任)
刘春林　邱加永
王　薇(女,1月20日任)
王永海(1月20日任)
李　生(1月20日任)
张　军(省科技镇长团)
傅　晓(挂职,8月31日任)
孙建年(8月31日免)
钱富强(1月20日免)
潘建奇(1月20日免)

政协高邮市委员会

主　席　徐永宝
副主席　张贵龙
钱富强(1月19日任)
张拥军　居晓波
周启泉(1月19日任,援陕)
王　薇(女,1月19日免)

媒体报道

2017年国家级、省级主流媒体及境外媒体部分扬州报道情况一览表

表42-1

报道标题	媒体名称	报道日期
扬州百里清波入江淮(头版)	人民日报	2017年2月26日
扶贫要扶带头人	人民日报	2017年3月15日
时代呼唤这样的榜样	人民日报	2017年4月16日
头版聚焦航拍“五一”瘦西湖	人民日报	2017年5月1日
关爱留守儿童暑期生活(图片新闻)	人民日报	2017年8月27日
江苏:千年运河今朝更美	人民日报	2017年12月20日
江苏:建生态走廊 保清水北送	新华社	2017年2月15日
两岸业者在台合作推出亚星高规格游览车专用车底盘	新华社	2017年1月18日
扬州“烟花三月”旅游节开幕 昔日垃圾填埋场变身主会场	新华社	2017年4月18日
新华社全民健身系列调研②“健身圈”怎样才算便民惠民	新华社	2017年6月11日
世界地理标志大会在扬州召开	新华社	2017年6月29日
翻阅“时空”(图片新闻)	新华社	2017年7月7日
千年运河,流向未来	新华社	2017年7月18日
江苏扬州:为开放式公园立法 保护市民“生态福利”	新华社	2017年12月1日
江苏:千年运河焕发新生机	新华社	2017年12月22日
撸起袖子加油干:瞄准幸福感 做实大民生	央视《新闻联播》	2017年2月12日
打造生态走廊 推进绿色发展	央视《新闻联播》	2017年2月26日
江苏推进江淮生态大走廊建设	央视《新闻联播》	2017年5月1日
来之不易的绿水青山	央视《新闻联播》	2017年6月5日
【喜迎十九大】赞城市更宜居 盼生活更幸福	央视《新闻联播》	2017年9月24日
鼓励更多企业家投身扶贫事业	光明日报	2017年3月8日
小小“口袋公园”装进绿色新内涵	光明日报	2017年3月14日
最美的地方有书香——走近扬州“市民的书房”	光明日报	2017年04月24日
让千年文脉奔涌不息	光明日报	2017年8月11日
推进城市公园体系建设 满足人民优美生态环境需要	光明日报	2017年12月9日
赶上了传统文化发展的大好机遇	光明日报	2017年10月21日
中国声音中国年之扬州声音	中国之声	2017年2月
江苏:“创业之手”推开“富民之门”	新华每日电讯	2017年2月7日
建生态走廊 保清水北送	新华每日电讯	2017年2月18日
扬州:“富民党建”助增收	新华每日电讯	2017年3月4日
五一假期·出游·江苏扬州:降票价免换乘,多项举措保出行	新闻直播间	2017年5月1日
廖家沟:昔日垃圾场 今日绿长廊	新闻直播间	2017年6月4日
问计两会——使命重在担当 实干铸就辉煌(王静成发言内容)	焦点访谈	2017年3月5日
扬州打造生态大走廊	经济日报	2017年7月12日
污水处理厂建光伏 发电自用绿色节能	经济日报	2017年8月16日
扬州推进垃圾分类,全市机关事业单位10月16日起率先启动	中央人民广播电台	2017年9月2日

续表 42-1

报道标题	媒体名称	报道日期
扬州为何拿出黄金地段来“造绿”	解放日报	2017年2月2日
扬州中小企业有了“专供贷款”	新华日报	2017年1月13日
扬州整改环境“不过夜”	新华日报	2017年1月14日
扬州“开门红”	新华日报	2017年1月27日
扬州打造传播“最美”微视频基地	新华日报	2017年1月27日
扬州企业数量首次突破12万户	新华日报	2017年2月4日
扬州“口袋公园”缘何刷爆“朋友圈”	新华日报	2017年2月8日
扬州三年百亿助力创新发展(头版)	新华日报	2017年2月12日
扬州启动长江岸线利用专项整治	新华日报	2017年2月12日
打造政企健康和谐新生态	新华日报	2017年2月16日
扬州:新城市特色呼之欲出	新华日报	2017年2月18日
扬州文化产业展现全新魅力	新华日报	2017年5月5日
扬州试点“十二证合一”全覆盖	新华日报	2017年5月10日
生态+健身,运动版的城市客厅	新华日报	2017年5月12日
扬州市服务业首季发展形势稳中向好	新华日报	2017年5月26日
扬州压紧夯实“两个责任”	新华日报	2017年7月6日
扬州将“河长制”融入水系新规划	新华日报	2017年8月9日
各地齐推民生大礼 百姓共享发展硕果 扬州:30条老街巷旧貌换新颜	江苏新时空	2017年1月1日
扬州文昌花园社区 以居民需求为导向 创立“党建+社会组织”新模式	江苏新时空	2017年1月15日
聚力创新 激发新动能 扬州:力推“科技创新28条” 3年投入100亿元	江苏新时空	2017年1月22日
聚焦地方两会·“两聚一高”加油干 扬州:坚持创新发展 努力建设国际文化旅游名城	江苏新时空	2017年2月16日
聚焦富民 起而寻策 扬州杭集镇:“小牙刷”做出富民“大文章”	江苏新时空	2017年7月6日
时空头条 砥砺奋进 争当转型升级排头兵(三) 走生态化道路 建设绿色集约示范区	江苏新时空	2017年7月23日
扬州:“保姆式”服务保驾护航 项目开工率“百分百”	江苏新时空	2017年7月30日
《将改革进行到底》反响十:“人民的获得感”——深化改革的终极目	江苏省电台	2017年7月26日
“扬州马拉松”获评田协最具传播影响力赛事	人民网	2017年3月22日
扬州:年内确保7000元以下低收入农户全部脱贫	人民网	2017年4月11日
江苏扬州在南水北调沿线建设生态大走廊	人民网	2017年4月15日
昔日垃圾场今成城市客厅 扬州生态修复见成效	人民网	2017年4月17日
2017“烟花三月”国际经贸旅游节开幕 175个项目为扬州添动力	人民网	2017年4月19日
谢正义:加强医疗合作打造健康中国扬州样本	人民网	2017年4月27日
扬州:航拍瘦西湖景区 假日人潮涌动(2017.5.1)1版	人民网	2017年5月4日
姜龙:扬州将不断做大做足“体育+旅游”文章	人民网	2017年5月4日
扬州水生态文明城市建设试点技术评估高分通过	人民网	2017年7月19日
扬州服务业增加值增速领跑全省	人民网	2017年9月2日
首设“伙伴城市”,软博会将迎“扬州日”	人民网	2017年9月4日

续表42-1

报道标题	媒体名称	报道日期
人民日报:不搞大拆大建 扬州城中村融入瘦西湖景区	人民网	2017年9月23日
扬州打造10至15分钟为老服务圈 打造颐养之城	人民网	2017年9月23日
十九大时光:一个用"扬州味"讲述的"江苏故事"	人民网	2017年10月19日
谢正义:自觉务实地展开实现中国梦的扬州实践	人民网	2017年10月20日
谢正义:绿色作底打造"美丽中国"扬州样板	人民网	2017年10月22日
谢正义:用心用劲办好事关扬州发展大事实事	人民网	2017年10月27日
谢正义:在扬州新一轮发展中展风采作贡献	人民网	2017年11月16日
城在园中园在景中 扬州公园体系建设获点赞	人民网	2017年11月16日
扬州全国文明城市三连冠 谢正义参加表彰大会	人民网	2017年11月18日
公园数量不得减少!扬州立法保护市民生态红利	人民网	2017年12月1日
谢正义:创新创业成扬州经济社会发展主要动力	人民网	2017年12月9日
谢正义:推动十九大精神在扬州落地生根	人民网	2017年12月10日
扬州三年投入百亿 谱写创新发展精彩篇章	新华网	2017年3月9日
扬州推进城市公园体系建设生态内涵创新延伸	新华网	2017年3月9日
扬州以富民为抓手 7000元以下低收入年内脱贫	新华网	2017年4月11日
扬州打造生态大走廊	新华网	2017年7月12日
扬州市重要生态廊道611省道正式通车	新华网	2017年7月26日
江苏扬州精准扶贫送"铁牛" 进村赢得百姓称赞	新华网	2017年9月3日
《吃货漫游记》久负盛名的百年老店——扬州百年冶春	新华网	2017年9月6日
扬州:当好东道主 办好省运会	新华网	2017年9月21日
江苏扬州:10万党员走上讲台"赛"党课	新华网	2017年9月29日
全球三分之一毛绒玩具供应量是如何炼成的——江苏扬州推动小微企业创业创新的探索	新华网	2017年10月24日
中韩中澳自贸协定:拉动扬州经济的两驾马车	新华网	2017年10月24日
加快互联互通互享 宁镇扬一体化建设全面提速	新华网	2017年11月27日
江苏省首部关于开放式公园的立法今起实施 扬州立法保护市民"生态红利"	新华网	2017年12月1日
扬州:为开放式公园立法 保护市民"生态福利"	新华网	2017年12月1日
《扬州市公园条例》施行 保障公园事业健康发展	新华网	2017年12月1日
扬州沿湖村:"新乡贤文化"引领最美乡村建设	新华网	2017年12月25日
扬州"3号文件":一纸文件做大百亿旅游蛋糕	新华网	2017年12月26日
江苏扬州三年投入百亿助力创新发展	中国网	2017年3月6日
扬州率先启动江淮生态大走廊"七河八岛"先导区建设	中国网	2017年3月9日
江苏媒体聚首扬州 研讨深度融合报道提升主流媒体"四力"	中国网	2017年3月31日
春风十里扬州路	中国网	2017年4月12日
扬州文化产业展现全新魅力	中国网	2017年5月5日
扬州将建联合国教科文"一带一路"文化互动地图旅游示范基地	中国网	2017年7月11日
扬州打造生态大走廊	中国网	2017年7月12日

续表 42-1

报道标题	媒体名称	报道日期
聚焦扬子江城市群建设扬州打造跨江融合示范区迎新机遇	中国网	2017年9月2日
2017世界运河城市论坛9月8日在中国扬州举办	中国网	2017年9月6日
《世界运河古镇合作扬州倡议》签署	中国网	2017年9月8日
服务业成扬州经济转型发展新动力	中国网	2017年9月29日
江苏扬州着力建设创新人才高地 出台人才新政20条措施	中新网	2017年10月27日
扬州推动运河与城市共生共荣 呈现“绿色+文化”盛景	中新网	2017年11月26日
扬州从城市公园迈向公园城市续写“绿杨城郭”	中新网	2017年12月1日
古城扬州未来发展拒绝平庸将投巨资建“科创中心”	中新网	2017年12月28日
扬州发布治霾新举措 环境违法立案数将增三成以上	凤凰网	2017年3月8日
“扬州智库论坛”开坛 首期聚焦“颐养之城”建设	凤凰网	2017年3月22日
扬州工造出“世界十大名船”冠军	凤凰网	2017年3月24日
扬州泰州国际机场晋阶“国际号” 跻身“百万级”	凤凰网	2017年3月28日
全国新华书店代表聚扬州 点赞城市书房延续扬州文脉	凤凰网	2017年3月29日
项目为王 助推扬州创新转型发展	凤凰网	2017年4月1日
全国媒体大咖点赞大美扬州	凤凰网	2017年4月10日
扬州擦亮国家节水型城市“金字招牌”	凤凰网	2017年4月19日
扬州今年出台“3号文件” 聚焦服务游客十件实事	凤凰网	2017年5月2日
回眸扬州服务业这五年	凤凰网	2017年10月9日
三个故事看美丽中国扬州样板	凤凰网	2017年10月18日
文化部考察团考察扬州非遗——做大做强工艺美术产业	凤凰网	2017年10月25日
新华社、中国日报网等央媒关注扬州百年老校	凤凰网	2017年10月25日
扬州市首次出台基层基本公共服务功能配置标准	凤凰网	2017年11月6日
扬州市发改委全力推进列省重大项目建设	凤凰网	2017年11月30日
《扬州市公园条例》施行	凤凰网	2017年12月1日
扬州何园保护规划 获省政府批复	网易	2017年1月12日
扬州寻找微感动传递正能量 “最美扬州人”微视频大赛揭晓	网易	2017年1月25日
江苏区域发展新亮点:南京镇州扬州三城携手共推一体化发展	网易	2017年2月7日
江苏扬州广陵:打造非公企业职务犯罪预防“广陵模式”	网易	2017年2月28日
江苏媒体聚首扬州 研讨深度融合报道	网易	2017年4月1日
扬州启动“绿扬金凤”众创大赛 获奖项目最高可获500万元资助	网易	2017年4月13日
互联网+产业环境下 扬州的城市发展与创新创业机遇	网易	2017年5月8日
韦明铧:“老扬州话”就是“扬气”	网易	2017年5月13日
生态科技新城打造扬州市民和外地游客来扬新旅游目的地	网易	2017年6月19日
扬州推动长江经济带发展综述:共舞长江经济带的“扬州实践”	网易	2017年9月7日
扬州:入围全球经济竞争力200强	网易	2017年11月2日
江苏扬州留住城市文化记忆 为当代文化名人立传	网易	2017年12月5日
“烟花三月”节花都汇开幕	新浪	2017年2月13日
扬州交出“十三五”良好开局成绩单 服务业已成经济增长重要支撑	新浪	2017年2月16日

续表 42-1

报道标题	媒体名称	报道日期
江苏扬州三年投入百亿助力创新发展——打造创新软环境使出“硬招子”	新浪	2017年3月6日
扬州大力推进城市公园体系建设 小小“口袋公园”装进绿色新内涵	新浪	2017年3月6日
海内外千名客商相聚扬州 共赴古城“春天盛宴”	新浪	2017年4月18日
扬州“烟花三月”旅游节开幕 昔日垃圾填埋场变身主会场	新浪	2017年4月18日
2017中国扬州“烟花三月”国际经贸旅游节开幕	新浪	2017年4月19日
扬州打造运力智慧小镇 互联网+引领物流新时代	新浪	2017年4月19日
扬州新兴产业迅速崛起	新浪	2017年4月20日
李强在泰州扬州里下河地区调研时强调 凸显生态优势 塑造发展特色 更好地促进增收富民造福百姓	新浪	2017年4月28日
“洋眼看扬州”推广文化旅游	新浪	2017年5月4日
扬州打造两千里公路风光带	新浪	2017年5月10日
江苏扬州“零门槛”发放“创新券” 12家小微台企兑现	新浪	2017年5月23日
地理标志是产品“通行证” 扬州地理标志凸显文化内涵	新浪	2017年6月30日
列省重大项目新开工数创新高 扬州服务业增速列全省第一	新浪	2017年7月21日
央视《我们的节日》来拍“扬州月” 全景呈现“月亮城”古今传奇	新浪	2017年8月2日
建设全国文明城市 为何能引领扬州新时代风尚?	新浪	2017年11月20日
扬州《公园条例》下月起实施 保障市民福利	新浪	2017年11月21日
让十九大精神 在扬州落地生根	新浪	2017年11月22日
上榜全国“城市双修”试点城市 扬州已形成“双修”初步方案	新浪	2017年12月6日
扬州资本市场国际化战略里程碑 城控集团在境外首发美元债券	新浪	2017年12月18日
扬州将编制大运河文化旅游规划 使用遥感技术实时监控全市水域	新浪	2017年12月18日
快速通道先导段春节前通车 主城迈入立体交通时代	腾讯	2017年1月23日
新华社聚焦江苏“两会”点赞扬州全民创业工程	腾讯	2017年2月7日
扬州工业实现“十三五”良好开局 “销售百亿军团”有3家	腾讯	2017年2月8日
代表最关心城建和环保 江淮生态大走廊建设成亮点	腾讯	2017年2月20日
来扬游客中超1/3是回头客 扬州旅游环境受游客赞许	腾讯	2017年3月16日
扬州河长制实现全覆盖 让每一条河流都成为生态廊道	腾讯	2017年3月22日
2017扬州赛艇大师赛 王石亲自现身推广赛艇	腾讯	2017年5月1日
2017扬州世界体育旅游峰会6月8日—10日举行	腾讯	2017年5月4日
扬州综合经济竞争力排名第41 和谐社会环境列第27位	腾讯	2017年6月26日
扬州“3号文件”释放政策利好 将游客引得来留得住	腾讯	2017年7月20日
扬州东部枢纽2019年底建成 将打造零距离交通枢纽	腾讯	2017年7月21日
扬州体育公园将成休闲综合体 市民共享“省运红利”	腾讯	2017年8月23日
跨江融合对接苏南 扬州融入苏南长三角核心区	腾讯	2017年9月4日
高铁巨龙在扬州初现 “高铁梦”重塑扬州经济地理	腾讯	2017年9月5日
江淮生态大走廊:挺起扬州绿色发展脊梁	腾讯	2017年10月26日
三区合一牵手江淮生态走廊 打造城北发展新引擎	搜狐	2017年2月24日

续表 42-1

报道标题	媒体名称	报道日期
扬州打造“健康中国”样本，全国专家学者都来调研了……	搜狐	2017年4月26日
连淮扬镇宝应特大桥年底建成 跨淮安扬州长24公里	搜狐	2017年5月5日
搜狐焦点产业新区	搜狐	2017年5月16日
谢正义：让扬州处处都是运动场、人人都是运动员、家家都是啦啦队	搜狐	2017年7月22日
又一项全国性大赛落户扬州！高邮因“水”美获举办权	搜狐	2017年8月23日
谢正义在调研省运会“主会场、主展场、主赛场”建设情况时强调——担当盛会承办主力军，增添西区发展新动力	搜狐	2017年8月24日
重磅！大型海世界文旅小镇即将入驻扬州！	搜狐	2017年9月22日
奋进新时代 扬州重大项目建设展新颜	搜狐	2017年11月1日
传书香文脉 望城市未来 绿地24小时城市书房开馆	搜狐	2017年12月25日
文博，名城扬州的新符号(下)	美国《国际日报》	2017年1月11日
漫画大数据图说扬州“10件大事”	美国《国际日报》	2017年2月22日
图解扬州美好新蓝图	美国《国际日报》	2017年3月8日
扬州：构筑生态安全屏障	美国《国际日报》	2017年3月22日
古今交相映 名城展新颜	美国《国际日报》 《华盛顿中文邮报》	2017年4月12日 2017年4月8日
在世界文化版图烙上“扬州印记”	美国《国际日报》 《华盛顿中文邮报》	2017年5月10日 2017年5月13日
深耕“一带一路” 演绎走出去的“扬州故事”	美国《国际日报》 《华盛顿中文邮报》	2017年5月24日 2017年5月27日
“治城先治水”：建人水和谐之城	美国《国际日报》 《华盛顿中文邮报》	2017年7月26日 2017年7月22日
从三个“城市之眼”俯瞰扬城	美国《国际日报》 《华盛顿中文邮报》	2017年8月9日 2017年8月12日
蜀冈—瘦西湖景区 描绘“世界级景区”新画卷	美国《国际日报》 《华盛顿中文邮报》	2017年8月23日 2017年8月26日
全民健身运动的“宋夹城样本”	美国《国际日报》 《华盛顿中文邮报》	2017年9月13日 2017年9月9日
盛会十年 以运河名义拥抱世界	美国《国际日报》 《华盛顿中文邮报》	2017年9月27日 2017年9月23日
人在城中 城在园中 园在景中	美国《国际日报》 《华盛顿中文邮报》	2017年11月22日 2017年11月25日
公园体系 百姓心中的诗意栖居	美国《国际日报》 《华盛顿中文邮报》	2017年12月13日 2017年12月9日
保护利用 一座千年古城的“新生”	美国《国际日报》 《华盛顿中文邮报》	2017年12月27日 2017年12月23日
在12个趣处知遇不一样的扬州时节	《CondéNast Traveler》(中文版悦游)	2017年3月25日
头上的书、口中的筷、手上的扑克牌，中国观光导游的礼仪讲座(瘦西湖导游礼仪训练)	法新社	2017年5月19日
中国非物质文化遗产扬州玉雕亮相法国遗产文化展	《欧洲时报》	2017年11月6日

（于玲玲 马 璇 董潇潇）

重要文件目录

中共扬州市委文件目录

中共扬州市委 扬州市人民政府关于聚焦富民推进2017年民生幸福工程的实施意见(扬发〔2017〕1号2017年1月18日)

中共扬州市委 扬州市人民政府关于聚力创新进一步优化企业发展环境的意见(扬发〔2017〕2号2017年1月20日)

中共扬州市委 扬州市人民政府关于更好服务游客建设宜游城市的意见(扬发〔2017〕3号2017年4月25日)

中共扬州市委关于印发《中共扬州市委常委会2017年工作要点》的通知(扬发〔2017〕4号2017年3月23日)

中共扬州市委 扬州市人民政府关于表彰2016年度市级机关绩效管理和综合考评先进单位和先进个人的决定(扬发〔2017〕5号2017年1月26日)

中共扬州市委 扬州市人民政府关于表彰2016年度县(市、区)党政正职、功能区党政领导班子考核先进单位的决定(扬发〔2017〕6号2017年1月26日)

中共扬州市委 扬州市人民政府关于给予市国土资源局记集体二等功奖励的决定(扬发〔2017〕7号2017年1月26日)

中共扬州市委 扬州市人民政府关于贯彻长江经济带发展战略的实施意见(扬发〔2017〕8号2017年2月18日)

中共扬州市委关于报送落实党风廉政建设责任制情况检查考核反馈意见整改方案的报告(扬发〔2017〕9号2017年2月21日)

中共扬州市委 扬州市人民政府关于表彰2016年度全市信访工作先进县(市、区)先进单位和先进个人的决定(扬发〔2017〕10号2017年2月28日)

中共扬州市委 扬州市人民政府关于印发《扬州市"两减六治三提升"专项行动实施方案》的通知(扬发〔2017〕11号2017年2月14日)

中共扬州市委 扬州市人民政府关于印发《关于深化行政审批制度改革加快简政放权激发市场活力的实施方案》的通知(扬发〔2017〕12号2017年3月12日)

中共扬州市委 扬州市人民政府关于印发《深化市管企业负责人薪酬制度改革实施意见》的通知(扬发〔2017〕13号2017年3月13日)

中共扬州市委 扬州市人民政府 扬州军分区关于加强"柳堡二妹子"民兵连全面建设的意见(扬发〔2017〕14号2017年3月13日)

中共扬州市委关于转发《扬州市政协2017年工作要点》的通知(扬发〔2017〕15号2017年3月28日)

中共扬州市委 扬州市人民政府关于下达2017年重大项目新开工、竣工投(达)产、实际投资指标的通知(扬发〔2017〕16号2017年4月6日)

中共扬州市委 扬州市人民政府关于扬州市2016年度人口和计划生育目标管理责任完成情况的报告(扬发〔2017〕17号2017年4月13日)

中共扬州市委关于2017年度进一步加强全市社区党组织书记队伍建设的意见(扬发〔2017〕18号2017年4月13日)

中共扬州市委关于转发《扬州市人大常委会2017年度工作要点和议题安排计划》的通知(扬发〔2017〕19号2017年4月20日)

中共扬州市委 扬州市人民政府关于恳请批准《扬州经济技术开发区相对集中行政许可权改革试点方案》的请示(扬发〔2017〕20号2017年5月3日)

中共扬州市委 扬州市人民政府关于恳请批准《江都经济开发区相对集中行政许可权改革试点方案》的请示(扬发〔2017〕21号2017年5月3日)

中共扬州市委 扬州市人民政府关于聚焦富民持续提高城乡居民收入水平的实施意见(扬发〔2017〕22号2017年5月8日)

中共扬州市委 扬州市人民政府关于印发《扬州市工业重大项目"四新"认定办法》的通知(扬发〔2017〕23号2017年5月10日)

中共扬州市委 扬州市人民政府关于推动全市开发园区转型升级加快发展的意见(扬发〔2017〕24号2017年5月11日)

中共扬州市委 扬州市人民政府关于命名2015—2016年度扬州市文明单位、文明校园、文明社区、文明行业、文明村、文明乡镇的决定(扬发〔2017〕25号2017年5月11日)

中共扬州市委 扬州市人民政府关于持续深入推进农业供给侧结构性改革的实施意见(扬发〔2017〕26号2017年5月15日)

中共扬州市委关于建立意识形态工作联席会议制度的通知(扬发〔2017〕27号2017年6月1日)

中共扬州市委 扬州市人民政府关于印发2017年度考核(评)办法的通知(扬发〔2017〕28号2017年6月3日)

中共扬州市委 扬州市人民政府关于下达2017年度重点工作绩效考核目标的通知(扬发〔2017〕29号2017年6月7日)

中共扬州市委 扬州市人民政府关于印发《扬州市江淮生态大走廊建设行动方案》的通知(扬发〔2017〕30号2017年6月9日)

中共扬州市委 扬州市人民政府关于印发《2017"三直接"十大环节操作规范》的通知(扬发〔2017〕31号2017年6月6日)

中共扬州市委印发《关于健全人大讨论决定重大事项制度、各级政府重大决策出台前向本级人大报告的实施细则》的通知(扬发〔2017〕32号2017年7月21日)

中共扬州市委 扬州市人民政府关于印发《扬州市生态环境保护工作责任规定(试行)》的通知(扬发〔2017〕33号2017年8月1日)

中共扬州市委 扬州市人民政府关于印发《扬州市审计机关人财物管理改革试点实施方案》的通知(扬发〔2017〕34号2017年8月21日)

中共扬州市委 扬州市人民政府关于加快新型城镇化及美丽乡(镇)村建设的实施意见(扬发〔2017〕35号2017年8月24日)

中共扬州市委 扬州市人民政府关于进一步推进国有企业改革发展的实施意见(扬发〔2017〕36号2017年8月29日)

中共扬州市委 扬州市人民政府印发《关于深入实施“兴城先兴人”战略着力优化人才创新创业环境的政策意见》的通知(扬发〔2017〕37号2017年9月1日)

中共扬州市委 扬州市人民政府关于印发《“打造健康中国的扬州样本”行动计划》的通知(扬发〔2017〕38号2017年9月7日)

中共扬州市委 扬州市人民政府关于印发《扬州市特色田园乡村建设行动计划》的通知(扬发〔2017〕39号2017年9月25日)

中共扬州市委 扬州市人民政府关于进一步加强全市宗教工作的实施意见(扬发〔2017〕40号2017年10月13日)

中共扬州市委 扬州市人民政府关于印发《扬州市“十三五”时期基层基本公共服务功能配置标准(试行)》的通知(扬发〔2017〕41号2017年10月20日)

中共扬州市委 扬州市人民政府关于请求支持建设“中国大运河博物馆”的请示(扬发〔2017〕42号2017年11月17日)

中共扬州市委 扬州市人民政府关于在扬州全市域开展相对集中行政许可权改革试点的请示(扬发〔2017〕43号2017年11月22日)

中共扬州市委 扬州市人民政府关于进一步加强普通高中教育的若干意见(扬发〔2017〕44号2017年11月27日)

中共扬州市委关于认真学习宣传贯彻党的十九大精神的通知(扬发〔2017〕45号2017年12月1日)

中共扬州市委 扬州市人民政府关于加强和改进新形势下全市高校思想政治工作的实施意见(扬发〔2017〕46号2017年12月5日)

中共扬州市委 扬州市人民政府 扬州军分区关于推荐省双拥模范城(县、区)的请示(扬发〔2017〕47号2017年12月11日)

中共扬州市委 扬州市人民政府关于推进安全生产领域改革发展的实施意见(扬发〔2017〕48号2017年12月30日)

中共扬州市委 扬州市人民政府关于进一步加强农村扶贫开发工作的实施意见(扬发〔2017〕49号2017年12月30日)

中共扬州市委办公室 扬州市政府办公室关于印发重申纪律规矩、改进文风会风的通知(扬办发〔2017〕1号2017年1月6日)

中共扬州市委办公室 扬州市政府办公室关于印发《扬州市贯彻落实〈江苏省党政机要密码工作“十三五”规划〉实施意见》的通知(扬办发〔2017〕2号2017年1月22日)

中共扬州市委办公室印发《关于进一步加强全市关工委组织建设和“五老”队伍建设的意见》的通知(扬办发〔2017〕3号2017年1月25日)

中共扬州市委办公室 扬州市政府办公室关于印发《2017中国·扬州“烟花三月”国际经贸旅游节总体方案》的通知(扬办发〔2017〕4号2017年1月22日)

中共扬州市委办公室 扬州市政府办公室关于印发《2017年全市信访工作要点》的通知(扬办发〔2017〕5号2017年2月28日)

中共扬州市委办公室 扬州市政府办公室关于印发《2017年度优化企业发展环境工作考核办法》的通知(扬办发〔2017〕6号2017年2月27日)

中共扬州市委办公室 扬州市政府办公室印发《关于进一步完善法律援助制度的实施意见》的通知(扬办发〔2017〕7号2017年3月11日)

中共扬州市委办公室 扬州市政府办公室关于印发《扬州市2017年双拥和国防教育工作要点》的通知(扬办发〔2017〕8号2017年3月13日)

中共扬州市委办公室 扬州市政府办公室关于印发《扬州市2017年“两创示范”工作要点》的通知(扬办发〔2017〕9号2017年3月15日)

中共扬州市委办公室 扬州市政府办公室关于印发“大拜访、大招商、大合作”活动方案的通知(扬办发〔2017〕10号2017年3月15日)

中共扬州市委办公室关于转发《扬州市关心下一代工作委员会2017年工作要点》的通知(扬办发〔2017〕11号2017年3月22日)

中共扬州市委办公室 扬州市政府办公室关于认真做好市人大代表建议和政协提案办理工作的通知(扬办发〔2017〕12号2017年3月29日)

中共扬州市委办公室关于印发《“建机制、解难题、求实效”深入开展“聚焦富民·走千村访万户”大走访大排查工作方案》的通知(扬办发〔2017〕13号2017年4月1日)

中共扬州市委办公室关于印发《2017年市委督查工作计划》的通知(扬办发〔2017〕14号2017年4月10日)

中共扬州市委办公室关于印发《中共扬州市委党的建设工作领导小组2017年工作要点》的通知(扬办发〔2017〕15号2017年5月3日)

中共扬州市委办公室关于印发《中共扬州市委全面深化改革领导小组2017年工作要点》的通知(扬办发〔2017〕16号2017年5月4日)

中共扬州市委办公室 扬州市政府办公室关于印发《2017年全市政法工作要点》的通知(扬办发〔2017〕17号2017年4月20日)

中共扬州市委办公室 扬州市政府办公室关于印发《百名处级干部挂钩联系百强重点企业一览表》的通知(扬办发〔2017〕18号2017年5月19日)

中共扬州市委办公室　扬州市政府办公室关于印发《全面推行河长制实施意见》的通知(扬办发〔2017〕19号2017年5月22日)

中共扬州市委办公室印发《关于推进“两学一做”学习教育常态化制度化的实施方案》的通知(扬办发〔2017〕20号2017年5月26日)

中共扬州市委办公室　扬州市政府办公室关于印发《扬州市“263”专项行动和“江淮生态大走廊”建设考核办法》的通知(扬办发〔2017〕21号2017年5月27日)

中共扬州市委办公室转发中共扬州市总工会党组《关于召开扬州市工会第七次代表大会的请示》的通知(扬办发〔2017〕22号2017年6月7日)

中共扬州市委办公室关于印发《党委(党组)对市管干部实施“第一种形态”谈话暂行办法》的通知(扬办发〔2017〕23号2017年6月8日)

中共扬州市委办公室　扬州市政府办公室关于印发《扬州市2017年度重大项目建设考核办法》的通知(扬办发〔2017〕24号2017年6月8日)

中共扬州市委办公室转发《中共扬州市侨联党组关于召开扬州市第六次归侨侨眷代表大会的请示》的通知(扬办发〔2017〕25号2017年7月5日)

中共扬州市委办公室印发《关于全面落实市纪委向市一级党和国家机关派驻纪检机构的改革方案》的通知(扬办发〔2017〕26号2017年7月12日)

中共扬州市委办公室　扬州市政府办公室印发《关于进一步加强和改进离退休干部工作的实施意见》的通知(扬办发〔2017〕27号2017年7月18日)

中共扬州市委办公室　扬州市政府办公室关于调整市区“清水活水”综合整治工作领导小组及工作职能的通知(扬办发〔2017〕28号2017年7月20日)

中共扬州市委办公室　扬州市政府办公室印发《关于推行法律顾问制度和公职律师公司律师制度的实施意见》的通知(扬办发〔2017〕29号2017年8月3日)

中共扬州市委办公室印发《关于在深化国有企业改革中坚持党的领导加强党的建设的实施意见》的通知(扬办发〔2017〕30号2017年8月28日)

中共扬州市委办公室　扬州市政府办公室关于印发《扬州市“三直接”操作规范评估办法(试行)》的通知(扬办发〔2017〕31号2017年8月28日)

中共扬州市委办公室　扬州市政府办公室关于印发《扬州市社区建设行动计划(2017—2020年)》的通知(扬办发〔2017〕32号2017年8月30日)

中共扬州市委办公室印发《关于加强新的社会阶层人士统战工作的实施办法》的通知(扬办发〔2017〕33号2017年9月19日)

中共扬州市委办公室关于印发《共青团扬州市委改革实施方案》的通知(扬办发〔2017〕34号2017年9月26日)

中共扬州市委办公室关于印发《扬州市总工会改革实施方案》的通知(扬办发〔2017〕35号2017年9月27日)

中共扬州市委办公室关于印发《扬州市妇联改革实施方案》的通知(扬办发〔2017〕36号2017年9月30日)

中共扬州市委办公室关于印发《扬州市党委(党组)理论学习中心组学习实施细则》的通知(扬办发〔2017〕37号2017年10月12日)

中共扬州市委办公室　扬州市政府办公室关于进一步规范机关事业单位津贴补贴和奖金发放工作的通知(扬办发〔2017〕38号2017年10月23日)

中共扬州市委办公室　扬州市政府办公室关于进一步加强村级债务化解工作的意见(扬办发〔2017〕39号2017年10月9日)

中共扬州市委办公室　扬州市政府办公室关于转发《2017年市直军队转业干部分配计划》的通知(扬办发〔2017〕40号2017年11月22日)

中共扬州市委办公室　扬州市政府办公室关于支持人民法院基本解决执行难问题的工作意见(扬办发〔2017〕41号2017年11月3日)

中共扬州市委办公室关于建立全面从严治党主体责任“问题清单＋季度汇报”制度的实施意见(扬办发〔2017〕42号2017年11月20日)

中共扬州市委办公室关于印发《扬州市侨联改革实施方案》的通知(扬办发〔2017〕43号2017年11月20日)

中共扬州市委办公室关于印发《扬州市党政领导干部结对联系专家人才实施方案》的通知(扬办发〔2017〕44号2017年11月22日)

中共扬州市委办公室　扬州市政府办公室关于全市副处级以上领导干部开展结对帮扶工作的通知(扬办发〔2017〕45号2017年12月4日)

中共扬州市委办公室　扬州市政府办公室印发《关于完善矛盾纠纷多元化解机制的实施办法》的通知(扬办发〔2017〕46号2017年12月9日)

中共扬州市委办公室关于印发《扬州市深化国家监察体制改革试点工作实施方案》的通知(扬办发〔2017〕47号2017年12月9日)

中共扬州市委办公室关于印发《市级机关单位外出学习考察培训管理环节操作实施细则》的通知(扬办发〔2017〕48号2017年12月11日)

中共扬州市委办公室　扬州市政府办公室印发《关于支持民主党派开展重点考察调研的实施办法》的通知(扬办发〔2017〕49号2017年12月15日)

中共扬州市委办公室　扬州市政府办公室关于印发《扬州市健全落实社会治安综合治理领导责任制实施细则》的通知(扬办发〔2017〕50号2017年12月28日)

中共扬州市委办公室　扬州市政府办公室印发《关于建立对失信被执行人联合惩戒机制的实施办法》的通知(扬办发〔2017〕51号2017年12月29日)

中共扬州市委办公室关于印发《扬州市党委(党组)网络意识形态工作责任制实施方案》的通知(扬办发〔2017〕52号2017年12月29日)

中共扬州市委办公室关于印发《关于加强全市党史

工作的实施意见》的通知(扬办发〔2017〕53号2017年12月28日)

中共扬州市委办公室 扬州市政府办公室印发《关于对口帮扶榆林市脱贫攻坚和经济协作的实施意见》的通知(扬办发〔2017〕54号2017年12月30日)

扬州市政府重要文件目录

扬州市政府关于印发《扬州市地名管理办法》的通知(扬府规〔2017〕1号,2017年1月17日)

扬州市人民政府关于公布规范性文件清理结果的决定(政府令88号,2017年6月29日)

扬州古城历史建筑修缮管理办法(政府令89号,2017年10月30日)

扬州市扬尘污染防治管理暂行办法(政府令90号,2017年11月8日)

扬州市政府关于进一步促进民间投资发展的实施意见(扬府发〔2017〕1号,2017年4月23日)

扬州市政府关于在市场体系建设中建立公平竞争审查制度的实施意见(扬府发〔2017〕4号,2017年1月11日)

扬州市政府关于印发《2017年度扬州市人民政府规章制定计划》的通知(扬府发〔2017〕15号,2017年2月10日)

扬州市政府关于印发《扬州市化解钢铁行业过剩产能实现脱困发展实施方案》的通知(扬府发〔2017〕24号,2017年2月20日)

扬州市政府关于公布2016年度全市工业百强企业的通知(扬府发〔2017〕29号,2017年3月6日)

扬州市政府关于进一步促进市区房地产市场平稳健康发展的通知(扬府发〔2017〕49号,2017年4月10日)

扬州市人民政府关于授予马修·西蒙奇尼等7位中外友好人士扬州市"城市贵宾"称号的决定(扬府发〔2017〕50号,2017年4月20日)

扬州市政府关于印发扬州市整合城乡居民基本医疗保险制度实施方案的通知(扬府发〔2017〕55号,2017年4月24日)

扬州市政府关于推进健康城市健康村镇建设的实施意见(扬府发〔2017〕58号,2017年5月2日)

扬州市政府关于进一步推进利用外资工作的实施意见(扬府发〔2017〕60号,2017年5月11日)

扬州市政府关于促进先进制造业加快发展的政策意见(扬府发〔2017〕61号,2017年5月11日)

扬州市政府关于进一步支持软件和互联网等政策意见的通知(扬府发〔2017〕62号,2017年5月11日)

扬州市政府关于加快创建特色小镇的实施意见(扬府发〔2017〕66号,2017年5月12日)

扬州市政府关于统筹推进城乡义务教育一体化促进优质均衡发展的实施意见(扬府发〔2017〕75号,2017年5月22日)

扬州市政府关于进一步推进户籍制度改革的补充通知(扬府发〔2017〕85号,2017年6月6日)

扬州市政府关于印发《扬州市2017年法治政府建设工作要点》的通知(扬府发〔2017〕86号,2017年6月5日)

扬州市政府关于印发《扬州市土壤污染防治工作方案》的通知(扬府发〔2017〕102号,2017年7月6日)

扬州市政府印发关于加快推进知识产权强市建设的若干政策措施的通知(扬府发〔2017〕142号,2017年9月5日)

扬州市政府关于印发扬州市推进智能制造及高端装备产业发展行动计划(2017—2020年)的通知(扬府发〔2017〕165号,2017年9月27日)

扬州市政府关于印发"云上扬州"建设行动计划(2017—2020年)的通知(扬府发〔2017〕183号,2017年11月20日)

扬州市政府关于进一步加强市区房地产市场调控工作的通知(扬府发〔2017〕185号,2017年11月29日)

扬州市政府关于印发《扬州市城市"双修"试点工作实施方案》的通知(扬府发〔2017〕190号,2017年12月5日)

扬州市政府关于印发《"云上扬州"顶层设计方案》的通知(扬府发〔2017〕191号,2017年12月8日)

扬州市政府关于实施与污染物排放总量挂钩财政政策的通知(扬府发〔2017〕203号,2017年12月26日)

扬州市政府关于做好当前和今后一段时期就业创业工作的实施意见(扬府发〔2017〕206号,2017年12月28日)

扬州市政府办公室关于印发市级部门公共服务事项清单的通知(扬府办发〔2017〕1号,2017年1月18日)

扬州市政府办公室关于加快绿色循环低碳交通运输发展的实施意见(扬府办发〔2017〕2号,2017年5月16日)

扬州市政府办公室关于公布市级部门随机抽查事项清单的通知(扬府办发〔2017〕4号)

扬州市政府办公室关于印发《扬州市区污水处理设施"四统一"实施方案》的通知(扬府办发〔2017〕9号,2017年2月6日)

扬州市政府办公室关于印发《扬州市江广融合地带医疗机构设置规划(2017—2025年)》的通知(扬府办发〔2017〕13号,2017年2月13日)

扬州市政府办公室关于印发《扬州市全民健身实施计划(2017—2020年)》的通知(扬府办发〔2017〕14号,2017年2月10日)

扬州市政府办公室关于印发《扬州市落实〈乡村教师支持计划(2015—2020年)〉实施方案》的通知(扬府办发〔2017〕21号)

扬州市政府办公室关于调整扬州市城镇土地使用税税额标准的通知(扬府办发〔2017〕27号,2017年3月10日)

扬州市政府办公室关于印发扬州市妇女发展规划(2016—2020年)和扬州市儿童发展规划(2016—2020

年)的通知(扬府办发〔2017〕32号,2017年3月13日)

扬州市政府办公室关于2017年战略性新兴产业发展工作的意见(扬府办发〔2017〕36号,2017年3月13日)

扬州市政府办公室关于印发《扬州市2017年度大气污染防治工作计划》《扬州市2017年度水污染防治工作计划》的通知(扬府办发〔2017〕39 号,2017年3月23日)

扬州市政府办公室关于认定扬州市现代农业(渔业)产业园区的通知(扬府办发〔2017〕41号,2017年3月24日)

扬州市政府办公室关于落实发展新理念推动全市农业保险迈上新台阶的指导意见(扬府办发〔2017〕53号,2017年4月21日)

扬州市政府办公室关于2017年价格调控目标责任制的实施意见(扬府办发〔2017〕60号,2017年5月8日)

扬州市政府办公室关于印发《扬州市2017年度主要污染物总量减排工作计划》的通知(扬府办发〔2017〕66号,2017年5月12日)

扬州市政府办公室关于印发加快推进"不见面"审批(服务)改革实施方案的通知(扬府办发〔2017〕71号,2017年6月7日)

扬州市政府办公室关于印发《扬州市网络预约出租汽车经营服务管理实施细则(暂行)》的通知(扬府办发〔2017〕75号,2017年6月13日)

扬州市政府办公室关于扬州市深化出租汽车行业改革的实施意见(扬府办发〔2017〕76号,2017年6月13日)

扬州市政府办公室关于印发"3550"改革及审批(服务)事项代办制四个实施方案的通知(扬府办发〔2017〕82号,2017年7月14日)

扬州市政府办公室关于印发《扬州市林业发展三年行动计划(2018—2020)》的通知(扬府办发〔2017〕85号,2017年7月25日)

扬州市政府办公室关于印发《扬州市建设江苏省公交优先示范城市三年行动计划(2017—2019)》的通知(扬府办发〔2017〕89号,2017年8月1日)

扬州市政府办公室关于印发《扬州市建设项目竣工阶段联合测绘工作实施方案》的通知(扬府办发〔2017〕91号,2017年8月1日)

扬州市政府办公室关于扬州市建设项目联合踏勘的实施意见(扬府办发〔2017〕92号,2017年8月2日)

扬州市政府办公室关于印发扬州市国有企业职工家属区"三供一业"分离移交工作实施方案的通知(扬府办发〔2017〕98号,2017年8月17日)

扬州市政府办公室关于印发《扬州市县道公路网规划(2016—2020年)》的通知(扬府办发〔2017〕101号,2017年8月29日)

扬州市政府办公室印发《关于利用综合标准依法依规推动落后产能退出实施方案》的通知(扬府办发〔2017〕108号,2017年9月30日)

扬州市政府办公室关于企业投资项目多评合一的实施意见(扬府办发〔2017〕110号,2017年10月12日)

扬州市政府办公室关于印发金融支持高端装备制造业发展意见的通知(扬府办发〔2017〕112号,2017年10月23日)

扬州市政府办公室关于支持返乡下乡人员创业创新促进农村一二三产业融合发展的实施意见(扬府办发〔2017〕113号,2017年10月30日)

扬州市政府办公室关于印发《2017年扬州市科技产业综合体建设运营考核办法》的通知(扬府办发〔2017〕116号,2017年11月6日)

扬州市政府办公室关于印发《扬州市区人口密集区域活禽交易屠宰达标提升实施方案》的通知(扬府办发〔2017〕117号,2017年11月13日)

扬州市政府办公室关于印发《扬州市突发公共卫生事件应急预案》的通知(扬府办发〔2017〕120号,2017年11月22日)

扬州市政府办公室关于印发扬州市推进国际产能和装备制造合作三年行动计划(2017—2019)的通知(扬府办发〔2017〕121号,2017年11月23日)

扬州市政府办公室关于公布扬州经济技术开发区全链审批赋权清单的通知(扬府办发〔2017〕124号,2017年11月29日)

扬州市政府办公室关于公布江都经济开发区全链审批赋权清单的通知(扬府办发〔2017〕125号,2017年11月29日)

扬州市政府办公室关于印发《扬州市区2018年黑臭水体整治行动计划》的通知(扬府办发〔2017〕127号,2017年12月5日)

扬州市政府办公室关于印发扬州市文化市场、卫生计生、水利领域综合执法改革实施方案的通知(扬府办发〔2017〕128号,2017年12月11日)

扬州市政府办公室关于印发《扬州市城乡生活垃圾分类和治理三年行动计划(2018—2020)》的通知(扬府办发〔2017〕129号,2017年12月18日)

扬州市政府办公室关于印发《扬州市区禁止燃放烟花爆竹实施方案》的通知(扬府办发〔2017〕130号,2017年12月18日)

扬州市政府办公室关于进一步加强网格化环境监管工作的意见(扬府办发〔2017〕131号,2017年12月19日)

扬州市政府办公室关于下达市区"三路一环"环境综合整治任务的通知(扬府办发〔2017〕132号,2017年12月22日)

扬州市政府办公室关于印发扬州市重要产品追溯体系建设工作实施方案的通知(扬府办发〔2017〕134号,2017年12月20日)

市政府办公室关于加快建设扬州琴筝文化产业园的实施意见(扬府办发〔2017〕137号,2017年12月29日)

市政府办公室关于印发《扬州市耕地保护补偿激励暂行办法》的通知(扬府办发〔2017〕138号,2017年12月29日)

市政府办公室关于印发《扬州市补充耕地指标调剂办法》的通知(扬府办发〔2017〕139号,2017年12月29日)

重大项目

2017年扬州市部分新竣工重大项目一览表

表42-2　　　　单位:亿元

项目类别	项目名称	计划总投资	实际完成投资
工业	宝胜集团特种电缆	50	50
工业	江苏宝丰达新能源科技有限公司100兆瓦“渔光互补”太阳能发电	10.5	9
工业	江苏道爵实业有限公司电动汽车	20	18.43
工业	中国协合风电投资有限公司高邮风电场	20	20
工业	扬州振邮金属板材有限公司不锈钢中板	30	30.2
工业	江苏省国信资产管理集团有限公4*180兆瓦级燃气—蒸汽联合循环供热机组	50	15.2
工业	扬州舜鸿汽车配件有限公司(扬州嵘泰工业发展有限公司)汽车电动助力转向器	20	20
工业	扬州江淮轻型汽车有限公司轻卡、皮卡	20	20
工业	广船国际扬州有限公司钢结构	21	10.2
工业	江苏华电扬州发电有限公司天然气发电	105	78.6
工业	恒润海工材料	10.5	15.6
工业	尤妮佳生活用品(江苏)有限公司生活用品	25	25
工业	扬州港口污泥发电有限公司	10	10
工业	扬州超级云计算信息服务有限公司云计算中心	14	14
工业	中国船舶重工集团公司第七二三研究所军民融合产业园船舶军品	22	22
服务业	宝胜综合物流园(江苏宝胜物流有限公司)	12	6
服务业	江苏钰丰置业有限公司车逻城镇综合体	10.28	10.16
服务业	高邮市建设投资发展有限公司高邮京杭大运河中国邮驿文化城	11	11.8
服务业	中体地产仪征有限公司怡人城市花园项目	13	13
服务业	仪征江扬投资置业有限公司天乐湖医养综合中心	10	10
服务业	沿江文化科技产业创意中心	10	9.7
服务业	南河下历史文化旅游区综合改造	20	20
服务业	运河文化综合体	10	10
服务业	Y-MSD一期	20	21
服务业	扬州恒业置业有限公司业恒生活广场	10.2	10.94
服务业	江苏税友软件科技有限公司税友二期	11.3	12.9
服务业	扬州国际汽车城有限责任公司汽车科技园(产出类)	10	
服务业	雅居乐地产集团雅居乐商业综合体	10	16.6
服务业	扬州新华东建材城管理有限公司新华东建材城	10	10
服务业	宋夹城旅游配套区	11	11

续表42-2

项目类别	项目名称	计划总投资	实际完成投资
农业	扬州立华禽业有限公司畜禽饲养深加工	5	4
农业	高邮市兴富水产科技有限公司	1	0.2
农业	仪征市美成生态农业有限公司生态农业	2	2
农业	康盛玫瑰生产加工项目	5	5
农业	奥吉特氨基酸制剂	5	5.15
农业	扬州冶春食品生产配送股份有限公司冶春食品生产配送	5	4
农业	烟花三月馆及跑跑腿电子商务平台项目	5	5
农业	扬州东园食品	5	5
基础设施	人民医院东区一期工程	6	6
基础设施	建都路改造	5.62	5.62
基础设施	邗江南路(吴洲路—沿江高等级公路)	10	10.6
基础设施	廖家沟城市中央公园	5	5
基础设施	扬州临港教育发展有限公司江苏旅游职业学院	12	12
基础设施	新邗沟中学及周边环境提升工程	5	5.18

（市重大项目推进办公室）

2017年扬州市部分新开工重大项目一览表

表42-3　　单位:亿元

项目类别	项目名称	计划总投资	实际完成投资
工业	宝胜科技创新股份有限公司高速轨道交通数字信号及智能网络电缆	6.3	0.8
工业	扬州凯翔精铸(电气)制造有限公司变速箱壳体等汽车配件	10.2	4
工业	艾力克2GW智能制造高效太阳能组件封装	20	0.518
工业	扬州艾能新能源有限公司光伏组件封装自动化生产线	10	0.4195
工业	海润光伏科技股份有限公司多晶硅铸锭及切片项目	50	1.6
工业	扬州市威昂新能源科技有限公司高端电动三轮车	10	1
工业	扬州亿泰纺织有限公司新型纤维纺织材料	10	0.6
工业	江苏润寅石墨烯科技有限公司石墨烯锂电池	10	0.2
工业	伊美特(扬州)环保科技有限公司伊美特净水处理设备及配件加工	15	
工业	广船国际海上风塔及桥梁钢结构	10	0.517
工业	河北三元集团扬州特种玻璃有限公司特种玻璃	10.7	0.5873
工业	扬州奥锐特药业有限公司固体制剂、冻干制剂、原料药合成精烘包生产研发	10	0.5
工业	江苏汉和日用品股份有限公司年产12000吨汽车塑料配件	10	2.3
服务业	宝应中众合农产品物流园	10	0.3
服务业	宝应智慧科创中心	10.5	0.5

续表 42-3

项目类别	项目名称	计划总投资	实际完成投资
服务业	扬州市园博投资发展公司第十届江苏园艺博览会博览园建设项目	12	0.3
服务业	幸福家园扬州置业有限公司扬州玥珑湖(白羊山)旅游度假区一期项目	20	1.4
服务业	扬州恒丰养老产业有限公司石柱山国际康养城	13.6	0.3
服务业	新城控股集团新城吾悦广场城市综合体A地块	10	1.8
服务业	扬州万达广场置业有限公司万达广场二期	20	2
服务业	扬州丰盈置业有限公司五彩世界生活广场	32	2
服务业	扬州美凯置业发展有限公司奥特莱斯城市广场	20	2
服务业	晶典星城	1亿美元	0.5
服务业	广陵区体操馆	11.35	0.2
服务业	扬州智谷建设发展有限公司智谷科技综合体二期	10	0.3
服务业	扬州裕顺建设开发有限公司蓝爵生活广场一期	20	0.2
服务业	深潜赛艇水上运动基地	1.6亿美元	0.8
服务业	蜀冈文化广场	11	1.5
农业	望直港镇蔬菜加工	13.64	1.25
农业	曹甸镇木制品产业园项目	0.8亿美元	0.1亿美元
农业	黄塍镇现代化猪场养殖基地	5.1	0.9
农业	红豆杉种植园农业综合开发项目	2.4	0.5
农业	扬州盛竹生态农业有限公司生态农业	5	0.1
农业	上海贝德淀粉有限公司食品加工、仓储	3.8	0.6
农业	生猪养殖屠宰加工一体化	5	0.3
农业	扬州冶春食品生产配送股份有限公司冶春食品生产配送	5.02	0.35
农业	江苏思水源农业科技有限公司槐泗菜篮子基地	5	0.5
农业	江苏鼎荣食品有限公司鼎荣食品	10	0.1
基础设施	s331省道宝应段改扩建工程	19.2	0.3
基础设施	333省道高邮东段改扩建	18	0.5
基础设施	捍海路升级改造工程	5.02	0.8
基础设施	扬州新润水务建设工程有限公司征桃青公路改造工程	3.84	0.13
基础设施	扬州市江都人民医院异地新建工程	19.5	
基础设施	广陵学院新校区建设工程	21.4	8
基础设施	文峰小学异址新建	5.05	2.1
基础设施	临江路(横沟河-滨江大道)改扩建工程	10	0.7
基础设施	杭集镇黑臭河道综合治理工程	5.58	1.2

(市重大项目推进办公室)

书目

2017年扬州籍作者出版的部分图书

家风(2017·春)/扬州市纪检监察学会 扬州晚报编/广陵书社

已耕岁月:长篇励志纪实文学/周以耕著/延边大学出版社

2017扬州书法双年展作品集/中共扬州市委宣传部 扬州市文化广电新闻出版局编

丁酉话邮:邮文集/姚正根主编/中国邮史出版社

海陵查拳/刘宗流编著/广陵书社

一定要,爱着点什么/汪曾祺著/百花洲文艺出版社

朱自清文学精品选/朱自清著/现代出版社

泡在酒里的老头儿:汪曾祺酒事广记/金秋实著/广陵书社

自画像/汪曾祺著/辽宁人民出版社

四方食事:精华典藏本/汪曾祺著/天津人民出版社

八千岁/汪曾祺著/江苏凤凰文艺出版社

仪征历代古籍珍贵图录/周明艳主编/广陵书社

星云禅话与方云禅画 般若/星云大师文/生活·读书·新知三联书店

西汉扬州评话艺人的脚本/(丹麦)易德波 葛良彦主编/NIAS Press

生活是很好玩的/汪曾祺著/北京时代华文书局

高邮人写汪曾祺/王树兴编/广陵书社

塔上随笔/汪曾祺著/河南文艺出版社

汪曾祺自述 修订本/汪曾祺著/大象出版社

魏之祯先生书印集/魏之祯著/广陵书社

赵航学术文集/赵航著/江苏人民出版社

绿杨:2017夏/扬州市文化广电新闻出版局编/江苏人民出版社

扬州名胜大观/潘宝明著/苏州大学出版社

汪曾祺散文精选/汪曾祺著/崇文书局

淡是最浓的人生滋味/汪曾祺著/北京时代华文书局

经典常谈 诗文常谈/朱自清著/四川人民出版社

星云禅话与方云禅画 修行/星云大师文/生活·读书·新知三联书店

能忙能闲生活禅:星云大师谈心的妙用/星云大师著/中国工人出版社

琴语筝话/刘永发主编/中国书店

人间种种清香,好想尝尝/汪曾祺著/北京时代华文书局

鉴赏家/汪曾祺著/北京时代华文书局

今天应该快活/汪曾祺著/北京联合出版公司

星云禅话与方云禅画 自在/星云大师文/三联书店

人生相逢即是缘:星云大师谈处世之道/星云大师著/中国工人出版社

欧游杂记/朱自清著/四川人民出版社

焦锋偶谭/焦锋著/广陵书社

守望与担当:扬州文化名人访谈录第二辑/姜龙主编/广陵书社

丁酉话邮:邮文集/姚正根主编/中国邮史出版社

逝水/汪曾祺著/河南文艺出版社

星云智慧/星云大师著/生活·读书·新知三联书店

朱自清经典大讲堂/朱自清著/中国华侨出版社

人间存一角:汪曾祺小说精选/汪曾祺著/江西人民出版社

《游丝词》注释本/郭坚忍著

感悟人生:一个资深老中医的抗癌经历及传奇故事/黄彤岩著/云南人民出版社

阮元/陈居渊著/陕西师范大学出版总社

世间最大的力量是忍耐:星云大师开示增益人生的修行/星云大师著/湖南文艺出版社

人生就要不断精进:星云大师给职场人的善言指南/星云大师著/湖南文艺出版社

古诗十九首释 经典常谈/朱自清著/人民文学出版社

林散之传 增订本/王广汉著/西泠印社出版社

史海探赜:文献考察视阈下的中国史研究/李文才著/江苏人民出版社

瓜洲历代诗词/曹锡恩著

论雅俗共赏/朱自清著/江苏凤凰文艺出版社

扬州街巷实录/刘孝若编著/广陵书社

帘卷芜城/韦明铧著/上海三联书店

汪曾祺美食与草木散文/汪曾祺著/文汇出版社

葡萄月令/汪曾祺著/湖南少年儿童出版社

汪曾祺生活美学/汪曾祺著/北京理工大学出版社

经典常谈/朱自清著/江苏凤凰文艺出版社

居氏淮扬食单/居长龙著/江苏凤凰科学技术出版社

绒花/董静著/重庆出版社

梦故乡/汪曾祺著/江苏凤凰文艺出版社

青果/顾坚著/江苏凤凰文艺出版社

味绝天下/周浩晖著/江苏凤凰文艺出版社

老扬州传说/褚德军编著/广陵书社

我是众中的一个:星云大师谈包容智慧/星云大师著/中国工人出版社

独坐小品/汪曾祺著/河南文艺出版社

谁持彩练当空舞:扬州现当代人物谱/王鑫著/江苏人民出版社

汪曾祺文存4随笔卷:自得其乐/汪曾祺著/中信出版社

晚翠文谈/汪曾祺著/河南文艺出版社

蒲桥集/汪曾祺著/河南文艺出版社

前十年集/汪曾祺著/上海三联书店

汪曾祺文存3散文卷:昆明的雨/汪曾祺著/中信出版社

汪曾祺文存2小说卷下:迟开的玫瑰或胡闹/汪曾祺著/中信出版社

汪曾祺文存1小说卷上:徙/汪曾祺著/中信出版社

火之韵:汪琴、刘葆元扬剧人生六十周年纪念集/汪琴 刘葆元编著/广陵书社

禅话禅画/星云大师著/现代出版社

汪曾祺文存5文论卷:两栖杂述/汪曾祺著/中信出版社

寂寞和温暖/汪曾祺著/四川人民出版社

汪曾祺文存6书信·剧本·杂缀卷:明儿到北京城的垃圾堆上看放风筝去/汪曾祺著/中信出版社

安定梁氏文化研究论文集/梁成琛总编/香港传媒出版社

尚书/钱宗武解读/国家图书馆出版社

自得其乐/汪曾祺著/江苏凤凰文艺出版社

人活着,就得有点兴致/汪曾祺著/江苏凤凰文艺出版社

人间有味,自在从容/汪曾祺著/贵州人民出版社

人间滋味/汪曾祺著/江苏凤凰文艺出版社

扬州漆器史/长北著/江苏人民出版社

少年曹操/涂晓晴著/人民文学出版社

青囊片玉:谦字门麟爪续集/李耀谦著/广陵书社

《髹饰录》析解/长北著/江苏凤凰美术出版社

2017年广陵书社出版的部分图书

仪征年鉴·2016/仪征市年鉴编纂委员会编

扬州运河古镇/杨正福主编

塔前小学志/《塔前小学志》编纂委员会编

扬州区域供水纪实/杨正福主编

百年记忆——民国广州(人物·事件篇)/王书桂 王跃年主编 广州市档案局 广州市国家档案馆编

新视角 新探索——基层央行思想政治工作理论与实务研究论文集/季步胜著

扬州历代名著/姜龙 董玉海主编

家风(2017·春)/扬州市纪检监察学会 扬州晚报编

话说个园/金川著 扬州市个园管理处编

元曲三百首(插图本)/任中敏编

苏州传统藏书文化研究/曹培根著

江苏文化年鉴(2016)/《江苏文化年鉴》编纂委员会编

最美扬州人(第二辑)——践行社会主义核心价值观先进典型故事/姜龙主编

新集年鉴(2016)/《新集年鉴》编纂委员会编

濒濠岁华/张柔武著 南通博物苑编

甘雨亭丛书/〔日〕板仓胜明辑

近代世界史文献丛编/王强主编

一草一木也有点意思/杨明荣著

元曲三百首(图文本)/任中敏编

珠湖文韵/黄平主编

珠湖艺韵/黄平主编

杨舍镇志/《杨舍镇志》编纂委员会编

近代教育心理学书系/韩海平 王强主编

周易注疏/〔魏〕王弼〔晋〕韩康伯注〔唐〕孔颖达疏

常熟文化的专属表情/蒋伟国著

梦溪笔谈/〔宋〕沈括著

列仙全传/〔明〕王世贞辑 汪云鹏补

无双谱/〔清〕金古良撰并绘 朱圭刻

渐远的风情/王征星摄影 瞿斌撰文 扬州市政协教文卫体委员会编

申江胜景图/〔清〕吴友如绘

人间送小温——汪曾祺经典散文选/汪曾祺著

好人故事/姜龙主编

泡在酒里的老头儿——汪曾祺酒事广记/金实秋著

箫吹弦诵有余音——汪曾祺地域文集·昆明卷/徐强选编

读汪小札/陈武著

汪味小说选/庞余亮选编

梦里频年记故踪——汪曾祺地域文集·高邮卷/徐强选编

高邮人写汪曾祺/王树兴编

林斤澜谈汪曾祺/林斤澜著,陈武选编

岂惯京华十丈尘——汪曾祺地域文集·北京卷/徐强选编

雾湿葡萄波尔多——汪曾祺地域文集·张家口卷/徐强选编

玩转文博城——扬州旅游一本通/洪军主编 扬州市旅游局编

文武之道/王资鑫著

吴中小志三编/李楚石等纂 陈其弟辑注 苏州市地方志办公室编

绿杨(2017·春)/扬州市文化广电新闻出版局编

焦锋偶谭/焦锋著

仪征历代古籍珍贵图录/周明艳主编 仪征市图书馆 仪征市地方文献资料研究会编

廿四·瘦西湖/扬州市蜀冈—瘦西湖风景名胜区管委会编著

老扬州传说/褚德军编著

火之韵——汪琴、刘葆元扬剧人生六十周年纪念集/汪琴 刘葆元编著

国朝嵊诗钞·鹿山吟社集/绍兴图书馆 嵊州市图书馆整理

桂村记忆/李家成著

扬州画舫录/〔清〕李斗著 陈文和点校

家风(2017·夏)/扬州市纪检监察学会 扬州晚报编

扬州梦/陈跃著

乾隆昆山新阳合志/〔清〕邹召南 张予介修 王峻纂 昆山市地方志办公室编

道光昆山新阳两县志/〔清〕张鸿 来汝缘修 王学浩纂 昆山市地方志办公室编

港口镇志/凤凰镇地方志编纂委员会编

林泉高致 书法雅言/〔宋〕郭熙撰〔明〕项穆撰

渊雅堂全集/〔清〕王芑孙著 王义胜整理

史记评林/〔明〕凌稚隆辑

北戴河诗词选/秦皇岛市暑期工作委员会办公室编
孟子思想新七篇——美德格言/刘贵之编
桃花源志/〔清〕曾昭寅编
扬州文化研究论丛〔第19辑〕/赵昌智主编
蜀道行纪类编/金生杨主编
塘桥镇志(1994—2005)/《塘桥镇志(1994—2005)》编纂委员会编
后塍镇志/《后塍镇志》编纂委员会编
丹阳村村记忆·开发区卷/丹阳市史志办公室 江苏省丹阳经济开发区管理委员会编
北湖小志 北湖续志 北湖续志补遗/〔清〕焦循著 阮先辑 孙叶锋整理
茜泾记略/〔清〕倪大临纂 陶炳曾补辑 太仓市史志办公室整理
璜泾志略/〔清〕赵曜纂 太仓市史志办公室整理
史记菁华录/〔西汉〕司马迁著〔清〕姚苎田选评
王季思推荐古代戏曲/王季思选编 王小雷注释
余冠英推荐古代民歌/侯明注释
林庚推荐唐诗/袁行霈等注释
周振甫推荐古代散文/周振甫等译注
程千帆推荐古代辞赋/曹虹、程章灿注释
唐圭璋推荐唐宋词/钟振振注释
王利器推荐古代文言小说/王利器注释
吴组缃推荐古代白话小说/吴组缃选编
列子/列子著
唐诗画谱/〔明〕黄凤池辑
御题棉花图/〔清〕方观承编
李商隐诗选/〔唐〕李商隐著
文房四谱/〔宋〕苏易简撰
吴江学者碑传集/杨阳主编
古诗源/〔清〕沈德潜选编
海陵查拳/刘宗流编著
扬州百家姓/沙永祥著
周易:影刻本/〔西周〕姬昌等著
荀子/〔战国〕荀况著
酒经 酒谱/〔宋〕朱肱著 窦苹著
钢琴音乐启蒙:幼儿版/陈凯华主编
绿杨(2017夏)/扬州市文化广电新闻出版局编
和我一样平凡:扬州劳模故事/刘澄著
丹阳村村记忆·陵口镇卷/丹阳市史志办公室 丹阳市陵口镇人民政府编
丹阳村村记忆·界牌镇卷/丹阳市界牌镇人民政府 丹阳市史志办公室编
蜜蜂视界/仇志强等摄影 陈黎红灯撰文
日本藏中国山水祠庙志珍本汇刊/李勇先 王强主编
陈寿祺全集/吴伯雄编 王志娟 李佩责编
丹阳村村记忆·皇塘镇卷/丹阳市皇塘真人民政府 丹阳市史志办公室编
中国历代僧诗总集/林凡 周艾若 郁贤皓主编
洛社精英/无锡市惠山区洛社镇志编纂委员会编著
洛社镇志/《洛社镇志》编纂委员会编著
诚斋乐府/〔明〕朱有燉撰 卢前辑
芳茹园乐府/〔明〕赵南星撰 卢前辑
沜东乐府/〔明〕康海撰 卢前辑
乔梦符小令/〔元〕乔吉撰 卢前辑
杨升庵夫妇散曲/〔明〕杨慎 黄峨撰 卢前辑
饮虹乐府附饮虹曲话/卢前撰
张小山小令/〔元〕张可久撰 卢前辑
诸佛名曲/〔明〕永乐帝御制 卢前辑
霜厓曲录/吴梅撰 卢前辑
沈自晋散曲/〔明〕沈自晋撰 卢前辑
史略·子略/〔宋〕高似孙撰
清宫扬州御档续编/扬州市档案馆编 殷元松主编
秋水轩尺牍/〔清〕许葭村著
雪鸿轩尺牍/〔清〕龚未斋著
马塘农机志/如东县马塘镇人民政府编
翁同龢研究·2016/王忠良主编
翁同龢研究·2017/王忠良主编
张玉田词/〔南宋〕张炎著
姜白石词/〔南宋〕姜夔著
导淮入江史略/徐炳顺著 扬州市水利局编
荥泽古城历史文化研究/焦健主编
张登堂用印辑/山东博物馆编
跟着霞客游宜兴/吕锡生编著
扬州大学图书馆馆藏古籍善本书目提要/吴善中 侯三军著
蕙风词话/〔清〕况周颐著
经史问答/〔清〕全祖望著
西河九龙族谱/〔清〕林光铨著
北平笺谱日志/广陵古籍刻印社选编
十竹斋日志/广陵古籍刻印社选编
天道酬勤·廿四节气日志/广陵古籍刻印社选编
恋爱的水罐/周作人等著 陈武选编
我的精神家园/鲁迅等著 陈武选编
摇曳秋风遗念长/汪曾祺等著 陈武选编
清洁的精神/黄仁宇等著 陈武选编
佳茗似佳人/周作人等著 陈武选编
无为是一种境界/梁启超等著 陈武选编
壶中日月长/陆文夫等著 陈武选编
民食天地/梁实秋等著 陈武选编
仁山静水/朱自清等著 陈武选编
扬帆远航/南通市华夏历史文化研究所编
常熟市普法志/《常熟市普法志》编纂委员会编
孔子圣迹图日志/扬州广陵古籍刻印社选编
梅花喜神谱日志/扬州广陵古籍刻印社选编
玉峰历代诗文集/吴鼎桐 郭志昌编
民国中国戏曲史著汇编/程华平 黄静枫主编
大连图书馆藏域外汉籍珍秘中医古籍丛刊/辛欣主编
家风(2017·秋)/扬州市纪检监察学会 扬州晚报编

民国诗集选刊/汪梦川 熊烨主编

又一个十年/辛欣主编

守望与担当:扬州文化名人访谈录(第二辑)/姜龙主编

大连图书馆藏珍稀拓片选辑(一)/辛欣主编

大连图书馆善本叙录/辛欣主编

章卿村志/《章卿村志》编纂委员会编

明实录/〔明〕胡广 杨士奇 张居正等撰

珠玉词·小山词/〔宋〕晏殊 晏几道著

道德经商释/李宝臣著

画禅室随笔附骨董十三说/〔明〕董其昌著

陈洪绶花鸟草虫册/〔明〕陈洪绶绘

扬州街巷实录/刘孝若编著

省锡中校史资料长编:匡村学校卷/唐江澎主编

六桂堂藏师友翰墨/方交良编著

纳兰词:雕版/〔清〕纳兰性德著

邗江年鉴·2017/扬州市邗江区地方志办公室编

历代名人咏瓜洲/瓜洲镇人民政府选编

扬州档案馆藏名家书画作品集/扬州市档案馆编

下乡记/尤泽勇著

金坛县志/〔清〕丁兆基等纂

唤醒沉睡的潜能/吴东霖著

宝应年鉴·2017/宝应县年鉴编纂委员会编

顾山方言/卞正环编著

越秀百咏:新广府竹枝词大赛获奖作品书画扇面集/中共广州市越秀区宣传部 广州市越秀区文学艺术界联合会 广州市越秀区书法家协会编

《钦定礼记义疏》研究/瞿林江著

明月文化中的扬州文学/孙德喜著

三杰神聚映春秋/王苏平主编

日本藏中国地理总志珍本汇刊/李勇先 王强主编

道光重纂福建通志/〔清〕孙尔准修 陈寿祺纂

扬州年鉴·2017/扬州市地方志编纂委员会编

清中叶学者大臣阮元生平与时代/〔美〕魏白蒂著 朱已泰 朱茜 许志强 刘秀红 刘丹彤译

江都年鉴·2017/扬州市江都区地方志编纂委员会编

康熙常熟县志/〔清〕高士 杨振藻修 钱陆灿等纂 常熟市地方志编纂委员会办公室 常熟市图书馆编

皇明常熟文献志/〔明〕管一德撰 常熟市地方志编纂委员会办公室 常熟市图书馆编

第四届国际《尚书》学学术研讨会论文集/钱宗武 卢鸣东主编

元曲画谱:《元曲选》绣像全编/(明)臧懋循编

南京卫生计生年鉴·2017/《南京卫生年鉴》编辑委员会编

绵延的古风·第1辑·常熟历史上的家规家训/中共常熟市纪律检查委员会常熟市地方志编纂委员会办公室 常熟市文化广电新闻出版局编

斜桥村志/《斜桥村志》编纂委员会编

源远流长:画说扬州与大运河/扬州市文物局编

印萃:孙龙父先生印谱/吕政澄主编

广陵年鉴·2017/扬州市广陵区档案局编

孙龙父书画篆刻作品选/中共扬州市委宣传部 扬州市文化广电新闻出版局编

使命与担当:宁镇扬泰群众文化优秀论文集/曹廷昌主编

花园村志/《花园村志》编纂委员会编

诸暨市图书馆馆藏古籍图目/诸暨市图书馆编

张家港史纪/徐祖白著

宿迁历代方志全书/蔡兆银主编

槐泗镇志/邗江区槐泗镇地方志编纂委员会编

青囊片玉——谦字门麟爪续集/李耀谦著

双凤里志/〔清〕时宝臣编 太仓市办公室整理

扬州文化研究论丛(第20辑)/赵昌智主编

陈翰彬书道德真经/陈翰彬手抄

如东县政协志/《如东县政协志》编纂委员会编

中华民国史史料五编/周光培主编

绿杨(2017年·秋)/扬州市文化广电新闻出版局编

丹徒县志摭余 丹徒县志续志/〔清〕李恩绶纂 李丙荣续纂 陈祺寿辑

康熙丹徒县志 嘉庆丹徒县志 光绪丹徒县志/〔清〕佚名纂 贵中孚 万承纪修 蒋宗海 张崟等纂 何绍章 冯寿镜修 吕耀斗等纂

续丹徒县志 丹徒县征访册/张玉藻 翁有成修 高觐昌等纂 李丙荣辑

正德丹徒县志 万历丹徒县志 康熙丹徒县志/〔明〕李东修 杨琬等纂 何世学纂修;〔清〕鲍天钟修 何絜 程世英纂

讲好东山故事 传承东山家风/薛利华 金本福主编 苏州市吴中区东山镇历史文化研究会编

家风(2017·冬)/扬州市纪检监察学会 扬州晚报编

诗话十二圩/仪征市十二圩办事处编

扬州水利志(1988—2010)/扬州市水利局编

同里镇志(典藏本)/《同里镇志》编纂委员会编

扬州博物馆藏唐宋元墓志选辑/扬州博物馆编

明刻绣像本·传奇小说辑刊/魏国栋 王强编

寻找教育的答案/余如进著

遵生八笺·赏玩篇/〔明〕高濂撰

遵生八笺·服食篇/〔明〕高濂撰

仪征年鉴·2017/仪征市年鉴编纂委员会编

绿杨(2017·冬)/扬州市文化广电新闻出版局编

苏辙筠州诗文系年笺注/〔北宋〕苏辙著 鄢文龙笺注

十竹斋书画谱/〔明〕胡正言辑选

弘治吴江志/沈卫新主编〔明〕莫旦纂 吴江区档案局 吴江区方志办编

诗经/佚名著

楚辞/〔战国〕屈原等著

唐诗三百首/〔清〕蘅塘退士编

宋词三百首/〔清〕上彊村民编

世说新语/〔南朝宋〕刘义庆撰

浮生六记/〔清〕沈复著
周易 尚书/佚名著
陶渊明集〔晋〕陶潜著
孟子/〔战国〕孟轲著
乐章集/〔宋〕柳永著
论语/〔春秋〕孔丘著
近思录/〔宋〕朱熹 吕祖谦编
传习录/〔明〕王阳明著
三字经·百家姓·千字文·弟子规/广陵书社编
元曲三百首/任中敏编
花间集/〔蜀〕赵崇祚辑
片玉词/〔北宋〕周邦彦著
东坡词/〔宋〕苏轼著
纳兰词/〔清〕纳兰性德著
诗品 词品/〔梁〕钟嵘著〔明〕杨慎著
明清小说俗字典/曾良 陈敏编著
苏州府部汇考/孙中旺整理
宋词画谱/〔明〕宛陵汪氏编
毛晋/徐耀良 陶桂生编著
扬州历史文化大辞典/陈锴竑 姜龙 卢桂平主编
楚州丛书/冒广生辑

题录

经济

地缘经济视角下的南京都市圈城市空间经济联系研究/夏永祥、曹玉华/领导之友/2017-01-01

加速科技成果转化 服务社会经济建设——扬州大学科技成果转化工作的探索/余兴友、赵文明、陈荣发、张丹、杨巧林/江苏农村经济/2017-01-10

扬州市农产品品牌建设现状及对策分析/史艳娜、杨贵娟、晏欣/北京农业职业学院学报/2017-01-20

扬州市全域旅游实现途径的研究/许辉、徐茂一/财经界(学术版)/2017-01-20

宁镇扬同城化的困境及解困思路/刘荣/哈尔滨市委党校学报/2017-01-25

浅析网约车合法化背景下扬州地区出租车市场的完善/闵信洲/全国流通经济/2017-01-28

产业升级背景下优化扬州能源发展政策执行的思考/范瑶/现代经济信息/2017-02-05

扬州市粮食规模化生产综述/王曙光、袁秋勇、杨武广/安徽农学通报/2017-02-15

扬州循环经济发展研究/张野/合作经济与科技/2017-02-16

“一带一路”背景下扬州伊犁产业合作对接/吉爱平、张锋/中国经贸导刊/2017-02-25

打造“走出去”升级版——扬州建筑业骨干企业参与“一带一路”调研/任寿松/施工企业管理/2017-03-01

发挥财政引导作用 构建现代农业经营体系/蔡琳娜、吴兆明/江苏农村经济/2017-03-10

提升战略性新兴产业协同创新的途径研究——基于扬州战略性新兴产业现状/肖忠平、呼梦洁/科教文汇(上旬刊)/2017-03-10

餐饮老字号顾客满意度的IPA分析——以扬州富春茶社为例/严梦娇、张旗/美食研究/2017-03-15

就业固“民生之本”创业拓“民富之源”/李德江/中国就业/2017-03-15

扬州市蚕桑生产历史及现状分析/黄健/江苏蚕业/2017-03-15

“互联网+”下的扬州智慧旅游建设实践研究/仇明/长江工程职业技术学院学报/2017-03-20

扬州朱自清故居网络营销初探/滕云、王新驰、陈肖静、盛怡君/江苏商论/2017-03-20

产业融合视角下扬州体育旅游发展研究/王格/无锡商业职业技术学院学报/2017-03-22

以智库建设服务工艺美术企业的价值与策略/佴林扬、李绮/扬州教育学院学报/2017-03-23

扬州市低碳交通体系构建途径/刘海春、邱小燕/扬州职业大学学报/2017-03-23

扬州物流企业机制创新能力评价研究/伏小良/中国市场/2017-03-28

扬州城区西餐的本土化研究/严梦娇/扬州教育学院学报/2017-03-30

基于游客感知的扬州古巷旅游体验价值研究/王格、赵金霞/扬州教育学院学报/2017-03-30

扬州战略性新兴产业发展中的问题与对策思考/刘正良、徐雪峰/扬州职业大学学报/2017-03-30

“十三五”时期扬州农机装备产业转型升级发展路径研究/张建宏、游文明/扬州职业大学学报/2017-03-30

扬州服务业发展现状及转型升级研究/马华/扬州职业大学学报/2017-03-30

关于“宁镇扬协同发展”的研究与思考/陶宇/中共太原市委党校学报/2017-04-01

经济转型背景下产业结构调整和就业的互动关系研究——以扬州市为例/陈静怡/中小企业管理与科技(上旬刊)/2017-04-05

扩大扬州城乡居民消费需求的研究/陈海生/中外企业家/2017-04-05

农业供给侧结构性改革背景下——扬州粮食绿色稳产增产路径选择/王曙光、袁秋勇、吴永宏/江苏农村经/2017-04-10

扬州市旅游产品结构优化研究/姚培君、陈肖静、徐姣/江苏商论/2017-04-20

苏中地区信用担保行业的现状调查——以江苏扬州为例/戴文玥/现代国企研究/2017-04-23

扬州特色文化产业集聚区发展现状分/赵振东、石火培/统计科学与实践/2017-04-25

宁镇扬同城化建设研究——基于经济一体化的视角/吉丹俊/无锡商业职业技术学院学报/2017-04-25

扬州城市边缘区乡镇竞争力与城镇化趋势研究/陈广宇、罗小龙/江苏城市规划/2017-04-28

传统工艺濒危 新手工艺运动能否复兴传统工艺?/王克/中国经济周刊/2017-05-01

初探儿童经济市场/奚水清/中国邮政/2017-05-01

基于扬州地域文化的漆艺旅游产品设计研究/陈翔、关惠元/家具/2017-05-01

扬州市蔬菜业降成本途径方法与典型事例/袁霖、王波、金蓉/长江蔬菜/2017-05-08

农业银行服务新型城镇化建设的策略思考——以扬州国家新型城镇化综合试点市镇为例/张清/现代金融/2017-05-10

对扬州市售盐水鹅的评价/钱祥羽、周晓燕/现代食品/2017-05-15

扬州市新农村建设村庄绿化配置模式初探/李军民、孙羊林、黄健、张彩云/华东森林经理/2017-05-15

江苏可持续发展实验区典型模式及示范推广/刘俊、邵超峰、臧子明/唯实/2017-05-15

宁镇扬都市连绵区景区旅游流网络结构时段性比较/琚胜利、韩彦林、许广路、经济研究导刊/2017-05-15

从区域要素角度浅析扬州经济发展/禹慧娴、汪缌祺、陈晨/商场现代化/2017-05-15

苏中地区国际贸易发展的现状及对策研究——以扬州市为例/朱皓琪/中国商论/2017-05-18

扬州高新技术产业发展现状及提升对策探析/陆佳、陈伟/统计与管理/2017-05-20

以绿色发展理念推进江淮生态大走廊建设/陈蒙蒙/群众/2017-05-20

布好江淮生态走廊"大棋局" /朱民阳/群众/2017-05-20

乡村公共性的衰落及原因分析——以扬州市N村水库为例/贾雪莲/农村经济与科技/2017-05-20

基于居民与游客双重体验的旅游开发思路——以扬州古巷为例/王格/城市学刊/2017-05-20

农业供给侧结构性改革背景下休闲渔业发展的思考——以扬州市江都区为例/张彩莲、刘启翔、张艳、李翔宇/安徽农学通报/2017-05-30

基于扬州射阳湖镇为例的新农村农业产业化发展的金融支持体系研究/朱芸芸、夏宇凡/财经界/2017-06-01

生态人文视域下建筑设计的思路以及路径探讨——以扬州万科城项目为例/刘振/中外建筑/2017-06-01

延续老城故事——以扬州历史典故为背景的徒步旅游线路设计/臧强、张清、张进林、钱俊/市场周刊(理论研究)/2017-06-15

智慧物业平台的扬州市样本/段文婧/中国物业管理/2017-06-15

扬州生态科技新城:打造长三角国际创客乐园/江霞/江南论坛/2017-06-15

扬州市果树产业发展现状及对策/李军民、孙羊林、黄健、纪开燕/现代农业科技/2017-06-19

江苏地区粮食作物适度规模经营效果评价——基于扬州市和宿迁市362份农户的调查数据/张嘉琪/农业科学研究/2017-06-25

"十三五"期间扬州物流产业发展策略/汤军/江苏经贸职业技术学院学报/2017-06-28

扬州文化旅游产品创新开发模式研究/张瑾/扬州教育学院学报/2017-06-30

扬州市区日本料理店经营现状及发展策略研究/张小琴/扬州教育学院学报/2017-06-30

扩大扬州市文化消费的政策路径/魏昕/中国集体经济/2017-07-05

放大扬州跨江发展的融合优势/张爱军/群众/2017-07-05

"互联网+"促进扬州农业发展研究——以江都区为例/张文文、张璞、曹雪菲、周敏/中国商论/2017-07-05

居民理财现状调查分析报告——以江苏省扬州市为例/杨雅真、张梦静、杨榕桦/中国市场/2017-07-08

扬州市创新型城市建设中的资本支持研究/臧之韵、韩宏华/江苏科技信息/2017-07-10

走合作之路促集体与农民双增收——扬州市江都区真武粮食种植农地股份专业合作社/江苏农村经济/2017-07-10

扬州饮食文化与城市品牌打造研究/滕云、王新驰/四川旅游学院学报/2017-07-10

新型农业经营主体融资现状与对策/冷真真、章玲/现代企业/2017-07-15

扬州市农村电子商务发展与政府推进策略/钱俊、闫秀峰/现代企业/2017-07-15

激发街区活力视角下的历史文化街区渐进式更新研究——以扬州市湾子街历史街区为例/张一兵、韩子龙、冯赫、顾贤光/建筑与文化/2017-07-15

扬州市众创空间发展现状及对策研究/车辉、陈龙/内江科技/2017-07-25

扬州市农村信用体系建设实践与思考——以江苏省仪征市为例/徐家元/征信/2017-07-26

小微民营企业在招聘中的问题和对策——以扬州市小微民营企业为例/缪禹达、陈昳、张琦铭、吴筱凡/现代商业/2017-07-28

扬州市水资源管理需要的新思路新策略/缪成晨/环境与发展/2017-07-28

扬州跨境人民币结算业务的发展现状及对策研究/窦骁/中小企业管理与科技(上旬刊)/2017-08-05

浅议小微企业会计管理规范——以扬州部分地区产业集群为例/高洁/中外企业家/2017-08-05

优化环境 深化应用 普惠利民——扬州辖区金融IC卡信息惠民工程建设实践经验总结/任小抒、吴振华、曾嵩/中国信用卡/2017-08-07

扬州市园艺产品市场调查与分析/何青松/现代园艺/2017-08-10

2018年省运会视角下扬州体育旅游发展对策研究/彭莉莉/文化创新比较研究/2017-08-11

浅谈扬州狮子头的制作工艺及创新/汪雪东/科技经济导刊/2017-08-15

论极简主义在现代商业空间中的运用——以扬州无印良品华懋店为例/徐影/美术教育研究/2017-08-15

鹅节水养殖技术的研究进展/郁钧、王志跃、杨海明、李彦品、徐晨希/家畜生态学报/2017-08-15

基于系统动力学模型的扬州市土地利用结构多情景模拟与实现/胡宗楠、李鑫、楼淑瑜、康建荣/水土保持通报/2017-08-15

优化环境 精简审批 创新服务——助力台企发展的扬州经验/扬台宣/两岸关系/2017-08-20

扬州小微物流企业服务券推动法律咨询服务体系的构建/沈王仙子/中国商论/2017-08-24

三四线城市众创空间发展及其现状分析——以扬州市为例/车辉、高夏琼/内江科技/2017-08-25

扬州市人口结构变化对产业发展影响分析/张雨/统计科学与实践/2017-08-25

明清徽商与区域经济社会发展的双向互动/谢超峰/淮北师范大学学报(哲学社会科学版)/2017-08-25

中国传统艺术在旅游产品设计中的运用研究——以扬州剪纸为例/陈皎月、施玲鹰/邢台职业技术学院学报/2017-08-28

扬州市市区工业用地置换管理模式初探/唐珣/江苏城市规划/2017-08-28

海派文化与现代城市商业综合体的融合——“新世界综合消费圈”案例分析/陈喆/中外建筑/2017-09-01

扬州市粮食生产现状及绿色持续发展对策/王曙光、袁秋勇、吴永宏/浙江农业科学/2017-09-11

扬州宜游城市评价指标体系的探讨/李娅娜/城市建设理论研究(电子版)/2017-09-15

江苏苏中绿色发展的实证研究/尤玉军、解娟娟/江苏社会科/2017-09-15

土地流转与农民增收现状研究——以扬州市马集镇为例/陈敏、王跃潼/中小企业管理与科技(中旬刊)/2017-09-15

“一带一路”倡议背景下的扬州临港经济发展研究/国家统计局扬州调查队课题组/大陆桥视野/2017-09-15

扬州市稻田高效种养模式应用现状及发展对策/姚义、谢成林、陆佩玲、王汝利、李锦霞/中国稻米/2017-09-20

深入推进住房公积金供给侧结构性改革——以江苏省扬州市为例/李飞、王伦锋/上海房地/2017-09-20

关于老城区商圈发展的影响因素分析——以扬州南区奥邦·大润发广场为例/裴艳丽/当代经济/2017-09-20

旅游体验视角下扬州古巷旅游开发研究/王格/无锡职业技术学院学报/2017-09-20

关于扬州市大学生网购消费能力及偏好的调查报告/曹铭倩、王丽婷、李张猛、谌跃凤/中小企业管理与科技(下旬刊)/2017-09-25

论江苏非物质文化遗产扬州剪纸的生活化旅游产品应用研究/何娟/艺术评鉴/2017-09-30

扬州市农机综合保险实施情况调研/滕兆丽、顾凤书/江苏农机化/2017-09-30

提升扬州文化产业发展水平的战略思考/徐雪峰/扬州教育学院学报/2017-09-30

扬州货运代理发展对策研究/汤军/扬州职业大学学报/2017-09-30

扬州农业电商发展的现状、问题和对策/于斐/扬州教育学院学报/2017-09-30

投资和出口对扬州第三产业发展影响实证分析/陈国波/扬州职业大学学报/2017-09-30

基于国际化旅游的扬州旅游专业人才体系建设研究/李梦、徐慧、朱颖、李纯洁/商场现代化/2017-09-30

具有扬州特色的慢生活体验式养生宜游城市开发探讨/俞燕泉、祝永健/现代经济信息/2017-10-05

扬州旅游产业发展现状的SWOT分析/练晓月/现代经济信息/2017-10-05

“互联网+”时代的扬州文创产品推广策略/俞丽丽/传播力研究/2017-10-10

扬州市新型城镇化背景下推进新型建筑工业化发展研究/曹玮/工程技术研究/2017-10-15

集聚众力:“互联网+”扬州中小企业O2O电商模式发展的创新/赵辰、张宏静、张琪、沈王仙子/市场周刊(理论研究)/2017-10-15

扬州市小麦生产历史、现状及发展潜力探讨/王曙光、袁秋勇、王汝利/农业科技通讯/2017-10-17

扬州明清古城“口袋公园”布局研究/王琛、许世源、吴晖/泰州职业技术学院学报/2017-10-20

扬州谢馥春品牌营销策略研究/迟丹凤、温韬/江苏商论/2017-10-20

新型城镇化背景下扬州农村电子商务发展中关键问题与对策研究/钱俊、李坚强、马俊/江苏商论/2017-10-20

城市重点区域网络化地下空间开发研究/姚远杭、尹莹、陈梦竺/江苏建材/2017-10-28

“一带一路”倡议下扬州市对外经贸发展现状及策略研究/刘衎/对外经贸/2017-10-30

古代传统文化对当地经济建设的积极作用——以扬州为例/孙海荣、李智水/科技经济市场/2017-10-30

罗氏沼虾与鳜鱼轮养试验报告/叶金明、马建社、杨显祥、颜慧、董同瑚/水产养殖/2017-11-01

关于扬州市农村商业银行网点营销及策略选择/臧之韵/知识经济/2017-11-01

打造《旅游经济研究》特色栏目助推地方社会经济发展/钱澄、张旗/扬州大学学报(人文社会科学版)/2017-11-07

扬州刺绣花卉图案在针织毛衫设计中的时尚化表达/

李卉、严加平/毛纺科技/2017-11-10

城镇化背景下扬州基础设施PPP模式研究/姜献东/价值工程/2017-11-18

扬州区域旅游文化发展的SWOT分析及发展策略研究/谢颖、姚秋辰/开封教育学院学报/2017-11-20

创新型城市建设发展对策研究——基于扬州市的实证分析/翁朝霞/中国商论/2017-11-20

扬州非物质文化遗产旅游开发问题研究/吕玉晨、张玉玮/旅游纵览(下半月)/2017-11-23

旅游视角下扬州"三宜"名城建设研究/吕雯/旅游纵览(下半月)/2017-11-23

扬州蔬菜SWOT分析和网络营销策略/赵姝/现代经济信息/2017-11-25

扬州市油菜产业历史回顾及发展对策/王曙光、张永泰、袁秋勇、吴永宏、张瑛/天津农业科学/2017-11-27

对建设宜居宜游特色小镇的几点思考——以扬州为例/张晶晶/现代经济信息/2017-12-05

金融支持农业供给侧结构性改革的思考/纪泽祥、朱钰江/江苏农村经济/2017-12-10

扬州快递服务业消费者满意度及影响因素研究/侯昕妤、袁亮/市场周刊(理论研究)/2017-12-15

基于SWOT分析的扬州小微企业O2O模式的探讨/赵琪/市场周刊(理论研究)/2017-12-15

关于加快发展江苏邗江现代渔业产业园区的思考/杨立民/江苏农业科学/2017-12-19

非遗视角下的扬州旅游文创产品设计与开发策略研究/熊彦普/开封教育学院学报/2017-12-20

扬州旅游产业链发展路径探究/练晓月/旅游纵览(下半月)/2017-12-23

体验经济视角下的古城民宿发展策略研究——以江苏省扬州市为例/赖声伟/中国国际财经(中英文)/2017-12-23

扬州旅游文化产业开发条件分析/谢颖/重庆电子工程职业学院学报/2017-12-26

扬州市新型城镇化发展质量双态评价/徐静/北京城市学院学报/2017-12-28

基于生态足迹模型的扬州市可持续发展能力分析/朱莹、秦红梅/扬州教育学院学报/2017-12-30

扬州乡村旅游全域发展的路径与对策/顾宇、刘小中/扬州职业大学学报/2017-12-30

扬州全域旅游发展的机遇、挑战和对策研究/潘宝明/扬州教育学院学报/2017-12-30

政府层面的扬州市旅游风情小镇创建研究/段七零、许金如、李芸、DONG Guang-zhi/扬州职业大学学报/2017-12-30

扬州运河沿线特色文化风情小镇建设研究/徐晓庆/扬州职业大学学报/2017-12-30

社　会

扬州市产业结构与就业结构协调性分析/史艳娜/柳州职业技术学院学报/2017-01-04

科学规划,有效治理——基于扬州城市交通拥堵的研究/胡鹏、倪秋萍、郭莉/城市建设理论研究(电子版)/2017-01-05

扬州市开展青少年事务公益项目/张绍华/中国社会组织/2017-01-06

扬州市民工子弟学校阅读现状调查与推广研究/王婷婷、石继华、宋冠群/内蒙古科技与经济/2017-01-15

扬州市智能养老产业的发展现状与对策研究/仇明/襄阳职业技术学院学报/2017-01-20

推进民生工程 建设幸福扬州——扬州城市公园体系建设特点/耿玉石/现代园艺/2017-01-25

海绵城市建设实践探索——以扬州市月明苑六期社区为例/黄勇/城市住宅/2017-01-25

留守儿童心理健康状况调查研究/张晖、刘静、陈露/教育教学论坛/2017-01-25

水与城的双向互动:隋唐五代时期运河变迁与城市兴衰/冯兵、黄俊棚/学习与实践/2017-02-15

城市公共自行车租赁运行探究——基于扬州市的调查/杨海华、梁杰/四川行政学院学报/2017-02-20

穹顶之下的法律思考——对扬州空气污染行政监管法律问题的调查报告/王伟、朱萍/法制博览/2017-02-25

打开一扇窗,显著提升百姓幸福指数——江苏省扬州市邗江区社会组织培育与发展/杨荣、赵元海/中国社会组织/2017-02-26

具有扬州地域特色的现代学徒制人才培养模式的构建研究/徐兴华/教育教学论坛/2017-03-01

加快落实人才政策 推进领军人才引进——关于赴扬州等地学习考察人才工作的思考与建议/谢长虹/人才资源开发/2017-03-10

就业固"民生之本"创业拓"民富之源"/李德江/中国就业/2017-03-15

产业融合视角下扬州体育旅游发展研究/王格/无锡商业职业技术学院学报/2017-03-22

基于修正IPA分析法的扬州古运河水上游览满意度测评研究/于海燕/扬州教育学院学报/2017-03-23

扬州市学前教育发展现状与趋势研究/孙生民、顾颖颖/扬州教育学院学报/2017-03-30

扬州市公共自行车系统的发展对策研究/蔡云芝/中外企业家/2017-04-1

经济转型背景下产业结构调整和就业的互动关系研究——以扬州市为例/陈静怡/中小企业管理与科技(上旬刊)/2017-04-05

找准定位 精准发力 扬州工会全面融入民生改善工作大局/高云、郝明然/中国工运/2017-04-10

浅谈扬州市乡镇养老院老年人的生活轨迹对养老院设施配置的影响/周彤、黄开林/江西建材/2017-04-15

大数据背景下提升"政务云"服务能力的思考——以扬州市政府云计算中心为例/祝越、陈可云、郭婵娟、刘林/

信息化建设/2017-04-15

江苏扬州市:贯彻落实"三个一致"清查治理,打造信息精准新监理/顾凤书/中国农机监理/2017-04-20

新农村自建房建设的现状及思考——以扬州地区为例/王健、殷加华/住宅科技/2017-04-20

扬州市小学生性教育现状调查研究/赵倩倩、周霞、张逸武、张梦茜/现代教育科学/2017-04-20

扬州市路内临时停车管理现状调查及对策分析/许亦男/中国集体经济/2017-04-25

城区黑臭河道综合整治研究——以扬州市为例/危海涛、孙钧/能源与环境/2017-04-30

地方综合性大学创新创业教育的思考与实践——以扬州大学"四位一体"创新创业人才培养为例/焦新安、胡效亚、张清、姚婷/中国大学教/2017-05-15

全民健身背景下的体育设施布局规划实践——以扬州市中心城区体育设施布局规划为例/杨峰/江苏城市规划/2017-05-28

抓服务,谋变革,求发展,全面提升物管水平/魏旦晨、陈颖/城市开发/2017-06-08

扬州市邗江区全面两孩政策的实施情况及效果分析/陈俊/人口与计划生育/2017-06-08

"扬州好人"活动与公民道德建设研究/金晶/扬州教育学院学报/2017-06-30

基于校企共建共用的技术技能人才培养平台探索/左艳梅、沈发治、诸昌武/中国职业技术教育/2017-07-01

扬州市中学生吸烟行为及其影响因素分析/曹佃省、蒋林晏、雷家萍、张飞飞、濮梅/医学与社会/2017-07-10

互联网+时代下智慧养老模式探究——以江苏省扬州市为例/杨琴/江苏商论/2017-07-20

《扬州市餐饮服务行业明码标价实施办法》推行的政策评估与思考/中国价格监管与反垄断/2017-07-20

RMP视角下的扬州体育休闲旅游开发研究/李梦/旅游纵览(下半月)/2017-07-23

海绵城市背景下城市防洪排涝规划的方法/张捷/水资源开发与管理/2017-07-26

高职院校与地方产业协同创新的途径探讨/肖忠平、梁丽娟、束必清、徐少云/湖北函授大学学报/2017-07-28

社区体育教育发展现状的调查研究/戴志燕、沈竹雅/南京体育学院学报(自然科学版)/2017-08-15

扬州:一座历史文化名城的现代交通秩序/沈后功、周凯/人民交通/2017-08-15

社区党建创新的扬州样本——以邗江区邗上街道为例/陆玉珍/中共南京市委党校学报/2017-08-15

家风家训建设:践行社会主义核心价值观的生动实践/丁新伯、管春花/唯实/2017-08-15

江淮生态大走廊建设路径研究——以扬州北湖湿地公园生态景观方案为例/龚俊、宋晓梅/美术大观/2017-08-15

网络安全问题分析与对策研究——以扬州Z校为例/桑静、吉承平/福建电脑/2017-08-25

扬州市医养融合养老模式现状、问题及对策研究/叶奎英、孙德秋、刘红雨/江苏卫生事业管理/2017-08-28

新时期普通高校本科毕业生就业去向调研分析——以扬州大学为例/王敏、江楠/教育现代化/2017-09-04

全民阅读背景下构建书香城市的实践与思考——以扬州书香城市建设为例/刘颖/农业图书情报学刊/2017-09-27

生育及抚育子女对女性工作时间分配的影响——以扬州市邗江区为例/李纬溢/当代经济/2017-09-28

浅谈综合客运枢纽规划——以扬州南站为例/张宁/工程建设与设计/2017-09-30

扬州市流动摊贩管理现状及政策建议调查报告/吴佳新/产业与科技论坛/2017-10-01

新时期公务员职业使命感研究——以扬州市公务员为例/马岩/人力资源管理/2017-10-08

扬州市水资源开发利用及节水潜力分析/缪成晨、邓勇/治淮/2017-10-15

扬州城市内涝现状和对策分析/姜小琴/四川水泥/2017-10-15

扬州古代文化对现代颐养城市建设的策略研究/陈孝友、崔金云、康洁、张继中/湖北函授大学学报/2017-10-28

奋力打造"美丽中国"的扬州样板/谢正义/群众/2017-11-05

扬州河道水环境的现状与治理措施/赵乃志、陈桂凤/四川建材/2017-11-10

如诗之水画扬城——江苏扬州市水生态文明城市试点建设实践观察/张瑜洪、张智吾、徐敏/中国水利/2017-11-12

"起跑线"经济面面观——扬州市早教市场热下的统计冷思考/滕蔓/中国统计/2017-11-15

社会主义核心价值体系融入高校思想政治教育的路径探析——以扬州地区高校为例/张海霞/科技风/2017-11-15

扬州市公交信息化建设调查报告/徐艳、王海玫、王年红、马玉银/黑龙江交通科技/2017-11-15

扬州:加强老年协会建设,发挥参谋助手作用/中国社会工作/2017-11-15

扬州地区高校防范校园电信诈骗调查分析/郭平/盐城师范学院学报(人文社会科学版)/2017-11-15

打造扬州休闲城市的休闲体育现状及对策/程婷婷、梁希/运动/2017-11-20

打造"互联网+政务协同",构筑"云上扬州"智慧城市/陈可云、刘林、郭婵娟、詹伟/智能建筑与智慧城市/2017-11-25

基于"智慧扬州"的智能化社区养老研究/吴笑眉、祝永健/智能城市/2017-11-25

基于SWOT标准模型的扬州医养融合"特色"模式研究/

常平平/中国管理信息化/2017-12-01

民间非物质文化遗产资源开发与教育传承研究——以扬州雕版印刷为例/王慧文/市场周刊(理论研究)/2017-12-15

社区养老服务机制研究/卜时忠、钱志洪、於建/市场周刊(理论研究)/2017-12-15

就业援助有标准 精准帮扶显成效/李德江/中国就业/2017-12-15

扬州教育家阮元的教育思想及其对现代职业教育的启示/顾小萍/武汉冶金管理干部学院学报/2017-12-15

扬州大学在校大学生兼职现状的调查研究/顾晓慧/产业与科技论坛/2017-12-18

中小城市公共交通方式发展探析——以扬州市为例/晏明、陈虹、吴悠、王驰/综合运输/2017-12-20

“互联网+”环境下精准扶贫实现途径的思考——以扬州市江都区小纪镇虾蟹混养为例/卞勇/农村经济与科技/2017-12-20

大运河文化带体育旅游项目规划和设计/朱慧/太原城市职业技术学院学报/2017-12-28

文化遗产与大学心理健康教育探讨——以扬州文化遗产为例/汪志国/湖北函授大学学报/2017-12-28

文　化

让扬州评话艺术活化生根/王永、施杰华/当代电视/2017-01-01

我与隋炀帝的相遇/陈跃/文史天地/2017-01-03

论江苏明清小说创作的地理分布/冯保善/明清小说研究/2017-01-15

加强城市记忆保护和利用的思考/殷元松、薛晓军、雍俊/档案与建设/2017-01-15

明清两淮盐业经济影响下的区域文艺创作与消费/李传江/求是学刊/2017-01-15

张贞与王渔洋交游考/范滨/荣宝斋/2017-01-15

清代宝应刘氏家学历久传承原因述论——从家风、家教及姻娅说起/李晓明/安徽史学/2017-01-15

派屈克·韩南的翻译价值思维管窥——以晚清小说《风月梦》的英译为例/刘晓晖、朱源/中国比较文学/2017-01-20

积淀与记忆:古代西方旅行家书写大运河/王健/江南大学学报(人文社会科学版)/2017-01-20

西汉州治问题辨析——兼论汉代扬州治所/邓攀/南京晓庄学院学报/2017-01-20

桓冲自解扬州与东晋政治格局/王莉/濮阳职业技术学院学报/2017-01-20

两位丹麦女性的扬州评话探讨/杨肖/民族艺术研究/2017-01-22

南京曾名“扬州”/朱炳贵、朱睿哲/中国地名/2017-01-28

论卢见曾与袁枚的交谊与交恶/袁鳞/重庆第二师范学院学报/2017-01-30

扬州清曲伴奏中的笛乐研究/徐迟/艺术评鉴/2017-01-30

无锡博物院藏李鱓作品考述/王照宇/收藏家/2017-02-10

徽派砖雕在扬州民居建筑装饰中的演变与发展/孙亚兰/艺术研究/2017-02-15

民间美术的特点及其发展研究——以扬派盆景为例/刘春凤/艺术研究/2017-02-15

人与书籍之间的心灵桥梁——扬州钟书阁/李想、刘欢、范晨、童妮娜、邵峰/中国建筑装饰装修/2017-02-15

浅谈声像档案的收集与归档工作/张颖/档案与建设/2017-02-15

浅析公共座椅在公共艺术中的宜居方式——以扬州公共座椅艺术为例/王婧/大众文艺/2017-02-15

水与城的双向互动:隋唐五代时期运河变迁与城市兴衰/冯兵、黄俊棚/学习与实践/2017-02-15

观看之道:《平山堂图志》中的地景塑造与政治权力/王少浩/南京艺术学院学报(美术与设计)/2017-02-15

扬州传统文化与社会主义核心价值观的践行研究/王涛/宝鸡文理学院学报(社会科学版)/2017-02-15

扬城古今话船娘/高云/工会信息/2017-02-20

江苏扬州阮元:男儿立志初生日 乳饱饴甘便要廉/中国纪检监察/2017-02-20

慢慢谈——浅析姜夔《扬州慢》/陈现伟、汪慧/语文教学通讯·D刊(学术刊)/2017-02-22

《扬州名胜录》考述/孙书磊/江淮论坛/2017-02-27

《说文解字》所见扬州方言词/江盼/现代语文(学术综合版)/2017-03-05

扬州盐商园林与广州行商园林比较研究/杨宏烈/中国名城/2017-03-05

基于江苏地域文化的文创产品设计研究——以扬州“唯扬正宗”案例为例/裴凌暄/设计/2017-03-07

地方·时代·词史:《淮海秋笳集》与道咸淮海本土词人群/马腾飞、史哲文/扬州大学学报(人文社会科学版)/2017-03-09

扬州烹饪特色文化数据库建设实践——以扬州大学图书馆为例/苏秋侠/情报探索/2017-03-15

金农《藻发议》隶书联/老年教育(书画艺术)/2017-03-15

“扬州工”研究/管世俊、刘春凤/艺术百家/2017-03-15

南河下:扬州盐业史的微考察/薛平/盐城工学院学报(社会科学版)/2017-03-20

淮扬地域文化的历史特色及其成因/张梦琪/理论观察/2017-03-20

苏中地区传统民居的整体风格特征和差异探究/薛华培/扬州职业大学学报/2017-03-23

扬州修脚刀的文化内涵及技艺传承研究/储德发/扬州职业大学学报/2017-03-23

论扬剧《玉蜻蜓》的艺术价值/于婧/戏剧之家/2017-

03-23

关于创建扬州“中国古琴第一街”的思考/梅素琴、汪俊峰/扬州职业大学学报/2017-03-23

卢见曾幕府戏曲创作及观评考论/李传江/华夏文化/2017-03-25

民国成立前后的苏中地区报刊事业/朱季康/常州大学学报(社会科学版)/2017-03-28

闵贞与扬州八怪——闵贞与黄慎的绘画风格比较/伍杨/南方文物/2017-03-28

张永寿剪纸艺术风格研究/王秀/扬州教育学院学报/2017-03-30

清代扬州迎神赛会探析/张旗/扬州教育学院学报/2017-03-30

《富春山居图》等漆艺壁画的艺术特色/孙梅、孙卫华、姜超、王永霞/中国生漆/2017-03-30

日本高冈漆器与扬州漆器之工艺对比——写在参观“高冈漆器展”之后/王永霞、孙卫华、孙梅、汪素琴/中国生漆/2017-03-30

浅析雕漆玉扎花技艺的挖掘恢复/阚凤祥、阚健、马彩云、刘兆成/中国生漆/2017-03-30

江恂家世、交游与艺术的研究——以《写生花鸟草虫图册》为中心/张长虹/美术研究/2017-04-01

扬州写意绣花鸟图案在现代中式丝绸女装中的应用/李卉、严加平/纺织导报/2017-04-08

扬州瘦西湖湖上园林营造影响因素研究/赵炜、陈宇/现代园艺/2017-04-10

欲往江南车行疾/将渡运河舟往来——扬州最早汽车站影片资料解读/杨赓来/江苏地方志/2017-04-10

“扬州工”传承与创新/王小刚/科技创新与生产力/2017-04-10

姚莹旧藏《谈艺图》考述/刘东/中国国家博物馆馆刊/2017-04-15

清代扬州界画的兴起原因初探/顾志红/新美术/2017-04-15

墨竹一枝风斜 童子入市易米——“扬州八怪”竹画润格及卖画趣谈/吕友者/东方收藏/2017-04-15

江苏兴化郑板桥:些小吾曹州县吏 一枝一叶总关情/中国纪检监察/2017-04-17

姜夔词中“孤山情”与“扬州梦”的联结/瞿慧/蚌埠学院学报/2017-04-20

为城市声誉而战——1934年《闲话扬州》风波的文化史解读/胡俊修、吴思宇/社会科学动态/2017-04-20

“文化流失”与“贫血缺钙”的书画界——由李方膺的题画诗所想到的/杨宇全/人文天下/2017-04-23

扬州特色文化产业集聚区发展现状分析/赵振东、石火培/统计科学与实践/2017-04-25

江苏扬州市秋实路五代至宋代墓葬的发掘/张敏、朱超龙、牛志远/考古/2017-04-25

宋代扬州行政区划的沿革/陈雪飞/文化学刊/2017-04-25

音乐教育视域下扬州民歌的传承与发展路径研究/孙菲昳、刘跃华/科教文汇(下旬刊)/2017-04-30

试析《扬州水道记》附图中部分城池标示位置错误之原因/汪勃/东南文化/2017-04-30

线性文化遗产系列博物馆群:理论构建与实证分析/李永乐/东南文化/2017-04-30

城市广电方言节目的现状与隐忧——以扬州电视台《今日生活》为例/王胜彦/当代电视/2017-05-01

基于扬州地域文化的漆艺旅游产品设计研究/陈翔、关惠元/家具/2017-05-01

烟花三月下扬州 蜀冈—瘦西湖风景区的前世今生/陈坚/收藏/2017-05-01

欧阳修对扬州平山堂景观的建构与书写/王兆鹏/新疆大学学报(哲学·人文社会科学版)/2017-05-15

山川草木尽玲珑:《石涛花卉册》研究/张长虹/艺术探索/2017-05-15

扬州园林花窗造型的艺术研究/陶磊/艺术研究/2017-05-15

档案走出深闺 记忆传递能量——扬州市档案馆开放办馆的实践与思考/侍琴/档案与建设/2017-05-15

坚持创新创优 着力为民便民 在新方位上推进档案事业迈上新台阶/殷元松/档案与建设/2017-05-15

从高翔谈扬州篆刻兴盛之由/陈振濂/老年教育(书画艺术)/2017-05-15

赵冕和他的人物画/王厚宇/东方收藏/2017-05-15

后申遗时代淮扬运河遗产可持续利用研究/刘怀玉、李新/江苏商论/2017-05-20

历史文化街区游客地方感特征——以扬州“双东”历史文化街区为例/朱晨慧、孙萍/江苏商论/2017-05-20

清代江南名儒——阮元/高云/工会信息/2017-05-20

扬州影园的造园艺术与复原思考——兼评吴肇钊先生影园复原(建)图/赵御龙、周晓峰、王晓春、黄春华、杨阳/扬州大学学报(人文社会科学版)/2017-05-24

当代公益性质的文化传播现状研究——以鉴真图书馆·扬州讲坛为例/朱田园、郁梦旦/新闻研究导刊/2017-05-25

以刀代笔无俗志,方寸之间显精神 浅谈扬州的象牙浅刻艺术/梁文杰/收藏/2017-06-01

朱自清,满载记忆的夏日船行/刘佳怡/博览群书/2017-06-01

后申遗时代扬州运河文化遗产旅游发展对策/陈菲、孙倩/红河学院学报/2017-06-08

蹀躞东关街/周游/江苏地方志/2017-06-10

略论扬州八怪诗画结合之源起与蕴含/田贵坤/名作欣赏/2017-06-10

写意人物画的“明心见性”/凌霞/大众文艺/2017-06-15

浅析郑板桥绘画作品的艺术价值/马朋翔/美术教育研究/2017-06-15

我那水蛇腰的扬州/庞余亮/民主/2017-06-15

扬州评话传统书目《水浒》中的民风习俗研究/杨沁恬、李蕙羽、佟抒健/佳木斯职业学院学报/2017-06-15

古今同域类城市考古资源使用分析——扬州城国家考古遗址公园形态钩距/王刃馀/中国文物科学研究/2017-06-15

扬州古街巷历史渊源研究/杭蕾/美与时代(城市版)/2017-06-25

仪董学堂考述/李闯/无锡商业职业技术学院学报/2017-06-25

论清代扬州盐商与自贡盐商之异同/魏登云、莫宏伟/遵义师范学院学报/2017-06-25

论清初南北汉官文化心态的差异/刘丽/贺州学院学报/2017-06-25

略论扬州名胜楹联中的集句修辞方式/薛梅/扬州职业大学学报/2017-06-30

从《太平广记》看唐代扬州的城市规模和经济发展/陈雪飞/扬州职业大学学报/2017-06-30/

扬州法海寺及白塔考论/徐亮/扬州职业大学学报/2017-06-30

优秀传统家风的活化与传播——以扬州广电《家传》系列纪录片为例/张红军/中国广播电视学刊/2017-07-01

扩大扬州市文化消费的政策路径/魏昕/中国集体经济/2017-07-05

南宋扬州蜀岗上城池建设新考/何适/中国历史地理论丛/2017-07-10

从文化翻译角度浅谈景点名称的翻译——以扬州瘦西湖为例/王祎/科教文汇(上旬刊)/2017-07-10

论清初南北汉官文化心态的差异/刘丽/江苏师范大学学报(哲学社会科学版)/2017-07-15

忆昔感今念冯公/丁章华/红楼梦学刊/2017-07-15

冯其庸与扬州红楼宴/洪军/红楼梦学刊/2017-07-15

翰墨精灵 天假之缘——关于苏轼“郏县苏帖”及其校勘学和书学价值/刘继增/乐山师范学院学报/2017-07-15

杏林济世 丹青抒怀——民国父女书画家刘声如和刘恒瑛/吴娟/文艺生活(艺术中国)/2017-07-15

龚自珍《己亥六月重过扬州记》对《芜城赋》的接受/王双腾、沈伟/盐城师范学院学报(人文社会科学版)/2017-07-15

情迷画书印 心嗜论诗文——倪悦其人其艺/庄希祖/荣宝斋/2017-07-15

扬州剪纸与文人画的内在联系/陈夏贤/淮南师范学院学报/2017-07-15

保存与破坏:关于扬州评话记录与整理的思考(英文)/汪花荣/文艺理论研究/2017-07-25

江苏省非物质文化遗产空间特征、成因及开发对策/赵慧莎、李姝姝/安徽农业大学学报(社会科学版)/2017-07-25

扬州漆器的历史传承和发展/张扬、李海涛/美术教育研究/2017-08-15

“扬州八怪”核心交往圈研究综述/李必玲/美术教育研究/2017-08-25

扬州八怪李方膺在皖宦迹考/朱洪/文化学刊/2017-08-25

扬州文峰寺的历史沿革及探索发展/法音/2017-08-25

北京、扬州的当代玉雕艺术比较/肖凤春/大众文艺/2017-08-30

扬州西汉墓出土文献所见西汉广陵国职官举例/闫璘、许红梅/唐都学刊/2017-09-15

隋炀帝墓志释文补正/余国江/中国国家博物馆馆刊/2017-09-15

扬州元代拉丁文墓碑圣母像原型考论/张蓓蓓/南通大学学报(社会科学版)/2017-09-15

扬州评话《杨香武三盗九龙杯》的文化与艺术价值/李燕/艺术百家/2017-09-15

试论清代两淮盐商的学术情结/吴海波/盐业史研究/2017-09-25

非物质文化遗产的影像化呈现——以《皮五新传》为例/蔡莹莹、周天博/西部广播电视/2017-09-25

中国画家要过“文人”关/杨福音/公关世界/2017-09-25

浅谈清代扬州宴游文化/陆学松、何宸/扬州教育学院学报/2017-09-30

《全宋诗》所见扬州琼花五考/陈雪飞/扬州教育学院学报/2017-09-30

再论扬州城始建年代/刘松林/扬州教育学院学报/2017-09-30

清末民初扬州昆曲世家谢氏抄录祖传孤本《莼江曲谱》初探/孙伊婷/文物鉴定与鉴赏/2017-10-01

程邃客居扬州的诗画交往/陈明哲/中国书画/2017-10-05

扬州传统民居建筑特色/王园园/建材与装饰/2017-10-06

扬州名堂/周游/江苏地方志/2017-10-10

盐商的文化消费与京剧的形成——以18-19世纪的扬州为中心/芦玲/兰州学刊/2017-10-15

扬州古琴文化的保护和发展/王富康/科技风/2017-10-15

基于文化线路内涵的大运河扬州段产业经济类遗产认定与评估/蒋楠/建筑与文化/2017-10-15

扬州古诗词中关于琼花意象的研究/吴玉佳、马文艳、贺如玉、冯娟娟/教育现代化/2017-10-16

全域旅游视域下的扬州非物质文化遗产保护与开发/徐晓庆/泰州职业技术学院学报/2017-10-20

扬州古典园林的传承与发展/施永香/现代园艺/2017-10-25

社会记忆视域下的扬州数字文化建设探索——专题网站形式/杨臻/城建档案/2017-10-25

扬州玉雕文化在海外的传播与接受/陈子鹤/纳税/2017-10-25

整合扬州文化资源 助力文化强市战略/王向东/经济研究导刊/2017-10-25

论扬州传统文化与正确义利观的内涵契合/周倩、沈桂登、王书洋/文化学刊/2017-10-25

扬州通草花活态保护研究/秦园、邵晓舟/美与时代(城市版)/2017-10-25

董玉书与《宝昌杂录》/吕光明/语文学刊/2017-10-25

清代朱彬的《诗经》研究/刘伟/石家庄职业技术学院学报/2017-10-28

淮扬菜中扬州菜菜名英译研究/肖馨月/纳税/2017-11-01

扬州慢:风物中的雕刻之美/付国静/收藏/2017-11-01

江苏民歌赏析——以扬州民歌《拔根芦柴花》为例/李媛/艺术科技/2017-11-03

清中期书画 看扬州八怪 文人画派/晓雨/中国拍卖/2017-11-05

怕看人间镜里花——寻根石涛/张荣东/爱尚美术/2017-11-05

清代徽商与扬州的园林名胜——以《江南园林胜景》图册为例/王振忠/安徽大学学报(哲学社会科学版)/2017-11-10

关于扬州漆砂砚的艺术分析/许文娟/艺术科技/2017-11-13

"扬州唱论"研究的当代意义/张美林/扬州大学学报(人文社会科学版)/2017-11-14

扬州刺绣艺术的肇始与流变/王笙渐/美术大观/2017-11-15

文化与传承——扬州园林历史探源/包广龙、杨豪中/建筑与文化/2017-11-15

笔有真气傲自然——李鱓画风鉴识/姚悦/东方收藏/2017-11-15

明清时期扬州地区昆曲传播探析/于婧/艺术评鉴/2017-11-15

试论"扬州八怪"的革新画风/姜冬花/美术教育研究/2017-11-15

从社会学因素分析"扬州八怪"艺术经典的建构/冯兴保/美术教育研究/2017-11-15

中西融合 工写兼容——试论肖振中的中国画创作/李蒲星/创作与评论/2017-11-20

浅析金农"漆书"的艺术特点/苏璇/戏剧之家/2017-11-23

醉里吴音:扬州音乐文化纵览——评《扬州音乐文化简史》/姚霆/大学教育科学/2017-11-28

传统文化的校园传承研究——以扬州"理发刀"文化为例/储德发/太原城市职业技术学院学报/2017-11-28

论乾嘉时期扬州园林的空间审美特质/刘晓宏/中华文化论坛/2017-11-30

华光淮左:扬州地区馆藏宋代瓷珍/徐仁雨/收藏/2017-12-01

百年风流——吴引孙、吴筠孙和吴道台府/薛晓军/江苏地方志/2017-12-10

扬州漆器与日本漆器的发展比较分析/徐行/佳木斯职业学院学报/2017-12-15

扬州八怪之边寿民的题画诗词/王荣华/陕西广播电视大学学报/2017-12-15

郑板桥书画用印考/党明放/荣宝斋/2017-12-15

唐代扬州波斯人李摩呼禄墓志研究/周运中/文博/2017-12-15

再谈八怪之"怪"/贾修森/美与时代(下)/2017-12-25

红桥修禊的当代价值研究/赵清清/文学教育(下)/2017-12-25

扬州画派之高凤翰左笔书画浅析/季刚林/科技风/2017-12-26

古代戏剧对扬州社会生活的影响/明光/扬州职业大学学报/2017-12-30

统计资料

2017年扬州市国民经济占江苏省的比重一览表

表42-4

项　　目	单　位	江　苏	扬　州	扬州占全省的比重(%)
年末总人口	万人	8029.30	459.98	5.73
地区生产总值(当年价格)	亿元	85900.94	5064.92	5.90
第一产业	亿元	4076.65	262.02	6.43
第二产业	亿元	38654.85	2475.88	6.41
第三产业	亿元	43169.44	2327.02	5.39
固定资产投资	亿元	53277.03	3690.09	6.93
社会消费品零售总额	亿元	31737.41	1494.01	4.71
出口总额	亿美元	3632.98	78.68	2.17
注册外资及港澳台资实际到账额	亿美元	241.40	10.87	4.50
公共财政预算收入	亿元	8171.53	320.18	3.92
公共财政预算支出	亿元	10621.40	507.64	4.78
普通高等学校在校学生数	万人	176.79	8.28	4.68
卫生机构床位数	万张	46.98	2.22	4.73
卫生技术人员数	万人	54.80	2.86	5.22
#执业(助理)医师	万人	21.72	1.09	5.01
在岗职工平均工资	元	78267	71663	
农村常住居民人均可支配收入	元	19158	19694	
城镇常住居民人均可支配收入	元	43622	38828	
工农业主要产品产量				
粮食	万吨	3539.83	285.42	8.06
棉花	万吨	5.10	0.04	0.72
油料	万吨	126.35	6.53	5.17
发电量	亿千瓦小时	4884.58	227.62	4.66
水泥	万吨	17330.20	956.44	5.52
化学纤维	万吨	1471.18	125.84	8.55

2017年扬州市分地区生产总值一览表

表42-5

指　　标	全　市	市　区	广陵区	邗江区	江都区	宝应县	仪征市	高邮市
地区生产总值(亿元)	**5064.92**	3248.40	734.41	859.46	1055.12	574.93	628.36	608.41
第一产业	**262.02**	95.97	10.09	20.35	63.55	68.77	23.28	74.09
第二产业	**2475.88**	1556.51	330.14	335.52	500.81	257.42	328.81	267.85
工业	**2170.55**	1378.62	303.45	273.52	422.59	211.75	292.03	215.81
建筑业	**306.00**	178.01	26.69	62.00	78.22	45.74	36.87	52.04
第三产业	**2327.02**	1595.92	394.18	503.59	490.76	248.74	276.27	266.47
交通运输、仓储和邮政业	**164.70**	95.38	14.35	17.72	54.63	13.41	10.95	26.16
批发和零售业	**345.22**	236.69	88.94	64.04	62.98	30.30	66.99	23.33
住宿和餐饮业	**77.97**	57.84	13.90	18.00	20.02	11.03	9.15	13.84
金融业	**269.42**	158.06	42.66	42.35	43.92	24.00	24.45	22.38
房地产业	**354.63**	293.39	66.92	112.03	89.65	30.13	61.54	42.28
其他服务业	**1098.01**	749.35	166.76	247.48	217.27	135.93	100.81	133.35
营利性服务业	**516.28**	372.69	83.06	158.32	70.39	40.07	28.19	48.67
非营利性服务业	**581.73**	376.66	83.70	89.16	146.88	95.86	72.62	84.68
人均地区生产总值(元/人)	**112559**	133566	138843	124271	104457	75828	110871	81908

2017年扬州市分地区人口数及构成情况表

表42-6

地　区	总人口(人)			性别比
	合　计	男	女	
全　市	**4599801**	**2294951**	**2304850**	**99.57**
市　区	2298632	1139144	1159488	98.25
#广陵区	494410	243868	250542	97.34
邗江区	612392	370301	381823	96.98
江都区	1052098	524975	527123	99.59
宝应县	894896	453730	441166	102.85
仪征市	594432	298019	296413	100.54
高邮市	811841	404058	407783	99.09

2017年扬州市分地区户数、平均人口及密度情况表

表42-7

地　区	户数(户)	平均每户人数(人)	年平均人口(人)	人口密度(人/平方千米)
全　市	**1480021**	**3.11**	**4608227**	**697.9**
市　区	759043	3.03	2295934	996.8
#广陵区	169378	2.92	494550	1475.9
邗江区	241308	2.54	77085	1222.3
江都区	348357	3.02	1055748	791.1
宝应县	272693	3.28	903688	612
仪征市	194700	3.05	563851	624
高邮市	253585	3.20	813306	422.4

2017年扬州市农林牧渔业分项产值一览表

表42-8　　　　单位：万元

项　　目	2017年产值(当年价格)	2016年产值(当年价格)
农林牧渔业总产值	**4956784**	**4779548**
一、农业产值	2293984	2211786
1. 谷物及其他作物	883889	905978
#谷物	791408	806578
棉花	1010	2744
油料	39232	39631
2. 蔬菜园艺作物	1300873	1190171
#蔬菜(含菜用瓜)	985466	920430
花卉	12520	11078
3. 水果、坚果、饮料和香料作物	104983	101478
#水果坚果(含果用瓜)	85881	84650
茶及其他饮料	19102	16828
4. 中药材	4239	14159
二、林业产值	128817	120229
1. 林木的培养种植	68277	61213
2. 竹木采运	54452	52623
3. 林产品	6088	6393
三、牧业产值	750472	780470
1. 牲畜饲养	20633	20086
#牛的饲养	3714	3947
羊的饲养	13187	12260
奶产品	3732	3879
#牛奶	3732	3879
2. 猪的饲养	231071	251036
3. 家禽	460405	480707
4. 狩猎和捕捉动物	0	0
5. 其他畜牧业	38363	28641
四、渔业产值	1507827	1409740
1. 海水产品	0	0
2. 淡水产品	1507827	1409740
鱼类	510545	468039
甲壳类	849296	796073
贝类	11115	11637
其他	136871	133991
五、农林牧渔服务业	275684	257323

2017年扬州市主要农作物播种面积和产量一览表

表42-9

项　　目	播种面积(千公顷)	单　产(千克/公顷)	总产量(吨)
农作物总播种面积	**482.62**		
一、粮食作物总计	391.83	7284	2854225
1. 夏粮	171.77	5603	962448
小麦	168.13	5642	948595
大麦	0.77	4875	3754
蚕豌豆	2.87	3519	10099
2. 秋粮	220.06	8597	1891777
稻谷	202.32	9028	1826559
中稻	200.16	9067	1814821
单季晚稻			
双季后作稻			
玉米	2.13	5447	11603
其他谷物	0.03	4500	135
豆类	15.82	3256	51512
薯类	1.92	7139	13706
二、经济作物			
1. 棉花	0.11	3355	369
2. 油料	23.31	2802	65315
#花生	1.1	2917	3209
油菜籽	21.5	2816	60553
芝麻	0.71	2187	1553
3. 麻类			
#黄麻			
红麻			
苎麻			
4. 糖类	0.03	31100	933
#甘蔗	0.03	31100	933
甜菜			
5. 药材	0.23		
6. 蔬菜瓜类	60.48	37713	2280911
蔬菜	57.62	37948	2186575
瓜类	2.86	32985	94336
三、其他农作物	6.63		
#青饲料	2.1		
绿肥	0.97		

2017年扬州市分地区工业总产值一览表

(规模以上工业企业)

表42-10　　单位:万元

地　　区	工业总产值(现行价)	工业销售产值(现行价)	工业增加值(现行价)
全　市	**93711044**	**91634149**	**20846611**
市　区	56508199	55272637	12061612
扬州市经济技术开发区	9261133	9099596	2030843
广陵区	8353898	8225312	1862637
邗江区	12426322	11930376	2852268
江都区	26466846	26017353	5315864
宝应县	11198944	10977414	2839227
仪征市	15304978	15043974	3463222
高邮市	10698923	10340124	2289581

2017年扬州市主要工业产品产量一览表

(规模以上工业企业)

表42-11

产品名称	计量单位	2017年	2016年
天然原油	万吨	120.10	133.01
天然气	万立方米	4258	2301
发电量	亿千瓦小时	227.62	209.27
塑料制品	万吨	15.71	14.18
化学纤维	万吨	125.84	129.20
纱	万吨	16.42	18.32
布	万米	42488.89	45302.57
毛机织物(呢绒)	万米	324.50	318.60
服装	万件	14293.58	23820.06
皮革鞋靴	万双	4349.10	3890.30
机制纸及纸板	万吨	9.84	9.90
原油加工量	万吨	104.17	119.57
烧碱(折100%)	万吨	30.22	27.03
农用氮、磷、钾化学肥料总计(折纯)	万吨	0.49	2.52
化学农药原药(折有效成分100%)	吨	81111.85	66491.62
合成纤维聚合物	万吨	198.88	199.22
化学药品原药	吨	11496.79	11202.89
水泥	万吨	956.44	996.98
钢材	万吨	454.33	369.59
附:用外购国产钢材再加工生产的钢材	万吨	237.80	166.14
金属切削机床	台	43862	45385
金属成形机床	台	36456	40341
汽车	辆	422756	438931
金属集装箱	万立方米	726.31	696.39
电力电缆	万千米	61.75	126.45
通信及电子网络用电缆	万对千米	482	365
铅酸蓄电池	千伏安时	739803	630511
交流电动机	万千瓦	1254.93	1069.38
电动手提式工具	万台	93.87	96.21
民用钢质船舶	载重吨	2360994	1377137

2017年扬州市分地区建筑业生产经营情况表

表42-12

指　　标	全　市	市　区	扬州经济技术开发区	广陵区	邗江区	江都区	宝应县	仪征市	高邮市
单位个数(个)	**657**	400	37	84	147	132	95	71	91
一、建筑业合同情况(万元)									
签订的建筑合同额	**53784908**	30965081	446356	9690330	5731267	15097129	6619233	4845171	11355423
上年结转建筑合同额	**20084109**	12986775	118609	4436512	1196169	7235485	2041371	1739650	3316312
本年新签建筑合同额	**33700799**	17978306	327747	5253818	4535097	7861644	4577862	3105521	8039111
二、承包工程完成情况(万元)									
直接从建设单位承揽工程完成的产值	**33286183**	19001410	270179	5474172	4341695	8915364	4241655	2845901	7197218
自行完成施工产值	**33234264**	18967804	269135	5473573	4311004	8914092	4227319	2842007	7197134
分包出去工程的产值	**51919**	33605	1044	599	30691	1272	14336	3894	84
从建设单位以外承揽工程完成的产值	**3123110**	1964751	61496	199563	320103	1383589	706062	102327	349970
三、建筑业总产值(万元)	**36357374**	20932555	330631	5673136	4631107	10297682	4933381	2944334	7547104
#装饰装修产值	**1357889**	1001545	29254	243629	597495	131166	85499	50810	220035
在外省完成的产值	**20564723**	12775211	50258	3918867	1731919	7074167	3241918	1708544	2839050
建筑工程产值	**34003111**	18780681	297199	5478723	4031313	8973446	4918354	2776447	7527630
安装工程产值	**2243555**	2055713	32025	177601	592997	1253091	13309	155109	19424
其他建筑业产值	**110708**	96161	1408	16812	6797	71145	1719	12778	50
四、竣工产值(万元)	**30858484**	16897243	237872	5044635	3735597	7879140	5119904	2545053	6296285
五、房屋施工面积(万平方米)	**27495**	13395	76	4619	1873	6828	6287	1918	5895
#房屋新开工面积	**12289**	5207	28	1582	1151	2447	2944	1034	3104

2017年扬州市全社会客货运输量一览表

表42-13

项　　目	单　位	数　值
公路客运量	万人次	3421
公路旅客周转量	万人公里	299283
公路货运量	万吨	7112
公路货物周转量	万吨千米	1324106
水路客运量	万人次	5.99
水路旅客周转量	万人千米	36.54
水路货运量	万吨	6262
水路货物周转量	万吨千米	2580854
机场旅客吞吐量	万人	183.65
机场货邮吞吐量	万吨	0.94

2017年扬州市邮政通信基本情况表

表42-14

项　目	单　位	全　市	市　区	江都区	宝应县	仪征市	高邮市
邮电业务总量	亿元	**136.97**	76.06	18.36	13.57	13.34	15.64
#邮政行业业务总量	亿元	**36.08**	27.36	0.31	2.21	2.90	3.30
电信业务总量	亿元	**100.89**	48.70	18.05	11.36	10.44	12.34
邮电业务收入	亿元	**67.39**	38.07	8.23	6.92	6.44	7.73
#邮政行业业务收入	亿元	**23.36**	16.86	0.29	1.91	1.91	2.39
电信业务收入	亿元	**44.03**	21.21	7.94	5.01	4.53	5.34
函件	万件	**689.96**	626.00		27.21	12.67	24.08
包件	万件	**8.97**	5.78		1.48	0.78	0.93
报纸累计数	万张	**6276.93**	4264.27		757.69	747.92	507.05
杂志累计数	万份	**352.59**	240.26		26.57	20.11	65.65
快递	万件	**13045.89**	10692.01	154.88	608.06	815.68	775.26
固定电话用户数	万户	**99.16**	40.15	22.33	11.47	11.66	13.55
移动电话用户数	万户	**501.22**	207.09	100.22	63.17	59.80	70.94
宽带用户数	万户	**160.40**	66.81	33.15	18.77	19.45	22.22

2017年扬州市分行业社会消费品零售总额一览表

表42-15

项　目	全　市	市　区	扬州经济技术开发区	广陵区	邗江区	江都区	宝应县	仪征市	高邮市
社会消费品零售总额	**14940055**	**10204757**	**1105946**	**3157018**	**3166062**	**2775731**	**1654754**	**1206784**	**1873760**
按地区分									
城镇	**13865379**	9773909	1068589	3135168	3064583	2505569	1277511	1039321	1774637
#城区	**10522134**	7897016	407059	2779179	2960451	1750327	639246	850152	1135721
乡村	**1074676**	430848	37357	21850	101479	270162	377243	167463	99123
按行业分									
批发业	**1871840**	958853	69574	223489	448932	216858	402530	186427	324029
零售业	**11349025**	8090746	909020	2474305	2408575	2298846	1089731	875875	1292673
住宿业	**236901**	188231	43381	26105	64479	54266	24294	12389	11987
餐饮业	**1482289**	966927	83971	433119	244076	205761	138199	132093	245071

2017年扬州市对外及港澳台贸易出口总额一览表

表42-16　　单位:万美元

项　　目	进出口总额	出　口	进　口
总　计	**1079930**	**786778**	**293152**
一、按地区分组			
市　区	777414	600944	176467
扬州经济技术开发区	224560	143298	81312
广陵区	135989	122490	13443
邗江区	207878	177876	29939
江都区	208987	157280	51773
宝应县	112462	86912	25539
仪征市	45222	32858	12484
高邮市	49012	46315	2672
扬州化学工业园区	90022	16285	73737
二、按贸易方式分组			
一般贸易	773599	561759	211840
进料加工	225738	177376	48362
来料加工	9617	1903	7715
其他	30792	19670	11122

2017年扬州市外商及港澳台商直接投资情况表

表42-17　　单位:万美元

地　　区	注册外资及港澳台资实际到账额	协议注册外资及港澳台资
	总　额	总　额
全　市	**108660**	**236907**
扬州经济技术开发区	28008	51277
广陵区	14064	39997
邗江区	30855	28509
江都区	24062	28953
宝应县	6058	22770
仪征市	8046	31225
高邮市	6774	29759
扬州化学工业园区	3225	4417

注:实际到账额合计数据不含上年结转数,分项各县(市、区)数据含上年结转数

2017年扬州市财政收入与支出一览表

表42-18　　单位:万元

项　　目	全　市	市　区	#广陵区	#邗江区	#江都区	宝应县	仪征市	高邮市
财政总收入	**5171922**	**3335208**	**490905**	**878431**	**833449**	**423855**	**891997**	**520862**
#上划中央收入	**1970135**	1213500	190317	330948	306884	147999	414050	194586
增值税	**1165416**	712026	120953	202877	192787	99136	221456	132798
消费税	**196185**	101039	3814	356	33332	518	89017	5611
企业所得税(60%)	**449725**	279109	50872	98270	59027	38718	87530	44368
个人所得税(60%)	**158809**	121326	14678	29445	21738	9627	16047	11809
一般公共财政预算收入	**3201787**	2121708	300588	547483	526565	275856	477947	326276
#税收收入	**2414397**	1509564	250594	428926	363761	220339	414660	269834
#增值税	**1133579**	682316	120521	201463	192153	99083	220458	131722
营业税	**1711**	955	-28	475	218	-33	214	575
企业所得税(40%)	**299816**	186072	33915	65514	39351	25812	58353	29579
个人所得税(40%)	**105871**	80883	9785	19630	14492	6418	10698	7872
一般公共预算支出	**5076403**	**3170885**	**269716**	**617624**	**1003265**	**677903**	**575031**	**652584**
#一般公共服务	**670254**	422302	45183	94778	104193	79952	65775	102225
科学技术	**149805**	86102	5451	9415	34442	24897	13297	25509
教育	**903569**	535964	55765	105520	174810	142668	94503	130434
文化体育与传媒	**85745**	55570	1399	3961	6837	14453	5618	10104
医疗卫生	**443833**	237943	20108	33998	65882	80360	56301	69229
节能环保	**200431**	155244	7086	43206	53589	12440	16916	15831
城乡社区事务	**661614**	507964	41319	139527	208464	60471	40528	52651
交通运输	**142744**	97715	1455	12035	22709	9737	19992	15300
社会保障和就业	**552994**	330548	29915	41057	161521	67932	84315	70199
住房保障	**98632**	75559	5246	6703	6523	3296	11257	8520
农林水事务	**490701**	220365	19523	38365	75724	97715	88804	83817

2017年扬州市金融机构人民币存贷款收支情况表

表42-19　　单位:亿元

项　　目	全　市	市　区	#江都区	宝应县	仪征市	高邮市
年末金融机构各项存款余额	**5700.87**	**3931.06**	**1050.47**	**527.20**	**649.94**	**592.68**
#住户存款	2664.64	1682.41	633.72	304.47	306.16	371.59
年末金融机构各项贷款余额	**4007.76**	**2918.07**	**612.59**	**328.11**	**402.88**	**358.71**
#短期贷款	1404.63	975.99	246.30	127.87	157.60	143.16
中长期贷款	2392.57	1767.93	326.58	184.29	238.92	201.42
票据融资	209.41	173.12	39.71	15.94	6.23	14.11

2017年扬州市教育事业情况表

表42-20

项目	学校数(所)	毕业生数(人)	招生数(人)	在校学生数(人)	专任教师(人)
普通高等学校	8	22799	26292	82755	5251
普通中等专业学校	9	7846	7675	26354	1497
普通中学	164	58425	57847	174956	16177
高中	34	21794	20685	63071	6043
初中	130	36631	37162	111885	10134
职业高中	4	5387	5796	17846	641
技工学校	14	5266	9137	19966	1440
小学	207	37755	35309	210467	13510
特殊教育学校	7	147	140	1008	207
幼儿园	298			112867	7063

2017年扬州市中小学情况表

表42-21

项目	全市	市区				宝应县	仪征市	高邮市
			#广陵区	#邗江区	#江都区			
学校总数(所)								
普通中学	**164**	87	10	19	37	27	21	29
#高中	**34**	19	2	5	6	5	4	6
小学	**207**	102	18	18	53	35	30	40
在校学生数(人)								
普通中学	**174956**	99060	5969	20984	36493	31690	18862	25344
#高中	**63071**	35059	2069	7698	13637	11041	6804	10167
小学	**210467**	126037	31851	34674	40772	34597	23249	26584
专任教师数(人)								
普通中学	**16177**	8813	676	1878	3669	2895	1813	2656
#高中	**6043**	3221	221	731	1308	1171	579	1072
小学	**13510**	7779	1957	1917	2880	2281	1567	1883

2017年扬州市卫生事业情况表

表42-22

项目	单位	全市	市区				宝应县	仪征市	高邮市
				#广陵区	#邗江区	#江都区			
医疗卫生机构数	个	**1756**	1026	208	403	415	333	154	243
医院	个	**69**	48	16	19	13	11	7	3
基层医疗卫生机构	个	**1645**	951	180	376	395	317	143	234
卫生院	个	**71**	22	5	5	12	19	10	20
专业公共卫生机构	个	**32**	20	8	6	6	4	4	4
妇幼保健院(所、站)	个	**8**	5	2	1	2	1	1	1
其他卫生机构	个	**10**	7	4	2	1	1		2
医疗卫生机构床位数	张	**22215**	14283	6519	3260	4504	2579	2381	2972

续表42-22

项　　目	单位	全　市	市　区	#广陵区	#邗江区	#江都区	宝应县	仪征市	高邮市
医院	张	**16260**	11321	5665	2589	3067	1516	1878	1545
基层医疗卫生机构	张	**5058**	2340	504	571	1265	908	503	1307
卫生院	张	**3504**	1323	113	146	1064	828	411	942
专业公共卫生机构	张	**797**	522	350	0	172	155	0	120
妇幼保健院(所、站)	张	**662**	512	340	0	172	150	0	0
其他卫生机构	张	**100**	100	0	100	0	0	0	0
在岗职工总数	人	**33292**	20735	8413	5989	6333	4454	3762	4341
卫生技术人员数	人	**28609**	17112	7332	4979	4801	3296	3037	3343
执业(助理)医师数	人	**10872**	6825	2824	2089	1912	1464	1169	1414
注册护士数	人	**11336**	7530	3448	2102	1980	1190	1264	1352

注:本表人员合计中包括乡村医生1771人和卫生员50人;不含乡镇卫生院在村卫生室工作的执业(助理)医师、注册护士数

2017年扬州市文化事业基本情况表

表42-23

项　　目	单位	全　市	市　区	#江都区	宝应县	仪征市	高邮市
广播覆盖率	%	**100**	100	100	100	100	100
电视覆盖率	%	**100**	100	100	100	100	100
有线电视入户率	%	**72**	89	65	63	63	72
剧场、影剧院数	个	**6**	2	1	2	1	1
公共图书馆	个	**7**	4	1	1	1	1
公共图书馆图书总藏量	千册(件)	**3542**	2717	371	182	389	254

2017年扬州市环境保护基本情况表

表42-24

项　　目	单位	全　市	广陵区	邗江区	江都区	宝应县	仪征市	高邮市
废水排放总量	万吨	**25923.67**	4004.18	7042.19	4240.3	3076.11	3723.63	3837.26
#工业源	万吨	**7746.19**	1254.32	2170.88	647.1	565.88	1770.78	1337.23
城镇生活源	万吨	**18166.39**	2749.86	4867.06	3593.2	2508.04	1951.1	2497.13
集中式治理设施	万吨	**11.09**	0	4.25	0	2.19	1.75	2.9
化学需氧量(COD)排放量	吨	**44366.21**	8331.72	11083.65	8247.71	5846.31	4861.92	5994.9
#工业源	吨	**8960.72**	2975.34	1589.23	1248.61	958.78	1060.15	1128.61
农业源	吨	**0**	0	0	0	0	0	0
城镇生活源	吨	**35385.68**	5356.38	9480.43	6999.1	4885.34	3800.5	4863.93
集中式治理设施	吨	**19.81**	0	13.99	0	2.19	1.27	2.36
氨氮排放量	吨	**5971.31**	950.24	1516.84	1195.63	895.91	583.76	828.93
#工业源	吨	**689.43**	150.96	101.06	151.22	166.59	16.61	102.99
农业源	吨	**0**	0	0	0	0	0	0
城镇生活源	吨	**5280.29**	799.28	1414.68	1044.41	728.99	567.11	725.82
集中式治理设施	吨	**1.59**	0	1.1	0	0.33	0.04	0.12

续表42-24

项　目	单位	全　市	广陵区	邗江区	江都区	宝应县	仪征市	高邮市
总磷排放量	吨	**489.64**	71.75	127.15	98.44	68.71	51.41	72.18
#工业源	吨	**37.59**	3.35	5.93	9.07	6.31	2.88	10.05
农业源	吨	**0**	0	0	0	0	0	0
城镇生活源	吨	**451.84**	68.4	121.06	89.37	62.38	48.53	62.1
集中式治理设施	吨	**0.21**	0	0.16	0	0.02	0	0.03
废水治理设施数	套	**325**	20	51	124	41	59	30
废水治理设施处理能力	万吨/日	**35.63**	2.0303	7.5757	2.6016	2.4176	18.4698	2.5364
废水治理设施运行费用	万元	**38691.67**	3201.8	7703.55	6194.11	476.64	18754.87	2360.7
二氧化硫排放量	吨	**24962.85**	3648.21	12661.07	3110.3	574.22	1451.24	3517.81
#工业源	吨	**22125.63**	3218.98	11901.36	2549.43	182.74	1146.69	3126.43
城镇生活源	吨	**2835.6**	429.23	759.71	560.87	391.48	304.55	389.76
集中式治理设施	吨	**1.62**	0	0	0	0	0	1.62
氮氧化物排放量	吨	**38853.15**	5627.17	20957.39	2428.05	252.06	3971.79	5616.69
#工业源	吨	**38359.21**	5553.35	20826.73	2331.59	184.73	3918.05	5544.76
城镇生活源	吨	**487.69**	73.82	130.66	96.46	67.33	52.37	67.05
机动车	吨	**/**	/	/	/	/	/	/
集中式治理设施	吨	**6.25**	0	0	0	0	1.37	4.88
烟(粉)尘排放量	吨	**14058.36**	2407.07	5756.47	2255.3	235.92	1032.74	2370.86
#工业源	吨	**13377.76**	2304.1	5574.22	2120.75	142	959.6	2277.09
城镇生活源	吨	**680.25**	102.97	182.25	134.55	93.92	73.06	93.5
机动车	吨	**/**	/	/	/	/	/	/
集中式治理设施	吨	**0.35**	0	0	0	0	0.08	0.27
挥发性有机物(VOCs)排放量	吨	**3158.97**	8.19	1368.82	863.57	389.5	469.83	59.06
#工业源	吨	**3158.97**	8.19	1368.82	863.57	389.5	469.83	59.06
机动车	吨	**/**	/	/	/	/	/	/
废气治理设施数	套	**2729**	49	270	1921	76	229	184
废气治理设施运行费用	万元	**154750.5**	3824.3	112183.11	15179.19	1758.99	15423.91	6381
一般工业固体废物产生量	万吨	**568.7972**	157.5481	177.6205	13.0776	8.3406	55.7328	156.4775
一般工业固体废物综合利用量	万吨	**525.7227**	142.9684	162.9305	8.7905	7.8368	46.9134	156.283
#综合利用往年贮存量	万吨	**0.2588**	0.0031	0.2002	0.0035	0.05	0	0.0021
一般工业固体废物综合利用率	%	**92.39**	90.74	91.63	67.20	93.40	84.18	99.87
危险废物产生量	万吨	**18.5875**	0.8359	2.194	4.8535	0.155	5.8874	4.6618
危险废物综合利用量	万吨	**4.3768**	0.3068	0.1457	0.0754	0	2.7683	1.0807
#综合利用往年贮存量	万吨	**0.2551**	0.0157	0.0024	0.001	0	0.235	0.0009
危险废物处置量	万吨	**14.2699**	0.5489	2.0086	4.7181	0.1485	3.4638	3.382
#处置往年贮存量	万吨	**1.2893**	0.0868	0.0966	0.346	0.0305	0.4381	0.2912
危险废物处置利用率	%	**92.62**	91.19	93.95	92.17	80.05	94.99	90.08
当年完成“三同时”环保验收项目环保投资	万元	**132172.26(含市本级55742.43万元)**	25572.93	8876	21494.7	5300	12966	2220.2
工业污染防治施工项目本年完成投资	万元	**15916.49**	400	7415	6381.49		1720	

续表 42-24

项　　目	单位	全　市	广陵区	邗江区	江都区	宝应县	仪征市	高邮市
废水治理项目	万元	**3572**	400	0	1672		1500	
废气治理项目	万元	**4894.49**	0	0	4674.49		220	
工业固体废物治理项目	万元	**35**	0	0	35		0	
噪声治理项目	万元	**0**	0	0	0		0	
其他治理项目	万元	**7415**	0	7415	0		0	
环境空气质量								
可吸入颗粒物(PM_{10})	毫克/立方米	**0.095**	0.095	0.095	0.081	0.082	0.086	0.076
细颗粒物($PM_{2.5}$)	毫克/立方米	**0.054**	0.056	0.053	0.045	0.048	0.043	0.047
二氧化硫	毫克/立方米	**0.018**	0.018	0.018	0.013	0.016	0.023	0.021
氮氧化物	毫克/立方米	**0.040**	0.043	0.037	0.027	0.026	0.033	0.028
空气质量达到及好于二级的天数比重	%	**62.5**	63.0	60.7	85.8	85.8	82.5	76.9
水环境质量								
集中式饮用水源地水质达标率	%	**100**	100	100	100	100	100	100
地表水劣V类水体比例	%	**0**	0	0	0	0	0	0
道路交通噪声等效声级	dB(A)	**65.9**	69.0	69.0	63.9	61.8	64.8	65.2

2017年扬州市市区居民家庭基本情况表

表 42-25

项　　目	单　位	全体居民	城镇居民	农村居民
一、调查户数	户	1103	599	504
二、平均每户家庭人口	人	3.12	3.03	3.22
三、平均每户就业人口	人	1.92	1.79	2.08
四、平均每一就业人口负担人数	人	1.62	1.70	1.55
五、平均每户就业面	%	61.63	58.99	64.57
六、平均每人现住房建筑面积	平方米	47.10	44.40	51.20
七、人均可支配收入	元	31370	38828	19694
八、人均非收入所得	元	1051	1208	806
#非经常性转移所得	元	844	983	626
九、人均借贷性所得	元	1381	1418	1322
#提取储蓄存款	元	1040	1185	812
十、人均总支出	元	29009	31545	25038
#消费支出	元	19237	22093	14766
转移性支出	元	1395	1864	661
生产经营费用支出	元	1389	921	2122
借贷性支出	元	1960	1505	2672
十一、人均通过互联网购买的商品和服务	元	194	330	42
十二、恩格尔系数	%	30.69	30.8	30.1
十三、百户接入有线电视的彩色电视机	台	165.03	174.46	150.28
十四、百户接入互联网的移动电话	部	167.51	175.13	155.59
十五、百户接入互联网的计算机	台	69.21	84.64	45.04

2017年长江三角洲部分城市主要经济指标一览表

表42-26

地 区	地区生产总值(亿元)	固定资产投资(亿元)	社会消费品零售总额(亿元)	出口总额(亿美元)	公共财政预算收入(亿元)	城镇常住居民人均可支配收入(元)	农村常住居民人均可支配收入(元)
上海市	30133.86	7246.6	11830.27	1936.81	6642.26	62596	27825
南京市	11715.1	6215.2	5604.66	344.15	1271.91	54538	23133
无锡市	10511.8	4967.51	3458.04	495.19	930	52659	28358
常州市	6622.28	3896.3	2444.05		518.81	49955	25835
苏州市	17319.51	5629.59	5442.82	1871.61	1908.1	58806	29977
南通市	7734.64	4959.2	2873.41	249.38	590.6	42756	20472
盐城市	5082.69	4278.49	1806.20	58.41	360.02	33115	18711
扬州市	5064.92	3690.09	1494.00	78.68	320.2	38828	19694
镇江市	4105.36	2694.36	1366.03	69.85	284.34	45386	22724
泰州市	4744.53	3623.33	1254.22	82.16	343.97	40059	19494
杭州市	12556.16	5856.65	5717.43	509.95	1567.42	56276	30397
宁波市	9846.9	5009.6	4047.80	735.3	1245.3	55656	30871
嘉兴市	4355.24	3009.64	1806.62	262.02	443.79	53057	31436
湖州市	2476.13	1730.98	1188.15	100.88	237.43	49934	28999
绍兴市	5108.04	3115.67	1977.66	274.19	431.36	54445	30331
金华市	3870.22	2200.52	2191.19	13.86	357.71	50653	23922
舟山市	1218.95	1450.31	505.68	56.88	125.76	52516	30791
台州市	4388.22	2518.26	2235.73	204.22	382.25	51374	25369

2017年扬州的一天

表42-27

项 目	单 位	1985年	1990年	1995年	2000年	2005年	2010年	2015年	2016年	2017年
地区生产总值	万元	1125	2440	8197	12935	26909	61082	110050	121568	138765
第一产业	万元	353	596	1266	1751	2596	4421	6626	6869	7179
第二产业	万元	568	1301	4681	6855	14892	33681	55126	60045	67832
第三产业	万元	204	543	2250	4329	9420	22980	48298	54655	63754
粮食产量	吨	6808	6538	6084	6169	6204	7865	8614	8205	7820
棉花产量	吨	46.0	50.0	73.0	28.0	19.0	14.7	2.9	3.1	1.0
油料产量	吨	145	132	201	341	336	220	196	188	179
水产品产量	吨	88	158	338	621	977	1042	1092	1096	1109
社会消费品零售额	万元	596	1128	2772	4165	8408	19894	33889	37126	40932
出口总额	万美元				166	522	1659	2113	1983	2156
固定资产投资完成额	万元	320	552	2723	3514	11235	36489	78269	89855	101098
公共财政预算收入	万元	98	182	243	447	1357	4597	9226	9434	8772
客运量	万人	19.53	15.8	13.59	17.01	22.31	19.93	11.39	10.53	9.36
货运量	万吨	5.85	5.44	15.67	12.84	16.04	25.57	33.32	33.67	36.54
城乡居民储蓄	万元	159	764	3071	7563	16566	34312	65115	69972	72804

索 引

说 明

一、本索引采取主题分析法，索引词条按汉语拼音音序排列。
二、类目、栏目、分目标题用黑体字标示。
三、索引词条后的数字表示页码，数字后的字母(a、b、c)表示该页版面从左至右的栏别。
四、空一字起排的款目为上一主题的"附见"。

A

B

D

E

F

G

K

R

S

W

Y

Z